Jugendschutzrecht

Jugendschutzgesetz

Jugendmedienschutz-Staatsvertrag

Vorschriften des Strafgesetzbuchs
und des Rundfunkstaatsvertrags

Kommentar

von

Dr. Marc Liesching
Rechtsanwalt, München

unter Mitarbeit
von

Susanne Schuster
Ministerialrätin im
Bundesministerium für Familie, Senioren, Frauen und Jugend, Bonn
(zu §§ 4 bis 10 JuSchG)

5. überarbeitete Auflage
des von Dr. Rainer Scholz begründeten Werkes

Verlag C.H. Beck München 2011

Verlag C. H. Beck im Internet:
beck.de

ISBN 978 3 406 61196 4

© 2011 Verlag C. H. Beck oHG
Wilhelmstraße 9, 80801 München
Druck: fgb · freiburger graphische betriebe
Bebelstraße 11, 79108 Freiburg

Satz: Meta Systems, Wustermark

Gedruckt auf säurefreiem, alterungsbeständigem Papier
(hergestellt aus chlorfrei gebleichtem Zellstoff)

Vorwort zur 5. Auflage

Die Neuauflage berücksichtigt zahlreiche Neuerungen des gesetzlichen Jugendschutzes, die sich seit der Vorauflage ergeben haben. Dies betrifft in erster Linie das Jugendschutzgesetz (JuSchG), das vor allem durch das 1. JuSchGÄndG Erweiterungen der Tatbestände der Indizierung und der schweren Jugendgefährdung sowie Konkretisierungen der Transparenzpflichten bei den Alterskennzeichen durch FSK und USK erfahren hat. Zwar ist darüber hinaus die Novellierung des Jugendmedienschutz-Staatsvertrages (JMStV) durch den 14. Rundfunkänderungsstaatsvertrag nicht in Kraft getreten. Allerdings können die gescheiterten Neuregelungen rechtssystematisch zur Auslegung der nun fortgeltenden, teils unbestimmteren Regelungen zumindest partiell herangezogen werden. Auch die den Jugendschutz betreffenden Vorschriften des Strafgesetzbuchs (StGB) haben im Bereich der Kinder- und Jugendpornographie, daneben aber auch für den Tatbestand der Gewaltdarstellungen, der sich seit 2004 auch auf „menschenähnliche Wesen" erstreckt, sowie hinsichtlich des in § 130 eingefügten neuen Tatbestands der Legitimation der NS-Gewalt- und Willkürherrschaft Erweiterungen und Änderungen erfahren.

Neben den genannten gesetzlichen Novellierungen hat sich in vielen Bereichen des Jugendschutzes nach dessen grundlegender Reform in 2003 eine erhebliche Rechtsprechungskasuistik entwickelt. Insoweit sind auch grundlegende bundesgerichtliche Entscheidungen wie etwa zu den Anforderungen an Altersverifikationssysteme im Internet oder zur Verfassungskonformität einzelner Jugendschutzbestimmungen ergangen. Auch der Europäische Gerichtshof hat sich mit dem deutschen System der Altersfreigabe von Bildträgern im Zusammenhang mit der Waren- und Dienstleistungsfreiheit befasst. Zudem erschienen zahlreiche Abhandlungen und Fachaufsätze zu jugendschutzrechtlichen Themen im Schrifttum. Die Neuauflage berücksichtigt die neuere Rechtsprechung und Rechtsliteratur.

Die Kommentierung zu den §§ 4 bis 10 des Jugendschutzgesetzes entstand unter Mitarbeit von Frau Ministerialrätin Susanne Schuster, die an Gesetzesnovellierungen des JuSchG sowie rechtspolitischen Abstimmungsprozessen mit den Obersten Landesjugendbehörden beteiligt war und ist. Darüber hinaus gebührt für Unterstützung in vielfältiger Weise herzlicher Dank Frau Rechtsanwältin Christine Bénard, Herrn Rechtsanwalt Jörg Knupfer und meinem Assistenten Herrn Referendar Gabriel Schönberger. Ein besonderer Dank gilt meiner Frau Nadine.

München im April 2011 Dr. Marc Liesching

Inhaltsverzeichnis

Abkürzungsverzeichnis und Verzeichnis der abgekürzt zitierten Literatur XIII

I. Jugendschutzgesetz (JuSchG)
I. Abschnitt. Allgemeines

§ 1 Begriffsbestimmungen 1
§ 2 Prüfungs- und Nachweispflicht 18
§ 3 Bekanntmachung der Vorschriften 25

II. Abschnitt. Jugendschutz in der Öffentlichkeit

§ 4 Gaststätten 32
§ 5 Tanzveranstaltungen 43
§ 6 Spielhallen, Glücksspiele 48
§ 7 Jugendgefährdende Veranstaltungen und Betriebe 56
§ 8 Jugendgefährdende Orte 61
§ 9 Alkoholische Getränke 65
§ 10 Rauchen in der Öffentlichkeit, Tabakwaren 75

III. Abschnitt. Jugendschutz im Bereich der Medien
1. Unterabschnitt. Trägermedien

§ 11 Filmveranstaltungen 80
§ 12 Bildträger mit Filmen oder Spielen 90
§ 13 Bildschirmspielgeräte 108
§ 14 Kennzeichnung von Filmen und Film- und Spielprogrammen 114
§ 15 Jugendgefährdende Trägermedien 133

2. Unterabschnitt. Telemedien

§ 16 Sonderregelung für Telemedien 173

IV. Abschnitt. Bundesprüfstelle für jugendgefährdende Medien

§ 17 Name und Zuständigkeit 177
§ 18 Liste jugendgefährdender Medien 180
§ 19 Personelle Besetzung 224
§ 20 Vorschlagsberechtigte Verbände 231
§ 21 Verfahren 235
§ 22 Aufnahme von periodischen Trägermedien und Telemedien 247
§ 23 Vereinfachtes Verfahren 251
§ 24 Führung der Liste jugendgefährdender Medien 256
§ 25 Rechtsweg 264

V. Abschnitt. Verordnungsermächtigung

§ 26 Verordnungsermächtigung 268

VI. Abschnitt. Ahndung von Verstößen

§ 27 Strafvorschriften 273
§ 28 Bußgeldvorschriften 285

Inhaltsverzeichnis

VII. Abschnitt. Schlussvorschriften
§ 29 Übergangsvorschriften 293
§ 29a Weitere Übergangsregelung 294
§ 30 Inkrafttreten, Außerkrafttreten 296

II. Staatsvertrag über den Schutz der Menschenwürde und den Jugendschutz in Rundfunk und Telemedien (Jugendmedienschutz-Staatsvertrag – JMStV)

I. Abschnitt. Allgemeine Vorschriften
§ 1 Zweck des Staatsvertrages 299
§ 2 Geltungsbereich 308
§ 3 Begriffsbestimmungen 313
§ 4 Unzulässige Angebote 317
§ 5 Entwicklungsbeeinträchtigende Angebote 351
§ 6 Jugendschutz in der Werbung und im Teleshopping 379
§ 7 Jugendschutzbeauftragte 390

II. Abschnitt. Vorschriften für Rundfunk
§ 8 Festlegung der Sendezeit 403
§ 9 Ausnahmeregelungen 409
§ 10 Programmankündigungen und Kenntlichmachung 417

III. Abschnitt. Vorschriften für Telemedien
§ 11 Jugendschutzprogramme 422
§ 12 Kennzeichnungspflicht 437

IV. Abschnitt. Verfahren für Anbieter mit Ausnahme des öffentlich-rechtlichen Rundfunks
§ 13 Anwendungsbereich 440
§ 14 Kommission für Jugendmedienschutz 442
§ 15 Mitwirkung der Gremien der Landesmedienanstalten 453
§ 16 Zuständigkeit der KJM 457
§ 17 Verfahren der KJM 462
§ 18 „jugendschutz.net" 469
§ 19 Einrichtungen der Freiwilligen Selbstkontrolle 475

V. Abschnitt. Vollzug für Anbieter mit Ausnahme des öffentlich-rechtlichen Rundfunks
§ 20 Aufsicht 491
§ 21 Auskunftsansprüche 513
§ 22 Revision zum Bundesverwaltungsgericht 517

VI. Abschnitt. Ahndung von Verstößen der Anbieter mit Ausnahme des öffentlich-rechtlichen Rundfunks
§ 23 Strafbestimmung 518
§ 24 Ordnungswidrigkeiten 521

VII. Abschnitt. Schlussbestimmungen
§ 25 Änderung sonstiger Staatsverträge 539
§ 26 Geltungsdauer, Kündigung 539
§ 27 Notifizierung 540
§ 28 In-Kraft-Treten, Neubekanntmachung 541

Inhaltsverzeichnis

III. Strafgesetzbuch (StGB) – Auszug –

§ 11 Personen- und Sachbegriffe 543
§ 13 Begehung durch Unterlassen 544
§ 14 Handeln für einen anderen 545
§ 15 Vorsätzliches und fahrlässiges Handeln 545
§ 16 Irrtum über Tatumstände 545
§ 17 Verbotsirrtum 546
§ 19 Schuldunfähigkeit des Kindes 546
§ 25 Täterschaft 546
§ 26 Anstiftung 546
§ 27 Beihilfe 546
§ 86 Verbreiten von Propagandamitteln verfassungswidriger Organisationen ... 555
§ 86a Verwenden von Kennzeichen verfassungswidriger Organisationen 562
§ 111 Öffentliche Aufforderung zu Straftaten 574
§ 130 Volksverhetzung 576
§ 130a Anleitung zu Straftaten 588
§ 131 Gewaltdarstellung 590
§ 140 Belohnung und Billigung von Straftaten 601
§ 166 Beschimpfung von Bekenntnissen, Religionsgesellschaften und Weltanschauungsvereinigungen 603
§ 184 Verbreitung pornographischer Schriften 605
§ 184a Verbreitung gewalt- oder tierpornographischer Schriften 618
§ 184b Verbreitung, Erwerb und Besitz kinderpornographischer Schriften 621
§ 184c Verbreitung, Erwerb und Besitz jugendpornographischer Schriften 629
§ 184d Verbreitung pornographischer Darbietungen durch Rundfunk, Medien- oder Teledienste 636

IV. Staatsvertrag für Rundfunk und Telemedien (Rundfunkstaatsvertrag – RStV –)

§ 1 Anwendungsbereich 639
§ 2 Begriffsbestimmungen 639
§ 3 Allgemeine Grundsätze 642
§ 8 Sponsoring 645
§ 8a Gewinnspiele 645
§ 41 Programmgrundsätze 653
§ 58 Werbung, Sponsoring, fernsehähnliche Telemedien, Gewinnspiele 653
§ 59 Aufsicht 654

V. Anhang

1. Grundsätze der freiwilligen Selbstkontrolle der Filmwirtschaft GmbH (FSK-Grundsätze) – Auszug –

A. Allgemeine Bestimmungen

§ 1 Freiwillige Selbstkontrolle der Filmwirtschaft 657
§ 2 Richtlinien für die Prüfung der Filme und anderer Trägermedien 658
§ 3 Zusammenwirken in der FSK, Ständiger Vertreter 658

B. Prüfausschüsse

§ 5 Einrichtung und Besetzung der Ausschüsse 659

C. Prüfverfahren und Rechtsmittel

§ 9 Allgemeine Verfahrensbestimmungen 659
§ 12 Prüfentscheidungen 660

Inhaltsverzeichnis

§ 13	Berufung	661
§ 14	Wirkungen der Berufung	661
§ 15	Appellation	662
§ 16	Erneute Prüfung	663

D. Prüfung der Filme und anderer Trägermedien

§ 17	Prüfung auf Einhaltung der in § 2 gesetzten Grenzen	664
§ 18	Prüfung auf Freigabe für Kinder und Jugendliche	664
§ 19	Jugendentscheid	665
§ 20	Ablehnung einer Jugendfreigabe	666
§ 21	Übernahme der Prüfungsvoten der FSK durch die Länder	666
§ 22	Übernahme von Prüfungsvoten	667
§ 24	3er – Arbeitsausschuss	667
§ 25	Vereinfachtes Verfahren	668

E. Wirkungen der Prüfentscheidungen

§ 26	Freigabebescheinigungen und Kennzeichnungen	669
§ 27	Trailer bei Filmvorführungen und Beiprogramme auf anderen Trägermedien	670

2. Grundsätze der Unterhaltungssoftware Selbstkontrolle (USK-Grundsätze)
– Auszug –

A. Aufgaben, Gremien und Verfahrensbeteiligte

§ 1	Unterhaltungssoftware – Selbstkontrolle	671
§ 2	Richtlinien für die Tätigkeit der USK	672
§ 4	Ständige Vertreter	672
§ 5	Jugendschutzsachverständige	672
§ 6	Sichter	673

B. Prüfausschüsse

§ 7	Einrichtung und Besetzung der Ausschüsse	673
§ 8	Einberufung und Beschlussfassung	674

C. Prüfverfahren und Rechtsmittel

§ 10	Allgemeine Verfahrensregeln	675
§ 11	Prüfgegenstand	676
§ 13	Regelverfahren	677
§ 14	Berufungsverfahren	677
§ 15	Appellationsverfahren	678

D. Prüfung der Spiele

§ 19	Prüfung auf Freigabe für Kinder und Jugendliche	678
§ 20	Jugendentscheide	679
§ 21	Übernahme der Prüfvoten durch die Länder	680

3. Gemeinsame Richtlinien der Landesmedienanstalten zur Gewährleistung des Schutzes der Menschenwürde und des Jugendschutzes (Jugendschutzrichtlinien – JuSchRiL)

1. Präambel: Grundlagen und Organisation des Jugendschutzes	681
2. Unzulässige Angebote (§ 4 JMStV)	682
3. Entwicklungsbeeinträchtigende Angebote (§ 5 JMStV)	683

Inhaltsverzeichnis

4. Vorschriften für Rundfunk 684
5. Vorschriften für Telemedien 687
6. Jugendschutzbeauftragter (§ 7 JMStV) 688
7. Jugendschutz in Werbung und Teleshopping (§ 6 JMStV) 689

4. Satzung zur Gewährleistung des Jugendschutzes in digital verbreiteten privaten Fernsehangeboten (Jugendschutzsatzung – JSS)

§ 1 Anwendungsbereich 690
§ 2 Grundsatz 690
§ 3 Vorsperrung 690
§ 4 Freischaltung 691
§ 5 Sendezeitbeschränkung beeinträchtigender Sendungen 691
§ 6 Pflichten des Anbieters 691
§ 7 In-Kraft-Treten 692

Sachverzeichnis 693

Abkürzungsverzeichnis und Verzeichnis der abgekürzt zitierten Literatur[1]

a. A.	andere(r) Ansicht
aaO.	am angegebenen Ort
abl.	ablehnend
Abs.	Absatz
a. E.	am Ende
ähnl.	ähnlich
a. F.	alte Fassung
AfP	Archiv für Presserecht / Zeitschrift für Medien- und Kommunikationsrecht
AG	Amtsgericht
allg.	allgemein(e)
ÄndJÖSchG	Gesetz zur Änderung des Gesetzes zum Schutze der Jugend in der Öffentlichkeit
Anm.	Anmerkung
ArchÖR	Archiv des öffentlichen Rechts
Art.	Artikel
ASK	Freiwillige Automaten-Selbst-Kontrolle
AT	Allgemeiner Teil
Aufl.	Auflage
ausführl.	ausführlich
Az.	Aktenzeichen
Bandehzadeh, 2007	Bandehzadeh, Jugendschutz im Rundfunk und in den Telemedien, Diss. 2007
BAnz.	Bundesanzeiger, herausgegeben vom Bundesminister für Justiz
Ba-Wü.	Baden-Württemberg
BayGVBl.	Bayerisches Gesetzes- und Verordnungsblatt
BayObLG	Bayerisches Oberstes Landesgericht
BayObLGSt	Amtliche Entscheidungen des Bayerischen Obersten Landesgerichts
Bayer. LT-Drs.	Drucksachen des Bayerischen Landtags
BayrStMdI	Bayrisches Staatsministerium des Innern
Bd.	Band
Bearb.	Bearbeiter(in)
BeckOK/Liesching	Liesching in: Beck'scher Online-Kommentar zum JMStV, 2. Edition, 02/2011
Beschl.	Beschluss
BetrVG	Betriebsverfassungsgesetz
Beucher u.a.	Beucher/Leyendecker/v.Rosenberg, Mediengesetze – Rundfunk, Mediendienste, Teledienste, 1999
bezügl.	bezüglich
BG	Bundesgesetz
BGB	Bürgerliches Gesetzbuch

---

[1] Weitere Literaturangaben siehe bei den einzelnen Vorschriften des JuSchG, des JMStV, des StGB sowie des RStV.

Abkürzungs- und Literaturverzeichnis

BGBl.	Bundesgesetzblätter
BGE	Entscheidungssammlung des schweizerischen Bundesgerichts
BGH	Bundesgerichtshof
BGHSt	Amtliche Sammlung des Bundesgerichtshofs in Strafsachen
Birkholz, 2008	Jugendmedienschutz im Internet unter strafrechtlichen Gesichspunkten, Diss. 2008
BMFSFJ	Bundesministerium für Familie, Senioren, Frauen und Jugend
Bosch, 2006	Bosch, Die „Regulierte Selbstregulierung" im Jugendmedienschutz-Staatsvertrag, Diss. 2006
BPjM	Bundesprüfstelle für jugendgefährdende Medien
BPjS	Bundesprüfstelle für jugendgefährdende Schriften
BPS-Report	Informationsdienst für Jugendmedienschutz und Medienpädagogik
Brunner, 2005	Brunner, Beurteilungsspielräume im neuen Jugendmedienschutzrecht – eine nicht mehr vorhandene Rechtsfigur?, Diss. 2005
BT	Besonderer Teil
BT-Drs.	Drucksachen des Deutschen Bundestages
BuB	Buch und Bibliothek
BVerfG	Bundesverfassungsgericht
BVerfGE	Amtliche Sammlung der Entscheidungen des Bundesverfassungsgerichts
BVerwG	Bundesverwaltungsgericht
BVerwGE	Amtliche Sammlung der Entscheidungen des Bundesverwaltungsgerichts
BzgA	Bundeszentrale für gesundheitliche Aufklärung
bzw.	beziehungsweise
CR	Computer und Recht
DDB	Das Deutsche Bundesrecht
ders.	derselbe
Dewitz	von Dewitz, NS-Gedankengut und Strafrecht, Diss. 2006
d. h.	das heißt
dies.	dieselbe(n)
Di Fabio, 1999	Di Fabio, Der Schutz der Menschenwürde durch Allgemeine Programmgrundsätze, in: BLM-Schriftenreihe Band 60, 1999
DJZ	Deutsche Juristen-Zeitung
Dörr/Cole, 2001	Dörre/Cole, Jugendschutz in den elektronischen Medien – Bestandaufnahme und Reformabsichten, in: BLM-Schriftenreihe 67, 2001
DÖV	Die Öffentliche Verwaltung
DRiZ	Deutsche Richterzeitung
Drs.	Drucksache
DuD	Datenschutz und Datensicherheit
DVBl.	Deutsche Verwaltungsblätter
DVO	Durchführungsverordnung
einschr.	einschränkend
EMRK	Europäische Menschenrechtskonvention
Entsch.	Entscheidung

Abkürzungs- und Literaturverzeichnis

Erdemir, 2000	Erdemir, Filmzensur und Filmverbot – Eine Untersuchung zu den verfassungsrechtlichen Anforderungen an die strafrechtliche Filmkontrolle im Erwachsenenbereich, Diss. 2000
ERÜ	Übereinkommen des Europarates
E/R/W/Landmann	Landmann, in: Eberle/Rudolf/Wasserburg, Mainzer Rechtshandbuch der Neuen Medien, 2003, Kap. VI Rn. 64
etc.	et cetera
EuR	Europarecht
EU-RL	Richtlinie(n) der Europäischen Union
f.	Folgende Seite
ff.	Fortfolgende Seiten
Fischer	Fischer, Strafgesetzbuch und Nebengesetze – Kommentar, 57. Aufl. 2010
FSF	Freiwillige Selbstkontrolle Fernsehen
FSFJ-Ausschuss-Drs.	Drucksachen des Bundestagsausschusses für Familie, Senioren, Frauen u. Jugend
FSK	Freiwillige Selbstkontrolle der Filmwirtschaft
FSM	Freiwillige Selbstkontrolle Multimedia-Diensteanbieter
FST	Freiwillige Selbstkontrolle Telemedien
G.	Gesetz
GenStA	Generalstaatsanwaltschaft
GewArch	Gewerbearchiv
GewO	Gewerbeordnung
GG	Grundgesetz
Gercke/Brunst, 2009	Gercke/Brunst, Praxishandbuch Internetstrafrecht, 2009
Gercke, 2000	Gercke, Rechtswidrige Inhalte im Internet, Diss. 2000
Gernert/Stoffers	Gernert/Stoffers, Das Gesetz zum Schutze der Jugend in der Öffentlichkeit – Kommentar, 2. Aufl. 1993
ggf.	gegebenenfalls
GjS	Gesetz über die Verbreitung jugendgefährdender Schriften
GjSM	Gesetz über die Verbreitung jugendgefährdender Schriften und Medieninhalte
Göhler/Bearbeiter	Bearbeiter in: Göhler, Ordnungswidrigkeitengesetz – Kommentar, 15. Aufl. 2009
GWS	Satzung der Landesmedienanstalten über Gewinnspielsendungen und Gewinnspiele (Gewinnspielsatzung)
HaKo/Bearbeiter	Bearbeiter, in: Hamburger Kommentar Gesamtes Medienrecht (hrsg. v. Paschke/Berlit/Meyer), 1. Aufl. 2008
HBI-Bericht, 2007	Hans-Bredow-Institut (Hrsg.), Analyse des Jugendmedienschutzes – Jugendschutzgesetz und Jugendmedienschutz-Staatsvertrag. Endbericht, Oktober 2007
v.Hartlieb/Schwarz	von Hartlieb/Schwarz, Handbuch des Film-, Fernseh- und Videorechts, 4. Aufl. 2004

Abkürzungs- und Literaturverzeichnis

Hartstein u.a.	Hartstein/Ring/Kreile/Dörr/Stettner, Jugendmedienschutz-Staatsvertrag – Kommentar, Std. Juli 2005
hekt.	hektographisch
Hopf, 2005	Hopf, Jugendschutz im Fernsehen – Eine verfassungsrechtliche Prüfung der materiellen Jugendschutzbestimmungen, Diss. 2005
H/S/Altenhain	Altenhain, Jugendschutz (Teil 20) in: Hoeren/Sieber, Multimedia-Recht, 22. Aufl. 2009
H/V/Bearbeiter	Bearbeiter in: Hahn/Vesting, Rundfunkrecht – Kommentar, 2. Aufl. 2008
ICRA	Internet Content Rating Association
insb.	insbesondere
i. S. d.	im Sinne des/der
i.R.d.	im Rahmen des/der
IuKDG	Informations- und Kommunikationsdienste- Gesetz
Jäckel, 2004	Jäckel, Jugendschutzgesetz – Leitfaden für die polizeiliche Praxis, 1. Aufl. 2004
JGG	Jugendgerichtsgesetz
Jhrg.	Jahrgang
JMBlNW	Justizministerialblatt Nordrhein-Westfalen
JMS-Report	Jugendmedienschutz-Report
JMStV	Jugendmedienschutz-Staatsvertrag
JÖSchG	Gesetz zum Schutze der Jugend in der Öffentlichkeit
JSchVO	Verordnung zum Schutze der Jugend
JuSchG	Jugendschutzgesetz
1.JuSchGÄndG	Erstes Gesetz zur Änderung des Jugendschutzgesetzes vom 24. 06. 2008 (BGBl. I, 1075)
JWG	Jugendwohlfahrtsgesetz
JZ	Juristenzeitung
KG	Kammergericht
KJHG	Kinder- und Jugendhilfegesetz (SGB VIII)
KJM	Kommission für Jugendmedienschutz
KJM-PM	Pressemitteilung der Kommission für Jugendmedienschutz (KJM), abrufbar unter www.kjm-online.de
KJM-Schr	KJM-Schriftenreihe
Kopp/Ramsauer	Kopp/Ramsauer, Verwaltungsverfahrensgesetz – Kommentar, 11. Aufl. 2010
KrG	Kreisgericht
krit.	kritisch
K&R	Kommunikation & Recht
Lackner/Kühl	Lackner/Kühl, Strafgesetzbuch – Kommentar, 27. Aufl. 2010
LdR	Lexikon des Rechts
LG	Lichtspielgesetz
Liesching, 2002	Liesching, Jugendmedienschutz in Deutschland und Europa, Diss. 2002

Abkürzungs- und Literaturverzeichnis

Liesching/Knupfer	Liesching/Knupfer, Erläuterungen zum JuSchG in: Das Deutsche Bundesrecht, V G 70, 923. Lieferung – Aug. 2003.
LK/Bearbeiter	Bearbeiter in: Leipziger Kommentar zum Strafgesetzbuch
LNK/Knupfer	Knupfer, LexisNexis-Online-Kommentar zum Jugendschutzgesetz, Stand 08/2010
Löffler/Altenhain	Altenhain, Jugendschutz BT in: Löffler, Presserecht, 5. Aufl. 2006
Löffler/Ricker	Löffler/Ricker, Handbuch des Presserechts, 5. Aufl. 2005
LT	Landtag
LT-Drs.	Landtags-Drucksache
Marberth-Kubicki	Marberth-Kubicki, Computer- und Internetstrafrecht, 2. Aufl. 2010
MDR	Monatsschrift für Deutsches Recht
MDStV	Mediendienste-Staatsvertrag
Meirowitz, 1993	Meirowitz, Gewaltdarstellungen auf Videokassetten – Eine verfassungsrechtliche Untersuchung, Diss. 1993
MinBl. NW	Ministerialblätter des Landes Nordrhein-Westfalen
MMR	Multimedia und Recht
mN.	mit Nachweisen
MP	MediaPerspektiven
MR	Medien und Recht
MschrKrim	Monatsschrift für Kriminologie und Strafrechtsreform
MSP	Vierteljahresschrift Medien und Sexualpädagogik
MüKom-StGB	Münchner Kommentar zur StGB
Münder, u.a.	Münder, Baltz u.a., Frankfurter Kommentar zum SGB VIII: Kinder- und Jugendhilfe, 5. Aufl. 2006
mwN.	mit weiteren Nachweisen
Mynarik, 2006	Mynarik, Jugendschutz in Rundfunk und Telemedien, Diss. 2006
Nds.GVBl.	Niedersächsisches Gesetzes- und Verordnungsblatt
n.F.	neue Fassung
NiedersMBl.	Ministerialblätter des Landes Niedersachsen
NICAM	Nederlands Instituut voor de Classificatie van audiovisuelle Media
Nikles u.a.	Nikles/Roll/Spürck/Umbach, Jugendschutzrecht – Kommentar, 2. Aufl. 2005
NJ	Neue Justiz
NJW	Neue Juristische Wochenschrift
Nr.	Nummer
Nrn.	Nummern
NRW	Nordrhein-Westfalen
NStZ	Neue Zeitschrift für Strafrecht
NStZ-RR	Neue Zeitschrift für Strafrecht - Rechtsprechungsreport
NVwZ	Neue Zeitschrift für Verwaltungsrecht
NVwZ-RR	Neue Zeitschrift für Verwaltungsrecht - Rechtsprechungsreport
OGH	Oberster Gerichtshof (Österreich)
ÖJZ	Österreichische Juristenzeitung
OLG	Oberlandesgericht

Abkürzungs- und Literaturverzeichnis

OrdenG	Ordengesetz
ÖStGB	Österreichisches Strafgesetzbuch
OVG	Oberverwaltungsgericht
PAG	Polizeiaufgaben-Gesetz
PolG	Polizeigesetz
Pooth, 2005	Pooth, Jugendschutz im Internet – Staatliche Regulierung und private Selbstkontrolle, Diss. 2005
RBerG	Rechtsberatungsgesetz
RdErl.	Runderlass
RdJ	Recht der Jugend
RdJB	Recht der Jugend und des Bildungswesens
RE-Begr.	Begründung des Gesetzesentwurfs der Bundesregierung
RfÄndStV	Rundfunkänderungsstaatsvertrag
RG	Reichsgericht
RGSt	Amtliche Sammlung des Reichsgerichtshofs in Strafsachen
RGBl.	Reichsgesetzblätter
RMinBl.	Reichsministerialblätter
Rn.	Randnummer(n)
Reuter, 2005	Reuter, Verbotene Symbole – Eine strafrechtsdogmatische Untersuchung zum Verbot von Kennzeichen verfassungswidriger Organisationen in § 86a StGB, Diss. 2005
Retzke, 2006	Retzke, Präventiver Jugendmedienschutz – Eine Untersuchung des Jugendschutzgesetzes und des Jugendmedienschutz-Staatsvertrags etc., Diss. 2006
Rspr.	Rechtsprechung
RStGB	Reichsstrafgesetzbuch
RStV	Rundfunkstaatsvertrag
RT-Drs.	Reichstagsdrucksache(n)
s.	siehe
s.a.	siehe auch
Schäfer, 2008	Schäfer, Der kriminologische Hintergrund des (Jugend-)Medienschutzes im Hinblick auf mediale Gewaltdarstellungen, Diss. 2008
Schiwy u.a.,	Schiwy/Schütz/Dörr, Medienrecht – Lexikon für Praxis und Wissenschaft, 4. Aufl. 2006
Scholz/Liesching	Scholz/Liesching, Jugendschutz – Kommentar, 4. Aufl. 2004
Schreibauer, 1999	Schreibauer, Das Pornographieverbot des § 184 StGB – Grundlagen, Tatbestandsprobleme, Reformvorschläge, Diss. 1999
Sch/Sch/Bearb.	Bearbeiter in: Schönke/Schröder, Strafgesetzbuch – Kommentar, 28. Aufl. 2010
SchSchmG	Gesetz zur Bewahrung der Jugend vor Schund- und Schmutzschriften
SGB	Sozialgesetzbuch
Sieber, KiPo 1999	Sieber, Kinderpornographie, Jugendschutz und Providerverantwortlichkeit im Internet, 1999
Sieber, 1999	Sieber, Verantwortlichkeit im Internet, 1999
SK	Systematischer Kommentar
s.o.	siehe oben
sog.	so genannte(r)

Abkürzungs- und Literaturverzeichnis

Sp/Sch/Erdemir	Erdemir, JMStV (5. Teil) in: Spindler/Schuster, Recht der elektronischen Medien, 2008
Sp/Wiebe/Erdemir	Erdemir, Jugendschutz (14. Kap.) in: Spindler/Wieber, Internet-Auktionen und Elektronische Marktplätze, 2. Aufl. 2005
StA	Staatsanwaltschaft
StAnz.	Staatsanzeiger
Std.	Stand
Stegbauer, 2000	Stegbauer, Rechtsextremistische Propaganda im Lichte des Strafrechts, Diss. 2000
Sten. Ber.	Stenographische Berichte
StGB	Strafgesetzbuch
StGB-Schweiz	Schweizerisches Strafgesetzbuch
StPO	Strafprozessordnung
str.	streitig
StrÄndG	Strafrechtsänderungsgesetz
StRG	Strafrechtsreformgesetz
Stumpf, 2009	Stumpf, Jugendschutz oder Geschmackszensur? – Die Indizierung von Medien nach dem Jugendschutzgesetz, Diss. 2009
StV	Strafverteidiger
Taubert, 2003	Taubert, Bundeskompetenz für Jugendschutz? – Verfassungsrechtliche Rechtfertigung und rechtspolitischer Sinn der Zuordnung, Diss. 2003
Taeger u.a.	Taeger/Buchner/Habel/Schubert, Rechtsfragen virtueller Medien, 2010
TDG	Teledienste-Gesetz
teilw.	teilweise
TKG	Telekommunikationsgesetz
TMG	Telemediengesetz
u. a.	und andere / unter anderem
u. ä.	und ähnliches
u. U.	unter Umständen
UFITA	Archiv für Urheber-, Film- und Theaterrecht
UJ	Unsere Jugend – Zeitschrift für Jugendhilfe in Wissenschaft und Praxis
Ukrow	Ukrow, Jugendschutzrecht, 2004
Urt.	Urteil
USK	Unterhaltungssoftware-Selbstkontrolle
usw.	und so weiter
v.a.	vor allem
VerbrBekG	Verbrechensbekämpfungsgesetz
VereinsG	Vereinsgesetz
Verh.	Verhandlungen
VG	Verwaltungsgericht
vgl.	vergleiche
VO	Verordnung
VStGB	Völkerstrafgesetzbuch
VVDStRL	Veröffentlichungen der Vereinigung der Deutschen Staatsrechtslehrer
VwGO	Verwaltungsgerichtsordnung

Abkürzungs- und Literaturverzeichnis

VwVfG	Verwaltungsverfahrensgesetz
Wandres, 2000	Wandres, Die Strafbarkeit des Auschwitz-Leugnens, Diss. 2000
Wenzel, 2003	Wenzel, Das Recht der Wort- und Bildberichterstattung, 5. Aufl. 2003
Witt, 2008	Witt, Regulierte Selbstregulierung am Beispiel des Jugendmedienschutz-Staatsvertrages, Diss. 2008
z. B.	zum Beispiel
ZfJ	Zentralblatt für Jugendrecht
Ziff.	Ziffer
ZPO	Zivilprozessordnung
ZRP	Zeitschrift für Rechtspolitik
ZStR	Schweizerische Zeitschrift für Strafrecht
ZStW	Zeitschrift für das gesamte Strafrecht
ZUM	Zeitschrift für Urheber- und Medienrecht
zusf.	zusammenfassend
zust.	zustimmend
z.T.	zum Teil
zutr.	zutreffend
z.Zt.	zur Zeit

I. Jugendschutzgesetz (JuSchG)

vom 23. Juli 2002 (BGBl. I S. 2730)

geändert durch Art. 7 Abs. 2 G. zur Änd. der Vorschr. über die Straftaten gegen die sexuelle Selbstbestimmung und zur Änd. and. Vorschr. (G. v. 27. 12. 2003, BGBl. I S. 3007); Art. 3 HaushaltsbegleitG. 2004 (G. v. 29. 12. 2003, BGBl. I S. 3076); Art. 2 G zur Verbesserung des Schutzes junger Menschen vor Gefahren des Alkohol- und Tabakkonsums (G. v. 23. 7. 2004, BGBl. I S. 1857); Art. 2 Elektronischer-Geschäftsverkehr-VereinheitlichungsG. (G. v. 26. 2. 2007, BGBl. I S. 179); Art. 3 Passivrauchen-SchutzG (G. v. 20. 7. 2007, BGBl. I S. 1595); Art. 1 ErstesJuSchGÄndG (G. v. 24. 6. 2008, BGBl. I S. 1075); Art. 3 Abs. 1 G. zur Umsetzung des Rahmenbeschlusses des Rates der Europäischen Union zur Bekämpfung der sexuellen Ausbeutung von Kindern und der Kinderpornographie (G. v. 31. 10. 2008, BGBl. I S. 2149).

I. Abschnitt. Allgemeines

§ 1 Begriffsbestimmungen

(1) Im Sinne dieses Gesetzes
1. sind Kinder Personen, die noch nicht 14 Jahre alt sind,
2. sind Jugendliche Personen, die 14, aber noch nicht 18 Jahre alt sind,
3. ist personensorgeberechtigte Person, wem allein oder gemeinsam mit einer anderen Person nach den Vorschriften des Bürgerlichen Gesetzbuchs die Personensorge zusteht,
4. ist erziehungsbeauftragte Person, jede Person über 18 Jahren, soweit sie auf Dauer oder zeitweise aufgrund einer Vereinbarung mit der personensorgeberechtigten Person Erziehungsaufgaben wahrnimmt oder soweit sie ein Kind oder eine jugendliche Person im Rahmen der Ausbildung oder der Jugendhilfe betreut.

(2) ¹Trägermedien im Sinne dieses Gesetzes sind Medien mit Texten, Bildern oder Tönen auf gegenständlichen Trägern, die zur Weitergabe geeignet, zur unmittelbaren Wahrnehmung bestimmt oder in einem Vorführ- oder Spielgerät eingebaut sind. ²Dem gegenständlichen Verbreiten, Überlassen, Anbieten oder Zugänglichmachen von Trägermedien steht das elektronische Verbreiten, Überlassen, Anbieten oder Zugänglichmachen gleich, soweit es sich nicht um Rundfunk im Sinne des § 2 des Rundfunkstaatsvertrages handelt.

(3) ¹Telemedien im Sinne dieses Gesetzes sind Medien, die nach dem Telemediengesetz übermittelt oder zugänglich gemacht werden. ²Als Übermitteln oder Zugänglichmachen im Sinne von Satz 1 gilt das Bereithalten eigener oder fremder Inhalte.

(4) Versandhandel im Sinne dieses Gesetzes ist jedes entgeltliche Geschäft, das im Wege der Bestellung und Übersendung einer Ware durch Postversand oder elektronischen Versand ohne persönlichen Kontakt zwischen Lieferant und Besteller oder ohne dass durch tech-

nische oder sonstige Vorkehrungen sichergestellt ist, dass kein Versand an Kinder und Jugendliche erfolgt, vollzogen wird.

(5) **Die Vorschriften der §§ 2 bis 14 dieses Gesetzes gelten nicht für verheiratete Jugendliche.**

Schrifttum: *Büttner*, Jugendschutz in der Öffentlichkeit. Erfahrungen des Diskothekenunternehmers mit der „erziehungsbeauftragten Person", KJuG 2004, 108; *Eckstein*, Pornographie und Versandhandel, wistra 1997, 47; *Erdemir*, Jugendschutzprogramme und geschlossene Benutzergruppen, CR 2005, 275; *Frenzel*, Von Josephine Mutzenbacher zu American Psycho, AfP 2002, 191; *v.Hartlieb*, Gesetz zur Neuregelung des Jugendschutzes in der Öffentlichkeit, NJW 1985, 830; *Liesching*, Das neue Jugendschutzgesetz, NJW 2002, 3281; *ders.*, Anforderungen des Erwachsenenversandhandels nach dem Jugendschutzgesetz, NJW 2004, 3303; *ders.*, Restriktive Rechtsauffassungen der OLjB zum Internetversandhandel mit Film- und Spielbildträgern, MMR 2005, XVI; *Liese*, „Augmented Reality" in Konflikt mit dem Jugendschutz?, JMS-Report 3/2010, 8; *Lober*, Spiele in Internetcafés – Game over?, MMR 2002, 730; *Mayer*, Der Versandhandel mit Computer- und Konsolenspielen ohne Jugendfreigabe aus wettbewerbsrechtlicher Sicht, NJOZ 2010, 1316; *Schippan*, Pornos im Briefkasten? – Persönliche Aushändigung beim Erwachsenenversandhandel nach dem Jugendschutzgesetz erforderlich, K&R 2005, 349 ff.; *ders.*, Anforderungen des Erwachsenenversandhandels nach dem Jugendschutzgesetz, NJW 10/2005, XX ff. (NJW-aktuell); *Schumann*, Jugendschutzgesetz und Jugendmedien-Staatsvertrag – alte und neue Fragen des Jugendmedienschutzrechts, tv-diskurs 25/2003, S. 97; *Stettner*, Der neue Jugendmedienschutz-Staatsvertrag – eine Problemsicht, ZUM 2003, 425; *Sulzbacher*, Handel im Wandel – Pornoanbieter im Aufwind?, JMS-Report 1/2005, 2; *Wallraf*, Zur crossmedialen Herausforderung der Presseverlage, ZUM 2010, 492; *Walther*, Zur Anwendbarkeit der Vorschriften des strafrechtlichen Jugendmedienschutzes auf im Bildschirmtext verbreitete Mitteilungen, NStZ 1990, 523.

Übersicht

	Rn.
I. Allgemeines	1
1. Regelungsinhalt	1
2. Normhistorie	2
II. Kinder und Jugendliche (Abs. 1 Nrn. 1 u. 2)	3
1. Altersgrenzen im Jugendschutz	3
2. Geltungsbereich	4
III. Personensorgeberechtigte Person (Abs. 1 Nr. 3)	5
1. Maßgeblichkeit des Sorgerechts	5
2. Begleitung und Berechtigungsnachweis	6
IV. Erziehungsbeauftragte Person (Abs. 1 Nr. 4)	7
1. Allgemeines	7
2. Anforderungen an die Beauftragung	8
a) Auftragsverhältnis	8
b) Schutzzweckorientierte Auslegung	9
c) Unzulässigkeit von Blanko-Beauftragungen	10
3. Anforderungen an die beauftragte Person	11
a) Person ab 18 Jahren	11
b) Keine weiteren personellen Einschränkungen	12
c) Beispielsfälle	13
4. Tatsächliche Wahrnehmung des Auftrags	14
V. Trägermedien und Telemedien (Abs. 2 u. 3)	15
1. Allgemeines	15

2. Begriff der Trägermedien (Abs. 2 S. 1) 16
     a) Abweichung vom Schriftenbegriff 16
     b) Exklusivität der Begriffe 17
     c) Eignung zur Weitergabe 18
     d) Bestimmung zur unmittelbaren Wahrnehmung 19
     e) Einbau in ein Vorführ- oder Spielgerät 20
  3. Abgrenzung zu Telemedien 23
     a) Nutzungsorientierte Abgrenzung 23
     b) Negative Abgrenzungsformel 24
  4. Elektronisches Verbreiten von Trägermedien (Abs. 2 S. 2) 25
     a) Elektronische Verbreitung 25
     b) Ausschluss von Rundfunkangeboten 26
  5. Begriff der Telemedien (Abs. 3 S. 1) 27
     a) Orientierung am TMG 27
     b) Einzelfälle 28
  6. Bereithalten von Inhalten (Abs. 3 S. 2) 29
     a) Problematik des Wortlauts 29
     b) Erfassung des Access-Providers 30
     c) Berichtigende Auslegung 31
VI. Versandhandel (Abs. 4) 32
  1. Allgemeines 32
  2. Postversand 33
  3. Elektronischer Versand 34
  4. Ausschlussgründe des persönlichen Kontakts und des
     Erwachsenenversands 35
     a) Kumulatives Nichvorliegen der Ausschlussgründe 35
     b) Persönlicher Kontakt zwischen Lieferant und Besteller . 36
     c) Sicherstellung des ausschließlichen Versandes an Erwachsene 38
  5. Strafrechtlicher Versandhandelsbegriff 45
VII. Verheiratete Jugendliche (Abs. 5) 46

I. Allgemeines

1. Regelungsinhalt

Die Vorschrift enthält mehrere Legaldefinitionen zu **zentralen Rechtsbe-** 1
griffen des JuSchG wie insb. zu den Termini der Kinder, der Jugendlichen, der personensorgeberechtigten und der erziehungsbeauftragten Person; im Weiteren der Medienbegriffe der Trägermedien und der Telemedien sowie zum Versandhandelsbegriff. Darüber hinaus enthält Abs. 5 eine Reduktion des Geltungsbereichs der Vorschriften zum Jugendschutz in der Öffentlichkeit für verheiratete Jugendliche.

2. Normhistorie

Die Vorschrift ist durch Gesetz vom 23. 7. 2002 (BGBl. I S. 2730) mit 2
Wirkung vom 1. 4. 2003 eingeführt worden und rekurriert nur zum Teil auf Vorgängervorschriften des JÖSchG und des GjSM. Insb. erfolgte eine **Abkehr vom vormaligen Schriftenbegriff** zugunsten der neuen terminologischen Kategorisierung in Trägermedien und Telemedien. Auch der Ver-

sandhandelsbegriff hat mit Einführung des JuSchG faktisch eine Liberalisierung erfahren. **Abs. 3** wurde neu gefasst durch Art. 2 Elektronischer-Geschäftsverkehr-VereinheitlichungsG vom 26. 2. 2007 (BGBl. I S. 179) mit Wirkung vom 1. 3. 2007.

II. Kinder und Jugendliche (Abs. 1 Nrn. 1 u. 2)

1. Altersgrenzen im Jugendschutz

3   Die nach Absatz 1 Nrn. 1 und 2 vorgegebenen Altersgrenzen sind auch in anderen gesetzlichen Bestimmungen manifestiert (vgl. § 176 Abs. 1 StGB, § 7 Abs. 1 Nrn. 1 u. 2 SGB VIII, ferner § 2 Abs. 1 u. 2 JArbSchG, wo freilich durch ÄndG v. 24. 2. 1997, BGBl. I 311, die Kindesaltersgrenze auf 15 Jahre angehoben wurde). Daneben kennt das Gesetz noch die Altersgrenzen **6 Jahre, 12 Jahre und 16 Jahre** (vgl. § 14 Abs. 2). Nach § 187 Abs. 2 Satz 2 in Verbindung mit § 188 Abs. 2 BGB, welche hier entsprechend heranzuziehen sind (Nikles u.a., Rn. 2), ist ein Lebensjahr jeweils mit dem Ablauf des dem Geburtstag vorangehenden Tages vollendet. Wer somit am 3. 10. 1990 geboren wurde, vollendete sein 16. Lebensjahr am 2. 10. 2006, 24 Uhr und sein 18. Lebensjahr am 2. 10. 2008, 24 Uhr. Bezüglich der Feststellung des Lebensalters ist § 2 Abs. 2 (siehe dort Rn. 9 f.) zu beachten.

2. Geltungsbereich

4   Das Gesetz gilt für Kinder und Jugendliche (nicht für Heranwachsende, vgl. Nikles u.a., Rn. 2), die sich in seinem räumlichen Geltungsbereich, also der **Bundesrepublik Deutschland** aufhalten (vgl. auch § 5 OWiG). Auf die Staatsangehörigkeit der Minderjährigen kommt es dabei nicht an. Dennoch kann nach den allgemeinen Regeln zum internationalen Straf- und Ordnungswidrigkeitenrecht das JuSchG auch bei Konstellationen mit **Auslandsbezug** Anwendung finden (vgl. insb. §§ 3, 9 StGB, § 7 OWiG; s.a. insb. für Telemedien H/S/Altenhain, Rn. 12). Den Schutz der sog. Heranwachsenden i. S. d. § 1 Abs. 2 JGG bzw. der jungen Volljährigen i. S. d. § 7 Abs. 1 Nr. 3 SGB VIII betrifft dieses Gesetz nicht.

III. Personensorgeberechtigte Person (Abs. 1 Nr. 3)

1. Maßgeblichkeit des Sorgerechts

5   Personensorgeberechtigte Person ist nach Abs. 1 Nr. 3 nur diejenige Person, welche nach dem Bürgerlichen Recht das **Sorgerecht** für das Kind bzw. den/die Jugendliche(n) inne hat. Das sind im Regelfall beide Elternteile (§ 1626 Abs. 1 BGB). Sind diese bei der Geburt des Kindes nicht miteinander verheiratet, so steht ihnen die elterliche Sorge gleichwohl gemeinsam zu, wenn sie gemäß § 1626a Abs. 1 Nr. 1 BGB eine entsprechende Sorgeerklärung abgegeben haben oder einander heiraten. Im Übrigen hat die Mutter die elterliche Sorge (§ 1626a Abs. 2 BGB; zum Umfang der Personensorge vgl. §§ 1631-1633 BGB). Bei nicht nur vorübergehendem **Getrenntleben**

Begriffsbestimmungen § 1 JuSchG

der Eltern entscheidet das Familiengericht auf Antrag über das Sorgerecht (§§ 1671 f. BGB). Steht eine minderjährige Person nicht unter elterlicher Sorge, so wird von Amts wegen ein **Vormund** bestellt (§§ 1773 ff. BGB), welcher sodann personensorgeberechtigt ist. Bei Ausländern bestimmt sich für die Belange des Jugendschutzes das Sorgerecht ebenfalls nach den Vorschriften des BGB, soweit die ausländische minderjährige Person seinen gewöhnlichen Aufenthalt in der Bundesrepublik Deutschland hat (Art. 21 EGBGB).

2. Begleitung und Berechtigungsnachweis

Die Begleitung durch lediglich eine personensorgeberechtigte Person ist 6
auch dann ausreichend, wenn dieser Person das Sorgerecht nur gemeinsam mit einer anderen Person zusteht (E/K/Liesching, Rn. 6). Das Gesetz fordert – im Gegensatz zu erziehungsbeauftragten Personen (vgl. § 2 Abs. 1) – **keine Erbringung eines Nachweises** für die tatsächliche Inhaberschaft des Sorgerechts. Dies wird in der Lit. teilweise als „Lücke für die Kontrollierbarkeit" angesehen (vgl. Nikles u.a. Rn. 6), trägt aber den praktischen Schwierigkeiten der Nachweiserbringung Rechnung. Veranstalter und Gewerbetreibende dürften aber bei **offenkundig berechtigten Zweifeln** an der Personensorgeberechtigung (z. B. bei zu geringem Altersabstand zwischen vorgeblichem Elternteil und vorgeblichem Kind) einen Nachweis verlangen können und eine Zutritts- bzw. Aufenthaltsverweigerung nötigenfalls über das allg. Hausrecht begründen können.

IV. Erziehungsbeauftragte Person (Abs. 1 Nr. 4)

1. Allgemeines

Durch die Legaldefinition wird klargestellt, dass bei der Beauftragung Drit- 7
ter mit Erziehungsaufgaben die Dispositionsbefugnis der Eltern oder sonstiger personensorgeberechtigter Personen nicht beschränkt ist (vgl. auch Nikles u.a, Rn. 7: „**Priorität des Elternwillens**"). Die Bestimmung knüpft nach der Rspr. daran an, dass der allein erziehungsberechtigte Personenberechtigte im Rahmen eines Auftragsverhältnisses Teile der Personensorge, die nach der Legaldefinition des § 1631 Abs. 1 BGB die Pflege, Erziehung, Beaufsichtigung und Aufenthaltsbestimmung für ein minderjähriges Kind umfasst, an einen Dritten dauerhaft oder – wie z. B. für die Dauer eines Diskothekenbesuchs – zeitweise überträgt (OLG Bamberg, Beschl. v. 16. 12. 2008 – 2 Ss OWi 1325/08). Die **Verantwortung** für die richtige Auswahl und die Geeignetheit der „erziehungsbeauftragten Person" obliegt damit ausschließlich den Eltern bzw. dem Personensorgeberechtigten aufgrund des Personensorgerechts (OLG Nürnberg NStZ 2007, 43, 44; OLG Bamberg aaO.). Bei der Anwendung der Norm können sich zwar in der Praxis schwierige Abgrenzungsfragen ergeben, jedoch kommt es im Einzelfall immer auch darauf an, dass die **Grenzen der Vereinbarung** mit dem Personensorgeberechtigten eingehalten werden und dass der Dritte seiner Begleiterfunktion auch tatsächlich nachkommt (vgl. BayObLG NStZ-RR 1996, 280).

2. Anforderungen an die Beauftragung

8 **a) Auftragsverhältnis.** Beim Abschluss von Vereinbarungen über die Ausübung von Aufgaben der Personensorge durch Dritte sind die Inhaber der Personensorge, d.h. in der Regel die Eltern, grundsätzlich frei. Bei der Übertragung muss lediglich der Rahmen der sich für die Berechtigten selbst aus der Personensorge ergebenden Verantwortung gewahrt sein, d.h. die Eltern müssen vor allem nach den Umständen überzeugt sein können, dass der Dritte den übertragenen Aufgaben gewachsen ist. Die Vereinbarung zwischen dem Personensorgeberechtigten und dem Erziehungsbeauftragten ist in der Regel als **Auftrag i. S. d. §§ 662 ff. BGB** mit den sich daraus ergebenden haftungsrechtlichen Konsequenzen anzusehen (vgl. OLG Nürnberg NStZ 2007, 43, 44; ferner OLG Bamberg, Beschl. v. 16. 12. 2008 – 2 Ss OWi 1325/08: „Auftragsverhältnis"). Eine besondere **Form** der Beauftragung ist nicht erforderlich, allerdings erscheint die Schriftform im Hinblick auf die Erfüllung der Darlegungspflicht nach § 2 Abs. 1 zweckmäßig.

9 **b) Schutzzweckorientierte Auslegung.** Ein Abweichen von Weisungen der beauftragenden personensorgeberechtigten Person ist nur dann zulässig, wenn die erziehungsbeauftragte Person den Umständen nach annehmen darf, dass der Auftraggeber bei Kenntnis der Sachlage die Abweichung billigen würde (vgl. § 665 BGB). Dementsprechend ist der Umfang der konkreten Beauftragung im Einzelfall **weit auszulegen** [Beispiel: Der volljährige Bruder begleitet und beaufsichtigt in Absprache mit den Eltern einen 14jährigen Jungen beim Besuch einer nach 22.00 Uhr endenden Open-Air-Kino-Veranstaltung (§ 11 Abs. 3 Nr. 3). Sind beide aufgrund eines Unwetters gezwungen, die nahe gelegene Gaststätte als Unterschlupf aufzusuchen, so gilt die Erziehungsbeauftragung auch hinsichtlich des § 4 Abs. 1 S. 1].

10 **c) Unzulässigkeit von Blanko-Beauftragungen.** Nicht ausreichend ist es, wenn die Erziehungsbeauftragung auf einem vorgedruckten Formular vorab von den Eltern unterschrieben worden ist und die Person des Beauftragten nachträglich in den Vordruck eingesetzt wird (OVG Bremen, Beschl. v. 26. 9. 2007 – 1 B 287/07; ferner OLG Bamberg, Beschl. v. 16. 12. 2008 – 2 Ss OWi 1325/08). Die wirksame Beauftragung setzt vielmehr voraus, dass die personensorgeberechtigte Person den Erziehungsauftrag an eine **bestimmte, ihr bekannte Person** über 18 Jahren überträgt. Anderenfalls kann von der im Gesetz geforderten Vereinbarung keine Rede sein (so zutreffend OVG Bremen aaO.).

3. Anforderungen an die beauftragte Person

11 **a) Person ab 18 Jahren.** Die Beauftragung einer minderjährigen Person ist nicht zulässig. Im Übrigen hat sich der Gesetzgeber bei der Altersgrenze allerdings nur für das **Mindestalter von 18 Jahren** entschieden. Demgegenüber hat sich der Gesetzgeber etwa im Zusammenhang mit dem – von der Wahrnehmung von Aufsichtspflichten gegenüber Jugendlichen – vergleichbaren Fall des „begleitenden Fahren ab 17" gemäß der StVG sogar für eine Mindestalter von 30 Jahren für den Beifahrer ausgesprochen, damit die Begleitperson deutlich älter als der Fahranfänger ist und nicht mehr zu der

Begriffsbestimmungen § 1 JuSchG

stark mit Unfällen belasteten Gruppe der 18- bis 24-jährigen Fahrer zählt. Vergleichbare Einschränkungen zum Schutz der Jugendlichen sind dem Gesetzeswortlaut des Abs. 1 Nr. 4 JuSchG aber gerade nicht zu entnehmen (OLG Bamberg, Beschl. v. 16. 12. 2008 − 2 Ss OWi 1325/08).

b) Keine weiteren personellen Einschränkungen. Weitere Anforderungen an die Person des Beauftragten sieht Abs. 1 Nr. 4 nicht vor. Insb. ist nach allg. Meinung **kein Autoritätsverhältnis** der beauftragten Person gegenüber dem Minderjährigen von einiger Dauer gefordert, da das Gesetz ausdrücklich eine „zeitweise" Wahrnehmung von Erziehungsaufgaben zulässt (vgl. OLG Nürnberg NStZ 2007, 43, 44; OLG Bamberg, Beschl. v. 16. 12. 2008 − 2 Ss OWi 1325/08; BayObLG NStZ-RR 1996, 280; Liesching, NJW 2002, 3281, 3282). Auch besondere **pädagogische Fähigkeiten** der Erziehungsbeauftragten sind nach dem Gesetz nicht erforderlich (OLG Bamberg aaO.). 12

c) Beispielsfälle. Als Erziehungsbeauftragte kommen in Betracht: ältere (volljährige) Geschwister oder Freunde des Kindes oder Jugendlichen, Großeltern, sonstige Verwandte, Nachbarn oder Freunde der Eltern sowie aufgrund einer Vereinbarung mit den Personensorgeberechtigten zeitweise tätige erwachsene Babysitter (zu volljährigen Partnern einer Freundschaftsbeziehung ausführl. Nikles u.a., § 1 JuSchG Rn. 9). Bei der Betreuung im Rahmen der **Ausbildung** oder der **Jugendhilfe** ist erziehungsbeauftragte Person etwa die Lehrkraft, der Ausbilder (Handwerksmeister oder Betriebsleiter) oder der Jugendhilfe-Mitarbeiter (vgl. BT-Drs. 14/9013, S. 17). Veranstalter von Weiterbildungs- oder Volkshochschulkursen fallen nicht unter die Bestimmung (Nikles u.a., § 1 JuSchG Rn. 14). **Nicht ausreichend** ist auch die schlichte Aufgabenübertragung von Seiten der Eltern auf den (Film-)Veranstalter, Gaststätteninhaber, Internetcafé-Betreiber, Veranstalter sog. LAN-Partys etc., da dies mit Blick auf § 2 Abs. 1 dem Gesetzeszweck widerspricht (vgl. OVG Hamburg GewArch 1982, 208; Roll, KJuG 4/2002, S. 112, 113). 13

4. Tatsächliche Wahrnehmung des Auftrags

Gegenstand des Auftrags ist im Wesentlichen, auf die betreffenden Kinder bzw. Jugendlichen aufzupassen und diese „im Auge zu behalten" (OLG Bamberg, Beschl. v. 16. 12. 2008 − 2 Ss OWi 1325/08). Erforderlich ist, dass die beauftragte Person diese (Aufsichts-)Pflichten tatsächlich wahrnimmt (BayObLG NStZ-RR 1996, 280). Die „erziehungsbeauftragte Person" muss räumlich **anwesend** sein und jederzeit Einfluss auf das Verhalten des Jugendlichen nehmen bzw. Gefahren von ihm abwehren können (OLG Nürnberg NStZ 2007, 43, 44). Daran fehlt es insb. dann, wenn die erziehungsbeauftragte Person abwesend oder in Folge **Alkohol- oder Drogenkonsums** objektiv nicht mehr in der Lage ist, die vereinbarten Aufsichtspflichten zu übernehmen (OLG Nürnberg aaO.; OLG Bamberg aaO.). 14

V. Trägermedien und Telemedien (Abs. 2 u. 3)

1. Allgemeines

15 Ein Kernstück der 2003 in Kraft getretenen Neuregelung des Jugendschutzes ist die in den Absätzen 2 und 3 vollzogene Abkehr von dem überkommenen Begriff der „Schriften" sowie der im Hinblick auf ihre Abgrenzung als unpraktikabel angesehenen Termini der „Teledienste" und „Mediendienste" zugunsten einer **Neuordnung des Medienbereichs** bezüglich des Jugendschutzes in die Kategorien Trägermedien und Telemedien (vgl. hierzu auch Stettner, ZUM 2003, 425, 429; Liesching, NJW 2002, 3281 ff.; krit., insb. zum Begriff der „Medien": Schumann, tv-diskurs 25/2003, S. 97; ausführl. zum Ganzen auch Löffler/Altenhain, Rn. 13 ff.). Wähnte der Gesetzgeber hierdurch alte Abgrenzungsschwierigkeiten, insb. im Bereich der Informations- und Kommunikationsdienste, beseitigt (vgl. BT-Drs. 14/9013, S. 13, 16, 18), so entstanden neue Fragestellungen bei der **randscharfen Begriffstrennung** der Trägermedien von den Telemedien (Sp/Wiebe/Erdemir, Rn. 47). Dies gilt umso mehr, als in § 1 Abs. 2 S. 2 das „elektronische Verbreiten von Trägermedien" ausdrücklich vorgesehen und in § 24 Abs. 3 S. 2 von der „Verbreitung des Trägermediums durch Telemedien" die Rede ist. Insb. der Bereich der Datenspeicher, der bislang unter den Schriftenbegriff gefallen ist, kann nunmehr nicht einfach den Trägermedien zugeordnet werden. Siehe zur nutzungsorierten Abgrenzung unten Rn. 23 ff.; zur Abgrenzung im Allg. auch Löffler/Altenhain, Rn. 14 ff., 32; Stettner, ZUM 2003, 425, 429; Sp/Wiebe/Erdemir, Rn. 46 ff.).

2. Begriff der Trägermedien (Abs. 2 S. 1)

16 **a) Abweichung vom Schriftenbegriff.** Der Begriff der Trägermedien ist nicht deckungsgleich mit dem Schriftenbegriff des § 11 Abs. 3 StGB. Missverständlich ist insoweit die Amtliche Begründung des Regierungsentwurfs, wonach der Oberbegriff der Schriften durch den Begriff der Trägermedien „ersetzt" werde (BT-Drs. 14/9013, S. 17; so auch Frenzel, AfP 2002, 191, 192). Nicht ohne weiteres von Abs. 2 erfasst werden **Datenspeicher**, die in ein übergeordnetes Betriebssystem fest eingebaut sind wie i. d. R. Festplatten (z. B. in PCs, Festplattenrekorder oder Server) oder Speicherchips (z. B. in Mobilfunkgeräten). Diese können zwar auch als gegenständliche Medienträger bezeichnet werden, sind jedoch im Regelfall weder zur Weitergabe geeignet noch zur unmittelbaren Wahrnehmung bestimmt bzw. in einem Vorführ- oder Spielgerät eingebaut (vgl. zu diesen einschränkenden Modalitäten sogleich Rn. 18 ff.).

17 **b) Exklusivität der Begriffe.** Würde man hingegen alle Datenspeicher den Trägermedien zuordnen, käme es zu weitreichenden Überschneidungen mit dem Begriff der Telemedien nach Absatz 3, da die elektronische Verbreitung von gespeicherten bzw. bereitgehaltenen (vgl. § 1 Abs. 3 S. 2; Rn. 23 f.) Dateninhalten regelmäßig als Informations- und Kommunikationsdienst anzusehen ist. Dass der Gesetzgeber eine derart weitgehende Überdeckung des Anwendungsbereichs der Rechtsbegriffe der Trägermedien und der Tele-

medien beabsichtigt hat, kann angesichts der differenzierenden Regelungen in §§ 1 Abs. 2 S. 2, 15, 16, 18 Abs. 2, 24 Abs. 3 S. 2 nicht angenommen werden. Es handelt sich vielmehr um **sich wechselseitig ausschließende Begriffe** im Sinne eines Exklusivitätsverhältnisses (H/S/Altenhain, Rn. 14; Löffler/Altenhain, Rn 13 ff.).

c) Eignung zur Weitergabe. Zur Weitergabe geeignet sind nur solche gegenständlichen Medienträger, die ohne eine vorhergehende erhebliche Demontage oder einen sonstigen Ausbau aus einem übergeordneten Medienbetriebssystem an eine andere Person tatsächlich übergeben werden können. **Typische Trägermedien** im Sinne der Weitergabemodalität sind alle Druckschriften, Filmrollen, Schallplatten, Video- oder Audiokassetten, elektronische Speichermedien wie Blu-ray-Discs, DVDs, CD-Roms (vgl. auch BT-Drs. 14/9013, S. 18). **Ungeeignet** für die Weitergabe im Sinne der Vorschrift sind hingegen Festplatten oder Speicherchips, soweit sie in Computern bzw. Datenrechnern fest installiert und nur durch erheblichen Aufwand von diesen im Hinblick auf eine Weitergabe zu trennen sind. Auf die Eignung zur **Weitergabe der Computer selbst** – wie etwa bei Laptops, Tablet-PCs, PDAs oder Handys – kann insoweit nicht abgestellt werden (ausführl. Stumpf, 2009, S. 136), da die Rechner keine Medienträger im eigentlichen Sinne sind, sondern vielmehr der Verarbeitung von Daten dienen. Sog. „portable Harddisks" – ohne besonderen Aufwand zu entnehmende und transportable Festplatten – sowie USB-Speicher-Sticks sind allerdings den Trägermedien zuzuordnen (Liesching, NJW 2002, 3281, 3283, Nikles u.a., Rn. 17). **18**

d) Bestimmung zur unmittelbaren Wahrnehmung. Zur unmittelbaren Wahrnehmung bestimmt sind Medienträger, welche die Medieninhalte direkt zur Anschauung bringen, ohne dass für die Möglichkeit der Kenntnisnahme ein über die sinnliche Wahrnehmung hinausgehender (technischer) Verarbeitungsvorgang erforderlich ist. Hierzu zählen insb. alle Druckschriften (z. B. Bücher, Zeitschriften, Postkartenmotive, illustrierte Videohüllen oder sog. CD- oder DVD-Cover), welche freilich im Regelfall bereits deshalb den Trägermedien zuzuordnen sind, weil sie zur Weitergabe geeignet sind. Ein eigenständiger Anwendungsbereich kommt der Modalität der Bestimmung zur unmittelbaren Wahrnehmung hingegen bei großformatigen **Kinoplakaten** (vgl. BPjM-Entsch. Nr. 5563 vom 8. 5. 2008 – „Kinoplakat SAW IV"), „Aushängen" an schwarzen Brettern oder an Litfasssäulen zu (s.a. Stumpf, 2009, S. 136). Medienträger, deren Inhalte erst durch einen technischen Verarbeitungsvorgang lediglich „mittelbar" zur Wahrnehmung gelangen (z. B. Audio- oder Videokassetten, sämtliche elektronischen Datenträger), werden insoweit nicht erfasst. Eine „**Bestimmung**" zur unmittelbaren Wahrnehmung etwa i.S. einer entsprechenden Widmung des Herstellers bedarf es entgegen dem Wortlaut nicht (zutr. Schumann, tv-diskurs 25/2003, S. 97). **19**

e) Einbau in ein Vorführ- oder Spielgerät. aa) Vorführ- und Spielgeräte. Im Sinne der dritten Modalität der Trägermedien sind nur solche Geräte erfasst, die bestimmungsgemäß oder auch nur tatsächlich zu Vorführ- oder Spielzwecken genutzt werden (vgl. auch VG Berlin MMR 2002, 767; Löffler/Altenhain, Rn. 28, 32; Stettner, ZUM 2003, 425, 429; Ukrow, **20**

JuSchG § 1 I. Abschnitt. Allgemeines

Rn. 102 Fn. 42; a. A. wohl Lober, MMR 2002, 730, 732; siehe auch OVG Berlin MMR 2003, 204 f. = JMS-Report 1/2003, S. 55 f. mit abl. Anm. Liesching/Knupfer). Hierzu zählen insb. sog. **Festplattenrekorder** zur digitalen Aufnahme und Wiedergabe von Rundfunksendungen etc., **Spielkonsolen** oder elektronische Bildschirmspielgeräte im Sinne des § 13.

21   **bb) Einordnung multifunktionaler Geräte.** Multifunktionale Geräte wie PCs, Notebooks, PDAs oder Handys (Mobiltelefone) stellen nicht ohne weiteres Vorführ- oder Spielgeräte i. S. d. Vorschrift dar, da diese Geräte umfassend – d.h. unabhängig von einer bestimmten Anwendung – der Verarbeitung beliebiger Dateninformationen dienen. Allerdings ist insoweit dann von einem Vorführ- bzw. Spielgerät auszugehen, wenn das elektronische Datenverarbeitungsgerät gerade zu dem Zweck der Vorführung oder des Spielens tatsächlich genutzt wird (vgl. VG Berlin MMR 2002, 767; Liesching, NJW 2002, 3281, 3283; siehe auch Nikles u.a., § 1 JuSchG Rn. 19: „funktionale Reduzierung auf einen Einsatz als Vorführ- und Spielgeräte"). Eine derart **nutzungsorientierte Auslegung** (zustimmend Löffler/Altenhain, Rn. 32; s.a. Rn. 23) ist im Hinblick auf die Vermeidung einer für den Jugendschutz erheblichen Regelungslücke erforderlich. Da lokale Datenspeicher (Festplatten, Speicherchips) regelmäßig nicht zur Weitergabe geeignet und nicht zur unmittelbaren Wahrnehmung bestimmt sind (Rn. 18 f.) und mithin grundsätzlich nur die elektronische Distribution als Telemedium nach Abs. 3 rechtlich erfasst wird, kann der Fall der Vorführung oder des Spielens von lokal gespeicherten Dateninhalten an multifunktionalen Geräten (PC-Rechner, Handy) zunächst nur dann den für Trägermedien geltenden gesetzlichen Verboten des § 15 Abs. 1 bis 3 unterfallen, wenn auch derartige multifunktional einsetzbare Geräte als Vorführ- oder Spielgeräte bei entsprechender Verwendung zu gelten haben.

22   **cc) Eingebaut.** Dies sind Medienträger in ein Vorführ- oder Spielgerät nur dann, wenn sie mit diesem derart fest verbunden sind, dass sie nur durch **erheblichen technischen Aufwand** von dem Gerät getrennt werden können. Nicht ausreichend ist die lediglich in das Einschubfach eines Abspielgerätes eingelegte Kassette, Diskette, CD, DVD oder Blu-ray Disc. Dasselbe gilt für mobile Speicher, wie sog. USB-Memory-Sticks, CF-Cards, MM-Cards, SD-Cards usw. Diese stellen vielmehr „zur Weitergabe geeignete" Trägermedien dar (s. Rn. 18).

3. Abgrenzung zu Telemedien

23   **a) Nutzungsorientierte Abgrenzung.** Mithin gilt insb. für die Einordnung von Dateninhalten auf lokalen, in ein multifunktionales Betriebssystem eingebauten Medienträgern (z. B. PC-Festplatten, Speicherchips in PDAs oder Handys) folgender Grundsatz: **Lokal gespeicherte Dateninhalte** sind immer dann **Trägermedien**, wenn sie nach ihrer bestimmungsgemäßen oder auch nur tatsächlichen Verwendung unmittelbar Vorführ- oder Spielzwecken dienen. Hierzu gehören im Regelfall Computerspielprogramme, Video- oder Bilddateien auf Festplatten oder Speicherchips, sofern deren lokale Nutzung und nicht der Datentransfer (z. B. Versenden per E-Mail, Verbreiten im Inter-

net) im Vordergrund steht. Ist hingegen die bestimmungsgemäße oder auch nur tatsächliche Verwendung der lokal gespeicherten Dateninhalte die elektronische Distribution (z. B. E-Mail, auf Internetservern bereitgehaltene Daten), liegt ein **Telemedium** vor (vgl. auch Nikles u.a., Rn. 19: „funktionale Reduzierung auf einen Einsatz als Vorführ- und Spielgeräte"; ferner Stettner, ZUM 2003, 425, 429: „intendierte primäre Verbreitungsform"). Hiernach kann freilich ein und derselbe Dateninhalt auf einer Festplatte je nach Verwendung bald als Trägermedium (bei lokaler Nutzung), bald als Telemedium (etwa bei Versendung als E-Mail-Anhang) qualifiziert werden (s.a. Löffler/Altenhain, Rn. 31). Ein gleichzeitiges Vorliegen beider Tatobjektseigenschaften wird jedoch höchstens in seltenen Ausnahmefällen gegeben sein.

b) **Negative Abgrenzungsformel.** Im Übrigen kann **in Zweifelsfällen** 24 von einer negativen Abgrenzungsformel ausgegangen werden, nach der zu den Trägermedien alle Datenspeicher gehören, die nicht den Telemedien zuzuordnen sind (Scholz/Liesching, Rn. 8, 12; ebenso Löffler/Altenhain, Rn. 32; Sp/Wiebe/Erdemir, Rn. 48). Freilich ist bei derart pauschaler Differenzierung darauf zu achten, dass die in Abs. 2 weiterhin genannten spezifischen Merkmale der Trägermedien (Rn. 18 ff.) bei der Auslegung nicht unberücksichtigt bleiben. Die negative Abgrenzungsformel ist daher nur ergänzend bzw. subsidiär heranzuziehen.

4. Elektronisches Verbreiten von Trägermedien (Abs. 2 S. 2)

a) **Elektronische Verbreitung.** Die Gleichstellung des gegenständlichen 25 Verbreitens bzw. Zugänglichmachens mit dem elektronischen nach Abs. 2 Satz 2 soll nach der Begründung des Regierungsentwurfs klarstellen, „dass die unkörperliche elektronische Verbreitung, z. B. einer Musik- oder Videokassette oder einer Zeitschrift als Attachement zu einer E-Mail, der körperlichen Verbreitung gleichsteht" (BT-Drs. 14/9013, S. 18). Dieser Einschätzung liegt freilich die – zumindest sprachliche – **Fehlannahme** zugrunde, man könne nicht digitalisierte Medienträger als Anhang einer E-Mail elektronisch versenden (krit. auch Bornemann, NJW 2003, 787, 788). Das ist vielmehr nur dann möglich, wenn der entsprechende Inhalt einer Musik- bzw. Videokassette oder einer Zeitschrift zuvor in ein elektronisch übertragbares Datenformat umgewandelt worden ist. Dann aber liegt im Regelfall **schon kein Trägermedium** im Sinne des Abs. 2 Satz 1 mehr vor, sofern sich die (umgewandelten) Daten auf der immobilen Festplatte eines Datenrechners befinden (vgl. oben Rn. 23 ff.). Die E-Mail mit Datenanhängen aus dem Speicher des Rechners selbst stellt vielmehr ein Telemedium nach Abs. 3 dar. Die Vorschrift erfasst daher in erster Linie nur die **Faxübermittlung**. Dies soll selbst dann gelten, wenn auf Seiten des Faxempfängers kein Ausdruck erfolgt (vgl. BT-Drs. 14/9013, S. 18). Zu den Tathandlungen des Verbreitens, Überlassens, Anbietens und Zugänglichmachens siehe unten § 15 Rn. 7 ff. sowie § 184 StGB Rn. 17 ff.).

b) **Ausschluss von Rundfunkangeboten.** Ausdrücklich ausgenommen 26 ist die Übertragung von Rundfunksendungen nach § 2 RStV (vgl. aber §§ 131

Abs. 2, 184d StGB sowie insb. §§ 4 ff., 8 ff. JMStV). Die Definition von Rundfunk ergibt sich aus § 2 Abs. 1 RStV (v. 31. 8. 1991, zuletzt geändert durch den 13. RfÄndStV v. 30. 10. 2009 mit Wirkung vom 1. 4. 2010, siehe zum Rundfunkbegriff § 2 JMStV Rn. 5). Near-Video-on-Demand-Angebote sind als Rundfunk zu qualifizieren und damit nicht erfasst (vgl. EuGH MMR 2005, 517 ff. m. Anm. Schreier).

5. Begriff der Telemedien (Abs. 3 S. 1)

27 **a) Orientierung am TMG.** Der Begriff der Telemedien knüpft an den Vorgaben des Telemediengesetzes (TMG) an. Nach der Legaldefinition des § 1 Abs. 1 TMG sind Telemedien alle elektronischen Informations- und Kommunikationsdienste, soweit sie nicht Telekommunikationsdienste nach § 3 Nr. 24 TKG, die ganz in der Übertragung von Signalen über Telekommunikationsnetze bestehen, telekommunikationsgestützte Dienste nach § 3 Nr. 25 TKG oder Rundfunk nach § 2 RStV sind. Der Begriff der Telemedien nach Absatz 3 Satz 1 umfasst **alle Datenangebote von Texten, sonstigen Zeichen, Bildern oder Tönen**, welche mittels Telekommunikation elektronisch übermittelt werden (ausführl. etwa Mynarik, 2006, S. 61 ff.; Stumpf, 2009, S. 140 f.; s.a. VG Münster 4/2010, 73, 75).

28 **b) Einzelfälle.** Unter den Begriff der Telemedien fallen insb.: Alle Online-Angebote, die im **Internet** abrufbar sind; Angebote zur Nutzung anderer Netze (z. B. Intranet, sonstige Benutzergruppen); Angebote im Bereich der Individualkommunikation (Telebanking, E-Mail-Datenaustausch mit Ausnahme der elektronisch versandten Trägermedien, vgl. oben Rn. 25); Angebote von Waren und Dienstleistungen in Abrufdiensten (sog. Teleshopping) oder in elektronisch abrufbaren Datenbanken (z. B. Video on Demand, sog. Video-Streaming, nicht Near-Video-on-Demand, siehe EuGH MMR 2005, 517 ff.; LNK/Knupfer, Rn. 8); Angebote zur Nutzung von Telespielen (z. B. Internet-Download von Computerspielen); Angebote in **Filesharing**-Systemen (vgl. Sp/Wiebe/Erdemir, Rn. 49), **Sharehosting**-Angebote; Verteildienste in Form von Fernsehtext (Videotext), Radiotext und vergleichbaren Textdiensten. Auch über TV-Kanäle ausgestrahlte Telefonsex-Werbung durch Standbilder und Texte sollen Telemedien darstellen (vgl. VG Münster JMS-Report 4/2010, 73, 75

6. Bereithalten von Inhalten (Abs. 3 S. 2)

29 **a) Problematik des Wortlauts.** Nach der erst im weiteren Gesetzgebungsverfahren eingefügten Vorschrift des Satz 2 gilt als Übermitteln oder Zugänglichmachen von Medien durch Informations- und Kommunikationsdienste das Bereithalten eigener oder fremder Dateninhalte. Die Norm soll offenbar klarstellen, dass lediglich solche Informations- und Kommunikationsdienste als Telemedium erfasst werden, deren Anbieter eine über die bloße Datendurchleitung hinausgehende tatsächliche Herrschaft über die Medieninhalte ausüben. Freilich ist die vom Gesetzgeber terminologisch fingierte **Gleichsetzung** des Übermittelns und Zugänglichmachens **mit dem Bereithalten** nicht unproblematisch. Eigene oder fremde Inhalte werden nämlich

Begriffsbestimmungen § 1 JuSchG

nur dann bereitgehalten, wenn der Anbieter sie zumindest für eine gewisse Dauer auf eigenen Servern bzw. Datenrechnern speichert (vgl. Sieber, Verantwortlichkeit 1999, Rn. 317). Damit würden allerdings lediglich sog. „Content-Provider" und sog. „Cache-Provider" bzw. „Host-Service-Provider" als Telemedien-Anbieter erfasst werden.

b) Erfassung des Access-Providers. Die bloße Zugangsvermittlung im 30 Sinne der bloßen Durchleitung der Inhalte zum Nutzer (sog. Access-Providing) wäre hingegen generell vom Anwendungsbereich des Absatz 3 Satz 1 ausgeschlossen. Gerade dies wollte der Gesetzgeber aber nicht. Vielmehr soll nach der Begründung der Beschlussempfehlung des FSFJ-Ausschusses auch die „bloße **Zugangsvermittlung** zum Internet" erfasst werden, „wenn und insoweit die technischen Voraussetzungen die Verhinderung des Zugangs möglich und zumutbar machen" (BT-Drs. 14/9410, S. 30; a. A. HBI-Bericht, 2007, S. 121, s.a. S. 10; inhaltsgleich H/V/Schulz, Rn. 28 ff.; dagegen Altenhain u.a., MMR 1/2008, S. V f.; s. ausführl. § 3 JMStV Rn. 7 f.).

c) Berichtigende Auslegung. Daher ist Abs. 3 Satz 2 bei berichtigender 31 Auslegung so zu verstehen, dass als Übermitteln oder Zugänglichmachen **„auch" das Bereithalten** anzusehen ist (Liesching/Knupfer, S. 28). Darüber hinaus stellt nämlich jedes Durchleiten von Informationen des Anbieters zum Nutzer (Access-Providing) schon dem Wortsinn nach ohne weiteres eine „Übermittlung" bzw. ein „Zugänglichmachen" dar. Die derart umfassende Auslegung führt indes zu keinen erhöhten Haftungsrisiken des Accessproviders, da insoweit die Verantwortlichkeit begrenzenden Bestimmungen des § 8 TMG Anwendung finden (vgl. hierzu die ausführl. Anm. in Scholz/Liesching zu §§ 8 ff. TDG). Danach sind Anbieter für fremde Informationen, die sie in einem Kommunikationsnetz übermitteln oder zu denen sie den Zugang zur Nutzung vermitteln, ohnehin nicht verantwortlich, sofern sie (1.) die Übermittlung nicht veranlasst, (2.) den Adressaten der übermittelten Information nicht ausgewählt und (3.) die übermittelten Informationen nicht ausgewählt oder verändert haben. Es besteht also auch **haftungsrechtlich kein Bedürfnis**, schon auf Tatbestandsebene die Handlungen des Übermittelns bzw. des Zugänglichmachens auf das bloße Bereithalten zu beschränken (a. A. HBI-Bericht, 2007, S. 121, s.a. S. 10; inhaltsgleich H/V/Schulz, Rn. 28 ff.; dagegen Altenhain u.a., MMR 1/2008, S. V f.; s. ausführl. § 3 JMStV Rn. 7 f.).

VI. Versandhandel (Abs. 4)

1. Allgemeines

Wie nach der vor 2003 geltenden Regelung gilt auch weiterhin für indi- 32 zierte, schwer jugendgefährdende Trägermedien sowie für nicht bzw. mit „Keine Jugendfreigabe" gekennzeichnete Bildträger ein generelles Verbot des Versandhandels (vgl. §§ 12 Abs. 3 Nr. 2, 15 Abs. 1 Nr. 3 JuSchG; zur Europarechtskonformität vgl. EuGH, Urt. v. 14. 2. 2008 – C 244/06, MMR 2008, 298 ff. m. Anm. Konrad/Weber sowie ausführl. § 12 Rn. 24). Grund hierfür sind die großen **Anonymitätsrisiken** der Vertriebsform: Bei der Versandbestellung ist eine Alterskontrolle kaum möglich. Allerdings führte der durch die Legaldefinition eröffnete Erwachsenenversandhandel gegenüber der Vorgängerregelung auch zu einer Liberalisierung (LNK/Knupfer, Rn. 9; krit. zur Legaldefinition Mayer, NJOZ 2010, 1316, 1317).

2. Postversand

33 Mit der Legaldefinition des Versandhandels in Absatz 4 hat sich der Gesetzgeber der Auslegung der bisherigen Rspr. zum Teil angeschlossen (vgl. OLG Düsseldorf NJW 1984, 1977; BVerfG NJW 1982, 1512; ausführl. Eckstein, wistra 1997, 47 ff.). Danach unterfällt neben dem herkömmlichen Katalog-Versandhandel auch das Online-Shopping einschließlich der Internet-Auktionen, „Marketplaces" auf Internetplattformen sowie allgemein der Versand **per Bestellung im Internet** dem Verbot des Versandhandels in Bezug auf indizierte oder nicht gekennzeichnete Medien. Ein Versandhandel kann nicht nur im Falle des Verkaufs, sondern auch bei einer **Vermietung** gegeben sein (OLG München NJW 2004, 3344; Mayer, NJOZ 2010, 1316, 1317).

3. Elektronischer Versand

34 Neben dem postalischen wird auch der elektronische Versand ausdrücklich genannt. Die direkte Datenübertragung (Download vom Provider, Video on Demand, Video-Streaming) stellt damit zwar grundsätzlich einen elektronischen Versand dar. Das Versandhandelsverbot der §§ 12 Abs. 3 Nr. 2, 15 Abs. 1 Nr. 3 JuSchG (indizierte oder schwer jugendgefährdende bzw. nicht gekennzeichnete oder mit „Keine Jugendfreigabe" gekennzeichnete Inhalte) bezieht sich aber nur auf Trägermedien bzw. zur Weitergabe geeignete (vgl. § 12 Abs. 1 JuSchG) Bildträger. Bei Online-Datenübermittlung ist der Inhalt indes regelmäßig als **Telemedium** zu qualifizieren (siehe oben Rn. 25, 27 ff.). Damit läuft der Begriff des elektronischen Versandhandels in der Anwendungspraxis des JuSchG weitgehend ins Leere (Liesching, NJW 2002, 3281, 3284; Sp/Wiebe/Erdemir, Rn. 49; ferner Ukrow, Rn. 376).

4. Ausschlussgründe des persönlichen Kontakts und des Erwachsenenversands

35 **a) Kumulatives Nichvorliegen der Ausschlussgründe.** Die am Willen des Gesetzgebers orientierte Auslegung ergibt, dass Versandhandel nur vorliegt, wenn es sowohl am persönlichen Kontakt zwischen Lieferant und Besteller als auch an Vorkehrungen zur sicheren Vermeidung des Versands an Minderjährige fehlt (OLG München NJW 2004, 3344, 3345). Es liegt jedoch kein Fall der exklusiven Alternativität vor, wie sie der Terminus „oder" nahelegen mag. Versandhandel im Sinne des JuSchG ist vielmehr nur dann gegeben, wenn kein persönlicher Kontakt vorliegt **und** keine Vorkehrungen zur Sicherstellung des Versands nur an Erwachsene getroffen werden (OLG München aaO.).

36 **b) Persönlicher Kontakt zwischen Lieferant und Besteller. aa) Anforderung des persönlichen Kontakts.** Ein Versandhandel im Sinne

Begriffsbestimmungen § 1 JuSchG

des JuSchG liegt nicht vor, wenn ein persönlicher Kontakt zwischen dem Lieferanten und dem Besteller gegeben ist. Insoweit übernimmt der Gesetzgeber den von der Rspr. bereits vor In-Kraft-Treten des JuSchG zu den Bestimmungen des Gesetzes über die Verbreitung jugendgefährdender Schriften und Medieninhalte und des § 184 Abs. 1 Nr. 3 StGB entwickelten Versandhandelsbegriff (BT-Drs. 14/9013, S. 18, unter ausdr. Bezugnahme auf BVerfG NJW 1982, 1512 und OLG Düsseldorf NJW 1984, 1977). Danach ist anerkannt, dass von einem Versandhandel im Sinne der einschlägigen gesetzlichen Jugendschutzverbote schon dann nicht mehr ausgegangen werden kann, wenn der Versandhändler „**nach persönlicher Vorsprache**" des Kunden die Ware im Versandwege ausliefert (OLG Schleswig, OLGSt § 184 StGB Nr. 2; Eckstein, wistra 1997, 47, 49 mwN.). Der lediglich telefonische Kontakt zwischen Händler und Besteller oder etwa die bloße Faxübermittlung der Personalausweiskopie reichen nicht aus.

bb) Zurechnung des Kontakts zu dritten Personen. Einem persönlichen Kontakt zum Lieferanten steht derjenige zu einem seiner Mitarbeiter oder einer sonst in dessen Lager stehenden Person gleich. Insoweit kann eine Zurechnung des persönlichen Kontaktes erfolgen, auch bei Außendienst-Mitarbeitern des Lieferanten (Eckstein, wistra 1997, 47, 49; Liesching, NJW 2004, 3303, 3304). Dies gilt aber nicht für den **Beschäftigten eines Postunternehmens** im Rahmen des Post-Ident-Verfahrens, da dessen Kontakt mit dem Besteller nicht dem Lieferanten zugerechnet werden kann (OLG München NJW 2004, 3344, 3346). Die Gegenansicht (Mayer, NJOZ 2010, 1316, 1317) überzeugt nicht, soweit angeführt wird, die Deutsche Post-AG werde letztlich im Auftrag des Lieferanten tätig und der Postbedienstete könne auf Grund fehlender Eigeninteressen eine Altersüberprüfung in der Regel zuverlässiger und objektiver vornehmen als ein Mitarbeiter des Lieferanten im Außendienst. Dies ist zwar rechtssystematisch bei den Anforderungen der Sicherstellung des Erwachsenenversandes zu berücksichtigen, darf aber nicht zu einer **Überdehnung des Wortlauts** des 1. Ausschlussgrundes führen, der ausdrücklich einen persönlichen Kontakt zwischen Lieferant und Besteller erfordert.

**c) Sicherstellung des ausschließlichen Versandes an Erwachsene.
aa) Begriff des Versandes.** Der Versandbegriff in § 1 Abs. 4 JuSchG erfasst nicht allein den Vorgang des Absendens, sondern den gesamten Ablauf der Übermittlung einschließlich des Eintreffens in der Sphäre des Empfängers. Das ergibt die an ihrem Schutzzweck orientierte Auslegung der Vorschrift. Ziel der besonderen Regelungen für die vom Jugendschutzgesetz als Versandhandel bezeichneten Geschäfte ist es, zu verhindern, dass Minderjährige jugendschutzrelevante Inhalte wahrnehmen. Deshalb ist bei an Träger gebundenen Inhalten darauf abzustellen, ob Minderjährige den Gewahrsam an den Trägern erlangen, ohne den die Wahrnehmung der Inhalte nicht möglich ist. Entsprechend untersagt § 12 Abs. 3 Nr. 2 JuSchG die Überlassung von Bildträgern „im Versandhandel", geht also davon aus, dass nicht nur die **Bestellung** und das **Absenden**, sondern auch die Überlassung – das heißt die **Verschaffung des Gewahrsams** – Teil des Versandhandels ist (OLG München NJW 2004, 3344, 3345 f.).

39 **bb) Anforderungen des Sicherstellens nach Rspr. und OLjB.** Aus dem umfassenden Versandbegriff leiten die Rspr. und ihr folgend die Obersten Landesjugendbehörden (OLjB) (vgl. OLjB, MMR 2005, XVII, XVIII) ab, dass Sicherstellungsmaßnahmen lediglich beim Bestellvorgang nicht ausreichend sein können, sondern (zusätzlich) am Bestellerhaushalt gewährleistet sein müsse, dass dem erwachsenen Kunden die Ware auch tatsächlich ausgehändigt werde (OLG München NJW 2004, 3344, 3346; wohl auch BGH MMR 2007, 634, 638; i.Erg. auch OLjB, MMR 2005, XVII, XVIII). Andernfalls bestehe die Gefahr, dass die Warensendung vom Postboten unmittelbar an in häuslicher Gemeinschaft mit dem erwachsenen Kunden lebende Minderjährige ausgehändigt werde (OLG München aaO.). Ein einfacher Postversand ohne **Alterskontrolle im Rahmen des Zustellaktes** reiche selbst dann nicht aus, wenn beim Bestellvorgang der Kunde durch persönlichen Kontakt mit einem Postfilialmitarbeiter im Wege des so genannten PostIdent-Verfahrens auf dessen Volljährigkeit hin überprüft worden sei. Auch die **OLjB** verlangen daher neben einer verlässlichen Identifikations- und Volljährigkeitsprüfung durch ein Altersverifikationssystem (AVS) mit Face-to-Face-Kontrolle zusätzlich eine „persönliche Übergabe" der Ware, z. B. durch Versenden als „Einschreiben eigenhändig" (OLjB, aaO.).

40 **cc) Herrschende Literatur.** Im Schrifttum wird hingegen ganz überwiegend davon ausgegangen, dass die technischen Anforderungen an die Sicherstellung des ausschließlichen Erwachsenenversandes denen der **geschlossenen Benutzergruppe i. S. d. § 4 Abs. 2 S. 2 JMStV** entsprechen müssen (hierzu ausführl. § 4 JMStV Rn. 63 ff. u. § 11 JMStV Rn. 33 ff.), jedoch nicht zusätzlich den Risiken der Zustellung am Bestellerhaushalt Rechnung getragen werden braucht (vgl. Löffler/Altenhain, Rn. 72; Erdemir, CR 2005, 275, 281; Liesching, NJW 2004, 3303 f.; Lober, K&R 2005, 65, 67; Mayer, NJOZ 2010, 1316, 1317; Sulzbacher, JMS-Report 1/2010, 2, 3; a. A. Schippan, K&R 2005, 349 ff.)

41 **dd) Stellungnahme.** Erscheint die strenge Auslegung der Rspr. im Hinblick auf einen möglichst effektiven Jugendschutz auch zweckmäßig, so hält sie gleichwohl einer genaueren rechtssystematischen Untersuchung nur schwer stand. Dies ergibt sich vornehmlich aus einer **vergleichenden Betrachtung** der beiden vom Gesetzgeber in der Legaldefinition des Versandhandels vorgesehenen **Ausschlussvarianten**. Hiernach liegt ein Versandhandel im Sinne des Jugendschutzgesetzes nach der ersten Ausschlussvariante bereits dann nicht vor, wenn ein „persönlicher Kontakt zwischen Lieferant und Besteller" gegeben ist. Weitere Vorkehrungen im Rahmen des Zustellakts, welche dem Risiko einer Gewahrsamserlangung durch minderjährige Nichtadressaten Rechnung tragen, sind insoweit nach Rspr. und Schrifttum gerade nicht erforderlich (vgl. OLG Schleswig, OLGSt § 184 StGB Nr. 2; Eckstein, wistra 1997, 47, 49 mwN).

42 Wenn freilich nach der ersten Ausschlussvariante des Versandhandelsbegriffs nach Abs. 4 ein persönlicher Kontakt im Rahmen des Bestellvorgangs ausreicht und weitere Jugendschutzmaßnahmen beim Zustellungsakt nicht notwendig sind, vermag nicht zu überzeugen, dass bei dem durch die Legaldefinition nunmehr ebenfalls möglichen Versandhandelsausschluss im Falle technischer oder sonstiger Vorkehrung zur Sicherstellung des ausschließlichen Erwachsenenversandhandels nun zusätzlich dem Risiko einer Falschzustellung an eine minderjährige Person Rechnung getragen werden muss. Der mit einer solchen Auslegung einhergehende **systematische Widerspruch** wird durch die Fallkonstellation verdeutlicht, dass hiernach gegen einen ohne Zustellkontrolle vollzogenen Postversand von FSK-18-Bildträgern oder auch indizierten Schriften keine Bedenken bestünden, wenn der Lieferant zuvor über Mitarbeiter im Außendienst bei der Bestellung mit dem Kunden und Versandadressaten in Kontakt getreten ist, hingegen dann ein strafbarer Versandhandel vorliegen soll, wenn derselbe persönliche Bestellerkontakt (nur) mit einem Angestellten einer Postfiliale im Rahmen des PostIdent-Verfahrens erfolgt ist (s.a. Mayer, NJOZ 2010, 1316, 1317).

Diese Differenzierung erscheint insb. deshalb **willkürlich**, weil gerade der 43 Postbedienstete auf Grund fehlender Eigeninteressen eine Altersüberprüfung in der Regel zuverlässiger und objektiver vornehmen wird als der unmittelbar wirtschaftliche Interessen verfolgende Lieferant bzw. dessen Mitarbeiter (s.a. Mayer, NJOZ 2010, 1316, 1317). Deshalb sowie aufgrund der bereits anderweitig dargelegten Gründe (vgl. E/K/Liesching, Rn. 19) ist entgegen der Rspr. und der Auslegung der OLjB von einer Sicherstellung des ausschließlichen Erwachsenenversands i. S. d. Abs. 4 bereits bei Vorkehrungen auszugehen, welche im Wege des **persönlichen Kontakts beim Bestellvorgang** die Volljährigkeit des Versandadressaten sicher verifizieren, ohne dass es weiterer Kontrollmaßnahmen im Rahmen des am Bestellerhaushalt erfolgenden Zustellakts bedarf.

ee) Sonstige Vorkehrungen. Als solche reichen der lediglich telefonische 44 Kontakt zwischen Händler und Besteller oder etwa die bloße Faxübermittlung der Personalausweiskopie nicht aus. Auch die Verpflichtung zur wahrheitsgemäßen Altersangabe über die AGB ist keinesfalls hinreichend (vgl. hierzu sowie zu weiteren Vorkehrungen: Mayer, NJOZ 2010, 1316, 1318). Vielmehr müssen entsprechend den Maßstäben bei technischen Vorkehrungen die persönlichen Angaben und Nachweise auf dem Postwege dargetan werden. Hinreichend ist darüber hinaus auch das **PostIdent-Verfahren** der Deutschen Post, da hier sogar eine „Face-to-Face"-Kontrolle durch Mitarbeiter der Post gewährleistet wird (vgl. Liesching, NJW 2002, 3281, 3284 sowie die ausführliche Darstellung bei § 4 JMStV Rn. 63 ff.).

5. Strafrechtlicher Versandhandelsbegriff

Die Legaldefinition des Versandhandels in Abs. 4 ist auch für strafrechtliche 45 Versandhandelsverbote wie insb. in **§ 184 Abs. 1 Nr. 3 StGB** maßgeblich (OLG München NJW 2004, 3344, 3346; Liesching, NJW 2004, 3303, 3304). Dies ergibt sich neben dem **identischen Schutzzweck** der Versandhandelsverbote des Jugendschutzgesetzes und der StGB-Norm auch aus dem rechtshistorischen Gleichlauf der Bestimmungen (vgl. BT-Drs. VI/3521, S. 60; sowie unten § 184 StGB Rn. 19; a. A. Duttge/Hörnle/Renzikowski, NJW 2004, 1065, 1059).

VII. Verheiratete Jugendliche (Abs. 5)

46 Nach Absatz 5 ist vom Zeitpunkt der Eheschließung an der noch nicht 18 Jahre alte Ehegatte von den Vorschriften der §§ 2 bis 14 ausgenommen. Gemäß § 1303 Abs. 2 BGB kann das Familiengericht grundsätzlich einer nicht volljährigen Person, die jedoch das 16. Lebensjahr vollendet hat, die Eheschließung gestatten, wenn der künftige Ehegatte volljährig ist. Nach der Zielsetzung findet die Ausnahmeklausel zumindest **entsprechende Anwendung** auf solche Jugendliche, die verwitwet oder geschieden sind oder deren Ehe durch Aufhebungsurteil (§§ 1313 ff. BGB) aufgehoben wurde (vgl. auch Nikles u.a., Rn. 27, welche freilich bei sog. Nichtehen Abs. 5 nicht anwenden wollen). Dagegen können bloße **nichteheliche Lebensgemeinschaften** den Ausnahmetatbestand in Absatz 5 nicht begründen. In Betracht kommt dann aber eine Beauftragung des volljährigen Lebenspartners durch die Eltern nach § 1 Abs. 1 Nr. 4. Die Verbreitungs- und Zugangsbeschränkungen des § 15 JuSchG finden indes auch im Falle der Verheiratung der jugendlichen Person uneingeschränkt Anwendung

§ 2 Prüfungs- und Nachweispflicht

(1) ¹**Soweit es nach diesem Gesetz auf die Begleitung durch eine erziehungsbeauftragte Person ankommt, haben die in § 1 Abs. 1 Nr. 4 genannten Personen ihre Berechtigung auf Verlangen darzulegen.** ²**Veranstalter und Gewerbetreibende haben in Zweifelsfällen die Berechtigung zu überprüfen.**

(2) ¹**Personen, bei denen nach diesem Gesetz Altersgrenzen zu beachten sind, haben ihr Lebensalter auf Verlangen in geeigneter Weise nachzuweisen.** ²**Veranstalter und Gewerbetreibende haben in Zweifelsfällen das Lebensalter zu überprüfen.**

Schrifttum: *Büttner*, Jugendschutz in der Öffentlichkeit. Erfahrungen des Diskothekenunternehmers mit der „erziehungsbeauftragten Person", KJuG 2004, 108; *Engels/Stulz-Herrnstadt*, Einschränkungen für die Presse nach dem neuen Jugendschutzgesetz, AfP 2003, 97, 101; *v.Hartlieb*, Gesetz zur Neuregelung des Jugendschutzes in der Öffentlichkeit, NJW 1985, 830; *Jäckel*, Jugendschutzgesetz – Leitfaden für die polizeiliche Praxis, 2004; *Liesching*, Neue Entwicklungen und Problemstellungen des strafrechtlichen Jugendmedienschutzes, AfP 2004, 496.

Übersicht

	Rn.
I. Allgemeines	1
II. Darlegung der Berechtigung (Abs. 1)	2
1. Darlegungspflicht (Satz 1)	2
2. Verlangen der Darlegung der Berechtigung	3
3. Überprüfung im Zweifelsfall (Satz 2)	4
a) Zweifelsfall	4
b) Anforderungen der Darlegung	6
4. Rechtsfolgen	8
III. Nachweis des Lebensalters (Abs. 2)	9

Prüfungs- und Nachweispflicht **§ 2 JuSchG**

    1. Altersnachweispflicht auf Verlangen (Satz 1) 9
    2. Geignetheit des Nachweises 10
    3. Überprüfung im Zweifelsfall (Satz 2) 11
    4. Rechtsfolgen 12
        a) Ausschluss nicht nachweisfähiger Personen 12
        b) Verstöße gegen die Überprüfungspflicht 13
IV. Anwendung auf Online-Medien 14
    1. Anwendbarkeit auf Online-Gewinnspiele und -Bildträger-Versand 14
    2. Anforderung an Altersnachweis im Zweifelsfall 15
        a) Maßstab unterhalb geschlossener Benutzergruppen 15
        b) „Technische Mittel" 16
        c) Alternativer Ausschluss des Zweifelsfalls 17

I. Allgemeines

Die Vorschrift sichert die Durchsetzung der Bestimmungen zum Jugendschutz in der Öffentlichkeit, indem sie **Nachweis- und Darlegungspflichten** im Hinblick auf die Berechtigung der Erziehungsbeauftragung (Abs. 1) und die gesetzlich vorgeschriebenen Altersgrenzen manifestiert.   **1**

II. Darlegung der Berechtigung (Abs. 1).

1. Darlegungspflicht (Satz 1)

Die Pflicht zur Darlegung der Berechtigung trifft Erziehungsbeauftragte (§ 1 Rn. 7 ff.), hingegen nicht Personensorgeberechtigte. Bei letzteren muss lediglich erkennbar sein, dass es sich um einen Elternteil oder den Vormund handelt. Die Darlegungspflicht ist keine Rechtspflicht, sondern eine bloße „**Obliegenheit**", da sie entfällt, wenn der Minderjährige von der Betätigung absieht, die nur bei Begleitung durch einen Erziehungsbeauftragten gestattet werden darf (s. zum Erfordernis der Begleitung § 4 Rn. 16 f., § 5 Rn. 8). Die Darlegung bezieht sich lediglich auf ein **bestehendes Beauftragtenverhältnis**. Der Gewerbetreibende oder Veranstalter muss hingegen nicht überprüfen, ob der Minderjährige auch tatsächlich und zu jeder Zeit von der erziehungsbeauftragten Person begleitet wird (Nikles, u.a., Rn. 9).   **2**

2. Verlangen der Darlegung der Berechtigung

Das Darlegungsverlangen kann von Veranstaltern, Gewerbetreibenden und deren Beauftragten ausgehen. Als **Veranstalter** und **Gewerbetreibende** kommen im Rahmen des Abs. 1 nur Inhaber von Gaststätten (§ 4) sowie (gewerbliche oder nichtgewerbliche) Veranstalter von öffentlichen Tanz- und öffentlichen Filmveranstaltungen (§§ 5, 11 Abs. 3) in Betracht. **Beauftragter** dieser Personen ist, wer mit der Leitung eines Betriebes oder Betriebsteiles oder ausdrücklich damit beauftragt ist, in eigener Verantwortung die Überwachungspflichten zu erfüllen, die durch dieses Gesetz auferlegt werden (vgl. auch § 9 Abs. 2 OWiG). Unabhängig von Abs.1 S. 1 sind die für die Unterbindung und Ahndung von Ordnungswidrigkeiten nach Maßgabe des Lan-   **3** desrechts zuständigen Behörden und Stellen (vor allem die **Polizei**) berechtigt, die Legitimation von Erziehungsbeauftragten oder das Alter anwesender Personen zu überprüfen (vgl. OLG Neustadt NJW 1962, 167, 168).

3. Überprüfung im Zweifelsfall (Satz 2)

4 **a) Zweifelsfall.** Anlass zum Zweifel über das Vorliegen einer Berechtigung der Begleitperson können sich insb. bei augenfällig **geringem Altersabstand** zwischen Minderjährigen und Begleitpersonen, auffälligem Verhalten beider Personen oder einer derselben (z. B. auch **Alkoholgenuss oder Rauchen** eines noch nicht 16jährigen und ggf. Duldung durch den Begleiter, Trunkenheit des Begleiters) ergeben (OLG Bamberg, Beschl. v. 16. 12. 2008 − 2 Ss OWi 1325/08). Von einem solchen Zweifelsfall ist nach der Rspr. auch dann auszugehen, wenn ein „blanko" unterschriebener Vordruck zur Erziehungsbeauftragung vorgelegt wird und somit keine „Vereinbarung" i. S. d. § 1 I Nr. 4 JuSchG festgestellt werden kann (OLG Bamberg, Beschl. v. 16. 12. 2008 − 2 Ss OWi 1325/08; OVG Bremen, Beschl. v. 26. 09. 2007 − 1 B 287/07).

5 Auch **sonstige Umstände** können das Bestehen einer wirksam vereinbarten Erziehungsbeauftragung im konkreten Fall zweifelhaft erscheinen lassen (z. B. der angebl. Begleiter sitzt in einem anderen Raum der Gaststätte, tritt als Begleiter nicht in Erscheinung, kommt seiner Aufsichtspflicht tatsächlich nicht nach oder es entsteht aus anderen Gründen der Eindruck eines bloßen Vorwands). Allerdings ist das Vorliegen eines Zweifelsfalls unerlässlich. Es besteht entgegen einzelner Stimmen im Schriftum (vgl. Nikles u.a., Rn. 6 u. Verweis auf Büttner, KuG 2004, 108 f.) **keine generelle Überprüfungspflicht**, auch nicht für bestimmte Gewerbetreibende wie z. B. Diskothekenbetreiber. Einer derartigen Auslegung gegen den Wortlaut ist die Rspr. zu Recht nicht gefolgt (vgl. OLG Bamberg, Beschl. v. 16. 12. 2008 − 2 Ss OWi 1325/08).

6 **b) Anforderungen der Darlegung. aa) Mündliche Darlegung.** Die (volljährige) Person, die angibt, dass eine Vereinbarung mit den Personensorgeberechtigten hinsichtlich der Erziehungsbeauftragung vorliegt, muss diese Berechtigung im Zweifelsfall (in der Regel mündlich) darlegen können (LNK/Knupfer, Rn. 5). Darlegen ist dabei nicht gleichbedeutend mit dem konkreten Nachweis aller Einzelabmachungen mit den Eltern. Entscheidend ist vielmehr nur die **zweifelsfreie Erkennbarkeit der Berechtigung** (BT-Drs. 10/2546, S. 19). Veranstalter und Gewerbetreibende haben sich im Rahmen ihrer Überprüfung also auf der Grundlage der Darlegungen und ggf. Nachweise ein Bild über die Berechtigung zu machen und Schlussfolgerungen zu ziehen. Je jünger die erwachsene Begleitperson ist, umso höhere Anforderungen werden an die Nachweispflicht zu stellen sein (Liesching/Knupfer, S. 29). Die Darlegung muss außerdem frei von Widersprüchen sein.

7 **bb) Schriftliche Darlegung.** Die Vorlage von schriftlichen Nachweisen kann nur verlangt werden, soweit deren Vorhandensein üblich (z. B. Jugendleiterausweis) und zur Ausräumung der Zweifel erforderlich ist. Auch das **Vorzeigen einer schriftlichen Beauftragungserklärung** mit der Unter-

schrift der Eltern kann dabei nicht immer der Darlegungspflicht genügen. Dies gilt nach der Rspr. vor allem dann, wenn sich Anhaltspunkte dafür ergeben, dass entsprechende „Beauftragungsformulare" vom Veranstalter im Internet zum Download angeboten werden, die Kinder oder Jugendlichen sich diese „blanko" von den Eltern unterschreiben lassen und sich ihren erwachsenen Beauftragten erst später z. B. in der Diskothek selbst aussuchen und dessen Namen einsetzen (OVG Bremen, Beschl. v. 26. 09. 2007 – 1 B 287/07). Bestehen Zweifel an der Volljährigkeit der erziehungsbeauftragten Person, richtet sich die Überprüfungspflicht nach Abs. 2.

4. Rechtsfolgen

Ist die Darlegung nicht überzeugend und daher nicht geeignet, bestehende 8 Zweifel auszuräumen, so ist der Minderjährige so zu behandeln, als wäre er nicht von einer erziehungsbeauftragten Person begleitet (Jäckel, 2004, S. 13). Weder die Darlegungspflicht noch die Überprüfungspflicht sind als solche **bußgeldbewehrt**. Unterlässt jedoch der Veranstalter oder Gewerbetreibende in einem Zweifelsfall, sofern es auf die Begleitung des Personensorgeberechtigten bzw. des Erziehungsbeauftragten ankommt, die Überprüfung oder zieht er nach Überprüfung bei objektiv fehlender Berechtigung des Begleiters in vorwerfbarer Weise (also vorsätzlich oder fahrlässig) nicht die gebotene Konsequenz, so stellt dies eine **Ordnungswidrigkeit** dar (Verstoß gegen § 4 Abs. 1, § 5 Abs. 1, § 11 Abs. 3 oder § 13 Abs. 1 jeweils in Verbindung mit § 28 Abs. 1 Nrn. 5, 6, 14 bzw. 19; s.a. OLG Bamberg, Beschl. v. 16. 12. 2008 – 2 Ss OWi 1325/08). Im Übrigen kann durch ein Unterlassen ausreichender Kontrollen auch die **gaststättenrechtliche Zuverlässigkeit** des Veranstalters berührt sein (OVG Bremen, Beschl. v. 26. 09. 2007 – 1 B 287/07).

III. Nachweis des Lebensalters (Abs. 2)

1. Altersnachweispflicht auf Verlangen (Satz 1)

Die Pflicht zum Nachweis des Alters trifft primär Kinder und Jugendliche 9 (§ 1 Rn. 1). Daneben werden aber auch Personen erfasst, die zwar tatsächlich volljährig sind, bei denen jedoch die jeweilige Altersgrenze nach ihrem äußeren Erscheinungsbild noch nicht offensichtlich überschritten ist (Nikles u.a., Rn. 7). Die Verpflichtung zum Altersnachweis besteht wie in den Fällen des Abs. 1 **gegenüber Veranstaltern, Gewerbetreibenden** und deren Beauftragten. Veranstalter und Gewerbetreibende sind nach §§ 4-6 und 9-13 sowie § 7 (bei Vorliegen einer behördlichen Anordnung nach dieser Vorschrift) verantwortlichen Personen. Beauftragte sind die in Rn. 3 bezeichneten Personen. Unabhängig von Abs. 2 können auch die für die Unterbindung und Ahndung von Ordnungswidrigkeiten nach § 28 aufgrund landesrechtlicher Vorschriften zuständigen Behörden und Stellen in den Fällen der §§ 4-7 und 9-13 jederzeit u.a. das Alter von jungen Leuten überprüfen (vgl. OLG Neustadt, NJW 1962, 167, 168).

2. Geignetheit des Nachweises

10 Als geeigneter Nachweis ist nicht notwendigerweise die Vorlage eines amtlichen Personalausweises erforderlich. Die jeweils geltenden Vorschriften über Personalausweise und deren Mitführung bleiben unberührt. Im Rahmen des JuSchG genügen andere Ausweispapiere wie Kinderausweise, Schülerpässe, Betriebs- oder Werksausweise, Mitgliederausweise von Vereinen, soweit daraus die **Identität** und das **Geburtsdatum** ersichtlich sind und Anhaltspunkte für eine Fälschung oder Verfälschung nicht bestehen. Auch die glaubhafte Versicherung einer erwachsenen Begleitperson (v. Hartlieb, NJW 1985, 830, 834; Engels/Stulz-Herrnstadt, AfP 2003, 97, 101) oder die telefonische Nachfrage bei den Eltern kann im Einzelfall ausreichend sein (enger wohl Nikles u.a., Rn. 11).

3. Überprüfung im Zweifelsfall (Satz 2)

11 Ein Zweifelsfall liegt vor allem dann vor, wenn nach dem äußeren Erscheinungsbild (Aussehen oder Verhalten) einer Person für den Beobachter der Eindruck entstehen kann, sie habe möglicherweise die im konkreten Fall relevante Altersgrenze (12, 14, 16, 18 oder auch 6 Jahre) noch nicht erreicht. Auch in Rspr. und Schrifttum wird jeweils an das **äußere Erscheinungsbild** angeknüpft (OLG Karlsruhe 1987, 284; OLG Bremen MDR 1957, 629; OLG Hamburg GA 1962, 119; Engels/Stulz-Herrnstadt, AfP 2003, 97, 101 mwN.), wobei es auf körperliche Merkmale ankommt und nicht etwa die Kleidung (AG Ahaus, Urt. v. 19. 5. 2006 – 30 OWi 79 Js 596/06 - 57/06). Ob demgegenüber generelle und vom Zweifelsfall unabhängige Alterskontrollen z. B. mit dem Hinweis darauf verlangt werden können, „dass erfahrungsgemäß heutzutage das Alter einer für einen Diskobesuch geschminkten und gekleideten Jugendlichen sich nicht nach ihrem Äußeren sicher bestimmen lässt" (AG Eggenfelden NStZ-RR 2007, 213), erscheint jedenfalls in dieser Pauschalität fraglich. Allerdings bedarf es stets eines hinreichend erfahrenen bzw. **geschulten Eingangspersonals** (z. B. sog. „Türsteher"), um Zweifelsfälle erkennen und ggf. Ausweiskontrollen vornehmen zu können. Nicht ausreichend ist es jedenfalls, wenn der Gastwirt das Alter des Kunden nicht prüft, sondern allein auf dessen mündliche Angaben vertraut (AG Ahaus, aaO.). Zum Vorliegen eines Zweifelsfalls bei Bildträgerversandangeboten oder Gewinnspielen im **Internet** vgl. unten Rn. 14 ff.

4. Rechtsfolgen

12 a) **Ausschluss nicht nachweisfähiger Personen.** Abs. 2 begründet keine allgemeine Ausweispflicht für Kinder und Jugendliche. Soweit die Betroffenen auf die an eine bestimmte Altersgrenze gebundene Betätigung verzichten, besteht weder ein Anlass noch eine Verpflichtung zum Nachweis des Lebensalters. Wird der Nachweis in einem Zweifelsfall auf Verlangen nicht erbracht, so darf dem Minderjährigen die – ggf. zu der jeweiligen Tageszeit – an eine Altersgrenze gebundene Tätigkeit bzw. der Aufenthalt **nicht gestattet** werden. Dies gilt auch, wenn ein junger Volljähriger, der

Prüfungs- und Nachweispflicht § 2 JuSchG

nach den Umständen für einen noch nicht 18jährigen gehalten werden kann, den Altersnachweis nicht erbringt.

b) Verstöße gegen die Überprüfungspflicht. Das Unterlassen der 13 Überprüfung in Zweifelsfällen ist nicht per se mit Geldbuße bedroht. Ist das für eine bestimmte Betätigung erforderliche Lebensalter (6, 12, 14, 16 oder 18 Jahre) objektiv noch nicht erreicht, so stellt die Gestattung dieser Betätigung eine **Ordnungswidrigkeit** dar, wenn in einem Zweifelsfall die Überprüfung unterlassen wird (fahrlässige Begehung). Wird die Betätigung in einem solchen Fall trotz Überprüfung des Alters mit negativem Ergebnis (weiterhin) gestattet, so liegt eine vorsätzliche Ordnungswidrigkeit vor.

IV. Anwendung auf Online-Medien

1. Anwendbarkeit auf Online-Gewinnspiele und -Bildträger-Versand

In Rspr. und Schrifttum bislang ungeklärt ist die Frage des **Altersnach-** 14 **weises in Online-Medien**, sofern man einzelne Bestimmungen zum Schutz der Jugend in der Öffentlichkeit auch auf Angebote im Internet anwenden will. Insoweit kommen insb. § 6 Abs. 2 bei Internet-Gewinnspielen und § 12 Abs. 1 bei der Online-Bestellung von FSK-/USK-16-freigabebeschränkten Versandartikeln (für Versand von Ab-18-Bildträgern gilt § 12 Abs. 3, für Versand von Ab-6- bzw. Ab-12-Bildträgern fehlt regelmäßig der praktische Relevanz) in Betracht (vgl. § 6 Rn. 17, § 12 Rn. 9). Die für die Aufsicht zu Bestimmungen des JuSchG zuständigen **Obersten Landesjugendbehörden** (OLjB) gehen grundsätzlich von einer Anwendbarkeit jedenfalls im Onlineversandhandel mit altersfreigabebeschränkten Bildträgern aus (vgl. OLjB-Stellungnahme, MMR 2005, XVII, XVIII). Bei Online-Gewinnspielen wird eine Anwendbarkeit des § 6 Abs. 2 JuSchG ebenfalls überwiegend bejaht (Sp/Wiebe/Erdemir, Rn. 119; LNK/Knupfer, Rn. 8; Liesching, AfP 2004, 496, 499 f.; ders., JMS-Report 6/2003, 2, 3 f.; Raitz von Frentz/Masch, ZUM 2006, 189, 193 f.; a. A. Wimmer, MMR 2007, 417, 420 f.; unklar: Nikles u.a., § 6 JuSchG Rn. 14).

2. Anforderung an Altersnachweis im Zweifelsfall

a) Maßstab unterhalb geschlossener Benutzergruppen. Von Anbie- 15 tern kann nicht verlangt werden, entsprechende Angebote lediglich in geschlossenen Benutzergruppen i. S. d. §§ 4 Abs. 2 S. 2, 11 Abs. 4 S. 1 JMStV (vgl. E/K/Liesching, Rn. 9) zu verbreiten. Eine derartige strenge Auslegung würde ignorieren, dass eine entsprechende Altersnachweiskontrolle im traditionellen Offline-Bereich nach § 2 Abs. 2 gerade nur „im Zweifelsfall" zu erfolgen hat und im Übrigen nicht notwendig die Vorlage eines Personaldokuments erfordert. Überdies ist zu berücksichtigen, dass Online-Gewinnspiele i. S. d. § 6 Abs. 2 sowie „Ab-16"-freigabebeschränkte Bildträger nach § 12 Abs. 1 trotz ihres unbestreitbaren Gefährdungspotentials für Kinder und Jugendliche **hinter dem Schweregrad der in § 4 Abs. 2 S. 2 JMStV** in

Bezug genommenen Inhalte (Pornographie, indizierte oder offensichtlich schwer jugendgefährdende Inhalte) **deutlich zurückbleiben**, sodass insoweit allenfalls für gesetzlich geforderte Maßnahmen entsprechend der darunterliegenden Gefahrenstufe lediglich „entwicklungsbeeinträchtigender" Inhalte Raum bleibt (vgl. §§ 5, 11 JMStV).

16 b) „**Technische Mittel**". Entsprechend kann nach der **Stellungnahme der OLjB** ein entsprechender Altersnachweis durch „den Einsatz einer technischen Mittels nach § 5 Abs. 3 Nr. 1 JMStV, das z. B. durch die KJM positiv bewertet wurde (z. B. **erweitertes PersoCheck-Verfahren**) oder durch einen gleichzeitigen Abgleich der Bestellerdaten mit der **Schufa-Datenbank** erfolgen (Quality-Bit)" (vgl. OLjB-Stellungnahme, MMR 2005, XVII, XVIII). Jedenfalls bei letzterem Verfahren ist freilich zweifelhaft, ob hierdurch insb. die ab 16jährigen Jugendlichen von den jüngeren Minderjährigen differenziert werden können. Eine Möglichkeit der Umsetzung bietet die Programmierung für ein geeignetes Jugendschutzprogramm nach dessen Anerkennung gem. § 11 JMStV (s. dort Rn. 28 ff.). Insgesamt bleiben aber erhebliche praktische Schwierigkeiten des Altersnachweises im Rahmen der anonymen Internetkommunikation, welche einerseits den Belangen des Jugendschutzes, andererseits der Medienfreiheit hinreichend Rechnung trägt.

17 c) **Alternativer Ausschluss des Zweifelsfalls.** Da das Vorliegen eines „Zweifelsfalls" im Online-Bereich nicht anhand des im Übrigen anerkannten Kriteriums des äußeren Erscheinungsbildes (Rn. 11) der jeweils die Spielteilnahme oder den FSK-/USK-16-Versandartikel begehrenden Person vorgenommen werden kann, erscheint es im Hinblick auf **praktikable Lösungen im Online-Bereich** vertretbar, durch präventive anbieterseitige Maßnahmen bereits das Vorliegen eines „Zweifelsfalls" auszuschließen und somit das Erfordernis der Altersüberprüfung entfallen zu lassen.

18 Danach können etwa **Internetanbieter** von Online-Gewinnspielen (§ 6 Abs. 2) oder von „Ab-16"-freigabebeschränkten Versandartikeln (§ 12 Abs. 1) zum Ausschluss eines Zweifelsfalls i. S. d. Abs. 2 etwa folgende **Maßnahmen kumulativ** ergreifen (teilw. noch anders bei E/K/Liesching, Rn. 9):
– Deutlicher Hinweis (etwa im Rahmen der AGB), dass Personen unter 18 bzw. 16 Jahren die Teilnahme an den angebotenen Spielen mit Gewinnmöglichkeit bzw. die Online-Bestellung von FSK-/USK-16-Bildträgern nicht gestattet wird.
– Programmierung des Spiel- bzw. Bestellangebotes als „nicht geeignet für Personen unter 18 (bzw. 16) Jahren" für ein anerkanntes Jugendschutzprogramm (§ 11 JMStV).
– Kostenpflichtigkeit der Angebote und Sicherstellung, dass lediglich Bezahlungsmethoden zugelassen sind, welche Kinder und Jugendliche unter 16 Jahren üblicherweise nicht anwenden können (z. B. Kreditkarte, Bankkonto mit freier Dispositionsmöglichkeit etc.).
– Daneben gelten die allgemeinen Hinweispflichten gemäß § 12 Abs. 2 S. 3 JuSchG und § 12 JMStV.

§ 3 Bekanntmachung der Vorschriften

(1) **Veranstalter und Gewerbetreibende haben die nach den §§ 4 bis 13 für ihre Betriebseinrichtungen und Veranstaltungen geltenden Vorschriften sowie bei öffentlichen Filmveranstaltungen die Alterseinstufung von Filmen oder die Anbieterkennzeichnung nach § 14 Abs. 7 durch deutlich sichtbaren und gut lesbaren Aushang bekannt zu machen.**

(2) **¹Zur Bekanntmachung der Alterseinstufung von Filmen und von Film- und Spielprogrammen dürfen Veranstalter und Gewerbetreibende nur die in § 14 Abs. 2 genannten Kennzeichnungen verwenden. ²Wer einen Film für öffentliche Filmveranstaltungen weitergibt, ist verpflichtet, den Veranstalter bei der Weitergabe auf die Alterseinstufung oder die Anbieterkennzeichnung nach § 14 Abs. 7 hinzuweisen. ³Für Filme, Film- und Spielprogramme, die nach § 14 Abs. 2 von der obersten Landesbehörde oder einer Organisation der freiwilligen Selbstkontrolle im Rahmen des Verfahrens nach § 14 Abs. 6 gekennzeichnet sind, darf bei der Ankündigung oder Werbung weder auf jugendbeeinträchtigende Inhalte hingewiesen werden noch darf die Ankündigung oder Werbung in jugendbeeinträchtigender Weise erfolgen.**

Schrifttum: *Engels/Stulz-Herrnstadt*, Einschränkungen für die Presse nach dem neuen Jugendschutzgesetz, AfP 2003, 97, 101; *Gutknecht*, Verpflichtung zur Anbringung von Alterskennzeichen auf Bildträgern, JMS-Report 3/2010, 2; *v. Hartlieb*, Gesetz zur Neuregelung des Jugendschutzes in der Öffentlichkeit, NJW 1985, 830; *Jäckel*, Jugendschutzgesetz – Leitfaden für die polizeiliche Praxis, 2004; *Weides*, Der Jugendmedienschutz im Filmbereich, NJW 1987, 224.

Übersicht

	Rn.
I. Allgemeines	1
II. Pflicht zur Bekanntmachung durch Aushang (Abs. 1)	2
1. Normadressaten	2
a) Veranstalter und Gewerbetreibende	2
b) Beauftragte Personen	3
2. Betriebseinrichtungen und Veranstaltungen	4
a) Betriebseinrichtungen	4
b) Veranstaltungen	5
3. Bekanntmachung geltender Vorschriften (Abs. 1)	6
a) Pflichtumfang	6
b) Beispielsfälle	8
c) Transparenzanforderungen	9
III. Transparenz bei Kennzeichen nach § 14 Abs. 2 (Abs. 2 S. 1 und 2)	12
1. Kennzeichenkonformität	12
a) Pflichtumfang	12
b) Anwendungsbereich	13
c) Weitere Transparenzregeln	14
d) Nicht gekennzeichnete Kinofilme und Bildträger	15
2. Hinweispflicht für Filmverleiher (Abs. 2 S. 2)	17

IV. Werbung mit jugendbeeinträchtigenden Inhalten (Abs. 2
S. 3) 18
1. Anwendungsbereich 18
   a) Gekennzeichnete Kinofilme und Bildträger 18
   b) Werbung in Rundfunk und Telemedien 19
2. Werbegestaltungsverbote 20
   a) Hinweis auf jugendbeeinträchtigende Inhalte 20
   b) Werbung „in jugendbeeinträchtigender Weise" 21

I. Allgemeines

1 Die Vorschrift soll die **faktische Durchsetzung** der Bestimmungen des Jugendschutzes in der Öffentlichkeit unterstützen (vgl. BayObLGSt 1976, 25, 27, s.a. Nikles, u.a., Rn. 1: „Informeller Druck") und dient insb. der **Transparenz** (LNK/Knupfer, Rn. 1) sowohl für Gewerbetreibende und Veranstalter als auch für Erwachsene (Eltern) sowie Kinder und Jugendliche als mittelbare Adressaten der Jugendschutznormen. Abs. 2 regelt darüber hinaus Kennzeichnungs- und Hinweispflichten sowie Werbegestaltungsverbote für Veranstalter und Gewerbetreibende im Bezug auf Filme, Film- und Spielprogramme mit Altersfreigabekennzeichen der FSK oder der USK.

II. Pflicht zur Bekanntmachung durch Aushang (Abs. 1)

1. Normadressaten

2 **a) Veranstalter und Gewerbetreibende.** Die Bekanntmachungspflicht nach Abs. 1 gilt nur für Veranstalter und Gewerbetreibende im Sinne dieser Vorschrift, also diejenigen Personen, die Veranstaltungen im Sinne von §§ 5, 6 Abs. 2 oder 11 bzw. Gewerbebetriebe im Sinne von §§ 4, 6 Abs. 1, 9 bis 13 **verantwortlich leiten** oder deren Veranstaltungen oder Gewerbebetriebe Gegenstand einer Anordnung der Verwaltungsbehörde nach § 7 sind (vgl. zum Begriff des Veranstalters und Gewerbetreibenden auch § 28 Rn. 5). Bei **juristischen Personen** und rechtsfähigen **Personengesellschaften** haften sowohl diese (vgl. § 30 OWiG) als auch die vertretungsberechtigten **Organe** bzw. **Gesellschafter** (vgl. § 9 OWiG). Dies kann also z. B. eine ordnungsrechtliche Verantwortlichkeit des angestellten Geschäftsführers einer Betriebseinrichtung (vgl. auch § 9 Abs. 2 Nr. 1 OWiG) begründen.

3 **b) Beauftragte Personen.** Auch Beauftragte im Sinne des Ordnungswidrigkeitenrechts können bei Missachtung der Bekanntmachungspflichten persönlich haften, wenn sie ausdrücklich beauftragt sind, in eigener Verantwortung entsprechende Aufgaben wahrzunehmen (vgl. § 9 Abs. 2 Nr. 2 OWiG). Zu den Beauftragten können mithin alle **Mitarbeiter und Angestellten** eines Veranstalters oder Gewerbetreibenden gehören (z. B. Einlasspersonal, sog. „Türsteher", Barkeeper, Kellner, Kassierer, sonstiges Ladenpersonal). Auch diese Personen gehören damit zumindest mittelbar zu den Adressaten der Vorschrift, sofern sie mit der eigenverantwortlichen Umsetzung der Aushangpflicht betraut worden sind.

Bekanntmachung der Vorschriften § 3 JuSchG

2. Betriebseinrichtungen und Veranstaltungen

a) Betriebseinrichtungen. Solche sind die Gebäude und Räume etc. 4
nebst Zubehör, die der Durchführung des Betriebes oder der Veranstaltung
dienen (insb. **Gaststätten**, Tanzlokale, Diskotheken, Supermäkte, Kioske,
Getränkeläden, Kinosäle und Vorräume, Videotheken). Auch **mobile
Räumlichkeiten** (z. B. Wohnwagen, vorübergehend errichtete Zelte) können Betriebseinrichtungen sein.

b) Veranstaltungen. Solche sind in der Regel zeitlich begrenzte Ereig- 5
nisse, welche der Öffentlichkeit einen zumeist räumlich begrenzten Zugang
ermöglichen (z. B. Konzerte, Tanzdarbietungen, Filmveranstaltungen, Show-
Events etc.). Anderseits ist die Tanzveranstaltung aber häufig auch nicht auf
den eigentlichen Tanzraum beschränkt. Zum Veranstaltungsort gehören auch
alle damit **im Zusammenhang stehenden Räumlichkeiten**, die entweder
zur Beobachtung des Veranstaltungsereignisses geeignet oder sogar bestimmt
sind, oder die gerade dem Aufenthalt und der Erfrischung von Besuchern
z. B. in Pausen nicht nur vereinzelt oder ausnahmsweise dienen (vgl. schon
BayObLGSt 1961, 102, 104). In Einzelfällen wird gerade in solchen Räumlichkeiten die Umsetzung der Aushangpflicht erst möglich sein.

3. Bekanntmachung geltender Vorschriften (Abs. 1)

a) Pflichtumfang. Die Verpflichtung des Absatz 1 bezieht sich auf die 6
Bekanntmachung der für ihre Betriebseinrichtungen und Veranstaltungen
geltenden Vorschriften. Sinn der Verpflichtung zur Bekanntmachung ist es,
dass Minderjährige und deren Begleiter Gelegenheit haben, von den Vorschriften, die an dem konkreten Ort in Bezug auf den Jugendschutz gelten,
Kenntnis zu nehmen und so von sich aus auf die für den Veranstalter oder
Gewerbetreibenden nach §§ 4 bis 13 geltenden Verpflichtungen Rücksicht
zu nehmen. Die Vorschrift verlangt nach Wortlaut und Sinn nicht die
Bekanntmachung des gesamten JuSchG, sondern nur der für den Gewerbebetrieb oder die Veranstaltung **konkret geltenden Vorschriften**. Diese
Beschränkung ist sachgerecht, da sie die Kenntnisnahme erleichtert, während
dem Ziel der Norm durch Aushang des gesamten Gesetzes u. U. nicht
Genüge getan ist, da dies in der vorgeschriebenen Form (deutlich sichtbar
und gut lesbar) nach den Gesamtumständen des Einzelfalls oft nicht möglich
sein wird und darüber hinaus gerade der Aushang des gesamten Gesetzestextes
im Regelfall keine Gewähr dafür bietet, dass die Vorschriften zur Kenntnis
genommen und verstanden werden können (siehe auch Rn. 9).

Bei **öffentlichen Filmveranstaltungen** (§ 11 Abs. 1) erstreckt sich die 7
Bekanntmachungspflicht auch auf die Alterseinstufung von Filmen sowie
die Anbieterkennzeichnung als „Infoprogramm" oder „Lehrprogramm" (§ 14
Abs. 7). Der deutlich sichtbare und gut lesbare Aushang muss insoweit **dem
aktuellen Programm angepasst** sein und kann im Rahmen von Filmplakaten, Programmtafeln oder entsprechenden Anzeigen auf Bildschirmen erfolgen.

JuSchG § 3 I. Abschnitt. Allgemeines

8   b) **Beispielsfälle.** Auf einige häufig vorkommende Beispiele für die inhaltlichen Anforderungen der Bekanntmachungspflicht sei besonders hingewiesen:
   – **Gaststätten** (zum Begriff vgl. § 4 Rn. 3 ff.): bekannt zu machen ist der Inhalt folgender Vorschriften: §§ 4, 5, 9 und 10, ggf. 11 und 14 bzw. 6 und 13;
   – **Lebensmittel- und Getränkeläden** bzw. **Kioske** mit Verkauf alkoholischer Getränke und Tabakwaren: bekannt zu machen ist der Inhalt von §§ 9 Abs. 1 und 10 Abs. 1;
   – **Diskotheken** und andere Betriebe mit Tanzveranstaltungen: bekannt zu machen ist der Inhalt von §§ 5, 4, 9 und 10, ggf. 11 und 14 bzw. 6 und 13;
   – **Kinos** und andere Veranstaltungen **öffentlicher Filmvorführungen**: bekannt zu machen ist der Inhalt von §§ 11, 14, 9 und 10 (§§ 9 und 10 auch für Vorräume, ggf. auch §§ 6 und 13). Für die nach § 3 Abs. 1 vorgesehene Bekanntmachung der Alterseinstufung von Filmen ist auch § 3 Abs. 2 zu beachten;
   – **Videotheken** und andere Betriebe, in denen bespielte Videokassetten verkauft oder vermietet werden: bekannt zu machen ist der Inhalt von §§ 12, 14, dabei ist auch § 3 Abs. 2 zu beachten;
   – **Spielhallen**: bekannt zu machen ist der Inhalt von § 6 Abs. 1; ggf. auch §§ 9, 10.
   – In **Kaufhäusern** kann eine inhaltlich differenzierte Bekanntmachung an mehreren Stellen erforderlich sein (vgl. Ukrow, Rn. 192).

9   c) **Transparenzanforderungen.** Die Bekanntmachung muss durch deutlich sichtbaren und gut lesbaren Aushang erfolgen. Dem entspricht die vorgeschriebene Beschränkung auf die für den konkreten Gewerbebetrieb oder die konkrete Veranstaltung einschlägigen Vorschriften (vgl. Rn. 8). Eine wirksame Bekanntmachung erfordert zum einen eine **einfach verständliche, möglichst schlagwortartig** (E/K/Steindorf, § 11 Anm. 3) auf den wesentlichen Inhalt beschränkte **Wiedergabe der Norminhalte**. Zum anderen aber muss der Aushang deutlich, also für jeden Besucher ohne weiteres sichtbar und in gut lesbarer Schrift von hinreichender Größe erfolgen. Insoweit kann zur Konkretisierung der Bekanntmachungspflicht die umfangreiche Kasuistik zum Transparenzgebot des § 305 Abs. 2 BGB herangezogen werden (vgl. etwa BGH NJW 1993, 2052, 2054; OLG Schleswig NJW 1995, 2858 f.).

10 Zur Erfüllung der Voraussetzung tragen insb. **optisch auffällig gestaltete Informationsschilder** (z. B. mit Hervorhebungen, Schlagworten im Text) bei, die den wesentlichen Inhalt einer Vorschrift hervorheben. Einer guten Lesbarkeit ist weiterhin eine entsprechende Gestaltung von Schrift und Schriftgröße förderlich. An deutlicher Sichtbarkeit **fehlt es** bei bloßem Aushang in Nebenräumen oder an schwer zugänglichen oder versteckten Stellen. Je nach Örtlichkeit kann es geboten sein, den Aushang zur Gewährleistung der deutlichen Sichtbarkeit an mehreren Stellen anzubringen. Der Bekanntmachungspflicht kann andererseits nicht nur ein Aushang unmittelbar im Betriebs- oder Veranstaltungsraum selbst genügen, sondern auch ein solcher

Bekanntmachung der Vorschriften § 3 JuSchG

an einer sonstigen für jedermann sofort sichtbaren Stelle im unmittelbaren Bereich des Betriebs- oder Veranstaltungsraums, etwa im **Vorraum** (vgl. BayObLGSt 1976, 25, 27). Dies gilt aber nur, wenn sichergestellt ist, dass dieser von allen Besuchern des Betriebs- oder Veranstaltungsraums passiert werden muss (BayObLG aaO.).

Wird der Aushang bei Nutzung der Räumlichkeiten regelmäßig verdeckt **11** (z. B. Kleidungsstücke an Garderobe), fehlt es stets an der erforderlichen Sichtbarkeit des Aushangs. Zu weit dürfte es gehen zu verlangen, dass in von Ausländern frequentierten Lokalitäten der Aushang auch in der oder den betreffenden **Fremdsprachen** erfolgen muss (für die Möglichkeit einer Auflagenverpflichtung: Nikles u.a, Rn. 8). In Zweifelsfällen sind Gewerbetreibende und Veranstalter verpflichtet, sich über die Modalitäten der Aushangpflicht bei ihrem zuständigen Jugendamt zu erkundigen; nur wenn sie ihrer Erkundigungsobliegenheit genügt haben, können sie sich später etwa auf einen (nicht vermeidbaren) Verbotsirrtum berufen. Der Gewerbetreibende oder Veranstalter genügt seinen jeweiligen Pflichten nach dem JuSchG indes keinesfalls bereits damit, dass er dessen Bestimmungen pflichtgemäß zum Aushang bringt. Er ist vielmehr verpflichtet, den Bestimmungen in seinem Lokal etc. **praktisch Geltung zu verschaffen**, z. B. durch eindrückliche Belehrung seines Personals.

III. Transparenz bei Kennzeichen nach § 14 Abs. 2 (Abs. 2 S. 1 und 2)

1. Kennzeichenkonformität

a) Pflichtumfang. Bei Filmen (§ 11) und Film- und Spielprogrammen **12** (§ 12 Abs. 1), für die die Oberste Landesbehörde oder eine Organisation der Freiwilligen Selbstkontrolle eine Alterseinstufung vorgenommen hat, darf gemäß Abs. 2 Satz 1 nur der aus § 14 Abs. 2 ersichtliche **Wortlaut** (z. B. „Freigegeben ab 12 Jahren") verwendet werden. Das Gebot der kennzeichnungskonformen Bekanntmachung in Verbindung mit der Bußgelddrohung des § 28 Abs. 1 Nr. 2 soll vor allem im Kinobereich, aber auch bei Bildträgern ausschließen, dass die Freigabe oder Nichtfreigabe eines Films durch **reißerische Ankündigungen** zu Werbezwecken missbraucht wird, etwa mit der Wortwahl „Strengstes Jugendverbot" (vgl. BT-Drs. 10/722 S. 12) oder „Unter 16 Jahren verboten" (vgl. Gutknecht, JMS-Report 3/2010, 2, 5). Gegen **Kurzbezeichnungen** wie „Frei ab 12 Jahren" oder „ab 12" bestehen dagegen keine Bedenken (ebenso Nikles u.a., Rn. 12).

b) Anwendungsbereich. Die Vorschrift ist überall anzuwenden, wo auf **13** die Alterseinstufung hingewiesen werden soll, also z. B. auch bei der **Ankündigung und Werbung** in Zeitungen, Zeitschriften, auf Werbeflugblättern, Handzetteln, Programmen, Vorspannen, Schaukästen, Schaufenstern. Daneben ist im Hinblick auf die Vermeidung einer Regelungslücke nicht ersichtlich, weshalb das Gebot der Kennzeichenkonformität nicht auch für Werbetrailer zu Kinofilmen oder Bildträgern **im Rundfunk und in Telemedien** gelten soll. Dies wird von den Regelungen des § 12 JuSchG und § 12 JMStV nicht erfasst (siehe hierzu nachfolgend Rn. 14). Für **Vorfilme** und **Werbevorspanne** vor Beginn der Filmvorführung sind keine Bekanntmachungen erforderlich (Nikles u.a, Rn. 11).

14 c) **Weitere Transparenzregeln.** Für Film- und Spielprogramme wie Videokassetten, Spiele-CD-Roms, DVDs oder Blu-ray Discs) wird in § 12 Abs. 2 S. 1 und 2 ergänzend vorgeschrieben, dass und in welcher Weise auf die Kennzeichnung der Alterseinstufung auf dem **Bildträger** und der **Hülle** mit einem deutlich sichtbaren Zeichen hinzuweisen ist (siehe dort Rn. 14 ff.). Weitere Anforderungen an die Kennzeichnung der Programme kann die Oberste Landesbehörde anordnen (§ 12 Abs. 2 S. 3). Auch an **Bildschirmspielgeräten** müssen entsprechende Kennzeichen angebracht werden (§ 13 Abs. 3). Anbieter von **Telemedien** oder **periodischen Druckschriften**, welche gekennzeichnete Bildträger verbreiten, trifft eine spezialgesetzliche Hinweispflicht (§ 12 Abs. 2 S. 4 und Abs. 5, siehe dort Rn. 20 ff.). Damit ist zwar das Anbieten von Bildträgern selbst über Telemedien (z. B. Internet-Versand) wegen der genannten Sonderregelung nicht von § 3 Abs. 2 S. 1 erfasst (Gutknecht, JMS-Report 3/2010, 2, 5). Das Gebot der Kennzeichenkonformität gilt aber bei Werbetrailern für gekennzeichnete Bildträger (siehe Rn. 19).

15 d) **Nicht gekennzeichnete Kinofilme und Bildträger. aa) Hinweis „Keine Jugendfreigabe".** Für nicht zur Freigabe geprüfte Filme und Bildträger gilt, dass Kindern und Jugendlichen mit Ausnahme sog. „Info-" oder „Lehrprogramme" (§ 14 Abs. 7) die Anwesenheit bei der Vorführung nicht gestattet werden darf (§ 11 Abs. 1) bzw. dass Bildträger ihnen nicht zugänglich gemacht werden dürfen und bestimmte Vertriebsverbote zu beachten sind (§ 12 Abs. 1 und 3). Auch in diesen Fällen muss das **geltende Jugendverbot** nach § 3 Abs. 1 am Leistungsort **bekannt gemacht** werden. Man wird davon ausgehen müssen, dass auch hier nur der Wortlaut des § 14 Abs. 2 Nr. 5 „Keine Jugendfreigabe" (hingegen nicht die übrigen FSK-/USK-Kennzeichenmerkmale) verwendet werden darf, obwohl die Alterseinstufung nicht durch die Oberste Landesbehörde bzw. eine Selbstkontrolleinrichtung nach § 14 Abs. 6 erfolgt ist.

16 **bb) Praktische Bedeutung.** Freilich wird dieser Fall – zumindest bei Kinofilmen – in der Regel nicht vorkommen, da ein Verzicht auf eine Alterseinstufung von Seiten der Obersten Landesbehörde oder einer Organisation der Selbstkontrolle im Sinne des § 14 Abs. 6 nur bei jugendgefährdenden, ggf. bereits schon indizierten Inhalten nach §§ 18 Abs. 1, 15 in Betracht kommt. Dann aber gelten ohnehin die umfassenden Vertriebs- und Werbebeschränkungen des § 15 Abs. 1. Bei Film-Bildträgern erfolgt in Grenzfällen häufig eine Prüfung durch eine **Juristenkommission der Spitzenorganisation der Filmwirtschaft** (SPIO-JK), welche das Vorliegen eines Straftatbestandes (insb. § 131 StGB) oder einer schweren Jugendgefährdung (§ 15 Abs. 2) ausschließen soll. Die Bewertungen der SPIO-JK sind für die BPjM freilich nicht bindend.

2. Hinweispflicht für Filmverleiher (Abs. 2 S. 2)

Die Vorschrift des Abs. 2 Satz 2 sieht eine Hinweispflicht der Anbieter vor, zumeist also der **Verleiher von Kinospielfilmen** (ggf. auch der Produzenten, falls diese die Alterseinstufung erwirkt haben) bei der Weitergabe zur öffentlichen Vorführung, insb. also an Filmtheaterbesitzer. Bei Bildträgern erfolgt der Hinweis auf die Alterseinstufung in der Regel durch das entsprechende Kennzeichen (§ 12 Abs. 2), das in den meisten Fällen bereits durch den Hersteller aufgedruckt wird (vgl. Gutknecht, JMS-Report 3/2010, 2). Dem entspricht bei Kinofilmen eine Hinweispflicht der Verleihfirma, der schon bisher in der Regel durch **Übersendung einer Kopie der FSK-Freigabekarte** Genüge getan wurde. Eine besondere Form des Hinweises schreibt das Gesetz nicht vor, so dass der Hinweis grundsätzlich auch mündlich erfolgen kann. Allerdings gelten die allgemeinen Grundsätze der Bestimmtheit. Unklarheiten jedweder Art gehen zu Lasten des Anbieters, wie sich aus der Bußgelddrohung des § 28 Abs. 1 Nr. 3 ergibt. Ordnungswidrig handelt danach auch derjenige, der einen entsprechenden Hinweis verspätet an den Vertreiber sendet. Die Hinweispflicht erstreckt sich auch auf die anbieterseitige Kennzeichnung von **Info- bzw. Lehrprogrammen** im Sinne des § 14 Abs. 7.

17

IV. Werbung mit jugendbeeinträchtigenden Inhalten (Abs. 2 S. 3)

1. Anwendungsbereich

a) Gekennzeichnete Kinofilme und Bildträger. Abs. 2 Satz 3 enthält eine inhaltliche Beschränkung der Ankündigung und Werbung für Filme sowie Film- und Spielprogramme (insb. Videokassetten, DVDs, CD-Roms und Blu-ray Discs), die der Obersten Landesjugendbehörde oder einer Selbstkontrolleinrichtung nach § 14 Abs. 6 vorgelegt und gekennzeichnet worden sind. Für das Bewerben **nicht gekennzeichneter Kinofilme oder Bildträger** findet die Vorschrift keine Anwendung. Insoweit kann jedoch ein totales und nicht lediglich bußgeld-, sondern strafbewehrtes Verbot der Ankündigung und Werbung an Kindern und Jugendlichen zugänglichen Orten eingreifen, und zwar dann, wenn es sich um pornographische Filme oder Bildträger (vgl. dazu § 184 StGB Rn. 17 ff.) oder um offensichtlich schwer jugendgefährdende Objekte im Sinne des § 15 Abs. 2 handelt.

18

b) Werbung in Rundfunk und Telemedien. Die Vorschrift gilt nicht nur für Ankündigungen und Werbung im Offline-Bereich (insb. Kinoplakate, Aushänge, Flyer, Zeitungsanzeigen), sondern auch für **Werbetrailer** und Ankündigungen zu Kinofilmen und Film- oder Spielbildträgern, die im **Fernsehen und Hörfunk** ausgestrahlt oder im **Internet** (Telemedien) verbreitet werden. Insoweit ergeben sich keine gegenteiligen Einschränkungen aus dem Wortlaut des Abs. 2 S. 3 und ebensowenig nach dem Schutzzweck der Norm (a. A. wohl Ukrow, vgl. dort Rn. 389 zu § 15 Abs. 1 Nr. 6). Anderweitige Spezialregelungen im JuSchG und im JMStV bestehen für diesen Fall nicht.

19

2. Werbegestaltungsverbote

20 **a) Hinweis auf jugendbeinträchtigende Inhalte.** Unter Bußgelddrohung (§ 28 Abs. 1 Nr. 4) verboten ist der Hinweis auf jugendbeeinträchtigende Inhalte, der sowohl unmittelbar (z. B. „Schwer jugendgefährdend!") wie auch mittels **Umschreibungen** („Brutalität ohne Grenzen", „Verbotene Sexspiele", „Sex ohne Tabus"; vgl. auch die Beispiele bei Ukrow, Rn. 207) vorstellbar ist. Schutzweck der Norm ist insoweit, keine zusätzlichen Anreize bei Kindern und Jugendlichen zu schaffen, unter Umgehung der vorgeschriebenen Altersstufengrenze den Film zu rezipieren bzw. ein Spielprogramm zu nutzen.

21 **b) Werbung „in jugendbeeinträchtigender Weise".** Gleiches gilt für Ankündigung oder Werbung, die selbst jugendbeeinträchtigend ist, etwa durch Bilder, Texte, Plakate oder sog. Werbevorspanne, die entsprechende Szenen aus dem betreffenden Film oder Videoprogramm darstellen (z. B. in Form von Trailern, Zusammenschnitten drastischer Gewaltdarstellungen). Als insoweit problematisch war der Fall der Abbildung eines abgetrennten Kopfes auf einem **Kinoplakat zum Film „Saw IV"** einzustufen, das zwar nicht als jugendgefährend und indizierungstauglich angesehen wurde (vgl. BPjM-Entsch. Nr. 5563 vom 8. 5. 2008), das indes gleichwohl als Verstoß gegen Abs. 3 S. 2 gelten kann. Sind Aussagen oder Darstellungen enthalten, die gegen §§ 130, 131, 184 StGB, gegen § 15 Abs. 2 oder auch lediglich gegen § 18 Abs. 1 (vgl. dazu näher dort Rn. 5 ff.) verstoßen, ist zugleich das Ankündigungs- und Werbeverbot des Absatz 2 Satz 2 verwirklicht.

II. Abschnitt. Jugendschutz in der Öffentlichkeit

§ 4 Gaststätten

(1) ¹**Der Aufenthalt in Gaststätten darf Kindern und Jugendlichen unter 16 Jahren nur gestattet werden, wenn eine personensorgeberechtigte oder erziehungsbeauftragte Person sie begleitet oder wenn sie in der Zeit zwischen 5 Uhr und 23 Uhr eine Mahlzeit oder ein Getränk einnehmen.** ²**Jugendlichen ab 16 Jahren darf der Aufenthalt in Gaststätten ohne Begleitung einer personensorgeberechtigten oder erziehungsbeauftragten Person in der Zeit von 24 Uhr und 5 Uhr morgens nicht gestattet werden.**

(2) **Absatz 1 gilt nicht, wenn Kinder oder Jugendliche an einer Veranstaltung eines anerkannten Trägers der Jugendhilfe teilnehmen oder sich auf Reisen befinden.**

(3) **Der Aufenthalt in Gaststätten, die als Nachtbar oder Nachtclub geführt werden, und in vergleichbaren Vergnügungsbetrieben darf Kindern und Jugendlichen nicht gestattet werden.**

(4) **Die zuständige Behörde kann Ausnahmen von Absatz 1 genehmigen.**

Schrifttum: *Dübbers*, Die Deregulierung des Gaststättenrechts – Der Bürokratieabbau und seine Auswirkungen auf das Gaststättengesetz, NVwZ 2006, 301; *Ebert*, Raucherclub versus Nichtraucherschutz, NVwZ 2010, 26; *Guckelberger*, Flatrate- und Billigalkoholpartys aus gaststättenrechtlicher Perspektive, LKV 2008, 385; *v.Hartlieb*, Gesetz zur Neuregelung des Jugendschutzes in der Öffentlichkeit, NJW 1985, 830; *Hecker*, Zur neuen Debatte über Alkoholkonsumverbote im öffentlichen Raum, NVwZ 2009, 1016; *Jäckel*, Jugendschutzgesetz – Leitfaden für die polizeiliche Praxis, 2004; *Liesching/Knupfer*, Die Zulässigkeit des Betreibens von Internetcafés nach gewerbe- und jugendschutzrechtlichen Bestimmungen, MMR 2003, 439; *Schröder/Führ*, Zulässigkeit von „Flatrate"-Parties, NVwZ 2008, 145.

Übersicht

Rn.

I. Allgemeines 1
  1. Zum II. Abschnitt (Jugendschutz in der Öffentlichkeit) ... 1
  2. Regelungsinhalt und Bedeutung 2
II. Aufenthalt Minderjähriger in Gaststätten (Abs. 1) 3
  1. Begriff der Gaststätte 3
    a) Gewerbliche Gaststättenbetriebe 3
    b) Öffentlicher Zugang 5
    c) Ausnahmen 6
    d) Einzelfälle 8
  2. Aufenthalt 11
    a) Begriff des Aufenthalts 11
    b) Aufenthalt Jugendlicher ab 16 Jahren (Abs. 1 S. 2) 12
  3. Gestatten 13
    a) Wortlautauslegung 13
    b) Systematisch vergleichende Auslegung 14
    c) Stellungnahme 15
III. Ausnahmen 16
  1. Begleitung durch Personensorgeberechtigte oder Erziehungsbeauftragte 16
    a) Voraussetzung der „Begleitung" 16
    b) Keine hinreichende Begleitung 17
    c) Nachweis- und Überprüfungspflicht 18
  2. Aufenthalt zur Einnahme einer Mahlzeit oder eines Getränks 19
    a) Dauer der Nahrungsaufnahme 19
    b) Vermeidung von Missbrauch 20
  3. Ausnahmen vom Begleitungserfordernis (Abs. 2) 21
    a) Allgemeines 21
    b) Veranstaltungen anerkannter Jugendhilfe-Träger 22
    c) Auf Reisen befindliche Kinder und Jugendliche 25
IV. Generelles Aufenthaltsverbot in Nachtbetrieben (Abs. 3) 28
V. Behördliche Ausnahmegenehmigungen (Abs. 4) 29
  1. Allgemeines 29
  2. In Betracht kommende Ausnahmefälle 30
  3. Keine Ausnahme 31
  4. Nebenbestimmungen zu Ausnahmen 32
VI. Rechtsfolgen 33
  1. Sanktionen bei Verstößen 33
  2. Gaststättenrechtliche Zuverlässigkeit 34

I. Allgemeines

1. Zum II. Abschnitt (Jugendschutz in der Öffentlichkeit)

1   In diesem Abschnitt sind die Vorschriften zusammengefasst, die von Veranstaltern und Gewerbetreibenden, aber auch von den zuständigen Jugendbehörden, der Gewerbeaufsicht und der Polizei zu beachten sind, wenn Kinder und Jugendliche sich in der Öffentlichkeit, also an **allgemein zugänglichen Orten und Plätzen**, aufhalten. Auch im Abschnitt 3, Jugendschutz im Bereich der Medien, finden sich wegen des übergeordneten Sachzusammenhangs Vorschriften, die den Jugendschutz in der Öffentlichkeit betreffen. Die Überschrift „Jugendschutz in der Öffentlichkeit" ist also nicht im ausschließenden Sinne zu verstehen.

2. Regelungsinhalt und Bedeutung

2   Die Vorschrift des § 4 normiert das Spannungsverhältnis zwischen **zwei Regulierungszielen**. Einerseits sollen sich Kinder und Jugendliche nicht ohne Anlass in Gastwirtschaften aufhalten, die in der Regel im **Zusammenhang mit Gefahren** wie Alkoholkonsum (vgl. zu sog. „Flatrate"-Partys z. B. Guckelberger, LKV 2008, 385; Schröder/Führ, NVwZ 2008, 145), Spielautomaten und teilweise auch der Kriminalitätsnähe stehen (vgl. auch Nikles u.a., Rn. 1: „problematisches Milieu"). Auch die Etablierung weitgehender landesrechtlicher Nichtraucherschutzgesetze, welche in Gastbetrieben gelten, haben an der Gefahrenprognose des Gesetzgebers nichts geändert. Andererseits sollen auch Minderjährige, wenn die Situation es erfordert, eine Gaststätte aufsuchen dürfen. Die Normen werden flankiert durch zusätzliche Regelungen des GastG, welche ebenfalls zum Teil dem Jugendschutz dienen (vgl. Dübbers, NVwZ 2006, 301, 302), und des JArbSchG (siehe ausführl. Nikles u.a., Rn. 2).

II. Aufenthalt Minderjähriger in Gaststätten (Abs. 1)

1. Begriff der Gaststätte

3   **a) Gewerbliche Gaststättenbetriebe. aa) Orientierung an § 1 GastG.** Erfasst ist grundsätzlich (Ausn. siehe Rn. 6 f.) jedes Gaststättengewerbe, also jede Schank- und jede Speisewirtschaft im Sinne von § 1 des GastG (vgl. LNK/Knupfer, Rn. 2; BayObLG, Beschl. v. 28. 12. 1995 – Az: 3 ObOWi 117/95, insoweit nicht abgedruckt in NStZ-RR 1996, 280). Ein Gaststättengewerbe betreibt danach, wer im stehenden Gewerbe Getränke zum Verzehr an Ort und Stelle verabreicht (**Schankwirtschaft**) oder zubereitete Speisen zum Verzehr an Ort und Stelle verabreicht (**Speisewirtschaft**), wenn der Betrieb jedermann oder bestimmten Personenkreisen zugänglich ist. Ein Gaststättengewerbe betreibt (nach § 1 Abs. 2 GastG) auch, wer als selbstständiger Gewerbetreibender **im Reisegewerbe** von einer für die Dauer der Veranstaltung **ortsfesten Betriebsstätte** aus Getränke oder

Gaststätten § 4 JuSchG

zubereitete Speisen zum Verzehr an Ort und Stelle verabreicht, wenn der Betrieb jedermann oder bestimmten Personenkreisen zugänglich ist.

bb) Gewerbliche Tätigkeit. Eine solche setzt immer auch die Absicht 4 (ständiger) Gewinnerzielung voraus (LNK/Knupfer, Rn. 2). Bei Abgabe von **Getränken und Speisen zum Selbstkostenpreis** etwa in Jugendclubs oder Jugendtreffs liegt daher keine Gaststätte vor (Jäckel, S. 27; vgl. aber für **Vereinsgaststätten** auch VGH Kassel NVwZ 1991, 805; OLG Karlsruhe NStZ 91, 594).

b) Öffentlicher Zugang. Voraussetzung ist in allen vorgenannten Fällen, 5 dass der Betrieb jedermann oder bestimmten Personenkreisen (z. B. Vereinsmitgliedern, Messebesuchern, Flugpassagieren) zugänglich ist. Sog. „**geschlossene Gesellschaften**" wie Hochzeitsfeiern oder private Jubiläen unterfallen dem Gaststättenbegriff daher nicht (vgl. BT-Drs. 10/722, S. 9; BayObLG aaO.). Das Vorliegen einer geschlossenen Gesellschaft setzt grundsätzlich eine Vereinbarung mit dem Gastwirt über die ausschließliche Nutzung des Raumes aus einem Anlass voraus, bei dem eine solche Abgrenzung üblich ist (z. B. weil der Konsum an Speisen und Getränken vom Einladenden bezahlt wird).

c) Ausnahmen. aa) Stehausschank nichtalkoholischer Getränke. 6 Unabhängig vom gewerberechtlichen Gaststättenbegriff und der Erlaubnisbedürftigkeit werden von § 4 JuSchG jedoch **Ausschankstellen** unter besonderen Voraussetzungen **nicht erfasst** (LNK/Knupfer, Rn. 2; BMFSFJ-Broschüre/Liesching, 2008, S. 18). Insb. bei Stehausschank von Kaffee, Tee und Kakao (z. B. in Filial-Ladengeschäften für Kaffee oder in Bäckereien) sowie Ausschankstellen für andere nichtalkoholische Getränke wie Milch, Limonade oder Mineralwasser, sofern nicht zugleich auch alkoholische Getränke oder Mixgetränke mit Alkohol ausgeschenkt werden, können nicht als Gaststätten im Sinne des § 4 angesehen werden (a. A. Nikles u.a., Rn. 3).

bb) Teleologische Reduktion des jugendschutzrechtlichen Gast- 7 **stättenbegriffs.** Dies ergibt sich aus dem **Schutzzweck dieser Norm**, der zum einen auf der jederzeitigen Verfügbarkeit alkoholischer Getränke und zum anderen auf dem von Alkohol- und Tabakwarenkonsum sowie u. U. von weiteren nicht jugendgemäßen Einflüssen bestimmten Milieu beruht (vgl. auch Nikles u.a., Rn. 1). Ein derartiges Milieu kann sich in einem (Steh-)Ausschank für nichtalkoholische Getränke der oben näher bezeichneten Art im Allgemeinen nicht entwickeln. Das Verbot des Aufenthalts von Kindern und Jugendlichen z. B. in **Bäckereien** oder **Milchbars** erschiene demgegenüber lebensfremd und bürokratisch. Sollte in einem konkreten Einzelfall ausnahmsweise etwas anderes gelten, etwa an einer derartigen Stelle ein Treff für Drogenumschlag, Beschaffungskriminalität oder Jugendprostitution entstehen, so hätte die zuständige Verwaltungsbehörde mit einem Verbot nach § 7 S. 1 und 2 (insb. Alters- und Zeitbegrenzungen) zu reagieren.

d) Einzelfälle. aa) Internetcafés. Solche können erlaubnispflichtige 8 Gaststättenbetriebe sein, wenn sie gewerblich geführt sind und dort auch Speisen oder Getränke zum Verzehr ausgegeben werden (ausführl. Liesching/

Knupfer, MMR 2003, 439, 445; s. a. Anm. zu §§ 6 und 7 JuSchG). Beschränkt sich indes der Getränkeverkauf in Internetcafés auf die zentrale **Ausgabe nichtalkoholischer Getränke**, kommen die Aufenthaltsbeschränkungen für Minderjährige insoweit nicht in Betracht (Rn. 6 f.). Nichtgewerbliche Internetcafé-Einrichtungen – wie z. B. in Schulen oder sonstigen Bildungseinrichtungen – unterliegen dem Verbot von vornherein nicht. Wenn eine angemessene Aufsicht vorhanden ist, die Mädchen und Jungen in das Medium einführt und verhindert, dass sie exzessiv jugendbeeinträchtigende oder jugendgefährdende Spiele und sonstigen Angebote im Internet aufrufen, sollten Internetcafés ggf. auf Antrag eine **Ausnahmegenehmigung nach Abs. 4** erhalten können (ausführl. BMFSFJ-Broschüre/Liesching, 2008, S. 18)

9   bb) „**Raucherclubs**". In Reaktion auf Länderregelungen zum Verbot des Rauchens in Gaststätten sind in einigen Bundesländern so genannte „Raucherclubs" entstanden, welche lediglich Kunden Zugang gewähren, die sich als Mitglied anmelden bzw. eintragen. Dies ändert i. d. R. nichts an der Anwendbarkeit der Bestimmungen des JuSchG einschließlich des § 4. Denn auch Raucherclubs bleiben bestimmten Personenkreisen zugänglich und sind damit **Gaststätten** im Sinne der Norm, wenn Speisen- oder Getränke ausgegeben werden. Auch eine für die Anwendbarkeit des JuSchG hinreichende **Öffentlichkeit** ist gegeben, wenn nicht der Kreis der Raucherclub-Mitglieder ausnahmsweise auf eine kleine, der Höhe nach begrenzte Zahl angelegt ist (vgl. VG München NVwZ 2008, 808; zum Ganzen ausführl. Ebert, NVwZ 2010, 26, 27 f.).

10   cc) **Weitere Beispiele.** Als solche können gelten Speisehäuser, Schnellrestaurants, Bier- und Weinstuben, Diskotheken, Cafés, Bars, Erfrischungsräume in Kaufhäusern, Imbiss-Stuben, Selbstbedienungsgaststätten, Eisdielen, Bierzelte, ferner auch Schank- oder Speisewirtschaften auf Sportplätzen, in Sporthallen, Tanzschulen, Badeanstalten, Sport- oder Jugendheimen oder Jugendherbergen (weitere Beispiele bei Nikles u.a., Rn. 3).

2. Aufenthalt

11   a) **Begriff des Aufenthalts.** Die Vorschrift erfasst nur den Aufenthalt in allgemein zugänglichen oder bestimmten Personenkreisen (z. B. Vereinsmitgliedern, Flugpassagieren, Campinggästen, Schrebergärtnern) zugänglichen Räumen. Als „Aufenthalt" wird man nur ein **längeres Verweilen** durch Einnahme eines Platzes an einem Tisch oder an der Theke ansehen können (vgl. LNK/Knupfer, Rn. 3; Ukrow, Rn. 128 mwN.). Das Verbot bezieht sich nicht auf die Übermittlung einer Nachricht an einen Gast oder auf die Durchführung einer erlaubten Besorgung (vgl. aber die Alkohol- und Tabakabgabeverbote in §§ 9, 10).

12   b) **Aufenthalt Jugendlicher ab 16 Jahren (Abs. 1 S. 2).** Abs. 1 Satz 2 beschränkt die zulässige Aufenthaltsdauer von 16- bis 18jährigen Jugendlichen ohne Begleitung von Personen i. S. d. § 1 Abs. 1 Nrn. 3 und 4 auf den Zeitraum außerhalb von 24:00 Uhr bis 5:00 Uhr. Der Wortlaut ist eindeutig und daher nicht angesichts eines etwaigen Wandels in der Jugendkultur in

Gaststätten **§ 4 JuSchG**

Diskotheken oder eines vergleichbar geringeren Risikos des Drogenkonsums gegenüber Privatpartys erweiternd auslegbar (vgl. BVerwG GewArch 1998, 256; OVG Lüneburg Urt. v. 6. 10. 1997 – Az: 7 L 6802/96). Anpassungen des JuSchG an den **gesellschaftlichen Wandel** sind allein Aufgabe des Gesetzgebers. Dieser hat sich indes nach anfänglich vorgesehener Liberalisierung der Zeitgrenzen (1:00 bis 5:00 Uhr) für die Beibehaltung der schon in § 3 Abs. 2 JÖSchG festgesetzten 24 Uhr-Grenze entschieden (vgl. BT-Drs. 14/9013, S. 18). Eine gewisse Lockerung des Aufenthaltsverbotes des Abs. 1 stellt indes die in Abs. 4 nunmehr geregelte Möglichkeit behördlicher Ausnahmen dar (vgl. unten Rn. 29 ff.).

3. Gestatten

a) **Wortlautauslegung.** Als Synonyme für den Terminus des Gestattens 13 werden Begriffe wie „Einwilligen", „Erlauben" oder „Bewilligen" angesehen (Wahrig, Deutsches Wörterbuch, S. 555; vgl. auch LK/Träger, § 206 StGB Rn. 36). Allen genannten Handlungsbegriffen ist die Äußerung eines bestimmten Erklärungsgehaltes gemein, namentlich die aus Sicht eines objektiven Dritten (Erklärungsempfänger) erkennbare **Billigung** eines bestimmten Tuns und Unterlassens. Aufgrund des Erklärungscharakters erfordert die „Gestattung" einer bestimmten Handlung zwar mehr als die bloße Zulassung i. S. d. tatsächlichen Hinnahme, so dass auch nach dem Wortlaut ein Gestatten des Aufenthalts in Gaststätten nicht allein deshalb angenommen werden kann, weil Kindern und Jugendlichen der **Zutritt** zu einer solchen **tatsächlich möglich** ist. Denn der Gesetzgeber verlangt im Bereich der Regelungen zum Jugendschutz in der Öffentlichkeit – anders als in § 4 Abs. 2 S. 2 JMStV oder in Bezug auf Glücksspiele in § 4 Abs. 3 S. 3 GlüStV – gerade nicht, dass der Gewerbetreibende oder Veranstalter „sicherstellt", dass Kinder und Jugendliche keinen Zugang haben bzw. nicht teilnehmen können.

b) **Systematisch vergleichende Auslegung.** Im Schrifttum wird die 14 zum Teil in der Strafrechtsliteratur vorgenommene Auslegung des **Gestattensbegriffs nach § 206 Abs. 2 Nr. 3 StGB** (Verletzung des Post- und Fernmeldegeheimnisses als Inhaber oder Beschäftigter eines Post- oder Fernmeldeunternehmens) übernommen (Nikles u.a., Rn. 8). Danach bedeute Gestatten „in einer Lage, in der man eingreifen könnte, die Tat ausdrücklich zu erlauben, passiv zu dulden oder zu ihr anzustiften" (Nikles u.a. aaO.). Folgt man dem, so wird in der strafrechtlichen Literatur zu dem genannten Straftatbestand ausgeführt, dass neben der ausdrücklichen Erlaubnis ein über die bloße Zulassung hinausgehendes Gestatten im Falle eines bloßen Unterlassens nur dann vorliegen könne, wenn damit konkludent das Einverstandensein mit der Handlung des anderen zum Ausdruck kommt (Fischer, § 206 Rn. 16).

c) **Stellungnahme.** Vor diesem Hintergrund wird von einem Gestatten 15 auszugehen sein, wenn der Betriebsinhaber, Angestellte oder sonstige Mitarbeiter einer Gaststätte von der **Anwesenheit** potentiell unter 16- bzw. 18jähriger Personen **positive Kenntnis** erlangt, indes trotz längeren Verweilens keine Altersüberprüfung nach § 2 Abs. 2 bzw. kein Verweis aus dem Lokal veranlasst. Doch auch wenn der Gaststättenbetreiber keinerlei Vorkehrungen getroffen hat (z. B. Schulung oder deutliche Hinweise gegenüber Mitarbeitern, hinreichende Anwesenheit von Personal, um Minderjährige im Lokal frühzeitig zu entdecken), kann zumindest eine **fahrlässige Begehung** des Gestattens vorliegen. Dies entspricht auch der Rspr., welche von dem Inhaber einer Gaststättenerlaubnis „**nachhaltige eigene Anstrengungen**" einfordert, um die Vorschriften des Jugendschutzgesetzes einschl. § 4 durchzusetzen (OVG Bremen, Beschl. v. 26. 09. 2007 − 1 B 287/07).

III. Ausnahmen

1. Begleitung durch Personensorgeberechtigte oder Erziehungsbeauftragte

16 a) **Voraussetzung der „Begleitung".** Begleitung durch eine personensorgeberechtigte oder erziehungsbeauftragte Person (§ 1 Abs. 1 Nrn. 3 und 4) setzt voraus, dass diese sich um den Minderjährigen auch tatsächlich kümmert, d. h. ihn beaufsichtigt und nicht statt dessen in der Gastwirtschaft ihren eigenen Interessen nachgeht. Erforderlich ist daher, dass die Begleitperson sich ganz überwiegend bei der minderjährigen Person aufhält und im Übrigen durch Sichtkontakt das Kind oder den Jugendlichen beaufsichtigen kann. Insb. ist bei Erziehungsbeauftragten wesentlicher Bestandteil des Auftrags, auf die betreffenden Kinder bzw. Jugendlichen aufzupassen und diese „**im Auge zu behalten**" (OLG Bamberg, Beschl. v. 16. 12. 2008 − 2 Ss OWi 1325/08). Erforderlich ist, dass die beauftragte Person diese (Aufsichts-)Pflichten tatsächlich wahrnimmt (BayObLG NStZ-RR 1996, 280). Die „erziehungsbeauftragte Person" muss räumlich **anwesend** sein und jederzeit Einfluss auf das Verhalten des Jugendlichen nehmen bzw. Gefahren von ihm abwehren können (OLG Nürnberg NStZ 2007, 43, 44).

17 b) **Keine hinreichende Begleitung.** Nicht ausreichend ist es, wenn der Erwachsene den Minderjährigen lediglich zur Gaststätte bringt und einen Treffpunkt für die **Abholung** zur Heimfahrt ausmacht (vgl. Roll, KJuG 4/2002, S. 112, 113). Auch ist die **Bestellung des Gastwirts** zur erziehungsbeauftragten Person unzulässig (vgl. § 1 Rn. 7 ff.; OVG Hamburg GewArch 1982, 208). Eine hinreichende Begleitung ist auch dann nicht gegeben, wenn die personensorgeberechtigte oder erziehungsbeauftragte Person abwesend oder in Folge **Alkohol- oder Drogenkonsums** objektiv nicht mehr in der Lage ist, die Aufsichtspflichten wahrzunehmen (OLG Nürnberg NStZ 2007, 43, 44; OLG Bamberg, Beschl. v. 16. 12. 2008 − 2 Ss OWi 1325/08).

18 c) **Nachweis- und Überprüfungspflicht.** Erziehungsbeauftragte unterliegen der Nachweispflicht des § 2 Abs. 1 S. 1, an welche im Einzelfall Anforderungen zu stellen sind, die über eine bloße mündliche Darlegung hinausgehen (§ 2 Rn. 6 f.). Insb. bei jungen Erwachsenen, die Jugendliche zu späteren Abend- und Nachtstunden in der Gaststätte begleiten, ist das Erziehungsbeauftragtenverhältnis durch den Gaststättenbetreiber nach § 2 Abs. 1 S. 2 genau zu prüfen.

Gaststätten § 4 JuSchG

2. Aufenthalt zur Einnahme einer Mahlzeit oder eines Getränks

a) Dauer der Nahrungsaufnahme. Durch die in Abs. 1 Satz 1 2. Alternative geregelte zeitlich begrenzte Ausnahme von dem Begleitungserfordernis soll Minderjährigen unter 16 Jahren die Möglichkeit der Nahrungsaufnahme außerhalb des häuslichen Bereichs gewährt werden. Bei der Einnahme einer Mahlzeit oder eines Getränks ist die Privilegierung allerdings dann nicht mehr gegeben, wenn die zu diesem Zweck **übliche Dauer** des Aufenthalts offensichtlich und eindeutig überschritten wird (LNK/Knupfer, Rn. 6). Diese Auslegung ergibt sich aus dem Zweck des Gesetzes und aus der Tatsache, dass § 4 Abs. 1 insgesamt bedeutungslos wäre, wenn in den Fällen der Nahrungsaufnahme in Gaststätten der Aufenthalt beliebig ausgedehnt werden könnte. In der polizeilichen Praxis wird eine Dauer von **bis zu einer halben Stunde** als angemessen angesehen, wobei zwischen Schnellrestaurants und anderen Gaststätten mit frisch zubereiteten Speisen ggf. zu unterscheiden sei (vgl. Jäckel, S. 29). 19

b) Vermeidung von Missbrauch. Im Gegensatz zu der alten Bestimmung des § 3 JÖSchG ist die Einnahme einer Mahlzeit oder eines Getränks durch unbegleitete Minderjährige unter sechzehn Jahren nur in der **Zeit zwischen 5:00 Uhr und 23:00 Uhr** zulässig. Damit werden offensichtliche Missbräuche und Umgehungen des Aufenthaltsverbotes vermieden. Die Ausnahmevorschrift der Nahrungseinnahme im Übrigen auch dann nicht anwendbar, wenn der Minderjährige ein **alkoholisches Getränk** einnimmt, dessen Verzehr ihm nach § 9 Abs. 1 nicht gestattet werden darf. Auch die **Einnahme mehrerer Getränke oder Speisen** zur Verlängerung der Aufenthaltsdauer ist schon vom Wortlaut nicht gedeckt (s. hierzu und zu Kontrollschwierigkeiten in der Praxis Jäckel, S. 29). 20

3. Ausnahmen vom Begleitungserfordernis (Abs. 2)

a) Allgemeines. Abs. 2 enthält (neben dem Verzehr einer Mahlzeit oder eines Getränks durch unter 16jährige nach Abs. 1 S. 1 2. Alt.) zwei weitere Ausnahmefälle von dem Erfordernis der Begleitung Minderjähriger durch eine personensorgeberechtigte oder erziehungsbeauftragte Person. Die genannten Ausnahmen der Veranstaltungen anerkannter Jugendhilfe-Träger und auf Reisen befindlicher Kinder und Jugendlicher sind **abschließend** und können auch nicht durch Vereinbarung der Personensorgeberechtigten mit dem Gaststättenbetreiber erweitert werden (vgl. OVG Hamburg GewArch 1982, 208; § 1 Rn. 4). 21

b) Veranstaltungen anerkannter Jugendhilfe-Träger. aa) Allgemeines. Bei einer Veranstaltung eines anerkannten Trägers der Jugendhilfe im Sinne des Abs. 2 1. Alternative ist entscheidend, dass diese von einem solchen Träger tatsächlich als eigene Veranstaltung durchgeführt wird. Auf die Art der Veranstaltung kommt es demgegenüber grundsätzlich nicht an. Es reicht aus, wenn sie nicht gegen den durch den satzungsmäßigen Vereinszweck vorgegebenen Rahmen verstößt. Bei Tanzveranstaltungen und Film- oder Videovorführungen müssen die Vorschriften der §§ 5, 11, 12 und 15 eingehalten werden. Gleiches gilt für die Abgabeverbote von Alkohol und Tabakwa- 22

JuSchG § 4 II. Abschnitt. Jugendschutz in der Öffentlichkeit

ren nach §§ 9 und 10. Wer anerkannter Träger der Jugendhilfe ist, ergibt sich aus **§§ 74 und 75 KJHG (SGB VIII)**. Neben den öffentlichen Trägern der Jugendhilfe (insb. Kirchen und Religionsgemeinschaften des öffentlichen Rechts), die ohne weiteres als anerkannte Träger der Jugendhilfe anzusehen sind (vgl. LNK/Knupfer, Rn. 7; s.a. Nikles u.a., Rn. 11: analoge Anwendung), stellen §§ 74 und 75 KJHG solche nichtöffentliche Träger, die freiwillig auf dem Gebiet der Jugendhilfe tätig sind.

23 **bb) Voraussetzungen der Anerkennung.** In Betracht kommen hierbei nur **juristische Personen** (z. B. eingetragener Verein, GmbH, Stiftung) und Personenvereinigungen (z. B. Arbeitsgemeinschaften ohne eigene Rechtspersönlichkeit, nichteingetragene Vereine, Gesellschaften des bürgerlichen Rechts) (ausführl. Münder u. a., § 75 Rn. 1 ff.). Diese werden anerkannt, wenn sie
1. auf dem Gebiet der Jugendhilfe im Sinne des § 1 (insb. Abs. 3) KjHG tätig sind,
2. gemeinnützige Ziele verfolgen,
3. aufgrund der fachlichen und personellen Voraussetzungen erwarten lassen, dass sie einen nicht unwesentlichen Beitrag zur Erfüllung der Aufgaben der Jugendhilfe zu leisten imstande sind, und
4. die Gewähr für eine den Zielen des Grundgesetzes förderliche Arbeit bieten.

24 **cc) Schutzzweckorientierte beschränkte Anerkennung.** Eine auf Dauer angelegte Förderung setzt dabei in der Regel die Anerkennung als Träger der freien Jugendhilfe nach § 75 KJHG voraus. Im Rahmen des JuSchG wird es keinen Bedenken begegnen, darüber hinaus freien, (noch) nicht nach § 75 KJHG anerkannten Trägern der Jugendhilfe bei bestehender Gewähr für eine **den Zielen des Grundgesetzes förderliche Arbeit** eine Anerkennung mit Beschränkung lediglich auf § 4 Abs. 1 JuSchG zu gewähren. Insoweit kommen für Abs. 2 1. Alternative insb. Veranstaltungen von Jugendbehörden der verschiedenen Stufen, Kirchen und öffentlich-rechtlichen Religionsgemeinschaften, Jugend- und Wohlfahrtsorganisationen, Sportvereinen und Jugendorganisationen von Gewerkschaften, Berufsverbänden und politischen Parteien in Betracht. Daneben bleibt die Möglichkeit der behördlichen **Ausnahmegenehmigung** für die jeweilige **Einzelveranstaltung** nach Abs. 4 (hierzu Rn. 29 ff.) unberührt.

25 **c) Auf Reisen befindliche Kinder und Jugendliche. aa) Allgemeines.** Abs. 2 2. Alternative will Minderjährigen, die sich auf Reisen befinden, den Besuch von Gaststätten zur **Übernachtung** und zur **Überbrückung von Wartezeiten** bei den öffentlichen Verkehrsmitteln ermöglichen. Die Betroffenen werden während einer Reise also nicht auf die Ausnahme in Abs. 1 Satz 1 2. Alt. verwiesen; ihr Aufenthalt ist also unabhängig von dem Verzehr von Mahlzeiten oder Getränken.

26 **bb) Begriff der Reise.** Die Norm erfasst neben Fernreisen vor allem den notwendigen **Auszubildenden- und Schulverkehr** (a. A. Jäckel, S. 31) einschließlich der unablässigen Wartezeiten im Hinblick auf Verkehrsanschlüsse, hingegen kein Besuch von ausgesprochenen Vergnügungsstätten

Gaststätten **§ 4 JuSchG**

sowie allgemein keine Fahrten, die der Freizeitgestaltung dienen (Gernert/ Stoffers, S. 65). Ein wichtiges Indiz wird in solchen Fällen die Tageszeit der Reise sein. Auch das unmotivierte „Überschlagen" von Heimreisemöglichkeiten zum Zwecke des Gaststättenaufenthaltes stellt einen **unzulässigen Missbrauch** der Regelung dar.

cc) **Kontrollmöglichkeiten.** Bei der Überprüfung, ob ein Minderjähriger unter 16 Jahren sich auf Reisen befindet, kommt es darauf an, ob die Umstände und sein Verhalten das **Vorbringen glaubhaft** erscheinen lassen (z. B. das Mitführen von Reisegepäck oder der Schultasche); der Besitz einer Fahrkarte kann nicht immer verlangt werden, da Fahrscheine häufig – z. B. im Busverkehr – erst bei Antritt der Fahrt im Transportfahrzeug selbst ausgegeben werden (krit. hinsichtlich der nur eingeschränkt möglichen Überprüfbarkeit Nikles u.a., § 4 JuSchG Rn. 10). 27

IV. Generelles Aufenthaltsverbot in Nachtbetrieben (Abs. 3)

Eine Sonderregelung gilt nach Abs. 3 für Gaststätten, die als Nachtbetriebe (Nachtbars, Nachtclubs oder ähnliche Betriebe) geführt werden. Das Aufenthaltsverbot ist von der Tageszeit unabhängig. **Vergleichbare Vergnügungsbetriebe** sind insb. Striptease-Bars, Animierbetriebe, Sex-Saunen, sog. „Swinger-Clubs" (LNK/Knupfer, Rn. 9), Betriebe, die der Prostitution dienen. Es kommt hierbei nicht auf die Bezeichnung durch den Inhaber, sondern auf objektiv feststellbare Merkmale wie auf den Ablauf eines branchentypischen oder -üblichen Programms oder einzelner Darbietungen (die nicht unbedingt jugendgefährdender Art sein müssen), oder auf den Einsatz z. B. von Animierdamen, ggf. auch sonstiger „Attraktionen" an, die üblicherweise zu den Bestandteilen des Nachtlebens deutscher Großstädte gerechnet werden. **Typisch** für derartige Betriebe sind außerdem im Vergleich zum Durchschnitt des Preisgefüges in Gaststätten spürbar überhöhte Preise. Vergleichbare Vergnügungsbetriebe im Sinne der Vorschrift müssen ihrerseits nicht Gaststätten sein; anstelle des Verzehrs tritt in diesen Fällen ein Eintrittsgeld (ggf. auch ein „Clubbeitrag" o. ä.). Ein „vergleichbarer Vergnügungsbetrieb" ist auch gegeben, wenn die Veranstaltungen der oben dargestellten Art in vergleichbarer Weise nicht zur Nachtzeit, sondern tagsüber ablaufen. Gaststätten, denen aus besonderen Anlässen (z. B. Kirmes, Schützenfest) eine **Verlängerung der Sperrstunde** bewilligt wird, fallen nicht unter Abs. 3 (vgl. BT-Drs. 10/ 722, S. 9). 28

V. Behördliche Ausnahmegenehmigungen (Abs. 4)

1. Allgemeines

Abs. 4 sieht im Gegensatz zu der alten Regelung des § 3 JÖSchG die Möglichkeit der behördlichen Genehmigung von Ausnahmen vom Aufenthaltsverbot des Abs. 1 vor. Die Vorschrift entspricht inhaltlich der des § 5 Abs. 3 für den Bereich der Tanzveranstaltungen, sodass gegenüber der vorma- 29

JuSchG § 4   II. Abschnitt. Jugendschutz in der Öffentlichkeit

ligen Regelung (vgl. § 5 Abs. 3 JÖSchG) beide Betriebsarten insoweit gleichgestellt sind. Ausnahmen kommen im Allgemeinen dann in Betracht, wenn nach der Art des konkreten Gaststättenbetriebs die damit einhergehenden **typischen Gefährdungen** für Kinder und Jugendliche (siehe oben Rn. 2) **ausgeschlossen** erscheinen.

2. In Betracht kommende Ausnahmefälle

30   Eine Ausnahmegenehmigung kommt etwa für Gaststätten in unmittelbarer **Nähe von Schulhäusern** in Betracht, sofern der gelegentliche Aufenthalt minderjähriger Schüler (unter sechzehn Jahren) den ordnungsgemäßen Schulbetrieb nicht beeinträchtigt und nach der räumlichen Ausgestaltung oder sonstigen Umständen keine Gefährdung von Kindern und Jugendlichen zu besorgen ist. Ferner kommen Ausnahmen in Betracht, wenn in Gaststätten (z. B. in Einkaufszentren, großen Möbelhäusern) eine ständige **pädagogische Betreuung** gewährleistet ist, insb. wenn neben der Bewirtung von Kunden die vorübergehende Aufsicht über Kinder der Kunden für die Dauer der Einkäufe im Vordergrund steht. Auch bei **Internetcafés** mit Bewirtung kommen Ausnahmen in Betracht, sofern durch Aufsichtspersonal und ggf. pädagogische Betreuung sichergestellt ist, dass minderjährige Nutzer keine jugendgefährdenden oder sonst unzulässigen Online-Inhalte aufrufen (Liesching/Knupfer, MMR 2003, 439, 445).

3. Keine Ausnahme

31   Von einer Ausnahme ist generell abzusehen, wenn im Rahmen des Gaststättenbetriebes ein Alkoholausschank vorgesehen ist. Dies gilt erst recht dann, wenn so genannte Flatrate-Partys mit Alkoholausschank zu niederen Rabatt-Tarifen angeboten werden. Zur gaststättenrechtlichen Zulässigkeit von **Flatrate- und Billigalkohol-Partys** ausführl. Guckelberger, LKV 2008, 385 ff; Hecker, NVwZ 2009, 1016; Schröder/Führ, NVwZ 2008, 145).

4. Nebenbestimmungen zu Ausnahmen

32   Im Übrigen kann die zuständige Behörde die Ausnahmegenehmigung entsprechend § 7 S. 2 mit Bedingungen oder Auflagen wie **Alters- und/oder Zeitgrenzen** verbinden (vgl. BT-Drs. 14/9013, S. 19). Dies bietet sich etwa bei Veranstaltungen von „Kinderdiscos" (vgl. auch Jäckel, S. 31) oder „Kinderfasching" in Gaststättenbetrieben an. Daneben kann auch eine ausdrückliche Bedingung des Unterlassens von Flatrate-Partys oder Alkoholausschank zu Billig-Festpreisen geregelt werden (LNK/Knupfer, Rn. 10).

VI. Rechtsfolgen

1. Sanktionen bei Verstößen

33   Wer als Veranstalter oder Gewerbetreibender (vgl. zu den Begriffen § 3 Rn. 2 ff. und § 28 Rn. 5) vorsätzlich oder fahrlässig entgegen § 4 Abs. 1 oder 3

einem Kind oder einer jugendlichen Person den Aufenthalt in einer Gaststätte gestattet, handelt gemäß § 28 Abs. 1 Nr. 5 JuSchG **ordnungswidrig** und macht sich bei schweren Gefährdungen Minderjähriger (z. B. durch exzessiven Alkoholkonsum), Handeln aus Gewinnsucht oder bei beharrlicher Wiederholung sogar **strafbar** (vgl. § 27 Abs. 2 JuSchG, ausführl. zu den ordnungsrechtlichen Folgen von Verstößen: Ukrow, Rn. 134 f.).

2. Gaststättenrechtliche Zuverlässigkeit

Im Übrigen kann durch ein Unterlassen ausreichender Kontrollen im Hinblick auf die jugendschutzrechtlichen Aufenthaltsbeschränkungen nach § 4 auch die **gaststättenrechtliche Zuverlässigkeit** des Veranstalters berührt sein (vgl. OVG Bremen, Beschl. v. 26. 09. 2007 – 1 B 287/07). Wiederholte Verstöße können ein gaststättenrechtliches **Beschäftigungsverbot** zur Folge haben (VGH München, Beschl. v. vom 18. 7. 2006 – 22 CS 06.1723; LNK/Knupfer, Rn. 3). 34

§ 5 Tanzveranstaltungen

(1) **Die Anwesenheit bei öffentlichen Tanzveranstaltungen ohne Begleitung einer personensorgeberechtigten oder erziehungsbeauftragten Person darf Kindern und Jugendlichen unter 16 Jahren nicht und Jugendlichen ab 16 Jahren längstens bis 24 Uhr gestattet werden.**

(2) Abweichend von Absatz 1 darf die Anwesenheit Kindern bis 22 Uhr und Jugendlichen unter 16 Jahren bis 24 Uhr gestattet werden, wenn die Tanzveranstaltung von einem anerkannten Träger der Jugendhilfe durchgeführt wird oder der künstlerischen Betätigung oder der Brauchtumspflege dient.

(3) **Die zuständige Behörde kann Ausnahmen genehmigen.**

Schrifttum: *v.Hartlieb*, Gesetz zur Neuregelung des Jugendschutzes in der Öffentlichkeit, NJW 1985, 830; *Jäckel*, Jugendschutzgesetz – Leitfaden für die polizeiliche Praxis, 2004; *Wiefelspütz*, Ist die Love-Parade eine Versammlung?, NJW 2002, 274.

I. Allgemeines

Den jugendschutzrechtlichen Anwesenheitsbeschränkungen für Tanzveranstaltungen nach § 5 liegt die gesetzgeberische Vermutung zugrunde, dass hiermit zumindest mittelbar **Gefahren für Kinder und Jugendliche** einhergehen können. Als jugendgefährdend wird vom Gesetzgeber allerdings nicht das Tanzen als solches eingestuft, sondern vielmehr die Atmosphäre von Tanzveranstaltungen, insb. zu fortgeschrittener Stunde und mit Blick auf den Alkoholkonsum (BT-Drs. II/3565, S. 2; BVerfGE 52, 277, 281). Diese legislative Bewertung liegt innerhalb der Gestaltungsfreiheit des Gesetzgebers und ist **verfassungskonform** (BVerfG NJW 1980, 879). Eine analoge Anwendung des Verbots auf **andere Veranstaltungen** kommt nicht in Betracht (a. A. Nikles u.a., Rn. 12) 1

II. Anwesenheit Minderjähriger bei Tanzveranstaltungen (Abs. 1)

1. Öffentliche Tanzveranstaltungen

2 **a) Begriff der Tanzveranstaltung.** Nach der – hier zu übernehmenden – (vergnügungs-)steuerrechtlichen Rspr. ist eine Tanzveranstaltung nur dann gegeben, wenn der inhaltliche Charakter der Veranstaltung für die Besucher erkennbar **auf die Möglichkeit zum Tanz gerichtet** ist (OVG Münster NVwZ-RR 1992, 580 f.). Dies ist im Einzelfall anhand objektiver, die tatsächliche Gestaltung und Durchführung der Veranstaltung prägender Kriterien festzustellen (OVG Münster aaO.). Unter den Begriff des „**Tanzens**" wird jede rhythmische, den ganzen Körper miteinbeziehende Körperbewegung zu verstehen sein, welche regelmäßig mit musik- oder schlaginstrumentaler Begleitung erfolgt (ähnlich Gernert/Stoffers, S. 80). Auf die Bezeichnung durch den Veranstalter kommt es dabei nicht an. Ebenso wenig kommt es darauf an, ob tatsächlich getanzt wird, es genügt, dass Gelegenheit zum Tanzen gegeben ist. Erfasst sind insb. **Diskotheken** (vgl. BVerwG NVwZ 2004, 1128 ff.), **Tanzlokale** oder zeitlich beschränkt stattfindende öffentliche **Dance-Partys**. Erfasst sein können auch „Tanzumzüge" wie die sog. „Love-Parade" (vgl. hierzu auch Wiefelspütz, NJW 2002, 274).

3 **b) Keine Tanzveranstaltung.** Nicht erfasst sind insb. Konzertveranstaltungen, die in erster Linie die Gelegenheit eröffnen, dargebotene Musik zu hören und zu erleben. Dies gilt auch dann, wenn Zuschauer und Zuhörer mittanzen. Eine solche **Musikveranstaltung** wird nicht dadurch zu einer Tanzveranstaltung, dass Besucher zur Musik Tanzbewegungen ausführen, wenn und solange dieses Verhalten nicht vom Veranstalter – zweckgerichtet – veranlaßt worden ist und deshalb auf die – etwa den eigentlichen Veranstaltungszweck überspielende – Initiative der Besucher zurückgeht (OVG Münster NVwZ-RR 1992, 580 f). Gleichwohl kann das „**spontane**" Tanzen in einer Gaststätte zur Musik eines Musikautomaten oder Klavierspielers im Einzelfall eine öffentliche Tanzveranstaltung sein, wenn eine entsprechende Zweckausrichtung des Betriebsinhabers bzw. Veranstalters naheliegt (siehe oben Rn. 2)

4 **c) Öffentlichkeit.** Öffentliche Tanzveranstaltungen im Sinne des Abs. 1 sind Veranstaltungen in geschlossenen Räumen oder im Freien, zu denen **jedermann**, der sich den etwaigen Eintrittsbedingungen unterwirft, tatsächlich Zutritt hat. Eine Tanzveranstaltung ist auch dann öffentlich, wenn sie für ehemalige Tanzkursteilnehmer aus verschiedenen Kursen bestimmt ist und von solchen besucht wird (BayObLGSt 1978, 105; siehe aber auch nachfolgend Rn. 5). Der **örtliche Bereich** einer Tanzveranstaltung kann sich über den eigentlichen Tanzraum hinaus erstrecken, insb. auf Vorräume (vgl. BayObLGSt 1961, 102) sowie „Chill-out-Zonen" bei Techno-Veranstaltungen (so Nikles u.a., Rn. 11).

5 **d) Nicht öffentliche (geschlossene) Tanzveranstaltungen.** Solche Veranstaltungen, für die das Gesetz nicht gilt, sind dann gegeben, wenn der

Zutritt nur bestimmten, durch irgendein persönliches Merkmal miteinander verbundenen Teilnehmern gestattet ist. Eine solche persönliche Verbindung liegt z. B. zwischen der **Belegschaft eines Betriebes** oder zwischen den Teilnehmern eines **Tanzkurses** oder den Mitgliedern eines Vereins vor. Eine Tanzveranstaltung ist im Allgemeinen auch dann nicht öffentlich, wenn die Teilnahme nur aufgrund einer **persönlichen Einladung** gestattet ist. Letzteres gilt allerdings schon dann nicht mehr, wenn es den Eingeladenen freisteht, weitere Personen ohne Rücksicht auf eine etwaige persönliche Beziehung zu einer Gruppe mitzubringen. Wird bei einer zunächst geschlossenen Tanzveranstaltung in deren Verlauf beliebigen Personen tatsächlich der Zutritt gestattet, so fällt das Merkmal der Nichtöffentlichkeit weg.

2. Anwesenheit von Kindern und Jugendlichen

a) Anwesenheit. Absatz 1 schränkt die Anwesenheit von Minderjährigen 6 ein, soweit diese nicht von einer Person nach § 1 Abs. 1 Nrn. 3, 4 begleitet werden. Jugendliche ab 16 Jahren können bis 24 Uhr ohne Begleitung eines Personensorgeberechtigten oder Erziehungsbeauftragten an einer öffentlichen Tanzveranstaltung teilnehmen (vgl. zur Verfassungskonformität: BVerfG NJW 1980, 879; krit. zur bloßen Nennung einer Uhrzeitgrenze: Nikles u.a., Rn. 12). Werden 16- oder 17jährige Jugendliche gleichwohl nach 24 Uhr angetroffen, so wird häufig eingewandt, sie hätten nicht gewusst, dass die Zeitgrenze überschritten sei. Es ist aber weitgehend üblich geworden, dass die Veranstalter in geeigneter Weise (Lautsprecher) bekannt geben, dass der Aufenthalt der betreffenden Altersgruppe nicht mehr erlaubt ist (vgl. schon OLG Bremen MDR 1957, 629). „**Anwesenheit**" setzt nicht voraus, dass der Minderjährige sich am Tanzen beteiligt. Auch der **Aufenthalt in Nebenräumen**, in denen nicht getanzt wird, unterfällt im Regelfall der Vorschrift (vgl. BayObLG JR 1961, 466 m. Anm. Potrykus). Ähnlich wie beim „Aufenthalt" in einer Gaststätte (vgl. § 4 Rn. 11) bezieht sich das Verbot der Anwesenheit jedoch nicht auf die Übermittlung einer Nachricht an einen Teilnehmer oder auf Durchführung einer erlaubten Besorgung, wenn die Veranstaltung danach umgehend wieder verlassen wird.

b) Überwachung und Kontrollmaßnahmen. Die Überwachung der 7 Einhaltung des Anwesenheitsverbotes geschieht durch die Polizei, die nach Legitimierung zum Betreten des Lokals berechtigt ist. Widerstandsleistungen bei der Kontrolle erfüllen den Tatbestand des § 113 StGB (OLG Neustadt NJW 1962, 167). Hinsichtlich der Überprüfung durch den Veranstalter werden teils strenge Anforderungen gestellt, die sowohl die **Einlasskontrolle** als auch die **Innenraumkontrolle** betreffen (AG Eggenfelden NStZ-RR 2007, 213). Effektive Überprüfungen durch „lediglich zwei Sicherheitsbedienstete" seien bei einem „Ansturm von bis zu 200 Leuten" in einer zweigeschossigen Diskothek nicht ausreichend (AG Eggenfelden aaO.). In der Praxis üblich ist auch, dass Jugendliche über 16 Jahren beim Betreten der Diskothek ihren **Personalausweis hinterlegen** müssen (vgl. Jäckel, S. 49).

3. Ohne Begleitung durch Personensorgeberechtigte oder Erziehungsbeauftragte

8 Begleitung durch eine personensorgeberechtigte oder erziehungsbeauftragte Person (§ 1 Abs. 1 Nrn. 3 und 4) setzt voraus, dass diese sich um den Minderjährigen auch **tatsächlich kümmert**, d. h. ihn beaufsichtigt und nicht auf der Tanzveranstaltung lediglich seinen eigenen Interessen nachgeht (vgl. auch ausführlich § 2 Rn. 4 und § 4 Rn. 17). Das bloße Zugegensein in denselben Räumen ist daher allein nicht ausreichend. Da die Vorschrift die Anwesenheit Minderjähriger nur einschränkt, soweit diese nicht von berechtigten Personen i. S. d. § 1 Abs. 1 Nrn. 3 und 4 begleitet werden, darf begleiteten Minderjährigen die Anwesenheit nach § 5 ohne Alters- und Uhrzeitbegrenzung gestattet werden.

III. Ausnahmen für bestimmte Tanzveranstaltungen (Abs. 2)

1. Allgemeines

9 Wegen der für nicht von personensorgeberechtigten oder erziehungsbeauftragten Personen begleitete Minderjährige relativ einschneidenden Beschränkungen in Abs. 1 sieht Abs. 2 in besonderen Fällen aus Gründen der **Verhältnismäßigkeit** Ausnahmen für bestimmte Tanzveranstaltungen, namentlich der anerkannten Träger der Jugendhilfe und solche vor, die der künstlerischen Betätigung oder der Brauchtumspflege dienen. In diesen Fällen darf die Anwesenheit Kindern bis 22.00 Uhr und Jugendlichen unter 16 Jahren bis 24.00 Uhr gestattet werden. Wenn auch keine behördliche Genehmigung erforderlich ist, so haben die zuständigen **Behörden** zu **prüfen**, ob die Veranstaltung auch tatsächlich dem im Gesetz genannten Zweck dient. Es genügt nicht, dass Tanzveranstaltungen beispielsweise lediglich aus **Anlass eines Schützenfestes** oder lediglich **im Rahmen des Karnevals** stattfinden, sondern Art und Zweck der Veranstaltung im Sinne von Abs. 2 müssen deutlich erkennbar sein (vgl. auch Nikles, u.a., Rn. 15: „Prüfung der Jugendeignung der Veranstaltung").

2. Veranstaltungen anerkannter Jugendhilfe-Träger

10 Wer anerkannter Träger der Jugendhilfe ist, ergibt sich aus § 75 i. V. m. § 74 KJHG (SGB VIII, vgl. hierzu oben § 4 Rn. 22 f.). Freilich geschieht die Anerkennung vor allem, um eine dauerhafte finanzielle Förderung des Trägers aus öffentlichen Mitteln zu ermöglichen (vgl. Münder u.a., § 75 Rn. 14). Hierauf kommt es im Zusammenhang mit den Ausnahmetatbeständen in § 4 Abs. 2 und § 5 Abs. 2 JuSchG allerdings nicht an. Wurde ein Träger, der im Rahmen seines Tätigkeitsbereichs an sich auch Aufgaben der Jugendhilfe wahrnimmt, wegen dieser finanziellen Folgewirkungen nicht anerkannt, so besteht gleichwohl keine Notwendigkeit, zur Privilegierung einer von ihm beabsichtigten Tanzveranstaltung im Sinne von Abs. 2 eine solche Anerkennung auszusprechen. Das Jugendamt hat insoweit vielmehr auf die Möglichkeit der **Erteilung von Ausnahmen** von den Alters- und Zeitbegrenzungen nach Abs. 3 (vgl. dazu unten Rn. 13) zurückzugreifen.

Tanzveranstaltungen **§ 5 JuSchG**

3. Künstlerische Betätigung

Der Ausnahmetatbestand der künstlerischen Betätigung ist mit Blick auf **11**
Art. 5 Abs. 3 GG weit zu fassen, so dass nicht nur **klassische Tanzformen**
(z. B. Ballett, Einlage in einer Operette oder einem Musical), sondern auch
neuere Stilrichtungen wie sog. Rock'n Roll, Techno- oder Breakdance
hierunter fallen können (zu eng daher E/K/Steindorf, § 5 Anm. 5, der in
verfassungsrechtlich bedenklicher Weise ein „gehobenes Niveau" fordert;
ebenso Scholz, § 5 Anm. 6). Entscheidend für die Einordnung ist auch die
Intention der Veranstaltung, so dass sportliche Tanzwettkämpfe oder „**Spaßevents**" wie die „Loveparade" nicht unter den Ausnahmetatbestand des Abs. 2
subsumierbar sind (a. A. Ukrow, Rn. 140). Darauf, ob die Darstellung vor
Zuschauern dargeboten wird oder dafür bestimmt ist, kommt es grundsätzlich
nicht an. Einschränkungen bei der **Mitwirkung von Kindern und Jugendlichen** an Aufführungen, die nicht nur der Freizeitgestaltung dienen, insb.
an solchen, für die ein Eintrittsgeld erhoben wird, regelt jedoch das Jugendarbeitsschutzgesetz. Insb. sind nach § 22 Abs. 1 Nrn. 1 und 2 JArbSchG Tätigkeiten unzulässig, die die physische Leistungsfähigkeit Jugendlicher übersteigen oder bei denen diese sittlichen Gefahren ausgesetzt sind.

4. Brauchtumspflege

Der Brauchtumspflege dienen Tanzveranstaltungen, bei denen der **Volks- 12
tanz** oder sonstige bodenständig gewachsene und überlieferte Arten des Tanzes gepflegt werden. Hierzu können auch Tänze im Rahmen des **traditionellen Karnevals** und des Faschings (z. B. Tanz der Marktfrauen auf dem
Viktualienmarkt in München) gehören. Zu weit dürfte es gehen, pauschal
alle Karnevals- und Faschingsveranstaltungen einzubeziehen (so aber Ukrow,
Rn. 141). Auch sog. „Halloween-Partys" dienen regelmäßig nicht der
Brauchtumspflege (Nikles, u.a., § 5 JuSchG Rn. 18; s.a. Jäckel, S. 48). Zum
gesetzlichen Jugendarbeitsschutz vgl. vorige Rn.

IV. Behördliche Ausnahmen (Abs. 3)

Über Anträge auf Ausnahmen nach Abs. 3 entscheidet i. d. R. das Jugend- **13**
amt (vgl. zur zuständigkeitsbedingten terminologischen Neufassung: BT-Drs.
14/9013, S. 19), soweit sich nichts anderes aus Landesrecht ergibt. Die
Behörde kann in der Ausnahmebewilligung Auflagen wie insb. **Alters- und/
oder Zeitbegrenzungen** machen (vgl. BT-Drs. 14/9013, S. 19). Ausnahmen sind nur gerechtfertigt, wenn die Veranstaltung jugendgeeignet ist. Dispens für einzelne Minderjährige (z. B. Faschingsprinzessinnen) kommt
grundsätzlich nicht in Betracht, da es wesentlich auf die Eignung der Tanzveranstaltung zur Jugendbeeinträchtigung als solche ankommt. Die Zulassung
einer Ausnahme dürfte bei Tanzveranstaltungen für jüngere Jugendliche dann
vertretbar sein, wenn diese Veranstaltungen **ohne alkoholische Getränke**
und mit spezieller **Aufsicht** durchgeführt werden sowie aufgrund ihrer eingegrenzten Teilnehmerstruktur und inhaltlichen Organisation keinen Zweifel
an der Unschädlichkeit aufkommen lassen. Auch eine gewerblich betriebene

JuSchG § 6 II. Abschnitt. Jugendschutz in der Öffentlichkeit

Diskothek, die diese Voraussetzung einhält, kann für eine solche Ausnahme in Betracht kommen. Ausnahmen können sowohl für Tanzveranstaltungen nach Abs. 1 als auch für solche nach Abs. 2 bewilligt werden. Die Ausnahmebewilligung ist zu widerrufen, wenn die Veranstaltung in anderer als der bewilligten Form durchgeführt wird und dadurch Kinder oder Jugendliche gefährdet werden können. Darauf, ob der Veranstalter die mögliche Gefährdung zu vertreten hat, kommt es nicht an.

V. Rechtsfolgen

14   Verstöße gegen Abs. 1 sind gemäß § 28 Abs. 1 Nr. 6 **bußgeldbewehrt**. § 28 Abs. 4 und § 27 Abs. 2 sind ebenfalls zu beachten. Verantwortlich für die Einhaltung der Schutzbestimmungen ist der Veranstaltende, in der Regel also der Inhaber der Diskothek oder derjenige, dem von diesem die entsprechenden Pflichten übertragen worden sind (vgl. § 9 Abs. 2 Nr. 2 OWiG). Entscheidend ist, wer nach den Gesamtumständen des Falles hinsichtlich der Gestaltung der Veranstaltung „das Sagen" hat. Aber auch im Falle der Delegierung der Pflichten trifft den Betriebsinhaber die **Aufsichtspflicht** darüber, dass seine Übertragung tatsächlich „greift" (vgl. OLG Düsseldorf Jugendschutz 1969, 185 sowie oben Rn. 7). Die bloße Aufforderung des Diskothekenbetreibers oder seines Beauftragten, etwa des Discjockeys, an die Betreffenden zum Verlassen der Veranstaltung genügt nicht. Der Veranstalter ist vielmehr gehalten, das Befolgen der Aufforderung zu überwachen (OLG Koblenz, Beschl. v. 27. 10. 1980 – 2 Ss 543/80). Eine besondere Kontrollpflicht trifft ihn, wenn außergewöhnliche Umstände die Verletzung des Abs. 1 nahelegen, etwa bei Überfüllung des Lokals (siehe zum Pflichtumfang auch Rn. 7). Zur Bemessung der **Geldbuße** bei fahrlässigem Verstoß vgl. OLG Koblenz OLGSt (1983) JÖSchG § 4 Nr. 1.

§ 6 Spielhallen, Glücksspiele

(1) **Die Anwesenheit in öffentlichen Spielhallen oder ähnlichen vorwiegend dem Spielbetrieb dienenden Räumen darf Kindern und Jugendlichen nicht gestattet werden.**

(2) **Die Teilnahme an Spielen mit Gewinnmöglichkeit in der Öffentlichkeit darf Kindern und Jugendlichen nur auf Volksfesten, Schützenfesten, Jahrmärkten, Spezialmärkten oder ähnlichen Veranstaltungen und nur unter der Voraussetzung gestattet werden, dass der Gewinn in Waren von geringem Wert besteht.**

Schrifttum: *Arbeiter*, LAN-Partys – Spiel ohne Grenzen?, JMS-Report 6/2002, 6 f.; *Buchholz*, Zum Begriff der Spielhallen und ähnlichen Unternehmen nach § 33i GewO, GewArch 2000, 457; *Dietlein/Hecker/Ruttig*, Glücksspielrecht, 2008; *Liesching/ Knupfer*, Die Zulässigkeit des Betreibens von Internetcafés nach gewerbe- und jugendschutzrechtlichen Bestimmungen, MMR 2003, 439; *Liesching*, Internetcafés als „Spielhallen" nach Gewerbe- und Jugendschutzrecht, NVwZ 2005, 898; *ders.*, Gewinnspiele im Rundfunk und in Telemedien – Straf- und jugendschutzrechtliche Anforderungen, Gutachten im Auftrag der Kommission für Jugendmedienschutz (KJM), 2008; *Lober*,

Spiele in Internet-Cafés: Game Over?, MMR 2002, 730; *Ott,* Brot und Spiele in Internetcafes, K&R 2005, 543; *ders.*, Internetcafés im Spannungsfeld zwischen Sozialnützlichkeit und Jugendgefährdung, NIP 2006, 17; *Raitz von Frentz/Masch,* Glücksspiele, Sportwetten, Geschicklichkeitsspiele, Lotterien, Unterhaltungsspiele, Spielbanken, Spielhallen und Gewinnspiele in Deutschland, ZUM 2006, 189; *Schneider,* Das Recht der „Spielhallen" nach der Föderalismusreform, GewArch 2009, 343.

Übersicht

	Rn.
I. Allgemeines	1
1. Regelungsinhalt, Bedeutung und Normkontext des Abs. 1	1
2. Regelungsinhalt, Bedeutung und Normkontext des Abs. 2	2
II. Anwesenheit Minderjähriger in öffentlichen Spielhallen (Abs. 1)	3
1. Begriff der Spielhalle	3
a) Erfasste Betriebe	3
b) Abgrenzung zwischen Sport und Spiel	4
c) Computerräume mit Spielmöglichkeit	5
2. Dem Spielbetrieb dienende Räume	6
3. Rechtliche Beurteilung von Internetcafés	7
a) Erfordernis der Spielhallenprägung	7
b) Kriterien	8
c) Extensive Auslegung der Mindermeinung	9
d) Einschränkungen	10
e) Verwaltungspraxis	14
III. Teilnahme an Spielen mit Gewinnmöglichkeit (Abs. 2)	15
1. Spiele mit Gewinnmöglichkeit	15
a) Orientierung am gewerberechtlichen Begriff	15
b) Öffentlichkeit	16
c) Gewinnspiele im Rundfunk und in Telemedien	17
2. Ausnahmen bei bestimmten Veranstaltungen u. geringem Warengewinnwert	18
3. Aufsicht und Kontrollen	19
IV. Rechtsfolgen	20

I. Allgemeines

1. Regelungsinhalt, Bedeutung und Normkontext des Abs. 1

Die Vorschrift des Abs. 1 untersagt die Anwesenheit Minderjähriger in 1
Spielhallen oder vergleichbaren Spielbetriebsräumen, um Kinder und Jugendliche vor **Spielleidenschaft und deren Folgen** zu bewahren (BT-Drs. 9/ 1992, S. 11; BVerwGE 88, 348, 351). Freilich sind die Hauptgefahren für Minderjährige – zumindest bei Unterhaltungsspielen – durch die fortgeschrittene Medientechnologie heute eher in der häuslichen (auch Online-)Nutzung von Spielprogrammen (vgl. hierzu §§ 12, 14) auf dem eigenen PC zu sehen. Gleichwohl ist das Verbot der Anwesenheit Minderjähriger trotz der damit einhergehenden Beschränkung der Grundrechte der Spielhallenbetreiber (Art. 12, 14 GG) nach wie vor als **verfassungskonform** zu

erachten, da insoweit auch andere Gefahren im Zusammenhang des Spielhallenfluidums bestehen (z. B. Vermögensgefährdung durch dauerhaftes entgeltliches Spiel, Gefahren des Spielhallenmilieus). Darüber hinaus sind die **gewerberechtlichen Beschränkungen** für Spielhallen und ähnliche Unternehmen (§ 33i GewO) zu beachten.

2. Regelungsinhalt, Bedeutung und Normkontext des Abs. 2

2   Gleiches gilt für die gesetzliche Teilnahmebeschränkung für Gewinnspiele in der Öffentlichkeit nach Abs. 2, die freilich im Bereich des Rundfunks und der Telemedien durch die **Spezialregelungen des § 8a RStV** überlagert wird (hierzu Rn. 17 und § 8a RStV Rn. 1 ff.). Neben diesen Bestimmungen gelten für **Glücksspiele** vor allem die wesentlich weitergehenden Beschränkungen nach §§ 284 ff. StGB sowie nach den Länderregelungen des Glücksspielstaatsvertrags (GlüStV, s. aber auch EuGH, Urteile v. 8. 9. 2010 – C-409/06; C-316-07; C-46-08). Zudem sind die **gewerberechtlichen Beschränkungen** für Glücksspielgeräte mit Gewinnmöglichkeit (§ 33c GewO) und Geschicklichkeitsspiele mit Gewinnmöglichkeit (§ 33d GewO) einschließlich der ergänzenden Bestimmungen der Spielverordnung zu beachten.

II. Anwesenheit Minderjähriger in öffentlichen Spielhallen (Abs. 1)

1. Begriff der Spielhalle

3   **a) Erfasste Betriebe.** Der Begriff der Spielhalle (Abs. 1) knüpft an den in § 33i Abs. 1 der Gewerbeordnung (GewO) verwendeten an. Die Vorschrift betrifft Betriebe, in welchen **Spielgeräte** (Glücksspiele und Geschicklichkeitsspielgeräte) aufgestellt sind, an denen sich Gäste nach Belieben betätigen können (vgl. BT-Drs. III/318, S. 16; BVerwG NVwZ 1989, 51). Erfasst werden auch spielhallenähnliche Unternehmen, also solche, die nicht vorwiegend der Aufstellung von Geräten, sondern der Veranstaltung von Spielen dienen, wie z. B. **Spielkasinos** (vgl. BT-Drs. III/318, S. 16; Buchholz, GewArch 2000, 457, 458 mwN.). Eine Gewerblichkeit des Betriebs ist – anders als im Rahmen des § 33i GewO – nicht erforderlich (Liesching/Knupfer, MMR 2003, 439, 443).

4   **b) Abgrenzung zwischen Sport und Spiel.** Zur Abgrenzung von Sport und Spiel kann als Anhaltspunkt dienen, dass der Sport grundsätzlich für die Erhaltung und **Steigerung der Leistungsfähigkeit** mit dem Endzweck des Wettbewerbs (d. h. des **Leistungsmessens**) abzielt, während das Spiel dem Zeitvertreib, der Zerstreuung und der Entspannung dient (LG Stuttgart NJW-RR 1994, 427; vgl. auch OVG Münster GewArch 1995, 124 f.). Daher fallen hierunter sog. „**Laserdrome**", welche freilich schon wegen allgemeiner ordnungsrechtlicher Bestimmungen unzulässig sein können (vgl. OVG Münster GewArch 2001, 71 ff.; aber auch BVerwG NVwZ 2002, 598 ff.). Sportanlagen, insb. auch **Billardräume** (vgl. OVG Hamburg GewArch 1987, 302 f.)

Spielhallen, Glücksspiele **§ 6 JuSchG**

oder **Bowlingbahnen** fallen nicht unter den Spielhallenbegriff. Allerdings schließt die gleichzeitige Aufstellung von Billardtischen neben anderen Spielgeräten die Annahme einer Spielhalle nicht aus (BayObLG GewArch 1992, 231).

c) Computerräume mit Spielmöglichkeit. Auch das Aufstellen von miteinander vernetzten Computern, an denen wahlweise verschiedene Computerspiele angeboten werden, kann den entsprechenden Raum als Spielhalle qualifizieren, wenn der **Hauptzweck** gerade die Möglichkeit der Nutzung von **Unterhaltungsspielen** ist und der dadurch geförderte Spielbetrieb das Angebot prägt. (vgl. BVerwG NVwZ 2005, 961; VG Berlin, MMR 2002, 767; a. A. Lober, MMR 2002, 730 ff.; ausführl. zu Internetcafés unten Rn. 7 ff.). Computer als solche sind jedoch keine Unterhaltungsspielgeräte, nur weil sie wie andere Bildschirmgeräte (z. B. Handys) auch zum Spielen genutzt werden können (vgl. ausführl. Liesching, NVwZ 2005, 898, 899). 5

2. Dem Spielbetrieb dienende Räume

Darüber hinaus werden für den Bereich des Jugendschutzes vorwiegend dem Spielbetrieb dienende Räume einbezogen, die einen unselbständigen Teil eines andersartigen Gewerbebetriebes darstellen. Es geht dabei u. a. um selbstständige Nebenräume von Gaststätten (BVerwG GewArch 1983, 135; BayObLG GewArch 1992, 231 f.; OLG Zweibrücken, Beschl. v. 3. 8. 1981 – Az: 1 Ss 338/80), Kinos oder Verkaufsstellen (vgl. BT-Drs. 9/1992, S. 11). Das Verbot gilt grundsätzlich auch für sog. öffentliche „LAN" (local area network)- bzw. **Netzwerkpartys**, bei denen mehrere Spieler in einem Raum an vernetzten Computern Spielwettbewerbe durchführen. Allerdings muss der Raum auch überwiegend für derartige Spielveranstaltungen genutzt werden. **Turnhallen** oder größere **Versammlungsräume**, die nur sporadisch für LAN-Partys angemietet werden (vgl. Arbeiter, JMS-Report 6/2002, S. 6 f.), fallen nicht unter die Verbotsschrift, da solche Räume nicht „vorwiegend" dem Spielbetrieb dienen. Insoweit kommen aber Verbote und Auflagen nach § 7 in Betracht. 6

3. Rechtliche Beurteilung von Internetcafés

a) Erfordernis der Spielhallenprägung. Sog. Internetcafés fallen wegen des ganz überwiegenden Zwecks der Information und Kommunikation grundsätzlich nicht unter Abs. 1, auch wenn Spielangebote im Internet abrufbar sind. Dagegen ist von einer Spielhalle oder einem vorwiegend dem Spielbetrieb dienenden Raum auszugehen, wenn in ihm Computer mit gespeicherten Spielprogrammen aufgestellt sind und an den meisten Rechnern kein Internetzugang vorhanden ist (vgl. BVerwG NVwZ 2005, 961; VG Berlin, MMR 2002, 767; unzutreffend: Lober, MMR 2002, 730 ff.). Nach der **Rspr. des BVerwG** ist wie folgt zu differenzieren: Stellt ein Gewerbetreibender in seinen Räumen Computer auf, die sowohl zu Spielzwecken als auch zu anderen Zwecken genutzt werden können, so liegt eine Spielhalle vor, wenn der **Schwerpunkt des Betriebs** in der Nutzung der Computer zu Spielzwecken liegt. 7

JuSchG § 6   II. Abschnitt. Jugendschutz in der Öffentlichkeit

8   **b) Kriterien.** Für die Bestimmung der **überwiegenden Nutzung der Computer** zu Spielzwecken sind als maßgebliche Anhaltspunkte insb. deren Programmierung und die Ausstattung der Räumlichkeiten, aber auch die Selbstdarstellung des Unternehmens nach außen und die von dem Unternehmer betriebene Werbung, kurz: sein **Betriebskonzept**, ausschlaggebend. Dabei können in der Gesamtschau mehrere Umstände zu berücksichtigen sein wie die **Raumausstattung** (möglicherweise Verdunkelung der Fenster, Poster einschlägiger Computerspiele, Highscore-Ranglisten) und die Programmierung der Computer sowie Selbstdarstellung und Werbung des Unternehmens. Daneben können im Einzelfall weitere Gesichtspunkte in Betracht zu ziehen sein wie die **Vernetzung** der Computersysteme untereinander einerseits oder das Bestehen eines funktionierenden Internetzugangs an allen Computern andererseits. Auch das (Nicht-)Vorhandensein von **Peripheriegeräten** (Drucker, Scanner, zum Spielen verwendete Controller, „Joysticks") kann bei der Gesamtbewertung der Spielhallenprägung zu berücksichtigen sein (vgl. ausführl. Liesching, NVwZ 2005, 898, 899). Ferner die Verwendung von Filtersoftware (vgl. ausführl. Ott, NIP 2006, 17, 19).

9   **c) Extensive Auslegung der Mindermeinung.** Demgegenüber zu weit geht die Auffassung des OVG Berlin (MMR 2003, 204 f. = JMS-Report 1/2003, S. 55 f. mit abl. Anm. Liesching/Knupfer), wonach allein wegen der **Möglichkeit einer Nutzung als Spielgerät** das Bereitstellen von Computern ein „ausschließlich oder überwiegend" der Aufstellung von Spielgeräten dienendes Unternehmen i. S. d. § 33i Abs. 1 GewO darstelle. Das Gericht begründet seine Ansicht damit, dass bei normzweckorientierter Betrachtung schon aufgrund der reinen Nutzungsmöglichkeit von Computerspielen ein Gefahrenpotential im Hinblick auf den Jugendschutz ausgehe, weil diese Spiele eine Anziehungskraft auf Minderjährige ausüben. Dabei übersieht jedoch das Gericht, dass keinesfalls von jedem angebotenen Computerspiel eine solche Anziehungskraft ausgehen wird. Werden dort aus Sicht der Jugendlichen weniger attraktive Spiele angeboten, dürfte dies in der Praxis kaum ein Grund für den Besuch eines Internetcafés sein. Zudem kann die Installation von Computerspielen auf den PCs der Internetcafés erst dann eine Anziehungskraft auf Minderjährige ausüben, wenn das Vorhandensein dieser Spiele direkt oder indirekt beworben oder sonst bekannt gemacht wird (vgl. zur Spielhallenprägung nach der Rspr. des BVerwG vorige Rn.). Ansonsten würde man eine Spielhalle selbst dann annehmen müssen, wenn sich auf den PCs zwar entsprechende Computerspiele befänden, diese aber von niemandem benutzt würden. Dies wäre aber im Hinblick auf die weitreichende Verbotswirkung des Abs. 1 **unverhältnismäßig**, da insb. den Grundrechten der Art. 5, 12, 14 GG nicht Rechnung getragen würde.

10   **d) Einschränkungen. aa) Erfordernis der Öffentlichkeit.** Bedeutung hat im Zusammenhang mit der rechtlichen Einordnung von Internetcafés auch die in Abs. 1 enthaltene Einschränkung auf öffentliche Spielhallen. Hierunter sind analog zu den §§ 5 Abs. 1, 11 Abs. 1 JuSchG nur solche Spielhallen zu fassen, die von einem unbegrenzten, **nicht durch persönliche Merkmale** miteinander oder mit dem Veranstalter **verbundenen Personenkreis** aufgesucht werden können (Gernert/Stoffers, S. 137; E/K/Steindorf, § 6

Spielhallen, Glücksspiele **§ 6 JuSchG**

JÖSchG, Rn. 2). Damit fehlt es z. B. an der Öffentlichkeit, wenn es sich um ein schulisches oder universitäres Internetcafé handelt und dieses nur Angehörigen der betreffenden Bildungseinrichtung offen steht (vgl. Liesching/Knupfer, MMR 2003, 439, 443).

bb) Einrichtungen ohne ersichtliches Gefährdungspotential. Auf- 11
grund des weiten Spielhallenbegriffs können grundsätzlich auch solche nichtgewerblichen Internetcafés erfasst sein, die zwar öffentlich zugänglich sind, aber dennoch ihrem Charakter nach für Minderjährige völlig unbedenklich sind. Zu denken ist z. B. an **Projekte der Jugendarbeit**, wo Minderjährige – regelmäßig kostenlos – PCs mit Internetzugängen nutzen können. Gelegentlich wird im Rahmen dieser Projekte auch die Möglichkeit angeboten, Computerspiele im Internetcafé zu nutzen, wobei es sich insoweit zumeist um Spiele handelt, welche vor allem dem Gemeinschaftserlebnis dienen und deren Inhalte unter Jugendschutzgesichtspunkten völlig unbedenklich sind. Insoweit ist im Einzelfall möglich, Internetcafé-Betreibern – trotz Vorliegens einer Spielhalle i. S. d. § 6 Abs. 1 JuSchG – über eine **behördliche Erlaubnis** die Benutzung von lokal installierten Computerspielen durch Minderjährige zu gestatten, sofern eine Jugendgefährdung ausgeschlossen ist, auch wenn § 6 Abs. 1 JuSchG einen derartigen Dispens nicht ausdrücklich vorsieht.

Dass der Gesetzgeber das Mittel der behördlichen Sondererlaubnis in die- 12
sem Zusammenhang durchaus kennt, zeigen die Bestimmungen der §§ 4 Abs. 4, 5 Abs. 3 JuSchG, wonach Ausnahmen für Minderjährige im Hinblick auf das Anwesenheitsverbot in Gaststätten oder bei Tanzveranstaltungen möglich sind. Aus § 7 S. 2 JuSchG folgt weiterhin, dass unter dem Gesichtspunkt der **Verhältnismäßigkeit** (vgl. VGH Mannheim GewArch 1983, 88 f.) bei jugendgefährdenden Veranstaltungen und Betrieben kein Totalverbot zu erlassen ist, wenn durch mildere Mittel eine Jugendgefährdung verhindert werden kann. Entsprechend ist § 6 Abs. 1 JuSchG so zu verstehen, dass trotz Vorliegens einer Spielhalle die Anwesenheit von Minderjährigen behördlich erlaubt werden kann, wenn eine Jugendgefährdung ausgeschlossen ist. Hierdurch wird im Übrigen eine Parallelität zu der Ansicht des Bund-Länder-Ausschusses „Gewerberecht" für sog. FUN-planet-Center erreicht, soweit aufgrund der feststehenden **Familienfreundlichkeit** ausnahmsweise das Vorliegen einer Spielhalle i. S. d. § 33i Abs. 1 S. 1 GewO verneint wird (vgl. Schönleiter, GewArch 2000, 319, 322 f.).

Als Maßstab für eine behördliche Unbedenklichkeitsprüfung bietet sich 13
insb. ein Rückgriff auf die **USK-Kennzeichnungen** für Computerspiele an. Werden nachweislich nur solche Spiele in einem Internetcafé angeboten, welche ohne Altersbeschränkung oder mit einer USK-6 bzw. USK-12-Kennzeichnung freigegeben sind, ist eine behördliche Ausnahme vom Anwesenheitsverbot des § 6 Abs. 1 JuSchG regelmäßig angezeigt. Zum Erfordernis der **Aufsicht** durch den Spielhallenbetreiber vgl. BVerwGE 88, 348, insb. 353; VG Berlin GewArch 1990, 61 ff.).

e) Verwaltungspraxis. Trotz der konkretisierenden Rspr. des BVerwG 14
und der Kriterien zur Bestimmung des Vorliegens einer Spielhalle im jugendschutzrechtlichen Sinne dürfte im Einzelfall eine rechtssichere Einordnung schwierig sein, zumal damit zu rechnen ist, dass Gewerbetreibende, die im

JuSchG § 6 II. Abschnitt. Jugendschutz in der Öffentlichkeit

Rahmen ihres Internetcafés auch mit einem Spielangebot Kunden bedienen wollen, allzu formal verstandene Einordnungskriterien (z. B. Raumgestaltung, Werbung etc.) auszuschließen wissen und ihren Spielbetrieb gleichsam zu „tarnen" vermögen. Zudem hat das BVerwG zutreffend darauf hingewiesen, dass ein Internetcafé aufgrund von Änderungen des Betriebskonzepts möglicherweise bald als erlaubnispflichtige Spielhalle, bald als vorwiegend zu anderen Zwecken genutzte Einrichtung zu qualifizieren ist. Schon vergleichsweise **geringfügige Veränderungen** der Betriebsstruktur können die Spielhalleneigenschaft ggf. begründen oder entfallen lassen. Das regelmäßige Aufsuchen und die Inaugenscheinnahme der Internetcafés durch Angehörige der zuständigen Behörden wird daher – wie in den meisten ordnungsrechtlichen Bereichen – wohl der einzige Weg im Hinblick auf die effektive Umsetzung der gewerbe- und jugendschutzrechtlichen Bestimmungen sein. Zur jugendschutzrechtlichen Einordnung von gewerblichen und nicht gewerblichen Internetcafés vgl. im Übrigen die **Rechtsauffassung der Obersten Landesjugendbehörden** (http://www.mbwjk.rlp.de/jugend/jugendschutz/?key=1-3).

III. Teilnahme an Spielen mit Gewinnmöglichkeit (Abs. 2)

1. Spiele mit Gewinnmöglichkeit

15   a) **Orientierung am gewerberechtlichen Begriff.** Als Spiele mit Gewinnmöglichkeit im Sinne des Abs. 2 sind nach der für die Begriffsbestimmung heranzuziehenden Norm des § 33c Abs. 1 Satz 1 GewO **Spielgeräte** zu verstehen, die mit einer den Spielausgang beeinflussenden technischen (d. h. mechanischen, optischen oder elektronischen) Vorrichtung ausgestattet sind, und die die Möglichkeit eines (in Geld oder Waren bestehenden) Gewinns bieten. Andere Spiele mit Gewinnmöglichkeit (vgl. § 33d Abs. 1 Satz 1 GewO) sind vor allem **Geschicklichkeitsspiele ohne technische Vorrichtung** der oben erwähnten Art. Dazu gehören Spiele, bei denen die Entscheidung über Gewinn und Verlust wesentlich von der Überlegung oder Geschicklichkeit des Spielers abhängt. Von dem Begriff erfasst werden aber auch Spiele, bei denen diese Entscheidung vom Zufall abhängt (z. B. Ausspielungen). Die Gewinnmöglichkeit kann in der Erlangung von Geld, aber auch von Waren jedweder Art bestehen (vgl. §§ 1 u. 2 der Spielverordnung). Kindern und Jugendlichen darf weder das Spielen an Geld- und Warenspielgeräten noch die Teilnahme an den o. g. anderen Spielen mit Gewinnmöglichkeit gestattet werden, bei letzteren grundsätzlich ohne Rücksicht darauf, ob sie erlaubnispflichtig (§§ 4, 5 SpielV) oder erlaubnisfrei (§ 5a SpielV) sind. Zu **Glücksspiel** einschl. Lotterien und Ausspielungen siehe oben Rn. 2.

16   b) **Öffentlichkeit.** Als öffentlich können allgemein Orte und Räume bezeichnet werden, die für die Allgemeinheit bzw. für eine **Mehrzahl von Personen** zugänglich sind, welche nicht durch **persönliche Beziehungen** untereinander oder mit dem Anbieter verbunden sind (v.Hartlieb, NJW 1985, 830, 831; Erdemir, 2000, S. 172; HaKo/Liesching, Kap. 10 Rn. 4). Hingegen sind vom allgemeinen Zugang abgeschottete Bereiche als nicht öffentlich

Spielhallen, Glücksspiele **§ 6 JuSchG**

anzusehen (E/K/Liesching, § 9 Rn. 2). Darauf, ob Gewinnspielgeräte selbst nur nach entsprechender Altersverifikation von Erwachsenen genutzt werden können, kommt es bei einem öffentlichen Aufstellort nicht an. In der Regel dürfte aber dann ein **Gestatten** nicht vorliegen, selbst wenn Kinder und Jugendliche aufgrund erheblichen Sonderwissens oder unter Missbrauch dritter Erwachsenendaten sich die Teilnahme am Spiel erschleichen (siehe zum Gestattensbegriff ausführl. oben § 4 Rn. 13 ff.).

c) **Gewinnspiele im Rundfunk und in Telemedien.** Bisher in der Rspr. ungeklärt und im Schrifttum **umstritten** ist die Frage, ob die Vorschrift des § 6 Abs. 2 JuSchG grundsätzlich auch auf Gewinnspiele in Rundfunk und Telemedien Anwendung findet (dafür: Sp/Wiebe/Erdemir, Rn. 119; Liesching, AfP 2004, 496, 499 f. ; ders., JMS-Report 6/2003, S. 2, 3 f.; Raitz von Frentz/Masch, ZUM 2006, 189, 193 f.; dagegen: Wimmer, MMR 2007, 417, 420 f.; unklar: Nikles, u.a. Rn. 14). Mit der Einführung der gesetzlichen **Spezialregelungen in § 8a, 58 Abs. 3 RStV** für Gewinnspielsendungen und Gewinnspiele im Rundfunk und in Telemedien dürfte jedoch fraglich sein, ob daneben § 6 Abs. 2 noch eine eigenständige praktische Bedeutung in diesem Bereich zukommt (siehe ausführl. unten § 8a RStV Rn. 1 ff.). 17

2. Ausnahmen bei bestimmten Veranstaltungen u. geringem Warengewinnwert

Eine Ausnahme gilt für das Spielen an Warenspielgeräten und die Teilnahme an anderen Spielen mit Gewinnmöglichkeit (z. B. an Preisspielen, Gewinnspielen und Ausspielungen) auf Volksfesten, Schützenfesten, Jahrmärkten, Spezialmärkten (vgl. § 68 GewO) oder ähnlichen Veranstaltungen, wenn der Gewinn in Waren von geringem Wert besteht. Freizeit und Vergnügungsparks sind als dauerhafte Einrichtungen keine ähnlichen Veranstaltungen im Sinne der Norm. Als „**gering**" wird ein Warenwert einzuordnen sein, wenn er nach allgemeiner Verkehrsauffassung als unerheblich sowohl für den Gewinn als auch für den Verlust angesehen und behandelt wird und mithin kein überhöhter Anreiz zum Weiterspielen besteht (LNK/Knupfer, Rn. 8; Nikles u.a. Rn. 12). Dies kann jedenfalls bei Gegenständen im Wert **bis zu 30 Euro** angenommen werden. Unter dem Gesichtspunkt des sonstigen Vermögens Minderjähriger schon zu hoch wäre hingegen die Orientierung an dem in Ziff. 3 der Anlage zu § 5a SpielV genannten Wert von 60 Euro (zu eng allerdings Nikles u.a., Rn. 12, wonach von einer Betragshöchstgrenze von 10 Euro auszugehen sei; vgl. auch BVerwG GewArch 2002, 76). 18

3. Aufsicht und Kontrollen

In Gaststätten, in denen Geld- oder Warenspielgeräte aufgestellt sind, muss durch hinreichende Aufsicht durch den Betreiber oder einen von ihm Beauftragten gewährleistet sein, dass Kinder und Jugendliche nicht an diesen Geräten spielen. 19

IV. Rechtsfolgen

20 Verstöße gegen Abs. 1 bzw. Abs. 2 sind gemäß § 28 Abs. 1 Nr. 7 bzw. 8 **bußgeldbewehrt**. § 28 Abs. 4 und § 27 Abs. 2 sind ebenfalls zu beachten. Verantwortlich für die Einhaltung der Schutzbestimmungen ist in erster Linie der Gewerbetreibende, in der Regel also der Inhaber der Spielhalle oder der Gaststätte mit Gewinnspielautomaten, darüber hinaus auch derjenige, dem von diesem die entsprechenden Pflichten übertragen worden sind (vgl. § 9 Abs. 2 Nr. 2 OWiG). Weitere Rechtsfolgen, insb. auch strafrechtliche Sanktionen, können sich bei Verstößen gegen die Glücksspielbestimmungen nach §§ 284 ff. **StGB**, §§ 4, 5 GlüStV (s. aber auch EuGH, Urteile v. 8. 9. 2010 – C-409/06; C-316-07; C-46-08, NVwZ 2010, 1422; Streinz/Kruis, NJW 2010, 3745) oder gegen Bestimmungen der **GewO** oder des **UWG** ergeben.

§ 7 Jugendgefährdende Veranstaltungen und Betriebe

¹**Geht von einer öffentlichen Veranstaltung oder einem Gewerbebetrieb eine Gefährdung für das körperliche, geistige oder seelische Wohl von Kindern oder Jugendlichen aus, so kann die zuständige Behörde anordnen, dass der Veranstalter oder Gewerbetreibende Kindern und Jugendlichen die Anwesenheit nicht gestatten darf.** ²**Die Anordnung kann Altersbegrenzungen, Zeitbegrenzungen oder andere Auflagen enthalten, wenn dadurch die Gefährdung ausgeschlossen oder wesentlich gemindert wird.**

Schrifttum: *Arbeiter*, LAN-Partys – Spiel ohne Grenzen?, JMS-Report 6/2002, 6 f.; *v.Hartlieb*, Gesetz zur Neuregelung des Jugendschutzes in der Öffentlichkeit, NJW 1985, 830; *Jäckel*, Jugendschutzgesetz – Leitfaden für die polizeiliche Praxis, 2004; *Liesching/Knupfer*, Die Zulässigkeit des Betreibens von Internetcafés nach gewerbe- und jugendschutzrechtlichen Bestimmungen, MMR 2003, 439; *Loschelder/Dörre*, Wettbewerbsrechtliche Verkehrspflichten des Betreibers eines realen Marktplatzes, WRP 2010, 822.

Übersicht

	Rn.
I. Allgemeines	1
1. Regelungsinhalt und Bedeutung	1
2. Normzweck	2
II. Anwesenheitsverbot (S. 1)	3
1. Allgemeine Anforderungen an Maßnahmen	3
2. Öffentliche Veranstaltungen	4
a) Begriff und Einzelfälle	4
b) Vorrang jugendschutzrechtlicher Sondertatbestände	5
3. Gewerbebetriebe	6
4. Gefährdung von Kindern oder Jugendlichen	7
a) Allgemeines	7
b) Gefahrenprognose	8
c) Gefahrenintensität	9
III. Nebenbestimmungen (S. 2)	10
1. Allgemeines	10

2. Altersbeschränkungen 11
3. Zeitbegrenzungen 12
4. Sonstige Auflagen 13
IV. Zuständige Behörden 14
V. Rechtsfolgen 15

I. Allgemeines

1. Regelungsinhalt und Bedeutung

Die Vorschrift ist ein **Auffangtatbestand** (vgl. auch Nikles, u.a. Rn. 3) 1
für die Abwehr von Gefährdungen, die von öffentlichen Veranstaltungen oder Gewerbebetrieben ausgehen und durch eine Ausschöpfung der nach §§ 4 bis 6 und 11 gegebenen Möglichkeiten nicht hinreichend wirksam bekämpft werden können. Die Norm bildet eine Rechtsgrundlage, durch behördliche Entscheidung für eine einzelne Veranstaltung oder einen einzelnen Gewerbebetrieb durch Verwaltungsakt, welcher der rechtlichen Nachprüfung durch die Verwaltungsgerichte unterliegt, die Anwesenheit Minderjähriger auszuschließen (S. 1) oder einer altersmäßigen, tageszeitlichen oder sonstigen Beschränkung zu unterwerfen (S. 2).

2. Normzweck

Die Vorschrift soll ein gezieltes Vorgehen gegen Jugendgefährdungen bei 2
Veranstaltungen und Betrieben ermöglichen, die etwa im Zusammenhang mit **Drogenhandel** oder -konsum, übermäßigem oder verbotswidrigem **Alkoholkonsum**, Jugendprostitution, Zuhälterei, Eigentums- oder **Gewaltdelikten** stehen (vgl. BT-Drs. 10/722, S. 11 f.). Daneben können Gefährdungen aufgrund der Unübersichtlichkeit großer Veranstaltungen, gefährlichen An- und Rückfahrten sowie desorientierenden Darbietungen entstehen (Ukrow, Rn. 158).

II. Anwesenheitsverbot (S. 1)

1. Allgemeine Anforderungen an Maßnahmen

Anordnungen der zuständigen Behörde stehen in deren Ermessen und 3
unterliegen dem Grundsatz der **Verhältnismäßigkeit**. Insb. ist bzgl. der Geeignetheit auf die milderen Maßnahmen nach Satz 2 zurückzugreifen. Die Anordnungen können sich nur gegen Veranstalter und Gewerbetreibende (insb. Gaststätten- oder Diskothekeninhaber, aber auch Internetcafé-Betreiber oder Veranstalter sog. LAN-Partys) richten. Maßnahmen gegen Dritte können nur nach § 8, unter Umständen in Verbindung mit polizeirechtlichen Bestimmungen ergriffen werden (zu Verfügungen gegen sog. Nichtstörer, vgl. z. B. § 9 PolG Ba-Wü, Art. 8 PAG Bayern).

2. Öffentliche Veranstaltungen

4 a) Begriff und Einzelfälle. Unerheblich ist, ob die öffentliche Veranstaltung nach Satz 1 gewerblicher oder nichtgewerblicher Art ist. Es kann sich hierbei um eine Veranstaltung einer im Gesetz genannten Kategorie, nämlich eine Tanzveranstaltung (§ 5) oder eine Filmveranstaltung (§ 11) handeln oder aber um eine im Gesetz nicht genannte Veranstaltung, etwa ein Rockfestival oder eine sonstige **Konzertveranstaltung** (VG Lüneburg, Urt. v. 12. 02. 2008 – 3 A 23/07), sog. Auto-Club-Treffen auf Autobahnraststätten, **Erotik-Messen** in angemieteten Stadthallen (Jäckel, S. 23 ff.), öffentliche **Flatrate-Partys** (hierzu Schröder, NVwZ 2008, 145), sog. öffentliche „LAN" (Local Area Network)- bzw. **Netzwerkpartys** (vgl. § 6 Rn. 6; hierzu auch Arbeiter, JMS-Report 6/2002, S. 6 f.), die „Love-Parade" oder ähnliche öffentliche Umzüge; im Einzelfall auch **Demonstrationen** oder Aufklärungsveranstaltungen, wenn z. B. entwicklungsbeinträchtigende Filme über Tierversuche gezeigt werden (vgl. VG Ansbach, Urt. v. 28. 01. 2008 - 3 K 1059/05).

5 b) Vorrang jugendschutzrechtlicher Sondertatbestände. Für Veranstaltungen in Gaststätten, die als Nacht- oder vergleichbarer Vergnügungsbetrieb geführt werden (§ 4 Abs. 3), und für die Teilnahme an Spielen mit Gewinnmöglichkeit in der Öffentlichkeit (§ 6 Abs. 2; vgl. dort die Ausnahmen für Volksfeste etc., wenn der Gewinn in Waren von geringem Wert besteht; oben § 6 Rn. 18) gilt ohnehin unmittelbar von Gesetzes wegen ein Jugendverbot.

3. Gewerbebetriebe

6 Als Gewerbebetriebe kommen in erster Linie **Gaststätten** (die nicht bereits von § 4 Abs. 3 erfasst sind) und **Diskotheken** in Betracht, in denen z. B. neonazistisches Gedankengut verbreitet wird (vgl. Schl.-Holst. VG GewArch 2001, 44 ff.) oder indizierte Lieder gespielt werden (VG Lüneburg, Urt. v. 12. 02. 2008 – 3 A 23/07). **Ladengeschäfte** werden hingegen nur ausnahmsweise Adressaten einer Beschränkung nach § 7 sein, z. B. solche, in denen zu Werbezwecken oder gegen Entgelt ein Ausschank stattfindet und die sich sodann zu einem Treffpunkt mit jugendgefährdenden Einflüssen entwickeln. Sofern in einem sog. **Laserdrome** Laserspiele mit visuell simulierten realistischen Verletzungs- und/oder Tötungshandlungen aufgestellt sind, kommt ein behördliches Verbot in Betracht, sofern der Gewerbetreibende Kindern und Jugendlichen nicht bereits im Hinblick auf § 6 Abs. 1 den Zutritt verwehrt (vgl. OVG Münster GewArch 2001, 71 ff.; vgl. aber auch BVerwG NVwZ 2002, 598 ff.). Ein **Billard-Salon** kann ebenfalls ein jugendgefährdender Gewerbebetrieb im Sinne von § 7 S. 1 sein, wenn sich in der Lokalität ein kriminelles Milieu (z. B. Betäubungsmittel- und Eigentumskriminalität) entwickelt hat (VGH München GewArch 1993, 349 ff.), ebenso gewerblich genutzte **Internetcafés** (vgl. hierzu auch § 6 Rn. 7 ff.), in denen keine hinreichende technische Nutzungskontrolle oder Aufsicht bezüglich der aufgerufenen Online-Angebote gewährleistet ist (vgl. Liesching/Günther, MMR 2000, 260, insb. 263; Liesching/Knupfer, MMR 2003, 439, 445).

Jugendgefährdende Veranstaltungen und Betriebe § 7 JuSchG

4. Gefährdung von Kindern oder Jugendlichen

a) Allgemeines. Eine von einer öffentlichen Veranstaltung oder einem 7
Gewerbebetrieb ausgehende Gefährdung von Kindern oder Jugendlichen im Sinne der Vorschrift ist anzunehmen, wenn bei ungehindertem, objektiv zu erwartenden Geschehensablauf in absehbarer Zeit mit **hinreichender Wahrscheinlichkeit** die körperliche Unversehrtheit, die psychische Konstitution oder das sozial-ethische Wertebild Minderjähriger Schaden nehmen wird (vgl. LNK/Knupfer, Rn. 4). Im Gegensatz zu § 8 muss die Gefahr nicht unmittelbar drohen, sondern es genügt, dass Kinder und Jugendliche oder Minderjährige bestimmter Altersgruppen an den fraglichen Orten nach Kenntnis der Behörde oder des örtlichen Jugendamtes einer solchen dauernd oder zeitweise ausgesetzt sind.

b) Gefahrenprognose. Entscheidend ist nicht, ob sich Kinder und Jugend- 8
liche zum Zeitpunkt der behördlichen Verfügung bereits in der Nähe der öffentlichen Veranstaltung bzw. in dem fraglichen Gewerbebetrieb aufhalten, sondern vielmehr, ob sich im Rahmen einer Gefahrenprognose nicht ausschließen lassen kann, dass Minderjährige in **absehbarer Zeit** sich an den genannten Orten aufhalten werden. Grundlage der von den zuständigen Behörden zu treffenden Gefahrenprognose müssen ausreichende tatsächliche Anhaltspunkte, Erfahrungen des täglichen Lebens, das Erfahrungswissen von Polizeibeamten oder Sozialarbeitern einschl. sog. „streetworkern" oder wissenschaftliche und technische Erkenntnisse sein. Auch können **Erfahrungen** bei ähnlich gelagerten Veranstaltungen in der Vergangenheit mit berücksichtigt werden (vgl. VG Ansbach, Urt. v. 28. 01. 2008 - 3 K 1059/05). Im Übrigen gilt für die Prognoseentscheidung auf der Grundlage des allgemeinen Verhältnismäßigkeitsprinzips folgende Formel: Je höherrangiger das gefährdete Rechtsgut der Minderjährigen (z. B. Gesundheit, Leben) und je schwerwiegender der drohende Schaden ist, desto geringere Anforderungen sind an die Wahrscheinlichkeit des Schadenseintritts zu stellen. Umgekehrt sind an die Wahrscheinlichkeit des Schadenseintritts umso höhere Anforderungen zu stellen, je weniger folgenschwer der möglicherweise eintretende Schaden ist (vgl. BVerwGE 45, 51, 61; BVerwG NJW 1981, 1915; OVG Münster NWVBl. 1998, 64 f.).

c) Gefahrenintensität. Welche Gefahrenintensität für ein Eingreifen der 9
Behörden erforderlich ist, lässt sich aus den Sondertatbeständen der §§ 4 bis 6 und 11 ersehen. In Betracht kommen als Grundlage für das Verbot alle Jugendgefährdungen von einigem Gewicht, die von einzelnen Betrieben oder Veranstaltungen ausgehen; vor allem wird es um Gefährdungen im Zusammenhang mit Drogenhandel oder Drogenkonsum, übermäßigem oder verbotswidrigem Alkoholkonsum, Jugendprostitution, Sexdarstellungen, Zuhälterei, Eigentums- und Gewaltdelikten gehen (vgl. auch oben Rn. 2 sowie unten § 8 Rn. 6).

III. Nebenbestimmungen (S. 2)

1. Allgemeines

Als Ausprägung des allgemein geltenden Grundsatzes der Verhältnismäßig- 10
keit jedes verwaltungsbehördlichen Handelns sieht Satz 2 die Möglichkeit

von Alters- oder Zeitbegrenzungen sowie andere Auflagen vor. Die Befugnis für der jeweiligen örtlichen Situation im **Einzelfall angepasste Verbotsmaßnahmen** soll aber auch die Möglichkeit geben, die vorliegenden Erkenntnisse über die Jugendschutzsituation auszuwerten und diese im Anschluss hieran optimal zu gestalten.

2. Altersbeschränkungen

11   Die Altersbeschränkungen sind nicht auf die in § 14 Abs. 2 vorgesehenen Stufen von sechs, zwölf, sechzehn oder achtzehn Jahren beschränkt. Denkbar ist etwa auch, die Anwesenheit oder Teilnahme von Kindern (unter **14 Jahren**) auszuschließen. Auch dürfen bei einer öffentlichen Aufklärungsveranstaltung zu Tierversuchen Auflagen des Zeigens entwicklungsbeeinträchtigender Filme mit drastischen Bildern nur für „**reifere Jugendliche**" verhängt werden, wenn Kinder ansonsten faktisch gezwungen sein könnten, sich mit den zur Verdeutlichung des tierschutzrechtlichen Anliegens vorgesehenen, zum Teil drastischen Filmbeiträgen auseinander zu setzen (VG Ansbach, Urt. v. 28. 01. 2008 – 3 K 1059/05).

3. Zeitbegrenzungen

12   Als Zeitbegrenzung kommen im Regelfall bestimmte **Uhrzeiten** in Betracht. Da es auf die Situation im Einzelfall ankommt, ist jedoch auch eine zeitliche Befristung oder Beschränkung auf bestimmte **Kalender- oder Wochentage** denkbar, wenn dadurch dem Jugendschutzbedürfnis Rechnung getragen werden kann (z. B. bei Veranstaltungen in der Nähe einer Schule).

4. Sonstige Auflagen

13   Als „andere" Auflagen kommen z. B. in Betracht: das Setzen von Schallpegelbegrenzungen (Jäckel, S. 25), die Einrichtung einer Kinderfundstelle oder eines Raumes, in dem Minderjährige bis zur Abholung bzw. zur Weiterfahrt im Shuttle-Bus warten können (vgl. BT-Drs. 14/9013, S. 19); Erfordernis der **Begleitung** durch eine erziehungsbeauftragte oder personensorgeberechtigte Person (Nikles u.a. Rn. 5) oder auch die Gewährleistung der Abkühlung durch kostenloses Frischwasserangebot bei Großveranstaltungen (Open-Air-Konzerte) im Sommer; Einrichtung einer Stelle zum Aufenthalt „verloren gegangener" Kinder (Jäckel, S. 25). Bei Konzerten kann eine Auflage im Sinne eines **beschränkten Vorführverbots** dergestalt rechtmäßig sein, dass Lieder von der einen indizierten CD oder auch Lieder von anderen indizierten CDs nicht gespielt werden dürfen (VG Lüneburg, Urt. v. 12. 02. 2008 – 3 A 23/07).

IV. Zuständige Behörden

14   Zuständige Behörde ist die durch Landesrecht bestimmte Stelle. In Betracht kommen je nach Gefahrintensität und Eilbedürftigkeit die **Polizei- und Ordnungsämter** sowie das **Jugendamt**, ferner die Gewerbeaufsicht und

Jugendgefährdende Orte **§ 8 JuSchG**

das Schulamt (vgl. E/K/Liesching, Rn. 7). Die Vorschriften des Versammlungsrechts werden durch § 7 nicht berührt (vgl. BT-Drs. 10/722, S. 12; Gernert/Stoffers, S. 155).

V. Rechtsfolgen

Eine **Ordnungswidrigkeit** begeht nach § 28 Abs. 1 Nr. 9, wer einer vollziehbaren Anordnung nach § 7 S. 1 zuwiderhandelt. Täter kann jeweils nur der Adressat des Verwaltungsaktes sein. „**Vollziehbar**" (§ 80 VwGO) ist der Verwaltungsakt („Anordnung"), wenn er unanfechtbar ist, wenn kraft Gesetzes sofortige Vollziehbarkeit gegeben ist oder die sofortige Vollziehung besonders angeordnet ist, nicht jedoch schon beim bloßen Erlass des Verwaltungsaktes, solange die Widerspruchsfrist noch läuft (s.a. Ukrow, Rn. 161). Eine Ordnungswidrikeit ist mithin anzunehmen, wenn dem Adressaten keine Möglichkeit mehr eingeräumt ist, den Vollzug durch Rechtsbehelfe abzuwenden und er gleichwohl der Anordnung nicht Folge leistet. 15

§ 8 Jugendgefährdende Orte

¹**Hält sich ein Kind oder eine jugendliche Person an einem Ort auf, an dem ihm oder ihr eine unmittelbare Gefahr für das körperliche, geistige oder seelische Wohl droht, so hat die zuständige Behörde oder Stelle die zur Abwendung der Gefahr erforderlichen Maßnahmen zu treffen.** ²**Wenn nötig, hat sie das Kind oder die jugendliche Person**
1. **zum Verlassen des Ortes anzuhalten,**
2. **der erziehungsberechtigten Person im Sinne des § 7 Abs. 1 Nr. 6 des Achten Buches Sozialgesetzbuch zuzuführen oder, wenn keine erziehungsberechtigte Person erreichbar ist, in die Obhut des Jugendamtes zu bringen.**
In schwierigen Fällen hat die zuständige Behörde oder Stelle das Jugendamt über den jugendgefährdenden Ort zu unterrichten.

Schrifttum: *Arbeiter*, LAN-Partys – Spiel ohne Grenzen?, JMS-Report 6/2002, 6; *Gernert*, Gesetzlicher Jugendschutz als Ansatz zur Prävention?, ZfJ 1998, 108; *v. Hartlieb*, Gesetz zur Neuregelung des Jugendschutzes in der Öffentlichkeit, NJW 1985, 830; *Jäckel*, Jugendschutzgesetz – Leitfaden für die polizeiliche Praxis, 2004; *Liesching/Knupfer*, Die Zulässigkeit des Betreibens von Internetcafés nach gewerbe- und jugendschutzrechtlichen Bestimmungen, MMR 2003, 439; *Loschelder/Dörre*, Wettbewerbsrechtliche Verkehrspflichten des Betreibers eines realen Marktplatzes, WRP 2010, 822; *Merchel*, Der Umgang mit der „Garantenstellung" des Jugendamtes und die „Regeln der fachlichen Kunst": Verfahrensanforderungen und offene Fragen, ZfJ 2003, 249; *Späth*, Konzeption und Praxis der Inobhutnahme nach § 42 KJHG, ZfJ 1998, 303.

I. Allgemeines

Die **Generalklausel** des Satzes 1 ermöglicht es, – im Gegensatz zu § 7 – an allen Orten einzugreifen, an denen Kindern oder Jugendlichen eine 1 unmittelbare Gefahr für ihr körperliches, geistiges oder seelisches Wohl droht. Sie trägt dem Umstand Rechnung, dass der Gesetzgeber trotz der getroffenen Sonderreglungen in §§ 4 bis 6 nicht alle in der Lebenswirklichkeit auftretenden **Einzelfälle** antizipieren und umfassend dezidiert regeln kann (s.a. Jäckel, S. 19).

II. Gefahrabwendungsmaßnahmen

1. Unmittelbare Gefahr für Kinder oder Jugendliche

2   a) **Gefahrbegriff.** Eine unmittelbare Gefahr droht Minderjährigen dann, wenn diese an einem Ort angetroffen werden, an welchem bei ungehindertem, objektiv zu erwartenden Geschehensablauf in absehbarer Zeit mit hinreichender Wahrscheinlichkeit deren körperliche Unversehrtheit, psychische Konstitution oder sozial-ethisches Wertebild **Schaden** nehmen wird (LNK/Knupfer, Rn. 2; vgl. zum Gefährdungsbegriff auch oben § 7 Rn. 8 f.). Die Entscheidung, ob und ggf. welche Maßnahmen in derartigen Fällen zu ergreifen sind, steht im Ermessen der zuständigen Behörde, die das **Verhältnismäßigkeitsprinzip** zu beachten hat. Bloße drohende Beeinträchtigungen, die die Schwelle zur Gefahr nicht überschreiten, scheiden indes aus.

3   b) **Unmittelbarkeit der Gefahr.** An der Unmittelbarkeit der Gefahr wird es nicht schon dann fehlen, wenn sich die **schadensbedrohende Einflussnahme** nicht direkt auf den Minderjährigen, sondern erst über eventuelle Begleitpersonen auswirken kann (a. A. Gernert/Stoffers, S. 46). Anderenfalls würde der umfassende Schutzzweck der Generalklausel unterlaufen. An die Unmittelbarkeit der Gefahr sind daher mit Blick auf einen effektiven Jugendschutz im Allgemeinen keine hohen Anforderungen zu stellen. Insofern genügt es in der Regel, dass sich Kinder und Jugendliche an einem für sie gefährlichen Ort direkt aufhalten (siehe auch Rn. 4).

4   c) **Aufenthalt von Kindern oder Jugendlichen.** „Aufhalten" ist gleichbedeutend mit „**Verweilen**", ohne dass hierbei auf die Dauer der Anwesenheit abgestellt wird. Entscheidend ist, dass die Minderjährigen an den gefährdenden Orten angetroffen werden. Der Begriff schließt demnach auch das „Umherziehen" und „**Streunen**" mit ein. Befinden sich Kinder und Jugendliche nicht direkt an dem jugendgefährdenden Ort, aber immerhin in unmittelbarer räumlicher Nähe zu diesem und besteht die konkrete Wahrscheinlichkeit, dass die minderjährigen Personen alsbald an den jugendgefährdenden Ort gelangen werden, ist bereits von einem „Aufhalten" i. S. d. Norm auszugehen. Dies gilt insb. dann, wenn aufgrund der Schwere der drohenden Gefahr auch die weitere Umgebung selbst als jugendgefährdender Ort bezeichnet werden kann.

2. Jugendgefährdende Orte

5   a) **Allgemeine Anforderungen.** Ob an einem Ort eine solche Gefahr droht, richtet sich nach der konkreten Situation im Einzelfall. Allgemein kann jedoch als Richtlinie gelten, dass Örtlichkeiten insb. dann jugendgefähr-

Jugendgefährdende Orte **§ 8 JuSchG**

dend sind, wenn dort **negative Vorbilder** für Einstellungen, Verhalten, Lebensführung von Kindern und Jugendlichen beobachtet und erprobt werden können (vgl. Gernert, ZfJ 1998, 108, 111). Dies können auch **per se unverfängliche Orte** sein, wie z. B. öffentliche Parks, wenn diese indes aufgrund von Erfahrungen in der Vergangenheit Ort gefährdender Handlungen oder Situationen waren und nach der Gefahrenprognose weiterhin sind.

b) Einzelfälle. Als jugendgefährdende Orte kommen in Betracht: **Bahn-** 6 **höfe** (insb. in Großstädten) nebst Umgebung, Raststätten, bestimmte Straßen, Plätze und sonstige öffentlich zugängliche Grundstücke wie **Parkanlagen**, wenn z. B. Drogen oder Hehlerware umgesetzt werden (Jäckel, S. 19 ff.), **Drogenumschlagsplätze** sowie öffentliche Toiletten, welche von Drogensüchtigen oder Obdachlosen als Treffpunkt genutzt werden (Liesching, DDB V G 70, S. 11), sog. „**Rotlichtviertel**" oder sonstige Örtlichkeiten, an denen der Prostitution nachgegangen wird (vgl. Gernert/Stoffers, S. 46; einschränkend Jäckel, S. 22), Jugendtreffpunkte wie z. B. Bauwagen an abschüssigem Gelände (vgl. Nikles u.a., Rn. 5); Billard-Salons oder ähnliche Lokalitäten, sofern sich dort ein **kriminelles Milieu** gebildet hat (VGH München GewArch 1993, 349 ff.), Gaststätten, in denen neonazistisches Gedankengut verbreitet wird (vgl. Schl.-Holst. VG GewArch 2001, 44 ff.), ebenso **Internetcafés** (vgl. hierzu auch § 6 Rn. 7 ff.), in denen keine hinreichende technische Nutzungskontrolle oder Aufsicht bezüglich der aufgerufenen Online-Angebote gewährleistet ist (vgl. Liesching/Günther, MMR 2000, 260, insb. 263; Liesching/Knupfer, MMR 2003, 439, 443). Die Gefährdung an solchen oder anderen Orten kann sich auf **bestimmte Zeiten** beschränken.

3. Erforderliche Maßnahmen

a) Allgemeine Anforderungen. Unter den von den zuständigen Behör- 7 den oder Stellen zu treffenden Maßnahmen haben solche den Vorrang, die zur Abwendung der Gefahr geeignet und unter dem Gesichtspunkt der **Verhältnismäßigkeit** erforderlich sind. So ist zunächst zu versuchen, zum Beispiel eine Gruppe betrunkener Erwachsener aus einer öffentlichen Anlage durch Platzverweis zu entfernen oder pornographische Abbildungen aus dem Schaukasten einer Nachtbar zu entfernen, wenn Jugendliche diesen einsehen können. Die für die Maßnahmen nach § 8 S. 1 zuständigen Behörden oder Stellen werden durch Landesrecht bestimmt. In aller Regel wird es sich um Behörden oder Stellen der Polizei handeln. Als Rechtsgrundlage für die Untersagung des Verkaufs von **Kondomen aus einem Straßenautomaten** ist § 8 S. 1 (i. V. m. §§ 41a GewO, 119 Abs. 2 OWiG und den jeweiligen Ordnungsbehördengesetzen der Länder) nicht geeignet (so OVG Münster NJW 1988, 787, 790); auch die hinsichtlich der Sozialverträglichkeit eines solchen Automatenverkaufs möglicherweise unterschiedlichen sittlichen und moralischen Vorstellungen in großstädtischen Gesellschaften und im ländlichen Bereich reichen als qualifizierendes Merkmal für eine solche Untersagung auf der Grundlage polizeilicher Generalklauseln gerade nicht aus (OVG Münster aaO.).

8   **b) Platzverweis (S. 2 Nr. 1).** Die Vorschrift entfaltet unmittelbare Rechtswirkung und ist als hinreichende **Eingriffsermächtigungsnorm** anzusehen (Jäckel, S. 21). Zum Verlassen des Ortes anzuhalten nach Satz 2 Nr. 1 sind Kinder oder Jugendliche, wenn die ihnen dort drohende Gefahr nicht unverzüglich beseitigt werden kann. Wird die Aufforderung hierzu nicht befolgt, so kann die für die Platzverweisung nach Landesrecht zuständige Polizei äußerstenfalls **unmittelbaren Zwang** anwenden (s.a. Ukrow, Rn. 169). Letzteres ergibt sich aus den Polizeigesetzen der Länder. Zumeist wird es jedoch möglich sein, die betroffenen Kinder oder Jugendlichen zu bewegen, den Ort freiwillig zu verlassen. Unmittelbarer Zwang lässt sich häufig auch dann vermeiden, wenn die Polizei, ggf. unter Hinweis auf drohendes Bußgeld, auf Gewerbetreibende oder Veranstalter, anwesende Personensorgeberechtigte oder Erziehungsbeauftragte (vgl. § 1 Abs. 1 Nrn. 3 und 4) Einfluss nimmt, die betreffenden Kinder oder Jugendlichen kraft Hausrechts oder kraft elterlicher Sorge zum Verlassen des jugendgefährdenden Ortes aufzufordern.

9   **c) Zuführung zu Erziehungsberechtigten (S. 2 Nr. 2 1. Alt.).** Reicht der sog. Platzverweis nicht aus, um Kinder oder Jugendliche vor Gefährdungen im Sinne dieser Vorschrift zu schützen, so sind sie einem Erziehungsberechtigten (vgl. § 1 Rn. 5 ff.) zuzuführen. Dies wird insb. dann erforderlich sein, wenn unbegleitete Minderjährige auf ihrem **Heimweg weiteren Gefährdungen** ausgesetzt sein könnten oder wenn angenommen werden muss, dass sie an den jugendgefährdenden Ort wieder **zurückkehren**. Der Kreis der als Zuführungsadressaten genannten Erziehungsberechtigten im Sinne des § 7 Abs. 1 Nr. 6 SGB VIII ist enger als der in § 1 Abs. 1 Nr. 4 gezogene Rahmen. **Erziehungsbeauftragte Personen** kommen nämlich nur insoweit in Betracht, als sie aufgrund einer Vereinbarung mit dem Personensorgeberechtigten „nicht nur vorübergehend und nicht nur für einzelne Verrichtungen" Aufgaben der Personensorge wahrnehmen. Die erforderlichen Feststellungen zur Person des Erziehungsberechtigten und zur Frage seiner Erreichbarkeit hat die nach Landesrecht zuständige Polizei zu treffen (s.a. Jäckel, S. 20 ff.).

10   **d) Obhut des Jugendamtes (S. 2 Nr. 2 1. Alt.).** In die Obhut des Jugendamtes ist ein Kind oder ein Jugendlicher zu bringen, wenn die Zuführung an den Erziehungsberechtigten scheitert, z. B. weil dieser abwesend ist oder nicht festgestellt werden kann. Das Jugendamt hat durch geeignete Vorkehrungen dafür zu sorgen, dass es seiner Obhutspflicht jederzeit in vollem Umfang nachzukommen vermag, besonders an den Wochenenden. Für das **Recht des Jugendamtes**, einen Minderjährigen „freiheitsbeschränkend" in Obhut zu nehmen, findet Art. 104 Abs. 2 GG Anwendung. Neben der Gewährung von Unterkunft umfasst die Inobhutnahme auch die psychische Betreuung in Krisensituationen (Nikles u.a. Rn. 11; zur Inobhutnahme ausführlich: Späth, ZfJ 1998, 303 ff.). Sollte es im Einzelfall erforderlich werden, einen Minderjährigen gegen den Willen der Personensorgeberechtigten oder – wenn diese nicht erreichbar sind – gegen seinen eigenen Willen in der Obhut des Jugendamtes zu belassen, so ist unverzüglich eine **Entscheidung des Vormundschaftsgerichts** nach § 1666 BGB herbeizuführen. Ist

Alkoholische Getränke § 9 JuSchG

ein Minderjähriger von seinen Eltern ausgerissen und wird er in weiter Entfernung von deren Wohnort aufgegriffen, so wird zweckmäßigerweise **fernmündlich** oder fernschriftlich die Einwilligung der Eltern zum Festhalten des Minderjährigen in dem Jugendamt bzw. zur Rückführung an seinen Wohnort erbeten. Notfalls sind hier die Vorschriften über die Geschäftsführung ohne Auftrag entsprechend heranzuziehen, so dass es dann praktisch nur auf den mutmaßlichen Willen der Personensorgeberechtigten ankommt, der ohne weiteres auf Festhalten und geeignete Maßnahmen zur Rückführung geht. Zur Inobhutnahme von Minderjährigen unterhalten die Jugendämter entweder selbst **Einrichtungen zur Aufnahme** zugeführter Minderjähriger oder halten solche Einrichtungen bei freien Trägern der Jugendhilfe zur Verfügung (Jugendschutzstellen).

III. Unterrichtung des Jugendamtes (S. 3)

Der in schweren Fällen einschlägige Satz 3 verpflichtet die zuständigen 11
Behörden zur Unterrichtung des Jugendamtes über den jugendgefährdenden Ort. Eine Benennung der Personalien des angetroffenen Kindes oder Jugendlichen ist nicht erforderlich und im Übrigen nicht zweckmäßig i. S. d. Gesetzes (BT-Drs. 10/2546, S. 18). Die Mitteilung erfolgt nur in **schwierigen Fällen**, also dann, wenn wegen der von dem in Rede stehenden Ort ausgehenden erheblichen und nachhaltigen Jugendgefährdung zusätzlich Maßnahmen des Jugendamtes erforderlich sind (BT-Drs. 10/2546, S. 18; vgl. zum jugendgefährdenden Ort Rn. 1 f.; zur Garantenstellung von Jugendämtern Merchel, ZfJ 2003, 249 ff.).

§ 9 Alkoholische Getränke

(1) **In Gaststätten, Verkaufsstellen oder sonst in der Öffentlichkeit dürfen**
1. **Branntwein, branntweinhaltige Getränke oder Lebensmittel, die Branntwein in nicht nur geringfügiger Menge enthalten, an Kinder und Jugendliche,**
2. andere alkoholische Getränke an Kinder und Jugendliche unter 16 Jahren

weder abgegeben noch darf ihnen der Verzehr gestattet werden.
(2) **Absatz 1 Nr. 2 gilt nicht, wenn Jugendliche von einer personensorgeberechtigten Person begleitet werden.**
(3) ¹**In der Öffentlichkeit dürfen alkoholische Getränke nicht in Automaten angeboten werden.** ²Dies gilt nicht, wenn ein Automat
1. an einem für Kinder und Jugendliche unzugänglichen Ort aufgestellt ist oder
2. in einem gewerblich genutzten Raum aufgestellt und durch technische Vorrichtungen oder durch ständige Aufsicht sichergestellt ist, dass Kinder und Jugendliche alkoholische Getränke nicht entnehmen können.
³§ 20 Nr. 1 des Gaststättengesetzes bleibt unberührt.

(4) ¹**Alkoholhaltige Süßgetränke im Sinne des § 1 Abs. 2 und 3 des Alkopopsteuergesetzes dürfen gewerbsmäßig nur mit dem Hinweis „Abgabe an Personen unter 18 Jahren verboten, § 9 Jugendschutzgesetz" in den Verkehr gebracht werden.** ²**Dieser Hinweis ist auf der Fertigpackung in der gleichen Schriftart und in der gleichen Größe und Farbe wie die Marken- oder Phantasienamen oder, soweit nicht vorhanden, wie die Verkehrsbezeichnung zu halten und bei Flaschen auf dem Frontetikett anzubringen.**

Schrifttum: *Ernst/Spoenle*, Weinversandhandel und Jugendschutz, ZLR 2007, 114; *Gernert*, Jugendschutz bei Kinder- und Jugendalkoholismus: Vorbeugende Maßnahmen und Kontrollmöglichkeiten, ZfJ 1989, 1; *Guckelberger*, Flatrate- und Billigalkoholpartys aus gaststättenrechtlicher Perspektive, LKV 2008, 385; *Gutknecht*, Testkäufe von Minderjährigen zur Feststellung von Verstößen gegen § 12 JuSchG in Ladengeschäften, JMS-Report 4/2007, 2; *v.Hartlieb*, Gesetz zur Neuregelung des Jugendschutzes in der Öffentlichkeit, NJW 1985, 830; *Hecker*, Zur neuen Debatte über Alkoholkonsumverbote im öffentlichen Raum, NVwZ 2009, 1016; *Jäckel*, Jugendschutzgesetz – Leitfaden für die polizeiliche Praxis, 2004; *Liesching*, Anmerkung zu LG Koblenz: Internetversandhandel mit Tabakwaren, MMR 2007, 725 f.; *Schröder/Führ*, Zulässigkeit von „Flatrate"-Parties, NVwZ 2008, 145; *Wehlau/Walter*, Das Alkopopsteuergesetz – lebensmittelrechtliche und wettbewerbsrechtliche Aspekte, ZLR 2004, 645.

Übersicht

Rn.

I. Allgemeines	1
1. Regelungsinhalt, Normzweck und Bedeutung	1
2. Zur Gefährdungslage des Jugendalkoholismus	2
II. Alkoholabgabe in der Öffentlichkeit (Abs. 1)	3
1. Öffentliche Örtlichkeiten	3
a) Gaststätten	3
b) Verkaufsstellen	4
c) Sonst in der Öffentlichkeit	5
2. Branntwein und branntweinhaltige Genussmittel (Nr. 1)	6
a) Branntwein	6
b) Branntweinhaltige Getränke	7
3. Andere alkoholische Getränke (Nr. 2)	8
4. Abgabe und Gestattung des Verzehrs	9
a) Abgabe	9
b) Gestattung des Verzehrs	10
c) Alkohol-Testkäufe durch Minderjährige	11
5. Versandhandel auf (Internet-)Bestellung	13
a) Meinungsstand	13
b) Öffentlichkeit beim Versand	14
c) Kein Entgegenstehen des § 1 Abs. 4	15
d) Kein Entgegenstehen der Kompetenzzuordnung	16
III. Begleitung durch Personensorgeberechtigte (Abs. 2)	17
1. Anwendungsbereich	17
2. Vorrang elterlicher Verantwortung	18
IV. Automatenvertrieb alkoholischer Getränke (Abs. 3)	19
1. Grundsätzliches Automatenvertriebsverbot (Satz 1)	19
2. Ausnahmen	20
a) Für Minderjährige unzugängliche Orte (S. 2 Nr. 1)	20

Alkoholische Getränke § 9 JuSchG

    b) Sicherstellung des ausschließlichen Erwachsenenzugangs
       (S. 2 Nr. 2) 21
V. Kennzeichnungspflicht bei Alkopops (Abs. 4) 24
  1. Anforderungen an die Kennzeichnung 24
    a) Kennzeichnungspflicht 24
    b) Formale Transparenzanforderungen (S. 2) 25
  2. Praktische Auswirkungen 26
VI. Rechtsfolgen 27
  1. Ordnungswidrigkeit 27
  2. Strafrechtliche Konsequenzen 28
  3. Gaststättenrechtliche Konsequenzen 29

I. Allgemeines

1. Regelungsinhalt, Normzweck und Bedeutung

Die Vorschrift soll den Konsum bestimmter alkoholhaltiger Genussmittel **1** durch Minderjährige beschränken und so **gesundheitliche Suchtschäden** vermeiden helfen (vgl. OLG Karlsruhe NJWE-WettbR 1996, 149; BGH, Urt. v. 11. 4. 1978 – Az: VI ZR 72/77). **Abs. 4** wurde angefügt mit Wirkung vom 30. 9. 2004 durch Gesetz v. 23. 7. 2004 (BGBl. I S. 1857) i. V. m. der Bek. v. 13. 10. 2004 (BGBl. I S. 2600).

2. Zur Gefährdungslage des Jugendalkoholismus

Das Alkoholproblem existiert in allen Bevölkerungsschichten und Alters- **2** gruppen. Die Ergebnisse regelmäßiger Repräsentativerhebungen der Bundeszentrale für gesundheitliche Aufklärung (BZgA) belegen für den deutschen Raum, dass ein erheblicher Anteil der Jugendlichen mindestens einmal pro Woche Alkohol konsumiert. Die Gefährdungen des Alkoholismus sind insb. bei Jugendlichen größer als in anderen Gruppen. Erwünschte **Wirkungen des Alkohols** sind u.a. Euphorie, Spannungsreduzierung, Enthemmung. Der insoweit durch erhebliche Werbemaßnahmen (vgl. aber § 11 Abs. 5 sowie die Anm. hierzu Rn. 25 ff.) unterstützte Alkoholkonsum korreliert in hohem Maße mit dem Streben nach ausgeprägtem Lustgewinn, der Selbstverwirklichung als höchstes Erziehungsziel sowie expansiver Freizeit- und Konsumorientierung (vgl. zum Jugendalkoholismus auch: Gernert, ZfJ 1989, 1 ff.; zur Erscheinungsform sog. „**Flatrate-Partys**": Guckelberger, LKV 2008, 385; Schröder/Führ, NVwZ 2008, 145). Besonders Minderjährige sind nicht stets hinreichend in der Lage, das durch Werbebotschaften und das gesellschaftlich etablierte Konsumverhalten Erwachsener kolportierte Bild des Alkoholkonsums mit der **notwendigen Distanz** zu betrachten. Unerlässlich ist daher der vollumfängliche Ausschluss von Kindern und Jugendlichen unter 16 Jahren von der Möglichkeit des öffentlichen Verbrauchs alkoholischer Getränke (Ausn. Abs. 2) sowie von allen Minderjährigen bezüglich des Konsums von Branntwein oder branntweinhaltigen Genussmitteln.

II. Alkoholabgabe in der Öffentlichkeit (Abs. 1)

1. Öffentliche Örtlichkeiten

3 **a) Gaststätten.** Wegen des Begriffs der Gaststätte vgl. oben § 4 Rn. 2 ff. Insoweit gilt im Rahmen des § 9 Abs. 1 kein abweichender Gaststättenbegriff.

4 **b) Verkaufsstellen.** Solche sind alle Einzelhandelsverkaufsstellen sowie auch Marktbuden und andere nicht ständige Einrichtungen (z. B. **Bierstände** auf Volks- oder Schützenfesten), die alkoholische Getränke abgeben. Ob „**Bauchläden**", mittels derer alkoholische Getränke z. B. auf Sportplätzen oder in Kinos abgegeben werden, ebenfalls als Verkaufsstellen anzusehen sind, bedarf keiner Entscheidung, da es sich jedenfalls um eine sonstige Abgabe in der Öffentlichkeit handelt.

5 **c) Sonst in der Öffentlichkeit.** Unter Öffentlichkeit sind alle **allgemein zugänglichen Straßen, Wege, Plätze**, Anlagen und Passagen usw. sowie auch alle öffentlich zugänglichen Gebäude und Einrichtungen zu verstehen. Auch der Versand auf Bestellung, etwa über das Internet, ist als Abgabe in der Öffentlichkeit anzusehen (vgl. ausführl. unten Rn. 13 ff.). Dagegen werden vom allgemeinen Zugang abgeschottete Bereiche wie Werkskantinen, studentische Verbindungshäuser sowie die gesamte Privatsphäre nicht erfasst. Allerdings ist bei der nichtöffentlichen Abgabe § 31 Abs. 2 S. 2 JArbSchG zu beachten. Danach dürfen Arbeitgeber Jugendlichen unter 16 Jahren u.a. keine alkoholischen Getränke geben.

2. Branntwein und branntweinhaltige Genussmittel (Nr. 1)

6 **a) Branntwein.** Unter Branntwein ist Trinkbranntwein jeder Art sowie auch unbearbeiteter Branntwein (Spiritus) zu verstehen, d. h. zum Trinken geeignete, durch Gärung oder Destillation gewonnene alkoholhaltige Flüssigkeiten, ohne Rücksicht darauf, mit welchen Zusätzen sie zubereitet sind wie z. B. **Weinbrand**, klare Schnäpse, Whisky, Magenbitter, Rum. Nicht unter die Vorschrift fallen dagegen vergällter Branntwein, Arzneimittel und Kosmetika.

7 **b) Branntweinhaltige Getränke.** Solche sind etwa Likör, Grog, Kräuterschnaps, Mixgetränke (z. B. Cola-Rum, vgl. Gernert/Stoffers, S. 71 f.) und mit Branntwein versetzte Bowlen. Auch **Mischgetränke** mit geringem, möglicherweise unterhalb von Wein oder Bier liegendem Alkoholgehalt unterfallen dem absoluten Abgabeverbot, da derartige Getränke bei Minderjährigen jedweden Alters eine Affinität zu Branntwein als solchem (also auch pur) wecken können und mithin als „Einstiegsgetränk" in höherdosierte Branntweinmischungen betrachtet werden können (i. Erg. ebenso Nikles u.a., § 9 JuSchG Rn. 6; s.a. die weiteren Beschränkungen nach Abs. 4, hierzu Rn. 24 ff.). Von dem Verbot erfasst werden schließlich auch **Lebensmittel**, die Branntwein als Zutat enthalten. Dazu gehören nicht nur Lebensmittel, die überwiegend aus Branntwein bestehen, sondern auch solche, die Branntwein in nicht nur geringfügiger Menge enthalten (z. B. Eisbecher, denen rezepturmäßig Spirituosen zugegossen werden; Pralinen, vgl. Jäckel, S. 36 f.).

Alkoholische Getränke **§ 9 JuSchG**

Entscheidend für die Mengenbeurteilung ist das insgesamt gereichte Gericht (vgl. BT-Drs. 10/722, S. 9), so dass **bloße Geschmacksverfeinerungen** in Suppen und Soßen im Regelfall nicht einschlägig sind, ebenso wenig die Rumfrucht auf einem Pudding.

3. Andere alkoholische Getränke (Nr. 2)

Erfasst sind solche Getränke, deren Alkoholgehalt durch Gärung, Kelterung 8 oder ähnliche Prozesse entsteht (z. B. **Bier, Wein**, Obst- und Beerenwein, Met, Sekt). Most ist erst erfasst, wenn der Gärungsprozess sich in Gang befindet („Rauscher", „Federweißer"). Gemeinsames Merkmal dieser Getränke ist, dass sie einen wesentlich **geringeren Alkoholgehalt** haben als Branntwein. Solche anderen alkoholischen Getränke dürfen an Kinder und Jugendliche unter 16 Jahren im Übrigen auch dann nicht abgegeben werden, wenn sie nicht zum eigenen Genuss bestimmt sind. Ganz geringe Alkoholanteile in Getränken unter 0,5 % fallen indes nicht ins Gewicht; derartige Getränke (z. B. **„alkoholfreies" Bier**; hierzu Nikles u.a., § 9 JuSchG Rn. 11; ferner BayObLG GewArch 1989, 340) sind entsprechend der in Abs. 1 Nr. 1 ausdrücklich inkorporierten Geringfügigkeitsgrenze nicht als alkoholische Getränke i. S. d. Norm anzusehen.

4. Abgabe und Gestattung des Verzehrs

a) Abgabe. Unter dem Begriff der Abgabe ist jede Form der Verabrei- 9 chung zu verstehen, einschließlich des unentgeltlichen Ausschanks, etwa zu Werbezwecken, zur Probe oder bei Karnevalsumzügen. Entscheidend ist, dass der Minderjährige die **tatsächliche Gewalt** über die Substanz erhält (z. B. Überlassen im Wege des Verkaufs, Versand über Bestellung via Internet, ausf. unten Rn. 13 ff., auch Werbung hierfür kann untersagt sein, vgl. OLG Hamm, Urt. v. 19. 10. 2006 – 4 U 83/06, unentgeltlicher Probeausschank, „Mittrinkenlassen" am Glasinhalt eines anderen). Das Abgabeverbot gilt auch für andere alkoholische Getränke als Branntwein umfassend gegenüber Minderjährigen **unter 16 Jahren**, also nicht nur zu deren eigenem Verzehr, sondern selbst dann, wenn für erwachsene Personen der Branntwein besorgt werden soll (siehe auch Rn. 11; Nikles u.a., Rn. 8).

b) Gestattung des Verzehrs. Die Gestattung des Verzehrs durch einen 10 Veranstalter, Gewerbetreibenden oder sonstigen in § 28 Abs. 4 genannten Erwachsenen kommt dann in Betracht, wenn der Minderjährige **bereits im Besitz** des alkoholischen Genussmittels ist (vgl. BT-Drs. 9/1992, S. 15). Ein Gestatten ist jede **Billigung des Konsums** (LNK/Knupfer, Rn. 5; Ukrow, Rn. 174; siehe ausführl. zum Gestattensbegriff oben § 4 Rn. 13 ff.). Die Abgabe sowie die Verzehrgestattung sind unter Bußgeldandrohung (§ 28 Abs. 1 Nr. 10, Abs. 4 und 5) und im Fall des § 27 Abs. 2 unter Strafandrohung verboten.

c) Alkohol-Testkäufe durch Minderjährige. aa) Grundsatz. Test- 11 käufe verstoßen grundsätzlich gegen das Abgabeverbot und sind daher nicht zulässig (vgl. E/K/Liesching, Rn. 7). Erwachsene, die einen Alkoholtestkauf mit Kindern oder Jugendlichen durchführen, erfüllen vom Grundsatz her

JuSchG § 9 II. Abschnitt. Jugendschutz in der Öffentlichkeit

selbst den Tatbestand einer **Ordnungswidrigkeit**, da sie im Sinne von § 28 Abs. 4 das Verhalten eines Minderjährigen herbeiführen oder fördern, das durch § 28 Abs. 1 Nr. 10 i. V. m. § 9 Abs. 1 verhindert werden soll. Der Schutzgedanke dieser Vorschriften ist bereits gefährdet bzw. verletzt, wenn Minderjährige durch – nicht von Amtsträgern der zuständigen Behörde überwachte (vgl. hierzu Rn. 12) – Testkäufe dazu veranlasst werden, alkoholische Getränke zu erwerben, da bereits die „Abgabe" untersagt ist. Insoweit ergibt sich ein Unterschied zu den in engen Grenzen zulässigen Testkäufen von Bildträgern nach § 12 (vgl. dort Rn. 8), wo auf das Zugänglichmachen des Bildträgerinhalts abgestellt wird.

12   bb) **Testkäufe durch Amtsträger der zuständigen Behörde, soweit sie ihre Befugnisse ausüben.** Nicht unumstritten, aber in begrenztem Rahmen sind Testkäufe zulässig, soweit sie auf der Grundlage der jeweiligen **landesrechtlichen Ermächtigungsgrundlage** von den zuständigen **Ordnungsbehörden** oder der Polizei durchgeführt werden, also nicht von Privatpersonen initiiert sind (vgl. BAJ, Dossier Testkäufe mit Minderjährigen, 1/2010, 1 ff.; noch weiter: AG Ahaus, Urt. v. 19. 5. 2006 – 30 OWi 79 Js 596/06 – 57/06). Die minderjährige Testperson dürfe den Verkäufer „nicht durch erhebliches Drängen zum Gesetzesverstoß verleiten", vor allem dürfe sie keine Möglichkeit haben, beim Testkauf erlangte alkoholische Getränke, Tabakwaren oder Bildträger entgegen den Altersvorgaben des Jugendschutzgesetzes zu konsumieren bzw. sich den Inhalt anzuschauen (BAJ, aaO., S. 1). Die Anleitung Minderjähriger zu einem Testkauf ist insoweit **keine Ordnungswidrigkeit**, da gerade keine Herbeiführung oder Förderung eines Verhaltens eines Kindes oder einer jugendlichen Person im Sinne des § 28 Abs. 4 Satz 1 vorliegt (vgl. auch AG Ahaus aaO.; Gutknecht, JMS-Report 4/2007, 2 ff. zu Bildträgern nach § 12 JuSchG). Zu den Voraussetzungen, die aus rechtlichen und auch pädagogischen Gründen bei Testkäufen von Minderjährigen durch Amtsträger der zuständigen Behörde aus Sicht der Bundesregierung grundsätzlich erfüllt sein sollten, vgl. Anlage 7 des Plenarprotokolls der 165. Sitzung des Deutschen Bundestages am 4. Juni 2008, BT-Drs. 16/165, Seite 17474 f.

5. Versandhandel auf (Internet-)Bestellung

13   a) **Meinungsstand.** Entgegen vereinzelter **Rspr.** (vgl. LG Koblenz MMR 2007, 725) und Stimmen im **Schrifttum** (Ernst/Spoenle, ZLR 2007, 114 ff.) stellt auch der Versand von Alkohol (und Tabakwaren) über das Internet eine von Abs. 1 erfasste Abgabe in der Öffentlichkeit dar. Weshalb der Versand von Waren an Onlinebesteller nicht vom Öffentlichkeitsbegriff gedeckt sein soll, ist nicht ersichtlich. Es kann aber nicht zweifelhaft sein, dass dieses Merkmal auch beim Internetbestellversand zu bejahen ist, da hierunter im Allgemeinen die **Zugänglichkeit der Ware** für eine Mehrzahl von Personen verstanden wird, die nicht durch persönliche Beziehungen untereinander oder mit dem Anbieter verbunden sind (vgl. z. B. v. Hartlieb, NJW 1985, 830, 831; Erdemir, 2000, S. 172 mwN.). Im Falle des virtuellen „öffentlichen Raums" des Internet kann dies nicht zweifelhaft sein.

Alkoholische Getränke　　　　　　　　　　　　　**§ 9 JuSchG**

b) Öffentlichkeit beim Versand. Des Merkmals der Öffentlichkeit 14
ermangelt es in diesen Fällen auch nicht etwa deshalb, weil die Zustellung
der Bestellware über den Postversand oder die Zustellung eines Logistikunternehmens erfolgt. Andernfalls müsste man im Allgemeinen ein Zugänglichmachen in der Öffentlichkeit schon immer dann verneinen, wenn der Bildträger
sich im gesicherten **Gewahrsam einer Transportperson**, eines Boten oder
gar des Veräußerers selbst befindet. Derartige „Enklaven" vermögen den
Handlungsvollzug in der Öffentlichkeit indes noch nicht auszuschließen. Im
Übrigen führte eine im o.g. Sinne begrenzende Auslegung des Öffentlichkeitsbegriffs zu dem **absurden Ergebnis**, dass der Vertreiber im Einzelhandel
bei minderjährigen Kaufkunden im Zweifelsfall zunächst den Altersnachweis
fordern muss; verlangt derselbe minderjährige Kunde im Laden, dass ihm die
gewünschte Tabakware oder das alkoholische Getränk per Post zugeschickt
wird, bedürfte es keiner Altersprüfung seitens des Ladeninhabers mehr. Ein
derartiges Ergebnis ist weder aus rechtssystematischen noch aus teleologischen
Gründen haltbar, sodass von einer Anwendbarkeit des Abs. 1 bei Postversandvertrieb von online bestellbaren Alkohol- und Tabakwaren auszugehen ist
(s.a. Liesching, AfP 2004, 496, 498 f.).

c) Kein Entgegenstehen des § 1 Abs. 4. Eine Unanwendbarkeit des 15
Abs. 1 ergibt sich auch nicht daraus, dass der Gesetzgeber in § 1 Abs. 4 JuSchG
ausdrücklich den **Versandhandel** definiert und z. B. bei den Vertriebsbeschränkungen für Trägermedien implementiert hat, hingegen nicht ausdrücklich bei der Alkohol- und Tabakwarenabgabe. Teilweise wird indes gerade
argumentiert, dass wenn der Gesetzgeber es ausdrücklich vermeide, eigens
definierte Begrifflichkeiten zum Verbot einer bestimmten Absatzart zu verwenden, so lasse sich heraus schließen, dass ein solches Verbot nicht existieren
solle (so für Tabakversand LG Koblenz MMR 2007, 725; ebenso für den
Alkoholversand wohl Ernst/Spoenle, ZLR 2007, 114, 122). Dem kann aber
nicht gefolgt werden, weil es dem Gesetzgeber stets unbenommen bleibt,
mehrere untersagte Vertriebswege bei bestimmten Waren durch eine weite
Formulierung („Abgabe") zusammenzufassen und nicht einzelne Unterarten
wie die Abgabe über Versandunternehmen bzw. Zusteller stets zu erwähnen
(vgl. ausführl. Liesching, MMR 2007, 725, 726).

d) Kein Entgegenstehen der Kompetenzzuordnung. Schließlich ver- 16
fängt auch die zuweilen im Zusammenhang mit anderen JuSchG-Tatbeständen
bemühte kompetenzrechtliche Argumentation nicht, nach der bei Internetsachverhalten das JuSchG gar nicht anwendbar sei, da die Gesetzgebungskompetenz für **Jugendschutz bei Telemedien** den Bundesländern zustehe (vgl.
etwa für § 6 Abs. 2: Wimmer, MMR 2007, 417, 420 f.). Denn vorliegend
ergibt sich die Jugendgefährdung nicht aus den Internetinhalten, sondern aus
der im öffentlichen Raum gegebenen Bezugsmöglichkeit von Alkohol (und
Tabakwaren). Damit ist es nicht der Regelungsmaterie des Jugendmedienschutzes, sondern vielmehr des Jugendschutzes in der **Öffentlichkeit** zuzuordnen. Daher unterliegt der Versand von Alkohol und Tabakwaren auf Bestellung
im Internet auch den Beschränkungen nach § 9 Abs. 1 und § 10 Abs. 1.
Rechtsfolge ist, dass der Versandhändler gem. § 2 Abs. 2 Satz 2 JuSchG in
Zweifelsfällen das Lebensalter des Bestellkunden zu überprüfen hat (vgl. hierzu

z. B. Sp/Wiebe/Erdemir, Rn. 113; Liesching, AfP 2004, 496, 499; ausführl. auch oben § 2 Rn. 11).

III. Begleitung durch Personensorgeberechtigte (Abs. 2)

1. Anwendungsbereich

17 Der Ausnahmetatbestand des Abs. 2 gilt für 14- bis 16jährige, die von einem Personensorgeberechtigten (§ 1 Abs. 1 Nr. 3 sowie oben § 1 Rn. 5 ff.) begleitet werden (vgl. zum Begriff des Begleitens oben § 4 Rn. 16 f.). Die Ausnahme gilt nicht für Branntwein oder branntweinhaltige Getränke oder entsprechende Lebensmittel. Die Begleitung durch eine erziehungsbeauftragte Person im Sinne des § 1 Abs. 1 Nr. 4 genügt nicht.

2. Vorrang elterlicher Verantwortung

18 Die Vorschrift findet ihre Grundlage in dem verfassungsrechtlich verankerten (Art. 6 Abs. 2 GG) **Erziehungsprivileg** der Eltern (BT-Drs. 10/2596, S. 19; vgl. demgegenüber Gernert/Stoffers, S. 76: „regional unterschiedliche Konsumgewohnheiten"). Hierdurch wird den Eltern die Möglichkeit eröffnet, ihren Kindern im Jugendalter frühzeitig den **maßvollen Umgang** insb. mit Wein und Bier nahezubringen. Im Hinblick auf die Gefahr, dass Minderjährige im Alter von 14 bis 16 Jahren bei Fehlen eines Ausnahmetatbestandes über andere Sozialisationsinstanzen (gleichaltrige oder ältere Freunde oder Geschwister) ersten Kontakt mit alkoholischen Getränken haben und insoweit die Missbrauchsrisiken erheblich höher liegen dürften, ist die Regelung des Abs. 2 sachgerecht (krit. Nikles u.a., § 9 JuSchG Rn. 12; Gernert/Stoffers, S. 76).

IV. Automatenvertrieb alkoholischer Getränke (Abs. 3)

1. Grundsätzliches Automatenvertriebsverbot (Satz 1)

19 Das Automatenvertriebsverbot in Abs. 3 Satz 1 erweitert das für Branntwein bereits bestehende Verbot nach § 20 Nr. 1 GastG. Für Außenautomaten und Automaten, die im Übrigen in nicht gewerblich genutzten Räumen aufgestellt sind (z. B. Behördengebäude, Jugendheime, Jugendclubs) gilt das Verbot **umfassend**, soweit die Automaten allgemein, also auch für Minderjährige zugänglich sind. Sinn des Automatenvertriebsverbots ist es, die jederzeitige **Verfügbarkeit** alkoholischer Getränke und die gleichzeitige Möglichkeit Minderjähriger unter 16 Jahren, sich zum eigenen Verbrauch zu bedienen, einzuschränken. Das Verbot ist auch erforderlich, um die Umgehung des Abgabeverbots nach Abs. 1 zu verhindern. Die Untersagung gilt dagegen nicht für der Allgemeinheit nicht zugängliche und mithin nicht dem Bereich der „**Öffentlichkeit**" zuzuordnende Betriebsgelände und Kantinen.

Alkoholische Getränke § 9 JuSchG

2. Ausnahmen

a) Für Minderjährige unzugängliche Orte (S. 2 Nr. 1). Werden die 20
Ausgabegeräte an einem für Kinder und Jugendliche unzugänglichen Ort
aufgestellt (z. B. Spielhallen, Ab-18-Videotheken, Erotikshops), gilt die Ausnahme vom Automatenvertriebsverbot des Satz 2 Nr. 1. Auch ein Fall der
Nr. 1 liegt vor, wenn nicht der Automat selbst, sondern bereits der Zugang zu
den Räumlichkeiten, in denen der Automat aufgestellt ist, durch **technische
Vorkehrungen** nur durch Erwachsene betreten werden kann (vgl. hierzu
auch BGH MMR 2003, 582 ff. m. Anm. Liesching).

**b) Sicherstellung des ausschließlichen Erwachsenenzugangs (S. 2
Nr. 2). aa) Geltungsbereich.** Soweit Automaten in gewerblich genutzten 21
Räumen aufgestellt sind (wobei insoweit eine **analoge Anwendung** bei
privat bzw. gemeinnützig verwendeten Räumen in Betracht kommt; a. A.
Nikles u.a., Rn. 14), findet das Aufstellungsverbot gem. Nr. 2 ebenfalls keine
Anwendung, wenn **sichergestellt** ist, dass Kinder und Jugendliche unter
16 Jahren keine alkoholischen Getränke aus dem Automaten entnehmen
können. Ein Aufstellen in einem (gewerblich genutzten) „Raum" liegt freilich dann nicht vor, wenn der Automat an der Außenwand eines Hauses
angebracht ist (BayObLG GewArch 1989, 172).

bb) Ständige Aufsicht. Die Sicherung durch eine **Aufsichtsperson** setzt 22
voraus, dass diese ständig anwesend ist und ihrer Aufsichtspflicht nachkommt,
solange der Automat zur Bedienung zugänglich ist. Die bloße Fernüberwachung durch **elektronische Kameras** ist nicht ausreichend, da ein sofortiges
Eingreifen bei Missbrauch nicht gewährleistet ist (so zutreffend E/K/Steindorf, § 5 Anm. 10; vgl. aber BGH MMR 2003, 582 ff. m. Anm. Liesching).
Kommt es innerhalb weniger Tage zu **Verstößen**, ist naheliegend, dass nicht
hinreichend sichergestellt ist, dass Minderjährige alkoholische Getränke nicht
aus dem Automaten entnehmen können (vgl. auch OLG Karlsruhe, NJWE-
WettbR 1996, 149 f.).

cc) Technische Vorrichtungen. Als technische Vorrichtung kommen 23
z. B. **Code-Karten** in Betracht, die nur an über 16jährige ausgegeben werden (vgl. BT-Drs. 10/2546, S. 19; vgl. zur Kritik an derartigen Systemen
unten § 10 Rn. 9). Der bloße Einsatz anderer Zahlungsmittel als Bargeld
(z. B. Kredit- oder Geldkarte) reicht wegen der erheblichen Umgehungs-
und Missbrauchsmöglichkeiten nicht aus (Nikles u.a. Rn. 14; a. A. Ukrow,
Rn. 177).

V. Kennzeichnungspflicht bei Alkopops (Abs. 4)

1. Anforderungen an die Kennzeichnung

a) Kennzeichnungspflicht. Die Kennzeichnungspflicht von sog. Alko- 24
pops wurde mit dem Gesetz zur Verbesserung des Schutzes junger Menschen
vor Gefahren des Alkohol- und Tabakkonsums vom 23. 07. 2004 (BGBl. I,
S. 1857) eingeführt. Eine Abweichung von dem **Wortlaut** „Abgabe an Personen unter 18 Jahren verboten, § 9 Jugendschutzgesetz" ist auch dann nicht

JuSchG § 9　　II. Abschnitt. Jugendschutz in der Öffentlichkeit

zulässig, wenn sich aus einem abweichend formulierten Hinweis sinngemäß der gleiche Erklärungsgehalt ergibt (LNK/Knupfer, Rn. 9).

25　**b) Formale Transparenzanforderungen (S. 2).** Die formalen Anforderungen nach Satz 2 sollen die Transparenz und die gute Sichtbarkeit des Hinweises gewährleisten, wobei mit „**Frontetikett**" in der Regel das Etikett am Flaschenbauch gemeint ist bzw. dasjenige, das im Hinblick auf die Verkaufsattraktivität im Ladenregal nach vorne gedreht wird (vgl. ausführl. Wehlau/Walter, ZLR 2004, 645, 654; Nikles u.a., Rn. 15). Siehe zur Werbung für Alkopos: OLG Hamm, Urt. v. 19. 10. 2006 – 4 U 83/06.

2. Praktische Auswirkungen

26　Der Konsum spirituosenhaltiger Alkopops ist bei den 12- bis 17-jährigen Jugendlichen sowohl nach Häufigkeit als auch nach Menge von 2004 bis 2005 **signifikant zurückgegangen** (vgl. BzGA-Studie, 2005, S. 3). Gleichzeitig erhöhte sich der Anteil derer, die diese Alkopops innerhalb des letzten Jahres gar nicht getrunken haben. Die 12- bis 15-jährigen Jugendlichen reduzierten den Konsum noch deutlicher. Spirituosenhaltige Alkopops werden nach der genannten Studie vor allem deshalb nicht mehr gekauft, weil sie als Folge der Einführung der Alkopopsteuer zu teuer geworden sind, und weil die Jugendlichen besser über die gesundheitlichen Gefahren Bescheid wissen (vgl. BzGA-Studie, aaO.).

VI. Rechtsfolgen

1. Ordnungswidrigkeit

27　Verstöße der Abgabe eines alkoholischen Getränks oder der Verzehrsgestattung entgegen Abs. 1, Verstöße gegen das Automatenvertriebsverbot nach Abs. 3 sowie Verstöße gegen die Beschränkungen bei Alkopops nach Abs. 4 sind gemäß § 28 Abs. 1 Nrn. 10, 11 und 11a **bußgeldbewehrt**, sofern ein Gewerbetreibender oder Veranstalter handelt. Dies gilt auch bei fahrlässigen Verstößen, wenn der Gastwirt das Alter des Kunden nicht prüft, sondern allein auf dessen mündliche Angaben vertraut (AG Ahaus, Urt. v. 19. 5. 2006 – 30 OWi 79 Js 596/06 – 57/06). § 28 Abs. 4 ist im Hinblick auf die **Gestattung des Verzehrs durch Erwachsene** zu beachten, daneben hinsichtlich strafrechtlicher Sanktionen auch § 27 Abs. 2.

2. Strafrechtliche Konsequenzen

28　Ein Zugänglichmachen von Alkohol gegenüber minderjährigen Personen kann zudem sowohl im öffentlichen als auch im nicht öffentlichen Bereich erhebliche strafrechtliche Konsequenzen haben, vor allem wenn der betreffende Jugendliche aufgrund des ermöglichten Alkoholkonsums zu Schaden kommt. Entsprechend haben die Gerichte mehrfach entschieden, dass Gewerbetreibende, die alkoholhaltige Getränke an Kinder und Jugendliche abgeben, sich wegen **fahrlässiger Körperverletzung** dann strafbar machen, wenn aufgrund des Alkoholmissbrauchs eine Alkoholintoxikation bei der betreffenden minderjährigen Person eintritt (vgl. z. B. AG Saalfeld, Urt. v. 15. 9. 2005, 684 Js 26258/04 2 Cs; LNK/Knupfer, Rn. 10). Dies kann in **Tateinheit mit § 27 Abs. 2 JuSchG** stehen [LG Berlin, Urt. v. 3. 7. 2009 – (522) 1 Kap Js 603/07 Ks (1/08)].

3. Gaststättenrechtliche Konsequenzen

Im Übrigen kann durch den Ausschank von Alkohol an Kinder und 29 Jugendliche entgegen den Bestimmungen des § 9 auch die **gaststättenrechtliche Zuverlässigkeit** des Veranstalters berührt sein (vgl. OVG Bremen, Beschl. v. 26. 09. 2007 – 1 B 287/07). Wiederholte Verstöße können ein gaststättenrechtliches **Beschäftigungsverbot** zur Folge haben (vgl. VGH München, Beschl. v. vom 18. 7. 2006 – 22 CS 06.1723). Auch die behördliche Untersagung des Anbietens von alkoholischen Getränken jeglicher Art zum Preis von 1 Euro gegenüber einem Gaststättenbetreiber (sog. **Flatrate-Party**) ist i. d. R. rechtmäßig (VG Neustadt, Urt. v. 30. 10. 2008 – 4 L 1225/08.NW).

§ 10 Rauchen in der Öffentlichkeit, Tabakwaren

(1) **In Gaststätten, Verkaufsstellen oder sonst in der Öffentlichkeit dürfen Tabakwaren an Kinder oder Jugendliche weder abgegeben noch darf ihnen das Rauchen gestattet werden.**

(2) ¹**In der Öffentlichkeit dürfen Tabakwaren nicht in Automaten angeboten werden.** ²**Dies gilt nicht, wenn ein Automat**
1. **an einem Kindern und Jugendlichen unzugänglichen Ort aufgestellt ist oder**
2. **durch technische Vorrichtungen oder durch ständige Aufsicht sichergestellt ist, dass Kinder und Jugendliche Tabakwaren nicht entnehmen können.**

Schrifttum: *Ebert*, Raucherclub versus Nichtraucherschutz, NVwZ 2010, 26; *v.Hartlieb*, Gesetz zur Neuregelung des Jugendschutzes in der Öffentlichkeit, NJW 1985, 830; *Jäckel*, Jugendschutzgesetz – Leitfaden für die polizeiliche Praxis, 2004; *Liesching*, Anmerkung zu LG Koblenz: Internetversandhandel mit Tabakwaren, MMR 2007, 725 f.; *Rossi/Lenski*, Föderale Regelungsbefugnisse für öffentliche Rauchverbote, NJW 2006, 2657; *Scheidler*, Rauchen verboten – Zum Nichtraucherschutz in Gaststätten, GewArch 2008, 287; *Siekmann*, Die Zuständigkeit des Bundes zum Erlass umfassender Rauchverbote nach In-Kraft-Treten der ersten Stufe der Föderalismusreform, NJW 2006, 3382; *Zimmermann*, Landesrechtliche Rauchverbote in Gaststätten und die Grundrechte der Betreiber von (Klein-)Gaststätten, NVwZ 2008, 705.

I. Allgemeines

1. Regelungsinhalt und Normhistorie

§ 10 soll den Zugang aller Kinder und Jugendlichen zu Zigaretten und 1 anderen Tabakwaren durch ein umfassendes Abgabe- und Automatenvertriebsverbot erschweren. Die Vorschrift ist gegenüber der Vorgängerregelung

JuSchG § 10   II. Abschnitt. Jugendschutz in der Öffentlichkeit

des § 9 JÖSchG – insb. bezüglich des Automatenvertriebs – erheblich verschärft worden. Eine Anhebung des Schutzalters von 16 auf 18 Jahren erfolgte durch Art. 3 des **Nichtraucherschutzgesetzes** v. 20. 7. 2007 (BGBl. I S. 1595) mit Wirkung zum 1. 9. 2007. Für die Abgabe über Automaten erfolgte eine entsprechende Altersgrenzenanhebung nach einer Übergangsfrist zum 1. 1. 2009 (Art. 7 NichtraucherschutzG, vgl. hierzu auch LNK/Knupfer, Rn. 1).

2. Gefährdungslage des Tabakkonsums Minderjähriger

2   Zur Notwendigkeit dieser Restriktion aufgrund der besonderen Gefahren des Rauchens wird in der Begründung des Regierungsentwurfs zur Einführung des JuSchG ausgeführt: „Das Durchschnittsalter, in dem die erste Zigarette probiert wird, liegt bei 13,6 Jahren. Im Gegensatz zum erwachsenen Raucher besteht kein Unterschied zu den Geschlechtern, im Gegenteil, junge Mädchen in dieser Altersgruppe rauchen tendenziell sogar etwas mehr als männliche Jugendliche. Die Weltgesundheitsorganisation hat dargestellt, dass rund die Hälfte aller regelmäßigen Raucher bereits im mittleren Alter an den Folgen des Zigarettenkonsums sterben wird. Rund 30% der **Krebssterblichkeit**, 20% der Sterbefälle an koronarer Herzkrankheit und Schlaganfall und 80% der **chronischen Lungenerkrankungen** sind durch das Rauchen bedingt. In jüngster Zeit wird zusätzlich insb. auch die Entwicklung einer Tabakabhängigkeit als Folgekrankheit unterstrichen. Je früher mit dem Rauchen begonnen wird, desto schneller entwickeln sich Folgekrankheiten. Für jemanden, der mit 15 Jahren mit dem Rauchen beginnt, (...) besteht eine dreimal höhere Wahrscheinlichkeit an Krebs zu sterben als für jemanden, der erst ab 25 Jahren mit dem Rauchen beginnt" (BT-Drs. 14/9013, S. 19 f.; vgl. zur Gefährdungslage des Tabakkonsums auch Ukrow, Rn. 180 ff.).

3. Aufklärung von Kindern und Jugendlichen

3   Angesichts der mit dem Rauchen nach inzwischen eindeutiger wissenschaftlicher Erkenntnis untrennbar verbundenen Gesundheitsgefahren kommt neben der dringend erforderlichen **Information** hierüber der **pädagogischen Einwirkung** auf Kinder und Jugendliche besondere Bedeutung zu. Solange junge Menschen als Minderjährige unter elterlicher Sorge stehen, haben unabhängig von § 10 die Sorgeberechtigten die Möglichkeit, das Rauchen zu verbieten. Zunehmend wird darüber hinaus das Rauchen an bestimmten Orten (z. B. in öffentlichen Verkehrsmitteln, öffentlichen Gebäuden, Schulen usw.) auf der Grundlage des Hausrechts wegen der davon ausgehenden Belästigungen für andere untersagt.

II. Abgabe in der Öffentlichkeit (Abs. 1)

1. Tabakwaren

4   Von dem Abgabe- und Rauchgestattungsverbot werden Tabakwaren aller Art erfasst, also **Zigaretten**, auch solche aus nikotinarmen Tabaken, Zigaril-

Rauchen in der Öffentlichkeit, Tabakwaren § 10 JuSchG

los, Zigarren und Pfeifentabake; darüber hinaus auch **Schnupf- und Kautabake**, welche freilich von Kindern und Jugendlichen nur in Ausnahmefällen konsumiert werden (a. A. unter Verengung des Wortlauts: Nikles u.a., Rn. 6; Ukrow, Rn. 183). Auch mit Cannabinoiden oder sonstigen Rauschmitteln versetzte Tabakmischungen, die in Form sog. „Joints" oder Wasserpfeifen konsumiert werden, sind einschlägig, wenngleich hier die Vorschriften des BtMG im Vordergrund stehen werden (vgl. zum inhaltsgleichen Begriff der „Tabakerzeugnisse" EuGH NJW 2000, 3701).

2. Abgabe und Gestatten des Rauchens

a) Abgabe. Das umfassende Verbot der Abgabe (zum Begriff siehe oben 5 § 9 Rn. 9) bezieht sich auf **alle Minderjährigen** im Alter unter 18 Jahren. Auch deren „Besorgung von Zigaretten" im Auftrag Erwachsener, auch der Eltern, ist damit nunmehr unzulässig. Die Abgabe muss sich öffentlich vollziehen, etwa in frei zugänglichen Tabakwarengeschäften, beim Verkauf über sog. „Bauchläden" etc. (vgl. zum Öffentlichkeitsbegriff unten Rn. 7). Bei der nicht öffentlichen Abgabe ist § 31 Abs. 2 S. 2 JArbSchG zu beachten. Danach darf der Arbeitgeber beschäftigten Jugendlichen unter 16 Jahren u.a. keine Tabakwaren geben. Auch der **Internetversandhandel** mit Tabakwaren wird als Abgabe in der Öffentlichkeit erfasst (zutr.: LNK/Knupfer, Rn. 5; a. A. LG Koblenz MMR 2007, 725 m. abl. Anm. Liesching; ausführl. hierzu § 9 Rn. 13 ff.).

b) Gestatten des Rauchens. Die Gestattung des Rauchens kommt im 6 Regelfall erst dann in Betracht, wenn der/die Minderjährige bereits im Besitz der Zigaretten, Zigarren etc. ist. Einer ausdrücklichen „Gestattenserklärung" von Seiten des Veranstalters, Gewerbetreibenden oder einer Person i. S. d. § 28 Abs. 4 bedarf es nicht. Es genügt, dass das Rauchen einer unter 18jährigen Person **wahrgenommen und geduldet** wird. Wegen des eindeutigen Wortlauts „Rauchen" wird das Gestatten des Schnupfens und Kauens von Tabak von dem Verbot nicht erfasst (weitergehend Nikles, u.a., Rn. 6, welche auch das Abgabeverbot insoweit nicht anwenden wollen). Vgl. zum Begriff des Gestattens auch § 4 Rn. 13 ff.

3. Öffentliche Orte

Zu den **Gaststätten** siehe oben § 4 Rn. 3 ff., zu den Verkaufsstellen § 9 7 Rn. 4. Der Oberbegriff „in der Öffentlichkeit" umfasst alle jedermann zugänglichen Orte, also Straßen, Wege, Plätze, Parks, Anlagen, öffentliche Gebäude, Bahnhofshallen und öffentliche Verkehrsmittel, Behörden, öffentliche Sportplätze und -anlagen aller Art wie z. B. auch Frei- und Hallenbäder, ferner Kinos nebst Vorhallen und Diskotheken.

III. Automatenvertrieb von Tabakwaren (Abs. 2)

1. Grundsätzliches Automatenvertriebsverbot (Satz 1)

Das durch das JuSchG erstmals eingeführte Automatenvertriebsverbot des 8 Abs. 2 Satz 1 wurde bereits in den Jahren zuvor vom Gesetzgeber erwogen, gleichwohl wegen verfassungsrechtlicher sowie gesundheits- und wirtschaftspolitischer Bedenken nicht umgesetzt (vgl. BT-Drs. 10/2546, S. 18). Trotz der hiermit verbundenen erheblichen wirtschaftlichen Einschränkungen für Tabakindustrie und Absatzunternehmen ist die Norm angesichts der erheblichen Gesundheitsrisiken (vgl. Rn. 2) sowie der in S. 2 Nrn. 1 und 2 gewährten Ausnahmen für **verfassungskonform** zu erachten. Das Verbot erstreckt sich zudem nur auf „in der Öffentlichkeit" aufgestellte Zigarettenautomaten. Es gilt dagegen nicht für der Allgemeinheit nicht zugängliche Betriebsgelände oder Kantinen. Das Automatenvertriebsverbot trat gem. § 30 Abs. 2 (vgl. dortige Anm.) erst am 1. 1. 2007 in Kraft, die Altersgrenzenanhebung nach einer **Übergangsfrist** zum 1. 1. 2009 (Art. 7 NichtraucherschutzG, s.a. Rn. 1).

2. Ausnahmen (S. 2 Nrn. 1 und 2)

9   Bezüglich der Ausnahmen nach Satz 2 kann im Wesentlichen auf die Ausführungen zu der weitgehend inhaltsgleichen Bestimmung des § 9 (dort Rn. 20 f.) verwiesen werden. Als technische Vorrichtung kommt nach der Begründung des Regierungsentwurfs auch die **Ausgabe von Karten** durch die Tabakbranche in Betracht (vgl. BT-Drs. 14/9013, S. 20). Allerdings würde mit einem derartigen System eine gesteigerte Missbrauchsgefahr einhergehen, sofern solche Karten nach der Ausgabe keine Personalkontrolle an den Automaten selbst mehr erforderlich machen. Voraussichtlich würden innerhalb kurzer Zeit derartige als Automatenschlüssel verwendbare „Blankettkarten" auch unter Kindern und Jugendlichen kursieren. Zum Erfordernis **ständiger Aufsicht** vgl. oben § 9 Rn. 22.

IV. Werbung für Tabakwaren

1. Werbung in Filmveranstaltungen, Rundfunk und Telemedien

10   Zum Tabakwerbeverbot bei **Filmveranstaltungen** siehe § 11 Abs. 5 sowie die Anmerkungen hierzu in Rn. 25 ff. In Hörfunk und Fernsehen ist gem. § 22 Abs. 1 des Lebensmittel- und Bedarfsgegenständegesetzes (**LMBG**) die Werbung mit Tabakwaren generell untersagt. In **Telemedien** darf sich gemäß § 6 Abs. 5 S. 2 JMStV Tabakwerbung weder an Kinder oder Jugendliche richten noch durch die Art der Darstellung Kinder und Jugendliche besonders ansprechen oder diese beim Alkoholgenuss darstellen (vgl. hierzu § 6 JMStV Rn. 24 f.).

2. Werbung in anderen Medien

11   In anderen Medien (insb. Zeitschriften) ist die Verwendung von Bezeichnungen, Angaben, Aufmachungen, Darstellungen oder sonstige Aussagen,
a) durch die der Eindruck erweckt wird, dass der Genuss oder die bestimmungsgemäße Verwendung von Tabakerzeugnissen gesundheitlich unbedenklich oder geeignet ist, die Funktion des Körpers, die Leistungsfähigkeit oder das Wohlbefinden **günstig zu beeinflussen**,

b) die ihrer Art nach besonders dazu geeignet sind, Jugendliche oder Heranwachsende zum Rauchen zu veranlassen,
c) die das **Inhalieren** des Tabakrauchs als **nachahmenswert** erscheinen lassen,
gemäß § 22 Abs. 2 S. 1 LMBG verboten. Daher ist etwa Zigarettenwerbung in Jugendzeitschriften unzulässig (vgl. BGH GRUR 1994, 304; vgl. für Werbung für Handy-Klingeltöne: BGH MMR 2006, 542).

3. Internetauftritt von Tabakherstellern

Auch Internetauftritte von Tabakherstellern können als entwicklungsbeeinträchtigend nach § 5 JMStV einzustufen sein mit der Folge der Erforderlichkeit des Vorschaltens technischer Mittel zur **Wahrnehmungserschwernis** für Kinder und Jugendliche. Entsprechend hat die Kommission für Jugendmedienschutz (KJM, vgl. §§ 14, 16 JMStV) entsprechende Konzepte von Zigarettenherstellern für ihre Internetangebote für ausreichend anerkannt, die den gesetzlichen Anforderungen an ein technisches Mittel im Sinne des § 5 Abs. 3 Nr. 1 JMStV entsprechen (KJM-PM 11/2006 v. 05. 10. 2006, vgl. zu den technischen Mitteln § 5 Rn. 43 ff.). 12

V. Rechtsfolgen und mögliche Maßnahmen

1. Ordnungswidrigkeit

Soweit es um die Bußgeldbewehrung der Verbotsvorschrift geht, werden nur **Veranstalter** und **Gewerbetreibende** (§ 28 Abs. 1; zu den Begriffen vgl. dort Rn. 5 sowie § 3 Rn. 2 ff.) und deren **Beauftragte** sowie „Personen über 18 Jahren, die ein Verhalten eines Kindes oder eines Jugendlichen herbeiführen oder fördern, das durch § 10 verhindert werden soll" (§ 28 Abs. 4) erfasst. Die **Strafbewehrung** in § 27 Abs. 2 betrifft nur Veranstalter und Gewerbetreibende unter den dort genannten qualifizierenden Voraussetzungen (siehe zu den Rechtsfolgen auch Ukrow, Rn. 189 f.). 13

2. Behördliches Unterbinden des Rauchens Minderjähriger

An den meisten o.g. öffentlichen Orten wird es an einem verantwortlichen Veranstalter oder Gewerbetreibenden bzw. an einem nur unter den obigen besonderen Voraussetzungen verantwortlichen Volljährigen fehlen, so dass es dann auch an einer ahndbaren Ordnungswidrigkeit oder gar Straftat fehlt. In diesen Fällen kommt, wenn die Voraussetzungen des § 10 vorliegen, nur ein Unterbinden des Rauchens durch die für die Durchführung des Gesetzes zuständigen Stellen (insb. durch **Polizeibeamte**) in Betracht (Nikles u.a., Rn. 8, gehen von einem implizit in § 10 JuSchG enthaltenen Rauchverbot für Kinder und Jugendliche in der Öffentlichkeit aus). In schwerwiegenden Fällen sind daneben **Maßnahmen der Jugendhilfe** seitens des zuständigen Jugendamtes möglich. Dass bei dieser Situation nicht nur die Vollzugsmöglichkeiten begrenzt sind, sondern auch Vollzugsdefizite nicht ausbleiben können, liegt auf der Hand. 14

III. Abschnitt. Jugendschutz im Bereich der Medien

1. Unterabschnitt. Trägermedien

§ 11 Filmveranstaltungen

(1) Die Anwesenheit bei öffentlichen Filmveranstaltungen darf Kindern und Jugendlichen nur gestattet werden, wenn die Filme von der obersten Landesbehörde oder einer Organisation der freiwilligen Selbstkontrolle im Rahmen des Verfahrens nach § 14 Abs. 6 zur Vorführung vor ihnen freigegeben worden sind oder wenn es sich um Informations-, Instruktions- und Lehrfilme handelt, die vom Anbieter mit „Infoprogramm" oder „Lehrprogramm" gekennzeichnet sind.

(2) Abweichend von Absatz 1 darf die Anwesenheit bei öffentlichen Filmveranstaltungen mit Filmen, die für Kinder und Jugendliche ab zwölf Jahren freigegeben und gekennzeichnet sind, auch Kindern ab sechs Jahren gestattet werden, wenn sie von einer personensorgeberechtigten Person begleitet sind.

(3) Unbeschadet der Voraussetzungen des Absatzes 1 darf die Anwesenheit bei öffentlichen Filmveranstaltungen nur mit Begleitung einer personensorgeberechtigten oder erziehungsbeauftragten Person gestattet werden
1. Kindern unter sechs Jahren,
2. Kindern ab sechs Jahren, wenn die Vorführung nach 20 Uhr beendet ist,
3. Jugendlichen unter 16 Jahren, wenn die Vorführung nach 22 Uhr beendet ist,
4. Jugendlichen ab 16 Jahren, wenn die Vorführung nach 24 Uhr beendet ist.

(4) ¹Die Absätze 1 bis 3 gelten für die öffentliche Vorführung von Filmen unabhängig von der Art der Aufzeichnung und Wiedergabe. ²Sie gelten auch für Werbevorspanne und Beiprogramme. ³Sie gelten nicht für Filme, die zu nichtgewerblichen Zwecken hergestellt werden, solange die Filme nicht gewerblich genutzt werden.

(5) Werbefilme oder Werbeprogramme, die für Tabakwaren oder alkoholische Getränke werben, dürfen unbeschadet der Voraussetzungen der Absätze 1 bis 4 nur nach 18 Uhr vorgeführt werden.

Schrifttum: *Erdemir,* Filmzensur und Filmverbot, 2000; *v.Gottberg,* Jugendschutz in den Medien, 1995; *v.Hartlieb,* Gesetz zur Neuregelung des Jugendschutzes in der Öffentlichkeit, NJW 1985, 830; *Hönge,* Aufgaben der Freiwilligen Selbstkontrolle der Filmwirtschaft (FSK), JMS-Report 4/2004, 9; *Horn,* Abgrenzungsfragen zu Jugendbeeinträchtigung und Jugendgefährdung, Vortrag auf der Jahrestagung der FSK am 10. November 2006 in Wiesbaden (hekt. hinterlegt); *Kunczik/Zipfel,* Gewalt und Medien – Ein Studienhandbuch, 2006; *Liesching,* Jugendmedienschutz in Deutschland und Europa, 2002; *ders.:* Das neue Jugendschutzgesetz – Ein Überblick, JMS-Report 4/ 2002, S. 4; *Lukesch,* Gewalt und Medien, 2002; *Schäfer,* Der kriminologische Hinter-

Filmveranstaltungen § 11 JuSchG

grund der (Jugend-)Medienschutzes im Hinblick auf mediale Gewaltdarstellungen, 2008; *Weides*, Der Jugendmedienschutz im Filmbereich, NJW 1987, 224.

Übersicht

Rn.

I. Allgemeines 1
  1. Regelungsinhalt und -systematik 1
    a) Verbot mit Erlaubnisvorbehalt 1
    b) Vorrang vor allgemeinem Polizeirecht 2
  2. Jugendbeeinträchtigung durch Filminhalte 3
  3. Jugendbeeinträchtigung durch Anwesenheit 4
II. Anwesenheitsverbot mit Erlaubnisvorbehalt (Abs. 1) 5
  1. Freigabe durch die FSK 5
    a) Übernahme von FSK-Entscheidungen 5
    b) Arbeitsweise und Prüfverfahren der FSK 7
    c) Vereinbarkeit mit dem Zensurverbot 10
  2. Ausnahme für Info- bzw. Lehrprogramme 12
  3. Einhaltung des Anwesenheitsverbots 13
    a) Allgemeine Anforderungen 13
    b) Einlasskontrolle 14
III. Begleitung durch Personensorgeberechtigte (Abs. 2) und Anwesenheitsbeschränkungen (Abs. 3) 17
  1. „Parental Guidance" (Abs. 2) 17
    a) Einräumung des elterlichen Erziehungsprivilegs 17
    b) Begleitung durch Erziehungsbeauftragte nicht ausreichend 18
  2. Ergänzende Anwesenheitsbeschränkungen (Abs. 3) 19
IV. Anwendungsbereich der Verbote (Abs. 4) 20
  1. Öffentliche Filmveranstaltungen (Satz 1) 20
  2. Werbevorspanne und Beiprogramme (Satz 2) 21
    a) Geltungsbereich 21
    b) Verstöße in der Praxis 22
    c) Sonstige Filmwerbung 23
  3. Nichtgewerbliche Herstellung und Nutzung (Satz 3) 24
V. Tabak- und Alkoholwerbung (Abs. 5) 25
  1. Allgemeines 25
  2. Geltungsbereich 26
  3. Einhaltung der Zeitbeschränkung 27
VI. Rechtsfolgen 28

I. Allgemeines

1. Regelungsinhalt und -systematik

a) Verbot mit Erlaubnisvorbehalt. Die Vorschrift des Abs. 1 stellt ein **1** generelles Anwesenheitsverbot für Minderjährige bei öffentlichen Filmveranstaltungen dar, freilich unter **Erlaubnisvorbehalt** (Altersfreigabe) sowie unter Gewährung genereller **Ausnahmen** für anbietergekennzeichnete Informations-, Instruktions- und Lehrfilme sowie Privilegierungen bei der Begleitung durch eine personensorgeberechtigte Person (Abs. 2 und 3). Die

JuSchG § 11   III. Abschnitt. Jugendschutz im Bereich der Medien

Regelungen der Abs. 4 und 5 betreffen überwiegend Modalitäten der Filmvorführung sowie Werbung und Beiprogramme.

2   **b) Vorrang vor allgemeinem Polizeirecht.** Aufgrund polizeirechtlicher Generalermächtigungen dürfen nach der Rspr. des BVerwG wegen der speziellen Regelungen der Vorschrift **keine Verbote von Filmaufführungen** ergehen, sofern Spielfilme betroffen sind, welche eine frei erdachte Handlung wiedergeben (BVerwG NJW 1955, 1203). De facto gibt es also zu den Filmprüfungen der FSK keine Alternative, so dass das BVerwG-Urteil letztlich die Position der Wiesbadener Selbstkontrolle gestärkt hat, zumal es ihre **Verfassungsmäßigkeit** nicht in Zweifel zieht (vgl. auch BGH NJW 1995, 865, 866). Auflagen für das Zeigen schockierender Aufklärungsvideos (z. B. zu Tierversuchen) im Rahmen des Versammlungsrechts sind indes zulässig (vgl. VG Ansbach, Urt. v. 28. 01. 2008 – 3 K 1059/05).

2. Jugendbeeinträchtigung durch Filminhalte

3   Die gesetzlichen Beschränkungen bei öffentlichen Filmveranstaltungen beruhen im Wesentlichen auf der Annahme des Gesetzgebers, dass Filme nach ihrem Inhalt entwicklungsbeeinträchtigend für Kinder und Jugendliche sein können. Dies gilt neben sexuell orientierten Inhalten vor allem im Bezug auf **Gewaltdarstellungen in Filmen**. In der Medienwirkungsforschung wird überwiegend davon ausgegangen, dass mit medialen Darstellungen von Gewalt negative Wirkungen verbunden sein können wie etwa in Bezug auf Aggressivität und Aggressionsverhalten, Habitualisierungstendenzen im Sinne einer Desensibilisierung und einer Abnahme der Empathiefähigkeit sowie – vor allem bei jüngeren Minderjährigen – eine Angstentwicklung (vgl. ausführl. Schäfer, 2008, insb. S. 88 ff.).

3. Jugendbeeinträchtigung durch Anwesenheit

4   Der Gesetzgeber stellt aber nicht ausschließlich auf Gefährdungslagen ab, die sich aus den Filminhalten selbst ergeben, sondern auch auf die **Besonderheiten der Filmveranstaltung** und deren häufiger Dauer bis in den späten Abend. Dem trägt vor allem die Vorschrift des Abs. 3 Rechnung, welche nach Altersgrenzen abgestufte zeitliche Beschränkungen der **Anwesenheit Minderjähriger** ohne Begleitung personensorgeberechtigter und erziehungsbeauftragter Personen vorsieht.

II. Anwesenheitsverbot mit Erlaubnisvorbehalt (Abs. 1)

1. Freigabe durch die FSK

5   **a) Übernahme von FSK-Entscheidungen. aa) Ländervereinbarung.** Die Vorschrift des Abs. 1 konstituiert ein generelles Anwesenheitsverbot für Minderjährige bei öffentlichen Filmveranstaltungen (hierzu Rn. 20) unter Erlaubnisvorbehalt, nämlich der Filmfreigabe durch die obersten Landesjugendbehörden oder die Einrichtung einer Freiwilligen Selbstkontrolle für die in § 14 Abs. 2 genannten Altersgruppen (vgl. BT-Drs. 10/722, S. 10).

Filmveranstaltungen § 11 JuSchG

Grundlage der Entscheidungen der Altersfreigabe sind die Beurteilungen der bereits 1949 in Wiesbaden gegründeten Freiwillige Selbstkontrolle der Filmwirtschaft (FSK). Die FSK darf nicht verwechselt werden mit der ebenfalls in Wiesbaden ansässigen „Filmbewertungsstelle Wiesbaden". Diese durch Ländervereinbarung im Jahre 1957 geschaffene Stelle klassifiziert Filme nur mit steuerrechtlichen Folgen. Legitimiert sind die Freigabeentscheidungen der FSK durch die schon im Nov. 1952 als öffentlich-rechtlicher Vertrag (BGH NJW 1995, 865, 866) getroffene, zwischenzeitlich mehrfach neu gefasste **Vereinbarung der Länder mit der Filmwirtschaft**, wonach die Selbstkontrolleinrichtung so erweitert bzw. umgestaltet wurde (Beteiligung ständiger Vertreter der obersten Landesjugendbehörden), dass die Prüfergebnisse seither von allen Bundesländern übernommen werden können. § 14 Abs. 6 gibt diesem Verfahren seit Inkrafttreten des JuSchG eine rechtliche Grundlage (BT-Drs. 14/9013, S. 23).

bb) Rechtliche Bedeutung. Die bisherige Rspr., nach der die Gutachten der FSK keine die Verwaltung bindenden **hoheitlichen Entscheidungen** sind, da der privaten Selbstkontrolle weder durch Gesetz noch aufgrund einer gesetzlichen Ermächtigung eine staatliche Prüfgewalt übertragen worden sei (BVerwG NJW 1955, 1203; BGH NJW 1995, 865, 866), ist damit zum Teil überholt. Aufgrund der Tatsache, dass die obersten Landesbehörden gemäß § 14 Abs. 6 S. 2 im Rahmen ihrer Vereinbarung bestimmt haben, dass die Freigaben und Kennzeichnungen der FSK zugleich solche der Landesbehörden sind, wird die Selbstkontrolleinrichtung insoweit teilweise in der Lit. als **Beliehene** angesehen (LNK/Knupfer, Rn. 3; Nikles u.a, § 14 Rn. 19). Die jeweiligen Altersfreigaben der FSK erfolgen indes als **Verwaltungsakte der Jugendministerien** der Länder. Diesbezüglich haben diese vereinbart, die FSK-Entscheidungen, an denen sie mit drei Ständigen Vertretern der Obersten Landesjugendbehörden und durch Mitwirkung von Jugendschutzsachverständigen beteiligt sind, zu übernehmen. Sie bedienen sich der FSK insoweit als **gutachterliche Stelle**. 6

b) Arbeitsweise und Prüfverfahren der FSK. aa) Ausschüsse der FSK. Im Mittelpunkt der Arbeit der FSK stehen freiwillige Prüfungen für Filme, Film-DVDs und vergleichbare Bildträger (hierzu § 12 Rn. 5), die in der Bundesrepublik Deutschland für die öffentliche Vorführung und Verbreitung vorgesehen sind. Hinsichtlich des Prüfungsverfahrens bestehen bei der FSK der **Arbeitsausschuss**, der **Hauptausschuss** als Berufungsinstanz (vgl. § 13 FSK-Grundsätze) und der **Appellationsausschuss** für erneute Prüfanträge der obersten Landesjugendbehörden in der Jugendprüfung (vgl. § 15 FSK-Grundsätze). Vgl. zur Besetzung und Arbeitsweise sowie zum näheren Verfahren die FSK-Prüfgrundsätze i.d. 20. Fassung vom 1. 12. 2010, Anhang V.1.). 7

bb) Anforderungen an die Prüfung. Die FSK-Prüfentscheidungen ergehen gemäß § 12 Abs. 1 der FSK-Grundsätze dahin, dass den gestellten Anträgen uneingeschränkt oder mit Einschränkung (nicht für stille Feiertage, mit Auflagen) entsprochen wird oder die Anträge abgelehnt werden. Wird eine Prüfung mit dem Ziel der Kennzeichnung durch die oberste Landesju- 8 gendbehörde beantragt, so sind **alle** in § 14 Abs. 2 Nr. 1 bis 5 genannten **Kennzeichnungen** in die Prüfung einzubeziehen. Der Ausschuss ist durch die Beantragung einer bestimmten Kennzeichnung nicht gebunden. Bei Prüfentscheidungen unter **(Schnitt-)Auflagen** ist in der Entscheidung auch das Prüfergebnis festzustellen, das gelten soll, wenn der Antragsteller den Auflagen nicht entspricht (§ 12 Abs. 3 FSK-Grundsätze).

9 cc) **Prüfpraxis.** In der Prüfungspraxis der FSK-Gremien ergeben sich oft diffizile Fragestellungen, welche von den FSK-Instanzen aufgrund der **Bandbreite vertretbarer Entscheidungen** auch im Einzelfall unterschiedlich gesehen werden. Der Soldatenfilm „Tal der Wölfe" war z. B. in **zweiter Instanz** von der Freiwilligen Selbstkontrolle der Filmwirtschaft „ab 16 Jahren" freigegeben worden. Gründe für die vergleichsweise liberale Freigabeentscheidung waren u.a. die „durchschaubare Machart" sowie der „holzschnittartige Grundentwurf". In dem von der Obersten Landesjugendbehörde initiierten **Appellationsverfahren** wurde diese Entscheidung geändert mit dem Ergebnis „Keine Jugendfreigabe" (vgl. FSK-Prüf-Nr. 105 124, Entscheidung des Appellationsausschusses vom 10. 03. 2006), wobei u.a. auf das „komplexe undurchsichtige politische und ethnische Geflecht", eine „in Ansätzen propagierte Selbstjustiz" und „die Vielfalt drastischer Gewaltdarstellungen" abgestellt wurde (vgl. Horn, Abgrenzungsfragen, 1 ff.).

10 c) **Vereinbarkeit mit dem Zensurverbot. aa) Verfassungskonformität bei Zugänglichkeit für Erwachsene.** Aufgrund des präventiven Charakters der Freigabeentscheidung ist die Frage im Grundsatz berechtigt, inwieweit § 11 Abs. 1 mit dem Zensurverbot des Art. 5 Abs. 1 S. 3 GG zu vereinbaren ist. Im Anschluss an die **enge Auslegung des Zensurbegriffs** durch das BVerfG, wonach nur das „generelle Verbot, ungeprüfte Filme der Öffentlichkeit zugänglich zu machen" erfasst ist, nimmt die h.M. an, dass Kontrollmaßnahmen im Filmbereich zu Zwecken des Jugendschutzes nicht gegen das Zensurverbot verstoßen, wenn sie nur zu einer Verbreitungsbeschränkung führen (Jarass/Pieroth, GG Art 5 Rn. 64; Weides, NJW 1987, 224, 226; Meirowitz, 1993, S. 232 f.; vgl. auch BVerfGE 87, 209, 230). Voraussetzung ist dann aber, dass die Medieninhalte für erwachsene Personen gleichsam als Kern der Öffentlichkeit frei erreichbar bleiben. Dies ist sicher der Fall bei den altersbeschränkten Freigaben nach § 14 Abs. 2 Nrn. 1 bis 4 JuSchG.

11 **bb) Erwachsenenprüfung.** Mit erheblichen Gründen zieht ein Teil der Literatur indes in Zweifel, ob die sog. Erwachsenenprüfung nach § 14 Abs. 2 Nr. 5 JuSchG mit dem Zensurverbot zu vereinbaren ist (vgl. Erdemir, 2000, S. 180 ff.). Dass nämlich auch **faktische Beschränkungswirkungen** durch Kontrollmaßnahmen einer Zensur gleichkommen können und insoweit gegen Art. 5 Abs. 1 S. 3 GG verstoßen, hat das BVerfG anerkannt (BVerfGE 87, 209, 232 f.). Gerade dies ist aber nicht fernliegend bei der Praxis der Vorlage zur Erwachsenenprüfung durch die FSK, auf welche kein Filmproduzent wegen der tatsächlichen Marktgegebenheiten verzichten kann (eingehend Erdemir, 2000, S. 181 ff.; vgl. auch v. Gottberg, 1995, S. 10).

Filmveranstaltungen § 11 JuSchG

2. Ausnahme für Info- bzw. Lehrprogramme

Die Verbotsvorschrift räumt des Weiteren eine Ausnahme für **Informations-, Instruktions- und Lehrfilme** ein, sofern diese vom Anbieter nach § 14 Abs. 7 mit „Infoprogramm" oder „Lehrprogramm" gekennzeichnet sind. Insoweit ist eine Freigabe durch die obersten Landesbehörden bzw. durch die freiwillige Selbstkontrolle nicht erforderlich. Allerdings gilt das Anwesenheitsverbot weiterhin, wenn der Film **zu unrecht oder missbräuchlich** vom Anbieter als Info- oder Lehrprogramm gekennzeichnet worden ist, etwa weil eine Jugendbeeinträchtigung durch die Filminhalte nicht offensichtlich ausgeschlossen werden kann oder einer der Fälle des § 14 Abs. 7 S. 3 einschlägig ist (ebenso LNK/Knupfer, Rn. 4; s.a. unten § 14 Rn. 52 ff.). 12

3. Einhaltung des Anwesenheitsverbots

a) Allgemeine Anforderungen. Der Veranstalter muss für die Einhaltung des Anwesenheitsverbots Sorge tragen, insb. dafür, dass bei einer öffentlichen Filmveranstaltung ggf. nur Kinder und Jugendliche anwesend sind, für deren Altersgruppe der Hauptfilm sowie sämtliche etwa noch bei der betreffenden Vorführung gezeigten **Werbevorspanne** (insb. Ausschnitte aus künftigen Programmen in dem jeweiligen Theater) und **Beiprogramme** für die jeweilige Altersgruppe freigegeben worden sind. Wenn der Hauptfilm eine bestimmte Jugendfreigabe erhalten hat (z. B. „freigegeben ab 12 Jahren"; zur Ausnahme des Abs. 2 siehe Rn. 17 f.), ist also darauf zu achten, dass sämtliche Beiprogramme (Werbevorspanne, Kurzfilme, Werbefilme) ebenfalls diese Jugendfreigabe erhalten haben. Die für die Filmveranstaltung geltende Altersfreigabe ist durch einen deutlich sichtbaren und gut lesbaren **Aushang** bekannt zu machen (vgl. § 3 Abs. 1 und dort insb. Rn. 6 ff.). 13

b) Einlasskontrolle. aa) Räumliche und organisatorische Anforderungen. Hinsichtlich der Sorgfaltspflichten bei der Einlasskontrolle ist § 2 Abs. 2 und, soweit es um die Begleitung durch eine erziehungsbeauftragte Person geht (§ 11 Abs. 3), auch § 2 Abs. 1 zu beachten. Diese Verpflichtung besteht für die **Einlasskontrolle im engeren Sinne**, da es um die Anwesenheit in der Filmveranstaltung geht. Abs. 1 betrifft daher nicht den **Kartenverkauf**, sofern nach den örtlichen Verhältnissen getrennt hiervon noch eine Einlasskontrolle durchgeführt wird (so auch LNK/Knupfer, Rn. 2). Werden insb. mehrere Vorführungen in unterschiedlichen Räumlichkeiten angeboten und divergieren die Altersfreigaben, so ist regelmäßig erforderlich, dass **vor jedem Vorführraum** (z. B. Kinosaal) jeweils eine Einzelkontrolle erfolgt. Nur derart können Umgehungen, wie das Betreten eines anderen Vorführraums als dem auf der Eintrittskarte des Minderjährigen ausgewiesenen, weitgehend vermieden werden (vgl. Nikles u.a., Rn. 6). 14

Freilich verbleiben weitere Missbrauchsrisiken wie der erst nach Beginn der Vorstellung erfolgende **Wechsel des Kinosaals**. Insoweit dürfte unter Opportunitätsgesichtspunkten vom verantwortlichen Gewerbetreibenden bzw. Veranstalter indes nur in Einzelfällen zu verlangen sein, während der Vorstellungsdauer durch Aufsichtspersonal zu gewährleisten, dass ein Wechsel 15

JuSchG § 11   III. Abschnitt. Jugendschutz im Bereich der Medien

des Kinosaals durch minderjährige Besucher in für sie nicht zu gestattende Filmveranstaltungen unterbleibt. Dies erscheint etwa dann möglich und zumutbar, wenn die Kinosäle nur von einem einzigen übersehbaren zentralen Vorraum betreten werden können (strenger Nikles u.a., Rn. 6, welche eine separate Alterskontrolle jedenfalls auch in der Anfangsphase des Hauptfilms fordern).

16   bb) **Zweifelsfallprüfung und Altersnachweis.** Die Anwendung der aus § 2 Abs. 2 sich ergebenden Grundsätze für die Verlangung eines Altersnachweises bei der Einlasskontrolle lässt sich wie folgt zusammenfassen (zu den Einzelheiten vgl. auch § 2 Rn. 9 ff.): Die Kontrolle obliegt danach dem **Filmtheaterbesitzer**, seinem Vertreter und deren **Beauftragten** (z. B. Kartenkontrolleure, Platzanweiser, Aufsichtspersonal am Einlass). Wer für die Kontrolle verantwortlich ist, hat sich die Minderjährigen daraufhin anzusehen, ob sie etwa in einem Alter stehen, für das der Film nicht freigegeben ist. Zweifel hierüber sind aufzuklären. Dazu reicht es nicht aus, den Minderjährigen oder einen ihn begleitenden Erwachsenen zu fragen. Vielmehr muss sodann ein geeigneter **Altersnachweis** (nicht notwendig ein Personalausweis, sondern ggf. auch ein Schülerausweis, Betriebs-, Werks- oder Vereinsausweis mit dem erforderlichen Lichtbild und Geburtsdatum) verlangt werden. Wer nicht nachweisen kann, dass er das für den Besuch der öffentlichen Filmveranstaltung erforderliche Alter hat, ist zurückzuweisen. Wird dementsprechend ein Kind oder ein Jugendlicher in einer für seine Altersgruppe nicht zugelassenen öffentlichen Filmvorführung betroffen, so ist er zu deren **Verlassen aufzufordern** und dies nötigenfalls durchzusetzen.

III. Begleitung durch Personensorgeberechtigte (Abs. 2) und Anwesenheitsbeschränkungen (Abs. 3)

1. „Parental Guidance" (Abs. 2)

17   a) **Einräumung des elterlichen Erziehungsprivilegs.** Die Bestimmung des Abs. 2 manifestiert faktisch eine **Herabsetzung der Alterkennzeichnung** „freigegeben ab 12 Jahren" auf die Altersgrenze von 6 Jahren im Falle der Begleitung des Kindes durch eine personensorgeberechtigte Person (hierzu § 1 Rn. 5). Die Vorschrift schafft die in der Praxis bedeutsame Möglichkeit, dass Eltern mit ihrem zwischen 6 bis einschließlich 11 Jahre alten Kind Filmveranstaltungen besuchen können, welche ansonsten nur Minderjährigen ab 12 Jahren vorbehalten blieben (vgl. BT-Drs. 14/9013, S. 20). Personensorgeberechtigte haben damit die Möglichkeit, gerade bei **beliebten Kinder- und Jugendfilmen** (z. B. „Harry Potter") mit entsprechender Altersfreigabebeschränkung gleichwohl ihren noch jüngeren Kindern den Zugang zu ermöglichen, wenn sie dies für angemessen und für ihr Kind im Einzelfall verkraftbar einschätzen. Damit wird dem verfassungsrechtlich garantierten Erzieherprivileg der Eltern Rechnung getragen (krit. Ukrow, Rn. 200).

18   b) **Begleitung durch Erziehungsbeauftragte nicht ausreichend.** Die Begleitung durch eine erziehungsbeauftragte Person i. S. d. § 1 Abs. 1 Nr. 4

Filmveranstaltungen **§ 11 JuSchG**

hat der Gesetzgeber zu Recht als nicht ausreichend angesehen, da insoweit die im Einzelfall notwendige Betreuung des 6- bis 11jährigen Kindes während der Rezeption des Filmes nicht gewährleistet wird. Für die Begleitung durch die personensorgeberechtigte Person ist **erforderlich**, dass diese während der gesamten Dauer der Filmvorführung **in unmittelbarer Nähe** des betreffenden Kindes verweilt (vgl. LNK/Knupfer, Rn. 5; ausführl. Nikles u.a., § 11 JuSchG Rn. 8).

2. Ergänzende Anwesenheitsbeschränkungen (Abs. 3)

Die Vorschrift des Abs. 3 enthält weitere Anwesenheitsbeschränkungen, die neben denen des Abs. 1 zu beachten sind. Gemäß Nr. 2 darf im Rahmen der Filmfreigaben die Anwesenheit bei öffentlichen Filmveranstaltungen ohne Begleitung einer personensorgeberechtigten oder erziehungsbeauftragten Person (hierzu § 1 Rn. 5 ff.) Kindern ab sechs Jahren nur dann gestattet werden, wenn die Vorführung bis 20 Uhr beendet ist; das gleiche gilt gemäß den Nrn. 3 und 4 bei Jugendlichen unter sechzehn Jahren bzw. ab sechzehn Jahren nur, wenn die Vorführung bis 22:00 Uhr bzw. 24:00 Uhr beendet ist (vgl. auch LNK/Knupfer, Rn. 6). Die Bestimmungen betreffen von vornherein nicht Kinder unter sechs Jahren, da deren Anwesenheit gemäß Abs. 3 Nr. 1 ohnehin nur in Begleitung einer personensorgeberechtigten oder erziehungsbeauftragten Person gestattet ist. Gemeint ist hier nur die **Anwesenheit in Kinosälen** (Nikles u.a., Rn. 10), nicht in Vorräumen, bei denen aber ggf. die Beschränkungen nach §§ 4, 9, 10 zu beachten sind.

19

IV. Anwendungsbereich der Verbote (Abs. 4)

1. Öffentliche Filmveranstaltungen (Satz 1)

In Abs. 4 Satz 1 erfährt der Begriff der öffentlichen Filmveranstaltungen eine Konkretisierung. Zugleich verdeutlicht die Norm, dass der Begriff weit auszulegen ist (ebenso LNK/Knupfer, Rn. 7). Er erfasst nicht nur die klassische **Kinofilmveranstaltung**, sondern jedwedes öffentliche Vorführen von Filmen ungeachtet der Vorführstätten (öffentliche Säle, sog. Open-Air-Kinos, Autokinos, Gaststätten), des Trägermaterials (Videokassetten, DVDs, Blu-ray Discs, sonstige Datenspeicher) oder der Wiedergabetechnik. Als Filmveranstaltung ist jede **visuell wahrnehmbare Präsentation von Bewegt-Bildern** anzusehen (vgl. Gernert/Stoffers, S. 91; Nikles u.a., § 11 JuSchG Rn. 4). Das Abspielen von Filmen durch **Rundfunk** oder als Telemedien unterfällt der Vorschrift hingegen jedenfalls nicht, soweit die Angebote in den Privathaushalten empfangen werden (Schraut, 1993, S. 89 f.; Hölzel, GewArch 1985, 209, 211; weitergehend Erdemir, 2000 S. 166 f.). Auch darüber hinaus ist die Anwendung der Norm auf Rundfunk- und Telemedienangebote im Allgemeinen angesichts der Sonderregelungen der §§ 5, 6 und 8 bis 11 JMStV abzulehnen. Die Vorführung von **Diashows** wird allenfalls dann erfasst, wenn durch eine schnelle Bildabfolge eine dem Film vergleichbare Bewegtbild-Gesamtwirkung entsteht („Daumenkinoeffekt"; siehe auch

20

JuSchG § 11 III. Abschnitt. Jugendschutz im Bereich der Medien

§ 10 JMStV Rn. 6). Theateraufführungen sind selbstverständlich nicht erfasst (ausführl. Nikles u.a., Rn. 13).

2. Werbevorspanne und Beiprogramme (Satz 2)

21 **a) Geltungsbereich.** Die Vorschrift des Satz 2 erstreckt die Anwesenheitsverbote und -beschränkungen des § 11 Abs. 1 bis 3 auf Werbevorspanne und Beiprogramme, d.h. auch auf mit dem Hauptfilm laufende **Kurzfilme, Werbefilme, Werbevorspannfilme** und sonstige Beiprogrammfilme. Das bedeutet, dass Werbevorspanne und Beiprogramme ebenfalls für die entsprechende Altersstufe, die für den Hauptfilm maßgebend ist, freigegeben und gekennzeichnet sein müssen. Ist dies nicht der Fall, so dürfen sie entweder nicht in Verbindung mit diesem Hauptfilm vorgeführt werden, oder die Bekanntmachung der Freigabe, zu der der Filmtheaterbesitzer nach § 3 Abs. 1 verpflichtet ist, muss sich nach der für den Werbefilm **maßgebenden Alterseinstufung** richten.

22 **b) Verstöße in der Praxis.** Wird gegen die vorgenannten Verpflichtungen verstoßen, so sind die Voraussetzungen für eine Beanstandung oder Ahndung wegen einer Ordnungswidrigkeit nach § 28 Abs. 1 Nr. 14 gegeben. Erfahrungsgemäß wird in der Praxis gerade gegen Abs. 4 Satz 2 aus **Unkenntnis oder Unbekümmertheit** häufig verstoßen (vgl. auch Nikles, u.a. Rn. 14). Die Jugendämter sind berufen, nötigenfalls bei den Filmtheaterbesitzern auf die Einhaltung auch dieser Vorschrift hinzuwirken und ggf. bei den Polizei- oder Ordnungsbehörden eine Ahndung anzuregen.

23 **c) Sonstige Filmwerbung.** Nicht zum Regelungsbereich der Norm gehört die Prüfung und Freigabe von Filmwerbeunterlagen wie **Plakaten, Standfotos, Schlagzeilen- oder Reklametexten** der Verleiher. Soweit die FSK in diesem Bereich tätig wird, handelt es sich um echte Selbstkontrolle außerhalb des gesetzlichen Auftrags. Diese Werbeunterlagen unterliegen als Trägermedien (vgl. § 1 Rn. 16 ff.) uneingeschränkt der Indizierung nach § 18 i. V. m. § 15 (vgl. zum Indizierungsantrag bzgl. des Kinoplakats „Saw IV": BPjM-Entsch. Nr. 5563 vom 8. 5. 2008). Für **Rundfunkangebote** und **Telemedien** gelten die besonderen Bestimmungen des Jugendmedienschutz-Staatsvertrages, insb. §§ 6, 10 Abs. 1 JMStV, daneben aber auch § 3 Abs. 2 S. 3, s.a. § 3 Rn. 19).

3. Nichtgewerbliche Herstellung und Nutzung (Satz 3)

24 Die Vorschrift des Satz 3 nimmt solche Filme von den Beschränkungen des § 11 Abs. 1 bis 3 aus, die zu nichtgewerblichen Zwecken hergestellt, also nicht im Hinblick auf Gewinnerzielung produziert oder eingesetzt werden. Hierzu zählen etwa **Unterrichts-, Forschungs-, oder andere wissenschaftliche Filme** (so schon E/K/Steindorf, § 6 JÖSchG Anm. 12). Eine Anbieterkennzeichnung als „Infoprogramm" oder „Lehrprogramm" nach § 14 Abs. 7 i. V. m. § 11 Abs. 1 ist insoweit also nicht erforderlich. Freilich bleibt eine Indizierung nach § 18 i. V. m. § 15 möglich. Auf die Ausnahme des Satzes 3 wird im Gegensatz zu der früheren Regelung des § 7 Abs. 2 S. 1 JÖSchG bei den Bestimmungen zu den **Bildträgern** (§ 12) nun-

Filmveranstaltungen § 11 JuSchG

mehr nicht mehr ausdrücklich verwiesen. Gleichwohl findet sie **entsprechende Anwendung** (vgl. § 12 Rn. 22; LNK/Knupfer, Rn. 7; anders Nikles u.a., § 12 Rn. 15).

V. Tabak- und Alkoholwerbung (Abs. 5)

1. Allgemeines

Die zeitliche Vorführbeschränkung für Tabak- und Alkoholwerbung nach 25 Abs. 5 hat erst spät im **Gesetzgebungsverfahren** in das JuSchG Eingang gefunden, nachdem die weitergehende Regelung des Regierungsentwurfs (vgl. § 14 Abs. 1 S. 2 RE, BT-Drs. 14/9013, S. 6: Altersfreigabe nicht unter 16 Jahren) nach „Abwägung aller Interessen" (BT-Drs. 14/9410, S. 30) nicht umgesetzt wurde (vgl. krit. Lieschling, JMS-Report 4/2002, S. 4, 7; zu den gravierenden Auswirkungen der Werbung auf das Konsumverhalten Minderjähriger vgl. die Studie in: Schriftenreihe des Bundesministeriums für Gesundheit, Band 144, 2002). Die Abmilderung des ursprünglichen Regierungsentwurfs führt zu erheblichen **Wertungswidersprüchen** zu Abs. 3 (zu Recht krit. daher Nikles u.a., Rn. 17).

2. Geltungsbereich

Erfasst sind alle Werbeinhalte, sofern sie sich auf **Tabakwaren** (vgl. § 10 26 Rn. 4) oder **alkoholische Getränke** (vgl. § 9 Rn. 6 ff.) beziehen. Werbung für **andere Produkte** eines Zigarettenherstellers wird von der Vorschrift nicht erfasst, sofern bei den Werbeinhalten keinerlei Bezug zu dem Konsum von Tabakwaren erkennbar ist (so auch LNK/Knupfer, Rn. 8; vgl. hierzu auch EuGH NJW 2000, 3701, 3703). Die strengere Gegenansicht (Nikles u.a., Rn. 17) dürfte mit Blick auf den Ordnungswidrigkeitentatbestand nicht mit dem auch insoweit geltenden Analogieverbot zu vereinbaren sein.

3. Einhaltung der Zeitbeschränkung

Entscheidend für die Zeitgrenze von 18.00 Uhr ist nicht etwa das Abspielen 27 des Hauptfilms oder die Programmankündigung, sondern allein der **Zeitpunkt**, in dem der Werbefilm bzw. das **Werbeprogramm vorgeführt** wird. Zu den gesetzlichen Werbebeschränkungen in anderen Medienbereichen vgl. insb. oben § 10 Rn. 11; weitere Werbebeschränkungen aufgrund des Wettbewerbsrechts bleiben unberührt (vgl. LNK/Knupfer, Rn. 8).

VI. Rechtsfolgen

Wer als Veranstalter oder Gewerbetreibender (vgl. zu den Begriffen § 3 28 Rn. 2 ff.) vorsätzlich oder fahrlässig entgegen Abs. 1 oder 3, jeweils auch in Verbindung mit Abs. 4 Satz 2, einem Kind oder einer jugendlichen Person die Anwesenheit bei einer öffentlichen Filmveranstaltung, einem Werbevorspann oder einem Beiprogramm gestattet bzw. entgegen Abs. 5 einen Werbefilm oder ein Werbeprogramm vorführt, handelt gemäß § 28 Abs. 1 Nr. 14, bzw.

14a **ordnungswidrig** und macht sich bei schweren Gefährdungen Minderjähriger (z. B. durch exzessiven Alkoholkonsum), Handeln aus Gewinnsucht oder bei beharrlicher Wiederholung sogar **strafbar**. Fahrlässige Verstöße kommen insb. bei Nichteinhaltung der Anforderungen an Einlasskontrollen (hierzu oben Rn. 14) in Betracht.

§ 12 Bildträger mit Filmen oder Spielen

(1) **Bespielte Videokassetten und andere zur Weitergabe geeignete, für die Wiedergabe auf oder das Spiel an Bildschirmgeräten mit Filmen oder Spielen programmierte Datenträger (Bildträger) dürfen einem Kind oder einer jugendlichen Person in der Öffentlichkeit nur zugänglich gemacht werden, wenn die Programme von der obersten Landesbehörde oder einer Organisation der freiwilligen Selbstkontrolle im Rahmen des Verfahrens nach § 14 Abs. 6 für ihre Altersstufe freigegeben und gekennzeichnet worden sind oder wenn es sich um Informations-, Instruktions- und Lehrprogramme handelt, die vom Anbieter mit „Infoprogramm" oder „Lehrprogramm" gekennzeichnet sind.**

(2) ¹Auf die Kennzeichnungen nach Absatz 1 ist auf dem Bildträger und der Hülle mit einem deutlich sichtbaren Zeichen hinzuweisen. ²Das Zeichen ist auf der Frontseite der Hülle links unten auf einer Fläche von mindestens 1 200 Quadratmillimetern und dem Bildträger auf einer Fläche von mindestens 250 Quadratmillimetern anzubringen. ³Die oberste Landesbehörde kann
1. Näheres über Inhalt, Größe, Form, Farbe und Anbringung der Zeichen anordnen und
2. Ausnahmen für die Anbringung auf dem Bildträger oder der Hülle genehmigen.

⁴Anbieter von Telemedien, die Filme, Film- und Spielprogramme verbreiten, müssen auf eine vorhandene Kennzeichnung in ihrem Angebot deutlich hinweisen.

(3) **Bildträger, die nicht oder mit „Keine Jugendfreigabe" nach § 14 Abs. 2 von der obersten Landesbehörde oder einer Organisation der freiwilligen Selbstkontrolle im Rahmen des Verfahrens nach § 14 Abs. 6 oder nach § 14 Abs. 7 vom Anbieter gekennzeichnet sind, dürfen**
1. einem Kind oder einer jugendlichen Person nicht angeboten, überlassen oder sonst zugänglich gemacht werden,
2. nicht im Einzelhandel außerhalb von Geschäftsräumen, in Kiosken oder anderen Verkaufsstellen, die Kunden nicht zu betreten pflegen, oder im Versandhandel angeboten oder überlassen werden.

(4) **Automaten zur Abgabe bespielter Bildträger dürfen**
1. auf Kindern oder Jugendlichen zugänglichen öffentlichen Verkehrsflächen,
2. außerhalb von gewerblich oder in sonstiger Weise beruflich oder geschäftlich genutzten Räumen oder

Bildträger mit Filmen oder Spielen § 12 JuSchG

3. in deren unbeaufsichtigten Zugängen, Vorräumen oder Fluren nur aufgestellt werden, wenn ausschließlich nach § 14 Abs. 2 Nr. 1 bis 4 gekennzeichnete Bildträger angeboten werden und durch technische Vorkehrungen gesichert ist, dass sie von Kindern und Jugendlichen, für deren Altersgruppe ihre Programme nicht nach § 14 Abs. 2 Nr. 1 bis 4 freigegeben sind, nicht bedient werden können.

(5) ¹Bildträger, die Auszüge von Film- und Spielprogrammen enthalten, dürfen abweichend von den Absätzen 1 und 3 im Verbund mit periodischen Druckschriften nur vertrieben werden, wenn sie mit einem Hinweis des Anbieters versehen sind, der deutlich macht, dass eine Organisation der freiwilligen Selbstkontrolle festgestellt hat, dass diese Auszüge keine Jugendbeeinträchtigungen enthalten. ²Der Hinweis ist sowohl auf der periodischen Druckschrift als auch auf dem Bildträger vor dem Vertrieb mit einem deutlich sichtbaren Zeichen anzubringen. ³Absatz 2 Satz 1 bis 3 gilt entsprechend. ⁴Die Berechtigung nach Satz 1 kann die oberste Landesbehörde für einzelne Anbieter ausschließen.

Schrifttum: *Altenhain/Liesching*, Zur Einbeziehung etwaiger Suchtrisiken von Computerspielen in die Bewertungen des gesetzlichen Jugendmedienschutzes, BPjM-aktuell 1/2011, 3; *Erdemir*, Filmzensur und Filmverbot, 2000; *v.Gottberg*, Jugendschutz in den Medien, 1995; *Engels/Stulz-Herrnstadt*, Einschränkungen für die Presse nach dem neuen Jugendschutzgesetz, AfP 2003, 97, 101; *Gutknecht*, Testkäufe von Minderjährigen zur Feststellung von Verstößen gegen § 12 JuSchG in Ladengeschäften, JMS-Report 4/2007, 2; *ders.*, Verpflichtung zur Anbringung von Alterskennzeichen auf Bildträgern, JMS-Report 3/2010, 2; *v.Hartlieb*, Gesetz zur Neuregelung des Jugendschutzes in der Öffentlichkeit, NJW 1985, 830; *Hilse*, Die Altersfreigabe von Computer- und Automatenspielen durch USK und ASK, JMS-Report 3/2004, 2; *Hönge*, Aufgaben der Freiwilligen Selbstkontrolle der Filmwirtschaft (FSK), JMS-Report 4/2008, 9; *Höynck*, Stumpfe Gewalt? Möglichkeiten und Grenzen der Anwendung von § 131 StGB auf gewalthaltige Computerspiele am Beispiel „Der Pate – Die Don Edition", ZIS 2008, 206; *Höynck/Mößle/Kleimann/Pfeiffer/Rehbein*, Jugendmedienschutz bei gewalthaltigen Computerspielen: Eine Analyse der USK-Alterseinstufungen, 2007; *Höynck/Pfeiffer*, Verbot von Killerspielen – Thesen und Vorschläge zur Verbesserung des Jugendmedienschutzes, ZRP 2007, 91; *Liesching*, Das neue Jugendschutzgesetz – Ein Überblick, JMS-Report 4/2002, S. 4; *ders.*, Neue Entwicklungen und Problemstellungen des strafrechtlichen Jugendmedienschutzes, AfP 2004, 496; *ders.*, Warum ist die USK-„KJ"-Entscheidung zum Computerspiel GTA IV „unverständlich"?, JMS-Report 4/2008, 2; *Meves*, Computerspiele und die Gewalt in der Gesellschaft, JMS-Report 4/2002, 2; *Potthast*, Regulierung und Computerspiele, KJM-Schriftenreihe II, 2010, 89; *Rehbein/Kleimann/Mößle*, Zur Einstufung des Videospiels GTA IV durch die USK mit „Keine Jugendfreigabe", JMS-Report 3/2008, 2; *Rehbein/Mößle/Zenses/Jukschat*, Zum Suchtpotential von Computerspielen, JMS-Report 6/2010, 8; *Schumann*, Jugendschutzgesetz und Jugendmedienschutzstaatsvertrag – alte und neue Fragen des Jugendmedienschutzrechts, tv-diskurs 25/2003, S. 97; *Quandt*, Computer- und Konsolenspiele: Ein Forschungsüberblick zur Nutzung und Wirkung von Bildschirmspielen, KJM-Schriftenreihe II, 2010, 113; *Weides*, Der Jugendmedienschutz im Filmbereich, NJW 1987, 224; *Wölfling/Müller*, Computerspiel- und Internetsucht – klinische Betrachtungen und psychologische Effekte, KJM-Schriftenreihe II, 2010, 158.

Übersicht

	Rn.
I. Allgemeines	1
1. Regelungsinhalt und Bedeutung	1
2. Normhistorie	2
3. Entwicklungsbeeinträchtigung durch Computerspiele	3
a) Negative Wirkung insb. bei Gewalt-Spielen	3
b) Gefahren der Spielsucht	4
II. Zugänglichmachen von Film- oder Spiel-Bildträgern (Abs. 1)	5
1. Begriff des Bildträgers	5
2. Filme oder Spiele an Bildschirmgeräten	6
a) Geltungsbereich	6
b) Abgrenzung	7
3. Zugänglichmachen in der Öffentlichkeit	8
a) Begriff des Zugänglichmachens	8
b) Versand auf Bestellung	9
c) Öffentlichkeit	10
d) Altersfreigabe durch FSK bzw. USK	11
III. Altersfreigaben und -kennzeichen (Abs. 2)	14
1. Pflicht zu deutlich sichtbarem Hinweis (Satz 1)	14
a) Normadressaten	14
b) Allgemeine Transparenzanforderungen	15
2. Anforderungen an die Zeichenbeschaffenheit (Satz 2)	16
a) Position und Größe (Satz 2)	16
b) Anordnungsermächtigung (Satz 3 Nr. 1)	17
c) Ausnahmen vom Kennzeichenerfordernis (Satz 3 Nr. 2)	19
d) Hinweispflicht bei Vertrieb über Telemedien (Satz 4)	20
IV. Bildträger ohne Jugendfreigabe (Abs. 3)	22
1. Geltungsbereich	22
a) Allgemeines	22
b) Bildträger mit (EU-)ausländischer Altersfreigabe	23
2. Vertriebsbeschränkungen	25
a) Anbieten, Überlassen, Zugänglichmachen (Nr. 1)	25
b) Absolute Vertriebsverbote (Nr. 2)	27
V. Automatenvertrieb von Bildträgern (Abs. 4)	31
1. Normhistorie	31
a) Gesetzgebungsverfahren	31
b) Kritik	32
2. Praktische Bedeutung	33
3. Voraussetzungen	34
a) Erfasste Räumlichkeiten	34
b) Technische Vorkehrungen	37
4. „Ab-18"-Automatenvideotheken	38
a) Unanwendbarkeit des Abs. 4	38
b) Hohe Anforderungen an Zugangsalterskontrolle	39
c) Anforderungen bei schwer jugendgefährdenden Bildträgern	40
VI. Verbund mit periodischen Druckschriften (Abs. 5)	41
1. Ausnahme vom Freigabevorbehalt (Satz 1)	41
a) Geltungsbereich	41

Bildträger mit Filmen oder Spielen **§ 12 JuSchG**

        b) Begriff des „Auszugs" 42
        c) Feststellung einer Selbstkontrolleinrichtung 43
     2. Hinweispflicht (Sätze 2 und 3) 44
     3. Anbieterausschluss (Satz 4) 45
 VII. Rechtsfolgen 46
     1. Verstöße gegen Vertriebsbeschränkungen 46
     2. Verstöße der Anbieter gegen Hinweispflichten 47

I. Allgemeines

1. Regelungsinhalt und Bedeutung

Entsprechend dem Anwesenheitsverbot bei öffentlichen Filmveranstaltun- **1**
gen nach § 11 Abs. 1 unterwirft Abs. 1 Bildträger mit Filmen oder Spielen
dem **Verbot des Zugänglichmachens** in der Öffentlichkeit an Kinder und
Jugendliche, freilich ebenfalls unter dem Erlaubnisvorbehalt der Freigabe für
bestimmte Altersstufen durch die oberste Landesbehörde bzw. eine Organisation der freiwilligen Selbstkontrolle. Weitergehende bzw. **besondere
Beschränkungen** gelten für Bildträger ohne Jugendfreigabe (Abs. 3), für den
Automatenvertrieb (Abs. 4) sowie den Vertrieb im Verbund mit periodischen
Druckschriften (Abs. 5).

2. Normhistorie

Gegenüber der alten Bestimmung des § 7 JÖSchG erfuhr die Vorschrift **2**
eine praktisch außerordentlich bedeutsame Erweiterung des Anwendungsbereichs. Neben Filmen werden **seit April 2003** auch **Computerspiele** erfasst,
da diese eine vergleichbare beeinträchtigende Wirkung auf die Entwicklung
oder Erziehung von Kindern und Jugendlichen haben können (vgl. BT-Drs.
14/9013, S. 21; für eine Einbeziehung der Computerspiele schon nach der
alten Regelung: Gernert/Stoffers, S. 117). Die Spezifizierung der Kennzeichenanforderungen nach Abs. 2 S. 2 wurde eingefügt sowie Abs. 5 Satz 3
wurde geändert durch **1. JuSchGÄndG** v. 24. 6. 2008 (BGBl. I S. 1075) mit
Wirkung zum 1. 7. 2008.

3. Entwicklungsbeeinträchtigung durch Computerspiele

a) Negative Wirkung insb. bei Gewalt-Spielen. Für Computerspiele **3**
gilt im Wesentlichen dieselbe Einschätzungsprärogative des Gesetzgebers wie
bei Filmen (hierzu § 11 Rn. 3 f.), dass namentlich deren Inhalte insb. bei
Gewaltdarstellungen geeignet sein können, Kinder und Jugendliche zu
beeinträchtigen. Ungeachtet eher politischer, oft lediglich thesenartiger Kritik an Computerspielen und deren Suchtgefahren (vgl. Höynck/Mößle/Kleimann/Pfeiffer/Rehbein, 2007; Höynck/Pfeiffer, ZRP 2007, 91; Rehbein/
Mößle/Zenses/Jukschat, JMS-Report 6/2010, 8 ff.), gelangt auch die seriöse
Wirkungsforschung zu dem Befund, dass die (übermäßige) Nutzung von
Computerspielen **negative Wirkungen** entfalten kann und – im Vergleich
zur passiven Rezeption von Filmen – weitere Risiken und Suchtgefahren

aufgrund der aktiven Teilnahme bergen (ausführl. Schäfer, 2008, S. 88 ff.; Quandt, KJM-Schriftenreihe II, 2010, 113 ff.).

4 b) Gefahren der Spielsucht. Die Vorschrift des § 12 und allgemein die Frage der Entwicklungsbeeinträchtigung (§ 14) bezieht sich allerdings allein auf Gefahren, die aus den Spielinhalten und darin vermittelnden Botschaften sowie die Möglichkeit der Adaption problematischer Wertebilder oder Verhaltensweisen resultieren. **Unerheblich** ist dagegen ein etwaiges „**Spielsuchtpotential**" (hierzu unter klinischen Gesichtspunkten Wölfling/Müller, KJM-Schriftenreihe II, 2010, 158 ff.), welches mangels gesicherter wissenschaftlicher Parameter ohnehin **kaum fassbar** erscheint und zudem nicht mit den Alterseinstufungen nach § 14 Abs. 2 Nrn. 1 bis 5 korrespondiert (vgl. ausführl. Altenhain/Liesching, BPjM-aktuell 1/2011, 3 ff.; a. A. Rehbein/ Mößle/Zenses/Jukschat, JMS-Report 6/2010, 8 ff.).

II. Zugänglichmachen von Film- oder Spiel-Bildträgern (Abs. 1)

1. Begriff des Bildträgers

5 Der Vorschrift soll durch den unbestimmten Oberbegriff eine präventive Bestandskraft gegenüber schnelllebigen technischen Entwicklungen verliehen werden. Erfasst werden nur **zur Weitergabe geeignete Medienträger**, also nur solche, die ohne eine vorhergehende erhebliche Demontage oder einen sonstigen Ausbau aus einem übergeordneten Medienbetriebssystem an eine andere Person tatsächlich übergeben werden können (vgl. auch § 1 Rn. 16 ff.). Dies sind neben den ausdrücklich genannten Videokassetten insb. DVDs, Blu-ray Discs, CD-ROMs, Disketten und Datenträger von Spielkonsolen. Lokale Datenspeicher wie Festplatten oder Speicherchips fallen wegen der regelmäßig fehlenden Eignung zur Weitergabe grundsätzlich nicht unter den Bildträgerbegriff (ausführl. hierzu oben § 1 Rn. 20). Werden solche auf Rechnern gespeicherte Inhalte elektronisch verbreitet (z. B. Video on Demand), finden die Vorschriften für **Telemedien**, insb. §§ 5, 24 Abs. 1 Nr. 4 JMStV i. V. m. § 16 JuSchG, Anwendung (siehe aber auch die Hinweispflicht für Telemedien nach § 12 Abs. 2 S. 3 JuSchG und § 12 JMStV; hierzu unten Rn. 20 f.). Werden auf Festplatten oder Speicherchips gespeicherte Filme oder Spiele offline Kindern und Jugendlichen in der Öffentlichkeit zugänglich gemacht, sind im Regelfall die gesetzlichen Beschränkungen für **Spielhallen** (§ 6), **Bildschirmspielgeräte** (§ 13) oder öffentliche Filmveranstaltungen (§ 11 Abs. 1, 4 S. 1) einschlägig.

2. Filme oder Spiele an Bildschirmgeräten

6 **a) Geltungsbereich.** Die Vorschrift erfasst nur zur Weitergabe geeignete Medienträger mit Filmen oder Spielen, deren Inhalte darüber hinaus bestimmungsgemäß an einem Bildschirmgerät wahrnehmbar gemacht oder genutzt werden. Vgl. zum Begriff des Films auch § 11 Rn. 20. Auch reine **Textmedien** in Datenform werden entgegen dem Wortlaut („Bildträger") auch dann erfasst, wenn sie im Rahmen eines Computerspiels (sog. Adventure-Spiele, Rollenspiele) zur Anschauung gelangen (Liesching/Knupfer, S. 41). Bei Kombinationen von Texten mit Bildern findet Abs. 1 ohne weiteres Anwendung (vgl. auch § 14 Abs. 8).

b) Abgrenzung. Nicht erfasst werden **reine Tonträger** wie Audio-Kassetten, Schallplatte oder CD-ROM ohne Bilddateien (Nikles u.a., § 12 Rn. 5); diese unterliegen lediglich der Indizierung nach § 18 JuSchG. **Betriebssystem-Software** (z. B. Windows) bedarf im Regelfall einer Kennzeichnung auch dann nicht, wenn in diese einfach gestaltete Spiele eingebunden sind. An Bildschirmgeräten wiedergegeben oder genutzt werden im Regelfall alle Medienträger mit Filmen und Spielen mit Ausnahme bloßer **Filmrollen**, die nur über Projektor und Leinwand wahrnehmbar gemacht werden können. Für das – freilich praktisch nicht allzu bedeutsame – Zugänglichmachen solcher Medienträger in der Öffentlichkeit besteht eine Regelungslücke. Wegen des eindeutigen Wortlauts würde eine entsprechende Anwendung des § 12 gegen das Analogieverbot nach § 103 Abs. 2 GG verstoßen. 7

3. Zugänglichmachen in der Öffentlichkeit

a) Begriff des Zugänglichmachens. Ein „Zugänglichmachen" i. S. d. Norm umfasst jedes Verhalten, durch das die Kenntnisnahme des Bildträgerinhalts ermöglicht wird (vgl. BT-Drs. 10/722, S. 11; OLG Stuttgart NStZ 1992, 38; OLG Karlsruhe NJW 1984, 1975; Weigend, ZUM 1994, 133, 134; vgl. im Übrigen § 15 Rn. 10). Deshalb sind **Testkäufe** von Bildträgern durch Minderjährige bereits grundsätzlich – anders als bei Alkohol und Tabakwaren, vgl. § 9 Rn. 11 u. 12 – zulässig, da § 28 Abs. 4 nicht verwirklicht wird (vgl. Gutknecht, JMS-Report 4/2007, 2, 4). Die Tatmodalität des Zugänglichmachens ist im Übrigen weiter zu verstehen als die Begriffe des „Anbietens" (Rn. 25) sowie des Überlassens (Rn. 26). Allein das **Ausstellen** von Videokassetten in einem Verleihgeschäft, zu dem auch Minderjährige Zutritt haben, reicht allerdings nicht aus (OLG Düsseldorf GewArch 1994, 86) und ist mithin zulässig, soweit nicht das Werbeverbot nach § 15 Abs. 1 Nr. 6 (vgl. hierzu unten § 15 Rn. 33 ff.) einschlägig ist. 8

b) Versand auf Bestellung. Wird ein Bildträger(inhalt) über das Internet, etwa im Wege sog. Online-Auktionen oder der Versandbestellung, unbeschränkt zum Verkauf angeboten, ohne dass eine Kontrolle des Alters des Kunden vor Versand des Bildträgers vorgesehen ist, so liegt ein Zugänglichmachen an Minderjährige in der Öffentlichkeit vor. Die für die Aufsicht zu Bestimmungen des JuSchG zuständigen **Obersten Landesjugendbehörden** (OLjB) gehen grundsätzlich von einer Anwendbarkeit jedenfalls im Onlineversandhandel mit altersfreigabebeschränkten Bildträgern aus (vgl. OLjB-Stellungnahme, MMR 2005, XVII, XVIII; s.a. Sp/Wiebe, Erdemir, Rn. 112; Liesching, AfP 2004, 496, 498). Werden hingegen datengespeicherte Filme oder Spiele als Online-Angebot im sog. „**Video-on-Demand**"-Verfahren für jedermann abrufbar gemacht, finden in der Regel die besonderen Bestimmungen des JMStV für **Telemedien** Anwendung (s.a. Ukrow, Rn. 211). 9

JuSchG § 12   III. Abschnitt. Jugendschutz im Bereich der Medien

10   c) **Öffentlichkeit.** Auch das Merkmal der „Öffentlichkeit" ist i. d. R., insb. auch beim Online-Versandhandel, erfüllt, da hierunter die Zugänglichkeit des Bildträgers für eine Mehrzahl von Personen zu verstehen ist, die **nicht durch persönliche Beziehungen** untereinander oder mit dem Anbieter verbunden sind (v.Hartlieb, NJW 1985, 830, 831; Erdemir, S. 172 mwN.; Ukrow, Rn. 211). Dies ist aber bei dem virtuellen „öffentlichen Raum" des Internet der Fall (vgl. zum Öffentlichkeitsbegriff auch oben § 9 Rn. 5, 14; zu den Anforderungen des Altersnachweises in Online-Medien siehe § 2 Rn. 15 ff.). Des Merkmals der Öffentlichkeit ermangelt es in diesen Fällen auch nicht etwa deshalb, weil die **Zustellung der Bestellware** über den Postversand oder die Zustellung eines Logistikunternehmens erfolgt. Andernfalls müsste man im Allgemeinen ein Zugänglichmachen in der Öffentlichkeit schon immer dann verneinen, wenn der Bildträger sich im gesicherten Gewahrsam einer Transportperson, eines Boten oder gar des Veräußerers selbst befindet. Derartige „Enklaven" vermögen den Handlungsvollzug in der Öffentlichkeit indes noch nicht auszuschließen (siehe ausführl. oben § 9 Rn. 14).

11   d) **Altersfreigabe durch FSK bzw. USK. aa) Allgemeines.** Das Verbot des Zugänglichmachens von Bildträgern gilt nicht gegenüber Kindern und Jugendlichen, für deren Altersstufe die Film- oder Spielinhalte im Rahmen des Verfahrens nach § 14 JuSchG freigegeben worden sind. Die Altersfreigaben und -kennzeichnungen erfolgen für den Bereich der Filmbildträger ebenfalls (vgl. § 11 Rn. 5) durch die Freiwillige Selbstkontrolle der Filmwirtschaft (**FSK**, siehe zu Verfahren und Praxis oben § 11 Rn. 7 ff. sowie die FSK-Grundsätze i.d. 20. Fassung vom 1. 12. 2010, Anhang V. 1.). Für den Bereich der Spielprogramme wird die Unterhaltungssoftware Selbstkontrolle (**USK**) tätig, welche jedenfalls als von Wirtschaftsverbänden unterstützte Organisation i. S. d. § 14 Abs. 6 anzusehen ist (vgl. BT-Drs. 14/9410, S. 31), ferner für Spielautomaten ohne Gewinnmöglichkeit die Automaten-Selbstkontrolle (**ASK**). Freigaben direkt durch die Obersten Landesjugendbehörden ergehen aufgrund des Verfahrens nach § 14 Abs. 6 in der Praxis hingegen nicht (vgl. Gutknecht, JMS-Report 3/2010, 2 ff.; Hilse, JMS-Report 3/2004, 2). Zu der Ausnahme für anbietergekennzeichnete **Informations-, Instruktions- und Lehrprogramme** vgl. oben § 11 Rn. 12 sowie unten § 14 Rn. 52 ff.

12   bb) **USK-Prüfentscheidungen vor Inkrafttreten des JuSchG.** Die USK ist bereits seit April 1994 tätig und hat seither mehrere tausend Spielprogramme geprüft und ganz überwiegend mit einer Freigabekennzeichnung versehen, welche freilich vor Inkrafttreten des § 12 JuSchG **unverbindlich** war (dies verkennt Waldenberger, MMR 2002, 413, 414; vgl. im Übrigen die genaue Prüfstatistik unter www.usk.de; zur Praxis Hilse, JMS-Report 3/2004, 2). Die vor dem 1. April 2003 ergangenen USK-Entscheidungen werden durch **Ländervereinbarung** als verbindliche Freigaben **übernommen**, soweit es sich um Altersempfehlungen bis 16 Jahren handelt. Dies gilt freilich nicht für Spielprogramme, die trotz einer solchen Altersempfehlung von der BPjM noch vor dem Inkrafttreten des JuSchG indiziert worden sind (vgl. etwa BPjS-Entsch. Nr. VA 1/03 v. 25. 2. 2003). Darüber hinaus sind die vormals ergangenen USK-Klassifizierungen „Nicht geeignet **unter 18 Jah-**

Bildträger mit Filmen oder Spielen § 12 JuSchG

ren" allesamt unverbindlich. Sie gewähren insb. keinen Schutz des Anbieters vor Indizierung nach § 18 Abs. 1 und 8.

cc) **USK-Prüfverfahren.** Das Verfahren zur Altersfreigabe und Kenn- 13
zeichnung von Computerspielen sowie die Zusammensetzung von Prüfausschüssen und Instanzen sind im Wesentlichen in den **Grundsätze der Unterhaltungssoftware Selbstkontrolle** (USK) (i.d.F. v. 1. 2. 2011, siehe Anhang V.2.) geregelt. Die Prüfung erfolgt durch unabhängige Jugendschutzsachverständige, die vom USK-Beirat ernannt werden (vgl. § 5 USK-Grundsätze). Ebenso wie bei den FSK-Filmfreigabeverfahren wirkt bei den Entscheidungen ein ständiger Vertreter der obersten Landesjugendbehörden mit (§ 4 USK-Grundsätze). Für die Prüfung im Hinblick auf die Vorbereitung der Freigabe und Kennzeichnung von Computer- und Videospielen im Sinne des § 1 Abs. 1 durch die Obersten Landesjugendbehörden bestehen bei der USK im Wesentlichen **drei Instanzen**, namentlich Prüfausschüsse für das Regelverfahren (§ 13 USK-Grundsätze), für das Berufungsverfahren (§ 14 USK-Grundsätze) und für das Appellationsverfahren (§ 15 USK-Grundsätze). Die Prüfung im **Regelverfahren** erfolgt durch vier Jugendschutzsachverständige und den Ständigen Vertreter, der den Vorsitz führt. Die Prüfung im **Berufungsverfahren** erfolgt durch vier Jugendschutzsachverständige, die nicht im Regelverfahren mit der Prüfung befasst waren, sowie einen vom Beirat auf Vorschlag der Obersten Landesjugendbehörden ernannten Vorsitzenden. Der Ständige Vertreter nimmt an der Prüfung ohne Stimmrecht teil. Die Prüfung im **Appellationsverfahren** erfolgt durch ein aus sieben Mitgliedern bestehendes Prüfgremium (Appellationsausschuss). Es besteht aus (1.) dem oder der Vorsitzenden des Appellationsausschusses, (2.) vier durch die Obersten Landesjugendbehörden benannten Mitgliedern sowie (3.) zwei Jugendschutzsachverständigen, die bislang am Prüffall nicht beteiligt waren (vgl. hierzu § 7 sowie im Übrigen die weiteren Bestimmungen der USK-Prüfgrundsätze, Anhang V.2.).

III. Altersfreigaben und -kennzeichen (Abs. 2)

1. Pflicht zu deutlich sichtbarem Hinweis (Satz 1)

a) **Normadressaten.** Die Pflicht zur Anbringung der Kennzeichen auf 14
den Bildträgern richtet sich in erster Linie an den **Hersteller**, der die Kennzeichen in die graphische Gestaltung von Bildträger und Hülle intergrieren muss (Gutknecht, JMS-Report 3/2010, 2). Im Übrigen gilt die Kennzeichnungspflicht – wie sich aus § 28 Abs. 2 JuSchG ergibt – für jeden **Anbieter**, also auch für den Einzelhändler sowie den Verleiher, insb. den Videothekar oder Bibliothekar. Der Einschränkung, dass **nach Kauf durch den Endverbraucher** keine Kennzeichnungspflicht mehr für den Besitzer des Bildträgers gelten soll (vgl. Gutknecht, JMS-Report 3/2010, 2, 3), kann mit Ausnahme der gewerblichen Zweitverwerter (Second-Hand-Verkäufer, professionelle Flohmarkthändler) zugestimmt werden. Das JuSchG will nämlich grds. alle Gewerbetreibenden im Hinblick auf einen effektiven Jugendschutz in die Pflicht nehmen.

JuSchG § 12 III. Abschnitt. Jugendschutz im Bereich der Medien

15   **b) Allgemeine Transparenzanforderungen.** Im Bezug auf die Kennzeichen wird in Abs. 2 Satz 1 die Verpflichtung zu einem deutlich sichtbaren Hinweis auf dem Bildträger und der Hülle durch ein entsprechendes Zeichen ausdrücklich festgeschrieben. Die Zeichen müssen also an **beiden Stellen** ohne weiteres, d. h. „auf den ersten Blick" erkennbar sein (vgl. auch oben § 3 Rn. 14 ff.). Sind die Kennzeichen nicht hinreichend deutlich sichtbar, so ist der entsprechende Bildträger noch nicht so anzusehen, als habe er keine entsprechende Freigabe erhalten (a. A. wohl Scholz, § 7 Anm. 3). Allerdings handelt der Anbieter nach § 12 Abs. 1 i. V. m. § 28 Abs. 2 Nr. 1 **ordnungswidrig**, wenn er einen Hinweis nicht, nicht richtig (z. B. nur undeutlich) oder nicht in der vorgeschriebenen Weise (z. B. nur auf der Innenseite der Hülle) gibt.

2. Anforderungen an die Zeichenbeschaffenheit (Satz 2)

16   **a) Position und Größe (Satz 2).** Die quantitative Konkretisierung der Hinweispflicht nach Abs. 2 S. 2 wurde durch das **1. JuSchGÄndG** vom 24. 06. 2008 (BGBl. I S. 1075) eingefügt. Die Vorschrift soll dadurch bessere Rahmenbedingungen für den Vollzug schaffen, dass die Kennzeichnungen der Bildträger mit Filmen und Spielen nach § 12 Abs. 1 aufgrund ihrer **Größe** (mindestens 1200 qmm auf der **Frontseite der Hülle** links unten und mindestens 250 qmm auf dem Bildträger) dem Verkaufspersonal und auch den Eltern „ins Auge springen" (vgl. BT-Drs. 16/8546, S. 7). Der Handel hat dies weitgehend umgesetzt, indes durch so genannte **Umklapp-Cover** dem Endkonsumenten die Möglichkeit eröffnet, nach Erwerb des Bildträgers ein zunächst auf der Innenseite befindliches Cover ohne Kennzeichnung zu verwenden. Dies ist rechtlich nicht zu beanstanden. Zur Problematik der **Altbestände**, den Übergangsfristen und der Pflicht zur Nachkennzeichnung siehe § 29a Rn. 1 ff. (s.a. Gutknecht, JMS-Report 3/2010, 2, 4 f.).

17   **b) Anordnungsermächtigung (Satz 3 Nr. 1). aa) OLjB-Anordnungen.** Die Vorschrift räumt den obersten Landesbehörden die Befugnis ein, die Beschaffenheit der Zeichen, die auf Bildträger und Hülle anzubringen sind, näher zu bestimmen (vgl. zu den Anordnungen **Schreiben der OLjB Rheinl.-Pf.** v. 4. 11. 2008 – Az. 9131 – 75055 sowie **Schreiben der OLjB NRW** vom 3. 3. 2009, zit. nach Gutknecht, JMS-Report 3/2010, 2, 7). Das vor dem 1. April 2003 von der USK verwandte Kennzeichen für Altersempfehlungen wurde um den Hinweis auf eine Freigabe nach dem Jugendschutzgesetz ergänzt. Darüber hinaus wird die Farbgestaltung in den verschiedenen Altersgruppen der bisherigen Kennzeichnung von Videos (FSK) angepasst, um auf diese Weise eine Vereinheitlichung herbeizuführen.

18   **bb) Umsetzung der Kennzeichengestaltung.** Die Kennzeichen der Freiwilligen Selbstkontrolle der Filmwirtschaft (FSK) sowie der Unterhaltungssoftware-Selbstkontrolle (USK) sind wie folgt gestaltet:

Bildträger mit Filmen oder Spielen § 12 JuSchG

Alterskennzeichen der FSK:

Alterskennzeichen der USK:

c) Ausnahmen vom Kennzeichenerfordernis (Satz 3 Nr. 2). Die 19
Genehmigung von Ausnahmen nach Nr. 2 ist insb. für solche Bildträger
vorgesehen, auf welchen wegen ihrer **Beschaffenheit** eine Anbringung des
Zeichens nicht möglich ist (vgl. BT-Drs. 14/9013, S. 21; zur Ausnahme bei
sog. Handheld-Geräten siehe Nikles u.a., Rn. 9). Das ist jedoch bei den
gängigen Medienträgern (Videokassette, CD-ROM, DVD) in der Regel
nicht der Fall. Führt die technische Weiterentwicklung indes zu einer Verkleinerung
von Datenträgern, haben die obersten Landesjugendbehörden das
Vorliegen der Ausnahmevoraussetzungen im Einzelfall zu prüfen. **Keinen
hinreichenden Ausnahmegrund** stellen das Erfordernis einer nachträglichen
Kennzeichnung oder finanzielle Aspekte dar (vgl. VG Mainz JMS-
Report 3/2009, S. 65 ff.).

d) Hinweispflicht bei Vertrieb über Telemedien (Satz 4). aa) Geltungsbereich. 20
Die Vorschrift erweitert die Hinweispflicht auf Anbieter von
Telemedien, die gekennzeichnete Filme bzw. Film- und Spielprogramme
verbreiten. Die Vorschrift ist im Zusammenhang mit § 12 JMStV zu sehen.
Hieraus und aus der Gesetzessystematik ergibt sich, dass Satz 4 insb. den
Internetversandhandel mit Bildträgern einschließlich entsprechender
Online-Auktionsangebote (vgl. insoweit aber LG Potsdam JMS-Report 1/
2002, S. 6; LG Potsdam ZUM 2003, 152 f. m. Anm. Gercke) erfasst. Hingegen
unterfallen Film- und Spielangebote, die selbst Telemedien darstellen
(z. B. Video-on-Demand, Herunterladen von Computerspielen aus dem
Internet) der Pflicht zum deutlichen Hinweis nach § 12 JMStV (siehe dort
Rn. 1 ff.; ebenso Gutknecht, JMS-Report 3/2010, 2, 4; unklar: Nikles u.a.,
§ 12 Rn. 11).

bb) Anforderungen an die Hinweispflicht. Der Umfang der Hinweis- 21
pflicht der Telemedienanbieter richtet sich nach ihrer Verantwortlichkeit im
Rahmen der §§ 7 bis 10 TMG (hierzu ausführl. Scholz/Liesching, Anm. zu
§§ 8 ff. TDG; zu Online-Auktionen vgl. BGH, MMR 2007, 634 ff.; LG

JuSchG § 12   III. Abschnitt. Jugendschutz im Bereich der Medien

Potsdam JMS-Report 1/2002, S. 6; LG Potsdam ZUM 2003, 152 f. m. Anm. Gercke). Der Wortlaut lässt offen, ob auch insoweit die besonderen Zeichen i. S. d. Abs. 2 S. 1 und 2 Nr. 1 verwendet werden müssen, oder ob ein formloser Hinweis auf die entsprechende Kennzeichnung des Bildträgers genügt. Die Amtliche Begründung des Regierungsentwurfs (BT-Drs. 14/9013, S. 21) sowie das allgemein im JuSchG geltende Transparenzgebot (vgl. § 3 insb. Rn. 4) legen nahe, entsprechend der Anbringung der Alterskennzeichnung auf Bildträgern auch bei Telemedien in erster Linie die Verwendung der **Zeichen i. S. d. Abs. 2 S. 1 bis 3** ausreichen zu lassen (vgl. auch § 12 JMStV sowie die Amtl. Begr. in Bayer. LT-Drs. 14/10246, S. 21). Indes können auch **formlose, allgemeine Hinweise** auf eine Kennzeichnung entgegen vormals vertretener Ansicht (Scholz/Liesching, Rn. 8) genügen, wenn sie hinreichend **deutlich** für den Nutzer dahingehend erkennbar sind, dass es sich um eine Altersfreigabe der FSK bzw. der USK handelt (s.a. Gutknecht, JMS-Report 3/2010, 2, 5). Verstöße erfüllen den Ordnungswidrigkeitstatbestand des § 28 Abs. 3 Nr. 1.

IV. Bildträger ohne Jugendfreigabe (Abs. 3)

1. Geltungsbereich

22   a) **Allgemeines.** Die Vorschrift des Abs. 3 legt fest, dass Film- und Spielprogramme **ohne Jugendfreigabe**, also solche mit einer Kennzeichnung „Keine Jugendfreigabe" (§ 14 Abs. 2 Nr. 5) ohne jede Kennzeichnung durch FSK bzw. USK Kindern oder Jugendlichen grundsätzlich, d.h. soweit nicht eine Anbieterkennzeichnung nach § 14 Abs. 7 vorliegt, nicht zugänglich gemacht werden dürfen. Die Ausnahme für **nicht zu gewerblichen Zwecken** hergestellte Filme nach § 11 Abs. 4 S. 3 ist darüber hinaus trotz Fehlens eines ausdrücklichen Verweises (krit. Schumann, tv-diskurs 25/2003, S. 97) **entsprechend** auf Bildträger (z. B. Hochzeitsvideos) anzuwenden, da eine unterschiedliche Behandlung unter dem Gesichtspunkt des Jugendschutzes sachlich nicht gerechtfertigt ist (vgl. die vormals geltende ausdrückliche Regelung des § 7 Abs. 2 S. 1 JÖSchG; anders Nikles u.a., § 12 Rn. 15: Anwendungseinschränkung bei „offensichtlich nicht jugdbeeinträchtigenden Medien"). Die Fassung der Verbote in Abs. 3 orientiert sich an den in § 15 Abs. 1 Nr. 1 und 3 vorgesehenen Verboten (vgl. dort Rn. 10 ff., 19 ff.).

23   b) **Bildträger mit (EU-)ausländischer Altersfreigabe. aa) Fehlende FSK/USK-Kennzeichnung.** Bildträger ohne FSK- bzw. USK- Altersfreigabe gelten auch dann als nicht gekennzeichnet, wenn sie von einer **ausländischen Bewertungstelle** oder einem **internationalen Ratingsystem** (z. B. PEGI) eine Alterseinstufung erhalten haben. Entsprechend verstößt der Vertrieb von Bildträgern im Versandhandel gegen § 12 Abs. 3 JuSchG, wenn diese lediglich mit einer Alterskennzeichnung der für Großbritannien zuständigen Stelle (Board of Film Classification) versehen sind (OLG Koblenz GRUR 2005, 266 ff.).

24   **bb) Kein Verstoß gegen Europarecht.** Art. 28 EG steht der Beschränkung des Versandhandels in Abs. 3 trotz EU-ausländischen Altersratings nicht

Bildträger mit Filmen oder Spielen § 12 JuSchG

entgegen, da sie aus Gründen der öffentlichen Sittlichkeit, Ordnung und Sicherheit gerechtfertigt ist (OLG Koblenz GRUR 2005, 266 ff.). Eine **Beschränkung des freien Warenverkehrs** nach Art. 28 EG kann hierin nach der Rspr. des **EuGH** allenfalls dann erblickt werden, wenn das durch die Regelung vorgesehene Verfahren zur Prüfung, Einstufung und Kennzeichnung von Bildträgern nicht leicht zugänglich ist oder nicht innerhalb eines angemessenen Zeitraums abgeschlossen werden kann oder dass die Ablehnungsentscheidung nicht in einem gerichtlichen Verfahren angefochten werden kann (EuGH, Urt. v. 14. 2. 2008 - C 244/06, MMR 2008, 298 ff. m. Anm. Konrad/Weber). Die genannten **Ausnahmefälle** liegen beim deutschen System der Altersfreigabe durch die FSK und die USK indes nicht vor, da auch ausländische Anbieter einen Kennzeichnungsantrag für Bildträger stellen können, dieser zeitnah bearbeitet wird und die Entscheidung verwaltungsgerichtlich überprüfbar ist.

2. Vertriebsbeschränkungen

a) Anbieten, Überlassen, Zugänglichmachen (Nr. 1). aa) Anbieten. 25
Ein „Anbieten" im Sinne von Abs. 3 Nr. 1 ist die – wenn auch stillschweigende – Erklärung der **Bereitschaft zur Abgabe** an einen Minderjährigen (vgl. BGHSt 34, 94, 98; Horn, NJW 1977, 2328, 232; Ukrow, Rn. 219). Die Annahme der Schrift durch das Kind oder den Jugendlichen ist nicht erforderlich (Liesching/Knupfer, DDB V G 70, S. 42). Das Anbieten eines Bildträgers kann somit auch darin gesehen werden, dass er (oder seine Hülle) in einem allgemein zugänglichen Regal ausliegt und Hinweise auf Abgabebeschränkungen fehlen. Das **Auslegen** ist aber nur dann als Anbieten anzusehen, wenn sich aus den Umständen keine altersbezogene oder jedenfalls darauf abzielende Einschränkung ergibt. In **Videotheken**, die durch Aushang der geltenden jugendschutzrechtlichen Bestimmungen bzw. sonst in geeigneter Weise darauf aufmerksam machen, dass sie Kindern und Jugendlichen nur solche Bildträger überlassen, die für die jeweilige Altersgruppe freigegeben und entsprechend gekennzeichnet sind, ergibt sich eine eindeutige Einschränkung des Angebots bereits aus dem Kennzeichen, wenn es gut sichtbar und auf dem Bildträger angebracht ist (vgl. oben Rn. 14 ff.). Es ist somit nicht erforderlich, die Bildträger in nach Kennzeichnung getrennten Regalen einzustellen. Da die Einschränkung des Angebots bei **nicht gekennzeichneten DVDs, Blu-ray Discs** etc. jedoch nicht deutlich wird, können solche Bildträger zusammen mit den gekennzeichneten in den allgemein zugänglichen Regalen nur ausgelegt werden, wenn – etwa durch deutlichen Aufkleber „wird nicht an Unter-18-Jährige abgegeben" – die Einschränkung des Angebots erfolgt (zum Ganzen: BayObLGSt 1959, 34 f.; anders OLG Hamburg NJW 1992, 1184).

bb) Überlassen. Ein „Überlassen" i. S. d. Vorschrift bedeutet die auch 26 unentgeltliche oder leihweise Verschaffung des Gewahrsams. Ein Bildträger wird einem Minderjährigen **also überlassen**, wenn der Minderjährige ihn – auch nur vorübergehend – mitnehmen oder wegnehmen kann (auch etwa als Bote oder Abholer). Zum Begriff des „**Zugänglichmachens**" vgl. oben Rn. 8 ff.

JuSchG § 12   III. Abschnitt. Jugendschutz im Bereich der Medien

27 **b) Absolute Vertriebsverbote (Nr. 2). aa) Einzelhandelsvertrieb nur in bestimmten Verkaufsstellen.** Die Vorschrift verbietet zunächst das Anbieten oder Überlassen von Bildträgern ohne Jugendfreigabe im Einzelhandel außerhalb von Geschäftsräumen. Das Verbot soll verhindern, dass sich der Vertrieb solcher Bildträger außerhalb von Geschäftsräumen in der Öffentlichkeit, evtl. **unter den Augen von Kindern und Jugendlichen** vollzieht. Darüber hinaus wirkt die Vorschrift der Gefahr entgegen, dass aufgrund der schweren Kontrollierbarkeit des ambulanten Handels derartige Schriften in die Hände von Kindern und Jugendlichen gelangen (BT-Drs. I/1101 S. 11). **Einzelhandel** ist der Betrieb eines stehenden Gewerbes zum Zweck der Abgabe bzw. Lieferung an Endverbraucher. Es wird nicht nur der Film- und Spielhandel erfasst, sondern es reicht aus, wenn neben anderen Geschäftsgegenständen auch Bildträger im Sinne des § 12 Abs. 1 vertrieben werden (z. B. in Lebensmittelgeschäften oder Kassenräumen von Tankstellen). Geschäftsräume sind zum dauernden Gebrauch eingerichtete ständig oder regelmäßig benutzte Räume für den Betrieb eines Gewerbes (z. B. Ladengeschäfte, Videotheken). **Außerhalb von Geschäftsräumen** vollzieht sich der Verkauf vornehmlich auf der Straße (vgl. BGHSt 9, 270), auf sog. Floh- und Trödlermärkten sowie in sog. „Krabbelkisten", insb. vor Geschäften (vgl. zum Ganzen: Uschold, NJW 1976, 2049 sowie ausführl. § 15 Rn. 20 ff.).

28 Das Verbot erstreckt sich des Weiteren auf den Vertrieb in **Kiosken** oder anderen Verkaufsstellen, die der Kunde nicht zu betreten pflegt. Ein Kiosk ist ein umschlossener Raum, aus dem der Verkäufer oder Vermieter an außerhalb dieses Raumes stehende Kunden Waren abgibt. Kioske können auch in Bahnhöfen oder Ausstellungshallen bestehen oder mit Ladengeschäften verbunden sein. **Sonstige Verkaufsstellen**, die der Kunde nicht zu betreten pflegt, sind z. B. Stände auf Märkten oder fahrbare Verkaufsstellen (z. B. Lieferwagen, die nicht betreten werden). Vgl. zur Verfassungskonformität BVerfG, Urt. v. 24. 5. 1976 MSP 2/1976, S. 73 (zum Ganzen ausführl. § 15 Rn. 20 ff.).

29 Das Verbot gilt nach **teleologischer Reduktion** nicht bei so genannten „**Erotikmessen**", soweit zu den betreffenden Räumlichkeiten der Messe aufgrund einer restriktiven Einlasskontrolle lediglich erwachsenen Besuchern Zutritt gewährt wird (ausführl. Liesching, JMS-Report 6/2004, 4 ff.).

30 **bb) Versandhandel.** Nr. 2 erfasst schließlich alle Formen des Versandhandels mit Bildträgern ohne Jugendfreigabe. Der Begriff des Versandhandels wird in **§ 1 Abs. 4** definiert (vgl. oben § 1 Rn. 32 ff.). Nach LG Bad Kreuznach (Beschl. v. 19. 2. 2001 – 5 O 16/01, WRP 2001, 853) verstößt der Verkauf von „nicht unter 18 Jahren" freigegebenen (=„Keine Jugendfreigabe") Blu-ray Discs, DVDs und Videokassetten im Internet auch dann nicht gegen das Versandhandelsverbot, wenn das Online-Angebot aufgrund technischer Alterskontrolle nur von erwachsenen Personen wahrgenommen und genutzt werden kann. Diese Rspr. ist durch § 1 Abs. 4 JuSchG überholt, welcher im Falle wirksamer Altersverifikationssysteme (hierzu oben § 1 Rn. 38 ff.) schon begrifflich das Vorliegen eines Versandhandels ausschließt. Die direkte elektronische Online-Übermittlung von Film- oder Spielinhalten (etwa im **Video-on-Demand-Verfahren**) stellt hingegen zwar grundsätzlich einen

Bildträger mit Filmen oder Spielen § 12 JuSchG

elektronischen Versand dar, das Verbot der Abs. 3 Nr. 2 erfasst aber nur Bildträger i. S. d. Abs. 1, jedoch keine Telemedien (vgl. hierzu § 1 Rn. 27 f.), bei denen die §§ 5, 24 Abs. 1 Nr. 4 JMStV i. V. m. § 16 JuSchG Anwendung finden.

V. Automatenvertrieb von Bildträgern (Abs. 4)

1. Normhistorie

a) Gesetzgebungsverfahren. Das vor Inkrafttreten des JuSchG strikt geltende (vgl. § 7 Abs. 4 JÖSchG) **Automatenvertriebsverbot** wurde durch die Neufassung des **Abs. 4** für Bildträger mit Jugendfreigabe unter der Voraussetzung technischer Alterskontrollvorkehrungen gelockert. Sah der Regierungsentwurf wegen des „Standes der möglichen Sicherungstechniken" (BT-Drs. 14/9013, S. 21) sogar die Möglichkeit des Automatenvertriebs für mit „Keine Jugendfreigabe" (§ 14 Abs. 2 Nr. 5) gekennzeichnete Bildträger vor, so wurde im weiteren Gesetzgebungsverfahren aus Gründen „eines effektiven Kinder- und Jugendmedienschutzes" (BT-Drs. 14/9410, S. 30) die grundsätzliche Zulässigkeit dieser Vertriebsform auf Bildträger mit Jugendfreigaben nach § 14 Abs. 2 Nrn. 1 bis 4 beschränkt.

b) Kritik. Damit entschied sich der Gesetzgeber angesichts der vormals heterogenen Rspr. zu § 7 Abs. 4 JÖSchG (vgl. BayObLG JMS Report 1/2003, S. 57 f.; BayVGH GewArch 2003, 260 ff.; VGH Mannheim GewArch 2001, 479; VG Karlsruhe JMS-Report 5/2001, S. 9 f., 61; VG Düsseldorf JMS-Report 1/2002, S. 8 f.; VG Ansbach NVwZ 2002, 352; LG Stuttgart JMS-Report 6/2002, S. 60 ff.; AG Erlangen, Urt. v. 20. 9. 2001 – 4 Ds 651 Js 48511/00; zur Verfassungskonformität: BVerfG GewArch 1988, 369 f.; a. A. Meirowitz, 1993, S. 252 f.) für eine „**Kompromisslösung**", die sowohl unter Praktikabilitätsgesichtspunkten als auch bei Beachtung von Jugendschutzbelangen **inkonsistent** ist. Werden Alterskontrollvorkehrungen an Automaten nach dem aktuellen technischen Stand vom Gesetzgeber als hinreichend sicher erachtet, gilt dies für alle Bildträger, also auch solche, die keine Jugendfreigabe erhalten haben. Insoweit müsste das Sicherungssystem lediglich die Ausgabe an Erwachsene gewährleisten (vgl. auch BGH MMR 2003, 582 ff. m. Anm. Liesching). Die Einschränkung auf Bildträger mit Jugendfreigabe steht im **Widerspruch zu dem Gesamtkontext** der Jugendschutzregelungen, insb. der generellen Zulässigkeit des Versandhandels mit Bildträgern im Falle von Alterskontrollsystemen nach § 1 Abs. 4 JuSchG sowie die umfassend zulässigen Verbreitung jugendbeeinträchtigender Telemedien und Rundfunkangebote unter den Voraussetzungen des § 5 Abs. 3, 4 JMStV. Die Vorschrift erscheint daher mit Blick auf den im Grundgesetz manifestierten Gleichbehandlungsgrundsatz sowie die Mediendistributionsfreiheit (vgl. Art. 3 und 5 GG) verfassungsrechtlich bedenklich (vgl. auch VG Karlsruhe JMS-Report 5/2001, S. 9 f., 61). Allerdings findet § 12 Abs. 4 auf sog. „Ab-18-Automatenvideotheken" mit effektiver Zugangskontrolle ohnehin keine Anwendung (vgl. unten Rn. 38 ff.).

JuSchG § 12 III. Abschnitt. Jugendschutz im Bereich der Medien

2. Praktische Bedeutung

33   Die Regelung des Abs. 4 hat praktisch nahezu keine Bedeutung. Denn für die im Alltag etablierten sog. „**Ab-18-Cinebanken**" gelten die Bestimmungen gerade nicht, wenn bereits der Zugang zu dem Raum, in dem sich die Automaten befinden, aufgrund hinreichender technischer Vorkehrungen lediglich erwachsenen Kunden ermöglicht wird (vgl. BGH MMR 2003, 582 ff. m. Anm. Liesching; Nikles u.a., Rn. 21). Bei Ab-18-Automatenvideotheken liegt gerade **keine Kindern oder Jugendlichen zugängliche öffentliche Verkehrsfläche** i. S. d. Nr. 1 vor. Im Übrigen vollzieht sich der Automatenvertrieb in Ab-18-Cinebanken innerhalb eines geschäftlich genutzten Raums und zudem nicht in Vorräumen oder Fluren, so dass auch Nrn. 2 und 3 nicht einschlägig sind. Allerdings sind an die **technische Eingangskontrolle** hohe Anforderungen zu stellen, um etwaige Missbräuche auszuschließen (siehe zu den Anforderungen im Einzelnen BGH aaO. sowie unten Rn. 38 ff.).

3. Voraussetzungen

34   **a) Erfasste Räumlichkeiten. aa) Minderjährigen zugängliche Verkehrsflächen (Nr. 1).** Das eingeschränkte Vertriebsverbot des Abs. 4 erstreckt sich gemäß Nr. 1 nur auf Automaten, die auf Kindern oder Jugendlichen zugänglichen öffentlichen Verkehrsflächen aufgestellt sind. Entsprechende Ausgabegeräte auf sog. **Erotikmessen** in angemieteten Turnhallen oder auf sonstigen Großflächen sind mithin zulässig, wenn der Zutritt Minderjähriger ausgeschlossen ist (zu sog. „Ab-18"-Cinebanken vgl. unten Rn. 38 ff.).

35   **bb) Beruflich oder geschäftlich genutzte Räume (Nr. 2).** Die Vorschrift gilt weiterhin nur außerhalb von gewerblich oder in sonstiger Weise beruflich oder geschäftlich genutzten Räumen, da insoweit eine hinreichende Aufsicht über die Nutzung des Automaten nicht gewährleistet ist. Innerhalb solcher Räume (z. B. Videotheken, Ladengeschäfte, Verkaufsräume an Tankstellen) wird das Aufstellen mit Blick auf die Regelung des Abs. 4 Nr. 3 auch nur dann zulässig sein, wenn das Verkaufs- oder Verleihpersonal **ständigen Sichtkontakt** zu den Ausgabegeräten hat und im Regelfall die Nutzung durch Kunden überwachen kann. In unübersichtlichen Nischen in Verkaufsräumen ist dies nicht der Fall, so dass auch insoweit das unter dem Vorbehalt technischer Alterskontrollvorkehrungen stehende Automatenvertriebsverbot des Abs. 4 gilt.

36   **cc) Unbeaufsichtigte Zugänge, Vorräume oder Flure (Nr. 3).** Auch in solchen Räumen sind gemäß Nr. 3 technische Vorkehrungen an den Ausgabegeräten und eine Beschränkung auf Programme mit Jugendfreigabe stets erforderlich. Die bloße Videoüberwachung derartiger Räume wird den Anforderungen der Beaufsichtigung nur dann genügen, wenn Personal eigens für die ständige Überwachung der direkt übertragenen Bilder abgestellt und ein sofortiges Einschreiten im Falle des Missbrauchs gewährleistet ist (vgl. auch VG Düsseldorf JMS-Report 1/2002, S. 8, 9; vgl. aber auch BGH MMR 2003, 582 ff. m. Anm. Liesching). Siehe zum Ganzen auch unten § 13 Rn. 12.

b) Technische Vorkehrungen. Die technischen Vorkehrungen müssen 37
gewährleisten, dass die Automatenangebote nur von Kindern und Jugendlichen der Altersgruppe genutzt werden können, für die sie nach § 14 Abs. 2
Nrn. 1 bis 4 freigegeben worden sind. Nicht erforderlich ist, dass die Vorkehrungen direkt an den Ausgabegeräten angebracht sind. Auch durch **PIN-Code-Verfahren** gesicherte Zugänge zu bestimmten Räumen, in denen sich
die Bildträger-Automaten befinden, können ausreichend sein (vgl. zu sog.
„**Fingerprint**"-Systemen BayObLG JMS-Report 1/2003, S. 57 f.; zu sog.
Cinebanken siehe auch sogleich Rn. 38 ff.), wenn hierdurch ebenfalls
gewährleistet ist, dass nur erwachsene und minderjährige Kunden im Alter
ab 16 Jahren Zugang zu den Räumen haben und die Automaten bedienen
können. Freilich dürfen auch in diesem Fall nach der eindeutigen, wenngleich
bedenklichen (Rn. 32) Fassung des Abs. 4 nur Bildträger in den Automaten
angeboten werden, die eine Jugendfreigabe nach § 14 Abs. 2 Nrn. 1 bis 4
erhalten haben.

4. „Ab-18"-Automatenvideotheken

a) Unanwendbarkeit des Abs. 4. Die Beschränkung auf Bildträger mit 38
Jugendfreigabe sowie das Erfordernis technischer Vorkehrungen an Automaten gelten indes nicht für sog. „Ab-18-Cinebanken", wenn bereits der
Zugang zu dem Raum, in dem sich die Automaten befinden, aufgrund
hinreichender technischer Vorkehrungen lediglich erwachsenen Kunden
ermöglicht wird (BGH MMR 2003, 582 ff. m. Anm. Liesching; a. A. noch
Nikles u.a., 1. Aufl., § 12 Rn. 21, welche die Zulässigkeit reiner Automatenvideotheken, die jugendgefährdende und generell jugendbeeinträchtigende
Bildträger anbieten, stets für unzulässig erachteten). Bei Ab-18-Automatenvideotheken liegt gerade keine Kindern oder Jugendlichen zugängliche öffentliche Verkehrsfläche i. S. d. Nr. 1 vor. Im Übrigen vollzieht sich der Automatenvertrieb in Ab-18-Cinebanken innerhalb eines geschäftlich genutzten
Raums und zudem nicht in Vorräumen oder Fluren, so dass auch Nrn. 2
und 3 nicht einschlägig sind.

b) Hohe Anforderungen an Zugangsalterskontrolle. Allerdings sind 39
an die technische Eingangskontrolle hohe Anforderungen zu stellen, um
etwaige Missbräuche auszuschließen. Nach dem BGH (MMR 2003, 582 ff.
mit Anm. Liesching) sind folgende Vorkehrungen erforderlich: Zunächst hat
die **Identifizierung** des Erstkunden vor Aushändigung einer Chipkarte und
einer Zugangs-PIN persönlich durch das Personal der Videothek stattzufinden (**Face-to-Face**-Kontrolle bei Vorlage eines Personaldokuments). Darüber hinaus muss die **Authentifizierung** des Kunden beim jeweiligen Zugang
durch „effektive Barrieren" den Missbrauch durch minderjährige Personen
zuverlässig hindern. Für die Automatenvideothek bedeutet dies nach Ansicht
des BGH jedenfalls die **Prüfung der Zugangsdaten** (Abgleich von Chipkarte, PIN) und des Daumenabdrucks über ein elektronisches **Fingerprint**-Verifikationssystem sowie die **Videoüberwachung** der Räumlichkeiten, in
denen sich die Ausgabegeräte befinden. Hinter diesem Schutzniveau zurückbleibende Vorkehrungen erkennt das Gericht hingegen ausdrücklich nicht
an.

40 **c) Anforderungen bei schwer jugendgefährdenden Bildträgern.** Für indizierte, schwer jugendgefährdende oder pornographische Bildträger gelten die strengeren Bestimmungen des § 15 Abs. 1 Nr. 4 JuSchG (dort Rn. 25 ff.) und des § 184 Abs. 1 Nr. 3a StGB, welche die Vermietung über Automaten nur in „**Ladengeschäften**" gestatten, die Kindern und Jugendlichen nicht zugänglich sind und von ihnen nicht eingesehen werden können. Nach dem BGH (aaO.) setzt der Begriff des „Ladengeschäfts" in § 184 Abs. 1 Nr. 3a StGB sowie in § 15 Abs. 1 Nr. 4 JuSchG indes nicht zwingend die Anwesenheit von Personal voraus, wenn technische **Sicherungsmaßnahmen** wie die in Rn. 39 genannten, einen gleichwertigen Jugendschutz wie die Überwachung durch Ladenpersonal gewährleisten (a. A. BayObLG JMS-Report 1/2003, S. 57 f.; LG Stuttgart JMS-Report 6/2002, S. 60, 61 f.; Nikles u.a., 1. Aufl. Rn. 20 f.; Gruhl, MMR 2000, 664, 666 f.).

VI. Verbund mit periodischen Druckschriften (Abs. 5)

1. Ausnahme vom Freigabevorbehalt (Satz 1)

41 a) **Geltungsbereich.** Die Bestimmung des Abs. 5 S. 1 enthält eine Ausnahme von Abs. 1 für den Vertrieb von Auszügen von Film- und Spielprogrammen im Verbund mit periodischen Druckschriften wie insb. **Zeitschriften**, Zeitungen oder regelmäßig erscheinenden Informationsbroschüren. Sie trägt dem Umstand Rechnung, dass im Pressevertrieb – mit in der Regel kurzer Redaktionsfrist – Zeitschriften mit einer CD-ROM, DVD oder Blu-Ray-Disc **verbunden** sind, die Auszüge (einzelne Film- oder Spielsequenzen) oder Episoden einer Fernsehserie aus noch nicht gekennzeichneten Bildträgern enthalten (BT-Drs. 14/9013, S. 21; krit. Gutknecht, JMS-Report 3/2010, 2, 5). Ob die Druckschrift gegen Entgelt vertrieben wird oder nicht, ist für die Anwendung des Abs. 5 unerheblich. Für Fälle des Verbundes von Zeitschriften mit Computerspielen oder Spielfilmen, die keine Auszüge (Demo-Versionen) i. S. d. Abs. 5 darstellen, gelten die allgemeinen Vorschriften der Abs. 1 bis 3 (Engels/Stulz-Herrnstadt, AfP 2003, 97, 98).

42 b) **Begriff des „Auszugs".** Ein Auszug i. S. d. Vorschrift liegt dann vor, wenn durch den mit der Druckschrift verbundenen Datenträger nur ein Teil der auf dem Markt vertriebenen Vollversion des Film- oder Spielprogramms rezipiert bzw. genutzt werden kann. Dies gilt auch für eine einzelne **Episode** einer Serie, wenn diese später nur als Bildträger aller Folgen einer Staffel (Season) veröffentlicht wird. Demo-Versionen von Spielen werden häufig auch direkt der USK zur Altersfreigabekennzeichnung nach Abs. 1 i. V. m. § 14 vorgelegt (vgl. zu Schwierigkeiten in der Praxis: Gutknecht, JMS-Report 3/2010, 2, 5).

43 c) **Feststellung einer Selbstkontrolleinrichtung.** Die „Feststellung einer Selbstkontrolleinrichtung" kann entweder durch die bereits etablierten Einrichtungen der USK bzw. der FSK als auch durch eine eigens für die Fälle der § 12 Abs. 5 gegründete Selbstkontrollorganisation durchgeführt werden. Hinsichtlich der Anforderungen an letztere können die in § 19 Abs. 3 JMStV genannten Anerkennungsvoraussetzungen entsprechend herangezogen wer-

Bildträger mit Filmen oder Spielen § 12 JuSchG

den (Nikles u.a., Rn. 23). Teilweise wird eine Bewertung durch die **DT-Control** („Interessengemeinschaft Selbstkontrolle elektronischer Datenträger im Pressevertrieb) vorgenommen (vgl. Gutknecht, JMS-Report 3/2010, 2, 5). Daneben bleibt die Möglichkeit der **Anbieterkennzeichnung** für Filme, Film- oder Spielprogramme zu Informations-, Instruktions- oder Lehrzwecken unter den Voraussetzungen des § 14 Abs. 7 unberührt.

2. Hinweispflicht (Sätze 2 und 3)

Die Vorschrift verpflichtet den Anbieter zur Anbringung entsprechender 44 Hinweiszeichen auf dem Bildträger und der periodischen Druckschrift. Nach dem Wortlaut der Vorschrift sowie aus Gründen der Transparenz („**deutlich sichtbar**") muss das Hinweiszeichen stets auf der Titelseite der Druckschrift abgedruckt sein (vgl. hierzu und zu den formalen Anforderungen nach Satz 3 oben Rn. 14 ff. sowie Engels/Stulz-Herrnstadt, AfP 2003, 97, 101 f.). Die Kennzeichnungspflicht gilt nicht bei Vollversionen (Löffler/Altenhain, § 28 Rn. 10; Engels/Stulz-Herrnstadt, aaO.; a. A. v.Hartlieb/Schwarz/Trinkl, Kap. 11 Rn. 21). Die Verletzung der Hinweispflicht stellt eine Ordnungswidrigkeit nach § 28 Abs. 2 Nrn. 2 bzw. 3 dar.

3. Anbieterausschluss (Satz 4)

Die Vorschrift räumt der obersten Landesbehörde die Befugnis ein, im 45 Falle des Missbrauchs der Kennzeichnungsmöglichkeit nach Abs. 5 S. 1 den Anbieter hiervon **auszuschließen** mit der Folge, dass der Anbieter daraufhin von der Ausnahmewirkung des Satz 1 nicht mehr profitieren kann. Ein Ausschluss kommt auch bei periodischen Druckschriften in Betracht, deren Inhalt selbst regelmäßig jugendbeeinträchtigend sein kann (z. B. nichtpornographische Erotik-Magazine).

VII. Rechtsfolgen

1. Verstöße gegen Vertriebsbeschränkungen

Ordnungswidrig handelt nach **§ 28 Abs. 1 Nrn. 15 bis 18**, wer als Gewer- 46 betreibender vorsätzlich oder fahrlässig entgegen Abs. 1 einem Kind oder einer jugendlichen Person einen Bildträger zugänglich macht, entgegen Abs. 3 Nr. 2 einen Bildträger anbietet oder überlässt, entgegen Abs. 4 einen Bildträger aufstellt oder entgegen Abs. 5 Satz 1 einen Bildträger vertreibt. § 28 Abs. 4 und § 27 Abs. 2 sind ebenfalls zu beachten. Verstöße **stellen zudem ein wettbewerbswidriges Handeln** dar (OLG Koblenz GRUR 2005, 266 ff.).

2. Verstöße der Anbieter gegen Hinweispflichten

Ordnungswidrig handelt ferner nach **§ 28 Abs. 2 Nrn. 1 bis 3**, wer als 47 Anbieter (siehe zum Begriff oben Rn. 14) vorsätzlich oder fahrlässig entgegen Abs. 2 Satz 1 und 2, auch in Verbindung mit Abs. 5 Satz 3, einen Hinweis nicht, nicht richtig oder nicht in der vorgeschriebenen Weise gibt, einer vollziehbaren Anordnung nach Abs. 2 Satz 3 Nr. 1, auch in Verbindung mit Abs. 5 Satz 3 zuwiderhandelt oder entgegen Abs. 5 Satz 2 einen Hinweis nicht, nicht richtig, nicht in der vorgeschriebenen Weise oder nicht rechtzeitig anbringt (ausführl. zur Ahndung von Verstößen und der Möglichkeit eines Verbotsirrtums: Gutknecht, JMS-Report 3/2010, 2, 6 f.).

§ 13 Bildschirmspielgeräte

(1) **Das Spielen an elektronischen Bildschirmspielgeräten ohne Gewinnmöglichkeit, die öffentlich aufgestellt sind, darf Kindern und Jugendlichen ohne Begleitung einer personensorgeberechtigten oder erziehungsbeauftragten Person nur gestattet werden, wenn die Programme von der obersten Landesbehörde oder einer Organisation der freiwilligen Selbstkontrolle im Rahmen des Verfahrens nach § 14 Abs. 6 für ihre Altersstufe freigegeben und gekennzeichnet worden sind oder wenn es sich um Informations-, Instruktions- oder Lehrprogramme handelt, die vom Anbieter mit „Infoprogramm" oder „Lehrprogramm" gekennzeichnet sind.**
(2) Elektronische Bildschirmspielgeräte dürfen
1. auf Kindern oder Jugendlichen zugänglichen öffentlichen Verkehrsflächen,
2. außerhalb von gewerblich oder in sonstiger Weise beruflich oder geschäftlich genutzten Räumen oder
3. in deren unbeaufsichtigten Zugängen, Vorräumen oder Fluren
 nur aufgestellt werden, wenn ihre Programme für Kinder ab sechs Jahren freigegeben und gekennzeichnet oder nach § 14 Abs. 7 mit „Infoprogramm" oder „Lehrprogramm" gekennzeichnet sind.
(3) **Auf das Anbringen der Kennzeichnungen auf Bildschirmspielgeräten findet § 12 Abs. 2 Satz 1 bis 3 entsprechende Anwendung.**

Schrifttum: *Erdemir*, Filmzensur und Filmverbot, 2000; *v. Gottberg*, Jugendschutz in den Medien, 1995; *Engels/Stulz-Herrnstadt*, Einschränkungen für die Presse nach dem neuen Jugendschutzgesetz, AfP 2003, 97, 101; *Gutknecht*, Verpflichtung zur Anbringung von Alterskennzeichen auf Bildträgern, JMS-Report 3/2010, 2; *Hilse*, Die Altersfreigabe von Computer- und Automatenspielen durch USK und ASK, JMS-Report 3/2004, 2; *Liesching/Knupfer*, Die Zulässigkeit des Betreibens von Internetcafés nach gewerbe- und jugendschutzrechtlichen Bestimmungen, MMR 2003, 439; *Liesching*, Internetcafés als „Spielhallen" nach Gewerbe- und Jugendschutzrecht, NVwZ 2005, 898; *Lober*, Spiele in Internet-Cafés: Game Over?, MMR 2002, 730; *Meves*, Computerspiele und die Gewalt in der Gesellschaft, JMS-Report 4/2002, 2; *Ott*, Brot und Spiele in Internetcafes, K&R 2005, 543; *ders.*, Internetcafés im Spannungsfeld zwischen Sozialnützlichkeit und Jugendgefährdung, NIP 2006, 17; *Potthast*, Regulierung und Computerspiele, KJM-Schriftenreihe II, 2010, 89; *Schumann*, Jugendschutzgesetz und Jugendmedienschutzstaatsvertrag – alte und neue Fragen des Jugendmedienschutzrechts, tv-diskurs 25/2003, S. 97.

Übersicht

Rn.

I. Allgemeines 1
   1. Regelungsinhalt, Normhintergrund und -historie 1

2. Schutzzweck der Vorschrift	2
II. Öffentlich aufgestellte elektronische Bildschirmspielgeräte (Abs. 1)	3
1. Elektronische Bildschirmspielgeräte	3
a) Allgemeines	3
b) Multifunktionale Geräte	4
2. Fehlen einer Gewinnmöglichkeit	6
3. Öffentlich aufgestellt	7
4. Gestatten des Spielens	8
5. Ausnahmen	9
a) Begleitung durch Eltern oder Erziehungsbeauftragte	9
b) Freigabe und Kennzeichnung	10
III. Aufstellung in unbeaufsichtigten öffentlichen Bereichen (Abs. 2)	11
1. Allgemeines	11
2. Erfasste Örtlichkeiten	12
a) Öffentliche Verkehrsflächen	12
b) Altersfreigabe „ab 6" bzw. Anbieterkennzeichnung	13
IV. Anbringen der Kennzeichen (Abs. 3)	14
V. Rechtsfolgen	15
1. Verstoß durch Spielgestattung	15
2. Verstoß der Anbieter gegen Hinweispflichten	16

I. Allgemeines

1. Regelungsinhalt, Normhintergrund und -historie

In den letzten Jahren hat sich die Zahl neu entwickelter und laufend perfektionierter elektronischer Bildschirmspielgeräte vervielfacht. Unterhaltungsspielgeräte werden auch in Vorräumen von Kinos, Geschäftspassagen, Kaufhäusern, Hauseingängen, Fluren, Durchgängen, Freizeitparks usw. aufgestellt. Für Spielhallen und überwiegend dem Spielbetrieb dienende Räume gilt das generelle Verbot der Anwesenheit von Minderjährigen nach § 6 Abs. 1 (vgl. dort Rn. 1 ff.). Abs. 3 wurde geändert durch **1. JuSchGÄndG** v. 24. 6. 2008 (BGBl. I S. 1075) mit Wirkung zum 1. 7. 2008. **1**

2. Schutzzweck der Vorschrift

Schutzzweck der Vorschrift ist in erster Linie die Gewährleistung, dass Kinder und Jugendliche durch die **Programminhalte** der Bildschirmspielgeräte nicht **beeinträchtigt** werden (vgl. zur Wirkung von Computerspielen: Meves, JMS-Report 4/2002, S. 2 f.; s.a. § 12 JuSchG Rn. 3 f.). Die vormalige in § 8 Abs. 3 und 4 JÖSchG erkennbare Intention des Gesetzgebers, der Gefahr entgegenzuwirken, dass Kinder und Jugendliche unter Ausnutzung des Spieltriebs zur **Spielleidenschaft** hingeführt werden, soll angesichts der technischen Fortentwicklung und der nahezu allgegenwärtigen Verfügbarkeit von Spielprogrammen in häuslichen PC-Rechnern, Spielkonsolen, Taschencomputern (z. B. Gameboys, Playstation Portable) oder Handys gegenüber dem Jugendmedienschutz in den Hintergrund treten (vgl. BT-Drs. 14/9013, S. 21; s.a. Ukrow, Rn. 230; vgl. zur Problematik der Spielsucht § 12 JuSchG Rn. 4). **2**

II. Öffentlich aufgestellte elektronische Bildschirmspielgeräte (Abs. 1)

1. Elektronische Bildschirmspielgeräte

3 **a) Allgemeines.** Solche sind alle zur stationären Aufstellung geeignete Computer zur Verarbeitung von Daten eines eingebauten Medienträgers mit Spielprogrammen, deren Inhalte unmittelbar über einen oder mehrere Bildschirme zur Anschauung gelangen und in ihrem Ablauf durch den Nutzer beeinflussbar sind. Der Begriff ist **enger** als der gewerberechtliche Begriff der **Unterhaltungsspiele** ohne Gewinnmöglichkeit, welcher alle (auch nichtelektronischen) Apparaturen erfasst, die nach ihrem In-Gang-Setzen unter Einsatz von Energie durch technische Einrichtungen Spielabläufe bewirken (BVerwG NVwZ 2005, 961). Die Spielprogramme sind **Trägermedien** i. S. d. § 1 Abs. 2 S. 1 (vgl. oben § 1 Rn. 16 ff.).

4 **b) Multifunktionale Geräte. aa) Rspr. des BVerwG.** Multifunktionsgeräte wie Computer, die sowohl zum Spielen als auch zu anderen Zwecken (etwa Textverarbeitung, Internetrecherchen oder Kommunikation) genutzt werden können, sind nach der Rspr. des BVerwG Unterhaltungsspiele ohne Gewinnmöglichkeit, wenn sie gewerblich einem Spielmöglichkeiten nachsuchenden Publikum **(auch) zu Spielzwecken angeboten** werden (BVerwG NVwZ 2005, 961 f.). Die Beschränkung auf die Gewerblichkeit geht freilich fehl, da es zum einen für die bloße Unterhaltungsspieleigenschaft nicht darauf ankommen kann, ob mit Spielen versehene PCs gewerblich angeboten werden. Zum anderen kann für den Charakter des Computerspiel-PCs als Unterhaltungsspiel nicht maßgeblich sein, ob die Rechner tatsächlich einem spielorientierten Publikum zu Spielzwecken offeriert werden (vgl. ausführl. Liesching, NVwZ 2005, 898, 899).

5 **bb) Überwiegen der Spielnutzung.** Eine nutzungsorientiert einschränkende Auslegung erscheint demgegenüber vorzugswürdig. Bietet danach ein Gerät grundsätzlich verschiedene Nutzungsmöglichkeiten (z. B. PC-Rechner mit Bildschirm), so liegt dann ein Spielgerät i. S. d. § 13 vor, wenn mindestens ein Spielprogramm auf dem Datenspeicher des Gerätes oder auf einem eingelegten Bildträger vorhanden ist, und das Gerät **ausschließlich oder ganz überwiegend zu Spielzwecken aufgestellt** ist (vgl. VG Berlin, MMR 2002, 767; anders OVG Berlin MMR 2003, 204 f.). Als Bildschirmspielgeräte kommen daher neben den auch in Spielhallen (hierzu oben § 6 Rn. 3 ff.) üblichen, in aufwendige Holz- oder Plastikgehäuse eingesetzten Großgeräten mit Münzeinwurf grundsätzlich auch in Betracht: Spielkonsolen (z. B. Xbox, Nintendo Wii, PlayStation) und Miniaturspielcomputer im Taschenformat (z. B. Gameboy, Playstation Portable), insb. bei **Probenutzung in öffentlichen Kaufhäusern** in diebstahlssichernden Metallmanschetten für Kunden (vgl. auch Ukrow, Rn. 231: „Demo-Displays im stationären Handel"); PC-Rechner mit gespeicherten Spielprogrammen, die zu Spielezwecken miteinander vernetzt sind, insb. im Rahmen sog. „LAN-Partys" (a. A. Lober, MMR 2002, 730, 732; siehe auch § 6 Rn. 6).

Bildschirmspielgeräte § 13 JuSchG

2. Fehlen einer Gewinnmöglichkeit

Das eingeschränkte Verbot des Abs. 1 erfasst nur Bildschirmspielgeräte 6
ohne Gewinnmöglichkeit. Ausgeschlossen sind also Spielgeräte, die mit einer
den Spielausgang beeinflussenden technischen Vorrichtung ausgestattet sind,
und die die Möglichkeit eines (in Geld oder Waren bestehenden) Gewinns
bieten. Insoweit wird auf die nach der **Gewerbeordnung** in Verbindung
mit der SpielV festgelegte Begrenzung der Aufstellorte für Geldspielgeräte
sowie für **Glücksspiele** auf die Bestimmungen des GlüStV (s. aber auch
EuGH, Urteile v. 8. 9. 2010 – C-409/06; C-316-07; C-46-08) sowie
§§ 284 ff. StGB verwiesen.

3. Öffentlich aufgestellt

Dies sind Bildschirmgeräte, wenn sie an einem allgemein zugänglichen 7
Ort stehen (Straßen, Wege, Plätze, **Geschäftspassagen**, **Kaufhausabteilungen**, U-Bahn-Stationen sowie allgemein öffentliche Gebäude oder Verkehrsmittel), unabhängig davon, ob die tatsächliche Benutzung des Spielgerätes
eine besondere Zugangsberechtigung (PIN-Code) erfordert. Ist der Ort aufgrund rechtlicher Vorschriften (dazu gehört nach § 6 Abs. 1 auch die Spielhalle, ebenso die in § 4 Abs. 3 bezeichneten Betriebe) Kindern und Jugendlichen nicht zugänglich, so gilt das Aufstellverbot dort nicht. **Schulische oder
universitäre Internetcafé-Einrichtungen** unterliegen den Beschränkungen des § 13 JuSchG hingegen von vornherein nicht, sofern lediglich ein
begrenzter Personenkreis (Mitglieder der Bildungseinrichtung, Schüler etc.)
Zugang zu den Räumlichkeiten hat, in denen die Rechner aufgestellt sind
(Liesching/Knupfer, MMR 2003, 439, 447).

4. Gestatten des Spielens

Das Verbot bezieht sich auf das Gestatten des Spielens an elektronischen 8
Bildschirmspielgeräten, also der Einräumung der Möglichkeit zur Nutzung
der Spielprogramme des Gerätes durch den Berechtigten. Einer ausdrücklichen „Gestattenserklärung" bedarf es nicht. Es genügt, dass das Spielen einer
Person im Alter unter der zulässigen Freigabegrenze **wahrgenommen** und
geduldet wird (vgl. auch § 4 Rn. 3 ff.). Ein Gestatten wird auch schon dann
vorliegen, wenn in Verkaufsräumen feilgebotene Spiele undifferenziert „**zum
Ausprobieren**" angepriesen werden. Ob die Benutzung des Bildschirmspielgerätes nur gegen Entgelt gestattet wird oder nicht, ist wegen des gegenüber
der alten Regelung des § 8 Abs. 3 und 4 JÖSchG abgeänderten Schutzzwecks
(Rn. 2) belanglos (vgl. BT-Drs. 14/9013, S. 21). Zuwiderhandlungen stellen
für Veranstalter und Gewerbetreibende oder Personen i. S. d. § 28 Abs. 4
gemäß § 28 Abs. 1 Nr. 19 Ordnungswidrigkeiten dar.

5. Ausnahmen

a) Begleitung durch Eltern oder Erziehungsbeauftragte. Die Beglei- 9
tung durch eine personensorgeberechtigte oder erziehungsbeauftragte Person
(§ 1 Abs. 1 Nrn. 3 und 4) setzt voraus, dass diese sich um den Minderjährigen

auch **tatsächlich kümmert**, d. h. ihn beaufsichtigt und nicht statt dessen etwa in Kaufhäusern seinen eigenen Interessen nachgeht. Erziehungsbeauftragte unterliegen der Nachweispflicht des § 2 Abs. 1 S. 1, an welche im Einzelfall Anforderungen zu stellen sind, welche über eine bloße mündliche Darlegung hinausgehen (siehe § 2 Rn. 6 f.). Insb. bei **jungen Erwachsenen**, welche die Bildschirmspielgeräte ebenfalls nutzen, ist das Erziehungsbeauftragtenverhältnis durch den Veranstalter, Gewerbetreibenden oder einer Person i. S. d. § 28 Abs. 4 nach § 2 Abs. 1 S. 2 genau zu prüfen (siehe ausführl. auch § 2 Rn. 6 ff.).

10 **b) Freigabe und Kennzeichnung.** Die Freigabe und Kennzeichnung der Spielprogramme kann bereits für **inhaltsgleiche Bildträger** nach § 12 Abs. 1 i. V. m. § 14 Abs. 2 erfolgt sein (vgl. auch 14 Abs. 5). Insoweit bewendet es bei der Pflicht zur Anbringung dieser Kennzeichnungen auf den Bildschirmspielgeräten nach Abs. 3. Im Übrigen müssen die Programme von der Automaten-Selbstkontrolle (**ASK**) für eine bestimmte Altersgruppe freigegeben und gekennzeichnet worden sein, bevor entsprechende Spielgeräte öffentlich aufgestellt werden (hierzu § 12 Rn. 11, unten § 14 Rn. 9 ff. sowie Hilse, JMS-Report 3/2004, 2 ff.). Zur Ausnahme der **Anbieterkennzeichnung** von Informations-, Instruktions- oder Lehrprogrammen vgl. § 11 Rn. 12 und § 14 Rn. 52 f.).

III. Aufstellung in unbeaufsichtigten öffentlichen Bereichen (Abs. 2)

1. Allgemeines

11 Die Vorschrift des Abs. 2 beschränkt die öffentliche Aufstellung von Bildschirmspielgeräten dort auf Programme mit einer Freigabe nach § 14 Abs. 2 Nr. 2 (oder Nr. 1), wo unbeaufsichtigte, insb. jüngere Minderjährige typischerweise Zugang haben. Im Übrigen dürfen Geräte nur in beruflich oder geschäftsmäßig genutzten Räumen aufgestellt werden, in denen eine hinreichende Kontrollaufsicht gewährleistet ist (vgl. hierzu BVerwGE 88, 348, 352; OLG Karlsruhe NStZ 1987, 284 f.; oben § 12 Rn. 8).

2. Erfasste Örtlichkeiten

12 **a) Öffentliche Verkehrsflächen.** Solche im Sinne von Nr. 1 sind alle der Allgemeinheit zugänglichen Wege, Straßen und Plätze einschließlich Geschäftspassagen, U-Bahn-Passagen, Fußgängertunnel usw. Dabei kommt es nicht darauf an, ob diese Verkehrsflächen vom Eigentümer der öffentlichen Benutzung gewidmet oder nur tatsächlich **öffentlich zugänglich** sind. Auch die Nrn. 2 und 3 sollen sicherstellen, dass eine Aufstellung dort unterbleibt, wo die Geräte typischerweise unbeaufsichtigt wären und Minderjährige ungehindert Zugang haben. Gewerblich oder in sonstiger Weise **beruflich oder geschäftsmäßig genutzte Räume** im Sinne von Nr. 2 sind vornehmlich Räumlichkeiten, die einem Gewerbetreibenden zur Ausübung seines Gewerbes dienen (z. B. Verkaufsräume in Kaufhäusern, Schank- oder Speise-

Bildschirmspielgeräte § 13 JuSchG

räume von Gaststätten, Kassenräume von Kinos). Vgl. zu den **unbeaufsichtigten Nebenräumen** i. S. d. Nr. 3 sowie zum Ganzen auch oben § 12 Rn. 27.

b) Altersfreigabe „ab 6" bzw. Anbieterkennzeichnung. Die Zuläs- 13
sigkeit der Aufstellung von Bildschirmspielgeräten an den in Nrn. 1 bis 3 genannten Orten steht unter dem Vorbehalt der besonderen Freigabe nach § 14 Abs. 2 Nr. 2 bzw. der Anbieterkennzeichnung nach § 14 Abs. 7. Daneben genügen erst recht auch solche Spielprogramme den Anforderungen des Abs. 2, welche nach § 14 Abs. 2 Nr. 1 mit „Freigegeben **ohne Altersbeschränkung**" gekennzeichnet sind.

IV. Anbringen der Kennzeichen (Abs. 3)

Nach der Vorschrift findet **§ 12 Abs. 2 Satz 1 bis 3** entsprechende 14
Anwendung für die Anbringung der Kennzeichen auf elektronische Bildschirmspielgeräte, sodass hierauf hinreichend **deutlich** hinzuweisen ist. Auch die Vorschrift des § 12 Abs. 2 S. 2 zu **Größe und Position** des Kennzeichens ist entsprechend zu beachten, was freilich angesichts der Größe zahlreicher Bildschirmspielgeräte wenig sachgerecht erscheint. Die Kennzeichnungspflicht trifft nicht nur den Geräteaufsteller, sondern bei fest installierten Spielen bereits den Hersteller der Bildschirmspielgeräte (ähnl. Nikles u.a., Rn. 14). Der Verzicht auf die vormalige Vorschrift des § 8 Abs. 5 JÖSchG mit **spielinhaltichen Beschränkungen** (sexuelle Handlungen, Gewalttätigkeiten gegen Menschen oder Tiere) ist in der Praxis **überflüssig** geworden. Sollten derartige Spiele überhaupt eine USK-Alterskennzeichnung erhalten, hat der Gewerbetreibende unter Bußgeldandrohung darauf zu achten, dass nicht zugelassene Altersgruppen diese nicht spielen. Eine Regelungslücke besteht insoweit nicht (a. A. Nikles u.a., Rn. 15).

V. Rechtsfolgen

1. Verstoß durch Spielgestattung

Wer als Gewerbetreibender oder Veranstalter vorsätzlich oder fahrlässig 15
entgegen Abs. 1 einem Kind oder einer jugendlichen Person das Spielen an Bildschirmspielgeräten gestattet, begeht eine **Ordnungswidrigkeit** nach § 28 Abs. 1 Nr. 19. Ein fahrlässiger Verstoß liegt vor allem dann vor, wenn aufgrund mangelnder Aufsicht nicht verhindert wird, dass Kinder und Jugendliche das betreffende Bildschirmspielgerät nutzen, obwohl dieses für ihr Alter nicht freigegeben ist. § 28 Abs. 4 sowie die Strafbarkeit in den Fällen des § 27 Abs. 2 ist ebenfalls zu beachten.

2. Verstoß der Anbieter gegen Hinweispflichten

Ferner handeln auch Anbieter von Bildschirmspielgeräten nach § 28 Abs. 2 16
Nr. 1 bzw. 2 ordnungswidrig, wenn sie vorsätzlich oder fahrlässig entgegen § 12 Abs. 2 Satz 1 und 2 i. V. m. § 13 Abs. 3, einen Hinweis nicht, **nicht**

JuSchG § 14 III. Abschnitt. Jugendschutz im Bereich der Medien

richtig oder nicht in der vorgeschriebenen Weise geben bzw. wenn sie einer **vollziehbaren Anordnung** nach § 12 Abs. 2 Satz 3 Nr. 1 i. V. m. § 13 Abs. 3 zuwiderhandeln. Darüber hinaus gelten die Bekanntmachungspflichten nach § 3 (s.a. Ukrow, Rn. 237). Bei missbräuchlicher Verwendung kann eine **Markenrechtsverletzung** vorliegen, welche ggf. bei der ASK angezeigt werden kann (zutreffend Nikles u.a., Rn. 16).

§ 14 Kennzeichnung von Filmen und Film- und Spielprogrammen

(1) Filme sowie Film- und Spielprogramme, die geeignet sind, die Entwicklung von Kindern und Jugendlichen oder ihre Erziehung zu einer eigenverantwortlichen und gemeinschaftsfähigen Persönlichkeit zu beeinträchtigen, dürfen nicht für ihre Altersstufe freigegeben werden.

(2) Die oberste Landesbehörde oder eine Organisation der freiwilligen Selbstkontrolle im Rahmen des Verfahrens nach Absatz 6 kennzeichnet die Filme und die Film- und Spielprogramme mit
1. „Freigegeben ohne Altersbeschränkung",
2. „Freigegeben ab sechs Jahren",
3. „Freigegeben ab zwölf Jahren",
4. „Freigegeben ab sechzehn Jahren",
5. „Keine Jugendfreigabe".

(3) [1]Hat ein Trägermedium nach Einschätzung der obersten Landesbehörde oder einer Organisation der freiwilligen Selbstkontrolle im Rahmen des Verfahrens nach Absatz 6 einen der in § 15 Abs. 2 Nr. 1 bis 5 bezeichneten Inhalte oder ist es in die Liste nach § 18 aufgenommen, wird es nicht gekennzeichnet. [2]Die oberste Landesbehörde hat Tatsachen, die auf einen Verstoß gegen § 15 Abs. 1 schließen lassen, der zuständigen Strafverfolgungsbehörde mitzuteilen.

(4) [1]Ist ein Programm für Bildträger oder Bildschirmspielgeräte mit einem in die Liste nach § 18 aufgenommenen Trägermedium ganz oder im Wesentlichen inhaltsgleich, wird es nicht gekennzeichnet. [2]Das Gleiche gilt, wenn die Voraussetzungen für eine Aufnahme in die Liste vorliegen. [3]In Zweifelsfällen führt die oberste Landesbehörde oder eine Organisation der freiwilligen Selbstkontrolle im Rahmen des Verfahrens nach Absatz 6 eine Entscheidung der Bundesprüfstelle für jugendgefährdende Medien herbei.

(5) [1]Die Kennzeichnungen von Filmprogrammen für Bildträger und Bildschirmspielgeräte gelten auch für die Vorführung in öffentlichen Filmveranstaltungen und für die dafür bestimmten, inhaltsgleichen Filme. [2]Die Kennzeichnungen von Filmen für öffentliche Filmveranstaltungen können auf inhaltsgleiche Filmprogramme für Bildträger und Bildschirmspielgeräte übertragen werden; Absatz 4 gilt entsprechend.

(6) [1]Die obersten Landesbehörden können ein gemeinsames Verfahren für die Freigabe und Kennzeichnung der Filme sowie Film-

und Spielprogramme auf der Grundlage der Ergebnisse der Prüfung durch von Verbänden der Wirtschaft getragene oder unterstützte Organisationen freiwilliger Selbstkontrolle vereinbaren. ²Im Rahmen dieser Vereinbarung kann bestimmt werden, dass die Freigaben und Kennzeichnungen durch eine Organisation der freiwilligen Selbstkontrolle Freigaben und Kennzeichnungen der obersten Landesbehörden aller Länder sind, soweit nicht eine oberste Landesbehörde für ihren Bereich eine abweichende Entscheidung trifft.

(7) ¹Filme, Film- und Spielprogramme zu Informations-, Instruktions- oder Lehrzwecken dürfen vom Anbieter mit „Infoprogramm" oder „Lehrprogramm" nur gekennzeichnet werden, wenn sie offensichtlich nicht die Entwicklung oder Erziehung von Kindern und Jugendlichen beeinträchtigen. ²Die Absätze 1 bis 5 finden keine Anwendung. ³Die oberste Landesbehörde kann das Recht zur Anbieterkennzeichnung für einzelne Anbieter oder für besondere Film- und Spielprogramme ausschließen und durch den Anbieter vorgenommene Kennzeichnungen aufheben.

(8) Enthalten Filme, Bildträger oder Bildschirmspielgeräte neben den zu kennzeichnenden Film- oder Spielprogrammen Titel, Zusätze oder weitere Darstellungen in Texten, Bildern oder Tönen, bei denen in Betracht kommt, dass sie die Entwicklung oder Erziehung von Kindern oder Jugendlichen beeinträchtigen, so sind diese bei der Entscheidung über die Kennzeichnung mit zu berücksichtigen.

Schrifttum: *Erbel,* „Mutmaßlich jugendgefährdende" Schriften und solche „mit einem bestimmten Maß an künstlerischem Niveau", DVBl. 1973, 527; *Erdemir,* Filmzensur und Filmverbot, 2000; *v. Gottberg,* Jugendschutz in den Medien, 1995; *Hilse,* Die Altersfreigabe von Computer- und Automatenspielen durch USK und ASK, JMS-Report 3/2004, 2; *Hönge,* Aufgaben der Freiwillien Selbstkontrolle der Filmwirtschaft (FSK), JMS-Report 4/2004, 9; *Horn,* Abgrenzungsfragen zu Jugendbeeinträchtigung und Jugendgefährdung, Vortrag auf der Jahrestagung der FSK am 10. November 2006 in Wiesbaden (hekt. hinterlegt); *Höynck/Mößle/Kleimann/Pfeiffer/Rehbein,* Jugendmedienschutz bei gewalthaltigen Computerspielen: Eine Analyse der USK-Alterseinstufungen, 2007; *Höynck,* Stumpfe Gewalt? Möglichkeiten und Grenzen der Anwendung von § 131 StGB auf gewalthaltige Computerspiele am Beispiel „Der Pate – Die Don Edition", ZIS 2008, 206 ff.; *Höynck/Pfeiffer,* Verbot von Killerspielen – Thesen und Vorschläge zur Verbesserung des Jugendmedienschutzes, ZRP 2007, 91 ff.; *Kunczik/Zipfel,* Gewalt und Medien – Ein Studienhandbuch, 2006; *Liesching,* Schutzgrade im Jugendmedienschutz – Begriffsbestimmungen, Auslegungen, Rechtsfolgen, Gutachten im Auftrag der LMK Rheinl.-Pfalz, 2010; Jugendmedienschutz in Deutschland und Europa, 2002; *ders.:* Das neue Jugendschutzgesetz – Ein Überblick, JMS-Report 4/2002, S. 4; *ders.,* Warum ist die USK-„KJ"-Entscheidung zum Computerspiel GTA IV „unverständlich"?, JMS-Report 4/2008, 2; *Lukesch,* Gewalt und Medien, 2002; *Mikos,* Jugendschutz zwischen Altersfreigaben und Filmbewertung, tv-diskurs 20/2002, 66; *Potthast,* Regulierung und Computerspiele, KJM-Schriftenreihe II, 2010, 89; *Redeker,* Fragen der Kontrolldichte verwaltungsgerichtlicher Rechtsprechung, DÖV 1971, 757, 762; *Rehbein/Kleimann/Mößle,* Zur Einstufung des Videospiels GTA IV durch die USK mit „Keine Jugendfreigabe", JMS-Report 03/2008, 2; *Schumann,* Jugendschutzgesetz und Jugendmedienschutzstaatsvertrag – alte und neue Fragen des Jugendmedienschutzrechts, tv-diskurs 25/2003, S. 97; *Schäfer,* Der kriminologische Hintergrund des

JuSchG § 14 III. Abschnitt. Jugendschutz im Bereich der Medien

(Jugend-)Medienschutzes im Hinblick auf mediale Gewaltdarstellungen, 2008; *Seifert*, Der Splatterfilm in der Prüfpraxis der Freiwilligen Selbstkontrolle der Filmwirtschaft, BPJM-aktuell, 4/2008, 12; *Trinkl* in: v.Hartlieb/Schwarz, Handbuch des Film-, Fernseh- und Videorechts, 4. Aufl. 2004, Kap. 12; *Weides*, Der Jugendmedienschutz im Filmbereich, NJW 1987, 224.

Übersicht

	Rn.
I. Allgemeines	1
1. Regelungsinhalt und Bedeutung	1
2. Gefährdungsgrade im Jugendmedienschutz	2
a) Allgemeines	2
b) Stufe 1: Entwicklungsbeeinträchtigende Medieninhalte „ab 0"/„ab 6"	3
c) Stufe 2: Entwicklungsbeeinträchtigende Medieninhalte „ab 12"	4
d) Stufe 3: Entwicklungsbeeinträchtigende Medieninhalte „ab 16"	5
e) Stufe 4: Entwicklungsbeeinträchtigende Medieninhalte „ab 18"	6
f) Stufe 5: (Einfach) jugendgefährdende (indizierte) Medieninhalte	7
g) Stufe 6: Offensichtlich schwer jugendgefährdende Medieninhalte	8
II. Freigabe entwicklungsbeeinträchtigender Film- oder Spiel-Trägermedien (Abs. 1)	9
1. Anwendungsbereich	9
a) Erfasste Medien	9
b) Beeinträchtigungsvermutung bei Rundfunkausstrahlung und Telemedienverbreitung	10
2. Begriff der Entwicklungsbeeinträchtigung	11
a) Begriffsneufassung durch JuSchG	11
b) Orientierung an § 1 Abs. 1 SGB VIII	12
c) Erfasster Schutzbereich	13
d) Beurteilungsmaßstab für die Bewertung	14
e) Prüfpraxis	17
3. „Eignung" zur Entwicklungsbeeinträchtigung	23
III. Altersfreigabestufen (Abs. 2)	24
1. Allgemeines	24
2. Kennzeichen „Keine Jugendfreigabe" (Nr. 5)	25
3. Rechtsfolgen der Altersfreigaben für Bildträger, Rundfunk und Telemedien	26
a) Bildträger	26
b) Rundfunk und Telemedien	27
IV. Kennzeichnungsausschlussgründe (Abs. 3 u. 4)	28
1. Schwer jugendgefährdende und indizierte Trägermedien (Abs. 3 S. 1)	28
a) Schwer jugendgefährdende Trägermedien	28
b) Bereits indizierte Trägermedien	30
c) Mitteilungspflicht gegenüber Strafverfolgungsbehörden (Satz 2)	31
2. Inhaltsgleiche und indizierungstaugliche Filme und Spiele (Abs. 4)	34

a) Mit indizierten Medien im Wesentlichen inhaltsgleiche
   Filme und Spiele. (Satz 1) 34
b) Indizierungstaugliche Filme oder Spiele (Satz 2) 35
c) Zweifelsfallprüfung durch BPjM (Satz 3) 36
V. Entsprechungsklausel (Abs. 5) 41
  1. Geltungserstreckung von Bildträgerfreigaben auf öffentliche Filmveranstaltungen (Satz 1) 41
  2. Übertragung von Filmfreigaben auf Bildträger (Satz 2 1. Hs.) 42
     a) Übertragung auf Antrag 42
     b) Kennzeichenübernahme bei ursprünglich unwirksamem FSK-Votum 43
  3. Entsprechende Anwendung von § 14 Abs. 4 (Satz 2 2. Hs.) 44
  4. Vermutungswirkung von Kennzeichen für Rundfunk- und Telemedienangebote 45
VI. Ländervereinbarungen über Freigabeverfahren (Abs. 6) 46
  1. OLjB-Vereinbarungen (Satz 1) 46
     a) Organisationen der Freiwilligen Selbstkontrolle 46
     b) Einrichtung ständiger OLjB-Vertreter in den Selbstkontrollausschüssen 47
  2. Übernahme von Kennzeichen durch die OLjB (Satz 2) ... 48
     a) Verwaltungsrechtliche Einordnung 48
     b) Formeller Übernahmeakt 49
     c) Abweichende Entscheidung der OLjB 50
VII. Anbieterkennzeichnung als „Info- oder Lehrprogramm" (Abs. 7) 51
  1. Geltungsbereich (Satz 1) 51
  2. Keine Entwicklungsbeeinträchtigung 52
  3. Erforderliche Zweckausrichtung 53
  4. Missbräuchliche Kennzeichnung 54
     a) Rechtsfolgen missbräuchlicher Verwendung 54
     b) OLjB-Anordnungen (Satz 2) 55
VIII. Berücksichtigung bestimmter Begleitumstände (Abs. 8) 56
  1. Geltungsbereich 56
  2. Gewichtung im Gesamtkontext 57

I. Allgemeines

1. Regelungsinhalt und Bedeutung

Die Vorschrift stellt ein Kernstück des gesetzlichen Jugendmedienschutzes **1**
bei Bildträgern im Bereich der **Entwicklungsbeeinträchtigung** dar. Geregelt werden die Anforderung an die Altersfreigabe bei Filmen, Film- und Spielprogrammen sowie die **Abgrenzung** des Anwendungsbereichs zu anderen Normen des Jugendmedienschutzes, insb. zu den Tatbeständen schwerer Jugendgefährdung (§ 15 Abs. 2) und zu den indizierungstauglichen, (einfach) jugendgefährdenden Inhalten, welche nicht durch FSK und USK gekennzeichnet werden dürfen.

2. Gefährdungsgrade im Jugendmedienschutz

2 a) Allgemeines. Abgesehen von spezialtatbestandlichen Absolutverboten als höchstem Gefährdungsgrad (vgl. z. B. §§ 86, 86a, 130, 130a, 131, 184a, 184b, 184c StGB, hierzu ausführl. die Anm. in Teil III) sieht das Jugendschutzrecht zahlreiche darunter abgestufte, zu differenzierende Gefährdungsgrade vor, von denen die entwicklungsbeeinträchtigenden Inhalte nach § 14 JuSchG lediglich einen Teil abbilden. Die Gefährdungsgrade, an die unterschiedlich restriktive Rechtsfolgen geknüpft sind (s.a. Rn. 24 f.), können systematisiert in einer Art „Stufendarstellung" wie folgt wiedergegeben werden.

3 b) Stufe 1: Entwicklungsbeeinträchtigende Medieninhalte „ab 0"/ „ab 6". Medieninhalte (Trägermedien, Telemedien, Rundfunkangebote), die geeignet sind, Kinder unter 6 Jahren in ihrer Entwicklung zu beeinträchtigen (vgl. § 14 Abs. 2 Nr. 1 und 2 JuSchG; § 5 JMStV). Wegen der geringen praktischen und rechtsfolgenorientierten Unterschiede (s.a. unten Rn. 24 f.) können die Altersstufen „0 Jahre" und „6 Jahre" in einer Gefährdungsstufe zusammengefasst werden.

4 c) Stufe 2: Entwicklungsbeeinträchtigende Medieninhalte „ab 12". Medieninhalte (Trägermedien, Telemedien, Rundfunkangebote), die geeignet sind, Kinder unter 12 Jahren in ihrer Entwicklung zu beeinträchtigen (vgl. § 14 Abs. 2 Nr. 3 JuSchG; § 5, insb. Abs. 4 S. 3 JMStV).

5 d) Stufe 3: Entwicklungsbeeinträchtigende Medieninhalte „ab 16". Medieninhalte (Trägermedien, Telemedien, Rundfunkangebote), die geeignet sind, Kinder und Jugendliche unter 16 Jahren in ihrer Entwicklung zu beeinträchtigen (vgl. § 14 Abs. 2 Nr. 4 JuSchG; § 5, insb. Abs. 4 S. 2 JMStV).

6 e) Stufe 4: Entwicklungsbeeinträchtigende Medieninhalte „ab 18". Medieninhalte (Trägermedien, Telemedien, Rundfunkangebote), die geeignet sind, Kinder und Jugendliche unter 18 Jahren in ihrer Entwicklung zu beeinträchtigen (vgl. § 14 Abs. 2 Nr. 5 JuSchG; § 5, insb. Abs. 4 S. 1 JMStV).

7 f) Stufe 5: (Einfach) jugendgefährdende (indizierte) Medieninhalte. Medieninhalte (Trägermedien, Telemedien), die geeignet sind, Kinder und Jugendliche in ihrer Entwicklung zu gefährden und deshalb i. d. R. indiziert sind (vgl. § 18 Abs. 1 JuSchG; § 4 Abs. 2 S. 1 Nr. 2 JMStV, siehe hierzu ausführl. § 18 Rn. 5 ff.).

8 g) Stufe 6: Offensichtlich schwer jugendgefährdende Medieninhalte. Medieninhalte (Trägermedien, Telemedien, Rundfunkangebote), die geeignet sind, Kinder und Jugendliche in ihrer Entwicklung schwer zu gefährden (vgl. § 15 Abs. 2 JuSchG; § 4 Abs. 2 S. 1 Nr. 3 JMStV, siehe hierzu ausführl. § 15 Rn. 46 ff.).

II. Freigabe entwicklungsbeeinträchtigender Film- oder Spiel-Trägermedien (Abs. 1)

1. Anwendungsbereich

a) Erfasste Medien. Die Vorschrift regelt die Altersfreigabe und Kenn- 9
zeichnung für alle **Trägermedien** mit Film- oder (elektronischen) Spielinhalten, namentlich Filme (§ 11), Bildträger mit Filmen oder Spielen (§ 12) und Programme der Bildschirmspielgeräte (§ 13). **Rundfunksendungen** und **Telemedien** unterfallen demgegenüber nicht § 14 JuSchG. Sie unterliegen keiner direkten Altersfreigabeverpflichtung im Hinblick auf deren möglichst uneingeschränkten Vertrieb (siehe aber § 5 Abs. 2 JMStV, dort Rn. 35 ff.).

b) Beeinträchtigungsvermutung bei Rundfunkausstrahlung und 10
Telemedienverbreitung. Bei Altersfreigaben nach § 14 JuSchG gilt für die Bewertung der Entwicklungsbeeinträchtigung im Falle der Ausstrahlung im Rundfunk oder als Download- oder Streaming-Angebot in Telemedien die Vermutungsregelung des § 5 Abs. 2 S. 1 JMStV. Insoweit muss nach § 12 JMStV ein deutlicher Hinweis auf die Kennzeichnung der FSK bzw. der USK erfolgen (siehe § 12 JMStV Rn. 1 ff.). Sind die ausgestrahlten oder online verbreiteten Film- oder Spielprogramme mit nach § 14 gekennzeichneten „im Wesentlichen inhaltsgleich", gilt ebenfalls eine entsprechende Vermutung des Entwicklungsbeeinträchtigungsgrades (§ 5 Abs. 2 S. 2 JMStV; siehe ausführl. dort Rn. 35 ff.).

2. Begriff der Entwicklungsbeeinträchtigung

a) Begriffsneufassung durch JuSchG. Beurteilungsmaßstab für die 11
Freigabe für bestimmte Altersstufen nach Abs. 1 ist die Eignung der Filme, Film- oder Spielprogramme, die Entwicklung von Kindern und Jugendlichen oder ihre Erziehung zu einer eigenverantwortlichen und gemeinschaftsfähigen Persönlichkeit zu beeinträchtigen. Damit wurde der Wortlaut der Bestimmung gegenüber der vor dem 1. 4. 2003 geltenden Fassung des **JÖSchG** (§ 6 Abs. 2: Eignung zur Beeinträchtigung des körperlichen, geistigen oder seelischen Wohls von Kindern und Jugendlichen) erheblich abgeändert. Gleichwohl ergibt sich nach der amtlichen Begründung des Regierungsentwurfs hierdurch **keine inhaltliche Änderung** der bestehenden Beurteilungspraxis (BT-Drs. 14/9013, S. 22; vgl. auch BT-Drs. 14/9410, S. 30; a. A. Nikles u.a., Rn. 5).

b) Orientierung an § 1 Abs. 1 SGB VIII. Immerhin aber hat der Maß- 12
stab für die Freigabeentscheidung nunmehr eine terminologische Anpassung an die Generalklausel des § 1 Abs. 1 SGB VIII erfahren, welche auf den ersten Blick auch die Übernahme der für die Norm geltenden Auslegungsgrundsätze nahe legt. Allerdings sind die dort verankerten positiven Ziele der Jugendhilfe – Förderung und Erziehung – stets auf die **betroffene Person individuell** auszurichten, insb. unter Berücksichtigung besonderer benachteiligender Lebenszusammenhänge im Familienkreis oder im weiteren

JuSchG § 14   III. Abschnitt. Jugendschutz im Bereich der Medien

Umfeld (vgl. Münder u.a., § 1 Rn. 8 ff.). Demgegenüber ist bei der Beurteilung von Medieninhalten nach Abs. 1 nur ein generell geltender Maßstab für Kinder und Jugendliche einer bestimmten Altersgruppe entscheidend, wenngleich besondere Risikogruppen „gefährdungsgeneigter" Jugendlicher mit in den Blick genommen werden können (vgl. Rn. 15, § 18 Rn. 16 ff.). § 1 Abs. 1 SGB VIII kann also trotz des weitgehend identischen Wortlauts wegen seiner individuellen Ausrichtung für die Entscheidung über die allgemein gültige Jugendfreigabe von Filmen, Film- oder Spielprogrammen nur **sehr begrenzt** eine Auslegungshilfe sein (a. A. Nikles, u.a., die hierin eine „tendenzielle Verschärfung" der Beurteilung sehen, welche in der Prüfpraxis der FSK und der USK freilich nicht zu verzeichnen ist).

13   c) **Erfasster Schutzbereich.** Die Entwicklung von Kindern und Jugendlichen wird durch die Vorschrift umfassend, also sowohl in **körperlicher, geistiger** als auch **seelischer Hinsicht**, geschützt. Bei der Beurteilung, ob Film- oder Spielinhalte die Entwicklung Minderjähriger einer bestimmten Altersgruppe beeinträchtigen, ist das körperlichen Schädigungspotential unter medizinischen Gesichtspunkten noch am einfachsten auszuloten. So wird die Freigabe ohne Altersbeschränkung nach § 14 Abs. 2 Nr. 1 bei Filmen mit einer längeren Spieldauer von mehr als 15 Minuten wegen der Gefahr der Nervenüberreizung nur in Ausnahmefällen in Betracht kommen (siehe auch Rn. 15). Hinsichtlich geistiger oder seelischer Beeinträchtigungen der Entwicklung sowie insb. bei der Erziehung zu einer eigenverantwortlichen und gemeinschaftsfähigen Persönlichkeit ist aber entscheidend, welche Wertmaßstäbe hierbei einzuhalten sind bzw. inwieweit die Inhalte von Filmen, Film- oder Spielprogrammen von einem bestimmten allgemeinen Wertekonsens abweichen.

14   d) **Beurteilungsmaßstab für die Bewertung. aa) Verfassungswerte.** Als Wertmaßstäbe sind vor allem die Grundwerte der Verfassung wie insb. die Achtung der **Menschenwürde** nach Art. 1 Abs. 1 GG, das **Toleranzgebot** nach Art. 3 GG, der Schutz von Ehe und Familie nach Art. 6 Abs. 1, 2 GG (vgl. BVerwGE 39, 197, 206; Gödel, JSchutz BT § 1 GjS, Rn. 20) oder auch das Demokratieprinzip nach Art 20 GG zu beachten. Soweit die ältere Rspr. die „christlich-abendländische Weltanschauung" mit einbezieht (BGHSt 8, 80, 83; VG Köln UFITA 48 [1966], S. 343, 347), steht dies im Widerspruch zum Wertekonsens des GG, insb. dem Toleranzgebot nach Art. 3 GG (zurecht abl. daher E/K/Steindorf, § 1 GjSM Rn. 9; Schraut, 1993, S. 73, Fn. 461). Film- oder Spielinhalte, welche z. B. Diskriminierungen oder Menschwürdeverletzungen propagieren oder undifferenziert darstellen, Gewalt als probates Mittel zur Lösung von Konflikten schildern oder auch sexuelle Gewaltdarstellungen in den Vordergrund rücken, zeichnen jedenfalls ein dem **Wertekanon des Grundgesetzes** widersprechendes Bild, welches auf die Entwicklung und Erziehung von Kindern und Jugendlichen dann beeinträchtigend wirken kann, wenn diese aufgrund ihres Alters nicht in der Lage sind, die Inhalte differenziert und distanziert wahrzunehmen, zwischen Realität und Fiktion zu unterscheiden und daher die Gefahr besteht, dass dargestellte Wertbilder, Grundhaltungen oder Verhaltensweisen von ihnen übernommen werden.

bb) Konkretisierung durch FSK-Grundsätze. Maßgebend für die 15
Freigabe von Filmen, Film- und Spielprogrammen für Minderjährige
bestimmter Altersstufen ist weiterhin die Eignung ihrer Inhalte, das körperliche, geistige oder seelische Wohl von Kindern und Jugendlichen zu beeinträchtigen (siehe Rn. 2). Was hierunter zu verstehen ist, wird in § 18 Abs. 2 der FSK-Grundsätze in der 20. Fassung v. 1. 12. 2010 konkretisiert (siehe Anhang V.1.). Nach Nr. 1 der Bestimmung sind unter Beeinträchtigungen Hemmungen, Störungen oder Schädigungen zu fassen. Das körperliche, geistige oder seelische Wohl von Kindern und Jugendlichen können nach Nr. 3 insb. solche Filme beeinträchtigen, welche „die Nerven überreizen, **übermäßige Belastungen** hervorrufen, die Phantasie über Gebühr erregen, die charakterliche, sittliche (einschl. religiöse) oder geistige Erziehung hemmen, stören oder schädigen oder zu **falschen und abträglichen Lebenserwartungen** verführen". Die Kriterien sind freilich zum Teil kritisch zu sehen und im Hinblick auf ihren Nutzen für die Bewertungspraxis zu hinterfragen (so etwa für den vagen Begriff der „Phantasierregung", welcher wohl im Sinne einer übermäßigen Ängstigung zu interpretieren ist. Des Weiteren folgen die FSK-Grundsätze der h.M., wonach bei der Bewertung nicht nur auf den durchschnittlichen, sondern auch auf den **gefährdungsgeneigten Minderjährigen** abzustellen ist und lediglich Extremfälle auszunehmen sind (siehe ausführl. zum Meinungsstreit und zur Auslegung § 18 Rn. 16 ff.; zum Prüfverfahren in FSK-Ausschüssen § 11 Rn. 7 f.).

cc) Konkretisierung durch USK-Grundsätze und -Prüfordnung. 16
Auch die USK regelt in ihren Statuten Konkretisierungen des Bewertungsmaßstabs sowie allgemeine Prüfkriterien. Dabei wird insb. klargestellt, dass bei Computerspielen v.a. eine Bewertung der **Gesamtheit** des Mediums und die **Interaktivität** des Nutzers von besonderer Bedeutung sind (siehe ausführlich die Erläuterungen der USK-Grundsätze sowie der USK-Prüfordnung).

e) Prüfpraxis. aa) Interpretationsfreiräume der Gremien. In der 17
Prüfungspraxis der FSK- und der USK-Gremien ergeben sich oft diffizile Fragestellungen, welche von den Prüfinstanzen aufgrund der **Bandbreite vertretbarer Entscheidungen** auch im Einzelfall unterschiedlich gesehen werden. Dies entspricht auch der Rspr. des BVerwG, nach der die Vorstellung, es gebe bei der Bewertung der Jugendgefährdung und/oder Jugendbeeinträchtigung „nur eine richtige Lösung", sich häufig als „Fiktion" erweist (BVerwG NJW 1972, 596, 597). Vielmehr zeigt bereits die terminologische Offenheit der Jugendschutztatbestände und der allgemeinen Kriterien für die Zuordnung in Gefährdungsgrade, dass eine „Bandbreite der Entscheidungsmöglichkeiten" denkbar ist, die das Recht **in gleicher Weise als vertretbar** ansehen kann (BVerwG NJW 1972, 596, 597 unter Verweis auf Redeker, DÖV 1971, 757, 762).

bb) Kritische Abgenzungsfragen in Einzelfällen. Der Soldatenfilm 18
„Tal der Wölfe" war z. B. in **zweiter Instanz** von der Freiwilligen Selbstkontrolle der Filmwirtschaft „ab 16 Jahren" freigegeben worden. Gründe für die vergleichsweise liberalere Freigabeentscheidung waren u.a. die „durch-

JuSchG § 14   III. Abschnitt. Jugendschutz im Bereich der Medien

schaubare Machart" sowie der „holzschnittartige Grundentwurf". In dem von der Obersten Landesjugendbehörde initiierten **Appellationsverfahren** wurde diese Entscheidung geändert mit dem Ergebnis „Keine Jugendfreigabe" (vgl. FSK-Prüf-Nr. 105 124, Entscheidung des Appellationsausschusses vom 10. 03. 2006), wobei u.a. auf das „komplexe undurchsichtige politische und ethnische Geflecht", eine „in Ansätzen propagierte Selbstjustiz" und „die Vielfalt drastischer Gewaltdarstellungen" abgestellt wurde (vgl. Horn, Abgrenzungsfragen 1 ff.).

19   Das PS3-Computerspiel „**InFamous**" erhielt z. B. im USK-Ausgangsverfahren eine Altersfreigabe „Keine Jugendfreigabe". Auf die Berufung hin wurde im Rahmen von Sitzungen des **Berufungsausschusses** und des USK-Beirates die Empfehlung ausgesprochen, das Spiel mit „Freigegeben ab 16 Jahren" zu kennzeichnen (vgl. insb. Beiratsgutachten USK-Nr. 24658/09 v. 18. 05. 2009). Dieser Empfehlung ist die Vertreterin der Obersten Landesjugendbehörden gefolgt. Hiergegen hatte sodann das Bundesland des Freistaates Bayern gemäß § 10 Abs. 1 USK-Grundsätze ein Appellationsverfahren angestrengt im Hinblick auf eine Kennzeichnung entsprechend der **USK-Ausgangsentscheidung** „Keine Jugendfreigabe".

20   Auch im Hinblick auf die Abgrenzung der Entwicklungsbeeinträchtigung zu schwerwiegenderen Gefährdungsgraden wird häufig unterschiedlich beurteilt. Eine ca. 87-minütige Filmfassung des Filmes „**John Rambo Uncut**" wurde von der **Juristenkommission der SPIO** mit dem Kennzeichen „SPIO/JK geprüft: Keine schwere Jugendgefährdung" versehen; später wurde die Fassung von der Bundesprüfstelle wegen schwerer Jugendgefährdung nach § 15 Abs. 2 Nr. 3a JuSchG in Listenteil A indiziert (vgl. BPjM-Entsch. Nr. 8408 (V) vom 10. 9. 2008 – „Rambo Uncut"; vgl. auch BPjM-Entsch. Nr. 8938 (V) vom 5. 10. 2009 – „Borderland"). Auch die Korrektheit der USK-Freigabeentscheidung „Keine Jugendfreigabe" zum **Computerspiel „GTA IV"** ist im Schrifttum umstritten (vgl. Rehbein/Kleimann/Mößle, JMS-Report 3/2008, S. 2 ff.; hiergegen Liesching, JMS-Report 4/2008, 2; siehe zu den weiteren Gefährdungsstufen oben Rn. 2 ff. sowie ausführl. § 15 Rn. 84 ff. und § 18 Rn. 5).

21   **cc) Bewertung von Gewaltmedien.** Bei einer Freigabe für diese Altersstufe nach § 14 Abs. 2 Nr. 4 JuSchG (ab 16) wird die „**Angstdimension**" durch Gewaltdarstellungen in der Regel vernachlässigt. Bei besonders drastischen Gewaltdarstellungen wie z. B. in dem von der FSK „ab 16" freigegebenen Horrorfilm „Creep" wird ihr indes teilweise noch Bedeutung beigemessen, indes konstatiert, dass „Jugendliche ab 16 Jahren (…) über reichhaltige **Medienerfahrungen und Genrekenntnisse**" verfügten, so dass sie „die Zutaten eines Horrorfilms entschlüsseln und einordnen" könnten [FSK-Entsch. (Prüf. 99102/DVD) v. 18. 08. 2005 – „Creep"]. Bedeutenderes Kriterium ist daneben indes der Aspekt der **Gewaltbefürwortung bzw. -förderung**, die insb. über Darstellungen von Identifikationsfiguren mit gewalttätigen oder anderen sozial unverantwortbaren Verhaltensmustern (z. B. selbstjustizartige Tötung durch Sympathieträger) kolportiert werden kann. Auch allgemein kann die Präsentation von einseitig an Gewalt orientierten Konfliktlösungsmustern oder deren Legitimation ein Indiz für die Eignung

Kennzeichnung von Film- und Spielprogrammen　　　§ 14 JuSchG

zur Entwicklungsbeeinträchtigung „ab 16 Jahren" sein. Daneben ist regelmäßig auch die **positive oder unkommentierte Darstellung von Gewalt** als erfolgreichem Ersatz von Kommunikation Merkmal entwicklungsbeeinträchtigender Inhalte. Schließlich kann eine gewaltfördernde Wirkung auch in Darstellungen gesehen werden, die eine Desensibilisierung gegenüber Gewalt verursachen können, indem sie die Wirkung von Gewalt verharmlosen oder verschweigen (vgl. auch v.Hartlieb/Schwarz/Trinkl, Rn. 11; ausführl. zu „Splatterfilmen": Seifert, BPJM-aktuell, 4/2008, 12 ff.).

Bei einer Freigabe für die Altersstufe „ab 18", welche bei Filmen, Film- und Spielprogrammen gemäß § 14 Abs. 2 Nr. 5 JuSchG eine Kennzeichnung mit „Keine Jugendfreigabe" zur Folge hat, gelten die bereits genannten Kriterien. In Abgrenzung zu den „Ab 16"-Inhalten wird in den Entscheidungen der FSK / USK zur Begründung der Alterskennzeichnung „Keine Jugendfreigabe" u.a. abgestellt auf die „Vielfalt **drastischer Gewaltdarstellungen**", „die **zynische Kommentierung** von Gewalt", „propagierte Selbstjustiz", die „Tötungsoption unbeteiligter Spielcharaktere", eine „Gewaltüberhöhung" oder die aufwendige Inszenierung und **Ästhetisierung** von dargestellten Gewaltanwendungen; vgl. z. B. für den Filmbereich: FSK-Entsch. (Prüf-Nr. 110 130-a) v. 23. 05. 2007 / 14. 06. 2007 – „Hostel Part 2"; FSK-Entsch. (Prüf-Nr. 102 463) v. 05. 07. 2007 – „Sin City – Recut"; FSK-Entsch. (Prüf-Nr. 105 124; Appelation) v. 10. 03. 2006; für den Computerspielbereich z. B. USK-Entsch. (Nr. 17847/07) v. 18. 01. 2007 – „Der Pate – die Don Edition" für Playstation 3; USK-Entsch. (Nr. 17957/07) v. 30. 01. 2007 – „Resident Evil 4".a.

3. „Eignung" zur Entwicklungsbeeinträchtigung

Die Eignung von Film- oder Spielinhalten, Kinder und Jugendliche einer bestimmten Altersgruppe zu beeinträchtigen, ist bereits dann zu bejahen, wenn der **mutmaßliche Eintritt** einer Beeinträchtigung in der in Abs. 1 genannten Weise **zu besorgen** ist (vgl. BVerwGE 39, 197, 198; Liesching, JMS 2002, S. 112 f., 137; zu eng: BVerwGE 25, 318, 321). Wollte man demgegenüber mit Blick auf das Polizeirecht fordern, dass tatsächlich objektiv im Einzelfall von dem betreffenden Medieninhalt eine Jugendbeeinträchtigung ausgeht (vgl. Erbel, DVBl. 1973, 527, 528), kann dies angesichts des Wortlauts der Norm nicht überzeugen. Denn dann müsste es vielmehr heißen: „Filme sowie Film- und Spielprogramme, die die Entwicklung von Kindern und Jugendlichen oder ihre Erziehung (...) beeinträchtigen". Tatsächlich aber wird lediglich eine generelle „Eignung" hierzu gefordert. Als geeignet zur Jugendbeeinträchtigung wird man einen Film oder ein Film- oder Spielprogramm aber schon dann ansehen können, wenn dessen Inhalt oder die konkrete Art und Weise der Darstellung von dem für die Entwicklung von Kindern und Jugendlichen maßgeblichen gesellschaftlichen Wertkonsens (Rn. 14 f.) derart abweicht, dass auch eine dahingehend abweichende **negative Einflussnahme auf das Wertebild** Minderjähriger einer bestimmten Altersgruppe möglich erscheint. Über die bloße Möglichkeit hinausgehend eine besondere Wahrscheinlichkeit für das Vorliegen einer sittlichen Gefährdung zu fordern, hieße zugleich, den – auch dem Gesetzgeber bekannten – Umstand zu leugnen, dass keine gesicherten wissenschaftlichen Erkenntnisse über eine von Medieninhalten ausgehende Jugendgefährdung vorliegen (vgl. zur Wirkungsforschung nur Schäfer, 2008, insb. S. 88 ff.). Vielmehr kann lediglich davon ausgegangen werden, dass sich die Möglichkeit einer Beeinträchtigung der Entwicklung oder Erziehung von Kindern und Jugendlichen durch bestimmte Film- oder Spielinhalte nicht ausschließen lässt (vgl. BVerwGE 39, 197, 200; BVerfGE 30, 336, 347) und **plausibel begründet** werden kann.

III. Altersfreigabestufen (Abs. 2)

1. Allgemeines

24 Für die Freigabekennzeichnung kommen nur die in **Abs. 2 Nrn. 1 bis 4** genannten **Altersstufen** sowie das Prädikat „Keine Jugendfreigabe" nach Nr. 5 in Betracht (krit. zu den Altersstufen: Mikos, tv-diskurs 20/2002, 66 ff.; vgl. auch den Überblick bei Nikles u.a., § 14 JuSchG Rn. 7 f. sowie ausführl. HBI-Bericht, 2007, 58 ff.). Veranstalter und Gewerbetreibende haben bei öffentlichen Filmveranstaltungen gemäß § 3 Abs. 1 (siehe dort Rn. 2 ff.) die Alterseinstufung durch deutlich sichtbaren und gut lesbaren **Aushang** bekannt zu machen. Zur Bekanntmachung dürfen nach § 3 Abs. 2 nur die in § 14 Abs. 2 genannten Kennzeichnungen verwendet werden. Dadurch soll verhindert werden, dass die Freigabe oder Nichtfreigabe eines Films, Film- oder Spielprogramms durch reißerische Ankündigungen zu Werbezwecken missbraucht wird, etwa mit der Wortwahl „Strengstes Jugendverbot" (vgl. BT-Drs. 10/722 S. 12) oder „Unter 16 Jahren verboten" (s.a. § 3 Rn. 20 f.). Bei **Bildträgern** muss gemäß § 12 Abs. 2 S. 1 uns 2 auch die Hülle mit einem Kennzeichen versehen in der vorgeschriebenen Position und Größe angebracht sein (siehe dort Rn. 14 ff.).

2. Kennzeichen „Keine Jugendfreigabe" (Nr. 5)

25 Die vor Inkrafttreten des JuSchG geltende Kennzeichnung „Nicht freigegeben unter 18 Jahren" wurde in Abs. 2 Nr. 5 mit der Formel „**Keine Jugendfreigabe**" neu gefasst, um Missverständnisse zu vermeiden (vgl. BT-Drs. 14/9013, S. 22). Die frühere Fassung barg die Gefahr, als Erwachsenenfreigabe interpretiert zu werden, welche freilich insb. durch Jugendbehörden nicht durchführbar ist (vgl. aber oben § 11 Rn. 11; siehe zur Neufassung die insoweit ausführliche amtl. Begründung des Regierungsentwurfs, BT-Drs. 14/9013, S. 22).

3. Rechtsfolgen der Altersfreigaben für Bildträger, Rundfunk und Telemedien

26 a) **Bildträger.** Entsprechend FSK-/USK-gekennzeichnete Film- oder Spiel-Bildträger dürfen nach § 12 Abs. 1 JuSchG einem Minderjährigen der relevanten Altersgruppe „in der Öffentlichkeit" (siehe § 12 Rn. 10) nicht „**zugänglich gemacht** werden" (siehe § 12 Rn. 8). Insoweit schreibt § 2

Abs. 2 JuSchG vor, dass Personen, bei denen nach diesem Gesetz Altersgrenzen zu beachten sind, ihr Lebensalter auf Verlangen in geeigneter Weise nachzuweisen haben. Veranstalter und Gewerbetreibende haben „in Zweifelsfällen das Lebensalter" zu **überprüfen** (siehe § 2 Rn. 9 ff.). Teilweise wiederholt und darüber hinaus erweitert (insb. bzgl. des praktisch bedeutsamen Versandhandels) wird die Vertriebsbeschränkung durch § 12 Abs. 3 Nr. 1 und 2 JuSchG für Bildträger mit der Kennzeichnung „**Keine Jugendfreigabe**" (siehe dort Rn. 22 ff.). Altersfreigaben „ohne Altersbeschränkung" bzw. „ab 6" haben keine praktisch relevanten Vertriebsbeschränkungen zur Folge (vgl. zu den Rechtsfolgen bei öffentlichen Filmveranstaltungen § 11 Rn. 28).

b) Rundfunk und Telemedien. § 5 JMStV sieht für Anbieter von ent- 27 wicklungsbeeinträchtigenden Rundfunkangeboten und Telemedien die Pflicht vor, Wahrnehmungserschwernisse in ihrem Angebot vorzusehen, die **verhindern**, dass Kinder und Jugendliche der betreffenden Altersgruppe diese Inhalte „**üblicherweise**" **wahrnehmen** (vgl. ausführl. § 5 JMStV Rn. 40 f.). Entwicklungsbeeinträchtigende Inhalte sind nach der gesetzlichen Vermutungsregelung in § 5 Abs. 2 S. 1 und 3 JMStV regelmäßig auch solche, die – als zumindest im Wesentlichen inhaltsgleiche Bildträger – von der FSK bzw. USK mit einer entsprechenden Altersfreigabebeschränkung versehen sind. Als Möglichkeiten von **Wahrnehmungserschwernissen** werden in § 5 Abs. 3 Nr. 1 und 2 JMStV insb. technische Mittel, sonstige Mittel oder – die – insb. im Bereich des Free-TV gängigen – Beschränkungen der Sende- bzw. Verbreitungszeit genannt (vgl. ausführl. § 5 JMStV Rn. 40 ff.). Altersfreigaben „ohne Altersbeschränkung" bzw. „ab 6" haben keine praktisch relevanten Verbreitungsbeschränkungen zur Folge.

IV. Kennzeichnungsausschlussgründe (Abs. 3 u. 4)

1. Schwer jugendgefährdende und indizierte Trägermedien (Abs. 3 S. 1)

a) Schwer jugendgefährdende Trägermedien. aa) Allgemeines. Die 28 Vorschrift regelt den Anwendungsvorrang der §§ 15 Abs. 2, 18 bei schwer jugendgefährdenden oder indizierten Trägermedien (§ 1 Rn. 16 ff.) gegenüber den Bestimmungen zu Altersfreigabe und Kennzeichnung (vgl. aber auch § 18 Abs. 8 S. 1, dort Rn. 119). Ob ein nach den §§ 86, 130, 130a, 131, 184 StGB verbotener oder sonst schwer jugendgefährdender Inhalt i. S. d. § 15 Abs. 2 Nrn. 1 bis 5 (vgl. dort Rn. 46 ff.) bei einem Trägermedium anzunehmen ist, unterliegt der **Einschätzung der zuständigen obersten Landesbehörde** bzw. in der geübten Praxis i. d. R. einer Selbstkontrolleinrichtung i. S. d. § 14 Abs. 6 (Rn. 46 ff.), namentlich der FSK bzw. der USK. Die Selbstkontrolleinrichtungen haben die in der Rspr. und in der BPjM-Spruchpraxis entwickelten Grundsätze zur Auslegung der Tatbestände nach § 15 Abs. 2 zugrundezulegen (vgl. auch § 9 der USK-Prüfordnung). Steht der Einschätzung bereits ein **abweichender Beschluss** der zuständigen Strafverfolgungsbehörde (z. B. Verfahrenseinstellung nach § 170 Abs. 2 StPO) im Bezug auf das betreffende Trägermedium entgegen, ist ein Freigabeverfahren durchzuführen oder ggf. nach Abs. 4 S. 2 und 3 eine **Entscheidung der BPjM** über die Aufnahme des Trägermediums in die Liste nach § 18 herbeizuführen.

29 **bb) Bewertungen der SPIO/JK.** In der Praxis erfolgt in den Fällen einer Kennzeichenverweigerung in der Regel für den Filmbereich eine Prüfung einer etwaigen Strafbarkeit des Vertriebs des Mediums durch die Juristenkommission der Spitzenorganisation der Filmwirtschaft (SPIO/JK), welche ggf. ein – freilich gesetzlich nicht vorgesehenes Kennzeichen „**SPIO/ JK geprüft: Keine schwere Jugendgefährdung**" vergibt, um Strafbarkeitsrisiken für den Anbieter zu minimieren. Die Einschätzung der SPIO/JK sind indes für Strafverfolgungsbehörden oder die BPjM **in keiner Weise verbindlich**. Sie hindern insb. keine abweichende Einschätzung der BPjM-Gremien [vgl. BPjM-Entsch. Nr. 8408 (V) vom 10. 9. 2008 – „Rambo Uncut"; vgl. auch BPjM-Entsch. Nr. 8938 (V) vom 5. 10. 2009 – „Borderland"]. Dennoch dürfte die Einschätzung der SPIO/JK bis zu einer gegenteiligen Beurteilung durch die BPjM oder eine Strafverfolgungsbehörde zumindest einen unvermeidbaren **Verbotsirrtum** (§ 17 StGB) des Vertreibers begründen (s.a. § 27 Rn. 11 f.).

30 **b) Bereits indizierte Trägermedien.** Ist ein Trägermedium bereits **indiziert**, kommt eine Kennzeichnung ebenfalls nicht in Betracht. Ist ein bei der Bundesprüfstelle für jugendgefährdende Medien bereits **anhängiges Indizierungsverfahren** noch nicht abgeschlossen und wurde bereits ein Antrag auf Freigabe und Kennzeichnung von Seiten des Anbieters gestellt, ruht bis zur Entscheidung der BPjM das entsprechende Freigabe- und Kennzeichnungsverfahren.

c) Mitteilungspflicht gegenüber Strafverfolgungsbehörden (Satz 2).
31 **aa) Voraussetzungen.** Nach Satz 2 trifft die oberste Landesbehörde bzw. die freiwillige Selbstkontrolleinrichtung i. S. d. § 14 Abs. 6 eine Mitteilungspflicht gegenüber den zuständigen Strafverfolgungsbehörden. Diese erstreckt sich aber nur auf Tatsachen, die auf einen **Verstoß gegen § 15 Abs. 1** schließen lassen. Bei sonstigen Verstößen gegen das Strafgesetzbuch, z. B. durch die Verwendung von Kennzeichen verfassungswidriger Organisationen gemäß § 86a StGB oder Tathandlungen der §§ 166, 185 ff StGB muss die zuständige Staatsanwaltschaft nur dann informiert werden, wenn hierin zugleich eine schwere Jugendgefährdung i. S. d. § 15 Abs. 2 Nr. 5 erblickt wird. Letzte Gewissheit über einen Verstoß gegen § 15 Abs. 1 muss sich die oberste Landesbehörde bzw. die freiwillige Selbstkontrolleinrichtung nicht verschaffen. Ausreichend ist, dass die sachverständige Einschätzung der Medieninhalte unter Berücksichtigung der tatsächlichen Begleitumstände einen **hinreichend sicheren Verdacht** begründet.

32 **bb) Keine Mitteilungspflicht vor Veröffentlichung.** Ein „Verstoß" gegen § 15 Abs. 1 liegt des Weiteren nur dann vor, wenn die zur Freigabeprüfung vorliegenden Inhalte schon als Film öffentlich aufgeführt bzw. **als Bildträger verbreitet** bzw. angeboten worden sind. Dies ist bei indizierten Medien der Fall, hingegen nicht zwingend bei schwer jugendgefährdenden Trägermedien nach § 15 Abs. 2. In letzterem Fall besteht eine Pflicht zur

Kennzeichnung von Film- und Spielprogrammen **§ 14 JuSchG**

Unterrichtung von Strafverfolgungsbehörden wegen des verfassungsrechtlich verankerten Zensurverbotes (Art. 5 Abs. 1 S. 2 GG) selbst dann nicht, wenn die noch unveröffentlichten Trägermedien eindeutig pornographisch (§ 184 StGB) oder gewaltverherrlichend (§ 131 StGB) sind (vgl. BVerfGE 87, 209, 230 ff. = NJW 1993, 1457, 1459 f.).

cc) FSK-Grundsätze. Weitere konkretisierende Verfahrenshinweise gibt 33 § 20 Abs. 2 der FSK-Grundsätze. Filme und andere Trägermedien, bei denen nach **Auffassung des Ständigen Vertreters der OLjB** in Betracht kommt, dass sie einen der in § 15 Abs. 2 Nr. 1 genannten Straftatbestände erfüllen, werden hiernach nicht zur Kennzeichnung vorgeschlagen. Der Ständige Vertreter weist den Antragsteller des Weiteren darauf hin, dass er den Vorgang der in FSK-Angelegenheiten zuständigen obersten Landesjugendbehörde zur Prüfung vorlegen wird, ob eine Mitteilung an die zuständige Strafverfolgungsbehörde „für den Fall zu veranlassen ist, dass eine **Veröffentlichung** in dieser Fassung **vorgesehen** ist" (vgl. die 20. Fassung der FSK-Grundsätze vom 1. 12. 2010, siehe Anhang V.1.).

2. Inhaltsgleiche und indizierungstaugliche Filme und Spiele (Abs. 4)

a) Mit indizierten Medien im Wesentlichen inhaltsgleiche Filme 34 **und Spiele. (Satz 1).** Die Vorschrift erstreckt den Kennzeichnungsausschluss auf mit indizierten Trägermedien inhaltsgleiche oder im Wesentlichen inhaltsgleiche Film- und Spielprogramme. Entscheidend für die **wesentliche Inhaltsgleichheit** eines Programms für Bildträger oder Bildschirmspielgeräte mit einem bereits indizierten Trägermedium ist allein der zur Kinder- oder Jugendbeeinträchtigung geeignete Inhalt. Das Abändern von Titel, Untertitel oder Verpackung, die Auswechslung der Autoren- bzw. Verlegernamens oder das bloße Hinzufügen oder Weglassen einzelner für die Beurteilung der Jugendbeeinträchtigung nicht relevanter Text- oder Bildpassagen ist daher i. d. R. unerheblich (vgl. BVerwG NJW 1987, 1435, 1436; OVG Münster NJW 1973, 385; siehe auch unten § 15 Rn. 97 ff.). Hingegen sind **Schnittfassungen**, welche den von der BPjM gemäß der Indizierungsbegründung maßgeblichen jugendgefährdenden Aspekten Rechnung tragen und relevante Szenen nicht mehr enthalten oder zumindest in Dauer und Intensität abschwächen, i. d. R. nicht mehr im Wesentlichen inhaltsgleich.

b) Indizierungstaugliche Filme oder Spiele (Satz 2). Eine Kenn- 35 zeichnung hat gemäß Satz 2 auch dann zu unterbleiben, wenn die Voraussetzungen für die Aufnahme in die Liste nach § 18 vorliegen, das Programm also nach Einschätzung der obersten Landesbehörde bzw. der freiwilligen Selbstkontrolle geeignet ist, die Entwicklung von Kindern oder Jugendliche oder ihre Erziehung zu einer eigenverantwortlichen und gemeinschaftsfähigen Persönlichkeit zu gefährden (vgl. hierzu § 18 Rn. 5). FSK und USK haben dabei – insb. unter Subsumtion der Indizierungstatbestände nach § 18 Abs. 1 S. 2 – die **Spruchpraxis der BPjM** und die zu Indizierungsentscheidungen ergangene verwaltungsgerichtliche Rspr. zu berücksichtigen (s.a. ausführl. § 10, insb. Abs. 1 USK-Prüfordnung; §§ 18 Abs. 4, 20 FSK-Grundsätze).

36 c) **Zweifelsfallprüfung durch BPjM (Satz 3). aa) Allgemeines.** Nach Satz 3 hat die Prüfinstanz „in Zweifelsfällen" eine Entscheidung der BPjM herbeizuführen. Dadurch wird verhindert, dass in **schwer zu beurteilenden Einzelfällen** jugendgefährdende Programme gleichwohl eine Altersfreigabe erhalten (z. B. die in den Rechtsfolgen weniger einschränkende Kennzeichnung „Keine Jugendfreigabe"), weil der Anbieter einem Indizierungsverfahren durch einen frühzeitigen Freigabe- und Kennzeichnungsantrag zuvorkommt. Nach Freigabe und Kennzeichnung eines jugendgefährdenden Programms käme eine Indizierung wegen der **Sperrwirkung** des § 18 Abs. 8 S. 1 nämlich nicht mehr in Betracht. Darüber hinaus können die obersten Landesbehörden freilich auch und gerade in eindeutigen, „unzweifelhaften" Fällen in der Regel einen Antrag auf Indizierung eines jugendgefährdenden Film- oder Spielprogramms stellen (vgl. § 21 Abs. 2), soweit dieser bereits vertrieben wird.

37 bb) **Vorliegen eines Zweifelsfalls.** Ein Zweifelsfall ist dann anzunehmen, wenn bei dem betreffenden Film- oder Spielinhalt einer der **Indizierungsgründe** nach Auffassung des befassten FSK- bzw. USK-Ausschusses **nicht ausgeschlossen** werden kann. Bei USK-Entscheidungen liegt ein Zweifelsfall nur vor, wenn die jeweilige Mehrheit des befassten Prüfgremiums zu dieser Auffassung gelangt. Die Prüfung zur Feststellung, ob ein Prüfgegenstand mit einem durch die Bundesprüfstelle für jugendgefährdende Medien in die Liste nach §18 JuSchG aufgenommenen Trägermedium ganz oder im Wesentlichen inhaltsgleich ist, wird vom Ständigen Vertreter der OLjB und dem Testbereich der USK durchgeführt (vgl. die USK-Gundsätze in der ab 1. 2. 2011 gültigen Fassung, siehe Anhang V.2.). Ob dies auch bei der FSK gilt oder ob insoweit auch alleine der Vertreter der Obersten Landesjugendbehörden einen Zweifelsfall begründen kann, ergibt sich – soweit ersichtlich – nicht zwingend aus den FSK-Grundsätzen.

38 cc) **Weiterer Verfahrensgang.** Bei Vorliegen eines Zweifelsfalls erfolgt nicht eo ipso eine Vorlage bei der BPjM. Vielmehr erfolgt eine **Mitteilung des Prüfergebnisses gegenüber dem Antragsteller**. Nach § 18 Abs. 4 S. 2 der FSK-Grundsätze weist der Ständige Vertreter der OLjB den Antragsteller darauf hin, dass er den Vorgang der Bundesprüfstelle für jugendgefährdende Medien zur Prüfung vorlegen wird „für den Fall, dass eine Veröffentlichung in dieser Fassung erfolgt". Bei USK-Verfahren ist die **Zustimmung des Antragstellers** erforderlich (vgl. die USK-Gundsätze in der ab 1. 2. 2011 gültigen Fassung, siehe Anhang V.2.). Zieht der Antragsteller sein Freigabegbegehren für die vorgelegte Fassung zurück bzw. verweigert er die Zustimmung, erfolgt keine Vorlage bei der BPjM.

39 Kommt es indes zu einer **Herbeiführung einer Entscheidung** der Bundesprüfstelle für jugendgefährdende Medien (BPjM), bedarf es hierfür zunächst keiner Entscheidung des 12er-Gremiums oder des 3er-Gremiums. Vielmehr kann die **Vorsitzende der BPjM** im Rahmen der gutachterlichen Stellungnahme darüber befinden, ob die betreffende Film- oder Spielfassung

Kennzeichnung von Film- und Spielprogrammen § 14 JuSchG

mit einer indizierten Fassung im Wesentlichen inhaltsgleich ist (Satz 1) oder die Voraussetzungen der Indizierung nach § 18 vorliegen (Satz 2). Kommt nach Auffassung der BPjM-Vorsitzenden eine Indizierung in Betracht, kann weiterhin eine Befassung des 3er- bzw. des 12er-Gremiums erfolgen. Dies ist in der Praxis fast immer der Fall.

Auch insoweit erfolgt **bejahendenfalls** aber kein Indizierungsverfahren, solange das betreffende Trägermedium nicht publiziert worden ist. Es unterbleibt lediglich eine Kennzeichnung nach 14 Abs. 1 und 2. Verneint die BPjM die Inhaltsgleichheit bzw. das Vorliegen von Indizierungsvoraussetzungen, wird dem Trägermedium durch die USK bzw. FSK umgehend eine Kennzeichnung „Keine Jugendfreigabe" erteilt (vgl. z. B. § 18 Abs. 4 S. 3 FSK-Grundsätze). 40

V. Entsprechungsklausel (Abs. 5)

1. Geltungserstreckung von Bildträgerfreigaben auf öffentliche Filmveranstaltungen (Satz 1)

Die Entsprechungsklausel des Abs. 5 Satz 1 trägt nicht nur der technischen Möglichkeit (BT-Drs. 14/9013, S. 23), sondern angesichts der umfassenden Medienkonvergenz nachgerade der Selbstverständlichkeit Rechnung, ein bestimmtes Programm von einem Medium in das andere ohne inhaltliche Veränderung zu übertragen. Eine **inhaltliche Veränderung** liegt vor allem dann vor, wenn eine – sei es auch nur kurze – Filmszene gegenüber der gekennzeichneten Fassung hinzugefügt worden oder nicht mehr enthalten ist. Wegen des Wortlauts bedarf es für die Geltungserstreckung keines Antrags bei der FSK (missverständlich insoweit § 22 Abs. 2 FSK-Grundsätze). 41

2. Übertragung von Filmfreigaben auf Bildträger (Satz 2 1. Hs.)

a) Übertragung auf Antrag. Für die entsprechende Anwendung von Filmkennzeichnungen nach § 11 auf inhaltsgleiche Filmprogramme für Bildträger und Bildschirmspielgeräte soll hingegen nach Satz 2 ein „Übertragungsakt" erforderlich sein. Der Gesetzgeber ging davon aus, dass bei der Übertragung zu prüfen sei, ob eine Indizierung in Betracht komme, da in diesem Fall eine Kennzeichnung unterbleiben müsse (vgl. BT-Drs. 14/9013, S. 23). Hintergrund ist, dass im Rahmen einer Kinofreigabe Abs. 4 nicht gilt und insoweit keine Indizierungsgründe zuvor geprüft worden sind. Entsprechend regelt § 22 Abs. 1 S. 1 FSK-Grundsätze, dass auf Antrag ein „Prüfungsvotum" zur Kennzeichnung eines Films für öffentliche Filmveranstaltungen mit einer Jugendfreigabe nur nach § 14 Abs. 2 Nr. 1 bis 4 JuSchG „ohne erneute inhaltliche Prüfung auf ein anderes Trägermedium übertragen" werde. Bei Kinofilmen mit einer Kennzeichnung „Keine Jugendfreigabe" (Abs. 2 Nr. 5) erfolgt hingegen eine solche. 42

b) Kennzeichenübernahme bei ursprünglich unwirksamem FSK-Votum. Darüber hinaus kann bei der FSK auch beantragt werden, dass der Kennzeichnung des Bildträgers ein Prüfungsvotum zugrunde gelegt wird, das 43 der inhaltlichen Fassung des Bildträgers entspricht, aber für den Film nicht wirksam geworden war, weil dieser aufgrund der Erfüllung oder Nichterfüllung von **Schnittauflagen** oder aufgrund vom damaligen Antragsteller eingelegter **Rechtsmittel** in einer anderen Fassung eine andere Kennzeichnung erhalten hatte. Über den Antrag entscheidet der Vorsitzende des Ausschusses, dessen Prüfungsvotum der Kennzeichnung zugrunde gelegt werden soll (§ 22 Abs. 1 S. 1 FSK-Grundsätze).

3. Entsprechende Anwendung von § 14 Abs. 4 (Satz 2 2. Hs.)

44 Eine im Nachhinein abweichende Bewertung eines inhaltsgleichen Filmprogramms für Bildträger oder Bildschirmspielgeräte kommt trotz des Verweises auf § 14 Abs. 4 wegen **§ 18 Abs. 8 S. 1** nicht in Betracht. Denn die Konkurrenznorm soll eine „Doppelarbeit verschiedener Stellen und einander **widersprechende Entscheidungen** von Jugendschutzbehörden" gerade vermeiden (BT-Drs. 14/9013, S. 26). Im Übrigen ergibt sich aus der Vorschrift, dass Filme (Filmrollen) als Trägermedien ebenso wie Bildträger und Bildschirmspielgeräte originär der Indizierungsgewalt der BPjM unterliegen (vgl. schon Löffler/Gödel, § 1 Rn. 126; siehe auch oben § 1 Rn. 16 ff.). Daher erscheint vorzugswürdig, entsprechend der Regelung des Satz 1 anzunehmen, dass die Filmkennzeichnung auch für inhaltsgleiche Bildträger und Bildschirmspielgeräte **automatisch** gilt.

4. Vermutungswirkung von Kennzeichen für Rundfunk- und Telemedienangebote

45 Altersfreigaben nach § 14 Abs. 2 sind für die **Bewertung** der Entwicklungsbeeinträchtigung identischer oder im Wesentlichen inhaltsgleicher Angebote im Rundfunk und die Telemedien in erheblichem Umfang maßgeblich, da insoweit ein entsprechender Entwicklungsbeeinträchtigungsgrad vermutet wird (§ 5 Abs. 2 S. 1 und 2, siehe dort Rn. 35). Auf die Kennzeichnung ist gemäß § 12 JMStV deutlich hinzuweisen (vgl. § 12 JMStV Rn. 1 ff.).

VI. Ländervereinbarungen über Freigabeverfahren (Abs. 6)

1. OLjB-Vereinbarungen (Satz 1)

46 a) **Organisationen der Freiwilligen Selbstkontrolle.** Die Vorschrift des Absatz 6 Satz 1 nimmt Bezug auf das langjährig mit der Spitzenorganisation der Filmwirtschaft geübte und durch eine **Verwaltungsvereinbarung** der Länder festgelegte Verfahren und gibt diesem Verfahren eine gesetzliche Grundlage (BT-Drs. 14/9013, S. 23). Nicht erforderlich ist, dass die Selbstkontrolleinrichtung von Wirtschaftsverbänden getragen wird, vielmehr reicht deren bloße **Unterstützung** aus. Damit trug der Gesetzgeber der damaligen Organisationsstruktur der Unterhaltungssoftware-Selbstkontrolle (USK) Rechnung (vgl. BT-Drs. 14/ 9410, S. 31; vgl. zur USK oben § 12 Rn. 11 f.). Insgesamt sind Verfahren aufgrund von Ländervereinbarungen abgestimmt für die Freiwillige Selbstkontrolle der Filmwirtschaft (**FSK**, siehe hierzu § 11

Kennzeichnung von Film- und Spielprogrammen **§ 14 JuSchG**

Rn. 7 ff. sowie die FSK-Grundsätze i.d.F. vom 1. 12. 2010, Anhang V.1.), die Unterhaltungssoftware-Selbstkontrolle (**USK**, hierzu § 12 Rn. 11 f. sowie die USK-Grundsätze i.d.F. vom 1. 2. 2011, siehe Anhang V.2.) sowie für den Bereich des § 13 die Automaten-Selbstkontrolle (**ASK**).

b) Einrichtung ständiger OLjB-Vertreter in den Selbstkontrollaus- 47 **schüssen.** Kernbestandteil der Vereinbarungen für ein gemeinsames Verfahren für die Freigabe und Kennzeichnung ist die Etablierung eines ständigen Vertreters der Obersten Landesjugendbehörden in den **Ausschüssen der Selbstkontrolleinrichtungen** (vgl. z. B. § 2 Abs. 2 FSK-Grundsätze; § 3 Abs. 1 USK-Grundsätze). Gerade vor dem Hintergrund erscheint die zuweilen unreflektiert vorgetragene Kritik, die Entscheidungen z. B. der USK seien überwiegend von wirtschaftlichen Interessen gesteuert (Rehbein/Kleimann/Mößle, JMS-Report 3/2008, S. 2 ff.) nicht nachvollziehbar (vgl. Liesching, JMS-Report 4/2008, 2).

2. Übernahme von Kennzeichen durch die OLjB (Satz 2)

a) Verwaltungsrechtliche Einordnung. Die ausdrücklich vorgesehene 48 Möglichkeit der Übernahme der Kennzeichnungsurheberschaft im Rahmen der Vereinbarung stellt keine direkte Übertragung **hoheitlicher Aufgaben** dar (siehe oben § 11 Rn. 6). Die Kennzeichnung von Bildträgern erfolgt durch Erlass der Freigabeentscheidung als **Verwaltungsakt** des federführenden Landes durch den Ständigen Vertreter (vgl. z. B. die USK-Grundsätze in der ab 1. 2. 2011 gültigen Fassung, Anhang V.2.).

b) Formeller Übernahmeakt. Die federführende oberste Landesjugend- 49 behörde fügt der durch die Selbstkontrolleinrichtung ergangenen Freigabeentscheidung einen **Übernahmevermerk** hinzu, aus dem hervorgeht, dass der Film oder das andere Trägermedium aufgrund des Prüfergebnisses der FSK entsprechend gekennzeichnet ist, soweit nicht oberste Landesjugendbehörden für ihren Bereich ausdrücklich eine abweichende Entscheidung treffen (vgl. § 26 Abs. 2 FSK-Grundsätze).

c) Abweichende Entscheidung der OLjB. Die Obersten Landesju- 50 gendbehörden können von den Entscheidungen der USK bzw. der FSK abweichen, was in der Praxis freilich noch nicht vorgekommen ist. Nicht zu verwechseln ist die Abweichungsmöglichkeit mit dem bei der FSK und der USK vorgesehenen **Appellationsrecht der OLjB**. Jede oberste Landesjugendbehörde kann nach abgeschlossener Prüfung eines Films oder eines anderen Trägermediums die erneute Prüfung durch die FSK verlangen (vgl. § 15 FSK-Grundsätze; § 15 Abs. 1 USK-Grundsätze). Das Appellationsverfahren wird in der Praxis bislang nur selten durchgeführt (siehe aber die Beispiele oben Rn. 18 f. sowie das USK-Appellationsverfahren zu dem Computerspiel „Dead Space 2", Sitzung vom 12. 01. 2011; siehe zum Ganzen auch Nikles u.a., Rn. 22).

VII. Anbieterkennzeichnung als „Info- oder Lehrprogramm" (Abs. 7)

1. Geltungsbereich (Satz 1)

51 Die Vorschrift des Abs. 7 S. 1 sieht die Möglichkeit einer eigenverantwortlichen Anbieterkennzeichnung für bestimmte Filme, Film- und Spielprogramme vor, welche Informations-, Instruktions- oder Lehrzwecken dienen. Kommt eine Jugendbeeinträchtigung nicht in Betracht, können bei Kennzeichnung mit „Infoprogramm" oder „Lehrprogramm" die sonst geltenden gesetzlichen Restriktionen des Freigabevorbehaltes abgewendet werden (vgl. §§ 11 Abs. 1, 12 Abs. 1, 13 Abs. 1). Bei **nicht gewerblichen Zwecken** dienenden Angeboten gilt bereits die Ausnahme nach § 11 Abs. 4 S. 3 (für Bildträger entsprechend, vgl. entspr. Anm. zu § 12). Bei Programmen, die nicht Filme, Film- oder Spielprogramme sind, kommt eine Anbieterkennzeichnung von vornherein nicht in Betracht (a. A. wohl Engels/Stulz-Herrnstadt, AfP 2003, 97, 102). Als zur Kennzeichung **berechtigte Anbieter** sind sowohl der Hersteller des Mediums als auch Gewerbetreibende und Veranstalter im Sinne der §§ 11, 12 und 13 JuSchG anzusehen (Nikles u.a., Rn. 25).

2. Keine Entwicklungsbeeinträchtigung

52 Voraussetzung einer Anbieterkennzeichnung ist stets, dass deren Inhalte offensichtlich nicht die Entwicklung oder Erziehung von Kindern und Jugendlichen beeinträchtigen. Entgegen dem Wortlaut kommt es – wie bei § 14 Abs. 1 – nur auf die **„Eignung"** zur Beeinträchtigung an (vgl. oben Rn. 23). An der **Offensichtlichkeit** deren Fehlens wird es schon dann mangeln, wenn unter Berücksichtigung sämtlicher Einzelinhalte ungeachtet eines Gesamteindrucks nicht sicher auszuschließen ist, dass das körperliche, geistige oder seelische Wohl von – auch gefährdungsgeneigten – Kindern und Jugendlichen beeinträchtigt werden kann.

3. Erforderliche Zweckausrichtung

53 **Informationszwecken** dienen insb. Filme oder Filmprogramme zur Selbstdarstellung von Firmen oder Kundenvideos zur Vorstellung der eigenen Produktlinie. Medieninhalte zu Zwecken der **Instruktion** sind z. B. Gebrauchsanweisungen und Anleitungen auf Bildträgern, die visuell vorführen, „wie es gemacht wird" (vgl. BT-Drs. 14/9013, S. 23). **Lehrzwecken** dienen insb. Videos oder DVDs zur Veranschaulichung bestimmter Fachthemen des Schulunterrichts sowie bei Fremdsprachkursen oder Computerlernprogrammen (vgl. auch § 12 Abs. 3 USK-Prüfordnung).

4. Missbräuchliche Kennzeichnung

54 **a) Rechtsfolgen missbräuchlicher Verwendung.** Erfolgt die Anbieterkennzeichnung missbräuchlich, also insb. im Falle einer Eignung der Filme, Film- oder Spielprogramme, Kinder und Jugendliche in ihrer Entwicklung oder Erziehung zu beeinträchtigen (vgl. das Bsp. bei Nikles u.a., Rn. 26: „Lehrprogramm für Sexualaufklärung bei einem Sexfilm"), gilt die Kennzeichnung mit „Infoprogramm" oder „Lehrprogramm" als **nicht erfolgt**. Die Verbote der §§ 11 Abs. 1, 12 Abs. 1 und 3, 13 Abs. 1 finden Anwendung; Verstöße sind insb. nach § 28 Abs. 1 Nrn. 14 bis 19 **bußgeldbewehrt**. Der im Falle fehlerhafter Anbieterkennzeichnung stets erfüllte Ordnungswidrigkeitentatbestand des § 28 Abs. 2 Nr. 4 bleibt hiervon unberührt.

b) OLjB-Anordnungen (Satz 2). Im Weiteren kann in Missbrauchsfällen das Verfahren für einzelne Anbieter nach Satz 2 durch **behördliche Anordnung** für die Zukunft gesperrt werden. Der betreffende Anbieter kann daher seine Medien ab diesem Zeitpunkt selbst dann nicht mit befreiender Wirkung kennzeichnen, wenn es sich nunmehr tatsächlich um offensichtlich unbedenkliche Informationsinhalte handeln sollte. Die **Aufhebung von Kennzeichnungen** ist i. d. R. rein deklaratorisch, da Falschkennzeichnungen ohnehin keine Rechtswirkungen entfalten. Der Anbieter kann Anordnungen der OLjB verwaltungsrechtlich anfechten (vgl. § 42 VwGO). 55

VIII. Berücksichtigung bestimmter Begleitumstände (Abs. 8)

1. Geltungsbereich

Nach Abs. 8 sind bei der Entscheidung über die Kennzeichnung neben den Inhalten von Bildträgern und Bildschirmspielgeräten auch Titel, Zusätze oder weitere Darstellungen in Texten, Bildern und Tönen zu berücksichtigen, sofern diese jugendbeeinträchtigend sind. Entscheidend ist auch hier die bloße „Eignung" zur Beeinträchtigung von Kindern und Jugendlichen (vgl. Rn. 23). Als **„Zusätze"** kommen insb. Zusatzfilme auf DVDs, Blu-Ray-Discs wie sog. „Making of"-Filme oder aus der Filmfassung geschnittene Zusatzszenen in Betracht, bei Computerspielen weitere Demo-Games, Hintergrundstorys etc. 56

2. Gewichtung im Gesamtkontext

Verstoßen Titel, Zusätze oder sonstige Darstellungen gegen Bestimmungen des Strafgesetzbuchs (z. B. §§ 86, 86a, 130, 131, 166 StGB), muss eine Freigabekennzeichnung unterbleiben (vgl. BT-Drs. 14/9013, S. 23). Im Übrigen kann im Falle gravierender Jugendbeeinträchtigungen durch die weiteren Inhalte eine Anhebung der Altersfreigabestufe angezeigt sein. Ganz maßgeblich im Vordergrund steht freilich die Bewertung der Programminhalte selbst. Daher wird der Film- oder Spieltitel allein nur in krassen Ausnahmefällen zu einer **abweichenden Gesamtbewertung** des Programms führen können (LNK/Knupfer, Rn. 10). 57

§ 15 Jugendgefährdende Trägermedien

(1) **Trägermedien, deren Aufnahme in die Liste jugendgefährdender Medien nach § 24 Abs. 3 Satz 1 bekannt gemacht ist, dürfen nicht**

JuSchG § 15 III. Abschnitt. Jugendschutz im Bereich der Medien

1. einem Kind oder einer jugendlichen Person angeboten, überlassen oder sonst zugänglich gemacht werden,
2. an einem Ort, der Kindern oder Jugendlichen zugänglich ist oder von ihnen eingesehen werden kann, ausgestellt, angeschlagen, vorgeführt oder sonst zugänglich gemacht werden,
3. im Einzelhandel außerhalb von Geschäftsräumen, in Kiosken oder anderen Verkaufsstellen, die Kunden nicht zu betreten pflegen, im Versandhandel oder in gewerblichen Leihbüchereien oder Lesezirkeln einer anderen Person angeboten oder überlassen werden,
4. im Wege gewerblicher Vermietung oder vergleichbarer gewerblicher Gewährung des Gebrauchs, ausgenommen in Ladengeschäften, die Kindern und Jugendlichen nicht zugänglich sind und von ihnen nicht eingesehen werden können, einer anderen Person angeboten oder überlassen werden,
5. im Wege des Versandhandels eingeführt werden,
6. öffentlich an einem Ort, der Kindern oder Jugendlichen zugänglich ist oder von ihnen eingesehen werden kann, oder durch Verbreiten von Träger- oder Telemedien außerhalb des Geschäftsverkehrs mit dem einschlägigen Handel angeboten, angekündigt oder angepriesen werden,
7. hergestellt, bezogen, geliefert, vorrätig gehalten oder eingeführt werden, um sie oder aus ihnen gewonnene Stücke im Sinne der Nummern 1 bis 6 zu verwenden oder einer anderen Person eine solche Verwendung zu ermöglichen.

(2) Den Beschränkungen des Absatzes 1 unterliegen, ohne dass es einer Aufnahme in die Liste und einer Bekanntmachung bedarf, schwer jugendgefährdende Trägermedien, die
1. einen der in § 86, § 130, § 130a, § 131, § 184, § 184a, § 184b oder § 184c des Strafgesetzbuches bezeichneten Inhalte haben,
2. den Krieg verherrlichen,
3. Menschen, die sterben oder schweren körperlichen oder seelischen Leiden ausgesetzt sind oder waren, in einer die Menschenwürde verletzenden Weise darstellen und ein tatsächliches Geschehen wiedergeben, ohne dass ein überwiegendes berechtigtes Interesse gerade an dieser Form der Berichterstattung vorliegt,
3a. besonders realistische, grausame und reißerische Darstellungen selbstzweckhafter Gewalt beinhalten, die das Geschehen beherrschen,
4. Kinder oder Jugendliche in unnatürlicher, geschlechtsbetonter Körperhaltung darstellen oder
5. offensichtlich geeignet sind, die Entwicklung von Kindern oder Jugendlichen oder ihre Erziehung zu einer eigenverantwortlichen und gemeinschaftsfähigen Persönlichkeit schwer zu gefährden.

(3) Den Beschränkungen des Absatzes 1 unterliegen auch, ohne dass es einer Aufnahme in die Liste und einer Bekanntmachung bedarf, Trägermedien, die mit einem Trägermedium, dessen Aufnahme in die Liste bekannt gemacht ist, ganz oder im Wesentlichen inhaltsgleich sind.

§ 15 JuSchG

(4) Die Liste der jugendgefährdenden Medien darf nicht zum Zweck der geschäftlichen Werbung abgedruckt oder veröffentlicht werden.

(5) Bei geschäftlicher Werbung darf nicht darauf hingewiesen werden, dass ein Verfahren zur Aufnahme des Trägermediums oder eines inhaltsgleichen Telemediums in die Liste anhängig ist oder gewesen ist.

(6) Soweit die Lieferung erfolgen darf, haben Gewerbetreibende vor Abgabe an den Handel die Händler auf die Vertriebsbeschränkungen des Absatzes 1 Nr. 1 bis 6 hinzuweisen.

Schrifttum: *Altenhain/Liesching/Ritz-Timme/Gabriel*, „Kriterien der Scheinminderjährigkeit", BPjM-aktuell 2/2009, 3; *Bestgen*, Die materiellen Verschärfungen des Jugendschutzgesetzes (JuSchG) zum 1. Juli 2008, tv-diskurs 4/2008, S. 78 ff.; *Döring*, Minderjährige in unnatürlich geschlechtsbetonter Körperhaltung, JMS-Report 6/2004, 7; *Eckstein*, Pornographie und Versandhandel, wistra 1997, 47; *Erdemir*, Filmzensur und Filmverbot, 2000; *ders.*, Killerspiele und gewaltbeherrschte Medien im Fokus des Gesetzgebers, K&R 2008, 223; *ders.*, K&R 3/2008, Editorial; *Frenzel*, Von Josephine Mutzenbacher zu American Psycho, AfP 2002, 191; *Günter/Köhler*, Kinder und Jugendliche als Sexualobjekte im Internet, tv-diskurs 35/2006, 74; *Liesching*, Das neue Jugendschutzgesetz, NJW 2002, 3281; *ders.*, Anforderungen des Erwachsenenversandhandels nach dem Jugendschutzgesetz, NJW 2004, 3303; *ders.*, Restriktive Rechtsauffassungen der OLjB zu Internetversandhandel mit Film- und Spielbildträgern, MMR 2005, XVI; *ders.*, Anwendbarkeit der jugendschutzrechtlichen Verbreitungsverbote auf Altindizierungen, JMS-Report 04/2004, 2; *ders.*, Warum ist die USK-„KJ"-Entscheidung zum Computerspiel GTA IV „unverständlich"?, JMS-Report 4/2008, 2; *ders.*, Das Verbot „kriegsverherrlichender Rundfunkangebote, tv-diskurs 4/2007, 76; *Meirowitz*, Gewaltdarstellungen, 1993; *Quambusch/Schmidt*, Sexappeal und schulische Erziehung – Erotisierende Kleidung als Rechtsproblem, ZfJ 2002, 365; *Rehbein/Kleimann/Mößle*, Zur Einstufung des Videospiels GTA IV durch die USK mit „Keine Jugendfreigabe", JMS-Report 3/2008, 2; *Rehbein/Mößle/Zenses/Jukschat*, Zum Suchtpotential von Computerspielen, JMS-Report 6/2010, 8; *Schäfer*, Der kriminologische Hintergrund der (Jugend-)Medienschutzes im Hinblick auf mediale Gewaltdarstellungen, 2008; *Schippan*, Pornos im Briefkasten? – Persönliche Aushändigung beim Erwachsenenversandhandel nach dem Jugendschutzgesetz erforderlich, K&R 2005, 349; *ders.*, Anforderungen des Erwachsenenversandhandels nach dem Jugendschutzgesetz, NJW 10/2005, XX (NJW-aktuell); *Schumann*, Jugendschutzgesetz und Jugendmedienschutz-Staatsvertrag – alte und neue Fragen des Jugendmedienschutzrechts, tv-diskurs 25/2003, 97; *Stiefler*, Auslegung des Tatbestands „gewaltbeherrschter Medien" nach 15 Abs. 2 Nr. 3a JuSchG, JMS-Report 1/2010, 2; *Stumpf*, Jugendschutz oder Geschmackszensur?, 2009; *Spürck*, Gewaltdarstellungen, BPjM-aktuell 1/2011, 19 *Sulzbacher*, Handel im Wandel – Pornoanbieter im Aufwind?, JMS-Report 1/2005, 2; *Walther*, Zur Anwendbarkeit der Vorschriften des strafrechtlichen Jugendmedienschutzes auf im Bildschirmtext verbreitete Mitteilungen, NStZ 1990, 523 .

Übersicht

	Rn.
I. Allgemeines	1
1. Regelungsinhalt und Bedeutung	1
2. Normkontext	2
3. Normhistorie	3
II. Verbotstatbestände (Abs. 1)	4

JuSchG § 15 III. Abschnitt. Jugendschutz im Bereich der Medien

```
 1. Geltungsbereich der Verbote .................................. 4
    a) Indizierte Trägermedien ................................... 4
    b) Schwer jugendgefährdende Trägermedien .............. 6
 2. Die Tathandlungen im Einzelnen ......................... 7
    a) Anbieten, Überlassen, Zugänglichmachen (Nr. 1) ..... 7
    b) Zugänglichmachen an für Minderjährige zugänglichen
       Orten (Nr. 2) ................................................ 16
    c) Vertrieb im Einzel- und Versandhandel (Nr. 3) ......... 19
    d) Gewerbliche Vermietung (Nr. 4) ......................... 25
    e) Einfuhr im Wege des Versandhandels (Nr. 5) ........... 31
    f) Werbung für jugendgefährdende Trägermedien (Nr. 6) 33
    g) Verbotene Vorbereitungshandlungen (Nr. 7) ............ 45
III. Schwer jugendgefährdende Trägermedien (Abs. 2) ............ 46
    1. Allgemeines .................................................... 46
    2. Nach StGB-Normen verbotene Inhalte (Nr. 1) ............ 47
    3. Kriegsverherrlichende Inhalte (Nr. 2) ....................... 48
       a) Allgemeines ................................................ 48
       b) Rspr. des BverwG ......................................... 49
       c) Begriff der „Verherrlichung" ............................. 52
       d) „Krieg" als Bezugspunkt verherrlichender Tendenzen .. 55
       e) Spruchpraxis der BPjM .................................... 56
       f) Indizien für die Tatbestandsmäßigkeit .................... 57
    4. Würdeverletzende Darstellung sterbender oder schwer lei-
       dender Menschen (Nr. 3) .................................... 58
       a) Schwer leidende Menschen ............................... 58
       b) Tatsächliches Geschehen ................................. 59
       c) Eine die Menschenwürde verletzende Weise ........... 60
       d) Überwiegendes Berichterstattungsinteresse ............. 62
    5. Realistische, grausame und reißerische Darstellungen selbst-
       zweckhafter Gewalt (Nr. 3a) ................................. 63
       a) Allgemeines ................................................ 63
       b) Begriff der „Gewalt" ...................................... 64
       c) „Realistische" Darstellungen ............................. 65
       d) „Grausame" Darstellungen ............................... 67
       e) „Reißerische" Darstellungen ............................. 68
       f) Terminus „besonders" .................................... 69
       g) Selbstzweckhaftigkeit dargestellter Gewalt .............. 71
       h) „Beherrschung des Geschehens" ........................ 74
    6. Unnatürlich geschlechtsbetonte Körperdarstellungen von
       Minderjährigen (Nr. 4) ....................................... 77
       a) Schutzzweck des Tatbestandes ........................... 77
       b) Entsprechendes Verbot nach § 4 Abs. 1 S. 1 Nr. 9
          JMStV ...................................................... 78
       c) Darstellung von Kindern und Jugendlichen ............. 79
       d) Unnatürliche geschlechtsbetonte Körperhaltung ........ 81
    7. Offensichtlich schwer jugendgefährdende Trägermedien
       (Abs. 2 Nr. 5) .................................................. 84
       a) Hinreichende Bestimmtheit .............................. 84
       b) Erforderlicher Schweregrad der Jugendgefährdung ..... 85
       c) Offensichtlichkeit der Eignung zur schweren Jugendge-
          fährdung .................................................... 90
       d) Richterliche Beurteilung .................................. 91
       e) Spruchpraxis der Jugendschutzstellen ................... 92
       f) Einzelfälle ................................................... 95
```

g) Kunstvorbehalt 96
IV. Ganz oder im Wesentlichen inhaltsgleiche Trägermedien
(Abs. 3) 97
1. Allgemeines 97
2. Inhaltsgleichheit 98
3. Zuständigkeit 100
V. Veröffentlichung der Liste (Abs. 4) 101
1. Allgemeines 101
2. Voraussetzungen im Einzelnen 102
a) Abdruck und Veröffentlichung 102
b) Zweck der geschäftlichen Werbung 103
VI. Werbung mit Indizierungsverfahren (Abs. 5) 104
1. Allgemeines 104
2. Geschäftliche Werbung 105
3. Hinweis auf ein Indizierungsverfahren 106
a) Geltungsbereich 106
b) Hinweisgegenständliches Verfahren 107
VII. Hinweispflicht für Gewerbetreibende (Abs. 6) 108
1. Allgemeines 108
2. Geltungsbereich 109
3. Rechtskonformität der Zwischenlieferung 110
VIII. Rechtsfolgen 111
1. Straf- und ordnungsrechtliche Sanktionen 111
2. Abweichende Rechtsfolgen bei Rundfunk und Telemedien 112
3. Wettbewerbsverstöße 113

I. Allgemeines

1. Regelungsinhalt und Bedeutung

Die gemäß § 27 strafbewehrten Verbote für Trägermedien (§ 1 Rn. 6 ff.) **1** nach Absatz 1 können insofern als **Kern des Jugendschutzgesetzes** bezeichnet werden, als sie das Grundrecht der Medienfreiheit, einschl. der Verbreitungsfreiheit (Art. 5 Abs. 1 GG) einschränken (vgl. zur Verfassungsmäßigkeit BVerwG DVBl. 1977, 501; NJW 1977, 1411). Die Vorschriften haben indes nicht den Zweck, in Ausübung des staatlichen Wächteramtes den Bereich des elterlichen Erziehungsrechts zu schmälern. Ihr Ziel ist vielmehr, Störungen des grundrechtlich gewährleisteten Erziehungsrechts der Eltern vorzubeugen (BVerfG NJW 1991, 1471, 1472). Abs. 2 regelt **Tatbestände schwer jugendgefährdender Trägermedien**, für welche die Vertriebs- und Werbebeschränkungen des Abs. 1 auch ohne Indizierung (§ 18) gelten. Die weiteren Regelungen betreffen inhaltsgleiche Trägermedien (Abs. 3), Werbeverbote (Abs. 4 und 5) sowie Hinweispflichten Gewerbetreibender (Abs. 6).

2. Normkontext

Die Verbreitungs- und Werbebeschränkungen nach Abs. 1 entsprechen **2** denen des **§ 184 Abs. 1 StGB** (siehe dort Rn. 17 ff.). Zu beachten ist insoweit freilich, dass sich die in § 15 JuSchG erforderlichen „Trägermedien" (§ 1

JuSchG § 15 III. Abschnitt. Jugendschutz im Bereich der Medien

Rn. 16 ff.) von den „Schriften" im Sinne des StGB unterscheiden (vgl. Löffler/Altenhain, § 1 Rn. 20; E/K/Liesching, § 1 Rn. 6). Des Weiteren geht das **Werbeverbot** in Abs. 1 Nr. 6 insofern über die entsprechende Regelung in § 184 Abs. 1 Nr. 5 StGB hinaus, als im Bezug auf indizierte Trägermedien nach h.M. auch die **„neutrale Werbung"** untersagt wird, welche weder selbst jugendgefährdend ist noch auf den jugendgefährdenden Charakter der dargebotenen Erzeugnisse hinweist (vgl. BGH NJW 1985, 154; BVerwG NJW 1977, 1411; siehe demgegenüber zu § 184 Abs. 1 Nr. 5 StGB dort Rn. 22 ff.).

3. Normhistorie

3   Die Verbotstatbestände des Abs. 1 sind gegenüber der vor Inkrafttreten des JuSchG geltenden Vorgängerregelung des GjSM weitgehend unverändert geblieben. Erweiterungen haben demgegenüber die Tatbestände schwerer Jugendgefährdung nach Abs. 2 erfahren. Abs. 2 Nr. 1 wurde erweitert durch Gesetz v. 27. 12. 2003 (BGBl. I S. 3007) mit Wirkung vom 1. 4. 2004 und durch Gesetz vom 31. 10. 2008 (BGBl. I S. 214) mit Wirkung zum 5. 11. 2008; Der Tatbestand „gewaltbeherrschter" Medien i. S. d. **Nr. 3a** wurde eingefügt durch das **1. JuSchGÄndG** v. 24. 6. 2008 (BGBl. I S. 1075) mit Wirkung vom 1. 7. 2008 (ausführl. Rn. 63 ff.).

II. Verbotstatbestände (Abs. 1)

1. Geltungsbereich der Verbote

4   **a) Indizierte Trägermedien. aa) Rechtsfolgen mit Bekanntmachung.** Entscheidend für die konstitutive Wirkung der Verbote ist i. d. R. die Bekanntmachung der Indizierung im Bundesanzeiger (vgl. § 24 Abs. 3 S. 1). Erst die **Bekanntmachung** führt die Rechtsfolgen des Abs. 1 und ggf. die Strafbarkeit herbei. Dies betrifft allerdings nur Trägermedien, die in die Listenteile A und B (vgl. § 18 Abs. 2 Nrn. 1 und 2) aufgenommen worden sind. Ist die Bekanntmachung versehentlich unterblieben, so treten die Rechtsfolgen des Abs. 1 nicht ein, da eine Voraussetzung der angeführten Bestimmungen und damit für die Strafbarkeit fehlt. Ist versehentlich die Aufnahme eines anderen als des indizierten Trägermediums bekanntgemacht worden, so äußert bitte diese Bekanntmachung **keine Wirkung**, da das Gesetz nur der Bekanntmachung eines in die Liste aufgenommenen Trägermediums die betreffenden Rechtsfolgen beilegt. Die Wirkungen der Bekanntmachung sind zeitlich auf **25 Jahre** begrenzt (§ 18 Abs. 7 S. 2). Sie dauern für diese Zeitspanne fort, es sei denn, die **Streichung** des Trägermediums von der Liste ist zuvor bekanntgemacht worden (§ 24 Abs. 3). Auf die Rechtskraft der Listenaufnahme-Entscheidung kommt es nicht an (§ 25 Abs. 4).

5   **bb) Anwendung auf Altindizierungen.** Die Verbote finden auch für vor dem 1. 4. 2003 indizierte Medieninhalte (Altindizierungen) **Anwendung**, sofern diese als **Trägermedien** im Sinne des § 1 Abs. 2 JuSchG anzusehen sind (ausführl. Liesching, JMS-Report 4/2004, 2 ff.). Dieser Auslegung entspricht auch die derzeitige **Anwendungspraxis** und Rechtsauffassung

der **BPjM**. Ihr stehen des Weiteren keine verfassungsrechtlichen Bedenken aufgrund des Art. 103 Abs. 2 GG entgegen. Im Bereich der Telemedien hat das gefundene Ergebnis zur Konsequenz, dass ein über das Internet betriebener Versandhandel mit derartigen altindizierten Trägermedien nur bei Gewährleistung des ausschließlichen Erwachsenenvertriebs nach § 1 Abs. 4 JuSchG zulässig ist. Hingegen gelten die Verbotsvorschriften des § 4 Abs. 1 S. 1 Nr. 11, Abs. 2 S. 1 Nr. 2 JMStV insb. im Lichte des verfassungsrechtlich verbürgten Analogieverbotes nicht für vor dem 1. 4. 2003 indizierte Medieninhalte. Maßgeblich erscheint insoweit der eindeutige und für Interpretationen aufgrund des Analogieverbotes wenig Raum lassende Wortlaut der Bestimmungen, welcher sich explizit nur auf in den Listenteilen B und D bzw. A und C indizierte Werke bezieht (ausführl. Liesching, JMS-Report 4/ 2004, 2, 5 f.).

b) Schwer jugendgefährdende Trägermedien. Ausgenommen vom 6 Erfordernis der Listenaufnahme sind schwer jugendgefährdende Trägermedien nach Abs. 2, die, ohne dass es einer Indizierung und Bekanntmachung bedarf, den Beschränkungen des Abs. 1 **ipso iure** unterfallen. Dennoch ist eine (zusätzliche) Aufnahme solcher Medien in die Liste zulässig (BVerwG NJW 1987, 1435, 1436). Ohne vorherige Indizierung gelten die Vertriebs- und Werbebeschränkungen des Abs. 1 auch für Trägermedien, die mit einem indizierten und bekannt gemachten Trägermedium ganz oder wesentlich **inhaltsgleich** sind (vgl. Abs. 3, hierzu Rn. 97). Für entsprechende Telemedien gilt jedoch § 6 Abs. 1 JMStV nicht (vgl. dort Rn. 5).

2. Die Tathandlungen im Einzelnen

a) Anbieten, Überlassen, Zugänglichmachen (Nr. 1). aa) Allge- 7 **meines.** Der Tatbestand der Nr. 1 entspricht mit dem Verbot des Anbietens, Überlassens oder Zugänglichmachens indizierter Trägermedien gegenüber Minderjährigen den Tathandlungen des § 12 Abs. 3 Nr. 1 JuSchG (dort Rn. 25 f.) und des § 184 Abs. 1 Nr. 1 StGB.

bb) Anbieten. Unter „Anbieten" ist eine einseitige, ausdrückliche oder 8 stillschweigende Erklärung der **Bereitschaft zur Überlassung** zu verstehen (vgl. BGHSt 34, 94, 98; Horn, NJW 1977, 2328, 232). Die Annahme des Mediums durch das Kind oder den Jugendlichen ist nicht erforderlich. Der Anbietende verstößt gegen die §§ 15 Abs. 1 Nr. 1, 27 Abs. 1 Nr. 1 sogar, wenn diese das Angebot (unwillig) ablehnen. In welcher Form das Angebot erfolgt, ob mündlich oder schriftlich (durch Zeitungsinserat, Postwurfsendung), ausdrücklich oder stillschweigend, z. B. durch Gebärden, ist gleichgültig. Das bloße Auslegen des Trägermediums soll hingegen kein Anbieten i. S. d. Vorschrift darstellen (vgl. E/K/Steindorf, § 3 GjSM Rn. 5; BayObLGSt 1959, 34 f.; anders OLG Hamburg NJW 1992, 1184, wonach für die Individualisierbarkeit der Angebotsadressaten ausreicht, dass sich das Angebot an die das Ladengeschäft betretenden Mietinteressenten richtet, siehe hierzu auch sogleich Rn. 10 f., 13 f.).

cc) Überlassen. Die Tathandlung des „Überlassens" bedeutet die auch 9 unentgeltliche oder leihweise Verschaffung des Gewahrsams (siehe auch § 12

JuSchG § 15 III. Abschnitt. Jugendschutz im Bereich der Medien

Rn. 26). Erforderlich ist die Übertragung des unmittelbaren Besitzes – der tatsächlichen Gewalt – zur eigenen Verfügung und zum eigenen Gebrauch, sei es für dauernd, sei es zeit- oder leihweise, entgeltlich oder unentgeltlich und zur Kenntnisnahme, so dass die Übergabe eines verschlossenen jugendgefährdenden Trägermediums an einen jugendlichen Boten (Überbringer) nicht als „Überlassen" anzusehen ist. Dagegen überlässt einen Ton- oder Bildträger bereits jemand, der das zum Abspielen erforderliche Gerät nicht mitüberlässt.

10 **dd) Zugänglichmachen.** Das Merkmal des „Zugänglichmachens" ist weiter zu verstehen als die Begriffe des Anbietens sowie des Überlassens und erfordert, dass einem Minderjährigen, sei es auch nur durch bloßes Auslegen in einem Raum, durch Angebot im ehemaligen Btx-Verfahren (OLG Stuttgart NStZ 1992, 38) oder über das Internet (AG München NStZ 1998, 518 m. Anm. Vassilaki = ZUM 1998, 685), die Möglichkeit eröffnet wird, sich durch sinnliche Wahrnehmung vom Inhalt des Mediums **Kenntnis zu verschaffen** (vgl. OLG Karlsruhe NJW 1984, 1975; Weigend, ZUM 1994, 133, 134; BGH MMR 2001, 676).

11 Eine **körperliche Entäußerung** des Trägermediums ist **nicht erforderlich**. Es genügt vielmehr, dass ein Betrachten oder Hören der Inhalte ermöglicht wird (vgl. BGH NJW 1976, 1984; OLG Karlsruhe NJW 1984, 1975, 1976). Zugänglichmachen ist daher auch der weitere Begriff gegenüber dem Verbreiten, (vgl. LK-Laufhütte § 184 StGB Rdn. 20 ff.; siehe aber auch BGH NJW 2001, 3558 = JZ 2002, 309 f. m. krit. Anm. Kudlich). Mithin wird jede einschlägige Medienwahrnehmung durch Kinder und Jugendliche tatbestandlich erfasst sein, freilich unter der Prämisse des Vorliegens eines indizierten oder schwer jugendgefährdenden Trägermediums. Ein solches Trägermedium macht also auch zugänglich, wer es an einen Minderjährigen unter 18 Jahren **verleiht**, zur Ansicht übergibt, **vermietet**, wer es ihm offen zur Aufbewahrung übergibt (selbst wenn er ihm gleichzeitig die Einsichtnahme untersagt) oder wer es durch einen Jugendlichen beim Buchhändler oder in einer Videothek abholen lässt.

12 Nach Beschl. des OLG Karlsruhe (JMS-Report 1/2003, S. 59 f.) soll freilich eine unmittelbare Kenntnisnahmemöglichkeit erforderlich sein, sodass der Versand eines pornographischen oder indizierten Werbeprospektes in einem **verschlossenen neutralen Briefumschlag** tatbestandlich nicht erfasst werde, da von außen der Inhalt gerade nicht erkennbar sei (vgl. auch BGHSt 34, 94; OLG Karlsruhe NJW 1984, 1975, 1976). Ob das Zugänglichmachen entgeltlich oder **unentgeltlich** geschieht, ist unerheblich. Das Vermieten ist ebenso unzulässig wie das Verleihen, das Verschenken wie der Verkauf. Zugänglich gemacht wird das Trägermedium auch durch **Vorlesen**, selbst einzelner Teile (vgl. BGH NJW 1976, 1984). Auch der BGH betont schon in seiner Entscheidung vom 25. 4. 1961 (auszugsweise abgedr. RdJ 1961, 302), dass es für die Tathandlung des Zugänglichmachens nicht erforderlich sei, dass dem Jugendlichen der gesamte Inhalt des Mediums gezeigt wird. Es wird ihm schon dann zugänglich gemacht, wenn ihm jedenfalls solche Teile gezeigt werden, die dem Trägermedium den jugendgefährdenden Charakter verleihen.

ee) Konkretisierung des Bezugsadressaten. Aus dem Wortlaut 13
("einem" Kind oder "einer" jugendlichen Person) und der Systematik der
Nr. 1 (vgl. Abs. 1 Nr. 2, hierzu Rn. 16) ließe sich des Weiteren folgern, dass
es bei den Tathandlungen des Anbietens, Überlassens und Zugänglichmachens stets einer **konkreten Individualisierung** einer bestimmten minderjährigen Person bedarf (so LG Düsseldorf CR 2003, 452, 453 m. abl. Anm.
Gercke/Liesching, S. 456 f.). Allgemeine Angebote an eine Vielzahl von Personen wären demnach nicht erfasst. Gegen eine derart strenge Wortlautauslegung spricht aber die Handhabung der Termini durch den Gesetzgeber selbst.
Dieser misst der Verwendung von Plural und Singular im Rahmen des mit
§ 15 Abs. 1 inhaltsidentischen § 184 Abs. 1 StGB keine konkrete Bedeutung
bei, wie die **Gesetzesbegründung** anschaulich belegt. Während der Gesetzesentwurf zum 4. Strafrechtsreformgesetz bei Verwendung des Singulars
untersagt, dass pornographische Schriften „einem Kind oder einem Jugendlichen" angeboten werden, spricht der Gesetzgeber in der Begründung zu
diesem Entwurf ausschließlich im Plural von „Kindern oder Jugendlichen"
(BT-Drs. VI/1552 S. 34). Aus dem Wortlaut lässt sich die Notwendigkeit
einer Individualisierung mithin nicht herleiten.

Auch aus der mit in Bezug genommenen Tathandlung des Zugänglichma- 14
chens ergibt sich die Notwendigkeit einer solchen Einschränkung nicht, da
insoweit nur erforderlich ist, dass anderen die Möglichkeit gegeben wird, von
Inhalten Kenntnis zu nehmen, wobei gerade nicht notwendig ist, dass eine
Kenntnisnahme tatsächlich erfolgt (s.o. Rn. 10). Insoweit wird ein für die
Individualisierung notwendiger tatsächlicher Zugriff also gerade nicht gefordert (Gercke/Liesching, CR 2003, 456, 457). Ausreichend, indes auch notwendig ist damit lediglich, dass sich (mindestens) ein Kind oder eine jugendliche Person in dem **Bereich** befindet, in dem ein Zugriff auf das
Trägermedium selbst oder die **Wahrnehmung des Inhalts möglich** ist.
Auch Rspr. und Schrifttum gehen wohl angesichts der nachstehenden Kasuistik überwiegend davon aus, dass eine konkrete Individualisierung einer
bestimmten Person nicht erforderlich ist.

Als von der inhaltsgleichen Vorgängerregelung des § 3 Abs. 1 Nr. 1 GjSM 15
erfasst wurden angesehen: die Verbreitung in Datennetzen und die darauf
beruhenden Abrufmöglichkeiten aus dem Computer (AG München NStZ
1998, 518 m. Anm. Vassilaki = ZUM 1998, 685; vgl. auch LG München
NJW 2000, 1051 = NStZ 2000, 535 (Ls) m. Anm. Vassilaki = JMS-Report
1/2000, S. 5 f. m. Anm. Liesching; diese Konstellation wird freilich nunmehr
als Telemedium über entsprechende Verbotsnormen des § 4 JMStV erfasst);
die **Versendung von Katalogen oder Prospekten**, in denen Leseproben
oder Probeseiten aus dem indizierten Buch zum Abdruck gelangt sind (OLG
Köln ZfJ 1958, 95; s. aber auch OLG Karlsruhe JMS-Report 1/2003,
S. 59 f.); das Einstellen (Auslegen) jugendgefährdender Schriften in die (den)
Regale(n) einer Leihbücherei (OLG Hamm ZfJ 1959, 86; LG Hamburg JSch
1960, 123); das Aufstellen einer jugendgefährdender Abbildung im Schaukasten eines Lichtspieltheaters (BayObLGSt 1959, 55 = ZfJ 1959, 87).

**b) Zugänglichmachen an für Minderjährige zugänglichen Orten
(Nr. 2). aa) Voraussetzungen im Allgemeinen.** Die Vorschrift ist inhalts- 16

JuSchG § 15   III. Abschnitt. Jugendschutz im Bereich der Medien

gleich mit § 184 Abs. 1 Nr. 2 StGB. Die Begriffe „Ausstellen, Anschlagen und Vorführen" sind eine nicht abschließend gedachte Aufzählung von Unterfällen des „Zugänglichmachens", wie die Verwendung des Wortes „sonst" erkennen lässt (vgl. zum Zugänglichmachen Rn. 10 ff.). Die Tathandlung muss sich an einem Ort abspielen, der Kindern oder Jugendlichen zugänglich ist oder von ihnen eingesehen werden kann. Auf die Art und Weise und den Zweck des Zugänglichmachens kommt es nicht an. Das **Auslegen** eines Trägermediums an einem beliebigen Ort reicht aus, wenn es dort von Personen unter 18 Jahren an- bzw. eingesehen werden kann (vgl. zum Fall des Einschweißens indizierter Schriften in Plastikfolien, sodass der jugendgefährdende Inhalt nicht erkennbar wird: OLG Karlsruhe NJW 1984, 1975, 1976; ferner OLG Karlsruhe JMS-Report 1/2003, S. 59 f.).

17 **bb) Zugängliche Orte.** Für Kinder oder Jugendliche zugänglich sind z. B. Gaststätten, Diskotheken, (Internet-)Cafés, Kinos und Videotheken, Kaufhäuser und Ladengeschäfte, Clubs und Buchhandlungen; ferner auch geschlossene Gesellschaften, wenn Jugendliche zu ihnen Zutritt haben oder sich erlaubt oder unerlaubt hier Eintritt verschaffen können, vorausgesetzt, dass die betr. Orte nicht erst nach „Überwindung von regelmäßig **ausreichenden Hindernissen**" betreten werden können. Es genügt auch das Auslegen einschlägiger Abbildungen im **Schaufenster** einer an einer öffentlichen Straße oder einem öffentlichen Platz gelegenen Buchhandlung. Ob der Zugang unentgeltlich oder nur gegen Eintrittsgeld möglich ist, spielt keine Rolle. Bei Übergabe in einem **geschlossenen Umschlag** kommt in diesen Fällen je nach Sachlage bedingter Vorsatz in Betracht (vgl. aber OLG Karlsruhe JMS-Report 1/2003, S. 59 f.).

18 **cc) Kenntnisnahmemöglichkeit.** Bei Nr. 2 genügt ebenso wie bei Nr. 1 (Rn. 10), dass Minderjährige die Möglichkeit der Einsichtnahme haben (vgl. OLG Stuttgart MDR 1987, 1047 = Justiz 1987, 388). Dies ist aber nicht bereits dann der Fall, wenn der bzw. seinerseits nicht jugendgefährdende Einband oder die nicht jugendgefährdende Umhüllung eines jugendgefährdenden Objekts einsehbar (vgl. OLG Karlsruhe NJW 1984, 1975, 1976) und das Objekt selbst für Minderjährige nicht erreichbar ist (z. B. Ausstellung in einem Schaufenster, einem abgeschlossenen Regal oder einer Glasvitrine; vgl. aber auch Rn. 10; zu weit OLG Karlsruhe JMS-Report 1/2003, S. 59 f.). Die Einsichtsmöglichkeit ist etwa auch dann gegeben, wenn Kinder oder Jugendliche, z. B. von einem höher gelegenen Ort aus pornographische Darstellungen, die in einem tiefer gelegenen Lokal vorgeführt werden, betrachten oder durch ein **nicht verhülltes Fenster** oder vom Fenster eines Treppenflurs aus in einen Hof hinabschauend beobachten können. Dass die Wahrnehmung mit dem bloßen Auge (ohne Fernglas) möglich sein muss, ist nicht notwendig. Nach der ratio legis ist die im Gesetz vorausgesetzte Einsichtsmöglichkeit auch bei **Zuhilfenahme technischer Hilfsmittel** gegeben. Andernfalls wäre Nr. 2 ebenfalls nicht anwendbar, wenn die Kenntnisnahme nur bei Gebrauch eines Augenglases (Brille) erfolgen könnte. Es kommt nur auf die konkrete, tatsächliche Möglichkeit der Einsichtnahme an (OLG Stuttgart MDR 1987, 1047 = Justiz 1987, 388). Ob Personen unter 18 Jahren hiervon ggf. Gebrauch gemacht haben, ist unbeachtlich. Die Möglichkeit

bloßer **akustischer Wahrnehmungsmöglichkeit** ist nach dem klaren Wortlaut nicht erfasst.

c) Vertrieb im Einzel- und Versandhandel (Nr. 3). aa) Allgemeines. 19
Die Vorschrift soll zum einen verhindern, dass sich der Vertrieb indizierter oder offensichtlich schwer jugendgefährdender Trägermedien außerhalb von Geschäftsräumen in der Öffentlichkeit, evtl. unter den Augen von Kindern und Jugendlichen vollzieht. Zum anderen soll die Vorschrift der Gefahr entgegenwirken, dass aufgrund **der schweren Kontrollierbarkeit des ambulanten Handels** derartige Schriften in die Hände von Kindern und Jugendlichen gelangen (BT-Drs. I/1101 S. 11; E/K/Steindorf, § 4 GjSM Rn. 2).

bb) Einzelhandel außerhalb von Geschäftsräumen. Unter Einzelhan- 20
del außerhalb von Geschäftsräumen ist vornehmlich der Verkauf auf der Straße zu verstehen, wie er bei Zeitungen und Zeitschriften üblich ist (BGHSt 9, 270) sowie in sog. „Krabbelkisten", vor Geschäften, in Bücherkarren oder in Gastwirtschaften (vgl. zum Ganzen: Uschold, NJW 1976, 2049). Das Verbot gilt nach **teleologischer Reduktion** nicht bei so genannten „**Erotikmessen**", soweit zu den betreffenden Räumlichkeiten der Messe aufgrund einer restriktiven Einlasskontrolle lediglich erwachsenen Besuchern Zutritt gewährt wird (ausführl. Liesching, JMS-Report 6/2004, 4 ff.).

cc) Kioske und andere Verkaufsstellen. Die Vorschrift untersagt darü- 21
ber hinaus, indizierte sowie schwer jugendgefährdende Trägermedien in Kiosken oder anderen Verkaufsstellen, die der Kunde nicht zu betreten pflegt, zu vertreiben, zu verbreiten oder zu verleihen (vgl. zur Verfassungskonformität BVerfG, Urt. v. 24. 5. 1976 MSP 2/1976, S. 73). Die Vorschrift erfasst alle **Verkaufsstände**, unabhängig davon, ob sie sich im Freien oder etwa in einer Bahnhofshalle oder einer Unterführung befinden (E/K/Steindorf, § 4 Rn. 5). Indizierte Trägermedien sollen nur noch in Buchläden vertrieben werden, um somit den auch für Kinder und Jugendliche offen ersichtlichen Ablauf zu unterbinden (vgl. BT-Drs. I/1101, S. 12). Vgl. zur teleologischen Reduktion bei Erotik-Messen mit effektiver Zugangskontrolle Rn. 20 sowie Liesching, JMS-Report 6/2004, 4).

dd) Versandhandel. Umfassend verboten ist auch der Vertrieb indizierter 22
und schwer jugendgefährdender Trägermedien im Wege des Versandhandels (BayObLGSt 1974, 175; vgl. zur Verfassungskonformität BVerfG NJW 1971, 1555). Der Begriff des Versandhandels wird in § 1 Abs. 4 definiert (vgl. dort Rn. 32 ff.). Dieser liegt auch dann vor, wenn der Versand eines pornographischen oder indizierten Werbeprospektes in einem verschlossenen **neutralen Briefumschlag** erfolgt (fehlgehend OLG Karlsruhe JMS-Report 1/2003, S. 59, 60). Der elektronische Versandhandel wird von dem Verbot in der Regel nicht erfasst, da Datenangebote zur Online-Übermittlung in den ganz überwiegenden Fällen keine Trägermedien, sondern vielmehr Telemedien i. S. d. § 1 Abs. 3 sind (vgl. oben § 1 Rn. 16 ff.). Die Verbreitung jugendgefährdender Druckschriften im Versandhandel stellt nach BayObLGSt 1974, 175 **kein Presseinhaltsvergehen** dar und unterliegt deshalb nicht der kurzen Verjährung der Landespressegesetze (vgl. BGH NJW 1975, 1039). Dagegen wertet das OLG Celle (JR 1998, 79) den Verstoß gegen § 130 Abs. 2 Nr. 1

Buchst. b StGB als solches, nämlich ein Delikt, bei dem die Strafbarkeit der Verbreitung (wegen Volksverhetzung) im Inhalt des Druckwerks selbst ihren unmittelbaren Grund hat.

23   ee) Gewerbliche Leihbüchereien. Die Vertriebsbeschränkungen erstrecken sich auch auf gewerbliche Leihbüchereien. Darunter sind in Wirklichkeit Mietbüchereien i. S. d. § 535 BGB zu verstehen, also nur solche, die einen Gebrauch von Schriften gegen Entgelt gewähren. Nach Meinung des BGH (St 27, 52) fällt das Vermieten von Filmen pornographischen Inhalts durch ein hierauf spezialisiertes Verleihunternehmen nicht unter die Begehungsform des Anbietens oder Überlassens pornographischer Schriften in gewerblichen Leihbüchereien. Videotheken können demnach nicht als Leihbücherei behandelt werden (so auch OLG Stuttgart NJW 1976, 1109 entgegen OLG Karlsruhe NJW 1974, 2015; zu sog. Internetcafés vgl. Liesching/Günter, MMR 2000, 260 ff.), sondern unterfallen dem Verbot der Nr. 4 (unten Rn. 25). Dagegen bezieht sich das Gesetz nicht auf die meist von Gemeinden oder Gemeindeverbänden betriebenen Volksbüchereien oder andere **öffentliche Büchereien**, die häufig in der Rechtsform einer Anstalt gemeinnützigen Zwecken und nicht dem Erwerb dienen. Ebensowenig fallen **kirchliche Büchereien**, z. B. Pfarrbüchereien oder diejenigen kirchlicher Vereine, unter die Bestimmung.

24   ff) Gewerbliche Lesezirkel. Solche sind Unternehmen, die gegen Entgelt (vornehmlich illustrierte) Schriften in der Weise vermieten, dass diese in Mappen bei einer Reihe von Kunden mit bestimmten Lesefristen **umlaufen**, wobei die Mehrzahl der Abonnenten private Haushalte sind (vgl. BPS-Report 4/1982, S. 11). Der Lesezirkel ist, ebenso wie die gewerbliche Leihbücherei, ein dem Buchhandel verwandter oder ihm wenigstens nahestehender Gewerbezweig, von dem er mitunter auch nebenher ausgeübt wird. Vom Buchhandel unterscheidet sich die gewerbliche Leihbücherei dadurch, dass sie ihre Bücher dem Kunden nicht zum Kauf überlässt. Der Lesezirkel unterscheidet sich wiederum von der Leihbücherei durch den Gegenstand des Geschäftes. Der Lesezirkel vermietet im Allgemeinen nicht Bücher wie die Leihbücherei, sondern nur periodisch erscheinende, meist illustrierte Zeit- oder Druckschriften, die in gewissen Zusammenstellungen zum Kunden hingebracht und nach einer gewissen Lesefrist, meist einer Woche, dort wieder abgeholt werden. Diese Institutionen haben aufgrund der weiten Verbreitung elektronischer Informations- und Kommunikationsdienste ihre **praktische Bedeutung** zum Teil verloren.

25   d) Gewerbliche Vermietung (Nr. 4). aa) Geltungsbereich. Das Verbot erfasst über das bestehende Leihbücherei- und Lesezirkelverbot nach Nr. 3 hinaus die gewerbliche Vermietung von indizierten und schwer jugendgefährdenden Trägermedien. Ob die Betriebe auf den Handel mit derartigen Medien spezialisiert sind, ist ohne Belang. Umgehungsgeschäfte wie z. B. **Kauf mit Rückkaufrecht** oder zeitweises Überlassen an Mitglieder eines gewerblichen Videoclubs werden ausdrücklich einbezogen („vergleichbare gewerbliche Gebrauchsgewährung"). Die vormals geltende Ausnahmevorschrift des § 3 Abs. 2 S. 1 GjSM für Tathandlungen im Geschäftsverkehr mit gewerblichen Entleihern, etwa zur Vorführung in speziellen Sexkinos oder Nachtbars, wurde im JuSchG nicht übernommen. Sog. „Video-on-Demand"-Angebote im Internet werden nicht erfasst, da diese Telemedien (§ 1 Rn. 27 f.) sind und § 15 Abs. 1 insoweit keine Anwendung findet.

bb) Ausnahme abgeschotteter Ladengeschäfte. Für die gesetzliche 26 Ausnahme von dem Vermietverbot kommt es darauf an, dass Minderjährigen bereits das Betreten durch die Außeneingänge des Ladengeschäfts verwehrt wird und diesen auch nicht von außen Einblick in das jugendgefährdende Angebot möglich ist (vgl. OLG Hamburg NJW 1992, 1184; OLG Stuttgart MDR 1987, 1047). Voraussetzung ist, dass nicht nur der Raum, in dem der Vertrieb indizierter und pornographischer Trägermedien abgewickelt wird, sondern auch alle diejenigen **Nebenräume**, die zu der betrieblichen Einheit des Geschäfts gehören, weder Minderjährigen zugänglich sind noch von ihnen eingesehen werden können (BayObLG NJW 1986, 1701, vgl. auch VGH Mannheim NJW 1987, 1445; LG Stuttgart MDR 1986, 424; BT-Drs. 10/2546 S. 23 ff). In Nebenräumen, die diese Voraussetzungen nicht erfüllen, dürfen indizierte (und pornographische) Videoprogramme nicht abgegeben werden (VGH Mannheim, aaO.). Sog. **Automatenvideotheken** können auch dann als Ladengeschäft i. S. d. Norm angesehen werden, wenn zwar kein Ladenpersonal anwesend ist, aber technische Sicherungsmaßnahmen einen gleichwertigen Jugendschutz wie die Überwachung durch Ladenpersonal gewährleisten (BGH MMR 2003, 582 mit Anm. Liesching; a. A. BayObLG JMS-Report 1/2003, S. 57 f.; LG Stuttgart JMS-Report 6/2002, S. 60, 61 f.; Gruhl, MMR 2000, 664, 666 f.).

Zum Begriff des „Ladengeschäfts" im Sinne dieser Vorschrift sowie im 27 Sinne von § 184 Abs. 1 Nr. 3 a StGB verlangt die Rspr., dass solche Räumlichkeiten **strengen Anforderungen** genügen (s. aber zu technischen Sicherungsmaßnahmen u. Rn. 29 sowie BGH MMR 2003, 582 ff. mit Anm. Liesching). Ein Geschäftslokal ist in jedem Fall nur dann ein Ladengeschäft im Sinne der vorgenannten Vorschriften, wenn es durch einen separaten Eingang von einer öffentlichen Verkehrsfläche oder von einer sonst allgemein zugänglichen Verkehrsfläche (z. B. Foyer, Ladenpassage) zu betreten ist. Das Ladengeschäft muss also **von außen zu erreichen** sein oder ein gesondertes Geschäft in einem Einkaufszentrum, einer Passage etc. sein. Nicht genügend wären einzelne Stände oder abgeschlossene Räume – auch verschiedener Inhaber – im einheitlichen Verkaufsbereich eines Geschäftes (BGH NJW 1988, 272).

Die bloße Abtrennung des Ausstellungsraumes (sog. „**shop in shop**") für 28 indizierte und schwer jugendgefährdende Trägermedien (Videokassetten), verbunden mit einem Zutrittsverbot für Minderjährige, hat der Gesetzgeber im Interesse des Jugendschutzes für **nicht ausreichend** erachtet (BT-Drs. 10/2546 S. 23 ff.). Dem diese eingeschränkte Auffassung dennoch vertretenden LG Essen (NJW 1985, 2841 = NStZ 1985, 510 m. abl. Anm. Maatz NStZ 1986, 1749) ist das BayObLG entgegengetreten (NJW 1986, 1701 = NStZ 1986, 322 = BayObLGSt 1986, 31; zuvor dieser Ansicht bereits LG Stuttgart MDR 1986, 424). Ihm folgt VGH Mannheim NJW 1987, 1445 = GewArch 1987, 37 mwN.). Das Schrifttum ist in seinen Ansichten geteilt (wie LG Essen: v. Hartlieb, NJW 1985, 830, 832; Füllkrug, Kriminalistik 1986, 227; dagegen Führich, NJW 1986, 1156; Greger NStZ 1986, 8, 12). Das „Ladengeschäft" kann auch in Gestalt eines entsprechend eingerichteten **LKWs** bestehen (OLG Hamm NStZ 1988, 415). Der Bundesgerichtshof (NJW 1988, 272 = JR 1989, 28 m. Anm. Greger) will die **Umstände des Einzelfalls** (räumliche Gestaltung) entscheiden lassen und hat darüber hinaus zur Frage des Verbotsirrtums (§ 17 StGB) Stellung bezogen.

29 Mit Greger (aaO. S. 29) wird in jedem Fall eine – wirksame – „**faktische Abschottung**" gegenüber Minderjährigen zu fordern sein (siehe in diesem Zusammenhang LG Hamburg NJW 1989, 1046, das es für zulässig hält, wenn eine Jugendlichen zugängliche Videothek, die durch eine verschlossene Tür – sog. „Schleuse" –, die nur vom Personal nach Ansprache durch den Kunden mit einem sog. Summer geöffnet werden kann, mit einer nur Erwachsenen zugänglichen Videothek verbunden ist, in der indizierte und pornographische Videoprogramme angeboten werden; zur Möglichkeit der strengen Trennung der **Öffnungszeiten** für „Familienvideothek" und „Erwachsenenvideothek": StA Konstanz MDR 1990, 742; Nikles u.a., § 15 JuSchG Rn. 29 mwN.). Nicht notwendig ist die Anwesenheit von **Aufsichtspersonal**, wenn technische Sicherungsmaßnahmen einen gleichwertigen Jugendschutz wie die Überwachung durch Ladenpersonal gewährleisten (BGH MMR 2003, 582 ff. mit Anm. Liesching; a. A. BayObLG JMS-Report 1/2003, S. 57 f.; LG Stuttgart JMS-Report 6/2002, S. 60, 61 f.; Gruhl, MMR 2000, 664, 666 f.).

30 Die in diesem Zusammenhang diskutierte Einhaltung der **Arbeitsstättenverordnung** (v. 20. 3. 1975, zuletzt geändert durch VO vom 12. 8. 2004 (BGBl. I S. 2179) bleibt hiervon unberührt. In der Regel ist die Einhaltung der arbeitsstättenrechtlichen Bestimmungen unter gleichzeitiger Beachtung des JuSchG durch eine **zweckentsprechende Gestaltung** des Gewerberaumes möglich. Wird durch die Unterbindung der Einsichtnahme von außen zwangsläufig auch die Sichtverbindung nach außen verhindert, so ist gemeinsam mit dem örtlich zuständigen staatlichen Gewerbeaufsichtsamt zu prüfen, ob und ggf. unter welchen Bedingungen Arbeitnehmer beschäftigt werden dürfen (vgl. insb. die Ausnahmen der ArbStättV).

31 **e) Einfuhr im Wege des Versandhandels (Nr. 5). aa) Allgemeine Voraussetzungn.** Die Vorschrift untersagt die Einfuhr im Wege des Versandhandels (zum Versandhandelsbegriff siehe oben § 1 Rn. 32 ff.). Die Vorschrift entspricht im Wesentlichen § 184 Abs. 1 Nr. 4 StGB, ist allerdings entgegen der vormaligen Fassung (vgl. 4 Abs. 3 i. V. m. § 21 Abs. 1 Nr. 6 GjSM) nicht mehr als Unternehmensdelikt ausgestaltet (hierzu sowie insb. zur kurzen presserechtlichen Verjährung bei gewerbsmäßiger Einfuhr, BGH NJW 1999, 1979, 1981). Die Vorschrift ist im Zusammenhang mit dem 4. StrRG dem vormals geltenden § 4 GjS angefügt worden und enthält nach BT-Drs. 7/514, S. 13 „ein eindeutiges Verbringungsverbot", das ersichtlich deshalb erlassen worden ist, um die zuvor in Zusammenhang mit der Behandlung pornographischer Auslandssendungen bestehenden Streitfragen (vgl. BGHSt 23, 329) authentisch durch den Gesetzgeber zu beantworten. Die Vorschrift gibt den **Zollbehörden** die Möglichkeit, ihnen vorgelegte Post-

Jugendgefährdende Trägermedien **§ 15 JuSchG**

sendungen mit nach § 18 Abs. 1, 2 Nrn. 1 und 2 indizierten oder schwer jugendgefährdenden Sendungen, die im Wege des Versandhandels im Ausland abgesandt wurden, zurückzuweisen (vgl. BT-Drs. 7/514 S. 13; zur Wahrung des Postgeheimnisses: BGHSt 23, 329 f.).

bb) Keine Anwendung bei privatem Endverbraucher. Allerdings 32 nimmt die h.M. nach zutreffender **teleologisch-einschränkender Auslegung** an, dass der private (erwachsene) Endverbraucher nicht „Einführer" im Sinne der Norm sein kann, da insoweit Jugendschutzbelange nicht betroffen sind (vgl. OLG Hamm NJW 2000, 1965; LG Freiburg NStZ-RR 1998, 11; Schreibauer, 1999, S. 239 f.).

f) Werbung für jugendgefährdende Trägermedien (Nr. 6). aa) All- 33 **gemeines.** Der Tatbestand enthält ebenso wie die inhaltsgleiche Strafnorm des § 184 Abs. 1 Nr. 5 StGB ein Werbeverbot für bestimmte Werbeformen, welche wegen ihrer Breitenwirkung vom Gesetzgeber als besonders jugendgefährdend angesehen wurden (zur Verfassungskonformität krit. Schumann, NJW 1978, 1134 ff.). Die Vorschrift untersagt jedwede öffentliche Werbung und Werbung durch Verbreiten von Medien für schwer jugendgefährdende und indizierte Trägermedien, auch wenn es sich um Kinospielfilme und erst recht, wenn es sich um DVDs oder Blu-Ray-Discs handelt (vgl. aber BGH NStZ 1989, 77 f.). Entscheidend ist weniger die konkrete Ausgestaltung der Werbung, sondern ob das Angebot den jugendgefährdenden Charakter der Waren für den durchschnittlich interessierten und informierten Betrachter erkennbar macht und für ihn Zweifel über den Inhalt nicht bestehen (vgl. BGHSt 34, 94, 100). Unerheblich für die Tatbestandsverwirklichung ist auch, ob der Täter den Inhalt der **werbenden Aussage selbst formuliert** oder wie hier die von einem Dritten entworfene Werbung übernimmt, da ein Anpreisen immer schon dann vorliegt, wenn die Abgabe der empfehlenden Erklärung durch den Täter erfolgt (OLG Hamburg NStZ 2007, 487).

bb) Erfasste Werbeformen. Nicht erlaubt ist danach jede schriftliche 34 oder gedruckte Reklame für als jugendgefährdend bekanntgemachte Trägermedien durch herkömmliche Werbemethoden, wie **Zeitungsinserate** (zum „Empfängerhorizont" BGH NStZ 1989, 77, 78 betr. § 184 Abs. 1 Nr. 5 StGB; BGHSt 34, 94 = JR 1987, 208 m. krit. Anm. Greger; BGH NJW 1977, 1695), Schilder, Hinweiszettel, **Plakate**, Zeitungsnotizen, Drucksachen, Listen, **Prospekte**, Postwurfsendungen und jede andere dem gleichzuachtende Übermittlung von Werbematerial für ein solches Trägermedium, wozu auch die unverlangte Zusendung einer Ansichtssendung zu rechnen ist (vgl. BGH, Urt. v. 5. 4. 1960, 5 StR 604/59; demgegenüber OLG Karlsruhe JMS-Report 1/2003, S. 59, 60). Bei Inseratenwerbung genügt es, wenn in der Anzeige der Titel des auf die Liste gesetzten Trägermediums angeführt wird (OLG Hamburg v. 15. 2. 1956 – Ss 4/56, siehe auch Rn. 40). Da der Zweck des Werbeverbotes nur darin besteht, zu verhindern, dass Minderjährige für jugendgefährdendes Material interessiert und auf Bezugsquellen aufmerksam gemacht werden, muss das Objekt der Werbung auch **tatsächlich indiziert oder schwer jugendgefährdend** sein (OLG Hamburg MDR 1978, 506).

JuSchG § 15   III. Abschnitt. Jugendschutz im Bereich der Medien

35   Daneben ist auch die Reklame durch den Werberundfunk und das **Werbefernsehen** als unerlaubt anzusehen, genauso wie entsprechende Werbung im **Internet** (OLG Hamburg NStZ 2007, 487; fehlgehend LG Düsseldorf CR 2003, 453, 454 ff. mit abl. Anm. Gercke/Liesching). Ein **kritischer Pressebericht** über einen indizierten Videofilm stellt aber oft noch kein „Werben" dar (BGHSt 34, 218); hingegen ohne Weiteres eine **positive Rezension** eines indizierten Werkes im Internet (OLG Hamburg NStZ 2007, 487). Einem indizierten oder schwer jugendgefährdenden Buch darf kein Werbematerial für Trägermedien gleicher Art beigefügt werden. Es darf gleichfalls nicht, etwa durch eine auf den letzten Seiten eines Buches enthaltene (Verlags-)Anzeige, für als jugendgefährdend indizierte oder offensichtlich schwer jugendgefährdende Medien geworben werden (BayObLG NJW 1960, 161 mit Anm. Potrykus). Selbst eine Anzeige, die das indizierte Trägermedium nicht unmittelbar benennt, aber erkennbar auf die Möglichkeit des (diskreten) Bezuges einer solchen hinweist, ist untersagt (BayObLGSt 1959, 199 = EJF II Nr. 14 – ZfJ 1959, 270; siehe auch Rn. 40). Nach OLG Hamburg (NJW 1965, 2168) sind Verstöße gegen Nr. 6 Presse-Inhaltsdelikte mit der kürzeren Verjährungsfrist der Landespressegesetze (gebilligt von BGH NJW 1975, 1039, 1040).

36   **cc) Anbieten.** Eine solche Tathandlung ist jedes Feilbieten eines indizierten Trägermediums. Ausreichend sind schon entsprechende Erklärungen an das Publikum, z. B. durch Plakate, Auslagen in einem Schaufenster (vgl. BGHSt 34, 94, 98; siehe auch OLG Hamburg NJW 1992, 1184), Angebote bei **Online-Auktionen**, Aufstellen von Automaten. Dies gilt auch dann, wenn das angebotene indizierte oder schwer jugendgefährdende Trägermedium tatsächlich **nur an Erwachsene** abgegeben und dies bereits in dem Angebot erkennbar gemacht wird. Die Norm soll nämlich schon verhindern, dass Kinder und Jugendliche für solche Erzeugnisse überhaupt interessiert werden.

37   **dd) Ankündigen.** Eine Ankündigung ist jede Kundgabe, durch die auf die **Gelegenheit** zu ihrem **Bezug** aufmerksam gemacht wird (vgl. schon RGSt 37, 142; auch durch Versenden eines Katalogs mit entsprechenden Inhalten, vgl. BGHSt 33, 1, 3). Hingegen stellen kritische Berichte über ein nach § 18 Abs. 1 indiziertes Trägermedium im Regelfall auch dann kein „Ankündigen" dar, wenn sie mit neutralen Texten versehene Bilder enthalten und Vertriebsunternehmen erwähnen (BGHSt 34, 218).

38   **ee) Anpreisen.** Unter Anpreisung ist jede lobende oder empfehlende Erwähnung oder Beschreibung des indizierten Trägermediums, z. B. durch Hervorhebung seiner Vorzüge, zu verstehen (vgl. auch Steindorf, § 5 Rn. 5). Ein Anpreisen i.S.v. Nr. 6 erfordert indes weder einen **Hinweis auf mögliche Bezugsquellen** noch die Absicht, das beworbene Medium irgendwann zumindest einem Empfänger der Erklärung zugänglich zu machen (OLG Hamburg NStZ 2007, 487). Dies entspricht auch dem Zweck der Vorschriften, einen wirksamen Jugendschutz zu gewährleisten. Die erforderliche abstrakte Gefährdung folgt schon daraus, dass das Interesse der Erklärungsempfänger an einem indizierten Medium geweckt und die Werbung zum Anlass

Jugendgefährdende Trägermedien **§ 15 JuSchG**

genommen werden kann, sich um einen Bezug zu bemühen (OLG Hamburg, aaO.)

ff) Konsolidierung der Tatmodalitäten unter dem Oberbegriff 39 „Werbung". Rspr. und Rechtsliteratur sind ganz überwiegend dazu übergegangen, die Regelungen des § 184 Abs. 1 Nr. 5 StGB und des § 15 Abs. 1 Nr. 6 i. V. m. Abs. 2 Nr. 1 JuSchG allgemein als **„Werbeverbote"** zu bezeichnen (so ausdrücklich BGH NJW 1987, 449, 450) bzw. von „Werbung für Pornographie" zu sprechen, ohne auf die genau bezeichneten Tatmodalitäten im Weiteren einzugehen (z. B. BGH NJW 1987, 449, 450; BGH NJW 1989, 409; OLG Frankfurt NJW 1987, 454; Meier, NStZ 1985, 341 ff.; Schumann, NJW 1978, 1134; für § 5 Abs. 2 GjSM: BVerfG NJW 1986, 1241; BGH NJW 1987, 451 und BVerwG NJW 1977, 1411).

gg) Neutrale Werbung. Das Verbot umfasst bei indizierten Medien auch 40 sog. neutrale Werbung, welche weder selbst jugendgefährdend ist noch auf den jugendgefährdenden Charakter der dargebotenen Erzeugnisse hinweist (BGH NJW 1985, 154; BVerwG NJW 1977, 1411). Es genügt insoweit also eine **Individualisierung** des indizierten Objekts in der Weise, dass es entweder körperlich angeboten oder durch Angabe eines Merkmals oder einer Bezeichnung hinreichend gekennzeichnet wird. Das Bundesverfassungsgericht (NJW 1986, 1241) hat insoweit für die vormals geltende inhaltsgleiche Norm des § 5 Abs. 2 GjSM entschieden, dass diese strenge Auslegung **verfassungskonform** ist (vgl. hierzu auch Lober, CR 2002, 397, 403 f.).

Demgegenüber verneint der BGH (NJW 1977, 1695 und NJW 1987, 41 449, 450) die Strafbarkeit der neutralen Werbung für pornographische Schriften nach § **184 Abs. 1 Nr. 5 StGB** (zust. Schumann, NJW 1978, 1143 ff. und NJW 1978, 2495 f.; ebenso BGH NStZ 1989, 77 f.; OLG Karlsruhe JMS-Report 1/2003, S. 59 f.; a. A. OLG München NJW 1987, 453; krit. zum Ganzen: Meier, NStZ 1985, 341 und NJW 1987, 1610). Vielmehr sei erforderlich, dass das Angebot nach seinem Aussagegehalt für den durchschnittlich interessierten und informierten Betrachter erkennbar macht, dass es sich auf Pornographie bezieht (BGH NJW 1987, 449). Das Gericht sieht insoweit **keinen Widerspruch** zu dem weitergehenden Werbeverbot für indizierte Medien. Solches Material sei bereits durch die Eintragung in die Liste verbindlich als jugendgefährdend eingestuft; hier werde der sonst für die Tatbestandsmäßigkeit erforderliche, auf Pornographie sich beziehende Charakter der Werbung ersetzt durch die Veröffentlichung der Liste, so dass insoweit auch die neutrale Werbung verboten sei (BGH aaO.; dagegen mit guten Gründen Meirowitz, 1993, S. 273; siehe ausführl. § 184 Rn. 22 ff.).

hh) Erfordernis „öffentlicher" Werbung. Das Verbot gilt nur für 42 öffentliche Werbung, welche zudem an den in der Vorschrift bezeichneten Orten erfolgt. Das Anbieten etc. geschieht öffentlich, wenn es von einem größeren, individuell nicht feststehenden oder jedenfalls durch persönliche Beziehungen **nicht verbundenen Personenkreis** wahrgenommen werden kann. Erfasst wird z. B. Plakat- oder Lautsprecherwerbung für indizierte oder schwer jugendgefährdende Erzeugnisse auf öffentlichen Plätzen, das Verteilen von Handzetteln, entsprechende Schaufensterreklame, Fernseh- und Rundfunkwerbung oder Werbung im Internet („Verbreiten von Telemedien"; vgl. auch Schreibauer, 1999, S. 256 f.; fehlgehend LG Düsseldorf CR 2003, 453, 454 ff. mit abl. Anm. Gercke/Liesching). Auch Werbung in Benutzergruppen im **Internet** sind grundsätzlich öffentlich, sofern jedermann ohne Schwierigkeiten der Gruppe – etwa durch Zugangs-PIN-Code gegen Kreditkartenzahlung – beitreten kann (vgl. Sieber, JZ 1996, 494, 495; siehe aber sogleich Rn. 43).

43 ii) **Minderjährigen zugängliche Orte.** Das Verbot erstreckt sich nur auf Werbung an Orten, die Kindern oder Jugendlichen zugänglich sind und von ihnen eingesehen werden können. Ausgenommen sind insb. durch Schaufenster oder Türen nicht einsehbare sog. Sex-Shops oder **„Ab-18"-Shops** in Videotheken oder Kaufhäusern. Ebenso unterfallen „virtuelle Orte" wie insb. Internet-Werbeangebote der Vorschrift des Abs. 1 Nr. 6 nur dann nicht, wenn durch technische Vorkehrungen (sog. **Altersverifikationssysteme**) ausgeschlossen ist, dass Minderjährige Zugang erhalten (vgl. hierzu ausführl. § 1 Rn. 38 ff., § 4 JMStV Rn. 63 ff.). Die von der unterinstanzlichen Rspr. (LG Düsseldorf CR 2003, 452 f. m. abl. Anm. Gercke/Liesching; krit. auch Gercke, ZUM 2003, 349, 351 f.) diesbezüglich vertretene **liberale Ansicht**, welche sich im Wesentlichen auf die fortentwickelte Medienlandschaft stützt, die ein (sexuell) freizügigeres Bild zeichne als vor dem Multimedia-Zeitalter, ist **rechtsdogmatisch nicht haltbar**. Entscheidend ist gerade nicht, ob der Adressat, Zuschauer oder Nutzer weiß, dass sich an einem bestimmten, Jugendlichen unzugänglichen Ort (schwer) jugendgefährdende Medien befinden, sondern allein, dass der Anbieter derartige Produkte öffentlich an einem Ort, der Minderjährigen zugänglich ist, anbietet, ankündigt oder anpreist.

44 jj) **Geschäftsverkehr mit einschlägigem Handel.** Das Verbot gilt im Übrigen nicht für Werbung im Rahmen des Geschäftsverkehrs mit dem einschlägigen Handel. Die **Ausnahme** erfasst den gesamten Geschäftsverkehr mit dem einschlägigen (Buch-, Zeitschriften-, Bildträger-) Handel, insb. den Geschäftsverkehr zwischen Verleger und Sortimenter bzw. dem Kommissionär. Insoweit sind alle, sonst für unzulässig erklärten Arten der (geschäftlichen) Werbung statthaft, insb. die **Prospektübersendung**, Subskriptionsaufforderung, auch Anzeigen in den Fachblättern des Buchhandels. In ihnen dürfen, wie bisher, auch als jugendgefährdend indizierte Trägermedien und solche gem. Abs. 2 angezeigt werden, da diese Zeitschriften in der Regel nur einem beschränkten, fachlich interessierten Personenkreis und nicht Jugendlichen zugänglich sein werden. In diesen Fachblättern ist auch die **Mitteilung von Buchauszügen** statthaft. Ein Hinweis auf das Prüfverfahren darf jedoch im Hinblick auf § 15 Abs. 5 nicht stattfinden (siehe zum Ganzen auch Schreibauer, 1999, S. 254 ff.).

45 g) **Verbotene Vorbereitungshandlungen (Nr. 7).** Die Verbotsvorschrift der Nr. 7 erfasst bestimmte Vorbereitungshandlungen zu den Nrn. 1 bis 6, um bereits frühzeitig eine Beschlagnahme indizierter oder schwer jugendgefährdender Medieninhalte zu ermöglichen (vgl. BT-Drs. VI/3521, S. 61). „**Herstellen**" bedeutet die Erschaffung eines schwer jugendgefähr-

Jugendgefährdende Trägermedien § 15 JuSchG

denden oder gemäß § 15 Abs. 3 inhaltsgleichen Trägermediums (§ 1 Rn. 16 ff.), welches objektiv geeignet ist, i. S. d. Nrn. 1-6 verwendet zu werden. Neben der Erzeugung von Kopiervorlagen (sog. „Masterbänder") fällt auch das geschaffene „geistige" Ausgangsmaterial wie **Manuskripte** und Drehbücher unter den Begriff des Herstellens, wenn der Inhalt des Trägermediums weitgehend feststeht und die Gefahr jederzeit möglicher Verbreitung bereits ganz nahe gerückt ist (BGHSt 32, 1, 7 f.). „**Beziehen**" ist die entgeltliche oder unentgeltliche Erlangung eigener Verfügungsgewalt über das Trägermedium aufgrund eines mit dem vorherigen Gewahrsamsinhaber einverständlichen Gewahrsamswechsels. Das „**Liefern**" ist die entsprechende Gegenhandlung und bedeutet die einverständliche Gewahrsamsverschaffung. Das Merkmal „**Vorrätighalten**" umfasst den zweckorientierten Besitz indizierter oder schwer jugendgefährdender Trägermedien. Ein „Vorrat" im wörtlichen Sinne ist nicht erforderlich (vgl. OLG Karlsruhe NJW 1987, 1957, 1958; Schreibauer, 1999, S. 279 mwN.), so dass grundsätzlich schon der Besitz eines Exemplars ausreichen kann.

III. Schwer jugendgefährdende Trägermedien (Abs. 2)

1. Allgemeines

Eine Ausnahme von dem konstitutiven Prinzip der Indizierung gilt nach 46 Absatz 2 für schwer jugendgefährdende Trägermedien, also solche, die hinsichtlich ihrer Eignung zur Gefährdung von Minderjährigen einen gegenüber Trägermedien nach § 18 Abs. 1 S. 1 deutlich **gesteigerten Schweregrad** aufweisen. Die in Nrn. 1 bis 5 genannten Medieninhalte unterliegen den Vertriebs-, Werbe- und Weitergabeverboten des § 15 Abs. 1 automatisch kraft Gesetzes auch **ohne Listeneintragung** durch die BPjM. Die Händler müssen in eigener Zuständigkeit prüfen, ob eine der Voraussetzungen vorliegt. Durch eine schwere Jugendgefährdung wird eine (klarstellende) Indizierung durch die Bundesprüfstelle nicht ausgeschlossen (BVerwG NJW 1987, 1435, 1436; s.a. § 18 Abs. 2 Nr. 2 und Abs. 5).

2. Nach StGB-Normen verbotene Inhalte (Nr. 1)

Zu den nach Nr. 1 erfassten, in § 86, § 130, § 130a, § 131 oder § 184 des 47 Strafgesetzbuchs bezeichneten Inhalten vgl. die Erläuterungen zu den StGB-Normen in Teil III. Die Vorschrift ist im Bezug auf nach dem Strafgesetzbuch verbotene Medieninhalte **abschließend**. Nicht erfasst werden insb. Kennzeichen verfassungswidriger Organisationen (§ 86a StGB; vgl. aber § 4 Abs. 1 Nr. 2 JMStV), die Beschimpfung von Bekenntnissen, Religionsgemeinschaften und Weltanschauungsvereinigungen (§ 166 StGB) oder die Werbung für eine kriminelle oder terroristische Vereinigung (§§ 129, 129a StGB). Insoweit kommt aber im Einzelfall vor allem bei Hinzutreten weiterer jugendschutzrelevanter Aspekte eine Eignung zur schweren Jugendgefährdung nach Abs. 2 Nr. 5 in Betracht (vgl. hierzu unten Rn. 84 ff.).

JuSchG § 15   III. Abschnitt. Jugendschutz im Bereich der Medien

3. Kriegsverherrlichende Inhalte (Nr. 2)

48   **a) Allgemeines.** Nach der vor Inkrafttreten des JuSchG geltenden Rechtslage mussten kriegsverherrlichende Inhalte zunächst von der Bundesprüfstelle in die Liste aufgenommen werden, um den Vertriebs- und Werbebeschränkungen zu unterfallen (vgl. § 1 Abs. 1 S. 2 Var. 6 GjSM). An der vormaligen Auslegung des Begriffs der Kriegsverherrlichung (siehe sogleich Rn. 49 ff.) hat sich trotz dieser Loskoppelung vom Indizierungserfordernis in Nummer 2 nichts geändert (vgl. Liesching, NJW 2002, 3281, 3285).

49   **b) Rspr. des BverwG.** Das Bundesverwaltungsgericht hat vor allem in zwei früh ergangenen Entscheidungen der 1960er Jahre (BVerwGE 23, 112, 115 f.; BVerwGE 28, 61 ff.) konkretisierende Auslegungsgrundsätze zum Rechtsbegriff der „Kriegsverherrlichung" entwickelt, die bislang in der Rspr. auch nicht revidiert worden sind. Vielmehr erfuhren sie mittelbar weithin eine Bestätigung durch spätere Urteile (BVerwG NJW 1987, 1434 f.; OLG Köln NVwZ 1994, 410, 413). Vor dem Hintergrund der damals geltenden Rechtslage, nach der die Kriegsverherrlichung nur ein Beispielsfall der indizierungstauglichen Jugendgefährdung war, gelangt das BVerwG zu der Auffassung, dass der Begriff „Verherrlichung des Krieges" **weit auszulegen** sei.

50   Nach einer auch in der Rechtsliteratur vielfach übernommenen „Faustformel", die das BVerwG in der Urteilsbegründung aufstellte, seien insb. Medieninhalte erfasst, „durch welche der **Krieg irgendwie qualifiziert positiv bewertet** wird, durch die er als anziehend, reizvoll, als romantisches Abenteuer oder als wertvoll, oder auch nur als eine hervorragende, auf keinem anderen Gebiete zu erreichende Bewährungsprobe für männliche Tugenden und heldische Fähigkeiten oder auch nur als eine einzigartige Möglichkeit erscheint, Anerkennung, Ruhm oder Auszeichnung zu gewinnen (...)". Der Senat führt im Rahmen der weiteren Urteilsbegründung zudem explizit aus, dass „gegen eine sachliche, unpathetisch-nüchterne Darstellung der betreffenden [Kriegs-]Ereignisse, Verhältnisse und Verhaltensweisen" keine Bedenken bestünden, „dass aber deren Verherrlichung in der Form einer »Saga« den Tatbestand der sittlichen Jugendgefährdung" erfülle (BVerwG, aaO.).

51   In einer späteren Entscheidung bestätigte das BVerwG des Weiteren die Indizierungspraxis der BPjM, soweit es als „sittlich gefährdend" angesehen wurde, „wenn in einer Schrift der Krieg **verharmlost** wird, d. h., wenn die **Schrecken des Krieges nicht erwähnt** werden, die unsäglichen Opfer und Leiden nicht bewusst gemacht werden" (BVerwG NJW 1987, 1434 f.). Diese Äußerung des Gerichts wurde im Schrifttum häufig dahingehend interpretiert, dass eine Verharmlosung des Krieges einer Verherrlichung gleichzusetzen oder jedenfalls als solche anzusehen sei (E/R/W/Landmann, 2003, Kap. VI Rn. 39 f.; Ukrow, Rn. 356). Ob dies vor allem im Bezug auf den heutigen Verbotstatbestand des Abs. 2 Nr. 2 zutrifft, erscheint bei näherer Betrachtung allerdings zweifelhaft.

52   **c) Begriff der „Verherrlichung". aa) Positiv qualifizierende Überhöhung.** Der Begriff der Verherrlichung wird im Allgemeinen nach seinem Wortsinn als **Glorifizierung** oder als propagandistisch-wertende Überhöhung verstanden (Sp/Wiebe/Erdemir, Rn. 59; Hartstein u.a., § 4 Rn. 33;

Landmann, 2003, Rn. 39 f.; Liesching, NJW 2002, 3281, 3285 f.; Monssen-Engberding/Bochmann, KJuG 2005, 55, 60). In diesem Sinne ist auch die Rspr. der BVerwG im Sinne der qualifiziert positiven Bewertung auszulegen (vgl. oben Rn. 50).

bb) Keine Gleichsetzung mit „Verharmlosung". Fraglich ist allerdings, ob auch die Verharmlosung des Krieges mit der Verherrlichung in der Weise gleichgesetzt werden kann, dass schon Bagatellisierungen des Krieges per se eine „Verherrlichung" darstellen können. Dies erscheint vor allem deshalb zweifelhaft, weil offenbar auch der Bundesgesetzgeber im Jugendschutz zwischen den Termini „Verherrlichung" und „Verharmlosung" unterscheidet (vgl. § 131 StGB, s. dort Rn. 19 ff.). Dies ist deshalb von besonderem Gewicht, weil der Gesetzgeber bei der Fassung des § 131 StGB ausdrücklich erklärt hatte, dass der Begriff der „Verherrlichung" bei Gewaltdarstellungen gerade dem Indizierungstatbestand der Kriegsverherrlichung entnommen sei und **diesem inhaltlich voll entspreche** (BT-Drs. VI/3521 S. 7). Auch Rspr. und Rechtsliteratur legen bei § 131 StGB beide Rechtsbegriffe jeweils **unterschiedlich** aus (vgl. nur OLG Koblenz, Urt. vom 26. 09. 1985 - 1 Ss 358/85, NJW 1986, 1700 f.). Auch nach der Wortlautinterpretation kann nicht davon ausgegangen werden, dass eine Verharmlosung bzw. Bagatellisierung immer schon automatisch mit dessen Verherrlichung bzw. Glorifizierung gleichgesetzt werden kann (zutreffend Löffler/Altenhain, Rn. 15; s.a. Liesching, tv-diskurs 04/2007, S. 76 ff.). 53

Allerdings bedeutet dies nicht, dass mit einer Verherrlichung nicht eine Verharmlosung einhergehen kann. Vielmehr dürfte dies in einer Vielzahl der Fälle sogar der Fall sein. Damit kann durchaus davon ausgegangen werden, dass den Krieg verharmlosende, bagatellisierende oder verniedlichende Tendenzen ein Indiz im Rahmen der Gesamtbewertung des Vorliegens einer Kriegsverherrlichung sein können. Entsprechend wird in der Rechtsliteratur zum Teil auch zutreffend ausgeführt, dass bagatellisierende Tendenzen „als **Stilmittel der Glorifizierung**" tatbestandlich erfasst werden können (Monssen-Engberding/Bochmann, KJuG 2005, 55, 60) bzw. mit einer Glorifizierung oft auch ein Verharmlosen der Schrecken und des Leids des Krieges „einhergehen" (siehe E/K/Liesching, Rn. 44). Umgekehrt dürfte der Umstand, dass im Rahmen eines Medienangebotes auch der **Darstellung negativer Kriegsfolgen** Raum gegeben wird, ein Indiz gegen die Annahme einer Kriegsverherrlichung im Sinne des Abs. 2 Nr. 2 sein. 54

d) „Krieg" als Bezugspunkt verherrlichender Tendenzen. Per se nicht ausreichend ist es bei reiner Betrachtung des Wortlauts und des Wortsinns, dass lediglich bestimmte Teilnehmer an Kriegshandlungen oder bestimmte Armeeteile, Divisionen oder Korps z. B. als „Helden" verherrlicht werden, oder auch nur Kriegsmaterial, Kriegswaffen, Waffengattungen oder -systeme durch positive Aussagen propagandistisch überhöht werden. Diese Auslegung findet auch in der Rspr. des BVerwG insoweit Berücksichtigung, als dort die **Verherrlichung des „Kriegers"** nicht generell mit der „des Krieges" gleichgesetzt wird, sondern vielmehr eine Einzelfallbetrachtung für erforderlich gehalten wird (BVerwGE 23, 112, 116). Vor diesem Hintergrund ist mithin im Einzelfall denkbar und steht dem Wortlaut nicht entgegen, 55 dass eine positive Akzentuierung von **Kriegsteilnehmern** oder bestimmter **Kriegswaffen** durchaus Indizien dafür sein können, dass ein Medienangebot nach seinem Gesamteindruck auch den Krieg als solchen verherrlicht. Dies dürfte insb. dann anzunehmen sein, wenn bestimmte Figuren als Kriegshelden stilisiert werden und sie vor allem für jugendliche Zuschauer gerade wegen begangener Kriegshandlungen als erstrebenswertes Idealbild oder Identifikationsfigur erscheinen können. Denn in solchen Fällen wird die Bejahung und Idealisierung des Krieges bzw. kriegerischer Handlungen lediglich über eine heldische Figur personifiziert, bleibt aber auch als abstrakte, auf den Krieg bezogene Botschaft erhalten.

56 e) **Spruchpraxis der BPjM.** Die Bundesprüfstelle für jugendgefährdende Medien (BPjM) folgt in ständiger Spruchpraxis den dargelegten Auslegungsgrundsätzen des BVerwG (z. B. BPjS-Entsch. Nr. 2027 v. 03-05. 1968 – „Aus dem Führerhauptquartier"; BPjS-Entsch. Nr. 3039 v. 2. 4. 1981 – „Der Landser – Die Schlacht von Avranches"; BPjS-Entsch. Nr. 3266 v. 27. 07. 1982 – „Risiko"; BPjS-Entsch. Nr. 3513 v. 05. 09. 1985 – „Die rote Flut"; BPjS-Entsch. Nr. 4104 v. 10. 1. 1991 – „Die verlorene Legion"; BPjS-Entsch. Nr. 4132 v. 6. 6. 1991 – „Wings Comp."; BPjS-Entsch. Nr 4600 vom 13. 06. 1996 – „Panzer General"; BPjS-Entsch. Nr. VA 1/03 v. 25. 2. 2003 und BPjS-Entsch. Nr. 5172 v. 6. 3. 2003 – „**Command & Conquer – Generals**"). Insb. in der letztgenannten Entscheidung ging die BPjM ausführlich auf das Merkmal der Kriegsverherrlichung ein und stellte maßgeblich auf den Realitätsbezug der Kriegsdarstellung, die **Ästhetisierung militärischer Gewalt**, die Bejahung des Krieges als legitimes politisches Mittel, Darstellung der Tötung von Kriegsgegnern als **belohnenswertes Erlebnis** sowie die Kriegsverharmlosung ab (s. ausführl hierzu Liesching, tv-diskurs 04/2007, S. 76, 78 f.).

57 f) **Indizien für die Tatbestandsmäßigkeit.** Als Merkmale und Aspekte, die für das Vorliegen einer Kriegsverherrlichung sprechen, können insb. gelten:

– **Kriegerische Mittel** werden allgemein oder zur Durchsetzung bestimmter ideologischer oder religiöser Weltanschauungen als **gerechtfertigt** oder als generell legitimes Mittel zur Durchsetzung eigener Interessen dargestellt. Dies gilt insb. dann, wenn auch die **Völkerrechtswidrigkeit** kriegerischer Handlungen (Angriffs- bzw. Präventivkrieg) als legitim oder „im Einzelfall notwendig" dargestellt wird.
– Die propagandistische oder sonst **positiv wertende Darstellung** von **Waffen**, Waffengattungen oder -systemen, die vor allem im Krieg zum Einsatz kommen. Dem Kriterium ist dann besonderes Gewicht beizumessen, wenn Darstellungen des Waffeneinsatzes im Krieg gezeigt werden und sich gerade hierauf positive Wertungen oder sonstige Aussagen beziehen.
– Die Darstellung des Einsatzes von Kriegswaffen oder von kriegerischen Kampfhandlungen wird mit **ästhetisierenden stilistischen Mitteln** (wie z. B. Zeitlupe und Nahaufnahme von Kriegswaffen während ihres Einsatzes, reißerischer Musik, Intonieren von Kampfliedern mit stimulierender, aggressiver Tendenz) in einen positiven, bejahenden Kontext gestellt.

Jugendgefährdende Trägermedien **§ 15 JuSchG**

- Die **Bagatellisierung** oder das Ausblenden von **negativen Folgen des Krieges** (z. B. Tod und Verstümmelung von Soldaten, Leiden der Zivilbevölkerung). Dem Kriterium ist dann besonderes Gewicht beizumessen, wenn über das bloße Verschweigen negativer Kriegserscheinungen und -folgen hinaus diese durch explizite Aussagen verharmlost (z. B. „halb so schlimm", „kein Beinbruch") oder durch **zynisch-humorvolle Kommentierung** verniedlicht oder in ihrer Bedeutung herabgewürdigt werden.
- Zwar werden negative Folgen des Kriegs nicht ausgeblendet, entsprechende Darstellungen werden aber stilistisch zur Glorifizierung z. B. des Soldatentods als **ehrenvoll, heldenhaft** oder als besondere Auszeichnung pathetisch überhöht.
- Die im Rahmen des betreffenden Medieninhaltes dargestellten politischen Konfliktmuster weisen einen **hohen Realitätsbezug** auf und die Kriegsakteure werden nicht nur abstrakt, sondern derart „personifiziert" dargestellt, dass eine Identifikationsmöglichkeit des Zuschauers anzunehmen ist.
- Unkritische bzw. positiv wertende **Aussagen über den Krieg** oder einzelne Kriegshandlungen werden von Personen gemacht, die aus Sicht von (insb. jugendlichen) Zuschauern als Identifikationsfigur oder **Sympathieträger** wahrgenommen werden können. Dem Kriterium ist dann besonderes Gewicht beizumessen, wenn die betreffenden Aussagen z. B. durch bildliche Darstellungen oder zustimmende Wertungen eines Dokumentarsprechers vermeintlich bestätigt und/oder unterstützt werden, und hierdurch den problematischen Aussagen aus Sicht des Zuschauers eine besonders hohe Glaubwürdigkeit und/oder Authentizität verliehen wird.
- **Unkritische Wiedergabe von propagandistischen Filmen** oder Filmsequenzen aus der Zeit des Nationalsozialismus, die kriegsglorifizierende Botschaften unkommentiert auf eine Weise wiedergeben, dass trotz des historischen Kontexts eine vereinnahmende Wirkung insb. auf jugendliche Zuschauer im Hinblick auf eine bejahende Einstellung zum Krieg anzunehmen ist.

Vgl. ausführl. auch zu den Indizien, die gegen eine Tatbestandsmäßigkeit sprechen: Liesching, tv-diskurs 04/2007, S. 76, 79 f. sowie § 4 JMStV Rn. 16.

4. Würdeverletzende Darstellung sterbender oder schwer leidender Menschen (Nr. 3)

a) Schwer leidende Menschen. Gegenstand der Darstellung muss entweder der Akt des „Sterbens" eines Menschens (die Veranschaulichung bereits toter Menschen genügt nicht) oder körperlich oder seelisch schwere Leiden eines Menschen sein. Schwer sind körperliche Leiden, die mit besonderen **Schmerzen und Qualen** verbunden sind. Seelische Schmerzen können insb. mit dargestellten **Misshandlungen** und Demütigungen von Menschen einhergehen, welche sich durch Schreien der Opfer, Weinkrämpfe etc. äußern können (vgl. auch OVG Lüneburg MMR 2009, 203, 207 f.). Als Beispiele sind etwa die ab 1982 regelmäßig indizierten Filme der Reihe „**Gesichter des Todes**" anzusehen, deren Inhalte sich darauf beschränken, selbstzweckhaft und anreißerisch Hinrichtungen, Unfälle, Unglücke und Ver- 58 brechen unter Hervorhebung des Leids der betroffenen Menschen zu präsentieren [vgl. BPjS-Entsch. Nr. 1348 (V) v. 4. 11. 1982; zuletzt BPjS-Entsch. Nr. 4335 (V) v. 20. 7. 1992].

59 **b) Tatsächliches Geschehen.** Die Darstellung muss ein tatsächliches Geschehen wiedergeben (z. B. „**Augenzeugenvideos**" von Naturkatastrophen, auch Filmaufnahmen von realen Hinrichtungen oder Folterungen). **Nicht erfasst** sind fiktionale Szenen oder auch nach authentischen Berichten oder Interviewaussagen **nachgestellte Szenen**, selbst wenn diese besonders realistisch erscheinen mögen (vgl. zum insoweit abweichenden Merkmal „realistisch" unten Rn. 65).

60 **c) Eine die Menschenwürde verletzende Weise. aa) Orientierung an der Objektsformel.** Nach h.M. ist die Menschenwürde verletzt, wenn der konkrete Mensch zum Objekt, zu einem bloßen Mittel, zur vertretbaren Größe herabgewürdigt wird (vgl. BVerfGE 30, 1, 25; vgl. zur **Objektsformel** Dürig, ArchÖR 81 (1956) 117, 127; BVerfGE 9, 89, 95; 27, 1, 6; 50, 166, 175; 63, 133, 142; zur Übernahme der Objektsformel im Jugendschutz: OVG Lüneburg MMR 2009, 203 ff.; H/S/Altenhain, Rn. 37 ff.; Hartstein u.a., § 4 JMStV Rn. 35; Liesching, tv diskurs 1/2005, S. 64, 65). Das Bundesverfassungsgericht konkretisiert diese Formel dahingehend, dass es der soziale Wert- und Achtungsanspruch des einzelnen Menschen verbietet, diesen zum bloßen Objekt des Staates zu machen und in einer Behandlung auszusetzen, die seine Subjektsqualität prinzipiell in Frage stellt (BVerfGE 87, 209, 228). Entsprechendes hat zu gelten, wenn ein einzelner Mensch von privater Seite aus (etwa durch einen Medienanbieter) eine Behandlung erfährt, die seine **Subjektsqualität** prinzipiell **in Frage stellt** (vgl. Hartstein u.a., § 4 JMStV Rn. 35). Dies ist etwa zu bejahen, wenn er zu einer Attraktion oder einem Nervenkitzel besonderer Art, einem genüsslichen Horror oder einem sadistischen Vergnügen gemacht wird (vgl. H/S/Altenhain Rn. 39).

61 **bb) Enge Auslegung.** Ergänzt werden diese Vorgaben dadurch, dass nach dem Bundesverfassungsgericht lediglich in **Extremfällen** ein Verstoß gegen Art. 1 Absatz 1 GG anzunehmen und im Übrigen behutsam mit der Menschenwürdegarantie umzugehen ist, mithin eine erhebliche Eingriffsintensität vorliegen muss (vgl. BVerfGE 93, 266, 293; 75, 369, 380; vgl. auch di Fabio, Menschenwürde, 2000, S. 23 ff.; Hartstein u.a., JMStV § 4 Rn. 36). Die vorausgesetzte **Verletzungsintensität** ist dabei etwa erreicht, „wenn Menschen in systematischer, nicht nur akzidentieller Weise öffentlich herabgewürdigt werden", oder gleichsam „wie Tiere oder Sachen" behandelt würden (vgl. di Fabio, aaO.S. 25 f.; siehe ausführlich zum Tatbestand der Menschenwürdeverletzung auch § 4 JMStV Rn. 17 ff.).

62 **d) Überwiegendes Berichterstattungsinteresse.** Praktisch unanwendbar ist die ebenfalls übernommene Beschränkung des „überwiegenden berechtigten Interesses gerade an dieser Form der Berichterstattung". Soweit es nämlich um die Garantie der nach Art. 1 Abs. 1 GG unantastbaren Menschenwürde geht, ist eine Beschränkung nicht möglich, auch nicht durch Verfassungsgüter, da ihr der **höchste Rang** zukommt (vgl. BVerfGE 93, 266, 293; 75, 369, 380; Jarass/Pieroth, Art. 1 Rn. 12; ebenso Hartstein u.a., § 4

JMStV Rn. 44; LNK/Knupfer, Rn. 9; a. A.: Landmann 2003, Rn. 47; H/V/Hertel, § 4 JMStV Rn. 61). Eine **objektive Berichterstattung** über die Menschenwürde betreffende Themen ist freilich nicht per se ausgeschlossen (vgl. auch H/S/Altenhain Rn. 41). Werden Bilder, in denen ein alter, hilfsloser Mann Misshandlungen und Beleidigungen durch seine Altenpflegerin ausgesetzt war, in ausgedehnter Länge im Rahmen von Nachrichten- und Magazinsendungen ausgestrahlt, sind sie auch dann unzulässig, wenn sie das Ziel vor Augen haben, bestehende Missstände im Altenpflegebereich aufzuzeigen und zu kritisieren (OVG Lüneburg MMR 2009, 203, 207 f.).

5. Realistische, grausame und reißerische Darstellungen selbstzweckhafter Gewalt (Nr. 3a)

a) Allgemeines. Der Tatbestand wurde durch das 1. JuSchGÄndG vom 24. Juni 2008 (BGBl. I, 1075) mit einer Vielzahl neuer, **unbestimmter Rechtsbegriffe** im deutschen Jugendschutzrecht eingefügt. Die Auslegung wird insoweit dadurch erschwert, dass bislang naturgemäß keine Rspr. und nur wenige Ausführungen in der Rechtsliteratur zu den neuen Jugendschutz-Tatbeständen vorhanden sind (vgl. Bestgen, tv-diskurs 04/2008, S. 78 ff.; Erdemir, K&R 2008, 223 ff.; ders., K&R 3/2008, Editorial; BMFSFJ/Liesching, 2008, S. 54, 58 f.; ders., JMS-Report 04/2008, 2 ff.; Stiefler, JMS-Report 1/2010, 2 ff.; Sprück, BPjM-aktuell 1/2011, 19 ff.; ferner: Rehbein/Kleimann/Mößle, JMS-Report 3/2008, 2 ff.). 63

b) Begriff der „Gewalt". In Anbetracht der typischen Phänomenologie insb. von Computerspielen mit violenten Inhalten liegt nahe, dass lediglich Darstellungen von Gewalt erfasst werden, die eine **physische Zwangswirkung** entfalten. Die Darstellung auch psychischer Schädigungen von Personen, wie sie teilweise von einem weiten Gewaltbegriff als erfasst angesehen werden (Schäfer, 2008, 10 mwN.), kann hingegen eher nicht als tatbestandsmäßig gelten (Liesching, JMS-Report 06/2009, 8, 9; ebenso Stiefler, JMS-Report 01/2010, 2, 3). Hierfür sprechen auch die konkreten Ausführungen im Gesetzentwurf der Bundesregierung, die zudem aufgrund der expliziten Nennung von **„Tötungshandlungen"** Anhaltspunkte hinsichtlich des **Schweregrades** von dargestellter Gewalt enthalten. Dies spricht auch dafür, den Gewaltbegriff im Rahmen des Tatbestandes schwerer Jugendgefährdung tendenziell eng auszulegen (BT-Drs. 16/8546, S. 7). 64

c) „Realistische" Darstellungen. aa) Voraussetzungen. Die Darstellungen von Gewalt müssen des Weiteren besonders „realistisch" sein. Insoweit wird in der Rechtsliteratur teilweise vertreten, dass damit nach „allgemeinem Sprachgebrauch eine Darstellung, welche die Realität, also die Wirklichkeit darstellt", gemeint sei (Bestgen, tv-diskurs 04/2008, S. 78, 81). Dies erscheint vom Wortsinn her allerdings zu eng. Realistisch können nicht nur nonfiktionale Realschilderungen sein, sondern auch **fiktionale Darstellungen**, welche aufgrund ihrer naturgemäßen und der Wirklichkeit entsprechenden und/oder schlüssigen Inszenierung oder sonstigen Gestaltung für den **objektiven Betrachter** den Eindruck vermitteln, es könnte sich bei dem darge- 65 stellten Geschehen um ein reales Geschehen handeln (ebenso Spürck, BPjM-aktuell 1/2011, 19, 21).

66 **bb) Bezugpunkt der Gewalt.** Von Bedeutung ist weiterhin, dass nach dem Wortlaut das Attribut des „Realistischen" sich auf Darstellungen von „Gewalt" bezieht. Dies bedeutet, dass unrealistische Darstellungen etwa lediglich von Spielfiguren (z. B. menschenähnliche Monster, Zombies etc.) oder Handlungsszenarien (Krieg auf fremden Planeten oder mystischen Welten) nicht per se den Tatbestand ausschließen, wenn demgegenüber violente Aktionen entsprechend wirklichkeitsnah umgesetzt sind (realistische Verletzungen, Verbluten von Opfern, menschliche Schmerzensschreie etc.) (vgl. auch AG München, Beschl. v. 27. 8. 2008 – 855 Gs 384/08 – „Condemned II"; Liesching, JMS-Report 6/2009, 8, 10; wohl auch Stiefler, JMS-Report 1/2010, 2, 3).

67 **d) „Grausame" Darstellungen.** Hinsichtlich der Auslegung des Merkmals „grausam" kann auf die Auslegungsgrundsätze zum gleich lautenden **Merkmal des § 131 StGB** zurückgegriffen werden (vgl. § 131 StGB Rn. 8). Die rechtssystematische Übernahme der insoweit vom Gesetzgeber, der Rspr. und der Rechtsliteratur entwickelten Auslegungsgrundsätze auch für Abs. 2 Nr. 3a liegt im Bezug auf das Merkmal „grausam" vor allem deshalb besonders nahe, da es jeweils im Kontext medialer Darstellungen von Gewalt verwendet wird. Grausam sind damit mediale Darstellungen von Gewalt, die objektiv unter **Zufügung besonderer Schmerzen oder Qualen** körperlicher oder seelischer Art ausgeführt wird und außerdem subjektiv eine brutale, gefühllose und unbarmherzige Haltung desjenigen erkennen lässt, der sie ausführt (BT-Drs. 10/2546, S. 22; BVerfGE 87, 209, 226 = NJW 1993, 1457, 1458; BGH bei Holtz MDR 1987, 623; OLG Koblenz NJW 1986, 1700).

68 **e) „Reißerische" Darstellungen.** Nach einem Teil des Schrifttums soll eine Darstellung „nach dem allgemeinen Sprachgebrauch reißerisch" sein, „wenn sie besonders spannend und effektvoll inszeniert" werde (Bestgen, tv-diskurs 04/2008, S. 78, 81). Ein bloßes „in den Vordergrund Rücken" im Sinne einer reinen fokussierten, gleichsam „lupenhaften" Darstellung kann wohl noch nicht hinreichend sein für die Begründung eines über die Detailliertheit (vgl. § 18 Abs. 1 S. 2 Nr. 1) hinausgehenden reißerischen Charakters. Vielmehr muss darüber hinaus aufgrund der stilistischen Art und Weise der Darstellung selbstzweckhafter Gewalt eine **positiv akzentuierte Interpretation bzw. Überhöhung** erkennbar werden, die auf die Befriedigung voyeuristischer Nutzerinteressen abzielt bzw. den Zuschauer oder Spieler gleichsam „mitreißen" und an das dargestellte Geschehen besonders fesseln soll (Liesching, JMS-Report 6/2009, 8, 10 zust. Spürck, BPjM-aktuell 1/2011, 19, 22 ff.).

69 **f) Terminus „besonders". aa) Bezugspunkt.** Der Tatbestand des § 15 Abs. 2 Nr. 3a JuSchG normiert im Bezug auf Tatobjektsmerkmal(e) einschränkend den Terminus „besonders", wobei nach dem Wortlaut unklar ist, ob sich dieser lediglich auf das Attribut „realistisch" oder darüber hinaus auch auf die **weiteren Merkmale** „grausam" und „reißerisch" bezieht. In der Rechtsliteratur wird übereinstimmend davon ausgegangen, dass unter dem

Gesichtspunkt des verfassungsrechtlichen Bestimmtheitsgrundsatzes eher von einer engen Auslegung in der Weise auszugehen ist, dass sich der einengende Terminus „besonders" auf alle drei Adjektive „realistisch", „grausam" und „reißerisch" beziehen muss (Bestgen, tv-diskurs 8/2008, 78, 81; Liesching, JMS-Report 6/2009, 8, 11). Hierfür spricht auch, dass Abs. 2 Nr. 3a eine im Jugendschutz vergleichsweise **hohe Verstoß-Sanktionierung** nach der Kriminalstrafdrohung des § 27 Abs. 1 JuSchG aufweist und auch eine graduell hohe Stellung des Verbots schwerer Jugendgefährdung im gesetzlichen Jugendschutz-Gesamtsystem statuiert ist.

bb) Hohe Anforderungen an deskriptive Merkmale. Mit der tatbe- 70
standlichen Qualifizierung „besonders" geht eine **graduelle Steigerung** der Anforderungen an das jeweils in Bezug genommene Tatbestandsmerkmal einher. Darüber hinaus wird aber zu fordern sein, dass lediglich eindeutige Fälle des „Realistischen", „Reißerischen" und „Grausamen" erfasst sind (siehe ausführl. Liesching, JMS-Report 6/2009, 8, 10 i. Erg. zust. Spürck, BPjM-aktuell 1/2011, 19, 22).

g) Selbstzweckhaftigkeit dargestellter Gewalt. aa) Wortlautausle- 71
gung. Der Begriff der „Selbstzweckhaftigkeit" bzw. des Selbstzweckes wird nach allgemeinem Sprachgebrauch dahingehend verstanden, dass ein bestimmtes Handeln oder eine bestimmte Sache nicht als Mittel zur Erreichung eines außerhalb des Handelns oder außerhalb der Sache liegenden Ziels vorgenommen oder eingesetzt wird, sondern um des Handelns bzw. der Sache selbst willen.

bb) Verwendung in der Rspr. In der Rspr. wird der Begriff „selbst- 72
zweckhaft" bislang vor allem im Rahmen der Begründung von Beschlüssen der Beschlagnahme von Filmen und Computerspielen nach § 131 StGB verwendet (z. B. AG München, Beschl. v. 04. 04. 1989 - 443 Ds 465 b Js 163696/88 - „Tanz der Teufel"; AG Neuburg/Donau, Beschl. v. 25. 05. 2007 - 13 Js 17319/06 - „Zombie - Dawn of the Dead" u.a.; AG München, Beschl. v. 15. 1. 2008; Az.: 855 Gs 10/08 - „Condemned"; AG München, Beschl. v. 10. 6. 2008; Az. 465 Js 306253/08 - „Hostel 2"). Vereinzelt wird der Terminus des Selbstzweckhaften aber auch zur Begründung einer offensichtlichen Eignung zur schweren Jugendgefährdung nach § 4 Abs. 2 S. 1 Nr. 3 JMStV herangezogen (VG München ZUM 2005, 252, 257).

cc) Enge Auslegung. Teilweise wird in der Rechtsliteratur vertreten, dass 73
das Kriterium der Selbstzweckhaftigkeit nach § 15 Abs. 2 Nr. 3a JuSchG allein bei einer „unverhohlenen, nicht durch bestehende Genrevereinbarungen abgesicherten **Ansprache an den Sadismus**" eigenständige Bedeutung habe, was als „Sadismusaffirmation" apostrophiert wird (Erdemir, K&R 2008, 223, 226 mwN.). Allerdings findet eine solche Beschränkung auf offen von Sadismus getragene Gewalthandlungen im Gesetzeswortlaut keine Stütze. Gerade vor dem Hintergrund der Unbestimmtheit des Rechtsbegriffs und der Kritik in Rspr. und Schrifttum ist aber davon auszugehen, dass lediglich eine **enge Auslegung** des Terminus „selbstzweckhaft" den Bestimmtheitsanforderungen genügen kann. Insb. ist eine Selbstzweckhaftigkeit nicht schon immer dann anzunehmen, wenn Gewalt zu Unterhaltungszwecken in

JuSchG § 15   III. Abschnitt. Jugendschutz im Bereich der Medien

Medien eingesetzt bzw. veranschaulicht wird [vgl. aber BPjM Entsch.-Nr. 8408 (V) vom 10. 9. 2008 – „John Rambo Uncut"]. Vielmehr werden vor allem außerhalb jeder Dramaturgie (s.a. Bestgen, tv-diskurs 4/2008, 78, 81) und jeder genreüblichen Unterhaltung stehende Gewaltexzesse erfasst, die erkennbar allein zur Befriedigung voyeuristischer und **sadistischer Zuschauer- und Nutzerinteressen** in aller Breite dargestellt werden.

74   h) „**Beherrschung des Geschehens**". aa) **Bezugspunkt.** Weiterhin verlangt der Tatbestand des § 15 Abs. 2 Nr. 3a JuSchG, dass die besonders realistischen, grausamen und reißerischen Darstellungen selbstzweckhafter Gewalt „das Geschehen beherrschen". Von Bedeutung ist dabei der Bezugspunkt der „Beherrschung". Teilweise wird in der Rechtsliteratur offenbar davon ausgegangen, dass dasjenige, was das Geschehen beherrschen muss, lediglich – wie auch immer geartete – „**Gewaltdarstellungen**" bzw. „Gewalt" sein müsse (vgl. Erdemir, K&R 2008, 223, 227: „Beurteilung von Gewaltsequenzen", „(messbarer) Gewalt", „von Gewalt beherrscht"; s.a. Bestgen, tv-diskurs 4/2008, 78, 81: „…. wann Gewaltdarstellungen das Geschehen beherrschen". Dies wird freilich dem Wortlaut nicht gerecht. Danach bezieht sich der Relativsatz „die das Geschehen beherrschen" erkennbar auf das insgesamt **tatbestandlich eingeschränkte Objekt** „besonders realistische, grausame und reißerische Darstellungen selbstzweckhafter Gewalt". Dies bedeutet also, dass allein die quantitativ und qualitativ noch so dominante Veranschaulichung irgendwie gearteter Gewalt nach dem Wortlaut zu keiner Beherrschung im Sinne des Jugendschutztatbestandes führt. Vielmehr kommen für die Bewertung hinsichtlich eines „Beherrschtseins" des Mediums nur solche Darstellungen von Gewalt in Betracht, die die Merkmale „selbstzweckhaft" und zudem „besonders realistisch, grausam und reißerisch" erfüllen.

75   bb) **Quantitative Bewertung.** Weiterhin wird in der Rechtsliteratur zum Teil eine Unterscheidung in eine „quantitative" Bewertung und eine „qualitative" Bewertung vorgeschlagen (Bestgen, tv-diskurs 4/2008, 78, 81; krit. Stiefler, JMS-Report 1/2010, 2, 6). Dem ist mit interrechtssystematischem Blick auf andere Rechtsbereiche, die das Merkmal der Beherrschung implementieren, zuzustimmen. Insoweit ist von einer quantitativen Beherrschung zumindest dann auszugehen, wenn der **Anteil** der besonders realistischen, grausamen und reißerischen Darstellungen selbstzweckhafter Gewalt **zeitlich überwiegt (> 50%)** gegenüber sonstigen – auch andersgeartet gewalthaltigen – Medieninhalten (s. ausführl. hierzu Liesching, JMS-Report 6/2009, 8, 61).

76   cc) **Qualitative Bewertung.** Im Rahmen einer **qualitativen Wertung** des „Beherrschtseins" eines Filmes oder Computerspiels mit qualifizierten Gewaltdarstellungen kann meines Erachtens von Bedeutung sein, wie zentral entsprechende besonders realistische, grausame und reißerische Darstellungen selbstzweckhafter Gewalt im dramaturgischen Handlungskontext stehen bzw. entscheidend für das vorgegebene Spielziel sind. Wird etwa im Rahmen eines Computerspiels eine besonders grausame Vorgehensweise gegenüber Spielgegnern (z. B. im Rahmen so genannter „**finishing moves**" mit Zusatzpunkten oder freigeschalteten Zusatzfeatures, Waffen oder Videos gleichsam „hono-

riert", so können entsprechende Szenen im Sinne eine qualitativen Beherrschens des Gesamtspielablaufs eher angenommen werden, als wenn die Vornahme selbstzweckhafter und grausamer Gewalt zwar möglich ist, aber nicht **maßgebliches Ziel für das Fortkommen** im weiteren Spielverlauf oder für den Erfolg des Spielers ist (zust. Spürck, BPjM-aktuell 1/2011, 19, 25).

6. Unnatürlich geschlechtsbetonte Körperdarstellungen von Minderjährigen (Nr. 4)

a) Schutzzweck des Tatbestandes. Als Reaktion auf in der Praxis häufige Umgehungen des Kinderpornographieverbots unterliegen seit Inkrafttreten des JuSchG auch solche Trägermedien den Vertriebs- und Verbreitungsbeschränkungen des § 15 Abs. 1 JuSchG, die Kinder und Jugendliche in unnatürlicher geschlechtsbetonter Körperhaltung darstellen. Die Begründung des Regierungsentwurfs führt hinsichtlich des Aspektes der **besonderen Jugendgefährdung** zutreffend aus: „Medien, die ein verfälschtes Bild dessen, was der Normalität im Umgang zwischen jungen Menschen und Erwachsenen entspricht, vermitteln und über die Grenzen des Selbstbestimmungsrechtes der Kinder und Jugendlichen täuschen, begründen ein ernst zu nehmendes Risiko, dass Kinder und Jugendliche in ihren Möglichkeiten beeinträchtigt werden, sich gegenüber sexuellen Übergriffen zu wehren. Die damit verbundene **Verunsicherung der Minderjährigen** über die Frage, was den Erwachsenen gestattet ist und welche Grenzüberschreitungen sie dulden müssen, beeinflusst ihr Selbstbestimmungsrecht" (BT-Drs. 14/9013, S. 24). Die gegen die gesetzliche Manifestierung erhobenen Bedenken, durch § 15 Abs. 2 Nr. 4 JuSchG werde zugleich konstatiert, dass das Zugänglichmachen solcher Bilder an Erwachsene zulässig und mithin von der Rechtsordnung gebilligt werde (vgl. Spürck, KJuG 4/2002, S. 113, 114), haben Gewicht, sind aber im Hinblick auf eine tatsächliche Zurückdrängung eines sich – nach kriminalpolizeilichen Feststellungen (vgl. BT-Drs. 14/9013, S. 24) – entwickelnden Marktes für derartige Bilder in Kauf zu nehmen (Liesching, NJW 2002, 3281, 3286).

b) Entsprechendes Verbot nach § 4 Abs. 1 S. 1 Nr. 9 JMStV. Die entsprechende Verbotsnorm für Rundfunk und Telemedien in § 4 Abs. 1 S. 1 Nr. 9 JMStV weicht im Wortlaut insofern ab, als dort eine „unnatürlich" geschlechtsbetonte Körperhaltung vorausgesetzt wird (krit. Schumann, tv-diskurs 25/2003, S. 97, 102). Allerdings dürfte es sich dabei um ein redaktionelles Versehen handeln, sodass trotz der Divergenz des Bezugspunktes des Merkmals des Unnatürlichen beide Bestimmungen **inhaltlich gleich auszulegen** sind.

c) Darstellung von Kindern und Jugendlichen. aa) Minderjährige Darsteller(innen). Erfasst wird die Darstellung von Personen **unter 18 Jahren**, d.h. auch von Minderjährigen, die nach ihrem äußeren Erscheinungsbild bereits volljährig wirken. Dies ergibt sich aus dem umfassenden Schutzzweck der Vorschrift, welcher – ebenso wie die strafrechtlichen Verbote der Kinder- und Jugendpornographie – mittelbar auch der Darsteller(innen)-Schutz umfasst.

JuSchG § 15 III. Abschnitt. Jugendschutz im Bereich der Medien

80   **bb) Scheinjugendliche.** Erfasst werden zudem auch Darstellungen so genannter „Scheinminderjähriger", die zwar objektiv volljährig sind, nach ihrem **äußeren Erscheinungsbild** aber minderjährig anmuten (VG Augsburg tv-diskurs 1/2006, S. 74, 77; AG Hannover JMS-Report 6/2006, 67, 68; s.a. BVerfG MMR 2009, 178 f. m. Anm. Liesching; ausführl. auch § 184c StGB Rn. 11 ff.). Die Kriterien zur Bestimmung von Scheinminderjährigkeit entsprechen dabei denjenigen des Straftatbestands der Jugendpornographie nach § 184c StGB. Insoweit wird hinsichtlich der Bedeutung zu unterscheiden sein zwischen den vorrangig zu berücksichtigenden **körperlichen Merkmalen** (z. B. Gesichtszüge), der Person anhaftende Merkmale (z. B. Schuluniform, Zöpfe etc.) und sonstige Merkmale der Umgebung (z. B. Kinderzimmer, Kuscheltiere etc.) (siehe ausführl. Altenhain/Liesching u.a., BPjM-aktuell 2/2009, S. 3 ff. sowie § 184c StGB Rn. 11 ff.).

81   **d) Unnatürliche geschlechtsbetonte Körperhaltung. aa) Geschlechtsbetonte Körperhaltung.** Erfasst werden bestimmte erotographische Inhalte unterhalb der Schwelle der nach § 184 StGB pönalisierten Pornographie. Nicht erforderlich ist, dass die minderjährige Person nackt oder auch nur teilweise entkleidet dargestellt wird, wenn sich schon allein aus der Körperhaltung oder **eingenommenen Pose** (z. B. Spreizen der Beine, vgl. BGHSt 43, 366, 368; 45, 41, 42 f.) die unnatürliche Geschlechtbetontheit ergibt. Erfasst werden mit Blick auf den Schutzzweck (hierzu Rn. 77) unter Umständen auch Abbildungen von Kindern und Jugendlichen in Reizwäsche, übermäßiger Schminke oder sonstigen **aufreizenden Bekleidungen** (vgl. OLG Celle MMR 2007, 316 f. m. Anm. Liesching; hierzu auch Quambusch/Schmidt, ZfJ 2002, 365 ff.). Hierdurch allein kann im Einzelfall eine dargestellte Körperhaltung zu einer unnatürlich geschlechtsbetonten werden. Gleiches gilt für die dargestellte **Vornahme sexueller Handlungen** an der minderjährigen bzw. durch die minderjährige Person (vgl. Nikles u.a., Rn. 88; dies erfüllt indes i. d. R. bereits § 184c StGB, vgl. dort Rn. 3 ff.).

82   Teilweise wird auch auf den **Eindruck der sexuellen Verfügbarkeit** von Minderjährigen bei normativer Betrachtung abgestellt (vgl. OLG Celle, MMR 2007, 316 f.). Nicht erforderlich ist hingegen der Eindruck eines „sexuell anbietenden" Verhaltens in einer dem jeweiligen Alter der dargestellten Person nicht entsprechenden Weise (so aber ebenfalls OLG Celle, aaO.). Hier erscheint es vor dem Hintergrund des Wortlauts des Verbots nicht sachgerecht, dessen Anwendungsbereich auf Darstellungen eines – wie auch immer gearteten – **„anbietenden" Verhaltens** zu beschränken. Denn dies würde bedeuten, dass sich eine unnatürliche Geschlechtsbetontheit der Körperhaltung nur bei entsprechender darstellerischer Sinngebung einer vermeintlichen sexuellen „Offerte" ergeben könne. Daher wird die dargelegte Auslegung in der obergerichtlichen Rspr. entsprechend der bisherigen Rspr. so zu interpretieren sein, dass „dem Betrachter" der sexuelle Körperbereich **„zur Betrachtung" angeboten** wird (so zutreffend AG Hannover JMS-Report 6/2006, S. 67 f.; s. zum Ganzen ausführl.: Günter/Köhler, tv-diskurs 35/2006, 74 ff.; Döring, JMS-Report 6/2004, 7 ff.).

83   **bb) Unnatürlich.** Teilweise wird in der Rspr. hinsichtlich des Unnatürlichen auch schlicht darauf abgestellt, ob die Art und Weise der Darstellung

der „**Erwachsenenerotik**" zuzuordnen ist (vgl. AG Hannover JMS-Report 6/2006, 67, 68). Dies kann im Einzelfall auch bei Formaten wie der „Mini-Playback-Show" der Fall sein, wenn Kinder aufreizende Choreographien aufführen. Der bloße Austausch von sexuellen Zärtlichkeiten zwischen gleichaltrigen Minderjährigen (z. B. das gegenseitige Küssen und Streicheln eines 17jährigen Teenagerpaares) wird als Darstellung hingegen i. d. R. nicht als unnatürlich anzusehen sein. Auch liegen bei dargestellten „**alltagstypischen**" **Körperhaltungen** (vgl. das Beispiel der „Windelwerbung mit nacktem Kinderpo" bei Hartstein u.a., § 4 JMStV Rn. 45) die Attribute des „Unnatürlichen" und „Geschlechtsbetonten" nicht vor (s. zum Ganzen ausführl.: Günter/Köhler, tv-diskurs 35/2006, 74 ff.; Döring, JMS-Report 6/2004, 7 ff.).

7. Offensichtlich schwer jugendgefährdende Trägermedien (Abs. 2 Nr. 5)

a) **Hinreichende Bestimmtheit.** Auf den ersten Blick problematisch im 84 Hinblick auf seine Bestimmtheit erscheint das Verbot offensichtlich schwer jugendgefährdender Trägermedien nach Nr. 5. Während schon der unbestimmte Rechtsbegriff der Geeignetheit zur Gefährdung der Entwicklung von Kindern und Jugendlichen oder ihrer Erziehung zu einer eigenverantwortlichen und gemeinschaftsfähigen Persönlichkeit nach § 18 Abs. 1 S. 1 über die **Auslegung** der an **Verfassungswerten** ausgerichteten „sozial-ethischen Desorientierung" (vgl. § 18 Rn. 9 ff.) eine nur vage Konkretisierung erfährt, sollen nach § 15 Abs. 2 Nr. 5 Trägermedien automatisch den Beschränkungen des Abs. 1 unterworfen werden, bei denen dieses Attribut in besonders schwerwiegendem Maße vorliegt und auch noch „offensichtlich" zutage tritt. Gleichwohl hat das BVerfG die Norm als **hinreichend bestimmt** erachtet (vgl. BVerfGE 11, 235, 237 f.; 83, 130, 145). Dem mag man folgen, wenn insb. Abs. 2 Nrn. 1 bis 4 als „exemplarische Erläuterung" (BT-Drs. 14/9013, S. 24) sowie die enumerativen Konkretisierungen des § 18 Abs. 1 S. 2 JuSchG in den Blick genommen werden.

b) **Erforderlicher Schweregrad der Jugendgefährdung. aa) Ältere** 85 **Rspr.** Vor allem in der frühen Rspr. wird die (im Übrigen einfache) Gefährdung der Entwicklung von Kindern und Jugendlichen (hierzu ausführl. § 18 Rn. 5 ff.) als schwer angesehen, „wenn die Erziehung der jungen Menschen zu sittlich verantwortungsbewussten Persönlichkeiten unmittelbar in Frage gestellt wird, weil die Jugendlichen durch die Wahrnehmung oder Nutzung von Trägermedien dieser Art **der nahen Gefahr ausgesetzt** werden, dass sie eine dem Erziehungsziel entgegengesetzte Haltung einnehmen" (BGHSt 8, 80, 83; vgl. auch BVerwG NJW 1972, 596; BVerfG NStZ 1988, 412, 413; BVerfG DVBl. 1991, 261, 263; OLG Köln NJW 1971, 255; LG Zweibrücken, Urt. v. 24. 1. 1992, NStE Nr. 2 zu § 6 GjS). Abgestellt wird insoweit also in erster Linie auf eine **höhere Realisierungswahrscheinlichkeit** der Jugendgefährdung, hingegen nicht auf eine höhere Intensität bzw. ein höheres Ausmaß einer zu befürchtenden Desorientierung von Minderjährigen (so zutreffend: Stumpf, 2009, S. 286 f.).

86 **bb) Herrschende Meinung.** Die jüngere Rspr. und die Rechtsliteratur gehen hingegen davon aus, dass mit der „schweren Jugendgefährdung" gegenüber der schlicht „einfachen" eine **höhere Intensität** im Sinne eines gesteigerten Schweregrades der Desorientierung bzw. im Sinne einer Qualifikation des Grundtatbestandes des § 18 Abs. 1 JuSchG einhergehen muss (aus der Rspr.: VG München, ZUM 2005, 252 ff., die hinsichtlich der Subsumtion des Vorliegens einer schweren Jugendgefährdung auf Kriterien wie z. B. dargestellte „gravierende Körperverletzungen" abstellen; vgl. den Überblick bei Liesching, ZUM 2005, 224 ff.; aus der Lit.: Löffler/Altenhain, Rn. 36; LNK/Knupfer, Rn. 12; Nikles u.a., Rn. 96; Scholz/Liesching, Rn. 34; Schumann in: Lenckner-FS, S. 564, 579; Stumpf, 2009, S. 287; wohl auch H/V/Hertel, § 4 JMStV Rn. 79 f.).

87 **Dem ist zu folgen**, da die ältere Rspr. zu nachgerade unüberwindbaren Schwierigkeiten des Nachweises von Wirkungszusammenhängen und mithin der Diagnose einer „nahen" Gefahr führen würde. Vielmehr kann ebenso wie im Falle der „einfachen Jugendgefährdung" (s. ausführl. § 18 Rn. 5 ff.) allein eine Desorientierung bezüglich **verfassungsrechtlich verankerter Grundwerte** ausschlaggebend sein (s.a. § 14 Rn. 14, § 18 Rn. 6 f.; unklar insoweit Scholz, § 6 GjSM, Anm. 4: „Beeinflussung grundlegender Wert- und Lebensvorstellungen des Rezipienten"; Meirowitz, 1993, S. 266: „erziehungsfeindliche Inhalte"; BVerwG NJW 1987, 1435, 1436: „erzieherische Wertmaßstäbe"). Begreift man nämlich Abs. 2 Nr. 5 als Manifestation einer gegenüber dem Indizierungstatbestand des § 18 Abs. 1 S. 1 qualifizierten Tatobjektsqualität, so bedeutet dies doch, dass gleichsam in beiden Fällen dieselbe Messlatte angelegt werden muss und § 15 Abs. 2 Nr. 5 JuSchG lediglich an einem anderen Punkt dieser Messlatte einschlägig sein wird.

88 Mit der jüngeren Rspr. und der herrschenden Literatur ist daher unter dem Begriff der Eignung zur sittlich schweren Jugendgefährdung die abstrakte Möglichkeit einer **gravierenden sozialethischen Desorientierung** zu verstehen, die in einem den Grundwerten der **Verfassung krass zuwiderlaufenden Charakter** der betreffenden Trägermedien ihren Ausdruck findet (vgl. auch Sonderausschuss für die Strafrechtsreform, 7. Wahlp., Prot. S. 62: „totale Negation der verfassungsmäßigen Ordnung"). Ab welchem Schweregrad eine derart krasse Divergenz auszumachen ist, lässt sich mit Blick auf die in § 15 Abs. 2 Nr. 1 JuSchG miteinbezogenen Strafnormen (s.a. LNK/Knupfer, Rn. 12) sowie Abs. 2 Nrn. 2 bis 4 grundsätzlich näher spezifizieren (BT-Drs. 14/9013, S. 24; BayObLG AfP 1976, 129, 130; Laufhütte, JZ 1974, 46, 51).

89 **cc) Sexuelle und gewaltorientierte Medien.** Hieraus lässt sich allerdings nicht der Rückschluss ziehen, dass Gewalt und Sexualität beinhaltende Medieninhalte, die **unterhalb der Schwelle** der in **§ 15 Abs. 2 Nr. 1** genannten Straftatbestände der §§ 131, 184 StGB liegen, nicht zur schweren Gefährdung von Kindern und Jugendlichen im Sinne des Abs. 2 Nr. 5 geeignet sein können (so aber Stumpf, 2009, S. 288 f.). Dies ergibt sich schon aus der umfangreichen **Rechtsprechungskasuistik**, welche auch Medieninhalte mit sexuellen oder violenten Kontexten jenseits der Straftatbestandsmäßigkeit

Jugendgefährdende Trägermedien **§ 15 JuSchG**

als schwer jugendgefährdend angesehen haben (z. B. BVerfGE 77, 346, 359: „Werbeanzeigen in einer Homosexuellen-Zeitschrift für sog. Penis-Ringe bzw. Selbstbefriedigungsautomaten"; OLG Köln NJW 1971, 255: „Verherrlichung sexueller Lust in einer Schülerzeitung"; siehe auch BVerfGE 30, 336, 354 f.: „…soweit Nacktkulturschriften Kinder oder Jugendliche offensichtlich schwer gefährden"). Auch die Bundesprüfstelle für jugendgefährdende Medien stellt im Bereich sog. **Horror- und Gewalt-Videos** angesichts der vom BVerfG manifestierten hohen Anforderungen an das Gewaltdarstellungsverbot des § 131 StGB auf die „Auffangnorm" des § 15 Abs. 2 Nr. 5 JuSchG ab [vgl. BPjS-Entsch. Nrn. 3080 (V), 3170 (V), BPS-Report 2/1989, S. 36 f.; s.a. Beisel/Heinrich, NJW 1996, 491, 494; Nikles u.a., Rn. 94 ff.].

c) Offensichtlichkeit der Eignung zur schweren Jugendgefährdung. 90
Nach der älteren Rspr. des BGH ist eine schwere Gefährdung von Kindern und Jugendlichen dann offensichtlich, wenn sie klar zutage tritt und deshalb jedem einsichtigen, „für Jugenderziehung und Jugendschutz aufgeschlossenen" Menschen **ohne besondere Mühe erkennbar** sei (vgl. BGHSt 8, 80, 87 f.; dem folgend: LG Zweibrücken, Urt. v. 24. 1. 1992, NStE Nr. 2 zu § 6 GjS). Demgegenüber stellt die h.M. zutreffend auf den **unbefangenen Beobachter** als maßgebliche Perspektive bei der Beurteilung der Evidenz ab (BVerfGE 11, 234, 238; 77, 346, 358; VG München ZUM 2005, 252, 254; Sp/Schuster/Erdemir, § 4 JMStV Rn. 52; Hahn/Vesting/Hertel, § 4 JMStV Rn. 79; Meirowitz, 1993, S. 266; Schumann in: Lenckner-FS, S. 564, 579; Stumpf, 2009, S. 287), da nur so hinreichend deutlich wird, dass keine detaillierte Kontrolle der Einzelschrift (s.a. LNK/Knupfer, Rn. 12) erfolgen darf, sondern sich die sittlich schwere Gefährdung ohne Weiteres aus dem **Gesamteindruck** oder aus besonders ins Auge springenden **Einzelheiten** ergeben muss (so ausdrücklich BVerfGE 77, 346, 358).

d) Richterliche Beurteilung. Die Entscheidungskompetenz darüber, ob 91
der qualifizierte Tatbestand der offensichtlichen Eignung zur schweren Jugendgefährdung vorliegt, obliegt im Rahmen des wegen Zuwiderhandlungen gegen die §§ § 15 Abs. 1, 27 Abs. 1 eingeleiteten Strafverfahrens dem **Strafrichter**, der nicht verpflichtet ist, die Entscheidung der Bundesprüfstelle abzuwarten. Die BPjM wird gerade in den Fällen des § 15 Abs. 2 häufig gar nicht angerufen werden. Zur Feststellung durch die Verwaltungsgerichte s. BVerwG NJW 1987, 1435, aufgehoben durch BVerfGE 83, 130 = NJW 1991, 1471 = DVBl. 1991, 261. Die daraufhin geänderte Rspr. des BVerwG findet sich in BVerwGE 91, 211 = NJW 1993, 1491, 1492 und BVerwGE 91, 223 = NJW 1993, 1490. Die **Offensichtlichkeit** der schweren Jugendgefährdung wird für das Gericht nicht dadurch ausgeschlossen, dass ein anderes **Gericht abweichend entschieden** hat. Gerade vor dem Hintergrund, dass sich die Gerichte angesichts der geringen Zahl der Strafverfolgungsfälle im Jugendschutz nur selten mit § 15 Abs. 2 Nr. 5 befassen, sind Fehler nicht ausgeschlossen, und die Tatsache, dass ein Gericht den Rechtsbegriff der Offensichtlichkeit oder der schweren Jugendgefährdung verkannt hat, sollte ein anderes Gericht nicht hindern, die den Zielen des Jugendschutzes gemäße Entscheidung zu erlassen.

JuSchG § 15 III. Abschnitt. Jugendschutz im Bereich der Medien

92 **e) Spruchpraxis der Jugendschutzstellen. aa) Beurteilungspraxis der BPjM.** Im Vergleich zu der Bewertung einfacher Jugendgefährdungen gibt es vor allem in der jüngeren Spruchpraxis der Bundesprüfstelle für jugendgefährdende Medien (BPjM) nur wenige Entscheidungen, welche sich auf das Vorliegen einer offensichtlich schweren Jugendgefährdung beziehen. Zwar ist nach der Rspr. grds. möglich und zulässig, dass die BPjM auch offensichtlich schwer jugendgefährdende Medien gleichsam deklaratorisch auf die Liste jugendgefährdender Medien setzen kann (BVerwG NJW 1987, 1435, 1436). Allerdings ist ein entsprechender „**Begründungsbedarf**" für die BPjM **nicht gegeben**, da für eine Listeneintragung in Teil A stets eine „einfache Jugendgefährdung" hinreichend ist. Entsprechend finden sich zwar in mehreren Entscheidungen Ausführungen, welche auf eine Jugendgefährdung „nur knapp unterhalb der Grenze hin zur schweren Jugendgefährdung" oder eine „**erhebliche**" Jugendgefährdung „**hohen Grades**" verweisen [vgl. z. B. BPjM-Entsch. Nr. 8546 (V) v. 04. 02. 2009, S. 12 – „Frontier(s)"; BPjM-Entsch. Nr. 8512 (V) v. 06. 01. 2009, S. 12 – „Gutterballs"]. Allerdings wird hier die Überschreitung der Schwelle hin zur offensichtlich schweren Jugendgefährdung nicht explizit angenommen. Festzustellen ist in manchen Entscheidungen lediglich eine Bezugnahme auf den beispielhaften Tatbestand schwerer Jugendgefährdung nach **Abs. 2 Nr. 3a** [BPjM Entsch.-Nr 8408 (V) vom 10. 9. 2008 – „John Rambo – Uncut", ausführl. zum Tatbestand oben Rn. 63 ff.].

93 **bb) Beurteilungspraxis anderer Jugendschutzstellen.** Demgegenüber sehen andere Jugendschutzstellen für den inhaltlich entsprechenden § 4 Abs. 2 S. 1 Nr. 3 JMStV für Rundfunk und Telemedien dezidierte Vorgaben zur Auslegung der offensichtlich schweren Jugendgefährdung vor [vgl. Ziff. 9.2.1. der Prüfgrundsätze der FSM i.d.F. v. 2006; § 30 Abs. 1 S. 2 Nr. 1 der Prüfordnung der **Freiwilligen Selbstkontrolle Fernsehen** (PrO-FSF) i.d.F. v. 01. 08. 2009 sowie FSF-Richtlinien zur PrO-FSF v. 1. 3. 2005, S. 47). Auch in der Praxis wurden vor allem durch die **Freiwillige Selbstkontrolle Multimedia-Diensteanbieter** (FSM) Verstöße gegen den Tatbestand geprüft (vgl. z. B. FSM BeschwerdeA-Entsch. v. 3. 9. 2008, FSM-Prüfungsnummer 07213; ausführl. hierzu § 4 JMStV Rn. 57).

94 Auch die FSF hatte sich in vereinzelten Fällen vorgelegter Rundfunkprogramme mit der Frage einer **Sendeunzulässigkeit** aufgrund offensichtlich schwerer Jugendgefährdung nach § 4 Abs. 2 S. 1 Nr. 3 JMStV zu befassen. Beispielsweise wurde eine Sendeunzulässigkeit angenommen bei einem Format, in dem **Kampfkunst** und verschiedene **Waffenarten positiv dargestellt** worden sind (vgl. FSF-Berufungsausschuss-Entsch. v. 15. 1. 2008, Prüf-Nr. 11766-N). Für bedenklich wurde der tendenziell anpreisende Duktus gehalten, der „immer wieder die Tödlichkeit bzw. Verletzungsintensität der gezeigten Waffen" hervorhebe, ohne mit einem einzigen Wort auf deren Gefährlichkeit in der heutigen Lebensrealität bzw. auf die Ungeeignetheit von Waffen als Konfliktlösungsmittel hinzuweisen (s.a. zu sexuell orientierten Rundfunkinhalten mit potentiell Minderjährigen: FSF-Prüfausschuss-Entsch. v. 18. 3. 2010, Prüf-Nr. 14756-E, S. 6; s.a. ausführl. § 4 JMStV Rn. 58).

Jugendgefährdende Trägermedien § 15 JuSchG

f) Einzelfälle. Als Einzelbeispiele für offensichtlich schwer jugendgefähr- 95
dende Trägermedien kommen nach der Rspr. und der Rechtsliteratur insb.
in Betracht:
– Die **Verherrlichung** oder Anpreisung des **Drogenanbaus** und/oder
  Drogenkonsums (VG Köln BPS-Report 3/1981, S. 3; Löffler/Altenhain, Rn. 38; Scholz/Liesching, Rn. 38; Stumpf, 2009, S. 288). Dies soll
  nach vereinzelter Meinung insb. dann gelten, wenn es sich um Stoffe
  handelt, die „bekanntermaßen bei einfach-fahrlässigem Gebrauch letal
  wirken und schwer abhängig machen können" (so Stumpf, 2009, S. 288).
– Die **Verherrlichung sexuellen Auslebens**, wahllosen Partnerwechsels
  oder sexueller Lust (vgl. OLG Köln NJW 1971, 255 f.; Löffler/Altenhain,
  Rn. 38). Die ältere Rspr. hielt insoweit für maßgeblich die Fehlentwicklung der „Einstellung zur Sexualität", da „die anzustrebenden humanen
  Tugenden der Selbstbeherrschung und des Maßes zugunsten einer einseitigen und falschen Überschätzung des Prinzips der egozentrischen Befriedigung eigener Sexuallust grob entwertet" würden (OLG Köln, aaO.). Diese
  Auslegung ist freilich im Lichte des **zeitlichen Wandels** zu sehen, sodass
  heute eine offensichtlich schwere Jugendgefährdung insoweit allenfalls in
  Extremfällen in Betracht kommt.
– **Extrem frauenfeindliche Medieninhalte** (VG Köln, Urt. v. 22. 11.
  1983 – 10 K 888/83; Löffler/Altenhain, Rn. 38; Stumpf, 2009, S. 288).
– Die **Werbung** für Penisringe und **Geräte der Selbstbefriedigung**
  (BVerfGE 77, 346, 359; Löffler/Altenhain, Rn. 38; Nikles u.a., Rn. 97;
  wobei hinsichtlich der Werbung für Gegenstände des sexuellen Zubehörbedarfs im Lichte der Rspr. des BGH zu §§ 119, 120 OWiG (BGH NJW
  2006, 3490 ff.) differenzierend ausgelegt werden muss.
– Nach wohl herrschender Literaturansicht die Verherrlichung oder das
  öffentliche **Auffordern** zum und die **Verherrlichung von Suizid**
  (Scholz/Liesching, Rn. 38; LNK/Knupfer, Rn. 12; Bauer/Selg, JMS-Report 6/2000, S. 62 ff.; differenzierend: Nikles u.a.,Rn. 98; a. A. Stumpf,
  2009, S. 289: „simple Jugendgefährdung").
– **Darstellungen sexueller Erniedrigungen** unterhalb der Pornographiegrenze (LNK/Knupfer, Rn. 12 mwN.), nach umstrittener Literaturansicht
  sog. „**Sado-Maso**"- oder „Bondage"-Inhalte sowie die Wiedergabe sexueller Handlungen im Zusammenhang mit **menschlichen Körperausscheidungen** (vgl. Nikles u.a., Rn. 97; Scholz/Liesching, Rn. 38; a. A.
  Löffler/Altenhain, Rn. 38; Stumpf, 2009, S. 289).
– Nach umstrittener Literaturansicht kann im **Einzelfall** auch **die exzessive
  und befürwortende Verwendung von Kennzeichen** verfassungswidriger Organisationen (§ 86a), welche für Rundfunk und Telemedien nach § 4
  Abs. 1 S. 1 Nr. 2 JMStV sogar stärker beschränkt werden als offenichtlich
  schwer jugendgefährdende Angebote (vgl. § 4 Abs. 2 S. 1 Nr. 3 JMStV)
  oder das öffentliche **Auffordern zu Straftaten** offensichtlich schwer
  jugendgefährdend sein (Scholz/Liesching, Rn. 38; a. A. Löffler/Altenhain,
  Rn. 38; Stumpf, 2009, S. 289).
– Weiterhin genanannte Einzelfälle sind: die **Verfolgung Dritter** in einem
  vollbesetzten Biergarten mit einer **Kettensäge** sowie regellose Boxkämpfe
  mit verbunden Augen („**blind boxing**") (H/S/Altenhain, Rn. 63); das

Aufdrücken eines Brandeisens auf den Körper eines Gefesselten (vgl. VG München JMS-Report 1/2005, 4).

96 **g) Kunstvorbehalt.** Auch offensichtlich schwer jugendgefährdende Trägermedien können in den **Schutzbereich der Kunstfreiheit** nach Art. 5 Abs. 3 GG fallen. Entgegen dem Wortlaut und der systematischen Stellung des § 18 Abs. 3 Nr. 2 ist § 15 Abs. 2 verfassungskonform dahingehend auszulegen, dass Jugendschutz und Kunstfreiheit auch in diesem Falle im Rahmen der Abwägung in einen **angemessenen Ausgleich** zu bringen sind (so zum vormals geltenden § 1 Abs. 2 Nr. 2 i. V. m. § 6 GjSM: BVerfG NJW 1991, 1471 f.; zum Verhältnis von Pornographie und Kunst vgl. auch BGHSt 37, 55 mit Anm. Maiwald, JZ 1990, 1141; ausführl. Liesching/v.Münch, AfP 1999, 37 ff.).

IV. Ganz oder im Wesentlichen inhaltsgleiche Trägermedien (Abs. 3)

1. Allgemeines

97 Die Norm des Abs. 3 unterwirft Trägermedien, welche mit bereits indizierten ganz oder im Wesentlichen inhaltsgleich sind, automatisch den Vertriebs- und Werbebeschränkungen des Abs. 1 (LNK/Knupfer, Rn. 13). Die Vorschrift trägt dem Umstand Rechnung, dass durch vielfältige **technische Möglichkeiten**, indizierte Medien mit **geringfügig verändertem** Inhalt in schneller zeitlicher Abfolge wieder auf den Markt gebracht werden können, um die Folgen einer Indizierung zu unterlaufen. Im Wesentlichen inhaltsgleiche Trägermedien werden aber nicht vom Straftatbestand des § 27 Abs. 1 erfasst (vgl. § 27 Rn. 3).

2. Inhaltsgleichheit

98 Entscheidend für die Inhaltsgleichheit eines Trägermediums mit einem bereits indizierten ist allein dessen **zur Jugendgefährdung geeigneter Inhalt** (ähnl. Nikles u.a., Rn. 99, welche darüber hinaus den „Gesamteindruck" berücksichtigen wollen). Das Abändern von Titel, Untertitel, Verpackung, die Auswechslung des Autoren- bzw. Verlegernamens, Veränderungen in der Reihenfolge oder das bloße Hinzufügen oder Weglassen einzelner für die Beurteilung der sozialethischen Desorientierung nicht relevanter Text- oder Bildpassagen ist daher i. d. R. unerheblich (vgl. BVerwG NJW 1987, 1435, 1436; OVG Münster NJW 1973, 385 sowie oben § 14 Rn. 34). Ist die neue Ausgabe nur unter einem **neuen Titel**, einer neuen Bezeichnung, mit einer neuen Beschriftung oder nur in anderer Aufmachung erschienen, so werden Zweifel an der Identität nur bestehen, wenn die Listenaufnahme nur wegen der anstößigen Aufmachung selbst (jugendgefährdendes Umschlagbild) angeordnet worden war (vgl. etwa zur Konstellation eines Musik-CD-Covers: VG Köln MMR 2010, 578). Dementsprechend ist stets ohne Belang, ob im Inhalt des Trägermediums, in der Auswahl oder in der Reihenfolge der Texte oder Abbildungen lediglich Änderungen vorgenommen worden

Jugendgefährdende Trägermedien § 15 JuSchG

sind, die den jugendgefährdenden Gesamtcharakter des Trägermediums unberührt lassen (BVerwG NJW 1987, 1435, 1436).

Ebenso ist es unerheblich, ob der **Nach- oder Neudruck mit oder ohne** 99 **Genehmigung** des Inhabers der Urheber- oder Verlagsrechte geschieht; es macht auch keinen Unterschied, ob die indizierte Ausgabe von einem Lizenzverleger und die neue Ausgabe von dem Rechtsinhaber selbst oder einem anderen Verleger (a. A. für Videokassetten: LG Hamburg NStZ 1987, 515) herausgebracht wird oder umgekehrt (OLG Hamburg ZfJ 1956, 183) oder ob es sich nur um eine anders ausgestattete Ausgabe des Werkes handelt, z. B. die Taschenbuchausgabe einer indizierten Buches. Vgl. zu **Folgeversionen von Computerspielen**: Ukrow, Rn. 320 f.; Nikles u.a., Rn. 99).

3. Zuständigkeit

In **eindeutigen Fällen** obliegt die Entscheidung über die Inhaltsgleichheit 100 der Vorsitzenden der BPjM durch Beschluss (vgl. VG Köln NJW 1989, 418, OVG Münster, Urt. v. 23. 6. 1972 - XII A 301/69), in Zweifelsfällen hat sie die Entscheidung des 12er-Gremiums zu veranlassen (§ 21 Abs. 5 Nr. 1). Die Vorschrift des **Abs. 3 findet keine Anwendung**, wenn ein Trägermedium mit einem bereits (in Listenteil C) indizierten Telemedium inhaltsgleich ist. Auch in eindeutigen Fällen ist insoweit analog § 21 Abs. 5 Nr. 1 die erneute Entscheidung des 12er-Gremiums herbeizuführen. Für die Inhaltsgleichheit von Telemedien ist im Übrigen § 4 Abs. 3 JMStV zu beachten.

V. Veröffentlichung der Liste (Abs. 4)

1. Allgemeines

Die Vorschrift verbietet den Abdruck und die Veröffentlichung der Liste 101 jugendgefährdender Medien unter der Strafdrohung des § 27 Abs. 1 Nr. 3 im Falle **kommerzieller Werbezwecke** (vgl. zum Begriff der geschäftlichen Werbung unten Rn. 105). Grund hierfür ist, dass die Liste möglichst nicht in den Wahrnehmungsbereich von Kindern und Jugendlichen gelangt und Minderjährige nicht durch die mit geschäftlicher Werbung einhergehenden Anpreisungen und Ankündigungen für jugendgefährdende Titel interessiert werden.

2. Voraussetzungen im Einzelnen

a) **Abdruck und Veröffentlichung.** Ein Abdruck setzt trotz des entge- 102 genstehenden Wortlauts voraus, dass dieser auch **öffentlich zugänglich** gemacht wird (so zutreffend unter Heranziehung teleologischer Erwägungen Nikles u.a., Rn. 100). Dabei wird auch die nur **auszugsweise** erfolgende Publikation des Index vom Tatbestand der Nr. 2 erfasst (ebenso LNK/Knupfer, Rn. 14). Die Gegenansicht (Löffler/Altenhain, Rn. 51 f. und § 27 Rn. 14), würde auch die praxisrelevante bloße Veröffentlichung der **Listenteile A und B** nicht genügen lassen, sofern nur die – für die Allgemeinheit ohnehin nicht zugänglichen – Listenteile C und D nicht mit veröffentlicht

JuSchG § 15 III. Abschnitt. Jugendschutz im Bereich der Medien

würden. Diese Auslegung unterminiert freilich zu einem Teil die Ratio des Verbots und führt zu dessen praktischer Bedeutungslosigkeit.

103 b) **Zweck der geschäftlichen Werbung.** Vgl. zum Begriff der geschäftlichen Werbung unten Rn. 105. Eine solche liegt z. B. vor, wenn in Zeitschriften, anderen Druckschriften, Prospekten oder auch Rundschreiben die Liste oder Auszüge aus derselben verbreitet werden. Soweit Veröffentlichungen oder Drucke nur zur Information von Buch-, Zeitschriften- oder Zwischenhändlern (vgl. auch Abs. 6) erfolgen, gilt das Strafverbot nicht (zur Zulässigkeit der Zeitschrift „JMS-Report" vgl. OLG Frankfurt, Urt. v. 19. 12. 1991 – 6 W 143/91). Bei **Telemedien** ist das inhaltsgleiche Verbot des § 6 Abs. 1 S. 2 JMStV (dort Rn. 6 f.) zu beachten (vgl. zur Veröffentlichung von Listenteilen im Internet: AG Hamburg-Bergedorf NStZ-RR 2001, 27 f.).

VI. Werbung mit Indizierungsverfahren (Abs. 5)

1. Allgemeines

104 Die Vorschrift soll verhindern, dass die Tatsache der Einleitung eines Prüfverfahrens zur Propaganda für das betreffende Medium benutzt wird. Erfahrungsgemäß übt gerade dieser Umstand auf Interessenten und besonders Jugendliche einen **starken Anreiz** zum Erwerb eines derartigen Mediums aus. Auf der gleichen Erwägung beruht auch das Verbot des Abdruckens der Liste in Abs. 4 (siehe dort Rn. 101 ff.).

2. Geschäftliche Werbung

105 Unter dem Begriff der geschäftlichen Werbung ist jede zum Zwecke gewerbsmäßiger Verbreitung erfolgende Ankündigung eines Mediums unter lobender oder empfehlender Erwähnung und Beschreibung sowie Hervorhebung seiner Vorzüge (RGSt 37, 143; OLG Frankfurt/M. vom 17. 1. 1962 – 1 Ss 1152/61) zu verstehen. Nach OLG Celle v. 21. 9. 1961 (1 Ss 146/61) ist die geschäftliche Werbung nichts weiter als eine Werbung zum **Zwecke der Steigerung des Absatzes** (einer Schrift) im Wirtschaftsleben, die zugunsten oder im Interesse entweder des Verlegers oder des Buchhändlers oder des Autors erfolgen kann. Ob die geschäftliche Werbung **schriftlich oder mündlich** geschieht, ist unerheblich. Es macht keinen Unterschied, ob die Werbung gegenüber einem größeren Personenkreis, d. h. öffentlich, oder nichtöffentlich geschieht. Besonders marktschreierische Anpreisung ist nicht nötig, wohl aber muss die Werbung eine geschäftliche sein, d. h. im Sinne der GewO im Interesse der Förderung des ausgeübten Gewerbebetriebes durchgeführt werden und nicht nur privat, etwa von Freund zu Freund. Die **sachlich-nüchterne Berichterstattung** über ein Indizierungsverfahren etwa im Bezug auf die Musik-CD einer bekannten Musikgruppe (vgl. die Konstellation bei VG Köln MMR 2010, 578) ist zulässig.

Jugendgefährdende Trägermedien § 15 JuSchG

3. Hinweis auf ein Indizierungsverfahren

a) Geltungsbereich. Ein Hinweis auf ein Indizierungsverfahren ist bei 106 geschäftlicher Publikumswerbung unter Strafdrohung (§ 27 Abs. 1 Nr. 4) unzulässig, und zwar darf weder auf die Tatsache, dass ein solches Verfahren anhängig ist oder war, noch auf das Ergebnis des Verfahrens hingewiesen werden. Werden mithin DVD-Filme auf der Homepage eines Internet-Versandhandels für gewerbliche Abnehmer mit dem Hinweis angeboten, ein Verfahren zur Aufnahme in die Liste sei anhängig, so ist dies ein Verstoß gegen § 15 Abs. 6 (vgl. OLG Brandenburg GRUR-RR 2007, 18; LG Halle GRUR-RR 2007, 26). Das Verbot gilt auch für mit indizierten Trägermedien inhaltsgleichen Telemedien. Bei Hinweisen auf anhängige Verfahren bezüglich **Telemedien** im Rahmen geschäftlicher Werbung gilt § 6 Abs. 1 S. 3 JMStV (hierzu § 6 JMStV Rn. 8).

b) Hinweisgegenständliches Verfahren. Ein solcher Hinweis ist wäh- 107 rend der ganzen Dauer des Verfahrens, einschließlich desjenigen vor den Verwaltungsgerichten, und auch dann nicht erlaubt, wenn später die Streichung der Schrift von der Liste angeordnet worden, eine vorläufige Anordnung auf Listenaufnahme gem. § 15 Abs. 3 außer Kraft getreten, der Antrag auf Listeneintragung rechtskräftig abgelehnt worden ist oder sogar, wenn der Hinweis der Wahrheit zuwider erfolgt. Es ist also **unerheblich**, wie das **Indizierungsverfahren ausgegangen** ist. Das Hinweisverbot gilt auch für den Schriftwechsel zwischen Großhändler und Wiederverkäufer (OLG Frankfurt vom 17. 1. 1962 – 1 Ss 1152/61). Die Unzulässigkeit des Hinweises beginnt mit der Stellung (=Eingang) des Antrags auf Einleitung des Prüfungsverfahrens durch die nach § 21 Abs. 2 antragsberechtigte Stelle bzw. mit Tätigwerden der BPjM von Amts wegen in den Fällen des § 21 Abs. 4. Unzulässig ist **nur** der **Hinweis** auf die **Verfahren vor der BPjM** oder den **Verwaltungsgerichten**. Ein Hinweis auf ein anderes Verfahren, z. B. nach § 184 StGB vor dem Strafgericht, ist nicht verboten.

VII. Hinweispflicht für Gewerbetreibende (Abs. 6)

1. Allgemeines

Die Vorschrift berücksichtigt, dass insb. Verleger und Importeure den 108 Inhalt der von ihnen verlegten bzw. eingeführten Trägermedien in aller Regel besser kennen als die jeweiligen Abnehmer. Die eigene Prüfungspflicht der Abnehmer entfällt hierdurch jedoch nicht. Sie werden durch die Verletzung der Hinweispflicht, für die schon aus wirtschaftlichen Gründen ein gewisser Anreiz besteht, strafrechtlich nicht entlastet.

2. Geltungsbereich

Mit Rücksicht auf die gesetzlichen Restriktionen des Abs. 1 sieht Abs. 6 109 eine entsprechende Hinweispflicht für **Gewerbetreibende**, insb. Verleger, Zwischenhändler (BT-Drs. 14/9013, S. 24) und Importeure vor. Die Hinweispflicht gilt gegenüber allen (gewerblichen) Abnehmern, also vor allem

JuSchG § 15   III. Abschnitt. Jugendschutz im Bereich der Medien

Einzelhändlern und Grossisten, welche Adressaten der Verbote des Abs. 1 sind. Verletzungen der Hinweispflicht sind nicht, wie sonstige Verstöße gegen Vorschriften des § 15 in Verb. mit § 27 mit Strafe, sondern gem. § 28 Abs. 1 Nr. 20 als Ordnungswidrigkeit mit **Geldbuße** bedroht. Die Hinweispflicht soll den Abnehmern die Erfüllung ihrer jeweiligen strafbewehrten Verpflichtungen aus § 15 Abs. 1 erleichtern.

3. Rechtskonformität der Zwischenlieferung

110   Die Hinweispflicht soll nach dem Wortlaut nur einschlägig sein, „soweit die Lieferung erfolgen darf". Allerdings bestehen – anders als nach dem vormals geltenden und vom Gesetzgeber nicht übernommenen § 4 Abs. 2 S. 1 GjSM – keine ausdrücklichen **gesetzlichen Lieferungsverbote** für Verleger und Zwischenhändler. Der Wortlaut des Abs. 6 kann wegen des Analogieverbots auch nicht derart extensiv ausgelegt werden, dass an solche Betriebe von vornherein keine Lieferung erfolgen darf, welche ihrerseits keinen Handel mit indizierten oder schwer jugendgefährdenden Trägermedien betreiben dürfen (vgl. insb. Abs. 1 Nr. 3: Einzelhandel außerhalb von Geschäftsräumen, Kioske etc.). Da eine Zwischenlieferung an Händler also **stets zulässig** ist, muss auch die Hinweispflicht in jedem Fall beachtet werden. Allerdings wird sich die gegenüber dem vormals geltenden § 4 Abs. 2 S. 1 GjSM nunmehr auftretende Strafbarkeitslücke praktisch kaum auswirken, da die in § 15 Abs. 1 Nr. 3 genannten Einzelhandelsbetriebe einem umfassenden Verbot des Anbietens und Überlassens unterliegen und daher i. d. R. keine Bestellungen von indizierten oder schwer jugendgefährdenden Trägermedien bei Verlegern und Zwischenhändlern vornehmen werden (vgl. zum Ganzen auch Nikles u.a., Rn. 104).

VIII. Rechtsfolgen

1. Straf- und ordnungsrechtliche Sanktionen

111   Vorsätzliche Verstöße gegen die Beschränkungen des Abs. 1 sind in § 27 Abs. 1 Nrn. 1 und 2 JuSchG mit **Freiheitsstrafe** bis zu einem Jahr oder mit **Geldstrafe** bedroht, im Falle fahrlässigen Handelns (mit Ausnahme von Verstößen gegen § 15 Abs. 1 Nr. 7 JuSchG) mit Freiheitsstrafe bis zu sechs Monaten oder mit Geldstrafe bis zu hundertachtzig Tagessätzen (§ 27 Abs. 3 Nr. 1 JuSchG). Bei der Verabschiedung des JuSchG hat der Gesetzgeber indes weiterhin die inhaltsgleichen Trägermedien (§ 15 Abs. 3) in den Strafvorschriften unberücksichtigt gelassen. Eine analoge Anwendung ist wegen Art. 103 Abs. 2 GG unzulässig, sodass insoweit eine **Strafbarkeitslücke** besteht (s.a. Ukrow, Rn. 394). Verletzungen der **Hinweispflicht** nach Abs. 6 sind nicht, wie sonstige Verstöße gegen Vorschriften des § 15 in Verb. mit § 27 mit Strafe, sondern gem. § 28 Abs. 1 Nr. 20 als Ordnungswidrigkeit mit **Geldbuße** bedroht.

Sonderregelung für Telemedien § **16 JuSchG**

2. Abweichende Rechtsfolgen bei Rundfunk und Telemedien

Hingegen ergeben sich nach dem Jugendmedienschutz-Staatsvertrag **112** andere Rechtsfolgen bei schwer jugendgefährdenden Telemedien und Rundfunkangeboten. Zum einen sind gemäß § 4 Abs. 1 Nrn. 1, 3 bis 5, 7 bis 9 JMStV Inhalte i. S. d. §§ 86, 130, 131 sowie kriegsverherrlichende, sterbende Menschen sowie Minderjährige in unnatürlich, geschlechtsbetonter Körperhaltung darstellende Telemedien **generell**, d.h. auch bei Beschränkung des Angebotes auf Erwachsene, **unzulässig**. Zum anderen werden Verstöße i. d. R. nach § 24 Abs. 1 JMStV lediglich als Ordnungswidrigkeiten behandelt (Ausnahme: § 23 JMStV). Die ungleichen Rechtsfolgen bei schwer jugendgefährdenden Inhalten für Trägermedien und für Telemedien erscheinen vor dem Hintergrund des Art. 3 GG **verfassungsrechtlich bedenklich** (vgl. auch § 4 JMStV Rn. 5 ff.).

3. Wettbewerbsverstöße

Zudem stellen Verstöße gegen die Verbreitungs- und Werbetatbestände **113** des Abs. 1 sowie die Werbeverbote nach Abs. 4 und 5 in der Regel ein **wettbewerbswidriges Verhalten** i. S. d. §§ 3, 4 UWG dar (vgl. z. B. OLG Hamburg, Urt. v. 2. 4. 2008 – 5 U 81/07; OLG Brandenburg GRUR-RR 2007, 18; LG Halle GRUR-RR 2007, 26; ferner OLG München NJW 2004, 3344 ff.; OLG Hamburg NJW-RR 1997, 745 f.; OLG Karlsruhe NJWE WettbR 1996, 149).

2. Unterabschnitt. Telemedien

§ 16 Sonderregelung für Telemedien

Regelungen zu Telemedien, die in die Liste jugendgefährdender Medien nach § 18 aufgenommen sind, bleiben Landesrecht vorbehalten.

Schrifttum: *Bandehzadeh*, Jugendschutz im Rundfunk und in den Telemedien, 2007; *Beisel/Heinrich*, Die Strafbarkeit der Ausstrahlung jugendgefährdender Fernsehsendungen, NJW 1996, 3286; *Bornemann*, Die nicht offensichtlich schwer jugendgefährdende Fernsehsendung, ZUM 2010, 407; *Braml/Hopf*, Der neue Jugendmedienschutz-Staatsvertrag – Fort- oder Rückschritt für den Jugendmedienschutz?, ZUM 2010, 645; *Landmann*, Die Ausstrahlung jugendgefährdender Fernsehsendungen – Strafbar?, NJW 1996, 3309; *Langenfeld*, Die Neuordnung des Jugendschutzes im Internet, MMR 2003, 303; *Liesching*, Zur Gesetzgebungskompetenz der Bundesländer für den Bereich „Jugendschutz in Rundfunk und Telemedien, ZUM 2002, 868; *Meyer-Hesemann*, Kompetenzprobleme beim Jugendschutz im Rundfunk, DVBl. 1986, 1181; *Reinwald*, Jugendmedienschutz im Telekommunikationsbereich in Bundeskompetenz?, ZUM 2002, 119; *Schumann*, Indexbetroffene Angebote im Rundfunk und in Telemedien: Eine Zensur findet statt, ZUM 2004, 697; *Taubert*, Bundeskompetenz für Jugendschutz?, 2003.

JuSchG § 16   III. Abschnitt. Jugendschutz im Bereich der Medien

I. Allgemeines

1   Die Vorschrift überlässt den Bundesländern die Regelung der **Rechtsfolgen** einer aufgrund § 18 Abs. 1 und 2 Nrn. 3, 4 JuSchG erfolgten Indizierung von Telemedien (zum Begriff der Telemedien siehe oben § 1 Rn. 13 f. und Liesching, NJW 2002, 3281, 3283 f.). Damit **verzichtet** der Bund auf die ihm grundsätzlich auch insoweit zustehende **Gesetzgebungskompetenz** für den Jugendschutz (siehe unten Rn. 6 ff.).

II. Rechtsfolgen der Indizierung bei Telemedien.

1. Geltungsbereich

2   Die ausdrückliche Regelung des Landesvorbehaltes sah der Gesetzgeber mit Blick auf den Bestimmtheitsgrundsatz als erforderlich an (BT-Drs. 14/9013, S. 24). Über die ausdrücklich genannte landesgesetzliche Ausgestaltung der Rechtsfolgen einer Listenaufnahme von Telemedien bleiben den Bundesländern entsprechend einer Vereinbarung mit dem Bund **weitere Regelungen** über Jugendschutzbeauftragte, Freiwillige Selbstkontrolle (vgl. aber für den Bereich der Filme, Film- und Spielprogramme § 14 Abs. 6, dort Rn. 46 ff.), Jugendschutzprogramme sowie jugendbeeinträchtigende Telemedien vorbehalten (vgl. auch BT-Drs. 14/9013, S. 24 f.). Daneben bleibt die Regulierung des Jugendschutzes im **Rundfunk vollumfänglich den Ländern** anheim gestellt. Eine Indizierung nach § 18 JuSchG kommt insoweit von vornherein nicht in Betracht (vgl. BVerwGE 85, 169, 170 ff.; VG Köln NJW 1987, 274; a. A. Beisel/Heinrich, NJW 1996, 3286; dagegen Landmann, NJW 1996, 3309).

2. Umsetzung im JMStV

3   Die Bundesländer haben die ihnen eingeräumte Regelungsbefugnis durch den zeitgleich mit dem JuSchG in Kraft getretenen Staatsvertrag über den Schutz der Menschenwürde und den Jugendschutz in Rundfunk und Telemedien (Jugendmedienschutz-Staatsvertrag – JMStV) wahrgenommen. Die Rechtfolgen der Indizierung von Telemedien sind **differenziert** in § 4 **JMStV** geregelt. Generell unzulässig sind nach Abs. 1 Nr. 11 Angebote, die wegen Verstoßes gegen die genannten StGB-Bestimmungen in den Teilen B und D der Liste nach § 18 JuSchG (siehe dort Rn. 72 ff.) aufgenommen sind oder mit derart indizierten Medien ganz oder im Wesentlichen inhaltsgleich sind. Gemäß § 4 Abs. 2 Nr. 2 JMStV sind Telemedien, die wegen ihres jugendgefährdenden Inhaltes in die Listenteile A und C nach § 18 JuSchG (siehe dort Rn. 5 ff.) aufgenommen sind sowie inhaltsgleiche Telemedien nur zulässig, wenn von Seiten des Anbieters sichergestellt ist, dass sie nur Erwachsenen zugänglich gemacht werden. Vgl. zu den Regelungen des JMStV die Anmerkungen unten II; zu den gescheiterten Novellierungsansätzen des JMStV durch den nicht in Kraft getretenen **14. RfÄndStV** s.a. Altenhain, BPjM-aktuell, 4/2010, 5 ff.; Braml/Hopf, ZUM 2010, 645 ff.; Hopf, K&R 2011, 6 ff.; Weigand, JMS-Report 4/2010, 2 ff.

3. Regelungslücke bei (einfach) jugendgefährdenden, nicht indizierten Telemedien

a) Keine Anwendung des § 4 Abs. 2 JMStV. Sofern allerdings (noch) **4** keine Listenaufnahme durch die BPjM erfolgt ist, gelten für Rundfunkangebote und Telemedien die Restriktionen des § 4 Abs. 2 S. 1 Nr. 2 JMStV selbst dann nicht, wenn tatsächlich (objektiv) eine „einfache Jugendgefährdung" vorliegt bzw. mit guten Gründen vertreten werden kann. Die Rspr. hat insoweit das Vorliegen einer **Regelungslücke** mit der Möglichkeit einer – verfassungsrechtlich hier ohnehin unzulässigen – analogen Anwendung der Verbote für „offensichtlich schwer" jugendgefährdende Medien abgelehnt (VG München ZUM 2005, 252, 254; s. a. Bornemann, NJW 2003, 787, 789; ders., ZUM 2010, 407; Hopf, 2005, S. 138 ff.; Liesching, ZUM 2005, 224, 225; Schumann, ZUM 2004, 697, 700 f.). Auch eine **analoge Anwendung** des § 4 Abs. 2 S. 1 Nr. 2 JMStV auf Telemedien und/oder Rundfunkangebote, z. B. bei entsprechendem Untersagungsbeschluss der zuständigen Landesmedienanstalt **kommt nicht in Betracht** (teilw. a. A. Bornemann, ZUM 2010, 407, 411).

b) Rechtsfolgen gemäß § 5 JMStV. Damit gelten für einfach jugendge- **5** fährdende Rund- und Telemedien, deren Inhalt nicht von der BPjM wegen Jugendgefährdung indiziert ist, die allgemeinen Restriktionen für entwicklungsbeeinträchtigende Inhalte nach § 5 JMStV. Danach ist anzunehmen, dass in der einfachen Jugendgefährdung **als Minus eine Eignung zur Entwicklungsbeeinträchtigung** für Kinder und Jugendliche (bis unter 18 Jahren) enthalten ist. Entsprechend sieht § 5 Abs. 1 JMStV vor, dass diese Inhalte üblicherweise nicht von Minderjährigen wahrgenommen werden dürfen. Dies kann etwa durch eine Beschränkung der Verbreitungszeit auf das Nachtprogramm (23.00 Uhr bis 6.00 Uhr) sichergestellt werden (anders Bornemann, ZUM 2010, 407 ff.).

III. Gesetzgebungskompetenz für den Jugendschutz in Medien

1. Bundeskompetenz im Wege konkurrierender Gesetzgebung

a) Herrschende Meinung. Die umfassende Gesetzgebungskompetenz **6** des Bundes für den Bereich des Jugendschutzes einschließlich des gesamten Medienbereichs ergibt sich aus den Verfassungsbestimmungen der Art. 72, 74 Abs. 1 Nr. 1 GG, welche dem Bund die Regelungsbefugnis für den Bereich „Strafrecht" im Wege der **konkurrierenden Gesetzgebung** zuweisen (vgl. BT-Drs. 14/9013, S. 17; BVerfGE 11, 234, 237; BVerwGE 23, 112, 113; ausführl. Liesching, ZUM 2002, 868 ff.). Daneben ergibt sich die Kompetenzzuweisung aus Art. 74 Abs. 1 Nr. 7 GG, welche die Regelungsmaterie der „öffentlichen Fürsorge" zum Gegenstand hat (BVerfGE 31, 113, 117; 22, 108, 212 f.; BVerwGE 19, 94, 96; 23, 112, 113; 85, 169, 176; VG Köln NJW 1987, 274, 275; BT-Drs. 14/9013, S. 17; Bandehzadeh, 2007, S. 89 ff.; Maunz/Dürig, Art. 74 Rn. 108; Schraut, 1993, S. 25; Beisel/Heinrich, NJW

1996, 491, 493; insoweit zustimmend: Landmann, NJW 1996, 3309; Taubert, 2003, S. 65 ff.; Meyer-Hesemann, DVBl. 1986, 1181, 1183; a. A. Reinwald, ZUM 2002, 119 ff.).

7   **b) Gegenansicht.** Anknüpfend an die seit jeher anerkannte grundsätzliche Zuordnung der Gesetzgebungskompetenz im Bereich „Rundfunk" an die Bundesländer wird im Schrifttum vertreten, dass auch die Normierung des Jugendschutzes im Rundfunk und bei vergleichbaren Telemedien Sache der Länder sei (vgl. Langenfeld, MMR 2003, 303, 306; Meyer-Hesemann, DVBl. 1986, 1181, 1184; Reinwald ZUM 2002, 119, insb. 125; Schulz, MMR 1998, 182, 183; Stettner, ZUM 2003, 425, 429; Weides, NJW 1987, 224, 230). Begründet wird dies im Wesentlichen mit einer angenommenen **erheblichen Sachnähe des Jugendschutzes** zur allgemeinen Rundfunkregulierung und dem Einfluss von Jugendschutzregelungen auf die Inhalte elektronischer Medien. Teilweise wird sich auf die Rspr. des **BVerfG** berufen (Langenfeld, MMR 2003, 303, 306 mit Verweis auf BVerfGE 12, 205, 229; Meyer-Hesemann, DVBl. 1986, 1181, 1184 mit Verweis auf BVerfGE 36, 193, 203; Schulz, MMR 1998, 182, 183 mit Verweis auf BVerfGE 57, 295, 326), was freilich zweifelhaft erscheint, da das BVerfG weder in den herangezogenen Entscheidungen noch sonst die Gesetzgebungskompetenz für den Jugendschutz im Rundfunk und/oder in Telemedien den Ländern explizit zugeordnet hat.

2. Erforderlichkeit bundeseinheitlicher Regelung

8   **a) Allgemeine Anforderungen.** Allein damit, dass der gesamte Jugendmedienschutz Gegenstand der konkurrierenden Gesetzgebung nach Art. 72 Abs. 1, 74 Abs. 1 Nr. 1 und 7 GG ist, lässt sich allerdings eine Kompetenz des Bundes zur Schaffung eines alle Medienbereiche umfassenden Jugendmedienschutz-Gesetzes nicht zwingend herleiten. Gemäß dem 1994 neu gefassten Art. 72 Abs. 2 GG (42. ÄndG v. 27. 10. 1994, BGBl. I S. 3146) kommt dem Bund nämlich das Gesetzgebungsrecht nur dann zu, wenn und soweit die **Herstellung gleichwertiger Lebensverhältnisse** im Bundesgebiet oder die Wahrung der **Rechts- und Wirtschaftseinheit** im gesamtstaatlichen Interesse eine bundesgesetzliche Regelung erforderlich macht. Diese sog. „Erforderlichkeitsklausel" schränkt den Beurteilungs- bzw. Ermessensspielraum des Bundes im Vergleich zu der zuvor in Art. 72 Abs. 2 GG formulierten „Bedürfnisklausel" ein, ohne ihn gänzlich aufzuheben (Jarass/Pieroth, Art. 72 Rn. 11; Sannwald, NJW 1994, 3313, 3316; Rybak/Hofmann, NVwZ 1995, 230, 231). Zur Konkretisierung des an dem Verhältnismäßigkeitsgrundsatz ausgerichteten Rechtsbegriffs der Erforderlichkeit nennt Art. 72 Abs. 2 GG die Alternativen „Herstellung gleichwertiger Lebensverhältnisse im Bundesgebiet" sowie „Wahrung der Rechts- oder Wirtschaftseinheit im gesamtstaatlichen Interesse".

9   **b) Wahrung der Rechtseinheit im Zeitalter der Medienkonvergenz.** Bezüglich der Neuregelung des gesamten Jugendmedienschutzes im Rahmen eines Bundesgesetzes käme insb. letztere Alternative in Betracht. Der Begriff der **Wahrung** ist dabei in einem dynamischen Sinne zu verstehen, sodass hiervon nicht nur die Aufrechterhaltung sondern auch die Schaffung der Rechts- und Wirtschaftseinheit umfasst wird (vgl. BVerfGE 13, 230, 233; Schmehl, DÖV 1996, 724, 727). „**Rechtseinheit**" bedeutet weiterhin die Geltung gleicher Rechtsnormen für die gleiche Angelegenheit im ganzen Bundesgebiet, „Wirtschaftseinheit" das Gelten einheitlicher rechtlicher Rahmenbedingungen für die wirtschaftliche Betätigung im ganzen Bundesgebiet (Rybak/Hofmann, NVwZ 1995, 230, 231). Angesichts der ganz überwiegend bundesweit verbreiteten Massenmedien einschließlich des Rundfunks sowie aufgrund der bereits weit **fortgeschrittenen Medienkonvergenz** ergibt sich ohne Weiteres das Erfordernis, zur Wahrung der Rechtseinheit eine in allen Bundesländern gleichermaßen geltende Regelung für die aus Jugendschutzgründen angezeigte Beschränkung von Medieninhalten zu schaffen (ausführl. Liesching, ZUM 2002, 868, 873 f.).

c) Bisherige Negierung des Gesetzgebers. Im Bezug auf den Bereich der Telemedien wird in der Begründung des Regierungsentwurfs des JuSchG hierzu insoweit inkonsistent ausgeführt: „Insb. beim Kinder- und Jugendschutz in den elektronischen Informations- und Kommunikationsdiensten handelt es sich um eine Materie, in der die **Wahrung der Rechtseinheit im gesamtstaatlichen Interesse** überaus dringlich ist. Da die elektronischen Informations- und Kommunikationsdienste nicht an Landesgrenzen gebunden sind und aus technischen Gründen nicht gebunden werden können, ist eine **bundesgesetzliche Regelung erforderlich**, damit ein übergreifender wirksamer gesetzlicher Kinder- und Jugendschutz ermöglicht werden kann" (BT-Drs. 14/8913, S. 17). Gleichwohl hat der Bund durch § 16 JuSchG sowie die weitere Vereinbarung mit den Ländern den Regelungsbereich der Telemedien faktisch nahezu vollständig abgegeben.

IV. Abschnitt. Bundesprüfstelle für jugendgefährdende Medien

§ 17 Name und Zuständigkeit

(1) ¹**Die Bundesprüfstelle wird vom Bund errichtet.** ²**Sie führt den Namen „Bundesprüfstelle für jugendgefährdende Medien".**
(2) **Über eine Aufnahme in die Liste jugendgefährdender Medien und über Streichungen aus dieser Liste entscheidet die Bundesprüfstelle für jugendgefährdende Medien.**

Schrifttum: *Brockhorst-Reetz,* Bundesprüfstelle und Internet: Eine Betrachtung, BPjS-Aktuell 4/1998, S. 8; *Brunner,* Beurteilungsspielräume im neuen Jugendmedienschutz – eine nicht mehr vorhandene Rechtsfigur?, 2005; *Frenzel,* Von Josefine Mutzenbacher zu American Psycho – Das Jugendschutzgesetz 2002 und das Ende des Gesetzes über die Verbreitung jugendgefährdender Schriften und Medieninhalte?, AfP 2002, 191; *Geis,* Josefine Mutzenbacher und die Kontrolle der Verwaltung, NVwZ 1992, 25; *Monssen-Engberding,* Die Spruchpraxis der Bundesprüfstelle für jugendgefährdende Medien, KJM-Schriftenreihe I (2009), S. 107; *dies.,* Die Spruchpraxis der BPjM, BPjM-aktuell 4/2009, 3; *Monssen-Engberding/Liesching,* Rechtliche Fragestellungen der Listenführung, BPjM-aktuell 4/2008, 3; *Redeker,* Von den Schwierigkeiten, ein Gesetz zu handhaben, NJW 1995, 2145; *Stumpf*, Jugendschutz oder Geschmackszensur?, 2009; *Würkner*, Die Freiheit der Kunst in der Rspr. von BVerfG und BVerwG, NVwZ 1992, 1; *Würkner/Kerst-Würkner,* Der Entscheidungsvorrang der Bundesprüfstelle: das neue Abwägungsermessen als grundrechtsdogmatischer Phönix aus der Asche des alten Beurteilungsspielraums, NJW 1993, 1446 ff.

I. Allgemeines

1 Die Vorschrift regelt **Errichtung, Name und Aufgabenbereich** der für die Listenaufnahme und -streichung gemäß § 18 JuSchG zuständigen Bundesprüfstelle für jugendgefährdende Medien (BPjM). Die Indizierungsvoraussetzungen, die Zusammensetzung der Prüfgremien der BPjM und das nähere Verfahren wird demgegenüber in §§ 18 bis 25 normiert. Weitere Konkretisierungen zum **Sitz der BPjM und zum Verfahren** sind in der aufgrund § 26 JuSchG erlassenen Verordnung zur Durchführung der Bestimmungen des JuSchG (DVO JuSchG) geregelt (vgl. § 26 Rn. 1 ff.).

II. Errichtung und Name der BPjM (Abs. 1)

2 Die Bundesprüfstelle für jugendgefährdende Medien (BPjM; vormals Bundesprüfstelle für jugendgefährdende Schriften – BPjS) wurde durch Gesetz vom 9. 6. 1953 (BGBl. I S. 377) als kollegial zusammengesetzte und kollegial entscheidende **Bundesoberbehörde** errichtet (vgl. Art. 87 Abs. 3 S. 1 GG; BVerfG NJW 1971, 1559). Die mit dem JuSchG im April 2003 gemäß Abs. 1 neu eingeführte Bezeichnung der Behörde trägt ihrem umfassenden Auftrag im Bezug auf alle Medien mit Ausnahme des Rundfunks Rechnung (vgl. BT-Drs. 14/9013, S. 25). Die BPjM nimmt ihren **Sitz in Bonn** (§ 1 DVO JuSchG). Sie ist kein Gericht und gleichwohl an Weisungen nicht gebunden (vgl. § 19 Abs. 4). Die Verfahrenskosten einschließlich der Einholung von Sachverständigengutachten durch die Bundesprüfstelle trägt der Bund (zur Kostenerstattung von Verfahrensbeteiligten vgl. OVG Münster NJW 1970, 215 f.). Die Entscheidungen der BPjM sind **Verwaltungsakte**, die im Verwaltungsrechtsweg angefochten werden können (§ 25).

III. Sachliche Zuständigkeit der BPjM (Abs. 2)

3 Sachlich zuständig für Entscheidungen über die **Listenaufnahme** (§ 18 Abs. 1 S. 1) bzw. **Streichung** aus der Liste (§ 18 Abs. 7) ist gemäß Abs. 2 die BPjM in ihrer Zusammensetzung als Zwölfergremium (§ 19 Abs. 5) oder als Dreiergremium (in den Fällen des § 23 Abs. 1 auch i. V. m. Abs. 5). Kommt allerdings eine Listenaufnahme oder eine Streichung aus der Liste nicht in Betracht, kann die Vorsitzende gem. 21 Abs. 3 das Verfahren einstellen. Bei der Indizierung von Telemedien ist die Stellungnahme der zentralen Aufsichtsstelle der Länder für Jugendschutz (KJM) gem. § 21 Abs. 6 „maßgeblich" zu berücksichtigen. In den Fällen des § 15 Abs. 3 (gänzliche oder im Wesentlichen bestehende **Inhaltsgleichheit**) geht es um einen feststellenden

Name und Zuständigkeit **§ 17 JuSchG**

Vollzugsakt der Vorsitzenden, nicht um eine Entscheidung. Die Vorsitzende hat jedoch zu entscheiden, ob sie selbst handelt oder nach § 21 Abs. 5 Nr. 1 eine Entscheidung des Zwölfergremiums herbeiführt. Sowohl die Vorsitzende als auch das Zwölfergremium werden hier ohne Antrag tätig (Ausnahme vom Antragsprinzip des § 21 Abs. 1).

IV. Gerichtliche Überprüfung der BPjM-Entscheidungen

1. Beurteilungsspielraum bzgl. Vorliegens einer Jugendgefährdung

a) Ältere Rspr. Aus dem recht vagen und unbestimmten Gefährdungsbegriff des § 18 Abs. 1 (vgl. dort Rn. 5 ff.) heraus erklärt sich die frühere Annahme des BVerwG, der BPjS (nunmehr BPjM) stehe bei der Entscheidung über die Listenaufnahme ein von den Gerichten **nicht voll überprüfbarer Beurteilungsspielraum** zu, dessen Grenzen erst überschritten seien, wenn die Bewertung willkürlich und schlechthin unhaltbar erscheine (vgl. BVerwGE 39, 197, 203 f.; 77, 75, 84 f.; BVerwG NJW 1987, 1434; zur vormaligen Verneinung eines Beurteilungsspielraums: BVerwGE 23, 112; 28, 223; zum Ganzen: Redeker, NJW 1995, 2145 f.; Würkner, NVwZ 1992, 1, 3 ff.). 4

b) Jüngere Rspr. und h.M.. Hingegen stellte sodann das BVerwG unter Berücksichtigung der Entscheidung des BVerfG (E 83, 130, insb. 147; hierzu eingehend Geis, NVwZ 1992, 25 ff.) zur Indizierung des Romans „Josefine Mutzenbacher" fest: „Das BVerfG geht demgegenüber davon aus, daß die Bundesprüfstelle und **Fachgerichte** [sich] auf Seiten des Kinder- und Jugendschutzes im Rahmen des verfahrensrechtlich Möglichen **Gewißheit** darüber zu verschaffen hätten, welchen schädigenden Einfluß eine konkrete Schrift ausüben könne (...). Damit ist die Annahme eines wie auch immer gearteten Beurteilungsspielraums der Bundesprüfstelle in diesem Bereich **unvereinbar**" (BVerwGE 91, 211, 215; vgl. schon VG Köln NJW 1989, 3171). 5

c) Sachverständige Äußerung. Gleichwohl misst das BVerwG den Entscheidungen der BPjM bezüglich der Jugendgefährdung eines Mediums den Charakter einer sich aus § 19 Abs. 2 und 4 ergebenden sachverständigen Äußerung bei, so dass die Feststellungen und Wertungen des pluralistisch besetzten Gremiums **nicht** durch lediglich **einfaches Gegenvorbringen** des von der Indizierung betroffenen Beteiligten eines gerichtlichen Verfahrens erschüttert werden können (BVerwGE 91, 211, 215; VG Köln MMR 2008, 358, 359; VG Köln NJOZ 2006, 3565, 3569; VG Köln ZUM 2006, 501, 504; vgl. auch BVerwG NJW 1997, 602). 6

2. „Entscheidungsvorrang" bei Abwägung mit Kunstfreiheit

a) Rechtsprechung des BVerwG. Rechtlich anders zu beurteilen ist nach dem BVerwG der Vorgang der Abwägung zwischen Belangen des Jugendschutzes und der durch die Indizierung ggf. beeinträchtigten Kunstfreiheit (s.a. Frenzel, AfP 2002, 191 ff.). Zwar unterliege auch die Herstellung 7

JuSchG § 18 IV. Abschnitt. BPjM

praktischer Konkordanz der **vollen gerichtlichen Überprüfung**. Diese müsse aber respektieren, dass die Abwägungsentscheidung vom Gesetzgeber der Bundesprüfstelle zugewiesen ist, während das Gericht lediglich zu kontrollieren habe, ob die genannten rechtlichen Vorgaben eingehalten sind, welche die BPjM dabei zu beachten hat (BVerwGE 91, 211, 216; krit. v.Kalm, DÖV 1994, 23, 25 f.). Damit wird der BPjM lediglich bei der Bewertung der widerstreitenden Verfassungsgüter ein **Entscheidungsvorrang** eingeräumt, der freilich schon ihre im Abwägungsvorgang vorangehende erforderliche Gewichtung nicht mehr umfasst und so lediglich ein „auf der Tatbestandsebene **nachgeschaltetes Abwägungsermessen**" darstellt (vgl. Würkner/Kerst-Würkner, NJW 1993, 1446, 1447).

8   **b) Praktische Bedeutung.** Kaum nachvollziehbar ist die praktische Relevanz dieses gerichtlicher Nachprüfung entzogenen „Wurmfortsatzes", da die BPjM der Begründung ihrer sachverständigen Würdigung nur das besondere **Gewicht schützenswerter Belange** gegenüber „leichter" befundenen entgegenstehenden Verfassungsgütern zugrunde legen kann. Gerade diese Bewertungsgrundlage ist aber der vollumfänglichen Kontrolle der Gerichte zugänglich (vgl. auch Geis, NVwZ 1992, 25, 28; ausführl. zum Ganzen Brunner, 2005, 121 ff.). Insoweit ist es den **Verwaltungsgerichten** in der Praxis sogar bei summarischen Prüfungen in Verfahren des einstweiligen Rechtschutzes nach § 80 VwGO unbenommen, eigene Erwägungen auch hinsichtlich der Abwägung mit Belangen der Kunst entscheidungserheblich anzustellen (vgl. VG Köln MMR 2010, 578 – „Rammstein").

§ 18 Liste jugendgefährdender Medien

(1) ¹**Träger- und Telemedien, die geeignet sind, die Entwicklung von Kindern oder Jugendlichen oder ihre Erziehung zu einer eigenverantwortlichen und gemeinschaftsfähigen Persönlichkeit zu gefährden, sind von der Bundesprüfstelle für jugendgefährdende Medien in eine Liste jugendgefährdender Medien aufzunehmen.** ²**Dazu zählen vor allem unsittliche, verrohend wirkende, zu Gewalttätigkeit, Verbrechen oder Rassenhass anreizende Medien sowie Medien, in denen**
1. **Gewalthandlungen wie Mord- und Metzelszenen selbstzweckhaft und detailliert dargestellt werden oder**
2. **Selbstjustiz als einzig bewährtes Mittel zur Durchsetzung der vermeintlichen Gerechtigkeit nahe gelegt wird.**

(2) **Die Liste ist in vier Teilen zu führen.**
1. **In Teil A (Öffentliche Liste der Trägermedien) sind alle Trägermedien aufzunehmen, soweit sie nicht den Teilen B, C oder D zuzuordnen sind;**
2. **in Teil B (Öffentliche Liste der Trägermedien mit absolutem Verbreitungsverbot) sind, soweit sie nicht Teil D zuzuordnen sind, Trägermedien aufzunehmen, die nach Einschätzung der Bundesprüfstelle für jugendgefährdende Medien einen in § 86, § 130, § 130a, § 131, § 184a, § 184b oder § 184c des Strafgesetzbuches bezeichneten Inhalt haben;**

3. in Teil C (Nichtöffentliche Liste der Medien) sind diejenigen Trägermedien aufzunehmen, die nur deshalb nicht in Teil A aufzunehmen sind, weil bei ihnen von einer Bekanntmachung der Aufnahme in die Liste gemäß § 24 Abs. 3 Satz 2 abzusehen ist, sowie alle Telemedien, soweit sie nicht Teil D zuzuordnen sind;
4. in Teil D (Nichtöffentliche Liste der Medien mit absolutem Verbreitungsverbot) sind diejenigen Trägermedien, die nur deshalb nicht in Teil B aufzunehmen sind, weil bei ihnen von einer Bekanntmachung der Aufnahme in die Liste gemäß § 24 Abs. 3 Satz 2 abzusehen ist, sowie diejenigen Telemedien aufzunehmen, die nach Einschätzung der Bundesprüfstelle für jugendgefährdende Medien einen in § 86, § 130, § 130a, § 131, § 184a, § 184b oder § 184c des Strafgesetzbuches bezeichneten Inhalt haben.

(3) Ein Medium darf nicht in die Liste aufgenommen werden
1. allein wegen seines politischen, sozialen, religiösen oder weltanschaulichen Inhalts,
2. wenn es der Kunst oder der Wissenschaft, der Forschung oder der Lehre dient,
3. wenn es im öffentlichen Interesse liegt, es sei denn, dass die Art der Darstellung zu beanstanden ist.

(4) In Fällen von geringer Bedeutung kann davon abgesehen werden, ein Medium in die Liste aufzunehmen.

(5) Medien sind in die Liste aufzunehmen, wenn ein Gericht in einer rechtskräftigen Entscheidung festgestellt hat, dass das Medium einen der in § 86, § 130, § 130a, § 131, § 184, § 184a, § 184b oder § 184c des Strafgesetzbuches bezeichneten Inhalte hat.

(6) Telemedien sind in die Liste aufzunehmen, wenn die zentrale Aufsichtsstelle der Länder für den Jugendmedienschutz die Aufnahme in die Liste beantragt hat; es sei denn, der Antrag ist offensichtlich unbegründet oder im Hinblick auf die Spruchpraxis der Bundesprüfstelle für jugendgefährdende Medien unvertretbar.

(7) [1]Medien sind aus der Liste zu streichen, wenn die Voraussetzungen für eine Aufnahme nicht mehr vorliegen. [2]Nach Ablauf von 25 Jahren verliert eine Aufnahme in die Liste ihre Wirkung.

(8) [1]Auf Filme, Film- und Spielprogramme, die nach § 14 Abs. 2 Nr. 1 bis 5 gekennzeichnet sind, findet Absatz 1 keine Anwendung. [2]Absatz 1 ist außerdem nicht anzuwenden, wenn die zentrale Aufsichtsstelle der Länder für den Jugendmedienschutz über das Telemedium zuvor eine Entscheidung dahin gehend getroffen hat, dass die Voraussetzungen für die Aufnahme in die Liste jugendgefährdender Medien nach Absatz 1 nicht vorliegen. [3]Hat eine anerkannte Einrichtung der Selbstkontrolle das Telemedium zuvor bewertet, so findet Absatz 1 nur dann Anwendung, wenn die zentrale Aufsichtsstelle der Länder für den Jugendmedienschutz die Voraussetzungen für die Aufnahme in die Liste jugendgefährdender Medien nach Absatz 1 für gegeben hält.

JuSchG § 18 IV. Abschnitt. BPjM

Schrifttum: *Beisel/Heinrich,* Die Strafbarkeit der Ausstrahlung jugendgefährdender Fernsehsendungen, NJW 1996, 3286; *Bornemann,* Die nicht offensichtlich schwer jugendgefährdende Fernsehsendung, ZUM 2010, 407; *BPjM*-Jahresstatistik 2009, BPjM-aktuell 1/2010, 13 = JMS-Report 2/2010, 10; *Brockhorst-Reetz,* Bundesprüfstelle und Internet: Eine Betrachtung, BPjS-Aktuell 4/1998, S. 8; *Brunner,* Beurteilungsspielräume im neuen Jugendmedienschutz – eine nicht mehr vorhandene Rechtsfigur?, 2005; *Erbel,* „Mutmaßlich jugendgefährdende" Schriften und solche „mit einem bestimmten Maß an künstlerischem Niveau", DVBl. 1973, 527; *Frenzel,* Von Josefine Mutzenbacher zu American Psycho – Das Jugendschutzgesetz 2002 und das Ende des Gesetzes über die Verbreitung jugendgefährdender Schriften und Medieninhalte?, AfP 2002, 191; *Geis,* Josefine Mutzenbacher und die Kontrolle der Verwaltung, NVwZ 1992, 25; *Hackenberg/Hajok/Humberg/Pathe,* Konzept der Einbeziehung der Kriteriums der „Gefährdungsneigung" in die Prüfpraxis der FSM, JMS-Report 6/2009, S. 2; *dies.,* BPjM-aktuell 1/2010, 3; *dies.,* tv-diskurs 2/2010, S. 58.; *Herkströter,* Rundfunkfreiheit, Kunstfreiheit und Jugendschutz – Zu den Auswirkungen der „Mutzenbacher-Entscheidung" des Bundesverfassungsgerichts vom 27. November 1990 auf die Jugendschutzbestimmungen im Rundfunkrecht, AfP 1992, 23; *Hönge,* Kommentar, tv-diskurs 2/2010, S. 63; *Isensee/Axer,* Jugendschutz im Fernsehen – Verfassungsrechtliche Vorgaben für staatsvertragliche Beschränkungen der Ausstrahlung indexbetroffener Sendungen, München 1998; *v. Kalm,* Zum Verhältnis von Kunst und Jugendschutz, DÖV 1994, 23; *Landmann,* Die Ausstrahlung jugendgefährdender Fernsehsendungen – Strafbar?, NJW 1996, 3309; *Liesching,* Das neue Jugendschutzgesetz, NJW 2002, 3281; *ders.,* Indizierung von „Selbstjustiz" beinhaltenden Medien, JMS-Report 3/2009, 2; *Meier,* Zeitschrift „Der Reichsbote – Vorausindizierung von den Verwaltungsgerichten vorerst aufrechterhalten, BPjM-aktuell 1/2007, 21; *Monssen-Engberding,* Die Spruchpraxis der Bundesprüfstelle für jugendgefährdende Medien, KJM-Schriftenreihe I (2009), S. 107; *dies.,* Die Spruchpraxis der BPjM, BPjM-aktuell 4/2009, 3; *Monssen-Engberding/Bochmann,* Die neuen Regelungen zum Jugendschutzrecht aus der Sicht der BPjM, KJuG 2005, 55; *Monssen-Engberding/Liesching,* Rechtliche Fragestellungen der Listenführung, BPjM-aktuell 4/2008, 3; *Redeker,* Von den Schwierigkeiten, ein Gesetz zu handhaben, NJW 1995, 2145; *Schefold,* Politische Zeitschriften jugendgefährdend?, RdJB 1982, 121; *Schumann,* Indexbetroffene Angebote im Rundfunk und in Telemedien: Eine Zensur findet statt, ZUM 2004, 697; *Stumpf,* Jugendschutz oder Geschmackszensur?, 2009; *Weigand,* Kommentar, tv-diskurs 2/2010, S. 64; *Würkner,* Die Freiheit der Kunst in der Rspr. von BVerfG und BVerwG, NVwZ 1992, 1; *Würkner/Kerst-Würkner,* Der Entscheidungsvorrang der Bundesprüfstelle: das neue Abwägungsermessen als grundrechtsdogmatischer Phönix aus der Asche des alten Beurteilungsspielraums, NJW 1993, 1446 ff.

Übersicht

	Rn.
I. Allgemeines	1
1. Das Indizierungsprinzip	1
2. Indizierungspraxis	2
3. Normhistorie	3
a) Begriffsfassung der Jugendgefährdung durch das JuSchG	3
b) Novellierungen nach Inkrafttreten des JuSchG	4
II. Indizierung jugendgefährdender Medien (Abs. 1 S. 1)	5
1. Der allgemeine Begriff der Jugendgefährdung	5
a) Bestimmtheit der Generalklausel	5
b) Orientierung an Verfassungswerten	6
c) Sozial-ethische Desorientierung	9

d) Anforderungen an die „Eignung" der Jugendgefährdung	12
2. Gesamtbewertung	14
a) Abstellen auf Einzelbestandteile des Mediums	14
b) Berücksichtigung von Begleitumständen	15
3. Geschützter Personenkreis	16
a) h.M.: „Gefährdungsgeneigte" Minderjährige	16
b) Teil des Schrifttums: „Durchschnittliche" Minderjährige	22
c) Einzelmeinung: Vermittelnde Lösung	23
d) Konsequenzen für die Bewertung	25
III. Explizite Beispiele jugendgefährdender Medien (Abs. 1 S. 2)	27
1. Allgemeines	27
2. Unsittliche Medien	28
a) Bewertung nach dem „Scham- und Sittlichkeitsgefühl"	28
b) Voraussetzungen	29
c) Einzelfälle	32
3. Verrohend wirkende Medien	33
a) Voraussetzungen	33
b) Spruchpraxis der BPjM	34
c) Einzelfälle	36
4. Zu Gewalttätigkeit anreizende Medien	37
a) Allgemeines u. Abgrenzung zur Verrohung	37
b) Begriff der Gewalttätigkeit und des Anreizens	38
5. Zu Verbrechen anreizende Medien	39
6. Zum Rassenhass anreizende Medien	40
a) Voraussetzungen	40
b) Abgrenzung zu religionskritischen Medien	41
c) Einzelfälle	42
7. Selbstzweckhafte Gewalthandlungen wie Mord- und Metzelszenen (S. 2 Nr. 1)	43
a) Allgemeines	43
b) Darstellung von „Gewalthandlungen"	44
c) Selbstzweckhafte und detaillierte Darstellung	45
8. Nahelegung von Selbstjustiz (S. 2 Nr. 2)	48
a) Allgemeines zum Begriff der Selbstjustiz	48
b) Spruchpraxis der BPjM	49
c) Verfügbarkeit einer Rechtsordnung	50
d) Darstellung als einzig bewährtes Durchsetzungsmittel	51
e) Erfordernis des „Nahelegens"	52
IV. Gesetzlich nicht ausdrücklich genannte Beispiele jugendgefährdender Medien	55
1. Allgemeines	55
2. Medien, in denen Menschen in ihrer Würde verletzt oder diskriminiert werden	56
a) Menschenwürdeverletzung	56
b) Diskriminierung von Menschengruppen	58
3. Medien, die den Nationalsozialismus verherrlichen oder verharmlosen	59
a) Positive Darstellungen der NS-Ideologie	59
b) Glorifizierung von NS-Führerfiguren	60
c) „Geheimkodex" oder Verschlüsselung von NS-Symbolen	61

d) In-Frage-Stellen des Holocaust	62
e) Überschneidung mit § 130 Abs. 4 StGB i. V. m. § 15 Abs. 2 Nr. 1	63
4. Medien, die den Drogen- oder Alkoholkonsum verherrlichen oder verharmlosen	64
a) Propagierung oder Verherrlichung des Drogenkonsums und Drogenanbaus	64
b) Verherrlichung des Alkoholkonsums	66
5. Medien, die selbstschädigendes oder zerstörerisches Verhalten nahelegen	68
a) Suizid anleitende oder propagierende Medien	68
b) Pro-Anorexie-Inhalte	69
c) Erfassung (mittelbarer) körperlicher Gefährdungen durch Abs. 1 S. 1	70
V. Vier Teile der Liste (Abs. 2)	72
1. Allgemeines	72
2. Unterschiedliche Rechtsfolgen	73
3. Straftatbestandliche Medien (Teile B und D)	74
a) Allgemeine Voraussetzungen	74
b) „Einschätzung" der Bundesprüfstelle	75
c) Listenaufnahme von Telemedien	77
VI. Tendenzschutzklausel (Abs. 3)	78
1. Allgemeines	78
2. Politische, soziale, religiöse oder weltanschauliche Medien (Nr. 1)	79
a) Kein genereller Indizierungsausschluss	79
b) Genannte Medien im Einzelnen	80
3. Kunst, Wissenschaft, Forschung und Lehre (Nr. 2)	81
a) Verfassungsrechtliche Freiheitsrechte	81
b) Kunstvorbehalt	82
c) Wissenschafts- und Forschungsmedien	91
4. Öffentliches Interesse (Nr. 3)	92
a) Abwägungserfordernis	92
b) Anwendungsfälle	93
VII. Fälle geringer Bedeutung (Abs. 4)	94
1. Allgemeines	94
2. Kriterien zur Bestimmung „geringer Bedeutung"	95
a) Unerheblichkeit des Schweregrades der Jugendgefährdung	95
b) Berücksichtigung formaler Aspekte	97
VIII. Listenaufnahme bei strafgerichtlicher Entscheidung (Abs. 5)	98
1. Geltungsbereich	98
2. Erfasste strafgerichtliche Entscheidungen	99
IX. Indizierung von Telemedien bei KJM-Antrag (Abs. 6)	100
1. Antragsrechtliche Sonderstellung der KJM	100
a) Rechtliche Einordnung	100
b) Verfahren und praktische Bedeutung	101
2. Antragsrückweisungsgründe	102
a) Voraussetzungen	102
b) Verfahren und praktische Bedeutung	103
X. Streichung aus der Liste (Abs. 7)	104
1. Allgemeines	104
2. Wegfall der Indizierungsvoraussetzungen (Satz 1)	105
a) Wertewandel	105

b) Spruchpraxis der BPjM 106
c) „B"- und „D"-Indizierungen 107
d) Verfahren 110
3. Ablauf von 25 Jahren (Satz 2) 111
  a) Allgemeines 111
  b) Auswirkungen der Verjährung von gerichtlichen Entscheidungen 112
XI. Verhältnis zu anderen jugendschutzrechtlichen Bewertungen (Abs. 8) 119
  1. Anwendungsausschluss bei FSK-/USK-Kennzeichnung ... 119
  2. Indizierungssperre bei KJM-Bewertung (Satz 2) 120
    a) Geltungsbereich 120
    b) Einschränkungen bei Alt-Kennzeichnungen 121
  3. Berücksichtigung von Entscheidungen anerkannter Selbstkontrolleinrichtungen (Satz 3) 122

I. Allgemeines

1. Das Indizierungsprinzip

Das Kernstück (Löffler/Ricker, Kap. 60 Rn. 4) des gesetzlichen Jugendmedienschutzes bildet § 18 Abs. 1, der als Grundprinzip die Indizierung jugendgefährdender Medien, d.h. deren **Aufnahme in eine Liste konstituiert.** Mit der Bekanntmachung der Listenaufnahme gelten die Vertriebs- und Werbebeschränkungen des § 15 Abs. 1 (s. dort Rn. 7 ff.). Eine Teilindizierung hält das BVerwG in seinem Urteil vom 16. 12. 1971 (BVerwGE 39, 197 = NJW 1972, 596) allerdings – entgegen seiner früheren Ansicht (BVerwGE 27, 297) – für unzulässig. Verstöße gegen diese Verbote werden nicht nur bei Vorsatz, sondern auch bei **Fahrlässigkeit** mit Geldstrafe oder Freiheitsstrafe geahndet (§ 27 JuSchG), sodass Gewerbetreibende, insb. Händler der Sorgfaltspflicht regelmäßiger Information über die aktuellen Listenaufnahmen unterliegen. Die Vorschrift ist rechtliche Grundlage für das Handeln der Bundesprüfstelle für jugendgefährdende Medien (BPjM), §§ 17, 19 JuSchG. Das Gesetz schreibt in §§ 18, 21 ff. JuSchG ein **förmliches Verfahren** vor und weist der Vorsitzenden der BPjM die Aufgabe der Führung der Liste zu, § 24 JuSchG.

1

2. Indizierungspraxis

Im Jahr 2009 erfolgten auf Antrag, Anregung oder wegen Tätigwerdens von Amts wegen (vgl. § 21) insgesamt **702 Indizierungen**, von denen der Großteil Videos, **DVDs** und Laser-Discs im Bereich der Trägermedien (insg. 252) und **Internetangebote** (Telemedien) insg. 248) betrafen; daneben kommt **Tonträgern** mit insgesamt 132 erfolgten Indizierungen ebenfalls eine große praktische Bedeutung zu (vgl. BPjM-Jahresstatistik 2009, BPjM-aktuell 1/2010, 13 ff. = JMS-Report 2/2010, 10 ff.).

2

3. Normhistorie

a) Begriffsfassung der Jugendgefährdung durch das JuSchG. Nach der Generalklausel für die Aufnahme in die Liste jugendgefährdender Medien

3

gemäß Abs. 1 Satz 1 sind solche Inhalte zu indizieren, die „geeignet sind, die Entwicklung von Kindern oder Jugendlichen oder ihre Erziehung zu einer eigenverantwortlichen und gemeinschaftsfähigen Persönlichkeit zu gefährden". Damit goss der Gesetzgeber den vormals geltenden Indizierungstatbestand des § 1 Abs. 1 GjSM („Eignung zur sittlichen Gefährdung") terminologisch in eine neue Form. Allerdings soll hiermit **keine inhaltliche Änderung** der bisher geltenden Beurteilungskriterien einhergehen (BT-Drs. 14/9013, S. 25; BVerfG NVwZ-RR 2008, 29, 30; s.a. Hopf, 2004, S. 44 f., die zutr. die hiervon abweichende Meinung von Kreile/Diesbach, ZUM 2002, 849, 851 ablehnt). Auch die – mit Ausnahme der kriegsverherrlichenden Medien (hierzu § 15 Rn. 27 f.) – gegenüber § 1 Abs. 1 S. 2 GjSM unverändert gebliebene beispielhafte Aufzählung in § 18 Abs. 1 S. 2 spricht hierfür (i.Erg. ebenso Nikles u.a., Rn. 2; Ukrow, Rn. 265).

4   **b) Novellierungen nach Inkrafttreten des JuSchG.** Die in Abs. 2 Nrn. 2 und 4 sowie Abs. 5 genannten **Tatbestandsnormen des StGB** wurden geändert bzw. erweitert durch Gesetz v. 27. 12. 2003 (BGBl. I S. 3007) mit Wirkung vom 1. 4. 2004 sowie durch Gesetz v. 31. 10. 2008 (BGBl. I S. 2149) mit Wirkung v. 5. 11. 2008. Darüber hinaus wurden durch das **1. JuSchGÄndG** v. 24. 6. 2008 (BGBl. I S. 1075) mit Wirkung vom 1. 7. 2008 mit Abs. 1 S. 2 Nrn. 1 und 2 **neue Indizierungstatbestände** der „selbstzweckhaften Gewalthandlungen" (hierzu Rn. 43 ff.) sowie der „Nahelegung von Selbstjustiz" (hierzu Rn. 48 ff.) eingefügt.

II. Indizierung jugendgefährdender Medien (Abs. 1 S. 1)

1. Der allgemeine Begriff der Jugendgefährdung

5   **a) Bestimmtheit der Generalklausel.** Nach der Generalklausel für die Aufnahme in die Liste jugendgefährdender Medien gemäß § 18 Abs. 1 S. 1 JuSchG sind solche Inhalte zu indizieren, die „geeignet sind, die Entwicklung von Kindern oder Jugendlichen oder ihre Erziehung zu einer eigenverantwortlichen und gemeinschaftsfähigen Persönlichkeit zu gefährden". Das Merkmal der Eignung zur Kinder- und Jugendgefährdung ist als **„Blankettbegriff"** zu verstehen, dessen Konkretisierung der Bundesprüfstelle für jugendgefährdende Medien und den Gerichten überlassen ist. Die „erhebliche Unschärfe" (BVerfG NJW 1994, 1781, 1783) des Gesetzeswortlauts ergibt sich nahezu zwangsläufig aus dem Rückgriff auf sittliche, dem gesellschaftlichen Wandel unterworfene Normen. Indes sieht das BVerfG den Wortlaut als **hinreichend bestimmt** an, da „eine genauere begriffliche Umschreibung kaum möglich" erscheine (BVerfG aaO.). Zudem ergeben sich aus dem umfassenden Beispielskatalog nach Satz 2 zahlreiche Konkretisierungen.

6   **b) Orientierung an Verfassungswerten. aa) Herrschende Meinung.** Die Auslegung des Begriffs der Gefährdung von Kindern und Jugendlichen durch Medien in seiner Allgemeinheit wird durch Rspr. und Literatur kaum näher spezifiziert. Allerdings wird überwiegend davon ausgegangen, dass der Begriff im Kern auf Grundwerten der Verfassung beruhe, insb. auf **Art. 1 Abs. 1 GG** sowie **Art. 6 Abs. 2 GG** (BVerwGE 39, 197, 208; BVerfG NJW

1991, 1471, 1472; Monssen-Engberding, BPjM-aktuell 04/2009, 3; Nikles u.a., Rn. 4; Stumpf, 2009, S. 178 f.; Ukrow, Rn. 266; a. A. Löffler/Altenhain, Einl. Rn 30 f.). Soweit in BGHSt 8, 80, 83 (ebenso: VG Köln UFITA 48, 1966, S. 343, 347) die „christlich-abendländische Weltanschauung" miteinbezogen wird, steht dies im Widerspruch zum **Wertekonsens des Grundgesetzes**, insb. dem Toleranzgebot nach Art. 3 GG (a. A. E/R/W/ Landmann, Rn. 64; anders: Löffler/Altenhain, Einl. Rn 30 f.)

bb) Grundwerte der Verfassung. Teil der in Art. 1 Abs. 1 GG manifestierten staatlichen Pflicht zum Schutz der Menschenwürde ist es, „im Rahmen des Möglichen die äußeren Bedingungen für eine dem Menschenbild des Grundgesetzes entsprechende geistig-seelische Entwicklung der Kinder und Jugendlichen zu sichern" (BVerwG NJW 1987, 1429, 1430). Doch auch darüber hinausgehend sind sämtliche Verfassungswerte des Grundgesetzes in die Bewertung als Prüfausgangspunkt in dem Sinne mit einzubeziehen, dass eine Jugendgefährdung insb. dann anzunehmen ist, wenn Medien Kindern und Jugendlichen ein **Wertebild** vermitteln, welches mit den **zentralen Verfassungswerten in Widerspruch** steht und zu besorgen ist, dass die Medieninhalte Kinder und Jugendliche entsprechend hinsichtlich einer negativen Verschiebung des eigenen Wertebildes beeinflussen oder manipulieren können (s.a. Stumpf, 2009, S. 179). 7

cc) Ergänzende Orientierung an UN-Übereinkunft. Neben den Grundwerten der Verfassung kommen als Maßstab für eine Konkretisierung des unbestimmten Rechtsbegriffs der Jugendgefährdung die Bestimmungen der UN-Übereinkunft über die **Rechte des Kindes** v. 20. 11. 1989 (BGBl. II, 1992, S. 122 ff.) in Betracht (zustimmend Ukrow, Rn. 266 Fn. 25). Soweit es dort in der Präambel heißt, die Konvention sei in der Erwägung geschaffen worden, „daß das Kind umfassend auf ein individuelles Leben in der Gesellschaft vorbereitet und im Geist der in der Charta der Vereinten Nationen verkündeten Ideale und insb. im Geist des **Friedens**, der Würde, der **Toleranz**, der Freiheit, der **Gleichheit** und der **Solidarität** erzogen werden sollte", werden Eckpunkte einer nur in diesem Sinne richtig verstandenen „sittlich konformen" bzw. „sozial-ethischen" Entwicklung von Kindern und Jugendlichen benannt und zugleich eine Spezifizierung dessen vorgenommen, was unter einer Abweichung im Sinne einer „Begriffsverwirrung" bzw. „Desorientierung" (hierzu sogleich Rn. 9 ff.) zu verstehen ist. 8

c) Sozial-ethische Desorientierung. aa) Entwicklung in der Rspr. In diesem Sinne ist auch die frühe Rspr. des BVerwG zu interpretieren, nach der das Merkmal der Jugendgefährdung darin seine Grundlage finde, dass Kinder und Jugendliche noch keine festen Begriffe von ihrem Verhältnis zu Gemeinschaft, Rechts- und Sittenordnung gefunden haben, und Schriften (oder sonstige Medieninhalte), die von dem gemäß der gesellschaftlichen Werteordnung gezeichneten Bild abweichen, geeignet sein können, gleichsam eine „**sozialethische Begriffsverwirrung**" bei Minderjährigen hervorzurufen (BVerwGE 23, 104, 115; 25, 318, 320; 39, 197, 203, 205). Hiermit einhergehen dürfte der in der Rspr. zuweilen verwandte nebulöse Begriff der „**Gefahr der Fehlentwicklung**" (BVerfGE 30, 336, 347; BVerwGE 39, 9

JuSchG § 18 IV. Abschnitt. BPjM

197, 205), welcher auch in der jetzigen Fassung des Indizierungstatbestandes sinngemäß Eingang gefunden hat. Den Begriff der „sozialethischen Verwirrung" greift jüngst das BVerfG im Zusammenhang mit der Auslegung der Jugendgefährdung wieder auf (BVerfG NVwZ-RR 2008, 29, 30).

10 **bb) Spruchpraxis der BPjM.** Die BPjM (§ 17 Rn. 1 ff.) bringt dies in ständiger Spruchpraxis durch die Verwendung des Begriffs der „sozial-ethischen Desorientierung" zum Ausdruck, der auf dem der „Begriffsverwirrung" fußt [vgl. etwa BPjS-Entsch. Nr. 3512 v. 5. 9. 1985, S. 3; BPjS-Entsch. Nr. 4132 v. 6. 6. 1991, BPS-Report 4/1991, 40/41; BPjS-Entsch. v. 6. 11. 1997, JMS-Report 1/1998, S. 60; BPjS-Entsch. Nr. 5504 (V) v. 10. 2. 1999, S. 2, abgedr. bei Seim/Spiegel 1999, S. 101 f.; BPjS-Entsch. Nr. 5676 (V) v. 12. 11. 1999, S. 2; BPjS-Entsch. Nr. VA 6/99 v. 2. 12. 1999, S. 5]. Entscheidend für die weitere Bestimmung ist bei beiden Begriffen allein, was die Elemente einer **„sozial-ethischen" Grundrichtung** sind, von denen bei „desorientierender" bzw. „verwirrender" Einflussnahme auf Kinder und Jugendliche abgewichen wird (s. zu den Verfassungsgrundwerten oben Rn. 6 f.).

11 **cc) Zeitlicher Wandel gesellschaftlicher Anschauungen.** Die Anschauungen darüber, wo die „Reizschwelle" liegt, was jugendgefährdend wirkt und wie die Toleranzgrenze zu ziehen ist, sind dem Wandel unterworfen (vgl. BGHSt 23, 40, 42; BT-Drs. VI/3521, S. 60). Dies belegt auch § 18 Abs. 7 S. 2 (hierzu unten Rn. 111). Die Bundesprüfstelle darf an einer tiefgreifenden und nachhaltigen Änderung dieser Anschauungen nicht vorbeigehen, sofern der Wandel nicht lediglich vorübergehenden Charakter hat (BVerwGE 39, 197, 201; Anm. v.Bachof, JZ 1972, 208). Dabei unterliegt die Entscheidung, welche Träger- und Telemedien in die Liste jugendgefährdender Medien aufzunehmen sind, freilich den konkreten **Umständen des Einzelfalls**. Ein **Beurteilungsspielraum**, der die Indizierung der vollen Kontrolle durch die Gerichte entziehen könnte, steht der BPjM entgegen früherer Rspr. (BVerwGE 39, 197, 203 f., zuletzt BVerwGE 77, 75, 84 f.) nicht zu (BVerwG NJW 1993, 1491, 1492; BVerwG NJW 1997, 602; ausführl. hierzu oben § 17 Rn. 4 ff.).

12 **d) Anforderungen an die „Eignung" der Jugendgefährdung.** Die „Eignung" eines Mediums zur Kinder- und Jugendgefährdung im Sinne des Abs. 1 S. 1 ist bereits dann zu bejahen, wenn der **mutmaßliche Eintritt** einer Gefährdung zu besorgen ist (BVerwGE 39, 197, 198; Steindorf, § 1 GjSM Rn. 14; Liesching, JMS 2002, S. 112; enger noch BVerwGE 25, 318, 321) und **plausibel begründet** werden kann. Wird demgegenüber mit Blick auf das Polizeirecht gefordert, dass nur dann der Indizierungstatbestand erfüllt sein kann, wenn tatsächlich objektiv im Einzelfall von dem betreffenden Medium eine Gefahr droht (so Erbel, DVBl. 1973, 527, 528), kann dies angesichts des Wortlauts der Norm nicht überzeugen. Denn dann müsste es vielmehr heißen: „Träger und Telemedien, die die Entwicklung von Kindern und Jugendlichen (...) gefährden". Tatsächlich aber wird lediglich eine generelle „Eignung" hierzu gefordert (s. a. BayVGH, Urt. v. 23. 3. 2011 – 7 BV 09.2512).

13 Als geeignet zur Jugendgefährdung wird man ein Medium mithin schon dann ansehen können, wenn sein Inhalt oder die konkrete Art und Weise

der Darstellung von dem für die Entwicklung von Kindern und Jugendlichen maßgeblichen gesellschaftlichen Wertkonsens derart abweicht, dass auch eine dahingehend abweichende **Einflussnahme auf Minderjährige möglich** erscheint und nachvollziehbar begründet werden kann. Über die bloße Möglichkeit hinausgehend eine besondere Wahrscheinlichkeit für das Vorliegen einer sittlichen Gefährdung zu fordern, hieße zugleich, den – auch dem Gesetzgeber bekannten – Umstand zu leugnen, dass keine gesicherten **wissenschaftlichen Erkenntnisse** über eine von Schriften oder sonstigen Medien ausgehende Jugendgefährdung vorliegen (vgl. den Überblick zum aktuellen Forschungsstand bei Schäfer, 2008, insb. S. 88). Vielmehr kann lediglich davon ausgegangen werden, dass sich die Möglichkeit einer Gefährdung von Kindern und Jugendlichen durch Medien nicht ausschließen lässt (vgl. BVerwGE 39, 197, 200; BVerfGE 30, 336, 347; siehe auch Gödel, JSchutz BT § 1 Rn. 26 f.) und dies durch die Begründung des zur Entscheidung berufenen Gremiums plausibel gemacht werden kann. Freilich muss dann der Gefährdungsgrad im Sinne einer Abweichung vom allg. Wertkonsens von **erheblicher Intensität** sein, um die Weite des Indizierungstatbestandes zu begrenzen (vgl. BVerfG NJW 1994, 1781, 1783).

2. Gesamtbewertung

a) Abstellen auf Einzelbestandteile des Mediums. Nicht erforderlich 14 ist, dass das betreffende Medium in all seinen Bestandteilen einen jugendgefährdenden Charakter aufweist. Entscheidend ist allein, ob bei der **Gesamtbetrachtung** eines Träger- oder Telemediums der Eindruck der Jugendgefährdung für das mit der Entscheidung befasste Gremium zu bejahen ist, etwa weil einzelne Bestandteile des Mediums und/oder Einzelaussagen durch den übrigen Inhalt nicht relativiert werden. Entsprechend hat das BVerfG zutreffend angenommen, dass ein im Wege der Gesamtschau erzieltes Auslegungsergebnis nicht zu beanstanden ist, nachdem **nur etwa 10%** der auf den indizierten Musik-CD enthaltenen Texte ausdrücklich in die Bewertung einbezogen worden sind, soweit nicht erkennbar sei, dass die verbleibenden 90% Aussagen enthielten, die ein anderes Auslegungsergebnis nahe legten, der Rest der Texte also als „neutral" anzusehen sei (BVerfG NVwZ-RR 2008, 29, 20). Diese Grundsätze gelten nicht nur für die Bewertung von Musikalben, sondern z. B. auch für umfangreiche **Internetinhalte, Buchtexte** etc.

b) Berücksichtigung von Begleitumständen. Allerdings sind die 15 BPjM und die Gerichte befugt und gehalten, neben dem Wortlaut die gesamten Begleitumstände einer potentiell jugendgefährdenden Äußerung zu berücksichtigen. Dazu gehören neben dem Gesamtkontext, in dem der zu überprüfende Text steht, insb. auch der Adressatenkreis mit seinen Grundeinstellungen sowie sonstige Äußerungen des Autors oder Interpreten (VG Köln ZUM 2006, 501, 504; VG Köln NJOZ 2006, 3565, 3569).

3. Geschützter Personenkreis

a) h.M.: „Gefährdungsgeneigte" Minderjährige. aa) Abstrakter 16 **Auslegungsansatz.** Die wohl h. M. in der Rspr. und in der Literatur stellt

JuSchG § 18 IV. Abschnitt. BPjM

bei der Bewertung des Vorliegens einer Jugendgefährdung (oder einer Entwicklungsbeeinträchtigung, s. hierzu § 14 Rn. 11 ff.) nicht nur auf den Adressatenkreis des „durchschnittlichen Minderjährigen", sondern vielmehr auf den so genannten „**gefährdungsgeneigten** Minderjährigen" ab (BVerwGE 39, 137, 205 = NJW 1972, 596, 598; BGHSt 8, 80, 87 = NJW 55, 1287; BayVGH, Urt. v. 23. 3. 2011 – 7 BV 09.2512, MMR 6/2011 m. Anm. Liesching OLG Köln NVwZ 1994, 410, 412; OLG Düsseldorf NJW 1966, 1186; VG Berlin MMR 2009, 496, 500; VG München ZUM 2010, 615, 626; Bosch, 2006, S. 108 mwN.; Hopf/Braml, ZUM 2010, 211, 214; Mynarik, 2006, S. 79; unklar: Ukrow, einerseits „gefährdungsgeneigt" bei Rn. 267, andererseits ablehnend bei Rn. 366). Dieser Auslegung folgen auch die Prüfgrundsätze der FSK (§ 18 Abs. 2 Nr. 4 FSK-Prüfgrundsätze i.d.F. v. 1. 12. 2010) sowie die Jugendschutzrichtlinien der Landesmedienanstalten (Ziff. 3. 1.2. JuSchRiL). Lediglich „**Extremfälle**" sollen ausgenommen sein. Teilweise wird in der Literatur mit guten Gründen betont, es handele sich bei dem Auslegungskonstrukt des „gefährdungsgeneigten" Jugendlichen weitgehend um eine „**Fiktion**" (Löffler/Altenhain, Rn. 12).

17 **bb) Auslegungen der „Gefährdungsgeneigtheit" im Einzelnen.** Das VG München stellt zu einer Sendung über Schönheitsoperationen fest, dass „vor allem jüngere sowie formal **niedriger gebildete Jugendliche** – nicht über eine entsprechende Genre- und Format-Kompetenz verfügen und aufgrund thematischer Voreingenommenheit die Sendung mit besonderer Betroffenheit verfolgen" (VG München ZUM 2010, 615, 626). Das Gericht konkretisiert den Begriff der „Gefährdungsneigung" im konkreten Fall weiterhin auch am **sozialen Milieu** Jugendlicher.

18 Das VG Köln bestätigte die durch die BPjM vorgenommene Indizierung des Internetangebotes „www.babycaust.de" und macht insoweit auch Ausführungen zu dem Personenkreis der Jugendlichen, auf den die BPjM legitim abstellen kann. Insb. wird die Auslegung unter dem Aspekt der „Verrohung" bestätigt, dass die Anschauung grausam verstümmelten Föten bei „Jugendlichen, die zu einem **kalten und mitleidslosen Voyeurismus neigen**", diese Tendenz verstärken könne (VG Köln MMR 2008, 358, 360).

19 In anderem Kontext bestätigt das Gericht sogar eine Auslegung, welche hinsichtlich der Gefährdungsneigung eine **Differenzierung nach dem Geschlecht** der Minderjährigen vornimmt. Insb. sei die Auslegung der BPjM legitim, dass „die Internetseite insb. jugendliche Mädchen i.S.e. sozialethischen Desorientierung verunsichern" könne (VG Köln MMR 2008, 358, 360; bestätigt durch OVG Münster, Beschl. v. 17. 8. 2007 – 20 B 1068/07). Es liege insoweit nach Ansicht des VG Köln nahe, „dass es auf ein **jugendliches Mädchen** zutiefst verstörend wirken kann, wenn eine Handlungsweise, die sich innerhalb der Grenzen der Verfassung und der gesetzlichen Fristenlösung hält, die in langen und äußerst schwierigen Diskussionen im demokratischen Rechtsstaat gefunden wurde, derart bewertet und damit in Frage gestellt wird, dass man sich legitimerweise für eine Abtreibung entscheiden darf" (VG Köln MMR 2008, 358, 360 m. Anm. Liesching)

20 In einer Entscheidung zu der Fernsehserie „Sex and the City" stellt das Gericht ebenfalls auf die „schwächeren und **nicht so entwickelten Kinder**"

der jeweiligen Altersgruppe ab und will die mögliche Wirkung auf bereits gefährdungsgeneigte Kinder angemessen berücksichtigen. Gerade vor diesem Hintergrund rügt das Gericht, dass die entscheidende Jugendschutzstelle für eine Ausstrahlung im Tagesprogramm „hinsichtlich der verwendeten **Jugendsprache** nicht auf Zwölfjährige, sondern – auch – auf weit **jüngere Kinder**" (z. B. 6 bis 11 Jahre) abstellen hätte müssen (VG Berlin MMR 2009, 496, 500).

Zusammenfassend zeigt sich also, dass Gerichte den Auslegungsansatz des 21 „gefährdungsgeneigten Minderjährigen" **einzelfallorientiert** nach unterschiedlichen **Kategorien und Kriterien** weiter spezifizieren (z. B. Bildungsstand, Sozialmilieu, bereits vorhandene Neigung zu sozial-ethisch problematischen Einstellungen, Geschlechtszugehörigkeit, geringes Alter innerhalb einer gesetzlich definierten Altersgruppe). Hiermit einhergehen die **Kriterien der Kommission für Jugendmedienschutz** (KJM), welche eine Berücksichtigung „rezipientenspezifischer Wirkungsfaktoren" voraussetzen und ebenfalls auf den sozialen Kontext und das Geschlecht abstellen (KJM-Kriterien, Version v. 4. 6. 2009, S. 5; ebenso Hopf/Braml, ZUM 2010, 211, 215).

b) Teil des Schrifttums: „Durchschnittliche" Minderjährige. Eine 22 jüngst wieder im Vordringen befindliche Ansicht in Rspr. und Literatur will demgegenüber die Bewertung einer Eignung zur Jugendgefährdung bzw. zur Entwicklungsbeeinträchtigung auf den „durchschnittlichen Minderjährigen" abstellen (vgl. VG München ZUM 2005, 252, 254 m. Anm. Liesching, ZUM 2005, 224 ff.; Sp/Sch/Erdemir, § 5 JMStV Rn. 8; Stumpf, 2009, S. 161 ff.; aus der älteren Rspr. und Lit.: BVerwGE 25, 318, 321 ff.; 27, 21, 27; 28, 223, 228; Bauer, JZ 1965, 42; Erbel, DVBl. 1973, 530; Schraut, 1993, S. 74). Eine Berücksichtigung auch der „gefährdungsgeneigten" Jugendlichen komme hingegen nicht in Betracht, da andernfalls der Jugendschutz Gefahr liefe, **verfassungsrechtlich verbürgte Freiheitsrechte** wie „das Informationsrecht des durchschnittlich entwickelten Minderjährigen – bis über die Grenze der **Verhältnismäßigkeit** hinaus zu beschränken" (Sp/Sch/Erdemir, § 5 JMStV Rn. 8; Stumpf, 2009, S. 162).

c) Einzelmeinung: Vermittelnde Lösung. Aus einem interdisziplinä- 23 ren Ansatz heraus wird auch vertreten, dass bei der Bewertung von Inhalten i. S. d. § 5 JMStV grundsätzlich vom durchschnittlichen, nicht gefährdungsgeneigten Jugendlichen auszugehen ist. Wenn sich indes „anhand objektivierbarer Kriterien und Angebotseigenschaften (v.a. Inhalt, Darstellungsform, Ansprache, Zielgruppe und Nutzerschaft) ableiten" lasse, dass eine **Risikogruppe** gefährdungsgeneigter Jugendlicher das Angebot „vermeintlich **überdurchschnittlich**" nutze, sei der gefährdungsgeneigte Jugendliche als Referenztyp für die Bewertung heranzuziehen (Hackenberg/Hajok/Humberg/Pathe, BPjM-aktuell 01/2010, S. 3 ff.; dies., tv-diskurs 02/2010, S. 58 ff.; dies., JMS-Report 06/2009, S. 2 ff.).

Ist dieser differenzierende Ansatz auch im Grundsatz einerseits erwägens- 24 wert, da er realen Gegebenheiten der konkreten Mediennutzung Rechnung tragen will, so ist anderseits fraglich, ob dieses differenzierende Modell einer rechtssicheren und konsistenten Anwendung in der **Praxis** eher zuführbar ist als die bestehenden Auslegungsansätze. Sowohl unter diesem Aspekt der Praktikabilität als auch mit Blick auf die bisherige anderslautende Rspr. ist der vermittelnde Lösungsansatz daher auch auf **Kritik** gestoßen (vgl. Hönge, tv-diskurs 2/2010, 63; Weigand, tv-diskurs 2/2010, 64).

25 **d) Konsequenzen für die Bewertung.** Das BVerwG hat überzeugend ausgeführt, dass sich die „Vorstellung, dass bei der Anwendung des Begriffs der Eignung zur Jugendgefährdung nur eine richtige Lösung möglich sei", als **„Fiktion"** erweise (BVerwG NJW 1972, 596, 597). Von der Sache her seien mehrere Lösungen, sei eine „Bandbreite der Entscheidungsmöglichkeiten" denkbar, die das Recht **in gleicher Weise als vertretbar** ansehen kann (BVerwG aaO. unter Verweis auf Redeker, DÖV 1971, 757, 762). Ebenso ist mit einem Teil der Kommentarliteratur davon auszugehen, dass auch die Bewertungsmaßstäbe des Abstellens auf einen idealtypischen „durchschnittlichen Minderjährigen" bzw. auf einen „gefährdungsgeneigten Minderjährigen" in gewisser Weise eine Fiktion bleibt (Löffler/Altenhain, Rn. 12), welche nur zum Teil desavouieren kann, dass letztlich die Angehörigen der jeweils berufenen Entscheidungsgremien nach ihrer **persönlichen Fachexpertise** sich ein Bild über die grundsätzliche „Eignung" eines bestimmten Medieninhaltes zur Gefährdung oder Beeinträchtigung von Kindern und Jugendlichen machen. Dabei liegt die Vermutung nicht ganz fern, dass die Frage nach dem „Durchschnitt" oder der „Gefährdungsgeneigtheit" in erster Linie nur das **Begründungsinstrumentarium** prägt, mit dem das Gremium seine Entscheidung zu einer „vertretbaren" im Sinne der Diktion des BVerwG macht, hingegen nicht die Entscheidung selbst maßgeblich beeinflusst.

26 Ungeachtet dessen erscheint die **h.M.**, welche bei der Bewertung auf den „gefährdungsgeneigten Minderjährigen" abstellt, **vorzugswürdig**, da nur sie hinreichend offen für einen effektiven Jugendschutz gerade der Gruppen von Kindern und Jugendlichen ist, die schlechtere Ausgangsbedingungen haben und nicht in der Weise im Flankenschutz elterlicher Erziehung stehen, wie möglicherweise diejenigen eines idealtypischen bürgerlichen Familienhaushaltes. Die **verfassungsrechtlichen Einwände** der Gegenansicht erscheinen demgegenüber **nicht durchgreifend**, da bereits der Gesetzgeber durch zahlreiche Regelungen den Belangen der Medien- und Informationsfreiheit Rechnung getragen hat (s. insb. Abs. 3 u. 4) und zudem Entscheidungsgremien wie die der BPjM stets gehalten sind, in eine Abwägung der Jugendschutzbelange mit den verfassungsrechtlich verbürgten Freiheiten, insb. der **Meinungsäußerungsfreiheit**, der Informations- und der Kunstfreiheit zu treten (vgl. z. B. zur Meinungsäußerungsfreiheit bei potentiell jugendgefährdenden Aussagen: BVerfG NJW 1994, 1781 ff.; zur Abwägung mit der Kunstfreiheit: BVerfG NJW 1991, 1471 ff.; BVerwG NJW 1997, 602 f.).

III. Explizite Beispiele jugendgefährdender Medien (Abs. 1 S. 2)

1. Allgemeines

27 Abs. 1 Satz 2 konkretisiert in einem Beispielskatalog den Begriff der Eignung zur Gefährdung von Kindern und Jugendlichen i. S. d. Satz 1 dahingehend, dass darunter vor allem „unsittliche, verrohend wirkende, zu Gewalttä-

tigkeit, Verbrechen oder Rassenhass anreizende" Medien zu fassen sind. Die Beispiele sind, wie sich aus den ihnen vorangestellten Worten „Dazu zählen vor allem" ergibt, **nicht erschöpfend** (vgl. BVerwGE 23, 112, 114). Satz 2 enthält außer dem Beispielskatalog mit Interpretationscharakter noch eine **Beweislastregel**. Er stellt eine **widerlegbare Vermutung** für das Vorliegen der Jugendgefährdung dar, wenn einer seiner Voraussetzungen erfüllt ist (BVerwGE 23, 112, bestätigt durch 25, 318; ebenso Ukrow, Rn. 275). Durch das **1. JuSchGÄndG** v. 24. 6. 2008 (BGBl. I S. 1075) mit Wirkung vom 1. 7. 2008 wurden mit Abs. 1 S. 2 Nrn. 1 und 2 **neue Indizierungstatbestände** der „selbstzweckhaften Gewalthandlungen" (hierzu Rn. 43 ff.) sowie der „Nahelegung von Selbstjustiz" (hierzu Rn. 48 ff.) eingefügt.

2. Unsittliche Medien

a) Bewertung nach dem „Scham- und Sittlichkeitsgefühl". Als 28 unsittliche Medien sind nach allgemeiner Meinung nur solche mit **sexuellerotographischem Inhalt** zu verstehen (BVerwGE 23, 112; Nikles u.a., Rn. 5; Stumpf, 2009, S. 179; Ukrow, Rn. 276; i.Erg. auch Löffler/Altenhain, Rn 15). Unsittlich sind nach der Rspr. und h.M. Medien, die nach Inhalt und Ausdruck objektiv geeignet sind, in sexueller Hinsicht das **Scham- und Sittlichkeitsgefühl gröblich** zu **verletzen** (BVerwGE 25, 318, 320; Ukrow, Rn. 276; s.a. OVG Münster, Urt. v. 5. 12. 2003 – 20 A 5599/98: „gesellschaftlich anerkannte sittliche Normen"). Allerdings wird zutreffend darauf hingewiesen, dass es sich letztlich um eine „**Leerformel**" handele, zumal eine sich stetig wandelnde Akzeptanz erotischer Darstellungen in der Gesellschaft – auch in Folge medienbedingter Reizüberflutung – zu verzeichnen sei (Löffler/Altenahain, Rn. 16).

b) Voraussetzungen. aa) Sexuelle Inhalte unterhalb der Pornogra- 29 **phieschwelle.** Da pornographische Medien durch § 15 Abs. 2 Nr. 1 ausdrücklich zu den schwer jugendgefährdenden Medien gerechnet werden, können rechtssystematisch unsittlich nur solche Inhalte sein, die **unterhalb** dieser Schwelle liegen (a. A. wohl Stumpf, 2009, S. 183 Fn. 456). Damit unvereinbar ist die Einschätzung des historischen Gesetzgebers, der am Scham- und Sittlichkeitsgefühl orientierte Begriff der „unzüchtigen Schriften" sei im Wesentlichen **inhaltsgleich** mit dem Pornographiebegriff des neuen § 184 StGB (vgl. BT-Drs. VI/3521, S. 60; VI/1553 S. 33).

Abbildungen oder **Darstellungen nackter Personen** können nach allg. 30 Meinung für sich allein eine Aufnahme in die Liste nicht rechtfertigen. Eine Indizierung setzt vielmehr voraus, dass **weitere Umstände** hinzukommen, aus denen sich eine Eignung zur sittlichen Jugendgefährdung herleiten lässt (BVerwG, Urt. v. 16. 12. 1971 – IC 41, 69). Dies ist dann der Fall, wenn Medien auf der Darstellungsebene das Moment des grob Aufdringlichen, Anreißerischen zwar fehlt, gleichwohl auf eine Steigerung sexuellen Lustgefühls unter Ausklammerung aller menschlichen Bezüge abzielen und dadurch eine der Pornographie artverwandte Inhalts- und Botschaftsebene bewirken (vgl. BPjS-Entsch. vom 6.11.97 in BAnz. vom 29.11.97 = JMS-Report 1/1998, S. 60, 61; wie hier: Ukrow, Rn. 276; wohl auch OVG Münster, Urt. v. 5. 12. 2003 – 20 A 5599/98).

31   **bb) Vermitteltes Bild von Sexualität.** Das OVG Münster hatte insoweit im Urteil vom 5. 12. 2003 (- 20 A 5599/98) mit der Rechtmäßigkeit der Indizierung einer Bilder-CD ROM mit „wenig bis unbekleideten Männern und Frauen in erotischen Spiel- und Animationsszenen, in denen teilweise sexuelle Handlungen simuliert oder angedeutet werden" zu befassen. Insoweit führt das Gericht grundsätzlich aus, dass **Kinder und Jugendliche** ihre **Sexualität entwickeln** müssen. Da sie dabei auf Orientierungspunkte zurückgreifen und somit durch äußere Einflüsse steuerbar sind, könne „all jenen Medien eine jugendgefährdende Wirkung zuzusprechen sein, deren Inhalt gesellschaftlich anerkannten sittlichen Normen eklatant zuwiderläuft". Insoweit suggeriere das indizierte Medium ein „Bild der **Ausschließlichkeit**, Selbstverständlichkeit sowie **Problem- und Bedenkenlosigkeit rascher sexueller Kontakte**, unter Wahrnehmung des anderen nur in dessen sexuellen Bezügen, mithin frei von einer Einbindung in die Person als ganze erfassende komplexere Sozialbeziehungen" (OVG Münster, Urt. v. 05. 12. 2003 – 20 A 5599/98).

32   **c) Einzelfälle.** In der Rspr. und Rechtsliteratur werden als weitere Fälle „unsittlicher Medien" – zumeist unter Rückgriff auf die Spruchpraxis der BPjM folgende Konstellationen genannt: Medien, die die Verbindung von **Sexualität und Gewalt** als für Täter und Opfer vorteilhaft darstellen (z. B. positive Akzentuierung von Vergewaltigungen) (Löffler/Altenhain, Rn. 18); die Darstellung **inzestiöser** oder **pädophiler sexueller Kontakte** als normal oder üblich (Löffler/Altenhain, Rn. 18 unter Verweis auf BVerwGE 39, 197, 206); Medieninhalte, die Menschen auf entwürdigende Art als **sexuell willfährige Objekte** degradieren (Löffler/Altenhain, Rn. 18); Medieninhalte, die das Leben grob anreißerisch auf Sex als alleinigen Lebensinhalt zentrieren (Stumpf, 2009, S. 184 unter Verweis auf umfangreiche Spruchpraxis der BPjM); die Vermittlung eines Bildes der Ausschließlichkeit, Selbstverständlichkeit sowie **Problem- und Bedenkenlosigkeit rascher sexueller Kontakte** (OVG Münster, Urt. v. 05. 12. 2003 - 20 A 5599/98); Medieninhalte, welche die Behandlung von Frauen als jederzeit frei verfügbare Sexualobjekte – z. B. als deren Vorstellung entsprechend – oder auch in sonstiger Weise zeigen (VG Köln, Urt. v. 16. 11. 2007 – 27 K 3012/06); Medieninhalte, die **diskriminierende Sexualpraktiken** anpreisen oder sadistische Vorgehensweisen als Lust steigernd propagieren (Löffler/Altenhain, Rn. 18); nach umstrittener Literaturansicht die „Verherrlichung oder Verharmlosung der Prostitution oder Promiskuität" (Ukrow, Rn. 276; s.a. BPjS-Entsch. Nr. 4018 v. 8. 2. 1990, BPS-Report 2/1991, S. 47, 49; BayObLG AfP 1976, 128, 129; a. A. Scholz/Liesching, Rn. 13); die Verbindung von Sexualität mit **Angst** oder **Ekel** (OVG Münster BPS-Report 03/1982, S. 20; Ukrow, Rn. 276).

3. Verrohend wirkende Medien

33   **a) Voraussetzungen.** Unter Verrohung wird im Allgemeinen die **Desensibilisierung** von Kindern und Jugendlichen im Hinblick auf die im Rahmen des gesellschaftlichen Zusammenlebens gezogenen Grenzen der Rücksichtnahme und der Achtung anderer Individuen verstanden, die in dem

Außerachtlassen angemessener Mittel der zwischenmenschlichen Auseinandersetzung ihren Ausdruck findet (Scholz/Liesching, Rn. 16; ebenso Ukrow, Rn. 277; vgl. auch BT-Drs. II/3565, S. 2). Verrohend wirken nach der Rspr. mithin Medien, wenn sie geeignet sind, bei Kindern und Jugendlichen negative Charaktereigenschaften wie **Sadismus** und Gewalttätigkeit, **Gefühllosigkeit** gegenüber anderen, Hinterlist und gemeine Schadenfreude zu wecken oder zu **fördern** (VG Köln MMR 2010, 578). Dem liegt die gesetzgeberische Intention zugrunde, Kinder und Jugendliche vor der Preisgabe jeglicher mitmenschlicher Solidarität zu bewahren (Löffler/Altenhain, Rn. 19; Ukrow, Rn. 277). Gemeint ist insoweit also nicht der Anreiz zur Begehung von Gewalttaten, sondern die **gleichgültige oder positive Einstellung** zum Leiden Dritter als eine dem verfassungsrechtlichen Wertebild entgegengesetzte Anschauung. Insoweit wird allerdings zutreffend darauf hingewiesen, dass nicht jede Darstellung rücksichtslosen Verhaltens ausreicht (Löffler/Altenhain, Rn. 19).

b) Spruchpraxis der BPjM. aa) Allg. Grundsätze. Die Bundesprüfstelle (§ 17 Rn. 1 ff.) wendet bei ihren Indizierungsentscheidungen im Wesentlichen die genannten Kriterien an. Nach der Spruchpraxis der BPjM haben im Allgemeinen Medieninhalte insb. dann eine verrohende (und zu Gewalt anreizende Wirkung), wenn **Gewalt- und Tötungshandlungen** das mediale **Geschehen insgesamt prägen**, wobei der Kontext zu berücksichtigen ist; wenn Gewalt legitimiert oder **gerechtfertigt** wird; wenn Gewalt und ihre Folgen **verharmlost** werden; wenn die Gewaltdarstellungen einen **Realitätsbezug** aufweisen [vgl. BPjM-Entsch. Nr. 5512 (V) v. 09. 01. 2010, S. 10 f. – „Gutterballs"]. 34

bb) Computerspiele. Gewalt beinhaltende **Computerspiele** hat die BPjM vor allem dann als jugendgefährdend eingestuft, wenn der Hauptinhalt des Spieles darin besteht, Menschen oder menschenähnliche Gegner auf unterschiedliche Art und Weise zu töten. Hingegen wurden Computerspiele regelmäßig dann **nicht indiziert**, wenn der Hauptinhalt des Spiels gerade nicht einzig aus der Aufforderung besteht, Menschen oder menschenähnliche Gegner zu töten, sondern wenn das Computerspiel noch andere wesentliche Elemente enthält" (BPjM-Entsch. Nr. 5367 v. 05. 01. 2006, S. 10 f. – „God of War"). 35

c) Einzelfälle. In der Rspr. und Rechtsliteratur werden als Fälle „verrohender Medien" – zumeist unter Rückgriff auf die Spruchpraxis der BPjM insb. folgende Konstellationen genannt: Die auf einer Homepage präsentierten **drastischen Abbildungen abgetöteter Föten** im Falle voyeuristischer Tendenz und plakativer Darstellung; das OVG Münster geht insoweit davon aus, dass dadurch Jugendliche „im Sinne einer Verrohung und Abstumpfung negativ beeinflusst werden könnten" (OVG Münster, Beschl. v. 17. 8. 2007 – 20 B 1068/07 – „babycaust.de"); die wahllose Zusammenstellung eines „Horrorkabinetts" entstellter **menschlicher Leichname**, die zur visuellen Ausschlachtung anreizen (OVG Münster aaO.); als „verrohend wirkende Gewaltanwendungen" wurden Szenen in einem Wahlwerbespot angesehen, in denen ein Akteur mit einem Messer auf eine verschlossene, prall gefüllte 36

Plastiktüte einsticht, ein Computer mit einer Axt zerkleinert wird und Akteure sich gegenseitig mit Bierdosen auf die Köpfe schlagen (OVG Koblenz ZUM-RD 2006, 265, 266); Gewaltdarstellungen enthalten, die **Brutalität fördern** bzw. ihr entschuldigend das Wort reden und Gewalttaten unter Ausblendung, Verharmlosung oder **Verhöhnung** (Schadenfreude) des **Leidens der Opfer** darstellen (Löffler/Altenhain, Rn. 20; Nikles u.a., Rn. 5); der spielerische Einsatz von **Massenvernichtungswaffen** (Löffler/Altenhain, Rn. 20 unter Verweis auf BPjM, BPjM-aktuell 2/2003, 8, 9, welche freilich in erster Linie einer Indizierung wegen „Kriegsverherrlichung" zum Gegenstand hatte); **Tötungsorgien** mit entsetzlichen Schmerzensschreien, wobei insoweit kein besonderer Nachahmungsanreiz von der Darstellung auszugehen brauche (Stumpf, 2009, S. 184 f. unter Verweis auf BPjM-Entsch. Nr. 6955 (V) v. 09. 05. 2005, S. 3); Gewaltanwendung, welche durch aufwändige Inszenierung **ästhetisiert** wird; ebenso **zynische** oder vermeintlich komische **Kommentierungen** von Verletzungs- und Tötungsvorgängen (Löffler/Altenhain, Rn. 20; Stumpf, 2009, S. 185; die unverhältnismäßige Glorifizierung des Todes für das „Vaterland", wenn diese im Zusammenhang mit Gewalt gegen Dritte steht (Stumpf, 2009, S. 185 unter Verweis auf BPjM-Entsch. Nr. 5195 v. 07. 08. 2003 – „Standarte", S. 8).

4. Zu Gewalttätigkeit anreizende Medien

37 **a) Allgemeines u. Abgrenzung zur Verrohung.** Die zu Gewalttätigkeit anreizenden Medien stehen in engem Zusammenhang mit den verrohend wirkenden Schriften. Während jedoch die durch Schriften hervorgerufene „Verrohung" in einer Grundhaltung der Jugendlichen Niederschlag findet, die der Gesetzgeber mit den Begriffen Sadismus, Gewalttätigkeit, Hinterlist und gemeiner Schadenfreude (BT-Drs. II/3565, S. 4) definiert hat und somit gleichsam auf die „innere" Charakterformung abgestellt wird, zielt der Begriff der zu Gewalttätigkeit anreizenden Medien auf die **„äußere" Verhaltensweise** von Kindern und Jugendlichen ab [vgl. BPjM-Entsch. Nr. 5512 (V) v. 09. 01. 20100, S. 10 f. – „Gutterballs"; wie hier: Ukrow, Rn. 280]. Allein hier soll möglichen **Nachahmungseffekten** bei Kindern und Jugendlichen entgegengewirkt werden, welche Gefahr laufen, „in den die Phantasie aufreizenden Bildern die Wiedergabe wirklicher Geschehnisse zu sehen und sich, teilweise sogar in einer unmittelbare Tatstimmung erzeugenden Weise weit mehr beeindrucken zu lassen als erwachsene Menschen" (BGHSt 8, 80, 85).

38 **b) Begriff der Gewalttätigkeit und des Anreizens.** Unter dem Begriff der Gewalttätigkeit ist – wie bei § 131 StGB (siehe dort Rn. 4) ein **aggressives, aktives Tun** zu verstehen, durch das unter Einsatz oder Ingangsetzen physischer Kraft unmittelbar oder mittelbar auf den Körper eines Menschen in einer dessen leibliche oder seelische Unversehrtheit beeinträchtigenden oder konkret gefährdenden Weise eingewirkt wird. Eine Schilderung ist dabei anreizend, wenn sie die Ausübung von Gewalt als **nachahmenswert** darstellt. Es soll mithin einer unmittelbare Tatstimmung erzeugenden Wirkung entgegengewirkt werden [vgl. BPjM-Entsch. Nr. 5512 (V) v. 09. 01. 20100, S. 10 f. – „Gutterballs"].

5. Zu Verbrechen anreizende Medien

Zu Verbrechen anreizende Medien sind vor allem solche Darstellungen, **39** die geeignet sind, in Jugendlichen eine Verwirrung der Begriffe von **Recht und Unrecht** herbeizuführen (ebenso Nikles u.a., Rn. 5; Stumpf, 2009, S. 187; Ukrow, Rn. 283). Die detaillierte Schilderung von Verbrechen (führt dann zu sozialethischer Desorientierung bei Jugendlichen, wenn der Unwert- bzw. Unrechtsgehalt der kriminellen Handlungen nicht hinreichend ersichtlich ist und der Darstellung dadurch eine insgesamt gegenüber Verbrechen **bejahende Tendenz** verliehen wird. Entscheidend ist somit nicht, ob der Darstellung die Gefahr der Nachahmung durch Jugendliche innewohnt, sondern vielmehr, ob bei jugendlichen Rezipienten objektiv die Möglichkeit gegeben ist, die verfassungsmäßige und durch das Strafrecht konkretisierte Missbilligung von Verbrechen durch die Schrift in Frage zu stellen. Erfasst werden nach zutreffender h.M. nur Verbrechen i. S. d. § 12 StGB, hingegen **nicht bloße Vergehen** (Nikles u.a., Rn. 5; Stumpf, 2009, S. 187; a. A. Ukrow, Rn. 283; unklar: Löffler/Altenhain, Rn. 25).

6. Zum Rassenhass anreizende Medien

a) Voraussetzungen. Dies sind solche, die geeignet sind, eine gesteigerte, **40** über die bloße Ablehnung oder Verachtung hinausgehende **feindselige Haltung** gegen eine durch ihre Nationalität, Religion oder ihr Volkstum bestimmte Gruppe zu **erzeugen** (BGHSt 21, 372; 40, 102; OLG Frankfurt NJW 1995, 143), welche zugleich bei Kindern und Jugendlichen einen „geistigen Nährboden für die Bereitschaft zu Exzessen" gegenüber diesen Gruppen schafft (ebenso: Nikles u.a., Rn. 5; Stumpf, 2009, S. 187 f.; Ukrow, Rn. 284). Erfasst werden vornehmlich solche Medieninhalte, die antisemitische Hetze betreiben (BayObLG MDR 1990, 941; vgl. auch OLG Hamm NStZ 1981, 262; OLG Schleswig MDR 1978, 333, weitere Nw. bei Ukrow, Rn. 284).

b) Abgrenzung zu religionskritischen Medien. Im Bezug auf das Kin- **41** derbuch „Wo bitte geht's zu Gott? – fragte das kleine Ferkel", das sich extrem kritisch mit Fragen der Religionsausübung und Religionsgläubigkeit u.a. im Bezug auf das Christentum und das Judentum auseinandersetzt, verneinte die BPjM das Vorliegen eines Indizierungsgrundes (vgl. BPjM-Entsch. Nr. 5552 vom 6. 3. 2008 – „Wo bitte geht's zu Gott?"; siehe in diesem Kontext auch schon BPjS-Entsch. Nr. 4505 vom 01. 06. 1995 – „Es ist ein … Maria"). Die BPjM verneinte das Vorliegen eines „zum Rassenhass anreizenden" Mediums, da das Kinderbuch nicht dazu geeignet sei, eine über die bloße Ablehnung oder **Verachtung hinausgehende feindselige Haltung** gegenüber Angehörigen des jüdischen Glaubens zu erzeugen. In der Gesamtbetrachtung vermittele der Inhalt des Buches im Kern lediglich „eine **agnostische Weltanschauung**, indem letztlich die philosophische Ansicht vermittelt werden soll, dass die Existenz oder Nichtexistenz eines höheren Wesens wie beispielsweise eines Gottes entweder ungeklärt, grundsätzlich nicht zu klären oder für das Leben irrelevant" sei (BPjM-Entsch. aaO.).

JuSchG § 18   IV. Abschnitt. BPjM

42   **c) Einzelfälle.** In der Lit. wird als Beispiel die Behauptung genannt, „die **Juden** betrieben als Urheber der »Vernichtungslegende« die politische Unterdrückung und **finanzielle Ausbeutung** des deutschen Volkes (Löffler/Altenhain, Rn. 28 unter Verweis auf BGHSt 31, 226, 231 f.; BGH NStZ 1981, 258). Unter Verweis auf die ständige Spruchpraxis der BPjM wird auch die „generelle **feindselige Diskreditierung**" von Nicht-Weißen, Afrikanern, Asiaten oder Ausländern im Allgemeinen angeführt, hingegen auch auf die Spruchpraxis hingewiesen, dass eine Tatbestandsmäßigkeit bei der bloßen Nennung von Termini wie „**Neger**" oder „Nigger" noch nicht per se anzunehmen sei (Stumpf, 2009, S. 188 mit zahlr. Nachweisen zur Spruchpraxis der BPjM).

7. Selbstzweckhafte Gewalthandlungen wie Mord- und Metzelszenen (S. 2 Nr. 1)

43   **a) Allgemeines.** Der Tatbestand der „selbstzweckhaften und detaillierten Darstellung von Gewalthandlungen wie Mord- und Metzelszenen" nach § 18 Abs. 1 S. 2 Nr. 1 JuSchG wurde durch das **1. JuSchGÄndG** vom 24. Juni 2008 (BGBl. I, 1075) eingeführt.

44   **b) Darstellung von „Gewalthandlungen".** Die genannten „Mord- und Metzelszenen" sind lediglich als Beispiele dargestellter „Gewalthandlungen" einzuordnen, wie sich insb. aus dem Terminus „etwa" ergibt. Daraus lässt sich ableiten, dass lediglich **drastische Darstellungen** und nicht jede auch noch so unbedeutende Gewalthandlung erfasst sein soll. Dies gilt umso mehr, wenn man sich die bisherige Spruchpraxis der Bundesprüfstelle für jugendgefährdende Medien (BPjM) verdeutlicht, die im genannten Zusammenhang sogar von Gewalthandlungen, „insbesondere" Mord- und Metzelszenen ausgeht [vgl. z. B. BPjM Entsch.-Nr. 8408 (V) v. 10. 9. 2008 – „John Rambo Uncut"; BPjM Entsch.-Nr. 8049 (V) v. 06. 02. 2008 – „Hostel 2 – Extended Version"]. Auch die in Indizierungsentscheidungen genannten Fälle einschlägiger Darstellungen wie „blutende Wunden" und „zerberstende Körper" deuten auf eine entsprechend erforderliche Intensität dargestellter Gewalthandlungen hin. Erfasst werden mithin nur Schilderungen von Gewalttätigkeiten, die mit **erheblichen Verletzungen der Gewaltopfer** (z. B. Tod, Verstümmelung) einhergehen (BMFSFJ-Broschüre/Liesching, 2008, 58).

45   **c) Selbstzweckhafte und detaillierte Darstellung. aa) Voraussetzungen.** Hinsichtlich des Merkmals der Selbstzweckhaftigkeit kann auf obige Auslegung zu § 15 Abs. 2 Nr. 3a verwiesen werden (siehe dort Rn. 71 ff.). Für das Merkmal „detailliert" ist maßgeblich, dass die jeweilige Gewalthandlung in allen Einzelheiten **minutiös anschaulich** gemacht wird. Als stilistische Elemente einer detaillierten Darstellung kommen insoweit in erster Linie eine fokussierte Visualisierung der Gewaltausübung durch **Nahaufnahmen** sowie optische Effekte wie eine Bildfolgenverlangsamung (**Zeitlupe**) in Betracht, welche dem Zuschauer / Nutzer die Möglichkeit der genauen Kenntnisnahme von Einzelheiten der Gewaltdarstellung in der Regel erst ermöglichen. Auch eine entsprechende akustisch deutliche Untermalung der Szenerie (z. B. mit **Todesschreien**, schmatzende Geräusche durch das Schla-

gen tiefer Wunden; lautes Knacken beim Bersten von Knochen etc.) kann zum Gesamteindruck einer detaillierten Darstellung beitragen.

bb) Spruchpraxis der BPjM. Diese Auslegung deckt sich weithin mit 46 der Spruchpraxis der Bundesprüfstelle für jugendgefährdende Medien (BPjM), welche vor allem darauf abstellt, dass „Gewalt **deutlich visualisiert** bzw. akustisch untermalt wird (blutende Wunden, zerberstende Körper, Todesschreie, zynische Kommentierung)", „**in epischer Breite** dargeboten" bzw. „die Verletzungshandlung und die Opfer vielfach in Nahaufnahme im Bild" gezeigt werden [vgl. BPjM Entsch.-Nr. 8408 (V) v. 10. 9. 2008 – „John Rambo Uncut"; BPjM Entsch.-Nr. 8049 (V) v. 06. 02. 2008 – „Hostel 2 – Extended Version"; BPjM Entsch.-Nr. 5628 v. 12. 3. 2009 – „A Gun for Jennifer"].

cc) Keine hinreichende Detailliertheit. Im Umkehrschluss wird indes 47 eine detaillierte Darstellung von Gewalthandlungen eher zu verneinen sein, wenn die Ausübung von Gewalt nur **verkürzt dargestellt** und auf eine deutliche Visualisierung von Einzelheiten verzichtet wird. Bewendet es insoweit bei Kameraperspektiven aus der Totalen, welche das **Gesamtgeschehen** darstellen, ohne jedoch die jeweilige Gewalttätigkeit zu fokussieren, kann von einer detaillierten Wiedergabe gerade der Gewalthandlung in der Regel eher nicht die Rede sein. Auch die – wenngleich minutiöse – Veranschaulichung lediglich der **Gewaltfolgen** (erschlagene Opfer, zerfetzte Körper) genügen nicht, da sich die Detailliertheit der Darstellung nach dem Wortlaut gerade auf die Gewalt„handlung" beziehen muss.

8. Nahelegung von Selbstjustiz (S. 2 Nr. 2)

a) Allgemeines zum Begriff der Selbstjustiz. Auch der Tatbestand der 48 Nahelegung von Selbstjustiz „als einzig bewährtes Mittel zur Durchsetzung der vermeintlichen Gerechtigkeit" nach § 18 Abs. 1 S. 2 Nr. 2 wurde durch das **1. JuSchGÄndG** vom 24. Juni 2008 (BGBl. I, 1075) eingeführt. Nach seinem Wortsinn bezeichnet die Selbstjustiz das außergesetzliche Vorgehen gegen einen als rechtswidrig oder ungerecht empfundenen Zustand oder gegen ein entsprechendes Verhalten unter Missachtung oder **Überschreitung der Grenzen des staatlichen Gewaltmonopols**. Der Selbstjustiz eigen ist mithin zunächst das Hinwegsetzen über das Monopol und das Recht des Staates zur Bestrafung natürlicher Personen. Zu den typischen in Medien vermittelten Motivationen selbstjustizartiger Handlungen der Protagonisten dürften mithin **„Rache"**, „Sühne" und/oder **„Vergeltung"** zählen, daneben aber auch Motive der Spezial- und Generalprävention im Sinne des Ausschaltens (vermeintlich) gemeingefährlicher (Wiederholungs-)täter oder klischeehaft-typisiert Krimineller (z. B. „Vergewaltiger", „Kinderschänder" etc.) sowie der „Statuierung eines Exempels zur Abschreckung anderer". Diese Auslegung entspricht auch dem dargelegten Ansatz, dass sich der dargestellte Protagonist letztlich staatlicher Strafmonopole „berühmt". Die Gründe des staatlichen Strafmonopols bzw. der strafrechtlichen Sanktionierung werden indes gerade in erster Linie über die Strafgründe des **„Sühne"** sowie der

JuSchG § 18 IV. Abschnitt. BPjM

Spezial- und Generalprävention legitimiert (vgl. hierzu Streng, Strafrechtliche Sanktionen, 2. Aufl. 2002, Rn. 5 ff.).

49 **b) Spruchpraxis der BPjM.** Die dargelegte Auslegung deckt sich mit der Spruchpraxis der BPjM, die den Wesenskern der Selbstjustiz regelmäßig darin erblickt, dass sich der betreffende Protagonist „an die Stelle einer ordnungsgemäßen Gerichtsbarkeit" setzt, „um den Täter einer gerechten Strafe zuzuführen" [vgl. BPjM Entsch.-Nr. 8468 (V) v. 12. 11. 2008 – „Das Recht bin ich"]. Zudem wird das prototypische „übliche Muster eines Selbstjustiz-Films" darin erblickt, dass „der Rächer das **Gesetz selbst in die Hand** nimmt und die Verbrecher ihrer **vermeintlich gerechten Strafe** zuführt" (BPjM Entsch.-Nr. 5545 v. 6. 2. 2008 – „Dirty Harry kommt zurück"; s.a. BPjM Entsch.-Nr. 5628 v. 12. 3. 2009 – „A Gun for Jennifer"). Zudem anerkennt die BPjM auch, dass bei der Bewertung von dargestellten eigenmächtigen Gewalthandlungen des Täters danach differenziert werden muss, ob das Verhalten ausnahmsweise von der Rechtsordnung etwa aufgrund einer **Notwehrlage** zu billigen ist oder nicht [vgl. z. B. BPjM Entsch.-Nr. 8611 (V) vom 1. 4. 2009 – „Ein Fremder ohne Namen"].

50 **c) Verfügbarkeit einer Rechtsordnung.** Weiterhin kann für die Annahme von „Selbstjustiz" von Bedeutung sein, ob sich das Szenario in einem **rechtsfreien Raum** bewegt oder nicht [vgl. z. B. BPjM Entsch.-Nr. 8611 (V) v. 1. 4. 2009 – „Ein Fremder ohne Namen"]. Dies erscheint auch deshalb nachvollziehbar, weil nach der obigen Wortlautauslegung (Rn. 48) als zentrales Element der Selbstjustiz gerade die Hinwegsetzung über die Rechtsordnung und ein staatliches Gewalt- und Strafmonopol zu sehen ist. Die Annahme von Selbstjustiz wird demgegenüber nach zutreffender **Spruchpraxis der BPjM** nicht schon dadurch ausgeschlossen, dass die **Rechtsordnung** oder staatliche Stellen als **unzulänglich**, zu liberal, amateurhaft etc. dargestellt oder sonst negativ akzentuiert werden (vgl. BPjM Entsch. v. 1. 4. 2009, aaO.). Vielmehr kommt gerade in derartigen Aussagen und Sinngebungen die für S. 2 Nr. 2 JuSchG typische Überhöhung der Selbstjustiz gegenüber der Inanspruchnahme rechtskonformer Strafverfolgungs- und Strafinstanzen zum Ausdruck.

51 **d) Darstellung als einzig bewährtes Durchsetzungsmittel.** Weiterhin ist nach § 18 Abs. 1 S. 2 Nr. 2 erforderlich, dass Selbstjustiz als „einzig bewährtes Mittel zur Durchsetzung der vermeintlichen Gerechtigkeit" nahegelegt wird. Nach der Wortlautauslegung muss die dargestellte selbstjustizartige Handlung als „einziges" bewährtes Mittel fokussiert werden. Dies kann vor allem auch dadurch erfolgen, dass die **Beachtung der Rechtsordnung** oder die Konsultierung staatlicher Stellen als **unzulänglich**, zu liberal, amateurhaft, „**ungerecht**" etc. dargestellt oder sonst negativ akzentuiert wird und hierdurch gerade der Eindruck vermittelt wird, es handele sich dabei im Vergleich zur Selbstjustiz um keine geeigneten Mittel. Erschließen sich demgegenüber dem neutralen Beobachter auch andere rechtskonforme Optionen zur Durchsetzung von Gerechtigkeit und werden diese im Rahmen des Medieninhaltes als zumindest ebenso geeignet dargestellt, so ist der Indizierungstatbestand in der Regel nicht erfüllt (BMFSFJ-Broschüre/Liesching, 2008, 59).

e) Erfordernis des „Nahelegens". aa) Plausibilisierung von Selbstjustiz. Nach dem Wortsinn bleibt der Terminus „Nahelegen" jedenfalls hinter dem „Verherrlichen" zurück, da insoweit gerade keine glorifizierende Überhöhung erforderlich ist. Die BPjM stellt darauf ab, ob dargestellte Gewalt vor dem Hintergrund zuvor erlittenen Unrechts „als **gerechtfertigt** eingestuft" oder „als **angemessene Strafe**" suggeriert werde [BPjM Entsch.-Nr. 8611 (V) v. 1. 4. 2009 – „Ein Fremder ohne Namen"; BPjM Entsch.-Nr. 7978 (V) v. 15. 1. 2008 – „Ein Mann sieht rot"). Auch wird teilweise auf die Darstellung eines Rachefeldzuges als „**logischen Schluss** und gerechten Weg" im Sinne der Legitimierung einer „gerechten Rache" abgestellt (BPjM Entsch.-Nr. 5628 v. 12. 3. 2009 – „A Gun for Jennifer"). 52

bb) Identifikationspotential von Darstellern bzw. Spielfiguren. Zudem stellt die BPjM zum Teil auch darauf ab, ob die dargestellte, Selbstjustiz ausübende Person als Identifikationsfigur für die Zuschauer fungiert bzw. im Rahmen des medialen Geschehens „**das Gute**" verkörpert [BPjM Entsch.-Nr. 8611 (V) v. 1. 4. 2009 – „Ein Fremder ohne Namen"; BPjM Entsch.-Nr. 7978 (V) v. 15. 01. 2008 – „Ein Mann sieht rot"]. Allerdings sind m.E. über das Identifikationspotential dargestellter Figuren hinaus stets auch die weiteren **Gesamtumstände** wie etwa die stilistische Inszenierung selbstjustizartigen Verhaltens oder das Vorhandensein plakativer, selbstjustizpropagierender Aussagen zu berücksichtigen. In diesem Sinne berücksichtigt die BPjM auch, wenn Selbstjustiz von Protagonisten **kritisch reflektiert** wird (vgl. BPjM Entsch.-Nr. 5628 v. 12. 03. 2009 – „A Gun for Jennifer"). Insoweit kann ein „Nahelegen" verneint werden, wenn Selbstjustiz gerade „nicht einseitig befürwortend dargestellt" wird [vgl. BPjM Entsch.-Nr. 5545 v. 6. 2. 2008 – „Dirty Harry kommt zurück"; s.a. BPjM Entsch.-Nr. 8468 (V) v. 12. 11. 2008 – „Das Recht bin ich"]. 53

cc) Mögliche Relativierung bei Gesamtschau. Hinsichtlich der Bejahung eines „Nahelegens" von Selbstjustiz ist jeweils eine normative Bewertung **aller Umstände** eines Medieninhaltes im Hinblick auf deren **Gesamtaussage** vorzunehmen. Insoweit können auch teilweise positive Akzentuierungen von Selbstjustiz relativiert werden durch andere, insb. **kritische Reflektionen**, dargestellte Sanktionen oder sonstige negative Folgen eines gesetzlos-eigenmächtigen Verhaltens (s. ausführl. zum Ganzen Liesching, JMS-Report 03/2009, 2 ff.). 54

IV. Gesetzlich nicht ausdrücklich genannte Beispiele jugendgefährdender Medien

1. Allgemeines

Über die in Abs. 1 S. 2 ausdrücklich genannten, indes nicht abschließenden Beispielsfälle jugendgefährdender Medien hinaus sind **weitere Fallgruppen** und **Einzelbeispiele** in Rspr. und Spruchpraxis der Bundesprüfstelle für 55 jugendgefährdende Medien anerkannt. Freilich zeichnen auch diese kein allumfassendes Bild des offenen Jugendgefährdungsbegriffs, der sich künftig auch auf andere, neue medieninhaltliche Erscheinungsformen erstrecken kann. Die im Folgenden dargestellte Kasuistik trägt aber dazu bei, den nach dem Indizierungstatbestand erforderlichen Schweregrad einer „sozialethischen Desorientierung" (Rn. 5 ff.) weiter auszuloten.

2. Medien, in denen Menschen in ihrer Würde verletzt oder diskriminiert werden

56 **a) Menschenwürdeverletzung. aa) Allg. Grundsätze.** Nach allgemeiner Meinung und ständiger Spruchpraxis der BPjM sind Medien zur Gefährdung Minderjähriger geeignet, wenn sie die Menschenwürde verletzen, soweit sie nicht bereits durch den **Spezialfall des § 15 Abs. 2 Nr. 3** erfasst sind (VG Köln ZUM-RD 2008, 385, 389; VG Köln MMR 2008, 358, 359; Nikles u.a., Rn. 6; Ukrow, Rn. 285; BPjS-Entsch. Nrn. 4642 bis 4647 v. 12. 12. 1996, S. 4 f.; BPjS-Entsch. Nr. 5504 (V) v. 10. 2. 1999, S. 2 f.; BPjS-Entsch. Nr. VA 6/99 v. 2. 12. 1999, S. 5; s.a. Stumpf, 2009, S. 190: „Missachtung personaler Würde"). Ebenso wie bei § 131 StGB, § 4 Abs. 1 Nr. 5, 8 JMStV wird bei der weiteren Konkretisierung des Begriffs der Menschenwürdeverletzung die vom BVerfG verwandte **Formel der Objektsdegradierung** herangezogen (BVerfGE 30, 1, 25; 45, 187; 64, 135, 145; VG Köln ZUM-RD 2008, 385, 389; Stumpf, 2009, S. 190; siehe ausführl. auch § 15 Rn. 60; § 4 JMStV Rn. 17 ff.).

57 **bb) Einzelfälle.** Ein Hauptanwendungsbereich sind im Bereich des Horrorgenres dargestellte **Verstümmelungen von Menschen**, Kannibalismus, Folterszenen, Herausquellen von Gedärmen und die sonst genüsslich, verharrende fokussierte Darstellung unmenschlicher, **„entpersönlichender" Massakrierung** eines Menschen [BPjS-Entsch. Nr. 5504 (V) v. 10. 2. 1999, S. 2 f.; VG Köln, Beschl. v. 29. 10. 1981, BPS-Report 1/1982, S. 10]; daneben auch die mediale Zusammenstellung von Abbildungen extrem entstellter menschlicher **Leichen** zu einem „Horrorkabinett", welches zugunsten eines unterstellten „kalten und mitleidlosen Voyeurismus visuell ausgeschlachtet" wird [BPjS-Entsch. Nr. 5676 (V) v. 12. 11. 1999]. Weiterhin werden in der Literatur als Beispiele aus der Spruchpraxis der BPjM genannt die „(fiktive) Folterung von Personen", „Treibjagden auf Menschen", „Kannibalismus" sowie die Verknüpfung von **Sexualität und Erniedrigung** oder handfester Gewalt, wobei exemplarisch die „entwürdigende Behandlung von Frauen im Umfeld des Geschlechtsverkehrs, Besudeln mit Körperausscheidungen in devoter Pose, Schmerzzufügung, Würgen etc." genannt werden (Stumpf, 2009, S. 190 f. mit zahlreichen Nachw. zur Spruchpraxis der BPjM).

58 **b) Diskriminierung von Menschengruppen.** Neben solchen Medien, die bereits den Tatbestand der Volksverhetzung nach § 130 Abs. 2 StGB erfüllen und gemäß § 15 Abs. 2 Nr. 1 JuSchG als sittlich schwer jugendgefährdende Inhalte auch ohne Indizierung den Beschränkungen des § 15 Abs. 1 JuSchG unterworfen sind, können Medieninhalte, die unterhalb der StGB-tatbestandlichen Schwelle liegen, nach h.M. zur „einfachen" Jugendgefähr-

dung i. S. d. § 18 Abs. 1 S. 1 geeignet sein. Dies betrifft in erster Linie Medien, die **ausländerfeindliche**, antisemitische Inhalte zum Gegenstand haben oder sich gegen sonstige Personengruppen (z. B. **Homosexuelle**) richten, die in der Bundesrepublik Deutschland eine Minderheit darstellen [vgl. VG Köln MMR 2008, 358, 359; Löffler/Altenhain, Rn. 33; BPjS-Entsch. Nr. 5130 (V) v. 11. 7. 1997, S. 2; s.a. BPjS, BPjS-Aktuell 3/2000, S. 11 f.; vgl. zur **Behindertendiskriminierung** durch in sog. „Comic-Strips" dargebotene satirische Darstellungen: BPjS, JMS-Report 3/1997, S. 53, 54]. Als Beispiele werden in der Literatur weiterhin Behauptungen genannt, „Ausländer seien unmoralisch, hätten Aids, begingen Verbrechen oder verführten Kinder zum Drogenkonsum" (Löffler/Altenhain, Rn. 33).

3. Medien, die den Nationalsozialismus verherrlichen oder verharmlosen

a) Positive Darstellungen der NS-Ideologie. Nach der Rspr. gehören 59 zu den jugendgefährdenden Medien auch solche Darstellungen, welche die totalitäre NS-Ideologie aufwerten, rehabilitieren oder verharmlosen, da das verfassungsrechtlich bedeutsame Interesse an einer ungestörten Entwicklung der Jugend u.a. darauf gerichtet ist, Rassenhass, Kriegslüsternheit und Demokratiefeindlichkeit nicht aufkommen zu lassen (BVerfG NVwZ-RR 2008, 29, 30; BVerfG NJW 1994, 1781, 1783; BVerfGE 30, 336, 347 ff.; VG Köln MMR 2008, 358, 359). Vornehmlich die Politik und das Weltbild des Nationalsozialismus intendieren indes solche Elemente (vgl. Liesching/Ebner, JMS-Report 5/2001, S. 1, 3). Die **Verherrlichung, Rehabilitierung oder Verharmlosung** der NS-Ideologie in einem Trägermedium kann daher bei Jugendlichen zu einer „sozialethischen Verwirrung" u.a. in dem Sinne führen, dass „in einer unterschwelligen Beeinflussung von Jugendlichen ein nationalsozialistisch geprägtes Weltbild" begründet oder verfestigt wird, das auch eine „darauf bezogene Gewaltneigung fördern" kann (BVerfG NVwZ-RR 2008, 29, 30). Bedient sich das Medium zur Aufwertung oder Rehabilitierung nationalsozialistischen Gedankenguts des Mittels der **Geschichtsklitterung** bzw. -verfälschung, kann hierin ohne Weiteres eine – mit Blick auf die Grundnormen der Verfassung – sozialethische Desorientierung gesehen werden (vgl. BVerwG NJW 1987, 1431 ff.; s.a. BPjM-Entsch. Nr. 5679 vom 05. 11. 2009 – „Faktenspiegel V").

b) Glorifizierung von NS-Führerfiguren. Ebenso ist im Falle der Glo- 60 rifizierung des „Führers" Adolf **Hitler** oder anderer NS-Angehöriger in Führungsposition wie „Rudolph **Heß**" nach allgemeiner Meinung von einer sozial-ethischen Desorientierung i.S.e. Jugendgefährdung auszugehen (so schon BPjS-Entsch. Nr. 714 a v. 6. 5. 1960, RdJ 1960, 253, 255; weiterhin BPjM Entsch. Nr 5269 v. 06. 01. 2005; allg. M., weitere Nachw. bei Stumpf, 2009, S. 192). Insoweit dürfte freilich nunmehr bereits **§ 130 Abs. 4 StGB i. V. m. § 15 Abs. 2 Nr. 1 JuSchG** einschlägig sein (s. § 130 StGB Rn. 13 ff.; BVerfG NJW 2010, 47 ff. = MMR 2010, 199 ff. m. Anm. Liesching). Die Eignung zur Gefährdung Minderjähriger ergibt sich hier zumeist daraus, dass entsprechende **Geschichtsverfälschungen** oftmals subtil – etwa unter dem Deckmantel der Wissenschaftlichkeit – angelegt sind und insb. von Kindern und Jugendlichen nicht entlarvt werden können (vgl. Brockhorst, BPjS-Aktuell 4/1998, S. 8; Liesching, JMS-Report 2/1999, S. 8).

61 c) „Geheimkodex" oder Verschlüsselung von NS-Symbolen. Eine dieser Subtilität vergleichbare versteckte Hintergründigkeit weist auch die verschlüsselte **Grußform „88"** auf, welche die bei direkter Äußerung nach § 86a StGB strafbare Grußform „Heil Hitler" symbolisiert (vgl. auch oben Rn. 22 sowie § 86a StGB Rn. 6). Der Sinngehalt bleibt Kindern und Jugendlichen zunächst verschlossen, pflegt indes aufgrund der erkennbar „geheimbündlerischen" Verwendung einen Reiz auf bestimmte Gruppen von Minderjährigen auszuüben, und leistet mithin der schleichenden Vereinnahmung für rechtsextremes Gedankengut Vorschub (Liesching/Ebner, JMS-Report 5/2001, S. 1, 3). Gleiches gilt für die in der rechtsextremen Jugendszene häufig **als Gruß verwandte Zahl „14"**, welche für die 14 Worte des Nazi-Terroristen David Lane stehen („Wir müssen den Fortbestand unserer Rasse bewahren und auch die Zukunft arischer Kinder sichern", vgl. Glaser/Schindler, tv-diskurs 16/2001, S. 59, 60). Bei der Beurteilung derartiger Kodizes nach § 18 Abs. 1 ist freilich der **Gesamtkontext** des Medieninhalts von besonderer Bedeutung (vgl. hierzu auch BVerfG NVwZ-RR 2008, 29, 30).

62 d) In-Frage-Stellen des Holocaust. Darüber hinaus sind aber auch semantische Umgehungen des § 130 Abs. 3 StGB, wie etwa das bloße vermeintlich neutrale „In-Frage-Stellen" des Holocausts, die Verwendung der Bezeichnung „Auschwitz-Mythos" (vgl. hierzu AG Hamburg NJW 1995, 1039; LG Hamburg NStZ-RR 1996, 262 ff.) oder die nicht ganz unerhebliche Reduzierung von NS-Opferzahlen jedenfalls geeignet, Kinder und Jugendliche in ihrer Entwicklung und Erziehung zu gefährden, da sie möglicherweise Minderjährige zugunsten eines NS-ideologischen und/oder antisemitischen Weltbildes vereinnahmen (ebenso Stumpf, 2009, S. 192 f.; Ukrow, 2004 Rn. 285 f. mit weiteren Beispielen).

63 e) Überschneidung mit § 130 Abs. 4 StGB i. V. m. § 15 Abs. 2 Nr. 1. Durch die nach Inkrafttreten des JuSchG vom Gesetzgeber vorgenommene Einführung des Straftatbestands des **Gutheißens der nationalsozialistischen Gewalt- und Willkürherrschaft** gemäß § 130 Abs. 4 StGB dürften viele Konstellationen aufgrund von § 15 Abs. 2 Nr. 1 JuSchG nunmehr als **schwer jugendgefährdend** erfasst sein (vgl. zu § 130 Abs. 4 StGB im Hinblick auf Verfassungskonformität und Auslegung: BVerfG NJW 2010, 47 ff. = MMR 2010, 199 ff. m. Anm. Liesching; ausführl. Liesching, JMS-Report 4/2005, 2 ff. sowie unten Teil III, § 130 StGB Rn. 1 f.). Dies resultiert insb. aus der vom BVerfG vorgenommenen „Degradierung" des Tatbestandsmerkmals der „Störung des öffentlichen Friedens" in § 130 Abs. 4 StGB zum bloßen Korrektiv und der Statuierung einer Vermutungsregel, nach der eine Friedensstörung bei entsprechenden Äußerungen grundsätzlich angenommen werden kann und allenfalls in Ausnahmen – etwa einem geringen Verbreitungsradius – ausgeschlossen werden könne (s. § 130 StGB Rn. 23 f.).

Liste jugendgefährdender Medien § 18 JuSchG

4. Medien, die den Drogen- oder Alkoholkonsum verherrlichen oder verharmlosen

a) Propagierung oder Verherrlichung des Drogenkonsums und Drogenanbaus. Die Rspr. und die Literatur nehmen vor dem Hintergrund der ständigen Spruchpraxis der BPjM weiterhin an, dass solche Medien als geeignet zur Entwicklungsgefährdung Minderjähriger eingestuft werden können, welche zum Drogenkonsum anreizen oder diesen verharmlosen (VG Köln MMR 2008, 358, 359; VG Köln NJOZ 2006, 3565 ff.; VG Köln, Urt. v. 27. 1. 1981, Az: 10 K 1233/80; BPjS-Entsch. Nr. 4076 (V) v. 9. 1. 1991; BPjS-Entsch. Nr. 3040 v. 2. 4. 1981; BPjS-Entsch. Nr. 2982 v. 16. 10. 1980; Stumpf, 2009, S. 196 ff.; Ukrow, 2004 Rn. 290 f.). Hinreichend ist bereits die Förderung der bloßen Konsumbereitschaft von Kindern und Jugendlichen, so dass über das BtMG hinaus etwa auch Anleitungen zu dem Anbau, zu sonstiger Herstellung und zum Gebrauch von Cannabinoiden den Indizierungstatbestand erfüllen (VG Köln NJOZ 2006, 3565, 3569; BPjS-Entsch. Nr. 3343 v. 6. 10. 1983). 64

Gerichtlich bestätigt ist insb. die Indizierungspraxis der BPjM, nach der vor allem folgende **Musiktexte** als jugendgefährdend angesehen werden können: „Doch am Wochenende geht`s erst richtig los! Pillen fressen, Nasen zieh`n, Wodka saufen; Prost! Freitag ist Hightag, vielleicht ein paar Drinks! 5 dicke Joints und 10 Tequilla mit links! … Rein in den Club, umgeguckt, dann zur Bar! Wodka-Redbull und `ne Pille ins Glas! … ". Hinreichend kann auch sein, wenn der Drogenkonsum insgesamt als **etwas Normales und Alltägliches** („Ich nehme jeden Tag Drogen, mal weniger mal mehr!") dargestellt wird (VG Köln NJOZ 2006, 3565, 3569 f.). 65

b) Verherrlichung des Alkoholkonsums. Die BPjM hat weiterhin im Bezug auf die Musik-CD „Bis dass der Tod uns scheidet" der Musikgruppe „Koma Kolonne" eine Grundsatzentscheidung getroffen, nach der nicht nur drogenverherrlichende Medien jugendgefährdend sind, sondern auch solche Inhalte, welche den **exzessiven Alkoholkonsum verherrlichen bzw. befürworten** (BPjM-Entsch. Nr. 5557 vom 3. 4. 2008 – „Bis das der Tod uns scheidet", BPjM-aktuell 2/2008, 3 ff.; Monssen-Engberding, BPjM-aktuell 4/2009, S. 7, 11). Medien, die dazu aufrufen, exzessiv Alkohol zu konsumieren, können die Entwicklung von Kindern und Jugendlichen zu einer eigenverantwortlichen und gemeinschaftsfähigen Persönlichkeit in extremstem Maße gefährden, insb. wenn darin durchgängig propagiert werde, dass das Leben nur unter dem Einfluss von mehreren Litern schön sei und dass man nur dann „gut in Form" sei, wenn man eine entsprechende Alkoholmenge zu sich genommen habe (BPjM-Entsch. aaO.). 66

Im Hinblick auf eine Entwicklungsgefährdung wird weiterhin zutreffend ausgeführt, dass Erziehungsziel nur sein könne, Minderjährigen eine Vorstellung darüber zu vermitteln, wann sie Drogen missbräuchlich einsetzen. Neben der Mündigkeit sei daher die **Entwicklung eines Missbrauchsbewusstseins** insb. gegenüber Alltagsdrogen ein wichtiges „Erziehungsziel" (BPjM-Entsch. Nr. 5557 vom 3. 4. 2008 – „Bis das der Tod uns scheidet", BPjM-aktuell 2/2008, 3, 5). Die Verherrlichung exzessiven Alkoholkonsums und das Suggerieren, dass dieser als einziger zum Lebensglück führen werde, 67 kann demgegenüber „**vorhandene Hemmschwellen**, die durch Erziehung und Aufklärung seitens der Eltern oder anderer Erziehungsberechtigter aufgebaut wurden, überwinden helfen oder diese zumindest herabsetzen", was im Sinne des Jugendmedienschutzes verhindert werden muss (zutreffend BPjM-Entsch., aaO.).

5. Medien, die selbstschädigendes oder zerstörerisches Verhalten nahelegen

68 a) **Suizid anleitende oder propagierende Medien.** Weiterhin kann nach der Literatur und der Spruchpraxis der BPjM das Propagieren des Selbstmordes oder auch die bloße **(technische) Anleitung zum Suizid** in Medien zu deren Indizierung führen, sofern sie ihrem Inhalt nach geeignet sind, **falsche Vorstellungen** bei Kindern oder Jugendlichen über den Wert des eigenen Lebens hervorzurufen oder zu bestärken (Nikles u.a., Rn. 6; Scholz/Liesching, Rn. 28 unter Verweis auf BPjS-Entsch. Nr. 3330 v. 7. 7. 1983; Bauer/Selg, JMS-Report 6/2000, S. 62 ff.; Stumpf, 2009, S. 198 unter Verweis auf BPjS-Entsch. Nr. 3692 v. 15. 01. 1987 – „Trilogie vom Tod"; a. A. Bauer, JZ 1965, 41, 43).

69 b) **Pro-Anorexie-Inhalte.** Zu der Fallgruppe der Propagierung selbstzerstörerischen Verhaltens dürfte auch die von der BPjM vorgenommene Indizierung von so genannten „Magersucht-Foren" zählen, in denen Anorexie als positiv und nachahmenswert dargestellt werden (vgl. BPjM-Entsch. Nr. 5601 v. 04. 12. 2008 – „Pro Ana"; s.a. Monssen-Engberding, BPjM-aktuell 4/2009, 3, 4 f.: „Medien, die zu einem Verhalten auffordern bzw. ein Verhalten nahe legen, das zu **schweren Gesundheitsgefährdungen** bis hin zum Tod führen kann", zustimmend Liesching, BPjM-aktuell 1/2009, S. 15 f.). Erfasst sind daher auch Blogs im Internet, in denen Anorexie und Magersucht (Anorexia nervosa) in Gedichten, so genannten „Glaubensbekenntnissen", Handlungsanweisungen und „Motivationsverträgen" extrem positiv darstellt und glorifiziert werden, BPjM-Entsch. aaO.).

70 c) **Erfassung (mittelbarer) körperlicher Gefährdungen durch Abs. 1 S. 1.** Einer Indizierung steht auch nicht der Einwand entgegen, dass körperliche bzw. gesundheitliche Gefährdungen, wie sie etwa mit Anorexie einhergehen, nicht vom auf **Medieninhalte fokussierten Indizierungstatbestand** erfasst seien. Insoweit trifft lediglich im Ausgangspunkt zu, dass unmittelbare negative körperliche Begleiterscheinungen des allgemeinen Medienkonsums wie etwa Rückenschmerzen, Muskelschwund oder Nervenüberreizungen evident keine Jugendgefährdung im Sinne des § 18 Abs. 1 JuSchG darstellen können, da hier die zu besorgende Schädigung oder Gefährdung nicht in einer **Einflussnahme des Mediums** auf den minderjährigen Rezipienten nach seinem konkreten Inhalt die maßgebliche Ursache findet. Anders gelagert sind aber solche Konstellationen, in denen gerade die Medieninhalte nach ihrem Aussagegehalt und ihren Botschaften geeignet sein können, **Einstellungen und Wertebilder** bei Kindern und Jugendlichen derart negativ zu beeinflussen, dass diese in eine entsprechende Abänderung ihrer Verhaltensweisen münden können, mit denen wiederum regelmäßig

schädigende Auswirkungen auf die minderjährige Person selbst oder andere einhergehen (Monssen-Engberding, KJM-Schriftenreihe I, 2009, S. 107, 119 f.).

Dass der Gesetzgeber solche Fälle erfassen wollte, in denen Schrifteninhalte mittelbar auch zu schädigenden oder sonst problematischen Handlungen (ver-)führen können, zeigen deutlich die ausdrücklich geregelten Beispielsfälle der zu „Gewalttätigkeit" oder „zu Verbrechen **anreizenden" Inhalte**. Gerade hierin kommt zum Ausdruck, dass die Einbeziehung auch körperlich schädigender Handlungen als **Auswirkungen oder Symptome** der eigentlichen sozialethischen Desorientierung im Sinne einer problematischen **Verschiebung des Wertebildes** von Kindern und Jugendlichen nach dem JuSchG in die Bewertung des Vorliegens einer Jugendgefährdung durchaus legitim sind (ausführl. hierzu Liesching, BPjM-aktuell 1/2009, S. 15 f.; Monssen-Engberding, BPjM-aktuell 4/2009, 3, 4 f., 9 ff.; dies., KJM-Schriftenreihe I, 2009, S. 107, 120). 71

V. Vier Teile der Liste (Abs. 2)

1. Allgemeines

Hauptkritikpunkt an dem Index-System war vor Inkrafttreten des JuSchG die Praxisuntauglichkeit für den Telemedien-Bereich. Insb. sind (v.a. ausländische) Internetangebote auch nach der Listenaufnahme **weiterhin frei abrufbar**, sodass der Index insoweit zu einem Wegweiser für jugendgefährdende Inhalte pervertierte, als die Liste bekannt gemacht wurde. Zudem wurden bei der Führung einer einheitlichen Liste die weitergehenden **Verbreitungsbeschränkungen des StGB** nicht berücksichtigt (vgl. BT-Drs. 14/9013, S. 25). Aus diesem Grund erfolgt in Abs. 2 eine Segmentierung der Liste in vier Teile. Jugendgefährdende oder bestimmte strafbare Trägermedien, die nicht im Internet erhältlich sind (vgl. § 24 Abs. 3 S. 2 sowie dort Rn. 9 ff.), werden in einer öffentlichen Liste geführt (Listenteile A und B, vgl. Abs. 2 Nrn. 1 und 2). Telemedien oder online abrufbare Trägermedien (vgl. § 24 Abs. 3 S. 2 sowie dort Rn. 9 ff.) werden in nicht öffentlichen Listen aufgenommen, sofern sie jugendgefährdend (Teil C, vgl. Abs. 2 Nr. 3) oder nach Einschätzung des Bundesprüfstelle strafbaren Inhalts sind (Teil D, vgl. Abs. 2 Nr. 4). 72

2. Unterschiedliche Rechtsfolgen

Aus der Aufnahme in die Listenteile ergeben sich jeweils unterschiedliche Rechtsfolgen. Die Beschränkungen des **JuSchG** erstrecken sich nur auf die öffentlich bekannt gemachten (15 Abs. 1, 24 Abs. 3) Indizierungen von Trägermedien in den Listenteilen **A und B**. Welche Rechtsfolgen sich an eine nicht öffentliche Indizierung von Telemedien oder online verbreiteten Trägermedien (vgl. § 24 Abs. 3 S. 2, dort Rn. 9 ff. sowie oben § 1 Rn. 25) in den Listenteilen **C und D** knüpfen, richtet sich nach den **Vorschriften des JMStV** der Bundesländer (vgl. die ausdrückliche Zuweisung in § 16 sowie insb. §§ 4 Abs. 1 S. 1 Nr. 11, Abs. 2 S. 1 Nr. 2 JMStV, dort Rn. 41 ff., 50 ff.; 73

JuSchG § 18 IV. Abschnitt. BPjM

s.a. § 16 Rn. 2 ff.). Die Listenaufnahme wird insoweit den obersten Landesjugendbehörden und der zentralen Aufsichtsstelle der Länder für den Jugendschutz, namentlich der Kommission für Jugendmedienschutz (KJM, vgl. § 14 JMStV) mitgeteilt (vgl. BT-Drs. 14/9013, S. 25).

3. Straftatbestandliche Medien (Teile B und D)

74   a) **Allgemeine Voraussetzungen.** Die in die Listenteile B und D aufgenommenen, nach bestimmten StGB-Normen unzulässigen Medieninhalte unterliegen darüber hinaus den jeweiligen weitergehenden Verbreitungsverboten der §§ 86, 130, 130a, 131, 184, 184a, 184b oder 184c StGB. **Nicht aufzunehmen** sind Medien, die gegen andere Bestimmungen des Strafgesetzbuchs wie etwa §§ 86a, 111, 166, 185 StGB verstoßen. Insoweit kommt aber im Einzelfall eine schwere Jugendgefährdung nach § 15 Abs. 2 Nr. 5 (vgl. dort Rn. 84 ff.) in Betracht. Wird ein Medium in die Listenteile B oder D aufgenommen, so hat die Vorsitzende der BPjM die zuständige **Strafverfolgungsbehörde** gemäß § 24 Abs. 4 S. 1 zu **informieren**. Wird durch Urteil rechtskräftig festgestellt, dass ein Medium entgegen der Einschätzung der BPjM (hierzu Rn. 75) keinen strafbaren Inhalt im Sinne der genannten StGB-Normen hat, erfolgt eine **Umtragung** in den Listenteil A bzw. C (vgl. § 24 Abs. 4 S. 2); dies gilt entsprechend auch bei staatsanwaltschaftlichen Verfügungen, in denen die Tatbestandslosigkeit festgestellt wird (s. ausführl. § 24 Rn. 20).

75   b) „**Einschätzung**" **der Bundesprüfstelle. aa) Kritik.** Entscheidend für die Bewertung der Medien hinsichtlich der in Abs. 2 Nrn. 2 und 4 genannten StGB-Tatbestände ist die „Einschätzung der BPjM, d.h. des jeweils befassten 12er- oder 3er-Gremiums. Dies erscheint im Hinblick auf die weitreichenden faktischen Konsequenzen einer B- bzw. D-Indizierung und vor dem Hintergrund, dass die BPjM-Gremien ganz überwiegend mit **Rechtslaien** besetzt sind, **verfassungsrechtlich bedenklich**. Denn im Zusammenhang mit den Straftatbeständen geht es nicht um wertend-prognostische Entscheidungen über etwaige Jugendgefährdungen, welche einem pluralistisch besetzten Gremium bedenkenlos überantwortet werden dürfen, sondern vielmehr um **rechtsmethodische Subsumtion**, welche ggf. mit erheblichen Rechtsfolgen für den Medienanbieter verknüpft sind. Denn in der Praxis erfolgt i. d. R. gerade **keine (straf-)gerichtliche Überprüfung** der Einschätzung der BPjM-Gremien im Hinblick auf die tatsächliche Tatbestandsmäßigkeit eines Mediums. Wird indes ein Medium aufgrund der Wertung des Rechtslaiengremiums in Teil B oder Teil D indiziert, kommt es regelmäßig zu keiner Veröffentlichung mehr, auch nicht in abgeschotteten Erwachsenenbereichen. Die Indizierung in Teil B oder D kommt mithin faktisch einer **Erwachsenen-Nachzensur** gleich (vgl. zur Listenstreichung von B-indizierten Medien auch Monssen-Engberding/Liesching, BPjM-aktuell 4/2008, 3 ff.).

76   bb) **Mindestanforderungen an die Prüfung der Tatbestandsmäßigkeit.** Entsprechend den Grundsätzen der Strafprozessordnung ist ausreichend, dass die BPjM nach Sichtung des betreffenden Medieninhalts im Rahmen

Liste jugendgefährdender Medien § 18 JuSchG

einer umfassenden Prognose zu dem Ergebnis gelangt, dass ein entsprechendes strafgerichtliches Verfahren wahrscheinlich zu einer Verurteilung wegen Verbreitens des Medieninhalts nach §§ 86, 130, 130a, 131, 184, 184a, 184b oder 184c StGB führen würde (vgl. § 203 StPO; zu den verfassungrechtl. Bedenken s.o. Rn. 75). Dabei haben die Gremiumsmitglieder der BPjM die von der Rspr. **anerkannten Auslegungsgrundsätze** zu den Straftatbeständen anzuwenden sowie die allgemeinen Grundsätze der Rechtsmethodik bei der Subsumtion (deskriptiver) Tatbestandsmerkmale zu beachten. Juristisch **nicht geschulte Mitglieder** des Entscheidungsgremiums sind vor der Sichtung der Medieninhalte entsprechend zu **instruieren**. Einer Einschätzung der BPjM bedarf es nicht mehr, wenn durch rechtskräftiges Urteil ein Inhalt i. S. d. genannten StGB-Normen festgestellt ist. Dann sind die entsprechenden Medien gem. § 18 Abs. 5 ohne Weiteres in die Liste aufzunehmen.

c) **Listenaufnahme von Telemedien.** Die Aufnahme von Telemedien, 77 insb. Internetangeboten, erfolgt durch die Bezeichnung der **referenzierten URL** (z. B. Webadresse www. ... .com), unter der die jeweiligen jugendgefährdenden Inhalte angeboten werden. Die Bezeichnung zu indizierender Internetinhalte über die Webadresse ist alternativlos und entspricht hinsichtlich der Transparenz und Exaktheit den Bestimmtheitsanforderungen. Dies gilt jedenfalls dann, wenn sich die Erwägungen der BPjM zur Indizierung eines Internetangebotes nicht auf einzelne, unter bestimmten **Subdomains abrufbare Einzeläußerungen** beschränken. Schließlich ist grundsätzlich für die Indizierung von Telemedien unerheblich, ob unter der Domain zu einem späteren Zeitpunkt andere Inhalte abrufbar sind. Entscheidend ist der **Zeitpunkt der Bewertung der Inhalte** durch das BPjM-Gremium im Rahmen des Indizierungsverfahrens. Andernfalls wäre eine Indizierung von Telemedien, wie sie der Gesetzgeber ausdrücklich vorgesehen hat, generell nicht denkbar und durchführbar. Die Möglichkeit des Antrags auf **Listenstreichung** (Abs. 7 S. 1) bleibt unberührt.

VI. Tendenzschutzklausel (Abs. 3)

1. Allgemeines

Abs. 3 konkretisiert das allgemeine Zensurverbot des Art. 5 Abs. 1 Satz 3 78 GG. Der Gesetzgeber will klarstellen, dass das JuSchG Kinder und Jugendliche nicht davor schützen soll, mit den näher bezeichneten Tendenzen konfrontiert zu werden, auch wenn diese – aus welchen Gründen auch immer – nicht als billigenswert erscheinen. Mit der Tendenzschutzklausel hat der Gesetzgeber zudem der besonderen Bedeutung der **Meinungsfreiheit** für die politische Auseinandersetzung Rechnung getragen (BVerfG NJW 1994, 1781, 1783; vgl. Scholz § 1 Anm. 6). Die Auffassung, dass Kriegs- und NS-verherrlichende und verharmlosende sowie verfassungsfeindliche Medien dem Tendenzschutz generell nicht unterfallen (vgl. BVerwG NJW 1987, 1431, 1434) ist damit unvereinbar, da sie sich einer **Abwägung der verfassungsrechtlichen Schranke des Jugendschutzes** mit Art. 5 Abs. 1 S. 1 GG verschließt (so wohl auch BVerfG NJW 1994, 1781, 1783).

JuSchG § 18 IV. Abschnitt. BPjM

2. Politische, soziale, religiöse oder weltanschauliche Medien (Nr. 1)

79   **a) Kein genereller Indizierungsausschluss.** Die Tendenzmerkmale der Nummer 1 sind bereits mit Rücksicht auf Art. 5 Abs. 1 Satz 1 GG **weit auszulegen.** Während das BVerwG annimmt, dass hierdurch alle nach § 18 Abs. 1 JuSchG (vormals § 1 Abs. 1 GjSM) zur Gefährdung von Kindern und Jugendlichen geeigneten Schriften von einer Aufnahme in die Liste ausgenommen sind, sofern sie nur einen der in der Tendenzklausel genannten Inhalte aufweisen, zugleich aber vom Grundgesetz missbilligten Tendenzen und Weltanschauungen das Privileg des Abs. 3 abspricht (BVerwG NJW 1987, 1431, 1434; BVerwGE 23, 112, 119; dagegen wohl BVerfGE 90, 1, 19 f.), geht die h. M. zurecht davon aus, dass grundsätzlich jedes politische, soziale, religiöse oder weltanschauliche Medium indiziert werden kann, wenn es zur Gefährdung Minderjähriger geeignet ist (Schefold, RdJB 1982, 121, 126 f.; Löffler/Gödel, § 1 Rn. 99). Für letztere Auffassung spricht bereits der Wortlaut, der lediglich „allein" aufgrund der genannten Inhalte vorgenommene Indizierungen für unzulässig erklärt. Im Übrigen gewährt die Rspr. des BVerwG verfassungsfeindlichen Schriften den auch diesen zunächst zukommenden Grundrechtsschutz des Art. 5 Abs. 1 S. 1 GG, welcher freilich dann regelmäßig bei der Abwägung mit der verfassungsrechtlichen Schranke des Jugendschutzes zurückzutreten hat (vgl. BVerfGE 90, 1, 19 f.).

80   **b) Genannte Medien im Einzelnen. Politische Medien** sind nicht nur solche, welche sich auf Parteipolitik beziehen, sondern alle Medieninhalte, welche die der Führung eines Staates dienenden Maßnahmen, Ideologien oder allg. Anschauungen zum Gegenstand haben (vgl. zu NS-verherrlichenden Medien Rn. 33 f.). Die **sozialen Medien** befassen sich mit der menschlichen Gesellschaft, ihren Beziehungen und ihrer Gestaltung (E/K/Steindorf, § 1 Rn. 31). **Religiöse Medien** sind solche, die Anschauungen und Überzeugungen von der Stellung des Menschen in der Welt im Hinblick auf seine Beziehung zu höheren Mächten und tieferen Seinsschichten beinhalten. Dabei gibt es insb. keine Beschränkungen auf christliche Traditionen (vgl. BVerwG NJW 1989, 2272; BVerfG NJW 1989, 3269; vgl. zu religionskritischen Medien: BPjM-Entsch. Nr. 5552 vom 6. 3. 2008 – „Wo bitte geht's zu Gott?").

3. Kunst, Wissenschaft, Forschung und Lehre (Nr. 2)

81   **a) Verfassungsrechtliche Freiheitsrechte.** Nr. 2 inkorporiert die vom Grundgesetz gewährleistete Kunst- und Wissenschaftsfreiheit sowie die Freiheit der Forschung und der Lehre (vgl. Art. 5 Abs. 3 S. 1 GG). Die Vorschrift ist entsprechend der gesetzgeberischen Entscheidung (BT-Drs. I/1101, S. 11) dahingehend auszulegen, dass sie dieselbe gegenständliche **Reichweite** hat und auch denselben **Schranken** unterliegt wie das Grundrecht des **Art. 5 Abs. 3 S. 1 GG** (vgl. BVerwG NJW 1991, 1471 f.; BVerwG NJW 1987, 1431, 1433 mwN.).

82   **b) Kunstvorbehalt. aa) Kunstbegriff.** Der Kunstbegriff des Abs. 3 Nr. 2 entspricht dem des Art. 5 Abs. 3 S. 1 GG (BVerwG NJW 1987, 1429, 1430

Liste jugendgefährdender Medien § 18 JuSchG

unter Aufgabe der im Urteil vom 16. 12. 1971, NJW 1972, 596 vertretenen Ansicht, Abs. 3 Nr. 2 schütze nicht Kunst schlechthin, sondern nur „Kunstwerke von einigem Niveau"). Die Rspr. des BVerfG bewegt sich zunehmend auf einen **offenen, bloß „formalen" Kunstbegriff** zu (so zutreffend: BGH JZ 1990, 1137; zum Kunstbegriff: BVerfGE 83, 130 = NJW 1991, 1471; hierzu Borgmann, JuS 1992, 916; ferner NJW 1988, 325 mwN.; BVerwGE 91, 211 = NJW 1993, 1491; zusammenfassend zur Rspr. des BVerfG: Würkner, Das BVerfG und die Freiheit der Kunst, 1994; v.Kalm, DÖV 1994, 23; Würkner, NVwZ 1992, 1; Geis, NVwZ 1992, 25; Henschel, NJW 1990, 1937; zur neuen Rspr. des BVerwG: Würkner/Kerst-Würkner NJW 1993, 1446 und NVwZ 1993, 641; Gielen, JR 1993, 273; allgemein: Erhardt, Kunstfreiheit und Strafrecht, 1989; Henschel in: Wassermann-FS, 1985, S. 357 f.; Maiwald, Kunst und Recht, 1985; Maiwald, JZ 1990, 1141, zu BGHSt 37, 55; Schroeder, Pornographie, Jugendschutz und Kunstfreiheit, 1992; Weides, NJW 1987, 224, 230; BGHSt 37, 55 = NJW 1990, 3026 = JZ 1990, 1137 m. Anm. Maiwald; OVG Münster NVwZ 1992, 396; Frenzel, AfP 2002, 191, 192 f.).

Entscheidend für die Anwendbarkeit von Abs. 3 Nr. 2 ist nicht der künstlerische **Rang des Werkes** (BVerwGE 91, 223 = NJW 1993, 1490, 1491 sowie BVerwGE 91, 211 = NJW 1993, 1491, 1492), sondern der oft nur von einem Sachverständigen festzustellende Umstand, ob in dem Medieninhalt „überhaupt ein **künstlerisches Streben** überwiegend seinen Niederschlag gefunden hat" (Stein, JZ 1959, 271). Das BVerfG hat klargestellt, dass zur Anerkennung als Kunst nur gewisse „**Strukturmerkmale**" erfüllt sein müssen: z. B. Ergebnis freier schöpferischer Gestaltung, in der Eindrücke, Erfahrungen und Phantasien des Autors zum Ausdruck kommen (BVerfGE 83, 130 = NJW 1991, 1471). Es ist damit von einem weiten, „offenen Kunstbegriff" auszugehen (BVerwG NJW 1997, 602; BayObLG JR 1994, 471 m. Anm. Otto; vgl. Geis, NVwZ 1992, 25, 26), der „fast schon konturlos" zu nennen ist (Würkner, NVwZ 1992, 1, 2). Nach dem Urteil des OLG Stuttgart vom 12. 2. 1969 (NJW 1969, 1779) kann eine Schrift selbst dann ein Kunstwerk im verfassungsrechtlichen Sinne (Art. 5 Abs. 3 GG) sein, wenn sie weder einen besonderen künstlerischen Rang aufweist noch allgemeine Anerkennung verdient (vgl. zum Begriff „Kunst" als Rechtsbegriff auch VGH Kassel NJW 1987, 1436, 1437; OLG Stuttgart ZUM 1989, 255 und NJW 1976, 628, 629). Sogar die realistische Darstellung von Dingen oder Vorgängen in Umsetzung der bloßen Sinneserfahrung **ohne einen spezifisch geistigen oder seelischen Bezug** kann ein Anliegen künstlerischer Betätigung sein (AG Darmstadt JZ 1971, 140). Auch Aufforderungen zum Ausländerhass sind, in **Reime** gefasst und in **Töne** gesetzt, bereits eine „freie eigenschöpferische Gestaltung" und als Kunstwerk anzusehen (zutreffend Redeker, NJW 1995, 2145, 2146).

bb) Einzelfallbezogene Abwägung. Der Kunstvorbehalt hatte nach der früheren Rspr. des BVerwG absolute Geltung und unterlag keinen Beschränkungen aus Gründen des Jugendschutzes; „**Kunstschutz geht vor Jugendschutz**" (BVerwGE 23, 104 = NJW 1966, 2374 = JZ 1967, 164 mit Anm. Bauer; vgl. auch Leonhard NJW 1967, 714). Von dieser Rspr. ist das BVerwG im Urteil vom 16. 12. 1971 (BVerwGE 39, 197 = NJW 1972, 596; hierzu

JuSchG § 18 IV. Abschnitt. BPjM

Erbel, DVBl. 1973, 527) vorübergehend abgerückt. Hiernach galt der Grundsatz „Kunstschutz geht vor Jugendschutz" nicht mehr uneingeschränkt. Mit Urteil v. 3. 3. 1987 ist das Gericht zur vorbehaltlosen Anerkennung der Kunstfreiheit zurückgekehrt (BVerwGE 77, 75 = NJW 1987, 1429, 1430). Nach dieser Rspr. galt der Kunstvorbehalt aber nicht für die **schwer jugendgefährdenden Medien** i. S. d. des vormals geltenden § 6 GjSM (nunmehr § 15 Abs. 2). Das BVerfG hat das diesbezügliche Urteil jedoch aufgehoben („Mutzenbacher"-Beschluss vom 27. 11. 1990 = BVerfGE 83, 130 = NJW 1991, 1471 = DVBl. 1991, 261).

85   Kraft der „Interpretationsautorität" des BVerfG sind dessen Leitlinien maßgebend (vgl. eingehend Würkner, Das BVerfG und die Freiheit der Kunst, 1994; v.Kalm, DÖV 1994, 23; Würkner, NVwZ 1992, 1 ff. und Geis, NVwZ 1992, 25). Das BVerwG hat durch den später zuständigen 7. Senat in Anpassung an die **Vorgaben des BVerfG** eine (erneute) Korrektur seiner Rspr. vorgenommen. Im Anschluss an Geis (aaO.) wird gefordert, dass auch bei **„schlicht" jugendgefährdenden Medien** (§ 18 Abs. 1) vor Aufnahme in die Liste gemäß § 18 Abs. 3 Nr. 2 eine Abwägung mit der Kunstfreiheit zu erfolgen hat (BVerwGE 91, 223 = NJW 1993, 1490). Danach ist Art. 5 Abs. 3 Satz 1 GG von einer Ausnahmevorschrift zu einer das Indizierungsverfahren beherrschenden Norm erhoben worden (vgl. auch Lutz, NJW 1988, 3144). Diese Rspr. hat das BVerwG in seinem Urteil vom 18. 2. 1998 durch seinen 6. Senat (6 C 9/97) bestätigt (NJW 1999, 75) und die maßgebenden Grundsätze im einzelnen – im Anschluss an seine zwischenzeitliche Entscheidung NJW 1997, 602) ausführlich dargelegt:

86   **(1) Feststellung der Kunsteigenschaft.** Danach ist die Bundesprüfstelle (BPjM) die „Herrin des Indizierungsverfahrens" (BVerwG NJW 1999, 75, 76), das u.a. dem Beschleunigungsgebot untersteht, um seine Ziele erreichen zu können (aaO. S. 77). Wird geltend gemacht, dass es sich bei dem zur Prüfung der Indizierung anstehenden Objekt um ein „**Kunstwerk**" handelt, so hat die BPjM eine konkrete Entscheidung darüber zu fällen, ob ein solches vorliegt oder nicht. Die Frage darf nicht offengelassen werden (aaO. S. 77, 78); der Kunstcharakter darf auch **nicht einfach unterstellt** werden (BVerwG NJW 1997, 602, 603). Die Behandlung sexueller oder Gewalt beinhaltender Themen schließt Kunsteigenschaft und deren Überwiegen gegenüber Belangen des Jugendschutzes nicht aus (VG Köln MMR 2010, 578 ff.). Werden die Belange der Kunstfreiheit nicht im Einzelnen gewürdigt, liegt ein „**Abwägungsausfall**" vor. Das Verwaltungsgericht ist nicht in gerichtlichen Verfahren nicht gehalten, die fehlende Gewichtung selbst vorzunehmen; denn der BPjM kommt aufgrund seiner besonderen Qualifikation durch die spezielle personale Zusammensetzung ein „**Entscheidungsvorrang**" zu (BVerwG aaO. S. 603).

87   **(2) Ermittlung aller Belange.** Wird das Vorliegen eines „Kunstwerks" nach entsprechender Prüfung bejaht, hat die BPjM als ersten Schritt eine **umfassende Ermittlung der – widerstreitenden – Belange** vorzunehmen, die einerseits für den Kunstwert und andererseits hinsichtlich der Jugendgefährdung in die „Waagschale" zu werfen sind. Lässt die BPjM eine solche Aufklärung und Heranschaffung des Materials vermissen, so hat das

dadurch entstandene „Abwägungsdefizit" (was an sich noch kein solches, sondern erst ein **Aufklärungsdefizit** ist) bereits die Rechtswidrigkeit der Entscheidung zur Folge (BVerwG NJW 1999, 75, 76). Beanstandet die BPjM ein einzelnes Lied eines Tonträgers sowie eine einzelne Fotografie, welche im Booklet abgebildet ist, hat die BPjM zu prüfen, inwieweit diese in ein künstlerisches Gesamtkonzept eingebunden sind und welche relativierende Wirkung auch dieser Umstand auf eine von ihnen etwa ausgehende jugendgefährdende Wirkung haben kann. Ggf. sind hierzu weitere Ermittlungen, wie etwa die **Anhörung des Fotokünstlers** oder aber die Einholung eines eigenen **Sachverständigengutachtens** erforderlich (VG Köln MMR 2010, 578 ff.).

(3) **Umfassende Abwägung.** Die umfassende Herbeischaffung des 88 Materials bildet anschließend die Grundlage für die erforderliche Abwägung der beiden von der Verfassung geschützten Belange „Kunst" einerseits und „Jugendschutz" andererseits gegeneinander (BVerfGE 83, 130, 146 f. = NJW 1991, 1471). Zur **Ermittlung des Kunstwertes** des Objekts ist dazu in aller Regel eine Anhörung derjenigen Personen notwendig, die an dem Werk schöpferisch und/oder unternehmerisch mitgewirkt haben. Stellt sich bei der Sammlung des Materials alsbald heraus, dass den **schwer wiegenden Belangen des Jugendschutzes** nur unvergleichlich geringer zu bewertende Belange der Kunstfreiheit gegenüberstehen, können die Ermittlungen eingestellt werden, sobald das eindeutige Übergewicht der Belange des Jugendschutzes klar zutage liegt (BVerwG NJW 1999, 75, 77); zumal dann, wenn weitere für den Kunstwert sprechende Umstände von den Betroffenen nicht geltend gemacht werden (BVerwG aaO. S. 79). Erscheinen die Belange beider Bereiche dagegen nahezu gleichwertig, ist eine besonders **intensive** und bis ins Detail gehende **Abwägung** erforderlich (BVerwG aaO.).

Diese Grundsätze beherrschen das **Verfahren der BPjM** sowie das „ihm 89 nachfolgende **gerichtliche Kontrollverfahren**" (BVerwG aaO. S. 76; aus der jüngeren Praxis: VG Köln ZUM 2006, 501, 504 ff.; VG Köln MMR 2010, 578 ff.; hier werden die zur Entscheidung stehenden Rechtsfragen vollinhaltlich überprüft, z. B. die Frage, ob „Kunst" vorliegt (BVerwG aaO. S. 77 f.), ob die Abwägung rechtsfehlerfrei vorgenommen worden ist und ferner untersucht, ob der BPjM im Rahmen der ihr obliegenden Ermittlung der entscheidungserheblichen Belange relevante Fehler unterlaufen sind (BVerwG aaO. S. 78). An die tatsächlichen **Feststellungen des Berufungsgerichts** ist das Revisionsgericht „in Ermangelung von zulässigen und begründeten Verfahrensrügen" gebunden (BVerwG aaO.).

Nach der Rspr. des Bundesgerichtshofs kann der Konflikt zwischen Kunst- 90 freiheit und Jugendschutz nur durch eine **einzelfallbezogene Abwägung** gelöst werden, wobei keinem der beiden Verfassungsgüter von vornherein Vorrang gebührt (BGHSt 37, 55 = NJW 1990, 3026 = JZ 1990, 1137 m. Anm. Maiwald = StV 1991, 162 m. Anm. Jean d'Heur). Dem ist das BVerfG (aaO.) gefolgt: **Kunst und Pornographie** schließen einander nicht aus. Allerdings vermag der Kunstcharakter eines Werkes im Einzelfall bereits die Pornographieeigenschaft auszuschließen (vgl. Liesching/v.Münch, AfP 1999, 37, 38 f.; dies., NStZ 1999, 85). Mit Recht wird konstatiert, dass die Abgrenzung zwischen Kunstfreiheit und Jugendschutz aufgrund der „insoweit wenig erhellenden Rspr." zu einer „intellektuellen Gratwanderung" geworden ist (Walter, tv-diskurs 3/1997, S. 102, 107).

91 **c) Wissenschafts- und Forschungsmedien.** Medien, die der Wissenschaft, der Forschung und der Lehre dienen, sind ebenso wie der Kunstvorbehalt im Rahmen eines Abwägungsvorgangs mit dem Verfassungsgut Jugendschutz in Ausgleich zu bringen (vgl. BVerfG NJW 1994, 1781; BVerfGE 35, 79, 113; 47, 327, 367; BVerwG NJW 1987, 1431, 1433). Der Wissenschaftsvorbehalt schützt wissenschaftliche Werke, hingegen nicht solche Werke, die zwar für die Wissenschaft von Nutzen sein mögen, selbst aber keinen wissenschaftlichen Charakter haben (BVerwG NJW 1987, 1431, 1433). Gegenstand der Wissenschaftsfreiheit sind vor allem die auf wissenschaftlicher Eigengesetzlichkeit beruhenden Prozesse, Verhaltensweisen und Entscheidungen bei der **Suche nach Erkenntnissen**, ihrer Deutung und Weitergabe (BVerfG NJW 1994, 1781; BVerfGE 35, 79, 112 f.; 47, 327, 367 f.). Medieninhalte gelten nicht schon deshalb als wissenschaftlich, weil ihr Autor sie als wissenschaftlich ansieht oder bezeichnet (vgl. BVerfG NJW 1991, 1471; BVerfG NJW 1990, 1982).

4. Öffentliches Interesse (Nr. 3)

92 **a) Abwägungserfordernis.** Die Vorschrift erstreckt den Tendenzschutz auf solche Medien, deren Inhalt im öffentlichen Interesse ist. Soweit im Hinblick auf das öffentliche Interesse Gesichtspunkte der Meinungsbildung eine Rolle spielen, ist Abs. 3 Nr. 3 als besondere **Ausprägung der Meinungsäußerungsfreiheit** gemäß Art. 5 Abs. 1 GG zu begreifen (vgl. insoweit BVerfGE 42, 143, 152; BVerwG NJW 1982, 1008, 1010). Ebenso wie bei Abs. 3 Nr. 1 und Nr. 2 ist ein Indizierungsverbot nicht ohne weiteres bei Vorliegen eines öffentlichen Interesses gegeben. Vielmehr sind im Wege der **Abwägung** die kollidierenden Verfassungsgüter in Ausgleich zu bringen. Das Gesetz trägt dem Gesichtspunkt des Jugendschutzes dadurch Rechnung, dass es eine einwandfreie Art der Darstellung verlangt. Eine solche hat das BVerwG in seinem Urteil v. 26. 4. 1967 (– V C 205/65) verneint, weil im Rahmen der Berichterstattung über einen Skandalprozess, betreffend eine Persönlichkeit des öffentlichen Lebens, die „Einzelheiten des sexuellen Verhaltens **ohne erkennbaren sachlichen Grund** zu stark betont" worden waren und den Gesamteindruck beherrschten. Hinsichtlich der Abwägung können die Grundsätze der „berechtigten Darstellungsform" nach § 5 Abs. 6 JMStV (s. dort Rn. 71 ff.) herangezogen werden.

93 **b) Anwendungsfälle.** Es wird sich hierbei um ernstliche **Sexualaufklärungsmedien**, z. B. Medien zum Schutz vor Geschlechtskrankheiten, handeln, ferner um **Gerichtssaalberichte**, soweit sie nicht überwiegend der Sensationsvermarktung dienen, Verbrechensausschreibungen („Aktenzeichen XY"), Berichte über Verbrechensmethoden und ihre Bekämpfung in Fachzeitschriften. Diese Medieninhalte können zwar an sich geeignet sein, die Jugend durch Weckung des Nachahmungstriebes zu gefährden; die Behandlung der betreffenden Gegenstände liegt aber im überwiegenden öffentlichen

Interesse, z. B. der Volksgesundheit oder der Verbrechensbekämpfung und Verbrechensaufklärung, dem hier ausnahmsweise der Vorrang vor dem Jugendschutz einzuräumen ist. Auch **Dokumentationen** über Katastrophen, Kriege, Terrorakte, soziale Missstände können von überwiegendem öffentlichem Interesse sein.

VII. Fälle geringer Bedeutung (Abs. 4)

1. Allgemeines

Nach der Vorschrift kann in Fällen von geringer Bedeutung davon abgesehen werden, die Schrift in die Liste aufzunehmen. Wann ein solcher Fall gegeben ist, entscheidet die Bundesprüfstelle nach pflichtgemäßem, nur auf Willkür oder offensichtliche Unvertretbarkeit hin gerichtlich überprüfbarem **Ermessen** (vgl. BVerwGE 39, 197; BVerwG NJW 1987, 1431, 1434; BVerwG NJW 1999, 75, 79; Scholz, Anm. zu § 2 GjSM; Steindorf, § 2 GjSM Rn. 4; Liesching, DDB V G 50, S. 22). Kommt eine Listenaufnahme wegen geringer Bedeutung offensichtlich nicht in Betracht, so kann die **Vorsitzende der BPjM** nach § 21 Abs. 3 das Verfahren einstellen (die Möglichkeit der Verfahrenseinstellung wurde durch das Informations- und Kommunikationsdienste-Gesetz von 1997, BGBl. I S. 1876 angefügt und dient der Straffung des Verfahrens und mithin seiner Beschleunigung, vgl. BVerwG NJW 1999, 75, 77; so schon E/K/Steindorf, § 2 GjSM, Rn. 5).   94

2. Kriterien zur Bestimmung „geringer Bedeutung"

a) Unerheblichkeit des Schweregrades der Jugendgefährdung. Entgegen der ganz überwiegenden Ansicht in Rspr. und Schrifttum (vgl. BVerwGE 23, 112, 122; 39, 197, 199; BVerwG NJW 1987, 1431, 1434; VG Köln NJW 1991, 1773, 1774; Nikles u.a., Rn. 13; Stumpf, 2009, 233 ff.; Ukrow, Rn. 313) kann Gegenstand der Einschätzung einer etwaigen „geringen Bedeutung" nicht der materielle Inhalt eines Mediums im Sinne eines **niederen Schweregrades der Gefährdung** von Kindern und Jugendlichen sein (so auch Löffler/Altenhain, Rn. 80). Denn wenn bereits die Voraussetzungen einer Indizierung nach § 18 Abs. 1 S. 1 als vorliegend geprüft wurden, also eine sozial-ethische Desorientierung von Minderjährigen durch den in Rede stehenden Medieninhalt bejaht wurde, kann nun die Norm des Abs. 4 schlechterdings nicht gleichsam zum Rückschritt bei „nicht ganz so gravierender aber immerhin noch" sozial-ethisch desorientierender Einflussnahme auf Kinder und Jugendliche ermächtigen (s.a. Löffler/Altenhain, Rn. 80, ebenso wohl schon Löffler/Gödel, § 2 Rn. 3, der allerdings einschränkend lediglich ein „alleiniges" Abstellen auf den Inhalt der Schrift ablehnt). Es ist auch nicht ersichtlich, wie eine derartige Auslegung in die **zahlreichen gesetzl. Gefährdungsstufen** im Jugendmedienschutz (s. § 14 Rn. 2 ff.) und insb. in Abgrenzung zu den entwicklungsbeeinträchtigenden Medien „ab 18" (§ 14 Abs. 2 Nr. 5) in der Praxis eingeordnet und plausibel begründet werden können.   95

JuSchG § 18 IV. Abschnitt. BPjM

96   Dieser engen Auslegung des § 18 Abs. 4 steht auch nicht das **Opportunitätsprinzip** entgegen, da bereits bei der Entscheidung, ob der Indizierungstatbestand erfüllt ist, im Rahmen einer umfassenden Abwägung mit entgegenstehenden Meinungsäußerungsrechten dem Grundsatz der Verhältnismäßigkeit Rechnung zu tragen ist. Im Übrigen wird so die Einführung eines dritten, neben § 18 Abs. 1 und § 15 Abs. 2 Nr. 5 zu unterscheidenden Schweregrades von nach ihrer Intensität divergierenden Eignungen zur Kinder- und Jugendgefährdung verhindert. – Ein Ergebnis, das im Hinblick auf die Unbestimmtheit des Rechtsbegriffs der Klarheit und Sicherheit der Normanwendung nur zuträglich sein kann (vgl. auch Liesching, JMS 2002, S. 124 ff.; s.a. Löffler/Altenhain, Rn. 80; a. A. Stumpf, 2009, 233 ff.)

97   b) **Berücksichtigung formaler Aspekte.** Nach dem Gesagten sind damit bei der Entscheidung, ob ein Bagatellfall im Sinne des Abs. 4 vorliegt, lediglich formale Aspekte zu berücksichtigen. In Betracht kommen insb. die **geringe Auflage** eines Werkes und ein eingeschränkter Vertrieb (BVerwGE 23, 112, 123; 39, 197, 210; BVerwG NJW 1999, 75, 79; zu weitgehend VG Köln MDR 1955, 444); ebenso wenn nur noch eine **kleine Restauflage** zum Verkauf steht und keine Neuauflage geplant ist (vgl. BPjS-Entsch. Nr. 4371 v. 3. 3. 1994). Allerdings muss dann eine Weiterverbreitung durch die Weitergabe von Hand zu Hand oder die Herstellung von Raubkopien weitgehend ausgeschlossen, zumindest aber unwahrscheinlich sein (vgl. BPjS-Entsch. Nr. 4138 v. 11. 7. 1991; BPjS-Entsch. Nrn. 4342, 4343 v. 7. 10. 1993). Hieraus ergibt sich, dass bestimmte Medienformen, wie insb. zur Gefährdung der Entwicklung Minderjähriger geeignete Online-Angebote nicht von geringer Bedeutung sein können. Aber auch einschlägige Computerspiele und Tonträger werden angesichts der nahezu uneingeschränkten Zugriffsmöglichkeit über Internetdienste kaum unter § 18 Abs. 4 JuSchG fallen (vgl. auch § 24 Abs. 3 S. 2; ebenso Nikles u.a., Rn. 13). Etwas anderes kann allenfalls dann gelten, wenn im Rahmen des Indizierungsverfahrens von dem betroffenen Anbieter glaubhaft der **Verzicht auf die künftige Verbreitung** erklärt wird.

VIII. Listenaufnahme bei strafgerichtlicher Entscheidung (Abs. 5)

1. Geltungsbereich

98   Die nach Abs. 5 gesetzlich angeordnete Listenaufnahme eines nach rechtskräftig festgestelltem Urteil unzulässigen Medieninhalts i. S. d. §§ 86, 130, 130a, 131, 184, 184a, 184b oder 184c StGB erfolgt ohne weitere Entscheidung der BPjM. Sie ist von der Vorsitzenden der Bundesprüfstelle vorzunehmen (vgl. § 24) und erfolgt im Regelfall (Ausnahme: Inhalte i. S. d. § 184 Abs. 1 StGB) in die Listenteile B oder D (§ 18 Abs. 2 Nrn. 2 und 4). Die Indizierung hat insoweit lediglich **deklaratorische Bedeutung**, da diese Medien bereits nach § 15 Abs. 2 Nr. 1 kraft Gesetzes den Beschränkungen des § 15 Abs. 1 unterliegen, ohne dass es eigentlich einer zusätzlichen Indizierung

Liste jugendgefährdender Medien § 18 JuSchG

bedarf (vgl. auch BT-Drs. 14/9013, S. 26). Gleichwohl ist eine lediglich klarstellende Listenaufnahme zulässig (BVerwG NJW 1987, 1435, 1436; siehe auch § 18 Abs. 2 Nrn. 2 und 4) und angesichts der Unbestimmtheit der Rechtsbegriffe im Bereich des Jugendmedienschutzes – auch im Bezug auf die Normen des StGB – sinnvoll.

2. Erfasste strafgerichtliche Entscheidungen

Als strafgerichtliche Entscheidungen gelten auch die in der Praxis ganz **99** überwiegend vorkommenden **Beschlagnahmebeschlüsse** der Amtsgerichte, obgleich derartige Beschlüsse strafrechtsdogmatisch nicht in Rechtskraft in engerem Sinne erwachsen können. Insoweit ist davon auszugehen, dass der Terminus „rechtskräftig" in Abs. 5 i.S.v. **„nicht anfechtbar"** auszulegen ist. Andernfalls hätte die Vorschrift keine praktische Bedeutung, da bislang in nahezu keinem Fall eine Entscheidung aufgrund strafgerichtlicher Hauptverhandlung durch (rechtskraftfähiges) Urteil ergangen ist. Entscheidungen der **Strafverfolgungsbehörden** begründen keinen Fall des Abs. 5 (vgl. zur Listenstreichung unten Rn. 104 ff. sowie Monssen-Engberding/Liesching, BPjM-aktuell 4/2008, 3 ff.; zur Listenumtragung in Teil A bzw. C nach staatsanwaltschaftlicher Verfügung siehe § 24 Rn. 20 ff.).

IX. Indizierung von Telemedien bei KJM-Antrag (Abs. 6)

1. Antragsrechtliche Sonderstellung der KJM

a) Rechtliche Einordnung. Die Vorschrift des Abs. 6 1. Halbsatz räumt **100** der zentralen Aufsichtsstelle der Länder (KJM, vgl. § 14 Abs. 2 JMStV) im Bezug auf die Indizierung von Telemedien (§ 1 Rn. 13) eine über das bloße Antragsrecht (§ 21 Abs. 2) hinausgehende Sonderstellung ein. Beantragt danach die Länderaufsichtsstelle die Listenaufnahme eines Telemediums, so hat die Indizierung **ohne weiteres Entscheidungsverfahren** nach §§ 18 Abs. 1, 19 Abs. 5, 21 Abs. 1 durch die Vorsitzende der BPjM zu erfolgen (vgl. § 24 Abs. 1), soweit kein Fall des 2. Halbsatzes vorliegt (hierzu sogleich Rn. 102). Diese **präjudizielle Wirkung** des Indizierungsantrags (vgl. auch Absatz 8 S. 2) entspricht dem Grundsatz der gegenseitigen Verbindlichkeit wertender Jugendschutzentscheidungen, der in Eckpunkten zwischen den Ländern und der Bundesregierung vereinbart worden ist (BT-Drs. 14/9013, S. 26).

b) Verfahren und praktische Bedeutung. Soweit die Vorsitzende der **101** BPjM zugleich Mitglied der KJM ist, ergeben sich **kompetenzielle Überschneidungen**, welche allerdings wegen des ohnehin nach § 21 Abs. 5 gewährten Tätigwerdens von Amts wegen auf Anregung der BPjM-Vorsitzenden als rechtskonform zu erachten sind. Indizierungsanträge der KJM werden gemäß der Geschäfts- und Verfahrensordnung der Kommission durch deren Vorsitzenden gestellt. Bis Februar 2009 wurden von Seiten der KJM bei der BPjM ca. **570 Indizierungsanträge** gestellt (vgl. hierzu und zur vorbereitenden Prüftätigkeit der KJM vor Antragstellung: 3. KJM-Bericht,

2009, S. 40; vgl. zur praktischen Durchführung einer Indizierung nach KJM-Antrag etwa VG Köln MMR 2008, 358, insb. 359).

2. Antragsrückweisungsgründe

102 **a) Voraussetzungen.** Allerdings ist dem Indizierungsantrag gemäß Abs. 6 2. Halbsatz nicht zu entsprechen, wenn er offensichtlich unbegründet oder nach der Spruchpraxis der BPjM unvertretbar ist. Da im Falle offensichtlicher Unbegründetheit stets zugleich die Unvertretbarkeit einer Indizierung nach den Auslegungskriterien der BPjM bejaht werden kann, umgekehrt aber denkbar ist, dass fehlende **Konformität mit der BPjM-Spruchpraxis** die Unbegründetheit des Indizierungsantrags nicht immer offensichtlich werden lässt, ist letztlich nur die zweitgenannte, weitergehende Ausnahme von der Indizierungspflicht der BPjM beachtlich. Demnach ist im Falle der von Seiten der KJM erfolgten Beantragung einer Listenaufnahme eines Telemediums **lediglich zu prüfen**, ob bei Zugrundelegung der von der BPjM zur Konkretisierung des Jugendgefährdungsbegriffs des § 18 Abs. 1 entwickelten Auslegungsgrundsätze (vgl. hierzu oben insb. Rn. 9 ff.) eine Eignung des Telemediums zur Gefährdung der Entwicklung oder Erziehung von Kindern oder Jugendlichen **vertretbar** angenommen werden kann.

103 **b) Verfahren und praktische Bedeutung.** Die Entscheidung hierüber obliegt (entsprechend § 21 Abs. 3) allein der **Vorsitzenden der Bundesprüfstelle**. In der Praxis kommen Zurückweisungen des Antrags deshalb kaum vor, da die Stellen der KJM und der BPjM einen regen Austausch über eine **konsolidierte Spruchpraxis** führen (vgl. 3. KJM-Bericht, 2009, S. 40 f.). Lehnt die BPjM-Vorsitzende aus den genannten Gründen eine Aufnahme des Telemediums in die Liste (Teile C bzw. D) ab, verbleibt der KJM die (theoretische, indes praktisch nicht wahrscheinliche) Möglichkeit der Klageerhebung im Verwaltungsrechtsweg gem. § 25 Abs. 2.

X. Streichung aus der Liste (Abs. 7)

1. Allgemeines

104 Die Vorschrift des Abs. 7 bestimmt die Voraussetzungen der vor Inkrafttreten des JuSchG mit Ausnahme des § 17 S. 2 GjSM nicht geregelten, aber dennoch praktizierten Listenstreichung. Die Möglichkeit der Streichung von der Liste erfasst grundsätzlich **alle Teile der Liste** (Abs. 2); **praktische Schwierigkeiten** ergeben sich aber für die Streichung bei zuvor angenommener Tatbestandsmäßigkeit nach §§ 86, 130, 130a, 131, 184, 184a, 184b oder 184c StGB, da insoweit fraglich sein kann, ob die vormalige bejahende Subsumtion deskriptiver Tatbestandsmerkmale zu einem späteren Zeitpunkt obsolet werden kann (hierzu unten Rn. 107 ff. sowie Monssen-Engberding/ Liesching, BPjM-aktuell 4/2008, 3 ff.).

2. Wegfall der Indizierungsvoraussetzungen (Satz 1)

105 **a) Wertewandel.** Nach der Vorschrift muss eine Streichung eines Mediums aus der Liste erfolgen, wenn die Voraussetzungen des § 18 Abs. 1 bzw.

des § 15 Abs. 2 nicht mehr vorliegen. Damit wird der nach Art. 5 GG grundsätzlich gewährten **Mediendistributionsfreiheit** Rechnung getragen (vgl. auch Nikles u.a., Rn. 18). Die Voraussetzungen für eine Aufnahme liegen insb. dann nicht mehr vor, wenn aufgrund eines **nachhaltigen Wertewandels** oder neuer Erkenntnisse aus der Medienwirkungsforschung ausgeschlossen werden kann, dass die betreffenden Medieninhalte weiterhin geeignet sind, Kinder und Jugendliche in ihrer Entwicklung oder Erziehung zu gefährden (vgl. Monssen-Engberding/Liesching, BPjM-aktuell 4/2008, 3, 4).

b) Spruchpraxis der BPjM. Eine Listenstreichung kommt nach Auffassung der 12er-Gremien der BPjM mangels Jugendgefährdung in Betracht, wenn der Inhalt als **nicht jugendaffin** (vgl. zum Begriff auch § 5 JMStV Rn. 9 ff.) angesehen werden kann; wenn der Inhalt so gestaltet ist, dass der oder die typischen Sympathieträger sich **nicht** (mehr) **als Identifikationsmodell** anbieten, wenn Nachahmungseffekte nicht zu vermuten sind; wenn Gewalttaten als übertrieben, aufgesetzt, **unrealistisch, abschreckend** und irreal eingestuft werden können; wenn die Anwendung von Gewalt als nicht gerechtfertigt eingestuft wird bzw. Gewaltanwendung im Prinzip abgelehnt wird (vgl. Bochmann, BPjM-aktuell, 1/2005, 7 f.; Monssen-Engberding/ Liesching, BPjM-aktuell 4/2008, 3, 4). **106**

c) „B"- und „D"-Indizierungen. aa) Problemstellung. Fraglich ist aber, wann die Voraussetzungen für eine Listenstreichung bei solchen Medien vorliegen, die wegen rechtskräftiger Gerichtsentscheidung (§ 18 Abs. 5 JuSchG) oder aufgrund einer Einschätzung der Bundesprüfstelle (§ 18 Abs. 2 Nr. 2 und Nr. 4 JuSchG) nicht „nur" jugendgefährdend sind, sondern einen strafbaren Inhalt nach §§ 86, 130, 130a, 131, 184a, 184b oder § 184c StGB haben und deshalb in Listenteile B bzw. D eingetragen sind. Im Hinblick auf eine Streichung eines nach § 86, § 130 etc. StGB strafbaren Inhaltes ist insb. zweifelhaft, ob das „Nicht-mehr-Vorliegen" der Indizierungsvoraussetzungen allein mit einer behaupteten fehlenden Jugendgefährdung begründet werden kann. Vielmehr ist naheliegend, dass hier auch die **strafrechtliche Tatbestandsmäßigkeit**, die gerade zu einer Indizierung in Listenteile B bzw. D geführt hatte, **weggefallen** sein muss (vgl. Monssen-Engberding/Liesching, BPjM-aktuell 4/2008, 3, 4 ff.). **107**

bb) Mögliche Fälle der Listenstreichung. Inhalte, die seitens eines Gerichts als strafrechtlich relevant eingestuft wurden, sind der jugendschutzrechtlichen Bewertung durch die Gremien der BPjM grundsätzlich nicht mehr zugänglich (ausführl. Monssen-Engberding/Liesching, BPjM-aktuell 4/2008, 3, 4 ff.). Eine Prüfung durch die BPjM im Rahmen eines Antrages auf Listenstreichung könnte z. B. erst dann erfolgen, **108**
– wenn gerichtliche Entscheidungen, die zu einer Listenaufnahme nach Abs. 5 geführt haben, auf einer weiten Straftatbestandsfassung beruhen, die durch **Gesetzesänderung** eingeengt wurde,
– wenn zwischenzeitlich durch andere rechtskräftige Gerichtsentscheidungen eine **strafrechtliche Relevanz verneint** worden ist,
– wenn zwischenzeitlich bundesgerichtliche und/oder obergerichtliche Rspr. zu einer **einschränkenden Auslegung** betroffener Straftatbestände

geführt hat und die vormalige Gerichtsentscheidung, die eine Listenaufnahme nach § 18 Abs. 5 zur Folge hatte, aufgrund der überholten weiten Tatbestandsauslegung ergangen war,
– wenn die ursprüngliche gerichtliche Entscheidung, aufgrund derer eine Listenaufnahme nach § 18 Abs. 5 JuSchG erfolgte oder die nach der Listenaufnahme in darauf folgenden Jahren seitens der Strafverfolgungsbehörden als relevant im Sinne des Abs. 5 eingestuft wurden, zwischenzeitlich aus inhaltlichen Gründen **aufgehoben** wurde.

109 Auch soweit zuerst eine B-Indizierung und erst nachfolgend die bundesweite Beschlagnahme erfolgt, kann die BPjM eine Listenstreichung nur vornehmen, wenn die Szenen, die für die Beschlagnahme relevant waren, in den Objekten nicht mehr enthalten sind. Auch die Anwendung der **automatischen Listenstreichung nach 25 Jahren** (§ 18 Abs. 7 JuSchG) auf Medien, bei denen ein Gericht rechtskräftig die o.g. Tatbestände des Strafrechts festgestellt hat, ist zu verneinen (s. u. Rn. 98 ff.). Eine Listenstreichung könnte auch hier erst in den oben genannten Fällen erfolgen (vgl. Monssen-Engberding/Liesching, BPjM-aktuell 4/2008, 3, 4 ff.).

110 **d) Verfahren.** Wird bekannt, dass die Voraussetzungen der Listenaufnahme bei einem Medium nicht mehr vorliegen, wird die BPjM gemäß § 21 Abs. 5 Nr. 2 auf Veranlassung der Vorsitzenden der Bundesprüfstelle von Amts wegen tätig (unklar insoweit die RE-Begr., wonach nur in Zweifelsfällen die BPjM veranlasst werden soll, vgl. BT-Drs. 14/9013, S. 26). Die Bundesprüfstelle kann nach § 23 Abs. 4 im **vereinfachten Verfahren** entscheiden, wenn mindestens zehn Jahre seit Aufnahme des betreffenden Mediums in die Liste vergangen sind; wird insoweit kein Konsens erzielt, entscheidet das 12er-Gremium (vgl. etwa den Fall der beantragten Listenstreichung des Musikalbums „Geschwisterliebe" der Musikgruppe „Die Ärzte"; ausführlich Bochmann, BPjM-aktuell, 1/2005, 7 ff.).

3. Ablauf von 25 Jahren (Satz 2)

111 **a) Allgemeines.** Die Vorschrift legt die automatische Löschung nach 25 Jahren fest, welche der Gesetzgeber „angesichts nicht unbeträchtlicher zeitgebundener Bewertungsdifferenzen" für gerechtfertigt hält (vgl. BT-Drs. 14/9013, S. 26; Monssen-Engberding/Liesching, BPjM-aktuell 4/2008, 3, 4; für Computerspiele wird die Frist als zu lang kritisiert, vgl. Köhne, MMR 2003, XVI; ders., AfP 2002, 203). Sollte das Medium nach Zeitablauf gleichwohl **noch jugendgefährdend** i. S. d. § 18 Abs. 1 sein, muss erneut eine Entscheidung über die Aufrechterhaltung der Indizierung nach § 21 Abs. 5 Nr. 3 herbeigeführt werden.

112 **b) Auswirkungen der Verjährung von gerichtlichen Entscheidungen.** Fraglich ist, ob die Nichtzuständigkeit der BPjM im vorbenannten Rahmen durch die automatische Listenstreichung nach 25 Jahren durchbrochen wird, sobald die rechtskräftige gerichtliche Entscheidung über die bundesweite Beschlagnahme/Einziehung zwischenzeitlich verjährt ist. Auch wenn zumindest überwiegend die Auffassung vertreten wird, dass auch Beschlagnahme- und Einziehungsbeschlüsse der **drei- bzw. zehnjährigen**

Liste jugendgefährdender Medien **§ 18 JuSchG**

Verjährungsfrist unterliegen (vgl. Köhler/Distler, in: BPjM-Aktuell, 3/2004, S. 4, 5), so begründet dies noch keine Kompetenz und Zuständigkeit der BPjM zur Listenstreichung. Denn auch hier bewendet es im Sinne der Vorgaben des § 18 Abs. 5 JuSchG dabei, dass eine gerichtliche Entscheidung gegeben ist, die in der Begründung einen Medieninhalt als materiell tatbestandsmäßig bezeichnet. Gerade auf diese gerichtliche Feststellung bezieht sich der Gesetzgeber ungeachtet einer etwaigen Verjährung der Entscheidung (s.a. BT-Drs. 13/7934, S. 42).

Eine Verjährungsregelung enthält das Jugendschutzgesetz nicht. Die Verjährungsregelung ist eine Vorschrift der StPO. Das Strafrecht kennt zwei Formen der Verjährung: die Verfolgungs- und die Vollstreckungsverjährung. Die Verfolgungsverjährung bestimmt eine Zeitdauer, nach der ein bestimmtes Delikt nicht mehr verfolgt wird. Die Vollstreckungsverjährung tritt ein, wenn die rechtskräftig verhängte Strafe oder Maßnahme nach § 11 Abs. 1 Nr. 8 StGB in Folge Zeitablaufs nicht mehr vollstreckt werden darf. Nicht eine Straftatbestandsmäßigkeit verjährt, sondern die Möglichkeit der Verfolgung oder Vollstreckung. Gesetzgeberisches Ziel dieser Verjährungsfristen ist es nicht, eine Neubewertung des Tatbestandes zu ermöglichen (z. B. aufgrund gewandelter gesellschaftlicher Wertmaßstäbe), was sich auch in der relativen Kürze der entsprechenden Verjährungsfristen ausdrückt. Vielmehr dienen die Verjährungsfristen der **Rechtssicherheit**, indem sichergestellt wird, dass Verfolgung und Vollstreckung einer konkreten Straftat nicht unendlich drohen, sondern nach einem bestimmten Zeitablauf zur Wiederherstellung eines Rechtsfriedens aufgegeben werden (Ausnahme: § 78 StGB Abs. 1, Mord). 113

Die Verjährung der Beschlagnahme/der Einziehung eines Mediums wegen strafrechtlicher Verstöße ist somit unabhängig vom Inhalt des Mediums. Was als jugendgefährdend einzustufen ist, kann nach 25 Jahren die Gesellschaft unter Berücksichtigung der aktuell maßgeblichen Wert- und Moralvorstellungen sowie auch unter Berücksichtigung der aktuellen Wirkungsforschung neu definiert werden. Die meisten der in § 18 Abs. 5 JuSchG aufgeführten **Tatbestände** des StGB aber sind **veränderten gesellschaftlichen Moral- oder Wertvorstellung** gar **nicht zugänglich**. Wer Propagandamittel verfassungsfeindlicher Organisationen verbreitet (§ 86 StGB), macht sich so lange strafbar, wie diese Organisation verboten ist. Wer zum Rassenhass aufstachelt oder wer den Holocaust leugnet (§ 130 StGB) ebenso. Auch in den Fällen der §§ 184 ff. StGB erscheint zweifelhaft, wie eine Schrift allein durch Zeitablauf ihren pornographischen Charakter verlieren kann, zumal die Pornographiekriterien der Rspr. (z. B. sexuell grob anreißerischer Charakter, Stimulierungstendenz) seit den 1970er Jahren nahezu unverändert sind. 114

Dies muss auch für den in den geschilderten Verfahren betroffenen § 131 StGB gelten. Auch bei § 131 StGB handelt es sich nicht um Prognosen der Gefährdung und Beeinträchtigung, sondern um die Subsumtion rein deskriptiver Tatbestandsmerkmale. Ist aber eine dargestellte Gewalttätigkeit einmal grausam und liegt eine unmenschliche Gewalttätigkeit nach gerichtlicher Entscheidung vor, so kann allein **durch Zeitablauf** die Grausamkeit oder die Unmenschlichkeit **kaum verloren** gehen. Die weiteren in § 131 StGB enthaltenen Tatbestandsmerkmale sind Begrifflichkeiten, die mit 115

JuSchG § 18 IV. Abschnitt. BPjM

Moral- und Wertvorstellungen ebenfalls nichts zu tun haben (beispielsweise: „schildern", s. hierzu § 131 StGB Rn. 13 ff.).

116 Das JuSchG bezieht sich nicht auf die Verjährungsfristen der StPO. Mit der Vorschrift zur automatischen Listenstreichung nach 25 Jahren enthält das JuSchG (§ 18 Abs. 7) nur eine der Verjährung in der Form ähnliche Vorschrift. Diese bezieht sich jedoch nur auf Trägermedien, die nach zeitbezogener jugendschutzrechtlicher Würdigung als jugendgefährdend eingestuft wurden und bei denen – wie bereits oben ausgeführt – im Regelfall nach 25 Jahren eine veränderte Bewertung aufgrund gewandelter Wert- und Moralvorstellungen zu erwarten ist. Aufgrund dieser Erwartung handelt es sich bei der Listenstreichung nach 25 Jahren um einen **automatischen Wirkungsverfall** der Indizierungsfolgen, der keines gesonderten Verwaltungsaktes bedarf. Während eine Indizierung erst wirksam wird, wenn die Listeneintragung bekannt gemacht wurde, gilt dies für die automatische Listenstreichung nicht. Das Medium unterliegt nach Fristablauf nicht mehr den Indizierungsfolgen, auch wenn die Herausnahme aus der Liste noch nicht vollzogen wurde. Für Fälle, in denen auch nach 25 Jahren die Jugendgefährdung fortbesteht, ermöglicht das Gesetz die Folgeindizierung. Als das JuSchG 2003 in Kraft getreten ist, waren alle Medien automatisch aus der Liste gestrichen, die vor 1978 indiziert worden sind. Die automatische Streichungsfrist zielt somit nicht auf solche Medien, deren Inhalt ein Gericht als strafrechtlich relevant (und damit nur als auch jugendgefährdend) eingestuft hat.

117 Die deklaratorische Indizierung nach § 18 Abs. 5 JuSchG kann nach Auffassung der BPjM nicht nach 25 Jahren **zu einem anderen Verwaltungsakt** werden. Dafür spricht auch die Tatsache, dass § 21 Abs. 7 JuSchG das Verfahren nach § 18 Abs. 5 JuSchG nicht einbezieht und der Urheberin oder dem Urheber in diesen Fällen keine Gelegenheit zur Stellungnahme gewährt werden muss. In den Fällen des § 18 Abs. 5 JuSchG informiert die BPjM lediglich darüber, dass das Objekt im nächsten Bundesanzeiger eingetragen wird, wobei dies nach dem Wortlaut der Vorschrift noch nicht einmal erforderlich ist.

118 Wie bereits erläutert, hat die Listenaufnahme nach der Amtlichen Begründung nur **deklaratorische Bedeutung**, weil diese Medien bereits nach § 15 Abs. 2 Nr. 1 JuSchG den jugendschutzrechtlichen Restriktionen des § 15 Abs. 1 JuSchG unterworfen sind (vgl. BT-Drs. 14/9013, S. 26). Die Verjährungsfristen der Beschlagnahme- und Einziehungsbeschlüsse können in diesen Fällen nicht herangezogen werden. Dies auch schon deshalb nicht, weil die Entscheidungen nach § 18 Abs. 5 JuSchG sich auch auf die Fälle beziehen, in denen es nicht zu einer Einziehung oder Beschlagnahme gekommen ist, sondern beispielsweise nur zu einem Strafbefehl oder Strafurteil, in dem festgestellt wurde, dass eine Tatbestandmäßigkeit im Sinne des § 131 StGB vorliegt.

XI. Verhältnis zu anderen jugendschutzrechtlichen Bewertungen (Abs. 8)

1. Anwendungsausschluss bei FSK-/USK-Kennzeichnung

Die Regelung des Abs. 8 Satz 1 entspricht den vor Inkrafttreten des JuSchG 119
geltenden Bestimmungen des § 6 Abs. 7 und § 7 Abs. 5 JÖSchG. Sie korrespondiert mit § 14 **Abs. 3 Satz 1, Abs. 4**, wonach im Falle einer Indizierung oder des Vorliegens der Voraussetzungen einer Listenaufnahme keine Alterskennzeichnung mehr in Betracht kommt (vgl. § 14 Rn. 35 ff.). Auch die vormals nicht geregelte Konstellation, dass ein mit einem indizierten Medium wesentlich gleicher Inhalt eine Kennzeichnung erhalten hat und gleichwohl ein Verfahren nach § 21 Abs. 5 Nr. 1 möglich war (vgl. BGH NJW 1995, 865, 866), ist nunmehr wegen § 14 Abs. 4 S. 1 nur dann denkbar, wenn die obersten Landesbehörden bzw. die Freiwillige Selbstkontrolle die **Inhaltsgleichheit** übersehen hat. Durch den gegenseitigen Anwendungsausschluss wird mithin weitgehend eine Doppelarbeit verschiedener Stellen und einander widersprechende Entscheidungen von Jugendschutzbehörden vermieden (vgl. auch BT-Drs. 14/9013, S. 26).

2. Indizierungssperre bei KJM-Bewertung (Satz 2)

a) Geltungsbereich. Die Vorschrift regelt eine generelle Indizierungs- 120
sperre für bestimmte Telemedien, namentlich solche, die nach Entscheidung der zentralen Aufsichtsstelle der Länder (KJM, vgl. § 14 JMStV) die Voraussetzungen der Listenaufnahme nicht erfüllen. In Ermangelung einer § 18 Abs. 6 2. Hs (Rn. 102) entsprechenden Ausnahmeklausel gilt dies selbst dann, wenn die BPjM die Inhalte des Telemediums ganz **offensichtlich** für **jugendgefährdend** erachtet und eine Ablehnung der Indizierung mit Blick auf die Spruchpraxis der Bundesprüfstelle für unvertretbar hält. Allerdings steht in streitigen Fällen der antragstellenden Behörde (§ 21 Abs. 2) auch insoweit der **Rechtsweg gemäß § 25 Abs. 2** offen. Die Verwaltungsgerichte werden sich sodann nicht nur mit der Frage zu befassen haben, ob ein Fall der § 18 Abs. 8 S. 2 vorliegt, sondern auch, ob das in Rede stehende Telemedium jugendgefährdend i. S. d. § 18 Abs. 1 ist und ggf. eine Indizierung durch die BPjM entgegen der Entscheidung der Länderaufsichtsstelle erfolgen muss.

b) Einschränkungen bei Alt-Kennzeichnungen. Die Übergangsvor- 121
schrift des § 29 lockert für bereits vor Inkrafttreten des JuSchG vorgenommene Alterskennzeichnungen die Sperrwirkung des § 18 Abs. 8 S. 1 insofern, als die nach vormaligem Recht mit „**Nicht freigegeben unter 18 Jahren**" gekennzeichneten Bildträger von der BPjM (§ 17 Rn. 1 ff.) in die Liste jugendgefährdender Medien aufgenommen werden können (vgl. auch BT-Drs. 14/9013, S. 30). Die Norm soll Wertungswidersprüche mit in der Vergangenheit nach § 6 Abs. 3 Nr. 5 i. V. m. § 7 Abs. 2 JÖSchG ergangenen Kennzeichnungen von Trägermedien vermeiden (s.a. Stumpf, 2009, S. 146 f.).

3. Berücksichtigung von Entscheidungen anerkannter Selbstkontrolleinrichtungen (Satz 3)

122 Die Vorschrift stärkt faktisch die Bedeutung anerkannter (vgl. § 19 Abs. 3 u. 4 JMStV) freiwilliger Selbstkontrolleinrichtungen im Bereich der Telemedien. Die BPjM darf ein von einer Selbstkontrolle zuvor bewertetes Telemedium nur dann indizieren, wenn die zentrale Aufsichtsstelle der Länder dessen Inhalt für jugendgefährdend i. S. d. § 18 Abs. 1 hält. Dieser **Entscheidungsvorrang der KJM** soll nach der Begründung des Regierungsentwurfs durch „Vermeidung von Doppelarbeit" (BT-Drs. 14/9013, S. 26) zur Effizienz des Jugendmedienschutzes beitragen. In praxi können aufgrund der Regelung bei der Indizierung eines Telemediums indes 4 unterschiedliche Stellen beteiligt sein (antragstellende Behörde, BPjM, Freiwillige Selbstkontrolle und die zentrale Aufsichtsstelle der Länder – KJM), was zu nicht **unerheblichen Verfahrensverzögerungen** führen kann. Bezüglich der Entscheidung der Länderaufsichtsstelle wird daher entsprechend § 21 Abs. 6 S. 3 nach Ablauf einer Frist von 5 Werktagen nach Entscheidungsaufforderung durch die BPjM ebenfalls eine Fiktion der Indizierungszustimmung anzunehmen sein. Hält im Übrigen die KJM ein Telemedium – auch entgegen der Bewertung einer Einrichtung der freiwilligen Selbstkontrolle – für jugendgefährdend, so wird sie über einen eigenen Indizierungsantrag (§ 21 Abs. 2) die Entscheidung der BPjM gemäß § 18 Abs. 6 1.Hs (Rn. 100 f.) weitgehend an die eigene Einschätzung binden können.

§ 19 Personelle Besetzung

(1) ¹**Die Bundesprüfstelle für jugendgefährdende Medien besteht aus einer oder einem von dem Bundesministerium für Familie, Senioren, Frauen und Jugend ernannten Vorsitzenden, je einer oder einem von jeder Landesregierung zu ernennenden Beisitzerin oder Beisitzer und weiteren von dem Bundesministerium für Familie, Senioren, Frauen und Jugend zu ernennenden Beisitzerinnen oder Beisitzern.** ²**Für die Vorsitzende oder den Vorsitzenden und die Beisitzerinnen oder Beisitzer ist mindestens je eine Stellvertreterin oder ein Stellvertreter zu ernennen.** ³**Die jeweilige Landesregierung kann ihr Ernennungsrecht nach Absatz 1 auf eine oberste Landesbehörde übertragen.**

(2) ¹**Die von dem Bundesministerium für Familie, Senioren, Frauen und Jugend zu ernennenden Beisitzerinnen und Beisitzer sind den Kreisen**
1. der Kunst,
2. der Literatur,
3. des Buchhandels und der Verlegerschaft,
4. der Anbieter von Bildträgern und von Telemedien,
5. der Träger der freien Jugendhilfe,
6. der Träger der öffentlichen Jugendhilfe,
7. der Lehrerschaft und

8. der Kirchen, der jüdischen Kultusgemeinden und anderer Religionsgemeinschaften, die Körperschaften des öffentlichen Rechts sind,

auf Vorschlag der genannten Gruppen zu entnehmen. ²Dem Buchhandel und der Verlegerschaft sowie dem Anbieter von Bildträgern und von Telemedien stehen diejenigen Kreise gleich, die eine vergleichbare Tätigkeit bei der Auswertung und beim Vertrieb der Medien unabhängig von der Art der Aufzeichnung und der Wiedergabe ausüben.

(3) ¹Die oder der Vorsitzende und die Beisitzerinnen oder Beisitzer werden auf die Dauer von drei Jahren bestimmt. ²Sie können von der Stelle, die sie bestimmt hat, vorzeitig abberufen werden, wenn sie der Verpflichtung zur Mitarbeit in der Bundesprüfstelle für jugendgefährdende Medien nicht nachkommen.

(4) Die Mitglieder der Bundesprüfstelle für jugendgefährdende Medien sind an Weisungen nicht gebunden.

(5) ¹Die Bundesprüfstelle für jugendgefährdende Medien entscheidet in der Besetzung von zwölf Mitgliedern, die aus der oder dem Vorsitzenden, drei Beisitzerinnen oder Beisitzern der Länder und je einer Beisitzerin oder einem Beisitzer aus den in Absatz 2 genannten Gruppen bestehen. ²Erscheinen zur Sitzung einberufene Beisitzerinnen oder Beisitzer oder ihre Stellvertreterinnen oder Stellvertreter nicht, so ist die Bundesprüfstelle für jugendgefährdende Medien auch in einer Besetzung von mindestens neun Mitgliedern beschlussfähig, von denen mindestens zwei den in Absatz 2 Nr. 1 bis 4 genannten Gruppen angehören müssen.

(6) ¹Zur Anordnung der Aufnahme in die Liste bedarf es einer Mehrheit von zwei Dritteln der an der Entscheidung mitwirkenden Mitglieder der Bundesprüfstelle für jugendgefährdende Medien. ²In der Besetzung des Absatzes 5 Satz 2 ist für die Listenaufnahme eine Mindestzahl von sieben Stimmen erforderlich.

Schrifttum: *BPjM*-Jahresstatistik 2009, BPjM-aktuell 1/2010, 13 = JMS-Report 2/2010, 10; *Frenzel,* Von Josefine Mutzenbacher zu American Psycho – Das Jugendschutzgesetz 2002 und das Ende des Gesetzes über die Verbreitung jugendgefährdender Schriften und Medieninhalte?, AfP 2002, 191; *Geis,* Josefine Mutzenbacher und die Kontrolle der Verwaltung, NVwZ 1992, 25; *Monssen-Engberding,* Die Spruchpraxis der Bundesprüfstelle für jugendgefährdende Medien, KJM-Schriftenreihe I (2009), S. 107; *dies.,* Die Spruchpraxis der BPjM, BPjM-aktuell 4/2009, 3; *Monssen-Engberding/Bochmann,* Die neuen Regelungen zum Jugendschutzrecht aus der Sicht der BPjM, KJuG 2005, 55; *Monssen-Engberding/Liesching,* Rechtliche Fragestellungen der Listenführung, BPjM-aktuell 4/2008, 3; *Stumpf,* Jugendschutz oder Geschmackszensur?, 2009.

Übersicht

	Rn.
I. Allgemeines	1
II. Zusammensetzung der BPjM (Abs. 1)	2
1. Beteiligung von Bund und Ländern	2
2. BPjM-Mitglieder	3

a) Amtsausgestaltung der Mitglieder	3
b) Ernennung	4
c) BPjM-Entscheidungsinstitute	5
d) Befangenheit eines BPjM-Mitglieds	6
e) Pluralistische Besetzung, Sachverständigenstatus	7
III. Beisitzer aus gesellschaftlichen Gruppen (Abs. 2)	8
1. Verfassungsrechtliches Normierungserfordernis	8
2. Abbildung des Medienspektrums	9
3. Bindung des BMFSFJ an Vorschläge	10
IV. Dauer der Amtszeit (Abs. 3)	11
V. Weisungsfreiheit der BPjM-Mitglieder (Abs. 4)	12
1. Allgemeines	12
2. Weisungen	13
3. Pflichten der BPjM-Mitglieder, Dienstaufsicht	14
VI. Entscheidung durch 12er-Gremium (Abs. 5)	15
1. Besetzung (Satz 1)	15
2. Beschlussfähigkeit (Satz 2)	16
VII. Indizierung bei qualifizierter Mehrheit (Abs. 6)	17
1. Erforderliche Beschlussmehrheiten	17
2. Erfasste Beschlüsse	18
3. Ablehnung von Indizierungsanträgen, verfahrensleitende Beschlüsse	19

I. Allgemeines

1 Die Vorschrift regelt die personelle Zusammensetzung der Bundesprüfstelle für jugendgefährdende Medien (BPjM, vgl. § 17 Rn. 1 ff.). Sie legt insb. durch die Festlegung der Kreise, aus denen die Beisitzerinnen und Beisitzer von Seiten des BMFSFJ zu benennen sind, die Grundlage für die **pluralistische Zusammensetzung der Gremien**, die vor allem bei Fragen der Jugendgefährdung einen möglichst breiten gesellschaftlichen Konsens über Wertbilder und hiervon abweichenden sozial-ethischen Desorientierungen abbilden sollen (vgl. Rn. 6; s.a. Nikles u.a., Rn. 3). Die Norm regelt weiterhin Teilaspekte der **Amtswahrnehmung**, der Weisungsungebundenheit sowie die Zusammensetzung und Beschlussfähigkeit des 12er-Gremiums.

II. Zusammensetzung der BPjM (Abs. 1)

1. Beteiligung von Bund und Ländern

2 Die Vorschrift des Abs. 1 bestimmt das Bundesministerium für Familie, Senioren, Frauen und Jugend als zuständige Stelle für die Ernennung der Vorsitzenden der BPjM sowie der Gruppenbeisitzer nach § 19 Abs. 2. Das Bundesministerium ernennt auch deren Stellvertreter. Darüber hinaus bestimmen die Länderregierungen jeweils einen Länderbeisitzer und mindestens einen Vertreter. Die Beteiligung der Bundesländer ist wegen der Sachnähe zu der den Ländern zugewiesenen Regelungsmaterie Medien gerechtfertigt (vgl. Gödel, JSchutz BT § 9 Rn. 4).

Personelle Besetzung § 19 JuSchG

2. BPjM-Mitglieder

a) Amtsausgestaltung der Mitglieder. Der Begriff der Mitglieder 3 umfasst die Vorsitzende sowie alle Beisitzer(innen) sowie sämtliche Stellvertreter(innen) (s. a. Nikles, Rn. 8). Die Vorsitzende der BPjM und ihre Stellvertreterin sind **hauptamtlich**, die ca. 30 Länder- und ca. 40 Gruppenbeisitzer bzw. -beisitzerinnen einschließlich ihrer Stellvertreter sind **neben- bzw. ehrenamtlich** tätig. Die Vorsitzende und ihre Stellvertreterin sowie die Beisitzer, die Beamte sind, unterliegen unmittelbar den Vorschriften der §§ 331 f. StGB über Vorteilsannahme und passive Bestechung. Die nicht in einem **Beamtenverhältnis** stehenden Beisitzer (vor allem also solche aus den Kreisen des Abs. 2 Nr. 1 bis 8) unterliegen der Verordnung gegen Bestechung und Geheimnisverrat nichtbeamteter Personen vom 22. 5. 1943 (RGBl. I S. 351).

b) Ernennung. Die Ernennung der Länderbeisitzer obliegt den Landesre- 4 gierungen, welchen nach Satz 3 die Möglichkeit der Delegation auf eine **oberste Landesbehörde** eingeräumt wird (vgl. BT-Drs. 14/9013, S. 26). Die Gruppenbeisitzer und ihre Stellvertreter werden dabei auf Vorschlag der aus Abs. 2 Nrn. 1 bis 8 ersichtlichen Verbände und Körperschaften ernannt. Wiederernennung ist zulässig. Eine **vorzeitige Abberufung** ist außer bei schwerwiegender strafrechtlicher Verurteilung nur möglich, wenn ein Mitglied der Verpflichtung zur Mitarbeit in der BPjM nicht nachkommt. In diesem Zusammenhang ist darauf hinzuweisen, dass **Stimmenthaltung** immer zulässig ist (vgl. schon E/K/Steindorf, § 9 GjSM Rn. 6). Die Verbände und Institutionen benennen Mitglieder und Stellvertreter nach dem für sie geltenden Satzungs- oder sonstigen Recht. Die Gruppen- und Länderbeisitzer(innen) nehmen ihr Amt ehrenamtlich (vgl. §§ 81 bis 85 VwVfG) und nicht ständig wahr, sondern nur in dem im Voraus festgelegten Wechsel, ähnlich wie die Schöffen, Arbeits- und Sozialgerichtsbeisitzer. **Personelle Anforderungen** an die Beisitzer wie berufliche Qualifikationen und Fähigkeiten stellt das JuSchG nicht auf. Gleichwohl wird zu fordern sein, dass wenigstens die Vorschriften der § 32 f. GVG über Unfähigkeit und mangelnde Eignung für das Schöffenamt Berücksichtigung finden (ebenso Nikles u. a., Rn. 4).

c) BPjM-Entscheidungsinstitute. Im JuSchG sind drei Arten von Ent- 5 scheidungsgremien der BPjM vorgesehen: Das Zwölfer-Gremium (§ 19 Abs. 5), das Dreier-Gremium (§ 23) oder die Vorsitzende allein (§§ 15 Abs. 3, 18 Abs. 6). Die **Reihenfolge**, in der die Beisitzer an den einzelnen Verhandlungen teilnehmen, ist von der Vorsitzenden der BPjM für einen bestimmten Zeitraum – 1 Jahr – im voraus festzulegen, um im Einzelfall den Anschein zu vermeiden, es könnten gerade für diesen Fall besonders ausgesuchte Mitglieder herangezogen worden sein (vgl. § 12 Abs. 2 DVO JuSchG).

d) Befangenheit eines BPjM-Mitglieds. Ein Mitglied der BPjM kann 6 sich bei der Entscheidung eines Einzelfalls selbst für befangen erklären oder von einem Verfahrensbeteiligten mit der Begründung abgelehnt werden, es liege ein Grund vor, der geeignet ist, gegenüber der **Unparteilichkeit** des Mitglieds Misstrauen zu hegen (§ 6 Abs. 1 u. 2 DVO JuSchG). Die Ablehnung durch einen Beteiligten soll schriftlich spätestens bis zum dritten Tag vor der Verhandlung der BPjM mitgeteilt werden. Der **Ablehnungsgrund** ist glaubhaft zu machen. Über den Antrag entscheiden die übrigen Mitglieder der Bundesprüfstelle nach Anhörung des betreffenden Mitglieds mit einfacher Stimmenmehrheit. Der Beschluss ist **unanfechtbar** (vgl. § 6 Abs. 3 DVO JuSchG). Wird der Antrag abgelehnt, kann auf Anfechtungsklage gegen die Sachentscheidung der BPjM geprüft werden, ob die Ablehnung zu Recht erfolgte. Wirkt die Vorsitzende oder ein Beisitzer wegen Befangenheit nicht an der Entscheidung mit, so tritt deren Vertreterin an ihre Stelle.

7   e) **Pluralistische Besetzung, Sachverständigenstatus.** Nach der Rspr. des Bundesverwaltungsgerichts lässt die Regelung in § 19 erkennen, dass die Zusammensetzung des Spruchgremiums vermutete Fachkenntnisse und Elemente **gesellschaftlicher Repräsentanz** verbindet (vgl. BVerwGE 91, 211, 216). Die Besetzung der BPjM biete danach die Gewähr, dass bei der Entscheidung über die Aufnahme einer Schrift in die Liste die verschiedenen Gruppen unserer pluralistischen Gesellschaft mitwirken. Die Einschätzungen der BPjM haben daher den Gehalt einer **sachverständigen Äußerung** (BVerwG aaO.; VG Köln MMR 2008, 358, 359; VG Köln NJOZ 2006, 3565, 3569; VG Köln ZUM 2006, 501, 504; vgl. auch BVerwG NJW 1997, 602). Ein der verwaltungsgerichtlichen Überprüfung entzogener Beurteilungsspielraum steht der Bundesprüfstelle indes nicht zu (vgl. oben § 17 Rn. 4 ff.).

III. Beisitzer aus gesellschaftlichen Gruppen (Abs. 2)

1. Verfassungsrechtliches Normierungserfordernis

8   Die dem Absatz 2 vormals im Wesentlichen entsprechende Vorschrift des § 9 Abs. 2 GjSM wurde bis zur Einfügung des § 9a GjSM (nunmehr § 20 JuSchG) durch Gesetz vom 29. 10. 1993 (BGBl. I S. 1817) wegen seiner unzureichenden Regelung als **verfassungswidrig** erachtet (BVerfGE 83, 130, 149; vgl. Geis, NVwZ 1992, 25, 29 ff.). Da das Indizierungsverfahren sich unmittelbar auf die Kunstfreiheit auswirkt und dem Interesse an einer möglichst umfassenden Ermittlung aller bei der Indizierungsentscheidung zu beachtenden Gesichtspunkte dient, ist der Gesetzgeber verpflichtet, die Verfahrensvorschriften hinsichtlich der Zusammensetzung der BPjM **rechtssatzförmig festzulegen** (vgl. BVerfGE 83, 130, 152 f.).

2. Abbildung des Medienspektrums

9   Gegenüber der vor Inkrafttreten des JuSchG geltenden Bestimmung des § 9 Abs. 2 GjSM ändert sich, dass § 9 Abs. 2 Nr. 3 und 4 in Nummer 3 („des Buchhandels und der Verlegerschaft") zusammengefasst werden und in Nummer 4 die entsprechend den neuen Medien notwendige Beteiligung der Anbieter von **Bildträgern** (vgl. § 12 Rn. 2) und **Telemedien** (§ 1 Rn. 13) ergänzt wird. Hierdurch verändert sich die Besetzung der 12er-Gremiums (Abs. 5) insofern, als statt bisher zwei nur noch ein Beisitzer aus den Kreisen des **Buchhandels** und der **Verlegerschaft** rekrutiert, dafür der gleichsam

"frei gewordene Platz" durch den Beisitzer aus den Kreisen der Bildträger- bzw. Telemedienanbieter besetzt wird (vgl. BT-Drs. 14/9013, S. 26). Hierdurch wird auch der gewachsenen Bedeutung neuer Medien Rechnung getragen (vgl. Nikles u.a., Rn. 3).

3. Bindung des BMFSFJ an Vorschläge

An die Ernennungsvorschläge der in § 20 aufgeführten Organisationen ist 10 das Bundesministerium für Familie, Senioren, Frauen und Jugend insofern gebunden, als es **keine anderen Personen berufen** darf. Eine **Ablehnung** eines einzelnen Vorschlags ist freilich zulässig (so bereits Löffler/Gödel, § 9 Rn. 6), hingegen nicht die Ablehnung sämtlicher Vorschläge (Ukrow, Rn. 531; a. A. Löffler/Altenhain, Rn. 4).

IV. Dauer der Amtszeit (Abs. 3)

Abs. 3 Satz 1 beschränkt die Dauer der Amtszeit der Vorsitzenden und der 11 Beisitzer auf drei Jahre. Ihre **Wiederernennung** ist zulässig (Scholz, § 9 Anm. 2). Ebenso können sie von der ernennenden Stelle nach Satz 2 vorzeitig abberufen werden, wenn sie ihren Verpflichtungen nicht nachkommen. Dies wird nicht schon bei bloßer **Stimmenthaltung** anzunehmen sein (vgl. auch Nikles, u.a., Rn. 6), jedoch jedenfalls dann, wenn sich der oder die Vorsitzende oder Beisitzer(innen) als bestechlich oder gleichermaßen unwürdig erwiesen haben (LNK/Knupfer, Rn. 4).

V. Weisungsfreiheit der BPjM-Mitglieder (Abs. 4)

1. Allgemeines

Die verfassungsrechtliche Notwendigkeit (vgl. BVerfGE 83, 130, 150) der 12 Weisungsfreiheit i. S. d. Abs. 4 erstreckt sich auf sämtliche Mitglieder der BPjM. Sie führt zu quasi-richterlicher Unabhängigkeit (vgl. Art. 97 GG, § 25 DRiG; zustimmend Nikles u.a., Rn. 8), welche nur durch die **Dienstaufsicht** des Bundesministeriums in Bereichen beschränkt wird, welche mit der **„erkennenden" Funktion** der Angehörigen der Bundesprüfstelle nicht in Berührung kommen (so schon Scholz, Anm. zu § 10). Eine weitergehende ministerielle Aufsicht und Weisungskompetenz wäre mit der der BPjM immanenten besonderen Sachkunde und einer gewissen Staatsferne nicht zu vereinbaren.

2. Weisungen

Der Begriff der Weisungen ist im weitesten Sinne, nicht nur im technischen 13 Sinne des Dienstrechts zu verstehen. Erfasst werden ebenso die Weisungen des Dienstvorgesetzten wie der Regierung, der gesetzgebenden Körperschaften oder auch anderer Stellen, die über eine bloße Kritik hinaus ein Mitglied der BPjM oder mehrere Mitglieder zu einer bestimmten **Entscheidung veranlassen** wollen (vgl. Schmidt-Räntsch/Schmidt-Räntsch, DRiG,

5. Aufl. 1995, § 25 Rn. 6). Die bloße Stellung eines **Indizierungsantrags** durch das Bundesministerium für Familie, Senioren, Frauen und Jugend stellt selbstverständlich keine Weisung dar. In der Praxis demonstrieren die BPjM-Gremien ihre Unabhängigkeit gerade dadurch, dass Anträgen des BMFSFJ im Einzelfall keine Entscheidung zur Listenaufnahme folgt (vgl. BPjS-Entsch. Nr 5116 v. 16. 5. 2002 – „Counter Strike").

3. Pflichten der BPjM-Mitglieder, Dienstaufsicht

14 Die Mitglieder der BPjM haben das Beratungs- und Abstimmungsgeheimnis zu wahren, ihr Amt gewissenhaft und **unparteiisch** auszuführen sowie die Vorschriften gegen **Bestechung** und Geheimnisverrat zu beachten. Hierauf werden sie vor Aufnahme ihrer Tätigkeit von der Vorsitzenden verpflichtet. **Dienstaufsicht** des Bundesministeriums besteht indes etwa im Hinblick auf Verfügungen und Anordnungen der **Vorsitzenden**, etwa auf die rechtzeitige Eintragung oder Streichung in der Liste, die Bekanntmachung im Bundesanzeiger, die Zustellungen an Beteiligte und die Einhaltung der Verschwiegenheitspflicht durch die Mitglieder. Für (formlos mögliche) **Dienstaufsichtsbeschwerden** ist die/der Bundesminister/in für Familie, Senioren, Frauen und Jugend zuständig. Keine Aufsicht besteht freilich im Bezug auf Entscheidungen der Vorsitzenden nach § 21 Abs. 5 (vgl. dort Rn. 8).

VI. Entscheidung durch 12er-Gremium (Abs. 5)

1. Besetzung (Satz 1)

15 Die Vorschrift des Abs. 5 S. 1 manifestiert als Entscheidungsinstanz ein 12er-Gremium, das sich aus der Vorsitzenden, acht Gruppenbeisitzern und drei Länderbeisitzern zusammensetzt. Die Vorsitzende hat die **Reihenfolge**, in der die Beisitzer an den einzelnen Verhandlungen teilnehmen für einen bestimmten Zeitraum (1 Jahr) im Voraus festzulegen, um den Anschein der Manipulation zu vermeiden (vgl. § 12 Abs. 2 DVO JuSchG; LNK/Knupfer, Rn. 6).

2. Beschlussfähigkeit (Satz 2)

16 Die Beschlussfähigkeit des 12er-Gremiums trotz Säumnis von bis zu drei Mitgliedern ergibt sich aus Satz 2. Eine ordnungsgemäße Besetzung fehlt indes, wenn ein Beisitzer zwar erscheint, sich jedoch nicht in der Lage sieht, an der **Entscheidungsfindung mitzuwirken**, weil ihm die erforderlichen Unterlagen vor der Sitzung nicht zugesandt worden sind (BVerwG NJW 1989, 412; weitere Einzelfälle bei Löffler/Ricker, 60. Kap. Rn. 34). Auch bei Befangenheit muss der Vertreter des betreffenden Beisitzers mitentscheiden mit der Folge, dass ggf. der Termin zu verlegen ist. Der Verfahrensmangel kann in diesen Fällen auch nicht durch Verlust des Rügerechts infolge **Verzichts** (§§ 67 Abs. 2 Nr. 1 bis 4, 71 Abs. 3 Satz 3 VwVfG) unbeachtlich werden, da die Beteiligten nicht über die in § 19 vorgesehene pluralistische Besetzung der BPjM disponieren können (BVerwG aaO.).

VII. Indizierung bei qualifizierter Mehrheit (Abs. 6)

1. Erforderliche Beschlussmehrheiten

Die in Abs. 6 S. 1 festgelegte qualifizierte Mehrheit von zwei Dritteln 17
der an der Entscheidung mitwirkenden Mitglieder der BPjM ist bei einer
Entscheidung im Zwölfer-Gremium erforderlich. Die Mindestzahl von sieben Stimmen nach Satz 2 bezieht sich auf den Fall, dass nur neun Mitglieder an der Sitzung teilnehmen und die Voraussetzung des Abs. 5 S. 2 für die Beschlussfähigkeit erfüllt ist. Damit ist sichergestellt, dass Minderheitsauffassungen nicht allzu leicht überstimmt werden und die Listenaufnahme auf **breiter Grundlage** erfolgt (vgl. BVerfG NJW 1991, 1471).

2. Erfasste Beschlüsse

Diese Mehrheitsverhältnisse sind erforderlich für Entscheidungen nach § 18 18
Abs. 1 ggf. in Verbindung mit § 21 Abs. 1, 4 oder 5, § 22 oder § 23 Abs. 1
S. 2, Abs. 3 oder 6. In den Fällen des § 23 Abs. 5 (vorläufige Anordnung) des
§ 23 Abs. 1 (vereinfachtes Verfahren) und des § 23 Abs. 4 i. V. m. 21 Abs. 5
Nr. 2 (Listenstreichung nach Ablauf von zehn Jahren) bedarf es hingegen des
einstimmigen Beschlusses der drei zur Entscheidung berufenen Mitglieder. Bei der Beratung und Abstimmung dürfen nur die zur Entscheidung berufenen Mitglieder der Bundesprüfstelle und mit Genehmigung des Vorsitzenden solche Personen anwesend sein, die der BPjM zur Ausbildung im höheren Dienst zugeteilt sind. Diese Personen sind verpflichtet, über den Hergang bei der Beratung und **Abstimmung Stillschweigen** zu bewahren
(§ 9 Abs. 1 DVO JuSchG).

3. Ablehnung von Indizierungsanträgen, verfahrensleitende Beschlüsse

Aus den nach § 13 erforderlichen Mehrheitsverhältnissen folgt selbstver- 19
ständlich, dass es für die Ablehnung von Indizierungsanträgen keiner Mehrheit bedarf. Es genügt, wenn die für die Indizierung erforderliche qualifizierte
Mehrheit nicht zustande kommt. Für verfahrensleitende Beschlüsse z. B.
über die Anhörung eines Sachverständigen (vgl. § 7 Abs. 1 S. 2 DVO JuSchG)
oder über einen Ablehnungsantrag wegen Befangenheit gegen einen Beisitzer genügt die **einfache Mehrheit** der teilnehmenden Mitglieder.

§ 20 Vorschlagsberechtigte Verbände

(1) ¹**Das Vorschlagsrecht nach § 19 Abs. 2 wird innerhalb der nachfolgenden Kreise durch folgende Organisationen für je eine Beisitzerin oder einen Beisitzer und eine Stellvertreterin oder einen Stellvertreter ausgeübt:**
1. **für die Kreise der Kunst durch**
   Deutscher Kulturrat,
   Bund Deutscher Kunsterzieher e.V.,

Künstlergilde e.V.,
Bund Deutscher Grafik-Designer,
2. für die Kreise der Literatur durch
Verband deutscher Schriftsteller,
Freier Deutscher Autorenverband,
Deutscher Autorenverband e.V.,
PEN-Zentrum,
3. für die Kreise des Buchhandels und der Verlegerschaft durch
Börsenverein des Deutschen Buchhandels e.V.,
Verband Deutscher Bahnhofsbuchhändler,
Bundesverband Deutscher Buch-, Zeitungs- und Zeitschriftengrossisten e.V.,
Bundesverband Deutscher Zeitungsverleger e.V.,
Verband Deutscher Zeitschriftenverleger e.V.,
Börsenverein des Deutschen Buchhandels e.V. – Verlegerausschuss,
Arbeitsgemeinschaft der Zeitschriftenverlage (AGZV) im Börsenverein des Deutschen Buchhandels,
4. für die Kreise der Anbieter von Bildträgern und von Telemedien durch
Bundesverband Video,
Verband der Unterhaltungssoftware Deutschland e.V.,
Spitzenorganisation der Filmwirtschaft e.V.,
Bundesverband Informationswirtschaft, Telekommunikation und neue Medien e.V.,
Deutscher Multimedia Verband e.V.,
Electronic Commerce Organisation e.V.,
Verband der Deutschen Automatenindustrie e.V.,
IVD Interessengemeinschaft der Videothekare Deutschlands e.V.,
5. für die Kreise der Träger der freien Jugendhilfe durch
Bundesarbeitsgemeinschaft der Freien Wohlfahrtspflege,
Deutscher Bundesjugendring,
Deutsche Sportjugend,
Bundesarbeitsgemeinschaft Kinder- und Jugendschutz (BAJ) e.V.,
6. für die Kreise der Träger der öffentlichen Jugendhilfe durch
Deutscher Landkreistag,
Deutscher Städtetag,
Deutscher Städte- und Gemeindebund,
7. für die Kreise der Lehrerschaft durch
Gewerkschaft Erziehung u. Wissenschaft im Deutschen Gewerkschaftsbund,
Deutscher Lehrerverband,
Verband Bildung und Erziehung,
Verein Katholischer deutscher Lehrerinnen und
8. für die Kreise der in § 19 Abs. 2 Nr. 8 genannten Körperschaften des öffentlichen Rechts durch
Bevollmächtigter des Rates der EKD am Sitz der Bundesrepublik Deutschland,
Kommissariat der deutschen Bischöfe – Katholisches Büro in Ber-

Vorschlagsberechtigte Verbände § 20 JuSchG

lin,
Zentralrat der Juden in Deutschland.
²Für jede Organisation, die ihr Vorschlagsrecht ausübt, ist eine Beisitzerin oder ein Beisitzer und eine stellvertretende Beisitzerin oder ein stellvertretender Beisitzer zu ernennen. ³Reicht eine der in Satz 1 genannten Organisationen mehrere Vorschläge ein, wählt das Bundesministerium für Familie, Senioren, Frauen und Jugend eine Beisitzerin oder einen Beisitzer aus.
(2) ¹Für die in § 19 Abs. 2 genannten Gruppen können Beisitzerinnen oder Beisitzer und stellvertretende Beisitzerinnen und Beisitzer auch durch namentlich nicht bestimmte Organisationen vorgeschlagen werden. ²Das Bundesministerium für Familie, Senioren, Frauen und Jugend fordert im Januar jedes Jahres im Bundesanzeiger dazu auf, innerhalb von sechs Wochen derartige Vorschläge einzureichen. ³Aus den fristgerecht eingegangenen Vorschlägen hat es je Gruppe je eine zusätzliche Beisitzerin oder einen zusätzlichen Beisitzer und eine stellvertretende Beisitzerin oder einen stellvertretenden Beisitzer zu ernennen. ⁴Vorschläge von Organisationen, die kein eigenes verbandliches Gewicht besitzen oder eine dauerhafte Tätigkeit nicht erwarten lassen, sind nicht zu berücksichtigen. ⁵Zwischen den Vorschlägen mehrerer Interessenten entscheidet das Los, sofern diese sich nicht auf einen Vorschlag einigen; Absatz 1 Satz 3 gilt entsprechend.
⁶Sofern es unter Berücksichtigung der Geschäftsbelastung der Bundesprüfstelle für jugendgefährdende Medien erforderlich erscheint und sofern die Vorschläge der innerhalb einer Gruppe namentlich bestimmten Organisationen zahlenmäßig nicht ausreichen, kann das Bundesministerium für Familie, Senioren, Frauen und Jugend auch mehrere Beisitzerinnen oder Beisitzer und stellvertretende Beisitzerinnen oder Beisitzer ernennen; Satz 5 gilt entsprechend.

Schrifttum: *BPjM*-Jahresstatistik 2009, BPjM-aktuell 1/2010, 13 = JMS-Report 2/2010, 10; *Geis*, Josefine Mutzenbacher und die Kontrolle der Verwaltung, NVwZ 1992, 25; *Monssen-Engberding*, Die Spruchpraxis der Bundesprüfstelle für jugendgefährdende Medien, KJM-Schriftenreihe I (2009), S. 107; *dies.*, Die Spruchpraxis der BPjM, BPjM-aktuell 4/2009, 3; *Monssen-Engberding/Bochmann*, Die neuen Regelungen zum Jugendschutzrecht aus der Sicht der BPjM, KJuG 2005, 55; *Monssen-Engberding/Liesching*, Rechtliche Fragestellungen der Listenführung, BPjM-aktuell 4/2008, 3; *Stumpf*, Jugendschutz oder Geschmackszensur?, 2009.

I. Allgemeines

Die Vorschrift trägt den **verfassungsrechtlichen Anforderungen** Rechnung, welche das BVerfG an die gesetzliche Normierung gestellt hat (vgl. BVerfGE 83, 130, 149 sowie § 19 Rn. 8). Die in Abs. 1 namentlich bestimmten und den in § 19 Abs. 2 bezeichneten Gruppen zugeordneten **Organisationen** entsprechen im Wesentlichen denjenigen Verbänden, die bereits nach der vor Inkrafttreten des JuSchG in 2003 geltenden Regelung des § 9a GjSM

1

JuSchG § 20 IV. Abschnitt. BPjM

Beisitzer gestellt (s. aber Rn. 2) und damit die Aufgabenerfüllung der Bundesprüfstelle für jugendgefährdende Schriften mitgetragen haben.

II. Namentlich genannte Organisationen (Abs. 1)

2   Entsprechend der Erweiterung des § 19 Abs. 2 wurde das Vorschlagsrecht der Organisationen für die Kreise des Buchhandels und der Verlegerschaft in Nr. 3 zusammengefasst. Das Vorschlagsrecht der Organisationen für die Kreise der **Anbieter von Bildträgern und von Telemedien** ist gemäß Nr. 4 hinzugekommen (vgl. BT-Drs. 14/9013, S. 26; zu weiteren terminologischen und durch Sitzortswechsel von Organisationen bedingten **Anpassungen** BT-Drs. 14/9410, S. 31). Die genannten Organisationen sind nach ihrem Erscheinungsbild so bedeutend und in ihrem Fortbestand gesichert, dass es sachgerecht erscheint, sie im Gesetz zu erwähnen und ihnen je ein eigenes Vorschlagsrecht für einen Beisitzer und einen stellvertretenden Beisitzer zuzuordnen. Sie werden ergänzt um diejenigen Organisationen, die von ihrer fachlichen Ausrichtung und **gesellschaftlichen Bedeutung** her zwar ebenfalls zur Mitarbeit in der Bundesprüfstelle berufen sind, sich an deren Entscheidungstätigkeit jedoch noch nicht bzw. nicht mehr beteiligt haben.

III. Namentlich nicht bestimmte Organisationen (Abs. 2)

1. Allgemeines

3   Innerhalb der in § 19 Abs. 2 bezeichneten Gruppen werden durch Abs. 2 neben namentlich bestimmten auch namentlich nicht bestimmte Organisationen erfasst. Die nicht bestimmten Organisationen werden durch Bekanntmachung im **Bundesanzeiger** in einem einjährigen Turnus auf die Möglichkeit der Mitwirkung bei der Bundesprüfstelle hingewiesen und das Verfahren hierfür gesondert geregelt. Für beide Kategorien von Organisationen besteht damit nach Maßgabe der bestehenden Berufungs- und Verfahrensregelungen die **Möglichkeit der Mitwirkung**. Die vom Bundesverfassungsgericht (E 83, 130, 153) eigens hervorgehobene Zielsetzung, die in den beteiligten Kreisen vertretenen Auffassungen zumindest tendenziell **vollständig** zu erfassen, wird damit realisiert.

2. Generalklauselartige Fassung

4   Auf eine Unterscheidung in gesetzlich bestimmte und nicht bestimmte, also nur nach abstrakt formulierten Kriterien definierte Organisationen konnte nicht verzichtet werden, da es sich hier um ein **Veränderungen** unterworfenes Spektrum kleinerer, Organisationsänderungen ausgesetzter und zum Teil auch in ihrem längerfristigen Bestand nicht gesicherter Zusammenschlüsse handelt. Eine **Fluktuation**, wie sie sich insb. in der Auflösung bestehender und in der Gründung neuer Verbände darstellt, ist mit einer auf Dauer angelegten, Rechte und ggf. Pflichten begründenden namentlichen Erfassung in einem Gesetz nicht vereinbar. Die **sachgerechte Lösung** dieses

Konfliktes muss daher darin gesucht werden, den hier nicht namentlich bestimmten, aber gleichwohl den Gruppen zuzuordnenden Verbänden über eine Generalklausel die Mitwirkung zu ermöglichen.

3. Ausschluss kleinerer Organisationen (Satz 4)

Dabei erscheint es sachgerecht, kleinste oder nur vorübergehende Gründungen gemäß Satz 4 von der Mitwirkung in der Bundesprüfstelle auszuschließen. Die diesbezügliche Regelung soll vermeiden, dass z. B. **kleinste Vereine**, die kaum ein Mindestmaß an verbandlicher Struktur und an fachspezifischen Aktivitäten aufzuweisen haben oder eine dauerhafte Tätigkeit nicht erwarten lassen, die Möglichkeit erhalten, auf die Entscheidungsfindung bei der Bundesprüfstelle Einfluss zu nehmen.

4. Vorschlags- und Ernennungspraxis

a) Anforderungen. Für die Ernennungspraxis bei den Gruppenbeisitzern gilt durchweg, dass eine Ernennung ohne Vorschlag nicht zulässig ist, jedoch eine Auswahl durch den Bundesminister für Familie, Senioren, Frauen und Jugend stattfindet, sofern der Vorschlag einer Organisation mehrere Namen enthält. Wird von der Möglichkeit **mehrerer Vorschläge** Gebrauch gemacht, ist davon auszugehen, dass der betreffende Verband dem Bundesministerium für Familie, Senioren, Frauen und Jugend die freie **Auswahl** überlassen will, ohne diese von einer Erörterung mit dem vorschlagenden Verband oder Dritten – etwa konkurrierenden Verbänden – abhängig machen zu wollen. Mit Rücksicht auf die geringere Bedeutung namentlich nicht bestimmter Organisationen kommt in der Regel je Gruppe nur je ein zusätzlicher ordentlicher und stellvertretender Beisitzer in Betracht. Eine Ausnahme hiervon gilt lediglich im Bedarfsfall. Übersteigt die Zahl der Vorschläge in diesen Fällen die Zahl der in einer Gruppe zu ernennenden Beisitzer und Stellvertreter, so kommt es zunächst auf eine **Einigung** der vorschlagenden Organisationen an. Im Nichteinigungsfalle ist der Losentscheid sachgerecht, da eine Tätigkeit als Beisitzer bei der Bundesprüfstelle für jugendgefährdende Medien neben der Fähigkeit zur Repräsentation der in den beteiligten Kreisen vertretenen Auffassungen eine Qualifikation, an die die Auswahl anknüpfen könnte, nicht voraussetzt.

b) Namentlich nicht benannte Verbände. Die Namen der **drei Verbände**, die zwar nicht in Abs. 1 aufgeführt sind, aber gemäß Abs. 2 eigene Beisitzerinnen und Beisitzer benannt haben lauten:
– Für die Kreise der Anbieter von Bildträgern und von Telemedien: Bundesverband Erotik Handel e.V.;
– Für die Kreise der Lehrerschaft: Gemeinschaft evangelischer Erzieher e.V.;
– Für die Kreise der Religionsgemeinschaften, die Körperschaften des öffentlichen Rechts: Bund freireligiöser Gemeinden Deutschlands.

§ 21 Verfahren

(1) **Die Bundesprüfstelle für jugendgefährdende Medien wird in der Regel auf Antrag tätig.**

JuSchG § 21 IV. Abschnitt. BPjM

(2) Antragsberechtigt sind das Bundesministerium für Familie, Senioren, Frauen und Jugend, die obersten Landesjugendbehörden, die zentrale Aufsichtsstelle der Länder für den Jugendmedienschutz, die Landesjugendämter, die Jugendämter sowie für den Antrag auf Streichung aus der Liste und für den Antrag auf Feststellung, dass ein Medium nicht mit einem bereits in die Liste aufgenommenen Medium ganz oder im Wesentlichen inhaltsgleich ist, auch die in Absatz 7 genannten Personen.

(3) Kommt eine Listenaufnahme oder eine Streichung aus der Liste offensichtlich nicht in Betracht, so kann die oder der Vorsitzende das Verfahren einstellen.

(4) Die Bundesprüfstelle für jugendgefährdende Medien wird von Amts wegen tätig, wenn eine in Absatz 2 nicht genannte Behörde oder ein anerkannter Träger der freien Jugendhilfe dies anregt und die oder der Vorsitzende der Bundesprüfstelle für jugendgefährdende Medien die Durchführung des Verfahrens im Interesse des Jugendschutzes für geboten hält.

(5) Die Bundesprüfstelle für jugendgefährdende Medien wird auf Veranlassung der oder des Vorsitzenden von Amts wegen tätig,
1. wenn zweifelhaft ist, ob ein Medium mit einem bereits in die Liste aufgenommenen Medium ganz oder im Wesentlichen inhaltsgleich ist,
2. wenn bekannt wird, dass die Voraussetzungen für die Aufnahme eines Mediums in die Liste nach § 18 Abs. 7 Satz 1 nicht mehr vorliegen, oder
3. wenn die Aufnahme in die Liste nach § 18 Abs. 7 Satz 2 wirkungslos wird und weiterhin die Voraussetzungen für die Aufnahme in die Liste vorliegen.

(6) ¹Vor der Entscheidung über die Aufnahme eines Telemediums in die Liste hat die Bundesprüfstelle für jugendgefährdende Medien der zentralen Aufsichtsstelle der Länder für den Jugendmedienschutz Gelegenheit zu geben, zu dem Telemedium unverzüglich Stellung zu nehmen. ²Die Stellungnahme hat die Bundesprüfstelle für jugendgefährdende Medien bei ihrer Entscheidung maßgeblich zu berücksichtigen. ³Soweit der Bundesprüfstelle für jugendgefährdende Medien eine Stellungnahme der zentralen Aufsichtsstelle der Länder für den Jugendmedienschutz innerhalb von fünf Werktagen nach Aufforderung nicht vorliegt, kann sie ohne diese Stellungnahme entscheiden.

(7) Der Urheberin oder dem Urheber, der Inhaberin oder dem Inhaber der Nutzungsrechte sowie bei Telemedien dem Anbieter ist Gelegenheit zur Stellungnahme zu geben.

(8) ¹Die Entscheidungen sind
1. bei Trägermedien der Urheberin oder dem Urheber sowie der Inhaberin oder dem Inhaber der Nutzungsrechte,
2. bei Telemedien der Urheberin oder dem Urheber sowie dem Anbieter,

3. der antragstellenden Behörde,
4. dem Bundesministerium für Familie, Senioren, Frauen und Jugend, den obersten Landesjugendbehörden und der zentralen Aufsichtsstelle der Länder für den Jugendmedienschutz

zuzustellen. ²Sie hat die sich aus der Entscheidung ergebenden Verbreitungs- und Werbebeschränkungen im Einzelnen aufzuführen. ³Die Begründung ist beizufügen oder innerhalb einer Woche durch Zustellung nachzureichen.

(9) Die Bundesprüfstelle für jugendgefährdende Medien soll mit der zentralen Aufsichtsstelle der Länder für den Jugendmedienschutz zusammenarbeiten und einen regelmäßigen Informationsaustausch pflegen.

(10) ¹Die Bundesprüfstelle für jugendgefährdende Medien kann ab dem 1. Januar 2004 für Verfahren, die auf Antrag der in Absatz 7 genannten Personen eingeleitet werden und die auf die Entscheidung gerichtet sind, dass ein Medium
1. nicht mit einem bereits in die Liste für jugendgefährdende Medien aufgenommenen Medium ganz oder im Wesentlichen inhaltsgleich ist oder
2. aus der Liste für jugendgefährdende Medien zu streichen ist,

Kosten (Gebühren und Auslagen) erheben. ²Das Bundesministerium für Familie, Senioren, Frauen und Jugend wird ermächtigt, durch Rechtsverordnung mit Zustimmung des Bundesrates die gebührenpflichtigen Tatbestände und die Gebührensätze näher zu bestimmen. ³Das Verwaltungskostengesetz findet Anwendung.

Schrifttum: *BPjM*-Jahresstatistik 2009, BPjM-aktuell 1/2010, 13 = JMS-Report 2/2010, 10; *Geis*, Josefine Mutzenbacher und die Kontrolle der Verwaltung, NVwZ 1992, 25; *Monssen-Engberding*, Die Spruchpraxis der Bundesprüfstelle für jugendgefährdende Medien, KJM-Schriftenreihe I (2009), S. 107; *dies.*, Die Spruchpraxis der BPjM, BPjM-aktuell 4/2009, 3; *Monssen-Engberding/Bochmann*, Die neuen Regelungen zum Jugendschutzrecht aus der Sicht der BPjM, KJuG 2005, 55; *Monssen-Engberding/ Liesching*, Rechtliche Fragestellungen der Listenführung, BPjM-aktuell 4/2008, 3; *Stumpf*, Jugendschutz oder Geschmackszensur?, 2009.

Übersicht

	Rn.
I. Allgemeines	1
1. Regelungsinhalt und Bedeutung	1
2. Ergänzung um Vorschrift zur Kostenerhebung	2
II. Antragsgrundsatz (Abs. 1)	3
1. Formale Antragsvoraussetzungen	3
2. Rücknahme und erneute Antragstellung	4
3. Wirkung des Antrags	5
III. Antragsberechtigte Stellen (Abs. 2)	6
1. Indizierungsantragsberechtigte	6
2. Weitere Antragsberechtigte bei Listenstreichung u. Festellung fehlender Inhaltsgleichheit	7
IV. Einstellung des Verfahrens (Abs. 3)	8
1. Allgemeines	8

JuSchG § 21   IV. Abschnitt. BPjM

    2. Offensichtliches Fehlen der Indizierungs- bzw. Streichungs-
       voraussetzungen 9
    3. Verfahrenseinstellung bei gerichtlicher Entscheidung über
       Strafrechtsrelevanz 10
  V. Tätigwerden von Amts wegen (Abs. 4 u. 5) 11
    1. Auf Anregung und im Interesse des Jugendschutzes
       (Abs. 4) 11
       a) Allgemeines 11
       b) Anregung durch berechtigte Stelle 12
       c) Gebotenheit des Tätigwerdens 13
    2. Weitere Ausnahmefälle (Abs. 5) 14
       a) Allgemeines 14
       b) Zweifel an Inhaltsgleichheit (Nr. 1) 15
       c) Wegfall der Indizierungsvoraussetzungen (Nr. 2) 17
       d) Neuindizierung nach Fristablauf 18
  VI. Beteiligung der KJM (Abs. 6) 19
    1. Allgemeines 19
    2. Gelegenheit zur unverzüglichen Stellungnahme (Satz 1) .. 20
    3. Maßgebliche Berücksichtigung (Satz 2) 21
    4. Kurze Frist (Satz 3) 22
  VII. Anhörung Beteiligter (Abs. 7) 23
    1. Allgemeines 23
    2. Urheber, Nutzungsrechteinhaber, Telemedienanbieter 24
    3. Einschränkungen 25
  VIII. Zustellung der Entscheidungen (Abs. 8) 26
  IX. Zusammenarbeit mit KJM (Abs. 9) 27
  X. Kostenerhebung (Abs. 10) 28
    1. Geltungsbereich 28
    2. GebO BPjM 29

I. Allgemeines

1. Regelungsinhalt und Bedeutung

1   Der nach der vor Inkrafttreten des JuSchG geltenden Bestimmung des § 11 Abs. 2 GjSM manifestierte starre **Antragsgrundsatz** im Indizierungsverfahren wird nunmehr durch die flexiblere Norm des § 21 aufgeweicht, wenngleich die BPjM gemäß Absatz 1 auch weiterhin „in der Regel" nur auf Antrag tätig wird. Allerdings sehen die Absätze 4 und 5 **weitreichende Ausnahmetatbestände** vor, welche die Bedeutung der Bundesprüfstelle stärken und den Aufgabenbereich der Vorsitzenden erweitern (krit. Köhne, MMR 12/2002, XXV, XXVI). Im Jahr 2009 verzeichnete die Bundesprüfstelle für jugendgefährdende Medien (BPjM, § 17 Rn. 1 ff.) insgesamt **1322 Verfahrenseingänge**, davon 416 auf Antrag (Abs. 1), 462 auf Anregungen (Abs. 4) und 439 durch (sonstiges) Tätigwerden von Amts wegen (Abs. 5) (vgl. **BPjM-Jahresstatistik** 2009, BPjM-aktuell 1/2010, 13 ff. = JMS-Report 2/2010, 10 ff.)

2. Ergänzung um Vorschrift zur Kostenerhebung

2   Die Vorschrift des Abs. 10, welche der Bundesprüfstelle für jugendgefährdende Medien (BPjM, vgl. § 17 Rn. 1 ff.) die Möglichkeit der Kostenerhe-

Verfahren § 21 JuSchG

bung für Anträge auf Festellung der fehlenden Inhaltsgleichheit und auf Listenstreichung einräumt, wurde nachträglich – ebenso wie eine Änderung des Abs. 2 im Bezug auf Antragsberechtigte – durch **Gesetz v. 29. 12. 2003 (BGBl. I S. 3076)** mit Wirkung vom 1. 1. 2004 eingefügt.

II. Antragsgrundsatz (Abs. 1)

1. Formale Antragsvoraussetzungen

Der Antrag auf Indizierung ist **schriftlich** oder elektronisch zu stellen und zu begründen. Dem Antrag soll bei Trägermedien mindestens ein **Exemplar** und bei Telemedien mindestens ein Ausdruck der dem Antrag zugrunde liegenden Web-Seiten beigefügt werden. Wird der Antrag durch **Telefax** oder elektronisch übermittelt, so müssen die erforderlichen Anlagen nachgereicht werden (vgl. § 2 Abs. 2 DVO JuSchG). Werden wegen der gleichen Schrift **mehrere Anträge** gestellt, so wird über sämtliche Anträge in einem einheitlichen Verfahren entschieden (§ 3 DVO JuSchG). 3

2. Rücknahme und erneute Antragstellung

Eine Rücknahme des Antrags ist bis zur Verkündung der Entscheidung möglich. Die erneute Stellung eines von der BPjM abgelehnten Antrages dürfte mit der Behauptung einer die Jugendgefährdung begründenden Änderung der Verhältnisse möglich sein. Die **Wiederaufnahme** eines Verfahrens ist im Rahmen der allgemeinen Grundsätze des Verwaltungsverfahrensrechts über die Wiederaufnahme möglich (BVerwGE 39, 197). 4

3. Wirkung des Antrags

Wird ein Antrag durch eine nach Abs. 2 berechtigte Stelle bei der BPjM unter Beachtung der formalen Voraussetzungen eingereicht, muss sich die Bundesprüfstelle hiermit **zwingend befassen** (zutreffend Stumpf, 2009, S. 118). Eine Einstellung im Vorfeld des Verfahrens durch die Vorsitzende ist nach Abs. 3 möglich. 5

III. Antragsberechtigte Stellen (Abs. 2)

1. Indizierungsantragsberechtigte

Die in Abs. 2 genannten antragsberechtigten Stellen entsprechen im Wesentlichen den bereits in der vormals maßgeblichen Bestimmung der § 2 DVO GjS genannten. Die Regelung wurde – auch im Bezug auf die Beantragung der Streichung eines Mediums aus der Liste – wegen ihrer **grundlegenden Bedeutung** (BT-Drs. 14/9013, S. 26 f.) nunmehr in das Gesetz aufgenommen. Die Antragsberechtigung wird entsprechend der Eckpunktevereinbarung zwischen Bund und Ländern auf die zentrale Aufsichtsstelle der Länder, namentlich der Kommission für Jugendmedienschutz (**KJM**, vgl. § 14 Abs. 2 JMStV) erweitert (BT-Drs. 14/9013, S. 27). Erstreckt sich deren Aufsichtspraxis auch 6

JuSchG § 21 IV. Abschnitt. BPjM

vorwiegend auf Telemedien, ist die Befugnis für die Stellung eines Indizierungsantrags hierauf nicht beschränkt, sondern kann im Einzelfall auch **Trägermedien** betreffen, welche der zentralen Länderstelle im Rahmen der Sichtung von Rundfunkangeboten oder Informations- und Kommunikationsdiensten zur Kenntnis gelangen (zustimmend Nikles u.a., Rn. 3).

2. Weitere Antragsberechtigte bei Listenstreichung u. Festellung fehlender Inhaltsgleichheit

7   Für den Antrag auf Streichung aus der Liste und für den Antrag auf Feststellung, dass ein Medium nicht mit einem bereits in die Liste aufgenommenen Medium ganz oder im Wesentlichen inhaltsgleich ist, sind nach **Erweiterung des Abs. 2** durch das Gesetz v. 29. 12. 2003 (BGBl. I S. 3076) auch die in Abs. 7 genannten Personen (s. Rn. 23 ff.) antragsberechtigt. Dies gilt auch und gerade für den häufigen Fall der zwischenzeitlichen Rechtsnachfolger (Nutzungsrechteinhaber). Die Antragsberechtigten haben indes die **Verfahrenskosten** im Rahmen des Abs. 10 i. V. m. GebO-BPjM zu tragen.

IV. Einstellung des Verfahrens (Abs. 3)

1. Allgemeines

8   Durch die nach Absatz 3 für die Vorsitzende bestehende Möglichkeit der Verfahrenseinstellung ohne Mitwirkung des Gremiums in solchen Fällen, in denen die Voraussetzungen für eine Listenaufnahme offensichtlich nicht gegeben sind, wird das **Gremium entlastet** und der **Verfahrensablauf** bei der Bundesprüfstelle **gestrafft** (vgl. BVerwG NJW 1999, 75, 77). Damit wird auch ein Beitrag zur Verbesserung der Möglichkeiten der Bundesprüfstelle geleistet, auf jugendgefährdende Angebote unverzüglich zu reagieren (vgl. auch Steindorf, § 2 GjSM Rn. 5). Die Einstellung kann sowohl bei Anträgen auf Listenaufnahme als auch bei solchen auf Streichung erfolgen (Nikles u.a. Rn. 4). In der Praxis kommt es sehr selten zu entsprechenden Verfahrenseinstellungen (vgl. Monssen-Engberding/Bochmann, KJuG 2005, 55 ff.; Nikles, u.a. Rn. 5; Stumpf, 2009, S. 118).

2. Offensichtliches Fehlen der Indizierungs- bzw. Streichungsvoraussetzungen

9   Offensichtlich nicht indizierungsfähig sind Träger- und Telemedien, wenn ihre Inhalte so harmlos sind, dass sich ihre Unbedenklichkeit für jeden unvoreingenommenen Betrachter sofort erschließt (vgl. BVerfGE 77, 358; Ukrow, Rn. 542; Stumpf, 2009, S. 118). Die Vorgaben sind entsprechend für die Offensichtlichkeit des Fehlens der Streichungsvoraussetzungen anzuwenden.

3. Verfahrenseinstellung bei gerichtlicher Entscheidung über Strafrechtsrelevanz

10   Medien, die seitens eines **Gerichts** als strafrechtlich relevant nach § 86, § 130, § 130a, § 131, § 184a, § 184b oder § 184c StGB eingestuft worden sind

Verfahren **§ 21 JuSchG**

und deshalb in Listenteil B und D eingetragen sind, sind der jugendschutzrechtlichen **Bewertung** durch die BPjM-Gremien grundsätzlich (zu den Ausnahmen siehe § 18 Rn. 108) **nicht mehr zugänglich** (vgl. Monssen-Engberding/Liesching, BPjM-aktuell 4/2008, 3 ff.). Liegt kein Ausnahmefall vor, können gleichwohl gestellte Anträge auf Listenstreichung oder Umtragung in Teil A bzw. C nach Abs. 3 eingestellt werden.

V. Tätigwerden von Amts wegen (Abs. 4 u. 5)

1. Auf Anregung und im Interesse des Jugendschutzes (Abs. 4)

a) Allgemeines. Die Vorschrift regelt eine weitreichende Ausnahme vom 11
Antragserfordernis nach Abs. 1. Der Gesetzgeber hat diese insb. mit Blick auf die hohe **Fluktuation von Telemedien** in den Datennetzen für notwendig erachtet (vgl. BT-Drs. 14/9013, S. 27). Auch Trägermedien werden im Interesse eines effektiven Jugendmedienschutzes mit einbezogen. In der Praxis erfolgten im Jahr 2009 mehr Anregungen zur Indizierung (462) als Anträge nach Abs. 1 (416) (vgl. BPjM-Jahresstatistik 2009, BPjM-aktuell 1/2010, 13 ff. = JMS-Report 2/2010, 10 ff.). Die Ausnahme vom Antragserfordernis wird nur bei kumulativem Vorliegen zweier Voraussetzungen gewährt.

b) Anregung durch berechtigte Stelle. Zunächst muss eine Anregung 12
gegenüber der Bundesprüfstelle zum Tätigwerden (Indizierung oder Listenstreichung) von Seiten einer in Abs. 2 nicht genannten **Behörde** oder einem anerkannten **Träger der Jugendhilfe** (hierzu § 4 Rn. 22 ff.) vorliegen. Damit ist gewährleistet, dass die Marktbeobachtung potentiell jugendgefährdender Angebote ausgeweitet wird, aber dennoch eine Vorprüfung erfolgt, die den von der Vorsitzenden der BPjM zu erbringenden Aufwand der Vorbegutachtung reduziert (vgl. BT-Drs. 14/9013, S. 27). Der Begriff der Behörde ist weit zu fassen, sodass auch die organisatorisch der KJM (§ 14 Abs. 2 JMStV) angebundene gemeinsame Stelle Jugendschutz aller Länder („**jugendschutz.net**", vgl. § 18 JMStV) zu entsprechenden Anregungen befugt ist. Daneben kommen insb. Strafverfolgungsbehörden oder – in der Praxis häufig (vgl. BPjM-Jahresstatistik 2009, BPjM-aktuell 1/2010, 13 ff. = JMS-Report 2/2010, 10 ff.) das Bundesamt für Verfassungsschutz, Polizeiämter, Bundes- und Landeskriminalämter, Ordnungs- und Zollämter in Betracht. Der anregenden Stelle kommt indes nicht die Rechtsstellung eines Antragsberechtigten i. S. d. Abs. 2 zu. Insb. ist bei Ablehnung eines Tätigwerdens von Seiten der Bundesprüfstelle der **Rechtsweg** zu den Verwaltungsgerichten nicht eröffnet (vgl. § 25 Abs. 2). Die Anregung ist schriftlich zu begründen (vgl. hierzu und zum übrigen Verfahren § 2 Abs. 2 DVO JuSchG).

c) Gebotenheit des Tätigwerdens. Weiterhin wird die BPjM nur dann 13
tätig, wenn ihre Vorsitzende dies im Interesse des Jugendschutzes für geboten hält. Für diese Bewertung ist entscheidend, ob bei **summarischer Betrachtung** das betreffende Medium möglicherweise geeignet ist, Kinder und Jugendliche in ihrer Entwicklung oder Erziehung zu gefährden. Nicht erforderlich ist, dass die Vorsitzende im Rahmen der Vorprüfung eindeutig von der Einschlägigkeit des Indizierungstatbestandes ausgeht. Dies ist vielmehr

JuSchG § 21 IV. Abschnitt. BPjM

erst Gegenstand des weiteren Verfahrens und wird in den Gremien entschieden. Entsprechend den strafprozessualen Vorschriften über die Verfahrenseröffnung (insb. § 203 StPO) genügt jedenfalls ein **hinreichender Verdacht** auf Jugendgefährdung bei vorläufiger Bewertung des Mediums (vgl. BGHSt 23, 304, 306; zustimmend Nikles u.a., Rn. 6). Bei der Entscheidung über das Tätigwerden steht der Vorsitzenden ein Beurteilungsspielraum zu. Ihre Entscheidung ist gerichtlich unanfechtbar (vgl. § 25).

2. Weitere Ausnahmefälle (Abs. 5)

14 a) **Allgemeines.** Die Vorschrift des Abs. 5 regelt drei weitere Ausnahmefälle vom Antragsgrundsatz des Absatz 1. Danach obliegt es der Vorsitzenden der BPjM, die Bundesprüfstelle zu einem Tätigwerden **von Amts wegen** zu veranlassen, wenn die Voraussetzungen einer der Nrn. 1 bis 3 vorliegen. Die Entscheidung der Vorsitzenden, ob sie die BPjM zum Tätigwerden veranlasst oder nicht, unterliegt nicht der Dienstaufsicht; sie ist insoweit nach § 19 Abs. 4 (vgl. dort Rn. 13) an Weisungen nicht gebunden.

15 b) **Zweifel an Inhaltsgleichheit (Nr. 1).** Ein Zweifelsfall nach Nr. 1 in Bezug auf ein im Wesentlichen inhaltsgleiches Medium kann etwa gegeben sein, wenn der Medieninhalt durch Entfernung von jugendgefährdenden Passagen (z. B. **Schnittfassung**) entschärft worden ist (vgl. OLG Köln, Urteil v. 6. 4. 1993 – 7 U 115/92). Dagegen dürfte die Inhaltsgleichheit stets dann ohne Zweifel zu bejahen sein, wenn der Inhalt lediglich in Form eines **anderen Mediums** (z. B. indizierte Videokassette ist nunmehr als DVD erhältlich) vertrieben wird und allenfalls marginal verändert worden ist (z. B. Filmtitelzusatz, vgl. § 15 Rn. 97 ff.). In zweifelsfreien Fällen der Inhaltsgleichheit (vgl. § 15 Abs. 3) oder fehlenden Inhaltsgleichheit entscheidet die Vorsitzende allein. Bei **Telemedien** ist § 4 Abs. 3 JMStV zu beachten: Bei Vorlage eines gegenüber einem indizierten Werk wesentlich inhaltsveränderten Angebot ist Abs. 5 Nr. 1 entsprechend anwendbar (vgl. § 4 JMStV Rn. 75; a. A. Löffler/Altenhain, Rn. 25); die Entscheidung kann im vereinfachten Verfahren analog § 23 Abs. 1 S. 1 (vgl. dort Rn. 2 ff.) herbeigeführt werden.

16 Im Falle der Veranlassung einer Entscheidung des 12er-Gremiums (§ 19 Abs. 5) der BPjM, ist dem Urheber, Inhaber der Nutzungsrechte bzw. dem Anbieter nach Möglichkeit **Gelegenheit zur Äußerung** zu geben. Die Vorschrift ist verfassungskonform dahingehend auszulegen, dass der Bundesprüfstelle eine umfassende Prüfungsbefugnis zusteht (BVerfG v. 19 7. 1979, BPS-Report 7/1979), so dass Gelegenheit zur Äußerung für Verfasser und Verleger nicht nur – nach Maßgabe von § 21 Abs. 7 – erforderlich, sondern auch sinnvoll ist. Wenn das Gremium eine **Inhaltsgleichheit verneint**, aber die Voraussetzungen des § 18 Abs. 1 für eine Indizierung für gegeben ansieht, ist es zur Listenaufnahme gleichwohl nicht befugt, da anderenfalls das Antragserfordernis (Abs. 1, 2) bzw. das Anregungserfordernis (Abs. 4) von Seiten einer fachkundig vorprüfenden Behörde oder sonstigen Stelle umgangen würde. Eine **analoge Anwendung** des Abs. 5 Nr. 3 kommt insoweit nicht in Betracht. Erweist sich im Rahmen der Beurteilung die Indizierung als nichtig i. S. d. § 44 VwVfG, scheidet eine Listenaufnahme wegen Inhaltsgleichheit aus (VG Köln NJW 1989, 418).

Verfahren **§ 21 JuSchG**

c) Wegfall der Indizierungsvoraussetzungen (Nr. 2). Die Ausnahmeregel der Nr. 2 korrespondiert mit § 18 Abs. 7 S. 1 (vgl. dort Rn. 105 f.). Ein „**Bekannt werden**" des Fehlens der Indizierungsvoraussetzungen liegt vor, wenn die Vorsitzende der Bundesprüfstelle von ihnen Kenntnis erlangt. Auf welchem Wege die BPjM-Vorsitzende hiervon erfährt (z. B. Anregung oder Information durch den Urheber, Verleger oder Anbieter des betreffenden Mediums, eine andere Behörde bzw. sonstige Stellen oder auch durch die öffentliche Berichterstattung), ist unerheblich. Eine Veranlassung zum Tätigwerden wird über den Wortlaut hinaus auch schon dann erforderlich und von der Ausnahmebestimmung erfasst sein, wenn lediglich **begründete Zweifel** am Vorliegen der Voraussetzungen für die Listenaufnahme vorliegen. Die Entscheidung der BPjM ergeht grundsätzlich im **12er-Gremium** (§ 19 Abs. 5). Liegt die Indizierung mindestens zehn Jahre zurück, kann die Listenstreichung nach § 23 Abs. 4 im vereinfachten Verfahren erfolgen. 17

d) Neuindizierung nach Fristablauf. Schließlich gilt nach Nr. 3 eine Ausnahme vom Antragserfordernis des Abs. 1 auch für die neuerliche Indizierung eines Mediums im Fall der automatischen Wirkungslosigkeit einer Listenaufnahme nach Ablauf von 25 Jahren (vgl. § 18 Abs. 7 S. 2). Nach dem Wortlaut kann und soll die Vorsitzende der Bundesprüfstelle ein Tätigwerden der BPjM nur dann veranlassen, wenn weiterhin die Voraussetzungen für die Aufnahme in die Liste vorliegen. Auch insoweit (vgl. schon Rn. 17) wird hinreichend sein, dass die BPjM-Vorsitzende nach summarischer Prüfung **begründete Zweifel** an dem Wegfall der Indizierungsvoraussetzungen hegt, mit anderen Worten ein hinreichender Verdacht der weiterhin gegebenen Eignung zur Gefährdung der Entwicklung oder Erziehung von Kindern oder Jugendlichen besteht. Ob dies tatsächlich der Fall ist, ist sodann im weiteren Verfahren im 12er-Gremium (§ 19 Abs. 5) zu entscheiden. 18

VI. Beteiligung der KJM (Abs. 6)

1. Allgemeines

Bei der Indizierung von Telemedien legt Abs. 6 der Bundesprüfstelle für jugendgefährdende Medien die Pflicht zur Beteiligung der zentralen Aufsichtsstelle der Länder für den Jugendmedienschutz (**KJM**, § 14 Abs. 2 JMStV) an der Entscheidung auf. Hat die Länderaufsichtsstelle bereits vor Anhängigkeit eines Verfahrens nach 18 Abs. 1 entschieden, dass die Voraussetzungen einer Listenaufnahme bei dem betreffenden Telemedium nicht vorliegen, kommt eine Indizierung schon wegen § 18 Abs. 8 S. 2 nicht in Betracht (§ 14 Abs. 1 DVO-JuSchG). Stellt die zentrale Länderstelle selbst einen **Indizierungsantrag**, gilt § 18 Abs. 6. Eine weitere Stellungnahme ist insoweit von Seiten der Bundesprüfstelle auch dann nicht einzuholen, wenn der Antrag auf Listenaufnahme als offensichtlich unbegründet oder mit Blick auf die BPjM-Spruchpraxis als unvertretbar (vgl. oben § 18 Rn. 5 ff.) erachtet wird. Wird ein Telemedium in die Liste jugendgefährdender Medien aufgenommen und ist die Tat im Inland begangen worden, so teilt die BPjM der 19

JuSchG § 21 IV. Abschnitt. BPjM

KJM darüber hinaus auch den Zeitpunkt der Zustellung der Entscheidung mit (§ 15 Abs. 2 DVO JuSchG).

2. Gelegenheit zur unverzüglichen Stellungnahme (Satz 1)

20 Eine solche wird der zentralen Aufsichtsstelle der Länder durch formlose Mitteilung über das anstehende Indizierungsverfahren sowie die genaue **Bezeichnung des Telemediums** gegeben. Die Mitteilung sollte jedoch schriftlich erfolgen. Sie muss gegenüber der zuständigen Kommission für Jugendmedienschutz (KJM, vgl. § 14 JMStV) ergehen, hingegen nicht nur gegenüber der organisatorisch untergeordneten gemeinsamen Stelle Jugendschutz aller Länder („jugendschutz.net", vgl. § 18 JMStV). Aus Praktikabilitäts- und Effizienzgründen ist eine gleichzeitige Information beider Stellen von Seiten der BPjM sinnvoll, wenngleich letztlich die Stellungnahme nur durch die KJM oder in deren Auftrag erfolgen kann. Die KJM hat seit Inkrafttreten des JuSchG bis Februar 2009 insgesamt **1100 Stellungnahmen** an die BPjM übermittelt (vgl. 3. KJM-Bericht, 2009, S. 39).

3. Maßgebliche Berücksichtigung (Satz 2)

21 Nach Satz 2 ist die Stellungnahme der zentralen Aufsichtsstelle der Länder bei der Indizierungsentscheidung maßgeblich zu berücksichtigen. Welches besondere Gewicht der Stellungnahme beizumessen ist, ergibt sich schon aus § 18 Abs. 8 S. 2, der die BPjM bei einer bereits von Seiten der Länderstelle ergangenen Entscheidung des Fehlens der Indizierungsvoraussetzungen in jedem Fall bindet. Entsprechend § 18 Abs. 6 2. Hs wird eine von der Stellungnahme abweichende Entscheidung der Bundesprüfstelle nur dann zulässig sein, wenn die Auffassung der zentralen Aufsichtsstelle der Länder mit der **Spruchpraxis der BPjM** unvereinbar ist. Die Bundesprüfstelle hat dies in der Entscheidungsbegründung im Einzelnen darzulegen. In der Praxis wird die Bewertung der KJM bis auf wenige Einzelfälle von der BPjM übernommen (vgl. 3. KJM-Bericht, 2009, S. 39). Zur Gewährleistung einer **effektiven Zusammenarbeit** informiert die Bundesprüfstelle die Kommission für Jugendmedienschutz neben ihren Entscheidungen über die Listenaufnahme von Telemedien auch über damit zusammenhängende relevante Fragen und Ereignisse (§ 14 Abs. 3 DVO-JuSchG).

4. Kurze Frist (Satz 3)

22 Zur Vermeidung erheblicher Verfahrensverzögerungen regelt Satz 3, dass die BPjM nach Ablauf von fünf Werktagen seit Zugang der Aufforderung gegenüber der zentralen Länderaufsichtsstelle KJM (§ 14 JMStV) zur Stellungnahme auch ohne diese entscheiden kann. Geht eine entsprechende Stellungnahme **verspätet** bei der Bundesprüfstelle ein, hat das zur Entscheidung berufene Gremium nach pflichtgemäßem Ermessen über deren Berücksichtigung zu entscheiden. Insoweit können die zivilprozessualen Grundsätze der **Präklusion** nach §§ 296, 296a ZPO entsprechend angewandt werden (siehe zur Fristberechnung auch Nikles u.a., Rn. 9).

Verfahren § 21 JuSchG

VII. Anhörung Beteiligter (Abs. 7)

1. Allgemeines

Die Vorschrift des Abs. 7 soll trotz einiger redaktioneller Anpassungen 23
an die heutigen Gegebenheiten einer modernen Medienlandschaft nach der
Begründung des Regierungsentwurfs inhaltlich der vormals geltenden
Bestimmung des § 12 GjSM entsprechen (vgl. BT-Drs. 14/9013, S. 27).
Bereits daraus ergibt sich, dass den genannten Beteiligten nicht lediglich ein
Recht zur Stellungnahme vor Beginn des eigentlichen Indizierungsverfahrens, sondern vielmehr grundsätzlich **während des gesamten Verfahrens**
einschließlich eines Anwesenheitsrechts bei den der Entscheidungsfindung
vorausgehenden Verhandlungen des 12er-Gremiums (§ 19 Abs. 5) zusteht.
Nur so wird dem verfassungsrechtlichen Gebot **rechtlichen Gehörs** nach
Art. 103 Abs. 1 GG hinreichend Rechnung getragen (vgl. auch § 8 Abs. 2
DVO JuSchG). Ist das rechtliche Gehör vor Einleitung eines vereinfachten
Verfahrens (§ 23) gewährt worden, so muss es nicht erneut eingeräumt werden, wenn die Entscheidungskompetenz nach § 23 Abs. 1 S. 2 auf das 12er-
Gremium übergeht (vgl. BVerwG NJW 1999, 75, 78).

2. Urheber, Nutzungsrechteinhaber, Telemedienanbieter

Als Urheber ist diejenige Person anzusehen, von welcher der Medieninhalt 24
(geistig) **geschaffen** wurde (vgl. auch § 7 UrhG, § 4 S. 2 DVO JuSchG). Dies
ist bei Schriften der Autor, bei einem Film der **Regisseur** als schöpferischer
Haupturheber, im Einzelfall auch der Produzent als Filmhersteller, nicht
jedoch der Drehbuchautor oder der Filmkomponist (vgl. BVerwG NJW
1999, 75, 76 ff.; OVG Münster Urt. v. 23. 5. 1996 – Az: 20 A 298/94). Wird
im Rahmen der Indizierung eine Photographie beanstandet, ist ggf. schon
zur Ermittlung des Kunstgehaltes der **Photograph** anzuhören (vgl. VG Köln,
MMR 2010, 578 ff.). Inhaber der Nutzungsrechte können insb. **Verleger**,
Produzenten oder Vertriebsgesellschaften sein. Anbieter von Telemedien ist
in erster Linie der sog. **Content-Provider**, dessen eigene oder zu eigen
gemachte Inhalte (vgl. § 7 TMG) Gegenstand des Verfahrens sind; darüber
hinaus auch sog. Host-Service-Provider bzw. **Internetplattform-Betreiber**, die fremde Inhalte möglicherweise wissentlich und im Einverständnis mit
dem Urheber bereithalten (vgl. § 10 TMG; a. A. Löffler/Altenhain, Rn. 40).

3. Einschränkungen

Gelegenheit zur Stellungnahme ist den Beteiligten nur zu gewähren, soweit 25
dies **möglich** ist (vgl. die entsprechende vormalige Regelung des § 12 GjSM,
welche nach BT-Drs. 14/9013, S. 27 inhaltlich fortgelten soll). Daran fehlt
es, wenn der Urheber oder Inhaber des Nutzungsrechtes eines Mediums bzw.
der Anbieter eines Telemediums nicht ermittelbar oder nicht erreichbar ist
(vgl. OVG Münster, Urt. v. 1. 4. 1993, Az: 20 A 2/90). Dies kann insb. bei
Telemedien der Fall sein. Nehmen die genannten Beteiligten ihren Sitz im
Ausland, hindert dies nicht ohne Weiteres ihre Anhörung [zu eng BPjS-

Entsch. Nr. 4694 (V) und 4695 (V) v. 28. 9. 1994, JMS-Report 5/1994, S. 9 ff.]. Nach der Rspr. des BVerfG ist im Verfahren der **vorläufigen Anordnung** nach § 23 Abs. 5, 6 nicht erforderlich, dass den von der Indizierung Betroffenen Gelegenheit zur Stellungnahme eingeräumt wird (BVerfGE 31, 113 ff.; dagegen VG Köln NJW 1989, 417; siehe hierzu unten § 23 Rn. 8 ff.).

VIII. Zustellung der Entscheidungen (Abs. 8)

26   Die Zustellpflicht nach Abs. 8 S. 1 bezieht sich nur auf **abschließende Sachentscheidungen**, nicht auf bloße verfahrensleitende Beschlüsse. Zustellungen erfolgen nach dem Verwaltungszustellungsgesetz v. 3. 7. 1952 (BGBl. I S. 379; siehe auch § 9 Abs. 3 DVO JuSchG). Die gemäß Satz 2 aufzuführenden Bestimmungen der Verbreitungs- und Werbebeschränkungen verdeutlichen im Bezug auf Nrn. 1 und 2 dem Urheber bzw. Anbieter die mit der Entscheidung einhergehenden gesetzlichen Restriktionen und fördern im Bezug auf Nr. 4 die Effizienz der Länderaufsicht im Jugendschutz. Zu den inhaltlichen Anforderungen an die nach Satz 3 beizufügende oder in Wochenfrist nachzureichende schriftliche Entscheidungsbegründung vgl. BVerfG NJW 1994, 1781, 1784 und NJW 1993, 1492; Liesching, JMS-Report 2/1999, S. 7 f.). Die Zustellung der Entscheidung soll innerhalb von **zwei Wochen** nach dem Abschluss der Verhandlung erfolgen (§ 9 Abs. 2 S. 3 DVO JuSchG).

IX. Zusammenarbeit mit KJM (Abs. 9)

27   Durch Absatz 9 soll die Zusammenarbeit und ein regelmäßiger Informationsaustausch zwischen der BPjM und der zentralen Aufsichtsstelle der Länder für den Jugendmedienschutz (KJM, vgl. § 14 Abs. 2 JMStV) gewährleistet werden, die über die ohnehin durch § 18 Abs. 6, 8 und § 21 Abs. 6, 8 Nr. 4 angelegte arbeits- und verfahrenstechnische **Verzahnung** beider Stellen hinausgehen. Der Vorschrift entspricht die identische Länderregelung des **§ 17 Abs. 2 JMStV**. In der Praxis findet sowohl ein Austausch über Kriterien der Jugendgefährdung und der Jugendbeeinträchtigung (vgl. BPjM-aktuell 1/2010, 6, 8) als auch im Hinblick auf die weitere Annäherung der Spruchpraxis beider Institutionen (3. KJM-Bericht, 2009, S. 39) statt.

X. Kostenerhebung (Abs. 10)

1. Geltungsbereich

28   Die Ermächtigung zur Kostenerhebung nach Abs. 10 betrifft nur Verfahren, bei denen von einem besonderen wirtschaftlichen Interesse der Antragsteller ausgegangen werden kann, namentlich für Anträge auf Feststellung fehlender Inhaltsgleichheit sowie auf Listenstreichung. Die Kostenbeteiligung hat in der Praxis auch eine **verfahrensökonomische Lenkfunktion**, da hierdurch verhindert wird, dass Anbieter ohne eigene Vorprüfung pauschal

durch eine Vielzahl von – für sie kostenlosen – Prüfanträgen die BPjM überfrequentieren.

2. GebO BPjM

Aufgrund des durch Art. 3 des G. v. 29. 12. 2003 (BGBl. I S. 3076) eingefügten Abs. 10 S. 2 i. V. m. dem 2. Abschnitt des Verwaltungskostengesetzes wurde durch das Bundesministerium für Familie, Senioren, Frauen und Jugend die Verordnung über die Erhebung von Gebühren durch die Bundesprüfstelle für jugendgefährdende Medien vom 28. April 2004 (BGBl. I S. 691) mit Wirkung vom 1. 1. 2004 erlassen. Danach kann die BPjM die Entscheidung über einen Antrag von der Zahlung eines angemessenen **Vorschusses** bis zur Höhe der voraussichtlich entstehenden Gebühren abhängig machen (§ 2 GebO BPjM). Die **Höhe der Gebühren** ergibt sich aus einem Gebührenverzeichnis als Anlage der GebO. 29

§ 22 Aufnahme von periodischen Trägermedien und Telemedien

(1) ¹**Periodisch erscheinende Trägermedien können auf die Dauer von drei bis zwölf Monaten in die Liste jugendgefährdender Medien aufgenommen werden, wenn innerhalb von zwölf Monaten mehr als zwei ihrer Folgen in die Liste aufgenommen worden sind.** ²**Dies gilt nicht für Tageszeitungen und politische Zeitschriften.**

(2) ¹**Telemedien können auf die Dauer von drei bis zwölf Monaten in die Liste jugendgefährdender Medien aufgenommen werden, wenn innerhalb von zwölf Monaten mehr als zwei ihrer Angebote in die Liste aufgenommen worden sind.** ²**Absatz 1 Satz 2 gilt entsprechend.**

Schrifttum: *BPjM*-Jahresstatistik 2009, BPjM-aktuell 1/2010, 13 = JMS-Report 2/2010, 10; *Engels/Stulz-Herrnstadt*, Einschränkungen für die Presse nach dem neuen Jugendschutzgesetz, AfP 2003, 97, 101; *Liesching*, Präventive Sendezeitbeschränkungen für Talkshows nach dem neuen Rundfunkstaatsvertrag, ZUM 2000, 298; *Meier*, Zeitschrift „Der Reichsbote – Vorausindizierung von den Verwaltungsgerichten vorerst aufrechterhalten, BPjM-aktuell 1/2007, 21; *Monssen-Engberding/Liesching*, Rechtliche Fragestellungen der Listenführung, BPjM-aktuell 4/2008, 3; *Schefold*, Politische Zeitschriften jugendgefährdend?, RdJB 1982, 121; *Stumpf*, Jugendschutz oder Geschmackszensur?, 2009; *Ullrich*, Defizite bei der Regulierung der Selbstregulierung, MMR 2005, 743.

I. Allgemeines

1. Regelungsinhalt und Bedeutung

Die Vorschrift ermöglicht durch die Zulassung der Vorausindizierung erst einen wirksamen Jugendschutz gegenüber **Periodika**. Denn die Indizierung von Einzelexemplaren periodisch erscheinender Trägermedien kommt meist zu spät, da sie im Zeitpunkt der Indizierung meist **ausverkauft** oder **remittiert** sind. Durch die antizipatorische Wirkung des § 22 werden mithin Folgeexemplare indiziert, ungeachtet einer tatsächlich vorliegenden Jugendgefähr- 1

JuSchG § 22 — IV. Abschnitt. BPjM

dung. Nach der Vorschrift kann also mit Wirkung für die Zukunft ein Periodikum auf die Liste gesetzt werden, obwohl noch gar nicht feststeht, ob die künftig erscheinenden Nummern bzw. Ausgaben jugendgefährdend sein werden, wenn nur die Gefahr einer solchen Jugendgefährdung nach den Erfahrungen der Vergangenheit zu besorgen ist. Die praktische Bedeutung der Vorschrift ist gering (vgl. Löffler/Altenhain, Rn. 3; Stumpf, 2009, S. 240; siehe aber z. B. VG Köln, Urt. v. 23. 3. 2010 – 22 K 2325/06 – „Der Reichsbote"; s. auch Meier, BPjM-aktuell 1/2007, 21).

2. Verfassungskonformität

2   Die Bestimmung ist verfassungsrechtlich nicht zu beanstanden (OVG Münster DÖV 1967, 459; ausführl. Löffler/Altenhain, Rn. 1 ff.). Sie ist wegen des Ausreichens eines bloßen Verdachts nicht unbedenklich, im Interesse eines rechtzeitigen, **wirksamen Jugendschutzes** allerdings wohl unerlässlich. Immerhin ist der Betreffende vor Erlass hinreichend vorgewarnt worden.

3. Rechtscharakter der Vorausindizierung

3   Sachlich handelt es sich bei der nach § 22 ergehenden Entscheidung um ein **Dauerverbot**, aufgrund dessen alle während der Verbotsdauer erscheinenden Nummern des indizierten periodisch erscheinenden Trägermediums (Abs. 1) ohne Rücksicht auf ihren Inhalt, ohne erneute Listenaufnahme und ohne neue Prüfung den Beschränkungen des § 15 Abs. 1 unterworfen werden, womit sie praktisch nur Personen im Alter von mehr als 18 Jahren angeboten oder sonst zugänglich gemacht werden dürfen. Unter § 15 Abs. 2 fallende Trägermedien sind nicht erfasst, falls sie nicht doch – ohne dass dies erforderlich gewesen wäre – in die Liste aufgenommen worden sind; sie müssen, wenn ihr Dauerverbot herbeigeführt werden soll, vorher mit drei Einzelnummern innerhalb eines Jahres indiziert worden sein.

II. Periodische Trägermedien (Abs. 1)

1. Periodisch erscheinende Trägermedien

4   Hierunter fallen insb. solche Zeitungen, Zeitschriften und Druckwerke, die in einem regelmäßigen Zeitabstand von höchstens **sechs Monaten** erscheinen; hingegen keine Lieferwerke wie z. B. Enzyklopädien. Gleichgültig ist für den periodischen Charakter, ob jede Nummer der Zeitung oder jedes Heft der Zeitschrift ein abgeschlossenes Ganzes bildet oder nicht. Auch **Taschenbuchreihen** sind als periodische Druckschriften i.S.v. § 22 Abs. 1 anzusehen, wenn die einzelnen Ausgaben innerhalb eines bestimmten, angemessenen Zeitraums erscheinen und eine innere und darüber hinaus auch eine äußere wesensmäßige Gleichartigkeit aufweisen. Erfasst sind Comic-Hefte, „Landserhefte" und Romanreihen. Das Hauptanwendungsgebiet sind die herkömmlichen illustrierten Wochenzeitungen („**Illustrierte**"). Darüber hinaus werden grundsätzlich auch mobile Datenträger (vgl. § 1 Rn. 16 ff.) wie

Aufnahme von periodischen Träger- und Telemedien § 22 JuSchG

CD-ROM, DVDs oder Blu-ray Discs erfasst, wenngleich ein periodisches Erscheinen insoweit praktisch selten vorliegen wird. Für den Vertrieb von Bildträgern mit Film- oder Spielauszügen im Verbund mit periodischen Druckschriften ist § 12 Abs. 5 (vgl. dort Rn. 41 ff.) zu beachten.

2. Drei Folgen in 12 Monaten

Voraussetzung für die Dauerindizierung ist, dass mehr als zwei Folgen von 5 periodisch erscheinenden Trägermedien innerhalb von zwölf Monaten in die Liste aufgenommen wurden. Für die **Fristberechnung** sind §§ 187 Abs. 1, 188 Abs. 2 BGB anzuwenden. Im Falle der Bekanntmachung der ersten Listenaufnahme am 1. 9. 2010 endigt die Zwölfmonatsfrist am 1. 9. 2011. Spätestens an diesem Tag muss die Entscheidung über die Vorausindizierung bekannt gemacht werden. Die mindestens drei eine Vorausindizierung begründenden Entscheidungen können solche des Zwölfer-Gremiums (§ 19 Abs. 5), aber auch solche im **vereinfachten Verfahren** nach § 23 Abs. 1 oder aufgrund eines strafgerichtlichen Urteils gemäß § 18 Abs. 5 sein. **Vorläufige Anordnungen** sind unzureichend (überzeugend: Löffler/Altenhain, Rn. 7).

Des Weiteren kann die Voraus-(=Dauer-)indizierung ihrerseits weder im 6 vereinfachten Verfahren (§ 23 Abs. 2) noch durch vorläufige Anordnung (§ 23 Abs. 5 S. 2 i. V. m. Abs. 2) erfolgen. Eine im Zeitpunkt der Vorausindizierung bereits wieder **gestrichene Listenaufnahme** zählt bei Anwendung des § 22 nicht mit (Löffler/Altenhain, Rn. 7; a. A. Nikles u.a., Rn. 8). Ob die der Vorausindizierung zugrundeliegenden Listenaufnahmen im Zeitpunkt der Vorausindizierung bereits rechtskräftig geworden sind, spielt jedoch keine Rolle, da die Erhebung einer Klage gemäß § 25 Abs. 4 S. 1 keine aufschiebende Wirkung hat. Die bei **schwerer Jugendgefährdung** nach § 15 Abs. 2 unmittelbar kraft Gesetzes eintretende Indizierungswirkung kann nicht Grundlage für eine Vorausindizierung nach § 22 sein. Auch in solchen Fällen sind mindestens drei Listenaufnahmen innerhalb von 12 Monaten erforderlich.

3. Verhältnismäßigkeitsgrundsatz, Rechtsfolgen

Die Vorschrift stellt es in das Ermessen der BPjM, ein periodisches Träger- 7 medium als solches im Voraus bis zu 12 Monaten in die Liste aufzunehmen, ohne dass es eines besonderen hierauf gerichteten Antrages bedarf (vgl. VG Köln, Urt. v. 23. 03. 2010 – 22 K 2325/06 – „Der Reichsbote"). Dabei unterliegt die Entscheidung dem allgemeinen verwaltungsrechtlichen Grundsatz der **Verhältnismäßigkeit**, welcher sich auch auf die festgesetzte Dauer erstreckt. Ab Bekanntmachung der Vorausindizierung und ihrer Dauer im BAnz. werden alle während der Verbotsdauer erscheinenden Ausgaben des vorausindizierten Periodikums, ohne Rücksicht auf ihren Inhalt, ohne erneute Listenaufnahme und ohne neue Prüfung den Verboten des § 15 Abs. 1 unterworfen. Das Verwaltungsgericht (§ 25) überprüft lediglich die fehlerfreie Ausübung des Ermessens der BPjM (Löffler/Altenhain, Rn. 23). Nach Ablauf der angeordneten Dauer ist die Vorausindizierung hinfällig und es bedarf keiner ausdrücklichen Listenstreichung nach § 24 Abs. 2 S. 2 JuSchG

JuSchG § 22 IV. Abschnitt. BPjM

mehr (anders wohl VG Köln, Urt. v. 23. 03. 2010 – 22 K 2325/06 – „Der Reichsbote").

4. Tageszeitungen und politische Zeitschriften (Satz 2)

8   Die Ausnahmeregel des Satzes 2 nimmt Tageszeitungen und politische Zeitschriften von der Möglichkeit der Vorausindizierung aus. Damit hat der Gesetzgeber der Medien- und insb. der **Informationsfreiheit** (Art. 5 GG) in besonderem Maße Rechnung getragen und ihr gegenüber dem Jugendschutz den Vorrang eingeräumt. Die Vorschrift geht wesentlich weiter als § 18 Abs. 3 Nr. 1, da sie als absolutes Vorausindizierungsverbot lediglich die Einordnung des Trägermediums als Tageszeitung oder politische Zeitschrift voraussetzt. So musste die Vorausindizierung der „Deutschen Nationalzeitung" (DNZ) abgelehnt werden, weil es sich um eine **politische Zeitung** handelt (BPjS-Entsch. Nr. 3091 vom 2. 7. 1981 in RdJB 1982, 162 ff., gestützt auf das im Auftrag der Bundesprüfstelle erstellte Gutachten v. Schefold, abgedruckt aaO. S. 121; siehe aber zur Vorausindizierung der Zeitschrift „Der Reichsbote" VG Köln, Beschl. v. 7. 8. 2006 – 27 L 717/06 – „Der Reichsbote"; VG Köln, Urt. v. 23. 03. 2010 – 22 K 2325/06 – „Der Reichsbote"; s. hierzu auch Meier, BPjM-aktuell 1/2007, 21). Tageszeitungen müssen das Tagesgeschehen, nicht unbedingt nur das politische zum Gegenstand haben (anders Löffler/Altenhain, Rn. 16; s.a. Nikles u.a., Rn. 16).

III. Periodische Telemedien (Abs. 2)

1. Regelungsintention

9   Die Vorschrift des Absatz 2 trägt den besonderen praktischen Problemen bei der Indizierung von Telemedien Rechnung, welche in der Begründung des Regierungsentwurfs wie folgt beschrieben sind: „Anders als Trägermedien, die in Serie produziert werden und daher in der jeweiligen Auflage immer gleich bleiben, unterliegen Telemedien mehr oder weniger häufigen Bearbeitungen, aber auch selbsttätig wirkenden **Veränderungen**. Die Gestalt des Angebotes, die einer Entscheidung der Bundesprüfstelle über die Aufnahme in die Liste jugendgefährdender Medien zugrunde lag, ist möglicherweise schon kurze Zeit später **nicht mehr aktuell**. Der Hinweis auf die Rechtsfolgen für inhaltsgleiche Produkte ist in der Praxis schwer. Denn eine wesentliche Inhaltsgleichheit kann immer nur durch Vergleich mit dem ursprünglichen Inhalt festgestellt werden, der den Vollzugsorganen bei Telemedien nicht möglich ist. Außerdem kann der Inhalt durch Austausch der Bilder oder Austausch rassenskriminierender Texte wesentlich unterschiedlich, aber doch mindestens **ebenso jugendgefährdend** sein" (BT-Drs. 14/9013, S. 27).

2. Kein praktischer Anwendungsbereich

10   Die Vorschrift ist indes praktisch bedeutungslos. Wie in der Literatur zutreffend ausgeführt worden ist, wirken bereits Indizierungen von Telemedien nach § 18 Abs. 1 grundsätzlich **dauerhaft** und werden erst nach 25 Jahren unwirksam. Dies muss auch dann gelten, wenn sich die Telemedieninhalte zwischenzeitlich verändert haben (vgl. Löffler/Altenhain, Rn. 21). Gegebenfalls kann der betroffene Anbieter nach wesentlicher Änderung des Telemediums die **Streichung** der über die Bezeichnung der URL erfolgten Indizierung beantragen.

3. Entsprechende Anwendung des Abs. 1 S. 2

Die Privilegierung von Tageszeitungen und politischen Zeitschriften nach Abs. 1 S. 2 gilt entsprechend für Telemedien. In Betracht kommen insb. sog. **Online-Auftritte** von bereits als Druckschriften vertriebener Zeitungen oder Zeitschriften, darüber hinaus sämtliche Informations- und Kommunikationsdienste, deren Inhalt ganz überwiegend auf die Berichterstattung, Kommentierung oder Dokumentation des (politischen) Zeitgeschehens gerichtet ist. Ob die Inhalte des Angebotes sich in periodisch festgelegten Zeitintervallen oder lediglich unregelmäßig verändern bzw. in **dauerhaftem Wandel** begriffen sind, ist angesichts der Besonderheiten der Telemedien unbeachtlich. 11

§ 23 Vereinfachtes Verfahren

(1) ¹**Die Bundesprüfstelle für jugendgefährdende Medien kann im vereinfachten Verfahren in der Besetzung durch die oder den Vorsitzenden und zwei weiteren Mitgliedern, von denen eines den in § 19 Abs. 2 Nr. 1 bis 4 genannten Gruppen angehören muss, einstimmig entscheiden, wenn das Medium offensichtlich geeignet ist, die Entwicklung von Kindern oder Jugendlichen oder ihre Erziehung zu einer eigenverantwortlichen und gemeinschaftsfähigen Persönlichkeit zu gefährden.** ²**Kommt eine einstimmige Entscheidung nicht zustande, entscheidet die Bundesprüfstelle für jugendgefährdende Medien in voller Besetzung (§ 19 Abs. 5).**

(2) Eine Aufnahme in die Liste nach § 22 ist im vereinfachten Verfahren nicht möglich.

(3) **Gegen die Entscheidung können die Betroffenen (§ 21 Abs. 7) innerhalb eines Monats nach Zustellung Antrag auf Entscheidung durch die Bundesprüfstelle für jugendgefährdende Medien in voller Besetzung stellen.**

(4) **Nach Ablauf von zehn Jahren seit Aufnahme eines Mediums in die Liste kann die Bundesprüfstelle für jugendgefährdende Medien die Streichung aus der Liste unter der Voraussetzung des § 21 Abs. 5 Nr. 2 im vereinfachten Verfahren beschließen.**

(5) ¹**Wenn die Gefahr besteht, dass ein Träger- oder Telemedium kurzfristig in großem Umfange vertrieben, verbreitet oder zugänglich gemacht wird und die endgültige Listenaufnahme offensichtlich zu erwarten ist, kann die Aufnahme in die Liste im vereinfachten Verfahren vorläufig angeordnet werden.** ²**Absatz 2 gilt entsprechend.**

JuSchG § 23   IV. Abschnitt. BPjM

(6) ¹Die vorläufige Anordnung ist mit der abschließenden Entscheidung der Bundesprüfstelle für jugendgefährdende Medien, jedoch spätestens nach Ablauf eines Monats, aus der Liste zu streichen. ²Die Frist des Satzes 1 kann vor ihrem Ablauf um höchstens einen Monat verlängert werden. ³Absatz 1 gilt entsprechend. ⁴Soweit die vorläufige Anordnung im Bundesanzeiger bekannt zu machen ist, gilt dies auch für die Verlängerung.

Schrifttum: *BPjM*-Jahresstatistik 2009, BPjM-aktuell 1/2010, 13 = JMS-Report 2/2010, 10; *Monssen-Engberding/Liesching*, Rechtliche Fragestellungen der Listenführung, BPjM-aktuell 4/2008, 3; *Stumpf*, Jugendschutz oder Geschmackszensur?, 2009.

I. Allgemeines

1   Die Verfahrensvorschrift dient mit der Kernbestimmung des Abs. 1 in erster Linie der **Entlastung des 12er-Gremiums** (vgl. BT-Drs. III/2373, 5; Löffler/Altenhain, Rn. 1). Die Vorschrift ist bereits durch das Abänderungsgesetz vom 21. 3. 1961 (BGBl. I 269) in das Gesetz über die Verbreitung jugendgefährdender Schriften (GjS) eingefügt worden. Damit ist in klar liegenden Fällen eine **Straffung** des Verfahrens möglich, um dem Beschleunigungsgrundsatz (BVerwG NJW 1999, 75, 77) zu genügen. Angesichts der beschränkten Abbildung des pluralistischen Wertekonsenses in einem lediglich aus drei Mitgliedern bestehenden Gremium beschränkt sich der Anwendungsbereich aber auf eindeutige Fälle der „Offensichtlichkeit" bzw. eines Zeitablaufs von mindestens zehn Jahren im Falle der Listenstreichung (Abs. 4). Bei Entscheidungen nach **§ 4 Abs. 3 JMStV** ist die Vorschrift entsprechend anzuwenden, wenn aufgrund wesentlicher inhaltlicher Veränderungen eine StGB-Tatbestandsrelevanz (§ 4 Abs. 1 S. 1 Nr. 11 JMStV) bzw. eine Eignung zur Jugendgefährdung (§ 4 Abs. 2 S. 1 Nr. 2 JMStV) bei dem vorgelegten Angebot offensichtlich nicht in Betracht kommt. Im Hinblick auf die Gewährleistung eines effektiven Jugendschutzes angesichts des schellebigen Medienmarktes regeln im Weiteren Abs. 5 und 6 die Voraussetzungen des **Eilverfahrens** der vorläufigen Anordnung.

II. Vereinfachtes Verfahren (Abs. 1-4)

1. Entscheidung im vereinfachten Verfahren (Abs. 1)

2   **a) Besetzung des 3er-Gremiums.** Das Gremium im vereinfachten Verfahren setzt sich aus der Vorsitzenden der BPjM und zwei Beisitzern zusammen, wobei ein Beisitzer einer der **Kreise des § 19 Abs. 2 S. 1 Nr. 1 bis 4** angehören muss. Für den weiteren Beisitzer bestehen hinsichtlich der Rekrutierung aus den in § 19 genannten Kreisen keine Beschänkungen (zutreffend Löffler/Altenhain, Rn. 2; a. A. Nikles u.a., Rn. 2).

3   **b) Verfahren.** Kommt keine Einstimmigkeit des zur Entscheidung berufenen 3er-Gremiums zustande (vgl. hierzu BVerwG NJW 1993, 1492), ist der Indizierungsantrag nicht etwa abgelehnt, vielmehr entscheidet dann gemäß

Vereinfachtes Verfahren **§ 23 JuSchG**

Satz 2 das 12er-Gremium. Soll ein Trägermedium oder ein Telemedium im vereinfachten Verfahren in die Liste aufgenommen werden, so hat die BPjM-Vorsitzende die Beteiligten hiervon zu benachrichtigen (§ 10 Abs. 1 S. 1 DVO JuSchG). Die **Benachrichtigung** muss dem Empfänger mindestens eine Woche vor der Entscheidung zugehen, wobei ein Abdruck der Antragsschrift beizufügen ist. Die Entscheidung wird **ohne mündliche Verhandlung** erlassen (§ 10 Abs. 2 DVO JuSchG). Die im vereinfachten Verfahren gem. Absatz 1 ergangenen Beschlüsse der BPjM genügen nur dann dem gesetzlich vorgeschriebenen **Erfordernis kollegialer Entscheidung**, wenn die Mitglieder des Entscheidungsgremiums sich zuvor über die für die Indizierung maßgeblichen Gründe verständigt haben (BVerfG NJW 1993, 1492 ff.).

c) **Offensichtlichkeit der Jugendgefährdung.** Eine Eignung zur 4 Jugendgefährdung ist „offensichtlich" im Sinne der Vorschrift, wenn sie sich aus der Anwendung gesicherter Beurteilungsmaßstäbe des Zwölfergremiums der Bundesprüfstelle **ohne weiteres herleiten** lässt (OVG Münster NVwZ-RR 1997, 760). Damit ist der Begriff der Offensichtlichkeit weiter als bei § 15 Abs. 1 Nr. 5 (vgl. dort Rn. 90). Insb. ist nicht erforderlich, dass die Jugendgefährdung so evident zutage tritt, dass sie jedem einsichtigen, „für Jugenderziehung und Jugendschutz aufgeschlossenen" Menschen ohne besondere Mühe erkennbar ist. Auch bedarf es keiner besonderen Schwere der Jugendgefährdung (OLG Köln NVwZ 1994, 410, 414). Die Entscheidung über die Einbringung ins Dreiergremium trifft die Vorsitzende der Bundesprüfstelle, welche aufgrund ihrer besonderen Sachkunde in der Lage ist, auch für den Laien nicht eindeutige Fälle dem Gefährdungsgrad des § 18 Abs. 1 zuzuordnen. Das vereinfachte Verfahren ist jedoch bereits dann ausgeschlossen, wenn eine Jugendgefährdung nach den Kriterien des 12er-Gremiums **nur vertretbar** (vgl. § 18 Abs. 6 2.Hs), jedoch nicht hinreichend sicher erscheint.

2. Ausschluss von Vorausindizierungen (Abs. 2)

Eine Entscheidung nach § 22 kann wegen der weitreichenden Folgen (vgl. 5 auch Löffler/Altenhain, Rn. 11) im vereinfachten Verfahren gemäß Abs. 2 nicht getroffen werden, doch genügt eine im vereinfachten Verfahren getroffene Entscheidung auf Indizierung als Voraussetzung des § 22 (vgl. dort Rn. 5). Eine Entscheidung durch vorläufige Anordnung kann ebenfalls keine Dauerindizierung beinhalten (Abs. 5 S. 2).

3. Anrufung des Zwölfergremiums (Abs. 3)

Eine Anrufung des Zwölfergremiums gegen die Entscheidung im verein- 6 fachten Verfahren steht gemäß Abs. 3 grundsätzlich **allen Beteiligten** i. S. d. § 21 Abs. 7 offen, soweit sie „**Betroffene**" sind, also sich insb. die gesetzlichen Restriktionen des § 15 Abs. 1 im Falle der Indizierung auf sie erstrecken. Die vorherige Anrufung des 12er-Gremiums ist Voraussetzung für die spätere Erhebung einer Klage (vgl. § 25 Abs. 4); gleichwohl ist sie kein Vorverfahren i. S. d. § 68 VwGO (OVG Münster NJW 1970, 216). Ohne Durchführung des Verfahrens nach Abs. 3 besteht im Falle verwaltungsgerichtlicher Anfechtung kein Rechtsschutzbedürfnis (vgl. demgegenüber zu § 15a GjSM: BVerfG NJW 1993, 1492). Eine erneute Anhörungsmöglichkeit ist den Beteiligten nach Urt. des BVerwG nicht einzuräumen (BVerwG NJW 1999, 75, 78). Der Antrag der Betroffenen nach Abs. 3 ist schriftlich zu **begründen** und hat auf die in der Entscheidung benannten Punkte der Jugendgefährdung einzugehen (§ 10 Abs. 3 S. 1 DVO JuSchG). Der von der Entscheidung Betroffene kann ein Mitglied der BPjM, das bei der Entscheidung im vereinfachten Verfahren mitgewirkt hat, beim Vorliegen eines entsprechenden Grundes wegen Befangenheit ablehnen.

4. Listenstreichung nach Ablauf von zehn Jahren (Abs. 4)

7   Die Vorschrift des Abs. 4 ergänzt die nach § 18 Abs. 7 S. 2 geregelte automatische Löschung eines indizierten Mediums aus der Liste nach 25 Jahren (vgl. BT-Drs. 14/9013, S. 28). Nach Ablauf von zehn Jahren seit Listenaufnahme gilt die **gesetzliche Vermutung**, dass aufgrund einer dem gesellschaftlichen Wertewandel analog veränderten Bewertungspraxis der BPjM zuweilen von einem evidenten Fall des „Nicht-mehr-Vorliegens" (vgl. § 18 Abs. 7 S. 1) der Voraussetzungen einer Indizierung nach § 18 Abs. 1 ausgegangen werden kann. Die Übertragung der Entscheidung auf das Dreiergremium steht im pflichtgemäßen **Ermessen** der Vorsitzenden der Bundesprüfstelle (vgl. auch § 21 Abs. 5 Nr. 2). Sie wird mit Blick auf Absatz 1 S. 1 in der Regel dann zulässig sein, wenn eine Eignung zur Gefährdung von Kindern und Jugendlichen bei dem in Rede stehenden Medium „offensichtlich" (Rn. 4) nicht mehr in Betracht kommt (weiter: Löffler/Altenhain, Rn. 12).

III. Vorläufige Anordnung (Abs. 5 u. 6)

1. Voraussetzungen (Abs. 5)

8   **a) Verfahren.** Unter den Voraussetzungen des Abs. 5 kann das Dreier-Gremium der BPjM ein Träger- oder Telemedium im Wege der vorläufigen Anordnung in die Liste aufnehmen. Zweck der Vorschrift ist die Gewährleistung der **Effektivität des Jugendschutzes** mit Blick auf die zunehmende Schnelligkeit der Medienverbreitung (vgl. BT-Drs. I/1101 S. 15; zur Verfassungskonformität siehe Rn. 12). Ein Antrag auf Erlass einer vorläufigen Anordnung ist nicht erforderlich. Die Entscheidung des 3er-Gremiums hat ohne mündliche Verhandlung **einstimmig** zu erfolgen.

9   **b) Offensichtliche Erwartbarkeit endgültiger Indizierung.** Offensichtlich zu erwarten ist die endgültige Anordnung der Aufnahme durch das hierfür zuständige Zwölfer-Gremium, wenn die Voraussetzungen des § 18 Abs. 1 bei Zugrundelegung der Spruchpraxis der Bundesprüfstelle zweifelsfrei gegeben ist, der Ausnahmetatbestand des § 18 Abs. 3 nicht vorliegt und auch kein Fall von geringer Bedeutung nach § 18 Abs. 4 gegeben ist (BVerfGE 31, 113, 118; vgl. auch OVG Münster AfP 1969, 141; BPjM-Entsch. Nr. VA 2/06 v. 14. 9. 2006 – „Dead Rising" sowie oben Rn. 94 ff.; s.a. ausführl. Löffler/Altenhain, Rn. 16).

c) **Eilbedürftigkeit.** Die Gefahr kurzfristigen Vertriebs, Verbreitens oder 10
Zugänglichmachens in großem Umfang ist für den Bereich der Trägermedien
(§ 1 Rn. 6 ff.) insb. häufig bei Produkten des **Zeitschriftenhandels** gegeben
(periodisch erscheinende Illustrierte, sonstige Periodika des Zeitschriften-
marktes, Comics, jeweils vor allem bei hoher Auflage). Denkbar ist sie auch
bei Taschenbüchern, Verbreitung von Schriften durch Versandhandel oder
Verteilung kostenloser Broschüren oder Handzettel. Bei Computerspielen
können die Voraussetzungen vorliegen, wenn ein oberes Ranking in den
„Verkaufscharts" einen künftigen **hohen Absatz** vermuten lässt (vgl. BPjS-
Entsch. Nr. VA 1/03 v. 25. 2. 2003 „Comand&Conquer − Generals"; s.a.
BPjM-Entsch. Nr. VA 2/06 v. 14. 9. 2006 − „Dead Rising"). Bei Telemedien
(§ 1 Rn. 13 f.) ergibt sich die Gefahr i. S. d. Vorschrift schon regelmäßig aus
der praktisch ganz überwiegend vorliegenden **Verbreitung im Internet**,
soweit die Online-Angebote für den Nutzer frei abrufbar sind (ebenso Löff-
ler/Altenhain, Rn. 15). Die vorläufige Anordnung im vereinfachten Verfahren bei Vorliegen der Gefahrvoraussetzung steht im Ermessen der Bundesprüfstelle („kann").

2. Rechtsfolgen (Abs. 6)

a) **Wirksamkeit und Außerkrafttreten.** Die Wirkungen einer vorläu- 11
figen Anordnung entsprechen innerhalb der in Abs. 6 vorgesehenen
Grenzen der Wirkung sonstiger Entscheidungen der BPjM, etwa nach
§ 18 Abs. 1 in Verbindung mit § 19 Abs. 5. Die vorläufige Anordnung
ist zuzustellen und im Bundesanzeiger − soweit es sich nicht um Telemedien oder Trägermedien i. S. d. § 24 Abs. 3 S. 2 handelt − bekannt zu
machen. Für eine Anfechtung ist der Klageweg gegeben (§ 25 Abs. 1).
Sofern die Anordnung ihre **Rechtswirksamkeit** verliert, entweder durch
Fristablauf oder weil die Entscheidung nicht durch das 12er-Gremium
bestätigt wird, hat die Vorsitzende die Liste von Amts wegen zu **berich-
tigen.** Bei einer Indizierung durch abschließende Entscheidung oder
durch Verlängerung nach Satz 2 ist die Schrift insoweit zu **korrigieren,**
als der Hinweis auf die zugrundeliegende Entscheidung geändert wird
(überzeugend u. ausführl. Löffler/Altenhain, Rn 20).

b) **Verfassungskonformität.** Nach der Rspr. des BVerfG (vgl. zum vor- 12
mals geltenden § 15 GjSM: BVerfGE 31, 113 ff. = NJW 1971, 1559) ist
Abs. 6 verfassungsrechtlich nicht zu beanstanden. Es bedarf in diesen Fällen
auch keiner Anwendung des § 21 Abs. 7 (Anhörung des Urhebers, Nutzungsberechtigten oder Anbieters). Allerdings will VG Köln (NJW 1989, 417)
auch in den Fällen der vorläufigen Anordnung den in § 21 Abs. 7 genannten
Beteiligten ein Recht auf Gelegenheit zur Stellungnahme einräumen: Die
Norm müsse nunmehr im Lichte der modernen Kommunikationstechniken
gesehen und ausgelegt werden. Deren Nutzung mache es möglich, das **rechtliche Gehör** auch in Fällen der zur Vermeidung kurzfristiger Verbreitung
eines jugendgefährdenden Mediums erforderlichen raschen Beschlussfassung
der BPjM zu gewährleisten, z. B. durch Benachrichtigung mittels **Telekopie**
(Telefax).

§ 24 Führung der Liste jugendgefährdender Medien

(1) Die Liste jugendgefährdender Medien wird von der oder dem Vorsitzenden der Bundesprüfstelle für jugendgefährdende Medien geführt.

(2) ¹Entscheidungen über die Aufnahme in die Liste oder über Streichungen aus der Liste sind unverzüglich auszuführen. ²Die Liste ist unverzüglich zu korrigieren, wenn Entscheidungen der Bundesprüfstelle für jugendgefährdende Medien aufgehoben werden oder außer Kraft treten.

(3) ¹Wird ein Trägermedium in die Liste aufgenommen oder aus ihr gestrichen, so ist dies unter Hinweis auf die zugrunde liegende Entscheidung im Bundesanzeiger bekannt zu machen. ²Von der Bekanntmachung ist abzusehen, wenn das Trägermedium lediglich durch Telemedien verbreitet wird oder wenn anzunehmen ist, dass die Bekanntmachung der Wahrung des Jugendschutzes schaden würde.

(4) ¹Wird ein Medium in Teil B oder D der Liste jugendgefährdender Medien aufgenommen, so hat die oder der Vorsitzende dies der zuständigen Strafverfolgungsbehörde mitzuteilen. ²Wird durch rechtskräftiges Urteil festgestellt, dass sein Inhalt den in Betracht kommenden Tatbestand des Strafgesetzbuches nicht verwirklicht, ist das Medium in Teil A oder C der Liste aufzunehmen. ³Die oder der Vorsitzende führt eine erneute Entscheidung der Bundesprüfstelle für jugendgefährdende Medien herbei, wenn in Betracht kommt, dass das Medium aus der Liste zu streichen ist.

(5) ¹Wird ein Telemedium in die Liste jugendgefährdender Medien aufgenommen und ist die Tat im Ausland begangen worden, so soll die oder der Vorsitzende dies den im Bereich der Telemedien anerkannten Einrichtungen der Selbstkontrolle zum Zweck der Aufnahme in nutzerautonome Filterprogramme mitteilen. ²Die Mitteilung darf nur zum Zweck der Aufnahme in nutzerautonome Filterprogramme verwandt werden.

Schrifttum: *BPjM*-Jahresstatistik 2009, BPjM-aktuell 1/2010, 13 = JMS-Report 2/2010, 10; *Monssen-Engberding/Bochmann*, Die neuen Regelungen des Jugendschutzrechts aus der Sicht der BPjM, KJuG 2005, 55; *Monssen-Engberding/Liesching*, Rechtliche Fragestellungen der Listenführung, BPjM-aktuell 4/2008, 3; *Stumpf*, Jugendschutz oder Geschmackszensur?, 2009.

Übersicht

	Rn.
I. Allgemeines	1
II. Listenführung durch BPjM-Vorsitzende (Abs. 1)	2
III. Listenaufnahme bzw. -streichung (Abs. 2)	3
1. Aufnahme in die Liste	3
2. Listenstreichung	4
3. Listenumtragung	5
IV. Bekanntmachung (Abs. 3)	6

Führung der Liste jugendgefährdender Medien § 24 JuSchG

```
   1. Bekanntmachungspflicht (Satz 1) ..........................   6
      a) Voraussetzungen .........................................   6
      b) Sonstige Veröffentlichungen ............................   7
      c) Telemedien (§ 1 Rn. 13) und Trägermedien i. S. d. § 24
         Abs. 3 S. 2 ..............................................   8
   2. Absehen von der Bekanntmachung (Abs. 3 S. 2) ..........   9
      a) Verbreitung über Telemedien ...........................   9
      b) Jugendgefährdung durch Bekanntmachung ..............  11
  V. Listenführung bei strafbaren Inhalten (Abs. 4) ...............  14
   1. Erhebliche Restriktionen der B- (und D-) Indizierung ...  14
   2. Verfassungsrechtliche Bedenken ...........................  17
   3. Mitteilungspflicht (Satz 1) ....................................  19
   4. Listenumtragung bei rechtskräftigem Urteil (Satz 2) .......  20
      a) Geltungsbereich ..........................................  20
      b) Analoge Anwendung bei staatsanwaltschaftlichen Verfü-
         gungen ...................................................  21
   5. Herbeiführung einer erneuten Entscheidung (Satz 3) .....  23
 VI. Telemedien ausländischer Anbieter (Abs. 5) ...................  24
   1. Allgemeines ..................................................  24
   2. Anerkannte Selbstkontrolleinrichtungen ...................  25
   3. Nutzerautonome Filterprogramme ..........................  26
```

I. Allgemeines

Die Vorschrift regelt die Zuständigkeit und das nähere Verfahren der **Listenführung** einschließlich der Streichung von Medien aus der Liste. Dies betrifft in formaler Hinsicht vor allem die Pflicht zur **Bekanntmachung** der Indizierung im Bundesanzeiger. Besondere praktische Probleme bestehen im Zusammenhang mit den Indizierungen in Listenteil B und D (s. hierzu unten Rn. 14 ff.). 1

II. Listenführung durch BPjM-Vorsitzende (Abs. 1)

Die Vorschrift des Abs. 1 weist der Vorsitzenden der Bundesprüfstelle die **Aufgabe der Listenführung** zu. Sie erstreckt sich auf alle vier Teile der Liste (vgl. § 18 Abs. 2). Die Listenteile A und B sind in einer übersichtlichen Zusammenstellung zu veröffentlichen, außerdem hat sie für Nachträge und Neuauflagen der Liste zu sorgen. Die Liste ist eine öffentliche Urkunde und ein öffentliches Register nach §§ 267, 271 und 348 StGB (ebenso Löffler/Altenhain, Rn. 1). Ihr Abdrucken oder Veröffentlichen zum Zweck der geschäftlichen Werbung ist bei Strafe verboten (vgl. § 15 Abs. 4 i. V. m. § 27 Abs. 1 Nr. 3). 2

III. Listenaufnahme bzw. -streichung (Abs. 2)

1. Aufnahme in die Liste

Die Listenaufnahme hat nach Abs. 2 **unverzüglich**, d. h. ohne schuldhaftes Zögern (ebenso Löffler/Altenhain, Rn. 3) zu erfolgen. Eine Auf- 3 nahme in die Liste ist **anzuordnen** aufgrund einer Entscheidung der BPjM nach § 18 Abs. 1 in Verbindung mit § 19 Abs. 5 (auch deklaratorisch bei schwer jugendgefährdenden Inhalten nach § 15 Abs. 2, vgl. BVerwG NJW 1987, 1435, 1436), bei rechtskräftigen Gerichtsentscheidungen nach § 18 Abs. 5 einschließlich Beschlagnahmebeschlüssen (s. § 18 Rn. 99), wegen Antrags der KJM (§ 14 JMStV) auf Indizierung eines Telemediums nach § 18 Abs. 6 1. Hs, im vereinfachten Verfahren nach § 23 Abs. 1, aufgrund einer vorläufigen Anordnung des Dreiergremiums nach § 23 Abs. 5, bei Entscheidungen der Vorsitzenden wegen Inhaltsgleichheit nach § 15 Abs. 3 sowie aufgrund von Entscheidungen des Zwölfergremiums nach § 21 Abs. 5 Nrn. 1 und 3.

2. Listenstreichung

4   Eine Streichung aus der Liste ist vorzunehmen, wenn 25 Jahre seit der Indizierung eines Mediums vergangen sind (**§ 18 Abs. 7 S. 2**), bei Entscheidungen des 12er-Gremiums nach § 21 Abs. 5 Nr. 2 sowie des Dreiergremiums nach § 23 Abs. 4, wenn eine **vorläufige Anordnung** wegen abschließender Entscheidung oder durch Zeitablauf außer Kraft tritt (§ 23 Abs. 6 S. 1), darüber hinaus, wenn eine vorläufige Anordnung im Verwaltungsrechtsweg rechtskräftig aufgehoben wird oder wenn das Verwaltungsgericht auf Antrag eines Beteiligten die aufschiebende Wirkung der Anfechtungsklage nach § 80 Abs. 5 VwGO herstellt (vgl. z. B. VG Köln MMR 2010, 578). **Endgültige Listenaufnahmen** der BPjM oder der Vorsitzenden sind neben dem Fall des Zeitablaufs auch dann zu streichen, wenn sie im Verwaltungsrechtsweg rechtskräftig aufgehoben werden, wenn das Verwaltungsgericht nach § 80 Abs. 2 VwGO eine Streichung anordnet oder wenn eine durch das Dreiergremium im vereinfachten Verfahren nach § 23 Abs. 1 getroffene Entscheidung durch das Zwölfergremium nach § 23 Abs. 3 aufgehoben wird.

3. Listenumtragung

5   Neben der Aufnahme und der Streichung hat die Vorsitzende der BPjM über den Wortlaut hinaus auch die **Übertragung** eines Mediums von einem Listenteil in einen anderen unverzüglich auszuführen (ebenso Löffler/Altenhain, Rn. 5). Dies gilt zunächst in den Fällen des Abs. 4 S. 2 und bei entsprechender Anwendung der Vorschrift bei staatsanwaltschaftlichen Verfügungen der Nichtstrafbarkeit (siehe hierzu Rn. 21 ff.) sowie dann, wenn ein bereits in Listenteil A bzw. C wegen (einfacher) Jugendgefährdung aufgenommenes Medium aufgrund eines rechtskräftigen Gerichtsurteils gemäß § 18 Abs. 5 in den Listenteil B bzw. D umgeschrieben werden muss. Darüber hinaus wird eine Listenübertragung wohl auch dann erforderlich sein, wenn im Nachhinein bekannt wird, dass bei einem Trägermedium die Voraussetzungen des § 24 Abs. 3 S. 2 (dazu unten Rn. 9) vorliegen.

IV. Bekanntmachung (Abs. 3)

1. Bekanntmachungspflicht (Satz 1)

a) Voraussetzungen. Die gesetzliche Pflicht der Bekanntmachung gemäß 6
Absatz 3 Satz 1 bezieht sich auf jede Aufnahme in die Liste und jede Streichung eines Trägermediums aufgrund aller in Betracht kommenden Rechtsgrundlagen, Eintragungen aufgrund rechtskräftiger strafgerichtlicher Urteile, Eintragungen der Vorsitzenden wegen Inhaltsgleichheit, verwaltungsgerichtliche Entscheidungen nach Anfechtungsklagen oder gemäß § 80 Abs. 5 VwGO (vgl. Rn. 2 f.). Bei der Bekanntmachung im Bundesanzeiger ist auf die zugrunde liegende **Entscheidung hinzuweisen**. Die Rechtswirkungen treten mit der Bekanntmachung ein. Die Anfechtungsklage hindert weder die Bekanntmachung noch den Eintritt der Rechtswirkungen, da ihr keine aufschiebende Wirkung zukommt (§ 25 Abs. 4 S. 1).

b) Sonstige Veröffentlichungen. Die Indizierungen von Trägermedien 7
in den Listenteilen A und B werden nicht nur im BAnz. abgedruckt, sondern auch im Börsenblatt für den Deutschen Buchhandel sowie in den Fachzeitschriften „JMS-Report" und **„BPjM-Aktuell"** veröffentlicht (zur Zulässigkeit siehe oben § 15 Rn. 42). Die Kenntnisnahme durch betroffene Fachkreise ist mithin möglich und wird im Hinblick auf die **Fahrlässigkeitsstrafbarkeit** nach § 27 Abs. 3 vorausgesetzt (vgl. OLG Hamburg, Urt. v. 2. 4. 2008 – 5 U 81/07; AG München NStZ 1998, 518).

c) Telemedien (§ 1 Rn. 13) und Trägermedien i. S. d. § 24 Abs. 3 8
S. 2. Solche werden hingegen nicht bekannt gemacht, sondern in den nicht öffentlichen Listenteilen C und D geführt (vgl. § 18 Abs. 2 Nrn. 3 und 4). Bei Angeboten in Datennetzen sind anders als bei Trägermedien (§ 1 Rn. 16 ff.) keine Vertriebsstrukturen über Einzelhändler oder Grossisten gegeben. Deshalb bedarf es für die in § 4 Abs. 1 S. 1 Nr. 11, Abs. 2 S. 1 Nr. 2, Abs. 3 JMStV geregelten gesetzlichen Beschränkungen dieser Angebote keiner Veröffentlichung im Bundesanzeiger. Vielmehr ist die bloße Listenaufnahme ausreichend, da der (Online-)Anbieter über die Indizierung regelmäßig unterrichtet ist (§ 21 Abs. 8 Nr. 2). Demgegenüber würde einer Bekanntmachung im BAnz. die **Zielsetzung des Jugendschutzes** entgegenstehen, weil Minderjährige durch sie von den jugendgefährdenden Angeboten Kenntnis erhalten können und so in die Lage versetzt werden, sich wie durch eine Anleitung zu den Angeboten im Internet und anderen Datennetzen Zugang zu verschaffen (BT-Drs. 14/9013, S. 28).

2. Absehen von der Bekanntmachung (Abs. 3 S. 2)

a) Verbreitung über Telemedien. aa) Ungenauer Wortlaut. Die in 9
Satz 2 geregelte Ausnahme vom Erfordernis der Bekanntmachung betrifft nur Entscheidungen über die Indizierung von Trägermedien. Die 1. Alternative ist freilich im Wortlaut ungenau formuliert, soweit dort von dem Fall eines Verbreitens eines Trägermediums lediglich „durch Telemedien" ausgegangen wird. Wird nämlich der Inhalt eines Trägermediums über einen

JuSchG § 24   IV. Abschnitt. BPjM

Datenspeicher online verbreitet, liegt im Regelfall sogleich nur ein Telemedium vor (vgl. § 1 Rn. 27 f.), dessen Bekanntmachung das Gesetz ohnehin nicht vorsieht (ebenso Löffler/Altenhain, Rn. 9).

10   **bb) Berichtigende Auslegung.** Die Norm betrifft daher nach berichtigender Auslegung vielmehr den Fall des Verbreitens eines Trägermediuminhalts „als" Telemedium. In Betracht kommt insb. die Konstellation, dass ein der BPjM nur als Trägermedium vorgelegter jugendgefährdender Inhalt (z. B. Computerspiel) nahezu ausschließlich im Internet zum Download angeboten oder als Streaming-Angebot verbreitet wird. Dem Wortlaut „lediglich" ist insoweit Rechnung zu tragen, dass der Inhalt des Trägermediums **ganz überwiegend als Telemedium** verbreitet wird und demgegenüber der Vertrieb des inhaltsidentischen Trägermediums nahezu überhaupt nicht stattfindet (a. A. Löffler/Altenhain, Rn. 10 f., dessen Vorschlag einer Beschränkung auf „ausschließlich elektronisch vertreibende" Trägermedien aber keinen praktischen Anwendungsfall hat). Der Ausnahmetatbestand greift hingegen nicht schon dann ein, wenn die als Trägermedien ohne besonderen Aufwand im Handel erhältlichen Inhalte auch im Internet zugänglich gemacht werden. Insoweit kommt aber die 2. Alternative des Abs. 3 S. 2 in Betracht (dazu sogleich Rn. 11). Die Ausnahmenorm findet auch dann keine Anwendung, wenn das indizierte Trägermedium lediglich im Wesentlichen inhaltsgleich (vgl. § 15 Rn. 41 f.) mit als Telemedien verbreiteten Inhalten ist, jedoch in dieser konkreten Form und Ausgestaltung online nicht verfügbar ist.

11   **b) Jugendgefährdung durch Bekanntmachung.** Eine Bekanntmachung des indizierten Trägermediums würde im Übrigen i. S. d. 2. Alternative der Wahrung des Jugendschutzes schaden, wenn aufgrund der besonderen Umstände des Einzelfalls zu erwarten ist, dass Kinder und Jugendliche auch nach Veröffentlichung der Indizierung in erheblichem Umfang Zugang zu den Medieninhalten haben, weil die Einhaltung der in § 15 Abs. 1 festgelegten Vertriebs- und Werbebeschränkungen tatsächlich nicht gewährleistet werden kann. Dies ist insb. dann der Fall, wenn der Inhalt eines Trägermediums zwar nicht „lediglich" aber zumindest „auch" in nicht unerheblichem Umfang als Telemedium erhältlich (z. B. **Download** oder **Streaming-Angebot** im Internet) ist. Insoweit hat die Bundesprüfstelle abzuwägen, ob die praktische Bedeutung und der Umfang der zu erwartenden unkontrollierten Verbreitung der Trägermediumsinhalte (etwa über Datennetze) das Interesse an einer unter Jugendschutzgesichtspunkten effektiven Beschränkung der „klassischen" Vertriebswege des Trägermediums über § 15 Abs. 1 überwiegt. Insoweit ist auch § 27 Abs. 1 Nr. 5 (siehe dort Rn. 6) zu beachten.

12   Allerdings ist zu konstatieren, dass in der **Praxis** vor allem im Film-, aber auch im Computerspielbereich die i. d. R. urheberrechtswidrige Möglichkeit der Beschaffung der Inhalte über das Internet insb. unter Nutzung von **Filesharing-Systemen** und **Sharehost-Downloads** sowie die Möglichkeit der Beschaffung über ausländische Internet-Angebote die Regel ist. Dieser generelle Umstand alleine kann also den Ausnahmetatbestand nicht begründen, da andernfalls die Indizierung von Film- und Spielträgermedien grundsätzlich nicht mehr bekannt gemacht werden müsste und die Verbote des § 15 Abs. 1 einschließlich der Sanktionierung von Verstößen weitgehend ins Leere liefen.

Führung der Liste jugendgefährdender Medien § 24 JuSchG

Allerdings überzeugt die den Ausnahmetatbestand zu weit beschneidende Gegenansicht (Löffler/Altenhain, Rn. 12) nicht. Soweit danach davon ausgegangen wird, dass der Jugendmedienschutz bei Telemedien genauso effektiv ist wie bei Trägermedien, entspricht dies nicht den realen Gegebenheiten der faktischen Beschaffungsmöglichkeiten indizierter Medieninhalte durch Jugendliche über das Internet.

Eine Bekanntmachung schadet indes nicht schon dann der Wahrung des 13 Jugendschutzes, wenn das Trägermedium im Inland nicht erhältlich ist, sondern vielmehr aus dem **Ausland eingeführt** werden muss. Kann zwar auch hier der öffentliche Index gleichsam als „Bestellliste" missbraucht werden, so gibt doch erst die Bekanntmachung der Listenaufnahme den Behörden eine Eingriffsmöglichkeit aufgrund des Einfuhrverbotes des § 15 Abs. 1 Nr. 5 (vgl. dort Rn. 31 f.).

V. Listenführung bei strafbaren Inhalten (Abs. 4)

1. Erhebliche Restriktionen der B- (und D-) Indizierung

Die Indizierung eines Trägermediums in Listenteil B nach § 18 Abs. 2 14 Nr. 2 JuSchG hat weitreichende rechtliche und rechtstatsächliche Konsequenzen, die über die in § 15 Abs. 1 JuSchG geregelten Vertriebs- und Werbebeschränkungen hinausgehen. In jugendschutzrechtlicher Hinsicht sind mit der Teil-B-Indizierung weitreichende Verbote auch für die Verbreitung in Telemedien verknüpft. Darüber hinaus können die **faktischen Auswirkungen** der Teil-B-Indizierung auch im Trägermedienbereich einem Absolutverbot gleichkommen.

Nach § 4 Abs. 1 S. 1 Nr. 11 JMStV sind Angebote von Telemedien unbe- 15 schadet strafrechtlicher Verantwortlichkeit „unzulässig, wenn sie in den Teilen B und D der Liste nach § 18 des Jugendschutzgesetzes aufgenommen sind oder mit einem in dieser Liste aufgenommenen Werk ganz oder im Wesentlichen inhaltsgleich sind". Die Vorschrift ordnet damit ein **Absolutverbot** der Verbreitung im **Rundfunk** und im **Internet** an; auch die Verbreitung entsprechender Telemedien in geschlossenen Benutzergruppen für Erwachsene ist untersagt. Wird beispielsweise ein Film als Trägermedium in Listenteil B indiziert, so ist dessen Ausstrahlung im Fernsehen und dessen Verbreitung als Video-on-Demand-Angebot im Internet generell ausgeschlossen.

Für den **Trägermedienvertrieb** ergeben sich weitere Auswirkungen. 16 Wegen des Risikos der Strafverfolgung durch die Staatsanwaltschaft und des Risikos der strafgerichtlichen Beschlagnahme hat die Teil-B-Indizierung zur Folge, dass Händler, Vertreiber und Videothekare das Trägermedium in der Regel nicht in ihr Sortiment aufnehmen und anbieten und auch nicht in geschützten „Ab-18"-Bereichen distribuieren. Auch eine Kennzeichnung der Juristenkommission der SPIO, die etwaig eine Nichtstrafbarkeit bescheinigt, gewährt den Händlern und Vertreibern **keinen strafrechtlichen Schutz**, da eine Berufung auf einen Verbotsirrtum (§ 17 StGB) jedenfalls mit der Teil-B-Indizierung nicht mehr möglich ist. Auch bei Trägermedien kommt die Teil-B-Indizierung daher in weiten Bereichen faktisch einem **Totalverbot** gleich.

2. Verfassungsrechtliche Bedenken

17 Angesichts der dargestellten erheblichen Folgen der B- (und D-) Indizierung erscheint es aus rechtsstaatlichen Gründen bedenklich, eine Umschreibung in den Listenteil A lediglich in dem engen und in der Praxis kaum vorkommenden Fall des § 24 Abs. 4 S. 2 JuSchG (rechtskräftiges Gerichtsurteil) zu ermöglichen. Denn hierdurch verbleibt faktisch das betreffende Trägermedium **auf unbestimmte Zeit** in Listenteil B, selbst wenn etwa zwischenzeitlich eine staatsanwaltschaftliche Bewertung bereits aktuell von der Nichtstrafbarkeit ausginge oder Strafverfolgungsbehörden über Jahre untätig geblieben sind und mit einer gerichtlich-rechtskräftigen Entscheidung gerade deshalb nicht zu rechnen ist.

18 Vor dem Hintergrund, dass die Teil-B-Indizierungsentscheidung auf der Bewertung eines 12er-Gremiums der BPjM beruht, das in aller Regel überwiegend mit Rechtslaien besetzt ist, erscheint eine statische Aufrechterhaltung der weitreichenden Restriktionen der Teil-B-Indizierung mit den damit verbundenen erheblichen **Grundrechtseinschränkungen** zumindest dann zweifelhaft, wenn von vornherein keine verfahrensrechtliche Möglichkeit einer Umschreibung in Listenteil A gegeben sein sollte. Denn nach den vom BVerfG mehrfach bestätigten **rechtsstaatlichen Grundsätzen** müssen gesetzliche Ermächtigungen der Exekutive zur Vornahme belastender Verwaltungsakte wie vorliegend der Indizierung in Listenteil B durch das ermächtigende Gesetz nicht nur nach Inhalt, Gegenstand und Zweck, sondern auch im Hinblick auf das „Ausmaß" hinreichend bestimmt und begrenzt sein (vgl. BVerfGE 8, 274, 325 = NJW 1959, 475; BVerfGE 13, 153, 160; 52, 1, 41 = NJW 1980, 985; BVerfG NJW 1996, 3146).

3. Mitteilungspflicht (Satz 1)

19 Die Vorschrift des Abs. 4 S. 1 nimmt nur Bezug auf die in § 18 Abs. 2 Nrn. 2 und 4 aufgeführten Straftatbestände der §§ 86, 130, 130a, 131, 184, 184a, § 184b und § 184c (vgl. BT-Drs. 14/9013, S. 28). Sie erlegt der Vorsitzenden der Bundesprüfstelle insoweit eine (formlose) Mitteilungspflicht gegenüber den **zuständigen Strafverfolgungsbehörden** auf. Zuständig ist im Bezug auf Druckschriften die Staatsanwaltschaft am Erscheinungsort (§ 143 Abs. 1 GVG i. V. m. § 7 Abs. 2 S. 1 StPO). Auch bei von der BPjM festgestellten Verstößen gegen weitere Bestimmungen des Strafgesetzbuchs (etwa §§ 86a, 111, 166 StGB) kann eine Unterrichtung der Staatsanwaltschaften erfolgen, wenngleich diese nicht obligatorisch ist und auf die Führung der Liste keine Auswirkungen hat (ebenso Löffler/Altenhain, Rn. 13).

4. Listenumtragung bei rechtskräftigem Urteil (Satz 2)

20 **a) Geltungsbereich.** Nach der Vorschrift ist bei rechtskräftiger Urteilsfeststellung des Nichtvorliegens eines strafbaren Inhaltes i. S. d. genannten

StGB-Normen das Medium in den Listenteil A bzw. C umzuschreiben. Gegebenfalls ist aber auch eine erneute Entscheidung des 12er Gremiums nach Satz 3 herbeizuführen, wenn etwa bislang neben der Tatbestandssubsumtion keine eigenständige Beratung und Erwägung des Vorliegens einer Jugendgefährdung stattgefunden hat, was in der Praxis freilich kaum vorkommt (vgl. auch Löffler/Altenhain, Rn. 14).

b) Analoge Anwendung bei staatsanwaltschaftlichen Verfügungen. 21
Nicht geregelt ist der Fall, dass die Staatsanwaltschaft durch Beschluss nach § 170 Abs. 2 S. 1 StPO wegen fehlenden Tatverdachts aus Rechtsgründen das Verfahren einstellt oder das Gericht nach § 204 Abs. 1 StPO die Eröffnung des Hauptverfahrens ablehnt. Eine zumindest im Ansatz vergleichbare Situation ergibt sich indes auch dann, wenn bereits von Seiten der Strafverfolgungsbehörden signalisiert wird, dass keine Ermittlungen wegen eines Strafrechtsverstoßes aufgenommen werden oder positiv substantiiert eine **Bewertung einer zuständigen Staatsanwaltschaft** vorgenommen wird, es handele sich bei dem betreffenden Trägermedium um keinen strafbaren Inhalt. Denn auch insoweit wird durch die Entscheidung der Strafverfolgungsbehörden in erheblichem Maße unwahrscheinlich, dass ein Strafverfahren im Bundesgebiet angestrengt und überhaupt eine (straf-)gerichtlich rechtskräftige Entscheidung herbeigeführt wird.

Insoweit ist eine analoge Anwendung des § 24 Abs. 4 S. 2 JuSchG jedenfalls 22
auf Fälle des Vorliegens einer staatsanwaltschaftlichen **Bewertung der Nichtstrafbarkeit** eines B-indizierten Trägermediums oder D-indizierten Telemediums zu befürworten (a. A. Löffler/Altenhain, Rn. 15). Wegen der gegenüber einem rechtskräftigen Gerichtsurteil geringeren Gewichtigkeit und Tragweite einer staatsanwaltschaftlichen Bewertung bedarf es aber der weiteren Voraussetzung, dass die Bewertung der Nichtstrafbarkeit eines B-indizierten Trägermediums durch eine Staatsanwaltschaft erfolgen muss, welche für die Eröffnung eines Ermittlungsverfahrens und die Strafverfolgung im Bezug auf das betreffende Trägermedium **zuständig** ist/wäre. Die Bewertung der Nichtstrafbarkeit muss darüber hinaus in einer Weise begründet sein, die der **Begründungspflicht** eines (rechtskräftigen) Strafgerichtsurteils nach § 267 Abs. 1 S. 1 StPO Rechnung trägt.

5. Herbeiführung einer erneuten Entscheidung (Satz 3)

Die Herbeiführung einer Entscheidung über die Listenstreichung steht im 23
Übrigen im Ermessen der Vorsitzenden der Bundesprüfstelle. Sie wird nur in besonderen **Ausnahmefällen** in Betracht kommen. Stellte das betroffene Medium nämlich nach Einschätzung der BPjM einen strafbaren Inhalt nach §§ 86, 130, 130a, 131, 184, 184a, § 184b und § 184c StGB dar, so wird allein aufgrund einer gegenteiligen gerichtlichen Feststellung nicht die Eignung des Mediums negiert, Kinder und Jugendliche in ihrer Entwicklung oder Erziehung zu gefährden (vgl. daher auch die Regelung des Satz 2). Eine erneute Entscheidung wird allenfalls dann in Betracht kommen, wenn in der BPjM-Entscheidung ganz erkennbar Aspekte des Medieninhaltes übersehen wurden, die das Gericht in der Begründung seines Urteils bzw. die die Staatsanwaltschaft bei ihren Verfügungserwägungen (Rn. 21 f.) hervorhebt.

VI. Telemedien ausländischer Anbieter (Abs. 5)

1. Allgemeines

24 Die Bestimmung des Abs. 5 berücksichtigt den Umstand, dass die in § 4 Abs. 1 S. 1 Nr. 11, Abs. 2 S. 1 Nr. 2, Abs. 3 JMStV geregelten Verbreitungsbeschränkungen für indizierte Telemedien nur gegenüber inländischen Anbietern durchgesetzt werden können. Sind Telemedien von ausländischen Anbietern in die Liste jugendgefährdender Medien aufgenommen worden, so steht es in deren Ermessen, ihr Angebot zu ändern. In diesen Fällen soll die Aufnahme in die Liste in Teil C und D dazu dienen, für Filterprogramme zur Verfügung gestellt zu werden (BT-Drs. 14/9013, S. 28).

2. Anerkannte Selbstkontrolleinrichtungen

25 Insoweit hat die Vorsitzende der BPjM den für den Bereich der Telemedien anerkannten (§ 19 JMStV) Einrichtungen der Selbstkontrolle die Listenaufnahme mitzuteilen, die diese Informationen an Hersteller von Filterprogrammen weiterleiten (vgl. BT-Drs. 14/9013, S. 29). Für den Bereich der Telemedien ist aktuell die Freiwillige Selbstkontrolle Mulitmedia-Diensteanbieter (**FSM**) anerkannt (vgl. ausführl § 19 JMStV Rn. 4, 12). Die nach 14. RfÄndStV ursprünglich vorgesehene eingeschränkte Anerkennungsfiktion nach § 19 Abs. 4 S. 5 u. 6 JMStV-E für FSK und USK ist nicht in Kraft getreten (vgl. § 19 JMStV Rn. 1).

3. Nutzerautonome Filterprogramme

26 Die Aufnahme ist insb. in solche Filterprogramme vorgesehen, die nach dem Prinzip des sog. „site-blocking" arbeiten und das nutzerseitige Aufrufen der in das System einbezogenen Angebote verhindert (ausführl. hierzu Schindler, tv-diskurs 11/2000, S. 56 ff.). Insoweit wurde das so genannte **BPjM-Modul** von der Bundesprüfstelle in Kooperation mit der FSM entwickelt, dass sich in Filterprogramme als ein Filtermodul (**Blacklist**) integrieren lässt (s. ausführl. Monssen-Engberding/Bochmann, KJuG 2005, 55, 58). Die Einbindung des Moduls verhindert zudem, dass URLs indizierter Internetangebote in den Suchergebnissen der beteiligten Suchmaschinen aufgelistet werden. Gebrauchen Dritte die Mitteilung von Seiten der BPjM entgegen Satz 2 zweckwidrig, etwa durch Publikation von Teilen der nichtöffentlichen Liste, können sie gemäß § 28 Abs. 3 Nr. 2 **ordnungswidrigkeitenrechtlich belangt** werden.

§ 25 Rechtsweg

(1) **Für Klagen gegen eine Entscheidung der Bundesprüfstelle für jugendgefährdende Medien, ein Medium in die Liste jugendgefährdender Medien aufzunehmen oder einen Antrag auf Streichung aus der Liste abzulehnen, ist der Verwaltungsrechtsweg gegeben.**

(2) **Gegen eine Entscheidung der Bundesprüfstelle für jugendgefährdende Medien, ein Medium nicht in die Liste jugendgefährdender**

Medien aufzunehmen, sowie gegen eine Einstellung des Verfahrens kann die antragstellende Behörde im Verwaltungsrechtsweg Klage erheben.

(3) **Die Klage ist gegen den Bund, vertreten durch die Bundesprüfstelle für jugendgefährdende Medien, zu richten.**

(4) ¹**Die Klage hat keine aufschiebende Wirkung.** ²**Vor Erhebung der Klage bedarf es keiner Nachprüfung in einem Vorverfahren, bei einer Entscheidung im vereinfachten Verfahren nach § 23 ist jedoch zunächst eine Entscheidung der Bundesprüfstelle für jugendgefährdende Medien in der Besetzung nach § 19 Abs. 5 herbeizuführen.**

Schrifttum: *Monssen-Engberding/Bochmann*, Die neuen Regelungen des Jugendschutzrechts aus der Sicht der BPjM, KJuG 2005, 55; *Monssen-Engberding/Liesching*, Rechtliche Fragestellungen der Listenführung, BPjM-aktuell 4/2008, 3; *Schade/Ott*, Anmerkung zu VG Köln, Beschl. v. 31. 5. 2010 – 22 L 1899/09, MMR 2010, 580; *Stumpf*, Jugendschutz oder Geschmackszensur?, 2009.

I. Allgemeines

Die Vorschrift konkretisiert die Voraussetzungen der verwaltungsgerichtlichen Anfechtung von Entscheidungen der Bundesprüfstelle für jugendgefährdende Medien (BPjM, § 17 Rn. 1 ff.). **1**

II. Verwaltungsrechtsweg (Abs. 1-3)

1. Eröffnung des Verwaltungsrechtswegs

a) Anfechtungs- bzw. Verpflichtungklage (Abs. 1). Die Indizierungsentscheidungen der BPjM sind Verwaltungsakte (§ 35 VwVfG), gegen die im Verwaltungsrechtsweg nach Abs. 1 die Anfechtungsklage gemäß § 42 VwGO statthaft ist. Dies gilt auch bei vorläufigen Anordungen nach § 23 As. 5 (ebenso Löffler/Altenhain, Rn. 1). Die gerichtliche Überprüfbarkeit ist nicht eingeschränkt (ausführl. § 17 Rn. 4 ff.). **Zuständige Gerichtsinstanzen** sind das Verwaltungsgericht Köln, im Berufungsverfahren das Oberverwaltungsgericht Münster sowie bei zugelassener Revision das Bundesverwaltungsgericht. Die Anfechtungsklage steht jedem Beteiligten zu, der geltend machen kann, durch die angefochtene Entscheidung in seinen Rechten verletzt zu sein (§ 42 Abs. 2 VwGO). Danach sind die betroffenen Medienurheber, Inhaber der Nutzungsrechte sowie Anbieter von Telemedien einschließlich der Internet-Plattformbetreiber oder Host-Provider (a. A. Löffler/Altenhain, Rn. 5) stets klagebefugt, nicht jedoch einzelne Händler (vgl. OLG Köln NVwZ 1994, 410, 411 f.). Hinsichtlich der Streichung eines Mediums von der Liste hat der Betroffene Verpflichtungsklage zu erheben (vgl. BVerwG NJW 1987, 1435; BVerwGE 44, 333, 335). **2**

b) Klage gegen B- bzw. D-Indizierungen. Weiterhin ist möglich, sich mit einer Klage nur gegen eine Indizierung in Listenteil B oder D zu wenden, hingegen nicht gegen eine Listenaufnahme im Übrigen (Teil A oder C). **3**

JuSchG § 25 IV. Abschnitt. BPjM

Gleichwohl handelt es sich insoweit um eine Anfechtungsklage gegen die Indizierung in Teile B bzw. D und nicht um eine Verpflichtungsklage zur Umtragung in Teile A bzw. C. Fraglich ist insoweit, ob die Verwaltungsgerichte in den genannten Fällen vollumfänglich das Vorliegen der Voraussetzungen eines Straftatbestands nach §§ 86, 130, 130a, 131, 184, 184a, § 184b und § 184c StGB zu prüfen haben. Denn im Grunde leitet sich die Rechtmäßigkeit der B- bzw. D-Indizierung allein aus der **„Einschätzung der Bundesprüfstelle"** (§ 18 Abs. 2 S. 2 Nr. 2 u. 4 JuSchG), also i. d. R. des 12er Gremiums ab. Vor diesem Hintergrund wäre denkbar, dass sich die gerichtliche Überprüfung im verwaltungsgerichtlichen Verfahren darauf zu beschränken hat, ob die BPjM ihre Einschätzung der Straftatbestandsmäßigkeit eines Medieninhaltes hinreichend und nachvollziehbar begründet hat (Plausibilitätskontrolle). Allerdings würde dies im Widerspruch zu § 24 Abs. 4 S. 2 stehen, der ausdrücklich von – nicht allein strafgerichtlichen – Urteilen über die Nichtverwirklichung des in Betracht kommenden Straftatbestands ausgeht. Insoweit ist eher davon auszugehen, dass auch die Verwaltungsgerichte eine **vollumfängliche Überprüfung** des Vorliegens des von der BPjM angenommenen Tatbestands vorzunehmen haben.

2. Klage der antragstellenden Behörde (Abs. 2)

4   Letzteres gilt auch für Klagen der antragstellenden Behörde gegen die Ablehnung eines Indizierungsantrags oder die Verfahrenseinstellung (§ 21 Abs. 3) nach Abs. 2, welche nunmehr ausdrücklich zulässig sind. Nach alter Rechtslage konnten die antragsberechtigten Stellen eine Entscheidungsanfechtung nur auf Verfahrensfehler stützen (vgl. BVerwGE 19, 269; 28, 63). Die **Klagebefugnis** steht nur den in § 21 Abs. 2 genannten Stellen zu, hingegen nicht den lediglich gemäß § 21 Abs. 4 „anregenden" Behörden oder Trägern der freien Jugendhilfe (vgl. oben § 21 Rn. 6). Klagen gegen eine Verfahrenseinstellung der Vorsitzenden der BPjM können entsprechend § 172 Abs. 2 StPO nur auf Entscheidung des 12er-Gremiums (§ 19 Abs. 5) über die Indizierung gerichtet werden.

3. Klagegegner (Abs. 3)

5   Die Anfechtungs- bzw. Verpflichtungsklage ist gemäß Abs. 3 **gegen den Bund**, vertreten durch die Bundesprüfstelle für jugendgefährdende Medien, zu richten. In der Praxis erfolgt bei Klagen die weitere Nennung der Vorsitzenden als Vertreterin der BPjM. Die Klage ist innerhalb eines Monats nach Zustellung (§ 21 Abs. 8) zu erheben (vgl. § 74 Abs. 1 S. 2 VwGO).

III. Einstweiliger Rechtsschutz

1. Keine aufschiebende Wirkung (Satz 1)

6   a) **Vorrang des Vollzugsinteresses.** Entgegen dem Regelfall der aufschiebenden Wirkung von Widerspruch und Anfechtungsklage nach § 80 Abs. 1 S. 1 VwGO negiert Satz 1 den Suspensiveffekt als bundesgesetzliche

Bestimmung i. S. d. § 80 Abs. 2 Nr. 3 VwGO. Jedoch kann das VG auf Antrag gemäß § 80 Abs. 5 S. 1 VwGO die aufschiebende Wirkung anordnen. Allerdings ist dabei zu beachten, dass sich in Fällen der gesetzlichen Sofortvollzugsanordnung die vom Verwaltungsgericht vorzunehmende Interessenabwägung von derjenigen unterscheidet, die in den Fällen einer behördlichen Anordnung stattfindet. Denn insoweit hat der Gesetzgeber einen **grundsätzlichen Vorrang des Vollziehungsinteresses** angeordnet und es bedarf deshalb besonderer Umstände, um eine hiervon abweichende Entscheidung zu rechtfertigen (BVerfG NVwZ 2004, 93,94; s.a. VG Köln, Beschl. v. 23. 12. 2005 – 27 L 1838/05). Der Bundesgesetzgeber hat durch die Sofortvollzugsentscheidung in Abs. 4 S. 1 gerade im Sinne des BVerfG die grundlegende Entscheidung getroffen, dass Klagen gegen Indizierungen trotz der Beschränkungen des § 15 Abs. 1 JuSchG und der damit einhergehenden wirtschaftlichen Einbußen der Anbieter „keine aufschiebende Wirkung" haben.

b) Anforderungen an die gerichtliche Interessenabwägung in Eilverfahren. Hat sich schon der Gesetzgeber für den Sofortvollzug entschieden, sind die Gerichte – neben der Prüfung der Erfolgsaussichten in der Hauptsache – zu einer Einzelfallbetrachtung grundsätzlich nur im Hinblick auf solche Umstände angehalten, die von den Beteiligten vorgetragen werden und die Annahme rechtfertigen können, dass im konkreten Fall von der gesetzgeberischen Grundentscheidung ausnahmsweise abzuweichen ist. Der Antragsteller nach § 80 Abs. 5 VwGO muss die Wertung des Gesetzgebers mit Besonderheiten seiner Situation entkräften und Wege aufzeigen, die gleichwohl den öffentlichen Belangen noch Rechnung tragen. Dabei sind die Folgen, die sich mit dem Sofortvollzug verbinden, nur insoweit beachtlich, als sie nicht schon als **regelmäßige Folge der gesetzlichen Anordnung des Sofortvollzugs** (insb. § 15 Abs. 1) in der gesetzgeberischen Grundentscheidung Berücksichtigung gefunden haben. Sind in diesem Sinne qualifizierte Argumente nicht vorgetragen, sind die Abwägungsanforderungen, die die Verwaltungsgerichte nach Art. 19 Abs. 4 GG im Rahmen ihrer Entscheidung nach § 80 Abs. 5 VwGO zu erfüllen haben, regelmäßig nur gering (BVerfG NVwZ 2004, 93,94; vgl. aber VG Köln MMR 2010, 578 ff. m. Anm. Schade/Ott). 7

c) Vorbeugender Rechtsschutz vor Indizierung. Weitergehender vorbeugender Rechtsschutz vor Erlass einer Indizierungsentscheidung nach § 123 Abs. 1 VwGO kommt nur in krassen Ausnahmefällen in Betracht, etwa dann, wenn die **wirtschaftliche Existenz** des Betroffenen bereits durch die Bekanntmachung der Indizierung unmittelbar gefährdet ist (vgl. VG Köln BPS-Report 3/1998, S. 35; Löffler/Altenhain, Rn. 11). 8

2. Entbehrlichkeit des Vorverfahrens (Satz 2)

Eines Vorverfahrens i. S. d. § 68 VwGO bedarf es aufgrund der ausdrücklichen gesetzlichen Bestimmung des Satzes 2 mit Ausnahme des Falles des § 23 Abs. 3 (siehe dort Rn. 6) nicht. Die vorherige Anrufung des 12er-Gremiums ist Voraussetzung für die spätere Erhebung einer Klage (vgl. § 25 Abs. 4); 9

gleichwohl ist sie kein Vorverfahren i. S. d. § 68 VwGO (OVG Münster NJW 1970, 216).

V. Abschnitt. Verordnungsermächtigung

§ 26 Verordnungsermächtigung

Die Bundesregierung wird ermächtigt, durch Rechtsverordnung mit Zustimmung des Bundesrates Näheres über den Sitz und das Verfahren der Bundesprüfstelle für jugendgefährdende Medien und die Führung der Liste jugendgefährdender Medien zu regeln.

I. Allgemeines

1 Aufgrund der Ermächtigungnorm des § 26 wurde die Verordnung zur Durchführung des Jugendschutzgesetzes (**DVO JuSchG**) vom 9. September 2003 (BGBl. I S. 1791) erlassen (zuletzt geändert durch Art. 4 Abs. 11 KostenrechtsmodernisierungsG vom 5. 5. 2004, BGBl. I S. 718). Die Verordnung hat den nachfolgenden Wortlaut (Rn. 2 ff.).

II. Durchführungsverordnung im Wortlaut

2 **§ 1 Sitz der Bundesprüfstelle für jugendgefährdende Medien**
Sitz der Bundesprüfstelle für jugendgefährdende Medien ist Bonn.

3 **§ 2 Beginn des Verfahrens**

(1) ¹Der Antrag auf Aufnahme eines Trägermediums (§ 1 Abs. 2 des Jugendschutzgesetzes) oder eines Telemediums (§ 1 Abs. 3 des Jugendschutzgesetzes) in die Liste jugendgefährdender Medien durch eine in § 21 Abs. 2 des Jugendschutzgesetzes benannte Stelle ist schriftlich oder elektronisch zu stellen und zu begründen. ²Dem Antrag soll bei Trägermedien mindestens ein Exemplar und bei Telemedien mindestens ein Ausdruck der dem Antrag zugrunde liegenden Web-Seiten beigefügt werden. ³Wird der Antrag durch Telefax oder elektronisch übermittelt, so sollen die nach Satz 2 erforderlichen Anlagen nachgereicht werden.

(2) ¹Die Anregung auf Aufnahme eines Trägermediums oder eines Telemediums nach § 21 Abs. 4 des Jugendschutzgesetzes in die Liste jugendgefährdender Medien soll schriftlich begründet werden. ²Der Anregung soll bei Trägermedien mindestens ein Exemplar beigefügt werden. ³Erfolgt die Anregung durch einen anerkannten Träger der freien Jugendhilfe, soll dieser seine Anerkennung nach § 75 des Achten Buches Sozialgesetzbuch nachweisen. ⁴Die Begründung sowie der Nachweis der Anerkennung können auch durch Telefax oder elektronisch übermittelt werden.

Verordnungsermächtigung § 26 JuSchG

§ 3 Einheitliches Verfahren 4

Werden wegen desselben Mediums mehrere Anträge gestellt oder Anregungen eingereicht, so ist über sämtliche Anträge und Anregungen in einem einheitlichen Verfahren zu verhandeln und zu entscheiden.

§ 4 Beteiligte 5

¹Beteiligte des Verfahrens sind die Antragstellerin oder der Antragsteller, bei Trägermedien die Urheberin oder der Urheber oder die Inhaberin oder der Inhaber der Nutzungsrechte, bei Telemedien die Urheberin oder der Urheber oder der Anbieter. ²Die Vorschriften der §§ 3, 4 Abs. 1 und des § 7 des Urheberrechtsgesetzes finden entsprechende Anwendung.

§ 5 Verhandlungstermin 6

(1) Die oder der Vorsitzende der Bundesprüfstelle bestimmt den Verhandlungstermin.

(2) ¹Die Benachrichtigung über den Verhandlungstermin ist den Beteiligten mindestens zwei Wochen vor der Verhandlung zuzustellen, wenn sie ihren Wohnsitz oder ihre gewerbliche Niederlassung im Inland haben. ²Zustellungen erfolgen nach dem Verwaltungszustellungsgesetz. ³Gleichzeitig sind den Beteiligten die zur Mitwirkung bei der Entscheidung berufenen Mitglieder der Bundesprüfstelle und deren Vertretung namhaft zu machen. ⁴Den Benachrichtigungen der Beteiligten – ausgenommen der Antragstellerin oder des Antragstellers – ist ein Abdruck der Antragsschrift beizufügen.

(3) Die Bundesprüfstelle hat den Beteiligten einen Abdruck der Stellungnahme der Kommission für Jugendmedienschutz (§ 21 Abs. 6 des Jugendschutzgesetzes) zuzusenden.

(4) Die Beteiligten können auf die Benachrichtigung über den Termin und die Einhaltung der Frist verzichten.

(5) ¹Die fristgemäße Benachrichtigung (Absatz 2) ist vor Beginn der Verhandlung festzustellen. ²Ist die Benachrichtigung nicht festzustellen oder nicht innerhalb der Frist des Absatzes 2 erfolgt, so ist die Verhandlung zu vertagen, wenn nicht auf die Benachrichtigung oder die Einhaltung der Frist verzichtet worden ist.

§ 6 Befangenheit von Mitgliedern der Bundesprüfstelle für jugendgefährdende Medien 7

(1) ¹Ein Mitglied der Bundesprüfstelle, das sich im Einzelfall für befangen erklärt, darf bei der Verhandlung und Entscheidung nicht mitwirken. ²Diese Erklärung soll rechtzeitig vor Beginn der Verhandlung abgegeben werden.

(2) Die Beteiligten können ein Mitglied der Bundesprüfstelle wegen Befangenheit ablehnen, wenn ein Grund vorliegt, der geeignet ist, Misstrauen gegen die Unparteilichkeit des Mitglieds zu rechtfertigen.

(3) ¹Die Ablehnung durch eine oder einen der Beteiligten soll bei der Bundesprüfstelle schriftlich bis zum dritten Tage vor der Verhandlung vorliegen. ²Der Ablehnungsgrund ist glaubhaft zu machen. ³Über den Ablehnungsantrag entscheiden die übrigen Mitglieder der Bundesprüfstelle nach Anhörung des abgelehnten Mitglieds mit einfacher Stimmenmehrheit. ⁴Der Beschluss ist nicht anfechtbar.

(4) In den Fällen der Absätze 1 und 2 tritt an die Stelle der oder des Vorsitzenden die zur Vertretung berechtigte Person.

8 § 7 Verhandlungsgrundsätze

(1) ¹Die Verhandlung ist mündlich. ²Die oder der Vorsitzende kann Zeuginnen oder Zeugen und Sachverständige zur Verhandlung heranziehen. ³Zeugnisse und Sachverständigengutachten sowie sonstige Urkunden können verlesen werden. ⁴Für die Entschädigung von Zeuginnen und Zeugen sowie die Vergütung von Sachverständigen gelten die Vorschriften des Justizvergütungs- und -entschädigungsgesetzes entsprechend.

(2) ¹Die Verhandlung ist nicht öffentlich. ²Die Beteiligten haben ein Recht auf Anwesenheit; die oder der Vorsitzende kann weiteren Personen die Anwesenheit gestatten.

(3) Die Beteiligten können sich durch schriftlich bevollmächtigte Personen vertreten lassen.

9 § 8 Durchführung der Verhandlung

(1) ¹Die oder der Vorsitzende der Bundesprüfstelle eröffnet, leitet und schließt die Verhandlung. ²Ihr oder ihm obliegt die Aufrechterhaltung der Ordnung in der Sitzung.

(2) Die anwesenden Beteiligten oder die zu ihrer Vertretung berechtigten Personen sind zu hören.

(3) Die Beisitzerinnen und Beisitzer sind berechtigt, Fragen an die Beteiligten zu richten.

(4) Über die Verhandlung ist eine Niederschrift zu fertigen.

10 § 9 Beratung, Abstimmung, Entscheidung, Zustellung

(1) ¹Bei der Beratung und Abstimmung dürfen nur die zur Entscheidung berufenen Mitglieder der Bundesprüfstelle und mit Genehmigung der oder des Vorsitzenden auch solche Personen anwesend sein, die der Bundesprüfstelle zur Ausbildung im höheren Dienst zugeteilt sind. ²Sie sind verpflichtet, über den Hergang bei der Beratung und Abstimmung Stillschweigen zu bewahren.

(2) ¹Die Entscheidung erfolgt auf Grund der mündlichen Verhandlung durch die ordnungsgemäß besetzte Bundesprüfstelle. ²Sie wird im Anschluss an die Beratung und Abstimmung verkündet und ist von der oder dem Vorsitzenden zu unterzeichnen. ³Die Zustellung der Entscheidung nach § 21 Abs. 8 des Jugendschutzgesetzes soll innerhalb von zwei Wochen nach dem Abschluss der Verhandlung erfolgen.

(3) Zustellungen erfolgen nach dem Verwaltungszustellungsgesetz.

11 § 10 Vereinfachtes Verfahren

(1) ¹Soll ein Trägermedium oder ein Telemedium im vereinfachten Verfahren (§ 23 des Jugendschutzgesetzes) in die Liste aufgenommen werden, so hat die oder der Vorsitzende der Bundesprüfstelle die Beteiligten (§ 4) hiervon zu benachrichtigen. ²§ 5 Abs. 2 Satz 1 gilt entsprechend. ³Die Benachrichtigung muss der Empfängerin oder dem Empfänger mindestens eine Woche vor der Entscheidung zugehen. ⁴Den Benachrichtigungen der Beteiligten - ausgenommen der Antragstellerin oder des Antragstellers - ist ein Abdruck der

Verordnungsermächtigung **§ 26 JuSchG**

Antragsschrift beizufügen. ⁵§ 5 Abs. 3 gilt entsprechend. ⁶Die Antragstellerin oder der Antragsteller wird nicht benachrichtigt, wenn sie oder er darauf verzichtet oder die Entscheidung im vereinfachten Verfahren beantragt hat.

(2) Die Entscheidung nach § 23 des Jugendschutzgesetzes wird ohne mündliche Verhandlung erlassen.

(3) ¹Der Antrag der Betroffenen nach § 23 Abs. 3 des Jugendschutzgesetzes ist schriftlich zu begründen und hat auf die in der Entscheidung benannten Punkte der Jugendgefährdung einzugehen. ²Gleiches gilt für den Antrag auf Listenstreichung nach § 23 Abs. 4 des Jugendschutzgesetzes. ³Sind Anträge nicht ausreichend begründet, so kann die oder der Vorsitzende veranlassen, dass die Bundesprüfstelle nicht tätig wird.

§ 11 Belehrungspflichten

¹Die oder der Vorsitzende der Bundesprüfstelle hat die Beisitzerinnen und Beisitzer sowie Personen, denen sie oder er die Anwesenheit nach § 9 Abs. 1 Satz 1 gestattet hat, zu Beginn der ersten Sitzung, an der sie teilnehmen, über das Beratungs- und Abstimmungsgeheimnis (§ 9 Abs. 1 Satz 2), die Beisitzerinnen und Beisitzer außerdem über die Weisungsfreiheit (§ 19 Abs. 4 des Jugendschutzgesetzes) zu belehren. ²Ferner sind die Gruppenbeisitzerinnen und -beisitzer (§ 19 Abs. 2 des Jugendschutzgesetzes) von der oder dem Vorsitzenden auf die gewissenhafte und unparteiische Ausübung ihres Amtes zu verpflichten. ³Über die Verpflichtungsverhandlung ist eine Niederschrift aufzunehmen.

§ 12 Stellvertretende Mitglieder der Bundesprüfstelle für jugendgefährdende Medien

(1) ¹Das Bundesministerium für Familie, Senioren, Frauen und Jugend ernennt die zur Vertretung der oder des Vorsitzenden berechtigte Person. ²Jede Landesregierung ernennt die zur Vertretung der von ihr ernannten Beisitzerinnen und Beisitzer berechtigten Personen. ³Das Bundesministerium für Familie, Senioren, Frauen und Jugend ernennt aus jeder Gruppe des § 19 Abs. 2 des Jugendschutzgesetzes mehrere Beisitzerinnen und Beisitzer und die zu ihrer Vertretung berechtigten Personen.

(2) Die Reihenfolge, in der die Gruppenbeisitzerinnen und -beisitzer nach § 19 Abs. 2 des Jugendschutzgesetzes an den einzelnen Verhandlungen teilnehmen, wird von der oder dem Vorsitzenden der Bundesprüfstelle für einen bestimmten Zeitraum im Voraus festgelegt.

(3) Für den Wechsel der Länderbeisitzerinnen und -beisitzer wird durch die Vorsitzende oder den Vorsitzenden der Bundesprüfstelle im Einvernehmen mit den Länderbeisitzerinnen und -beisitzern für einen bestimmten Zeitraum im Voraus eine feste Reihenfolge festgelegt.

(4) Die beiden Beisitzerinnen oder Beisitzer, die bei Entscheidungen nach § 23 des Jugendschutzgesetzes mitzuwirken haben, und die zu ihrer Vertretung berechtigten Personen werden von der Bundesprüfstelle in der jeweiligen Verhandlungsbesetzung für einen bestimmten Zeitraum im Voraus festgestellt.

(5) An die Stelle von verhinderten oder ausgeschiedenen Beisitzerinnen und Beisitzern treten die zu ihrer Vertretung berechtigten Personen nach der

JuSchG § 26 V. Abschnitt. Verordnungsermächtigung

in den Absätzen 2 bis 4 festgelegten Reihenfolge; an die Stelle einer oder eines verhinderten oder ausgeschiedenen Vorsitzenden tritt die zu ihrer oder seiner Vertretung berufene Person.

14 **§ 13 Führung und Veröffentlichung der Liste**

(1) ¹Die Bundesprüfstelle führt die Liste der jugendgefährdenden Medien nach § 18 Abs. 2 des Jugendschutzgesetzes in den Teilen A, B, C und D. ²Für fortlaufende Aktualisierung durch Neueintrag beziehungsweise Streichung sowie für die Neuauflage der Liste ist Sorge zu tragen.

(2) ¹Die Bundesprüfstelle hat die Teile A und B der Liste in geeigneter Weise in einer übersichtlichen Zusammenstellung zu veröffentlichen. ²Dies gilt auch für die den Teilen A und B entsprechenden Teile der bis zum 31. März 2003 bei der Bundesprüfstelle geführten Liste.

15 **§ 14 Zusammenarbeit mit der Kommission für Jugendmedienschutz**

(1) ¹Die Bundesprüfstelle hat vor Entscheidung über die Aufnahme eines Telemediums in die Liste jugendgefährdender Medien die Stellungnahme der Kommission für Jugendmedienschutz einzuholen (§ 21 Abs. 6 des Jugendschutzgesetzes), es sei denn, dass diese hierüber bereits entschieden (§ 18 Abs. 8 Satz 2 des Jugendschutzgesetzes) und die Bundesprüfstelle benachrichtigt hat. ²Soweit diese Stellungnahme nicht innerhalb von fünf Werktagen nach Aufforderung vorliegt, kann die Bundesprüfstelle ohne diese Stellungnahme entscheiden.

(2) Zur Mitteilung von Entscheidungen über die Aufnahme eines Telemediums in die Liste jugendgefährdender Medien nach § 24 Abs. 5 des Jugendschutzgesetzes holt die Bundesprüfstelle von der Kommission für Jugendmedienschutz eine Übersicht über die anerkannten Einrichtungen der Selbstkontrolle ein.

(3) Zur Gewährleistung einer effektiven Zusammenarbeit informiert die Bundesprüfstelle die Kommission für Jugendmedienschutz neben ihren Entscheidungen über die Listenaufnahme von Telemedien auch über damit zusammenhängende relevante Fragen und Ereignisse.

16 **§ 15 Mitteilungspflichten**

(1) Wird ein Trägermedium in die Liste jugendgefährdender Medien aufgenommen, die Aufnahme in die Liste jedoch nach § 24 Abs. 3 Satz 2 des Jugendschutzgesetzes nicht bekannt gemacht, so teilt die Bundesprüfstelle den obersten Landesjugendbehörden den Zeitpunkt der Zustellung der Entscheidung mit.

(2) Wird ein Telemedium in die Liste jugendgefährdender Medien aufgenommen und ist die Tat im Inland begangen worden, so teilt die Bundesprüfstelle der Kommission für Jugendmedienschutz den Zeitpunkt der Zustellung der Entscheidung mit.

(3) Bei erfolgloser Zustellung soll die Bundesprüfstelle die Entscheidungen in analoger Anwendung des § 24 Abs. 5 des Jugendschutzgesetzes den im Bereich der Telemedien anerkannten Einrichtungen der Selbstkontrolle mitteilen.

Strafvorschriften **§ 27 JuSchG**

§ 16 Inkrafttreten, Außerkrafttreten 17

¹Diese Verordnung tritt am Tag nach der Verkündung in Kraft. ²Gleichzeitig tritt die Verordnung zur Durchführung des Gesetzes über die Verbreitung jugendgefährdender Schriften in der im Bundesgesetzblatt Teil III, Gliederungsnummer 2161-1-1, veröffentlichten bereinigten Fassung, zuletzt geändert durch Artikel 48 der Verordnung vom 21. September 1997 (BGBl. I S. 2390) außer Kraft.

VI. Abschnitt. Ahndung von Verstößen

§ 27 Strafvorschriften

(1) Mit Freiheitsstrafe bis zu einem Jahr oder mit Geldstrafe wird bestraft, wer
1. entgegen § 15 Abs. 1 Nr. 1 bis 5 oder 6, jeweils auch in Verbindung mit Abs. 2, ein Trägermedium anbietet, überlässt, zugänglich macht, ausstellt, anschlägt, vorführt, einführt, ankündigt oder anpreist,
2. entgegen § 15 Abs. 1 Nr. 7, auch in Verbindung mit Abs. 2, ein Trägermedium herstellt, bezieht, liefert, vorrätig hält oder einführt,
3. entgegen § 15 Abs. 4 die Liste der jugendgefährdenden Medien abdruckt oder veröffentlicht,
4. entgegen § 15 Abs. 5 bei geschäftlicher Werbung einen dort genannten Hinweis gibt oder
5. einer vollziehbaren Entscheidung nach § 21 Abs. 8 Satz 1 Nr. 1 zuwiderhandelt.

(2) Ebenso wird bestraft, wer als Veranstalter oder Gewerbetreibender
1. eine in § 28 Abs. 1 Nr. 4 bis 18 oder 19 bezeichnete vorsätzliche Handlung begeht und dadurch wenigstens leichtfertig ein Kind oder eine jugendliche Person in der körperlichen, geistigen oder sittlichen Entwicklung schwer gefährdet oder
2. eine in § 28 Abs. 1 Nr. 4 bis 18 oder 19 bezeichnete vorsätzliche Handlung aus Gewinnsucht begeht oder beharrlich wiederholt.

(3) Wird die Tat in den Fällen
1. des Absatzes 1 Nr. 1 oder
2. des Absatzes 1 Nr. 3, 4 oder 5

fahrlässig begangen, so ist die Strafe Freiheitsstrafe bis zu sechs Monaten oder Geldstrafe bis zu hundertachtzig Tagessätzen.

(4) ¹Absatz 1 Nr. 1 und 2 und Absatz 3 Nr. 1 sind nicht anzuwenden, wenn eine personensorgeberechtigte Person das Medium einem Kind oder einer jugendlichen Person anbietet, überlässt oder zugänglich macht. ²Dies gilt nicht, wenn die personensorgeberechtigte Person durch das Anbieten, Überlassen oder Zugänglichmachen ihre Erziehungspflicht gröblich verletzt.

JuSchG § 27 VI. Abschnitt. Ahndung von Verstößen

Schrifttum: *Gehrmann*, Gefahrenabwehr und Strafverfolgung im Internet, 2000; *Gercke/Brunst*, Praxishandbuch Internetstrafrecht, 2009; *Groß*, Sicherstellung von Druckwerken, NStZ 1999, 334; *Heinrich*, Neue Medien und klassisches Strafrecht, NStZ 2005, 361; *Höynk*, Stumpfe Waffe? Möglichkeiten und Grenzen der Anwendung von § 131 StGB auf gewalthaltige Computerspiele am Beispiel „Der Pate – Die Don Edition", ZIS 2008, 206; *Marberth-Kubicki*, Computer- und Internetstrafrecht, 2. Aufl. 2010; *Roxin*, Täterschaft und Teilnahme, 8. Aufl. 2006; *Schäfer*, Der kriminologische Hintergrund des (Jugend-)Medienschutzes im Hinblick auf mediale Gewaltdarstellungen, 2008; *Sieber/Liesching*, Die Verantwortlichkeit der Suchmaschinenbetreiber, MMR-Beilage 8/2007, S. 1; *Streng*, Strafrechtliche Sanktionen, 2. Aufl. 2002; *Stumpf*, Jugendschutz oder Geschmackszensur? – Die Indizierung von Medien nach dem Jugendschutzgesetz, 2009; *Walther*, Vorstellung der Zentralstellen der Bundesländer zur Bekämpfung gewaltdarstellender pp. Schriften, JMS-Report 5/1997, 1; *Weigand*, Aufsicht, Anbieter oder Anwender – wer hat welche Verantwortung im Jugendmedienschutz, in: KJM-Schriftenreihe Bd. I, 2009, S. 31.

Übersicht

	Rn.
I. Allgemeines	1
1. Regelungsinhalt und Bedeutung	1
2. Strafverfolgungspraxis	2
II. Tatbestände des Abs. 1	3
1. Anwendungsbereich	3
2. Tatbestände im Einzelnen	4
a) Verstoß gegen Vertriebs- und Werbeverbote (Nrn. 1 und 2)	4
b) Listenveröffentlichung und Hinweis auf Indizierungsverfahren (Nrn. 3 und 4)	5
c) Zuwiderhandlung gegen vollziehbare Entscheidung (Nr. 5)	6
3. Vorsätzliches Handeln	7
a) Allgemeines	7
b) Formen des Vorsatzes	8
c) Vorsatzkonkretisierung insb. bei Medieninhaltsdelikten	9
d) Vorsatzausschluss aufgrund abweichender FSK-/USK- oder SPIO-JK-Entscheidung	11
III. Tatbestände des Abs. 2	13
1. Anwendungsbereich	13
2. Schwere Gefährdung eines Minderjährigen (Nr. 1)	14
a) Körperliche Gefährdungen	14
b) Geistige und sittliche Gefährdungen	15
c) Leichtfertige Herbeiführung	16
3. Handeln aus Gewinnsucht, beharrliche Wiederholung (Nr. 2)	17
IV. Fahrlässige Begehung (Abs. 3)	18
1. Allgemeine Grundsätze	18
a) Sorgfaltspflichtverletzung	18
b) Ermittlung des Sorgfaltspflichtmaßstabs	19
2. Regelmäßige Durchsicht „indizierungsgeneigter Medien"	20
a) Allgemeine Anforderungen	20
b) Prüfung schwerer Jugendgefährdung	21
c) Einzelfälle	22
d) Verbotsirrtum	24
V. Beschlagnahme und Einziehung	26

Strafvorschriften § 27 JuSchG

1. Beschlagnahme 26
   a) Allgemeine Grundsätze 26
   b) Beschlagnahme/Sicherstellung von Trägermedien 27
2. Einziehung 28
   a) Allgemeine Grundsätze 28
   b) Einziehung von Trägermedien 29
VI. Erzieherprivileg für Personensorgeberechtigte (Abs. 4) 30
   1. Geltungsbereich (Satz 1) 30
   2. Gröbliche Verletzung der Erziehungspflicht (Satz 2) 31

I. Allgemeines

1. Regelungsinhalt und Bedeutung

Die Vorschrift bedroht bestimmte enumerativ bezeichnete Zuwiderhand- 1
lungen gegen Verbote des JuSchG mit Strafe und soll damit einen tatsächlichen Vollzug und einen **effektiven Jugendschutz** sichern (zur Verfassungskonformität verwaltungsstrafrechtlicher Blankettdelikte ausführl. Löffler/Altenhain, Rn. 1). Die geringen Fallzahlen der polizeilichen Kriminalstatistik (Rn. 2) deuten zumindest für § 27 Abs. 1 nicht zwingend auf Defizite bei der Strafverfolgung hin, sondern sind zum Teil auch Ausdruck der vergleichsweise stärker in den Vordergrund gerückten Verbreitung und Nutzung elektronischer Informations- und Kommunikationsmedien wie insb. von **Telemedien**. Insoweit richtet sich die Sanktionierung von Jugendschutzverstößen indes nach §§ 23, 24 JMStV. Verstöße gegen die rekurrierten Jugendschutzbestimmungen begründen auch einen Wettbewerbsverstoß nach §§ 3, 4 UWG.

2. Strafverfolgungspraxis

Die Zahl der bundesweit bekannt gewordenen Straftaten nach Abs. 1 stieg 2
im Jahr 2009 gegenüber dem Vorjahr um 9,2 % auf insgesamt 225 erfasste Fälle; die Aufklärungsquote lag bei 85,3 % (vgl. **Polizeiliche Kriminalstatistik** des BMI, PKS 2009, siehe zu den Vorjahren: JMS-Report 3/2009, 9). Die Zahl der erfassten Verwirklichungen der Straftaten nach Abs. 2 beläuft sich für das Jahr 2009 auf insgesamt 156 Fälle bei einer Aufklärungsquote von 95,5 % (vgl. PKS 2009) und ist damit gegenüber dem Vorjahr (202 Fälle) stark rückläufig. Insb. bei Medien, die unter § 15 Abs. 2 fallen und für die die Überlassungs-, Vertriebs- und Werbeverbote des § 15 Abs. 1 unmittelbar kraft Gesetzes gelten, aber auch bei indizierten Medien werden die in den Bundesländern gebildeten **staatsanwaltlichen Zentralstellen** zur Bekämpfung gewaltverherrlichender, pornographischer etc. Medien tätig (vgl. auch Walther, JMS-Report 5/1997, S. 1 ff.).

II. Tatbestände des Abs. 1

1. Anwendungsbereich

Die Strafbestimmungen des Abs. 1 bedrohen Zuwiderhandlungen gegen 3
§ 15 Abs. 1, 2, 4 und 5 sowie gegen vollziehbare Entscheidungen nach § 21

Abs. 8 S. 1 Nr. 1 mit Freiheitsstrafe bis zu einem Jahr oder mit Geldstrafe. Die Tatbestände sind auf Trägermedien beschränkt; für Telemedien gilt § 24 Abs. 1 Nr. 1 l), Nr. 3 JMStV. Die Tatbestände sind Gefährdungsdelikte; schädigende Folgen gehören also nicht zum Tatbestand (LNK/Knupfer, Rn. 2, Nikles u.a., Rn. 8). Bei der Verabschiedung des JuSchG hat der Gesetzgeber indes weiterhin die **inhaltsgleichen Trägermedien** (§ 15 Abs. 3) in den Strafvorschriften unberücksichtigt gelassen. Eine analoge Anwendung ist wegen Art. 103 Abs. 2 GG unzulässig. Die dadurch entstehende Strafbarkeitslücke kann auch nicht de lege ferenda durch einen Zusatz in Absatz 1 geschlossen werden, nachdem auch „inhaltsgleiche oder im Wesentlichen inhaltsgleiche Trägermedien" erfasst werden, da insoweit wegen der Unbestimmtheit des Begriffs des „Wesentlichen" ebenfalls gegen Art. 103 Abs. 2 GG verstoßen würde. Abs. 1 droht Freiheitsstrafe bis zu einem Jahr oder Geldstrafe, gemäß § 40 Abs. 1 und 2 StGB zwischen 5 € und 1.800.000 €, an. Die hohe Obergrenze ist für schwerwiegende Taten und für den Fall ungewöhnlich hoher Einkommen vorgesehen. Für die Strafzumessung gelten §§ 46 ff. StGB (hierzu ausführlich Streng, Sanktionenrecht 2002, S. 204 ff.).

2. Tatbestände im Einzelnen

4 **a) Verstoß gegen Vertriebs- und Werbeverbote (Nrn. 1 und 2).** Die in den Nrn. 1 und 2 genannten Tathandlungen sind im Bezug auf jugendgefährdende Medien mit Ausnahme der Fälle schwerer Jugendgefährdung im Sinne von § 15 Abs. 2 erst nach Aufnahme in die Liste und deren **Bekanntmachung im Bundesanzeiger** strafbar. Sie betreffen daher nur Trägermedien, die in die Listenteile A und B (vgl. § 18 Abs. 2 Nrn. 1 und 2) aufgenommen sind. Eine Straftatverwirklichung setzt insoweit aber auch die tatsächliche Indizierung im Tatzeitpunkt als objektive Bedingung der Strafbarkeit voraus, welche durch das Strafgericht zu prüfen ist (zutreffend Löffler/Altenhain, Rn. 6 ff.).

5 **b) Listenveröffentlichung und Hinweis auf Indizierungsverfahren (Nrn. 3 und 4).** Die Tatbestände der Nrn. 3 und 4 betreffen die **Veröffentlichung der Liste** und den **Hinweis** auf Indizierungsverfahren im Rahmen geschäftlicher Werbung nach § 15 Abs. 4 und 5. Sie können auch bei Telemedien einschlägig sein (ebenso Löffler/Altenhain, Rn. 13, 17). Insoweit sind die die Verantwortlichkeit begrenzenden Normen der §§ 8 ff. TMG zu beachten. Auch die Pönalisierung der Veröffentlichung eines Teils der Liste ist vom Wortsinn der Nr. 3 noch umfasst (a. A. Löffler/Altenhain, Rn. 14 und § 15 Rn. 51 f.), da andernfalls auch die praxisrelevante bloße Veröffentlichung der **Listenteile A und B** für sich den Tatbestand nicht erfüllen würde, sofern nur die – für die Allgemeinheit ohnehin nicht zugänglichen - Listenteile C und D nicht mit veröffentlicht würden. Diese Auslegung würde zudem die Ratio des Verbots unterminieren und zur praktischen Bedeutungslosigkeit des Verbots führen.

6 **c) Zuwiderhandlung gegen vollziehbare Entscheidung (Nr. 5).** Der Straftatbestand der Nr. 5 knüpft an die vollziehbare Entscheidung nach § 21 Abs. 8 S. 1 Nr. 1 an, wenn nach § 24 Abs. 3 S. 2 die Listenaufnahme von

Strafvorschriften **§ 27 JuSchG**

Trägermedien nicht im Bundesanzeiger bekannt gemacht wird. In diesen Fällen erlangen die am Indizierungsverfahren Beteiligten i. S. d. § 21 Abs. 8 Nr. 1 von der Listenaufnahme und den sich daraus ergebenden gesetzlichen Beschränkungen Kenntnis. Die Strafvorschrift schließt somit eine **erhebliche Haftungslücke**, da ansonsten die nicht hinnehmbare Situation entstünde, dass die beteiligten Personen von der Listenaufnahme wissen, die Medien aber entgegen der Zielrichtung des § 15 uneingeschränkt verbreiten könnten (BT-Drs. 14/9013, S. 29; Stumpf, 2009, S. 341 f.).

3. Vorsätzliches Handeln

a) **Allgemeines.** Die Zuwiderhandlungen nach Abs. 1 müssen grundsätz- 7 lich mit Vorsatz begangen worden sein (vgl. § 15 StGB, zur fahrlässigen Begehung nach Abs. 3 siehe unten Rn. 18 ff.). Insoweit gelten – wie auch bei der strafrechtlichen Zurechnung, sowie der Abgrenzung zwischen Tun und Unterlassen – die **allgemeinen strafrechtlichen Grundsätze** (vgl. ausführl. unten §§ 13-19, §§ 15-27 StGB Rn. 1 ff.)

b) **Formen des Vorsatzes.** Nach § 15 StGB ist grundsätzlich nur „vor- 8 sätzliches Handeln" strafbar, sofern nicht das Gesetz fahrlässiges Handeln ausdrücklich mit Strafe bedroht. Die im Medienstrafrecht überwiegenden Besitz-, Verbreitungs- und Äußerungsdelikte sowie die Computer- und Datendelikte können nahezu vollumfänglich nur vorsätzlich verwirklicht werden (z. B. §§ 86, 86a, 111, 130, 130a, 131, 166, 185 ff., 184 ff.; 202a; 303a, 303b StGB). Auch die Zurechnungsformen der Mittäterschaft (§ 25 Abs. 2 StGB) und der Beihilfe (§ 27 StGB) erfordern ein vorsätzliches Handeln. Im Allgemeinen werden insb. **drei Vorsatzformen** unterschieden. Vorsätzlich handelt danach jeweils, wer die Tatbestandverwirklichung zielgerichtet will (sog. direkter Vorsatz 1. Grades), wer um die Umstände, die den betreffenden Straftatbestand verwirklichen, sicher weiß (sog. direkter Vorsatz 2. Grades) bzw. wer die Tatbestandverwirklichung lediglich für möglich hält und sie billigend in Kauf nimmt (sog. bedingter Vorsatz) (vgl. nur Sch/Sch/Sternberg-Lieben, § 15 Rn. 64 ff.)

c) **Vorsatzkonkretisierung insb. bei Medieninhaltsdelikten. aa) All- 9 gemeines.** Im Zusammenhang mit der Mediendelinquenz bzw. inkriminierten Angebotsinhalten stellt sich insoweit auch die Frage der Vorsatzkonkretisierung. Insb. ist fraglich, ob das regelmäßig gegebene allgemeine, nicht auf einen konkreten Inhalt **spezifizierte sichere Wissen** verantwortlicher Personen größerer Medienunternehmen, dass aufgrund der Vielzahl vertriebener Informationen und Inhalte auch immer ein bestimmter Bruchteil strafrechtlich relevanter Angebote enthalten sein kann, bereits einen zumindest „bedingten" Vorsatz bezüglich einer konkreten Straftat begründet. Dies gilt im besonderen Maße im Bereich des Internetstrafrechts für Access- oder Host-Provider, Betreiber von Internetforen oder Suchmaschinen. Ein derartiger **„Verdachtsvorsatz"** ist aber mit Blick auf § 16 StGB als **nicht hinreichend** zur Vorsatzbegründung anzusehen, da insoweit die tatsächlichen konkreten Umstände, welche einen bestimmten Straftatbestand verwirklichen, gleichwohl nicht bekannt sind (vgl. LG München MMR 2000, 171; Heghmanns, JA 2001, 71, 74; Marberth-Kubicki, 2010, Rn. 163).

10 **bb) Vorsatzanforderungen bzgl. Indizierung.** Soweit die Indizierungswirkung von der Listenaufnahme abhängt, setzt vorsätzliches Handeln auch voraus, dass der Täter die Aufnahme in die Liste positiv kennt (a. A. Löffler/Altenhain, Rn. 11). Bei bloßem Für-Möglich-Halten einer Indizierung, in der Regel mangels Kenntnisnahme der aktuellen Liste, kommt Fahrlässigkeit nach Abs. 3 in Betracht (Rn. 18 ff.). Bei Abs. 1 Nrn. 1 und 2 ist weitere Voraussetzung, dass der Täter die Minderjährigkeit des Adressaten wenigstens billigend in Kauf nimmt (bedingter Vorsatz).

11 **d) Vorsatzausschluss aufgrund abweichender FSK-/USK- oder SPIO-JK-Entscheidung.** Die in § 18 Abs. 8 S. 2 geregelte Indizierungssperre schützt nicht davor, dass ein von der FSK oder USK mit einer Altersfreigabekennzeichnung versehener Bildträger von den Strafverfolgungsbehörden als schwer jugendgefährdend nach § 15 Abs. 2 JuSchG – z. B. Computerspiele nach § 131 StGB – erachtet werden kann. Gleiches gilt für Bewertungen der Juristenkommission der Spitzenorganisation der Filmwirtschaft (SPIO-JK). In solchen Fällen stellt sich die Frage, ob der Vertreiber, der sich auf die Alterskennzeichnung bzw. das Votum der SPIO-JK verlassen hat, vorsätzlich gehandelt hat. Die wohl herrschende Rspr. und Rechtsliteratur geht von einem **vorsatzausschließenden Tatbestandsirrtum** nach § 16 Abs. 1 S. 1 StGB aus (vgl. OLG München Film und Recht 1973, 253; OLG Saarbrücken, Beschl. v. 28. 01. 1977 – Ws 261/76; ferner OLG Düsseldorf UFITA 44 (1965), 370 ff.; im Schrifttum: Becker, Film und Recht 1975, 78, 85 unter Auswertung unterinstanzlicher strafgerichtlicher Entscheidungen; v.Hartlieb/Schwarz/Trinkl, 16. Kap. Rn. 1, 5 ff.; Sch/Sch/Sternberg-Lieben § 131 Rn. 13 i. V. m. § 184 Rn. 51: Vorsatzausschluss; Ostendorf in: Kindhäuser/Neumann/Paeffgen, StGB – Nomos-Kommentar, 2. Aufl. 2005, § 131 Rn. 15: „tatbestandsausschließender Subsumtionsirrtum"; Seetzen, NJW 1976, 497, 499; a. A. Höynck, ZIS 2008, 206, 214). Wer danach „bei Begehung der Tat einen Umstand nicht kennt, der zum gesetzlichen Tatbestand gehört, handelt nicht vorsätzlich".

12 Ein vorsatzausschließender Tatumstandsirrtum nach § 16 Abs. 1 StGB kann dann angenommen werden, wenn es an der „**Parallelwertung in der Laiensphäre**" fehlt (s.a. Löffler/Altenhain, Rn. 11), selbst wenn dies auf einem Rechts- oder sonstigen Bewertungsirrtum beruht. Im Ergebnis muss der Täter also die Gefährdungsrelevanz seines Handelns in Bezug auf den durch den betroffenen Straftatbestand beabsichtigten Rechtsgüterschutz verkennen (vgl. LK-Vogel, § 16 Rn. 26; Schlüchter, Irrtum über normative Tatbestandsmerkmale im Strafrecht, 1983, S. 116). In welchen Fällen damit im Ergebnis von Fehlvorstellungen im Bezug auf normativ geprägte objektive Tatbestandsmerkmale von einem Tatumstandsirrtum nach § 16 Abs. 1 StGB oder einem bloßen schuldausschließenden oder -mindernden Wertungs- bzw. Subsumtionsirrtum nach § 17 StGB auszugehen ist, lässt sich – wie der BGH zutreffend betont hat (vgl. BGH NJW 2006, 522, 531) – gleichwohl nicht formelartig und ohne **Rückgriff auf wertende Kriterien** und differenzierende Betrachtungen beantworten.

Strafvorschriften § 27 JuSchG

III. Tatbestände des Abs. 2

1. Anwendungsbereich

Nach Abs. 2 werden in den in § 28 Abs. 1 Nrn. 4 bis 18 oder 19 bezeichneten Fällen vorsätzliche Zuwiderhandlungen, sofern erschwerende Umstände im Sinne der Nr. 1 oder 2 hinzukommen, statt als Ordnungswidrigkeit mit Geldbuße als Straftat mit Freiheitsstrafe bis zu einem Jahr oder mit Geldstrafe bedroht. Die Strafdrohung trifft unter den genannten qualifizierenden Umständen ausschließlich **Veranstalter und Gewerbetreibende** (vgl. hierzu § 28 Rn. 5, § 3 Rn. 2 ff.). 13

2. Schwere Gefährdung eines Minderjährigen (Nr. 1)

a) **Körperliche Gefährdungen.** Die Zuwiderhandlung gegen eine der in § 28 Abs. 1 Nrn. 4 bis 18 oder 19 bezeichneten Vorschriften muss Ursache für eine schwere Gefährdung eines Kindes oder Jugendlichen in seiner körperlichen, geistigen oder sittlichen Entwicklung sein. Dies wird dann anzunehmen sein, wenn die Gefahr einer **erheblichen Schädigung** in der Entwicklung droht. Freilich stellt in körperlicher Hinsicht die bloße Abgabe von Alkohol oder Tabakwaren (§ 28 Abs. 1 Nrn. 10 bis 13) an Minderjährige grundsätzlich noch keine schwere Gefährdung dar. Lediglich in Fällen **drohender Vergiftungen** wird der Straftatbestand insoweit erfüllt sein (so wohl auch Gernert/Stoffers, S. 166; s.a. AG Saalfeld, Urt. v. 15. 9. 2005, 684 Js 26258/04 2 Cs). Tateinheit mit fahrlässiger Körperverletzung ist möglich [LG Berlin, Urt. v. 3. 7. 2009 – (522) 1 Kap Js 603/07 Ks 1/08]. Kommt ein Kind oder Jugendlicher bei unzulässiger Anwesenheit an einem der in § 28 Abs. 1 Nrn. 5 bis 7, 14 genannten Orte körperlich zu Schaden (z. B. Feuerausbruch, Schlägerei), ist genau zu prüfen, ob das schädigende Ereignis gerade aus den spezifischen Gefahren erwachsen ist, vor welchen Minderjährige nach dem Normzweck der jeweiligen Jugendschutzbestimmung bewahrt werden sollen (vgl. Wortlaut „dadurch"). 14

b) **Geistige und sittliche Gefährdungen.** In geistiger Hinsicht ist eine schwere Gefährdung etwa zu bejahen, wenn aufgrund eines Verstoßes gegen § 28 Abs. 1 Nrn. 4 bis 18 oder 19 eine **nachhaltige Beeinträchtigung** der kognitiven Fähigkeiten des Kindes oder Jugendlichen droht (ebenso Löffler/Altenhain, Rn. 21). Dies wird nicht schon bei einer Nervenüberreizung aufgrund der Rezeption eines überlangen und mithin für die Altersstufe des Minderjährigen nicht freigegebenen Filmes der Fall sein. Zur schweren Gefährdung in **sittlicher Hinsicht** kann auf die für § 15 Abs. 2 Nr. 5 geltenden Grundsätze (dort Rn. 84 ff.) verwiesen werden (vgl. auch Gernert/Stoffers, S. 166 f.; zu eng Löffler/Altenhain, Rn. 21: Beschränkung auf die Sittlichkeit im sexuellen Sinne des § 18 Abs. 1 S. 2). 15

c) **Leichtfertige Herbeiführung.** Die zumindest leichtfertige Herbeiführung dieser Gefährdung ist dann gegeben, wenn der Täter sie aus grober Fahrlässigkeit und mithin leichtsinnig nicht vorausgesehen hat, obwohl ihm dies möglich gewesen wäre. Die Gefährdung muss mit anderen Worten für 16 jeden durchschnittlichen Angehörigen des betreffenden Verkehrskreises (z. B. Veranstalter, Gewerbetreibender) **ohne Weiteres erkennbar** gewesen sein. Die Leichtfertigkeit darf sich indes nicht allein aus der Begehung einer der in § 28 Abs. 1 Nrn. 4 bis 18 oder 19 beschriebenen Handlungen ergeben, da andernfalls diesem subjektiven Tätermerkmal keinerlei eigenständige Bedeutung zukäme (ebenso Löffler/Altenhain, Rn. 21). Die Herbeiführung der schweren Gefährdung nach Nr. 1 ist auch vorsätzlich verwirklichbar, wie der Wortlaut „**wenigstens**" erkennen lässt (vgl. auch § 18 StGB).

3. Handeln aus Gewinnsucht, beharrliche Wiederholung (Nr. 2)

17 Eine Zuwiderhandlung wird aus Gewinnsucht im Sinne der Nr. 2 begangen, wenn der Täter die Tat seines Vermögensvorteils wegen aus einem zur **Habgier** gesteigerten Erwerbssinn heraus begeht (vgl. Liesching/Knupfer, S. 76). Beharrlich wiederholt wird eine Zuwiderhandlung dann, wenn sie trotz Kenntnis der Bestimmung und trotz bereits vorheriger Ahndung oder auch Belehrung oder Beanstandung erfolgt. Eine beharrliche Wiederholung kann bereits nach dem **zweiten Verstoß** gegen dieselbe Verbotsbestimmung anzunehmen sein, wenn der Täter ungeachtet bereits ergangener Ermahnungen oder behördlicher Sanktionen sein Tun unbeeindruckt fortsetzt und mithin unbelehrbar erscheint (vgl. BGHSt 23, 172 f.; E/K/Steindorf, § 12 Anm. 29).

IV. Fahrlässige Begehung (Abs. 3)

1. Allgemeine Grundsätze

18 a) **Sorgfaltspflichtverletzung.** Es ist allgemein anerkannt, dass gesetzliche Fahrlässigkeitsdelikte nicht jede Herbeiführung eines unerwünschten Zustandes schlechthin verbieten können, sondern nur solche Verhaltensweisen, die das Maß an Sorgfalt außer acht lassen, das im Zusammenleben innerhalb der Rechtsgemeinschaft **billigerweise erwartet** werden darf (Sch/Sch/Stree § 15 Rn. 123; Fischer, 2010, § 15 Rn. 12 ff.). Entscheidend für das Vorliegen eines fahrlässigen Handelns ist also zunächst, dass der jeweilige Medienvertreiber „**sorgfaltswidrig**" handelt bzw. gehandelt hat. Dieser allgemeine Ansatz ist auch bei Abs. 3 anerkannt Löffler/Altenhain, Rn. 23; Nikles u.a., Rn. 4; Ukrow, Rn. 134). Maßgeblich ist insoweit wiederum die Ermittlung des Sorgfaltsmaßstabs im jeweiligen Einzelfall.

19 b) **Ermittlung des Sorgfaltspflichtmaßstabs.** Als Anknüpfungspunkte hierfür werden vornehmlich Verstöße gegen Rechtsnormen, vertragliche oder berufliche Pflichten oder solche aus vorangegangenem Verhalten genannt (Fischer, 2010, § 15 Rn. 12 ff.; Roxin, Strafrecht AT Band 1, § 24 Rn. 15 ff.). Da diese Konkretisierungsansätze vorliegend insb. wegen Fehlens expliziter gesetzlicher, vertraglicher oder sonstiger Pflichtmaßstäbe nicht weiterhelfen, bedarf es des Rückgriffs auf **normative Auslegungsansätze** zur Bestimmung des Sorgfaltspflichtmaßstabes. Nach der Rspr. und einem Teil der Rechtsliteratur bestimmen sich insoweit Art und Maß der anzuwendenden Sorgfalt nach den Anforderungen, die bei objektiver Betrachtung der

Strafvorschriften **§ 27 JuSchG**

Gefahrenlage ex ante an einen besonnenen und gewissenhaften Menschen in der konkreten Lage und sozialen Rolle des Handelnden zu stellen sind (BGH NJW 2000, 2754, 2758; BGH NStZ 2003, 657, 658).

2. Regelmäßige Durchsicht „indizierungsgeneigter Medien"

a) Allgemeine Anforderungen. Im Hinblick auf den Sorgfaltspflicht- 20
maßstab nach § 27 Abs. 3 JuSchG ist im Zusammenhang mit indizierten Trägermedien anerkannt, dass Einzelhändler und Zwischenhändler im Bereich der Trägermedien, aber auch diejenigen, die für solche Händler Werbung treiben, demzufolge mit einer in Übereinstimmung mit der VerfassungsRspr. zumutbaren Prüfungspflicht belastet sind. Danach müssen insb. „indizierungsgeneigte" Medien mit gebührender Sorgfalt durchgesehen werden. Kennt also eine solche Person die Indizierung, die Eignung eines Trägermediums zur schweren Jugendgefährdung oder die Minderjährigkeit eines potentiellen Erwerbers nicht, weil sie die sorgfältige Prüfung unterlassen hat, zu der sie nach den Umständen des Einzelfalles sowie seinen Kenntnissen und Fähigkeiten verpflichtet war, so kann sie wegen fahrlässiger Begehung bestraft werden. An die Prüfungs- und Erkundigungspflichten sind **strenge Anforderungen** zu stellen (BGHSt 8, 80, 88 f.; 21, 18, 20 f.; 37, 55, 66; BayObLG NJW 1989, 1744). Die **Nichtkenntnis** der Indizierung ggf. auch der schweren Jugendgefährdung nach § 15 Abs. 2 bzw. des jugendlichen Alters des Kunden entschuldigt nicht (BayObLG, Beschl. v. 3. 12. 1999, OLGSt GjS § 4 Nr. 1).

b) Prüfung schwerer Jugendgefährdung. Das BVerfG (NJW 1988, 21
1833) weist ausdrücklich darauf hin, dass die strafbewehrte Prüfungspflicht auch in Fällen offensichtlich schwerer Jugendgefährdung i. S. d. § 15 Abs. 2 Nr. 5, also wenn es einer Listenaufnahme nicht bedarf, verfassungsmäßig ist. Daher muss z. B. ein Pressegrossist oder ein Geschäftsführer einer Verlagsgesellschaft auch prüfen, ob sich eine schwere Gefährdung aus dem Gesamteindruck des Trägermediums oder besonders ins Auge springenden Einzelheiten ergibt. Ggf. muss zur hinreichenden Prüfung **sachkundige Hilfe** in Anspruch genommen werden (vgl. zum Ganzen BGHSt 8, 80, 82; 10, 133, 134 f.; 37, 55, 66; OLG Hamburg JR 1973, 382 m. Anm. Kohlhaas; AG München NStZ 1998, 518; ferner BayObLG NJW 1998, 3580).

c) Einzelfälle. Die bloße Anweisung der für den Versandhandel zuständi- 22
gen **angestellten Mitarbeiter**, keine gesetzeswidrigen Titel zu vertreiben, genügt nicht. Ebenso kann sich ein Kioskhändler nicht damit entlasten, dass sein Großhändler die Zulässigkeit des Vertriebs einer Zeitschrift bereits geprüft habe und ihm im Übrigen die Sachkenntnis fehle, schwer jugendgefährdende Medieninhalte von anderen erlaubten Inhalten zu unterscheiden (vgl. OLG Hamburg JR 1973, 382 m. Anm. Kohlhaas). Auch eine **hohe zeitliche Belastung** des Vertreibers durch seine Absatztätigkeiten vermag einen Fahrlässigkeitsvorwurf nicht zu entkräften. Ggf. hat er sein finanzielles Interesse am Verkauf den mit der Ausübung des Gewerbes verbundenen gesetzlichen Pflichten nachzuordnen (BGHSt 10, 133, 134; OLG Hamburg JR 1973, 382 m. Anm. Kohlhaas).

JuSchG § 27 VI. Abschnitt. Ahndung von Verstößen

23   Ein Anbieter von jugendgefährdenden Medien im **Versandhandel** ist verpflichtet, sein Angebot fortlaufend daraufhin zu überprüfen, ob es indizierte Produkte enthält bzw. ob sich der Status bislang unbeanstandeter Produkte geändert hat. Er kann diese in eigener Verantwortung bestehende Verpflichtung nicht auf seinen Großhändler übertragen; er kann sich nicht darauf verlassen, dass dieser beizeiten die erforderlichen Maßnahmen ergreift (vgl. OLG Hamburg, Urt. v. 2. 4. 2008 – 5 U 81/07). Nach dem BGH ist indes der Anbieter einer **Internet-Auktions-Plattform** nicht verpflichtet, die dort von Dritten angebotenen DVDs auf jugendgefährdende Inhalte zu prüfen. Er ist danach auch nicht zur Überprüfung eventueller begangener Jugendschutzverstöße seiner Kunden verpflichtet. Eine verschuldensunabhägige zivil- bzw. wettbewerbsrechtliche Haftung auf künftige Unterlassung bleibt freilich unberührt (BGH MMR 2007, 634 ff. m. Anm. Köster/Jürgens).

24   **d) Verbotsirrtum. aa) Anforderungen an Vermeidbarkeit.** Die Vermeidbarkeit eines Verbotsirrtums kann dabei nur die Auskunft einer verlässlichen Person ausschließen, welche insb. sachkundig und unvoreingenommen ist sowie mit der Erteilung der Auskunft kein Eigeninteresse verfolgt (vgl. BGHSt 37, 55, 66; BayObLG NJW 1989, 1744). Insoweit entlastet es den Zwischenhändler nicht, wenn die Lieferfirma des hinzugekauften Medienmaterials ihm mitgeteilt hat, sie habe über einen Rechtsanwalt stets Rechtsgutachten eingeholt und die vertriebenen Medien würden keine strafbaren Inhalte aufweisen (BayObLG, Beschl. v. 3. 12. 1999, OLGSt GjS § 4 Nr. 1). Erst recht ist der allgemeine Hinweis eines Verlages unbeachtlich, das vertriebene Medium sei bisher unbeanstandet geblieben (BGHSt 37, 55, 66).

25   **bb) Unvermeidbarkeit bei Vertrauen auf FSK-/USK-Kennzeichen.** Zum etwaigen Vorsatzausschluss bei FSK-/USK-Freigaben bzw. SPIO-JK-Bewertungen siehe oben Rn. 11. Insoweit dürfte auch keine Sorgfaltspflichtverletzung anzunehmen sein. Jedenfalls im Bezug auf Altersfreigaben der FSK (und der USK) hat auch das BVerfG festgestellt, dass der Staat insoweit ein Verfahren zur Verfügung stellt, das in seiner tatsächlichen Auswirkung zu einer „**Vorprüfung der Strafbarkeit**" führt (vgl. BVerfG NJW 1993, 1457, 1460). Vor diesem Hintergrund wäre kaum einsehbar, bei einem Vertreiber, der sich auf eine solche – im Übrigen von den obersten Landesjugendbehörden übernommenen (§ 14 Abs. 6 S. 2 JuSchG) – Bewertung der Straflosigkeit verlässt, von einer Sorgfaltspflicht im Sinne der Fahrlässigkeitsstrafbarkeit nach § 15 Abs. 1 und 2 Nr. 1 i. V. m. § 27 Abs. 1 und 3 Nr. 1 JuSchG auszugehen. Dies würde faktisch bedeuten, bei dem Vertreiber sogar einen höheren Prüfungspflichtmaßstab anzulegen, als bei den für Altersfreigabekennzeichnung einschließlich der Strafbarkeits-Inzidentprüfung gesetzlich berufenen Stellen nach § 14 Abs. 6 JuSchG.

V. Beschlagnahme und Einziehung

1. Beschlagnahme

26   **a) Allgemeine Grundsätze.** Beschlagnahme im strafprozessrechtlichen Sinne ist allgemein die förmliche Sicherstellung eines Gegenstandes durch

Strafvorschriften **§ 27 JuSchG**

Überführung in amtlichen Gewahrsam oder auf sonstige Weise (z. B. durch Belassung an Ort und Stelle mit einer Versiegelung) sowie deren Anordnung (Meyer-Goßner, Vor § 94 Rn. 3). Der Oberbegriff der „Sicherstellung" ist die Herstellung der staatlichen Gewalt über den als Beweismittel in Betracht kommenden Gegenstand. Damit unterscheidet die Strafprozessordnung also im Wesentlichen zwischen einerseits der Sicherstellung im Wege einer **förmlichen Beschlagnahme** gegen den Willen des Gewahrsamsinhabers (§ 94 Abs. 2 StPO) sowie von insb. tätereigenen Gegenständen, die bei der Tatbegehung eine Rolle gespielt haben und eingezogen werden können (vgl. §§ 111b ff. StPO, §§ 74 ff. StGB) und andererseits der **formlosen Sicherstellung** von (anderen) Gegenständen, die als Beweismittel im Rahmen der Untersuchung von Straftaten von Bedeutung sein können und gewahrsamslos sind bzw. vom Gewahrsamsinhaber freiwillig herausgegeben werden (94 Abs. 1 StPO). Das BVerfG hat in diesem Zusammenhang bereits mehrfach festgestellt, dass die §§ 94 ff. StPO den verfassungsrechtlichen Anforderungen auch hinsichtlich der Beschlagnahme von „Datenträgern und den hierauf gespeicherten Daten" genügen (BVerfG NJW 2006, 976, 980; BVerfG NJW 2005, 1917 1919 f.).

b) Beschlagnahme/Sicherstellung von Trägermedien. Zur Be- 27 schlagnahme aller Bildträger eines bestimmten Filmes oder Computerspiels reichen die Vorschriften zur Sicherstellung von Beweisgegenständen in der Regel nicht aus, da zum Zwecke des Beweises schon die Ingewahrsamnahme eines einzigen Exemplars eines bestimmten Filmbildträgers oder Computerspiels genügt. Soll darüber hinaus möglichst der **gesamte Bestand** entsprechender Trägermedien sichergestellt werden, bedarf es der weitergehenden Eingriffsvoraussetzungen nach § 111b StPO. Nach dessen Abs. 1 können Gegenstände durch Beschlagnahme (nach § 111c StPO) sichergestellt werden, „wenn Gründe für die Annahme vorhanden sind, dass die Voraussetzungen für ihren Verfall oder ihre Einziehung vorliegen" (siehe ausführl. Groß, NStZ 1999, 334).

2. Einziehung

a) Allgemeine Grundsätze. Im Rahmen bzw. im Nachgang der Sicher- 28 stellung insb. gemäß §§ 111b, 111c StPO können bestimmte Gegenstände auch auf Dauer eingezogen werden mit der Folge des **Eigentumsverlusts des Täters** bzw. des Übergangs des Eigentums auf den Staat (vgl. § 74e Abs. 1 StGB). Eingezogen werden können vor allem Gegenstände, die zur Straftatbegehung oder zu ihrer Vorbereitung gebraucht worden oder bestimmt gewesen sind (§ 74 Abs. 1 StGB). Anknüpfungstat muss stets eine rechtswidrig und schuldhaft begangene Tat sein.

b) Einziehung von Trägermedien. Eine Einziehung kann sich nach 29 der Sonderregelung des § 74d Abs. 1 StGB auf alle – auch täterfremden – Schriften im Sinne des § 11 Abs. 3 StGB erstrecken (auch Videobänder, vgl. LG Duisburg NStZ 1987, 367), die einen solchen Inhalt haben, dass jede vorsätzliche Verbreitung in Kenntnis ihres Inhaltes einen Straftatbestand wie insb. nach § 27 Abs. 1 verwirklichen würde. Weitere Voraussetzung des § 74d

Abs. 1 S. 1 StGB ist aber auch, dass „mindestens ein Stück durch eine **rechtswidrige Tat verbreitet** oder zur Verbreitung bestimmt worden ist". Nach allgemeinem strafrechtsdogmatischem Verständnis setzt die rechtswidrige Tat die Verwirklichung des Tatbestandes in objektiver und subjektiver Hinsicht voraus (Roxin, Strafrecht – AT, Band 1, S. 304 ff, 309). Die Rspr. und ein Teil des Schrifttums verlangen deshalb zu Recht das Vorliegen einer Vorsatztat und lassen die fahrlässige Begehung einer (rechtswidrigen) Tat nur genügen, wenn diese durch eine Strafvorschrift (hier Abs. 3) auch pönalisiert wird (BayObLG MDR 1987, 870; Kühl, § 74d Rn. 4).

VI. Erzieherprivileg für Personensorgeberechtigte (Abs. 4)

1. Geltungsbereich (Satz 1)

30 Die Vorschrift des Absatz 4 Satz 1 manifestiert – ebenso wie die §§ 131 Abs. 4, 184 Abs. 2 StGB – das Erzieherprivileg in den Fällen des § 27 Abs. 1 Nrn. 1 und 2, Abs. 3 Nr. 1 für personensorgeberechtigte (hierzu § 1 Rn. 5 f.) Personen. Es erstreckt sich auch auf schwer jugendgefährdende Medien i. S. d. § 15 Abs. 2 (vgl. BVerfG NJW 1991, 1471; krit. E/K/Steindorf, § 21 GjSM Rn. 14). Nach zutreffender h.M. lässt sich hieraus aber **keine Privilegierung eines Dritten**, der mit Einwilligung der Erziehungsberechtigten handelt, ableiten, da eine dahingehende Regelung gerade fehlt (ausführl. hierzu Liesching/Günter, MMR 2000, 260, 265 f.). Darüber hinaus heißt es in der Begründung des Regierungsentwurfs insoweit zutreffend: „Die enge Beziehung zwischen Eltern und ihren Kindern gestattet es in besonderem Maße, Medienkompetenz zu vermitteln. Unter Medienkompetenz im Sinne des Jugendschutzes ist das Ziel zu verstehen, junge Menschen zu befähigen, eigenverantwortlich mit den Medien umzugehen und zu problematischen Inhalten kritische Distanz zu wahren. Zur Vermittlung von Medienkompetenz gehört auch, dass Eltern sich im Rahmen der Erziehung mit ihren Kindern über jugendbeeinträchtigende und auch jugendgefährdende Inhalte auseinandersetzen" (BT-Drs. 14/9013, S. 29). Die **analoge Erweiterung eines solchen Privilegs** – etwa auf Erziehungsbeauftragte (§ 1 Rn. 3 f.) – kann indes nicht im Sinne des Jugendschutzes sein und ist daher abzulehnen (h.M., vgl. Löffler/Altenhain, Rn. 29; Ukrow, Rn. 392; a. A. zu § 184 StGB Schreibauer, 1999, S. 353).

2. Gröbliche Verletzung der Erziehungspflicht (Satz 2)

31 Schließlich wird sogar das elterliche Erziehungsprivileg durch Satz 2 dahingehend eingeschränkt, dass bei gröblicher Verletzung der Erziehungspflicht eine Strafbarkeit nach Abs. 1 Nrn. 1 und 2, Abs. 3 Nr. 1 grundsätzlich in Betracht kommt. Allerdings wird eine derartige Pflichtverletzung mit Blick auf die fahrlässige Begehung nach § 27 Abs. 3 Nr. 1 nicht schon dann als gröblich anzusehen sein, wenn die personensorgeberechtigte Person dem Kind oder Jugendlichen weitgehend **unbeaufsichtigte Freizeitgestaltung** gewährt und dadurch dem Minderjährigen ungehinderter Zugriff auf jugend-

Bußgeldvorschriften § 28 JuSchG

gefährdende Medieninhalte (z. B. Videosammlung des Vaters) ermöglicht wird.

Eine gröbliche Verletzung der Erziehungspflicht liegt hingegen bei der 32 wiederholten, **unkommentierten Duldung** der Wahrnehmung von indizierten und insb. schwer jugendgefährdenden (§ 15 Abs. 2) Trägermedien regelmäßig vor (ebenso Nikles u.a., Rn. 15; Löffler/Altenhain, Rn. 30; s.a. Duttge/Hörnle/Renzikowski, NJW 2004, 1065, 1069). Dies gilt insb. dann, wenn Kindern (bis 14 Jahren, vgl. § 1 Rn. 1) oder Jugendlichen im Alter **unter sechzehn Jahren** derartige Inhalte zugänglich gemacht werden. In solchen Fällen wird die Einlassung, die Tathandlungen dienten der „erzieherischen Einwirkung", in der Regel als unbeachtliche Schutzbehauptung zu werten sein (vgl. aber auch Sch/Sch/Perron, § 180 Rn. 13, wonach wegen fehlender fester Wertmaßstäbe im Falle noch vertretbarer Erziehungsauffassungen der Standpunkt des Täters auch dann nicht zu dessen Lasten gehen darf, wenn der Richter selbst diese Auffassung nicht teilt).

§ 28 Bußgeldvorschriften

(1) **Ordnungswidrig handelt, wer als Veranstalter oder Gewerbetreibender vorsätzlich oder fahrlässig**
1. entgegen § 3 Abs. 1 die für seine Betriebseinrichtung oder Veranstaltung geltenden Vorschriften nicht, nicht richtig oder nicht in der vorgeschriebenen Weise bekannt macht,
2. entgegen § 3 Abs. 2 Satz 1 eine Kennzeichnung verwendet,
3. entgegen § 3 Abs. 2 Satz 2 einen Hinweis nicht, nicht richtig oder nicht rechtzeitig gibt,
4. entgegen § 3 Abs. 2 Satz 3 einen Hinweis gibt, einen Film oder ein Film- oder Spielprogramm ankündigt oder für einen Film oder ein Film- oder Spielprogramm wirbt,
5. entgegen § 4 Abs. 1 oder 3 einem Kind oder einer jugendlichen Person den Aufenthalt in einer Gaststätte gestattet,
6. entgegen § 5 Abs. 1 einem Kind oder einer jugendlichen Person die Anwesenheit bei einer öffentlichen Tanzveranstaltung gestattet,
7. entgegen § 6 Abs. 1 einem Kind oder einer jugendlichen Person die Anwesenheit in einer öffentlichen Spielhalle oder einem dort genannten Raum gestattet,
8. entgegen § 6 Abs. 2 einem Kind oder einer jugendlichen Person die Teilnahme an einem Spiel mit Gewinnmöglichkeit gestattet,
9. einer vollziehbaren Anordnung nach § 7 Satz 1 zuwiderhandelt,
10. entgegen § 9 Abs. 1 ein alkoholisches Getränk an ein Kind oder eine jugendliche Person abgibt oder ihm oder ihr den Verzehr gestattet,
11. entgegen § 9 Abs. 3 Satz 1 ein alkoholisches Getränk in einem **Automaten anbietet,**
11a. entgegen § 9 Abs. 4 alkoholhaltige Süßgetränke in den Verkehr bringt,

12. entgegen § 10 Abs. 1 Tabakwaren abgibt oder einem Kind oder einer jugendlichen Person das Rauchen gestattet,
13. entgegen § 10 Abs. 2 Satz 1 Tabakwaren in einem Automaten anbietet,
14. entgegen § 11 Abs. 1 oder 3, jeweils auch in Verbindung mit Abs. 4 Satz 2, einem Kind oder einer jugendlichen Person die Anwesenheit bei einer öffentlichen Filmveranstaltung, einem Werbevorspann oder einem Beiprogramm gestattet,
14a. entgegen § 11 Abs. 5 einen Werbefilm oder ein Werbeprogramm vorführt,
15. entgegen § 12 Abs. 1 einem Kind oder einer jugendlichen Person einen Bildträger zugänglich macht,
16. entgegen § 12 Abs. 3 Nr. 2 einen Bildträger anbietet oder überlässt,
17. entgegen § 12 Abs. 4 oder § 13 Abs. 2 einen Automaten oder ein Bildschirmspielgerät aufstellt,
18. entgegen § 12 Abs. 5 Satz 1 einen Bildträger vertreibt,
19. entgegen § 13 Abs. 1 einem Kind oder einer jugendlichen Person das Spielen an Bildschirmspielgeräten gestattet oder
20. entgegen § 15 Abs. 6 einen Hinweis nicht, nicht richtig oder nicht rechtzeitig gibt.

(2) Ordnungswidrig handelt, wer als Anbieter vorsätzlich oder fahrlässig
1. entgegen § 12 Abs. 2 Satz 1 und 2, auch in Verbindung mit Abs. 5 Satz 3 oder § 13 Abs. 3, einen Hinweis nicht, nicht richtig oder nicht in der vorgeschriebenen Weise gibt,
2. einer vollziehbaren Anordnung nach § 12 Abs. 2 Satz 3 Nr. 1, auch in Verbindung mit Abs. 5 Satz 3 oder § 13 Abs. 3, oder nach § 14 Abs. 7 Satz 3 zuwiderhandelt,
3. entgegen § 12 Abs. 5 Satz 2 einen Hinweis nicht, nicht richtig, nicht in der vorgeschriebenen Weise oder nicht rechtzeitig anbringt oder
4. entgegen § 14 Abs. 7 Satz 1 einen Film oder ein Film- oder Spielprogramm mit „Infoprogramm" oder „Lehrprogramm" kennzeichnet.

(3) Ordnungswidrig handelt, wer vorsätzlich oder fahrlässig
1. entgegen § 12 Abs. 2 Satz 4 einen Hinweis nicht, nicht richtig oder nicht in der vorgeschriebenen Weise gibt oder
2. entgegen § 24 Abs. 5 Satz 2 eine Mitteilung verwendet.

(4) [1]Ordnungswidrig handelt, wer als Person über 18 Jahren ein Verhalten eines Kindes oder einer jugendlichen Person herbeiführt oder fördert, das durch ein in Absatz 1 Nr. 5 bis 8, 10, 12, 14 bis 16 oder 19 oder in § 27 Abs. 1 Nr. 1 oder 2 bezeichnetes oder in § 12 Abs. 3 Nr. 1 enthaltenes Verbot oder durch eine vollziehbare Anordnung nach § 7 Satz 1 verhindert werden soll. [2]Hinsichtlich des Verbots in § 12 Abs. 3 Nr. 1 gilt dies nicht für die personensorgeberechtigte Person und für eine Person, die im Einverständnis mit der personensorgeberechtigten Person handelt.

Bußgeldvorschriften **§ 28 JuSchG**

(5) **Die Ordnungswidrigkeit kann mit einer Geldbuße bis zu fünfzigtausend Euro geahndet werden.**

Schrifttum: *Bohnert*, Kommentar zum OWiG, 3. Aufl. 2010; *Gehrmann*, Gefahrenabwehr und Strafverfolgung im Internet, 2000; *Göhler*, OWiG – Kommentar, 15. Aufl. 2009; *Gutknecht*, Verpflichtung zur Anbringung von Alterskennzeichen auf Bildträgern, JMS-Report 3/2010, 2; *Heinrich*, Neue Medien und klassisches Strafrecht, NStZ 2005, 361; Karlsruher Kommentar zum OWiG, 3. Aufl. 2006; *Stumpf*, Jugendschutz oder Geschmackszensur? – Die Indizierung von Medien nach dem Jugendschutzgesetz, 2009; *Weigand*, Aufsicht, Anbieter oder Anwender – wer hat welche Verantwortung im Jugendmedienschutz, in: KJM-Schriftenreihe Bd. I, 2009, S. 31.

Übersicht

	Rn.
I. Allgemeines	1
1. Regelungsinhalt und Bedeutung	1
2. Normhistorie	2
3. Anwendung des OWiG	3
4. Vorsätzliche und fahrlässige Begehung	4
II. Tatbestände des Abs. 1	5
1. Normadressaten	5
a) Gewerbebetreibende und Veranstalter	5
b) Beteiligte Dritte (§ 14 OWiG)	6
c) Jugendliche Personen	9
III. Tatbestände des Abs. 2	10
IV. Verstöße von Telemedien-Anbietern (Abs. 3)	11
V. Herbeiführung von Zuwiderhandlungen Minderjähriger (Abs. 4)	12
1. Anwendungsbereich	12
2. Herbeiführen, Fördern	14
3. Testkäufe durch Minderjährige	15
a) Alkohol-/Tabak-Testkäufe	15
b) Testkäufe bei Bildträgern	17
VI. Höhe der Geldbuße (Abs. 5)	18
1. Bußgeldrahmen	18
2. Bemessung der Bußgeldhöhe	19
3. Zuständigkeit	20

I. Allgemeines

1. Regelungsinhalt und Bedeutung

Die Ordnungswidrigkeitentatbestände des Abs. 1 gelten im Bezug auf vor- **1** sätzliche oder fahrlässige Verstöße von Gewerbebetreibenden oder Veranstaltern im Bezug auf Bestimmungen zum Jugendschutz in der Öffentlichkeit. Abs. 2 enthält entsprechende Tatbestände, welche Verstöße von „Anbietern" gegen Hinweis- und Kennzeichnungspflichten **ordnungsrechtlich sanktionieren**. Abs. 3 pönalisiert Verstöße gegen Hinweispflichten der Telemedienanbieter. Abs. 4 ermöglicht die ordnungsrechtliche Sanktionierung von Verstößen von erwachsenen Personen, die ein jugendschutzwidriges Verhalten herbeiführen oder fördern. Abs. 5 regelt die Höhe des festzusetzenden Bußgeldes.

2. Normhistorie

2 Der am 01. 04. 2003 mit dem JuSchG in Kraft getretene Ordnungswidrigkeitentatbestand wurde erweitert um Abs. 1 Nr. 11a durch G. v. 23. 7. 2004 (BGBl. I S. 1857) i. V. m. Bek. v. 13. 10. 2004 (BGBl. I S. 2600) mit Wirkung vom 30. 9. 2004. Abs. 2 Nrn. 1 und 2 wurden geändert durch G. v. 26. 2. 2007 (BGBl. I S. 179) i.V.m Bek. v. 1. 3. 2006 (BGBl. I S. 251) mit Wirkung vom 1. 3. 2007. Abs. 1 Nr. 12 wurde geändert durch G. v. 20. 7. 2007 (BGBl. I S. 1595) mit Wirkung vom 1. 9. 2007. Abs. 2 Nr. 1, 2 und Abs. 3 Nr. 1 wurden geändert durch G. v. 24. 6. 2008 (BGBl. I S. 1075) mit Wirkung vom 1. 7. 2008.

3. Anwendung des OWiG

3 Bei der Ahndung von Ordnungswidrigkeiten ist das Ordnungswidrigkeitengesetz (OWiG) zu beachten. Hinsichtlich der Verjährung gelten die Vorschriften der §§ 31 f. OWiG. Besonderheiten bei Handeln für einen anderen sind in § 9 OWiG, bei **Beteiligung** mehrerer an einer Ordnungswidrigkeit in § 14 OWiG, für die Festsetzung von Geldbußen gegen **juristische Personen** oder Personenvereinigungen als Nebenfolge einer Ordnungswidrigkeit in § 30 OWiG und Besonderheiten bei der Verletzung der Aufsichtspflicht in Betrieben und Unternehmen (**Organisationsverschulden**) in § 130 OWiG geregelt (vgl. hierzu jeweils im einzelnen Göhler, 2009; Bohnert, 2010; KaKo-OWiG, 2006).

4. Vorsätzliche und fahrlässige Begehung

4 Die Tatbestände des § 28 Abs. 1 bis 3 können sowohl vorsätzlich als auch fahrlässig verwirklicht werden. Zu den Begriffen des Vorsatzes und der Fahrlässigkeit vgl. § 27 Rn. 7 ff., 18 ff.

II. Tatbestände des Abs. 1

1. Normadressaten

5 a) **Gewerbetreibende und Veranstalter.** Die Vorschrift des Abs. 1 enthält die Bußgeldbewehrung für Verstöße gegen Verpflichtungen nach §§ 3-7, 9-13 und 15 Abs. 6 durch Veranstalter oder Gewerbetreibende, d. h. durch Personen, die Veranstaltungen im Sinne von §§ 5, 6 Abs. 2 oder 11 bzw. Gewerbebetriebe im Sinne von §§ 4, 6 Abs. 1, 9-12 oder 13 verantwortlich leiten oder deren Veranstaltungen oder Gewerbebetriebe Gegenstand einer Anordnung der Verwaltungsbehörde nach § 7 sind.

6 b) **Beteiligte Dritte (§ 14 OWiG). aa) Voraussetzungen.** Beauftragte der vorgenannten Personen (vgl. dazu näher § 3 Rn. 3 f.) gehören ebenfalls zu den Adressaten der im Ordnungswidrigkeitenkatalog rekurrierten Verbotsnormen und gesetzlichten Pflichten. Zwar sind **Beauftragte** nur in seltenen Fällen selbst Veranstalter oder Gewerbetreibende, insoweit gilt indes § 14 Abs. 1 S. 1 und 2 OWiG. Beteiligen sich danach mehrere an einer Ordnungswidrigkeit, so handelt „jeder von ihnen ordnungswidrig", und zwar auch dann, wenn **besondere persönliche Merkmale** (§ 9 Abs. 1 OWiG), welche die Möglichkeit der Ahndung begründen, nur bei einem Beteiligten vorliegen". Die in Bezug genommene Vorschrift des § 9 Abs. 1 OWiG definiert den Begriff der besonderen persönlichen Merkmale als „besondere persönliche Eigenschaften, Verhältnisse oder Umstände", welche die Möglichkeit der Ahndung begründen. Zu den besonderen persönlichen Merkmalen i. S. d. § 14 Abs. 1 S. 2 OWiG werden vor allem die besonderen persönlichen Verhältnisse gezählt, die den Normadressatenkreis (auf den Unternehmer, Arbeitgeber, Halter usw.) begrenzen und deshalb Sonderdelikte schaffen (KaKo/Rengier, § 14 Rn. 39; Göhler/König, § 14 Rn. 12). Hierzu zählen ohne Weiteres auch die Gewerbetreibenden und Veranstalter.

bb) Mittäterschaft, Anstiftung, Beihilfe. Während das Strafrecht zwischen dem eigentlichen Täter und den verschiedenen Formen der Beteiligung bzw. Teilnahme an der Tat unterscheidet (Mittäter, Anstifter, Gehilfe), bestimmt § 14 OWiG für das Ordnungswidrigkeitenrecht ohne weitere Unterscheidung, dass jeder, der sich an einer Ordnungswidrigkeit beteiligt, ordnungswidrig handelt (so genannter **Einheitstäterbegriff**; vgl. BGH NJW 1983, 2272 f.; BGH, Beschl. v. 12. 03. 1991 – KRB 6/90; OLG Karlsruhe NStZ 1986, 128 f.; OLG Düsseldorf NJW 1984, 29). Zweck dieser Regelung ist allein eine Erleichterung und Vereinfachung der Rechtsanwendung. Nicht beabsichtigt hat hingegen der Gesetzgeber, die Ahndungsmöglichkeiten im Ordnungswidrigkeitenrecht gegenüber dem Strafrecht auszuweiten (OLG Düsseldorf NJW 1984, 29; Göhler/König, § 14 Rn. 2). Nicht jede Art der kausalen Mitwirkung an einer Ordnungswidrigkeit soll daher nach dem Willen des Gesetzgebers dem Einheitstäterbegriff unterfallen (BT-Drs. V/1269, S. 48 f.; siehe zum Vorsatzerfordernis unten Rn. 8). Nach der Rspr. des BGH ist indes nicht erforderlich, dass die Behörde und/oder das Gericht bestimmt, welche **Form der Beteiligung** (z. B. Beihilfe) im Einzelfall vorliegt. Notwendig ist allein die hinreichend genaue, für die Bemessung der Geldbuße maßgebliche Bestimmung von Art und Umfang der Tatbeteiligung in tatsächlicher Hinsicht (BGH, Beschl. v. 12. 03. 1991 – KRB 6/90). Insoweit ist allgemein anerkannt, dass eine Beteiligung immer bei solchen Mitwirkungsformen vorliegt, „die im Bereich des Strafrechts als Mittäterschaft, Anstiftung oder Beihilfe zu werten wären" (so ausdrücklich OLG Karlsruhe NStZ 1986, 128 f.; BayObLG NJW 1977, 2323, 2324). In Zusammenhang mit Jugendschutzverstößen durch Beauftragte dürfte freilich in der Regel eine Beihilfe vorliegen (siehe hierzu auch §§ 13-19, 25-27 StGB Rn. 18 f.).

cc) Vorsätzliches Handeln. Eine Mitwirkung in den Teilnahmeformen der Mittäterschaft, Anstiftung und Beihilfe soll nach ganz h.M. nur bei **vorsätzlichem Handeln jedes Mitwirkenden** geahndet werden können (vgl. BT-Drs. V/1269, S. 49; OLG Düsseldorf NJW 1984, 29; BayObLG NJW 1977, 2323, 2324; Göhler/König, § 14 Rn. 2; zur fahrlässigen Nebentäterschaft vgl. insb. OLG Karlsruhe NStZ 1986, 128 f.; a. A. z. B. Kienapfel, NJW 1970, 1826, 1829). Eine nach § 14 OWiG zu ahndende Beteiligung an einer Ordnungswidrigkeit liegt deshalb nur dann vor, wenn jemand bewusst und gewollt an einer (nicht nur allein von ihm begangenen) Handlung mitwirkt (ganz h.M., vgl. BGH NJW 1983, 2272 f.; BGH, Beschl. v. 12. 03. 1991 – KRB 6/90; OLG Karlsruhe NStZ 1986, 128 f.; OLG Düsseldorf NJW 1984, 29).

9   c) Jugendliche Personen. Handelt ein Jugendlicher (Kinder handeln schon nicht vorwerfbar, vgl. § 12 Abs. 1. S. 1 OWiG) in Fällen des Abs. 1, so liegt grundsätzlich keine Ordnungswidrigkeit vor, sondern es kommen in Bezug auf seine Person lediglich Maßnahmen nach § 8 oder Maßnahmen der Jugendhilfe nach dem SGB VIII in Betracht. Eine jugendliche Person kann jedoch als Teilnehmer(in) (§ 14 OWiG) einer Ahndung unterliegen, wenn sie einen Veranstalter oder Gewerbetreibenden, der zunächst das Ansinnen ablehnt, z. B. zur Abgabe von Videokassetten entgegen § 12 Abs. 1 oder von alkoholischen Getränken entgegen § 9 Abs. 1 **überredet** und damit ein Verhalten übt, das über die sog. notwendige Beteiligung hinausgeht (siehe zu Testkäufen Rn. 15 ff.). Für die Vorwerfbarkeit müssen weiterhin die Voraussetzungen des § 3 S. 1 JGG vorliegen (§ 12 Abs. 1 S. 2 OWiG).

III. Tatbestände des Abs. 2

10 Die Tatbestände des Abs. 2 betreffen Verstöße gegen die gesetzlichen Kennzeichnungs- und Hinweispflichten nach §§ 12 Abs. 2 und 5, 13 Abs. 3, 14 Abs. 7. Adressaten der Norm sind lediglich **Anbieter** von Bildträgern (§ 12 Rn. 14), also insb. die nutzungsberechtigten Vertreiber der Film- und Spiele-Industrie einschließlich der Einzelhändler und Videothekare. Die Übergangsvorschriften nach § 29a JuSchG mit den Besonderheiten insb. für Lagerware sind zu beachten (s. § 29a Rn. 1 ff.). Im Falle des § 12 Abs. 5 i. V. m. § 28 Abs. 2 Nr. 3 sind Anbieter auch die Hersteller und Vertreiber der betreffenden periodischen Druckschrift (s. zum Anbieterbegriff ausführl. oben § 12 Rn. 14; Gutknecht, JMS-Report 3/2010, 2, 3 f.).

IV. Verstöße von Telemedien-Anbietern (Abs. 3)

11 Die in Abs. 3 normierten Ordnungswidrigkeiten betreffen im Wesentlichen nur **Anbieter** von Telemedien. Nr. 1 bezieht sich auf die Hinweispflicht bei der datenelektronischen Verbreitung von gekennzeichneten Film- oder Spielinhalten (z. B. Video-on-Demand, Downloadangebot von Computerspielen oder Online-Auktionen). Zum Umfang der Hinweispflicht siehe oben § 12 Rn. 20 f. Bei Nr. 2 kommen neben Anbietern von Telemedien insb. die anerkannten (§ 19 JMStV) Einrichtungen der Freiwilligen Selbstkontrolle als Normadressaten in Betracht (ebenso LNK/Knufer, Rn. 5); darüber hinaus jede Person, die die Mitteilung der BPjM i. S. d. § 24 Abs. 5 zweckwidrig nutzt (vgl. auch § 24 Rn. 24 ff.; a. A. Löffler/Altenhain, Rn. 28).

Bußgeldvorschriften § 28 JuSchG

V. Herbeiführung von Zuwiderhandlungen Minderjähriger (Abs. 4)

1. Anwendungsbereich

Die Vorschrift des Abs. 4 erfasst vorsätzliche (wegen § 10 OWiG nicht 12 auch fahrlässige) Verhaltensweisen von anderen **volljährigen Personen** als den in Abs. 1 genannten Veranstaltern und Gewerbetreibenden einschließlich derer Beauftragter. Handelt ein **Minderjähriger** in Fällen des Abs. 1, so liegt grundsätzlich keine Ordnungswidrigkeit vor (s. aber oben Rn. 9), sondern es kommen in Bezug auf seine Person lediglich Maßnahmen nach § 8 oder Maßnahmen der Jugendhilfe nach dem SGB VIII in Betracht. Für den Fall, dass eine minderjährige Person einem anderen Kind oder Jugendlichen ein indiziertes Medium zugänglich macht, liegt ggf. bei dem Erwachsenen, der dies ermöglicht, unterstützt oder initiiert hat, kein Fall des Abs. 4 sondern vielmehr mittelbare Täterschaft, Anstiftung oder Beihilfe vor (s.a. Löffler/Altenhain, Rn. 34).

Die Vorschrift des § 12 Abs. 3 Nr. 1, wonach Videokassetten und andere 13 **Bildträger**, die von der obersten Landesbehörde **keine Jugendfreigabe** erhalten haben, einem Minderjährigen nicht angeboten, überlassen oder sonst zugänglich gemacht werden dürfen, ist nur nach Abs. 4 S. 1 bußgeldbewehrt, d. h. soweit Veranstalter oder Gewerbetreibende handeln, gilt sie neben Abs. 1 Nrn. 15 bis 18. Darüber hinaus erfasst Abs. 4 in Verb. mit § 12 Abs. 3 Nr. 1 auch die Weitergabe im privaten Bereich und bewehrt diese mit Bußgeld. Eine Ausnahme von der Bußgelddrohung gilt nur, soweit der Personensorgeberechtigte (§ 1 Rn. 2) oder auch eine andere Person (insb. Erziehungsbeauftragte, vgl. § 1 Rn. 3 f.) in dessen Einverständnis handelt. Eine entsprechende Anwendung des § 27 Abs. 4 S. 2 bei gröblicher Verletzung der Erziehungspflicht kommt schon wegen Art. 103 Abs. 2 GG nicht in Betracht.

2. Herbeiführen, Fördern

Die Tathandlungen des Herbeiführens oder Förderns entsprechen denen 14 der Anstiftung und Beihilfe s. §§ 13-19, 25-27 StGB Rn. 18 f.; Löffler/Altenhain, Rn. 33) und setzen in der Regel ein **aktives Tun** voraus. Lediglich in den Fällen wird ein Unterlassen ausreichen, in denen eine Rechtspflicht zum Handeln besteht (z. B. für **Erziehungsbeauftragte** nach § 1 Abs. 1 Nr. 4, z. B. Lehrer, Jugendleiter). Eine begleitende erziehungsbeauftragte Person ist nämlich verpflichtet, sich eines Minderjährigen anzunehmen, sofern dessen Anwesenheit in einem Gewerbebetrieb oder bei einer Veranstaltung nur oder zu einer konkreten Uhrzeit nur in Begleitung eines Erziehungsbeauftragten zugelassen werden darf.

3. Testkäufe durch Minderjährige

a) Alkohol-/Tabak-Testkäufe. aa) Tatbestandsverwirklichung. Testkäufe in Bezug auf die Abgabe von Alkohol (§ 9) und Tabakwaren (§ 10) 15 verstoßen grundsätzlich gegen die Abgabeverbote nach §§ 9, 10 und § 28

Abs. 1 Nr. 10 und 12. Erwachsene, die nicht Amtsträger der zuständigen Behörde sind (vgl. hierzu Rn. 16) und einen Alkoholtestkauf mit Kindern oder Jugendlichen durchführen, erfüllen selbst die Voraussetzungen des Abs. 4, da bereits die „Abgabe" untersagt ist (siehe hierzu § 9 Rn. 11).

16 **bb) Testkäufe durch Amtsträger der zuständigen Behörde, soweit sie ihre Befugnisse ausüben.** Testkäufe sind in begrenztem Rahmen dann zulässig, wenn sie auf der Grundlage der jeweiligen **landesrechtlichen Ermächtigungsgrundlage** von den zuständigen **Ordnungsbehörden** oder der Polizei durchgeführt werden, also nicht von Privatpersonen initiiert sind (vgl. BAJ, Dossier Testkäufe mit Minderjährigen, 1/2010, 1 ff.; noch weiter: AG Ahaus, Urt. v. 19. 5. 2006 – 30 OWi 79 Js 596/06 – 57/06; ausführl § 9 Rn. 12; zu den Voraussetzungen, die aus rechtlichen und insb. pädagogischen Gründen bei Testkäufen von Minderjährigen aus Sicht der Bundesregierung grundsätzlich erfüllt sein sollten, siehe die Antworten des Herrn Parlamentarischen Staatssekretärs Dr. Hermann Kues auf die Fragen 13 und 14 des Herrn Kai Gehring MdB, Anlage 7 des Plenarprotokolls der 165. Sitzung des Deutschen Bundestages am 4. Juni 2008, BT-Drs. 16/165, S. 17474 f.). Die Anleitung Minderjähriger zu einem Testkauf ist insoweit nicht tatbestandsmäßig, da gerade keine Herbeiführung oder Förderung eines Verhaltens eines Kindes oder einer jugendlichen Person im Sinne des § 28 Abs. 4 Satz 1 JuSchG vorliegt (vgl. AG Ahaus aaO.; Gutknecht, JMS-Report 4/2007, 2 ff. zu Bildträgern nach § 12 JuSchG).

17 **b) Testkäufe bei Bildträgern.** Testkäufe von Bildträgern nach § 12 Abs. 1 bzw. 3 durch Minderjährige sind – insb. unter Aufsicht der zuständigen Behörden – zulässig, da Abs. 4 nicht verwirklicht wird (vgl. Gutknecht, JMS-Report 4/2007, 2, 4). Dies ergibt sich bereits daraus, dass in § 12 Abs. 1 und 3 nicht schon die Abgabe des Bildträgers, sondern nur ein „Zugänglichmachen" im Sinne der **Ermöglichung der Kenntnisnahme** des Bildträgerinhalts untersagt wird (vgl. BT-Drs. 10/722, S. 11; OLG Stuttgart NStZ 1992, 38; OLG Karlsruhe NJW 1984, 1975; Weigend, ZUM 1994, 133, 134; vgl. im Übrigen § 12 Rn. 8). Soweit eine solche Kenntnisnahmemöglichkeit durch behördliche Aufsicht bei Testkäufen unterbunden wird, bleibt die Tat des Gewerbetreibenden damit allerdings im **nicht ahndbaren Versuchsstadium** (§ 13 Abs. 2 OWiG) stecken. Denkbar sind insoweit nur behördliche Ermahnungen des Verkäufers, Videothekars etc.

VI. Höhe der Geldbuße (Abs. 5)

1. Bußgeldrahmen

18 Ordnungswidrigkeiten können gemäß Abs. 5 mit einer Geldbuße bis zu 50.000 € geahndet werden. Hat der Gesetzgeber auch „unter Berücksichtigung der veränderten wirtschaftlichen Rahmenbedingungen sowie unter Berücksichtigung des Umstandes, dass Zuwiderhandlungen zu wirtschaftlich bedeutenden Marktgewinnen führen" können (BT-Drs. 14/9013, S. 39 f.), die **Bußgeldhöchstgrenze** gegenüber den vormaligen Regelungen ganz erheblich angehoben, so bleibt sie doch hinter dem in § 24 Abs. 3 JMStV

Übergangsvorschriften **§ 29 JuSchG**

angegebenen Höchstsatz von 500.000 € in kaum rechtfertigbarer Weise zurück.

2. Bemessung der Bußgeldhöhe

Für die Ahndung mit Geldbuße gilt das sog. Opportunitätsprinzip, d. h. die Verfolgung einer Ordnungswidrigkeit steht im Ermessen der Verwaltungsbehörde. Geldbuße ist danach festzusetzen, wenn ein **öffentliches Interesse** an der Verfolgung besteht. Ist dagegen eine Ordnungswidrigkeit unter Berücksichtigung aller Umstände ohne Bedeutung, so ist von einer Geldbuße abzusehen. Die Höhe der Geldbuße soll nach § 17 Abs. 4 OWiG den **Gewinn**, den der Täter aus der Ordnungswidrigkeit gezogen hat, übersteigen. Hierzu kann nötigenfalls das Höchstmaß der Geldbuße überschritten werden. Grundlage für die Zumessung der Geldbuße sind die Bedeutung der Ordnungswidrigkeit und der Vorwurf, der den Täter trifft. Auch die **wirtschaftlichen Verhältnisse** des Täters kommen in Betracht (§ 17 Abs. 3 OWiG). 19

3. Zuständigkeit

Zuständig für die Ahndung von Ordnungswidrigkeiten ist nach landesrechtlicher Vorschrift die Kreisverwaltungsbehörde (Kreisverwaltung oder kreisfreie Stadt). Die **örtliche Zuständigkeit** richtet sich nach dem Wohnsitz des Betroffenen bzw. nach dem Sitz seines Betriebes oder Zweigbetriebes. Bei mehreren örtlichen Zuständigkeiten ist die Behörde zuständig, die als erste mit der Sache befasst worden ist. 20

VII. Abschnitt. Schlussvorschriften

§ 29 Übergangsvorschriften

Auf die nach bisherigem Recht mit „Nicht freigegeben unter achtzehn Jahren" gekennzeichneten Filmprogramme für Bildträger findet § 18 Abs. 8 Satz 1 mit der Maßgabe Anwendung, dass an die Stelle der Angabe „§ 14 Abs. 2 Nr. 1 bis 5" die Angabe „§ 14 Abs. 2 Nr. 1 bis 4" tritt.

Schrifttum: *Liesching*, Anwendbarkeit der jugendschutzrechtlichen Verbreitungsverbote auf Altindizierungen; *Stumpf*, Jugendschutz oder Geschmackszensur? – Die Indizierung von Medien nach dem Jugendschutzgesetz, 2009.

I. Allgemeines

Die Vorschrift lockert für bereits vor Inkrafttreten des JuSchG vorgenommene Alterskennzeichnungen von Bildträgern (§ 12 Rn. 5 f.) die Sperrwirkung des § 18 Abs. 8 S. 1 insofern, als die nach vormaligem Recht mit „**Nicht freigegeben unter 18 Jahren**" gekennzeichneten Bildträger von der Bundesprüfstelle für jugendgefährdende Schriften (§ 17 Abs. 1) in die Liste 1

JuSchG § 29a VII. Abschnitt. Schlussvorschriften

jugendgefährdender Medien aufgenommen werden können (BT-Drs. 14/9013, S. 30). Die Norm ist im Zusammenhang mit § 14 Abs. 4 S. 2 und 3 (vgl. dort Rn. 35 f.) zu sehen und soll Wertungswidersprüche mit in der Vergangenheit nach § 6 Abs. 3 Nr. 5 i. V. m. § 7 Abs. 2 JÖSchG ergangenen Kennzeichnungen von Trägermedien vermeiden.

II. Keine Übergangsbestimmung für Altindizierungen

2   Für Indizierungen der Bundesprüfstelle vor dem 1. April 2003 bestehen keine gesetzlichen Übergangsvorschriften hinsichtlich der Fortgeltung der Listenaufnahmen. Aus der methodischen Auslegung der Verbotsvorschriften des § 15 Abs. 1 JuSchG ergibt sich aber, dass vieles für eine **Anwendbarkeit der Verbote** auch auf vor dem 1. 4. 2003 indizierte Medieninhalte spricht, sofern diese als Trägermedien i. S. d. § 1 Abs. 2 JuSchG qualifiziert werden können (s. ausführl. § 15 Rn. 5; Liesching, JMS-Report 4/2004, 2 ff.; zustimmend LNK/Knupfer, Rn. 2). Dieser Auslegung entspricht auch die derzeitige Anwendungspraxis und Rechtsauffassung der Bundesprüfstelle für jugendgefährdende Medien (BPjM). Die Verbotsvorschriften des **§ 4 Abs. 1 Satz 1 Nr. 11, Abs. 2 Satz 1 Nr. 2 JMStV** finden indes wegen des eindeutigen Wortlauts nicht auf Altindizierungen Anwendung, sondern nur auf die tatsächlich in den Listenteilen A bis D eingestellten Telemedien (Liesching, JMS-Report 4/2004, 2, 5 f.).

§ 29a Weitere Übergangsregelung

> Bildträger mit Kennzeichnungen nach § 12 Abs. 1, deren Zeichen den Anforderungen des § 12 Abs. 2 Satz 1, aber nicht den Anforderungen des § 12 Abs. 2 Satz 2 entsprechen, dürfen bis zum 31. August 2008 in den Verkehr gebracht werden.

Schrifttum: *Gutknecht*, Verpflichtung zur Anbringung von Alterskennzeichen auf Bildträgern, JMS-Report 3/2010, 2; *Stumpf*, Jugendschutz oder Geschmackszensur? – Die Indizierung von Medien nach dem Jugendschutzgesetz, 2009.

I. Allgemeines

1. Regelungsinhalt

1   Die Vorschrift enthält eine aufgrund 1. JuSchGÄndG vom 24. 6. 2008 (BGBl. I, 1075) notwendige Übergangsregelung für in der Übergangszeit in **Produktion befindliche Bildträger**, die Kennzeichnungen in der erforderlichen Größe nach § 12 Abs. 2 Satz 2 (vgl. dort Rn. 16) nicht aufweisen. Diese dürfen nur bis zum 31. August 2008 in den Verkehr gebracht werden.

2. Bedeutung

2   Von praktischer Bedeutung ist die Vorschrift vor allem für Bildträger, welche schon vor dem 31. 8. 2008 an Zwischenhändler oder den Handel ausge-

Weitere Übergangsregelung § 29a JuSchG

liefert, aber erst **nach dem Stichtag im Einzelhandel** an den Kunden abverkauft oder für den Abverkauf vorgesehen worden sind. Insoweit ergibt sich die Fragestellung, ob für diese Bildträger ebenfalls die Übergangsregelung gilt. Dies ist der Fall, wenn schon der Erstvertrieb des Herstellers/Anbieters an Zwischenhändler als „In-Verkehr-Bringen" i. S. d. § 29a JuSchG anzusehen ist (hierzu Rn. 4 ff.).

II. Geltungsbereich

1. Erstvertrieb von Neuware

Allgemein anerkannt ist, dass die Übergangsvorschrift jedenfalls für Neuveröffentlichungen des Herstellers gilt. Diese müssen spätestens ab dem 1. 9. 2009 die neuen Zeichen verwenden, entweder in die Druckvorlage integriert oder maschinell mit einem nicht ablösbaren, sog. Permanentsticker (vgl. Gutknecht, JMS-Report 3/2010, 2, 4). 3

2. Vor dem 31. 8. 2008 erfolgter Erstvertrieb

a) Keine Geltung. Hingegen gilt die Übergangsvorschrift nicht für Lagerware, die bereits vor dem 31. 8. 2010 vom Hersteller ausgeliefert wurde und sich z. B. bei Zwischenhändlern im Lager befindet, da die Bildträger insoweit schon als „in den Verkehr gebracht" anzusehen sind (ebenso LNK/Knupfer, Rn. 2 f.; a. A. Gutknecht, JMS-Report 3/2010, 2, 4). Der Gesetzgeber verwendet gerade nicht die im JuSchG üblichen Handlungsbegriffe wie den des „Zugänglichmachens" oder des „Verbreitens" sondern den Begriff „in den Verkehr bringen". Das Weiterverbreiten bereits in den Verkehr gebrachter Ware ist insoweit also unerheblich. 4

b) Begriff des In-Verkehr-Bringens. Der Begriff des In-Verkehr-Bringens wird in zahlreichen anderen Rechtsvorschriften verwandt und von der Rspr. und der Kommentarliteratur jeweils überwiegend so ausgelegt, dass im Sinne der **Verschaffung von Verfügungsgewalt** jede Handlung umfasst sei, durch die ein Erzeugnis in die tatsächliche Verfügungsgewalt eines Dritten übergeht (vgl. z. B. v.Falk/Plassmann in Killian/Heussen, Computerrechtshandbuch, Teil 5 Rn. 83, Std. 2008 mwN.). Teilweise wird ausdrücklich ausgeführt, dass ein „In Verkehr bringen" gerade kein Anbieten gegenüber dem Endverbraucher erfordert, sondern das Zur-Verfügung-Stellen **an Vermittler** ausreicht (vgl. Dreier/Schulze, UrhG – Kommentar, 3. Aufl. 2008, § 6 Rn. 14 unter Hinweis auf BGH, 23. 1. 1981 – I ZR 170/78, GRUR 1981, 360). Der BGH hat zudem festgestellt, dass sogar die Warenverschiebung von einem Konzern zu einem anderen Schwesterkonzern unter bestimmten Voraussetzungen als „In Verkehr bringen" anzusehen ist, ohne dass es schon zu einem weiteren Warenvertrieb gegenüber dem Endverbraucher gekommen zu sein braucht (vgl. BGH GRUR 1986, 668, 669 f.). 5

Die Kennzeichnungspflicht wird zudem in der Praxis nahezu ausschließlich vom Hersteller/Anbieter der Bildträger umgesetzt, da er die Hüllen und Bildträger entsprechend bedruckt. Also richtet sich an ihn auch in erster Linie die Kennzeichnungspflicht nach § 12 Abs. 2 JuSchG und die Über- 6 gangsvorschrift des § 29a JuSchG. Hersteller und Erstanbieter vertreiben die Ware aber nahezu **ausschließlich an den Handel** und nicht an Endverbraucher. Auch vor diesem Hintergrund kann nach der Ratio und der Anwendungspraxis mit dem Terminus „In Verkehr bringen" vor allem nur der Erstvertrieb an den Handel gemeint sein.

7 Hätte der Gesetzgeber von der in anderen Bundesgesetzen anerkannten Auslegung des „In Verkehr bringens" allein im JuSchG in dem Sinne abweichen wollen, dass hier entgegen Rspr., Rechtsliteratur und Sachnähe nur der **Verkauf/Verleih** an den **Endverbraucher** gemeint sein sollte, müssten sich zumindest in den Gesetzesmaterialien entsprechende Hinweise finden, was jedoch nicht der Fall ist. Auch in der Praxis soll gerade für Vermiet- und Verleihware eine Ausnahme von der (Nach-)Stickerungspflicht gelten (so Gutknecht, JMS-Report 3/2010, 2, 4).

8 Aus den genannten Gründen ist davon auszugehen, dass mit dem Begriff des In-Verkehr-Bringens nach § 29a JuSchG gerade der **Erstvertrieb vom Hersteller/Anbieter** an den Handel umfasst sein muss. Erfolgte der Erstvertrieb vor dem 31. 8. 2008, ist eine Nachkennzeichnung nach § 12 Abs. 2 Satz 2 JuSchG aufgrund der Übergangsvorschrift nicht erforderlich, auch wenn ein Abverkauf oder eine sonstige Weiterverbreitung an den Endverbraucher noch nicht erfolgt ist (a. A. Gutknecht, JMS-Report 3/2010, 2, 4).

3. Lagerware

9 Die Übergangsvorschrift des § 29a JuSchG findet auch nicht auf Bildträgerware Anwendung, welche vor Inkrafttreten des 1. JuSchGÄndG produziert worden ist, auch wenn ein Abverkauf an Endverbraucher noch nicht veranlasst ist (insb. Lagerware). Erfolgte insoweit ein erstmaliges In-Verkehr-Bringen vor dem 31. 8. 2008 in dem unter Rn. 5 ff. dargelegten Sinne, so bedarf es auch für diese Ware keiner Nachkennzeichnung (ebenso LNK/Knupfer, Rn. 2 f.; a. A. Gutknecht, JMS-Report 3/2010, 2, 4).

10 Denn § 29a JuSchG enthält nach seinem Wortlaut keine Einschränkung auf Waren, welche zum Zeitpunkt des Inkrafttretens des 1. JuSchGÄndG bereits produziert oder in der Produktion befindlich waren. Auch aus den Gesetzesmaterialien ergibt sich etwa, dass schon die zum Zeitpunkt der Abfassung der **Begründung des Regierungsentwurfs** „in der Produktion befindlichen Bildträger" unter den Anwendungsbereich der Übergangsbestimmung fallen (BT-Drs. 16/8546, S. 7). Die Regierungsbegründung dient insoweit auch nur zur Beschreibung der vom Gesetzgeber gemeinten Bildträger und nicht zur einschränkenden Abgrenzung gegenüber Lagerware. Andernfalls wäre dies im Gesetzeswortlaut des § 29a JuSchG selbst explizit geregelt worden (anders: Gutknecht, JMS-Report 03/2010, 2, 4).

§ 30 Inkrafttreten, Außerkrafttreten

(1) ¹**Dieses Gesetz tritt an dem Tag in Kraft, an dem der Staatsvertrag der Länder über den Schutz der Menschenwürde und den Jugendschutz in Rundfunk und Telemedien in Kraft tritt.** ²**Gleichzeitig treten das Gesetz zum Schutze der Jugend in der Öffentlichkeit**

Inkrafttreten, Außerkrafttreten § 30 JuSchG

vom 25. Februar 1985 (BGBl. I S. 425), zuletzt geändert durch Artikel 8a des Gesetzes vom 15. Dezember 2001 (BGBl. I S. 3762) und das Gesetz über die Verbreitung jugendgefährdender Schriften und Medieninhalte in der Fassung der Bekanntmachung vom 12. Juli 1985 (BGBl. I S. 1502), zuletzt geändert durch Artikel 8b des Gesetzes vom 15. Dezember 2001 (BGBl. I S. 3762) außer Kraft. ³Das Bundesministerium für Familie, Senioren, Frauen und Jugend gibt das Datum des Inkrafttretens dieses Gesetzes im Bundesgesetzblatt bekannt.

(2) Abweichend von Absatz 1 Satz 1 treten § 10 Abs. 2 und § 28 Abs. 1 Nr. 13 am 1. Januar 2007 in Kraft.

Das Gesetz ist gleichzeitig mit dem Jugendmedienschutz-Staatsvertrag am 1. April 2003 in Kraft getreten [vgl. § 28 Abs. 1 S. 1 JMStV s.a. Bek. v. 1. 4. 2003 (BGBl. I S. 476), wonach das JuSchG am 1. 4. 2003 in Kraft getreten ist.]. Abs. 2 enthält eine zwischenzeitlich abgelaufene langfristige Übergangsvorschrift für die Zigarettenautomatenindustrie, ihre Ausgabegeräte entsprechend der gesetzlichen Neuregelung zu ersetzen. Die lange Frist war angesichts der hohen Investitionskosten sowie aus Gründen der Verfassungskonformität (vgl. Liesching, NJW 2002, 3281, 3282) geboten (vgl. auch BT-Drs. 14/9013, S. 30).

II. JMStV Staatsvertrag über den Schutz der Menschenwürde und den Jugendschutz in Rundfunk und Telemedien (Jugendmedienschutz-Staatsvertrag - JMStV)

10. September 2002

Baden-Württemberg: G v. 4. 2. 2003 (GBl. S. 93), Bayern: Bek. v. 20. 2. 2003 (GVBl S. 147), Berlin: G v. 11. 2. 2003 (GVBl. S. 69), Brandenburg: G v. 13. 2. 2003 (GVBl. I S. 21), Bremen: G v. 25. 2. 2003 (Brem.GBl. S. 33), Hamburg: G v. 11. 3. 2003 (HmbGVBl. S. 27), Hessen: G v. 13. 12. 2002 (GVBl. I S. 778), neugef. durch Bek. v. 28. 7. 2009 (GVBl. I S. 278), Mecklenburg-Vorpommern: G v. 3. 2. 2003 (GVOBl. M-V S. 110), Niedersachsen: G v. 20. 11. 2002 (Nds. GVBl. S. 705), Nordrhein-Westfalen: G v. 28. 2. 2003 (GV. NRW. S. 85), Rheinland-Pfalz: G v. 6. 3. 2003 (GVBl. S. 24), Saarland: G v. 19. 2. 2003 (Amtsbl. S. 533), Sachsen: G v. 21. 3. 2003 (SächsGVBl. S. 38), Sachsen-Anhalt: G v. 19. 12. 2002 (GVBl. LSA S. 428), Schleswig-Holstein: G v. 18. 3. 2003 (GVOBl. Schl.-H. S. 138, ber. S. 204), Thüringen: G v. 11. 2. 2003 (GVBl. S. 81).

geändert durch Art. 7 Achter Rundfunkänderungsstaatsvertrag v. 8. 10. 2004 (Bayern: Bek. v. 20. 2. 2003, GVBl S. 147), Art. 3 Neunter Rundfunkänderungsstaatsvertrag v. 31. 7. 2006 (Bayern: Bek. v. 10. 2. 2007, GVBl S. 132), Zehnter Rundfunkänderungsstaatsvertrag v. 19. 12. 2007 (Bayern: Bek. v. 6. 5. 2008, GVBl S. 161), Elfter Rundfunkänderungsstaatsvertrag v. 12. 6. 2008 (Bayern: Bek. v. 8. 8. 2008, GVBl S. 542), Art. 2 Dreizehnter Rundfunkänderungsstaatsvertrag v. 20. 11. 2009 (Bayern: Bek. v. 15. 3. 2010, GVBl S. 145).

I. Abschnitt. Allgemeine Vorschriften

§ 1 Zweck des Staatsvertrages

Zweck des Staatsvertrages ist der einheitliche Schutz der Kinder und Jugendlichen vor Angeboten in elektronischen Informations- und Kommunikationsmedien, die deren Entwicklung oder Erziehung beeinträchtigen oder gefährden, sowie der Schutz vor solchen Angeboten in elektronischen Informations- und Kommunikationsmedien, die die Menschenwürde oder sonstige durch das Strafgesetzbuch geschützte Rechtsgüter verletzen.

Schrifttum: *Altenhain* u.a., Defizitäre „Defizitanalyse"? – Zur Evaluation des Jugendschutzsystems, MMR 1/2008, S. V; *Altenhain*, Die Neuregelung des JMStV insbesondere im Hinblick auf Computerspiele und Filme, BPjM-akuell 4/2010, 5; *Bornemann,* Der Jugendmedienschutz-Staatsvertrag der Länder, NJW 2003, 787; *Braml/Hopf*, Der neue Jugendmedienschutz-Staatsvertrag – Fort- oder Rückschritt für den Jugendmedienschutz?, ZUM 2010, 645; *Di Fabio*, Der Schutz der Menschenwürde durch allgemeine Programmgrundsätze, in: BLM-Schriftenreihe, Band 60, 1999; *Dörr*, Programmfreiheit und Menschenwürde, 2000; *Dörr/Cole,* Jugendschutz in den elektronischen Medien, BLM Schriftenreihe Bd. 67, 2001; *Frotscher,* „Big Brother" und das deutsche Rundfunkrecht, in: Schriftenreihe der LPR Hessen, Band 12, 2000, S. 65; *Gersdorf*, Medienrechtliche Zulässigkeit des TV-Formats „Big Brother", 2000; *v. Gottberg*, Subjektive Erwartungen mit konkreten Rechtsfolgen, tv-diskurs 1/2011, 17; *Hackenberg/Hajok/Humberg/Pathe*, Konzept zur Einbeziehung des Kriteriums der „Gefährdungsneigung" in der Prüfpraxis der FSM, JMS-Report 6/2009, S. 2; *Hinrichs*, „Big Brother" und die Menschenwürde, NJW 2000, 2173; *Hopf*, Der Jugendmedienschutz-Staatsvertrag – Die Novelle ist tot, es lebe die Novelle – die umstrittenen Regelungen auf einen Blick, K&R 2011, 6; *Huster*, Individuelle Menschenwürde oder öffentliche Ordnung? – Ein Diskussionsbeitrag anlässlich „Big Brother", NJW 2000, 3477; *Kreile/Diesbach*, Der neue Jugendmedienschutz-Staatsvertrag – Was ändert sich für den Rundfunk?, ZUM 2002, 849; *Langenfeld*, Die Neuordnung des Jugendschutzes im Internet, MMR 2003, 303; *Liesching*, Der Jugendmedienschutz-Staatsvertrag – Neue Anforderungen für den Jugendschutz im Rundfunk, tv-diskurs 25/2003, S. 48; *ders.*: Zur Gesetzgebungskompetenz der Bundesländer für den Bereich „Jugendschutz in Rundfunk und Telemedien", ZUM 2002, 868; *ders.*, Verletzung der Menschenwürde durch Fernsehsendungen, tv-diskurs 1/2005, 64; *Reinwald*, Jugendmedienschutz im Telekommunikationsbereich in Bundeskompetenz?, ZUM 2002, 119; *Scheuer*, Das neue System des Jugendmedienschutzes aus der Sicht der Selbstkontrolleinrichtungen, RdJB 2006, 308; *Schmitt Glaeser*, Big Brother is watching you - Menschenwürde bei RTL 2, ZRP 2000, 395; *Taubert*, Bundeskompetenz für Jugendschutz? - Verfassungsrechtliche Rechtfertigung und rechtspolitischer Sinn der Zuordnung, 2003; *Weigand*, Der novellierte Jugendmedienschutz-Staatsvertrag. Konsequenzen für die Arbeit der KJM, JMS-Report 4/2010, 2.

Übersicht

Rn.

I. Allgemeines	1
1. Regelungsinhalt und Bedeutung	1
2. Systematik des JMStV	2
a) Abschnitt I: Allgemeine Vorschriften	2
b) Abschnitt II: Vorschriften für Rundfunk	3
c) Abschnitt III: Vorschriften für Telemedien	4
d) Abschnitt IV: Verfahren für Anbieter mit Ausnahme des öffentlich-rechtlichen Rundfunks	5
e) Abschnitt V: Vollzug für Anbieter mit Ausnahme des öffentlich-rechtlichen Rundfunks	6
f) Abschnitt VI: Ahndung von Verstößen der Anbieter mit Ausnahme des öffentlich-rechtlichen Rundfunks	7
3. Gescheiterte JMStV-Novelle des 14. RfÄndStV	8
II. Jugendschutz bei Online-Medien	10
1. Einheitlicher Rechtsrahmen	10
a) Entstehungsgeschichte	10
b) Korrespondenz mit JuSchG des Bundes	11
2. Jugendschutz als Zweckbestimmung	12
a) Allgemeines	12
b) Verfassungsrechtliche Legitimation	13
c) Bewertungsgrundlage im Jugendmedienschutz	14
3. Elektronische Informations- und Kommunikationsmedien	15
III. Schutz der Allgemeinheit	16
1. Allgemeines	16
2. Schutz der Menschenwürde	17
a) Bedeutung für den Jugendmedienschutz	17

Zweck des Staatsvertrages § 1 JMStV

    b) Begriff der Menschenwürde 18
   3. Durch das StGB geschützte Rechtgüter 22

I. Allgemeines

1. Regelungsinhalt und Bedeutung

Die Vorschrift benennt den Zweck des Jugendmedienschutz-Staatsvertrages, der einen einheitlichen Rechtsrahmen für den Jugendschutz in elektronischen Medien, also insb. **Rundfunk und Telemedien** schaffen soll. In der Regel gelten daher für Internetangebote insoweit ausschließlich die Bestimmungen des JMStV, zusätzlich sind jedoch insb. die Ver- und Gebote der §§ 12 Abs. 2 Satz 3, 15 Abs. 4 und Abs. 5, 24 Abs. 5 Satz 2 JuSchG (Jugendschutzgesetz vom 23. 07. 2002, BGBl I 2002, 2730, zuletzt geändert durch Art. 1 des Gesetzes vom 24. 07. 2008, BGBl. I 2008,1075) zu beachten. Daneben gelten für Rundfunk und Telemedien auch die kernstrafrechtlichen Verbreitungsverbote wie z. B. §§ 86, 86a, 130, 130a, 131, 184 ff. StGB (siehe hierzu III. Teil) sowie spezialgesetzliche rundfunkrechtliche Bestimmungen, etwa zu allgemeinen Programmgrundsätzen (§§ 3, 41 RStV) sowie den Jugendschutz bei Gewinnspielen §§ 8a, 58 Abs. 4 RStV, siehe hierzu IV. Teil). Darüber hinaus sind die besonderen Verantwortlichkeitsregeln der §§ 7 ff. TMG zu beachten (vgl. Scholz/Liesching, Anm. zu §§ 8 ff. TDG; MüKom-StGB/Altenhain, Bd. 6, 2010, S. 1351 ff.). **1**

2. Systematik des JMStV

a) Abschnitt I: Allgemeine Vorschriften. Im 1. Abschnitt des JMStV werden allgemeine Vorschriften geregelt, die den Zweck des Staatsvertrages und den Geltungsbereich festlegen und bestimmte Rechtsbegriffe legal definieren. Von ganz besonderer praktischer Bedeutung und gleichsam „Kernstück" des JMStV sind die in § 4 JMStV normierten **Unzulässigkeitstatbestände**, die für alle Rundfunkangebote und Telemedien gelten; ebenso die **Anbieterpflichten** bei entwicklungsbeeinträchtigenden Angeboten (§ 5 JMStV) sowie bei Werbeinhalten (§ 6 JMStV). Im 1. Abschnitt wird ergänzend in § 7 JMStV auch die organisatorische Pflicht zur Bestellung eines **Jugendschutzbeauftragten** und den damit im Zusammenhang stehenden weiteren Anforderungen geregelt. **2**

b) Abschnitt II: Vorschriften für Rundfunk. Der 2. Abschnitt enthält besondere Regelungen für den Rundfunk (siehe zum Rundfunkbegriff § 2 Abs. 1 RStV). Er gilt sowohl für öffentlich-rechtlichen als auch für privaten Rundfunk und enthält Regelungen zur Festlegung der **Sendezeit** bei bestimmten Sendeformaten (§ 8 JMStV), **Ausnahmeregelungen** im Hinblick auf die Vermutung bei FSK-bewerteten Filmen und bei vorgesperrten Sendungen im digitalen (privaten) Rundfunk (§ 9 JMStV) sowie Bestimmungen über **Programmankündigungen** mit Bewegtbildern (Trailern) und über die optische oder akustische Kenntlichmachung entwicklungsbeeinträchtigender Sendungen (§ 10 JMStV). **3**

301

JMStV § 1 I. Abschnitt. Allgemeine Vorschriften

4   **c) Abschnitt III: Vorschriften für Telemedien.** Der 3. Abschnitt enthält besondere Regelungen für Telemedien von privaten (und auch öffentlich-rechtlichen) Anbietern. Namentlich finden sich Bestimmungen für Jugendschutzprogramme, welche bei Anerkennung durch die KJM als „technische Mittel" im Sinne des § 5 Abs. 3 Nr. 1 JMStV eingesetzt werden können (§ 11 JMStV) sowie die Hinweispflicht für Telemedien, die mit FSK- / USK- freigabebeschränkten Bildträgern identisch oder vergleichbar („im Wesentlichen inhaltsgleich") sind (§ 12 JMStV).

5   **d) Abschnitt IV: Verfahren für Anbieter mit Ausnahme des öffentlich-rechtlichen Rundfunks.** Der 4. Abschnitt des JMStV regelt das Verfahren für Anbieter mit Ausnahme des öffentlich-rechtlichen Rundfunks. Geregelt werden insb. Zusammensetzung, Zuständigkeit und Verfahren der **Kommission für Jugendmedienschutz** (KJM) (§§ 14, 16 JMStV), die Mitwirkung der Gremien der Landesmedienanstalten (§§ 14, 15, 17 JMStV), die Rolle von „jugendschutz.net" (§ 18 JMStV) und die Anerkennung von Einrichtungen der Freiwilligen Selbstkontrolle (§ 19 JMStV). Zur Ausklammerung des öffentlich-rechtlichen Rundfunks ausführl. Sp/Sch/Erdemir, Rn. 9 f.

6   **e) Abschnitt V: Vollzug für Anbieter mit Ausnahme des öffentlich-rechtlichen Rundfunks.** Der 5. Abschnitt enthält die Bestimmungen zur Aufsicht und zum Vollzug für private Anbieter. Zentral ist dabei die Norm des § 20 JMStV, welche zum einen die **Zuständigkeit** und die näheren Aufgabenfelder der Medienaufsichtsstelle (zuständige Landesmedienanstalt) regelt, daneben aber auch aufgrund eines Bewertungsvorrangs anerkannter Selbstkontrolleinrichtungen ein Kernstück des durch den Gesetzgeber gewollten Prinzips der **„regulierten Selbstregulierung"** verwirklicht. Daneben werden in § 21 JMStV Auskunftsansprüche der Medienaufsicht gegenüber dem Anbieter manifestiert und in § 22 JMStV die Möglichkeit der Revision zum Bundesverwaltungsgericht bestimmt.

7   **f) Abschnitt VI: Ahndung von Verstößen der Anbieter mit Ausnahme des öffentlich-rechtlichen Rundfunks.** Die Vorschriften des 6. Abschnitts betreffen die Ahndung von Verstößen gegen Bestimmungen des JMStV durch private Anbieter von Rundfunk und Telemedien. Anbieter des öffentlich-rechtlichen Rundfunks unterliegen den insoweit geregelten **straf- und ordnungsrechtlichen Sanktionen** nicht, was vielfach in der rundfunkpolitischen Debatte auf Kritik gestoßen ist. Zunächst wird in § 23 StGB ein Straftatbestand normiert betreffend die Verbreitung bzw. das Zugänglichmachen so genannter offensichtlich schwer jugendgefährdender Angebote nach § 4 Abs. 2 S. 1 Nr. 3 JMStV. Weshalb lediglich dieser eine Fall mit Kriminalstrafe bedroht wird und nicht auch andere Verbreitungsverbote – etwa in Bezug auf unnatürlich geschlechtsbetonte Darstellungen Minderjähriger – ist kaum nachvollziehbar, zumal sich insoweit nichts aus den Gesetzesmaterialien ergibt. Derartig unzulässige Angebote sind im Falle ihrer Verbreitung vielmehr zusammen mit Verstößen gegen bestimmte gesetzliche Anbieterpflichten „nur" im Rahmen des Ordnungswidrigkeitentatbestandes des § 24 JMStV mit **Bußgeld** bis zu einer Höhe von 500.000 Euro ahndbar.

3. Gescheiterte JMStV-Novelle des 14. RfÄndStV

Im Rahmen der Konferenz der Regierungschefs der Länder in Berlin am **8**
10. Juni 2010 wurde der **14. Rundfunkänderungsstaatsvertrag**
(RfÄndStV) durch alle anwesenden Ministerpräsidenten unterzeichnet.
Gegenstand des Vertrages war die Novellierung des Jugendschutzes im Rundfunk und im Internet durch den Jugendmedienschutz-Staatsvertrag (JMStV),
der nach der Ratifizierung durch die Landesparlamente am 1. Januar 2011
in Kraft treten sollte. Durch die Novellierung sollten indes Grundstruktur,
Rechtssystematik und Ausrichtung des Jugendmedienschutz-Staatsvertrags
unverändert bleiben. Allerdings hätte der 14. Rundfunkänderungsstaatsvertrag doch eine Reihe von Neuregelungen mit sich gebracht, insbesondere
eine **fakultative Alterskennzeichnung** von Angeboten im Rundfunk und
vor allem in Telemedien sowie eine Konkretisierung der Voraussetzungen
anzuerkennender Jugendschutzprogramme nach § 11 JMStV (vgl. Bayer. LT-Drs. 16/5283, S. 1 ff.; ausführl. Altenhain, BPjM-aktuell, 4/2010, 5 ff.;
Braml/Hopf, ZUM 2010, 645 ff.; Hopf, K&R 2011, 6 ff.; Weigand, JMS-Report 4/2010, 2 ff.). Der 14. RfÄndStV wurde jedoch im Landtag von
Nordrhein-Westfalen von allen Fraktionen am 16. 12. 2010 abgelehnt und
trat nicht in Kraft.

Bemerkenswert ist in diesem Zusammenhang, dass selbst bei Inkrafttreten **9**
des 14. RfÄndStV die Ergebnisse und Umsetzungsvorschläge der zuvor
durchgeführten umfangreichen **wissenschaftlichen Evaluierung** des
Jugendmedienschutzes (HBI-Bericht, 2007, 1 ff.; krit. hierzu Altenhain u.a.,
MMR 1/2008, V f.) entgegen eigenem Bekunden der Landesgesetzgeber
(vgl. Bayer. LT-Drs. 16/5283, S. 7) zu einem Großteil unberücksichtigt
geblieben wären (s.a. HBI-Stellungnahme zum 14. RfÄndStV v. 5. 5. 2010;
zu den ursprünglich vorgesehenen Änderungen im Einzelnen siehe z. B.
Altenhain, BPjM-aktuell, 4/2010, 5 ff.; Braml/Hopf, ZUM 2010, 645 ff.;
Hopf, K&R 2011, 6 ff.).

II. Jugendschutz bei Online-Medien

1. Einheitlicher Rechtsrahmen

a) Entstehungsgeschichte. Der Jugendmedienschutz-Staatsvertrag **10**
(JMStV) trat am 1. April 2003 in Kraft und löste im Wesentlichen die vormals
im Rundfunkstaatsvertrag (RStV) und im Mediendienste-Staatsvertrag
(MDStV) geregelten Jugendschutzvorschriften ab. Mit dem JMStV und dem
Jugendschutzgesetz (JuSchG) des Bundes wurden die Kompetenzen zwischen
Bund und Ländern im Jugendschutz neu geordnet. Grundlage hierfür waren
die zuvor von der Konferenz der Regierungschefs der Länder am 8. März
2002 verabschiedeten **Eckwerte zum Jugendschutz**. Danach hat der Bund
seine Regelungen für den Jugendschutz in Telemedien zurückgenommen,
sodass die Länder den durch die konkurrierende Gesetzgebungskompetenz
wieder eröffneten Spielraum für eine einheitliche Jugendschutzregelung aller
elektronischen Medien sowohl des Rundfunks als auch im Online-Bereich
einschließlich der Telemedien (Teledienste und Mediendienste) in ihrer Kom-

petenz nutzen können (vgl. zur Gesetzgebungskompetenz ausführl. § 16 JuSchG Rn. 3 ff.).

11 **b) Korrespondenz mit JuSchG des Bundes.** Damit war ein erster Schritt zu der insgesamt vorgesehenen und mit dem Bund verabredeten Neuordnung der Kompetenzen zwischen Bund und Ländern im Medienbereich getan. Der Bund bleibt hiernach weiterhin zuständig für den Jugendschutz bei Trägermedien (Filme, Videokassetten, DVDs, Blu-ray Discs etc.), während die Länder den Jugendschutz im Bereich der elektronischen Medien ausgestalten. **Verzahnt** werden durch die Regelwerke des JMStV und des JuSchG auch die Aufsichtsbehörden von Bund und Ländern. So kann die Bundesprüfstelle für jugendgefährdende Medien (BPjM) weiterhin Offline- und auch Onlineangebote indizieren. Ausgenommen ist lediglich der Rundfunk. Allerdings ist die BPjM an Wertungsentscheidungen der Medienaufsicht der Länder, die vorausgegangen sind, weitgehend gebunden (krit. Mynarik, 2006, S. 198 ff.; siehe zu den vorgesehenen Änderungen durch den letztlich gescheiterten 14. RfÄndStV oben Rn. 8).

2. Jugendschutz als Zweckbestimmung

12 **a) Allgemeines.** Zweckausrichtung des JMStV ist vornehmlich der Jugendschutz. Ziel des gesetzlichen Jugendschutzes ist der präventive Schutz von Kindern und Jugendlichen vor Gefahren in Medien, die geeignet sind, Minderjährige sozialethisch zu desorientieren oder in ihrer Entwicklung zu beeinträchtigen. Dabei kann diese Zielsetzung gleichsam (nur) als „**Flankenschutz für Erziehungs- und Sozialisationsprozesse**" begriffen werden, da die Förderung der Entwicklung von Kindern und Jugendlichen primär die Obliegenheit elterlicher Verantwortung ist und sich Wertebildung nach wie vor zu einem Gutteil unbeeinflusst von Medien im direkten zwischenmenschlichen Kontakt mit anderen Individuen vollzieht. Der gesetzliche Jugendschutz stellt im Rahmen verfassungsrechtlicher Grenzen (z. B. Zensurverbot) präventiv wirkende Schutzbarrieren auf, welche Kinder und Jugendliche vor schädigenden oder beeinträchtigenden Einflüssen schützen sollen.

13 **b) Verfassungsrechtliche Legitimation.** Der Jugendschutz ist in Art. 5 Abs. 2 GG ausdrücklich als Einschränkung der Kommunikationsgrundrechte legitimiert. Er steht nach der Rspr. des BVerfG in **Verfassungsrang** gemäß Art. 1 Abs. 1 i. V. m. Art. 2 Abs. 1 GG und Art. 6 Abs. 2 GG (siehe BVerfG NJW 1991, 1471 f.; BVerfG NJW 1994, 1781, 1782). Freilich muss der Gesetzgeber der grundlegenden Bedeutung der in Art. 5 Abs. 1 GG garantierten Rechte sowie dem Grundsatz der Verhältnismäßigkeit Rechnung tragen, was bei den Bestimmungen des JMStV der Fall ist (vgl. etwa § 4 Abs. 1 Satz 2 JMStV). Grundsätzlich ist eine **Güterabwägung** zwischen der Medienfreiheit und Belangen des Jugendschutzes erforderlich. (vgl. v. Hartlieb, NJW 1985, 830, 833). Auch bei der Auslegung einzelner Verbotsbestimmungen oder sonstiger Restriktionen des JMStV ist die verfassungsrechtliche Dimension zu berücksichtigen.

14 **c) Bewertungsgrundlage im Jugendmedienschutz.** Bewertungsmaßstab für den Jugendmedienschutz sind – von Extremfällen abgesehen – nicht

Zweck des Staatsvertrages § 1 JMStV

nur durchschnittliche Kinder und Jugendliche, sondern auch **"gefährdungsgeneigte" Minderjährige**, die einer Beeinflussung stärker ausgesetzt sind (vgl. VG München ZUM 2010, 615, 626; Bosch, 2006, S. 108 mwN.; Hopf/Braml, ZUM 2010, 211, 214; a. A. noch VG München ZUM 2005, 252, 254; siehe auch Sp/Sch/Erdemir, § 5 Rn. 8: „durchschnittliche Minderjährige"; anders: Hackenberg/Hajok/Humberg/Pathe, JMS-Report 6/2009, S. 2 ff.; s. ausführl. § 18 JuSchG Rn. 16 ff. und § 5 JMStV Rn. 4 ff.).

3. Elektronische Informations- und Kommunikationsmedien

Der Begriff der elektronischen Informations- und Kommunikationsmedien umfasst nach § 2 Abs. 1 JMStV **Rundfunk- und Telemedien**, also insb. Fernseh- und Hörfunkangebote, Internetinhalte und Videotext. Siehe hierzu ausführlich § 2 Rn. 3 ff. 15

III. Schutz der Allgemeinheit

1. Allgemeines

Neben dem Jugendschutz intendiert der Staatsvertrag den Schutz der Allgemeinheit (alle Nutzer elektronischer Informations- und Kommunikationsmedien; vgl. auch Sp/Sch/Erdemir, Rn. 16 „Erwachsenenschutz") vor Angeboten, die die Menschenwürde oder sonstige durch das Strafgesetzbuch geschützte Rechtsgüter verletzen (Bayer. LT-Drs. 14/10246, S. 14). Derartige Angebote unterliegen im Regelfall einem **Absolutverbot**, welches auch die auf erwachsene Nutzer beschränkte Verbreitung untersagt (vgl. § 4 Abs. 1). 16

2. Schutz der Menschenwürde

a) Bedeutung für den Jugendmedienschutz. Bereits vor Inkrafttreten des JMStV waren Medieninhalte, welche gegen die Menschenwürde verstoßen, generell untersagt (vgl. § 3 Abs. 1 Nr. 5 RStV a. F., § 12 Abs. 1 Nr. 5 MDStV a. F.). Die Unbestimmtheit des Begriffs der Menschenwürde macht in der Praxis die Handhabung schwierig, wie etwa das medienaufsichtliche Verhalten hinsichtlich der Fernsehsendung **„Big Brother"** verdeutlichte. Hier hatten sich mehrere Kandidaten in einem Wohncontainer über Wochen hinweg (freiwillig) einer Kameraüberwachung ausgesetzt, die dem Zuschauer Einblicke in das Leben der Wohngemeinschaft gewährte. Eine Menschenwürdeverletzung wurde hierin nach h.M. zutreffend nicht erblickt (vgl. hierzu Dörr, Programmfreiheit und Menschenwürde, 2000, S. 87 f.; Gersdorf, Medienrechtliche Zulässigkeit des TV-Formats „Big Brother", 2000, S. 31 ff.; Frotscher, in: Schriftenreihe der LPR Hessen, Band 12, 2000, S. 65; Di Fabio, in: BLM-Schriftenreihe, Band 60, 1999; Schmitt Glaeser, ZRP 2000, 395 ff.; Huster, NJW 2000, 3477 ff.; a. A. Hinrichs, NJW 2000, 2173 ff.). Immer wieder wird die Achtung der Menschenwürde vor allem bei neu entwickelten **Sendeformaten** diskutiert (vgl. VG Hannover, Beschl. v. 03. 06. 2009 – 7 B 2222/09 und VG Köln, Beschl. v. 03. 06. 2009 – 6 L 798/09 – „Erwachsen auf Probe"; s.a. OVG Lüneburg MMR 2009, 203). 17

18 **b) Begriff der Menschenwürde.** Soweit der Begriff der Menschenwürde in die Unzulässigkeitstatbestände des deutschen Medienrechts Einzug gehalten hat (vgl. §§ 3 Abs. 1 S. 1, 41 Abs. 1 S. 2 RStV; ferner §§ 130 Abs. 1 Nr. 2, 131 Abs. 1 StGB), wird er wegen seiner **Unbestimmtheit** von der Medienaufsicht sowie den Gerichten eher zögerlich und zurückhaltend zur Grundlage von Maßnahmen gegen Medienanbieter gemacht (vgl. die enge Auslegung zu § 131 StGB durch BVerfG, NJW 1993, 1457, 1459; weitergehend: VG Hannover, AfP 1996, 205 f.; s.a. Liesching, tv-diskurs 1/2005, 64 ff.; s.a. KJM-Kriterien, 2009, S. 26: „wegen seiner besonderen Unbestimmtheit… schwer zu ermitteln"). Anders als etwa der vage, zeitgebundene Sittenbegriff beruht die Vorstellung von der Menschenwürde auf einem überzeitlichen Grundverständnis des Menschen schlechthin, das bereits zur Zeit Immanuel Kants die staatlichen und gesellschaftlichen Grundvorstellungen zu prägen begann (vgl. schon Kreile/Detjen, ZUM 1994, 78, 81).

19 Während die Schaffung und Wahrung von Sitten primär einem breiten, kulturellen Diskussionsprozess unterworfen sind, obliegt der Schutz der Menschenwürde hingegen zunächst dem Recht und staatlicher Gewalt. Sie wird vom BVerfG als **tragendes Konstitutionsprinzip** im System der Grundrechte bezeichnet (BVerfGE 6, 32, 36, 41; 45, 187, 227), ist aber auch gleichsam das Additionsergebnis einer Vielzahl freiheits- und gleichheitsrechtlicher Vorbedingungen. So ist die Wahrung der Würde des Menschen ohne Sicherheit individuellen und sozialen Lebens, ohne rechtliche Gleichheit, die Begrenzung staatlicher Gewaltanwendung sowie die Wahrung menschlicher Identität und Integrität nicht denkbar. Gerade letzterem verleiht das BVerfG dadurch Ausdruck, dass es die Menschenwürde als verletzt ansieht, wenn der Mensch zum bloßen Objekt staatlichen Handelns wird [BVerfGE 30, 1, 25; vgl. zur Objektsformel Dürig, ArchÖR 81 (1956) 117, 127; BVerfGE 9, 89, 95; 27, 1, 6; 50, 166, 175; 63, 133, 142]. Allerdings betont das BVerfG auch, dass sich die Würde des Menschen gar nicht generell bestimmen lässt, sondern immer nur in **Ansehung des konkreten Einzelfalles** (BVerfGE 30, 1, 25; ebenso OVG Berlin NJW 1980, 2484 f.; Pieroth/Schlink, Rn. 353; Frotscher, in: Schriftenreihe der LPR Hessen, Band 12, 2000, S. 46; vgl. die Einzelfälle bei § 4 Rn. 19).

20 Medienangebote verstoßen nicht schon dann gegen die Menschenwürde, wenn die Inhalte rechtswidrig sind, weil sie etwa gegen das StGB oder die Jugendschutzbestimmungen verstoßen. Die vom BVerfG verwendete Konkretisierung der Menschwürdeverletzung über die Formel der **Objektsdegradierung** ist bei Medieninhalten nur mit Vorbehalten anwendbar. Zum einen liegt es bereits in der Natur der medialen Darstellung, die zur Anschauung gebrachten Personen oder Gegenstände zum Objekt im Sinne eines Betrachtermittelpunkts zu machen (vgl. Kreile/Detjen, ZUM 1994, 78, 82). Zum anderen ginge eine etwaige Objektsdegradierung einer dargestellten Person im Rahmen eines dramaturgischen Ablaufs nicht per se mit einem Verstoß gegen die Menschenwürde einher. Auch wenn reale Folterungen, Misshandlungen oder körperliche Straftaten mit der Würde des Menschen unvereinbar sind, so könnte die in einem entsprechenden Kontext eingebundene filmische Darstellung derartiger Gewalttaten gerade das Gegenteil bedeuten, nämlich die implizierte Befürwortung der Einhaltung der Menschenwürde (z. B. bei sog. Anti-Kriegsfilmen). Die **Zielrichtung** des Medieninhalts ist freilich objektiv zu beurteilen (vgl. Schmitt Glaeser, ZRP 2000, 395, 398; eine „Herabwürdigungsabsicht" fordern grundsätzlich Hartstein u.a., JMStV § 4 Rn. 36).

Zum Teil werden im Schrifttum auch Rezipienten und Nutzer von Medienangeboten als **Schutzadressaten** des Verbots medialer Menschenwürdeverletzungen genannt (Di Fabio, 1999, S. 92 f.; E/R/W/Landmann, Kap. VI Rn. 43). Diese Ansicht geht fehl, weil Zuschauern und Angebotsnutzern die autonome Wahl über die rezipierten Inhalte verbleibt. Jedenfalls scheint eine Objektsdegradierung derjenigen Person, die mediale Darstellungen lediglich betrachtet, ohne in irgendeiner sonstigen Weise daran beteiligt zu sein, schlechterdings nicht denkbar (zur Würdeverletzung von Zuschauern im Aufnahmestudio einer Talkshow: Beucher u.a., § 41 RStV Rn. 11). Ob freilich Kinder und Jugendliche aufgrund der Kenntnisnahme von bestimmten Angeboten für eine dem Menschenbild des Art. 1 Abs. 1 GG zuwiderlaufende Grundhaltung vereinnahmt werden können, ist eine Frage des Jugendschutzes (sozialethische Desorientierung), hingegen nicht der Menschenwürde des minderjährigen Zuschauers. Zur konkreten Auslegung der medialen Menschenwürdeverletzung, insb. anhand von Einzelfällen vgl. § 4 Rn. 17 ff. 21

3. Durch das StGB geschützte Rechtgüter

Sonstige durch das Strafgesetzbuch geschützte Rechtgüter sind mit Blick auf den Unzulässigkeitstatbestand des § 4 Abs. 1 Nr. 1 die freiheitliche demokratische Grundordnung sowie der allg. Gedanke der Völkerverständigung (vgl. Lackner/Kühl, § 86 Rn. 2; Fischer, § 86 Rn. 3); bei § 4 Abs. 1 Nr. 2 stehen – nahezu inhaltsgleich – der Schutz des demokratischen Rechtsstaats sowie der politische Friede im Vordergrund (BayObLG NJW 1988, 2902; OLG Frankfurt NStZ 1999, 356). Die dem § 130 StGB entsprechenden Absolutverbote des § 4 Abs. 1 Nrn. 3 und 4 dienen neben der Wahrung der Würde des Einzelmenschen vornehmlich dem Schutz des **öffentlichen Friedens** (Lackner/Kühl, § 130 Rn. 1, vgl. auch BGHSt 29, 26, 28; Stegbauer, 2000, S. 163 ff.; weitergehend Streng, JZ 2001, 205 f.). Auch die in § 4 Abs. 1 Nrn. 5, 6 inkorporierten Verbote der Gewaltdarstellung (§ 131 StGB) und der Anleitung zu schweren Straftaten (§ 130a StGB) schützen nach h.M. den öffentlichen Frieden (Sch/Sch/Lenckner/Sternberg-Lieben § 131 Rn. 1; vgl. auch BT-Drs. VI/3521, S. 6 und BT-Drs. 10/6286, S. 5). 22

Darüber hinaus soll durch das Verbot (einfacher) Pornographie (§ 4 Abs. 2 S. 1 Nr. 1) nach h.M. der **Schutz Erwachsener** vor ungewollter Konfrontation mit Pornographie intendiert sein (vgl. den ausdrückl. Hinweis auf § 4 Abs. 2 in Bayer. LT-Drs. 14/10246, S. 14), wie er allerdings in der entsprechenden Strafnorm des § 184 StGB nur in der Tathandlung des Abs. 1 Nr. 6 klar zum Ausdruck kommt (vgl. BT-Drs. VI/3521, S. 61; BGH NStZ-RR 2005, 309, Erdemir, MMR 2003, 630; Sch/Sch/Perron/Eisele, § 184 Rn. 3). Darüber hinaus soll der **Konfrontationsschutz** auch in § 184 Abs. 1 Nr. 5, 7 und Abs. 2 StGB eine – allerdings dem Jugendschutz untergeordnete – Rolle spielen (zu weitgehend: Schroeder, Pornographie, Jugendschutz und 23

Kunstfreiheit, 1992, S. 31; dagegen Schreibauer, S. 78). Angesichts der in vielen Gesellschaftsbereichen weithin eingetretenen Liberalisierung im Bezug auf sexuelle Inhalte, welche gerade auch durch die Entwicklung neuer Medien vorangetrieben wurde, ist die im Schrifttum geäußerte Kritik an der strafrechtlichen Sanktionierung der Konfrontation Erwachsener mit pornographischen Schriften ernst zu nehmen (vgl. Schreibauer, 1999, S. 276). Dies gilt umso mehr, als bereits die Aufhebung des umfassenden Verbreitungsverbotes „unzüchtiger" bzw. pornographischer Schriften durch das 4. Gesetz zur Reform des Strafrechts v. 23. November 1973 (BGBl. I S. 1725) darauf beruhte, dass „die in der Vergangenheit vertretene Auffassung von der schlechthin gegebenen Allgemeinschädlichkeit pornographischer Erzeugnisse" aufgegeben wurde (vgl. BT-Drs. VI/1552, S. 33). Haben nunmehr die gesellschaftlichen Wertvorstellungen durch weitreichende Enttabuisierung tiefgreifende Veränderungen erfahren, ist der Gesetzgeber zu entsprechenden Anpassungen auch im Hinblick auf die noch durch das eingeschränkte Verbreitungsverbot tangierten schützenswerten Belange aufgerufen (so schon Boxdorfer, MDR 1971, 445).

24 Bei der Anwendung des § 4 Abs. 2 S. 1 Nr. 1 spielt der nach seiner Bedeutung auch bei § 184 StGB nur als untergeordnet einzustufende Zweck der Verhinderung **ungewollter Konfrontation Erwachsener** mit pornographischen Medien neben dem Schutzgut der sexuellen Entwicklung Minderjähriger ohnehin nur eine geringe Rolle. Wie § 4 Abs. 2 S. 2 zeigt, sind pornographische Telemedien in geschlossenen Benutzergruppen in dem denkbaren Fall zulässig, dass ein erwachsener Nutzer in Unkenntnis des genauen Angebotes einer geschlossenen Benutzergruppe ungewollt mit pornographischen Inhalten konfrontiert wird (z. B. bei Video-on-Demand-Angeboten). Die demgegenüber generelle Geltung des Pornographieverbotes im Rundfunk mag auf gesetzgeberische Erwägungen eines Erwachsenenschutzes zurückzuführen sein (krit. Liesching, in: Mainzer Schriften zur Situation von Kriminalitätsopfern, Band 27, 2001, S. 169, 172 f.). Dass indes Erwachsenenbelange im Bereich Rundfunk eine stärkere Gewichtung erfahren sollen als bei Angeboten von Telemedien, ist angesichts des verfassungsrechtlich gewährleisteten **Gleichbehandlungsgebotes** des Art 3 GG wohl nicht zu rechtfertigen (vgl. auch Kreile/Diesbach, ZUM 2002, 849, 850 f.). Sowohl bei Rundfunksendungen als auch bei Telemedien wird der Zuschauer bzw. Nutzer im Übrigen kaum gezwungen sein, unbeabsichtigt aufgerufene pornographische Inhalte mehr als nur oberflächlich zur Kenntnis zu nehmen (vgl. BGH NJW 1975, 1161, 1162), ehe er sich diesen durch Umschalten des Programms bzw. Aufrufen eines anderen Online-Angebotes entziehen kann.

§ 2 Geltungsbereich

(1) **Dieser Staatsvertrag gilt für elektronische Informations- und Kommunikationsmedien (Rundfunk und Telemedien).**

(2) **Dieser Staatsvertrag gilt nicht für elektronische Informations- und Kommunikationsdienste soweit sie Telekommunikationsdienste nach § 3 Nr. 24 des Telekommunikationsgesetzes sind, die ganz in der**

Geltungsbereich **§ 2 JMStV**

Übertragung von Signalen über Telekommunikationsnetze bestehen oder telekommunikationsgestützte Dienste nach § 3 Nr. 25 des Telekommunikationsgesetzes sind.

(3) **Das Telemediengesetz und die für Telemedien anwendbaren Bestimmungen des Rundfunkstaatsvertrages bleiben unberührt.**

Schrifttum: *Altenhain*, Jugendschutz in: Hoeren/Sieber, Handbuch Multimedia Recht, Teil 20 (Stand Dez. 2006); *Bandehzadeh*, Jugendschutz im Rundfunk und in den Telemedien, 2007; *Bornemann*, Der Jugendmedienschutz-Staatsvertrag der Länder, NJW 2003, 787; *Braml/Hopf*, Der neue Jugendmedienschutz-Staatsvertrag – Fort- oder Rückschritt für den Jugendmedienschutz?, ZUM 2010, 645; *Dörr/Cole*, Jugendschutz in den elektronischen Medien, BLM Schriftenreihe Bd. 67, 2001; *Hopf*, Der Jugendmedienschutz-Staatsvertrag – Die Novelle ist tot, es lebe die Novelle – die umstrittenen Regelungen auf einen Blick, K&R 2011, 6; *Langenfeld*, Die Neuordnung des Jugendschutzes im Internet, MMR 2003, 303; *Lent*, Rundfunk-, Medien-, Teledienste, 2001; *Liesching*, Der Jugendmedienschutz-Staatsvertrag – Neue Anforderungen für den Jugendschutz im Rundfunk, tv-diskurs 25/2003, S. 48; *Lober*, Spiele in Internetcafés – Game over?, MMR 2002, 730 ff.; *Stettner*, Der neue Jugendmedienschutz-Staatsvertrag – Eine Problemsicht, ZUM 2003, 425.

I. Allgemeines

1. Regelungsinhalt und Bedeutung

Die Vorschrift regelt den sachlichen Anwendungsbereich der Bestimmungen des Jugendmedienschutz-Staatsvertrages sowie das Verhältnis zu anderen Normkomplexen. Beispielsweise gelten die Bestimmungen des JMStV bei gewalthaltigen oder sexuell orientierten **Rundfunksendungen** (Hörfunk- und Fernsehen), ebenso bei **Internetangeboten**, unabhängig davon, ob diese als www-Angebote über den PC oder als Mobilfunkinhalte abrufbar sind. Dagegen gilt der JMStV nicht für Telekommunikationsdienstleistungen, sodass insb. das bloße Bereitstellen von Verbindungsnetzen nicht erfasst wird. Von Bedeutung, in § 2 indes nicht ausdrücklich geregelt, ist die Abgrenzung des Geltungsbereichs zum JuSchG (ebenso H/V/Schulz, Rn. 1; siehe hierzu Rn. 4 sowie ausführl. § 1 JuSchG, insb. Rn. 4, 16 ff.). 1

2. Normhistorie

Nachdem die Vorschrift bereits durch den 9. RfÄndStV v. 31. 7. 2006 mit Wirkung vom 1. 3. 2007 geändert worden ist, sollte die Norm vor allem durch den **14. RfÄndStV** mit Wirkung zum 1. 1. 2011 weitergehende Änderungen erfahren. Insb. sollte die vormals in Abs. 2 vorgenommene negative Abgrenzung zu Telekommunikationsdiensten nach § 3 Nr. 24 TKG und zu telekommunikationsgestützten Diensten nach § 3 Nr. 25 TKG mit der Begründung gestrichen werden, dass diese bereits in § 2 Abs. 1 S. 3 RStV geregelt ist (vgl. Bayer. LT-Drs. 16/5283, S. 8). Der 14. RfÄndStV trat aufgrund fehlender Zustimmung des Landtags von Nordrhein-Westfalen nicht in Kraft (vgl. hierzu z. B. Hopf, K&R 2011, 6 ff.). 2

II. Geltungsbereich Rundfunk und Telemedien (Abs. 1)

1. Allgemeines

3   Entsprechend der Zwecksetzung in § 1 umfasst nach Absatz 1 der Geltungsbereich des Staatsvertrages Rundfunk und Telemedien (Teledienste und Mediendienste) und damit alle elektronischen Informations- und Kommunikationsmedien (vgl. Bayer. LT-Drs. 14/10246, S. 14). Hierdurch werden die angesichts der **Medienkonvergenz** zu verzeichnenden Schwierigkeiten der randscharfen Abgrenzung zwischen Rundfunk und Telemedien indes keinesfalls unerheblich, da in praktisch bedeutsamen Bereichen für beide Mediensparten unterschiedliche materiell-rechtliche Anforderungen oder Rechtsfolgen gelten.

2. Abgrenzung zu Trägermedien

4   Nicht erfasst werden jedenfalls Trägermedien nach § 1 Abs. 2 JuSchG, also Medien mit Texten, Bildern oder Tönen auf gegenständlichen Trägern, die zur Weitergabe geeignet, zur unmittelbaren Wahrnehmung bestimmt oder in einem Vorführ- oder Spielgerät eingebaut sind. **Abgrenzungsschwierigkeiten** können sich in besonderen Konstellationen ergeben, insb. bei bestimmten lokalen Datenspeichern wie Festplatten (z. B. in Home-PCs oder Server-Rechnern) oder Speicherchips. Diese können zwar auch als gegenständliche Medienträger im Sinne des Trägermedienbegriffs bezeichnet werden, sind jedoch im Regelfall weder zur Weitergabe geeignet, noch zur unmittelbaren Wahrnehmung bestimmt bzw. in einem Vorführ- oder Spielgerät eingebaut. Würde man hingegen alle Datenspeicher den Trägermedien zuordnen, käme es zu weitreichenden Überschneidungen mit dem Begriff der Telemedien, da die elektronische Verbreitung von gespeicherten bzw. bereitgehaltenen Dateninhalten regelmäßig als Informations- und Kommunikationsdienst anzusehen ist (s. ausführl. § 1 JuSchG Rn. 27 f.).

3. Legaldefinition des RStV

5   **a) Rundfunk.** Die Norm verweist hinsichtlich des Geltungsbereichs für Rundfunk und Telemedien zwar nicht ausdrücklich auf die Bestimmungen des RStV (so nur im Entwurf des 14. RfÄndStV, vgl. Bayer. LT-Drs. 16/5283, 1). Die Begriffsfassungen des RStV sind aber für die Auslegung im Hinblick auf die Einheit der Rechtsordnung maßgeblich (siehe auch Abs. 3, hierzu Rn. 13). Danach ist Rundfunk ein linearer Informations- und Kommunikationsdienst, der im Weiteren als die für die Allgemeinheit und zum zeitgleichen Empfang bestimmte Veranstaltung und Verbreitung von Angeboten in Bewegtbild oder Ton entlang eines Sendeplans unter Benutzung elektromagnetischer Schwingungen legal definiert wird, wobei auch Angebote umfasst werden, die verschlüsselt verbreitet werden oder gegen besonderes Entgelt empfangbar sind (vgl. § 2 Abs. 1 S. 1 u. 2 RStV). Erfasst sind daher insb. **Hörfunk und Fernsehen**, egal ob eine Übertragung terrestrisch, über Satellit oder Kabel, ob analog oder digital oder ob im Free-TV oder

Geltungsbereich **§ 2 JMStV**

im Pay-TV erfolgt. Insoweit sind auch Near-Video-on-Demand-Angebote als Rundfunk zu bewerten (EuGH MMR 2005, 517 ff. m. Anm. Schreier; siehe auch unten Rn. 11 f.).

b) Telemedien. aa) Legaldefinition des § 2 Abs. 1 S. 3 RStV. Telemedien sind nach § 2 Abs. 1 S. 3 RStV alle elektronischen Informations- und Kommunikationsdienste, soweit sie nicht Telekommunikationsdienste nach § 3 Nr. 24 TKG sind, die ganz in der Übertragung von Signalen über Telekommunikationsnetze bestehen oder telekommunikationsgestützte Dienste nach § 3 Nr. 25 TKG oder Rundfunk nach § 2 Abs. 1 S. 1 u. 2 sind. 6

bb) Als Telemedien erfasste Dienste. Zu den Telemedien und nicht zu den Telekommunikationsdiensten (s.u. Rn. 11 f.) gehören insb. 7
- Online-Angebote, die im Internet abrufbar sind (insb. **www-Angebote**); Angebote zur Nutzung anderer Netze (z. B. Intranet, sonstige Benutzergruppen),
- Angebote im Bereich der **Individualkommunikation** (Telebanking, E-Mail-Datenaustausch mit Ausnahme der elektronisch versandten Trägermedien, vgl. § 1 Abs. 2 S. 2 JuSchG),
- Angebote von Waren und Dienstleistungen in Abrufdiensten (sog. Teleshopping) oder in elektronisch abrufbaren Datenbanken (z. B. **Video on Demand**, sog. Video-Streaming),
- Angebote zur Nutzung von Telespielen (z. B. Internet-Download von Computerspielen, Online-Gaming),
- Verteildienste in Form von Fernsehtext (Videotext), Radiotext und vergleichbaren Textdiensten,
- Abrufdienste im Sinne des § 2 Abs. 2 Nr. 4 MDStV a. F.

c) Abgrenzung zw. Rundfunk und Telemedien. Die Abgrenzung kann bei an die Allgemeinheit gerichteten Angeboten schwierig sein. Sie ist aber deshalb von praktischer Bedeutung, weil für beide Medienbereiche nach dem JMStV teilweise unterschiedliche Bestimmungen gelten (z. B. bei dem Verbot von Pornographie nach § 4 Abs. 2 S. 1 Nr. 1 JMStV). Zur Abgrenzung hat die Direktorenkonferenz der Landesmedienanstalten (DLM) im Bezug auf die vormals legal definierten Mediendienste, die nunmehr im Telemedienbegriff inkorporiert sind, ein **Strukturpapier** entwickelt, das insb. nach Angebotstypen differenziert, im Allgemeinen indes bei erheblicher Meinungsrelevanz zum Rundfunk tendiert. Ein Dienst ist danach „umso rundfunktypischer", 8
- je höher die Wirkungsintensität der verbreiteten Inhalte als solche ist
- je stärker die redaktionelle Gestaltung der Inhalte ist
- je realitätsnäher die Inhalte präsentiert werden
- je größer seine Reichweite und seine gleichzeitige Rezeptionsmöglichkeit / tatsächliche Nutzung sind und
- je weniger Interaktivität des Nutzers den Rezeptionsvorgang bestimmt.

Gerade unter letzterem Gesichtspunkt wurden von Seiten der DLM und der Kommission für Jugendmedienschutz z.T. pornographische Pay-TV-Anbieter als Mediendienst und mithin als Telemedium eingestuft, sofern angebotene Filme mehrmals in Zeitabständen ausgestrahlt werden und der 9

Nutzer per Einzelkauf den Zeitpunkt der Rezeption bestimmen kann (sog. **Near-Video-on-Demand**). Siehe zum Phänomen der gerade bei pornographischen Inhalten zu verzeichnenden „Flucht in die Telemedien": Sp/Sch/Erdemir, Rn. 63; s. zur Abgrenzung ausführl. auch Lent, 2001, S. 135 ff.).

10 Dieser Konstruktion für Near-Video-on-Demand-Angebote hat der EuGH indes eine Absage erteilt (EuGH MMR 2005, 517 ff. m. Anm. Schreier). Der **EuGH** geht vielmehr davon aus, dass es sich bei vergleichbaren Angeboten um eine Fernsehsendung im Sinne der EU-Fernsehrichtlinie handelt, da es um die Sendung von Filmen geht, die für eine unbestimmte Zahl möglicher Fernsehzuschauer gesendet werden. Allein die Tatsache, dass aufgrund eines jedem Abonnenten persönlich zugeteilten Schlüssels das Angebot nur auf individuellen Abruf zugänglich sei, sieht er als unerheblich an. Maßgeblich sei vielmehr, dass die Liste der angebotenen Filme vom Erbringer der Dienstleistung erstellt werde. Diese Filmauswahl werde an alle Abonnenten unter den gleichen Bedingungen entweder über Zeitschriften oder über Bildschirmtext verbreitet, und die Filme seien zu den vom Erbringer festgelegten Sendestunden zugänglich. Ein solcher Dienst werde nicht von einem einzelnen Empfänger individuell abgerufen, der in einem interaktiven Rahmen seine Programme frei wählen könne. Er sei vielmehr als ein Dienst des zeitversetzten Videoabrufs auf der Grundlage einer „**Punkt-zu-Mehrpunkt-Übertragung**" und nicht als „auf individuellen Abruf eines Empfängers" erbrachter Dienst zu betrachten (EuGH aaO.).

III. Ausschluss von Telekommunikationsdiensten (Abs. 2)

11 Unter „Telekommunikationsdiensten" sind nach der Legaldefinition in § 3 Nr. 24 TKG gegen Entgelt erbrachte Dienste zu verstehen, die ganz oder überwiegend in der **Übertragung von Signalen** über Telekommunikationsnetze bestehen, einschließlich Übertragungsdienste in Rundfunknetzen. „Telekommunikationsgestützte Dienste" sind des Weiteren nach § 3 Nr. 25 TKG Dienste, die keinen räumlich und zeitlich trennbaren Leistungsfluss auslösen, sondern bei denen die **Inhaltsleistung** noch während der Telekommunikationsverbindung erfüllt wird. Aufgrund der Anwendungsbegrenzung fällt etwa die Tätigkeit der Deutschen Telekom hinsichtlich des bloßen Bereitstellens von Verbindungsnetzen oder das Durchleiten von Kommunikationsinhalten nicht unter die Restriktionen des JMStV.

12 Allerdings können demgegenüber **Access-Provider**, welche den Zugang zu Telemedien vermitteln, selbst als Telemedien qualifiziert werden (a. A HBI-Bericht, 2007, 120 ff.; ausführl hierzu § 3 Rn. 6 ff.). Die Abgrenzung zwischen Telekommunikationsdiensten und Telemedien kann dabei im Einzelfall schwierig sein. Insoweit ist im Wege einer **funktionsbezogenen Abgrenzung** danach zu differenzieren, ob der Inhalt oder nutzungsrelevante Komponenten der bereitgestellten Angebote (Anwendbarkeit des TMG und des JMStV) oder ob der technische Vorgang der Telekommunikation nach § 3 Nr. 16 TKG bzw. Telekommunikationsdienstleistungen gemäß § 3 Nr. 18 TKG betroffen sind (Anwendbarkeit des TKG) (siehe auch H/V/Schulz, § 2

Begriffsbestimmungen § 3 JMStV

JMStV Rn. 25). Demgemäß gelten die Regelungen grundsätzlich auch nicht für Betreiber von **Mobiltelefonnetzen**, sodass diese für etwaig versandte jugendgefährdende Bild-MMS Dritter grundsätzlich nicht haftbar gemacht werden können. Etwas anderes gilt wiederum dann, wenn die Mobilfunkbetreiber selbst verantwortlicher Content-Provider sind oder Portale anbieten und mithin die Inhalte im Vordergrund stehen.

IV. Anwendbarkeit von TMG und RStV (Abs. 3)

Die Bestimmungen von TMG und RStV (soweit sie auch für Telemedien 13 gelten) können nach Abs. 3 Anwendung auf Angebote von Telemedien finden. „**Unberührtbleiben**" von TMG und RStV betrifft im Allgemeinen nicht nur materielle Vorschriften, sondern alle Bestimmungen (vgl. Bayer. LT-Drs. 14/10246, S. 15). Von Bedeutung sind insb. für die besonderen Bestimmungen zur Verantwortlichkeit nach den **§§ 7 bis 10 TMG** (vgl. H/V/Schulz, § 2 JMStV Rn. 20; zu den Verantwortlichkeitsbestimmungen ausführl. Scholz/Liesching, Anm. zu §§ 8 ff. TDG; MüKom-StGB/Altenhain, Bd. 6, 2010, S. 1351 ff.). Im Bereich des RStV sind neben den Programmgrundsätzen nach § 3 RStV (s. dort Rn. 1 ff.) vor allem die Vorschriften für Gewinnspiele und Gewinnspielsendungen praktisch bedeutsam (vgl. § 8a RStV sowie dort Rn. 1 ff. sowie § 58 Abs. 4 RStV). Die **aufsichtsrechtlichen Befugnisse** gemäß § 59 Abs. 2 bis 4 RStV sind nach § 20 Abs. 4 JMStV für alle Telemedien anwendbar (s.a. Sp/Sch/Erdemir, Rn. 12).

§ 3 Begriffsbestimmungen

(1) **Kind im Sinne dieses Staatsvertrages ist, wer noch nicht 14 Jahre, Jugendlicher, wer 14 Jahre, aber noch nicht 18 Jahre alt ist.**

(2) **Im Sinne dieses Staatsvertrages sind**
1. „Angebote" Rundfunksendungen oder Inhalte von Telemedien,
2. „Anbieter" Rundfunkveranstalter oder Anbieter von Telemedien.

Schrifttum: *Altenhain* u.a., Defizitäre „Defizitanalyse"? – Zur Evaluation des Jugendschutzsystems, MMR 1/2008, S. V; *Bandehzadeh*, Jugendschutz im Rundfunk und in den Telemedien, 2007; *Bornemann*, Der Jugendmedienschutz-Staatsvertrag der Länder, NJW 2003, 787; *Braml/Hopf*, Der neue Jugendmedienschutz-Staatsvertrag – Fort- oder Rückschritt für den Jugendmedienschutz?, ZUM 2010, 645; *Dörr/Cole*, Jugendschutz in den elektronischen Medien, BLM Schriftenreihe Bd. 67, 2001; *Hopf*, Der Jugendmedienschutz-Staatsvertrag – Die Novelle ist tot, es lebe die Novelle – die umstrittenen Regelungen auf einen Blick, K&R 2011, 6; *Langenfeld*, Die Neuordnung des Jugendschutzes im Internet, MMR 2003, 303; *Lent*, Rundfunk-, Medien-, Teledienste, 2001; *Sieber/Liesching*, Die Verantwortlichkeit der Suchmaschinenbetreiber nach dem Telemediengesetz, Beilage zu MMR 8/2007; *Spindler*, Deliktische Haftung der Plattformbetreiber, in: Spindler/Wiebe (Hrsg.), Internet-Auktionen und Elektronische Marktplätze, Kap. 6, 2. Aufl., 2005; *Spindler/Schmitz/Geis*, TDG – Kommentar, 2004, *Stettner*, Der neue Jugendmedienschutz-Staatsvertrag – Eine Problemsicht, ZUM 2003, 425.

I. Allgemeines

1. Regelungsinhalt und Bedeutung

1 Die Vorschrift enthält Legaldefinitionen einiger im Rahmen des JMStV verwandter Rechtsbegriffe. Insbesondere werden in Abs. 1 den Begriffen „Kind" und „Jugendliche" die maßgeblichen Altersgrenzen zugeordnet. Abs. 2 enthält Legaldefinitionen der im JMStV verwandten Rechtsbegriffe „Angebote" und „Anbieter", wobei zumindest der erstgenannte Begriff im Gesetz hiervon abweichend genutzt wird (s. hierzu unten Rn. 5). Die praktische Bedeutung der Vorschrift darf daher angezweifelt werden (krit. auch Sp/Sch/Erdemir, Rn. 3), zumal auch der Begriff des Anbieters erst aufgrund dieser Legaldefinition Anlass für problematischen Annahmen im Rahmen der wissenschaftlichen Evaluation geworden ist (vgl. HBI-Bericht, 2007, S. 120 ff.; krit. Altenhain u.a. MMR 1/2008, V f.; hierzu ausführl. unten Rn. 6 ff.).

2. Normhistorie

2 Die Vorschrift sollte durch **14. RfÄndStV** mit Wirkung zum 1. 1. 2011 neu gefasst werden, wobei hiermit keine materielle Änderung der Begriffsbestimmungen für „Angebote" und „Anbieter" verbunden gewesen sein sollte (vgl. Bayer. LT-Drs. 16/5283, S. 8). Der 14. RfÄndStV trat aufgrund fehlender Zustimmung des Landtags von Nordrhein-Westfalen nicht zum 1. 1. 2011 in Kraft, sodass die Regelung in der seit 1. 4. 2003 in Kraft befindlichen Fassung weitergilt (vgl. zu den Bestimmungen der JMStV-Novelle ausführl. Bayer. LT-Drs. .16/5283, S. 1 ff.; Altenhain, BPjM-aktuell, 4/2010, 5 ff.; Braml/Hopf, ZUM 2010, 645 ff.; Hopf, K&R 2011, 6 ff.; Weigand, JMS-Report 4/2010, 2 ff.).

II. Kind, Jugendlicher (Abs. 1)

3 Die in Abs. 1 vorgenommene Alterszuordnung anhand der Begriffe Kind und Jugendliche entspricht § 1 Abs. 1 Nr. 1 und 2 JuSchG sowie § 176 Abs. 1 StGB und § 7 Abs. 1 Nr. 1 und 2 SGB VIII. Auf eine weitere ausdrückliche Altersdifferenzierung von Personen ab 16 Jahren wurde verzichtet (Bayer. LT-Drs. 14/10246, S. 15). Dennoch haben die Altersstufen „ab 12" und „ab 16" Bedeutung etwa für die Beschränkung von Sendezeiten nach § 5 Abs. 4 JMStV (BeckOK/Liesching, § 3 JMStV Rn. 2 f.). Nach § 187 Abs. 2 S. 2 BGB in Verbindung mit § 188 Abs. 2 BGB, welche hier entsprechend heranzuziehen sind, ist ein Lebensjahr jeweils mit dem Ablauf des dem Geburtstag vorangehenden Tages vollendet.

Begriffsbestimmungen § 3 JMStV

III. Begriff der Angebote (Abs. 2 Nr. 1)

1. Allgemeines

Die Vorschrift des Abs. 2 Nr. 1 fasst unter den Begriff „Angebote" Rund- 4
funksendungen und Angebote von Telemedien. Auch wenn die Vorschrift
nach Scheitern des 14. RfÄndStV weiterhin nicht ausdrücklich an die
Begriffsbestimmungen des § 2 RStV anknüpft (vgl. hierzu Bayer. LT-Drs.
16/5283, S. 8), ist die Vorschrift des Rundfunkstaatsvertrags zur Auslegung
der Begriffe des Rundfunks und der Telemedien anzuwenden (vgl. § 2
Rn. 5). Mit der Vorschrift wird im Grundsatz der **Systematik** des Staatsvertrages Rechnung getragen, allgemeine Bestimmungen für Telemedien und
Rundfunksendungen voranzustellen (§§ 4 bis 7), die durch besondere Bestimmungen aufgrund der Besonderheiten von Rundfunk und Telemedien (§§ 8
bis 10 bzw. §§ 11, 12) ergänzt werden (vgl. Bayer. LT-Drs. 14/10246).

2. Heterogene Begriffsverwendung

Problematisch ist freilich, dass sich die gesetzliche Begriffsfassung nach dem 5
Wortlaut ausdrücklich auf den gesamten Staatsvertrag bezieht, obgleich der
Terminus „Angebote" im Rahmen des JMStV mehrfach in anderem **Sinnzusammenhang** verwandt wird (vgl. § 4 Abs. 2 S. 2: „Angebote in Telemedien"; ferner § 4 Abs. 3, hierzu ausführl. § 4 Rn. 85 ff.; § 5 Abs. 6: „Angebote
bei Telemedien"; siehe auch § 5 Abs. 2: JuSchG-Altersfreigabe bei „Angeboten"). Ob angesichts der tatsächlich divergierenden Begriffsverwendung im
Einzelfall die Voranstellung einer Legaldefinition sinnvoll ist, muss bezweifelt
werden (krit. auch Sp/Sch/Erdemir, Rn. 3). Allerdings ist von einem Verstoß
gegen das **Analogieverbot** nicht auszugehen, solange die im Einzelfall von
Abs. 3 Nr. 2 abweichende Auslegung mit dem Wortsinn des Terminus
„Angebot" vereinbar erscheint und nach allgemeinen rechtswissenschaftlichen Interpretationsmethoden vorgenommen werden kann (vgl. BVerfGE
71, 108, 115; 92, 1, 12).

IV. Begriff des Anbieters (Abs. 2 Nr. 2)

1. Allgemeines

Die Definition des Anbieters in Abs. 2 Nr. 2 folgt der Begriffsbildung des 6
Angebotes nach Nr. 1 und enthält damit einen weiten Anbieterbegriff. Die
einschränkende Gegenansicht, wonach allgemein geklärt werden müsse, welche Art und welcher Grad von Einfluss auf die Inhalte erforderlich ist, um von
einem „Anbieter" sprechen zu können (so H/V/Schulz, Rn. 23), überzeugt
nicht, da sie die allgemein geltenden Begrenzungen der Verantwortlichkeit
des allgemeinen Ordnungswidrigkeitenrechts (z. B. § 130 OWiG) sowie der
§§ 8 ff. TMG nicht berücksichtigt. Zu beachten ist jedoch die Abgrenzung
zu Anbietern von Telekommunikationsdienstleistungen, für die die Bestimmungen des JMStV nicht gelten (siehe hierzu § 2 Rn. 11 f.).

2. Weiter Anbieterbegriff für Telemedien

7 **a) Geltung des § 2 S. 1 Nr. 1 TMG.** Legt man zur Bestimmung des Begriffs des Telemedienanbieters die Legaldefinition des § 2 S. 1 Nr. 1 TMG zugrunde, der vorliegend gemäß § 2 Abs. 3 Anwendung findet, ist „Diensteanbieter jede natürliche oder juristische Person", die „eigene oder fremde Telemedien zur Nutzung bereithält oder den Zugang zur Nutzung vermittelt". Als Anbieter kommt danach allein derjenige in Betracht, der durch seine Weisungen und seine Herrschaftsmacht über Rechner und Kommunikationskanäle die Verbreitung und das Speichern von Informationen ermöglicht und nach außen hin als Erbringer der Dienste auftritt (s. unten Rn. 8 f.). Mithin sind auch **Access-Provider** sowie **Suchmaschinen-Anbieter** als Anbieter i. S. d. Nr. 2 anzusehen, ebenso Host-Provider und Internet-**Plattformbetreiber**. Die ordnungsrechtliche Verantwortlichkeit bei jugendschutzwidrigen Angebotsinhalten ist bei den genannten Anbietern aber insb. nach §§ 8 bis 10 TMG beschränkt (vgl. zu der differenzierten Zuordnung zum Haftungsprivilegierungssystem bei Suchmaschinen ausführl. Sieber/Lieshing, Beilage zu MMR 8/2007).

8 **b) Gegenansicht.** Demgegenüber gelangte das Hans-Bredow-Institut im Rahmen des Abschlussberichts zur Evaluation des Jugendschutzsystems zu der Einschätzung, dass die Definition des § 2 Satz 1 Nr. 1 TMG nicht auf den JMStV anwendbar sei und vielmehr ein engerer Anbieterbegriff gelten müsse. Begründet wird dies mit der **„ergebnisorientierten" Erwägung**, dass andernfalls der Anbieterbegriff des JMStV auch auf Access-Provider und Suchmaschinenbetreiber Anwendung finden würde (HBI-Bericht, 2007, S. 121, s.a. S. 10; inhaltsgleich H/V/Schulz, Rn. 28 ff.). Demgegenüber geht die ganz h.M. zutreffend von einem „weiten Anbieterbegriff" aus (vgl. z. B. Sp/Wiebe/Erdemir, Rn. 53; Mynarik, 2006, S. 83 ff.; Nikles u.a., § 3 Rn. 6; Ukrow, Rn. 401). Vor allem der behauptete pauschale Ausschluss der Access-Provider vom Anwendungsbereich des gesetzlichen Jugendschutzes ist eher nicht vertretbar, wie sich schon aus der Regelungssystematik der Jugendschutzbestimmungen (vgl. § 20 Abs. 4 i. V. m. § 59 Abs. 4 RStV) ergibt (s.a. Altenhain u.a., MMR 1/2008, S. V f.).

9 **c) Beteiligte Dritte.** In der Rechtsliteratur wird zutreffend davon ausgegangen, dass etwa Arbeitnehmer und Erfüllungsgehilfen des Providers oder sonstige Dritte, die im Auftrag des Providers tätig werden, nicht als Diensteanbieter angesehen werden können (Sp/Sch/Schmitz, § 2 TMG Rn. 4). Gestützt wird dies auf die Erwägung, dass Zurechnungs- und Anknüpfungspunkt in rechtlicher Hinsicht allein derjenige sein könne, der durch seine Weisungen und seine **Herrschaftsmacht** über Rechner und Kommunikationskanäle die Verbreitung und das Speichern von Informationen ermöglicht und nach außen hin als **Erbringer der Dienste auftritt** (s.a. Spindler in: Spindler/Schmitz/Geis, TDG – Kommentar, 2004, § 3 TDG Rn. 6). Gestützt wird dieser Befund auch durch eine rechtssystematisch vergleichende Betrachtung des § 3 Nr. 6 TKG, der für den Bereich des TKG den Begriff des Diensteanbieters erweitert definiert. Danach ist Diensteanbieter „jeder, der ganz oder teilweise geschäftsmäßig [a]) Telekommunikationsdienste

Unzulässige Angebote **§ 4 JMStV**

erbringt oder [b)] an der Erbringung solcher Dienste mitwirkt". Demgegenüber sieht der für den Telemedienanbieter-Begriff des JMStV maßgebliche § 2 S. 1 Nr. 1 TMG eine Erweiterung auch auf dritte „mitwirkende" natürliche oder juristische Personen gerade nicht vor. Auch eine Erweiterung über § 14 OWiG kommt nicht in Betracht, da die Norm lediglich eine Zurechnungsnorm im Rahmen der Bußgeldahndung darstellt, die keine Anbietereigenschaft begründen kann.

Dies bedeutet aber nicht, dass dritte Beteiligte nicht gleichfalls Anbieter 10 sein können. So ist z. B. der Betreiber eines autoritativen **DNS-Servers** als Access-Provider gemäß § 2 S. 1 Nr. 1 i. V. m. § 8 Abs. 1 TMG anzusehen. Hingegen sind die lediglich bei der Domainverwaltung beteiligten **Adminc**, Tech-c und/oder der Billing Contact nicht als „Anbieter von Telemedien" anzusehen, da sie weder eigene oder fremde Telemediendienste zur Nutzung bereithalten, noch den Zugang zur Nutzung vermitteln. Zwar weist der Admin-c als administrativer Ansprechpartner zumindest eine gewisse Nähe zu einer Domain und deren Inhalten auf. Es kommt ihm aber **keine unmittelbare Herrschaftsmacht** über die bereitgehaltenen Informationen bzw. die technischen Einrichtungen zum Speichern oder zur Zugangsvermittlung zu (so im Zivilrecht OLG Hamburg, Urt. v. 22. 05. 2007 – 7 U 137/06; s. auch OLG Koblenz MMR 2002, 466 ff.; s. aber auch AG Waldshut-Tiengen MMR 2007, 402).

§ 4 Unzulässige Angebote

(1) ¹**Unbeschadet strafrechtlicher Verantwortlichkeit sind Angebote unzulässig, wenn sie**
1. **Propagandamittel im Sinne des § 86 des Strafgesetzbuches darstellen, deren Inhalt gegen die freiheitliche demokratische Grundordnung oder den Gedanken der Völkerverständigung gerichtet ist,**
2. **Kennzeichen verfassungswidriger Organisationen im Sinne des § 86a des Strafgesetzbuches verwenden,**
3. **zum Hass gegen Teile der Bevölkerung oder gegen eine nationale, rassische, religiöse oder durch ihr Volkstum bestimmte Gruppe aufstacheln, zu Gewalt- oder Willkürmaßnahmen gegen sie auffordern oder die Menschenwürde anderer dadurch angreifen, dass Teile der Bevölkerung oder eine vorbezeichnete Gruppe beschimpft, böswillig verächtlich gemacht oder verleumdet werden,**
4. **eine unter der Herrschaft des Nationalsozialismus begangene Handlung der in § 6 Abs. 1 und § 7 Abs. 1 des Völkerstrafgesetzbuches bezeichneten Art in einer Weise, die geeignet ist, den öffentlichen Frieden zu stören, leugnen oder verharmlosen,**
5. **grausame oder sonst unmenschliche Gewalttätigkeiten gegen Menschen in einer Art schildern, die eine Verherrlichung oder Verharmlosung solcher Gewalttätigkeiten ausdrückt oder die das Grausame oder Unmenschliche des Vorgangs in einer die Men-**

schenwürde verletzenden Weise darstellt; dies gilt auch bei virtuellen Darstellungen,
6. als Anleitung zu einer in § 126 Abs. 1 des Strafgesetzbuches genannten rechtswidrigen Tat dienen,
7. den Krieg verherrlichen,
8. gegen die Menschenwürde verstoßen, insbesondere durch die Darstellung von Menschen, die sterben oder schweren körperlichen oder seelischen Leiden ausgesetzt sind oder waren, wobei ein tatsächliches Geschehen wiedergegeben wird, ohne dass ein berechtigtes Interesse gerade für diese Form der Darstellung oder Berichterstattung vorliegt; eine Einwilligung ist unbeachtlich,
9. Kinder oder Jugendliche in unnatürlich geschlechtsbetonter Körperhaltung darstellen; dies gilt auch bei virtuellen Darstellungen,
10. pornografisch sind und Gewalttätigkeiten, den sexuellen Missbrauch von Kindern oder Jugendlichen oder sexuelle Handlungen von Menschen mit Tieren zum Gegenstand haben; dies gilt auch bei virtuellen Darstellungen, oder
11. in den Teilen B und D der Liste nach § 18 des Jugendschutzgesetzes aufgenommen sind oder mit einem in dieser Liste aufgenommenen Werk ganz oder im Wesentlichen inhaltsgleich sind.

²In den Fällen der Nummern 1 bis 4 und 6 gilt § 86 Abs. 3 des Strafgesetzbuches, im Falle der Nummer 5 § 131 Abs. 3 des Strafgesetzbuches entsprechend.

(2) ¹Unbeschadet strafrechtlicher Verantwortlichkeit sind Angebote ferner unzulässig, wenn sie
1. in sonstiger Weise pornografisch sind,
2. in den Teilen A und C der Liste nach § 18 des Jugendschutzgesetzes aufgenommen sind oder mit einem in dieser Liste aufgenommenen Werk ganz oder im Wesentlichen inhaltsgleich sind, oder
3. offensichtlich geeignet sind, die Entwicklung von Kindern und Jugendlichen oder ihre Erziehung zu einer eigenverantwortlichen und gemeinschaftsfähigen Persönlichkeit unter Berücksichtigung der besonderen Wirkungsform des Verbreitungsmediums schwer zu gefährden.

²In Telemedien sind Angebote abweichend von Satz 1 zulässig, wenn von Seiten des Anbieters sichergestellt ist, dass sie nur Erwachsenen zugänglich gemacht werden (geschlossene Benutzergruppe).

(3) Nach Aufnahme eines Angebotes in die Liste nach § 18 des Jugendschutzgesetzes wirken die Verbote nach Absatz 1 und 2 auch nach wesentlichen inhaltlichen Veränderungen bis zu einer Entscheidung durch die Bundesprüfstelle für jugendgefährdende Medien.

Schrifttum: *Altenhain* u.a., Defizitäre „Defizitanalyse"? – Zur Evaluation des Jugendschutzsystems, MMR 1/2008, S. V; *Altenhain/Heitkamp*, Altersverifikation mittels des elektronischen Personalausweises, K&R 2009, 619 ff.; *Altenhain/Liesching/Ritz-Timme/Gabriel*, „Kriterien der Scheinminderjährigkeit", BPjM-aktuell 2/2009, S. 3; *Berger*, Jugendschutz im Internet: „Geschlossene Benutzergruppen" nach § 4 Abs. 2 Satz 2 JMStV, MMR 2003, 773; *Birkholz*, Jugendmedienschutz im Internet unter strafrechtlichen Gesichtspunkten, 2008; *Bornemann*, Der Jugendmedienschutz-Staatsvertrag

Unzulässige Angebote § 4 JMStV

der Länder, NJW 2003, 787; *ders.*, Die nicht offensichtlich schwer jugendgefährdende Fernsehsendung, ZUM 2010, 407; *Braml/Hopf*, Der neue Jugendmedienschutz-Staatsvertrag – Fort- oder Rückschritt für den Jugendmedienschutz?, ZUM 2010, 645; *Di Fabio,* Der Schutz der Menschenwürde durch Allgemeine Programmgrundsätze, in: BLM-Schriftenreihe, Band 60, 1999; *Döring/Günter,* Jugendmedienschutz – Alterskontrollierte Geschlossene Benutzergruppen im Internet gemäß § 4 Abs. 2 S. 2 JMStV, MMR 2004, 231; *Döring,* Minderjährige in unnatürlich geschlechtsbetonter Körperhaltung, JMS-Report 6/2004, 7; *Dörr,* Programmfreiheit und Menschenwürde am Beispiel des Programmvorhabens „Big Brother", 2000; *Erdemir,* Jugendschutzprogramme und geschlossene Benutzergruppen, CR 2005, 275; *Fink,* Programmfreiheit und Menschenwürde, AfP 2001, 189; *Frotscher,* „Big Brother" und das deutsche Rundfunkrecht, in: Schriftenreihe der LPR Hessen, Band 12, 2000, S. 65; *Gersdorf,* Medienrechtliche Zulässigkeit des TV-Formats „Big Brother", 2000; *Günter/Köhler,* Kinder und Jugendliche als Sexualobjekte im Internet, tv-diskurs 35/2006, 74; *Günter/Schindler,* Technische Möglichkeiten des Jugendschutzes im Internet, RdJB 2006, 341; *Heckmann,* Jugendmedienschutz: Beanstandung und Indizierung von Pornografie, CR 2005, R068; *Heller/Goldbeck,* Mohammed zu Gast in Popetown, ZUM 2007, 628; *Hinrichs,* „Big Brother" und die Menschenwürde, NJW 2000, 2173; *Hopf,* Der Jugendmedienschutz-Staatsvertrag – Die Novelle ist tot, es lebe die Novelle – die umstrittenen Regelungen auf einen Blick, K&R 2011, 6; *Hopf/Braml,* Eingeschränkte gerichtliche Überprüfbarkeit des Beurteilungsspielraums der Kommission für Jugendmedienschutz (KJM), MMR 2009, 153; *dies.,* Bewertungsvorgänge im Jugendmedienschutz, ZUM 2010, 211; *dies.,* Virtuelle Kinderpornographie vor dem Hintergrund des Online-Spiels Second Life, ZUM 2007, 354; *Huster,* Individuelle Menschenwürde oder öffentliche Ordnung? – Ein Diskussionsbeitrag anlässlich „Big Brother", NJW 2000, 3477; *Köhne,* Jugendmedienschutz durch Alterskontrollen im Internet, NJW 2005, 794; *König,* Kinderpornographie im Internet, 2003; *Kreile/Diesbach,* Der neue Jugendmedienschutz-Staatsvertrag – Was ändert sich für den Rundfunk?, ZUM 2002, 849; *Ladeur,* Was ist Pornographie heute? – Zur Notwendigkeit einer Umstellung des strafrechtlichen Pornographieverbotes auf Institutionenschutz, AfP 2001, 471; *Liesching/Safferling,* Protection of Juveniles in Germany, German Law Journal 6/2003; *Liesching/Ebner,* Strafrecht, Jugendschutz und rechtsextreme Inhalte im Internet, JMS-Report 5/2001, S. 1; *Liesching,* „Sicherstellung" des Erwachsenenzugangs bei pornographischen und sonst jugendgefährdenden Medien, MMR 2008, 802; *ders.*; Anforderungen an Altersverifikationssysteme, K&R 2006, 494; *ders.,* Verletzung der Menschenwürde durch Fernsehsendungen, tv-diskurs 1/2005, 64; *Lober,* Jugendschutz im Internet und im Mobile Entertainment, K&R 2005, 65 ff.; *ders.,* Legitimierung der NS-Gewalt- und Willkürherrschaft. Zum neuen Straftatbestand des § 130 Abs. 4 StGB, JMS-Report 4/2005, 2; *Schindler,* Technische Möglichkeiten des Jugendschutzes im Internet, in: KJM-Schriftenreihe Bd. 1, 2009, S. 122; *Schumann,* Indexbetroffene Angebote im Rundfunk und in Telemedien: Eine Zensur findet statt, ZUM 2004, 697; *Stettner,* Der neue Jugendmedienschutz-Staatsvertrag – eine Problemsicht, ZUM 2003, 425; *Ulich,* Der Pornographiebegriff, 2000; *Vassilaki,* Strafrechtliche Anforderungen an Altersverifikationssysteme, K&R 2006, 211; *Weigand,* Aufsicht, Anbieter oder Anwender – wer hat welche Verantwortung im Jugendmedienschutz, in: KJM-Schriftenreihe Bd. 1, 2009, S. 31; *dies.,* Der novellierte Jugendmedienschutz-Staatsvertrag. Konsequenzen für die Arbeit der KJM, JMS-Report 4/2010, 2.

Übersicht

	Rn.
I. Allgemeines	1
1. Regelungsinhalt und Bedeutung	1
2. Normhistorie	2

II. Absolutverbote für Rundfunk und Telemedien (Abs. 1 S. 1) . 4
  1. Allgemeines 4
    a) Generelle Untersagung 4
    b) Inkohärenz trotz Medienkonvergenz 5
  2. Inkorporierte StGB-Bestimmungen (S. 1 Nrn. 1-6, 10) ... 10
    a) Allgemeines 10
    b) Enumerativer Charakter der inkorporierten StGB-Tatbestände 11
    c) „Virtuelle Darstellungen" 12
    d) Eigenständige Bedeutung gegenüber StGB-Tatbeständen 13
  3. Kriegsverherrlichende Angebote (S. 1 Nr. 7) 15
    a) Allgemeines 15
    b) Indizien für Tatbestandsausschluss 16
  4. Verstoß gegen die Menschenwürde (S. 1 Nr. 8) 17
    a) Allgemeines zum Menschenwürdebegriff 17
    b) Beurteilungsspielraum der Aufsicht 19
    c) Darstellung sterbender oder schwer leidender Menschen 20
    d) Sonstige Menschenwürdeverletzung 22
    e) Kommerzialisierung des Menschen in Unterhaltungssendungen 25
    f) Einzelfälle 27
    g) Rechtfertigung durch berechtigtes Interesse 29
    h) Unbeachtlichkeit von Einwilligungen 30
  5. Darstellungen Minderjähriger in unnatürlich geschlechtsbetonter Körperhaltung (S. 1 Nr. 9) 31
    a) Minderjährige Darsteller(innen) 31
    b) Scheinjugendliche 32
    c) Unnatürlich geschlechtsbetonte Körperhaltung 37
  6. In Listenteile B und D aufgenommene Werke (S. 1 Nr. 11) 41
    a) Wegen StGB-Inhaltes indizierte Medien 41
    b) Inhaltsgleiche Werke 42
    c) Tatbestandsmäßigkeit nach Abs. 1 Nr. 1, 3 bis 6, 10 43
III. Sozialadäquanz, Berichterstattungsprivileg (Abs. 1 S. 2) 44
  1. Verweis auf §§ 86 Abs. 3, 131 Abs. 3 StGB 44
  2. Sozialadäquanzklausel 45
  3. Berichterstattungsprivileg 46
  4. Allgemeine Prüfung und Abwägung mit Verfassungsbelangen 47
IV. Absolutverbote für Rundfunk, Relativverbote für Telemedien (Abs. 2 S. 1) 48
  1. Allgemeines 48
  2. Pornographische Angebote (Nr. 1) 49
  3. Wegen Jugendgefährdung indizierte Angebote (Nr. 2) 50
    a) Allgemeines 50
    b) Verfassungskonformität 51
    c) Wesentliche Inhaltsgleichheit 52
    d) Nicht indizierte (einfach) jugendgefährdende Angebote 53
  4. Offensichtlich schwer jugendgefährdende Angebote (Nr. 3) 54
    a) Allgemeines 54

b) Voraussetzungen 55
c) Besondere „Wirkungsform des Verbreitungsmediums" . 61
V. Geschlossene Benutzergruppe (Abs. 2 S. 2) 63
 1. Allgemeines... 63
 2. Anforderungen nach BGH-Rechtsprechung und herrschender Meinung 64
 3. Anforderungen nach Jugendschutzrichtlinien 69
 4. Entwicklung eines „Vier Phasen"-Modells 70
   a) Erfordernis allgemeiner „entwicklungsoffener" Auslegung 70
   b) Eruierung eines allgemeinen Schutzstandards 71
   c) Ausschluss von Gefahrszenarien in AVS-Prozessabläufen 73
 5. Konkretisierung von Anforderungen des Sicherstellens 75
   a) Phase 1: Identifizierung und Überprüfung von Altersangaben 75
   b) Phase 2: Übermittlung von Zugangsdaten an den Nutzer 78
   c) Phase 3: Zugangsgewährung gegenüber Nutzern 81
   d) Phase 4: Verhinderung der Weitergabe/Multiplikation von Zugangsdaten 82
VI. Verbotserweiterung bei indizierten Inhalten (Abs. 3) 84
 1. Allgemeines 84
 2. Angebotsbegriff 85
 3. Wesentliche Inhaltsveränderung 90
 4. Entscheidung der BPjM 91
VII. Rechtsfolgen, Prozessuales 92
 1. Rechtsfolgen 92
 2. Prozessuale Hinweise 93

I. Allgemeines

1. Regelungsinhalt und Bedeutung

Die Vorschrift stellt ein Kernstück des Jugendmedienschutz-Staatsvertrags **1** dar, da sie im Rahmen eines umfassenden **Unzulässigkeitskatalogs** enumerativ die in Rundfunk und überwiegend in Telemedien absolut verbotenen Angebotsinhalte bezeichnet. Untersagt und ordnungswidrig ist jeweils das Zugänglichmachen bzw. Verbreiten entsprechender Angebote (vgl. § 24 Abs. 1 Nrn. 1 bis 3) als Anbieter (s. § 3 Rn. 6 ff.). Als Telemedien dürfen pornographische, wegen Jugendgefährdung indizierte oder offensichtlich schwer jugendgefährdende Angebote verbreitet werden, wenn der ausschließliche Erwachsenenzugang sichergestellt ist (Abs. 2 S. 2). Abs. 3 stellt die Rundfunkausstrahlung und Telemedien-Verbreitung von indizierten Angeboten auch nach erheblichen Inhaltsänderungen unter den Vorbehalt der BPjM-Entscheidung.

2. Normhistorie

Die Vorschrift ist seit Inkrafttreten im April 2003 weitgehend unverändert **2** geblieben. Sie sollte durch den am Ende gescheiterten 14. RfÄndStV mit

Wirkung zum 1. 1. 2011 um den Tatbestand der Legitimation der **NS-Willkürherrschaft** in Abs. 1 S. 1 Nr. 4 erweitert werden und Anpassungen in Abs. 1 S. 1 Nr. 10 im Bezug auf die novellierten Straftatbestände harter Pornographie erfahren (vgl. Bayer. LT-Drs. 16/5283, S. 8). In Abs. 2 S. 2 sollte überdies der vormals enthaltende Klammerzusatz „**geschlossene Benutzergruppe**" gestrichen werden, insb. zur terminologischen Vereinheitlichung mit Blick auf § 11 Abs. 4 Satz 1 JMStV-E, der allein auf den Begriff des Zugangssystems abstellte. Die Amtl. Begr. des gescheiterten Entwurfs führte zudem aus, dass der Begriff der geschlossenen Benutzergruppe „einhergehend mit neuen technischen Entwicklungen inzwischen auch in anderen – nicht jugendmedienschutzrechtlichen – Zusammenhängen Verwendung findet" (Bayer. LT-Drs. 16/5283, S. 9). Dies war freilich auch bereits lange vor Inkrafttreten des JMStV in 2003 der Fall. Der 14. RfÄndStV wurde indes im Landtag von Nordrhein-Westfalen von allen Fraktionen am 16. 12. 2010 abgelehnt und trat nicht in Kraft (vgl. zu den Bestimmungen der gescheiterten Novelle Bayer. LT-Drs. .16/5283, S. 1 ff.; ausführl. Altenhain, BPjM-aktuell, 4/2010, 5 ff.; Braml/Hopf, ZUM 2010, 645 ff.; Hopf, K&R 2011, 6 ff.; Weigand, JMS-Report 4/2010, 2 ff.).

3   Von einer Aufnahme des Tatbestands „**gewaltbeherrschter Medien**" i. S. d. § 15 Abs. 2 Nr. 3a JuSchG (siehe § 15 JuSchG Rn. 63 ff.) in den Unzulässigkeitstatbestand des § 4 Abs. 1 JMStV wurde selbst in der letztlich gescheiterten Novelle des 14. RfÄndStV von vornherein abgesehen, sodass insoweit (nur) von einem Fall offensichtlich schwerer Jugendgefährdung im Sinne des § 4 Abs. 2 S. 1 Nr 3 ausgegangen werden kann und entsprechende Inhalte als Telemedien in geschlossenen Benutzergruppen nach Abs. 2 S. 2 zulässig sind.

II. Absolutverbote für Rundfunk und Telemedien (Abs. 1 S. 1)

1. Allgemeines

4   **a) Generelle Untersagung.** Die in Absatz 1 Satz 1 enumerativ aufgezählten Angebotsinhalte sind sowohl im Bereich des Rundfunks (§ 2 Rn. 5) als auch bei Telemedien (§ 2 Rn. 6) generell unzulässig. Ein Verstoß gegen dieses **Absolutverbot** liegt also auch dann vor, wenn der Anbieter die in den einzelnen Unzulässigkeitstatbeständen genannten Inhalte lediglich erwachsenen Zuschauern bzw. Nutzern zugänglich macht. Insoweit sind die Ordnungswidrigkeitstatbestände des § 24 Abs. 1 Nr. 1 a) bis k) einschlägig.

5   **b) Inkohärenz trotz Medienkonvergenz.** Allerdings ist zu beachten, dass die auf Personen über 18 Jahren beschränkte Verbreitung entsprechender Trägermedien zum Teil zulässig ist (vgl. § 15 Abs. 1 und 2 Nrn. 2 bis 4 JuSchG, siehe demgegenüber § 4 Abs. 1 Nrn. 7 bis 9). Diese Divergenz ist auch angesichts der zu unterscheidenden technischen Verbreitungswege verfassungsrechtlich (**Art. 3 und 5 GG**) nur schwer zu rechtfertigen. Das gilt umso mehr, als sich bei offensichtlich sittlich schwer jugendgefährdenden Inhalten die Rechtsfolgen der Medienverbote nicht derart unterscheiden.

Unzulässige Angebote § 4 JMStV

Hier ist sowohl bei Telemedien als auch bei Trägermedien die Zugangsverschaffung gegenüber ausschließlich erwachsenen Personen nicht untersagt (vgl. § 15 Abs. 2 Nr. 5 JuSchG, § 4 Abs. 2 Nr. 3 JMStV). Freilich besteht für den Rundfunk auch insoweit ein Absolutverbot.

Danach lässt sich bei den einzelnen gesetzlich definierten Mediensparten 6 folgende **Abstufung** bei der **Verbotsreichweite** erkennen: aa) Die strengsten Verbote gelten für den Rundfunk, da insoweit alle in § 4 Abs. 1 und 2 genannten Inhalte generell (auch für Erwachsene) untersagt sind (verfassungsrechtliche Bedenken erheben insoweit Kreile/Diesbach, ZUM 2002, 849, 850 f.; Schumann, tv-diskurs 25/2003, S. 97). bb) Für Telemedien gelten ähnlich weitgehende Beschränkungen, allerdings ist die Verbreitung der in § 4 Abs. 2 S. 1 genannten Inhalte in geschlossenen Benutzergruppen nach Satz 2 zulässig. cc) Bei Trägermedien gelten schließlich nach § 15 Abs. 1 und 2 JuSchG überhaupt keine Absolutverbote, so dass – mit Ausnahme der nach §§ 86, 130, 130a, 131 und 184 bis 184d StGB strafbaren Inhalte – das Zugänglichmachen der oben bezeichneten Inhalte gegenüber Erwachsenen erlaubt ist.

Ein ganz anderes Bild ergibt sich indes, wenn man die vorgesehenen **Sank-** 7 **tionen bei Verstößen** gegen die verschiedenen Verbote in den Blick nimmt. Beschränken sich die Verbotstatbestände für Trägermedien, insb. § 15 Abs. 1 und 2 JuSchG, auch nur auf das Zugänglichmachen gegenüber Kindern und Jugendlichen, so werden Verstöße hiergegen gemäß § 27 Abs. 1 JuSchG als Straftaten mit einem Sanktionshöchstmaß von 1 Jahr Freiheitsstrafe geahndet. Bei Rundfunk und Telemedien stellen Verstöße gegen die entsprechenden Absolutverbote (§ 4 Abs. 1 JMStV) bzw. relativen Verbote (§ 4 Abs. 2 JMStV) dagegen lediglich bußgeldbewehrte Ordnungswidrigkeiten dar (vgl. § 24 Abs. 1 Nr. 1 bis 3 JMStV).

Danach lässt sich bei den einzelnen gesetzlich definierten Mediensparten 8 folgende Abstufung bei den Sanktionen erkennen: aa) Die härteren Sanktionen (Strafdrohung nach § 27 JuSchG) werden bei Verstößen gegen die nur relativ geltenden Trägermedien-Verbote des § 15 Abs. 1, 2 JuSchG angeordnet. bb) Die leichteren Sanktionen (Bußgelddrohung nach dem Ordnungswidrigkeitskatalog des § 24 Abs. 1 JMStV) finden sich bei Verstößen gegen die entsprechenden überwiegend absolut geltenden Rundfunk- und Telemedien-Verbote des § 4 Abs. 1 und 2 JMStV. Lediglich bei solchen Angeboten (Rundfunkprogramme oder Telemedien), die geeignet sind, Kinder und Jugendliche offensichtlich sittlich schwer zu gefährden, sieht auch der JMStV in § 23 eine Strafdrohung bei Verstößen gegen § 4 Abs. 2 S. 1 Nr. 3 JMStV vor.

Die aufgezeigten Regelungsdivergenzen wurden im Rahmen der **Evaluie-** 9 **rung des Jugendmedienschutzes** durch das Hans-Bredow-Institut durch einen allgemeinen Hinweis auf Aspekte wie die „Größe der Präsentationsfläche", die „soziale Einbettung" und die „unterschiedlich sichere gesetzliche Steuerung" der Zugangsmöglichkeiten Minderjähriger als berechtigt angesehen (vgl. **HBI-Bericht**, 2007 S. 216). Dabei wurde freilich offen gelassen, aufgrund welcher Kriterien die Größe einer „Projektionsfläche" etwa bei Rundfunk auf der einen Seite und Telemedien (z. B. bei VoD-Angeboten) auf der anderen Seite unterschiedlich sein soll oder welche Differenzen es hier hinsichtlich der „sozialen Einbettung" gibt. Auch die These, die im Vergleich zu Telemedien verschärften Jugendschutzregeln im Rundfunk seien der „Wunsch des Gesetzgebers" gewesen, „einen besonders umhegten Bereich zu erhalten" (HBI-Bericht, 2007, S. 120), räumen verfassungsrechtliche Bedenken gegen die Ungleichbehandlung nicht aus. Auch eine vermeintliche „Besonderheit" des Mediums Rundfunk „für die öffentliche Kommunikation" im Sinne eines „**Leitmediums**" legitimiert für sich noch keinen jugendschutzrechtlich strengeren Sonderweg, sondern unterminiert die auch von den Landesgesetzgebern angenommene fortgeschrittene Medienkonvergenz, welcher z. B. auch der letztlich gescheiterte 14. RfÄndStV Rechnung tragen sollte (vgl. Bayer. LT-Drs. 16/5283, S. 7 sowie oben Rn. 2 f.).

2. Inkorporierte StGB-Bestimmungen (S. 1 Nrn. 1-6, 10)

10 a) **Allgemeines.** Der Unzulässigkeitskatalog des Abs. 1 greift in den Nummern 1 bis 6 und 10 Verbotsbestimmungen des Strafgesetzbuches auf. Zu den inhaltlichen Anforderungen an die entsprechenden StGB-Regelungen § 86 (Verbreiten von Propagandamitteln verfassungswidriger Organisationen), § 86a (Verwenden von Kennzeichen verfassungswidriger Organisationen), § 130 (Volksverhetzung sowie Holocaust-Leugnung, nach dem gescheiterten 14. RfÄndStV ohne die Legitimation der NS-Willkürherrschaft nach § 130 Abs. 4 StGB), § 131 (Gewaltdarstellung), 130a (Anleitung zu Straftaten), teilweise §§ 184a bis 184c (Harte Pornographie) vgl. die Kommentierungen zu den auszugsweise wiedergegebenen Bestimmungen des Strafgesetzbuchs (unten III.). Hinsichtlich der Tatbestände harter Pornographie erfolgte aufgrund des Scheiterns des 14. RfÄndStV keine Anpassung an die seit Gesetz v. 31. 10. 2008 (BGBl. I, 2149) erweiterten kernstrafrechtlichen Bestimmungen zur **Kinder- und Jugendpornographie** (ausführl. hierzu Liesching, JMS-Report 5/2008, S. 2 ff.; s.a. Bayer. LT-Drs. 16/5283, S. 8). Insoweit besteht eine bedenkliche Regelungsdivergenz.

11 b) **Enumerativer Charakter der inkorporierten StGB-Tatbestände.** Die Vorschrift ist im Bezug auf nach dem Strafgesetzbuch verbotene Medieninhalte **abschließend**. Nicht erfasst werden insb. Beleidigungen (§§ 185 ff. StGB), die Beschimpfung von Bekenntnissen, Religionsgemeinschaften und Weltanschauungsvereinigungen (§ 166 StGB) oder die Werbung für eine kriminelle oder terroristische Vereinigung (§§ 129, 129a StGB). Fehl geht demgegenüber die **Gegenansicht** Landmanns (in: Eberle/Rudolf/Wasserburg, Kap. VI Rn. 20), der Verbotskatalog des § 4 Abs. 1 sei nicht abschließend, sondern erfasse auch andere Delikte des StGB. Hierfür bietet das Gesetz keinen Anhalt. Im Gegenteil hat der Gesetzgeber die vormals in § 3 Abs. 1 Nr. 1 RStV a. F. geregelte generelle Verweisung auf Bestimmungen des StGB gerade nicht aufrechterhalten, sondern der enumerativen Aufzählung bestimmter Straftatbestände den Vorzug gegeben.

12 c) „**Virtuelle Darstellungen**". Die in Abs. 1 Nrn. 5 und 10 über den Wortlaut der StGB-Normen hinausgehend angefügte Formulierung „dies gilt auch bei virtuellen Darstellungen" ist rein **deklaratorisch** und hat neben den insoweit einschlägigen Strafnorminhalten keine eigenständige Bedeutung. Missverständlich ist insoweit die Amtliche Begründung zu Abs. 1 Nr. 5 2. Hs, nach der es gerechtfertigt sei, „auch virtuelle Darstellungen der Wiedergabe eines realen Geschehens gleichzustellen" (Bayer. LT-Drs. 14/10246, S. 16; unklar auch Kreile/Diesbach, ZUM 2002, 849, 850: „wesentliche Neuerung"). Bereits die den Unzulässigkeitstatbeständen im Bezug auf die Tatobjekte entsprechenden Strafnormen der §§ 131, 184 Abs. 3 StGB umfassen virtuelle Darstellungen (vgl. BGH NStZ 2000, 307, 309; Schreibauer, 1999, S. 138, 140) einschließlich elektronischer Simulationen (vgl. Bayer-LT-Drs. 14/10246, S. 16). Dies gilt auch für **Echtzeit-Übertragungen** im Internet ohne Zwischenspeicherung (vgl. Bayer. LT-Drs. 16/5283, S. 8).

d) Eigenständige Bedeutung gegenüber StGB-Tatbeständen. 13 Durch die weitgehende Aufnahme der nach dem Strafgesetzbuch verbotenen Medieninhalte in den Unzulässigkeitskatalog des Abs. 1 wird gewährleistet, dass auch ohne Verwirklichung der **subjektiven Tatbestandsvoraussetzungen** der entsprechenden StGB-Normen die Verbreitung eines entsprechenden Angebotes unzulässig ist und untersagt werden kann (Bayer. LT-Drs. 14/10246, S. 15; vgl. demgegenüber die vormals geltende Regelung des § 3 Abs. 1 Nr. 1 RStV a. F.; hierzu BVerwG NJW 2002, 2966 ff. = JZ 2002, 1057 ff. m. Anm. Hörnle). Dies gilt auch, soweit Tatbestandsvoraussetzung nach dem Strafgesetzbuch das Verbreiten oder Zugänglichmachen einer Schrift gemäß § 11 Abs. 3 StGB ist, das Telemedium aber ohne eine dieser Vorschrift entsprechende Speicherung (z. B. als **Live-Darbietung**) verbreitet wird (vgl. Bayer. LT-Drs. 16/5283, S. 8; Hartstein u.a., 15; zu den Live-Darbietungen Liesching, JMS 2002, S. 65). § 4 Abs. 1 S. 1 Nr. 10 JMStV ist nach Scheitern des 14. RfÄndStV schon aufgrund des Rekurrierens auf den „sexuellen Missbrauch" von Kindern und Jugendlichen freilich enger als §§ 184b, 184c StGB.

Verstöße gegen § 24 Abs. 1 Nr. 1 a) bis f) und j) setzen freilich **vorsätzli-** 14 **ches oder fahrlässiges Handeln** des Anbieters voraus. Bei Telemedien sind die die Verantwortlichkeit begrenzenden Bestimmungen der §§ 8 bis 10 TMG zu beachten (vgl. hierzu ausführl. Scholz/Liesching, Anm. zu §§ 8 ff. TDG). Neben Verstößen gegen Abs. 1 Nrn. 1 bis 6 bzw. 10 bleibt bei Verwirklichung der gesamten Tatbestandsvoraussetzungen die Strafbarkeit nach den entsprechenden StGB-Normen unberührt. Insofern tritt eine Ahndung nach den Bestimmungen über die Ordnungswidrigkeiten des § 24 zurück (Bayer. LT-Drs. 14/10246, S. 15).

3. Kriegsverherrlichende Angebote (S. 1 Nr. 7)

a) Allgemeines. Das Absolutverbot der Nr. 7 erfasst kriegsverherrli- 15 chende Angebote. Der Begriff der Kriegsverherrlichung entspricht dem des § 15 Abs. 2 Nr. 2 JuSchG (vgl. ausführl. dort Rn. 48 ff.). Der Begriff der Verherrlichung wird im Allgemeinen nach seinem Wortsinn als **Glorifizierung** oder als propagandistisch-wertende Überhöhung verstanden (Sp/Wiebe/Erdemir, Rn. 59; Hartstein u.a., § 4 Rn. 33; Liesching, NJW 2002, 3281, 3285 f.; Monssen-Engberding/Bochmann, KJuG 2005, 55, 60). Insoweit kann nicht davon ausgegangen werden, dass eine Verharmlosung bzw. Bagatellisierung immer schon automatisch mit dessen Verherrlichung bzw.

Glorifizierung gleichgesetzt werden kann (zutreffend Löffler/Altenhain, Rn. 15; s.a. Liesching, tv-diskurs 04/2007, S. 76 ff. und § 15 JuSchG Rn. 48 ff.). Vielmehr sind die bereits zu § 15 Abs. 2 Nr. JuSchG ausführlich dargestellten **Indizien für das Vorliegen einer Kriegsverherrlichung** im Rahmen einer Gesamtbewertung für den Einzelfall zu würdigen (siehe zum positiven Indizienkatalog dort Rn. 57).

16 **b) Indizien für Tatbestandsausschluss.** Hingegen können auch einzelne Gesichtspunkte bzw. Indizien vorliegen, die eher gegen das Vorliegen eines kriegsverherrlichenden Charakters sprechen. Dies sind insb.:

- Die Medieninhalte sind insgesamt von einer sachlich, unpathetisch-nüchternen Darstellung der betreffenden [Kriegs-]Ereignisse, Verhältnisse und Verhaltensweisen getragen, so dass erkennbar die Intention **objektiver Dokumentation** und/oder Berichterstattung im Vordergrund steht.
- Kriegerische Aktionen werden überwiegend nur abstrakt (z. B. Visualisierung von Truppenbewegungen auf einer Schlachtkarte, stark abstrahierte Darstellung in Animationsfilmen) dargestellt, sodass hierdurch nach dem Gesamteindruck in erster Linie **strategische** oder historisch-dokumentarische **Aspekte** der Darstellung im Vordergrund stehen.
- Im Zusammenhang mit der (auch positiv wertenden) Darstellung von Kriegswaffen werden detailliert **technische Daten** zur Funktionsweise, Navigation und zu Einsatzvoraussetzungen genannt, sodass nach dem Gesamteindruck technische Ausführungen im Vordergrund stehen.
- Es besteht nur ein geringer oder gar kein Realitäts- und Aktualitätsbezug im Bezug auf Kriegsdarstellungen, etwa weil es sich um fiktionale, **realitätsfremde Inszenierungen** (z. B. intergalaktischer Krieg gegen Außerirdische) oder **historische Bezüge** (Schlachten in der Antike) handelt.
- Es wird auch der Darstellung negativer Kriegsfolgen Raum gegeben (z. B. **Zeigen von Kriegsopfern**, Toten und Verletzten, Leiden und Angstzustände der Soldaten und/oder der Zivilbevölkerung).
- Es wird (zumindest auch) die **Fehlbarkeit** eingesetzter Kriegswaffen und kriegerischer Angriffsakte gezeigt und/oder es werden die lebensbedrohlichen Risiken von Kriegseinsätzen für beteiligte Soldaten und unbeteiligte Zivilisten deutlich (siehe ausführl. § 15 JuSchG Rn. 48 ff., 57; Liesching, tv-diskurs 4/2007, S. 76 ff.).

4. Verstoß gegen die Menschenwürde (S. 1 Nr. 8)

17 **a) Allgemeines zum Menschenwürdebegriff.** Generell unzulässig sind nach Nr. 8 auch solche Angebote, die gegen die Menschenwürde verstoßen. Damit wird dem über den Jugendschutz hinausgehenden Schutzzweck des Staatsvertrages Rechnung getragen (vgl. hierzu sowie zum Begriff der Menschenwürde § 1 Rn. 18 ff.). Bezugpunkt der Menschenwürde ist bei Medienangeboten nicht nur das zur Anschauung gebrachte Individuum (z. B. Darsteller in einem Horrorfilm, Gast in einer TV-Show), sondern darüber hinaus die als allgemeines Schutzgut ersten Ranges anerkannte Würde des Menschen als **abstraktes Grundprinzip** und Teil der verfassungsrechtlichen Wertordnung (vgl. Hartstein u.a., § 4 Rn. 40; Di Fabio, 1999, S. 94; VG Hannover ZUM 1996, 610, 612: „als Gattungswesen"). Ein Verstoß gegen die **Men-**

Unzulässige Angebote § **4 JMStV**

schenwürde des Zuschauers bzw. Angebotsnutzers durch Medieninhalte ist indes nicht denkbar und von der Verbotsvorschrift als Schutzrichtung nicht intendiert (vgl. oben § 1 Rn. 21 sowie Fink, AfP 2001, 189, 192; a. A. KJM-Kriterien, 2009, S. 25).

Der Rspr. des BVerfG ist insoweit zu folgen, als es bezüglich der medialen 18 Menschenwürdeverletzung die **Leugnung des fundamentalen Wert- und Achtungsanspruchs** fordert, welcher jedem Menschen zukommt (BVerfGE 87, 209, 228). Freilich kann entgegen der Auffassung des Gerichts (vgl. auch VG Hannover ZUM 1996, 610, 612) nicht entscheidend sein, ob ein Medieninhalt „darauf angelegt" ist, „beim Betrachter" eine diesbezügliche Einstellung „zu erzeugen oder zu verstärken". Denn nach dem Wortlaut des § 4 Abs. 1 Nr. 8 (ebenso bei § 131 StGB) muss der Angebotsinhalt selbst gegen die Menschenwürde verstoßen und nicht lediglich eine dahingehende Einstellungsveränderung bei Zuschauern oder Angebotsnutzern intendieren. Zudem wäre die Medienaufsicht hiernach gezwungen, über Zweck und Wirkung eines Medieninhalts zu mutmaßen (vgl. auch Meirowitz, 1993 S. 333, a. A. wohl VG Hannover AfP 1996, 205, 207). Ungeachtet aller Versuche der Konkretisierung von medialen Verstößen gegen die Menschenwürde, welche ihrerseits nicht ohne die Verwendung unbestimmter Rechtsbegriffe auskommen, ist allgemein zu fordern, **lediglich in Extremfällen** einen Verstoß gegen Art. 1 Abs. 1 GG anzunehmen und im Übrigen behutsam mit der Menschenwürdegarantie umzugehen (vgl. BVerfGE 93, 266, 293; 75, 369, 380). Dies ergibt sich schon aus ihrer Unantastbarkeit, welche sie keiner Abwägung mit anderen Grundrechten, insb. Art. 5 GG zugänglich macht (so zutr. Gersdorf, „Big Brother", 2000, S. 20 f.; vgl. auch Rn. 29). Die Menschenwürde ist nicht schon dann verletzt, wenn ein Angebot **Geschmacklosigkeiten**, polemische Ausfälle und **sprachliche Entgleisungen** aufweist, bei denen es dem Handelnden nicht nur oder in erster Linie um die Kränkung des Angegriffenen geht. Vielmehr muss bei der Bewertung eines möglichen Verstoßes gegen die Menschenwürde eine gewisse Intensität festgestellt werden (KJM-Kriterien, 2009, S. 24).

b) Beurteilungsspielraum der Aufsicht. Ein gerichtlich nicht über- 19 prüfbarer Beurteilungsspielraum der Aufsichtsbehörde hinsichtlich des Vorliegens eines Verstoßes gegen die Menschenwürde ist trotz der Unbestimmtheit des Rechtsbegriffs zu verneinen (VG Hannover ZUM 1996, 610, 611, VG Hannover AfP 1996, 201, 203; 205, 207). Dies ergibt sich ungeachtet der unterschiedlichen Begründungsansätze der Rspr. (vgl. VG Hannover aaO.) schon daraus, dass die Garantie der Menschenwürde gemäß Art. 1 Abs. 1 S. 2 GG die gesamte staatliche Gewalt und somit auch die Rspr. verpflichtet. Auch generell ist der Kommission für Jugendmedienschutz (**KJM**) **kein Beurteilungsspielraum** bei der Bewertung von Jugendschutzfragen eingeräumt (h.M., vgl. § 16 Rn. 4; BayVGH, Urt. v. 23. 3. 2011 – 7 BV 09.2512; VG Münster JMS-Report 4/2010, 73, 76; VG Berlin, Urt. v. 28. 01. 2009 – VG 27 A 61.07 – „Sex and the City"; VG München JMS-Report 5/2009, 64 ff.– „I Want a famous face"; Bosch, „Regulierte Selbstregulierung", 2007, S. 351 f.; Brandenburg/Lammeyer, ZUM 2010, 655 ff.; Brunner, Beurteilungsspielräume, 2005, 152 ff.; Witt, Regulierte Selbstregulierung, 2008,

S. 238 ff.; ferner: VG Hannover AfP 1996, 205, 206; BayVGH JMS-Report 01/2009, S. 9, 11; a. A. VG Augsburg MMR 2008, 772 ff.; Cole, ZUM 2010, 929 ff.; Hepach, ZUM 2008, 351, 353; Rossen-Stadtfeld, ZUM 2008, 457 ff.; H/V/Held/Schulz, § 20 JMStV Rn. 63; Hopf/Braml, MMR 2008, 775 f.; dies., MMR 2009, 153 ff.; ferner: Ladeur, ZUM 2002, 859, 864).

20 **c) Darstellung sterbender oder schwer leidender Menschen. aa) Schwer leidende Menschen.** Der im Verbotstatbestand ausdrücklich genannte Unterfall der Darstellung von Menschen, die sterben oder schweren seelischen Leiden ausgesetzt sind oder waren, wurde aus den inhaltsgleichen Unzulässigkeitskatalogen der vormals geltenden landesrechtlichen Bestimmungen der §§ 3 Abs. 1 Nr. 4 RStV und 12 Abs. 1 Nr. 4 MDStV übernommen. Gegenstand der Darstellung muss entweder der Akt des „**Sterbens**" eines Menschen (die Veranschaulichung bereits toter Menschen genügt nicht) oder das körperlich oder seelisch schwere Leiden eines Menschen sein. Schwer sind körperliche Leiden, die mir besonderen **Schmerzen und Qualen** verbunden sind. Seelische Schmerzen können insb. mit dargestellten **Misshandlungen** und Demütigungen von Menschen einhergehen, welche sich durch Schreien der Opfer, Weinkrämpfe etc. äußern können (vgl. auch OVG Lüneburg MMR 2009, 203, 207 f.).

21 **bb) Tatsächliches Geschehen.** Erforderlich ist weiterhin die Wiedergabe eines tatsächlichen Geschehens. Dies ist vornehmlich bei sog. Reality-TV, insb. der Ausstrahlung von „Augenzeugenvideos" etwa zu Unfällen, Naturkatastrophen oder bei der Darstellung von Menschen in sonstigen Notsituationen der Fall (vgl. hierzu Hartstein u.a., Rn. 41 f.). Nicht erfasst sind nachgestellte Szenen, auch wenn diese aufgrund authentischer Zeugenaussagen geschildert werden. Als Beispiele sind etwa die ab 1982 regelmäßig indizierten Filme der Reihe „**Gesichter des Todes**" anzusehen, deren Inhalte sich darauf beschränken, selbstzweckhaft und anreißerisch Hinrichtungen, Unfälle, Unglücke und Verbrechen unter Hervorhebung des Leids der betroffenen Menschen zu präsentieren [vgl. BPjS-Entsch. Nr. 1348 (V) v. 4. 11. 1982; zuletzt BPjS-Entsch. Nr. 4335 (V) v. 20. 7. 1992]. Im Internet angebotene sog. „**Snuff-Videos**", welche Aufnahmen von (vermeintlich) realen Tötungshandlungen zum Gegenstand haben, sind bisher nicht Gegenstand aufsichtlicher Maßnahmen geworden, erfüllen aber ggf. ohne Weiteres den Verbotstatbestand (allg. zu non-fiktionalen Fernsehformaten: Schulz/Korte, ZUM 2002, 719, insb. 726 ff.).

22 **d) Sonstige Menschenwürdeverletzung. aa) „Horrorfilme".** Sonstige mediale Verstöße gegen die Menschenwürde kommen darüber hinaus z. B. im Bereich des „Horrorgenres" in Betracht, insb. bei in Angeboten zur Anschauung gebrachten **Verstümmelungen von Menschen**, Kannibalismus, Folterszenen, Herausquellen von Gedärmen und der sonst genüsslich, verharrenden fokussierten Darstellung unmenschlicher, „entpersönlichender" Massakrierung eines Menschen [vgl. BPjS-Entsch. Nr. 5504 (V) v. 10. 2. 1999, S. 2 f.; VG Köln, Beschl. v. 29. 10. 1981, BPS-Report 1/1982, S. 10; Scholz, § 1 Anm. 5 f.]. Insoweit werden auch Angebote erfasst, welche unter-

Unzulässige Angebote § 4 JMStV

halb der straftatbestandlich relevanten Schwelle des § 131 StGB liegen [vgl. BPjS-Entsch. Nr. 1348 (V) v. 4. 11. 1982].

Problematisch, jedoch praktisch bedeutsam ist die Frage, ob objekthaft dargestellte **"menschenähnliche Wesen"** (z. B. Zombies, Vampire) ebenfalls unter das Verbot der medialen Menschenwürdeverletzung fallen können. Bei dem Gewaltdarstellungsverbot des § 131 StGB a. F. schob das BVerfG einer dahingehenden weiten Auslegung wegen Verstoßes gegen das Analogieverbot nach Art. 103 Abs. 2 GG einen Riegel vor (BVerfGE 87, 209 ff., so schon Weides, NJW 1987, 224, 225, Fn. 16). Auch bei § 4 Abs. 1 Nr. 8 erscheint das gesetzgeberische Zugeständnis einer „Zombiewürde" (Schroeder, JZ 1990, 858) eher zweifelhaft. Wird dies im Hinblick auf zunehmende Tatbestandsumgehungen als unbefriedigend empfunden (vgl. AG Frankfurt JMS-Report 6/1995, S. 5), kann dem nicht zugestimmt werden, da in den meisten Fällen das strafbewehrte Verbreitungsverbot für offensichtlich sittlich schwer jugendgefährdende Medien nach § 4 Abs. 2 S. 1 Nr. 3 Anwendung finden wird. 23

bb) Voyeuristische Darstellung menschlicher Leichen. Auch die mediale Zusammenstellung von Abbildungen extrem entstellter menschlicher Leichen zu einem „Horrorkabinett", welches zugunsten eines unterstellten „kalten und **mitleidlosen Voyeurismus** visuell ausgeschlachtet" wird, stellt eine Verletzung der Menschenwürde dar [vgl. BPjS-Entsch. Nr. 5676 (V) v. 12. 11. 1999; ferner BPjS-Entsch. Nr. 1348 (V) v. 4. 11. 1982; BPjS-Entsch. Nr. 4335 (V) v. 20. 7. 1992]. Insoweit ist auf die Intention des Gesamtangebotes abzustellen (vgl. auch Hartstein u.a., Rn. 36: „Herabwürdigungsabsicht"). Angebote, die erkennbar der medizinisch-fachlichen Information dienen oder **Empathie** beim Zuschauer bzw. Angebotsnutzer erzeugen sollen, stellen schon objektiv keinen Verstoß gegen die Menschenwürde dar (zur Rechtfertigung einer tatsächlichen Menschenwürdeverletzung durch ein besonderes Berichterstattungsinteresse siehe Rn. 29). 24

e) Kommerzialisierung des Menschen in Unterhaltungssendungen. Insb. im Bereich der Fernsehunterhaltung kommt weiterhin ein Menschenwürdeverstoß durch die Kommerzialisierung des menschlichen Daseins in Betracht (so zutreffend: Hartstein u.a., Rn. 37 f.; Ring, ZUM 2000, 177, 179). Unter diesem Aspekt konkretisiert Di Fabio (in: BLM-Schriftenreihe, Band 60, 1999, S. 51; s.a. KJM-Kriterien, 2009, S. 25) zwei Voraussetzungen. Danach liege eine gemessen an Art. 1 Abs. 1 GG unzulässige Kommerzialisierung vor, 25

(1) „wenn Menschen von einem überlegenen Akteur aus Gründen wirtschaftlichen Erwerbsstrebens in eine für sie **unentrinnbare Situation** gebracht werden, die sie weder vollständig durchschauen noch als freier Akteur beherrschen können, der sie mithin ausgeliefert sind";

(2) „und wenn die Gesamtumstände den oder die ausgelieferten Menschen in ihrem **sozialen Achtungsanspruch verletzen**, weil sie zum Gegenstand der Anprangerung, der Schaustellung oder der Verächtlichmachung herabgewürdigt werden".

Allerdings sind die genannten Voraussetzungen aufgrund der marktwirtschaftlich ausgerichteten Grundgegebenheiten und der entsprechenden Prä- 26 gung des gesamten Medienbereichs **eng auszulegen**. Nicht jedes Ausnutzen voyeuristischer Zuschauerneigungen zulasten von Individuen und zugunsten von Quoten und Marktanteilen stellt eine Menschenwürdeverletzung dar (zu weitgehend daher Hinrichs, NJW 2000, 2173 ff.). Erst dann, wenn der Eigenwert einer Person, also deren Individualität, Identität, Integrität und Autonomie durch die Art und Weise der medialen Darbietung derart in den Hintergrund tritt, dass die Person als bloßes Instrument des Medienanbieters zur Erzeugung bestimmter Effekte oder Reaktionen erscheint, kann von einer Leugnung bzw. Ausblendung des fundamentalen Wert- und Achtungsanspruchs des Menschen (Rn. 9) gesprochen werden (vgl. auch Schmitt Glaeser, ZRP 2000, 395, 398), die einer „Ausbeutung des Medienmaterials Mensch" gleichkommt.

27 **f) Einzelfälle. aa) Rechtsprechung.** Dezidierte Rspr. zu der Frage, in welchen Einzelfällen von einer Verletzung der Menschenwürde durch Medieninhalte ausgegangen werden kann, ist nur vereinzelt vorhanden:
- Werden Bewegtbilder, in denen ein alter, hilfsloser Mann **Misshandlungen** und Beleidigungen durch seine Altenpflegerin ausgesetzt war, in ausgedehnter Länge im Rahmen von Nachrichten- und Magazinsendungen ausgestrahlt, sind sie nach der Rspr. des OVG Lüneburg auch dann unzulässig, wenn sie das Ziel vor Augen haben, bestehende Missstände im Altenpflegebereich aufzuzeigen und zu kritisieren (OVG Lüneburg MMR 2009, 203, 207 f.).
- Eine Fernsehdokumentation, im Rahmen derer i.S.e. „**Experiments**" neugeborene Kinder Teenagern zur Betreuung auf Zeit überlassen werden, stellt nach verwaltungsgerichtlicher Rspr. grundsätzlich keine Menschenwürdeverletzung i. S. d. § 4 Abs. 1 S. 1 Nr. 8 JMStV dar (VG Hannover, Beschl. v. 03. 06. 2009 – 7 B 2222/09 und VG Köln, Beschl. v. 03. 06. 2009 – 6 L 798/09 – „Erwachsen auf Probe").

28 **bb) Schrifttum.** In der Rechtsliteratur als Einzelfälle medialer Würdeverstöße wurden bisher angesehen:
- Die Überbringung einer Todesnachricht an einen nahen Angehörigen vor laufenden Kameras (Cromme, NJW 1985, 351, 353);
- Die Interviewbefragung zum Thema Selbstjustiz einer noch unter Schock stehenden Mutter, die kurz zuvor die **Nachricht vom Tod** des eigenen Kindes erhalten hat (Frotscher, 2001, S. 48 f.);
- **Suizidhandlungen** vor laufender Kamera, (E/R/W/Landmann, Kap. VI. Rn. 44);
- Katastrophenbilder und -reportagen z. B. über die Tsunami-Flutopfer zur Jahreswende 2004/2005, in denen fortgesetzt Bilder fast **nackter Leichen**, die in verkrümmter Körperhaltung wie Treibgut am Strand liegen, gezeigt werden (Sp/Sch/Erdemir, Rn. 21)
- „Unterhaltungsshows", in denen Kandidaten gleichsam als „Versuchskaninchen" ohne vorherige konkrete Ankündigung existenziell **bedrohlichen Extremsituationen** ausgesetzt werden, allein um die menschlichen Reaktionen (z. B. Angst, Panik, Aggression) den Zuschauern zur Anschauung zu bringen (Scholz/Liesching, Rn. 19);

Unzulässige Angebote **§ 4 JMStV**

– im Allgemeinen die **Zurschaustellung eines Menschen** in einem Zustand, den er nicht mehr kontrollieren kann, unter Inkaufnahme der Herabwürdigung des Betroffenen (Sp/Sch/Erdemir, Rn. 22; Beucher u.a., § 41 RStV Rn. 10).

g) Rechtfertigung durch berechtigtes Interesse. Die ausdrückliche 29 Verbotsbeschränkung durch ein „berechtigtes Interesse gerade für diese Form der Darstellung oder Berichterstattung" ist nach ihrem Wortlaut mit der **Verfassung unvereinbar.** Soweit es nämlich um die Garantie der nach Art. 1 Abs. 1 GG unantastbaren Menschenwürde geht, ist eine Beschränkung nicht möglich, auch nicht durch Verfassungsgüter, da ihr der höchste Rang zukommt (vgl. BVerfGE 93, 266, 293; 75, 369, 380; Jarass/Pieroth, Art. 1 Rn. 12; s.a. Hartstein u.a., Rn. 44; ausführl. und zutr. H/S/Altenhain, Rn. 41; a. A.: E/R/W/Landmann Rn. 47; H/V/Hertel, Rn. 61; wohl auch Sp/Sch/Erdemir, Rn. 20). Werden Bilder, in denen ein alter, hilfloser Mann Misshandlungen und Beleidigungen durch seine Altenpflegerin ausgesetzt war, in ausgedehnter Länge im Rahmen von Nachrichten- und Magazinsendungen ausgestrahlt, sind sie auch dann unzulässig, wenn sie das Ziel vor Augen haben, bestehende Missstände im Altenpflegebereich aufzuzeigen und zu kritisieren (OVG Lüneburg MMR 2009, 203, 207 f.).

h) Unbeachtlichkeit von Einwilligungen. Nach Nr. 8 2. Halbsatz ist 30 bei medialen Verstößen gegen die Menschenwürde eine Einwilligung unbeachtlich. Dies gilt jedenfalls uneingeschränkt, soweit Bezugspunkt eines Verbotsverstoßes die Menschenwürde als allgemeines übergeordnetes Prinzip der Wertordnung ist (vgl. Rn. 17). Soweit dargestellte Personen oder Teilnehmer von Rundfunksendungen (z. B. Talkshow-Gäste, Kandidaten in Unterhaltungsshows) in ihrer Menschenwürde verletzt sind, ist deren Einwilligung zumindest dann unbeachtlich, wenn sie **nicht freiwillig**, also unter Zwang oder ohne Kenntnis aller erheblichen Umstände erklärt wurde (ausführl. Hartstein u.a., Rn. 38).

5. Darstellungen Minderjähriger in unnatürlich geschlechtsbetonter Körperhaltung (S. 1 Nr. 9)

a) Minderjährige Darsteller(innen). Erfasst wird die Darstellung von 31 Personen **unter 18 Jahren**, d.h. auch von Minderjährigen, die nach ihrem äußeren Erscheinungsbild bereits volljährig wirken. Dies ergibt sich aus dem umfassenden Schutzzweck der Vorschrift, welche – ebenso wie die strafrechtlichen Verbote der Kinder- und Jugendpornographie – mittelbar auch der Darsteller(innen)-Schutz umfasst. Für die Frage, ob eine Person im Rahmen jugendschutzrechtlich verbotener Posendarstellungen nach Nr. 9 JMStV als minderjährig dargestellt wird, ist nicht deren Alter im **Zeitpunkt** der Verbreitung oder Zugänglichmachung des Angebots maßgeblich, sondern ihr Alter bei **Fertigung der verbreiteten Aufnahmen** (VGH München MMR 2009, 351 ff. m. Anm. Liesching).

b) Scheinjugendliche. Erfasst werden zudem auch Darstellungen so 32 genannter „Scheinminderjähriger", die zwar objektiv volljährig sind, nach ihrem **äußeren Erscheinungsbild** aber minderjährig anmuten (VG Augsburg tv-diskurs 1/2006, S. 74, 77; AG Hannover JMS-Report 6/2006, 67, 68; KJM-Kriterien, 2009, S. 30 f.; ausführl. auch § 184c StGB Rn. 11 ff.). Die Kriterien zur Bestimmung von Scheinminderjährigkeit entsprechen dabei denjenigen des Straftatbestands der Jugendpornographie nach § 184c StGB. Insoweit wird hinsichtlich der Bedeutung zu unterscheiden sein zwischen den vorrangig zu berücksichtigenden **körperlichen Merkmalen** (z. B. Gesichtszüge, s.a. KJM-Kriterien, 2009, S. 31), der Person anhaftende Merkmale (z. B. Schuluniform, Zöpfe etc.) und sonstige Merkmale der Umgebung (z. B. Kinderzimmer, Kuscheltiere etc.) (siehe ausführl. Altenhain/Liesching u.a., BPjM-aktuell 2/2009, S. 3 ff. sowie § 184c StGB Rn. 11 ff.).

33 Demgegenüber abzulehnen ist die Rspr. zum Ausschluss der Scheinjugendlichkeit durch **Altersangaben**. Werde danach die Volljährigkeit im (Telemedien-)Angebot nicht nur an verborgener Stelle, sondern deutlich und zutreffend angegeben, scheide eine Darstellung Minderjähriger aus. Dies gelte selbst dann, wenn durch andere äußere Umstände der Eindruck erweckt werde, die dargestellte Person sei noch nicht 18 Jahre alt (vgl. VGH München MMR 2009, 351 ff.). Dass die genannte Rspr. dem Unzulässigkeitstatbestand nicht Rechnung trägt, ergibt sich insb. aus folgenden Gesichtspunkten:

– Zunächst erscheint die Altersangabe zu Darsteller(inne)n i.R.e. Angebots lediglich als eines unter **mehreren Kriterien**, aus denen sich die Bewertung des Erscheinungsbilds einer dargestellten Person ergeben kann. Stehen die Altersangaben – auch im Falle ihres objektiven Zutreffens – in Konkurrenz zu fast kindlichen Gesichtszügen, einem noch kaum entwickelten Körperbau und/oder zusätzlichen gestalterischen Accessoires (z. B. Schuluniform, Zöpfe etc.), so ist kritisch zu hinterfragen, weshalb derartige Merkmale bei der Gesamtbewertung von vorneherein keine Rolle spielen sollen (siehe zu den Kriterien ausführl. Altenhain/Liesching u.a., BPjM-aktuell 2/2009, S. 3 ff.).

– Der Ansicht des BayVGH, dass in solchen Fällen von einer „bewussten Inszenierung der Minderjährigkeit" per se „keine Rede" sein könne (VGH München MMR 2009, 351, 353), ist entgegenzutreten. Gerade wenn für die Fertigung der Aufnahmen bewusst jugendlich aussehende Darsteller(innen) präsentiert und zudem durch weitere gestalterische Mittel **gezielt „verjüngt"** werden, scheinen die Termini der „bewussten Inszenierung" auch dann zutreffend, wenn – in welcher Form auch immer – ein Altershinweis „18 Jahre" erfolgt. Auch im Hinblick auf das Bestimmtheitsgebot ist insoweit die **Wortlautgrenze** des Abs. 1 Satz 1 Nr. 9 als gewahrt anzusehen, da gerade die „Darstellung" von Kindern und Jugendlichen sich aus der gewollten bildlichen Inszenierung von Personen als minderjährig ergibt.

– Soweit die Auffassung des BayVGH hiervon abweicht, kann sich das Gericht auch nicht auf den **Beschluss des BVerfG** zur Scheinjugendlichkeit (MMR 2009, 178) stützen. Denn in der zu § 184c StGB ergangenen Entscheidung ist nicht die Rede von einem Ausschluss der Scheinjugendlichkeit auf Grund Altersnachweises. Dies erscheint auch vor dem Hintergrund kaum vertretbar, dass der Bundesgesetzgeber i.R.d. Umsetzung des § 184c StGB explizit darauf verzichtet hat, einen generellen Strafausschluss bei tatsächlicher bzw. nachgewiesener Volljährigkeit zu regeln, obgleich

Unzulässige Angebote § 4 JMStV

der maßgebliche Rahmenbeschluss des Europäischen Rates 2004/68/JI v. 22.12.2003 (ABl. EU Nr. L 13 v. 20.1.2004) gerade in Art. 3 Abs. 2a) die Möglichkeit einer entsprechenden nationalen Strafausschluss-Regelung ausdrücklich vorsieht.

c) Unnatürlich geschlechtsbetonte Körperhaltung. aa) Geschlechts- 37
betonte Körperhaltung. Erfasst werden bestimmte erotografische Inhalte unterhalb der Schwelle der nach § 184 StGB pönalisierten Pornographie. Nicht erforderlich ist, dass die minderjährige Person nackt oder auch nur teilweise entkleidet dargestellt wird, wenn sich schon allein aus der Körperhaltung oder **eingenommenen Pose** (z. B. Spreizen der Beine, vgl. BGHSt 43, 366, 368; 45, 41, 42 f.) die unnatürliche Geschlechtbetontheit ergibt. Dies liegt vor, wenn bei der Darstellung der minderjährigen Person sexuell konnotierte Körperteile (Brust, Po, Genitalbereich) so betont werden, dass der Blick des Betrachters unweigerlich auf diese gerichtet wird. **Gestik und Mimik** (z. B. Kussmund) können zusätzlich Einfluss auf die Qualifizierung der Darstellung haben (s.a. KJM-Kriterien, 2009, S. 31).

Erfasst werden mit Blick auf den Schutzzweck unter Umständen auch 38 Abbildungen von Kindern und Jugendlichen in Reizwäsche, übermäßiger Schminke oder sonstigen **aufreizenden Bekleidungen** (vgl. OLG Celle MMR 2007, 316 f. m. Anm. Liesching; hierzu auch Quambusch/Schmidt, ZfJ 2002, 365 ff.). Hierdurch allein kann im Einzelfall eine dargestellte Körperhaltung zu einer unnatürlich geschlechtsbetonten werden. Gleiches gilt für die dargestellte **Vornahme sexueller Handlungen** an der minderjährigen bzw. durch die minderjährige Person (vgl. Nikles u.a., Rn. 88; dies erfüllt indes i. d. R. bereits § 184c StGB, vgl. dort Rn. 3 ff.). Die Wortlautgrenze dürfte hingegen überschritten sein, soweit auch auf die Aufnahmetechnik (Kamerawinkel, Fokus und Bildausschnitt) abzustellen sein soll (so aber KJM-Kriterien, 2009, S. 31).

Teilweise wird auch auf den **Eindruck der sexuellen Verfügbarkeit** 39 von Minderjährigen bei normativer Betrachtung abgestellt (vgl. OLG Celle, MMR 2007, 316 f.). Nicht erforderlich ist hingegen der Eindruck eines „sexuell anbietenden" Verhaltens in einer dem jeweiligen Alter der dargestellten Person nicht entsprechenden Weise (so aber ebenfalls OLG Celle, aaO.). Hier erscheint es vor dem Hintergrund des Wortlauts des Verbots nicht sachgerecht, dessen Anwendungsbereich auf Darstellungen eines – wie auch immer gearteten – **„anbietenden" Verhaltens** zu beschränken. Denn dies würde bedeuten, dass sich eine unnatürliche Geschlechtsbetontheit der Körperhaltung nur bei entsprechender darstellerischer Sinngebung einer vermeintlichen sexuellen „Offerte" ergeben könne. Daher wird die dargelegte Auslegung in der obergerichtlichen Rspr. entsprechend der bisherigen Rspr. so zu interpretieren sein, dass „dem Betrachter" der sexuelle Körperbereich **„zur Betrachtung" angeboten** wird (so zutreffend AG Hannover JMS-Report 6/2006, S. 67 f.; s. zum Ganzen ausführl.: Günter/Köhler, tv-diskurs 35/2006, 74 ff.; Döring, JMS-Report 6/2004, 7 ff.).

bb) Unnatürlich. Teilweise wird in der Rspr. hinsichtlich des Unnatürli- 40 chen auch schlicht darauf abgestellt, ob die Art und Weise der Darstellung der **„Erwachsenenerotik"** zuzuordnen ist (vgl. AG Hannover JMS-Report

6/2006, 67, 68). Differenzierter im Hinblick auf unterschiedliche Altersstufen und daher vorzugswürdig ist die Formulierung der Bewertungskriterien der KJM, wonach entscheidend der Eindruck beim Betrachter ist, „dass die Person in einer sexuell anbietenden Weise dargestellt wird, die ihrem Alter nicht entspricht" (KJM-Kriterien, 2009, S. 31). Dies kann im Einzelfall auch den Formaten wie der „Mini-Playback-Show" der Fall sein, wenn Kinder aufreizende Choreographien aufführen. Der bloße Austausch von sexuellen Zärtlichkeiten zwischen gleichaltrigen Minderjährigen (z. B. das gegenseitige Küssen und Streicheln eines 17jährigen Teenagerpaares) wird als Darstellung hingegen i. d. R. nicht als unnatürlich anzusehen sein. Auch liegen bei dargestellten **„alltagstypischen" Körperhaltungen** (vgl. das Beispiel der „Windelwerbung mit nacktem Kinderpo" bei Hartstein u.a., § 4 JMStV Rn. 45) die Attribute des „Unnatürlichen" und „Geschlechtsbetonten" nicht vor (s. zum Ganzen ausführl.: Günter/Köhler, tv-diskurs 35/2006, 74 ff.; Döring, JMS-Report 6/2004, 7 ff.).

6. In Listenteile B und D aufgenommene Werke (S. 1 Nr. 11)

41 **a) Wegen StGB-Inhaltes indizierte Medien.** Die Vorschrift der Nr. 11 untersagt die Verbreitung der in den Teilen B und D der Liste nach § 18 JuSchG aufgenommenen Werke oder im Wesentlichen inhaltsgleichen Werke. In die genannten Listenteile werden Medieninhalte aufgenommen, die nach Einschätzung der Bundesprüfstelle für jugendgefährdende Medien (BPjM) einen in §§ 86, 130, 130a, 131, 184a bis § 184c StGB bezeichneten Inhalt haben. Sog. **Altindizierungen**, also Listenaufnahmen vor Inkrafttreten des JuSchG werden allerdings nicht erfasst (Liesching, JMS-Report 4/2004, S. 2, 5 ff.). Vom Gesetzgeber nicht geregelt und weitgehend ungeklärt sind die Frage etwaiger **Listenstreichungen** und die Konsequenzen für den Unzulässigkeitstatbestand (siehe hierzu ausführl. § 18 JuSchG Rn. 107 ff. sowie Monssen-Engberding/Liesching, BPjM-aktuell 4/2008, S. 3 ff.; zur Auslegung des StGB-Normen siehe die Anm. unten III.).

42 **b) Inhaltsgleiche Werke.** Das Absolutverbot erfasst darüber hinaus solche Angebote, welche mit einem in Teil B und D (§ 18 Abs. 2 Nrn. 2 und 4 JuSchG) indizierten Werk im Wesentlichen inhaltsgleich sind. Die Gesetzesformulierung trägt dem Umstand Rechnung, dass durch vielfältige technische Möglichkeiten, indizierte Medien mit geringfügig verändertem Inhalt in schneller zeitlicher Abfolge wieder auf den Markt gebracht werden können, um die Folgen einer Indizierung zu unterlaufen (s.a. zutreffend H/S/Altenhain, Rn. 49: „praktisch keine Bedeutung"). Der **Begriff des Werks** umfasst Trägermedien und Telemedien (hierzu § 1 JuSchG Rn. 16 ff. ff.). Entscheidend für die Inhaltsgleichheit eines Telemediums mit einem bereits in Teil B oder D indizierten Werk ist allein dessen jeweiliger StGB-tatbestandsrelevanter Inhalt. Das Abändern von Titel, Untertitel, die Auswechslung des Autoren- bzw. Verlegernamens, Veränderungen in der Reihenfolge oder das bloße Hinzufügen oder Weglassen einzelner für die Beurteilung nach §§ 86, 130, 130a, 131 oder 184a bis 184c StGB nicht relevanter Text- oder Bildpassagen ist daher i. d. R. unerheblich (vgl. BVerwG NJW 1987, 1435, 1436 sowie § 15 JuSchG Rn. 97 ff.). Zu beachten ist die Fortwirkung des Verbots

Unzulässige Angebote § 4 JMStV

bei wesentlichen inhaltlichen Veränderungen eines indizierten Angebotes nach Abs. 3 (hierzu Rn. 84 ff.).

c) Tatbestandsmäßigkeit nach Abs. 1 Nr. 1, 3 bis 6, 10. Da die Indi- 43
zierungen in die Listenteile B und D nur dann erfolgen, wenn nach Einschätzung der BPjM (vgl. § 17 JuSchG) ein strafbarer Inhalt nach §§ 86, 130, 130a, 131 oder 184a bis 184c StGB vorliegt, wird im Anwendungsbereich dieser Bestimmung im Regelfall eine Überschneidung mit den Absolutverboten des § 4 Abs. 1 Nr. 1, 3 bis 6, 10 (hierzu Rn. 10 f.) vorliegen (ebenso H/S/Altenhain, Rn. 47 ff.). Nur dann, wenn nach Ansicht der Aufsichtsbehörde – entgegen der BPjM-Entscheidung – kein strafbarer Inhalt vorliegt, hat der Unzulässigkeitstatbestand **eigenständige Bedeutung**. Dann nämlich wird die zuständige Behörde nur aufgrund eines Verstoßes gegen § 4 Abs. 1 Nr. 11, also allein wegen der Indizierung durch die Bundesprüfstelle in die Listenteile B oder D gegen den Anbieter vorgehen können [vgl. § 24 Abs. 1 Nr. 1 l), Abs. 3].

III. Sozialadäquanz, Berichterstattungsprivileg (Abs. 1 S. 2)

1. Verweis auf §§ 86 Abs. 3, 131 Abs. 3 StGB

Die durch Satz 2 übernommenen Privilegierungen der §§ 86 Abs. 3, 131 44
Abs. 3 StGB beziehen sich auf die in § 4 Abs. 1 S. 1 Nrn. 1 bis 4 und 6 sowie Nr. 5 genannten Inhalte. Die ausdrückliche Einbeziehung ist notwendig, da in dem Unzulässigkeitskatalog des Abs. 1 S. 1 nicht pauschal auf die Bestimmungen des StGB verwiesen wird (so aber die vormalige Fassung der §§ 3 Abs. 1 Nr. 1 RStV, 12 Abs. 1 Nr. 1 MDStV).

2. Sozialadäquanzklausel

Hinsichtlich der Verbreitung von Propagandamitteln (§ 86 StGB), Kenn- 45
zeichen verfassungswidriger Organisationen (§ 86a), volksverhetzenden (§ 130 Abs. 1) oder holocaustleugnenden (§ 130 Abs. 3) Inhalten sowie Anleitungen zu Straftaten (§ 130a StGB) sind die jeweiligen Verbotstatbestände nicht erfüllt, wenn der Angebotsinhalt oder seine Verbreitung der **staatsbürgerlichen Aufklärung**, der Abwehr verfassungswidriger Bestrebungen, der Kunst oder der Wissenschaft, der Forschung oder der Lehre, der Berichterstattung über Vorgänge des Zeitgeschehens oder der Geschichte oder **ähnlichen Zwecken** dienen (zur Auslegung der Sozialadäquanz siehe ausführl. § 86 StGB Rn. 14 ff., § 86a StGB Rn. 27 ff.).

3. Berichterstattungsprivileg

Hinsichtlich der Verbreitung von gewaltdarstellenden Angeboten i. S. d. 46
§ 131 StGB greift das Verbot des § 4 Abs. 1 S. 1 Nr. 5 ausschließlich dann nicht, wenn Verbreitungszweck die Berichterstattung über Vorgänge des Zeitgeschehens oder der Geschichte ist (vgl. hierzu ausführl. 131 StGB Rn. 28; siehe auch Hartstein u.a., Rn. 51 ff.; Sp/Sch/Erdemir, Rn. 36 f.; H/V/Hertel, Rn. 43 ff.).

4. Allgemeine Prüfung und Abwägung mit Verfassungsbelangen

47 Auch wenn im JMStV – im Unterschied zum JuSchG (s. dort insb. § 18 Abs. 3) – keine ausdrückliche jugendschutzrechtliche Antwort auf die in Art. 5 Abs. 3 Satz 1 GG gewährleistete Freiheit von **Kunst** und **Wissenschaft**, Forschung und Lehre enthalten ist, so bestimmen diese verfassungsrechtlichen Freiheiten dennoch auch die Auslegung des Staatsvertrages (zutr. KJM-Kriterien, 2009, S. 45; s.a. H/S/Altenhain, Rn. 30). Doch auch darüber hinaus ist der Verweis nach Abs. 1 **Satz 2 nicht abschließend** zu verstehen. Vielmehr ist bei allen Unzulässigkeitstatbeständen des § 4 Abs. 1 JMStV im Einzelfall eine Abwägung mit Verfassungsbelangen wie auch der **Medien- und Berichterstattungsfreiheit** vorzunehmen, sofern diese Belange berührt sind (zutr. H/V/Hertel, Rn. 43).

IV. Absolutverbote für Rundfunk, Relativverbote für Telemedien (Abs. 2 S. 1)

1. Allgemeines

48 Die in Absatz 2 Satz 1 genannten Angebotsinhalte unterliegen insofern einem nur relativen Verbot, als ihre Verbreitung in Telemedien gemäß Satz 2 zulässig ist, sofern der auf erwachsene Nutzer beschränkte Zugang sichergestellt wird (hierzu Rn. 63 ff.). Im Rundfunk sind die enumerativ aufgezählten Inhalte indes generell unzulässig. Eine derartige **Ungleichbehandlung** ist angesichts der sich insoweit nur marginal unterscheidenden technischen Verbreitungsformen verfassungsrechtlich nur schwer zu rechtfertigen (so auch Kreile/Diesbach, ZUM 2002, 849, 850 f.; Hartstein u.a., Rn. 65; zur Zulässigkeit pornographischer Rundfunksendungen bei Vorschaltung einer „effektiven Barriere" nach § 3 Abs. 1 Nr. RStV a. F.: BVerwG NJW 2002, 2966, 2968 f. = JZ 2002, 1057 mit Anm. Hörnle). Zudem wird das generelle **Ausstrahlungsverbot indizierter Filme** im Rundfunk als verfassungswidrig erachtet (vgl. ausführl. Bandehzadeh, 2007, S. 201 ff.).

2. Pornographische Angebote (Nr. 1)

49 Der Unzulässigkeitstatbestand der Nr. 1 erfasst pornographische Angebote, soweit sie nicht bereits unter das Absolutverbot des Abs. 1 S. 1 Nr. 10 (Kinder-, Gewalt- oder Tierpornographie; hierzu Rn. 23) fallen. Der **Begriff der Pornographie** entspricht dem des § 184 StGB und umfasst alle Darstellungen, die unter Hintansetzung sonstiger menschlicher Bezüge sexuelle Vorgänge in grob aufdringlicher, anreißerischer Weise in den Vordergrund rücken und ausschließlich oder überwiegend auf die sexuelle Erregung des Betrachters abzielen (s. ausführl. in Teil III: **§ 184 StGB** Rn. 5 ff.; vgl. BVerwG NJW 2002, 2966, 2968 f. = JZ 2002, 1057 mit Anm. Hörnle; BGHSt 37, 55 ff, 60 mit Anm. Maiwald JZ 1990, 1141; OLG Hamm NJW 1973, 817; OLG Düsseldorf NJW 1974, 1474, 1475 mit Anm. Möhrenschlager; OLG Koblenz NJW 1979, 1467, 1468; VG Münster, JMS-Report 4/

Unzulässige Angebote § 4 JMStV

2010, 73, 75). Siehe zum Pornographiebegriff auch Erdemir, MMR 2003, 628 ff.; König, Kinderpornographie im Internet, 2003, Rn. 149; Ladeur, AfP 2001, 471 ff.; Ostendorf, MschrKrim 2001, 372 ff.; Ulich, 2000, S. 34 ff.; Schreibauer, 1999, S. 116 ff.; Schumann in: Festschrift für Lenckner, 1998, S. 565 ff.; Liesching, JMS 2002, S. 75 ff. jeweils mwN.

3. Wegen Jugendgefährdung indizierte Angebote (Nr. 2)

a) Allgemeines. Die Verbotsvorschrift der Nr. 2 erfasst die öffentlichen 50 und nicht-öffentlichen Teile der Liste nach § 18 Abs. 2 Nrn. 1 und 3 JuSchG, also Medien, die nicht bereits nach den Bestimmungen des StGB einem uneingeschränkten Verbreitungsverbot unterliegen, sondern wegen Jugendgefährdung nach § 18 Abs. 1 JuSchG indiziert sind. Auch deren Verbreitung ist außerhalb geschlossener Benutzergruppen bei Telemedien sowie im Rundfunk nunmehr generell verboten (Bayer. LT-Drs. 14/10246, S. 17). Das vor Inkrafttreten des JMStV nach § 3 Abs. 3 RStV a. F. nur eingeschränkte Ausstrahlungsverbot für indizierte Filme unter Erlaubnisvorbehalt wurde vom Gesetzgeber noch als „verfassungsrechtlich geboten" im Hinblick auf die „Abwägung zwischen den beiden Rechtsgütern der Meinungsfreiheit und des Jugendschutzes" erachtet (Bayer. LT-Drs. 14/1832, S. 20; vgl. auch Hopf, ZUM 2000, 739 ff.).

b) Verfassungskonformität. Schon hinsichtlich der Einführung dieses 51 gegenüber der Vorgängerregelung restriktiveren Verbots indizierter Filme unter Erlaubnisvorbehalt kamen Isensee/Axer (1998, S. 82) in ihrem im Auftrag der bayerischen Staatskanzlei und des Staatsministeriums Baden-Württemberg erstellten Gutachten zu folgendem Ergebnis: „Solange der **Nachweis** nicht erbracht ist, dass ein Verbot mit Dispens- oder Erlaubnisvorbehalt für einen **wirkungsvolleren Jugendschutz zwecktauglich** und erforderlich ist, lässt sich der gegenüber der geltenden Rechtslage schwerwiegendere Eingriff verfassungsrechtlich nicht rechtfertigen". Eine derartiger Nachweis des Gesetzgebers ist indes erst recht dann zu fordern, wenn die Etablierung eines generell geltenden Ausstrahlungsverbots für indizierte Filme in Rede steht bzw. in § 4 Abs. 2 Nr. 2 umgesetzt wird. Nun lässt sich indes ein solcher Nachweis der Amtlichen Begründung nicht entnehmen. Auch sind neuerliche Erkenntnisse etwa im Bereich der Wirkungsforschung nicht gewonnen, welche auf wissenschaftlicher Grundlage jugendschutzrelevante Unzulänglichkeiten der vormals liberaleren Regelung des RStV aufgedeckt haben könnten (vgl. nur Schwind, § 14 Rn. 13 ff.; Lober, CR 2002, 397 ff.; ferner Köhne, MMR 12/2002, XXV, XXVI; ausführl. Bandehzadeh, 2007, S. 201 ff.).

c) Wesentliche Inhaltsgleichheit. Das Verbot erfasst darüber hinaus sol- 52 che Angebote, welche mit einem in die Listenteile A und C (§ 18 Abs. 2 Nrn. 1 und 3 JuSchG) aufgenommenen Werk ganz oder im Wesentlichen inhaltsgleich ist. Der Begriff des Werks umfasst Trägermedien und Telemedien (hierzu § 1 JuSchG Rn. 16 ff.). Entscheidend für die Inhaltsgleichheit eines Telemediums mit einem bereits in Teil A oder C indizierten Werk ist allein dessen jeweiliger **jugendgefährdender Inhalt** (vgl. oben Rn. 42 sowie

§ 15 JuSchG Rn. 97 ff.). Zu beachten ist die Fortwirkung des Verbots bei wesentlichen inhaltlichen Veränderungen eines indizierten Angebotes nach Abs. 3 (hierzu Rn. 84 ff.).

53 d) Nicht indizierte (einfach) jugendgefährdende Angebote. Einfach jugendgefährdende Angebotsinhalte, welche nicht von der Bundesprüfstelle für jugendgefährdende Medien nach § 18 Abs. 1 JMStV indiziert worden sind, werden von dem Verbotstatbestand nicht erfasst (vgl. VG München ZUM 2005, 252, 254 m. Anm. Liesching, ZUM 2005, 224 ff.; s.a. Bornemann, NJW 2003, 787, 789; ders., ZUM 2010, 407; Hopf, 2005, S. 138 ff.; Schumann, ZUM 2004, 697, 700 f.). Eine entsprechende Anwendung des Verbotstatbestands kommt schon wegen des auch im Ordnungswidrigkeitenrecht geltenden **Analogieverbotes** selbst dann nicht in Betracht, wenn statt der BPjM eine andere Aufsichtsstelle wie die KJM das Vorliegen einer einfachen Jugendgefährdung festgestellt hat (a. A. Bornemann, ZUM 2010, 407, 410). Entsprechende Inhalte sind wie enwicklungsbeeinträchtigende Angebote „ab 18" (§ 5 Abs. 1 S. 2 Nr. 4) zu behandeln und dürfen z. B. als Rundfunksendung im Nachtprogramm ausgestrahlt werden (vgl. § 5 Rn. 56; VGH München, Urt. v. 17. 3. 2003 – 7 CS 02.2829; VG München ZUM 2005, 252; Liesching, ZUM 2005, 224 ff.).

4. Offensichtlich schwer jugendgefährdende Angebote (Nr. 3)

54 a) Allgemeines. Der Unzulässigkeitstatbestand der Nr. 3 erfasst als Generalklausel (Bayer. LT-Drs. 14/10246, S. 17) offensichtlich schwer jugendgefährdende Angebote. Im Gegensatz zu den anderen Unzulässigkeitstatbeständen des § 4 stellen Verstöße gegen Abs. 2 S. 1 Nr. 3 nicht lediglich eine Ordnungswidrigkeit, sondern vielmehr gem. § 23 eine **Straftat** dar. Insoweit wollte der Gesetzgeber „Strafbarkeitslücken" vermeiden, welche sich aus der auf Trägermedien beschränkten Anwendbarkeit des JuSchG ergeben (Bayer. LT-Drs. 14/10246, S. 17). Dies ist freilich inkonsistent, da demgegenüber die in § 4 Abs. 1 S. 1 Nrn. 7 bis 9 gar als Absolutverbot ausgestalteten Tatbestände bei Zuwiderhandlungen lediglich als Ordnungswidrigkeit gem. § 24 Abs. 1 Nr. 1 h) bis j) geahndet werden können, die entsprechenden Verbote in § 15 Abs. 2 Nrn. 2 bis 4 JuSchG hingegen strafbedroht sind (vgl. zu den insgesamt **uneinheitlichen und verfassungsrechtlich bedenklichen Sanktionsstufen** oben Rn. 5 ff.). Einfach jugendgefährdende Rundfunkangebote unterliegen wegen fehlender Indizierungsmöglichkeit nach § 18 JuSchG nur den milden Restriktionen des § 5 (krit. Bornemann, NJW 2003, 787, 789; ausführl. oben Rn. 53).

55 b) Voraussetzungen. aa) Allgemeine Auslegungsgrundsätze. Die medieninhaltliche Auslegung entspricht § 15 Abs. 2 Nr. 5 JuSchG (ausführl. dort Rn. 84 ff.). Unter dem Begriff der Eignung zur **schweren Jugendgefährdung** nach Nr. 3 ist die abstrakte Möglichkeit einer gravierenden sozialethischen Desorientierung zu verstehen, die in einem den Grundwerten der Verfassung krass zuwiderlaufenden Charakter der betreffenden Trägermedien ihren Ausdruck findet (z. B. Missachtung des Toleranzgebotes). **Offensichtlich** ist die schwere Jugendgefährdung, wenn sie ohne Erfordernis einer genauen Einzelprüfung klar zu Tage tritt. Die h. M. stellt insoweit zutreffend auf den unbefangenen Beobachter als maßgebliche Perspektive bei der Beurteilung der Evidenz ab (BVerfGE 11, 234, 238; 77, 346, 358), da nur so hinreichend deutlich wird, dass **keine detaillierte Kontrolle** der Einzelschrift erfolgen darf, sondern sich die schwere Gefährdung ohne Weiteres aus dem Gesamteindruck oder aus besonders ins Auge springenden Einzelheiten ergeben muss (so BVerfGE 77, 346, 358; ausführl. § 15 JuSchG Rn. 90).

bb) Richtlinien und Prüfgrundsätze. In den Richtlinien, Prüfgrund- 56
sätzen und sonstigen abstrakten Vorgaben der Aufsichtsstellen ergeben sich Auslegungsgrundsätze, die sich auf das Vorliegen der offensichtlich schweren Jugendgefährdung beziehen bzw. diese konkretisieren. Die **KJM-Kriterien** befassen sich insoweit mit dem Grundbegriff der Entwicklungsgefährdung – vor allem in Abgrenzung zur Entwicklungsbeeinträchtigung (vgl. KJM-Kriterien, 2009, S. 5; ebenso Hopf/Braml, ZUM 2010, 211, 215). Sie konkretisieren indes nicht den Gefährdungsgrad der offensichtlich schweren Jugendgefährdung. Auch die Jugendschutzrichtlinien der Landesmedienanstalten (**JuSchRiL**) erschöpfen sich in Ziff. 2.4. in Hinweisen darauf, dass es sich bei § 4 Abs. 2 S. 1 Nr. 3 um eine „Generalklausel" handele und konstatieren, dass keine inhaltliche Änderung der bestehenden Praxis mit der terminologischen Neufassung einhergehe. Hinsichtlich des Merkmals der **Offensichtlichkeit** wird in Ziff. 2.4.3 ausgeführt, dass insoweit auf die „Erkennbarkeit" aus Sicht des „unbefangenen Beobachters bei verständiger Würdigung" abzustellen sei.

Die Freiwillige Selbstkontrolle Multimedia-Diensteanbieter (**FSM**) hat 57
aufgrund der entsprechenden medienthematischen Ausrichtung auf Angebotsinhalte im Internet einen größeren praktischen Bezug zu potentiell schwer jugendgefährdenden Inhalten. Dem wird auch in den Prüfgrundsätzen durch ein **differenziertes Kriteriensystem** Rechnung getragen, das unterschiedliche Medienthematiken aufgreift (vgl. Ziff. 9.2.1.1 FSM-Grundsätze, 2006). Danach sollen bzw. können „in der Regel schwer jugendgefährdend" angesehen werden z. B. Darstellungen im Sinne demokratiefeindlicher, rassistischer, völkischer oder nationalistischer Ideologien; Befürwortung von Gewalt zur Durchsetzung sexueller Interessen; besonders außergewöhnliche sexuelle Praktiken, wenn sie als vollkommen normal und nichts Außergewöhnliches oder als besonders lustvoll beschrieben werden"; Sexuelle Diskriminierung von Minderheiten; extremer Sexismus; die explizite Aufforderung zur Prostitution; die Verbreitung von destruktiv-sektiererischen Vorstellungen des Satans- oder Hexenglaubens oder anderer destruktiv-extremistischer Glaubensrichtungen; die Verführung zum Erwerb oder Gebrauch von Suchtmitteln; die Aufforderung zu Straftaten, die von § 130a StGB nicht erfasst werden; der Aufruf zum Suizid, zur Selbstverletzung oder zur Selbstgefährdung, die Abwertung von Kindern oder Jugendliche durch Erwachsene (vgl. auch zur **Spruchpraxis**: FSM Beschwerdeausschuss-Entsch. v. 03. 9. 2008, FSM-Prüfungsnr. 07213, v. 26. 3. 2008, FSM-Prüfungsnr. 06314 und v. 20. 11. 2006, FSM-Prüfungsnr. 04099).

Dezidierte Auslegungshinweise finden sich auch in den Richtlinien zur 58
Anwendung der Prüfordnung der Freiwilligen Selbstkontrolle Fernsehen

(FSF), welche zu einem Gutteil auf die herrschende Rspr. und Rechtsliteratur rekurrieren (FSF-Richtlinien zur PrO-FSF vom 01. 03. 2005, S. 47 f.). Als Beispiele für solche Sendungen führt § 30 Abs. 1 Nr. 1 PrO-FSF im medienthematischen Kontext „**Gewalt**" insb. Programme an, „die extreme Gewalt in ihren physischen, psychischen und sozialen Erscheinungsformen verherrlichen oder verharmlosen". Von Bedeutung sei hierbei insb., „ob
(a) Gewalt als **probates Handlungskonzept** im Kontext des Programms unzureichend relativiert dargestellt wird;
(b) die Darstellungen von Gewalt so aneinandergereiht sind, dass die Problematik von Gewalt als Mittel der Konfliktlösung nicht hinreichend zum Ausdruck kommt;
(c) die Gewalthandlungen insofern verkürzt dargestellt sind, als z. B. deren Folgen und Wirkungen für die Opfer verschwiegen werden;
(d) die einzelnen Darstellungen von Gewalt derart breit und in **grausamen Details** ausgespielt sind, dass sie weit über das dramaturgisch Notwendige hinausgehen;
(e) die Gewalt gegen Personen, die nach ihrem Aussehen, ihrem kulturellen und sozialen Selbstverständnis, ihren Gewohnheiten oder ihrem Denken als andersartig empfunden werden, **verharmlosend** oder als gerechtfertigt dargestellt wird".

59 Als Beispiele für schwer jugendgefährdende Sendungen im medienthematisch **sexuellen Kontext** werden in § 30 Abs. 1 Nr. 2 PrO-FSF insb. Programme mit sexuellen Darstellungen genannt, die
(a) „physische und sonstige Gewalt zur Durchsetzung sexueller Interessen befürworten;
(b) Vergewaltigung als lustvoll für das Opfer erscheinen lassen;
(c) ihrer Gesamttendenz nach ein Geschlecht degradieren;
(d) in erheblichem Umfang Darstellungen enthalten, die Personen wegen ihrer sexuellen Orientierung degradieren" (vgl. § 30 Abs. 1 S. 2 Nr. 2 PrO-FSF i.d.F. v. 01. 08. 2009.

60 Weiterhin wird in den FSF-Richtlinien darauf hingewiesen, dass schwer jugendgefährdend auch Sendungen sein können, „die dazu führen können, dass Minderjährige sich **selbst schädigen**" oder – wie bei unnatürlich geschlechtsbetonten Körperdarstellungen Minderjähriger nach § 4 Abs. 1 Nr. 9 JMStV – Schädigungen durch andere dulden oder in der Entwicklung ihrer Eigenverantwortlichkeit gravierend geschädigt werden. Unzulässig seien daher auch Sendungen, „die z. B. **Selbstmord verherrlichen** oder verharmlosen, selbstgefährdende Verhaltensweisen zeigen und eine erhebliche Gefahr der Nachahmung begründen, zum Drogenkonsum anreizen, aber auch solche, die Minderjährige dazu veranlassen können, sich als minder berechtigt als Erwachsene anzusehen und deren rechtswidrige Handlungen zu dulden oder auch solche, die z. B. für eine Sekte werben, deren Mitglieder dazu gebracht werden, die Verantwortung für sich aufzugeben und unbedingten Gehorsam gegenüber der Sektenleitung zu üben" (FSF-Richtlinien zur PrO-FSF vom 01. 03. 2005, S. 47 f.).

61 **c) Besondere „Wirkungsform des Verbreitungsmediums".** Problematisch ist weiterhin das ausdrückliche Gebot, u.a. die „besondere Wirkungs-

Unzulässige Angebote § 4 JMStV

form des Verbreitungsmediums zu berücksichtigen". Hierdurch wird der bisher allgemein im Jugendmedienschutz geltende und für die Rechtssicherheit bei der Begriffsauslegung maßgebliche Grundsatz der alleinigen Orientierung am **Angebotsinhalt** zugunsten einer mediendifferenzierten Betrachtungsweise aufgeweicht. Danach soll etwa denkbar sein, dass ein an sich (noch) nicht offensichtlich zur schweren Jugendgefährdung geeigneter Inhalt eines Trägermediums gleichwohl dem Verbot des § 4 Abs. 2 Nr. 3 unterfällt, nur weil zur Distribution der Rundfunk bzw. ein Telemedium genutzt wird. Die Frage, in welchen Fällen gerade die medienspezifische Darstellungsform den offensichtlich schwer jugendgefährdenden Charakter eines Angebotes begründen oder entfallen lässt, bleibt freilich auch in der Amtl. Begründung unbeantwortet.

Der Berücksichtigung einer – wie auch immer gearteten – besonderen 62
Wirkungsform eines bestimmten Mediums steht entgegen, dass die Auslegung des Begriffs der Jugendgefährdung allein in der prognostischen Einschätzung einer etwaigen Eignung des Medieninhalts zur sozial-ethischen Desorientierung von Kindern und Jugendlichen im Sinne einer Abweichung der verfassungsrechtlich verankerten Wertordnung ihre Grundlage findet (vgl. § 18 JuSchG Rn. 6 f. mwN.). Zudem bringt das Merkmal der Offensichtlichkeit zum Ausdruck, dass zur Feststellung der schweren Jugendgefährdung keine detaillierte Kontrolle des Angebotes verlangt werden darf, sondern sich die Gefährdung aus dem **Gesamteindruck** oder besonders ins Auge springenden Einzelheiten eindeutig ergeben muss (ausführl. § 15 JuSchG Rn. 90 mwN.). Lässt der Gesetzgeber indes unklar, welche medienspezifischen Wirkungsformen den Grad der Jugendgefährdung maßgeblich erhöhen oder abmildern, kann der unbefangene Beobachter (BVerfGE 11, 234, 238; 77, 346, 358; Ziff. 2.4.3 JuSchRiL) kaum zu der Einschätzung gelangen, dass gerade hierdurch die Evidenz einer schweren Jugendgefährdung bei einem Angebot vorliegt. Daher bewendet es bei der **ausschließlichen Berücksichtigung des Inhaltes** eines Angebotes ungeachtet seiner Verbreitung via Rundfunk bzw. als Telemedium (zustimmend Sp/Sch/Erdemir, Rn. 51; s.a. Nikles u.a., Rn. 31).

V. Geschlossene Benutzergruppe (Abs. 2 S. 2)

1. Allgemeines

Nach der Ausnahmenorm des Satz 2 ist die Verbreitung pornographischer, 63
nach § 18 Abs. 1 JuSchG wegen Jugendgefährdung indizierter oder offensichtlich schwer jugendgefährdender **Telemedien** (Satz 1 Nrn. 1 bis 3 grundsätzlich möglich. Hierbei muss jedoch sichergestellt sein, dass Kinder oder Jugendliche keinen Zugang haben, sodass diese Angebote nur Erwachsenen zur Verfügung stehen (Bayer. LT-Drs. 14/10246, S. 17; vgl. auch Bornemann, NJW 2003, 787, 789). Der Klammerzusatz „**geschlossene Benutzergruppe**" sollte durch den 14. RfÄndStV gestrichen werden (Bayer. LT-Drs. 16/5283, S. 9). Nach Scheitern der JMStV-Novelle ist der Begriff in der Norm verblieben (s.o. Rn. 2).

2. Anforderungen nach BGH-Rechtsprechung und herrschender Meinung

64 Die Anforderungen an geschlossene Benutzergruppen wurden durch die Rspr. des BGH im Urteil vom 18. 10. 2007 BGH NJW 2008, 1882 ff. m. Anm. Engels/Jürgens = MMR 2008, 400 ff. m. Anm. Liesching und Anm. Waldenberger) sowie die zuvor ergangene obergerichtliche Rspr. (vgl. KG MMR 2004, 478 ff. m. Anm. Liesching; OLG Düsseldorf MMR 2005, 409 f. m. Anm. Erdemir; OLG Düsseldorf, MMR 2005, 611 ff. m. Anm. Liesching; OLG Nürnberg MMR 2005, 464 f. m. Anm. Liesching) konkretisiert. Danach genügt es den jugendschutzrechtlichen Anforderungen zunächst nicht, wenn pornographische Internet-Angebote den Nutzern nach der Eingabe einer **Personal- oder Reisepassnummer** zugänglich gemacht werden. Auch wenn zusätzlich eine **Kontobewegung** im Rahmen der Identifizierung erforderlich ist oder eine Postleitzahl abgefragt wird, genüge ein solches System den gesetzlichen Anforderungen nicht.

65 Der BGH stellt zudem klar, dass sich der „**Grad an Zuverlässigkeit** für die Altersverifikation" und welche Mittel zur Sicherstellung einzusetzen sind, sich nicht unmittelbar aus § 4 Abs. 2 JMStV ergebe. Dafür, wie ein verlässliches System beschaffen sein muss, sei nach Auffassung des BGH der Zweck des JMStV maßgeblich. Dieser Zweck sei darauf gerichtet, für den Jugendmedienschutz im Internet wie in den traditionellen Medien ein einheitliches Schutzniveau zu gewährleisten (vgl. BGH NJW 2008, 1882, 1884 unter Verweis auf Döring/Günter, MMR 2004, 231, 232). Daher sei es auch geboten, die Auslegung des § 4 Abs. 2 S. 2 an den Maßstäben auszurichten, die für die **Zugänglichkeit pornographischer Inhalte in anderen Medien** entwickelt worden sind. Der BGH stellt insoweit auf verwaltungsgerichtliche Rspr. zu Pornographie im Pay-TV, auf strafgerichtliche Rspr. des BGH zu Automatenvideotheken sowie auf zivilgerichtliche Rspr. zum Versandhandel mit pornographischen Trägermedien ab (vgl. BVerwG NJW 2002, 2966 – Pornographie im Pay-TV; BGH MMR 2003, 582 f. m. Anm. Liesching – Automatenvideothek; BGH NJW 2008, 758, 763 = BGHZ 173, 188 ff. = GRUR 2007, 890 ff. = MMR 2007, 634 ff. m. Anm. Köster/Jürgens – Erwachsenenversandhandel).

66 In Parallele zu der Judikatur in anderen Medienbereichen (krit. Sellmann, K&R 2008, 366, 367 f.) fordert der BGH, dass entsprechende wirksame Vorkehrungen auch von den Anbietern pornographischer Inhalte im Internet gewährleistet werden müssten (BGH NJW 2008, 1882, 1884 unter Verweis auf KG NStZ-RR 2004, 249, 250 = MMR 2004, 478 ff. m. Anm. Liesching). Die Verlässlichkeit eines Altersverifikationssystems setze danach voraus, dass es **einfache, naheliegende und offensichtliche Umgehungsmöglichkeiten ausschließt** (BGH aaO. unter Verweis auf Döring/Günter, MMR 2004, 231, 234; Erdemir, MMR 2004, 409, 412). Andererseits könne einem Altersverifikationssystem nicht deshalb die Effektivität abgesprochen werden, weil es von Jugendlichen aufgrund nicht vorhersehbarer besonderer Kenntnisse, Fertigkeiten oder Anstrengungen ausnahmsweise umgangen werden kann. Insoweit bestünden zahlreiche Möglichkeiten, ein System zuverlässig auszugestalten.

Unzulässige Angebote § 4 JMStV

Der BGH verweist in diesem Zusammenhang ausdrücklich auf die von 67
der Kommission für Jugendmedienschutz (**KJM**) **positiv bewerteten Konzepte**, „die eine persönliche Identifizierung der Nutzer durch einen Postzusteller oder in einer Postfiliale (Post-Ident-Verfahren), in einer Verkaufsstelle oder mittels des „Identitäts-Check mit Q-Bit" der Schufa Holding-AG (Rückgriff auf eine bereits erfolgte persönliche Kontrolle durch ein Kreditinstitut) voraussetzen" (BGH NJW 2008, 1882, 1885). Außerdem werde eine Authentifizierung des Kunden bei jedem einzelnen Abruf von Inhalten oder Bestellvorgang verlangt. Dafür komme insb. ein **Hardware-Schlüssel** (etwa USB-Stick, DVD oder Chip-Karte) in Verbindung mit einer PIN in Betracht, die dem Kunden persönlich (etwa per Einschreiben eigenhändig) zugestellt werden.

Schließlich lasse § 4 Abs. 2 S. 2 JMStV nach Ansicht des BGH – wie beim 68
Erwachsenenversandhandel mit pornographischen Trägermedien auch eine **rein technische Altersverifikation** zu, „wenn sie den Zuverlässigkeitsgrad einer persönlichen Altersprüfung erreicht" (BGH NJW 2008, 1882, 1885). Grundsätzlich denkbar erscheine nach Auffassung des Senats z. B., „die Altersverifikation durch einen entsprechend zuverlässig gestalteten **Webcam-Check** durchzuführen oder unter Verwendung **biometrischer Merkmale**" (vgl. BGH aaO., wobei hinsichtlich der Zulässigkeit von Webcam-Verifikationsverfahren ausdrücklich auf die Beschwerdeentscheidung Nr. 03656 der FSM Bezug genommen wird; s.a. Bayer. LT-Drs. 16/5283, S. 13).

3. Anforderungen nach Jugendschutzrichtlinien

Die Anforderungen, welche die Kommission für Jugendmedienschutz 69
(KJM) an geschlossene Benutzergruppen nach § 4 Abs. 2 S. 2 JMStV stellt, sind primär den Jugendschutzrichtlinien (JuSchRL) vom 8./9. März 2005 zu entnehmen (s. zur Bindungswirkung, Bedeutung und verwaltungsrechtlicher Einordnung der Richtlinien Cole, ZUM 2005, 469; Ladeur, ZUM 2002, 859, 867; Oberländer, ZUM 2001, 492; Ullrich, ZUM 2005, 455; krit. Sellmann, MMR 2006, 723, 725, s.a. § 15 Rn. 5). Nach Ziff. 5.1.1 JuSchRL sei die Sicherstellung des Erwachsenenzugangs vor allem durch **zwei Schritte bzw. „Phasen"** zu gewährleisten, namentlich durch (1.) eine Volljährigkeitsprüfung, die über persönlichen Kontakt erfolgen muss und (2.) durch Authentifizierung beim einzelnen Nutzungsvorgang. Die erste Phase wird dabei als Identifizierung, die zweite Phase als Authentifizierung bezeichnet. Voraussetzung für eine verlässliche Volljährigkeitsprüfung sei im Sinne der Phase 1 „die persönliche Identifizierung von natürlichen Personen inklusive der Überprüfung ihres Alters", wofür „ein persönlicher Kontakt („face-to-face-Kontrolle") mit Vergleich von amtlichen Ausweisdaten (Personalausweis, Reisepass) erforderlich" sei (Ziff. 5.1.2 JuSchRL). Die Authentifizierung im Sinne der zweiten Phase habe des Weiteren „sicherzustellen, dass nur identifizierte und altersgeprüfte Personen Zugang zu geschlossenen Benutzergruppen erhalten" und solle „die Weitergabe von Zugangsdaten an unautorisierte Dritte erschweren" (Ziff. 5.1.2 JuSchRL).

4. Entwicklung eines „Vier Phasen"-Modells

70 **a) Erfordernis allgemeiner „entwicklungsoffener" Auslegung.** Der Überblick über die Rspr. des BGH und die Jugendschutzrichtlinien zu AVS zeigt, dass grundsätzlich hohe Anforderungen an das Merkmal des „Sicherstellens" des ausschließlichen Erwachsenenzugangs nach § 4 Abs. 2 S. 2 JMStV gestellt werden. Berücksichtigt man daneben auch die Spruchpraxis der KJM und der Freiwilligen Selbstkontrolle Multimedia-Diensteanbieter (FSM), ist nicht zu verkennen, dass die im Einzelnen geforderten Voraussetzungen seit Inkrafttreten des JMStV im April 2003 immer **ausdifferenzierter und komplexer** geworden sind. Angesichts der Vielzahl denkbarer Altersverifikationssysteme und der Bandbreite der möglichen technischen bzw. organisatorischen Umsetzungen des gesetzlichen Erfordernisses einer „Sicherstellung" ergibt sich zukünftig in verstärktem Maße die Notwendigkeit der Formulierung eines allgemeineren Schutzstandards. Dies gilt umso mehr, als aufgrund sicher zu erwartender **technischer Fortentwicklungen** auch der praktische Bedarf nach einem Auslegungsansatz des „Sicherstellens" im Sinne des § 4 Abs. 2 S. 2 besteht, der losgelöst von Momentaufnahmen des technischen status quo vergleichsweise rechtssicher zukünftigen Entwicklungen Rechnung tragen kann.

71 **b) Eruierung eines allgemeinen Schutzstandards.** Vor diesem Hintergrund ist zu fragen, wie allgemeine Standards und Auslegungsgrundsätze formuliert werden können, welche die Anforderungen an Altersverifikationssysteme im vorstehend beschriebenen Sinne weiter konkretisieren. Hierbei ist von Bedeutung, sich wiederum den Ausgangspunkt bzw. die Kernüberlegung der Auslegungsansätze der Rspr. zu verdeutlichen. Hiernach ergibt sich nämlich, dass die allenthalben geforderte „effektive Barriere" für den Zugang zu pornographischen oder sonst jugendgefährdenden Inhalten stets mit dem Erfordernis eines weitgehenden **Ausschlusses von Risiken der Umgehung und des Missbrauchs** durch minderjährige Nutzer korrespondiert. Ein ausschließlicher Erwachsenenzugang durch ein bestimmtes Altersverifikationssystem kann mit anderen Worten dann als „sichergestellt" angesehen werden, wenn bei allen jeweils implementierten Prozessabläufen verhindert wird, dass auch Kinder und Jugendliche z. B. durch Täuschung, Missbrauch von Fremddaten, durch einfach umzusetzende technische Manipulationen oder durch das „Abfangen" übermittelter Zugangsdaten Zugang zu Inhalten nach § 4 Abs. 2 S. 1 JMStV erhalten.

72 Die Definition des „Sicherstellens" über den Ausschluss von Missbrauchs- und Umgehungsszenarien entspricht im Übrigen gerade den durch 14. RfÄndStV vorgesehenen Voraussetzungen des § 11 Abs. 4 S. 1 JMStV-E. Die Vorschrift der im Landtag NRW gescheiterten JMStV-Novelle sah namentlich die Prozessabläufe der „**Identifizierung**" des Nutzers und der „**Authentifizierung**" beim jeweiligen Nutzungsvorgang als Bereiche vor, welche für Manipulationen, Falschangaben und andere Missbrauchsszenarien „anfällig" sind und versuchte durch die Vorgabe bestimmter Standards wie z. B. der „Face-to-Face"-Kontrolle oder die Erschwernis der Weitergabe von Zugangsdaten den denkbaren Missbrauchsszenarien zu begegnen. Folgt man diesem Ansatz, so kann im oben dargestellten Sinne ein „Sicherstellen" des

Unzulässige Angebote § 4 JMStV

Erwachsenenzugangs also allgemein dann angenommen werden, wenn in **allen relevanten Prozessabläufen** des jeweiligen Systems Missbrauchs-, Manipulations- und Umgehungsstrategien minderjähriger Nutzer möglichst weitgehend ausgeschlossen werden.

c) Ausschluss von Gefahrszenarien in AVS-Prozessabläufen. Dieser allgemeine Schutzstandard des § 4 Abs. 2 S. 2 JMStV, der in seiner offenen Formulierung auch neuen technischen Entwicklungen und Lösungsinnovationen im Bereich der Altersverifikationssysteme Rechnung trägt, kann für die bislang gängigen und bei den meisten Altersverifikationssystemen implementierten Prozessabläufe weiter konkretisiert werden. Vorbehaltlich zukünftiger (technischer) Weiterentwicklungen sind derzeit in Einklang mit der Rspr. und der bisherigen Spruchpraxis von KJM und FSM vor allem vier Prozessabläufe bzw. Phasen zu unterscheiden, bei denen Missbrauchs- und Umgehungsszenarien denkbar sind und bei denen ggf. Vorkehrungen zu ihrer Verhinderung erforderlich werden:

73

– **Phase 1: Identifizierung und Überprüfung von Altersangaben:** Im Rahmen der Erstidentifizierung eines Zugang begehrenden Nutzers besteht vor allem die Gefahr, dass durch Falschangaben eines minderjährigen Nutzers dem Anbieter dessen Volljährigkeit vorgetäuscht wird. Insoweit ist also erforderlich, dass ein Nutzer sicher als Volljähriger identifiziert wird.
– **Phase 2: Übermittlung von Zugangsdaten an den Nutzer:** Ist im Rahmen eines bestimmten Altersverifikationssystems die Übermittlung von Zugangsdaten, Zugangshardware oder -software erforderlich, besteht vor allem die Gefahr, dass eine Zustellung nicht an die Person erfolgt, die seitens des Anbieters als volljährige Person identifiziert worden ist. Insoweit ist zu gewährleisten, dass Zugangsdaten, Zugangshardware oder -software nur zu der als volljährig identifizierten Person gelangen.
– **Phase 3: Zugangsgewährung gegenüber Nutzern:** Bei der Gewährung des Zugangs zu pornographischen oder sonst jugendgefährdenden Internetinhalten besteht vor allem die Gefahr, dass auch (minderjährige) Nutzer, die nicht den Identifizierungs- und Alterskontrollprozess des AVS durchlaufen haben, sich Zugang zu den betreffenden Inhalten verschaffen können. Insoweit ist zu gewährleisten, dass eine Umgehung des Altersverifikationssysteme-Zugangstores ausgeschlossen ist und nur identifizierte Nutzer die Angebote abrufen können, welche über Phase 1 und Phase 2 die erforderliche Zugangslegitimation haben.
– **Phase 4: Verhinderung der Weitergabe/Multiplikation von Zugangsdaten:** Sofern im Rahmen eines bestimmten Altersverifikationssystems die Eingabe von Zugangsdaten (z. B. „Adult"-PIN, individuelles Passwort) vorgesehen ist, besteht die Gefahr, dass diese Zugangsdaten an nicht autorisierte Dritte weitergegeben werden und/oder eine Vielzahl von Personen sich über die Daten (simultan) Zugang zu pornographischen oder sonst jugendgefährdenden Internetinhalten verschaffen können. Insoweit ist zu gewährleisten, dass das Risiko einer Weitergabe bzw. eines „Kursierens" sowie einer multiple Nutzung von Zugangsdaten minimiert wird.

5. Konkretisierung von Anforderungen des Sicherstellens

75 **a) Phase 1: Identifizierung und Überprüfung von Altersangaben.**
Um zu verhindern, dass durch Falschangaben eines minderjährigen Nutzers dem Anbieter dessen Volljährigkeit vorgetäuscht wird, bedarf es im Einklang mit der herrschenden Meinung nach derzeitigem technischen Entwicklungsstand grundsätzlich einer Verifizierung der Altersangaben aufgrund eines **persönlichen Kontaktes** („Face-to-Face"-Kontrolle). Dabei ist auch hinreichend, dass auf Altersdaten zurückgegriffen wird, die bereits zu einem früheren Zeitpunkt z. B. von einem Kreditinstitut auf der Grundlage einer „Face-to-Face"-Kontrolle verifiziert worden sind. Insoweit bedarf es **keiner zeitlichen Simultaneität** von persönlichem Kontakt und Altersverifikationsprozess. Hierfür spricht vor allem auch, dass die zu einem früheren Zeitpunkt durch persönlichen Kontakt verifizierten Daten nicht im Zusammenhang mit der Zugangsgewährung zu pornographischen Inhalten stehen und daher in der Regel keinen etwaigen Intentionen der Manipulation durch minderjährige Nutzer ausgesetzt waren.

76 Unter dem letzten Gesichtspunkt und auch vor dem Hintergrund der Offenheit des Begriffs des „Sicherstellens" kann bei der Identifizierung auch ein **Rückgriff auf persönliche Daten** genügen, die zwar nicht im Zusammenhang mit einem persönlichen Kontakt erhoben worden sind, aber auf einem vergleichbar sicheren Wege. Denn auch im Rahmen der Identifizierung gilt wie allgemein bei § 4 Abs. 2 S. 2 JMStV, dass maßgeblich lediglich der Ausschluss von Missbrauchs- und Manipulationsmöglichkeiten ist. Insoweit bedarf es aber der genauen Prüfung im Einzelfall, ob entsprechende Identifizierungsmodelle ohne persönlichen Kontakt jenen mit (zumindest mittelbar) implementierter „Face-to-Face"-Kontrolle gleichgesetzt werden können bzw. mit den Worten des BGH: ob „sie den Zuverlässigkeitsgrad einer persönlichen Altersprüfung erreichen" (vgl. BGH NJW 2008, 1882, 1885).

77 Darüber hinaus kann im Einklang mit der Rspr. des BGH auch eine Identifizierung mit Alterskontrolle durch technisch visuelle Übertragungslösungen wie insb. **mittels Webcam** genügen (BGH NJW 2008, 1882, 1885; s.a. Bayer. LT-Drs. 16/5283, S. 13; ebenso Mynarik, 2005, S. 179; Sellmann, MMR 2006, 723, 727; s.a. Braml/Hopf, ZUM 2010, 645, 650). Denn auch in diesem Zusammenhang gilt grundsätzlich, dass das lediglich abstrakt durch § 4 Abs. 2 S. 2 JMStV vorgegebene Schutzniveau des Sicherstellens des ausschließlichen Erwachsenenzugangs offen für technische Fortentwicklungen und Lösungsinnovationen ist. Allerdings bedarf es in tatsächlicher Hinsicht der **Eruierung im Einzelfall**, ob Möglichkeiten der Umgehung bzw. Manipulation weitgehend ausgeschlossen werden.

78 **b) Phase 2: Übermittlung von Zugangsdaten an den Nutzer.** Soweit im Rahmen eines bestimmten AVS die Übermittlung von Zugangsdaten, Zugangshardware oder -software erforderlich ist, muss gewährleistet werden, dass Zugangsdaten, Zugangshardware oder -software nur zu der als volljährig identifizierten Person gelangen. Dabei muss vor allem den Risiken im Rahmen der **Zustellung** Rechnung getragen werden, also derjenigen Prozessphase, in der erstmalig eine **Aushändigung bzw. Übermittlung** an den

Unzulässige Angebote **§ 4 JMStV**

Bestellerhaushalt erfolgt. Einfache Umgehungen wie die Möglichkeit des bloßen „Abfangens" eines einfach zugestellten Briefes mit Zugangsdaten durch einen Minderjährigen müssen ausgeschlossen sein. Auch insoweit bedarf es im Einklang mit der bisherigen Rspr. einer effektiven Barriere, die erhebliche Anstrengungen des Minderjährigen notwendig macht bzw. die Mithilfe eines Erwachsenen (durch aktives Tun oder Unterlassen) erfordert, um sie umgehen zu können.

Zweifelhaft ist allerdings die **strenge Auffassung** eines teils des Schrifttums, nach dem im Falle eines zeitlichen Auseinanderfallens der Erstidentifizierung des Nutzers und der Übergabe der Zugangsdaten eine „**Face-to-Face**"-**Kontrolle zweimal** stattzufinden habe („eigenhändige Zustellung", vgl. Hartstein u.a., § 4 JMStV Rn. 64; Nikles, u.a. § 4 JMStV Rn. 35; a. A. H/S/Altenhain, Rn. 76). Soweit diese Ansicht überhaupt begründet wird, erfolgt lediglich ein Hinweis auf die Rspr. des Zivilsenats des OLG München zum Erwachsenenversandhandel nach § 1 Abs. 4 JuSchG (OLG München NJW 2004, 3344, 3346), welche von der h.M. abgelehnt wird (s. ausführl. § 1 JuSchG Rn. 38 ff.). Vielmehr erscheint vorzugswürdig, nach bereits erfolgter Alterskontrolle auf der Basis einer hinreichend sicheren Identifizierung weiteren Zustellrisiken auch durch andere Vorkehrungen als eine „Face-to-Face"-Kontrolle begegnen zu können. Auch die KJM geht daher zutr. davon aus, dass neben der Zustellung von Zugangsdaten eigenhändig per Einschreiben eine ähnlich qualifizierte Alternative zur Minimierung der genannten Risiken hinreichend sein kann.

Dann aber ist vor dem Hintergrund des lediglich abstrakt durch § 4 Abs. 2 S. 2 vorgegebenen Schutzniveaus wiederum allein entscheidend, ob andere Wege der Übermittlung von Zugangsdaten, Zugangshardware oder -software, die keinen persönlichen Kontakt erfordern, in **vergleichbarem Maße Risiken** des Missbrauchs und der Umgehung durch Minderjährige **ausschließen** wie etwa die Zustellung per Einschreiben eigenhändig. Insoweit verbietet sich der Ausschluss alternativer Lösungen allein mit dem Hinweis auf das Fehlen eines persönlichen Kontaktes im Rahmen der Zustellung. Wie bereits dargelegt, bestehen auch bei persönlicher Zustellung Missbrauchsrisiken wie etwa die gleichwohl durch den Zusteller erfolgende Übergabe an eine andere (minderjährige) Person als den Adressaten. Auch besteht bei der persönlichen Zustellung die Möglichkeit, dass der zugestellte Brief im häuslichen Bereich in die Hände anderer jugendlicher Familienmitglieder gelangt, wenn z. B. der Brief an einem Ort verwahrt wird, auf den Minderjährige im Haushalt Zugriff haben.

c) Phase 3: Zugangsgewährung gegenüber Nutzern. Bei der Gewährung des Zugangs zu pornographischen oder sonst jugendgefährdenden Internetinhalten ist zu gewährleisten, dass eine Umgehung des „Altersverifikationssystem-Zugangstores" ausgeschlossen ist und nur identifizierte Nutzer die Angebote abrufen können, welche über Phase 1 und Phase 2 die **erforderliche Zugangslegitimation** haben. Dies bedeutet zum einen, dass vor allem so genannte „**Backdoor**"-**Zugänge**, die eine Kenntnisnahme jugendgefährdender Inhalte auch ohne Authentifizierung mit den Zugangsdaten möglich machen, gänzlich unterbunden werden müssen. Zum anderen ist m.E.

zu gewährleisten, dass ein einmal freigeschalteter Zugang zu pornographischen und sonst jugendgefährdenden Inhalten nicht zeitlich unbegrenzt geöffnet bleibt und die Gefahr besteht, dass solche Inhalte auch für dritte unautorisierte Personen über die Nutzung des jeweiligen PC, der Set-Top-Box etc. frei zugänglich werden. Dem kann zum Beispiel dadurch Rechnung getragen werden, dass nach einem gewissen Zeitpunkt der Inaktivität eine **Neuanmeldung** mit den Altersverifikationssystem-Zugangsdaten (z. B. PIN-Eingabe) erfolgen muss.

82 d) **Phase 4: Verhinderung der Weitergabe/Multiplikation von Zugangsdaten.** Des Weiteren muss der Telemedienanbieter pornographischer oder sonst jugendgefährdender Internetinhalte hinsichtlich der Zugangsdaten strengere Anforderungen erfüllen, als derjenige, der etwa nur eine pornographische Druckschrift zugänglich macht. Während eine Druckschrift mit pornographischen Inhalten vom Erwerber nur einmal weitergeben werden kann, ist der Schlüssel zu einem Pornographieangebot in den neuen Medien **beliebig oft weitergebbar**. Insofern erscheint die Forderung nach einer Hardware-Komponente (z. B. USB-Stick, Chip-Karte) mit Bezahlfunktion verständlich, da der berechtigte Inhaber einer solchen **Hardwaresicherung** wohl nur wenig Neigung zeigen dürfte, diese an Dritte weiterzugeben. Zudem wird durch die Kopplung der Zugangsdaten mit einer Hardware-Komponente der multiple (simultane) Einsatz durch mehrere (nicht autorisierte) Personen weitgehend ausgeschlossen. Dass die KJM hierbei in der Vergangenheit auch Systeme anerkannt hat, die eine Kopplung der Zugangsdaten nicht nur mit einem Gerät (z. B. Set-Top-Box, PC, Mobilfunkgerät), sondern mit mehreren Geräten ermöglichen, unterliegt jedenfalls dann keinen Bedenken, wenn durch **zusätzliche Kostenrisiken** für den Nutzer unwahrscheinlich ist, dass eines der Hardware-Geräte mit den Zugangsdaten an unberechtigte Dritte weitergegeben werden.

83 Dies ergibt sich auch daraus, dass nach der Spruchpraxis der KJM auch andere Verfahren in Betracht kommen, mit denen verhindert wird, dass der als volljährig identifizierte Nutzer seine Zugangsdaten leichtfertig und sanktionslos an (vor allem einer Vielzahl von) Jugendliche(n) weitergibt. Dies ist z. B. dadurch möglich, dass zwar auf eine Hardwarekomponente verzichtet wird, jedoch die Adult-Zugangsdaten mit weiteren **umfangreichen persönlichen Kundendaten** (etwa des Vertragsproviders) gekoppelt werden. Eine Weitergabeverhinderung bzw. -erschwerung kann aber auch dadurch erreicht werden, dass mit der Nutzung von Zugangsdaten oder sonstigen persönlichen Kundendaten erhebliche Kosten für den Inhaber verursacht werden können. Bei derartigen Sicherungen besteht dann i. d. R. allenfalls noch im häuslichen Umfeld die Gefahr der Weitergabe, jedoch entspricht dieses Risiko auch der bisherigen Gefahr einer Weitergabe von z. B. pornographischen (Video-)Filmen durch die Eltern an ihre Kinder.

VI. Verbotserweiterung bei indizierten Inhalten (Abs. 3)

1. Allgemeines

Die in Abs. 3 geregelte Verbotserweiterung bestimmt, dass die Indizierung 84
nach § 18 JuSchG auch für geschnittene Versionen fortwirkt (Sp/Sch/Erdemir, Rn. 65). Dies ist erforderlich, weil sich entsprechende Angebote zwar inhaltlich verändern können, sich hierdurch aber der Gesamtcharakter des Angebots nicht ändert. Die Unzulässigkeitstatbestände des Abs. 1 Satz 1 Nr. 11 und Abs. 2 Satz 1 Nr. 2 gelten auch bei wesentlichen inhaltlichen Veränderungen z. B. durch Schnitte oder solange fort, bis die BPjM die jeweils veränderte Fassung als unbedenklich bestätigt hat. Erst nach einer positiven Bescheidung des Neubewertungsantrags darf die veränderte Fassung im Rundfunk oder als Telemedium verbreitet werden. Im Schrifttum wird zutreffend darauf hingewiesen, dass mithin einer Bundesbehörde partielle Befugnisse für den Rundfunk eingeräumt werden (Sp/Sch/Erdemir, Rn. 65).

2. Angebotsbegriff

Die in Abs. 3 manifestierte Verbotserweiterung bezieht sich nach dem 85
Wortlaut lediglich auf „Angebote", die in die Liste nach § 18 JuSchG aufgenommen worden sind. Der Begriff der Angebote ist hier nicht i. S. d. engen Legaldefinition des § 3 Abs. 2 Nr. 1 auszulegen, welche lediglich Rundfunksendungen sowie Inhalte von Telemedien erfasst. Da Rundfunksendungen der Indizierung nach dem Jugendschutzgesetz nicht unterliegen (vgl. §§ 1 Abs. 2 und 3, 18 Abs. 1 JuSchG), beträfe die Ausweitung der in § 4 Abs. 1 S. 1 Nr. 11, Abs. 2 S. 1 Nr. 2 niedergelegten Verbote ansonsten ausschließlich in die Liste aufgenommene Telemedien, die nachträglich eine wesentliche inhaltliche Veränderung erfahren haben. **Indizierte Trägermedien** (insb. Videokassetten) dürften demnach nach wesentlichen inhaltlichen Veränderungen (hierzu Rn. 42, 52) im Rahmen des § 5 uneingeschränkt und ohne vorherige aufsichtsbehördliche Prüfung ausgestrahlt bzw. verbreitet werden.

Freilich hat der Gesetzgeber eine derartige Beschränkung des Abs. 3 auf 86
Telemedien **nicht beabsichtigt**. Nach der Amtl. Begründung soll die Vorschrift generell bestimmen, „dass die Indizierung nach § 18 des Jugendschutzgesetzes auch für geschnittene Versionen fortwirkt" (Bayer. LT-Drs. 14/10246, S. 17; so wohl auch Kreile/Diesbach, ZUM 2002, 849, 851). Damit sei „sichergestellt, dass auch veränderte Fassungen eines **ursprünglich indizierten Werkes** nicht verbreitet werden dürfen, ohne dass eine nochmalige Kontrolle durch die Bundesprüfstelle vorgenommen" werde (Bayer. LT-Drs. 14/10246, S. 17). Durch die Verwendung des umfassenden Begriffs des „Werks" in der Amtl. Begründung wird der unter Jugendschutzgesichtspunkten nachvollziehbare gesetzgeberische Wille erkennbar, alle indizierten Medien den Ausstrahlungs- bzw. Verbreitungsverboten des § 4 Abs. 1 und 2 auch für den Fall zu unterwerfen, dass ihr Inhalt nach der Listenaufnahme wesentlich verändert wurde. Gerade bei den zahlreich indizierten Film-Trägermedien, welche in Schnittfassungen im Rundfunk gesendet werden kön-

nen, ist die Verbotserweiterung des Abs. 3 sinnvoll (vgl. aber zu den verfassungsrechtlichen Bedenken Rn. 51).

87 Einer **teleologischen Ausweitung** des Begriffs des Angebotes in Abs. 3 auf alle indizierten Medien einschließlich der Trägermedien steht die Legaldefinition des § 3 Nr. 1 nicht entgegen, welche nur Rundfunksendungen und Telemedien erfasst. Nimmt die ausdrückliche gesetzliche Begriffsfassung auch auf den gesamten JMStV Bezug, so wird dem Angebotsbegriff gleichwohl vom Gesetzgeber auch an anderer Stelle eine divergierende Bedeutung beigemessen (s. ausführl. § 3 Rn. 4). Die weite Auslegung der Verbotserweiterung des Abs. 3 auf wesentlich veränderte indizierte Trägermedien ist mit dem **Analogieverbot** vereinbar. Dieses findet grundsätzlich auch bei Ordnungswidrigkeiten [vgl. § 24 Abs. 1 Nr. 1 l), Nr. 3] uneingeschränkt Anwendung (vgl. BVerfGE 71, 108, 115; 81, 132, 135; 87, 399, 411; § 3 OWiG, hierzu Göhler, Rn. 9; siehe aber nachfolgend Rn. 88).

88 Die Grenze zulässiger Auslegung von Rechtsbegriffen ist indes noch nicht überschritten, soweit sie mit dem Wortsinn vereinbar und nach allgemeinen rechtswissenschaftlichen Interpretationsmethoden vorgenommen werden kann (vgl. BVerfGE 71, 108, 115; 92, 1, 12). Der Terminus des Angebotes deckt nach seinem Wortsinn auch ein **allg. Begriffsverständnis** i.S. jedweder indizierter „Medieninhalte" ungeachtet ihrer medienspezifischen Verbreitungsform. Die dahingehende Auslegung erscheint darüber hinaus unter teleologischen Gesichtspunkten sowie bei Berücksichtigung des Willens des Gesetzgebers zwingend.

89 Im jedenfalls unstreitig von Abs. 3 erfassten **Bereich der Telemedien** ist eine Weiterwirkung der Indizierung bei inhaltlichen Änderungen erforderlich (vgl. Bayer. LT-Drs. 14/10246, S. 17). Die Vorschrift sichert letztlich die Praktikabilität des Index-Systems bei Informations- und Kommunikationsdiensten, welche ansonsten durch stetig wechselnde Inhalte bei gleichbleibendem jugendgefährdendem Gesamtcharakter die Rechtsfolgen der Listenaufnahme unterlaufen würden. Probleme ergeben sich freilich dann, wenn der Anbieter nicht nur die Online-Inhalte wesentlich verändert, sondern diese darüber hinaus unter einer **geänderten Internet-Adresse** anbietet. In diesem Fall sind die Verbote des § 4 Abs. 1 S. 1 Nr. 11, Abs. 2 S. 1 Nr. 2 auch nicht über Abs. 3 anwendbar.

3. Wesentliche Inhaltsveränderung

90 Unter wesentlichen inhaltlichen Veränderungen sind solche Manipulationen, Kürzungen oder sonstige Bearbeitungen des Medieninhaltes zu verstehen, die das geschaffene Endprodukt nicht mehr als mit der indizierten Fassung im Wesentlichen inhaltsgleich (hierzu Rn. 42, 52) erscheinen lassen. Entscheidend für die wesentliche Inhaltsänderung eines Angebotes gegenüber einem bereits in Teil B oder D indizierten Werk (§ 4 Abs. 1 S. 1 Nr. 11) ist allein dessen jeweiliger StGB-tatbestandrelevanter Inhalt; bei Veränderungen gegenüber einem in Teil A oder C indizierten Werk (§ 4 Abs. 2 S. 1 Nr. 2) ist allein dessen jeweiliger jugendgefährdender Inhalt maßgeblich.

Entwicklungsbeeinträchtigende Angebote § 5 JMStV

4. Entscheidung der BPjM

Die Verbote des § 4 Abs. 1 S. 1 Nr. 11, Abs. 2 Nr. 2 gelten für gegenüber 91
der indizierten Fassung wesentlich inhaltsveränderte Angebote solange, bis
eine Zulässigkeitsentscheidung der Bundesprüfstelle für jugendgefährdende
Medien über die geänderte (Schnitt-)Fassung herbeigeführt wurde (krit. Bornemann, NJW 2003, 787, 789). Nach der Amtl. Begründung hat die BPjM
(§ 17 JuSchG) die entsprechenden Voraussetzungen zu schaffen, damit eine
Überprüfung veränderter Schnittfassungen von indizierten Werken in einem
angemessenen Verfahren und in angemessener Frist erfolgen kann (Bayer.
LT-Drs. 14/10246, S. 17). Ein Antrag i. S. d. § 21 Abs. 1 ist nicht erforderlich.
Die Bundesprüfstelle wird bei Vorlage der gegenüber dem indizierten Werk
veränderten Angebotsfassung entsprechend § 21 Abs. 5 Nr. 1 JuSchG (vgl.
dort Rn. 15) von Amts wegen tätig. Die Entscheidung kann analog § 23
Abs. 1 S. 1 JuSchG im vereinfachten Verfahren ergehen, wenn aufgrund der
wesentlichen inhaltlichen Veränderungen (Rn. 74) eine StGB-Tatbestandsrelevanz (§ 4 Abs. 1 S. 1 Nr. 11) bzw. eine Eignung zur Jugendgefährdung (§ 4
Abs. 2 S. 1 Nr. 2) bei dem vorgelegten Angebot offensichtlich nicht in
Betracht kommt (vgl. § 23 JuSchG Rn. 1).

VII. Rechtsfolgen, Prozessuales

1. Rechtsfolgen

Verstöße gegen die Unzulässigkeitstatbestände können nach § 24 Abs. 1 92
Nr. 1 bis 3 JMStV jeweils als Ordnungswidrigkeit mit **Bußgeld geahndet**
werden; im Falle des § 4 Abs. 2 S. 1 Nr. 3 JMStV sind Verstöße gemäß § 23
JMStV strafbar. Bei den Unzulässigkeitstatbeständen nach § 4 Abs. 1 S. 1 Nr. 1
bis 6 und 10 JMStV kann die Tat jeweils bei vorsätzlichem Handeln auch
aufgrund der im Einzelnen in Bezug genommenen kernstrafrechtlichen Verbotstatbestände verfolgt werden.

2. Prozessuale Hinweise

Gegen die Bußgeldahndung oder sonstige Maßnahmen (z. B. Beanstan- 93
dung) durch die zuständige (§ 24 Abs. 4 JMStV) Landesmedienanstalt ist der
Verwaltungsrechtsweg eröffnet und mithin **Anfechtungsklage** (§ 42 Abs. 1
VwGO) statthaft (vgl. auch § 22 JMStV). Gleiches gilt entsprechend bei
ablehnenden Entscheidungen der BPjM nach Abs. 3. Im Falle der sofortigen
Vollziehbarkeit von Untersagungsanordnungen – insb. bei Telemedien – kann
die Wiederherstellung der aufschiebenden Wirkung nach § 80 Abs. 5 VwGO
beim Gericht der Hauptsache beantragt werden.

§ 5 Entwicklungsbeeinträchtigende Angebote

(1) **Sofern Anbieter Angebote, die geeignet sind, die Entwicklung
von Kindern oder Jugendlichen zu einer eigenverantwortlichen und
gemeinschaftsfähigen Persönlichkeit zu beeinträchtigen, verbreiten**

oder zugänglich machen, haben sie dafür Sorge zu tragen, dass Kinder oder Jugendliche der betroffenen Altersstufen sie üblicherweise nicht wahrnehmen.

(2) ¹Bei Angeboten wird die Eignung zur Beeinträchtigung der Entwicklung im Sinne von Absatz 1 vermutet, wenn sie nach dem Jugendschutzgesetz für Kinder oder Jugendliche der jeweiligen Altersstufe nicht freigegeben sind. ²Satz 1 gilt entsprechend für Angebote, die mit dem bewerteten Angebot im Wesentlichen inhaltsgleich sind.

(3) Der Anbieter kann seiner Pflicht aus Absatz 1 dadurch entsprechen, dass er
1. durch technische oder sonstige Mittel die Wahrnehmung des Angebots durch Kinder oder Jugendliche der betroffenen Altersstufe unmöglich macht oder wesentlich erschwert oder
2. die Zeit, in der die Angebote verbreitet oder zugänglich gemacht werden, so wählt, dass Kinder oder Jugendliche der betroffenen Altersstufe üblicherweise die Angebote nicht wahrnehmen.

(4) ¹Ist eine entwicklungsbeeinträchtigende Wirkung im Sinne von Absatz 1 auf Kinder oder Jugendliche anzunehmen, erfüllt der Anbieter seine Verpflichtung nach Absatz 1, wenn das Angebot nur zwischen 23 Uhr und 6 Uhr verbreitet oder zugänglich gemacht wird. ²Gleiches gilt, wenn eine entwicklungsbeeinträchtigende Wirkung auf Kinder oder Jugendliche unter 16 Jahren zu befürchten ist, wenn das Angebot nur zwischen 22 Uhr und 6 Uhr verbreitet oder zugänglich gemacht wird. ³Bei Filmen, die nach § 14 Abs. 2 des Jugendschutzgesetzes unter 12 Jahren nicht freigegeben sind, ist bei der Wahl der Sendezeit dem Wohl jüngerer Kinder Rechnung zu tragen.

(5) Ist eine entwicklungsbeeinträchtigende Wirkung im Sinne von Absatz 1 nur auf Kinder zu befürchten, erfüllt der Anbieter von Telemedien seine Verpflichtung nach Absatz 1, wenn das Angebot getrennt von für Kinder bestimmten Angeboten verbreitet wird oder abrufbar ist.

(6) Absatz 1 gilt nicht für Nachrichtensendungen, Sendungen zum politischen Zeitgeschehen im Rundfunk und vergleichbare Angebote bei Telemedien, soweit ein berechtigtes Interesse gerade an dieser Form der Darstellung oder Berichterstattung vorliegt.

Schrifttum: *Altenhain,* Wann beginnt das Zeitgeschehen? – Zur Auslegung des § 5 Abs. 6 JMStV, MMR-Aktuell 2010, 302778 (MMR 7/2010); *Boecker/Machill,* Das neue Selbstklassifizierungs-, Kennzeichnungs- und Filtersystem ICRA, tv-diskurs 16/2001, S. 54; *Braml,* Onlinespiele: Novellierungsbedarf im Jugendmedienschutz?, ZUM 2009, 925; *Braml/Hopf,* Der neue Jugendmedienschutz-Staatsvertrag – Fort- oder Rückschritt für den Jugendmedienschutz?, ZUM 2010, 645; *Fechner/Schipanski,* Werbung für Handyklingeltöne – Rechtsfragen im Jugendschutz-, Telekommunikations- und Wettbewerbsrecht, ZUM 2006, 898; *Gesellensetter,* Der Jugendschutz in digital verbreiteten privaten Fernsehprogrammen, AfP 2001, 369; *Grapentin,* Neuer Jugendschutz in den Online-Medien – Pflichten für Online-Anbieter nach dem neuen Jugendmedienschutz-Staatsvertrag, CR 2003, 458; *Günter/Schindler,* Technische Möglichkeiten des Jugendschutzes im Internet, RdJB 2006, 341; *Heller/Goldbeck,* Mohammed zu Gast in Pope-

Entwicklungsbeeinträchtigende Angebote § 5 JMStV

town, ZUM 2007, 628; *Hess/Gorny,* Jugendschutz im digitalen (Bezahl-)Fernsehen, ZUM 1999, 881; *Hobro-Klatte,* Möglichkeit der Festlegung von Sendezeitbeschränkungen nach § 3 Abs. 5 S. 2 RStV für Fernsehsendungen, insb. für Talkshows im Nachmittagsprogramm, ZUM 1998, 812 ff.; *Hopf,* Das Berichterstattungsprivileg des § 5 Abs. 6 JMStV, ZUM 2009, 191; *dies.,* Jugendschutz im Rundfunk und das verfassungsrechtliche Zensurverbot des Art. 5 Abs. 1 Satz 3 GG, ZUM 2000, 739; *dies.,* Der Jugendmedienschutz-Staatsvertrag, K&R 2011, 6; *Hopf/Braml,* Eingeschränkte gerichtliche Überprüfbarkeit des Beurteilungsspielraums der Kommission für Jugendmedienschutz (KJM), MMR 2009, 153; *dies.,* Bewertungsvorgänge im Jugendmedienschutz, ZUM 2010, 211; *dies.,* Virtuelle Kinderpornographie vor dem Hintergrund des Online-Spiels Second Life, ZUM 2007, 354; *Klees/Lange,* Bewerbung, Nutzung und Herstellung von Handyklingeltönen, CR 2005, 684; *Kreile/Diesbach,* Der neue Jugendmedienschutz-Staatsvertrag – Was ändert sich für den Rundfunk?, ZUM 2002, 849; *Liesching,* Das Darstellungs- und Berichterstattungsprivileg für Sendungen zum politischen Zeitgeschehen, ZUM 2009, 367; *ders.,* Was kann die FSM? Beurteilungsspielräume nach § 20 Abs. 5 JMStV bei technisch-strukturellen Jugendschutzfragen, JMS-Report 6/2006, 2; *ders.,* Präventive Sendezeitbeschränkungen für Talkshows nach dem neuen Rundfunkstaatsvertrag, ZUM 2000, 298; *Retzke,* Präventiver Jugendmedienschutz, 2006; *Schindler,* Technische Möglichkeiten des Jugendschutzes im Internet, in: KJM-Schriftenreihe Bd. 1, 2009, S. 122; *ders.,* Rating und Filtering – Zukunftstechnologien im Jugendschutz?!?, tv-diskurs 11/2000, S. 56; *ders.,* Kann man Kinder mit dem ICRA-Filter wirklich unbesorgt ins Netz lassen? – Eine notwendige Replik zum Artikel Jugendschutz ohne Zensur in tv diskurs 22, tv-diskurs 24/2003, S. 66; *Schulz/Korte,* Jugendschutz bei non-fiktionalen Fernsehformaten, ZUM 2002, 719; *Schumann,* Jugendschutzgesetz und Jugendmedienschutz-Staatsvertrag – alte und neue Fragen des Jugendmedienschutzrechts, tv-diskurs 25/2003, S. 97; *Stettner,* Der neue Jugendmedienschutz-Staatsvertrag – eine Problemsicht, ZUM 2003, 425; *Ullrich,* Die Bewertung von Rundfunkprogrammen durch Einrichtungen der Freiwilligen Selbstkontrolle und ihre Folgen, ZUM 2005, 452; *Weigand,* Aufsicht, Anbieter oder Anwender – wer hat welche Verantwortung im Jugendmedienschutz, in: KJM-Schriftenreihe Bd. 1, 2009, S. 31; *dies.,* Der novellierte Jugendmedienschutz-Staatsvertrag. Konsequenzen für die Arbeit der KJM, JMS-Report 4/2010, 2; *dies.,* Werbung für Klingeltöne, tv-diskurs 35/2006, 70.

Übersicht

Rn.

I. Allgemeines	1
1. Regelungsinhalt und Bedeutung	1
2. Gescheiterte JMStV-Novelle	2
II. Begriff der entwicklungsbeeinträchtigenden Angebote	3
1. Allgemeines	3
2. Geschützter Personenkreis	4
a) Herrschende Meinung	4
b) Gegenansicht	6
c) Vermittelnde Lösung	7
d) Stellungnahme	8
3. Allgemeine Bewertungskriterien	9
a) „Kinder- und Jugendaffinität"	9
b) Gesamtinhalt vs. Einzelszenen	12
c) „Angebotsspezifische" Kriterien der KJM	21
d) Allgemeine Risikodimensionen und deren Wertungsabhängigkeit von weiteren Determinanten	26
e) Medienthematische Kategorisierungen	29
f) Interpretationsspielräume	32

III. Vermutung der Entwicklungsbeeinträchtigung bei entsprechender Altersfreigabe (Abs. 2). 35
   1. Gesetzliche Vermutung (Satz 1) 35
      a) Angebote mit JuSchG-Freigabe 35
      b) Abweichung von gesetzlicher Vermutung 36
      c) Gescheiterte JMStV-Novelle 37
   2. Wesentlich inhaltsgleiche Angebote (Satz 2) 38
IV. Anbieterpflicht der Wahrnehmungserschwernis 39
   1. Allgemeines 39
   2. Die „üblicherweise" erschwerte Wahrnehmung 40
      a) Allgemeine Anforderungen 40
      b) Konkretisierung über Verbreitungszeitregelung des Abs. 4 41
   3. Technische Mittel (Abs. 3 Nr. 1 1. Alt.) 42
      a) Allgemeine Anforderungen 42
      b) „Wesentliche Wahrnehmungserschwernis" 44
   4. Sonstige Mittel (Abs. 5 Nr. 1 2. Alt.) 49
   5. Trennungsgebot bei für Kinder beeinträchtigenden Angeboten (Abs. 5) 51
      a) Anwendungsbereich 51
      b) Trennung von Kinderangeboten 52
   6. Zeitbeschränkungen (Abs. 3 Nr. 2, Abs. 4) 53
      a) Allgemeine Anforderungen 53
      b) Nachtprogramm (Abs. 4 Satz 1) 56
      c) Spätabendprogramm (Abs. 4 Satz 2) 58
      d) Hauptabend- bzw. Tagesprogramm (Abs. 4 Satz 3) 59
V. Nachrichtensendungen, Sendungen des politischen Zeitgeschehens (Abs. 6) 61
   1. Allgemeines 61
   2. Nachrichtensendungen 62
   3. Sendungen zum politischen Zeitgeschehen 64
      a) Begriff des Zeitgeschehens 64
      b) Politischer Bezug 67
      c) Einzelfälle 69
   4. Vergleichbare Angebote bei Telemedien 70
   5. Ausschluss bei fehlendem Darstellungs- oder Berichterstattungsinteresse 71
      a) Allgemeines 71
      b) Darstellungs- bzw. Berichterstattungsinteresse 72
VII. Rechtsfolgen, Prozessuales 80
   1. Rechtsfolgen 80
   2. Rechtsweg 81
   3. Beurteilungsspielraum der KJM 82

I. Allgemeines

1. Regelungsinhalt und Bedeutung

1 Die Vorschrift enthält Einschränkungen für die Verbreitung von so genannten entwicklungsbeeinträchtigenden Angeboten. Diese fallen zwar nicht unter die strengen Verbote des § 4 JMStV, können aber gleichwohl die Entwicklung von Minderjährigen eines bestimmten Alters negativ beeinflussen.

Entwicklungsbeeinträchtigende Angebote § 5 JMStV

Daher haben Anbieter bei der Verbreitung **entwicklungsbeeinträchtigender Inhalte** bestimmte Vorsorgemaßnahmen zu treffen, welche die Wahrnehmung der betroffenen Altersgruppen erschweren. Im Rundfunk wird dies überwiegend durch Sendezeitbeschränkungen gewährleistet, in Telemedien daneben insb. auch durch den Einsatz „technischer Mittel", z. B. unterstützt durch ein Labeling für ein Jugendschutzprogramm (vgl. § 11).

2. Gescheiterte JMStV-Novelle

Die Vorschrift sollte durch den 14. RfÄndStV mit Wirkung vom 1. 1. **2** 2011 grundlegend geändert werden. Als eine der wesentlichsten – indes auch umstrittensten – geplanten Neuerungen der Novellierung war die Einführung einer freiwilligen Alterskennzeichnung von Angeboten vorgesehen. Nach der Begründung des JMStV-Entwurfs zu § 5 wurde alleine hierdurch „ein nutzerfreundliches, alle elektronischen Medien einschließendes Alterskennzeichnungssystem" als gewährleistet angesehen (vgl. Bayer. LT-Drs. 16/5283, S. 7 ausführl. zu Regelungen der gescheiterten JMStV-Novelle: Altenhain, BPjM-aktuell, 4/2010, 5 ff.; Braml/Hopf, ZUM 2010, 645 ff; Hopf, K&R 2011, 6 ff.; Weigand, JMS-Report 4/2010, 2 ff.). Im 14. RfÄndStV war weiterhin eine Klarstellung des Umfangs und der Bedeutung der Berichterstattungs- und Informationsfreiheit bei Nachrichtensendungen und Sendungen zum politischen Zeitgeschehen nach § 5 Abs. 8 JMStV-E vorgesehen (s. zu Abs. 6 Rn. 61 ff.). Der 14. RfÄndStV wurde indes im Landtag von Nordrhein-Westfalen von allen Fraktionen am 16. 12. 2010 abgelehnt und trat nicht in Kraft.

II. Begriff der entwicklungsbeeinträchtigenden Angebote

1. Allgemeines

Der Begriff der Entwicklungs- bzw. Jugendbeeinträchtigung nach Absatz **3** 1 entspricht dem des § 14 Abs. 1 JuSchG (vgl. dort Rn. 11 ff.). Die bloße Beeinträchtigung der Entwicklung von Kindern und Jugendlichen setzt einen **geringeren Schweregrad** voraus, als die „Jugendgefährdung" i. S. d. § 18 Abs. 1 JuSchG (vgl. ausführl. zu den Gefährdungsstufen im Jugendmedienschutz § 14 JuSchG Rn. 2 ff.; s.a. Liesching, JMS 2002, S. 265 ff.). Dies ergibt sich bereits aus den unterschiedlich restriktiven Rechtsfolgen, die jeweils an das Verbreiten eines „jugendgefährdenden" (vgl. §§ 15 Abs. 1, 18 Abs. 1, 27 Abs. 1 Nr. 1 JuSchG; §§ 4 Abs. 2 S. 1 Nr. 2, 24 Abs. 1 Nr. 3 JMStV) bzw. lediglich „jugendbeeinträchtigenden" (vgl. §§ 11 bis 14, 28 JuSchG; §§ 5, 11, 24 Abs. 1 Nr. 4 JMStV) Medieninhaltes geknüpft sind (vgl. auch Bayer. LT-Drs. 14/10246, S. 17). Neben dem Begriff der Entwicklungsbeeinträchtigung sollte durch 14. RfÄndStV der Begriff der **Erziehungsbeeinträchtigung** aufgenommen werden, um eine redaktionelle Anpassung an das JuSchG zu erreichen (Bayer. LT-Drs. 16/5283, S. 9; zu den nicht in Kraft getretenen Bestimmungen des 14. RfÄndStV ausführl. Altenhain, BPjM-aktuell, 4/2010, 5 ff.; Braml/Hopf, ZUM 2010, 645 ff.; Hopf, K&R 2011, 6 ff.; Weigand, JMS-Report 4/2010, 2 ff.).

2. Geschützter Personenkreis

4 **a) Herrschende Meinung.** Die h.M. stellt bei der Bewertung des Vorliegens einer Entwicklungsbeeinträchtigung nicht nur auf den Adressatenkreis des „durchschnittlichen Minderjährigen", sondern vielmehr auf den so genannten „**gefährdungsgeneigten Minderjährigen**" ab (vgl. BVerwGE 39, 137, 205 = NJW 1972, 596, 598; BGHSt 8, 80, 87 = NJW 55, 1287; OLG Köln NVwZ 1994, 410, 412; OLG Düsseldorf NJW 1966, 1186; VG Berlin MMR 2009, 496, 500; VG München ZUM 2010, 615, 626; Bosch, 2006, S. 108 mwN.; Hopf/Braml, ZUM 2010, 211, 214; Mynarik, 2006, S. 79). Dieser Auslegung folgen auch die Prüfgrundsätze der FSK (§ 18 Abs. 2 Nr. 4 FSK-Prüfgrundsätze i.dF. v. 1. 7. 2008) sowie die Jugendschutzrichtlinien der Landesmedienanstalten (Ziff. 3. 1.2. JuSchRiL). Lediglich „**Extremfälle**" sollen ausgenommen sein (krit. Löffler/Altenhain, Rn. 12: bloße „Fiktion").

5 Insoweit zeigt sich, dass Gerichte den Auslegungsansatz des „gefährdungsgeneigten Minderjährigen" **einzelfallorientiert** nach unterschiedlichen **Kategorien und Kriterien** weiter spezifizieren (z. B. Bildungsstand, Sozialmilieu, bereits vorhandene Neigung zu sozial-ethisch problematischen Einstellungen, Geschlechtszugehörigkeit, geringes Alter innerhalb einer gesetzlich definierten Altersgruppe; s. ausführl. § 18 JuSchG Rn. 16 ff.). Hiermit einher gehen die **Kriterien der Kommission für Jugendmedienschutz (KJM)**, welche eine Berücksichtigung „rezipientenspezifischer Wirkungsfaktoren" voraussetzen und ebenfalls auf den sozialen Kontext und das Geschlecht abstellen (KJM-Kriterien, Version v. 4. 6. 2009, S. 5; ebenso Hopf/Braml, ZUM 2010, 211, 215).

6 **b) Gegenansicht.** Eine jüngst wieder im Vordringen befindliche Ansicht in Rspr. und Literatur will demgegenüber bei der Bewertung einer Eignung zur Jugendgefährdung bzw. zur Entwicklungsbeeinträchtigung auf den „**durchschnittlichen Minderjährigen**" abstellen (vgl. VG München ZUM 2005, 252, 254 m. Anm. Liesching, ZUM 2005, 224 ff.; Sp/Sch/Erdemir, § 5 JMStV Rn. 8; Stumpf, 2009, S. 161 ff.; aus der älteren Rspr. und Lit.: BVerwGE 25, 318, 321 ff.; 27, 21, 27; 28, 223, 228; Bauer, JZ 1965, 42; Erbel, DVBl. 1973, 530; Schraut, 1993, S. 74).

7 **c) Vermittelnde Lösung.** Aus einem interdisziplinären Ansatz heraus wird auch vertreten, dass bei der Bewertung von Inhalten i. S. d. § 5 JMStV grundsätzlich vom durchschnittlichen, nicht gefährdungsgeneigten Jugendlichen auszugehen ist. Wenn sich indes „anhand objektivierbarer Kriterien und Angebotseigenschaften (v.a. Inhalt, Darstellungsform, Ansprache, Zielgruppe und Nutzerschaft) ableiten" lasse, dass eine **Risikogruppe** gefährdungsgeneigter Jugendlicher das Angebot „vermeintlich **überdurchschnittlich**" **nutze**, sei der gefährdungsgeneigte Jugendliche als Referenztyp für die Bewertung heranzuziehen (Hackenberg/Hajok/Humberg/Pathe, BPjM-aktuell 1/2010, S. 3 ff.; dies., tv-diskurs 2/2010, S. 58 ff.; dies., JMS-Report 6/2009, S. 2 ff.).

8 **d) Stellungnahme.** Der h.M. ist zu folgen. Namentlich ist auf den „gefährdungsgeneigten Jugendlichen" abzustellen, da allein hierdurch die

Entwicklungsbeeinträchtigende Angebote § 5 JMStV

Bewertungsgremien besonders **gefährdeten Teilgruppen** (z. B. bestimmtes Geschlecht, Angehörige eines bestimmten sozialen Milieus) Rechnung tragen können. Verfassungsrechtliche Bedenken stehen nicht entgegen (s. ausführl. § 18 JuSchG Rn. 16 ff.).

3. Allgemeine Bewertungskriterien

a) „**Kinder- und Jugendaffinität**". Die Kinder- und Jugendaffinität 9 eines Medieninhaltes als allgemeines Wertungskriterium für die Zuordnung zu bestimmten Gefährdungsgraden findet sowohl in den gesetzlichen Regelungen zum Jugendschutz, als auch in der Spruchpraxis der Bundesprüfstelle für jugendgefährdende Medien (BPjM), den Vorgaben nach den KJM-Kriterien sowie in der Rspr. ein breite Grundlage. Sie ist als **allgemeiner Bewertungsmaßstab** bei den Prüfungen von Medieninhalten im Hinblick auf ihre Eignung zur Entwicklung zudem rechtssystematisch dadurch legitimiert, dass der gesetzliche Jugendschutz selbst gewandelte Anschauungen etwa aufgrund Zeitablaufs berücksichtigt (vgl. § 18 Abs. 7 S. 1 JuSchG) und gerade hierin auch das Kriterium einer schwindenden Jugendaffinität bei nicht mehr als „zeitgemäß" anzusehenden Medien mit zum Ausdruck kommt (vgl. BT-Drs. 14/9013, S. 26).

Danach sind problematische Botschaften oder Wertebilder eines Medien- 10 angebotes vor allem dann als gewichtig bei der Bewertung zu berücksichtigen, wenn durch die Inhalte Kinder und Jugendliche **besonders angesprochen werden** oder sich mit Protagonisten und/oder Spielfiguren in besonderer Weise identifizieren können (vgl. insoweit: VG Köln ZUM-RD 2008, 385, 392; VG München ZUM 2005, 252 ff. – „Freak Show"). Hingegen spricht es gegen das Vorliegen einer Entwicklungsbeeinträchtigung, wenn der Inhalt des Mediums als nicht jugendaffin angesehen werden kann, darüber hinaus auch, wenn der Inhalt des Mediums so gestaltet ist, dass sich die Hauptfigur nicht (mehr) als Identifikationsmuster anbietet, wenn Nachahmungseffekte nicht zu vermuten sind (s.a. BPjM-Entsch. Nr. A 104/04, BPjM-aktuell 1/2005, S. 8, 9; Bochmann, BPjM-aktuell 1/2005, S. 8; ebenso VG Köln ZUM-RD 2008, 385, 392; Löffler/Altenhain § 18 JuSchG Rn. 94).

Auch die **KJM-Kriterien** für die Aufsicht im Rundfunk und in den Tele- 11 medien stellen im Zusammenhang mit dem allgemeinen Wertungskriterium der „Identifikationsanreize" darauf ab, ob eine identifikationsfördernde „kinder- und jugendaffine Gestaltung der Angebote" vorliege (KJM-Kriterien, 2009, S. 8). Angebote sprechen nach den Kriterien der KJM Kinder und Jugendliche verstärkt an, wenn sie „z. B.
– Kinder oder Jugendliche als Protagonisten haben,
– schwerpunktmäßig Themen der Selbstfindung behandeln,
– die Abgrenzung zur Erwachsenenwelt betonen,
– in spezielle Jugendszenen oder -kulturen eingebettet sind,
– mit Humor dargeboten werden,
– (vermeintlich) von Kindern oder Jugendlichen selbst erstellt wurden bzw. nicht- oder halbprofessionell dargeboten werden,
– in der Gestaltung auf die Wahrnehmungsfähigkeiten und Rezeptionsgewohnheiten jüngerer Nutzer zugeschnitten sind".

12 **b) Gesamtinhalt vs. Einzelszenen.** Der jeweilige Medieninhalt ist in seiner Gesamtheit und in der jeweils konkret verbreiteten Fassung zu bewerten (vgl. Hopf, 2005, S. 110; Ukrow, Rn. 442). Vor diesem Hintergrund ist auch die Rspr. zustimmungswürdig, nach der die Haftungsprivilegierung des § 20 Abs. 3 S. 1 und die Einschränkung der aufsichtsrechtlichen Befugnisse der KJM nur greifen, wenn die jeweilige Sendung in ihrer **konkreten Ausgestaltung** der anerkannten Selbstkontrolleinrichtung (hier FSF) vorgelegen hat; wird ein z. B. aufgrund Synchronisierung oder deutscher Untertitel-Zusätze nachträglich veränderter Sendeinhalt ausgestrahlt, ist für § 20 Abs. 3 S. 1 JMStV kein Raum mehr (BayVGH, Urt. v. 23 3. 2011 – 7 BV 09.2512, MMR 6/2011 m. Anm. Liesching; VG München JMS-Report 05/2009, S. 64 ff. – „I want a famous face").

13 Im Übrigen kann aber bei der Beurteilung der Jugendgefährdung bzw. -beeinträchtigung im Einzelfall fraglich sein, in welchem Verhältnis der Gesamteindruck eines Medieninhaltes z. B. gegenüber der Intensität einzelner jugendgefährdender Szenen steht. Letzteres kann etwa bei Fernsehangeboten insofern von bes. Bedeutung sein, als Kinder und Jugendliche durch sog. „**Zapping**" lediglich Teile eines Filmes und mithin unter Umständen auch nur desorientierende Segmente wahrnehmen, die zwar im weiteren Handlungskontext relativiert werden, von deren Relativierung der Jugendliche aber nichts mehr erfährt, da er bereits ein anderes Programm gewählt hat (so wohl VG Frankfurt ZUM 1996, 990, wonach das verspätete Einschalten in eine Wrestling-Sendung und mithin das Versäumen des Begleitprogramms erheblich ist).

14 Demgegenüber erscheint aber ein alleiniges Abstellen auf **einzelne Ausschnitte** einer Sendung oder eines sonstigen Angebotes nicht praktikabel und wenig sachgerecht. Es würde zudem einen erheblichen Eingriff in die im Rahmen der Medienfreiheit nach Art. 5 Abs. 1 S. 2 2.Alt. GG gewährleistete Programmautonomie bedeuten, wenn die möglicherweise nur Sekunden während drastische Darstellung eines im Übrigen harmlosen 90 Min.-Spielfilms zu einer engen Begrenzung des Ausstrahlungszeitpunktes führen müsste. Umgekehrt kann jedoch im Einzelfall nicht nur der **Gesamteindruck** für die Festsetzung der Sendezeit erheblich sein, nämlich dann, wenn eine Sendung in ihrem Verlauf eine deutliche Zäsur erfährt, die zu einer Zweiteilung in dem Sinne führt, dass zunächst über längere Zeit hinweg jugendbeeinträchtigende Inhalte dargestellt werden, die erst gegen Ende des Programms in einen relativierenden Kontext gestellt werden (vgl. zur Ausstrahlung des Kriegdramas „Der Soldat James Ryan" OVG Berlin NJW 2003, 840 f. sowie Ladeur, ZUM 2002, 859 ff.).

15 Die Jugendschutzpraxis zeigt insb. im Bereich besonders gewalthaltiger Filme, dass die Herausnahme von Einzelszenen schon in geringfügigem Umfang (teilweise nur Sekunden) zu einer abweichenden Zuordnung zu einem anderen jugendschutzrechtlichen Gefährdungsgrad führen kann. Insoweit befinden sich etliche „**Uncut**"**-Versionen** von Filmen wegen einfacher oder gar schwerer Jugendgefährdung auf dem Index der Bundesprüfstelle, geschnittene Fassungen desselben Inhaltes haben indes eine Kennzeichnung „Keine Jugendfreigabe" oder „freigegeben ab 16 Jahren". Auch für Ausnahmen von der Vermutung des § 5 Abs. 2 JMStV zur früheren Sendezeitplatzie-

Entwicklungsbeeinträchtigende Angebote §5 JMStV

rung (vgl. § 9 Abs. 1 JMStV) genügen häufig nur geringfügige Schnittbearbeitungen der Fernsehsender.

Die Kommission für Jugendmedienschutz (**KJM**) nimmt im Rahmen ihrer Bewertungskriterien eine gleichsam „vermittelnde" Konkretisierung des Bewertungsmaßstabes in so genannten „Bewertungseinheiten" vor, wobei zwischen Rundfunkangeboten und Telemedien differenziert wird (vgl. Ziff. 2 KJM-Kriterien, 2009). Die **Bewertungseinheit** eines **Rundfunk**-Angebots bildet danach in aller Regel eine Sendung. Es können aber auch „kleinere Einheiten innerhalb einer Sendung, die in sich geschlossen sind (z. B. ein Beitrag), als Bewertungseinheiten gelten. Als Grundlage für die Einhaltung gesetzlicher Sendezeitbestimmungen zählt auch bei diesen kleineren Bewertungseinheiten der Ausstrahlungsbeginn der gesamten Sendung. In die Gesamtbewertung sind sämtliche für den Zuschauer wahrnehmbare Elemente (Bild, Ton, Wort, Musik, Text) einzubeziehen. Nicht einbezogen werden hingegen die Inhalte vorhandener Unterbrechungen, wie z. B. Programmhinweise oder Werbung. Unterbrechungen wie diese sind als separate Bewertungseinheiten zu behandeln. 16

Der oben bezeichnete „vermittelnde Charakter" zeigt sich darüber hinaus vor allem bei der von der KJM gefassten **Bewertungseinheit** eines Angebotes in **Telemedien**. Diese „konstituieren sowohl einzelne Elemente (Bild, Text, Animation, Ton) als auch die Gesamtwirkung einer Internet-Präsenz". Dabei werden alle Werbeformen, interaktive Funktionalitäten, Spiele, Kaufmöglichkeiten und ähnliches einbezogen. Ebenso gehören zusätzliche Fenster (sog. Pop-Ups und Pop-Under) sowie alle verlinkten Angebote auf erster Verlinkungsebene zur Bewertungseinheit. „In die Prüfung sind auch weitere Linkebenen einzubeziehen, wenn bereits auf der ersten Linkebene offensichtlich erkennbar ist, dass hier für Kinder und Jugendliche problematische Inhalte zugänglich gemacht werden oder Durchleitungsseiten nur zwischengeschaltet werden, um eine mögliche Verantwortlichkeit zu umgehen (z. B. eindimensionale Klickpfade)" (vgl. Ziff. 2 KJM-Kriterien, 2009; die in erster Linie zu Internetangeboten entwickelten Grundsätze können jedoch nicht ohne weiteres auf andere Medienbereiche wie z. B. Teletext-Angebote übertragen werden). 17

Auch die **FSK-Grundsätze** sehen einen gleichsam „vermittelnden" Auslegungsansatz vor. In § 18 Abs. 2 Nr. 2 der FSK-Prüfgrundsätze wird insoweit davon ausgegangen, dass alle Beeinträchtigungen zu berücksichtigen sind, die vom Film oder Trägermedium „im Ganzen oder ihren Einzelheiten" ausgehen können, wobei „die Gesamtwirkung nicht außer Acht" zu lassen sei (§ 18 Abs. 2 Nr. 2 FSK-Grundsätze, 2008). Schließlich legen die **USK-Grundsätze** den Schwerpunkt des Beurteilungsmaßstabs auf eine gesamtheitliche Betrachtung von Computerspielen (§ 7 Abs. 2 USK-Prüfordnung, 2006). Nach § 28 Abs. 3 der **FSF-Prüfordnung** sei bei jeder Prüfung „der Aufbau, der Handlungskontext und der Gesamtzusammenhang des Programms" zu berücksichtigen (§ 28 Abs. 3 PrO-FSF, 2009). 18

Nach Ziff. 5.2 der **FSM-Prüfgrundsätze** bestehe der Inhalt der zu bewertenden Internet-Seiten „zum einen aus den einzelnen Elementen wie Bildern, Ton, Animationen und Texten, zum anderen aus dem sich durch das Zusammenwirken der Einzelelemente ergebenden Gesamteindruck des 19

Angebots" (Ziff. 5.2 FSM-Prüfgrundsätze, 2006, S. 68). Vorrangig maßgeblich für die Beurteilung des Beschwerdeausschusses sei der Gesamteindruck, da „eine zergliederte Betrachtung (nur) einzelner Inhaltselemente den Sinn einer Gesamtpublikation entstellen" könne. Hiervon ausgenommen seien aber die absolut unzulässigen Inhalte (vgl. § 4 Abs. 1 S. 1 JMStV), die stets einer Einzelbetrachtung unterzogen werden müssten.

20   Insgesamt zeigt sich, dass in der **jugendschutzrechtlichen Bewertungspraxis** die Gewichtung des Gesamtinhaltes und im Verhältnis hierzu die Berücksichtigung von Einzelinhalten (z. B. einzelnen drastischen Filmszenen) in besonderer Weise einzelfallbezogen erfolgt. Allgemeine Bewertungsleitlinien haben sich über die dargestellten Ansätze hinaus noch nicht herausgebildet. Dies beeinflusst freilich auch das Maß an antizipierbarer Rechtssicherheit bzw. Bewertungsgenauigkeit, das im Hinblick auf die konkrete Zuordnung eines Inhaltes zu einem jugendschutzrechtlichen Gefährdungsgrad möglich ist.

21   c) „Angebotsspezifische" Kriterien der KJM. aa) Realitätsgrad. Die KJM-Kriterien für die Aufsicht im Rundfunk und in den Telemedien enthalten allgemeine Bewertungskriterien im Hinblick auf die Zuordnung von Einwicklungsbeeinträchtigungsgraden, welche als „angebotsspezifische" Kriterien bezeichnet werden. Ein wichtiger Indikator im Hinblick auf die ängstigende oder desorientierende Wirkung eines Angebotes sei hiernach dessen „Realitätsgrad". Insoweit wird in den KJM-Kriterien ausgeführt, dass „Angebote, deren Inhalte real sind oder **real wirken** sowie jene, in denen die Übergänge zwischen Realität und Fiktion fließend sind, (...) unter Jugendschutzaspekten eine Herausforderung besonders für Kinder" darstellen. In diesem Kontext seien insb. Angebote „problematisch,
– die fiktional sind, aber **Realität suggerieren** (z. B. Gerichtsshows, Psycho- bzw. Geständnisshows, Real-Life-Crime-Serienformate), indem sie mit dokumentarischen Techniken (z. B. Rückblenden, Interviews, Zeugenbefragung, Experteninterviews, Präsentation von Beweismitteln) arbeiten und so eine Pseudo-Sachlichkeit vermitteln und
– die real sind (v.a. Boulevardberichterstattung), aber Darstellungstechniken fiktionaler Formate (z. B. **Nachstellen** von bestimmten Gewalthandlungen oder **dramaturgischen Hervorhebungen** mittels Kameraeinstellung oder Musik) integrieren und somit eine hohe Emotionalisierung erzeugen" (KJM-Kriterien 2009, S. 7).

22   bb) Alltagsnähe. In gewisser Nähe zum oben genannten Kriterium der „Kinder- und Jugendaffinität" (s. Rn. 9 ff.), indes mit diesem wohl nicht deckungsgleich ist des Weiteren das in den KJM-Kriterien genannte allgemeine Merkmal der Alltagsnähe. Insoweit sei davon auszugehen, dass problematische Inhalte, die einen engen Bezug zur **Lebenswelt von Kindern und Jugendlichen** (Schule, Kindergarten, Familie, Freunde, körperliches Wohlbefinden, Tiere etc.) haben, eher eine negative Wirkung (Ängstigung, Verunsicherung) entfalten als jene, die ihren Alltag wenig tangieren". Bei Kindern und Jugendlichen, die solche Inhalte oft rezipieren (Vielseher), bestehe nach den KJM-Kriterien die Gefahr, dass „negative (z. B. angstbe-

Entwicklungsbeeinträchtigende Angebote § 5 JMStV

setzte) Einstellungen gegenüber der Realität gefördert werden" (KJM-Kriterien 2009, S. 7).

cc) Identifikationsanreize und lebensweltliche Orientierungsmuster. 23
Ebenfalls mit dem Kriterium der „Kinder- und Jugendaffinität" (s.
Rn. 9 ff.) steht die in den KJM-Kriterien genannte Ausrichtung der Bewertung an etwaigen Identifikationsanreizen und lebensweltlichen Orientierungsmustern. In den KJM-Kriterien wird dabei davon ausgegangen, dass sich besonders im Jugendalter die Orientierung in Bezug auf **Rollenbilder** stark verändere, da „bestehende Muster hinterfragt und neue Identifikationsmodelle gesucht" würden. Mediale Identifikationsfiguren könnten insoweit „Rollenmuster, Verhaltensweisen und Werte vermitteln, die von Jugendlichen als Orientierungshilfe genutzt werden und die sie in ihrer Entwicklung zu einer eigenverantwortlichen und gemeinschaftsfähigen Persönlichkeit beeinflussen können" (KJM-Kriterien 2009, S. 7).

Identifikationsanreize können nach den KJM-Kriterien unter anderem 24
„auf dem **Geschlecht, Alter, Aussehen** und Habitus einer Figur, ihren physischen und psychischen Fähigkeiten und Merkmalen, ihrem sozialen Status und ihrem biographischen Hintergrund" beruhen. Sie seien „auf Rezipientenseite vor allem abhängig von Geschlecht und Alter, der (aktuellen) individuellen Entwicklung im jeweiligen psychosozialen und alltagskulturellen Kontext sowie dem Grad einer gelungenen Internalisierung ethisch-moralischer Wertorientierungen" (siehe hierzu auch oben Rn. 9 ff.).

dd) Interaktivität. Als weiteres allgemeines Kriterium, dass bei der 25
Zuordnung eines Angebotes zu einem bestimmten Entwicklungsbeeinträchtigungsgrade von Bedeutung sein kann, benennt die KJM das Kriterium der „Interaktivität". Von einer solchen könne allgemein dann gesprochen werden, „wenn ein Medium dem Nutzer einen **Rückkanal** zur Verfügung stellt, damit dieser mit den Produzenten oder mit anderen Nutzern **kommunizieren**" könne; im Fernsehen z. B. in Casting-Shows oder Game-Shows und in Telemedien über soziale Netzwerke, Videoportale, Chaträume und Onlinespiele, wenn insoweit Möglichkeiten zur interaktiven Teilnahme geboten würden (KJM-Kriterien 2009, S. 8). Insoweit wird nach den Kriterien vermutet, dass der interaktive Charakter eines Angebotes „negative Wirkungen auf Kinder und Jugendliche haben könne".

d) Allgemeine Risikodimensionen und deren Wertungsabhängig- 26
keit von weiteren Determinanten. In den Vorgaben und der Spruchpraxis der Jugendschutzinstitutionen wird häufig zwischen unterschiedlichen Risikodimensionen unterschieden, die aber nicht automatisch einem bestimmten jugendschutzrechtlichen Gefährdungsgrad (Altersstufe) zugewiesen werden können (z. B. § 31 PrO-FSF, 2009). Dies betrifft etwa die Frage, inwieweit ein bestimmter Medieninhalt eine bestimmte Altersgruppe **ängstigen** oder sonst psychisch überfordern kann. In gleicher Weise ist die Wertungsdimension der „sozial-ethischen Desorientierung" nicht zwingend nur einem Gefährdungsgrad zugewiesen. Mit der Wertung der **sozialethischen Desorientierung**, welche nur früher weitgehend der Begründung einer Listenaufnahme durch die Bundesprüfstelle für jugendgefährdende Medien (BPjM)

vorbehalten war (s. § 18 JuSchG Rn. 5 ff.), werden heute bald Indizierungen wegen einfacher Jugendgefährdung, bald Eignungen zur Entwicklungsbeeinträchtigung wahlweise für die Altersstufen ab 12 Jahren, ab 16 Jahren oder ab 18 Jahren begründet.

27 Es verbietet sich also bei allgemeinen Risikodimensionen wie etwa der nachhaltigen Ängstigung, der **Gewaltbefürwortung** oder einer anderweitigen sozialethischen Desorientierung der schematische Rückschluss auf einen ganz bestimmten Gefährdungsgrad einer Altersstufe. Dies ergibt sich vor allem daraus, dass die Bewertung über den Grad der Entwicklungsbeeinträchtigung von einer Vielzahl weiterer Determinanten bestimmt wird wie etwa die konkrete **Drastik** und Intensität einer (Gewalt-)Darstellung, die mediale Sinngebung problematischer Inhalte (**Verherrlichung**, Verharmlosung) oder die bei einer bestimmten Altersgruppe bereits mutmaßlich vorhandene **Medienkompetenz** und **Distanzierungsmöglichkeit**. Hieraus wird etwa nach den Kriterien der Freiwilligen Selbstkontrolle Fernsehen (FSF) abgeleitet, dass die Risikodimension der „übermäßigen Ängstigung" in der Regel bei Altersgruppen über 12 Jahren in geringerem Maße eine Rolle spielt als bei jüngeren Kindern (§ 31 Abs. 3 S. 2 PrO–FSF, 2009). Auch hier verbieten sich aber gerade schematische Wertungen, sodass mit einer übermäßigen Ängstigung im Einzelfall eine Ungeeignetheit eines Medieninhaltes für unter 6-, 12-, oder auch 16jährige Zuschauer(innen) begründbar ist.

28 Von welchen weiteren Determinanten allgemeine Risikodimensionen wie eine „übermäßige Ängstigung", eine „Gewaltbefürwortung" oder eine „sozial-ethische Desorientierung" abhängen können, verdeutlichen beispielsweise die in der **Prüfordnung der FSF** genannten **Indikatoren**:
- Indikatoren für **Gewaltbefürwortung** bzw. -förderung seien danach insb. „(a) Angebote von Identifikationsfiguren mit gewalttätigen oder anderen sozial unverantwortbaren Verhaltensmustern; (b) Präsentation von einseitig an Gewalt orientierten Konfliktlösungsmustern oder deren Legitimation; (c) die Darstellung von Gewalt als erfolgreichem Ersatz von Kommunikation; (d) Darstellungen, die eine Desensibilisierung gegenüber Gewalt fördern, indem sie die Wirkung von Gewalt verharmlosen oder verschweigen" (§ 31 Abs. 3 S. 4 Nr. 1 PrO-FSF, 2009).
- Indikatoren für übermäßige **Angsterzeugung** seien danach insb. „(a) drastische Darstellung von Gewalt; (b) drastische Darstellung des Geschlechtsverkehrs; (c) unzureichende Darstellungen realitätsnaher Inhalte, die im Lebenskontext von Kindern besonders angstvoll erlebt werden (z. B. Familienkonflikte); (d) eine gemessen an der Realität überproportionale Darstellung von Gewalt mit der Folge der Empfindung allgegenwärtiger Bedrohung" (§ 31 Abs. 3 S. 4 Nr. 2 PrO-FSF, 2009).
- Indikatoren für **sozialethische Desorientierung** seien danach insb. „(a) unzureichend erläuterte Darstellungen realen Gewaltgeschehens (z. B. Krieg); (b) Darstellung von Fiktion als Realität wie auch von Realität als Fiktion in einer Art, die eine Trennung sehr erschwert oder unmöglich macht; (c) die kritiklose Präsentation von Vorurteilen oder Gewalttaten gegenüber Andersdenkenden; (d) die anonymisierte Präsentation von Kriegsgeschehen; (e) die Befürwortung von extrem einseitigen oder extrem rückwärtsgewandten Rollenklischees; (f) befürwortende Darstellun-

gen entwürdigender sexueller Beziehungen und Praktiken (§ 31 Abs. 3 S. 4 Nr. 1 PrO-FSF, 2009). Wird demgemäß durch frauenfeindliche Inhalte ein Rollenbild gezeichnet, das dem Erziehungsziel, die Fähigkeit zum respektvollen Umgang mit anderen Menschen und die Anerkennung der Gleichberechtigung von Mann und Frau zu vermitteln, zuwiderläuft, so liegt hierin eine Entwicklungsbeeinträchtigung im Sinne des § 5 Abs. 1 JMStV (VG Hannover, Urt. v. 6. 2. 2007 – 7 A 5469/06).

e) Medienthematische Kategorisierungen. Auch medienthematische 29 Kategorisierungen in Bereiche wie „Gewalt", „Sexualität" oder „Eigenverantwortung und Gemeinschaftsfähigkeit" (vgl. KJM-Kriterien, 2009, S. 5 ff.) präjudizieren keine graduelle Jugendschutzeinstufung. Inhalte mit sexuellem oder gewalthaltigem Kontext können offensichtlich oder einfach jugendgefährdend sein, indes ebenso „schlicht" entwicklungsbeeinträchtigend für alle Minderjährigen oder nur für bestimmte Altersstufen. Medienthematische Unterteilungen eröffnen jeweils ein weiteres Geflecht an allgemeinen Prüfkriterien, die ebenfalls nicht per se Stigma eines bestimmten Entwicklungsbeeinträchtigungsgrades (z. B. Altersstufe „16" oder „12") sind, sondern im Wechselspiel in eine Gesamtbewertung des Einzelfalls einfließen. In der Literatur (Hopf/Braml, ZUM 2010, 211, 214) werden diese weiteren Kriterien etwa für die medienthematische **Kategorie der Gewalt** in enger Orientierung an die Kriterien der KJM zutreffend wie folgt umschrieben:

„Die Beurteilung von Gewaltdarstellungen ist beispielsweise abhängig vom 30 Gesamtkontext und von der Art der Einbettung der Darstellungen in das Gesamtangebot. Hierbei sind einzelne Gewaltdarstellungen in ihrer Ausgestaltung und Intensität zu berücksichtigen. Die zu prüfenden Faktoren lauten insb.: nachvollziehbarer und verständlicher Handlungsverlauf, Einsatz von adäquaten und nicht selbstzweckhaften Gewalthandlungen, Einbettung in den **Gesamtkontext**, Grundstimmung des Angebotes, Formen der Gewalt (physisch, psychisch, verbal, strukturell), Relevanz (Bezug zur Lebenswelt von Kindern und Jugendlichen), Intensität (Maß an Brutalität, Ausgespieltheit und Detailfreude), Inszenierung (drastische und blutige Bilder, hohe **Emotionalität**, Hervorhebungen mittels **Musik**), Anteil der brutalen und exzessiven Gewaltszenen, Darstellung der Folgen der Gewalt, Einbeziehung in reale oder lebensnahe Kontexte, beispielsweise in Nachrichtenbeiträgen, **Spannung** (Ruhepausen, Happy End), Subjekte der Gewalt, Objekte der Gewalt, angebotsinterne **Sanktionierung von Gewalt**, Art der Inszenierung, dramaturgische Verläufe sowie die formal-ästhetischen Gestaltungsmittel" (Hopf/ Braml, ZUM 2010, 211, 214; Hervorhebungen des Verf.).

Bestimmte Risikodimensionen (z. B. „Ängstigung", „sozial-ethische Des- 31 orientierung"), medienthematische Kategorisierungen (z. B. „Gewalt", „Sex") oder allgemeine Wertungskriterien (z. B. „Intensität von Gewalt", „hohe Emotionalität", „dichte Dramaturgie", „musikalische Untermalung" etc.) beinhalten also grundsätzlich keinen Fingerzeig im Hinblick auf die Zuordnung zu einem bestimmten jugendschutzrechtlichen Gefährdungsgrad. Insoweit bedarf es jeweils einer **Konkretisierung** der genannten allgemeinen Risikodimensionen, thematischen Kategorisierungen und Wertungskriterien auf den jeweiligen **Einzelfall**. Diese lässt sich freilich nur schwer schematisch antizipieren. Beispielsweise kann eine detailgetreue Darstellung von Gewalt einerseits im Sinne eines strengen Jugendschutzgrades als „ängstigend" oder bei einer bejahenden Sinngebung als „verherrlichend" interpretiert werden. Andererseits wäre denkbar, dass hierin – etwa im Zusammenhang mit Kriegsdarstellungen – ein „gesunder Schock" auch jüngerer Zuschauer erblickt werden kann, da insoweit die Schrecken von Gewalt gezeigt und nicht – im Falle einer gegenteiligen Ausblendung – bagatellisiert würden.

32 f) **Interpretationsspielräume.** Auch insoweit verbleiben also in der Regel Interpretations- und Beurteilungsspielräume, welche durch die betreffenden Entscheidungsinstanzen im Rahmen der Diskussion der Gremiumsmitglieder auch unterschiedlich genutzt werden können. Rechtssystematisch kommt dies insb. auch durch § 20 Abs. 3 und 5 JMStV zum Ausdruck (siehe dort Rn. 14 ff.). Dass eine **zielgenaue und zweifelsfreie Einordnung** von Medien in die aufgezeigten unterschiedlichen straf- und jugendschutzrechtlichen Kategorien schwierig ist, zeigt auch die Praxis der Jugendschutzgremien. Innerhalb der Berufungs- und Appellationsinstanzen der Einrichtungen der Freiwilligen Selbstkontrolle ist nach den jeweiligen Grundsätzen vorgesehen und auch praktiziert, dass Entscheidungen der Ausgangsgremien im Hinblick auf die Beurteilung des Entwicklungsbeeinträchtigungsgrades nach Altersstufen durch zweitinstanzliche Gremien revidiert und abgeändert werden können.

33 In der Praxis der Bewertungen von Fernsehsendungen durch die Freiwillige **Selbstkontrolle Fernsehen** (FSF) kommt es regelmäßig vor, dass Entscheidungen des FSF-Prüfausschusses im Rahmen des Berufungsverfahrens durch den Berufungsausschuss abgeändert werden, da die Frage des Entwicklungsbeeinträchtigungsgrades unterschiedlich beurteilt wird (vgl. z. B. FSF-Berufungsausschuss-Entsch. v. 01. 07. 2009, Prüf-Nr. 13866-A – „Der Bodyguard"; FSF-Berufungsausschuss-Entsch. v. 03. 04. 2007, Prüf-Nr. 10723-Z – „Der Herr der Ringe – die Rückkehr des Königs"; FSF-Berufungsausschuss-Entsch. v. 18. 07. 2007, Prüf-Nr. 11080-Z – „Men in Black").

34 Trotz des bereits durch § 20 Abs. 3 und 5 JMStV gewährten Beurteilungsspielraums der Selbstkontrolleinrichtungen für Rundfunk (FSF) und Telemedien (FSM) und der damit von den Landesgesetzgebern konzedierten Interpretationsbreite bei der Bewertung insb. der Frage der Entwicklungsbeeinträchtigung kam es zudem in Einzelfällen zu Bewertungsunterschieden bei der **KJM**, welche insoweit sogar eine Überschreitung der rechtlichen Grenzen des Beurteilungsspielraums der Selbstkontrolleinrichtung angenommen hat (so etwa im Bezug auf die Bewertung des Fernsehfilmes „Ein einsames Haus am See", vgl. 2. KJM-Bericht, 2007, S. 45). Auch hinsichtlich der Ausstrahlung einer Sendung zu **Schönheitsoperationen** „I want a famous face" gingen die Auffassungen der FSF und der KJM über den Jugendbeeinträchtigungsgrad und den damit einhergehenden zulässigen Ausstrahlungszeitpunkt nach § 5 auseinander (vgl. VG München, JMS-Report 5/2009, S. 64 ff. s. a. BayVGH, Urt. v. 23. 3. 2011 – 7 BV 09.2512, MMR 6/2011 m. Anm. Liesching).

III. Vermutung der Entwicklungsbeeinträchtigung bei entsprechender Altersfreigabe (Abs. 2).

1. Gesetzliche Vermutung (Satz 1)

a) Angebote mit JuSchG-Freigabe. Die Vorschrift enthält eine gesetzli- 35
che Vermutung der Entwicklungsbeeinträchtigung auf der Grundlage der
Altersfreigabe nach §§ 14 Abs. 1 und 2 JuSchG. Der in der Vorschrift verwandte Begriff der „Angebote" ist nicht im Sinne der Legaldefinition des
§ 3 Abs. 2 Nr. 2 auszulegen, da er sich erkennbar auf die Altersfreigaben nach
§§ 11 bis 14 JuSchG bezieht und mithin nicht auf Rundfunk und Telemedien
beschränkt ist, sondern insbesondere Kinofilme und Bildträger erfasst (zur
insg. unbefriedigenden, da mehrfach divergierenden Verwendung des Angebotsbegriffs durch den Gesetzgeber vgl. insb. § 3 Rn. 5). Ist daher beispielsweise ein Kino- oder Videofilm von der FSK ab sechzehn Jahren freigegeben
worden (§ 14 Abs. 2 Nr. 4 JuSchG), ist aufgrund der gesetzlichen Bestimmung zu vermuten, dass eine Ausstrahlung des Films im Rundfunk oder die
Verbreitung als Telemedium (Video-on-Demand) Kinder und Jugendliche
im Alter unter sechzehn Jahren in ihrer Entwicklung gemäß Abs. 1 zu beeinträchtigen geeignet ist (vgl. auch OVG Berlin NJW 2003, 840 f.).

b) Abweichung von gesetzlicher Vermutung. Von der gesetzlichen 36
Vermutung kann im Bereich des Rundfunks nach den **Ausnahmeregelungen des § 9** abgewichen werden (siehe dort Rn. 1 ff.). Bei Telemedien sieht
der JMStV indes keine entsprechenden Ausnahmebestimmungen vor. Gleichwohl muss auch insoweit (z. B. bei Video-on-Demand-Angeboten im Internet) die legal vermutete Jugendbeeinträchtigung widerlegbar sein, insbesondere dann, wenn die entsprechenden Altersfreigaben der FSK länger als 15
Jahre zurückliegen. Hierfür streitet neben dem verfassungsrechtlichen Gleichbehandlungsgrundsatz des Art. 3 GG auch der Begriff der „Vermutung",
welcher die Möglichkeit eines Abweichens in begründeten Einzelfällen
impliziert. Daher wird entsprechend § 9 auch der Anbieter von Telemedien
bei der KJM oder einer von dieser hierfür anerkannten (§ 19 Abs. 2 und 3)
Einrichtung der Freiwilligen Selbstkontrolle einen Ausnahmeantrag stellen
dürfen, um – bei positiver Bescheidung – abweichend von der gesetzlichen
Vermutung des Abs. 2 sein Angebot verbreiten zu können (siehe auch § 9
Rn. 3).

c) Gescheiterte JMStV-Novelle. Die im gescheiterten 14. RfÄndStV 37
vorgesehene Novellierung sah vor, dass Altersfreigaben für Filme, Film- und
Spielprogramme der obersten Landesjugendbehörden oder unter Beteiligung
der obersten Landesjugendbehörden nach § 14 Abs. 2 des Jugendschutzgesetzes für das entsprechende oder im Wesentlichen inhaltsgleiche Angebot im
Rundfunk- und Telemedienbereich vom Anbieter **zu übernehmen** sind.
Hiernach hätte nicht mehr nur eine gesetzliche Vermutung bestanden,
obgleich die Ausnahmeregelung des § 9 JMStV-E eingeschränkt fortbestanden hätte (vgl. Bayer. LT-Drs. 16/5283, S. 9 f.). Der 14. RfÄndStV wurde
indes im Landtag von Nordrhein-Westfalen von allen Fraktionen am 16. 12.
2010 abgelehnt und trat nicht in Kraft (s.o. Rn. 2).

2. Wesentlich inhaltsgleiche Angebote (Satz 2)

38 Da die gesetzliche Vermutung der Entwicklungsbeeinträchtigung nach Satz 2 auch für den Fall gilt, dass das Angebot mit einem nach § 14 Abs. 2 JuSchG gekennzeichneten Angebot „im Wesentlichen inhaltsgleich" (siehe hierzu § 14 JuSchG Rn. 34 und § 15 JuSchG Rn. 97 ff.) ist, kann es zu **Kollisionen** mit dem Anwendungsbereich der Ausnahmegenehmigung nach § 9 Abs. 1 kommen. Führen etwa Schnittbearbeitungen eines altersfreigabebeschränkten Filmes dazu, dass dieser nicht mehr als im Wesentlichen inhaltsgleich mit dem gekennzeichneten Ausgangswerk angesehen werden muss, so würde sich eine Vorlage zur Ausnahmeentscheidung nach § 9 Abs. 1 bereits erübrigen, da die gesetzliche Vermutung der Entwicklungsbeeinträchtigung nach Abs. 2 S. 1 und 2 schon nicht mehr gölte. In der Praxis werden gleichwohl Filme auch nach umfassenden Schnittbearbeitungen aus Rechtssicherheitsgründen zur Erteilung einer Ausnahme nach § 9 Abs. 1 insbesondere der Freiwilligen Selbstkontrolle Fernsehen (FSF) vorgelegt.

IV. Anbieterpflicht der Wahrnehmungserschwernis

1. Allgemeines

39 Abs. 1 und 3 legen dem Anbieter für die Verbreitung entwicklungsbeeinträchtigender Angebote die Pflicht auf, durch die Etablierung bestimmter „Wahrnehmungserschwernisse" dafür Sorge zu tragen, dass Minderjährige der betroffenen Altersstufe die Inhalte üblicherweise nicht wahrnehmen. Hierfür stehen den Anbietern beider Medienformen (Rundfunk und Telemedien) grundsätzlich dieselben Möglichkeiten zur Verfügung, ihrer Pflicht nach Abs. 1 nachzukommen.

2. Die „üblicherweise" erschwerte Wahrnehmung

40 a) **Allgemeine Anforderungen.** Der Rechtsbegriff „üblicherweise" ist in hohem Maße unbestimmt und normativ. Nicht erforderlich ist nach der Wortlautauslegung jedenfalls, dass der Zugang Minderjähriger des in Rede stehenden Alters gänzlich unmöglich gemacht wird (Sp/Sch/Erdemir, Rn. 13; HaKo/Liesching, 84. Abschn. Rn. 3; Nikles u.a., Rn. 5). Auch sind die Anforderungen geringer als bei den geschlossenen Benutzergruppen nach § 4 Abs. 2 S. 2, die einen ausschließlichen Erwachsenenzugang bei pornographischen, indizierten oder schwer jugendgefährdenden Inhalten „sicherstellen" müssen (s. § 4 Rn. 63 ff.). Ausreichend sind technische, zeitliche oder sonstige Hindernisse, welche die Wahrnehmung des Angebotes durch Kinder und/oder Jugendliche „**im Regelfall**" ausschließen (Sp/Sch/Erdemir, Rn. 13). Maßgeblich ist eine Wahrscheinlichkeitsprognose bei Zugrundelegung der nach allgemeiner Lebenserfahrung „normalen Verhältnisse des Medienkonsums".

41 b) **Konkretisierung über Verbreitungszeitregelung des Abs. 4.** Einen Maßstab dessen, was als „üblicherweise" zu gelten hat, ergibt sich aus den besonderen Bestimmungen zur Begrenzung der Verbreitungszeit. Gemäß

Entwicklungsbeeinträchtigende Angebote **§ 5 JMStV**

§ 5 Abs. 4 geht der Gesetzgeber davon aus, dass Kinder und Jugendliche bestimmter Altersgruppen zu bestimmten Abend- und Nachtzeiten in der Regel keine Angebote wahrnehmen. Die insoweit für minderjährige Nutzer offensichtlich gegebenen **Umgehungsmöglichkeiten** wie etwa der stets mögliche Konsum entsprechender Angebote zur Abend- bzw. Nachtzeit bei Verfügbarkeit über eine entsprechende Hardware bzw. ein entsprechendes Empfangsgerät oder z. B. die zeitversetzte Aufnahmeprogrammierung über Videorekorder, PVRs bei Rundfunksendungen nahm der Gesetzgeber offenbar in Kauf. Entsprechende Umgehungsgefahren bei anderen, z. B. technischen Mitteln schließen daher deren Zulänglichkeit nicht per se aus.

3. Technische Mittel (Abs. 3 Nr. 1 1. Alt.)

a) **Allgemeine Anforderungen.** Zunächst kann der Anbieter nach Nr. 1 **42** durch technische Mittel den unerlaubten Zugriff durch Kinder oder Jugendliche einer bestimmten Altersgruppe verhindern. Für den Rundfunk werden die Möglichkeiten technischer **Verschlüsselung oder Vorsperrung** in § 9 Abs. 2 JMStV sowie durch die entsprechende Satzung der Landesmedienanstalten näher spezifiziert (siehe § 9 Rn. 13 ff.). Für Telemedien regelt § 11 die Implementierung von **Jugendschutzprogrammen**, die durch die KJM anerkannt werden müssen (§ 11 Abs. 2); faktisch lief die Bestimmung des § 11 JMStV jedenfalls bis zur geplanten und am 16. 12. 2010 gescheiterten Novelle des 14. RfÄndStV (s.o. Rn. 2) ins Leere, da bis dato seitens der KJM keine Jugendschutzprogramme anerkannt worden sind (s. zum Ganzen Erdemir, CR 2005, 275 ff. sowie § 11 Rn. 2). Daneben sind – anerkennungsfreie – anbieterseitige **Zugangssysteme** („technische Mittel") möglich, die den Zugang nur Personen ab einer bestimmten Altersgruppe eröffnen.

Die in der JMStV-Novelle gem. § 11 Abs. 4 S. 2 JMStV-E vorgesehene **43** Differenzierung der Barriereanforderungen nach dem **Beeinträchtigungsgrad**, so dass bei „ab 18"-Inhalten ein höherer Schutzmaßstab gilt als bei „ab 16"-Inhalten (vgl. auch Bayer. LT-Drs. 16/5283, S. 13; s.a. Schindler, KJM-Schriftenreihe I, 2009, 122 ff.), ist zwar nicht in Kraft getreten, kann aber im Einzelfall bei der Bewertung der Zulänglichkeit eines Zugangssystems zu berücksichtigen sein.

b) **„Wesentliche Wahrnehmungserschwernis". aa) Jugendschutz-** **44** **richtlinien.** Die „wesentliche Erschwernis" ist als Rechtsbegriff ebenso unbestimmt wie die Verhinderung der Wahrnehmung „üblicherweise". Allerdings ist in den Gemeinsamen Richtlinien der Landesmedienanstalten zur Gewährleistung des Schutzes der Menschenwürde und des Jugendschutzes (**Jugendschutzrichtlinien**) verbindlich der Maßstab wie folgt festgeschrieben. Nach Ziff. 3.4.1 sind „unter technischen Mitteln im Sinne des § 5 Abs. 3 Nr. 1 JMStV „Mittel im Rundfunk und in Telemedien" zu verstehen, „die von ihrer Wirksamkeit den Zeitgrenzen des § 5 Abs. 3 Nr. 2 JMStV gleichzusetzen sind" (s.a. oben Rn. 41). Auch insoweit sind also Umgehungsmöglichkeiten hinzunehmen, wenn nur im Regelfall oder mit einer gewissen Wahrscheinlichkeit die Wahrnehmung durch Kinder und Jugendliche der betroffenen Altersstufe ausgeschlossen werden.

JMStV § 5 I. Abschnitt. Allgemeine Vorschriften

45 **bb) KJM-Prüfpraxis.** Die Verantwortlichkeit für die Zulänglichkeit von Zugangssystemen als „technisches Mittel" liegt grundsätzlich beim Anbieter. Ein Anerkennungsverfahren wie bei „Jugendschutzprogrammen" nach § 11 Abs. 1 Nr. 2 ist nicht vorgesehen. Dennoch hat die Kommission für Jugendmedienschutz (**KJM**) im Wege des informellen Verfahrens „technische Mittel" **geprüft und gebilligt**. Hierbei handelte es sich im Wesentlichen um anbieterseitige Verifikationsmodelle wie vor allem die Überprüfung einer nutzerseitig einzugebenden **Personalausweiskennziffer** sowie die Etablierung eines aufwendigen Jugendschutz-PIN Verfahrens in Anlehnung an die Vorgaben im digitalen Rundfunk nach § 9 Abs. 2 JMStV (s. z. B. KJM-PM 11/2006 v. 05. 10. 2006). Für ein geplantes Online-Wissensspiel mit Geldeinsatz erachtete die KJM für den „Ausschluss von Minderjährigen an der Teilnahme am Online-Spiel" für ausreichend, dass ein „Persocheck-Verfahren unter Einbeziehung der Mobilfunknummer und der Kontodaten eingesetzt" werde (KJM-PM 10/2008 v. 10. 04. 2008).

46 Zuletzt in 2010 wurde ein Angebot als hinreichendes technisches Mittel bewertet, das für den Einsatz im Bereich aller entwicklungsbeeinträchtigenden Inhalte für 12-, 16- und 18-Jährige konzipiert wurde und das Prinzip der Sendezeitbegrenzung mit den Schutzvorkehrungen eines technischen Mittels kombiniert (vgl. KJM-PM 24/2010 vom 26. 10. 2010). Insoweit können Sendezeitbegrenzungen für bestimmte Altersstufen durch eine Variante der Personalausweis-Kennziffernprüfung aufgehoben werden. Dabei wird unter anderem das im Ausweisdokument enthaltene Geburtsdatum des Nutzers überprüft. Dazu kommen weitere technische Schutzmaßnahmen, die eine Weitergabe von Zugangsdaten an unautorisierte Dritte verhindern sollen. Auch insoweit blieben die Anforderungen also nach Auffassung der KJM unter denen der geschlossenen Benutzergruppe für pornographische und schwer jugendgefährdende Medien (§ 4 Abs. 2 S. 2 JMStV). Bisher hat die KJM insgesamt **acht Konzepte** für technische Mittel positiv bewertet (vgl. 3. KJM-Bericht, 2009, S. 29; KJM-PM 24/2010 vom 26. 10. 2010; s.a. Schindler, KJM-Schriftenreihe I, 2009, 122 ff.).

47 **cc) Beurteilungsspielraum von Selbstkontrolleinrichtungen.** Den anerkannten Einrichtungen der freiwilligen Selbstkontrolle steht nach § 20 Abs. 5 ein von der KJM nur eingeschränkt überprüfbarer Beurteilungsspielraum auch bei der **Bewertung** der Zulänglichkeit von technischen Mitteln zu. Die Norm bezieht sich nämlich auf alle „behaupteten Verstöße gegen den Jugendschutz" eines (Telemedien-)Anbieters. Zudem ergibt sich die Beurteilungskompetenz aus der weiten Aufgabenzuweisung des § 19 Abs. 2. Eine Begrenzung des Spielraums in § 20 Abs. 5 auf lediglich „wertbezogene" angebotsinhaltliche Beurteilungen ist nicht ersichtlich (ausführl. Liesching, JMS-Report 6/2006, 2 ff.).

48 **dd) Nicht anerkannte (nutzerseitige) Jugendschutzprogramme.** Fraglich ist, ob die in § 11 Abs. 1 vorgesehene Programmierung für ein Jugendschutzprogramm auch dann als hinreichendes technisches Mittel angesehen werden kann, wenn das betreffende Programm (noch) nicht von der KJM nach § 11 Abs. 2 anerkannt worden ist. Immerhin wird vereinzelt vertreten, dass auch nutzerseitige Systeme, bei denen nicht allein der Anbieter in der Verantwortung steht, als technische Mittel im Sinne des § 5 Abs. 3 Nr. 1 JMStV ausreichend sein können. Namentlich wird ausgeführt, dass bei entwicklungsbeeinträchtigenden Angeboten nicht nur anbieterseitige Zugangskontrollen genügten, „sondern auch Vorkehrungen, mit denen der Anbieter effiziente **nutzerseitige Empfangskontrollen** unterstützt" (H/S/Altenhain, Teil 20, Rn. 93; Erdemir, CR 2005, 275, 279). Dem ist jedenfalls dann zuzustimmen, wenn entsprechende Programme die Eignungsvoraussetzungen nach § 11 JMStV objektiv erfüllen (vgl. § 11 Rn. 10 ff.) und zu einer hinreichenden Wahrnehmungserschwernis „üblicherweise" i. S. d. Abs. 1 führen. Darüber hinaus können nutzerseitig fakultativ einsetzbare Zugangsbeschränkungen (z. B. durch Einrichtung **zugangsbeschränkter Sub-Accounts**, optionale Kindersicherungen bei Spielkonsolen mit Online-Zugriff) ein Teilelement darstellen, das gemeinsam mit weiteren Maßnahmen (z. B. Kostenpflichtigkeit von Online-Angeboten) in der Gesamtschau ein hinreichendes technisches bzw. sonstiges Mittel darstellt.

4. Sonstige Mittel (Abs. 5 Nr. 1 2. Alt.)

Die Frage, welche Mittel neben den „technischen" als „sonstiges Mittel" 49 im Sinne des Abs. 3 Nr. 1 in Betracht kommen können, wird weder in den Gesetzesmaterialien noch in den Jugendschutzrichtlinien der Landesmedienanstalten erläutert. In erster Linie wird insoweit etwa der – praktisch bei Online-Medien allerdings kaum bedeutsame – Altersnachweis des Nutzers per **Post** oder die **Kostenpflichtigkeit** eines Angebotes in Betracht kommen (HaKo/Liesching, 84. Absch. Rn. 4). Insoweit ist möglich, die Kreditkartenzahlung bzw. die Eingabe und Verifikation einer validen Kreditkartennummer als hinreichendes sonstiges Mittel anzusehen, vor allem wenn sie um weitere Maßnahmen wie z. B. eine **optionale Zugangsbeschränkung** (Kindersicherung) durch Sub-Accounts ergänzt wird.

Für eine hinreichende Erschwernis bei Kreditkartenzahlung spricht, dass 50 die allermeisten kartenausgebenden Banken und Kreditkartenunternehmen lediglich an erwachsene Personen Kreditkarten ausgeben. Hiernach könnte davon ausgegangen werden, dass in den allermeisten Fällen Kinder und Jugendliche über keine eigene **Kreditkarte** verfügen. Die wenigen Ausnahmen, in denen Jugendliche bereits über eine (Prepaid-)Kreditkarte verfügen oder sich missbräuchlich Zugang zu Kreditkartendaten verschaffen, können nach derzeitigem Stand und angesichts der geringeren Anforderungen an die Wahrnehmungserschwernis „üblicherweise" als vernachlässigbar angesehen werden. **Vergleicht** man die möglichen Umgehungsszenarien bei **Sendezeitbeschränkungen** (s.o. Rn. 45) mit denen des Kreditkarten-Zahlungserfordernisses bei entgeltlichen Angeboten, so ergeben sich keine höheren Risiken bei letzterem Modell.

5. Trennungsgebot bei für Kinder beeinträchtigenden Angeboten (Abs. 5)

a) Anwendungsbereich. Als „sonstiges Mittel" im weiteren Sinne kann 51 auch die Sonderregelung des Abs. 5 angesehen werden, wonach zur Erfüllung der Pflicht zur Wahrnehmungserschwernis nach Abs. 1 bei für Kinder (unter

JMStV § 5 I. Abschnitt. Allgemeine Vorschriften

14 Jahren) entwicklungsbeeinträchtigenden **Telemedien** hinreicht, diese getrennt von für diese Kinder bestimmten Angeboten zu verbreiten oder abrufbar bereitzuhalten. Die im 14. RfÄndStV vorgesehene Aufgabe der Regelung bzgl. Kindern unter 14 Jahren zugunsten der etablierten **Altersgrenze des JuSchG** „ab 12 Jahren" (Bayer. LT-Drs. 16/5283, S. 10) ist nicht in Kraft getreten (s.o. Rn. 2). Gleichwohl gilt die Regelung auch für Angebote, welche eine FSK-/USK-„ab 12"-Freigabe erhalten haben. Die Vorschrift gilt indes nicht für Telemedien, die Kinder unter 6 Jahren in ihrer Entwicklung beeinträchtigen können; diese unterliegen vielmehr keinen Beschränkungen. Kommt der Anbieter dem Trennungsgebot nicht nach, handelt er ordnungswidrig nach § 24 Abs. 1 Nr. 4.

52 **b) Trennung von Kinderangeboten.** Getrennt von für Kinder bestimmten Angeboten wird das Angebot, wenn die an Kinder gerichteten Inhalte auf einer eigenständigen Website (Unterseite des Angebotes) angeboten werden, ohne dass durch Linkverknüpfungen unmittelbar auf für Kinder entwicklungsbeeinträchtigende weitere Inhalte verwiesen wird. Umgekehrt darf von entwicklungsbeeinträchtigenden Unterseiten des Angebotes keine direkte **Linkverknüpfung** zu an Kinder gerichteten Inhalten bestehen. Lediglich auf einem unter Jugendschutzgesichtspunkten neutralen Eingangsportal eines Angebotes darf sowohl auf an Kinder gerichtete Unterseiten des Angebotes als auch auf solche verwiesen werden, welche für Minderjährige unter 14 Jahren entwicklungsbeeinträchtigend wirken können. Bei einem Video-On-Demand-Angebot kann eine Trennung etwa durch Etablierung entsprechender **Rubriken** erfolgen, die einerseits thematisch segmentiert sein können (z. B. Krimi, Thriller, Drama etc.), andererseits aber einen gesonderten Bereich für Kinderfilme (z. B. Rubrik „Kids" oder „Family") vorsehen. In der Praxis ergeben sich freilich Schwierigkeiten für Filme, welche sich vornehmlich an Kinder richten, jedoch eine FSK-Freigabe „ab 12 Jahren" erhalten haben (z. B. „Harry Potter"). Werden diese außerhalb der Kinderbereiche z. B. in Kategorien wie „Horror" etc. geführt, besteht die Gefahr des den Jugendschutzzielen gegenläufigen Effektes, dass Kinder auf der Suche nach für sie attraktiven Filmen oder Spielen in Angebotsbereiche bzw. Rubriken vorstoßen, welche sie ansonsten gar nicht wahrgenommen hätten.

6. Zeitbeschränkungen (Abs. 3 Nr. 2, Abs. 4)

53 **a) Allgemeine Anforderungen.** Als weitere Alternative für Rundfunk und Telemedien sieht der Staatsvertrag vor, dass Anbieter aufgrund einer zeitlichen Begrenzung der Verbreitung des Angebotes Kinder oder Jugendliche der betroffenen Altersgruppe von der Wahrnehmung üblicherweise (Rn. 40) ausschließen. Diese bereits aus § 3 Abs. 2 RStV a. F. übernommene Regelung gilt seit 2003 auch für **Telemedien**. Nach der Amtl. Begründung habe sich gezeigt, „dass mit entsprechender Software das zeitzonenübergreifende Angebot für einzelne Zeitzonen gesperrt und damit über den Zeitraum eines Tages unterschiedlich ausgestaltet werden kann" (Bayer. LT-Drs. 14/10246, S. 17). Insoweit müssen einfache Umgehungsmöglichkeiten (Verstellen der Uhrzeit am Rechner des Nutzers) ausgeschlossen sein, da ansonsten die Wahrnehmung durch Kinder und Jugendliche nicht hinreichend sicher

Entwicklungsbeeinträchtigende Angebote § 5 JMStV

(Rn. 40) gehindert wird. Im Übrigen ist allein maßgeblich die **Zeit im räumlichen Anwendungsbereich** der Jugendschutzbestimmungen, d.h. in der Bundesrepublik Deutschland. Demnach muss von Seiten des Anbieters lediglich gewährleistet sein, dass die Angebotsinhalte nur innerhalb der nach Abs. 4 maßgeblichen Uhrzeiten (MEZ) verbreitet werden.

Abs. 4 konkretisiert die Anforderungen der zeitlichen Begrenzung der 54 Ausstrahlungs- bzw. Verbreitungszeit nach § 5 Abs. 3 Nr. 2. Für die entsprechend den Altersstufen des § 14 Abs. 2 JuSchG festgesetzten zulässigen Verbreitungszeiträume in den Abend- und Nachtstunden stellt der Gesetzgeber die **unwiderlegbare Vermutung** auf, dass Kinder und Jugendliche des entsprechenden Alters üblicherweise (Rn. 40) nicht mehr fernsehen bzw. Telemedien abrufen (vgl. auch Beucher u.a., § 3 RStV Rn. 64; krit. zu den gesetzl. Altersstufen: Mikos, tv-diskurs 20/2002, S. 66 ff.). Filme oder sonstige Angebote, die nach § 14 Abs. 1 Nrn. 1 und 2 JuSchG „ohne Altersbeschränkung" bzw. „ab sechs Jahren" freigegeben worden sind, dürfen **ohne zeitliche Begrenzung** ausgestrahlt bzw. verbreitet werden.

Die Anforderungen des § 5 Abs. 1 und Abs. 3 Nr. 2 sind nicht schon dann 55 erfüllt, wenn lediglich die jugendbeeinträchtigenden Szenen des Angebotes innerhalb der nach Abs. 4 maßgeblichen Zeitgrenze liegen. Vielmehr muss die **Gesamtdauer des Angebotes** vollumfänglich im Rahmen der zulässigen Verbreitungszeit ausgestrahlt bzw. zugänglich gemacht werden (ausführl. Sp/Sch/Erdemir, Rn. 21; s.a. Ory, NJW 1987, 2967, 2972; Beucher u.a., § 3 RStV Rn. 64; E/R/W/Landmann, Kap. VI Rn. 83). Andernfalls bestünde die Gefahr, dass Kinder und Jugendliche aufgrund des dramaturgischen Filmablaufs dazu angereizt werden, über die jeweilige Zeitgrenze hinaus das Angebot bis zum Ende anzusehen. Hintereinander ausgestrahlte einzelne **Serienepisoden** mit unterschiedlichem Entwicklungsbeeinträchtigungsgrad sind nicht als Bewertungseinheit zu sehen, sondern müssen nur jede für sich den gesetzlichen Zeitvorgaben genügen (a. A. Sp/Sch/Erdemir, Rn. 22).

b) Nachtprogramm (Abs. 4 Satz 1). Nach Satz 1 erfüllt der Anbieter 56 jugendbeeinträchtigender Inhalte jedenfalls dann seine Pflicht nach § 5 Abs. 1 und 3 Nr. 2, wenn diese nur **zwischen 23:00 Uhr und 6:00 Uhr** zugänglich gemacht werden. Dies gilt insb. auch für Angebote, die Jugendliche im Alter von 16 und 17 Jahren in ihrer Entwicklung beeinträchtigen können (z. B. Filme, die nach § 14 Abs. 2 Nr. 5 JuSchG mit „Keine Jugendfreigabe" gekennzeichnet worden sind, vgl. schon Ory, NJW 1987, 2967, 2972; erotographische Angebote unterhalb der Schwelle der Pornographie, vgl. hierzu § 4 Rn. 29 mwN.). **Einfach jugendgefährdende Angebotsinhalte**, welche nicht von der Bundesprüfstelle indiziert worden sind, dürfen ebenfalls im Nachtprogramm ausgestrahlt werden (vgl. VG München ZUM 2005, 252, 254 m. Anm. Liesching, ZUM 2005, 224 ff.; s.a. Bornemann, NJW 2003, 787, 789; ders., ZUM 2010, 407; Hopf, 2005, S. 138 ff.; Schumann, ZUM 2004, 697, 700 f.). Wegen Jugendgefährdung indizierte Angebote unterliegen hingegen dem strengen Verbot des § 4 Abs. 2 S. 1 Nr. 2, Abs. 3 (dort Rn. 41 ff., 50 ff.).

Ist ein Angebotsinhalt nicht mit einer Altersfreigabe nach dem JuSchG 57 gekennzeichnet, die zu einer gesetzlichen Vermutung für die Bewertung führt (s. Abs. 2 S. 1), unterliegt es gleichwohl nicht automatisch der engen zeitlichen Begrenzung auf die Nachtstunden gem. Satz 1 (unzutreffend daher LG Hamburg AfP 1996, 87, 89). Vielmehr muss der Anbieter insoweit die Verbreitungszeit unter Zugrundelegung der für die **Beurteilung** einer Jugendbeeinträchtigung maßgeblichen Kriterien **eigenverantwortlich** – etwa durch den Jugendschutzbeauftragten (§ 7) oder eine Einrichtung der Freiwilligen Selbstkontrolle (§ 19) – festlegen (vgl. Sp/Sch/Erdemir, Rn. 20; Beucher u.a., § 3 RStV Rn. 64). Bei Rundfunksendungen sind freilich die besonderen Bestimmungen des § 8 (siehe dort Rn. 1 ff.) zu beachten.

58 c) **Spätabendprogramm (Abs. 4 Satz 2).** Nach Satz 2 erfüllt der Anbieter solcher Inhalte, welche die Entwicklung von Kindern und Jugendlichen unter 16 Jahren zu beeinträchtigen geeignet sind, seine Pflicht nach § 5 Abs. 1 und 3 Nr. 2, wenn diese nur zwischen 22:00 Uhr und 6:00 Uhr zugänglich gemacht werden. Die Vorschrift betrifft insb. Filme oder sonstige Angebote, die eine entsprechende Alterskennzeichnung nach § 14 Abs. 2 Nr. 4 JuSchG erhalten haben (vgl. auch Dörr/Cole, 2001, S. 39). Insoweit sind Abweichungen nur bei fehlender wesentlicher Inhaltsgleichheit (s. Rn. 38) oder im Rahmen der **Ausnahmeregelung** des § 9 Abs. 1 (s. dort Rn. 1 ff.) denkbar (vgl. hierzu auch OVG Berlin NJW 2003, 840 f.; VG Berlin ZUM 2002, 758 ff.; Ladeur, ZUM 2002, 859). Daneben werden aber auch nicht gekennzeichnete Angebote erfasst (z. B. **TV-Movies**, Reportagen mit gewalthaltigen oder sexuell orientierten Szenen), welche nach Einschätzung des Anbieters Minderjährige unter 16 Jahren beeinträchtigen können und nicht nach Abs. 6 privilegiert sind (s. hierzu unten Rn. 61 ff.). Bei Rundfunksendungen sind die besonderen Bestimmungen des § 8 (siehe dort Rn. 1 ff.) zu beachten.

59 d) **Hauptabend- bzw. Tagesprogramm (Abs. 4 Satz 3).** Die Vorschrift greift die vormalige Regelung in § 3 Abs. 2 Satz 2 RStV a. F. für Rundfunksendungen auf und erweitert sie für alle Telemedien. Danach ist bei Filmen, die für Kinder **unter 12 Jahren** nach § 14 Absatz 2 JuSchG nicht freigegeben sind, bei der **Wahl der Sendezeit** auf deren besondere Sehgewohnheiten Rücksicht zu nehmen (Bayr. LT-Drs. 14/10246, S. 17). Der Gesetzgeber hat auf eine Verknüpfung der Alterfreigabe „ab 12 Jahren" mit einer bestimmten Sendezeit bewusst verzichtet, damit im Rahmen der **Verhältnismäßigkeit** berücksichtigt werden kann, dass insb. bei derartigen Angeboten sehr unterschiedliche zeitliche Plazierungen unter Kinder- und Jugendschutzgesichtspunkten angezeigt sein können (ausführl. hierzu Beucher u.a., § 3 RStV Rn. 64). Dabei ist auch zu berücksichtigen, ob Kinder und Jugendliche üblicherweise die Sendungen allein oder im Beisein der Eltern wahrnehmen. Letzteres wird gemäß den gängigen Zeitschienen bei einer Ausstrahlung im Hauptabendprogramm (ab 20:00 Uhr), an Wochenenden oder Feiertagen auch im Tages- und Vorabendprogramm anzunehmen sein (vgl. zur zeitlichen Beschränkung von Wrestling-Sendungen bereits VG Frankfurt und Hess.VGH ZUM 1996, 990 f.).

60 Hinsichtlich der Plazierung einer Sendung „ab 12" im Hauptabendprogramm oder im Tagesprogramm dürfte im Zusammenhang mit **Gewaltdarstellungen** vor allem die Risikodimension der potentiell „nachhaltigen

Entwicklungsbeeinträchtigende Angebote § 5 JMStV

„Ängstigung" von besonderer Bedeutung sein (s. oben Rn. 26, 28). Problematisch sind im Einzelfall auch die überwiegend im Tagesprogramm ausgestrahlten **Talkshow-Sendungen**, soweit dort sexuelle Themen behandelt werden oder sozial-ethisch fragwürdige Anschauungen und Meinungen einseitig präsentiert werden.

V. Nachrichtensendungen, Sendungen des politischen Zeitgeschehens (Abs. 6)

1. Allgemeines

Nach der Vorschrift des Abs. 6 gilt die Anbieterpflicht zur Wahrnehmungserschweris für entwicklungsbeinträchtigende Angebote nicht für Nachrichtensendungen, Sendungen zum politischen Zeitgeschehen im Rundfunk und vergleichbare Angebote bei Telemedien, soweit ein berechtigtes Interesse gerade an dieser Form der Darstellung oder Berichterstattung vorliegt. Mit dem gescheiterten **14. RfÄndStV** sollte die Ausnahme gelten, „es sei denn, es besteht offensichtlich kein berechtigtes Interesse gerade an dieser Form der Darstellung oder Berichterstattung". Der novellierte Wortlaut der Vorschrift sollte die Bedeutung der Berichterstattungs- und Informationsfreiheit im Rahmen der Abwägung mit Belangen des Jugendschutzes klarstellen (vgl. Bayer. LT-Drs. 16/5283, S. 10; s.a. Bayer. LT-Drs. 14/10246, S. 17). Die Neuregelung ist aufgrund der Ablehnung des 14. RfÄndStV im Landtag von Nordrhein-Westfalen nicht in Kraft getreten (s.o. Rn. 2). **61**

2. Nachrichtensendungen

Durch die Ausnahmevorschrift des Abs. 6 werden zunächst Nachrichtensendungen erfasst, zu denen entsprechend § 7 Abs. 8 RStV wohl in erster Linie die Sendungen zur Berichterstattung über **tagesaktuelle Ereignisse** zu zählen sind (z. B. Tagesschau, Heute, RTL-aktuell, Pro7 Nachrichten etc.; s.a. H/V/Hertel, Rn. 24). Daneben kann der Begriff der Nachrichtensendungen aber auch die (Kurz-)Berichterstattung über Veranstaltungen und Ereignisse erfassen, die öffentlich zugänglich und von allgemeinem Informationsinteresse sind (vgl. § 5 Abs. 1 und 4 RStV). Auch Live-Berichterstattungen und aktuelle Reportagen (**Sonderberichterstattungen**, „breaking news") über Geschehnisse von öffentlichem Interesse sind ungeachtet eines politischen Bezuges als Nachrichtensendungen im Sinne des Abs. 6 einzustufen (z. B. Berichte über Naturkatastrophen, Terroranschläge, verübte Verbrechen etc.). **62**

Andere Sendungen wie z. B. Dokumentationen zu politischen oder gesellschaftlichen Ereignissen oder Verhältnissen ungeachtet einer Tagesaktualität können hingegen eher nicht als „Nachrichten" angesehen werden, denn nach dem allgemeinen Wortverständnis liegt insoweit eher die Berichterstattung und Unterrichtung über aktuelle Geschehnisse im Sinne von Neuigkeiten („News") nahe. Dokumentationen oder Doku-Soups, bei denen zwar auch über Verhältnisse und Zustände des alltäglichen Lebens berichtet wird, bei denen aber der **Unterhaltungscharakter** im Vordergrund steht und den **63**

Informations- und Berichterstattungscharakter verdrängt (z. B. „Die Auswanderer", „Supernanny", „mein neues Leben XXL" etc.) sind keine Nachrichtensendungen.

3. Sendungen zum politischen Zeitgeschehen

64 **a) Begriff des Zeitgeschehens.** Der Begriff des „Zeitgeschehens" ist grundsätzlich weit auszulegen (Liesching, tv-diskurs 4/2008, S. 28 ff.). Er erfasst nach seinem Wortlaut und auch vor dem Hintergrund der dokumentierten rechtspolitischen Erwägungen im Gesetzgebungsprozess sowie nach verfassungsrechtlichen Grundsätzen auch Sendungen zum **historischen** politischen Zeitgeschehen ungeachtet dessen, ob auch fiktionale Sendeinhalte in dem Angebot enthalten sind (ausführl. Liesching, ZUM 2009, 367 ff.; ähnl. Altenhain, MMR-Aktuell 2010, 302778; a. A. Hopf, ZUM 2009, 191 ff.).

65 Zunächst besteht nach dem Wortlaut keine Einschränkung auf tagesaktuelle Zeitgeschehnisse, sodass auch Sendungen zum historischen politischen Zeitgeschehen erfasst sein können. Auch eine Begrenzung auf „nachrichtenmäßige" Sendungen, wie sie der Gesetzgeber etwa anderweitig in § 5 Abs. 4 S. 1 RStV vorgesehen hat, wird hier nicht verlangt. Im Übrigen wäre kaum begründbar, weshalb **zeitgeschichtliche Ereignisse** mit politischen Bezügen wegen des auch insoweit z. B. gegenüber Unterhaltungssendungen erhöhten Informationsinteresses nach der gewählten Formulierung von vornherein dem Ausnahmetatbestand nicht unterfallen sollen (vgl. auch Bayer. LT-Drs. 14/10246, S. 18), zumal etwaige Einschränkungen wiederum über die Abwägung mit einem „berechtigten Interesse" (s.u. Rn. 71 ff.) möglich sind. Auch aus den rechtspolitischen Beratungen zu der Vorschrift ergeben sich Hinweise, nach denen auch Berichte über historische Ereignisse wie „Massaker oder den **Alltag in Konzentrationslagern**" grundsätzlich „zu Gunsten des Informationsbedürfnisses" zu regeln seien (Hartstein, u.a., Abschnitt C 2 „Entstehungsgeschichte – JMStV", Rn. 27; ausführl. Liesching, ZUM 2009, 367 ff.; Altenhain, MMR-Aktuell 2010, 302778; a. A. Hopf, ZUM 2009, 191 ff.).

66 Auch eine Beschränkung auf authentische Realschilderungen im Sinne rein nonfiktionaler Sendungen zum politischen Zeitgeschehen lässt sich dem Wortlaut des Abs. 6 nicht entnehmen. Insoweit ist daher davon auszugehen, dass fiktionale Darstellungen zu historischen oder aktuellen politischen Geschehnissen, z. B. **nachgestellte Szenen** nach Interviewaussagen von Zeitzeugen, nicht von vornherein dem Anwendungsbereich entzogen sein sollen. Eine hiervon zu trennende Frage ist freilich, ob insb. bei fiktionalen, entwicklungsbeeinträchtigenden Szenen im Einzelfall ein „berechtigtes Darstellungs- und Berichterstattungsinteresse" die Jugendschutzbelange überwiegen kann (ausführl. Liesching, ZUM 2009, 367 ff.; ebenso Altenhain, MMR-Aktuell 2010, 302778).

67 **b) Politischer Bezug.** Bezugspunkt der nach Abs. 6 privilegierten Sendungen kann nur **das „politische Zeitgeschehen"** sein. Freilich ergeben sich gewisse Schwierigkeiten einer Konkretisierung schon aus der Unbestimmtheit und Weite des Begriffs des „Politischen" bzw. der Politik, der gemeinhin auf unterschiedliche Weise interpretiert und definiert wird (krit.

im Rahmen des § 18 Abs. 3 Nr. 1 JuSchG: Löffler/Altenhain, Rn. 51). Die vielfältigen Bezüge der Politik werden zudem durch die zahlreichen gebräuchlichen sprachlichen Konnotationen wie z. B. „Kriegspolitik", „Vertreibungspolitik", „Steuerpolitik", „Sozialpolitik", „Innenpolitik", „Außenpolitik", „Familienpolitik", Gesellschaftspolitik" etc. deutlich. Insoweit können Sendungen zu jedwedem Zeitgeschehen erfasst sein, die in einem **politischen Kontext** stehen. Dabei ist aber erforderlich, dass nach dem Gesamteindruck aus den Sendeinhalten entsprechende politische Bezüge deutlich hervortreten, für den Zuschauer erkennbar sind und die Sendung prägen (vgl. Wortlaut: Sendungen „zum" politischen Zeitgeschehen). Auch die Veranschaulichung der Auswirkungen politischer Maßnahmen und Prozesse in der Gesellschaft können insoweit ausreichend sein, wenn nach den Sendeinhalten die dargestellten Geschehnisse zu den entsprechenden politischen Hintergründen in Bezug gesetzt werden.

Da es sich um eine Sendung „zum" politischen Zeitgeschehen handeln muss, ist erforderlich, dass die Sendung nach ihrem Gesamteindruck überwiegend auf die **Information über authentische politische Zeitgeschehnisse** gerichtet ist. Dies ist bei rein fiktionalen Angeboten wie Spielfilmen ungeachtet thematischer Bezüge in der Regel nicht der Fall, da insoweit der Unterhaltszweck im Vordergrund stehen dürfte. Hingegen verbieten sich pauschale, schematische Wertungen vor allem bei „Mischformen" wie insb. bei Dokumentationen, die sowohl aus authentischem Bildmaterial und Zeitzeugeninterviews als auch aus fiktionalen nachgestellten Szenen authentischer Geschehnisse bestehen. Wird hier das Nachstellen von Einzelszenen in erster Linie als stilistisches Mittel der Information und Veranschaulichung politischer Ereignisse genutzt und sind derartige fiktionale Elemente eingebettet in eine im Übrigen auch mit Originalaufnahmen und Zeugeninterviews operierenden Darstellung, kann eine „Sendung zum politischen Zeitgeschehen" vorliegen. 68

c) Einzelfälle. Beispielhaft können von dem Ausnahmetatbestand des Abs. 8 als Sendungen zum politischen Zeitgeschehen erfasst sein: Dokumentationen zu historischen oder aktuellen Kriegsereignissen; Reportagen über terroristische und/oder politisch motivierte Anschläge und deren Auswirkungen; Schilderungen von Einzelfällen aus bestimmten sozialen Milieus (Hartz IV-Empfänger, kinderreiche Familien in Deutschland, ausländische Familien), wenn Bezüge zu **(sozial)politischen Hintergründen** hergestellt werden und der Informationszweck gegenüber bloßer Unterhaltung im Vordergrund steht; Darstellungen und Schilderungen verübter Verbrechen, wenn hierdurch auch über sicherheits- und/oder rechtspolitische Aspekte einschließlich der **staatlichen Maßnahmenpraxis** (z. B. im Rahmen der Strafverfolgung) informiert wird. Seitens der KJM wurde bei der Dokumentation „Nürnberg – Görings letztes Gefecht" in denen „Ausschnitte aus einem Film, der drastische und somit für Kinder problematische Szenen aus den von den US-Streitkräften **befreiten Konzentrationslagern** zeigte" (KJM-PM 14/2009) als nicht dem Anwendungsbereich des Abs. 6 unterfallend angesehen (siehe auch den Fall der Doku-Sendung „Die letzten Tage des Krieges", KJM-Arbeitsbericht, 2. Halbj. 2009, S. 15; a. A. 69

Liesching, ZUM 2009, 367 ff.; ebenso Altenhain, MMR-Aktuell 2010, 302778).

4. Vergleichbare Angebote bei Telemedien

70 Daneben werden auch vergleichbare Angebote bei Telemedien erfasst (z. B. Internet-Nachrichten-Portale). Hierzu können v.a. auch die in § 5 Abs. 1 S. 4 genannten Inhalte **periodischer Druckerzeugnisse** in Text und Bild erfasst sein, insb. soweit es sich um elektronische Ausgaben von Tageszeitungen handelt. Angebote von Suchmaschinen, welche über so genannte „**News-Tools**" gezielt Teile von Nachrichten anderer Internetangebote im Rahmen angezeigter Suchtreffer einbinden, fallen ebenfalls in den Anwendungsbereich des Abs. 6; darüber hinaus sind die Haftungsprivilegierungen nach §§ 8 ff. TMG analog oder unmittelbar anwendbar (vgl. zur differenzierten Anwendung bei Suchmaschinen Sieber/Liesching, Beilage zu MMR 8/2007, 1 ff.).

5. Ausschluss bei fehlendem Darstellungs- oder Berichterstattungsinteresse

71 **a) Allgemeines.** Für die genannten Angebote gilt Abs. 1 nur dann nicht, wenn ein berechtigtes Interesse gerade an dieser Form der Darstellung oder Berichterstattung vorliegt. Der Medienaufsicht (Eingriffsverwaltung) obliegt nach allgemeinen verwaltungsverfahrensrechtlichen Grundsätzen der **Ermittlungs- und Begründungspflicht** auch insoweit die Pflicht nicht nur des Darlegung eines JMStV-Verstoßes sondern auch des Nichtvorliegens der Privilegierung (vgl. § 24 und § 39 VwVfG; s.a. St/B/S/Kallerhoff, § 24 Rn. 54).

72 **b) Darstellungs- bzw. Berichterstattungsinteresse. aa) Verfassungsrechtliche Grundlagen.** Der Begriff des berechtigten Interesses ist normativ, erfordert also Wertungen für den jeweiligen Einzelfall. Worin die „Berechtigung" eines dem Jugendschutz gegenüberstehenden Interesses bestehen kann, ergibt sich aus der Verfassung und wird nach allgemeiner Meinung vor allem auf die **Medien- und Informationsfreiheit** nach Art. 5 GG bezogen (vgl. z. B. Sp/Sch/Erdemir Rn. 25; Hartstein, u.a. Rn. 23). Dies bedeutet, dass die vom BVerfG entwickelten Grundsätze für die Einzelfallabwägung zwischen den Verfassungsrechtsgütern auch für die Ausnahmevorschrift des Abs. 6 im Hinblick auf die Bewertung eines etwaigen „berechtigten Interesses" herangezogen werden können. Insoweit geht die Rspr. beispielsweise davon aus, dass bei Beiträgen „zum geistigen Meinungskampf in einer die Öffentlichkeit wesentlich berührenden Frage" den Medien- und Informationsfreiheiten nach Art. 5 Abs. 1 GG der **Vorrang** einzuräumen ist (BVerfGE 71, 206, 220; 85, 1, 16; 90, 241, 249; 93, 266, 294 f.). Im Hinblick auf die konkrete Ausgestaltung des Medieninhaltes kommt es nach der Rspr. des BVerfG insb. darauf an, ob „im konkreten Fall eine Angelegenheit von öffentlichem Interesse ernsthaft und sachbezogen erörtert" oder ob „lediglich das Bedürfnis einer mehr oder minder breiten" Mediennutzerschicht „nach

Entwicklungsbeeinträchtigende Angebote　　　　　　　§ 5 JMStV

oberflächlicher Unterhaltung befriedigt" wird (BVerfGE 34, 269, 283; 101, 361, 391).

bb) Konkrete Darstellungsform. Das Erfordernis der Einzelfallabwägung kommt im Rahmen des § 5 Abs. 6 JMStV vor allem darin zum Ausdruck, dass hinsichtlich des berechtigten Interesses gerade auf die konkrete „Form der Darstellung oder Berichterstattung" abzustellen ist. Im Rahmen der Prüfung ist also zu fragen, ob bei Hinwegdenken bzw. Subtrahieren der entwicklungsbeeinträchtigenden Elemente einer Sendung wesentliche **Bestandteile einer Information** zum politischen Zeitgeschehen fehlen und hiermit eine nicht ganz unerhebliche Beeinträchtigung des Informationsbedürfnisses der Bevölkerung einhergehen würde. Eine derartige Bewertung ist freilich – wie überwiegend im Jugendschutz – im Rahmen einer Gesamtbeurteilung anzustellen, die auch einen gewissen Beurteilungsspielraum eröffnet, wie er in § 20 Abs. 3 JMStV ausdrücklich anerkannt wird (s.a. H/V/Hertel, Rn. 23: „Einschätzungsprärogative"). 73

cc) Abwägungsaspekte. Die Bewertung des Vorliegens eines berechtigten Darstellungs- oder Berichterstattungsinteresses im Sinne des § 5 Abs. 6 JMStV hat im Rahmen einer Gesamtabwägung zu erfolgen, die im Wesentlichen drei Aspekte umfasst: 74
– Zunächst ist zu bewerten, welches **Interesse bzw. Informationsbedürfnis** überhaupt an einer konkreten Darstellung in einer Sendung zum politischen Zeitgeschehen besteht. Dies entspricht auch der dargestellten Rspr. des Bundesverfassungsgerichts, die gerade bei Beiträgen „zum geistigen Meinungskampf in einer die Öffentlichkeit wesentlich berührenden Frage" den Medien- und Informationsfreiheiten nach Art. 5 Abs. 1 GG den Vorrang einräumt (BVerfGE 71, 206, 220; 85, 1, 16; 90, 241, 249; 93, 266, 294 f.).
– Des Weiteren ist zu berücksichtigen, in welchem Ausmaß bzw. mit welchem **Gefährdungsgrad** eine Entwicklungsbeeinträchtigung von Kindern und Jugendlichen einer bestimmten Altersgruppe zu besorgen ist (Hartstein u.a., Rn. 23), so dass Inhalte, die lediglich geeignet sind, einen bestimmten Altersteil (z. B. Kinder bis 12 Jahre) in ihrer Entwicklung zu beeinträchtigen, eher zu einem Vorrang der Informationsfreiheit im Rahmen der Interessenabwägung führen können als Angebote, die zusätzlich für Jugendliche unter 16 oder gar 18 Jahren ein Beeinträchtigungsrisiko i. S. d. § 5 Abs. 1 JMStV darstellen (Liesching, ZUM 2009, 367, 372 f.; a. A. Hopf, ZUM 2009, 191, 198).
– Schließlich ist auch zu prüfen, ob bestimmte stilistische oder sonstige darstellerische Möglichkeiten bestehen, den **entwicklungsbeeinträchtigenden Charakter** einer gewählten Darstellungsform zu **minimieren** oder ganz zu beseitigen, ohne dass der Informationsgehalt hierdurch beeinträchtigt würde (z. B. Blenden, Verzicht auf Zeitlupendarstellung, Kürzung von veranschaulichten Szenen). Hierbei ist allerdings auch zu berücksichtigen, dass bestimmte Geschehnisse im Hinblick auf deren Hintergründe und menschliche Auswirkungen dem Zuschauer ggf. auch drastisch vor Augen geführt werden müssen, um deren Dimension und Tragweite realistisch zu verdeutlichen (H/V/Hertel, Rn. 23).

77 Der Gesetzgeber und die herrschende Meinung weisen andererseits zutreffend darauf hin, das Beiträge zum politischen Zeitgeschehen nicht „**in reißerischer Form**" dargestellt werden dürfen, welche in erster Linie den Voyeurismus bestimmter Zuschauergruppen bedienen wollen (vgl. Bayer. LT-Drs. 14/10246, S. 18; Bornemann, NJW 2003, 787, 790; Sp/Sch/Erdemir, Rn. 25). Umgekehrt ist der Anbieter jedoch auch nicht nur zur rein nüchternen Darstellung der Fakten verpflichtet (Beucher u.a., § 3 RStV Rn. 54), sondern hat im Hinblick auf die **journalistisch-redaktionelle Ausgestaltung** schon aufgrund Art. 5 Abs. 1 GG auch Spielräume, auf welchem Wege er Zuschauern und sonstigen Mediennutzern Informationen zum politischen Zeitgeschehen transparent machen will.

78 **dd) Beispiele.** Bei einer Nachricht über die Feststellung kinderpornographischer Internetangebote ist zwar grundsätzlich geboten, diese Angebote auch im Bild zu zeigen; zu berücksichtigen sind aber auch „Möglichkeiten, die **kinderpornographische Wirkung** dieser Angebote etwa durch einen Balken oder durch Schnitte oder durch sonstiges teilweises Unkenntlichmachen zu mindern" (zutr. Hartstein u.a., Rn. 24). Bei einem Bildbericht über einen Krokodilangriff auf einen australischen Einwohner ist aufgrund des geringen Berichterstattungsinteresses eine detailierte Darstellung des Geschehens nicht durch Abs. 8 zu rechtfertigen. Ein besonders hohes Informationsbedürfnis im Rahmen der Güterabwägung wird hingegen bei der **Bildberichterstattung aus „Kriegsregionen"** gesehen (Sp/Sch/Erdemir, Rn 25).

79 Über die genannten Beispielsfälle hinaus kommt vor allem auch Konstellationen Bedeutung zu, in denen über **historische politische Zeitgeschehnisse** berichtet wird. Kann hier einerseits im Rahmen der Abwägung das Informationsbedürfnis wegen der fehlenden Tagesaktualität geschmälert sein, so wäre andererseits auch zu berücksichtigen, welches Ausmaß das geschichtliche politische Zeitgeschehen auf die Bevölkerung hatte und welche Auswirkungen sich ggf. **bis in die Gegenwart** zeigen können. Vor diesem Hintergrund sind etwa Dokumentationen über das Kriegsgeschehen im Zweiten Weltkrieg hinsichtlich des Informationsbedürfnisses der Bevölkerung nicht gering zu schätzen, da insb. die außenpolitischen Auswirkungen sich bis heute in ganz Europa zeigen und von den Kriegsgeschehnissen nahezu die gesamte Bevölkerung betroffen war. Im Rahmen der Abwägung kann ein berechtigtes Interesse an der Darstellung entwicklungsbeeinträchtigender Sendeinhalte (z. B. Veranschaulichung von gewaltvolltaltigen Kriegshandlungen, Kriegsopfern, leidenden oder toten Kindern) gerade darin gesehen werden, dass nur auf diese Weise die Dimension und Tragweite der damaligen Kriegspolitik realistisch verdeutlicht werden kann (s.a. H/V/Hertel, Rn. 23, s. im Übrigen Liesching, ZUM 2009, 367 ff.; Altenhain, MMR-Aktuell 2010, 302778, anders Hopf, ZUM 2009, 191 ff.).

VII. Rechtsfolgen, Prozessuales

1. Rechtsfolgen

Verstöße gegen die Norm können nach § 24 Abs. 1 Nr. 4, Nr. 10 JMStV unter den dort teilweise aufgeführten weiteren Voraussetzungen jeweils als **Ordnungswidrigkeit** mit Bußgeld geahndet werden.

80

2. Rechtsweg

Gegen die Bußgeldahndung oder sonstige Maßnahmen (z. B. Beanstandung) durch die zuständige (§ 24 Abs. 4 JMStV) Landesmedienanstalt ist der **Verwaltungsrechtsweg** eröffnet und mithin die Anfechtungsklage (§ 42 Abs. 1 1. Alt. VwGO) statthaft (vgl. auch § 22 JMStV). Den anerkannten Einrichtungen der FSK (§ 19 JMStV) kommt bei Bewertungen des Vorliegens der Voraussetzungen nach § 5 Abs. 1 (und auch Abs. 8) ein **Beurteilungsspielraum** im Sinne des § 20 Abs. 3 und 5 JMStV zu, der die Überprüfbarkeit der Entscheidungen durch die zuständige Aufsicht beschränkt.

81

3. Beurteilungsspielraum der KJM

Ob darüber hinaus auch der Kommission für Jugendmedienschutz (**KJM**) schon generell ein **Beurteilungsspielraum** bei der Bewertung von Jugendschutzfragen zukommt, ist umstritten (dafür: VG Augsburg MMR 2008, 772 ff.; Cole, ZUM 2010, 929 ff.; Hepach, ZUM 2008, 351, 353; Rossen-Stadtfeld, ZUM 2008, 457 ff.; H/V/Schulz/Held, § 20 JMStV Rn. 63; Hopf/ Braml, MMR 2008, 775 f.; dies., MMR 2009, 153 ff.; ferner: Ladeur, ZUM 2002, 859, 864; dagegen: BayVGH, Urt. v. 23. 3. 2011 – 7 BV 09.2512, MMM6/2011 m. Anm. Liesching; VG Münster JMS-Report 4/2010, 73, 76; VG Berlin, Urt. v. 28. 01. 2009 – VG 27 A 61.07 – „Sex and the City"; VG München, Urt. v. 17. 6. 2009 – M 17 K 05.599 – „I want a famous face"; Bosch, 2007, S. 351 f.; Brandenburg/Lammeyer, ZUM 2010, 655 ff.; Brunner, 2005, 152 ff.; Witt, 2008, S. 238 ff.; ferner: VG Hannover AfP 1996, 205, 206; BayVGH JMS-Report 01/2009, S. 9, 11). Ein solcher Beurteilungsspielraum ist schon mangels gesetzlicher Regelung im JMStV abzulehnen (siehe § 16 Rn. 4).

82

§ 6 Jugendschutz in der Werbung und im Teleshopping

(1) ¹**Werbung für indizierte Angebote ist nur unter den Bedingungen zulässig, die auch für die Verbreitung des Angebotes selbst gelten.** ²**Die Liste der jugendgefährdenden Medien (§ 18 des Jugendschutzgesetzes) darf nicht zum Zwecke der Werbung verbreitet oder zugänglich gemacht werden.** ³**Bei Werbung darf nicht darauf hingewiesen werden, dass ein Verfahren zur Aufnahme eines Angebotes oder eines inhaltsgleichen Trägermediums in die Liste nach § 18 des Jugendschutzgesetzes anhängig ist oder gewesen ist.**

(2) **Werbung darf Kinder und Jugendliche weder körperlich noch seelisch beeinträchtigen, darüber hinaus darf sie nicht**

1. direkte Aufrufe zum Kaufen oder Mieten von Waren oder Dienstleistungen an Minderjährige enthalten, die deren Unerfahrenheit und Leichtgläubigkeit ausnutzen,
2. Kinder und Jugendliche unmittelbar auffordern, ihre Eltern oder Dritte zum Kauf der beworbenen Waren oder Dienstleistungen zu bewegen,
3. das besondere Vertrauen ausnutzen, das Kinder oder Jugendliche zu Eltern, Lehrern und anderen Vertrauenspersonen haben, oder
4. Kinder oder Minderjährige ohne berechtigten Grund in gefährlichen Situationen zeigen.

(3) Werbung, deren Inhalt geeignet ist, die Entwicklung von Kindern oder Jugendlichen zu einer eigenverantwortlichen und gemeinschaftsfähigen Persönlichkeit zu beeinträchtigen, muss getrennt von Angeboten erfolgen, die sich an Kinder oder Jugendliche richten.

(4) Werbung, die sich auch an Kinder oder Jugendliche richtet oder bei der Kinder oder Jugendliche als Darsteller eingesetzt werden, darf nicht den Interessen von Kindern oder Jugendlichen schaden oder deren Unerfahrenheit ausnutzen.

(5) Werbung für alkoholische Getränke darf sich weder an Kinder oder Jugendliche richten noch durch die Art der Darstellung Kinder und Jugendliche besonders ansprechen oder diese beim Alkoholgenuss darstellen.

(6) ¹Die Absätze 1 bis 5 gelten für Teleshopping und Sponsoring entsprechend. ²Teleshopping darf darüber hinaus Kinder oder Jugendliche nicht dazu anhalten, Kauf- oder Miet- bzw. Pachtverträge für Waren oder Dienstleistungen zu schließen.

Schrifttum: *Enders*, Darstellung und Bedeutung des Jugend(medien)-Schutzes im Direktmarketing, ZUM 2006, 353; *Fechner/Schipanski*, Werbung für Handyklingeltöne – Rechtsfragen im Jugendschutz-, Telekommunikations- und Wettbewerbsrecht, ZUM 2006, 898; *Hoffmann-Riem/Engels*, Einfach-gesetzliche Regelungen der Fernsehwerbung mit Kindern und für Kinder, in: Charlton/Neumann-Braun/Aufenanger/Hoffmann-Riem u.a.: Fernsehwerbung und Kinder, 1995; *Klees/Lange*, Bewerbung, Nutzung und Herstellung von Handyklingeltönen, CR 2005, 684; *Stettner*, Der neue Jugendmedienschutz-Staatsvertrag – eine Problemsicht, ZUM 2003, 425; *Weigand*, Werbung für Klingeltöne, tv-diskurs 35/2006, 70.

Übersicht

	Rn.
I. Allgemeines	1
1. Regelungsinhalt und Bedeutung	1
2. Normhistorie	2
II. Begriff der Werbung	3
1. Orientierung am rundfunkrechtlichen Werbebegriff	3
2. Erfasste Werbeformen	4
III. Werbung und indizierte Inhalte (Abs. 1)	5
1. Werbung für indizierte Angebote (Satz 1)	5
2. Verbreitung der Indizierungsliste (Satz 2)	6
3. Hinweis auf anhängiges Indizierungsverfahren (Satz 3)	8
4. Annex: Prostitutionswerbung	9

Jugendschutz in der Werbung und im Teleshopping § 6 JMStV

IV. Ge- und Verbote der Werbegestaltung (Abs. 2 bis 5) 11
   1. Allgemeines 11
   2. Körperlich oder seelisch beeinträchtigende Werbung
      (Abs. 2) 13
   3. Einzeltatbestände des Abs. 2 14
      a) Direkte Kaufappelle unter Ausnutzung der Unerfahren-
         heit (Nr. 1) 14
      b) Auffordern Minderjähriger zu Kaufapellen (Nr. 2) 16
      c) Ausnutzen des Verhältnisses zu Vertrauenspersonen
         (Nr. 3) 17
      d) Werbung mit Minderjährigen in Gefahrensituationen .. 18
   4. Trennung von Kinder- und Jugendprogrammen (Abs. 3) . 20
   5. Interessenschädigende Werbung (Abs. 4) 22
   6. Alkohol- und Tabakwerbung (Abs. 5) 24
V. Teleshopping, Sponsoring 27
   1. Teleshopping 27
   2. Sponsoring 28
   3. Anhalten zum Vertragsschluss beim Teleshopping 29
VI. Rechtsfolgen, Prozessuales 30
   1. Ordnungswidrigkeiten 30
   2. Prozessuale Hinweise 31

I. Allgemeines

1. Regelungsinhalt und Bedeutung

Die Vorschrift enthält über die §§ 4, 5 JMStV hinaus weitergehende **1** Beschränkungen für Werbeangebote. Insb. untersagen die Absätze 2 bis 5 bestimmte Formen der Werbegestaltung. Die Vorschriften schließen die Anwendbarkeit **anderer Werbegestaltungsverbote** oder -gebote wie etwa in § 7 RStV oder auch wettbewerbsrechtliche Bestimmungen wie insb. §§ 3 ff. UWG nicht aus. Durch den (gescheiterten) **14. RfÄndStV** sollten mit Wirkung zum 1. 1. 2011 auch die Werbegestaltungsverbote nach § 6 Abs. 2 bis 5 und die entsprechende Vorschrift für Teleshopping und Sponsoring im Rahmen des Ordnungswidrigkeitentatbestandes des § 24 Abs. 1 Nr. 9 JMStV-E bußgeldbewehrt werden. Da die JMStV-Novelle aber wegen fehlender Zustimmung des Landtags NRW im Dezember 2010 scheiterte (s. § 5 Rn. 2), besteht insoweit auch weiterhin eine **Sanktionslücke** im Bußgeldbereich.

2. Normhistorie

Die mit Inkrafttreten des JMStV zum 1. 4. 2003 eingeführte Vorschrift hat **2** durch den **13. RfÄndStV** mit Wirkung vom 1. 4. 2010 Veränderungen erfahren. Abs. 2 einl. Satzteil und Nr. 1, Abs. 6 Satz 1 wurden geändert und Abs. 5 Satz 2 wurden aufgehoben. Zur weithin fehlenden Bußgeldbewehrung nach Scheitern des 14. RfÄndStV s.o. Rn. 1.

II. Begriff der Werbung

1. Orientierung am rundfunkrechtlichen Werbebegriff

3 Entsprechend der Legaldefinition des § 2 Abs. 2 Nr. 7 RStV ist Werbung jede Äußerung bei der Ausübung eines Handels, Gewerbes, Handwerks oder freien Berufs, die im Rundfunk oder als Telemedium entweder gegen Entgelt oder eine ähnliche **Gegenleistung** oder als Eigenwerbung gesendet wird mit dem Ziel, den **Absatz von Waren oder die Erbringung von Dienstleistungen**, einschließlich unbeweglicher Sachen, Rechte und Verpflichtungen, gegen Entgelt zu fördern. Auf diese Legaldefinition ist auch für den Werbebegriff des JMStV zurückzugreifen (Sp/Sch/Erdemir, § 6 JMStV Rn. 2).

2. Erfasste Werbeformen

4 Neben den klassischen Werbeformen wie Werbespots im Rahmen von Programmunterbrechungen im Rundfunk oder Werbetrailern oder Linkbanner bei Telemedien fallen unter den Werbebegriff des § 6 auch **Eigenwerbung** (i.Erg. ebenso: H/V/Ladeur, § 6 JMStV Rn. 13) sowie Schleichwerbung. Ob Werbung gegen ein an den Anbieter zu zahlendes Entgelt oder kostenlos betrieben wird, ist unerheblich (Scholz/Liesching, JMStV, 4. Aufl. 2004, § 6 Rn. 1; dagegen: Herkströter, ZUM 1992, 395, 398). Auch sog. „**Cross-Promotion**" für einen konzernverbundenen Sender ist erfasst (Bornemann, NJW 2003, 787, 790), ebenso Schleichwerbung des Anbieters (Art. 1c RL 89/552 EU-Fernsehrichtlinie, geändert durch RL 97/36).

III. Werbung und indizierte Inhalte (Abs. 1)

1. Werbung für indizierte Angebote (Satz 1)

5 Nach Abs. 1 S. 1 gelten bei der Werbung für indizierte Angebote dieselben Beschränkungen, die für das Angebot selbst aufgrund seiner Listenaufnahme durch die Bundesprüfstelle Anwendung finden. Die Norm bezieht sich entgegen der Legaldefinition des § 3 Abs. 2 Nr. 2 auf **alle Angebote**, deren Inhalt als Träger- oder Telemedium in die Liste nach § 18 JuSchG aufgenommen ist (vgl. zu dem vom Gesetzgeber mehrfach missverständlich verwandten Angebotsbegriff § 3 Rn. 4). Die Vorschrift gilt nicht für Inhalte, die als Trägermedien aufgrund **schwerer Jugendgefährdung** den Rechtsfolgen nach § 15 Abs. 1 und 2 JuSchG unterworfen, indes gerade nicht indiziert sind. Die Verweisung auf die Verbreitungsverbote bedeutet, dass für Angebote, die wegen ihres strafbaren Inhalts in die Listenteile B oder D aufgenommen worden sind, überhaupt nicht geworben werden darf (vgl. § 4 Abs. 1 Nr. 11 JMStV). Für Angebote, die wegen Jugendgefährdung in die Listenteile A und C aufgenommen worden sind, darf lediglich bei Telemedien in **geschlossenen Benutzergruppen** geworben werden (§§ 4 Abs. 2 S. 1 Nr. 2, S. 2).

Jugendschutz in der Werbung und im Teleshopping § 6 JMStV

2. Verbreitung der Indizierungsliste (Satz 2)

Das Verbot der Verbreitung der Liste zu Werbezwecken nach Satz 2 soll **6**
verhindern, dass mit der Indizierung selbst Werbung für Angebote gemacht
wird, die Kindern oder Jugendlichen nicht zugänglich gemacht werden dürfen (Bayer. LT-Drs. 14/10246, S. 18). Die Vorschrift entspricht dem strafbewehrten Verbot des § 15 Abs. 4 JuSchG (dort Rn. 101 ff.; vgl. auch § 27 Abs. 1 Nr. 3 JuSchG). Auch die nur **auszugsweise erfolgende Publikation** des Index ist untersagt (vgl. AG Hamburg-Bergedorf NStZ-RR 2001, 27 f.; ebenso LNK/Knupfer, Rn. 14). Die Gegenansicht (Löffler/Altenhain, Rn. 51 f. und § 27 Rn. 14) würde auch die praxisrelevante bloße Veröffentlichung der **Listenteile A und B** nicht genügen lassen, sofern nur die – für die Allgemeinheit ohnehin nicht zugänglichen – Listenteile C und D nicht mit veröffentlicht würden. Diese Auslegung unterminiert freilich die Ratio des Verbots und führt zu dessen praktischer Bedeutungslosigkeit.

Die Verbreitung der öffentlichen Listenteile A und B (vgl. § 18 Abs. 2 **7**
Nrn. 1 und 2 JuSchG) zu **Informationszwecken** ist hingegen grundsätzlich zulässig (näher hierzu § 15 JuSchG Rn. 103). Die Bestimmung der Zweckrichtung der Listenpublikation kann im Einzelfall schwierig sein. Werden im Zusammenhang mit dem Listenabdruck indes Werbe-Linkbanner gesetzt, ist der Verbotstatbestand auch dann erfüllt, wenn Gegenstand der Werbung nicht unmittelbar indizierte Filme sind.

3. Hinweis auf anhängiges Indizierungsverfahren (Satz 3)

Die Vorschrift des Satz 3 erweitert das Verbreitungsverbot auf im Rahmen **8**
der Werbung getätigte Hinweise auf die Anhängigkeit eines Indizierungsverfahrens. Auch damit soll vermieden werden, dass aufgrund des Indizierungsverfahrens Kinder oder Jugendliche in anpreisender Form der jugendgefährdende Charakter eines Angebotes zur Kenntnis gelangt (vgl. Bayer. LT-Drs. 14/10246, S. 18). Die Vorschrift **entspricht § 15 Abs. 5 JuSchG** (dort Rn. 106 f.). Hinweise auf Indizierungsverfahren im Rahmen der Berichterstattung oder zu Informationszwecken sind zulässig.

4. Annex: Prostitutionswerbung

Ein vor allem im Bereich des Rundfunks und des Internets praktisch **9**
bedeutsames Problem ist die Werbung für Prostitution. Die KJM hat sich im Rahmen der Behandlung mehrerer Aufsichtsfälle damit beschäftigt und zunächst festgestellt, dass **keine ausdrückliche Regelung** hierzu in § 6 JMStV existiert. Der Anbieter habe aber dennoch den Inhalt der Werbeangebote zu verantworten und dafür zu sorgen, dass die gesetzlichen Bestimmungen, wie die Bestimmungen über den Jugendschutz, eingehalten werden. Dies ergebe sich schon aus den allgemeinen Beschränkungen der §§ 4 und 5 JMStV, die für alle Angebote und damit auch für die Werbung gelten. Je nach Fallkonstellation kann daher die Werbung für Prostitution unter § 4 Abs. 2 Satz 1 JMStV (in sonstiger Weise pornographisches Angebot) fallen oder einen Verstoß gegen § 5 Abs. 1 JMStV darstellen, soweit die Angebote eine Entwicklungsbeeinträchtigung aufweisen (vgl. **2. KJM-Bericht** über

die Durchführung der JMStV-Bestimmungen, Berichtszeitraum April 2005 bis März 2007, S. 43; siehe zur KJM-Aufsichtspraxis im Bezug auf Erotik-Teletextangebote: 3. KJM-Bericht, 2009, S. 45 f.; siehe auch die Gutachten der FSM „Teletext I" und „Teletext II", 2008).

10 Dies ist aber allein aufgrund des Verwendens von Abkürzungen zu Begriffen auch abnormer Sexualpraktiken oder bei appelativen Werbeformen nicht per se der Fall (vgl. BGH NJW 2006, 3490 ff., wo eine Jugendbeeinträchtigung bei den dort gegenständlichen sexuell orientierten **Kontaktanzeigen** generell, also ungeachtet der Altersstufe, ablehnt wird). Hingegen kann ein ausschließlich Telefonsex-Werbung ausstrahlendes, frei empfangbares TV-Angebot im Einzelfall pornographisch (§ 4 Abs. 2 S. 1 Nr. 1) oder entwicklungsbeeinträchtigend (§ 5 Abs. 1) sein (VG Münster JMS-Report 4/2010, 75 ff.).

IV. Ge- und Verbote der Werbegestaltung (Abs. 2 bis 5)

1. Allgemeines

11 Die Vorschriften der Absätze 2 bis 5 enthalten besondere Verbote der Werbegestaltung. Verstöße waren bei Inkrafttreten des JMStV in 2003 nicht als Ordnungswidrigkeiten ausgewiesen und mithin nicht bußgeldbewehrt. Nach Scheitern des 14. RfÄndStV sind die Werbegestaltungsverbote nach § 6 Abs. 2 bis 5 und die entsprechende Vorschrift für Teleshopping und Sponsoring im Rahmen des Ordnungswidrigkeitentatbestandes weiterhin nicht **bußgeldbewehrt** (s.o. Rn. 1). Indes sind die (allgemeinen) Beschränkungen für entwicklungsbeeinträchtigende Angebote nach § 5 (dort Rn. 1 ff.) auch bei entsprechenden Werbeinhalten zu beachten (s.a. Ziff. 7 JuSchRiL). Ist Werbung daher für eine bestimmte Altersgruppe beeinträchtigend und wird dem nicht durch technische Vorsorge oder Sendezeitbeschränkung Rechnung getragen, ist der bußgeldbewehrte Ordnungswidrigkeitstatbestand des § 24 Abs. 1 Nr. 4 erfüllt.

12 Die Bestimmungen der Absätze 2 und 5 entsprechen im Wesentlichen (krit. Bornemann, NJW 2003, 787, 790) den Artikeln 16 und 15 a) der EU-Fernsehrichtlinie [Richtlinie des Rates vom 3. Okt. 1989 zur Koordinierung bestimmter Rechts- und Verwaltungsvorschriften der Mitgliedsstaaten über die Ausübung der Fernsehtätigkeit (89/552/EWG), abgedruckt bei Ring, Medienrecht Band III, Teil E I 1.3]. Ihr Anwendungsbereich wurde vom Gesetzgeber aus Konvergenzgründen auf Telemedien ausgedehnt (Bayer. LT-Drs. 14/10246, S. 18).

2. Körperlich oder seelisch beeinträchtigende Werbung (Abs. 2)

13 Nach Absatz 2 darf Werbung Minderjährigen weder körperliche noch seelische Beeinträchtigungen zufügen. Entscheidend ist die Wirkung der angebotenen **Werbeinhalte**. Nicht erfasst werden daher Fälle, in denen das beworbene Produkt bei dessen Konsum zu Schädigungen oder Beeinträchtigungen von Kindern und Jugendlichen führt (a. A. Hoffmann-Riem/Engels, S. 374). Die Gefahr körperlicher Beeinträchtigung wird dabei nur in Extremfällen anzunehmen sein. Sie kann etwa bei Nervenüberreizungen aufgrund schockartig wirkender visueller Effekte (schnell wechselnde Hell-Dunkel-Kontraste) bestehen. Erforderlich ist nicht unbedingt eine nachhaltige gesundheitliche Beeinträchtigung des Kindes oder Jugendlichen. Bloße kurzfristige Belästigungen oder Unwohlsein fallen jedoch nicht unter das Verbot. In seelischer Hinsicht besteht eine Beeinträchtigungsgefahr etwa bei der Konfrontation mit auf Kinder und Jugendliche möglicherweise traumatisch wirkenden, von Minderjährigen **angstvoll erlebten Werbeinhalten**, welche also gleichsam von der jeweiligen Altersgruppe (noch) nicht emotional bewältigt werden können (vgl. zu „schockierender Werbung" im verfassungsrechtlichen Kontext: BVerfGE 102, 347 = NJW 2001, 591; BVerfG NJW 2003, 1303 ff.; s.a. VG Köln, Urt. v. 17. 3. 2004 – 11 K 522/04).

3. Einzeltatbestände des Abs. 2

a) Direkte Kaufappelle unter Ausnutzung der Unerfahrenheit 14
(Nr. 1). Die in Nr. 1 untersagte Ausnutzung der Unerfahrenheit und Leichtgläubigkeit Minderjähriger durch darauf gerichtete direkte Kaufappelle entspricht Art. 16 Abs. 1 a) EU-Fernsehrichtlinie sowie im Wesentlichen Ziff. 2 und 7 der Verhaltensregeln des deutschen Werberates für die Werbung mit und vor Kindern i.d.F. v. 1998. **Direkte Kaufappelle** sind alle unmittelbaren Aufforderungen zum entgeltlichen Erwerb bzw. zur Miete von Waren oder Dienstleistungen, welche durch Worte, Gesten oder sonstige Darstellungen dem Verbraucher übermittelt werden. Dabei muss der Kauf oder die Miete nicht ausdrücklich appelliert werden (s.a. Fechner/Schipanski, ZUM 2006, 898, 901). Missverständlich ist insoweit Ziff. 7.1 S. 2 der JuSchRiL der Landesmedienanstalten, soweit direkten Kaufaufforderungen solche gleichzustellen seien, „die lediglich eine Umschreibung direkter Kaufaufforderungen enthalten". Das Erfordernis der „direkten" Aufforderung darf nicht unterminiert werden.

Erfasst werden auch Formulierungen wie „**Probiert doch auch mal!**" 15 in einem Spot, in dem Gebäck essende Kinder gezeigt werden; „Holt Euch das neue Heft", gesprochen von einer Kinderstimme in einem Spot für eine Zeitschrift. In derartigen Fällen wird regelmäßig auch bereits ein Ausnutzen der Unerfahrenheit und Leichtgläubigkeit von Kindern und Jugendlichen vorliegen, ohne dass es einer besonderen „Vertrauenserschleichung" oder gar „Täuschung" durch die Werbeinhalte bedarf. Insb. ist eine **Irreführung** im wettbewerbsrechtlichen Sinne (hierzu Sack, AfP 1991, 704, 706) nicht erforderlich. Kinder und Jugendliche sind nämlich schon von Natur aus weniger in der Lage, Werbeangebote kritisch zu beurteilen und mithin leicht beeinflussbar (vgl. Beucher u.a., § 7 RStV Rn. 21). Bei Kindern ist eine Unerfahrenheit stets zu vermuten (vgl. Ziff. 7.1 S. 3 JuSchRiL).

b) Auffordern Minderjähriger zu Kaufappellen (Nr. 2). Mit Nr. 1 in 16 engem Zusammenhang steht die Verbotsvorschrift der Nr. 2, welche ebenfalls direkte Werbebotschaften mit Aufforderungscharakter an Kinder und Jugendliche betrifft, die freilich das Bewegen der Eltern oder Dritter zum Kauf der beworbenen Waren oder Dienstleistungen von Seiten der Minderjährigen intendieren (**Motivationswerbung**). Die Norm entspricht Art. 16 Abs. 1 b)

EU-Fernsehrichtlinie sowie im Wesentlichen Ziff. 3 der Verhaltensregeln des deutschen Werberates für die Werbung mit und vor Kindern i.d.F. v. 1998. Erfasst werden Formulierungen wie „Gebt Euren Eltern einen Ruck!"; „Kinder, wünscht Euch ..." (vgl. Kurzerläuterung zu den Verhaltensregeln des Deutschen Werberates für die Werbung mit und vor Kindern) oder „... darf auf dem Weihnachtswunschzettel nicht fehlen". Erfasst werden nur unmittelbare Aufforderungen, sodass die Darstellung von Kindern, welche die Eltern um ein bestimmtes Produkt bitten, der Verbotsvorschrift nicht unterliegt.

17 c) **Ausnutzen des Verhältnisses zu Vertrauenspersonen (Nr. 3)**. Die Vorschrift der Nummer 3 untersagt die Ausnutzung des Verhältnisses zu Vertrauenspersonen wie Eltern, Großeltern, sonstigen engen Verwandten, Lehrkräften, Kindergärtner(innen) oder Betreuer(inne)n von Jugendgruppen. Die Norm entspricht Art. 16 Abs. 1 c) EU-Fernsehrichtlinie sowie im Wesentlichen Ziff. 4 und 9 der Verhaltensregeln des deutschen Werberates für die Werbung mit und vor Kindern i.d.F. v. 1998. Erfasst werden insb. Werbeinhalte, welche Minderjährigen suggerieren, durch den Konsum bzw. Gebrauch des beworbenen Produktes in besonderer Weise die **Gunst oder Wertschätzung** einer der genannten Vertrauenspersonen zu erfahren. Formulierungen wie „... macht Eure Eltern stolz und glücklich" oder auch „Zeigt den Lehrern, was Ihr drauf habt!" unterliegen daher im Regelfall dem Verbot.

18 d) **Werbung mit Minderjährigen in Gefahrensituationen.** Nach Nr. 4 dürfen Kinder oder Jugendliche (vgl. demgegenüber die unglückliche Gesetzesfassung „Kinder oder Minderjährige") nicht ohne berechtigten Grund in gefährlichen Situationen gezeigt werden. Die Norm entspricht Art. 16 Abs. 1 d) EU-Fernsehrichtlinie und soll zunächst verhindern, dass Minderjährige aufgrund **angstvoll erlebter Werbeinhalte** über Gefahrsituationen motiviert werden, zur Vermeidung derartiger Gefahren ein bestimmtes Produkt zu konsumieren bzw. Dritte zum Kauf zu bewegen. Darüber hinaus darf gefährliches Verhalten nicht als harmlos, nachahmens- oder billigenswert dargestellt werden (vgl. auch Ziff. 6 der Verhaltensregeln des deutschen Werberates für die Werbung mit und vor Kindern i.d.F. v. 1998). Dem Verbot unterliegt daher auch die Darstellung von Kindern, die Hunde während des Fressens streicheln, da diese in solchen Situationen zum Beißen neigen.

19 Ein **berechtigter Darstellungsgrund** liegt insb. dann vor, wenn nach dem Erklärungsgehalt der Werbung gerade die Vermeidung von Gefahren für Kinder und Jugendliche etwa durch umsichtiges Verhalten im Straßenverkehr propagiert wird. Eine hinreichende Legitimierung für die Darstellung Minderjähriger in gefährlichen Situationen wird darüber hinaus nur in Ausnahmefällen anzunehmen sein (z. B. etwa im Rahmen von Spendenaufrufen der Welthungerhilfe oder anderer karitativer Einrichtungen).

4. Trennung von Kinder- und Jugendprogrammen (Abs. 3)

20 Die Regelung in Abs. 3 enthält ein Trennungsgebot für entwicklungsbeeinträchtigende Werbung gegenüber Programminhalten, die Kinder oder

Jugendliche ansprechen und entspricht weitgehend dem allgemeinen Trennungsgebot des § 5 Abs. 5 für Telemedien (siehe § 5 Rn. 51 f.). Von einer Angebotsausrichtung auf Kinder und Jugendliche kann insb. dann ausgegangen werden, wenn deren Inhalte kinder- und jugendaffine Themen behandeln (z. B. bestimmte Spielinhalte, Berichte und Darstellung über **Identifikationsfiguren** wie „Kinderstars") oder **stilistische Elemente** verwenden wie z. B. Comiczeichnungen.

Unter **Inhalt** im Sinne des Abs. 3 sind entgegen Ziff. 7.2 der JuSchRiL 21 der Landesmedienanstalten nicht die (beworbenen) Produkte und Dienstleistungen zu verstehen, sondern der Inhalt der Werbung (bildliche Darstellungen, Werbeaussagen etc.). Bei Werbung für entwicklungsbeeinträchtigende Trägermedien gilt § 3 Abs. 2 S. 2 JuSchG (s. dort Rn. 19). **Trennung** liegt vor, wenn die Werbeinhalte – insb. bei Rundfunksendungen – Kinder- oder Jugendprogrammen nicht unmittelbar vorangestellt, nicht während dieser sowie nicht im Anschluss ausgestrahlt werden. Der Anbieter muss sicherstellen, dass „im Umfeld des Kinderprogramms" keine beeinträchtigenden Inhalte rezipierbar sind (Bayer. LT-Drs. 14/10246, S. 18).

5. Interessenschädigende Werbung (Abs. 4)

Die Generalklausel des Abs. 4 stellt sicher, dass über die Abs. 1 und 2 22 hinaus auch sonstige Beeinträchtigungen im Rundfunk und bei Telemedien nicht erfolgen können (vgl. Bayer. LT-Drs. 14/10246, S. 18). Die Vorschrift entspricht den vormals geltenden Regelungen des § 7 Abs. 1 S. 2 RStV a. F. und des § 13 Abs. 1 MDStV. Zu ihrer Auslegung können insb. die Verhaltensregeln des deutschen Werberates für die Werbung mit und vor Kindern herangezogen werden (vgl. auch Beucher u.a., § 7 RStV Rn. 21). „Auch" an Kinder und Jugendliche gerichtet wird dabei nicht nur Werbung für Produkte mit der Zielgruppe Minderjähriger sein (z. B. Schokoladenwerbung, Limonade) sondern auch bezüglich „neutraler" Produkte, welche auch, aber nicht im Besonderen von Kindern und Jugendlichen genutzt werden (z. B. Fahrräder). Auch eine stilistische **jugendaffine Werbegestaltung** kann zu einer entsprechenden Ausrichtung führen (Werbung für Zahnpasta mit Comicfiguren oder Spielzeugbeigaben).

Als **Schädigung der Interessen Minderjähriger** kommen neben den 23 ausdrücklich genannten gesetzlichen Fällen etwa Darstellungen in Betracht, die strafbare Handlungen oder unsoziales Verhalten als legitim oder nachahmenswert erscheinen lassen. Ein Ausnutzen der Unerfahrenheit kann ebenso wie eine Interessenschädigung insb. bei aleatorischen Werbemitteln (z. B. Gratisverlosungen, Preisausschreiben und -rätsel etc.) vorliegen, welche Kinder und Jugendliche irreführen, durch übermäßige Vorteile anlocken, die Spielleidenschaft ausnutzen oder anreißerisch wirken. Nicht ausreichend für eine Interessenschädigung ist alleine der Abschluss eines Vertrages (z. B. **Klingelton-Abonnement**) ungeachtet der Anwendbarkeit des Taschengeldparagraphen (§ 110 BGB). Zum einen ist es nicht Aufgabe des Jugendmedienschutzes, den ausdrücklich in den Vorschriften des UWG geregelten gesetzlichen Verbraucherschutz zu unterminieren oder zu überlagern. Zum anderen ist in derartigen Fällen aufgrund der regelmäßig vorliegenden "schwebenden Unwirksamkeit" des Vertragsabschlusses (§ 108 Abs. 1 BGB) eher nicht von einer hinreichenden „Interessenschädigung" betroffener Kinder und Jugendlicher auszugehen.

6. Alkohol- und Tabakwerbung (Abs. 5)

24 Satz 1 entspricht Art. 3e Abs. 1 d) und e) der EU-Richtlinie 2007/65/EG v. 11. 12. 2007 bzgl. audiovisueller Mediendienste und erstreckt sich auf sämtliche Angebote, namentlich Rundfunk und Telemedien. Insb. sind Werbeaussagen verboten, in denen Jugendliche als noch nicht reif genug für den **Genuss alkoholischer Getränke** angesprochen und dadurch zum Konsum geradezu provoziert werden; ferner Werbeinhalte, die besagen, dass eine dargestellte Person schon als Jugendlicher alkoholische Getränke genossen hat (vgl. auch Ziff. 2.4 der Verhaltensregeln des deutschen Werberates über die Werbung und das Teleshopping für alkoholische Getränke, gültig ab 1. 1. 2005).

25 Die **Darstellung Minderjähriger beim Alkoholgenuss** ist ausdrücklich untersagt. Auch Werbeinhalte, die Alkoholkonsum im Beisein von Minderjährigen zeigen, dürften untersagt sein, soweit aufgrund der exponierten Anpreisung des Produktes der Gesamteindruck entstehen kann, alle der zur Anschauung gebrachten Personen einschließlich der Minderjährigen würden diese konsumieren. Auch die an Kinder und Jugendliche gerichtete Werbung für so genanntes **Alcopops-Pulver** fällt unter das Verbot (vgl. OLG Hamm JMS-Report 1/2007, 12 ff.).

26 Die nach Satz 2 vorgenommene Erweiterung auf Tabakerzeugnisse gilt nur für Telemedien. Für Hörfunk und Fernsehen vgl. **§ 22 Abs. 1 LMBG** (s. a. Sp/Sch/Erdemir, Rn. 11). Vgl. zum eingeschränkten Werbeverbot bei Kinofilmen § 11 Abs. 5 JuSchG (dort Rn. 12).

V. Teleshopping, Sponsoring

1. Teleshopping

27 Durch Abs. 6 Satz 1 wird die Anwendung der Absätze 1 und 5 auf die Bereiche Teleshopping und Sponsoring erweitert. Der Begriff des Teleshoppings umfasst Sendungen direkter Angebote an die Öffentlichkeit für den **Absatz von Waren** oder die Erbringung von **Dienstleistungen,** einschließlich unbeweglicher Sachen, Rechte und Verpflichtungen, gegen Entgelt (vgl. EuGH ZUM 2008, 54 ff.). Eine Sendung bzw. ein Teil einer Sendung, in der den Zuschauern vom Fernsehveranstalter die Möglichkeit angeboten wird, sich durch die unmittelbare Anwahl von Mehrwert-Telefonnummern und damit entgeltlich an einem Gewinnspiel zu beteiligen, fällt dann unter die Definition des Teleshoppings, wenn die Sendung bzw. dieser Teil der Sendung unter Berücksichtigung des Zwecks der Sendung, in der das Spiel stattfindet, der Bedeutung des Spiels innerhalb der Sendung sowie der Ausrichtung der den Kandidaten gestellten Fragen ein tatsächliches Dienstleistungsangebot ist (vgl. EuGH ZUM 2008, 54 ff.; vgl. zu den Erscheinungsformen des Teleshoppings ausführl. Hartstein u.a., § 2 RStV Rn. 35 ff.).

Jugendschutz in der Werbung und im Teleshopping § 6 JMStV

2. Sponsoring

Der Begriff des Sponsorings entspricht § 8 RStV. Erfasst ist insb. die Unter- 28
stützung der Anbietertätigkeit in Form finanzieller Zuwendungen oder geldwerter **Unterstützungsleistungen**, die dem geförderten Anbieter unmittelbar oder mittelbar zukommen und zu einer effektiven Aufwandsersparnis führen (z. B. auch durch die Bereitstellung von Sachmitteln wie Ausstattung von Moderatoren mit Kleidung oder Arbeitsmitteln). Im Unterschied zur Werbesendung dient das Sponsoring i. d. R. nicht der Anpreisung von Produkten, Leistungen und der Förderung des eigenen Images während der gebuchten Sendezeit, sondern der Unterstützung bestimmter Sendungen mit dem Ziel, hierdurch einen Imagegewinn bzw. -transfer zu erreichen (so zutr. und mit weiteren Erläuterungen H/V/Brinkmann, § 8 RStV Rn. 10 f.).

3. Anhalten zum Vertragsschluss beim Teleshopping

Das Verbot des Anhaltens Minderjähriger zum Vertragsschluss i. S. d. Satz 2 29
entspricht Art. 16 Abs. 2 EU-Fernsehrichtlinie. Es gilt **nur für Teleshopping** und nicht für andere Sendungen; die Verbotseinschränkung kann auch nicht durch eine erweiterte Auslegung des § 6 Abs. 4 umgangen werden (s.o. Rn. 22 f.). Vertragsabschlüsse sind i. d. R. nach § 108 BGB schwebend unwirksam (s.a. Sp/Sch/Erdemir, Rn. 13).

VI. Rechtsfolgen, Prozessuales

1. Ordnungswidrigkeiten

Verstöße gegen die Vorschrift des Abs. 1 und Abs. 6 können nach § 24 30
Abs. 1 Nr. 5 bis 7 JMStV als Ordnungswidrigkeit mit **Bußgeld** geahndet werden. Verstöße gegen die dezidierten, enumerativ genannten Werbegestaltungsverbote nach Abs. 2 sind wegen Scheiterns des 14. RfÄndStV (s.o. Rn. 1) auch weiter nicht bußgeldbewehrt (krit. Sp/Sch/Erdemir, § 6 JMStV Rn. 4: „Bußgeldoase"). Insoweit kommen bei Verstößen aber sonstige Aufsichtsmaßnahmen der jeweils zuständigen Landesmedienanstalt nach § 20 Abs. 1 JMStV, insb. mögliche **Beanstandungen** oder Untersagungsverfügungen, in Betracht.

2. Prozessuale Hinweise

Gegen die Untersagung oder sonstige Maßnahmen (z. B. Beanstandung) 31
durch die zuständige (§ 24 Abs. 4 JMStV) Landesmedienanstalt ist der Verwaltungsrechtsweg eröffnet und mithin die **Anfechtungsklage** (§ 42 Abs. 1 1. Alt. VwGO) statthaft (vgl. auch § 22 JMStV). Im Falle der sofortigen Vollziehbarkeit von Untersagungsanordnungen – insb. bei Telemedien – kann die Wiederherstellung der **aufschiebenden Wirkung** nach § 80 Abs. 5 VwGO beim Gericht der Hauptsache beantragt werden.

§ 7 Jugendschutzbeauftragte

(1) ¹Wer länderübergreifendes Fernsehen veranstaltet, hat einen Jugendschutzbeauftragten zu bestellen. ²Gleiches gilt für geschäftsmäßige Anbieter von allgemein zugänglichen Telemedien, die entwicklungsbeeinträchtigende oder jugendgefährdende Inhalte enthalten, sowie für Anbieter von Suchmaschinen.

(2) Anbieter von Telemedien mit weniger als 50 Mitarbeitern oder nachweislich weniger als zehn Millionen Zugriffen im Monatsdurchschnitt eines Jahres sowie Veranstalter, die nicht bundesweit verbreitetes Fernsehen veranstalten, können auf die Bestellung verzichten, wenn sie sich einer Einrichtung der Freiwilligen Selbstkontrolle anschließen und diese zur Wahrnehmung der Aufgaben des Jugendschutzbeauftragten verpflichten sowie entsprechend Absatz 3 beteiligen und informieren.

(3) ¹Der Jugendschutzbeauftragte ist Ansprechpartner für die Nutzer und berät den Anbieter in Fragen des Jugendschutzes. ²Er ist vom Anbieter bei Fragen der Herstellung, des Erwerbs, der Planung und der Gestaltung von Angeboten und bei allen Entscheidungen zur Wahrung des Jugendschutzes angemessen und rechtzeitig zu beteiligen und über das jeweilige Angebot vollständig zu informieren. ³Er kann dem Anbieter eine Beschränkung oder Änderung von Angeboten vorschlagen.

(4) ¹Der Jugendschutzbeauftragte muss die zur Erfüllung seiner Aufgaben erforderliche Fachkunde besitzen. ²Er ist in seiner Tätigkeit weisungsfrei. ³Er darf wegen der Erfüllung seiner Aufgaben nicht benachteiligt werden. ⁴Ihm sind die zur Erfüllung seiner Aufgaben notwendigen Sachmittel zur Verfügung zu stellen. ⁵Er ist unter Fortzahlung seiner Bezüge soweit für seine Aufgaben erforderlich von der Arbeitsleistung freizustellen.

(5) Die Jugendschutzbeauftragten der Anbieter sollen in einen regelmäßigen Erfahrungsaustausch eintreten.

Schrifttum: *Bosch*, Die „Regulierte Selbstregulierung" im Jugendmedienschutz-Staatsvertrag, 2006; *Cole*, Das Zusammenwirken von Selbstkontrolle und hoheitlicher Kontrolle im Jugendmedienschutz, RdJB 2006, 299; *Erdemir*, Der Jugendschutzbeauftragte für Rundfunk und Telemedien, K&R 2006, 500; *Grapentin*, Neuer Jugendschutz in den Online-Medien – Pflichten für Online-Anbieter nach dem neuen Jugendmedienschutz-Staatsvertrag, CR 2003, 458; *Knöfel*, Der Rechtsanwalt als Jugendschutzbeauftragter für Telemedien, MMR 2005, 816 ff.; *Liesching*, Die Bedeutung des Jugendschutzbeauftragten für Informations- und Kommunikationsdienste, CR 2001, 845; *Mast*, Programmpolitik zwischen Markt und Moral, 1999; *Mohr/Landmann*, Jugendschutz bei ARD und ZDF, 2003; *Mohr*, Jugendschutz im digitalen Fernsehen, JMS-Report 5/1999, 5; *Retzke*, Präventiver Jugendmedienschutz, 2006; *Strömer*, Der externe Jugendschutzbeauftragte, K&R 2002, 643.

Übersicht

	Rn.
I. Allgemeines	1
1. Regelungsinhalt und Bedeutung	1

2. Normhistorie 2
II. Bestellung des Jugendschutzbeauftragten (Abs. 1) 3
  1. Bestellpflicht für Anbieter länderübergreifenden Fernsehens (Satz 1) 3
  2. Bestellpflicht für Anbieter von Telemedien (Satz 2) 4
    a) Allgemeiner Geltungsbereich 4
    b) Geschäftsmäßige Anbieter 5
    c) Jugendschutzrelevanz von Angeboten 6
    d) Anbieter von Suchmaschinen 8
  3. Umsetzung der Bestellpflicht 9
    a) Unzulässigkeit der Eigenbestellung 9
    b) Externe Beratung 10
    c) Juristische Personen 11
  4. Entstehung der Bestellpflicht 13
III. Delegation auf Selbstkontrolleinrichtung (Abs. 2) 14
  1. Anwendungsbereich 14
  2. Anforderungen an Selbstkontrolleinrichtungen 16
IV. Aufgaben des Jugendschutzbeauftragten (Abs. 3). 17
  1. Doppelfunktion 17
  2. Ansprechpartner im Außenverhältnis (Satz 1) 18
  3. Beratung im Innenverhältnis (Sätze 2 u. 3) 20
    a) Allgemeine Anforderungen 20
    b) Beratungsbereiche 21
    c) Angemessene Beteiligung 23
    d) Angebotsinhaltlicher Prüfungs- und Beratungsumfang . 25
    e) Vorschläge zu Beschränkungen oder Änderungen 27
  4. Informationspflicht nach gescheiterter JMStV-Novelle 28
V. Qualifikation und Status des Jugendschutzbeauftragten (Abs. 4) 29
  1. Hinreichende Qualifikation des Jugendschutzbeauftragten (Satz 1) 29
  2. Weisungsfreiheit und Benachteiligungsverbot (Sätze 2 u 3) 31
  3. Ausstattung des Jugendschutzbeauftragten (Satz 4) 32
VI. Erfahrungsaustausch der Jugendschutzbeauftragten (Abs. 5) .. 33
VII. Rechtsfolgen, Prozessuales 35
  1. Rechsfolgen 35
  2. Prozessuale Hinweise 36

I. Allgemeines

1. Regelungsinhalt und Bedeutung

Die Vorschrift regelt die Anforderungen an den Jugendschutzbeauftragten, **1** der „an der **Schnittstelle**" zwischen Anbietern, Nutzern und Medienaufsicht angesiedelt ist und zur Verwirklichung des Konzepts der regulierten Selbstkontrolle beitragen soll (vgl. Erdemir, K&R 2006, 500 ff.). In Abs. 1 wird die grundsätzliche Pflicht zur Bestellung eines Jugendschutzbeauftragten geregelt, mit der Möglichkeit der Delegation auf eine Selbstkontrolleinrichtung für kleinere Anbieter nach Abs. 2. Die Absätze 3 und 4 regeln Aufgaben, fachliche Anforderungen und Befugnisse des Jugendschutzbeauftragten. Die „Soll"-Vorschrift des Abs. 5 regelt schließlich den Erfahrungsaustausch von

Jugendschutzbeauftragten. Die Bestellung der Jugendschutzbeauftragten ist nicht als „Bürde" des Anbieters zu erachten, da er durch die **Vorschaltung als Beratungsinstanz** die Haftungsrisiken im Bezug auf die Verwirklichung von Verbreitungsdelikten des Strafgesetzbuchs, des JuSchG und des JMStV minimiert und ggf. kostenintensivere Nachbearbeitungen des Programmangebots vermeidet.

2. Normhistorie

2   Die mit Inkrafttreten des JMStV in 2003 eingeführte Vorschrift (siehe zur ursprüngl. Regelung: § 7a GjSM, § 12 Abs. 5 MDStV a. F.) sollte um Abs. 3 S. 4 und 5 (transparente Information über Person und Kontaktmöglichkeit des Jugendschutzbeauftragten) durch 14. RfÄndStV mit Wirkung zum 1. 1. 2011 erweitert werden. Die Regelung trat wegen fehlender Zustimmung zur **JMStV-Novelle** im Landtag von Nordrhein-Westfalen im Dezember 2010 nicht in Kraft (siehe zu den Regelungen des 14. RfÄndStV ausführl. Altenhain, BPjM-aktuell, 4/2010, 5 ff.; Braml/Hopf, ZUM 2010, 645 ff.; Hopf, K&R 2011, 6 ff.; Weigand, JMS-Report 4/2010, 2 ff.).

II. Bestellung des Jugendschutzbeauftragten (Abs. 1)

1. Bestellpflicht für Anbieter länderübergreifenden Fernsehens (Satz 1)

3   Die Pflicht zur Bestellung eines Jugendschutzbeauftragten betrifft nach Satz 1 zunächst Anbieter, die länderübergreifendes Fernsehen veranstalten. Der Beauftragte soll nach der Amtl. Begr. neben der Geschäftsleitung des Fernsehveranstalters Ansprechpartner für die Freiwillige Selbstkontrolle Fernsehen (FSF) bzw. für die KJM sein (Bayer. LT-Drs. 14/10246, S. 18; vgl. zu den Aufgaben im Übrigen unten Rn. 17 ff.). Ausgenommen von der Bestellpflicht sind Veranstalter von Hörfunksendungen sowie von lediglich **in einem Bundesland**, einer Region oder einer Stadt ausgestrahlten Fernsehsendungen. Ist das Fernsehprogramm eines Veranstalters indes über Satellit oder Kabelnetz bundesweit oder in mehr als einem Bundesland empfangbar, besteht die Pflicht nach Satz 1. Ob es sich bei der Fernsehsendung um ein Vollprogramm, Spartenprogramm oder ein Satellitenfensterprogramm (vgl. § 2 Abs. 2 Nrn. 1 bis 3 RStV) handelt, ist insoweit unerheblich. Für **länderübergreifendes**, aber nicht bundesweit verbreitetes Fernsehen besteht die Möglichkeit der Delegation der Beauftragtenaufgaben auf eine Einrichtung der Freiwilligen Selbstkontrolle.

2. Bestellpflicht für Anbieter von Telemedien (Satz 2)

4   **a) Allgemeiner Geltungsbereich.** Nach Satz 2 besteht die Pflicht zur Bestellung eines Jugendschutzbeauftragten darüber hinaus für geschäftsmäßige Anbieter von **allgemein zugänglichen Telemedien**, die entwicklungsbeeinträchtigende oder jugendgefährdende Inhalte enthalten (zur ausnahmsweise nach Abs. 2 gewährten Delegation auf eine Einrichtung des

Jugendschutzbeauftragte § 7 JMStV

Freiwilligen Selbstkontrolle siehe unten Rn. 12). Allgemein zugänglich sind Telemedien, wenn sie von einem unbestimmten Personenkreis abgerufen werden können. Daher unterfallen auch geschlossene Benutzergruppen bzw. Zugangssysteme i. S. d. §§ 4 Abs. 2 S. 2, 11 Abs. 4 S. 1 der Vorschrift. Anbieter von **Suchmaschinen** (hierzu Rn. 8) werden ausdrücklich genannt.

b) Geschäftsmäßige Anbieter. Traf vor Inkrafttreten des JMStV nur 5 denjenigen die Bestellungspflicht, der „gewerbmäßig" Informations- und Kommunikationsdienste bereithielt, so werden nunmehr alle geschäftsmäßigen Anbieter erfasst. Der nunmehr verwendete Begriff „geschäftsmäßig" wird in den gesetzlichen Materialien nicht erläutert. Allerdings findet der Terminus gesetzliche Vorbilder wie insb. das „geschäftsmäßige Telemedium" in § 5 Abs. 1 TMG. Bei Zugrundelegung der dort geltenden Auslegung ist der Begriff „geschäftsmäßig" gegenüber dem Attribut „gewerbsmäßig" insofern weiter, als es auf eine Gewinnerzielungsabsicht des Anbieters nicht ankommt (vgl. zur Vorgängerregelung des TDG: BR-Drs. 966/96, S. 23). Ausgenommen sind freilich nach wie vor behörden- und firmeninterne Informations- und Kommunikationsdienste sowie private Gelegenheitsanbieter (vgl. BT-Drs. 13/7385, S. 38).

c) Jugendschutzrelevanz von Angeboten. Bestand die gesetzliche 6 Pflicht zur Bestellung eines Jugendschutzbeauftragten nach der vor Inkrafttreten des JMStV geltenden Rechtslage auch schon dann, wenn die Angebote lediglich jugendgefährdende Inhalte enthalten „können" (vgl. § 7a GjSM, § 12 Abs. 5 MDStV a. F.; hierzu ausführl. Liesching, CR 2001, 845, 848), ist nunmehr erforderlich, dass in dem Angebot eines entsprechenden Anbieters entwicklungsbeeinträchtigende oder jugendgefährdende Inhalte tatsächlich enthalten sind (vgl. auch Bayer. LT-Drs. 14/10246, S. 18). Nach alter Rechtslage wurden von der Bestellungspflicht nach h.M. nur solche gewerbsmäßigen Anbieter ausgeschlossen, bei denen im Rahmen einer objektiven Betrachtung der Angebotsinhalte eine Eignung zur Kinder- und Jugendgefährdung offensichtlich nicht in Betracht kommt (LG Düsseldorf CR 2002, 917, 918; Altenhain, in: Hoeren/Sieber, Teil 20 Rn. 268; Liesching, DDB V G 50, S. 29; ders., CR 2001, 845, 848; a. A. Germann, S. 342). Nunmehr scheint nach dem Wortlaut eine Bestellpflicht schon immer dann zu entfallen, wenn das Angebot „aktuell" nicht entwicklungsbeeinträchtigend oder jugendgefährdend ist.

In der Amtl. Begr. wird indes auch ausgeführt, dass die Bestellungspflicht 7 dann entfallen soll, wenn aufgrund der Angebotsstruktur „Vorsorge" getroffen ist, dass entwicklungsbeeinträchtigende oder jugendgefährdende Inhalte „nicht vorkommen" (Bayer. LT-Drs. 14/10246, S. 18). Darin kann die gesetzgeberische Intention erblickt werden, über die punktuelle tatsächliche Jugendgeeignetheit des Angebotes hinaus eine gewisse „nachhaltige Unbedenklichkeit" des Angebotes unter dem Gesichtspunkt des Jugendschutzes zu fordern. Ausgenommen von der Bestellpflicht ist danach ein **„Angebotstypus"**, der aufgrund seiner inhaltlichen Ausrichtung keine jugendgefährdenden oder entwicklungsbeeinträchtigenden Inhalte enthält und mit hinreichend sicherer Prognose auch künftig nicht enthalten kann. Dies ist zum einen bei Angeboten der Fall, die gerade auf Kinder und Jugendliche ausgerichtet und mithin für diese Altergruppen besonders geeignet sind (vgl. auch § 11 Abs. 5). Zum anderen besteht bei Content-Providern, die ihr Angebot lediglich zu Werbung und Absatz jugendschutzindifferenter Inhalte nutzen (z. B. Möbelfirma, Fleischereibetrieb) grundsätzlich keine Bestellpflicht (krit., aber im Erg. zustimmend: Mynarik, 2006, S. 96). Indes haben solche Anbieter einen Jugendschutzbeauftragten zu bestellen, deren angebotene Inhalte in Themenbereichen liegen, die regelmäßig auch jugendgefährdend oder entwicklungsbeeinträchtigend sind (z. B. Erotik, Computerspiele, Video on Demand, entsprechende Forenthemen). Dies muss auch dann gelten, wenn solche Angebote „aktuell" keine Inhalte i. S. d. §§ 4, 5 enthalten.

8   **d) Anbieter von Suchmaschinen.** Die Bestellpflicht nach Satz 2 erstreckt sich ausdrücklich auch auf Anbieter von Suchmaschinen. Der Begriff der Suchmaschinen ist **weit auszulegen**. Er umfasst Suchmaschinen im engeren Sinne (aus mehreren Komponenten bestehende Systeme, die automatisch Adressen im Internet einlesen und aus den damit verknüpften Informationen einen durchsuchbaren Index erstellen), aber auch sog. Online-Kataloge (redaktionell bearbeitete, nach Kategorien hierarchisch gegliederte Linksammlungen), schließlich sog. Meta-Suchmaschinen sowie Spezialsuchmaschinen, welche lediglich einen begrenzten Bereich des Internets (z. B. bestimmte Themengebiete oder Angbotsarten wie Bilder, „News" oder „Books", Domainnamen oder Email-Adressen) durchsuchen. Die explizite Erwähnung von Suchmaschinen dient der Klarstellung angesichts der bestehenden komplexen Fragestellungen der Suchmaschinenbetreiber im Bezug auf ihre **Verantwortlichkeit** (siehe hierzu ausführl. Sieber/Liesching, MMR-Beilage 8/2007, S. 1 ff.).

3. Umsetzung der Bestellpflicht

9   **a) Unzulässigkeit der Eigenbestellung.** Die tatsächliche Umsetzung der Pflicht zur Bestellung eines Jugendschutzbeauftragten ist bei einer Vielzahl kleinerer gewerblicher Anbieter derart erfolgt, dass der Inhaber oder der Geschäftsführer aus Gründen der Kostenersparnis sich selbst zum Hilfsorgan in Sachen Jugendschutz berufen hat (vgl. den Erfahrungsbericht der Zentralstelle der Obersten Landesjugendbehörden für Jugendschutz in Mediendiensten „jugendschutz.net" im Rahmen der Anhörung vor dem Bundestagsausschuss für Familie, Senioren, Frauen und Jugend, Ausschuss-Drs. 14/506, Teil I, S. 9). Hierdurch werden die **Anforderungen** des Abs. 1 jedoch **nicht erfüllt**, da derart schon begrifflich weder die erforderliche „Beratung" noch eine „Beteiligung" bei der Angebotsplanung i. S. d. Abs. 3 gewährleistet werden kann (H/S/Altenhain, Rn. 265; Bleisteiner, 1999, S. 234.). Darüber hinaus seien die nach Abs. 4 S. 1 erforderlichen Fähigkeiten und Qualifikationen eines Beauftragten in Sachen Jugendschutz (hierzu Rn. 29 f.) in den meisten Fällen nicht erfüllt. Die bloße Berufung eines **Mitglieds der Geschäftsführung** oder des Vorstandes zum Jugendschutzbeauftragten wendet daher die Einschlägigkeit des bußgeldbewehrten Ordnungswidrigkeitstatbestandes des § 24 Abs. 1 Nr. 10 im Regelfall nicht ab (Liesching, CR 2001, 845, 848).

Jugendschutzbeauftragte § 7 JMStV

b) Externe Beratung. Nicht erforderlich ist hingegen, dass der Beauf- 10
tragte dem Betrieb des Anbieters angehört oder allein für diesen tätig ist
(H/S/Altenhain, Rn. 265; Bleisteiner, 1999, S. 234). Vielmehr ist auch die
Bestellung eines externen Beauftragten möglich (Strömer, K&R 2002, 643;
Retzke, 2006, S. 236; Liesching, CR 2001, 845, 847 f.). Der Gesetzeswortlaut steht der Bestellung eines externen Beauftragten ebensowenig entgegen
wie die Ratio der Bestimmung (vgl. auch Strömer, K&R 2002, 643 ff.).
Vielmehr vermag die Bestellung eines **außerhalb der Betriebes** fungierenden Jugendschutzbeauftragten wegen dessen weitgehender Weisungsunabhängigkeit dem vom Gesetzgeber intendierten Ziel eines effektiven Jugendschutzes nur zuträglich zu sein. Auch der gesetzlich manifestierten Funktion
des Ansprechpartners für Nutzer nach Abs. 3 S. 1 kann bei extern arbeitenden
Jugendschutzbeauftragten dadurch Rechnung getragen werden, dass ein deutlicher Hinweis im Rahmen des gewerbsmäßigen Online-Angebotes durch
das Setzen von Hyperlinks oder die Angabe der EMail-Adresse des Jugendschutzbeauftragten erfolgt (Liesching, CR 2001, 845, 848; vgl. zur gescheiterten Informationspflicht-Regelung des 14. RfÄndStV Rn. 2, 28). Ob
externe Beratung nach dem **Rechtsberatungsrecht** den Rechtsanwälten
vorbehalten ist, wird zum Teil verneint (OLG Düsseldorf NJW 2003, 2247;
Knöfel, MMR 2005, 816 ff.), teilweise – zumindest für das vormalige RechtsberR – bejaht (Nikles u.a., Rn.16; Strömer, K&R 2002, 643 ff.).

c) Juristische Personen. Auch juristische Personen kommen als Jugend- 11
schutzbeauftragte grundsätzlich in Betracht. Bei Zugrundelegung des bürgerlich-rechtlichen Grundsatzes der **Gleichstellung juristischer Personen** des
Privatrechts mit natürlichen Personen im Sinne ihrer Fähigkeit, Träger von
Rechten und Pflichten zu sein, unterliegt die Übertragung der gesetzlichen
Beauftragtenfunktionen des Abs. 3 (hierzu Rn. 17 ff.) insoweit keinen durchgreifenden Bedenken (offen gelassen von OLG Düsseldorf NJW 2003, 2247).
Zu beachten ist zwar, dass juristischen Personen Rechte und Rechtsstellungen nur offen stehen, soweit diese nicht die menschliche Natur ihres Trägers
voraussetzen. Dies ist aber bei der Wahrnehmung bloßer Beratungsfunktionen generell nicht der Fall. Auch der Funktion des Ansprechpartners gegenüber Nutzern vermag die juristische Person in gleichem Umfang Rechnung
zu tragen wie eine natürliche Person.

Durchgreifende Bedenken gegen die Beauftragung einer juristischen Per- 12
son ergeben sich auch nicht insofern, als hierin möglicherweise eine Umgehung der nach Abs. 1 und 2 nur noch beschränkt möglichen Delegation
der Beauftragtenaufgaben auf eine Institution der Freiwilligen Selbstkontrolle
erblickt werden kann. Der Unterschied der Bestellung einer juristischen Person als Jugendschutzbeauftragte gegenüber der bloßen Delegation an eine
Freiwillige Selbstkontrolle besteht darin, dass letztere organisatorisch und
strukturell auf den Verbund einer Vielzahl von Anbietern gerichtet ist (vgl.
§ 19 Abs. 3 insb. Nr. 2). Bei der Beauftragung einer juristischen Person steht
hingegen die **individuelle Beratung und Betreuung** des Anbieters in allen
Fragen des Jugendschutzes im Vordergrund. Im Übrigen wurde durch die
nunmehr in § 7 Abs. 1 JMStV vollzogene Beschränkung der Delegationsmöglichkeit auf Selbstkontrolleinrichtungen nur der ursprünglichen gesetzgeberi-

schen Intention Rechnung getragen, lediglich kleineren Anbietern aus Kostengründen die Möglichkeit zu eröffnen, die Kontrollfunktionen des Jugendschutzbeauftragten durch eine gemeinschaftlich getragene Institution zu wahren (vgl. BT-Drs. 13/7385 S. 38; zu Abs. 2 sogleich Rn. 14).

4. Entstehung der Bestellpflicht

13 Die Pflicht zur Bestellung eines Jugendschutzbeauftragten entsteht bereits in dem Zeitpunkt, indem der Anbieter Inhalte **verbreitet oder zugänglich macht**, die jugendgefährdende oder entwicklungsbeeinträchtigende Inhalte tatsächlich enthalten oder aufgrund der Ausrichtung des Gesamtangebotes erwarten lassen (vgl. Rn. 6 f.). Verfehlt ist demgegenüber die Auffassung, eine Bestellpflicht aus Gründen der Rechtssicherheit erst dann zu verlangen, wenn bereits einmal ein Inhalt des in Rede stehenden Dienstes dazu Anlass gegeben hat, wegen eines Verstoßes gegen den Jugendschutz zu ermitteln (so Germann, S. 342). Denn hierdurch würde die vom Gesetzgeber intendierte präventive Einflussmöglichkeit des Jugendschutzbeauftragten (Rn. 1) weithin verloren gehen.

III. Delegation auf Selbstkontrolleinrichtung (Abs. 2)

1. Anwendungsbereich

14 Der Ausnahmetatbestand des Abs. 2 schafft aus Gründen der Verhältnismäßigkeit (Bayer. LT-Drs. 14/10246, S. 18) für bestimmte (kleinere) Anbieter von Telemedien und Veranstaltern nicht bundesweit verbreiteten Fernsehens eine Delegationsmöglichkeit, namentlich die Übertragung der Wahrnehmung der Aufgaben des Jugendschutzbeauftragten auf eine Einrichtung der freiwilligen Selbstkontrolle. Dies betrifft zunächst Telemedien-Anbieter mit **weniger als 50 Mitarbeitern**. Entscheidend ist insoweit die Gesamtzahl der Arbeitnehmer eines Unternehmens, nicht etwa einzelner Betriebe oder Fachredaktionen. Daneben gilt die Ausnahmenorm für Anbieter, auf deren Angebot(e) im Monatsdurchschnitt eines Jahres nachweislich weniger als **10 Millionen Zugriffe** erfolgen. Maßgeblich hierfür ist nicht die Zahl der Nutzer, sondern allein die Häufigkeit des Abrufens der Angebotsinhalte (sog. Visits, vgl. Bayer. LT-Drs. 14/10246, S. 18). Für den Bereich der Telemedien bietet sich insoweit etwa die „Freiwillige Selbstkontrolle Multimedia-Diensteanbieter e.V." (FSM; s. § 19 Rn. 4, 12) zur Delegation an.

15 Schließlich besteht auch für länderübergreifendes, aber nicht bundesweit verbreitetes **Fernsehen** die Möglichkeit für den Programmveranstalter, die Beauftragtenaufgaben auf eine Einrichtung der Freiwilligen Selbstkontrolle zu übertragen. Insoweit bietet sich die bereits etablierte Freiwillige Selbstkontrolle Fernsehen e.V. (FSF) an, welche aufgrund der satzungsmäßigen Pflicht der Sender zur Vorlage von Programminhalten vor ihrer Ausstrahlung den Beratungsfunktionen des Abs. 3 umfassend Rechnung tragen kann (vgl. auch § 19 Rn. 4, 11).

Jugendschutzbeauftragte § 7 **JMStV**

2. Anforderungen an Selbstkontrolleinrichtungen

Die Selbstkontrolleinrichtung, auf welche die Aufgaben des Jugendschutz- 16
beauftragten delegiert werden, muss nicht von der KJM nach § 19 Abs. 2 bis
4 (vgl. dort Rn. 13 ff.) anerkannt sein (ebenso Nikles u.a., Rn. 8). Daher
muss sie auch nicht den in § 19 Abs. 3 Nrn. 1 bis 6 genannten organisatorischen und strukturellen Anforderungen genügen. Dagegen muss die Einrichtung der Freiwilligen Selbstkontrolle die Aufgaben des Beauftragten nach
Abs. 3 (siehe Rn. 17 ff.) einschließlich der frühzeitigen Beratung oder sonstigen Beteiligung vollumfänglich erfüllen. Überträgt der Anbieter die Aufgaben des Abs. 3 einer Selbstkontrolleinrichtung, die diesen Anforderungen
nicht Rechnung trägt, handelt er ordnungswidrig im Sinne der Nichtbestellung eines Jugendschutzbeauftragten nach § 24 Abs. 1 Nr. 8.

IV. Aufgaben des Jugendschutzbeauftragten (Abs. 3).

1. Doppelfunktion

Die Aufgaben des Jugendschutzbeauftragten der Anbieter werden in Absatz 17
3 beschrieben. Demnach weist Satz 2 der genannten Vorschriften dem Beauftragten für Jugendschutz eine Doppelfunktion zu (vgl. LG Düsseldorf CR
2001, 917, 918). Zunächst soll er im **Außenverhältnis** den Nutzern des
Angebotes als Ansprechpartner zur Verfügung stehen. Daneben nimmt er
im **Innenverhältnis** Funktionen der Beratung und sonstigen Beteiligung
gegenüber dem Anbieter wahr. Beide Aufgabenbereiche, für die der Jugendschutzbeauftragte hinreichend qualifiziert sein muss (hierzu Rn. 29 f.), beziehen sich nur auf Angebotsinhalte, für die der Anbieter auch rechtlich verantwortlich ist (vgl. insb. für die Telemedien die Haftungsbeschränkungen nach
§§ 8 bis 10 TMG, hierzu ausführl. die Anm. bei Scholz/Liesching, §§ 8 ff.
TDG).

2. Ansprechpartner im Außenverhältnis (Satz 1)

Nach dem Wortlaut des Satz 1 soll der Jugendschutzbeauftragte im Außen- 18
verhältnis „Ansprechpartner für Nutzer" sein. Dabei erfasst der **Begriff des
Nutzers** nicht nur im engen Sinne des § 2 S. 1 Nr. 3 TMG solche Personen,
die Telemedien in Anspruch nehmen, sondern auch Fernsehzuschauer. Die
Ansprechfunktion im Außenverhältnis erstreckt sich auf die Beratung von
Erziehungsberechtigten im Hinblick auf bestehende technische Sicherungsmöglichkeiten sowie auf die Entgegennahme von Hinweisen auf jugendgefährdende Inhalte und deren Weiterleitung an den Rundfunk- oder Telemedienanbieter, ggf. auch an Jugendbehörden bzw. Strafverfolgungsbehörden
(vgl. BT-Drs. 13/7385 S. 38; OLG Düsseldorf NJW 2003, 2247). Die Beratung von Nutzern, insb. Erziehungsberechtigten, kann indes **keine eingehende Rechtsberatung** umfassen, sondern muss sich auf allgemeine Hinweise beschränken (vgl. auch OLG Düsseldorf aaO.), welche sich etwa auf
nutzerseitige technische Möglichkeiten der Sperrung von Angeboten beziehen. Teil der Beratung dürfte auch die Information zu Angebotsinhalten des

Anbieters einschließlich kurzer rechtlicher Erläuterungen sein, sofern Fragen des Nutzers hierauf abzielen (z. B. Beschwerden über vermeintlich unzulässige Inhalte).

19 Ein schutzwürdiges Vertrauen des Anbieters in die **Verschwiegenheit** seines Jugendschutzbeauftragten gegenüber Dritten besteht nicht (vgl. H/S/Altenhain, Rn 167), vertragliche Vereinbarungen sind indes im Rahmen der §§ 134, 138 BGB zulässig. Dabei erbringt der Beauftragte für Jugendschutz freilich eine **Dienstleistung des Anbieters** als dessen Hilfsorgan. Damit er diese effektiv erfüllen kann, ist bei der Gestaltung des Angebotes von Telemedien ein hinreichend deutlicher Hinweis auf die Person des Jugendschutzbeauftragten sowie die Möglichkeit der einfachen Kontaktaufnahme durch die Nutzer zu gewährleisten. Dies gilt auch nach Scheitern der entsprechend vorgesehenen ausdrücklichen gesetzlichen Neuregelung im Rahmen des 14. RfÄndStV; s.a. Rn. 28; vgl. bereits Liesching, CR 2001, 845, 846).

3. Beratung im Innenverhältnis (Sätze 2 u. 3)

20 **a) Allgemeine Anforderungen.** Als weitere Hauptfunktion nimmt der Jugendschutzbeauftragte im Innenverhältnis gegenüber dem Anbieter in Fragen des Jugendschutzes eine beratende Funktion wahr, die in den Sätzen 2 und 3 näher konkretisiert wird. Die dort genannten Aufgaben haben lediglich beispielhaften Charakter und legen nicht abschließend die Funktionen der Jugendschutzbeauftragten fest, wie sich auch aus der generalklauselartig genannten Beteiligung an „**allen Entscheidungen**" betreffend den Jugendschutz ergibt (vgl. schon BT-Drs. 13/7385, S. 38: „Vielzahl der Möglichkeiten interner Beteiligung"; vgl. zur heterogenen konkreten Aufgabenerfüllung durch Jugendschutzbeauftragte im Rundfunk: Mohr/Landmann, S. 26). Die Amtl. Begr. führt hierzu aus: „Der Jugendschutzbeauftragte besitzt die Fähigkeit, flexibel und von Fall zu Fall angepasst auf unterschiedliche Gefährdungspotentiale einzugehen und je nach Fall die richtige Hilfestellung zu geben. Die Beauftragten können dabei mit generellen Hinweisen, aber auch im Einzelfall arbeiten" (Bayer. LT-Drs. 14/10246, S. 18). Auch dies spricht für die **umfassende Beratungsfunktion** des Jugendschutzbeauftragten gegenüber dem Anbieter in allen Fragen, die den Jugendschutz betreffen.

21 **b) Beratungsbereiche.** Die Vorschrift des Satz 2 nennt exemplarisch Beratungsfelder im Frühstadium der Angebotsentwicklung. Insb. durch die Beteiligung an der „**Planung von Angeboten**" besteht die Möglichkeit, präventiv auf eine jugendfreundliche Gestaltung der Inhalte Einfluss zu nehmen und bei Telemedien für die Einplanung von Altersverifikationssystemen i.S.d § 4 Abs. 2 S. 2 oder Jugendschutzprogrammen und Zugangssystemen nach § 11 Sorge zu tragen (vgl. BT-Drs. 13/7385 S. 38; Bayer. LT-Drs. 13/7716, S. 12; OLG Düsseldorf NJW 2003, 2247). Voraussetzung hierfür ist allerdings, dass der jeweilige Anbieter bereits bei der Konzeption seines Angebotes (insb. Telemedien) die Bestellung eines Beauftragten in Sachen Jugendschutz überhaupt ins Auge gefasst und bewerkstelligt hat.

22 „**Fragen der Herstellung**" sind solche, die sich bereits im Rahmen der Produktion von Angebotsinhalten stellen. Hier steht mit Blick auf die Funktion der „Beratung" weniger die Überwachung des Herstellungsvorgangs als

vielmehr die Entwicklung von Richtlinien oder Direktiven für den Produktionsablauf im Vordergrund. „**Fragen des Erwerbs**" betreffen insb. die Nutzungsrechte an fremdproduzierten Angebotsinhalten. Insoweit kann der Jugendschutzbeauftragte im Interesse des Anbieters bereits vor dem Erwerb die Möglichkeit der Sichtung und Auswertung des Angebotes erhalten. Daneben kommen insb. Vorschläge bei der Gestaltung allgemeiner Geschäftsbedingungen für Verträge mit Inhaltszulieferern in Betracht (vgl. LG Düsseldorf CR 2002, 917, 918). „**Fragen der Gestaltung von Angeboten**" betreffen insb. die vormals in § 7a GjSM und § 12 Abs. 5 MDStV a. F. ausdrücklich genannte Gestaltung der Allgemeinen Nutzungsbedingungen, da diese Teil der Angebotsgesamtgestaltung ist. Hier kann etwa durch ausdrückliches Untersagen der Weiterverbreitung angebotener jugendgefährdender Inhalte an Minderjährige oder das Verbot der Einstellung solcher Inhalte in Foren des Anbieters die Grundlage für den Ausschluss zuwiderhandelnder Nutzer geschaffen werden (vgl. H/S/Altenhain, Rn. 162).

c) **Angemessene Beteiligung.** Die Beteiligung des Jugendschutzbeauf- 23
tragten von Seiten des Anbieters muss angemessen und rechtzeitig erfolgen. Der angemessene Umfang der Beteiligung des Jugendschutzbeauftragten ist mit Blick auf die Funktion der „Beratung" zu bestimmen. Das bedeutet, dass die endgültige **Entscheidungskompetenz** über die Umsetzung der Hinweise und Ratschläge des Jugendschutzbeauftragten beim Anbieter verbleibt. Er muss also den Vorschlägen seines Beauftragten nicht Folge leisten, da diesem kein Weisungs-, Mitentscheidungs- oder Vetorecht zukommt (Liesching, CR 2001, 845, 847). Der umfassenden Informationspflicht des Anbieters über die Inhalte des Angebotes i. S. d. Satz 2 entsprechend muss indes auch die Pflicht des Anbieters gegenüber dem Jugendschutzbeauftragten bestehen, diesem zumindest die Möglichkeit zu eröffnen, umfassend und regelmäßig zu dem Angebot unter Jugendschutzgesichtspunkten Stellung zu nehmen und entsprechende Hinweise und Ratschläge zu erteilen (vgl. ausführl. H/S/Altenhain, Rn. 163 f.).

Wann die Beteiligung des Jugendschutzbeauftragten als **rechtzeitig** anzu- 24
sehen ist, ergibt sich aus den ausdrücklich genannten Aufgabenbereichen (Rn. 17 ff.), insb. im Bezug auf die Herstellung, den Erwerb, die Planung und die Gestaltung von Angeboten. Entsprechend ist die Beteiligung des Jugendschutzbeauftragten an jugendschutzrelevanten Fragen zu einem Angebot schon nicht mehr rechtzeitig, wenn diesem keine Möglichkeit der Stellungnahme gegenüber dem Anbieter verbleibt, bevor dieser die Inhalte verbreitet bzw. öffentlich zugänglich macht. Denn der gesetzgeberisch intendierten „**Präventivwirkung**" des Selbstkontrollorgans Jugendschutzbeauftragter (Rn. 1) wird lediglich dann Rechnung getragen, wenn diese Kontrolle vor Distribution der Inhalte ansetzt (vgl. schon BT-Drs. 13/7385, S. 38). Gerade hierin sah der Gesetzgeber unter Jugendschutzgesichtspunkten den Vorteil gegenüber den erst nach der Zugänglichkeit bestimmter Angebote ansetzenden aufsichtsbehördlichen Maßnahmen.

d) **Angebotsinhaltlicher Prüfungs- und Beratungsumfang.** Die 25
Erfüllung der Beratungsfunktion setzt mittelbar auch die Zulässigkeitsprüfung des Angebots im Hinblick auf die **Verbotsbestimmungen des JMStV** sowie

JMStV § 7 I. Abschnitt. Allgemeine Vorschriften

im Weiteren des JuSchG oder des StGB voraus. Nur so vermag der Beauftragte seiner originären Aufgabe der Beratung in Jugendschutzfragen hinreichend Rechnung zu tragen. Nur wenn er etwa weiß, unter welchen Bedingungen (geschlossene Benutzergruppe gem. §§ 4 Abs. 2 S. 2, 11 Abs. 4 S. 1, Jugendschutzprogramme gem. §§ 5 Abs. 3 Nr. 1, 11 Abs. 1) das Angebot zulässig ist, kann er eine entsprechende Beratung des Anbieters gewährleisten (insoweit zutreffend OLG Düsseldorf NJW 2003, 2247, wonach „Grundkenntnisse über den Inhalt des ... Jugendschutzgesetz sowie über sonstige Pflichten des Anbieters im Hinblick auf den Jugendschutz unerlässlich" sind). Auch der Wortlaut des § 7 Abs. 3 S. 1 unterstellt vollumfänglich die **„Fragen des Jugendschutzes"** der Kompetenz des Beauftragten. Hierzu gehört freilich auch die Vereinbarkeit des Angebotes mit solchen Normen, die dem Jugendschutz dienen. Dies sind neben den Bestimmungen des JuSchG und des JMStV auch die dort inkorporierten strafrechtlichen Verbreitungsdelikte der §§ 86, 86a, 130a, 130, 131, 184 ff. StGB.

26 Auch die Rspr. geht davon aus, „dass die Aufgabe des Jugendschutzbeauftragten darin besteht, durch eine Beratung des Diensteanbieters in unterschiedlichen Bereichen darauf hinzuwirken, dass eine Gefährdung des jugendlichen Nutzers verhindert wird" (LG Düsseldorf CR 2001, 917, 918; OLG Düsseldorf, aaO.). Dies ist freilich nur dann der Fall, wenn der Beauftragte den Anbieter dahingehend berät, solche Angebotsinhalte nicht zu verbreiten, die gegen Bestimmungen zum Schutze der Jugend verstoßen. Die **Prüfung der Angebotszulässigkeit** durch den Jugendschutzbeauftragten kann als Teil seiner gesetzlichen Beratungsfunktion jedoch nur soweit gehen, wie der Anbieter für die bereitgehaltenen oder sonst zugänglich gemachten Angebotsinhalte rechtlich **verantwortlich** ist. Insoweit sind die Haftungsfilter der §§ 8-10 TMG, (hierzu ausführl. Scholz/Liesching, Anm. zu § 8 ff. TDG) zu beachten. Freilich ist die Zulässigkeitsprüfung der Angebotsinhalte nicht mit einer Überwachung des Anbieters – etwa i. S. d. § 4g Abs. 1 BDSG – gleichzusetzen. Vielmehr hat der Jugendschutzbeauftragte die Angebotsinhalte, über die er gemäß Abs. 3 S. 2 vollständig zu informieren ist, mit Blick auf die gesetzlichen Jugendschutzbeschränkungen auszuwerten, um den Anbieter sachgerecht beraten zu können. Juristische Kenntnisse sind hierfür von erheblicher Bedeutung (siehe Rn. 29).

27 **e) Vorschläge zu Beschränkungen oder Änderungen.** Die Vorschrift des Satz 3 nennt als Einzelbereiche der Beratung das Vorschlagen einer Beschränkung oder Änderung von Angeboten. Beschränkungen können bei Telemedien in Form einer **Sperrung**, der Einrichtung einer geschlossenen Benutzergruppe nach §§ 4 Abs. 2 S. 2 (dort Rn. 63 ff.) oder der Vorschaltung eines Jugendschutzprogramms nach § 11 (dort Rn. 3 ff.) erfolgen (vgl. BT-Drs. 13/7385 S. 38; H/S/Altenhain, Rn. 162). Im Bereich des Rundfunks kommen vor allem Sendezeitbeschränkungen (§ 5 Abs. 5 Nr. 2, vgl. dort Rn. 53 ff.) oder die Verschlüsselung bzw. Vorsperrung von Programmen nach § 9 Abs. 2 (dort Rn. 13 ff.) in Betracht. Der Anbieter muss den Vorschlägen seines Beauftragten für Jugendschutz nicht Folge leisten, da diesem kein Weisungs-, Mitentscheidungs- oder Vetorecht zukommt (Rn. 31).

Jugendschutzbeauftragte § 7 JMStV

4. Informationspflicht nach gescheiterter JMStV-Novelle

Nach dem gescheiterten 14. RfÄndStV war vorgesehen, dass der Anbieter 28 wesentliche Informationen über den Jugendschutzbeauftragten, insb. Namen, Anschrift und (elektronische) Kontaktdaten, leicht erkennbar, unmittelbar erreichbar und ständig verfügbar hätte halten müssen. Auf ohne gesetzlich verpflichtende Regelung nach Scheitern der JMStV-Novelle ist eine entsprechende Information schon zur Erfüllung der gesetzlichen Aufgabe des Ansprechpartners im Außenverhältnis (s.o. Rn. 18 f.) sinnvoll. Die Nennung eines Rechtsanwalts als Jugendschutzbeauftragten im Impressum wird wegen der „abschreckenden Wirkung" auf Nutzer teils kritisch gesehen (vgl. Knöfel, MMR 2005, 816, 818 f.).

V. Qualifikation und Status des Jugendschutzbeauftragten (Abs. 4)

1. Hinreichende Qualifikation des Jugendschutzbeauftragten (Satz 1)

Nach der Vorschrift muss der Jugendschutzbeauftragte besondere Fach- 29 kunde, namentlich Qualifikationen und Fähigkeiten aufweisen, die für die Erfüllung seiner Aufgaben (Rn. 17 ff.) notwendig sind. Hierfür sind ungeachtet einer näheren gesetzlichen Konkretisierung zumindest **praktische Erfahrungen** in der Angebotsbewertung oder eine Befassung mit Fragen des Jugendschutzes im Rahmen der Ausbildung zu fordern. Der Beauftragte muss (zumindest) in der Lage sein, bei der Beratung des Anbieters indizierbare, zur Gefährdung oder Entwicklungsbeeinträchtigung von Kindern und Jugendlichen geeignete Inhalte zu erkennen, Vorschläge zur Vertragsgestaltung zu machen und Hinweise für eine legale Verbreitung und Werbung zu geben (vgl. H/S/Altenhain, Rn. 150; Retzke, 2006, 236; Liesching, CR 2001, 845, 849). Dies setzt indes ein Minimum **juristischer Kenntnisse** voraus, welche idealer Weise durch redaktionelle, programmplanerische, technische und/oder pädagogische Qualifikationen sowie Knowhow im Bereich der Medienwirkungsforschung ergänzt sein sollten. Grundsätzlich ist unerheblich, wie der Beauftragte in Sachen Jugendschutz derartige Fähigkeiten erworben hat.

Besondere **Berufsabschlüsse**, Diplome oder Zeugnisse etc. sind im 30 Regelfall nicht erforderlich (vgl. H/S/Altenhain, Rn. 150; Liesching, CR 2001, 845, 849). Teilweise wird von einem eigenständigen „Berufsbild" des Jugendschutzbeauftragten gesprochen (vgl. Knöfel, MMR 2005, 816 ff.). Im Bereich des **Rundfunks** werden diese Anforderungen im Wesentlichen erfüllt, wobei die Beauftragten der privaten Sender hauptamtlich tätig sind, diejenigen der öffentlich-rechtlichen Programmveranstalter zumeist noch weitere Aufgaben für den Anbieter wahrnehmen (vgl. Mast, S. 321; siehe auch Mohr, JMS-Report 2/1998, S. 1, 3).

2. Weisungsfreiheit und Benachteiligungsverbot (Sätze 2 u 3)

31 Die Sätze 2 und 3 sichern dem Jugendschutzbeauftragten die erforderliche Weisungsfreiheit und manifestieren ein Benachteiligungsverbot im Bezug auf die Erfüllung seiner Aufgaben. Außerhalb des Jugendschutzbereichs unterliegt er allerdings den **arbeitsrechtlichen oder disziplinarischen Weisungen** des Anbieters (Hartstein, u.a., Rn. 5; Beucher u.a. § 4 RStV Rn. 8). Externe Jugendschutzbeauftragte (Rn. 10) müssen im Rahmen vertraglicher Vereinbarungen Weisungen des beauftragenden Anbieters beachten, soweit hierdurch die gesetzliche Aufgabenerfüllung nicht gefährdet wird. Benachteiligungen im Sinne der Vorschrift sind alle Beeinträchtigungen der Aufgabenerfüllung des Jugendschutzbeauftragten von Seiten des Anbieters (z. B. **unvollständige Information** über Angebotsinhalte, Entziehung des Arbeitsplatzes oder der notwendigen technischen oder sonstigen Arbeitsmittel, sachlich nicht gerechtfertigte Minderverütung im Vergleich zu anderen Arbeitnehmern oder sog. „Mobbing" in jedweder Form).

3. Ausstattung des Jugendschutzbeauftragten (Satz 4)

32 Nach der Vorschrift sind dem Jugendschutzbeauftragten die notwendigen Sachmittel zur Verfügung zu stellen. Im Bereich des Rundfunks sind dies insb. die erforderlichen Abspielgeräte zur Sichtung der für die Ausstrahlung vorgesehenen Programminhalte, bei Telemedien im Regelfall ein **Datenrechner**, ggf. Internetzugang oder CD-ROM-Laufwerk sowie ein Bildschirm. Der Pflicht genügt der Anbieter auch dadurch, dass er dem (insb. externen) Jugendschutzbeauftragten die erforderlichen finanziellen Mittel zur Sachausstattung zur Verfügung stellt. Die Pflicht zur **Freistellung** von der Arbeitsleistung unter Fortzahlung der Bezüge betrifft lediglich Fälle, in denen der Jugendschutzbeauftragte in dem Unternehmen des Anbieters fest angestellt ist (Bayer. LT-Drs. 14/10246, S. 19). Insoweit kommt entsprechend der Größe des Unternehmens des Anbieters und des Umfangs des Angebotes sowohl eine gänzliche Freistellung des Beauftragten als auch eine Teilfreistellung (vgl. auch § 38 Abs. 1 S. 3 BetrVG) in Betracht.

VI. Erfahrungsaustausch der Jugendschutzbeauftragten (Abs. 5)

33 Die letztlich unverbindliche, da bei Nichtumsetzung nicht sanktionierbare „Soll"-Vorschrift des Abs. 5 bezüglich des regelmäßigen Erfahrungsaustauschs der Jugendschutzbeauftragten der Anbieter dient nach der Amtl. Begr. der Gewährleistung, dass Erfahrungen auch aus anderen Unternehmen den jeweiligen Beauftragten zugänglich gemacht werden (Bayer. LT-Drs. 14/10246, S. 19). Daneben können im Rahmen derartiger Treffen übergreifende Fragestellungen erkannt, diskutiert und angemessen gelöst werden (vgl. Beucher u.a., § 4 RStV Rn. 15). Hierdurch wird im Weiteren dem praktischen Bedürfnis einer gewissen **Homogenität** bei der Anwendung der Jugendschutzbestimmungen Rechnung getragen (vgl. auch Hartstein u.a. Rn. 7).

Festlegung der Sendezeit § 8 JMStV

In welchen konkreten **Zeitabständen** ein Erfahrungsaustausch stattzufinden hat, wird in der Vorschrift nicht festgelegt. Aufgrund der Vielzahl der Anbieter von Fernsehprogrammen und insb. von Telemedien wird ein Erfahrungs- und Informationsaustausch aller Beauftragter nur selten möglich und im Übrigen wegen teils unterschiedlicher medienspezifischer Anforderungen (vgl. §§ 8, 9 und § 11) nicht immer **praktisch sinnvoll** sein. Jedenfalls muss gewährleistet sein, dass zumindest die Beauftragten der öffentlich-rechtlichen und privaten Rundfunkanbieter untereinander (zur Praxis im Rundfunkbereich vgl. Mohr/Landmann, S. 29 f.) sowie die Beauftragten der Telemedienanbieter untereinander einen derartigen Austausch in bestimmten Zeitintervallen bewerkstelligen. Bei Jugendschutzbeauftragten der privaten Fernsehsender findet ein regelmäßiger Austausch statt. 34

VII. Rechtsfolgen, Prozessuales

1. Rechsfolgen

Die vorsätzliche oder fahrlässige Nichtbestellung eines Beauftragten entgegen der Vorschrift kann nach § 24 Abs. 1 Nr. 10 als Ordnungswidrigkeit mit **Bußgeld** geahndet werden. Der Ordnungswidrigkeitentatbestand dürfte auch dann erfüllt sein, wenn ein Beauftragter **ohne hinreichende Fachkunde** bestellt wird (vgl. Liesching, CR 2001, 845, 848 f.) oder lediglich formal die Bestellungspflichten (z. B. Benennung eines Vorstandsmitgliedes) erfüllt werden, ohne dass den Aufgaben nach Abs. 3 und 4 nachgekommen wird. Der Verstoß gegen die Auflage der Bestellung eines Jugendschutzbeauftragten mit Fachkundenachweis kann ein Kriterium hinsichtlich der Beurteilung der **Zuverlässigkeit eines Senders** im Hinblick auf die Lizenzerteilung sein (vgl. VG Stuttgart ZUM-RD 2008, 313, 330 f.). Der Jugendschutzbeauftragte kann auch **für Angebotsinhalte haften**, wenn er sich an Verstößen des Anbieters beteiligt (§§ 25 ff. StGB, 14 OWiG; ebenso H/S/Altenhain, Rn. 149). 35

2. Prozessuale Hinweise

Gegen die Bußgeldahndung oder sonstige Maßnahmen (z. B. Beanstandung) durch die gemäß § 24 Abs. 4 JMStV zuständige Landesmedienanstalt ist der Verwaltungsrechtsweg eröffnet und damit die **Anfechtungsklage** (§ 42 Abs. 1 1. Alt. VwGO) statthaft (vgl. auch § 22 JMStV). Ob dem Beauftragten ein einklagbarer **Anspruch** gegenüber dem Anbieter **auf angemessene Beteiligung** zusteht, ist im Einzelfall anhand der konkreten vertraglichen Ausgestaltung zu prüfen. 36

II. Abschnitt. Vorschriften für Rundfunk

§ 8 Festlegung der Sendezeit

(1) **Die in der Arbeitsgemeinschaft der öffentlich-rechtlichen Rundfunkanstalten der Bundesrepublik Deutschland (ARD) zusam-**

JMStV § 8

mengeschlossenen Landesrundfunkanstalten, das Zweite Deutsche Fernsehen (ZDF), die Kommission für Jugendmedienschutz (KJM) oder von dieser hierfür anerkannte Einrichtungen der Freiwilligen Selbstkontrolle können jeweils in Richtlinien oder für den Einzelfall für Filme, auf die das Jugendschutzgesetz keine Anwendung findet, zeitliche Beschränkungen vorsehen, um den Besonderheiten der Ausstrahlung von Filmen im Fernsehen, vor allem bei Fernsehserien, gerecht zu werden.

(2) Für sonstige Sendeformate können die in Absatz 1 genannten Stellen im Einzelfall zeitliche Beschränkungen vorsehen, wenn deren Ausgestaltung nach Thema, Themenbehandlung, Gestaltung oder Präsentation in einer Gesamtbewertung geeignet ist, Kinder oder Jugendliche in ihrer Entwicklung und Erziehung zu beeinträchtigen.

Schrifttum: *Dörr/Cole,* Jugendschutz in den elektronischen Medien, BLM-Schriftenreihe Bd. 67, 2001; *Grapentin,* Neuer Jugendschutz in den Online-Medien – Pflichten für Online-Anbieter nach dem neuen Jugendmedienschutz-Staatsvertrag, CR 2003, 458; *Hobro-Klatte,* Möglichkeit der Festlegung von Sendezeitbeschränkungen nach § 3 Abs. 5 S. 2 RStV für Fernsehsendungen, insb. für Talkshows im Nachmittagsprogramm, ZUM 1998, 812; *Hopf,* Jugendschutz im Rundfunk und das verfassungsrechtliche Zensurverbot des Art. 5 Abs. 1 Satz 3 GG, ZUM 2000, 739; *dies.*, Jugendschutz im Fernsehen, 2005; *Hopf/Braml,* Das Verhältnis der KJM zur FSF anhand einer kritischen Würdigung der Entscheidung des VG Berlin vom 6. 7. 2006, ZUM 2006, 779, ZUM 2007, 23; *Kreile/Diesbach,* Der neue Jugendmedienschutz-Staatsvertrag – Was ändert sich für den Rundfunk?, ZUM 2002, 849; *Liesching,* Präventive Sendezeitbeschränkungen für Talkshows nach dem neuen Rundfunkstaatsvertrag, ZUM 2000, 298; *Retzke,* Präventiver Jugendmedienschutz, 2006; *Schulz/Korte,* Jugendschutz bei non-fiktionalen Fernsehformaten, ZUM 2002, 719; *Ullrich,* Die Bewertung von Rundfunkprogrammen durch Einrichtungen der Freiwilligen Selbstkontrolle und ihre Folgen, ZUM 2005, 452; *Vocke,* Faszination Daily Soap, tv-diskurs 20/2002, 87; *Witt,* Regulierte Selbstregulierung am Beispiel des Jugendmedienschutz-Staatsvertrages, 2008.

Übersicht

	Rn.
I. Allgemeines	1
II. Beschränkungen für Fernsehfilme und -serien (Abs. 1)	2
1. Regelungshintergrund	2
2. Besonderheiten der Film- und Serienausstrahlung	3
3. Zeitliche Beschränkungen	5
4. Zuständigkeit	6
III. Beschränkungen für sonstige Fernsehformate (Abs. 2)	8
1. Allgemeine Anforderungen	8
2. Gesamtbewertung	9
3. Zulässigkeit allgemeiner „Grundsatzbeschlüsse" der Medienaufsicht	10
4. Vereinbarkeit mit dem Zensurverbot	11
5. Strenge Auslegung	12
IV. Rechtsfolgen, Prozessuales	14
1. Rechtsfolgen	14
2. Prozessuale Hinweise	15

Festlegung der Sendezeit § 8 JMStV

I. Allgemeines

Die Vorschrift eröffnet über die Verbote von absolut unzulässigen, jugend- **1**
gefährdenden bzw. entwicklungsbeeinträchtigenden Angeboten nach den
§§ 4, 5 JMStV hinaus **weitere Beschränkungsmöglichkeiten** für Fernsehsendungen, welche wegen der Unanwendbarkeit des JuSchG (vgl. Retzke,
2006, S. 162) keine Klassifizierungen unter Jugendschutzgesichtspunkten
erhalten haben (s. aber nunmehr § 5 Abs. 2, dort Rn. 61 ff.) und bei denen
aufgrund der langfristigen Bindung im Rahmen der Gesamtbewertung
zusätzliche Gesichtspunkte im Bezug auf eine mögliche Entwicklungsbeeinträchtigung zu berücksichtigen sein können (vgl. ausführl. Hopf, 2005,
S. 144 f.). Die Vorschrift wird in der **Praxis** bislang nahezu ausschließlich
durch Vorabvorlage und Prüfung bei der Freiwilligen Selbstkontrolle Fernsehen (**FSF**) im Wege von Einzelfallentscheidungen umgesetzt. Insoweit gilt
im Rahmen der rechtlichen Grenzen des Beurteilungsspielraums die Haftungsprivilegierung nach § 20 Abs. 3 S. 1 u. 3 (dort Rn. 13 ff.). § 8 Abs. 2 hat
eine geringe praktische Bedeutung. Die Norm sollte durch die gescheiterte
JMStV-Novelle geringfügige redaktionelle Änderungen (vgl. **14. RfÄndStV**
mit Wirkung zum 1. 1. 2011, hierzu Bayer. LT-Drs. 16/5283, S. 3) erfahren,
welche indes nicht in Kraft getreten sind (vgl. zu den Bestimmungen des 14.
RfÄndStV ausführl. Altenhain, BPjM-aktuell, 4/2010, 5 ff.; Braml/Hopf,
ZUM 2010, 645 ff.; Hopf, K&R 2011, 6 ff.; Weigand, JMS-Report 4/2010,
2 ff.).

II. Beschränkungen für Fernsehfilme und -serien (Abs. 1)

1. Regelungshintergrund

Die Vorschrift ermächtigt die dort genannten Stellen zur Festlegung von **2**
Sendezeitbeschränkungen in Richtlinien oder im konkreten Einzelfall bei
Fernsehfilmen einschl. Serien, auf die das JuSchG keine Anwendung findet.
Dies sind insb. Filme, die zunächst nur für das Fernsehen produziert worden
sind und damit im Regelfall nicht nach §§ 11, 12 und 14 JuSchG mit einer
Altersfreigabe gekennzeichnet werden, da sie (noch) nicht als Bildträger
bzw. Trägermedium im Verkehr sind (vgl. Bayer. LT-Drs. 14/10246, S. 19).
Auch eine **Indizierung** durch die Bundesprüfstelle nach § 18 JuSchG kommt
nicht in Betracht (vgl. § 1 Abs. 2, insb. S. 2 JuSchG). Für Angebote, die mit
Kinofilmen oder mit Filmprogrammen für Bildträger inhaltsidentisch oder
im Wesentlichen inhaltsgleich sind, gilt die gesetzliche Vermutung hinsichtlich des Entwicklungsbeeinträchtigungsgrades nach § 5 Abs. 2 (vgl. dort
Rn. 35 ff.), im Falle einer Indizierung eines inhaltsgleichen Trägermediums
findet § 4 Abs. 1 S. 1 Nr. 11 bzw. Abs. 2 S. 1 Nr. 2 Anwendung. Insoweit ist
bei inhaltlich wesentlichen Veränderungen (Schnittfassungen) die Verbotserweiterung des § 4 Abs. 3 (dort Rn. 68 ff.) zu beachten. Die Sonderbestimmung des § 8 greift nur außerhalb dieser Angebote ein. Dies gilt insb. für
Fernsehserien, die in der Regel der Bundesprüfstelle nicht vorliegen (Bayer.
LT-Drs. 14/10246, S. 19).

2. Besonderheiten der Film- und Serienausstrahlung

3 Besonderheiten der Fernsehausstrahlung kommen insb. bei Fernsehserien und mehrteiligen Fernsehfilmen in Betracht. Hier ist vor allem zu berücksichtigen, dass – anders als im Falle der einmaligen Filmrezeption – eine langfristige **emotionale Bindung** minderjähriger Zuschauer an einzelne Protagonisten einer regelmäßig über längere Zeiträume ausgestrahlten Serie möglich ist (vgl. zu sog. „Daily Soaps": Götz, tv-diskurs 19/2002, S. 24 ff.; Vocke, tv-diskurs 20/2002, S. 87 ff.; zu sog. „TV-Movies" vgl. Petersen, in: URL-Schriftenreihe Band 16, 2000; z. Ganzen ausführl. Hopf, 2005, S. 144 f.). Vor allem zur Anschauung gebrachte zwischenmenschliche Konflikte in familiären Kontexten können von Kindern und Jugendlichen insoweit besonders angstvoll erlebt werden (vgl. Mikos, tv-diskurs 21/2002, S. 18 ff.).

4 Auch die Gefahr **langfristiger Identifikation** minderjähriger Zuschauer mit in Serienepisoden wiederkehrend gezeigten gewalttätigen Verhaltensmustern muss im Rahmen einer Gesamtbewertung berücksichtigt werden (Beucher, u.a. § 3 RStV Rn. 86). Bei dieser Bewertung ist im Falle umfangreicher Serienstaffeln nicht erforderlich, dass jede Einzelfolge gesichtet und zur Beurteilungsgrundlage gemacht wird. Insoweit ist die Überprüfung mehrerer typischer Einzelfolgen hinreichend (vgl. auch E/R/W/Landmann, Kap. VI Rn. 91; ausführl. Hopf, 2005, S. 144 f.).

3. Zeitliche Beschränkungen

5 Unter „zeitlichen Beschränkungen" sind nur solche zu verstehen, die den Tageszeitpunkt der Ausstrahlung begrenzen. Die darüber hinausgehende Auslegung der möglichen Festlegung von **Ausstrahlungsintervallen** bei Fernsehserien (z. B. „nur einmal pro Woche") ist mit der Gesetzessystematik nicht zu vereinbaren (so schon Beucher u.a., § 3 RStV Rn. 87; ebenso Witt, 2008, S. 249). Denn die Vorschrift des § 8 kann nur im Zusammenhang mit der allgemeinen Bestimmung des § 5 Abs.1, Abs. 3 Nr. 2 und Abs. 4 gesehen werden, welche indes lediglich den Verbreitungszeitpunkt als mögliche Beschränkung bei entwicklungsbeeinträchtigenden Angeboten vorsieht (vgl. auch Rn. 1).

4. Zuständigkeit

6 Zuständig für eine weitere Festlegung von Sendezeiten in Richtlinien oder in Einzelfällen sind für den öffentlich-rechtlichen Rundfunk die jeweils zuständigen Organe der in der Arbeitsgemeinschaft der öffentlich-rechtlichen Rundfunkanstalten der Bundesrepublik Deutschland (ARD) zusammengeschlossenen Landesrundfunkanstalten bzw. des Zweiten Deutschen Fernsehens (ZDF). Bei privaten Fernsehsendern entscheidet die KJM bzw. die von ihr hierfür anerkannte Einrichtung der Freiwilligen Selbstkontrolle (§ 15 Abs. 2 S. 1 findet insoweit keine Anwendung, siehe dort Rn. 5 f.); in der Praxis entscheidet bislang nur die **Freiwillige Selbstkontrolle Fernsehen** (FSF) im Rahmen des § 20 Abs. 3 S. 1 u. 3.

7 Die **Richtlinien der KJM** genießen gegenüber denen der anerkannten Selbstkontrolleinrichtung **Anwendungsvorrang**, soweit sie sich inhaltlich

widersprechen (vgl. unten § 9 Rn. 5). Die Selbstkontrolleinrichtung nimmt im Rahmen des Abs. 1 (ebenso bei Abs. 2) hoheitliche Aufgaben wahr (so auch Kreile/Diesbach, ZUM 2002, 849, 854) und ist daher als Beliehene anzusehen (vgl. auch unten § 9 Rn. 10).

III. Beschränkungen für sonstige Fernsehformate (Abs. 2)

1. Allgemeine Anforderungen

Die Sondernorm des Abs. 2 gilt für sonstige Sendeformate, zu denen insb. Talkshows, Gewinnspielsendungen (vgl. § 8a RStV) und andere Unterhaltungssendungen im Fernsehen gehören („**Talkshowklausel**") und eröffnet den in Abs. 1 genannten Stellen die Möglichkeit der präventiven zeitlichen Verlegung eines ganzen Sendeformates in das Abend-, Spätabend- oder Nachtprogramm (vgl. zu Unterschieden zur Vorgängerregelung des § 3 Abs. 7 S. 2 RStV: Hopf, 2005, S. 143). Die Bewertung muss durch die KJM, die Selbstkontrolleinrichtungen etc. indes auf der Grundlage **bereits ausgestrahlter Episoden** bzw. Folgen vorgenommen werden (s.a. nachfolgend Rn. 9). Trotz des Wortlauts „im Einzelfall" intendiert die Norm nicht die Bewertung einer Einzelfolge sondern eines kompletten Sendeformates (Bayer. LT-Drs. 14/1832, S. 21; Hopf, 2005, S. 144; Liesching, ZUM 2000, 298).   8

2. Gesamtbewertung

Nach den Jugendschutzrichtlinien der Landesmedienanstalten (JuSchRL) hat eine Gesamtbewertung des jeweiligen Sendeformats zu erfolgen, wobei insb. die Ausgestaltung nach **Thema, Themenbehandlung, Gestaltung und Präsentation** in ihrer Wirkung auf Kinder und Jugendliche zu bedenken ist. Dabei soll eine möglichst konkrete Gefahrenprognose vorgenommen werden. Auch die Rückwirkung der vom Veranstalter zu verantwortenden Aufbereitung in anderen Medienarten wie Printmedien oder Internet auf die Rezeption einer Sendung kann nach den Jugendschutzrichtlinien für eine derartige Gesamtbeurteilung Bedeutung gewinnen.   9

3. Zulässigkeit allgemeiner „Grundsatzbeschlüsse" der Medienaufsicht

Ein nach außen hin kundgetaner „Grundsatzbeschluss" der Kommission für Jugendmedienschutz (KJM), der den Eindruck erweckt, eine verbindliche Regelung dahingehend zu treffen, dass alle Sendungen, die Schönheitsoperationen zu Unterhaltungszwecken präsentierten, grundsätzlich eine Beeinträchtigung der Entwicklung von Kindern und Jugendlichen bedeuten und daher erst nach 23.00 Uhr ausgestrahlt werden dürften, ist nach der Rspr. mangels Rechtsgrundlage als **rechtswidrig** anzusehen (VG Berlin ZUM 2006, 779 ff. m. Anm. Liesching). Insb. ergibt sich insoweit aus § 8 Abs. 2 JMStV keine derartige Rechtsgrundlage, da hier der KJM keine Richtlinien, sondern lediglich eine Einzelfallentscheidungskompetenz eingeräumt wird (krit. Hopf/Braml, ZUM 2007, 23 ff.).   10

4. Vereinbarkeit mit dem Zensurverbot

11 Abs. 2 verstößt auch nicht insoweit gegen das Zensurverbot des Art. 5 Abs. 1 Satz 3 GG, als die KJM bzw. die Selbstkontrolleinrichtungen als Beliehene hoheitlich tätig werden (Liesching, ZUM 2000, 298; Dörr/Cole, BLM-Schriftenreihe Bd. 67, 2001, S. 55). Zwar ist anzunehmen, dass auf Grund zielgruppenorientierter, **ökonomischer Zwänge**, welche die Programmplanung insb. im Bereich des privaten Rundfunks beherrschen, ein präventiver und unbefristeter Ausschluss eines Talkshow-Sendeformats aus der dem Zuschauerinteresse entsprechenden Zeitschiene faktisch zu einer gänzlichen Herausnahme aus dem Programmangebot führt (krit. Hopf, 2005, S. 148). Jedoch soll Art. 5 Abs. 1 Satz 3 GG nur die **Vor- oder Präventivzensur** im Sinne einschränkender Maßnahmen vor der Herstellung oder Verbreitung eines Geisteswerkes erfassen. Dies ist aber dann nicht der Fall, wenn Formate aufgrund einer Bewertung bereits ausgestrahlter Episoden künftig einer Sendezeitbeschränkung unterworfen werden sollen. Einmalig ausgestrahlte Unterhaltungssendungen, die nicht im Zusammenhang mit einem übergeordneten Gesamtsendeformat stehen, unterliegen daher nicht Abs. 2 (ausführl. z. Ganzen Hopf, 2005, S. 146 ff. Scholz/Liesching, Rn. 7 ff.).

5. Strenge Auslegung

12 Angesichts des gleichwohl erheblichen Eingriffs in die Rundfunkfreiheit nach Art. 5 Abs. 1 S. 2 GG (s.a. Hopf, 2005, S. 145) ist bei der Auslegung des § 8 Abs. 2 in besonderer Weise zu berücksichtigen, dass nach dem Wortlaut nur „**im Einzelfall**" zeitliche Beschränkungen vorgesehen werden können. Dadurch wird eine Deutung der Regelung dahingehend möglich, dass nur in krassen Ausnahmefällen die Anordnung präventiver Sendezeitbeschränkungen zulässig ist, nämlich nur dann, wenn die KJM oder ggf. eine – insoweit als Beliehene anzusehende – anerkannte Einrichtung der freiwilligen Selbstkontrolle nach wiederholten Verstößen gegen § 5 Abs. 1 und daraufhin innerhalb eines überschaubaren Zeitraumes **erfolgten Beanstandungen** der Einzelfolgen zu der Überzeugung gelangen durfte, dass in naher Zukunft keine Änderung des überwiegend kinder- und jugendbeeinträchtigenden Charakters des Sendeformates zu erwarten ist (vgl. Liesching, ZUM 2000, 298, 303; Dörr/Cole, BLM-Schriftenreihe Band 67, S. 65; zu den ähnlichen Anforderungen bei § 22 JuSchG vgl. OVG Münster DÖV 1967, 459).

13 Da der Wortlaut den Einzelfallcharakter der beschränkenden Maßnahme deutlich hervorhebt, finden im Weiteren die formulierten strikten Erfordernisse an eine „Gesamtbewertung" im Sinne einer **hinreichend sicheren Gefährdungsprognose** durch die KJM oder sonstige Stelle nach Abs. 1 einen teleologischen Ansatz. Die Bewertung basiert ausschließlich auf der Ausgestaltung des Sendeformates nach Thema, Themenbehandlung, Gestaltung oder Präsentation. Dabei dürfen nur die bislang ausgestrahlten Episoden bzw. Ausgaben eines – auch regelmäßig live gesendeten – Fernsehformates zugrunde gelegt werden. Zieht sich durch diese gleichsam ein „roter Faden" entwicklungsbeeinträchtigender Inhalte (z. B. stets einseitige Ausrichtung und übermäßig exponierte Ausgestaltung sexuell orientierter Themen; die wiederholte circensische Darbietung zwischenmenschlicher Konflikte in Talkshows ohne hinreichende Distanzierung und Relativierung von Seiten des Moderators), kommt eine präventive Sendezeitbeschränkung nach § 8 Abs. 2 in Betracht. Bei Nachrichtensendungen sowie **Sendungen zum politischen Zeitgeschehen** einschl. politischen Gesprächsrunden und Interviewformaten ist § 5 Abs. 6 entsprechend anzuwenden.

IV. Rechtsfolgen, Prozessuales

1. Rechtsfolgen

Sofern die Kommission für Jugendmedienschutz (KJM) nach § 8 Abs. 1 JMStV zeitliche Beschränkungen auferlegt, welche von der jeweils zuständigen Landesmedienanstalt als vollziehbare Anordnung nach § 20 Abs. 1 JMStV ergehen, können Verstöße nach § 24 Abs. 1 Nr. 14 mit **Bußgeld** geahndet werden. Bei Sendezeitbeschränkungen durch Freiwillige Selbstkontrolleinrichtungen gelten die Sanktionen nach den jeweiligen Statuten und Programmgrundsätzen, denen sich der Anbieter unterworfen hat. Verstöße gegen Beschränkungen der Sendezeit nach § 8 Abs. 2 JMStV können gemäß § 24 Abs. 1 Nr. 9 als Ordnungswidrigkeit mit Bußgeld geahndet werden. 14

2. Prozessuale Hinweise

Gegen die Anordnung von Sendezeitbeschränkungen nach § 20 Abs. 1 JMStV durch die zuständige (§ 20 Abs. 6 JMStV) Landesmedienanstalt ist der Verwaltungsrechtsweg eröffnet und mithin die **Anfechtungsklage** (§ 42 Abs. 1 1. Alt. VwGO) statthaft (vgl. auch § 22 JMStV). Im Falle der sofortigen Vollziehbarkeit von Sendezeitbeschränkungen – insb. in Fällen des § 8 Abs. 2 – kann die Wiederherstellung der **aufschiebenden Wirkung** nach § 80 Abs. 5 VwGO beim Gericht der Hauptsache beantragt werden. 15

§ 9 Ausnahmeregelungen

(1) ¹**Auf Antrag des Intendanten kann das jeweils zuständige Organ der in der ARD zusammengeschlossenen Landesrundfunkanstalten, des Deutschlandradios und des ZDF sowie auf Antrag eines privaten Rundfunkveranstalters die KJM oder eine von dieser hierfür anerkannte Einrichtung der Freiwilligen Selbstkontrolle jeweils in Richtlinien oder für den Einzelfall von der Vermutung nach § 5 Abs. 2 abweichen.** ²**Dies gilt vor allem für Angebote, deren Bewertung länger als 15 Jahre zurückliegt.** ³**Die obersten Landesjugendbehörden sind von der abweichenden Bewertung zu unterrichten.**

(2) ¹**Die Landesmedienanstalten können für digital verbreitete Programme des privaten Fernsehens durch übereinstimmende Satzungen festlegen, unter welchen Voraussetzungen ein Rundfunkveranstalter seine Verpflichtung nach § 5 erfüllt, indem er diese Sendungen nur mit einer allein für diese verwandten Technik verschlüsselt oder vorsperrt.** ²**Der Rundfunkveranstalter hat sicherzustellen, dass die**

Freischaltung durch den Nutzer nur für die Dauer der jeweiligen Sendung oder des jeweiligen Films möglich ist. ³Die Landesmedienanstalten bestimmen in den Satzungen nach Satz 1, insbesondere welche Anforderungen an die Verschlüsselung und Vorsperrung von Sendungen zur Gewährleistung eines effektiven Jugendschutzes zu stellen sind.

Schrifttum: *Braml/Hopf,* Der neue Jugendmedienschutz-Staatsvertrag – Fort- oder Rückschritt für den Jugendmedienschutz?, ZUM 2010, 645; *Gesellensetter,* Der Jugendschutz in digital verbreiteten privaten Fernsehprogrammen, AfP 2001, 369; *Hess/Gorny,* Jugendschutz im digitalen (Bezahl-)Fernsehen, ZUM 1999, 881; *Hopf,* Jugendschutz im Rundfunk und das verfassungsrechtliche Zensurverbot des Art. 5 Abs. 1 Satz 3 GG, ZUM 2000, 739; *Kreile/Diesbach,* Der neue Jugendmedienschutz-Staatsvertrag – Was ändert sich für den Rundfunk?, ZUM 2002, 849.

Übersicht

	Rn.
I. Allgemeines	1
II. Ausnahmen von der Vermutung nach § 5 Abs. 2 (Abs. 1)	2
1. Allgemeine Anforderungen des Ausnahmegrundsatzes	2
2. Zeitablauf von 15 Jahren	5
a) Allgemeine Anforderungen	5
b) Auslegungsgrundsätze der JuSchRiL	6
3. Bearbeitung des Angebotes	7
a) Schnittfassungen	7
b) Sonstige Bearbeitungen	8
4. Entsprechende Anwendung bei Telemedien	9
5. Zuständigkeit für die Ausnahmeerteilung	10
6. Richtlinien der KJM und der anerkannten Selbstkontrolleinrichtungen	11
a) JuSchRiL der Landesmedienanstalten	11
b) Richtlinienkonkurrenz	12
III. Digital verbreitete Programme (Abs. 2)	13
1. Allgemeine Anforderungen	13
2. Freischaltung nur der einzelnen Sendung (Satz 2)	15
3. Jugendschutzsatzung (Satz 3)	16
4. Jugendschutzlücken im Rahmen der praktischen Umsetzung	19
IV. Rechtsfolgen, Prozessuales	20
1. Rechtsfolgen	20
2. Prozessuale Hinweise	22

I. Allgemeines

1 Die Vorschrift regelt in Abs. 1 Ausnahmen von der in § 5 Abs. 2 normierten kategorischen Wirkungsvermutungen von Bewertungen nach dem JuSchG. Die Vorschrift sollte durch **14. RfÄndStV** gegenüber der vorherigen Regelung insofern verschärft werden, als die Ausnahmegründe des Zeitablaufs (vorgesehen waren dann freilich 10 Jahre) sowie die (Schnitt-)Bearbeitung des Angebotes abschließend sein sollten (vgl. Bayer. LT-Drs. 16/5283, S. 10). Die JMStV-Novelle ist indes nach Ablehnung im Landtag NRW im

Ausnahmeregelungen § 9 JMStV

Dezember 2010 nicht in Kraft getreten (vgl. zur JMStV-Novelle ausführl. Altenhain, BPjM-aktuell, 4/2010, 5 ff.; Braml/Hopf, ZUM 2010, 645 ff.; Hopf, K&R 2011, 6 ff.; Weigand, JMS-Report 4/2010, 2 ff.). Abs. 2 enthält Sonderregelungen für digitales Fernsehen im Hinblick auf die Möglichkeit der Vorsperrung.

II. Ausnahmen von der Vermutung nach § 5 Abs. 2 (Abs. 1)

1. Allgemeine Anforderungen des Ausnahmegrundsatzes

Nach dem Ausnahmetatbestand kann von der gesetzlichen Vermutung der 2 Entwicklungsbeeinträchtigung (§ 5 Abs. 2, s. dort Rn. 35 ff.) bei für Kinder oder Jugendliche der jeweiligen Altersstufe nicht freigegebenen Filmen und Programmen (§ 14 Abs. 2 JuSchG) und bei Rundfunkangeboten, die im Wesentlichen inhaltsgleich sind, abgewichen werden. Allerdings dürfen die Altersfreigaben der FSK (vgl. § 14 Abs. 2 JuSchG und § 5 Abs. 2) nicht einfach durch eine Neubewertung der in Abs. 1 genannten Stellen ersetzt werden. Vielmehr müssen die Umstände der **vormaligen Altersklassifizierung** bei der Ausnahmeentscheidung **maßgeblich Berücksichtigung** finden (vgl. OVG Berlin NJW 2003, 840, 841). Gerade in diesem Kontext ist die Fünfzehnjahresfrist oder die Schnittbearbeitung zu würdigen.

Demgegenüber kommt eine Ausnahme von § 5 Abs. 2 nicht schon allein 3 deshalb in Betracht, weil etwa Gewaltdarstellungen eines Filmes nach Überzeugung der für die Ausnahmeentscheidung zuständigen Stellen lediglich „abschreckend" wirkten und daher allenfalls der Jugendschutzaspekt der Verängstigung zu würdigen sei (insoweit unzutreffend: VG Berlin ZUM 2002, 758, 761). Insoweit würde nämlich die Freigabeentscheidung der **FSK unberücksichtigt** gelassen und lediglich durch eine eigene Würdigung ersetzt. Da § 8 Abs. 1 indes nur eine aufgrund besonderer Umstände zu gewährende Ausnahme von der im Grundsatz stets geltenden gesetzlichen Vermutung des § 5 Abs. 2 einräumt, ist die Etablierung einer „Zweit- bzw. Überinstanz", welche ungeachtet der Vorentscheidung den Filminhalt vollumfänglich neu würdigt, vom Gesetzgeber gerade nicht gewollt (a. A. wohl E/R/W/Landmann, Kap. VI, Rn. 84). Hierfür spricht gerade, dass einer Filmfreigabebewertung lediglich bei erheblichem zeitlichem Zurückliegen geringeres Gewicht beizumessen ist, bei jüngeren Altersfreigabeentscheidungen nach dem JuSchG indes eine Ausnahme (ohne Bearbeitung) in der Regel gar nicht in Betracht kommt.

Dieser Grundsatz gilt freilich nicht, soweit die FSK die Filmprüfung nur 4 in einem bestimmten Umfang ausgeübt hat, also etwa beschränkt auf den gestellten Antrag auf Freigabe ab 16 Jahren, obwohl auch eine Freigabe ab 12 Jahren bzw. 6 Jahren möglich gewesen wäre (vgl. E/R/W/Landmann Kap. VI, Rn. 84). Kaum überwindbare praktische Schwierigkeiten ergeben sich dann, wenn die FSK im **vereinfachten Verfahren** entschieden hat (z. B. bei vorgelegten Bildträger-Serienstaffeln) und überhaupt keine Begründung der Bewertung angefertigt worden ist. In diesen Fällen kann das zur Ausnahmenentscheidung berufene FSF-Gremium lediglich prüfen, ob formal die Fünfzehnjahresfrist abgelaufen oder (irgendwelche) Schnitte vorgenommen worden sind und sodann eine **eigene Bewertung** im Hinblick auf die Entwicklungsbeeinträchtigung vornehmen.

2. Zeitablauf von 15 Jahren

5 a) **Allgemeine Anforderungen.** Entscheidend für die Ausnahmeentscheidung ist, ob bei Zugrundelegung der vormaligen Freigabebewertung nunmehr aufgrund eines zeitbedingt eingetretenen **gesellschaftlichen Wertewandels**, zwischenzeitlich gewonnener Erkenntnisse der Wirkungs- und Sozialforschung oder anderer Umstände im Zusammenhang mit der Ausstrahlung des Filmes eine Abweichung von der der Zeitbegrenzung nach § 5 Abs. 2 und 4 zugrundeliegenden Altersfreigabe gerechtfertigt erscheint. Dies kann nicht automatisch aufgrund Ablaufs der Fünfzehnjahresfrist angenommen werden, sondern muss für jeden Einzelfall begründet werden. Von Belang kann insoweit auch sein, ob aufgrund einer gewandelten Jugendkultur oder der für heutige Verhältnisse produktionstechnisch veralteten Machart eines Filmes nicht mehr von einer derart hohen **Kinder- und Jugendaffinität** (hierzu auch § 5 Rn. 9 ff.) ausgegangen werden kann als zur Zeit der JuSchG-Freigabekennzeichnung.

6 b) **Auslegungsgrundsätze der JuSchRiL.** Nach den „Gemeinsamen Richtlinien der Landesmedienanstalten zur Gewährleistung des Schutzes der Menschenwürde und des Jugendschutzes" (**Jugendschutzrichtlinien**) i.d.F. vom März 2005 kann eine Ausnahme erteilt werden in folgenden Konstellationen:
– Filme, die **vor 1970** nach dem Gesetz zum Schutze der Jugend in der Öffentlichkeit (JÖSchG) von der obersten Landesbehörde mit „freigegeben ab 16 Jahren" gekennzeichnet worden sind und deren Bewertung auf der Darstellung des Verhältnisses der Geschlechter zueinander beruht, können bis zum Erlass einer anderweitigen Regelung ab 6.00 Uhr gesendet werden; dies gilt nicht, wenn der Film zugleich durch Sexdarstellungen oder Darstellungen von Gewalt geprägt ist.
– Filme, die nach dem Gesetz zum Schutze der Jugend in der Öffentlichkeit (JÖSchG) von der obersten Landesbehörde mit „freigegeben ab 16 Jahren" gekennzeichnet worden sind und deren Bewertung **länger als 15 Jahre zurückliegt**, können ab 20.00 Uhr gesendet werden, wenn deren Bewertung auf der Darstellung des Verhältnisses der Geschlechter zueinander beruht; dies gilt nicht, wenn der Film zugleich durch Sexdarstellungen oder Darstellungen von Gewalt geprägt ist;
(s.a. § 4 der Richtlinien zur FSF-PrO, 2005).

3. Bearbeitung des Angebotes

7 a) **Schnittfassungen.** Weiterhin kommt eine Bearbeitung eines Angebotes als Ausnahmegrund in Betracht, vor allem die Anfertigung einer Schnittfassung, welche die für die **FSK-Einstufung maßgeblichen Szenen** in gekürzter Form oder gar nicht zur Anschauung bringt. Insoweit kann schon eine Schnittbearbeitung von wenigen Sekunden eine Ausnahme nach Abs. 1 begründen, wenn hierdurch besonders drastische Spitzen dargestellter Gewalt

oder sexueller Inhalte nicht mehr gezeigt werden. Umgekehrt können auch aufwendige Schnittbearbeitungen gleichwohl zu einer Ablehnung einer Ausnahme führen, wenn hierdurch z. B. ein durchgehend ängstigender Charakter für Kinder oder sozialethisch desorientierende Tendenzen nicht hinreichend beseitigt oder relativiert werden. Problematisch sind die bereits angesprochenen Fälle, in denen keine FSK-Entscheidungsbegründung vorliegt (s.o. Rn. 4); insoweit hat bei (formalem) Vorliegen einer Schnittbearbeitung eine Neubewertung des Angebotes zu erfolgen.

b) Sonstige Bearbeitungen. Fraglich ist, ob im Einzelfällen darüber 8 hinaus denkbar ist, dass durch ein vorab ausgestrahltes **Informationsprogramm** (z. B. die kritische, distanzierende Auseinandersetzung mit den Filminhalten, Hintergrunddokumentationen) oder die Ausstrahlung eines Rahmenprogramms innerhalb eines „Themenabends" die für die vormalige Altersfreigabe maßgeblichen Filmsequenzen in einen erläuternden Gesamtkontext gestellt werden, welcher eine abweichende Beurteilung ermöglicht (vgl. etwa zur Ausstrahlung des Kriegsdramas „Der Soldat James Ryan" im Hauptabendprogramm: OVG Berlin NJW 2003, 840, 841; VG Berlin ZUM 2002, 758, 759). Dies dürfte nach dem Scheitern des 14. RfÄndStV, der in der strengeren Normfassung nur auf die Bearbeitung des auszustrahlenden Angebotes selbst abgestellt hätte, nach dem nun fortgeltenden offeneren Wortlaut zu bejahen sein. Dies muss erst recht gelten, wenn die Filminhalte selbst durch nachträglich (nach dem FSK-Entscheid) implementierte **Zusatzszenen** (z. B. ein wesentlich veränderter „Directors Cut") eine abweichende jugendschutzrechtliche Bewertung erlauben.

4. Entsprechende Anwendung bei Telemedien

Wegen der in § 5 Abs. 2 manifestierten gesetzlichen Vermutung bei allen 9 Angeboten (§ 3 Abs. 2 Nr. 1) findet die Norm entsprechende Anwendung bei Telemedien. Vor allem bei Filmangeboten in Informations- und Kommunikationsdiensten (z. B. bei Video-on-Demand-Angeboten im Internet) muss die Vermutung der Entwicklungsbeeinträchtigung nach § 5 Abs. 2 **in gleichem Maße** wie bei Rundfunkangeboten **widerlegbar** sein, insb. dann, wenn die entsprechenden Altersfreigaben der FSK länger als 15 Jahre zurückliegen oder eine Schnittfassung vorliegt. Hierfür streitet in erster Linie der verfassungsrechtliche Gleichbehandlungsgrundsatz des Art. 3 GG, dem angesichts der fortgeschrittenen Medienkonvergenz vorliegend noch größere Bedeutung beizumessen ist. Daher wird entsprechend § 9 Abs. 1 auch der Anbieter von Telemedien bei der KJM oder einer von dieser hierfür anerkannten (§ 19) Einrichtung der Freiwilligen Selbstkontrolle einen Ausnahmeantrag stellen dürfen, um – bei positiver Bescheidung – abweichend von § 5 Abs. 2 sein Angebot verbreiten zu können.

5. Zuständigkeit für die Ausnahmeerteilung

Zuständig sind beim öffentlich-rechtlichen Rundfunk diejenigen Organe, 10 die auch für die Festlegung besonderer Sendezeitbeschränkungen nach § 8 Abs. 1 zuständig sind sowie die zuständigen Organe des Deutschlandradios

JMStV § 9 II. Abschnitt. Vorschriften für Rundfunk

(vgl. auch Bayer. LT-Drs. 14/10246, S. 19 sowie E/R/W/Landmann, Kap. VI Rn. 96). Bei privaten Rundfunkveranstaltern ist die Kommission für Jugendmedienschutz (KJM, vgl. § 14) oder eine von ihr anerkannte (§ 19 Abs. 3) Einrichtung der freiwilligen Selbstkontrolle zuständig. Dies bedeutet, dass aufgrund der Anerkennung der **Freiwilligen Selbstkontrolle Fernsehen** (FSF) diese alleinig die Aufgaben des Abs. 1 S. 1 wahrnimmt, ohne dass es darüber hinaus im konkreten Einzelfall einer Ausnahmeentscheidung der KJM bedarf. Die anerkannte Einrichtung der Freiwilligen Selbstkontrolle nimmt insoweit hoheitliche Aufgaben wahr und ist im verwaltungsrechtlichen Sinne als **Beliehene** anzusehen (vgl. auch oben § 8 Rn. 7; ferner Kreile/ Diesbach, ZUM 2002, 849, 854).

6. Richtlinien der KJM und der anerkannten Selbstkontrolleinrichtungen

11 a) **JuSchRiL der Landesmedienanstalten.** Praktisch bedeutsam sind insoweit insb. die hinsichtlich des privaten Rundfunks maßgeblichen „Gemeinsame Richtlinien der Landesmedienanstalten zur Gewährleistung des Schutzes der Menschenwürde und des Jugendschutzes" (**Jugendschutzrichtlinien**) i.d.F. vom März 2005, dort die Regelungen unter Ziff. 4.3 (siehe hierzu oben Rn. 6). Bemerkenswerterweise erfolgt eine Anbindung der Ausnahmeerteilung entgegen der in Abs. 1 klar geregelten Zuweisung an die KJM durch die Landesmedienanstalten. Eine große Bedeutung kommt den Richtlinien aber vor allem deshalb nicht zu, weil Ausnahmeentscheidungen in der Praxis nur von der anerkannten Freiwilligen Selbstkontrolle Fernsehen (FSF) für den Einzelfall eingeholt werden. Die **FSF** hat insoweit ebenfalls Richtlinien zur Anwendung der FSF-PrO erlassen (Stand 2005) und dort in § 4 Grundsätze für die Ausnahmestcheidungen gefasst.

12 b) **Richtlinienkonkurrenz.** Nach dem Gesetzeswortlaut unklar ist, ob nach der Anerkennung einer Selbstkontrolleinrichtung die KJM die Kompetenz zum Erlass von Richtlinien i. S. d. § 9 Abs. 1 behält bzw. ob bereits erlassene KJM-Richtlinien durch entsprechende Bestimmungen der anerkannten Selbstkontrolle (insb. der FSF) verdrängt werden. Die Problematik gewinnt insb. dann praktische Bedeutung, wenn sich die Richtlinien beider Stellen **inhaltlich widersprechen.** Scheint insoweit der Wortlaut des § 16 S. 2 Nr. 4 („unbeschadet der Befugnisse von anerkannten Einrichtungen der Freiwilligen Selbstkontrolle") zunächst für eine Subsidiarität der von der KJM erlassenen Richtlinien gegenüber Selbstkontrollregelungen zu sprechen, so ergibt sich aus dem systematischen Zusammenhang der Vorschrift mit den Haftungsprivilegierungen des § 20 Abs. 3 S. 1 u. 3 ein **Vorrang der KJM-Richtlinien.** Soweit dort lediglich bei Einzelfallentscheidungen den anerkannten Selbstkontrolleinrichtungen ein behördlich nicht überprüfbarer Beurteilungsspielraum im Rahmen der rechtlichen Grenzen eingeräumt wird, negiert der Gesetzgeber zugleich eine über die Entscheidung im Einzelfall hinausgehende allgemeine Richtlinienkompetenz der Selbstkontrolle außerhalb aufsichtsbehördlichen Einflusses (i.Erg. ebenso Ladeur, ZUM 2002, 859, 867; s.a. Ullrich, MMR 2005, 743, 748). Aus § 20 Abs. 3 S. 1 ergibt sich indes auch, dass die Richtlinien der KJM hinsichtlich der Gewäh-

rung von Ausnahmen nicht derart detailliert sein dürfen, dass der anerkannten Selbstkontrolleinrichtung im Einzelfall kein Beurteilungsspielraum mehr verbleibt (zutreffend Kreile/Diesbach, ZUM 2002, 849, 855).

III. Digital verbreitete Programme (Abs. 2)

1. Allgemeine Anforderungen

Die Vorschrift des Abs. 2 konkretisiert § 5 Abs. 3 Nr. 1 und eröffnet den Landesmedienanstalten die Möglichkeit, für digital verbreitete Programme des privaten Fernsehens Abweichungen von den üblichen Sendezeitbeschränkungen zu gewähren, wenn sie über eine zusätzliche **digitale Vorsperre** verfügen (krit. Mohr, JMS-Report 5/1999, S. 5, 6 f.; ferner Grell, JMS-Report 4/2001, S. 4 f.). Dies trägt den Besonderheiten des digitalen Fernsehens Rechnung, insb. der Möglichkeit des Zuschauers, eine Vielzahl von gebündelten Programmangeboten (sog. Programmbouquets, vgl. § 2 Abs. 2 Nr. 9 RStV) zu einer individuell gewünschten Zeit zu empfangen. Die Ausnahmenorm gilt nur für den privaten Rundfunk, nicht für öffentlich-rechtliches Fernsehen (Ring, ZUM 2000, 177, 181; krit. Bandehzadeh, Jugendschutz, S. 192 ff.). 13

Ohne die Ausnahmenorm würden die nach § 5 Abs. 3 Nr. 2, Abs. 4 zu beachtenden Sendezeitbeschränkungen den Nutzervorteil des digitalen Fernsehens erheblich beschränken (vgl. auch Gessellensetter, AfP 2001, 369, 370). Abs. 2 privilegiert nur private Fernsehveranstalter. Öffentlich-rechtliche Rundfunkanbieter müssen die strengen Zeitgrenzen des § 5 Abs. 3 Nr. 2, Abs. 4 bei der Ausstrahlung digitaler Programme einhalten (Ring, ZUM 2000, 177, 181; zur Veranstaltung digitaler Programme im öffentlichen Rundfunk vgl. §§ 11 ff., 19 Satz 3 RStV; Hesse, ZUM 2000, 183 ff.). Für Telemedien (z. B. **Video-on-Demand-Angebote**) gilt Abs. 2 nicht. Entsprechende Maßnahmen nach Abs. 2 wie insb. der Einsatz von Jugendschutz-PINs unter Erfüllung der Anforderungen der Jugendschutzsatzung der Landesmedienanstalten (JSS) sind aber i. d. R. auch bei Telemedien als hinreichende „technische Mittel" i. S. d. § 5 Abs. 3 Nr. 1 anzusehen. 14

2. Freischaltung nur der einzelnen Sendung (Satz 2)

Die Freischaltung darf nach Satz 2 nur hinsichtlich einer konkreten Sendung und nur für deren Dauer erfolgen (vgl. auch § 2 Abs. 1 JSS). Die Freischaltung erfolgt insb. durch die Eingabe einer **Jugendschutz-PIN** in einer vorgeschalteten Eingabemaske. Wird indes während der Sendung auf ein anderes Programm umgeschaltet, so kann die Rückkehr zu der freigeschalteten Sendung ohne erneute Entsperrung erfolgen. Nachfolgende vorgesperrte Sendungen dürfen hingegen ohne erneute Freischaltung nicht zugänglich sein. Trotz des damit verbundenen Eingriffs in die Rundfunkfreiheit nach Art. 5 GG ist die Ausnahmevorschrift schon deshalb als verfassungskonform zu erachten, da sie lediglich eine Privilegierung der Anbieter gegenüber den engen Sendezeitbeschränkungen der § 5 Abs. 3 Nr. 2, Abs. 4 darstellt und nicht etwa einen unverhältnismäßigen **Eingriff in die Programmgestaltungsfreiheit** (zutreffend: 15

Gesellensetter, AfP 2001, 369, 371 f.; Hess/Gorny, ZUM 1999, 881, 887). Mit den erheblichen Anforderungen trägt der Gesetzgeber den bereits vor Inkrafttreten des § 3 Abs. 5 RStV a. F. erhobenen Bedenken gegen weniger strenge technische Sperrmodelle Rechnung (vgl. Schorb/Theunert, in: Schriftenreihe der Landesmedienanstalten Band 11, Berlin 1998, insb. S. 66 ff.; Ramberg, ZUM 1994, 140, 141; Mohr, JMS-Report 5/1999, S. 5, 7; zu der Diskussion um die Einführung des sog. Violence-Chip vgl. Hess/Gorny, ZUM 1999, 881, 887; krit. zu § Abs. 2: E/R/W/Landmann, Kap. VI Rn. 98).

3. Jugendschutzsatzung (Satz 3)

16 Gemäß der Satzungsermächtigung des Satzes 3 ergeben sich aus der so genannten Satzung zur Gewährleistung des Jugendschutzes in digital verbreiteten Programmen des privaten Fernsehens (Jugendschutzsatzung – **JSS**) vom 25. 11. 2003 besondere Anforderungen. Danach kann ein Anbieter von den genannten Sendezeitbeschränkungen nur unter ganz **besonderen Voraussetzungen** abweichen. Insb. muss nach § 2 Abs. 1 JSS sichergestellt sein, dass die betreffende Sendung verschlüsselt oder vorgesperrt ist und eine Freischaltung nur für die Dauer der Sendung möglich ist. Die Freischaltung einer vorgesperrten Sendung erfolgt gemäß § 4 Abs. 1 JSS „durch Eingabe eines **persönlichen Jugendschutz-Codes** des Nutzers unmittelbar vor oder während der Sendung". Er hat aus einer vierstelligen Ziffernfolge zu bestehen, „die der Anbieter dem Nutzer in einer die Geheimhaltung sichernden Weise übermittelt" (§ 4 Abs. 1 S. 2 JSS).

17 Die **Ziffernfolge** für den persönlichen Jugendschutz-Code muss sich von der Ziffernfolge, mit der der ggf. der generelle Zugang zu den Programmangeboten ermöglicht wird, unterscheiden und darf zudem „nicht mehr als drei gleiche Ziffern enthalten". Dem Nutzer kann nach der JSS aber die Möglichkeit eingeräumt werden, unter Eingabe des ihm erteilten persönlichen Jugendschutz-Codes die Ziffernfolge zu ändern, wobei auch insoweit **nicht mehr als drei gleiche Ziffern** verwandt werden dürfen. Von besonderer Bedeutung ist des Weiteren die Vorgabe nach § 4 Abs. 3 JSS, wonach bei dreimaliger falscher Eingabe des persönlichen Jugendschutz-Codes eine Freischaltung für einen Zeitraum von (mindestens) 10 Minuten nicht möglich sein darf.

18 Bei Beachtung der genannten Voraussetzungen für eine Sperrung können entwicklungsbeeinträchtigende digitale „**Ab-16**"-Rundfunkprogramme auch im Tagesprogramm und im Hauptabendprogramm (insgesamt 6.00 Uhr bis 22.00 Uhr) verschlüsselt ausgestrahlt werden (§ 5 Abs. 1 JSS). Für entwicklungsbeeinträchtigende digitale „**Ab-18**"-Rundfunkprogramme gilt Entsprechendes für das **Hauptabendprogramm** und das Spätabendprogramm (20.00 Uhr bis 23.00 Uhr). Dies bedeutet also, dass zum Beispiel FSK-18-Filme verschlüsselt um 20.00 Uhr gesendet werden dürfen, allerdings nicht bereits im Tagesprogramm.

4. Jugendschutzlücken im Rahmen der praktischen Umsetzung

19 Die KJM (§ 14 JMStV) ist zwischenzeitlich zu der Auffassung gelangt, dass digitale Vorsperrungen durch den Rundfunkanbieter gleichwohl zu Lücken im Jugendschutz führen können. Problematisch sei insb., dass im Handel

Empfangstechnik für digital verschlüsselte Fernsehprogramme frei erhältlich ist, „welche die von den Rundfunkveranstalter veranlassten Vorsperrungen nur **lückenhaft** umsetzen oder sie gänzlich unterdrücken" (vgl. Zweiter KJM-Bericht über die Durchführung der JMStV-Bestimmungen, Berichtszeitraum April 2005 bis März 2007, S. 37).

IV. Rechtsfolgen, Prozessuales

1. Rechtsfolgen

Ausnahmeentscheidungen nach § 9 Abs. 1 JMStV durch die genannten Einrichtungen haben zur Folge, dass die gesetzliche Vermutung nach § 5 Abs. 2 JMStV nicht mehr gilt. Soweit die Ausnahmeentscheidung reicht, liegt insoweit also **kein Verstoß** gegen § 24 Abs. 1 Nr. 10 JMStV mehr vor. Danach handelt nämlich nur ordnungswidrig, wer Sendungen entgegen der nach § 5 Abs. 2 anzunehmenden gesetzlichen Vermutung der Entwicklungsbeeinträchtigung verbreitet, ohne dass die KJM oder eine hierfür anerkannte Einrichtung der Freiwilligen Selbstkontrolle die Eignung zur Entwicklungsbeeinträchtigung gemäß § 9 Abs. 1 Satz 1 abweichend beurteilte. 20

Die Beachtung des **§ 9 Abs. 2** schließt Ordnungswidrigkeiten nach § 24 Abs. 1 Nr. 4 weitgehend aus. Verstöße sind aber etwa dann denkbar, wenn ein FSK-18-Film entgegen der Satzung der Landesmedienanstalten (JSS) nicht vorgesperrt erst ab dem Hauptabendprogramm, sondern schon im Tagesprogramm ausgestrahlt wird. Ein Verstoß liegt wohl auch dann vor, wenn formale Anforderungen der JSS nicht erfüllt werden und hierdurch wahrscheinlicher ist, dass Kinder und Jugendliche die Schutzmaßnahmen leichter umgehen können. 21

2. Prozessuale Hinweise

Gegen die Bußgeldahndung oder sonstige Maßnahmen (z. B. Beanstandung) durch die zuständige (§§ 20 Abs. 6, 24 Abs. 4) Landesmedienanstalt ist der **Verwaltungsrechtsweg** eröffnet und mithin die Anfechtungsklage (§ 42 Abs. 1 1. Alt. VwGO) statthaft (vgl. auch § 22 JMStV). Im Hinblick auf die Erteilung einer Ausnahmeentscheidung nach § 9 Abs. 1 JMStV durch die KJM ist ggf. Verpflichtungsklage statthaft. 22

§ 10 Programmankündigungen und Kenntlichmachung

(1) § 5 Abs. 4 und 5 gilt für unverschlüsselte und nicht vorgesperrte Programmankündigungen mit Bewegtbildern entsprechend.

(2) Sendungen, für die eine entwicklungsbeeinträchtigende Wirkung auf Kinder oder Jugendliche unter 16 Jahren anzunehmen ist, müssen durch akustische Zeichen angekündigt oder durch optische Mittel während der gesamten Sendung als ungeeignet für die entsprechende Altersstufe kenntlich gemacht werden.

Schrifttum: *Bornemann*, Der Jugendmedienschutz-Staatsvertrag der Länder, NJW 2003, 787; *Braml/Hopf*, Der neue Jugendmedienschutz-Staatsvertrag – Fort- oder

JMStV § 10   II. Abschnitt. Vorschriften für Rundfunk

Rückschritt für den Jugendmedienschutz?, ZUM 2010, 645; *Gesellensetter,* Der Jugendschutz in digital verbreiteten privaten Fernsehprogrammen, AfP 2001, 369; *Hess/Gorny,* Jugendschutz im digitalen (Bezahl-)Fernsehen, ZUM 1999, 881; *Hopf,* Jugendschutz im Rundfunk und das verfassungsrechtliche Zensurverbot des Art. 5 Abs. 1 Satz 3 GG, ZUM 2000, 739; *Kreile/Diesbach,* Der neue Jugendmedienschutz-Staatsvertrag – Was ändert sich für den Rundfunk?, ZUM 2002, 849.

I. Allgemeines

1   Die Vorschrift regelt Beschränkungen für Programmtrailer in Bewegtbildern (Abs. 1) sowie Anforderungen an die Kenntlichmachung bei entwicklungsbeeinträchtigenden Fernsehsendungen (Abs. 2). Z.B. hat vor Ausstrahlung eines „FSK-Ab 16"-Filmes im Spätabendprogramm (ab 22.00 Uhr) der akustische Hinweis zu erfolgen: „Die nachfolgende Sendung ist für Zuschauer unter 16 Jahren nicht geeignet". Die Kennzeichnungspflicht für **„ab 16"/ „ab 18"-Sendungen** (Abs. 2 S. 2) ist trotz vereinzelt vorgebrachter Kritik aufgrund eines etwaigen „Verbotene-Frucht"-Effektes bzw. einer besorgten Anreizwirkung von Kennzeichnungen auf Kinder und Jugendliche als **verfassungskonform** anzusehen (zutr. Hopf, 2005, S. 185 ff.). Dies ergibt sich nicht zuletzt aus der dem Gesetzgeber auch insoweit zukommenden weitgehenden Einschätzungsprärogative zu Wirkungszusammenhängen im Jugendschutz.

2   Die Vorschrift sollte durch den **14. RfÄndStV** teils erhebliche Veränderungen mit Wirkung vom 1. 1. 2011 erfahren. Dies galt insb. im Hinblick auf die Anpassung der optischen (und akustischen) Kennzeichenhinweise an die geplante Neuregelung der Alterstufenkennzeichnung von Rundfunkangeboten und Telemedien (vgl. Bayer. LT-Drs. 16/5283, S. 3 und 10; ausführl. zu Regelungen der gescheiterten JMStV-Novelle: Altenhain, BPjM-aktuell, 4/2010, 5 ff.; Braml/Hopf, ZUM 2010, 645 ff; Hopf, K&R 2011, 6 ff.; Weigand, JMS-Report 4/2010, 2 ff.). Der 14. RfÄndStV wurde indes im Landtag von Nordrhein-Westfalen von allen Fraktionen am 16. 12. 2010 abgelehnt und trat nicht in Kraft.

II. Programmankündigung mit Bewegtbildern (Abs. 1)

1. Anwendungsbereich

3   **a) Programmankündigungen.** Nach Absatz 1 folgt eine Programmankündigung mit Bewegtbildern (sog. Trailer) der entsprechenden Einstufung des Angebotes selbst nach § 5 Abs. 4 und 5 und unterliegt damit den gleichen Beschränkungen. Die Vorschrift findet keine Anwendung auf entsprechend der Bestimmung in § 9 Abs. 2 verschlüsselte und vorgesperrte Programmankündungen mit Bewegtbildern. Darüber hinaus ist es möglich, von den Sendezeitbeschränkungen in dem von den Landesmedienanstalten näher bezeichneten Umfang (vgl. § 8) wie bei dem Programmangebot selbst abzuweichen (Bayer. LT-Drs. 14/10246, S. 20). Erfasst wird nach dem Normzweck auch die sog. „**Cross-Promotion**" für Programmangebote konzernverbundener

anderer TV-Sender (a. A. wohl Bornemann, NJW 2003, 787, 790). Keine Programmankündigungen sind hingegen bloße **Imagetrailer**, in denen der Programminhalt im Allgemeinen, ohne Hinweis auf einzelne Sendungen oder Sendeplätze vorgestellt wird (Beucher u.a., § 3 Rn. 76; a. A. Hopf, 2005, S. 178 ff.).

b) FSK-bewertete Trailer, Telemedien. Hat die Programmankündi- 4
gung eines Films eine eigene, im Vergleich zum (Haupt-)Film weniger strenge **FSK-Kennzeichnung** erhalten, ist diese grundsätzlich unerheblich, da für den Sendezeitpunkt des Trailers allein der entwicklungsbeeinträchtigende Charakter der angekündigten Sendung maßgeblich ist. Die Beschränkungen gelten nur für Rundfunkangebote. Dies ergibt sich aus der systematischen Stellung des § 10 im II. Abschnitt. Insoweit geht der Verweis auf eine entsprechende **Anwendung des § 5 Abs. 5** ins Leere, da die dortige Regelung nur für Telemedien gilt. Bei Programmankündigungen in **Telemedien** (z. B. Video-on-Demand-Angebote) kommt es allein auf den Trailerinhalt selbst an. Dieser muss den allgemeinen Bestimmungen des § 5 einschl. des Trennungsgebotes des Abs. 5 genügen. Nicht erfasst werden Ankündigungen in – auch elektronischen – Programmzeitschriften sowie im Fernsehtext oder im Hörfunk (Sp/Sch/Erdemir Rn. 6; Hartstein u.a., Rn. 3).

c) Nicht vorgesperrte Ankündigungen. Eine Ausnahme zugunsten 5
beworbener **vorgesperrter Hauptsendungen** der Pay-TV-Veranstalter im Rahmen der Trailerwerbung lässt sich nicht mit der Überlegung rechtfertigen, dadurch werde der angeblich im Vergleich zur Sendezeitbeschränkung überlegene Schutz der Jugend durch Verschlüsselung bzw. Vorsperrung kompensiert (BVerwG NJW 1998, 2690, 2691; krit. Schumann, ZUM 1998, 909 ff.). Der JMStV geht von einer derartigen Wertung offensichtlich nicht aus, zumal im Umkehrschluss des Wortlauts des Abs. 1 lediglich vorgesperrte Programmankündigungen vom Anwendungsbereich ausgeschlossen sein sollen.

2. Bewegtbilder

Mit Bewegtbildern erfolgt eine Programmankündigung insb. dann, wenn 6
Filmsequenzen der angekündigten Sendung **szenarische Handlungsabläufe in Laufbildern** erkennbar werden lassen. Im Rahmen der Gemeinsamen Richtlinien der Landesmedienanstalten zur Gewährleistung des Schutzes der Menschenwürde und des Jugendschutzes (Jugendschutzrichtlinien - JuSchRiL) vom 08./09. 03. 2005 (in Kraft getreten am 02. Juni 2005) werden in Ziff. 4.4.2 die Voraussetzungen des § 10 Abs. 1 JMStV konkretisiert. Danach sind Bewegtbilder gemäß § 10 Abs. 1 JMStV „neben Filmszenen auch ursprünglich stehende Bilder, die durch Hintereinanderschaltung, **Kamerabewegungen, Zooms**, elektronische Effekte oder anderweitige Bearbeitung den Eindruck eines Bewegtbildes entstehen lassen".

Auch die Literatur stellt eher normativ auf den **Eindruck eines Bewegt-** 7
bildes auf den unvoreingenommenen Zuschauer ab (vgl. Sp/Sch/Erdemir, Rn. 7; Hartstein u.a., Rn. 3; H/V/Hertel, Rn. 3; Nikles u.a., Rn. 2; Ukrow, Rn. 494). Begründet wird dies gemeinhin auch mit der Ratio des Gesetzge-

bers, der Bewegtbildern bei Programmankündigungen eine höhere Suggestivkraft hinsichtlich ihrer Wirkung auf Kinder und Jugendliche beigemessen habe (vgl. nur H/V/Hertel, Rn. 3). Hiernach können sich freilich erhebliche Abgrenzungsschwierigkeiten im Einzelfall ergeben. Noch nicht ausreichend sein dürfte ein langsames Hineinzoomen in ein Standbild. Bei **Standbildern**, die im Rahmen eines Trailers zur Anschauung gelangen, kommt es darauf an, ob sie aus Sicht des Durchschnittszuschauers aufgrund der konkreten Gestaltung (Intervallzeit der Bildabfolge, szenarischer Zusammenhang der gezeigten Bilder) als Bewegtbilder erscheinen („Daumenkinoeffekt") oder lediglich einzelne Szenenbilder im Sinne einer Diashow-Vorführung zur Anschauung gelangen („Plakateffekt"). Insoweit können Bewegungseffekte von Einzelelementen eines Bildes (z. B. loderndes Feuer im Hintergrund, Moving einer Figur) den Gesamteffekt eines Bewegtbildes erzeugen.

8   Die vereinzelt vertretene weitergehende Ansicht, welche schon alle Bildbewegungen unterhalb der „üblichen **technischen Geschwindigkeit**" vom Anwendungsbereich des Abs. 1 ausschließen will (vgl. Beucher u.a., § 3 Rn. 77), wird dem Schutzzweck der Vorschrift nicht gerecht, Anreize für Kinder und Jugendliche im Hinblick auf die Rezeption entwicklungsbeeinträchtigender Sendungen im Spätabend- oder Nachtprogramm zu verhindern. Die Einzelmeinung wird daher zu Recht abgelehnt (vgl. Sp/Sch/Erdemir, Rn. 7; E/R/W/Landmann, Rn. 118).

3. Praxis bei Ankündigungen zum Hauptabendprogramm

9   Bezüglich Programmankündigungen mit Bewegtbildern zu Sendungen, die nach 20.00 Uhr im Hauptabendprogramm ausgestrahlt werden dürfen, haben sich die KJM (§ 14 JMStV) und die Freiwillige Selbstkontrolle Fernsehen (FSF) **informell** darauf verständigt, dass auch diese tagsüber platziert werden dürfen, sofern sie aus inhaltlicher Sicht keinen Verstoß gegen § 5 darstellen (vgl. 2. KJM-Bericht, 2007, S. 37). Dieser aus politischen Erwägungen und einem Vergleich zu der **liberalen Praxis** der öffentlich-rechtlichen Rundfunkanbieter heraus entstandene Kompromiss ist freilich mit dem Wortlaut des Abs. 1 nur schwer zu vereinbaren. Er führte zu einer Zunahme der Ausstrahlung von Trailern im Tagesprogramm im Bezug auf Hauptabendsendungen; dennoch wurde die Vereinbarung unbefristet verlängert (vgl. 3. KJM-Bericht, 2009, S. 46).

III. Akustische oder optische Kenntlichmachung (Abs. 2)

1. Regelungsinhalt und Schutzzweck

10 Nach Absatz 2 müssen für Jugendliche ab 16 Jahren entwicklungsbeeinträchtigende Sendungen durch **akustische Zeichen** angekündigt oder durch **optische Mittel** während der gesamten Sendung kenntlich gemacht werden. Mit der Vorschrift wird der Kennzeichnungspflicht aus Art. 22 Abs. 3 der EG-Fernsehrichtlinie Rechnung getragen. Auch wenn der Wortlaut einen weiten Ausgestaltungsspielraum bezüglich der Kennzeichnung durch die Veranstalter belässt, sollen sich diese gemäß der Amtlichen Begründung zur

vormals geltenden Regelung des § 3 Abs. 4 RStV a. F. um eine einheitliche Handhabung bemühen (Bayer. LT-Drs. 14/1832, S. 20). Dem Schutzzweck zuwider liefe es, wenn sich die einzelnen Sender etwa unterschiedlicher optischer Symbolzeichen bedienten. Zudem sollte eine Kennzeichnungsmöglichkeit gewählt werden, die „zusätzliche Werbeeffekte für jugendgefährdende Sendungen vermeiden hilft" (Bayer. LT-Drs. 14/1832, S. 20; krit. Landmann, in: Eberle/Rudolf/Wasserburg, Kap. VI Rn. 121).

Bei aller Skepsis gegenüber einer Kennzeichnungspflicht – gerade wegen **11** möglicher Werbeeffekte im Sinne einer anreizenden Signalwirkung – darf nicht übersehen werden, dass durch sie den im voranschreitenden Medienzeitalter häufig überforderten Erziehungsberechtigten ein Mittel an die Hand gegeben wird, mit dessen Hilfe die Rezeption jugendschutzrelevanter Inhalte leichter erkannt und thematisiert werden kann. Hierdurch trägt der Gesetzgeber mithin seiner originären Aufgabe im Bereich des Jugendmedienschutzes, namentlich dem „**Flankenschutz für Erziehungsprozesse**" (Liesching/ Knupfer, DDB V G 50, S. 12) Rechnung.

2. Praktische Umsetzung

Die öffentlich-rechtlichen und privaten Fernsehsender entschieden sich für **12** eine Umsetzung des Kenntlichmachungserfordernisses durch ein **akustisches Signal** (ausführl. hierzu Mohr/Landmann, S. 35 ff.). Vor Ausstrahlung der jeweiligen Sendung wird – teilweise unterstützt durch eine entsprechende Bildtafel – formuliert: „Die nachfolgende Sendung ist für Zuschauer unter 16 (bzw. 18) Jahren nicht geeignet" (vgl. auch Hartstein u.a., § 3 RStV Rn. 67; hinsichtlich der geringfügig abweichenden Formeln der öff.-rechtl. Sender vgl. E/R/W/Landmann, Rn. 122 f.). Von einer die gesamte Sendung während optischen Kennzeichnung, wie sie etwa in Frankreich schon seit Jahren etabliert ist (v.Gottberg, tv-diskurs 5/1998, S. 10, 12) sah man indes ab, obwohl nur diese den Eltern die jederzeitige Kontrolle darüber ermöglicht hätte, was sich ihre Kinder gerade anschauen (vgl. auch Mohr/Landmann, S. 36).

IV. Rechtsfolgen, Prozessuales

1. Rechtsfolgen

Die vorsätzliche oder fahrlässige Missachtung der Pflichten des § 10 JMStV **13** kann nach § 24 Abs. 1 Nr. 11 und 12 JMStV als Ordnungswidrigkeit mit **Bußgeld** geahndet werden. Ob zusätzlich die bußgeldbewehrten Beschränkungen für die Werbung oder **Ankündigung von Filmen, Film- und Spielprogrammen** nach § 3 Abs. 2 S. 3 JuSchG auch für Rundfunkangebote gelten, ist bislang nicht von der Rspr. entschieden, jedoch zu bejahen (vgl. § 3 JuSchG Rn. 13).

2. Prozessuale Hinweise

Gegen die Bußgeldahndung oder sonstige Maßnahmen (z. B. Beanstan- **14** dung) durch die zuständige (§ 24 Abs. 4 JMStV) Landesmedienanstalt ist der

Verwaltungsrechtsweg eröffnet und mithin die **Anfechtungsklage** (§ 42 Abs. 1 1. Alt. VwGO) statthaft (vgl. auch § 22 JMStV). Im Falle der sofortigen Vollziehbarkeit von Untersagungsverfügungen – insb. bzgl. der künftigen Ausstrahlung von Programmankündigungen – kann die Wiederherstellung der **aufschiebenden Wirkung** nach § 80 Abs. 5 VwGO beim Gericht der Hauptsache beantragt werden.

III. Abschnitt. Vorschriften für Telemedien

§ 11 Jugendschutzprogramme

(1) **Der Anbieter von Telemedien kann den Anforderungen nach § 5 Abs. 3 Nr. 1 dadurch genügen, dass Angebote, die geeignet sind, die Entwicklung und Erziehung von Kindern und Jugendlichen zu beeinträchtigen, für ein als geeignet anerkanntes Jugendschutzprogramm programmiert werden oder dass es ihnen vorgeschaltet wird.**

(2) [1]**Jugendschutzprogramme nach Absatz 1 müssen zur Anerkennung der Eignung vorgelegt werden.** [2]**Die zuständige Landesmedienanstalt trifft die Entscheidung durch die KJM.** [3]**Zuständig ist die Landesmedienanstalt des Landes, bei der der Antrag auf Anerkennung gestellt ist.** [4]**Die Anerkennung ist auf fünf Jahre befristet.** [5]**Verlängerung ist möglich.**

(3) **Die Anerkennung nach Absatz 2 ist Jugendschutzprogrammen zu erteilen, wenn sie einen nach Altersstufen differenzierten Zugang ermöglichen oder vergleichbar geeignet sind.**

(4) **Die Anerkennung kann widerrufen werden, wenn die Voraussetzungen für die Anerkennung nachträglich entfallen sind.**

(5) **Wer gewerbsmäßig oder in großem Umfang Telemedien verbreitet oder zugänglich macht, soll auch die für Kinder oder Jugendliche unbedenklichen Angebote für ein anerkanntes Jugendschutzprogramm programmieren, soweit dies zumutbar und ohne unverhältnismäßige Kosten möglich ist.**

(6) **Die KJM kann vor Anerkennung eines Jugendschutzprogramms einen zeitlich befristeten Modellversuch mit neuen Verfahren, Vorkehrungen oder technischen Möglichkeiten zur Gewährleistung des Jugendschutzes zulassen.**

Schrifttum: *Altenhain/Heitkamp,* Altersverifikation mittels des elektronischen Personalausweises, K&R 2009, 619; *Berger,* Jugendschutz im Internet: „Geschlossene Benutzergruppen" nach § 4 Abs. 2 Satz 2 JMStV, MMR 2003, 773; *Braml/Hopf,* Der neue Jugendmedienschutz-Staatsvertrag – Fort- oder Rückschritt für den Jugendmedienschutz?, ZUM 2010, 645; *Döring/Günter,* Jugendmedienschutz – Alterskontrollierte Geschlossene Benutzergruppen im Internet gemäß § 4 Abs. 2 S. 2 JMStV, MMR 2004, 231; *Dreyer/Hajok/Wendland,* Jugendschutzprogramme: Anforderungen an technische Mittel für den altersdifferenzierten Zugang zu Telemedien nach JMStV-E, JMS-Report 6/2010, 2; *Erdemir,* Jugendschutzprogramme und geschlossene Benutzergruppen, CR 2005, 275; *Grapentin,* Neuer Jugendschutz in den Online-Medien – Pflichten für Online-Anbieter nach dem neuen Jugendmedienschutz-Staatsvertrag, CR 2003, 458;

Jugendschutzprogramme **§ 11 JMStV**

Günter/Schindler, Technische Möglichkeiten des Jugendschutzes im Internet, RdJB 2006, 341; *Liesching,* „Sicherstellung" des Erwachsenenzugangs bei pornographischen und sonst jugendgefährdenden Medien, MMR 2008, 802; *ders.*; Anforderungen an Altersverifikationssysteme, K&R 2006, 494; *ders.,* Was kann die Freiwillige Selbstkontrolle Multimedia (FSM)?, JMS-Report 6/2006, 2; *Schindler,* Technische Möglichkeiten des Jugendschutzes im Internet, in: KJM-Schriftenreihe Bd. 1, 2009, S. 122; *ders.,* Rating und Filtering – Zukunftstechnologien im Jugendschutz ?!?, tv-diskurs 11/2000, S. 56; *ders.,* Kann man Kinder mit dem ICRA-Filter wirklich unbesorgt ins Netz lassen? – Eine notwendige Replik zum Artikel Jugendschutz ohne Zensur in tv diskurs 22, tv-diskurs 24/2003, S. 66; *Vassilaki,* Strafrechtliche Anforderungen an Altersverifikationssysteme, K&R 2006, 211; *Weigand,* Aufsicht, Anbieter oder Anwender – wer hat welche Verantwortung im Jugendmedienschutz, in: KJM-Schriftenreihe Bd. 1, 2009, S. 31; *dies.,* Der novellierte Jugendmedienschutz-Staatsvertrag. Konsequenzen für die Arbeit der KJM, JMS-Report 4/2010, 2.

Übersicht

	Rn.
I. Allgemeines	1
1. Regelungsinhalt und Bedeutung	1
2. Normhistorie, praktische Erfahrungen	2
3. Regelungsentwurf der gescheiterten JMStV-Novelle	3
a) Vorgesehene Eignungsanforderungen	3
b) Berücksichtigung bei der Auslegung	4
II. Jugendschutzprogramme (Abs. 1)	5
1. Erfüllung der Pflicht zur Wahrnehmungserschwernis	5
2. Anbieterseitige „vorgeschaltete" Programme	6
3. Nutzerseitige Programme	7
a) Allgemeine Anforderungen	7
b) Implementierung von Filterstrategien	9
III. Anerkennungsvoraussetzungen (Abs. 3)	10
1. Altersdifferenzierter Zugang	10
2. „Vergleichbare" Eignung	11
3. Nicht gesetzlich geregelte Eignungskriterien	12
a) Kriterien der gescheiterten JMStV-Novelle	12
b) Weitere ungeregelte Eignungsmerkmale	24
IV. Anerkennung (Abs. 2)	28
1. Pflicht zur Anerkennung geeigneter Jugendschutzprogramme (Satz 1)	28
2. Zuständigkeit (Sätze 2 u. 3)	30
3. Anerkennungsdauer	31
4. Prüfung durch anerkannte Selbstkontrolleinrichtung	32
V. Widerruf der Anerkennung (Abs. 4)	33
1. Widerruf	33
2. Rücknahme	34
VI. Positiv-Rating (Abs. 5)	35
1. Allgemeines	35
2. Voraussetzungen und praktische Bedeutung	36
VII. Zulassung eines Modellversuchs (Abs. 6)	37
VIII. Rechtsfolgen und Prozessuales	41

JMStV § 11 — III. Abschnitt. Vorschriften für Telemedien

I. Allgemeines

1. Regelungsinhalt und Bedeutung

1 Die Vorschrift korrespondiert mit § 5 Abs. 3 Nr. 1. Sie legt u.a. die näheren Anforderungen fest, wie Anbieter von Telemedien ihrer Pflicht zur Wahrnehmungserschwernis bei entwicklungsbeeinträchtigenden Angebotsinhalten (§ 5 Abs. 1) durch **Jugendschutzprogramme** nachkommen können. Jugendschutzprogramme stehen unter dem Vorbehalt der Anerkennung durch die KJM (Abs. 2), welche auch nachträglich widerrufen (Abs. 4) werden kann. Die Vorschrift des Abs. 3 enthält rudimentäre Anerkennungsvoraussetzungen bzw. Anforderungen an entsprechende Programme. Abs. 5 enthält einen Programmsatz des Positiv-Ratings insbesondere für große Telemedienanbieter. Abs. 6 regelt die Möglichkeit der Zulassung von Modellversuchen durch die KJM.

2. Normhistorie, praktische Erfahrungen

2 Bereits seit Inkrafttreten des JMStV im April 2003 ist in § 11 JMStV die Nutzung anerkannter Jugendschutzprogramme und deren Test im Rahmen von Modellversuchen vorgesehen. Gleichwohl ist es bis Ende 2010 zu **keiner Anerkennung** eines Jugendschutzprogramms durch die KJM gekommen. Als problematisch wird von der KJM angesehen, dass sich § 11 JMStV ausschließlich an den „Anbieter von Telemedien" richtet, Anbieter oder Entwickler von technischen Jugendschutzlösungen, wie Jugendschutzprogrammen, im JMStV dagegen nicht erwähnt werden (so zutr. Braml/Hopf, ZUM 2010, 645, 651). Dass bis Ende 2010 keine Jugendschutzprogramme anerkannt worden sind bzw. diese nicht über das Modellversuchsstadium hinaus gelangt waren, ist jedoch auch auf andere Gründe zurückzuführen, von denen die fehlende umfassende Normierung konkreter Anerkennungsvoraussetzungen bzw. Mindestanforderungen ein erheblicher ist.

3. Regelungsentwurf der gescheiterten JMStV-Novelle

3 **a) Vorgesehene Eignungsanforderungen.** Durch den im Dezember 2010 gescheiterten **14. RfÄndStV** sollte § 11 grundlegend novelliert und im Zuge dessen auch umfangreiche Vorgaben für die Eignung von Jugendschutzprogrammen geregelt werden. § 11 Abs. 2 JMStV-E sah eine **Konkretisierung von Anerkennungsvoraussetzungen** für Jugendschutzprogramme vor. In der Entwurfsbestimmung wurden im Wesentlichen vier Voraussetzungen für die Eignung von Jugendschutzprogrammen genannt. Zunächst sollten sie (1.) einen „dem jeweiligen Stand der Technik entsprechenden, altersstufendifferenzierten Zugang ermöglichen oder vergleichbar geeignet sein. Unabhängig vom jeweiligen Stand der Technik sollte (2.) auf der Grundlage einer vorhandenen Anbieterkennzeichnung (§ 5 Abs. 2 JMStV-E) ein altersdifferenzierter Zugang möglich sein, (3.) eine hohe Zuverlässigkeit bei der Erkennung von „ab 18" Angeboten gewährleistet sein und (4.) es dem Nutzer ermöglicht werden, strengere Schutzeinstellungen

im Programm vorzunehmen (vgl. Bayer. LT-Drs. 16/5283, S. 13). Das Inkrafttreten der Neufassung wurde jedoch durch den Landtag von Nordrhein-Westfalen durch Ablehnung am 16. 12. 2010 verhindert.

b) Berücksichtigung bei der Auslegung. Gleichwohl ist davon auszugehen, dass die konkret in § 11 JMStV-E genannten Eignungsvoraussetzungen auch **de lege lata** für die Anerkennung von Jugendschutzprogrammen durch die KJM **herangezogen** werden können, zumal die Umsetzung der JMStV-Novelle politisch nicht an dem hier geregelten modus operandi, sondern an einer unbegründeten Besorgnis einer „Zensurwirkung" aufgrund einer vermeintlichen „faktischen Kennzeichnungspflicht" nach § 5 JMStV-E gescheitert war (BeckOK/Liesching, Rn. 3a; vgl. zu § 11 JMStV-E insb. unten Rn. 12 ff. sowie Bayer. LT-Drs. 16/5283, S. 3 f., 11 ff.; s.a. Dreyer/Hajok/Wendland, JMS-Report 6/2010, 2 ff.; Braml/Hopf, ZUM 2010, 645, 651 ff.). Dies ergibt sich auch daraus, dass der historische Gesetzgeber für die aktuell gültige Fassung des § 11 ohnehin davon ausgegangen ist, dass die näheren Voraussetzungen der Anerkennung die KJM im Einzelfall bestimmt (vgl. Bayer. LT-Drs. 14/10246, S. 20). Die KJM ist mithin frei darin, auch auf Kriterien zurückgreifen, wie sie § 11 Abs. 2 JMStV-E vorgesehen hatte.

II. Jugendschutzprogramme (Abs. 1)

1. Erfüllung der Pflicht zur Wahrnehmungserschwernis

Die Vorschrift konkretisiert die in § 5 Abs. 3 Nr. 1 eingeräumte Möglichkeit, entwicklungsbeeinträchtigende Telemedien durch **technische Vorkehrungen** Kindern oder Jugendlichen der betroffenen Altersstufe nicht oder wesentlich erschwert zugänglich zu machen (s.a. für § 11 JMStV-E: Bayer. LT-Drs. 16/5283, S. 11). Dies kann einerseits durch anbieterseitige Zugangshürden umgesetzt werden (hierzu Rn. 6). Ausreichend ist andererseits aber auch, dass die Inhalte vom Anbieter bewertet und kategorisiert werden, um dem Nutzer zu ermöglichen, durch Aktivierung eines bestimmten (anerkannten) Erkennungs- und Kontrollprogramms auf seinem Rechner entwicklungsbeeinträchtigende Angebote differenziert nach Altersstufen herauszufiltern (hierzu Rn. 7 ff.). Bei derartigen nutzerseitigen Angeboten bleibt freilich die **Letztverantwortung der Eltern** oder Erziehungsberechtigten bestehen, Kinder oder Jugendliche von entsprechenden Angeboten fernzuhalten (Bayer. LT-Drs. 14/10246, S. 20).

2. Anbieterseitige „vorgeschaltete" Programme

Als anbieterseitig vorgeschaltete Programme kommen zunächst grundsätzlich dieselben Zugangskontrollsysteme in Betracht wie bei geschlossenen Benutzergruppen i. S. d. § 4 Abs. 2 Satz 2 JMStV. Allerdings sind die Anforderungen wegen des geringeren Gefährdungsgrades nicht derart hoch. Systeme der Face-to-Face-Kontrolle sowie der Kontrolle von Ausweis- und Kreditkartenkopie einschließlich Kontobewegung erfüllen daher erst recht die Anforderungen hinsichtlich der Anerkennung als Jugendschutzprogramm (KG MMR 2004, 478). Darüber hinaus können – nach Scheitern des 14.

RfÄndStV – de lege lata auch „technische Mittel" wie die von der KJM bereits bewerteten Konzepte (s. § 5 Rn. 45 f.) grundsätzlich zur Anerkennung als vorschaltbares anbieterseitiges Jugendschutzprogramm vorgelegt werden, wenn sie die Mindestvoraussetzungen nach Abs. 3 erfüllen.

3. Nutzerseitige Programme

7   a) **Allgemeine Anforderungen.** Bei nutzerseitigen Programmen genügt, dass die Inhalte vom Anbieter bewertet und kategorisiert werden, um dem Nutzer zu ermöglichen, durch Aktivierung eines bestimmten Erkennungs- und Kontrollprogramms auf seinem Rechner entwicklungsbeeinträchtigende Angebote differenziert nach Altersstufen herauszufiltern. Die Letztverantwortung verbleibt hier stets bei den Eltern, Betreuern etc. (vgl. Bayer. LT-Drs. 14/10246, S. 20). In Betracht kommen etwa Rating- oder „Pagelabeling"-Systeme, welche z. B. auf dem sog. PICS-System (Platform of Internet Content Selection System) basieren. Allerdings wurden solche Systeme wegen der Defizite hinsichtlich ihrer Effektivität bisher von der KJM nicht anerkannt.

8   Eine Umsetzung einer „Programmierung" von Jugendschutzprogrammen kommt in erster Linie durch das **Editieren von Metadaten** (sog. Tags) in bestimmten Dateiformaten in Betracht. Möglich ist auch der Einsatz einer **xml-Datei**, die vom Anbieter mit einer bestimmten Benennung (z. B. age-de.xml) auf dem Root des Webservers zu hinterlegen ist. Die xml-Datei sollte ggf. durch Jugendschutzprogramme direkt auslesbar sein. Möglich ist entweder, dass die Datei direkt alle notwendigen Informationen zur Altersklassifizierung enthält oder die Anweisung an die Jugendschutzprogramme enthält, wie die Altersklassifizierung im Rahmen eines vorgegebenen Rasters ausgelesen werden können (zur Festlegung einheitlicher technischer Standards vgl. Rn. 17 f.).

9   **b) Implementierung von Filterstrategien.** Nach dem Wortlaut des § 11 Abs. 1 nicht vorgesehen ist die Berücksichtigung von Filtertechnologien, welche bei Einsatz eines (nutzerseitigen) Jugendschutzprogramms auch solche jugendgefährdenden oder entwicklungsbeeinträchtigenden Telemedien erkennen und ausfiltern können, welche nicht von dem betreffenden Anbieter für das Programm explizit programmiert bzw. mit einem Tagging versehen worden sind. Denkbar sind vor allem entweder automatisierte Erkennungsprozesse (**Bilderkennung, Textanalyse-Tools**) oder der Einsatz von **blacklists**. Entgegen dem Normtext in Abs. 1 können derartige Elemente im Hinblick auf eine „Eignung" eines nutzerseitigen Jugendschutzprogramms implementiert werden, wenn hinreichend dem allgemeinen Regelungsziel der Wahrnnehmungserschwernis „üblicherweise" nach § 5 Abs. 1 Rechnung getragen werden kann.

III. Anerkennungsvoraussetzungen (Abs. 3)

1. Altersdifferenzierter Zugang

10   Die Anerkennung ist Jugendschutzprogrammen zu erteilen, wenn sie einen nach Altersstufen differenzierten Zugang ermöglichen oder vergleichbar

Jugendschutzprogramme   § 11 JMStV

geeignet sind. Als Altersstufen sind in erster Linie die Altersstufen 14, 16 und
18 Jahre zu Grunde zu legen (BeckOK/Liesching, Rn. 5). Dies ergibt sich
aus § 5 Abs. 5 (s. dort Rn. 51 f.), der bei lediglich für Kinder entwicklungsbeeinträchtigenden Inhalten die Beachtung des dort geregelten Trennungsgebotes genügen lässt. Die Anforderungen bleiben also hinter denen der gescheiterten JMStV-Novelle des 14. RfÄndStV zurück, nach der die in § 5 Abs. 1
S. 2 JMStV-E genannten Altersstufen 6, 12, 16 und 18 Jahren maßgeblich
sein sollten (vgl. Bayer. LT-Drs. 16/5283, S. 12).

2. „Vergleichbare" Eignung

Als „vergleichbar geeignet" i. S. d. Vorschrift sind jedenfalls solche AVS- 11
Systeme anzusehen, die generell den Zugang von Kindern und Jugendlichen
ausschließen und sogar den strengen Anforderungen des § 4 Abs. 2 S. 2 genügen oder welche von der KJM als „technische Mittel" positiv bewertet worden sind, auch wenn diese anbieterseitig vorgeschalteten Programme nicht
nach allen maßgeblichen Altersstufen (siehe Rn. 9) unterscheiden können.
Des Weiteren soll die Klausel der vergleichbaren Eignung nach der Gesetzesbegründung die Möglichkeit eröffnen, bereits etablierte Jugendschutzprogramme auf dem neuesten Stand der Technik anzuerkennen, falls nicht rechtzeitig zum Inkrafttreten dieses Staatsvertrages altersdifferenzierende
Programme **marktfähig** seien (Bayer. LT-Drs. 14/10246, S. 20). Entsprechend kann von einer vergleichbaren Eignung etwa auch dann ausgegangen
werden, wenn Jugendschutzprogramme z. B. eine besonders hohe Auslese-
quote bei „ab 18"-Inhalten haben, hingegen die Altersstufe „ab 12" nur
unterdurchschnittlich erfasst werden kann.

3. Nicht gesetzlich geregelte Eignungskriterien

a) Kriterien der gescheiterten JMStV-Novelle. aa) Anforderungen 12
des § 11 Abs. 2 JMStV-E. Wie bereits dargelegt, kann sich die KJM bei
der Bewertung von Jugendschutzprogrammen auch an den durch den 14.
RfÄndStV ursprünglich vorgesehenen Eignungsvoraussetzungen orientieren
(s. oben Rn. 4). Nach § 11 Abs. 2 S. 1 JMStV-E sollten namentlich Jugendschutzprogramme „einen dem jeweiligen Stand der Technik entsprechenden
(…) Zugang ermöglichen" (hierzu Rn. 13 ff.). Unabhängig vom jeweiligen
Stand der Technik sollten Jugendschutzprogramme nach § 11 Abs. 2 S. 2
JMStV-E nur dann geeignet sein, wenn sie (1.) „auf der Grundlage einer
vorhandenen Anbieterkennzeichnung einen altersdifferenzierten Zugang zu
Angeboten aus dem Geltungsbereich dieses Staatsvertrages ermöglichen"
(hierzu Rn. 16 ff.), (2.) „eine hohe Zuverlässigkeit bei der Erkennung aller
Angebote bieten, die geeignet sind, die Entwicklung von Kindern und
Jugendlichen aller Altersstufen im Sinne von § 5 Abs. 1 Satz 1 zu beeinträchti-
gen" (hierzu Rn. 19 ff.), und (3.) „es dem Nutzer ermöglichen, im Rahmen
eines altersdifferenzierten Zugangs zu Angeboten festzulegen, inwieweit im
Interesse eines höheren Schutzniveaus unvermeidbare Zugangsbeschränkun-
gen hingenommen werden" (hierzu Rn. 22 f.; vgl. zu § 11 Abs. 2 JMStV-E
Bayer. LT-Drs. 16/5283, S. 3 f., 11 ff.; Braml/Hopf, ZUM 2010, 645, 651 ff.;
Dreyer/Hajok/Wendland, JMS-Report 6/2010, 2 ff.).

JMStV § 11 III. Abschnitt. Vorschriften für Telemedien

13   bb) „**Stand der Technik**". § 11 Abs. 2 S. 2 Nr. 1 JMStV-E entsprach weitgehend der nun in Kraft gebliebenen Regelung, war aber um das Erfordernis der Entsprechung mit dem „Stand der Technik" ergänzt. Ausweislich der Materialien der gescheiterten JMStV-Novelle erfolgte die Formulierung in Anlehnung an die „immissionsschutzrechtliche Verwendung", sodass darunter „der **Entwicklungsstand fortschrittlicher Verfahren**, Einrichtungen oder Betriebsweisen" zu verstehen gewesen sein sollte, der die praktische Eignung der Maßnahme „im Hinblick auf die angestrebten Ziele insgesamt gesichert erscheinen lässt" (Bayer. LT-Drs. 16/5283, S. 11; s.a. § 3 Abs. 6 BImSchG). Die Vergleichbarkeit der vorliegenden Regelungsmaterie mit dem Immissionsschutzrecht ist freilich zu hinterfragen. Sachnäher für den Bereich der Telemedien ist eine Anlehnung an den Begriff der „anerkannten und verwendeten Industriestandards" in § 9 S. 1 Nr. 4 TMG und dessen Auslegung (vgl. z. B. MüKom-StGB/Altenhain, 2010, § 9 TMG Rn. 15).

14   Jedenfalls können hiernach und auch de lege lata keine Anforderungen über das aktuell technisch Machbare hinaus verlangt werden (vgl. Bayer. LT-Drs. 16/5283, S. 12). Im Übrigen bedarf es aber der Entwicklung eines **Testverfahrens**, das einen allgemeinen aktuellen Standard eruieren und entsprechend der Dynamik der technischen Weiterentwicklungen stetig oder in bestimmten Zeitintervallen (z. B. Ein- oder Zweijahresfrist) erfassen kann. Als Grundlage entsprechender Testverfahren können dabei in erster Linie nur die bereits auf dem Markt befindlichen Programme dienen, welche im Hinblick auf ihre **Genauigkeit** bzw. Altersdifferenziertheit und ihre **Erfolgsquote** bei der Erfassung entwicklungsbeeinträchtigender bzw. gekennzeichneter Inhalte geprüft werden können. Aus dem Pool der Programme mit den besten Testwerten kann ein Durchschnittswert ermittelt werden, welcher den Stand der Technik indiziert.

15   Bedenken ausgesetzt ist die in der Begründung der gescheiterten JMStV-Novelle wiedergegebene Auslegung, dass bei der Festlegung des Standes der Technik **einzelne bestehende Module** wie die Positivliste von „Frag.Finn" oder das Modul der Bundesprüfstelle für jugendgefährdende Schriften („BPjM-Modul") berücksichtigt werden könnten (vgl. Bayer. LT-Drs. 16/5283, S. 12). Dies gilt jedenfalls dann, wenn entsprechende Module lediglich kommerziell angeboten werden. Das BPjM-Modul ist lediglich auf die Erfassung indizierter Angebote gerichtet und setzt keine Standards im Bezug auf (nach Altersstufen differenzierte) entwicklungsbeeinträchtigende Angebote. Das BPjM-Modul kann indes bei der Bewertung der Zuverlässigkeit der Erfassung von „ab 18"-Inhalten von Bedeutung sein (s. Rn. 19 ff.).

16   cc) **Zugangsermöglichung aufgrund vorhandener „Kennzeichnung".** Dieses Erfordernis ist nach Scheitern des 14. RfÄndStV und der darin noch vorgesehenen Möglichkeit der Altersstufenkennzeichnung nach § 5 Abs. 2 JMStV-E nunmehr de lege lata derart entsprechend heranzuziehen, dass bei nutzerseitigen Jugendschutzprogrammen für die **Programmierung** durch den Anbieter („Tagging", s. Rn. 8) seitens der KJM bestimmte **einheitliche technische Standards** gefordert werden können. Denn hierdurch kann gewährleistet werden, dass Anbieter sicher sein können, dass die Art der Programmierung ihres Telemedieninhaltes auch von dem entsprechend

Jugendschutzprogramme **§ 11 JMStV**

anerkannten Programm erkannt werden kann. Entsprechende Vorgaben zur Verständigung auf einheitliche technische Standards waren auch in § 12 JMStV-E des 14. RfÄndStV vorgesehen.

Die geplante, indes nunmehr nicht in Kraft getretene Norm des § 12 JMStV-E hatte den nachfolgenden Wortlaut: „Für Telemedien muss die Kennzeichnung so umgesetzt werden, dass Jugendschutzprogramme diese Kennzeichnung zur Umsetzung eines altersdifferenzierten Zugangs nutzen können. Die anerkannten Einrichtungen der Freiwilligen Selbstkontrolle, die KJM, die in der ARD zusammengeschlossenen Landesrundfunkanstalten, das ZDF und das Deutschlandradio legen im Benehmen mit den obersten Landesjugendbehörden einheitliche Kennzeichen und technische **Standards für deren Auslesbarkeit** fest" (§ 12 JMStV-E des 14. RfÄndStV, vgl. Bayer. LT-Drs. 16/5283, S. 4, 13). De lege lata legt indes nunmehr allein die KJM die näheren Voraussetzungen der Jugendschutzprogramme einschließlich der technischen „Tagging"-Standards fest (vgl. Bayer. LT-Drs. 14/10246, S. 20); die Kommission kann – wie bereits im Rahmen der Vorbereitung des später gescheiterten 14. RfÄndStV geschehen – einen Austausch hierüber mit anderen Jugendschutzstellen führen. 17

Auf diese Weise wird gewährleistet, dass ein Jugendschutzprogramm möglichst umfassend homogene technische Kennzeichnungen und Programmierungen erkennen und im Hinblick auf eine altersdifferenzierte Zugangshinderung verwerten kann. Maßgeblich ist insoweit die Festlegung **verbindlicher Label-Formate**, welche ausschließlich für die Programmierung benutzt werden dürfen (s. zum Tagging oben Rn. 8). Sollten hierfür mehrere Dateiformate festgelegt werden, so liegt im Hinblick auf die Anerkennung von Jugendschutzprogrammen nahe, dass diese nur erfolgen darf, wenn möglichst alle oder die überwiegende Mehrzahl der standartisierten Formate erkannt und verarbeitet werden können. Von Bedeutung können daneben Vorgaben zulässiger **Bewertungseinheiten** eines Telemediums (z. B. html-Seite als kleinste Bewertungseinheit) sowie sog. **default-Einstellungen** sein, nach denen etwa eine bestimmte Altersstufenprogrammierung eines konkreten Angebotes mit mehreren unterschiedlich getaggten Bewertungseinheiten für die Auslesung durch das Jugendschutzprogramm maßgeblich ist. 18

dd) Erkennung von „ab 18"-Angeboten. Zu Recht wurde im Rahmen der Abfassung des später gescheiterten 14. RfÄndStV davon ausgegangen, dass selbst wenn Inhalteanbieter von der Möglichkeit der Programmierung eines Jugendschutzprogramms nach Abs. 1 in erheblichem Umfang Gebrauch machen würden, Jugendschutzprogramme auch in großer Zahl mit nicht gekennzeichneten oder gelabelten inländischen und ausländischen Online-Inhalten umzugehen haben werden (vgl. Bayer. LT-Drs. 16/5283, S. 12). Würden diese Inhalte nicht erfasst, liefe die Intention des Zugangsschutzes von Kindern und Jugendlichen zu einem Gutteil ins Leere. Gerade vor diesem Hintergrund kann auch im Rahmen der Anerkennung von Jugendschutzprogrammen gefordert werden, dass nicht nur „entwicklungsbeeinträchtigende" Angebote möglichst zuverlässig erkannt werden, sondern 19

JMStV § 11   III. Abschnitt. Vorschriften für Telemedien

auch **absolut und relativ verbotene Angebote** nach § 4 Abs. 1 S. 1 und Abs. 2 S. 1 (vgl. auch Bayer. LT-Drs. 16/5283, S. 12).

20   Denn nur hierdurch wird der Regelungsintention annähernd Rechnung getragen. Diese **teleologische Auslegung** ist auch noch mit dem Gesetzeswortlaut insofern vereinbar, als absolut verbotene, pornographische, indizierte oder offensichtlich schwer jugendgefährdende Medien stets auch gleichsam „**als Minus**" entwicklungsbeeinträchtigend für Minderjährige aller Altersgruppen sind (vgl. Liesching, ZUM 2005, 224 ff.). Eine Differenzierung nach den Altersstufen gemäß § 5 Abs. 1 Satz 2 bei entwicklungsbeeinträchtigenden Inhalten wird hingegen nicht vorausgesetzt (vgl. Bayer. LT-Drs. 16/5283, S. 12).

21   Will man im Rahmen der allgemeinen Anerkennungsvoraussetzungen entsprechend dem gescheiterten Entwurf des 14. RfÄndStV eine „**hohe Zuverlässigkeit**" bei der Erkennung von „18"-Inhalten fordern, so kann dies gleichwohl kein absoluter, sondern lediglich ein **relativ hoher Schutz** sein (vgl. auch Bayer. LT-Drs. 16/5283, S. 12). Ein auch nur annähernd hundertprozentiger Schutz ist wegen der unzähligen einschlägigen Angebote und der Dynamik des Internet (vgl. Schindler, KJM-Schriftenreihe I, 2009, 122, 123) nicht zu erreichen. In technischer Hinsicht kommen zur Erreichung einer relativ hohen Zuverlässigkeit **Bilderkennungsprogramme**, (URL-gestützte) Black- und Whitelists und sog. Pattern-Recognition-Programme zur Erkennung bereits vormals auf der Plattform gelöschter Videos sowie – v.a. bei Chats, Communities und Videoplattformen – die Textanalyse mit Keyword-Filtern in Betracht (vgl. ausführl. Schindler, aaO., 130). Im Hinblick auf die Zuverlässigkeit dürfte zudem die Implementierung des **BPjM-Moduls** unerlässlich sein. Das von der Bundesprüfstelle für jugendgefährdende Medien (BPjM, s. § 17 JuSchG Rn. 1 ff.) in Kooperation mit der FSM entwickelte Modul lässt sich als ein Filtermodul (**Blacklist**) integrieren (s. ausführl. Monssen-Engberding/Bochmann, KJuG 2005, 55, 58).

22   **ee) Optionale strengere Nutzereinstellungen.** Gemäß der nach dem 14. RfÄndStV in § 11 Abs. 2 S. 2 Nr. 3 JMStV-E vorgesehenen, indes nicht in Kraft getretenen Regelung sollten Jugendschutzprogramme von den Verwendern, beispielsweise den Eltern, so eingestellt werden können, dass ausschließlich der Zugang zu gekennzeichneten bzw. für Jugendschutzprogramme gelabelten Inhalten eröffnet wird. In Kenntnis der Existenz „der technisch bedingten Phänomene" des „**Over- und Underblocking**" und im Hinblick auf die Zielsetzung, „den Zugang zum Internet weitgehend frei zu halten von Angeboten, die für die konkret eingestellte Altersstufe nicht geeignet sind", wollten die Verfasser des Entwurfs des 14. RfÄndStV den vor allem personensorgeberechtigten Nutzern die Option überantworten, individuell die Effektivität des Jugendschutzes einerseits mit dem Maß der Einschränkungen des Informationszugangs abzuwägen.

23   Vor diesem Hintergrund erscheint grundsätzlich denkbar, auch de lege lata nach den allgemeinen Anerkennungsvoraussetzungen entsprechende optionale Nutzereinstellungsmöglichkeiten zu fordern. Allerdings ist im Hinblick auf die Informationsfreiheit von Kindern und Jugendlichen fraglich, ob – losgelöst von erzieherischen Entscheidungen der Eltern – Jugendschutzpro-

gramme bereits in der **Grundeinstellung (default)** die strengen, zwangläufig mit Overblocking verbundenen Maßgaben umsetzen müssen. Dies kann jedenfalls keine Voraussetzung der Anerkennung nach Abs. 2 sein.

b) Weitere ungeregelte Eignungsmerkmale. aa) Grundsätzlich zulässige Kriterien. Fraglich ist, ob über die genannten Eignungsvoraussetzungen hinaus weitere Anforderungen an Jugendschutzprogramme, insb. im Hinblick auf deren Anerkennung nach Abs. 2 gestellt werden können (z. B. **Benutzerfreundlichkeit, Hardware- und Softwareanforderungen** etc.). Insoweit ergibt sich aus der Regelungssystematik mit Blick auf § 5 Abs. 1 und Abs. 3 Nr. 1, dass als Kernvoraussetzung durch das Jugendschutzprogramm eine **wesentliche Wahrnehmungserschwernis** für die betreffenden Altersgruppen im Falle entwicklungsbeeinträchtigender Angebote gewährleistet werden muss. Dies wäre aber z. B. nicht der Fall, wenn die anbieter- bzw. nutzerseitig errichteten technischen Zugangsbarrieren von minderjährigen Nutzern ohne erheblichen Aufwand und ohne datentechnische Spezialkenntnisse umgangen oder manipuliert werden könnten. Ebenso würde eine für den Durchschnittsnutzer nicht mehr verständliche, komplizierte Nutzungsweise faktisch dazu führen, dass Eltern trotz der Absicht der Verwendung von Jugendprogrammen sich hieran gehindert sähen. Vor diesem Hintergrund kann v.a. eine Anerkennung von Jugendschutzprogrammen nach Abs. 2 von **weiteren Voraussetzungen** im Hinblick auf das Regulierungsziel des § 5 Abs. 1 und Abs. 3 Nr. 1 abhängig gemacht werden.

Die Vorschrift des Abs. 3 lässt weiterhin offen, ob die Anerkennung eines nutzerseitigen Jugendschutzprogramms (Rn. 7 ff.) zusätzlich die **Auslesbarkeit eines Positiv-Ratings** jugendgeeigneter Inhalte i. S. d. Abs. 5 voraussetzt. Soweit dort (siehe Rn. 35 ff.) Großanbieter zur Programmierung entsprechender Inhalte „für ein anerkanntes Jugendschutzprogramm" verpflichtet werden, liegt nahe, dass die Positivbescheidung nach § 11 Abs. 3 auch nur dann erfolgen kann, wenn ein zur Eignungsprüfung vorgelegtes Programm solche für Kinder und Jugendliche unbedenklichen Programme mit einem entsprechenden Label zu erfassen in der Lage ist und bei entsprechenden Einstellungen des Nutzers nur diese zugänglich sind. Andernfalls liefe die gesetzliche Verpflichtung des Abs. 5 ins Leere, da die technische Unbedenklichkeitswertung des Anbieters von Eltern und Erziehern bei der Heranführung Minderjähriger an Telemedieninhalte nur bei Verwendung entsprechender Rating-Programme genutzt werden kann. Dies gilt jedoch dann nicht, wenn sich bis zum Zeitpunkt der Anerkennung eines Jugendschutzprogramms in der Praxis noch **kein Positiv-Rating** durch große Telemedienanbieter **etabliert** hat. Die bisherigen Erfahrungen seit Inkrafttreten des JMStV in 2003 sowie der Umstand, dass ein Positiv-Rating durch die Landesgesetzgeber im Entwurf des gescheiterten 14. RfÄndStV gar nicht aufrechterhalten werden sollte, deuten hierauf hin.

bb) Unzulässige Kriterien. Die **Unentgeltlichkeit** der Bereitstellung des Jugendschutzprogramms ist nicht erforderlich bzw. kann keine zwingende Anerkennungsvoraussetzung sein. Auch nach den Regelungen der gescheiterten Jugendschutznovelle war dies nicht vorgesehen (vgl. Bayer. LT-Drs. 16/5283, S. 3, 11 ff.). Insoweit wurde berücksichtigt, dass bereits vor Inkrafttreten des 14. RfÄndStV kostenpflichtige Jugendschutzlösungen angeboten wurden und kein **unverhältnismäßiger Markteingriff** intendiert war. Hingegen erscheint nicht von vorneherein und generell ausgeschlossen, einen Entgelthöchstbetrag als Auflage einer Anerkennung festzusetzen, da eine erhebliche Kostenpflichtigkeit (z. B. 50 Euro Kaufpreis für ein Jugendschutzprogramm) von vorneherein einer weiten Verbreitung und tatsächlichen Nutzung des Programms entgegenstehen würde. Unzulässig wäre indes die allgemeine Forderung einer **„gesellschaftlichen"** Akzeptanz eines Jugendschutzprogramms (siehe zu entsprechenden Anforderungen der KJM im Rahmen eines Modellversuchs unten Rn. 39).

27 Die nach der gescheiterten JMStV-Novelle vorgesehene Vorschrift des **§ 11 Abs. 1 S. 2 JMStV-E** sollte Zugangsvermittler (Access-Provider) verpflichten, ihren Vertragspartnern Jugendschutzprogramme leicht auffindbar anzubieten. Erfasst werden sollten nur solche Diensteanbieter, die den physikalische Anbindung eines Rechners an das Internet insgesamt als Dienstleistung anbieten, hingegen sollte die Vorschrift nicht für Suchmaschinenanbieter oder Internetplattformen wie Portale mit „user generated content" gelten (Bayer. LT-Drs. 16/5283, S. 11). Die Positionierung im Rahmen der Einrichtung der Internetverbindung bei Neukunden wurde aus Sicht der Landesgesetzgeber zwar nicht als erforderlich, aber als „wünschenswert" angesehen (Bayer. LT-Drs. aaO.). Die Regelung ist aufgrund des Scheiterns des 14. RfÄndStV im Landtag NRW nicht in Kraft getreten. Aus ihr können auch keine weiteren Voraussetzungen für die Anerkennung de lege lata abgeleitet werden, da die vorgesehene Pflicht nicht Anbieter von Jugendschutzprogrammen, sondern **andere Normadressaten (Zugangsvermittler)** betraf. Auch eine Verpflichtung von Jugendschutzprogrammanbietern oder -vertreibern, entsprechende Verträge mit Accessprovidern abzuschließen, kann nicht zur Voraussetzung für die Anerkennung eines Jugendschutzprogramms gemacht werden.

IV. Anerkennung (Abs. 2)

1. Pflicht zur Anerkennung geeigneter Jugendschutzprogramme (Satz 1)

28 Jugendschutzprogramme i. S. d. § 5 Abs. 1 Nr. 1 i. V. m. § 11 Abs. 1 unterliegen einem behördlichen Anerkennungsvorbehalt. Danach müssen die Programme der KJM zur Überprüfung der Eignung vorgelegt werden. Die Anerkennung ist aber keine Voraussetzung dafür, dass das Jugendschutzprogramm bereits von Anbietern mit pflichterfüllender Wirkung als **„technisches Mittel"** (§ 5 Abs. 3 Nr. 1) genutzt werden kann, sofern das betreffende Programm eine Wahrnehmungserschwernis „üblicherweise" i. S. d. § 5 Abs. 1 bewirkt. In diesem Sinne ist wohl auch die Literaturansicht zu verstehen, dass auch die Verwendung nicht anerkannter Jugendschutzprogramme ein hinreichendes technisches Mittel zur Erfüllung der Anbieterpflicht nach § 5 Abs. 1 darstellen kann (Erdemir, CR 2005, 275, 279; vgl. zum unklaren Gesetzgeberwillen im Rahmen des gescheiterten 14. RfÄndStV: Bayer. LT-Drs. 16/5283, S. 11: „weitgehende" Abhängigkeit davon, dass „Jugend-

Jugendschutzprogramme **§ 11 JMStV**

schutzprogramme auch anerkannt werden"). Allerdings bestehen Haftungsrisiken dann, wenn die Medienaufsicht – im Gegensatz zum Anbieter – die Auffassung vertritt, das betreffende (noch) **nicht anerkannte Jugendschutzprogramm** erfülle nicht die Eignungsvoraussetzungen.

Die **Eignungsprüfung** erstreckt sich nicht nur auf die in Abs. 3 genannten 29 Voraussetzungen, sondern insb. auch auf die Gewährleistung einer „wesentlichen" Wahrnehmungserschwernis i. S. d. § 5 Abs. 3 Nr. 1. Die behördliche Anerkennung stellt einen **Verwaltungsakt** i. S. d. § 35 VwVfG dar. Im Falle eines ablehnenden Bescheides ist die Verpflichtungsklage auf Anerkennung nach § 42 Abs. 1 2. Alt. VwGO statthaft. Zur Vorlage im Hinblick auf die Eignungsprüfung ist sowohl der Hersteller des Programms als auch ein dieses Programm nutzender Anbieter berechtigt (vgl. schon Bayer. LT-Drs. 14/10246, S. 20; s.a. Braml/Hopf, ZUM 2010, 645, 651). Ist ein Jugendschutzprogramm als solches bereits anerkannt, bedarf es keiner erneuten Vorlage eines Anbieters, der sich dieses Programms bedienen will. Labelt ein Anbieter seine Inhalte für ein (noch) nicht anerkanntes, aber gleichwohl nach Abs. 2 geeignetes (Wahrnehmungserschwernis „üblicherweise" i. S. d. § 5 Abs. 1) und anerkennungsfähiges Jugendschutzprogramm, handelt er nicht **ordnungswidrig**. Ein Jugendschutzverstoß wird aber dann anzunehmen sein, wenn das Programm die Eignungsvoraussetzungen zur Anerkennung nicht erfüllt oder wenn die Anerkennung nach Abs. 3 S. 5 widerrufen worden ist.

2. Zuständigkeit (Sätze 2 u. 3)

Nach den Vorschriften wird die Entscheidung über die Eignung durch die 30 **KJM** als Organ der örtlich zuständigen Landesmedienanstalt getroffen. Die Bündelung auf ein für die abschließende Beurteilung zuständiges Organ ist – wie allgemein im seit Inkrafttreten des JMStV anerkannten Regulierungssystem – erforderlich, um Wertungswidersprüche bei der Anerkennung von Jugendschutzprogrammen zu vermeiden. Satz 3 bestimmt, dass **örtlich zuständige Behörde** die Landesmedienanstalt des Landes ist, bei der der Antrag auf Anerkennung gestellt ist. Damit soll ein Kompetenzkonflikt unterschiedlicher Landesmedienanstalten verhindert werden, auch wenn jeweils die KJM als deren Organ tätig wird (vgl. Bayer. LT-Drs. 14/10246, S. 20).

3. Anerkennungsdauer

Eine **Fünfjahres-Befristung** i. S. d. Satz 4 wurde von den Landesgesetz- 31 gebern als sachgerecht und verhältnismäßig angesehen, da Angebote in ständiger Weiterentwicklung seien und damit die KJM nicht nur den Weg über den Widerruf oder die Rücknahme der Anerkennung wählen muss, sondern einen festen Überprüfungszeitpunkt habe, bei dem sie ein nach ihrer Ansicht nicht mehr geeignetes Programm rechtsbeständig nicht weiter lizenziert (Bayer. LT-Drs. 14/10246, S. 20). Die Fristregelung sollte im Rahmen des gescheiterten 14. RfÄndStV freilich nicht aufrechterhalten bleiben (vgl. Bayer. LT-Drs. 16/5283, S. 3). Der Zusatz der **Verlängerung** in Satz 5 ist rein deklaratorisch.

JMStV § 11 III. Abschnitt. Vorschriften für Telemedien

4. Prüfung durch anerkannte Selbstkontrolleinrichtung

32   Eine Anerkennungsfiktion für Entscheidungen anerkannter Selbstkontrolleinrichtungen für den Fall, dass ein Jugendschutzprogramm von einer anerkannten Einrichtung der Freiwilligen Selbstkontrolle positiv beurteilt wurde und die KJM das Programm nicht innerhalb von vier Monaten unter Darlegung der Überschreitung eines Beurteilungsspielraums § 20 Abs. 5 S. 2 beanstandet hat, war zwar in der **JMStV-Novelle** des 14. RfÄndStV vorgesehen (Bayer. LT-Drs. 16/5283, S. 12). Allerdings ist die betreffende Regelung nicht in Kraft getreten. Daher haben anerkannte Selbstkontrolleinrichtungen aufgrund der klaren Zuständigkeitszuweisung nach § 11 Abs. 2 **keine Prüfkompetenz** zur Anerkennung bzw. Bewertung von Jugendschutzprogrammen. Demgegenüber ist eine nach § 20 Abs. 5 nur eingeschränkt überprüfbare Bewertung von „technischen Mitteln" (§ 5 Abs. 3 Nr. 1) durch eine anerkannte Selbstkontrolleinrichtung möglich, da jugendschutzrechtliche Beurteilungsspielräume nicht nur bei angebotsinhaltlichen Jugendschutzfragen, sondern auch bei **technisch-strukturellen Fragen** über die hinreichende „Wahrnehmungserschwernis üblicherweise" im Bezug auf bestimmte Zugangshürden oder sonstige Jugendschutzkonzepte bestehen können (s. ausführl. Liesching, JMS-Report 6/2006, 2 ff.).

V. Widerruf der Anerkennung (Abs. 4)

1. Widerruf

33   Die Vorschrift ermächtigt die zuständige Landesmedienanstalt (nach Bewertung durch die KJM) ausdrücklich zum Widerruf der Anerkennung im Falle des nachträglichen Entfallens der Anerkennungsvoraussetzungen. Die Vorschrift trägt **§ 49 Abs. 2 Nr. 1** VwVfG Rechnung, wonach ein (ursprünglich) rechtmäßiger begünstigender Verwaltungsakt auch nach dessen Unanfechtbarkeit widerrufen werden kann, wenn dies durch Rechtsvorschrift zugelassen ist (vgl. auch die demgegenüber eingeschränkte Widerrufsmöglichkeit nach § 49 Abs. 2 Nr. 3 VwVfG; vgl. hierzu Kopp/Ramsauer, 11. Aufl. 2010, § 49 Rn. 44 ff. und 48 ff.). Der in der gescheiterten JMStV-Novelle vorgesehene Widerrufsfall, dass „der Anbieter eines Jugendschutzprogramms keine Vorkehrungen zur Anpassung an den jeweiligen Stand der Technik ergreift" (vgl. Bayer. LT-Drs. 16/5283, S. 3), ist nicht in Kraft getreten. Daher kann hinsichtlich des **Stands der Technik** ein Widerruf allenfalls dann in Betracht kommen, wenn das Jugendschutzprogramm diesem tatsächlich nicht mehr entspricht, hingegen nicht bereits dann, wenn keine „Anpassungsvorkehrungen" ergriffen worden sind.

2. Rücknahme

34   Lagen die Voraussetzungen der Anerkennung schon bei Positivbescheidung nicht vor, finden die Bestimmungen über die **Rücknahme eines rechtswidrigen Verwaltungsaktes** nach § 48 VwVfG Anwendung (vgl. auch § 16 S. 2 Nr. 6, welcher die Rücknahme der Anerkennung ausdrücklich vorsieht).

Jugendschutzprogramme **§ 11 JMStV**

Insb. ist dem Betroffenen im Rahmen des Abs. 3 der Bestimmung ein Vermögensnachteil auszugleichen. Erhält die zuständige Landesmedienanstalt oder das Entscheidungsorgan (KJM) Kenntnis von Umständen, aufgrund derer die Anerkennungsvoraussetzungen eines Jugendschutzprogramms von Anfang an nicht vorlagen (z. B. einfache technische Umgehungsmöglichkeiten), ist eine Rücknahme des Anerkennungsbescheides nur innerhalb eines Jahres seit dem Zeitpunkt der Kenntnisnahme möglich, vgl. § 48 Abs. 4 VwVfG (hierzu auch BVerwGE 66, 61; s.a. Kopp/Ramsauer, 11. Aufl. 2010, § 48 Rn. 75 ff.). Die Anwendbarkeit der Fristbestimmung wird auch nicht durch die insoweit nichts aussagende Sonderregelung des Satz 5 ausgeschlossen. Etwas anderes gilt freilich dann, wenn die Anerkennung eines Jugendschutzprogramms unter dem Vorbehalt endgültiger bzw. erneuter Prüfung erteilt wurde. Gegen die Aufhebung der Anerkennung steht der Verwaltungsrechtsweg nach § 42 Abs. 1 VwGO offen (Nikles u.a., Rn. 6).

VI. Positiv-Rating (Abs. 5)

1. Allgemeines

Abs. 5 regelt für Großanbieter von Telemedien als Soll-Vorschrift die 35 Obliegenheit zum sog. Positiv-Rating von kinder- bzw. jugendgeeigneten Inhalten. Positiv-Rating soll Eltern und Erziehern erleichtern, Minderjährige an entsprechende Angebote heranzuführen (Bayer. LT-Drs. 14/10246, S. 20). **Access-Provider**, welche ausschließlich Zugang zu Fremdangeboten vermitteln, unterliegen hingegen nicht der Pflicht nach Abs. 5 (Scholz/Liesching, § 11 JMStV Rn. 14). Kommt der Anbieter der Obliegenheit des Positiv-Ratings nicht nach, droht allerdings mangels Ordnungswidrigkeitentatbestands keine aufsichtsbehördliche Ahndung. Nach § 24 Abs. 2 Nr. 1 JMStV ist lediglich die **Falschkennzeichnung bußgeldbewehrt**. Freilich kann die zuständige Landesmedienanstalt gem. § 20 Abs. 1 JMStV den Anbieter zum Positiv-Rating verpflichten.

2. Voraussetzungen und praktische Bedeutung

Gewerbsmäßig handeln Telemedienanbieter, deren Angebot darauf ausge- 36 richtet ist, eine fortlaufende Haupt- oder Nebeneinnahmequelle von einiger Dauer und einigem Umfang zu erschließen. Erfasst werden also insbesondere kommerzielle Angebote, daneben auch solche, die **„in großem Umfang"** verbreitet werden. Was hierunter zu verstehen ist, ist unklar; überwiegend wird auf die Häufigkeit der Nutzung des Angebots und auf die Fülle der angebotenen Informationen abgestellt. Eine praktische Bedeutung kommt dem Positiv-Rating allerdings bis heute nicht zu, da Jugendschutzprogramme bis Ende 2010 nicht anerkannt worden sind. Die Regelung zum Positiv-Rating sollte durch die JMStV-Novelle des 14. RfÄndStV ersatzlos gestrichen werden, bleibt indes nun nach Scheitern im Landtag von Nordrhein-Westfalen am 16. 12. 2010 in Kraft (s.o. Rn. 3).

VII. Zulassung eines Modellversuchs (Abs. 6)

37 Abs. 6 eröffnet der KJM (§ 14 JMStV) die Möglichkeit, einen zeitlich befristeten Modellversuch mit neuen Verfahren, Vorkehrungen oder technischen Möglichkeiten zur Gewährleistung des Jugendmedienschutzes zuzulassen. Im Modellversuch zugelassen worden ist im April 2005 z. B. „**ICRA Deutschland**" bzw. „ICRA plus" (http://www.icra.org/_de/icraplus): ICRA plus unterstützte das Self Labelling System von ICRA. Es konnte aber über das Erkennen von ICRA Labeln hinaus mit anderen zusätzlichen Filtern zusammen arbeiten und den Zugang zu einer Webseite basierend auf Informationen aus verschiedenen Quellen blocken oder erlauben.

38 Im Rahmen der Zulassung des Modellversuchs ICRA Deutschland wurden im zugrundeliegenden Verwaltungsakt und dessen Begründung Ausführungen gemacht, welche Rückschlüsse auf Kriterien zulassen, die seitens der KJM im Hinblick auf eine etwaige Anerkennung nach § 11 JMStV als erforderlich angesehen worden sind (nähere Voraussetzungen der Anerkennung bestimmt die KJM im Einzelfall, vgl. Bayer. LT-Drs. 14/10246, S. 20):
- Es wurde im Rahmen der umfassenden Berichtspflicht gefordert, dass die Antragsteller „über den Entwicklungsstand des Jugendschutzprogramms und des altersdifferenzierten Klassifizierungsschemas sowie über alle Maßnahmen zur Steigerung der Effizienz, der Akzeptanz, der Handhabbarkeit und der Verbreitung" des Programms zu berichten haben.
- Weiterhin wurde der Antragstellerin im konkreten Fall auferlegt, „unverzüglich mit der Bundesprüfstelle für jugendgefährdende Medien (BPjM) über die Integration der dort geführten Liste in Verhandlungen einzutreten und dies in der Art und in dem Umfang durchzuführen, „wie es von der BPjM als sinnvoll und machbar erachtet wird".
- Darüber hinaus wurde von Seiten der KJM der „Nachweis der Funktionsfähigkeit" des Programms verlangt, „der von sachverständigen Dritten durchgeführt wird, die von dem [antragstellenden] Konsortium und seinen Mitgliedern unabhängig – also insbesondere nicht mit ihnen verbundene Unternehmen – sind".
- Des Weiteren sollte ein „Labortest" durch sachverständige Dritte durchgeführt werden, im Hinblick auf die „Benutzbarkeit der verwendeten Software durch typische Anwender".
- Schließlich wurde den Antragstellern auferlegt, Aussagen über durchgeführte Maßnahmen zu treffen, „um Anbieter zur altersdifferenzierten Programmierung ihrer Angebote („Labeln") zu veranlassen, die „Blocking-Quote" zu erhöhen und die „Overblocking-Rate" zu senken". Und es sollten Aussagen darüber getroffen werden, „welcher nach Altersgruppen differenzierte und reproduzierbar messbare Erfolg damit verbunden ist.

40 Der Modellversuch ist im Jahr 2006 ohne Anerkennung durch die KJM ausgelaufen. In zahlreichen Gesprächen zwischen Gremien der KJM und dem Anbieter habe sich herausgestellt, dass die an Jugendschutzprogramme zu stellenden Anforderungen nicht eingehalten werden könnten (vgl. ausführl. 3. KJM-Bericht, 2009, S. 25; in dem Bericht wird auch der Gang zweier weiterer Modellversuche „**System I**" und „**Jugendschutzpro-**

gramm.de" geschildert, vgl. zu letzterem auch BT-Drs. 16/13744, S. 1 ff.). Alle insgesamt drei Modellversuche sind bis spätestens Ende 2007 ausgelaufen bzw. gescheitert und mündeten nicht in eine Anerkennung durch die KJM.

VIII. Rechtsfolgen und Prozessuales

Die Vorschaltung eines nicht anerkannten Jugendschutzprogramms kann 41 bei Unzulänglichkeit als „technisches Mittel" und vorliegendem Verstoß gegen § 5 JMStV nach § 24 Abs. 1 Nr. 4 als Ordnungswidrigkeit mit **Bußgeld** geahndet werden. Vorsätzlich falsches Positiv-Rating nach Abs. 5 (Rn. 35 ff.) ist nach § 24 Abs. 2 Nr. 1 bußgeldbewehrt. Gegen die Bußgeldahndung oder sonstige Maßnahmen (z. B. Beanstandung) durch die zuständige (§§ 20 Abs. 6, 24 Abs. 4 JMStV) Landesmedienanstalt ist der **Verwaltungsrechtsweg** eröffnet und mithin die **Anfechtungsklage** (§ 42 Abs. 1 1. Alt. VwGO) statthaft (vgl. auch § 22 JMStV). Gegen Widerruf oder Rücknahme der Anerkennung (Abs. 4) ist ebenfalls eine Anfechtungsklage möglich. Im Falle eines ablehnenden Bescheides ist die **Verpflichtungsklage** auf Anerkennung nach § 42 Abs. 1 2. Alt. VwGO statthaft. Es besteht ein Rechtsanspruch gegenüber der zuständigen Landesmedienanstalt bzw. der KJM auf ermessensfehlerfreie Entscheidung. Bei Untätigkeit der Behörde trotz Anerkennungsantrags gilt § 75 VwGO.

§ 12 Kennzeichnungspflicht

Anbieter von Telemedien, die ganz oder im Wesentlichen inhaltsgleich sind mit bespielten Videokassetten und mit anderen zur Weitergabe geeigneten, für die Wiedergabe auf oder das Spiel an Bildschirmgeräten mit Filmen oder Spielen programmierten Datenträgern (Bildträgern), die nach § 12 des Jugendschutzgesetzes gekennzeichnet oder für die jeweilige Altersstufe freigegeben sind, müssen auf eine vorhandene Kennzeichnung in ihrem Angebot deutlich hinweisen.

Schrifttum: *Bornemann,* Der Jugendmedienschutz-Staatsvertrag der Länder, NJW 2003, 787; *Braml/Hopf,* Der neue Jugendmedienschutz-Staatsvertrag – Fort- oder Rückschritt für den Jugendmedienschutz?, ZUM 2010, 645; *Grapentin,* Neuer Jugendschutz in den Online-Medien – Pflichten für Online-Anbieter nach dem neuen Jugendmedienschutz-Staatsvertrag, CR 2003, 458; *Kreile/Diesbach,* Der neue Jugendmedienschutz-Staatsvertrag – Was ändert sich für den Rundfunk?, ZUM 2002, 849; *Mynarik,* Jugendschutz in Rundfunk und Telemedien, 2006.

I. Allgemeines

1. Regelungsinhalt und Bedeutung

Die Vorschrift regelt eine Pflicht für Telemedien-Anbieter zum Hinweis 1 auf JuSchG-Altersfreigaben für den Fall, dass die angebotenen Inhalte mit solchen auf JuSchG-altersfreigabebeschränkten Film- oder Spielbildträgern ganz oder im Wesentlichen inhaltsgleich sind. Der Vorschrift kommt vor allem im Zusammenhang mit Video-on-Demand-Angeboten, Download-Portalen und Streaming-Angeboten erhebliche praktische Bedeutung zu.

2. Normhistorie

2   Die Vorschrift trat am 1. 4. 2003 in Kraft und blieb seither unverändert. Die Vorschrift sollte indes durch die gescheiterte JMStV-Novelle des **14. RfÄndStV** mit Wirkung zum 1. 1. 2011 fundamental verändert werden zugunsten einer verbindlichen Pflicht zur Verwendung von JuSchG-Kennzeichen (vgl. § 5 Abs. 4 JMStV-E; Bayer. LT-Drs. 16/5283, S. 2, 9; zur JMStV-Novelle ausführl. Altenhain, BPjM-aktuell, 4/2010, 5 ff.; Braml/Hopf, ZUM 2010, 645 ff; Hopf, K&R 2011, 6 ff.; Weigand, JMS-Report 4/2010, 2 ff.). Der 14. RfÄndStV wurde indes im Landtag von Nordrhein-Westfalen am 16. 12. 2010 abgelehnt und trat daher nicht in Kraft.

II. Anwendungsbereich

1. Abgrenzung zur Hinweispflicht nach § 12 Abs. 2 S. 4 JuSchG

3   Neben der Vorschrift legt auch § 12 Abs. 2 S. 4 JuSchG eine Pflicht zum deutlichen Hinweis für Anbieter von Telemedien fest. Während indes die Regelung des JuSchG den **Internetversandhandel** mit Bildträgern i. S. d. § 12 JuSchG erfasst (vgl. dort Rn. 20 ff.), bezieht sich die Pflicht zur Kennzeichenübernahme auf Film- und Spielangebote, die selbst Telemedien darstellen (z. B. Video-on-Demand, Herunterladen von Computerspielen aus dem Internet). Diese Unterscheidung ergibt sich aus der **Systematik beider Gesetze**, wonach Regelungen zu Trägermedien dem Bund, die rechtliche Ausgestaltung für den Bereich des Rundfunks und der Telemedien hingegen den Ländern obliegt (vgl. § 16 JuSchG, zur Aufteilung der Gesetzgebungskompetenz zwischen Bund und Ländern: Liesching, ZUM 2002, 868 ff.). Die damit einhergehende **Exklusivität des Anwendungsbereichs** beider Vorschriften vermeidet eine Doppelnormierung, welche insb. im Hinblick auf die unterschiedlichen Sanktionen zu Wertungswidersprüchen führen würde. Die Regelung des § 12 JMStV geht insofern weiter, als auch Film- und Spielinhalte, welche mit gekennzeichneten lediglich „**im Wesentlichen inhaltsgleich**" sind (vgl. hierzu § 14 JuSchG Rn. 34 und § 15 JuSchG Rn. 97 ff.), erfasst werden.

2. Bildträger

4   Die Hinweispflicht bezieht sich nur auf Telemedien, die mit altersfreigabegekennzeichneten Bildträgern zumindest im Wesentlichen inhaltsgleich sind. Der in § 12 Abs. 1 JuSchG legal definierte und hier übernommene Begriff des Bildträgers erfasst zur Weitergabe geeignete Medienträger, namentlich solche, die ohne einen technischen Ausbau aus einem übergeordneten Medienbetriebssystem an einen anderen tatsächlich übergeben werden können. Dies sind etwa die ausdrücklich genannten Videokassetten, daneben aber

Kennzeichnungspflicht § 12 JMStV

auch **DVDs, Blu-ray Discs**, CD-ROMs, Disketten und Datenträger von Spielkonsolen. In der Praxis sind in der Regel nur Filmdatenträger auf Blu-ray Discs, DVDs und Videokassetten mit einer Altersfreigabe der **FSK** sowie Computerspiele mit einer Altersfreigabe der **USK** versehen.

III. Anforderungen an die Hinweispflicht

Die Hinweispflicht erstreckt sich auf **alle JuSchG-Altersfreigaben** nach 5
§ 14 Abs. 2 Nr. 1 bis 5 JuSchG. Mithin muss auch auf eine etwaige Kennzeichnung „Keine Jugendfreigabe" hingewiesen werden (Nikles u.a., Rn. 1). Ist ein Bildträger hingegen **nicht gekennzeichnet** und ist dieser lediglich aufgrund § 12 Abs. 3 JuSchG hinsichtlich der Rechtsfolgen wie ein Angebot mit der Kennzeichnung „Keine Jugendfreigabe" zu behandeln, so besteht keine Hinweispflicht für ein entsprechendes (im Wesentlichen) inhaltsgleiches Telemedium. Auf etwaige Indizierungen des Bildträgers oder des Telemediums selbst ist nicht hinzuweisen; insoweit ist § 6 Abs. 1 JMStV zu beachten.

Die genauen inhaltlichen Anforderungen an die Hinweispflicht werden 6
nicht ausdrücklich geregelt. Insbesondere bleibt offen, ob auch bei Telemedien die besonderen Zeichen i. S. d. § 12 Abs. 2 S. 1 und 2 Nr. 1 JuSchG verwendet werden müssen, oder ob ein formloser (deutlicher) Hinweis auf die entsprechende Kennzeichnung des Bildträgers genügt. Nach der Amtlichen Begründung zu § 12 ist hinreichend, dass „die jeweilige Kennzeichnung ohne weitere Zugriffsschritte **auf Anhieb erkennbar** ist" (vgl. auch § 12 JuSchG Rn. 6). Dies sei am besten durch „ein der Anordnung nach § 12 Abs. 2 Nr. 1 JuSchG entsprechendes Zeichen" zu erreichen (Bayer. LT-Drs. 14/10246, S. 21). Hiernach ist die Anbringung des nach dem JuSchG verwendeten Kennzeichens zwar nicht zwingend. Verwendet der Anbieter indes einen lediglich formlosen Hinweis auf die Alterskennzeichnung, erhöht sich wegen des unbestimmten Rechtsbegriffs des „deutlichen Hinweises" das Risiko eines aufsichtsbehördlichen Vorgehens nach § 12 JMStV. Die Amtliche Begründung des Regierungsentwurfs zu § 12 JuSchG (BT-Drs. 14/9013, S. 21) enthält den Hinweis, dass die Pflicht der Anbieter von Telemedien „entsprechend der Anbringung der Alterskennzeichen auf Bildträgern" zu verstehen sei.

IV. Rechtsfolgen, Prozessuales

Die vorsätzliche oder fahrlässige Missachtung der Kennzeichnungspflicht 7
kann nach § 24 Abs. 1 Nr. 13 JMStV als Ordnungswidrigkeit mit **Bußgeld** geahndet werden. Gegen die Bußgeldahndung oder sonstige Maßnahmen (z. B. Beanstandung) durch die zuständige (§§ 20 Abs. 6, 24 Abs. 4 JMStV) Landesmedienanstalt ist der Verwaltungsrechtsweg eröffnet und mithin die **Anfechtungsklage** (§ 42 Abs. 1 1. Alt. VwGO) statthaft (vgl. auch § 22 JMStV).

IV. Abschnitt. Verfahren für Anbieter mit Ausnahme des öffentlich-rechtlichen Rundfunks

§ 13 Anwendungsbereich

Die §§ 14 bis 21 sowie § 24 Abs. 4 Satz 6 gelten nur für länderübergreifende Angebote.

Schrifttum: *Altenhain*, Jugendschutz in: Hoeren/Sieber, Handbuch Multimedia Recht, Teil 20 (Stand Dez. 2006); *Erdemir*, JMStV, in: Spindler/Schuster, Recht der elektronischen Medien, 2008; *Hahn/Vesting*, Rundfunkrecht – Kommentar, 2. Aufl. 2008; *Hartstein/Ring/Kreile/Dörr/Stettner*, Jugendmedienschutz-Staatsvertrag – Kommentar (Losebl.); *Landmann*, Medienjugendschutzrecht in: Eberle/Rudolf/Wasserburg, Mainzer Rechtshandbuch der Neuen Medien, 2003; *Liesching*, Jugendmedienschutz, in: Paschke/Berlit/Meyer, Hamburger Kommentar Gesamtes Medienrecht, 2008; *Nikles/Roll/Spürck/Umbach*, Jugendschutzrecht – Kommentar, 2. Aufl. 2005; *Scholz/Liesching*, Jugendschutz – Kommentar, 4. Aufl. 2004; *Ukrow*, Jugendschutzrecht, 2004.

I. Lange Verfahrenswege im Jugendschutz

1   Insbesondere die medienaufsichtliche Praxis bei Verfahren im Zusammenhang mit der Verfolgung von Jugendschutzrechtsverstößen durch Internetanbieter stellt sich als optimierungsbedürftig dar. Denn der Schnelllebigkeit des Internets steht hier ein insgesamt **überlanges aufsichtsrechtliches Verfahren** gegenüber, dass vor allem den umständlichen Zuständigkeits- und Verfahrensregelungen des JMStV geschuldet ist. Vor allem dann, wenn die Länderkontrollstelle jugendschutz.net (vgl. § 18 JMStV) einen Anbieter auf Jugendschutzverstöße hingewiesen hat und dieser hierauf nicht reagiert, gestaltet sich eine zeitnahe ordnungsrechtliche Sanktionierung schwierig.

2   Zunächst hat **jugendschutz.net** keine eigenen ordnungsrechtlichen Befugnisse und muss den Fall an die Kommission für Jugendmedienschutz (**KJM**) weiterleiten. Wegen der Vielzahl der Fälle entscheidet die KJM jedoch zunächst nicht unmittelbar über das Angebot, sondern sammelt etwa 8 bis 10 Vorgänge, die sie der so genannten KJM-Prüfgruppe zur Bewertung des Vorliegens eines Jugendschutzverstoßes übergibt. Stellt die **KJM-Prüfgruppe**, welche im JMStV nicht vorgesehen ist und daher ebenfalls keine ordnungsrechtlich eigenständige Entscheidungsbefugnis hat, einen Jugendschutzverstoß fest, leitet sie einen entsprechenden Entscheidungsvorschlag an die jeweils zuständige Landesmedienanstalt weiter. Die Landesmedienanstalt hat wiederum im Falle des Berührtseins auch strafrechtlicher Verbote zunächst die **Staatsanwaltschaft** zu konsultieren, da sie nach dem OWiG im Falle der Strafverfolgung zur Abgabe des Vorgangs verpflichtet ist.

3   Will die Staatsanwaltschaft nicht ermitteln, muss die **Landesmedienanstalt** im Weiteren die Freiwillige Selbstkontrolle Multimedia-Diensteanbieter (**FSM**) um Auskunft bitten, ob der betreffende Telemedienanbieter bei ihr Mitglied ist. So dies der Fall ist, steht der Selbstkontrolleinrichtung nämlich ein Bewertungsvorrang im Sinne der Haftungsprivilegierung nach § 20 Abs. 5 JMStV zu (s. dort Rn. 42 ff). Verneint die FSM, ist der **Anbieter** im nächsten

Anwendungsbereich **§ 13 JMStV**

Schritt im Hinblick auf den zur Last gelegten Jugendschutzverstoß **anzuhören** (vgl. § 28 VwVfG). Mit dem Anhörungsergebnis leitet die Landesmedienanstalt den Fall zurück an die KJM, da nur diese für die angebotsinhaltliche Bewertung entscheidungsbefugt ist. Eine Entscheidung trifft hier in der Regel der **KJM-Prüfausschuss** (§ 14 Abs. 5); so dieser nicht einstimmig votiert, muss indes die KJM weiterhin in der Hauptsitzung entscheiden. Wird auch hier von einem Jugendschutzverstoß ausgegangen, geht der Fall mit dem entsprechenden Ergebnis zurück zur zuständigen Landesmedienanstalt, die schließlich die ordnungsrechtliche Maßnahme gegenüber dem Telemedienanbieter tatsächlich ergreifen kann. Diesem stehen freilich die üblichen **verwaltungsrechtlichen Rechtsmittel** gegenüber der ordnungsrechtlichen Maßnahme (z. B. Anfechtung eines Bußgeld-Verwaltungsaktes) zu.

Parallel zu dem geschilderten ordnungsrechtlichen Verfahren bzw. verfahrensüberlagernd kann zudem eine Indizierung des betreffenden Telemediums bei der Bundesprüfstelle für jugendgefährdende Medien (**BPjM**) beantragt bzw. initiiert werden (vgl. zur Praxis der Indizierung von Telemedien: 3. KJM-Bericht, 2009, S. 39 ff.). 4

Die **komplexe verfahrensrechtliche Situation** führt dazu, dass sich ordnungsrechtliche Verfahren teilweise über mehrere Jahre hinziehen. Hierbei ist nicht nur die Transparenz und Nachvollziehbarkeit der Verfahrensabläufe ein Problem. Darüber hinaus sind Inhalte oft schon nach wenigen Tagen nicht mehr in der Form abrufbar, wie sie Gegenstand der ordnungsrechtlichen Beanstandung waren oder der Anbieter verbreitet die Internetinhalte unter einer anderen Web-Adresse. Dies ist zwar für eine Ahndung des vormaligen Verstoßes grundsätzlich unerheblich. Die medienaufsichtliche Praxis ist aber für den Jugendschutz insgesamt von vergleichsweise geringem Gewinn. Gleichwohl wurden auch bei den **Novellierungen des JMStV** durch den letztlich ohnehin gescheiterten 14. RfÄndStV kaum Anstrengungen unternommen, die Verfahren zu verschlanken bzw. ökonomischer auszugestalten. 5

II. Länderübergreifende Angebote

Die Vorschrift des § 13 betrifft den Anwendungsbereich der Vorschriften über das **Verfahren nach den §§ 14 bis 21 JMStV** sowie den Vollzug für Anbieter mit Ausnahme des öffentlich-rechtlichen Rundfunks nach § 24 Abs. 4 Satz 6 JMStV. Länderübergreifende Angebote sind dabei sowohl bundesweit verbreitete oder zugänglich gemachte Angebote als auch Angebote, die nur in dem Gebiet von **mehreren Ländern** verbreitet oder zugänglich gemacht werden. Das Angebot muss dabei in erheblichem Umfang in einem Land empfangbar sein, sog. **Overspill** genügt nicht (H/V/Schulz/Held, Rn. 7). Angebote im Internet sind stets länderübergreifend, da eine räumliche Beschränkung der Abrufbarkeit von Angeboten hier noch nicht möglich ist bzw. die im Glücksspielbereich diskutierte Praxis des „Geolocating" (vgl. hierzu z. B. Kessler/Winkelmüller, GewArch 2009, 181; OVG Lüneburg MMR 2009, 580) bislang keine praktische Bedeutung im Jugendschutz erlangt hat. 6

III. Erweiterung auf nicht länderübergreifende Angebote

7 Auf Antrag der zuständigen Landesmedienanstalt kann die KJM gem. § 14 Abs. 2 Satz 3 JMStV auch mit **nicht länderübergreifenden Angeboten** gutachterlich befasst werden. Den Bundesländern ist vorbehalten, die genannten Vorschriften auch für auf das Land beschränkte Angebote für anwendbar zu erklären (Nikles u.a., Rn. 1; siehe auch Bayer. LT-Drs. 14/10246, S. 21).

§ 14 Kommission für Jugendmedienschutz

(1) ¹**Die zuständige Landesmedienanstalt überprüft die Einhaltung der für die Anbieter geltenden Bestimmungen nach diesem Staatsvertrag.** ²**Sie trifft entsprechend den Bestimmungen dieses Staatsvertrages die jeweiligen Entscheidungen.**

(2) ¹Zur Erfüllung der Aufgaben nach Absatz 1 wird die Kommission für Jugendmedienschutz (KJM) gebildet. ²Diese dient der jeweils zuständigen Landesmedienanstalt als Organ bei der Erfüllung ihrer Aufgaben nach Absatz 1. ³Auf Antrag der zuständigen Landesmedienanstalt kann die KJM auch mit nichtländerübergreifenden Angeboten gutachtlich befasst werden. ⁴Absatz 5 bleibt unberührt.

(3) ¹**Die KJM besteht aus 12 Sachverständigen.** ²**Hiervon werden entsandt**
1. **sechs Mitglieder aus dem Kreis der Direktoren der Landesmedienanstalten, die von den Landesmedienanstalten im Einvernehmen benannt werden,**
2. **vier Mitglieder von den für den Jugendschutz zuständigen obersten Landesbehörden,**
3. **zwei Mitglieder von der für den Jugendschutz zuständigen obersten Bundesbehörde.**

³**Für jedes Mitglied ist entsprechend Satz 2 ein Vertreter für den Fall seiner Verhinderung zu bestimmen.** ⁴**Die Amtsdauer der Mitglieder oder stellvertretenden Mitglieder beträgt fünf Jahre.** ⁵**Wiederberufung ist zulässig.** ⁶**Mindestens vier Mitglieder und stellvertretende Mitglieder sollen die Befähigung zum Richteramt haben.** ⁷**Den Vorsitz führt ein Direktor einer Landesmedienanstalt.**

(4) **Der KJM können nicht angehören Mitglieder und Bedienstete der Institutionen der Europäischen Union, der Verfassungsorgane des Bundes und der Länder, Gremienmitglieder und Bedienstete von Landesrundfunkanstalten der ARD, des ZDF, des Deutschlandradios, des Europäischen Fernsehkulturkanals „ARTE" und der privaten Rundfunkveranstalter oder Anbieter von Telemedien sowie Bedienstete von an ihnen unmittelbar oder mittelbar im Sinne von § 28 des Rundfunkstaatsvertrages beteiligten Unternehmen.**

(5) ¹**Es können Prüfausschüsse gebildet werden.** ²**Jedem Prüfausschuss muss mindestens jeweils ein in Absatz 3 Satz 2 Nrn. 1 bis 3 aufgeführtes Mitglied der KJM oder im Falle seiner Verhinderung**

dessen Vertreter angehören. ³Die Prüfausschüsse entscheiden jeweils bei Einstimmigkeit anstelle der KJM. ⁴Zu Beginn der Amtsperiode der KJM wird die Verteilung der Prüfverfahren von der KJM festgelegt. ⁵Das Nähere ist in der Geschäftsordnung der KJM festzulegen.

(6) ¹Die Mitglieder der KJM sind bei der Erfüllung ihrer Aufgaben nach diesem Staatsvertrag an Weisungen nicht gebunden. ²Die Regelung zur Vertraulichkeit nach § 24 des Rundfunkstaatsvertrages gilt auch im Verhältnis der Mitglieder der KJM zu anderen Organen der Landesmedienanstalten.

(7) ¹Die Mitglieder der KJM haben Anspruch auf Ersatz ihrer notwendigen Aufwendungen und Auslagen. ²Näheres regeln die Landesmedienanstalten durch übereinstimmende Satzungen.

Schrifttum: *Bosch,* Die „Regulierte Selbstregulierung" im Jugendmedienschutz-Staatsvertrag, 2006; *Brandenburg/Lammeyer,* Steht der Kommission für Jugendmedienschutz ein Beurteilungsspielraum zu?, ZUM 2010, 655; *Cole,* Das Zusammenwirken von Selbstkontrolle und hoheitlicher Kontrolle im Jugendmedienschutz, RdJB 2006, 299; *ders.,* Der Dualismus von Selbstkontrolle und Aufsicht im Jugendmedienschutz, ZUM 2005, 462; *Erdemir,* Die Kommission für Jugendmedienschutz der Landesmedienanstalten – Ein zentrales Aufsichtsorgan für Rundfunk und Telemedien, RdJB 2006, 285; *Hopf/Braml,* Eingeschränkte gerichtliche Überprüfbarkeit des Beurteilungsspielraums der Kommission für Jugendmedienschutz (KJM), MMR 2009, 153; *dies.;* Das Verhältnis der KJM zur FSF anhand einer kritischen Würdigung der Entscheidung des VG Berlin vom 6. 7. 2006, ZUM 2007, 123; *Kreile/Diesbach,* Der neue Jugendmedienschutz-Staatsvertrag – Was ändert sich für den Rundfunk?, ZUM 2002, 849; *Langenfeld,* Die Neuordnung des Jugendschutzes im Internet, MMR 2003, 303; *Liesching,* Der Jugendmedienschutz-Staatsvertrag – Neue Anforderungen für den Jugendschutz im Rundfunk, tv-diskurs 25/2003, S. 48; *Palzer,* Co-Regulierung als Steuerungsform für den Jugendschutz in den audiovisuellen Medien – eine europäische Perspektive, ZUM 2002, 875; *Pooth,* Jugendschutz im Internet – staatliche Regulierung und private Selbstkontrolle, 2005; *Pröhl,* KJM zieht Zwischenbilanz, JMS-Report 2/2005, 3; *Retzke,* Präventiver Jugendmedienschutz, 2006; *Ring,* Jugendmedienschutz im dualen Rundfunksystem, in: KJM-Schriftenreihe Bd. 1, 2009, S. 13; *ders.,* Jugendschutz im Spannungsfeld zwischen Selbstregulierung der Medien und staatlicher Medienkontrolle, AfP 2004, 9; *ders.,* Jugendmedienschutz – Eine Bilanz der Kommission für Jugendmedienschutz (KJM), JMS-Report 6/2004, 2; *Rossen-Stadtfeld,* Beurteilungsspielräume der Medienaufsicht, in: KJM-Schriftenreihe Bd. 1, 2009, S. 179; *ders.,* Selbstkontrolle, Medienaufsicht und gerichtliche Überprüfung: Abgrenzungsfragen im Steuerungsverbund, ZUM 2008, 457; *ders.,* Die Konzeption Regulierter Selbstregulation und ihre Ausprägung im Jugendmedienschutz, AfP 2004, 1; *Schwendtner,* Die Zusammenarbeit mit Einrichtungen der Freiwilligen Selbstkontrolle, in: KJM-Schriftenreihe Bd. 1, 2009, S. 90; *Sellmann,* Co-Regulierung in concreto, K&R 2007, 196; *Stettner,* Der neue Jugendmedienschutz-Staatsvertrag – eine Problemsicht, ZUM 2003, 425; *Ullrich,* Defizite bei der Regulierung der Selbstregulierung, MMR 2005, 743; *Weigand,* Aufsicht, Anbieter oder Anwender – wer hat welche Verantwortung im Jugendmedienschutz, in: KJM-Schriftenreihe Bd. 1, 2009, S. 31.

Übersicht

	Rn.
I. Allgemeines	1
1. Regelungsinhalt und Bedeutung	1
2. Normhistorie	2

JMStV § 14   IV. Abschnitt. Verfahren für Anbieter

II. Zuständigkeit der Landesmedienanstalten (Abs. 1)	3
1. 14 Landesmedienanstalten	3
2. Zuständigkeit für privaten Rundfunk	4
3. Zuständigkeit bei Telemedien	5
III. KJM als zentrales Hilfsorgan (Abs. 2)	6
1. Organfunktion der KJM	6
2. Funktion und Aufgaben	7
3. Beurteilungsspielraum der KJM	9
IV. Zusammensetzung der KJM (Abs. 3)	10
1. Allgemeines	10
2. Keine unzulässige Mischverwaltung	11
3. Amtsanforderungen	12
V. Von KJM-Mitgliedschaft ausgeschlossene Personengruppen (Abs. 4)	16
VI. Bildung von Prüfausschüssen (Abs. 5)	18
1. Allgemeines	18
2. Zusammensetzung der Prüfausschüsse	19
3. Prüfverfahren	21
VII. Weisungsfreiheit, Verschwiegenheit (Abs. 6)	23
1. Weisungsfreiheit (Satz 1)	23
2. Verschwiegenheitspflicht (Satz 2)	24
VIII. Ersatz von Aufwendungen und Auslagen (Abs. 7)	25
IX. Personalausstattung, Finanzierung, Geschäftsstelle	26
1. Personalausstattung	26
2. Finanzierung	27
3. Geschäftsstelle	28
X. Prozessuale Hinweise	29

I. Allgemeines

1. Regelungsinhalt und Bedeutung

1   Die Vorschrift regelt zunächst die Konstituierung der Kommission für Jugendmedienschutz (KJM), die der Gesetzgeber im Hinblick auf die Überwindung der „Zersplitterung der Aufsichtsstrukturen beim Jugendschutz" für erforderlich erachtet hat (zur Historie vgl. H/V/Held/Schulz Rn. 4 f.). Darüber hinaus werden **Aufgaben und Stellung der KJM** sowie ihrer Mitglieder geregelt. Die KJM kann Prüfausschüsse bilden, die in ihrer Arbeit weisungsunabhängig sind, denen jedoch nur eine Beurteilungskompetenz zukommt. Zuständig im Außenverhältnis ist nach wie vor die jeweilige Landesmedienanstalt, weshalb faktisch der Zersplitterung der Aufsichtsstrukturen nur in geringem Umfang abgeholfen worden ist.

2. Normhistorie

2   Die **vor Inkrafttreten des JMStV** geltenden Vorschriften über Jugendmedienschutz und Schutz der Menschenwürde hatten sich nicht bewährt, soweit sie die Struktur der Aufsicht über länderübergreifende Angebote im privaten Rundfunk und in Telemedien privater Anbieter zum Gegenstand hatten. Die Verteilung der Aufsicht auf (damals) 15 Landesmedienanstalten im Bereich des privaten Rundfunks und 15 weitere, für den gesetzlichen

Jugendschutz zuständige Behörden im Bereich der Telemedien war mit dem Risiko verbunden, dass die betroffenen Behörden die Regelungen zum Jugendschutz und Schutz der Menschenwürde nach **unterschiedlichen Maßstäben** anwenden und durchsetzen. Die lediglich für den Bereich Rundfunk von den Landesmedienanstalten eingerichtete sog. „Gemeinsame Stelle Jugendschutz und Programm" (GSJP) konnte der jeweils zuständigen Landesbehörde nur unverbindliche Entscheidungsvorschläge für den Einzelfall unterbreiten (vgl. auch VG Berlin ZUM 2002, 758, insb. 761 f.). Die mit Inkrafttreten des JMStV im April 2003 eingeführte Vorschrift wurde durch den **8. RfÄndStV** vom 8. 10. 2004 insb. im damaligen Abs. 9 mit Wirkung vom 1. 4. 2005 geändert. Die vormaligen Absätze 8 bis 10 wurden später aufgehoben durch **10. RfÄndStV** v. 19. 12. 2007 mit Wirkung vom 1. 9. 2008 (s.a. H/V/Held/Schulz Rn. 4 f.).

II. Zuständigkeit der Landesmedienanstalten (Abs. 1)

1. 14 Landesmedienanstalten

Nach Abs. 1 S. 1 verbleibt auch nach Inkrafttreten des JMStV die Zuständigkeit für die Überprüfung der **Einhaltung der JMStV-Bestimmungen** durch die Anbieter bei der jeweiligen Landesmedienanstalt. Die 14 Landesmedienanstalten sind namentlich Landesanstalt für Kommunikation Baden-Württemberg (LfK), Bayerische Landeszentrale für neue Medien (BLM), Medienanstalt Berlin-Brandenburg (mabb), Bremische Landesmedienanstalt (BreMA), Medienanstalt Hamburg / Schleswig-Holstein (MA HSH), Hessische Landesanstalt für privaten Rundfunk und neue Medien (LPR Hessen), Medienanstalt Mecklenburg-Vorpommern (MMV), Niedersächsische Landesmedienanstalt (NLM), Landesanstalt für Medien Nordrhein-Westfalen (LfM), Landeszentrale für Medien und Kommunikation Rheinland-Pfalz (LMK), Landesmedienanstalt Saarland (LMS), Sächsische Landesanstalt für privaten Rundfunk und neue Medien (SLM), Medienanstalt Sachsen-Anhalt (MSA), Thüringer Landesmedienanstalt (TLM). Nach dem sachlich-materiellen Funktionsbereich der Landesmedienanstalten sind diese – ungeachtet des Gebots der Staatsferne – letztlich als **Teil der Staatsverwaltung** anzusehen, da die Hauptaufgaben im Bereich der Aufsicht und Zulassung angesiedelt sind. Dem entspricht, dass sie Hoheitsgewalt ausüben können (ausführl. Witt, 2008, S. 183 ff.).

2. Zuständigkeit für privaten Rundfunk

Bei privaten Rundfunkanbietern ist diejenige Anstalt zuständig, in deren Aufsichtsbereich der jeweilige **Veranstalter zugelassen** ist (vgl. § 20 Abs. 6, ferner § 20 RStV), hingegen nicht diejenigen Anstalten, in deren Aufsichtsgebiet lediglich eine Weiterverbreitung, etwa durch Einspeisung in das Kabelnetz, stattfindet (Hartstein u.a., § 38 RStV Rn. 7; vgl. auch Beucher u.a. § 38 Rn. 2). Ist hierdurch zwar nicht ausgeschlossen, dass die Landesmedienanstalten untereinander Verfahrensregeln vereinbaren, mit denen die Mitwirkung aller Anstalten gewährleistet wird (vgl. Hartstein u.a., § 38 RStV Rn. 7), so wäre hiermit die Gefahr einer Desavouierung der Funktionen der Kommission für Jugendmedienschutz (KJM) verbunden, in der mit sechs Mitgliedern gem. Abs. 3 Nr. 1 ohnehin Direktoren der Landesmedienanstalten vertreten sind. Die Überprüfung der für die privaten Anbieter geltenden sonstigen, nicht dem Jugendmedienschutz und Schutz der Menschenwürde dienenden Bestimmungen richtet sich für private Rundfunkveranstalter nach § 36 RStV.

3. Zuständigkeit bei Telemedien

5   Bei Anbietern von Telemedien ist nach § 20 Abs. 6 S. 1 die Landesmedienanstalt desjenigen Landes zuständig, in welchem der Anbieter seinen **Sitz**, Wohnsitz oder in Ermangelung dessen seinen ständigen Aufenthalt hat. Ergibt sich danach keine Zuständigkeit, so ist nach § 20 Abs. 6 S. 2 diejenige Landesmedienanstalt zuständig, in deren Bezirk der **Anlass für die Amtshandlung** hervortritt (vgl. zum Ganzen § 20 Rn. 48 ff.). Für die Anerkennung von Jugendschutzprogrammen gilt § 11 Abs. 2 u. 3. Die Überprüfung der für die privaten Anbieter geltenden sonstigen, nicht dem Jugendmedienschutz und Schutz der Menschenwürde dienenden Bestimmungen richtet sich für Anbieter von Telemedien nach § 59 RStV.

III. KJM als zentrales Hilfsorgan (Abs. 2)

1. Organfunktion der KJM

6   Nach Abs. 2 S. 1 und 2 soll die Kommission für Jugendmedienschutz der jeweils zuständigen Landesmedienanstalt als Organ bei der **Aufgabenerfüllung** nach Abs. 1 dienen (vgl. auch Bornemann, NJW 2003, 787, 790 f.). Die Organstruktur der Landesmedienanstalten richtet sich im Übrigen nach Landesrecht (vgl. Bayer. LT-Drs. 14/10246, S. 21). Das Modell der Übertragung einzelner Aufgaben der Landesmedienanstalten auf ein zentrales Organ wurde bereits im Rahmen der rundfunkrechtlichen Aufsicht zur Sicherung der Meinungsvielfalt durch die Etablierung der KEK und der KDLM gemäß § 35 Abs. 2 RStV umgesetzt (vgl. hierzu Dörr, MP 1998, 54 ff.; ob es sich insoweit um eine „**Organleihe**" im verwaltungsrechtlichen Sinne handelt, ist umstritten, vgl. Hepach, ZUM 1999, 603, 606; a. A. Renck-Laufke, ZUM 2000, 369). Das Rundfunkregulierungssystem wurde zwischenzeitlich um die Organe der Kommission für Zulassung und Aufsicht (ZAK) und der Gremienvorsitzendenkonferenz (GVK) erweitert (vgl. § 35 Abs. 2 S. 1 Nrn. 1 und 2 RStV).

2. Funktion und Aufgaben

7   Demgegenüber ist das Aufgabenfeld der KJM wesentlich weiter gefasst, wie sich aus dem Zuständigkeitskatalog des § 16 ersehen lässt. Hieraus ergibt sich auch, dass die Kommission die ihr übertragenen Aufgaben selbstständig wahrnimmt und ggf. **von Amts wegen tätig** wird (vgl. § 17 Abs. 1 S. 1). Gemäß Satz 4 bleibt die Möglichkeit der Bildung von Prüfausschüssen nach Abs. 5 unberührt. Die Entscheidungen der KJM bzw. seiner Prüfausschüsse sind allerdings **im Außenverhältnis** grundsätzlich nicht unmittelbar wirksam. Ebenso

wie die KEK wird sie in den internen Geschäftsgang der nach außen in Erscheinung tretenden Landesmedienanstalt eingebunden, welche gem. § 14 Abs. 1 für die jeweilige Entscheidung originär zuständig ist (vgl. Renck-Laufke, ZUM 2000, 369, 370; unzutreffend Kreile/Diesbach, ZUM 2002, 849, 853, die unter Berufung auf § 20 Abs. 2 ein alleiniges Tätigwerden der KJM gegenüber Rundfunkanbietern annehmen; vgl. zum Begriff des Handelns der zuständigen Landesmedienanstalt „durch die KJM" § 16 Rn. 2 ff.).

Dies gilt nicht für Anträge auf **Indizierung eines Telemediums** nach 8 § 18 Abs. 6 JuSchG. Demnach handelt die KJM eigenständig und stellt den Antrag auf Listenaufnahme unmittelbar bei der Bundesprüfstelle für jugendgefährdende Medien (BPjM). Die Kommission ist insoweit nicht Organ der Landesmedienanstalten, sondern nimmt **eigene Aufgaben** wahr.

3. Beurteilungsspielraum der KJM

Ob der Kommission für Jugendmedienschutz generell ein **Beurteilungs-** 9 **spielraum** bei der Bewertung von Jugendschutzfragen zukommt, welcher der verwaltungsgerichtlichen Überprüfung entzogen ist, ist umstritten (dafür: VG Augsburg MMR 2008, 772 ff.; Cole, ZUM 2010, 929 ff.; Hepach, ZUM 2008, 351, 353; Rossen-Stadtfeld, ZUM 2008, 457 ff.; H/V/Schulz/Held, § 20 JMStV Rn. 63; Hopf/Braml, MMR 2008, 775 f.; dies., MMR 2009, 153 ff.; ferner: Ladeur, ZUM 2002, 859, 864; dagegen: BayVGH, Urt. v. 23. 3. 2011 – 7 BV 09.2512, MMR 6/2011 in. Anm. Liesching; VG Münster JMS-Report 4/2010, 73, 76; VG Berlin, Urt. v. 28. 01. 2009 – VG 27 A 61.07 – „Sex and the City"; VG München JMS-Report 5/2009, 64 ff. – „I want a famous face"; Bosch, 2007, S. 351 f.; Brandenburg/Lammeyer, ZUM 2010, 655 ff.; Brunner, 2005, 152 ff.; Witt, 2008, S. 238 ff.; ferner: VG Hannover AfP 1996, 205, 206; BayVGH JMS-Report 01/2009, S. 9, 11). Ein solcher Beurteilungsspielraum ist schon mangels gesetzlicher Regelung im JMStV und Entgegenstehen der Rechtssystematik (vgl. § 20 Abs. 3 und 5) abzulehnen (siehe § 16 Rn. 4). KJM-Bewertungen sind aber als sachverständige Aussagen zu qualifzieren (BayVGH, a.a.O.).

IV. Zusammensetzung der KJM (Abs. 3)

1. Allgemeines

Die in Abs. 3 geregelte Zusammensetzung der KJM orientiert sich im 10 Wesentlichen an dem Modell der KEK (vgl. § 35 Abs. 5 RStV). Sie besteht allerdings nach Satz 1 aus doppelt so vielen, namentlich zwölf Sachverständigen, von denen sich nach Satz 2 Nr. 1 sechs Mitglieder aus dem **Kreis der Direktoren der Landesmedienanstalten** zusammensetzen, welche von den Landesmedienanstalten im Einvernehmen benannt werden. Vier Mitglieder der KJM werden nach Satz 2 Nr. 2 von den für den Jugendschutz zuständigen **obersten Landesbehörden** und zwei Mitglieder nach Satz 2 Nr. 3 von der für den Jugendschutz zuständigen **obersten Bundesbehörde** entsandt. Nach der Gesetzesbegründung gewährleistet diese Zusammensetzung hinreichenden Sachverstand der KJM „in sämtlichen ihr zugewiesenen Aufgabenfeldern" (Bayer. LT-Drs. 14/10246, S. 21). Bemerkenswert ist in diesem Zusammenhang, dass der Gesetzgeber insoweit auf eine Gewährleistung der Sachkunde über die Repräsentanz gesellschaftlicher Gruppen in der Kommission verzichtet (vgl. demgegenüber § 19 Abs. 3 Nr. 1 sowie ferner § 19 Abs. 2 JuSchG). Auch bei der Einsetzung von Prüfausschüssen ist in Abs. 5 kein dahingehendes Erfordernis ausdrücklich genannt.

2. Keine unzulässige Mischverwaltung

11 Die Einbeziehung zweier Mitglieder der obersten Bundesbehörde führt noch nicht zu einer verfassungswidrigen **Mischverwaltung** (H/V/Held/Schulz, § 14 JMStV Rn. 9). Unter dem Gesichtspunkt der Staatsfreiheit bzw. **Staatsferne** werden im Hinblick auf die Zusammensetzung der KJM Bedenken erhoben (vgl. Bosch, „Regulierte Selbstregulierung", 2007, S. 277 ff.; a. A. Langenfeld, MMR 2003, 303, 307 f.).

3. Amtsanforderungen

12 Für jedes Mitglied ist nach Satz 3 ein Vertreter aus den jeweils in Satz 2 genannten Kreisen für den Fall seiner Verhinderung zu bestimmen. Für das Vorliegen einer **Verhinderung** im Sinne der Vorschrift ist unerheblich, ob diese vorübergehend oder dauerhaft ist (vgl. demgegenüber § 35 Abs. 5 S. 2 RStV; zum Ganzen auch Beucher, u.a. § 35 Rn. 6). Die **Amtsdauer** der Mitglieder oder stellvertretenden Mitglieder beträgt nach Satz 4 fünf Jahre, eine Wiederberufung ist nach Satz 5 zulässig. Durch die Dauer der Amtszeit wird die Unabhängigkeit der Mitglieder der KJM verfahrensrechtlich abgesichert (Bayer. LT-Drs. 14/10246, S. 21).

13 Mitglieder der Kommission für Jugendmedienschutz (KJM), welche an der Beurteilung einer bestimmten Rundfunkdokumentation zu Schönheitsoperationen beteiligt waren, können nicht schon deshalb als „**befangen**" im verwaltungsrechtlichen Sinne angesehen werden, weil sie zuvor an einem (rechtswidrigen) Beschluss mitgewirkt hatten, nachdem alle Sendungen mit Schönheitsoperationen zu Unterhaltungszwecken grundsätzlich entwicklungsbeeinträchtigend und erst nach 23.00 Uhr auszustrahlen seien (VG München JMS-Report 5/2009, 64 ff.). Eine Befangenheit liegt auch dann nicht vor, wenn ein KJM-Mitglied eine Sendung im Privatbereich zur Kenntnis genommen hat, dann eine nähere Prüfung durch die KJM-Stabsstelle veranlasst hat und später an einer Entscheidung des KJM-Plenums mitwirkt.

14 Mindestens vier Mitglieder und stellvertretende Mitglieder sollen gemäß Satz 6 die **Befähigung zum Richteramt** haben. Hierdurch trägt der Gesetzgeber dem Umstand Rechnung, dass die Überprüfung der Einhaltung der Jugendschutzbestimmungen weniger pädagogische als vielmehr juristische Kenntnisse erfordert. Dies gilt sowohl im Hinblick auf die Subsumtion komplexer Verbotsbestimmungen (vgl. §§ 4, 5,) als auch auf die verwaltungsrechtliche Umsetzung des Verfahrens (vgl. § 17). Über die genannte formale Qualifikation hinaus müssen die Mitglieder allgemein **fachliche Fähigkeiten** aufweisen, die dem Wortlaut des Abs. 3 S. 1 („Sachverständige") Rechnung tragen. Insoweit wird ausreichend sein, dass die als Mitglied in Betracht kommende Person über einen längeren Zeitraum hinweg sich im Rahmen

ihrer beruflichen Tätigkeit mit Fragen des Jugendschutzes, insb. des Jugendmedienschutzes befasst hat (vgl. auch Beucher u.a., § 35 Rn. 5). Den **Vorsitz** führt nach Satz 7 ein Direktor einer Landesmedienanstalt.

Auf die Rechtmäßigkeit von Beschlussfassungen von Mitgliedern der KJM 15 im so genannten „**Umlaufverfahren**" kommt es nicht an, wenn die jeweiligen Entscheidungen in einer ordentlichen KJM-Sitzung bestätigt werden (VG München JMS-Report 5/2009, 64 ff.). Ein „**Grundsatzbeschluss**" der KJM, der den Eindruck erweckt, eine verbindliche Regelung zu treffen, ist rechtswidrig, wenn eine Rechtsgrundlage für eine solche Regelung fehlt (VG Berlin ZUM 2006, 779 ff. m. Anm. Liesching; krit. Hopf/Braml, ZUM 2007, 23 ff.).

V. Von KJM-Mitgliedschaft ausgeschlossene Personengruppen (Abs. 4)

Die Vorschrift nennt bestimmte, von der KJM-Mitgliedschaft ausgeschlos- 16 sene Personengruppen. Sie entspricht § 35 Abs. 5 S. 3 RStV und soll dem verfassungsrechtlichen Gebot der Staatsferne Rechnung tragen (vgl. Bayer. LT-Drs. 14/10246, S. 21). Die **Inkompatibilitätsregelung** gilt für die 12 Mitglieder wie für deren Vertreter für den Fall ihrer Verhinderung. Als Mitglieder und Bedienstete der Institutionen der Europäischen Union sind insb. Angehörige und Angestellte der Organe der Gemeinschaft anzusehen, namentlich der Rat, die Kommission, das Parlament sowie Gerichtshof und Rechnungshof. Daneben sind als **EU-Institutionen** auch Neben- und Hilfsorgane wie insb. der Wirtschafts- und Sozialausschuss sowie der Ausschuss der Regionen anzusehen und schließlich die Europäische Zentralbank sowie die Investitionsbank.

Verfassungsorgane des Bundes sind der Bundestag (Art. 40 GG), der 17 Bundesrat (Art. 50 GG), der Bundespräsident (Art. 54 Abs. 1 GG), die Bundesregierung (Art. 62 GG), die Bundesversammlung (Art. 54 Abs. 3 GG) und der gemeinsame Ausschuss (Art. 53a GG). Verfassungsorgane der Länder sind die Landtage bzw. Senate, die Ministerpräsidenten sowie die Landesregierungen. Der Ausschluss erfasst weiterhin **Gremienmitglieder und Bedienstete von Landesrundfunkanstalten** der ARD, des ZDF, des Deutschlandradios, des Europäischen Fernsehkulturkanals „ARTE" und der privaten Rundfunkveranstalter oder Anbieter von Telemedien sowie Bedienstete von an ihnen unmittelbar oder mittelbar im Sinne von § 28 RStV (hierzu Hartstein/Ring/Kreile/Dörr/Stettner, § 26 RStV Rn. 1 ff.) beteiligten Unternehmen.

VI. Bildung von Prüfausschüssen (Abs. 5)

1. Allgemeines

Durch Absatz 5 Satz 1 wird die KJM aus „Gründen der verfahrenstechni- 18 schen Bewältigung" (Bayer. LT-Drs. 14/10246, S. 21) einer nicht konkret absehbaren Anzahl von Prüfverfahren bei der KJM ermächtigt, Prüfausschüsse zu bilden. Die Vorschrift entspricht zum Teil dem Modell des vereinfachten

Verfahrens der Bundesprüfstelle für jugendgefährdende Medien (BPjM) nach § 23 Abs. 1 JuSchG (vgl. dort Rn. 1 ff.).

2. Zusammensetzung der Prüfausschüsse

19 Vor dem Hintergrund des Regelungszwecks der Verfahrensökonomie ist davon auszugehen, dass die Bildung von Prüfausschüssen nicht nur aus Mitgliedern der KJM möglich ist (Hartstein, u.a., Rn. 19; Scholz/Liesching, Rn. 14; Stettner, ZUM 2003, 425, 434; Witt, Regulierte Selbstregulierung, 2008, S. 222). **Ein KJM-Mitglied** als Prüfausschussmitglied reicht also aus (ablehnend: H/V/Held/Schulz, Rn. 59; Nikles u.a., Rn. 8). Zwar legt der Wortlaut dies zunächst nicht nahe („jeweils ein in Absatz 3 Satz 2 Nr. 1 bis 3 aufgeführtes Mitglied") und entspricht dies nicht der derzeitigen Praxis. Allerdings führt – abgesehen von auch bestehenden Bedenken im Hinblick auf die dann gefährdete **Staatsferne** (vgl. Stettner, ZUM 2003, 425, 434) – eine Umsetzung im strengen Sinne zu keiner wesentlichen Straffung des Verfahrens. Gerade die Praxis zeigt, dass die KJM zahlreiche so genannte „**Prüfgruppen**" aus Sachverständigen gebildet hat (§ 9 GVO-KJM), die nicht Mitglieder der KJM sind, um dem enormen Prüfungsaufwand im Bezug auf die Sichtung und Bewertung von Angebotsinhalten Rechnung tragen zu können. Die im JMStV nicht vorgesehenen **Prüfgruppen** setzen sich überwiegend aus Mitarbeitern der Landesmedienanstalten, von jugendschutz.net (vgl. § 18 JMStV) sowie den Obersten Landesjugendbehörden zusammen.

20 Bei den Entscheidungen der Prüfausschüsse gilt nach Satz 3 das **Einstimmigkeitsprinzip** (vgl. auch § 23 Abs. 1 JuSchG, dort Rn. 2 f.). Nur insoweit kann die Ausschussentscheidung einen Beschluss der KJM substituieren. Einfache **Mehrheiten** sind ebensowenig ausreichend wie das Votum des dem Ausschuss angehörenden KJM-Mitglieds. Kann im Ausschuss keine Einstimmigkeit erzielt werden, hat die Kommission für Jugendmedienschutz im **Verfahren des § 17** zu entscheiden (Bayer. LT-Drs. 14/10246, S. 22). Die Zahl der Ausschüsse sowie der Mitglieder des jeweiligen Ausschusses werden in der Vorschrift nicht genannt, um der KJM die Möglichkeit zu belassen, auf die praktischen Anforderungen zu reagieren und diese in einer Geschäftsordnung festzulegen (Satz 5). Die KJM hat in ihrer Sitzung am 25. November 2003 (zuletzt geänd. am 28. 11. 2006) die Geschäfts- und Verfahrensordnung (**GVO-KJM**) beschlossen, die unter anderem Details zu den KJM-Sitzungen und den Vorbereitungen der Prüfentscheidungen regelt.

3. Prüfverfahren

21 Durch das nach vorzugswürdiger Auslegung gegebene Erfordernis, dass einem Ausschuss **jeweils ein KJM-Mitglied** angehören muss (s.o. Rn. 19), wird die Zahl der Ausschüsse faktisch auf maximal 12, im Falle einer Doppelfunktion des KJM-Mitglieds in zwei Ausschüssen, auf 24 begrenzt. Dem jeweiligen Prüfausschuss sollten mindestens drei Mitglieder angehören, um eine sachgerechte Entscheidungsfindung auf der Grundlage eines ausgewogenen Diskussionsprozesses zu gewährleisten (vgl. hierzu eingehend Mast, S. 305 ff.). Je mehr Prüfer einem Ausschuss angehören, umso größer ist die

Kommission für Jugendmedienschutz § 14 JMStV

Gefahr, dass die gesetzgeberische Intention der **Entscheidungseffizienz** bei erhöhtem Prüfaufkommen aufgrund des Einstimmigkeitserfordernisses ins Leere läuft. Die Ausschussentscheidungen sind zu begründen, wobei die wesentlichen tatsächlichen und rechtlichen Gründe mitzuteilen sind (Bayer. LT-Drs. 14/10246, S. 22).

Zur Vermeidung sachfremder Einflüsse (Bayer. LT-Drs. 14/10246, S. 22) 22 auf die Entscheidungen der Prüfausschüsse wird nach Satz 4 zu Beginn der Amtsperiode der KJM die **Verteilung der Prüfverfahren** von der KJM festgelegt. Dies kann im Sinne eines Geschäftsverteilungsplanes auch dadurch geschehen, dass einzelnen Prüfausschüssen nur ein bestimmtes Aufgabenfeld (z. B. Festlegung der Sendezeit nach § 8, Erteilung von Ausnahmen für Rundfunkangebote nach § 9, Indizierungsanträge nach § 18 Abs. 6 JuSchG, Anerkennung von Jugendschutzprogrammen nach § 11 Abs. 2) für eine Amtsperiode übertragen wird. Auch derart kann eine gewisse Entscheidungskonsistenz und -kontinuität gewährleistet werden (vgl. zur Einrichtung von **Arbeitsgruppen** § 8 GVO-KJM). Die nähere Ausgestaltung der Ausschüsse sowie des Prüfverfahrens hat die KJM nach Satz 5 in einer Geschäftsordnung niederzulegen (s. GVO-KJM v. 25. 11. 2003, zuletzt geänd. am 28. 11. 2006).

VII. Weisungsfreiheit, Verschwiegenheit (Abs. 6)

1. Weisungsfreiheit (Satz 1)

Mit der nach Satz 1 garantierten Weisungsfreiheit der Mitglieder der KJM 23 wird deren Unabhängigkeit – ergänzend zu den Regelungen, die die Berufung der Mitglieder der KJM betreffen – zusätzlich abgesichert. Die KJM-Mitglieder sind nach dem Gesetz insb. nicht als Interessenvertreter der Stelle anzusehen, die sie in die KJM entsandt hat (vgl. Bayer. LT-Drs. 14/10246, S. 21; Hartstein u.a., § 35 RStV Rn. 11). Die Vorschrift gilt entsprechend für die **Prüfer der Ausschüsse** i. S. d. Abs. 5, soweit sie nicht Mitglied der KJM sind. Die KJM unterliegt freilich der **Rechtsaufsicht**. Soweit sie als Organ der zuständigen Landesmedienanstalt tätig wird, untersteht die KJM derselben Rechtsaufsicht wie diese (vgl. auch Beucher, u.a., § 36 Rn. 4 ff., ferner Knothe, ZUM 1997, 6, insb. 11).

2. Verschwiegenheitspflicht (Satz 2)

Die Vorschrift entspricht § 35 Abs. 8 S. 3 und erweitert die in § 24 RStV 24 angeordnete Verschwiegenheitspflicht der Mitglieder der KJM auf das Verhältnis zu anderen Organen der Landesmedienanstalten. Auch diesen Organen gegenüber dürfen Angaben über persönliche und sachliche Verhältnisse einer natürlichen oder juristischen Person oder einer Personengesellschaft sowie Betriebs- oder Geschäftsgeheimnisse, die einem Mitglied der KJM im Rahmen der Durchführung seiner Aufgaben anvertraut oder sonst bekannt geworden sind, **nicht unbefugt offenbart** werden (Bayer. LT-Drs. 14/ 10246, S. 22). „Angaben über persönliche und sachliche Verhältnisse" sind nicht nur Daten, die ihrer Natur nach personenbezogen sind, also z. B. auf **menschliche Eigenschaften** bezogene Daten. Vielmehr können auch

Daten erfasst sein, die Aussagen über einen Vorgang wie etwa die Beschreibung von personenbezogenen Angebotsinhalten enthalten (vgl. hierzu sowie zu den Begriffen der „Betriebs- oder Geschäftsgeheimnisse" ausführl. Hartstein u.a., § 24 RStV Rn. 4 f.).

VIII. Ersatz von Aufwendungen und Auslagen (Abs. 7)

25   Die Vorschrift des Satz 1 gewährt den Mitgliedern der KJM Anspruch auf Ersatz ihrer notwendigen Aufwendungen und Auslagen. Anders als § 35 Abs. 5 S. 5 RStV für Sachverständige der KEK sieht die Norm nach ihrem Wortlaut keine „angemessene Vergütung" für ihre Tätigkeit vor. Gleichwohl ist der Begriff der „notwendigen Aufwendungen" derart offen, dass hierin ebenfalls **Vergütungen (Aufwandshonorare)** erblickt werden können. Notwendig sind die Aufwendungen der KJM-Mitglieder dann, wenn sie für die Erfüllung der in § 16 genannten Aufgaben einschließlich der gutachterlichen Befassung mit nichtländerübergreifenden Angeboten nach § 14 Abs. 2 S. 3 **erforderlich** sind. Auch insoweit gelten die Grundsätze der Wirtschaftlichkeit und Sparsamkeit (vgl. unten Rn. 26). Näheres regeln die Landesmedienanstalten gemäß Satz 2 durch übereinstimmende Satzungen.

IX. Personalausstattung, Finanzierung, Geschäftsstelle

1. Personalausstattung

26   Nach § 35 Abs. 10 RStV stellen die Landesmedienanstalten der KJM (§ 35 Abs. 2 S. 1 Nr. 4 RStV) die notwendigen personellen und sachlichen Mittel zur Verfügung. Die Organe erstellen jeweils einen Wirtschaftsplan nach den Grundsätzen der **Wirtschaftlichkeit und Sparsamkeit** (vgl. Scholz/Liesching, § 14 JMStV Rn. 19; zum Begriff der Wirtschaftlichkeit: Bayer. LT-Drs. 14/10246, S. 22). Die KJM hat bei allen Maßnahmen das günstigste Verhältnis zwischen verfolgtem Zweck und einzusetzenden Mitteln anzustreben.

2. Finanzierung

27   Die Finanzierung erfolgt aus dem Anteil der Landesmedienanstalten nach § 10 des Rundfunkfinanzierungsstaatsvertrages; Näheres regeln die Landesmedienanstalten durch übereinstimmende Satzungen. Soweit Finanzierungsbedarf vormals hinsichtlich der Aufsicht über Telemedien über Haushaltsmittel der Länder abgedeckt worden ist, wurden Bedenken hinsichtlich einer „Staatsabhängigkeit" der KJM geäußert (vgl. Mynarik, Jugendschutz, S. 236). Des Weiteren können Gebühren und Auslagen erhoben werden über die **KJM-Kostenordnung** vom 12. 07. 2004 (vgl. nunmehr § 35 Abs. 11 S. 1 RStV).

3. Geschäftsstelle

28   Nach § 35 Abs. 7 RStV bilden die Landesmedienanstalten für die Organe nach § 35 Abs. 2 RStV einschließlich der KJM, eine **gemeinsame**

Geschäftsstelle. Allerdings verbleibt die KJM unbeschadet dessen bis zum 31. August 2013 in Erfurt. Freilich übernimmt die dort ansässige Geschäftsstelle lediglich administrative Aufgaben. Die sachliche Arbeit obliegt derzeit der in **München** ansässigen so genannten „KJM-Stabsstelle", welche aus organisatorischen Gründen an die Bayerische Landesmedienanstalt (BLM) angeschlossen ist.

X. Prozessuale Hinweise

Soweit die KJM lediglich als Willensentschließungsorgan für die jeweils 29 im Außenverhältnis zuständige Landesmedienanstalt tätig wird, ist im Bezug auf (Anfechtungs-) Klagen allein letztere passiv legitimiert. Die **KJM** kann aber **Klagegegner** sein z. B. bei rechtswidrig abgegebenen Pressemitteilungen, welche andere Einrichtungen wie z. B. die Selbstkontrolleinrichtungen in subjektiven Rechten verletzen (vgl. VG Berlin ZUM 2006, 779 ff. m. Anm. Liesching). Zur Befangenheit von KJM-Mitgliedern und zur Entscheidung im Umlaufverfahren siehe oben Rn. 15, 23.

§ 15 Mitwirkung der Gremien der Landesmedienanstalten

(1) ¹**Die KJM unterrichtet die Vorsitzenden der Gremien der Landesmedienanstalten fortlaufend über ihre Tätigkeit.** ²**Sie bezieht die Gremienvorsitzenden in grundsätzlichen Angelegenheiten, insbesondere bei der Erstellung von Satzungs- und Richtlinienentwürfen, ein.**

(2) ¹**Die nach Landesrecht zuständigen Organe der Landesmedienanstalten erlassen übereinstimmende Satzungen und Richtlinien zur Durchführung dieses Staatsvertrages.** ²**Sie stellen hierbei das Benehmen mit den in der ARD zusammengeschlossenen Landesrundfunkanstalten und dem ZDF her und führen mit diesen und der KJM einen gemeinsamen Erfahrungsaustausch in der Anwendung des Jugendmedienschutzes durch.**

Schrifttum: *Bosch,* Die „Regulierte Selbstregulierung" im Jugendmedienschutz-Staatsvertrag, 2006; *Brandenburg/Lammeyer,* Steht der Kommission für Jugendmedienschutz ein Beurteilungsspielraum zu?, ZUM 2010, 655; *Cole,* Das Zusammenwirken von Selbstkontrolle und hoheitlicher Kontrolle im Jugendmedienschutz, RdJB 2006, 299; *ders.,* Der Dualismus von Selbstkontrolle und Aufsicht im Jugendmedienschutz, ZUM 2005, 462; *Erdemir,* Die Kommission für Jugendmedienschutz der Landesmedienanstalten − Ein zentrales Aufsichtsorgan für Rundfunk und Telemedien, RdJB 2006, 285; *Hopf/Braml,* Eingeschränkte gerichtliche Überprüfbarkeit des Beurteilungsspielraums der Kommission für Jugendmedienschutz (KJM), MMR 2009, 153; *dies.;* Das Verhältnis der KJM zur FSF anhand einer kritischen Würdigung der Entscheidung des VG Berlin vom 6. 7. 2006, ZUM 2007, 123; *Kreile/Diesbach,* Der neue Jugendmedienschutz-Staatsvertrag − Was ändert sich für den Rundfunk?, ZUM 2002, 849; *Langenfeld,* Die Neuordnung des Jugendschutzes im Internet, MMR 2003, 303; *Palzer,* Co-Regulierung als Steuerungsform für den Jugendschutz in den audiovisuellen Medien − eine europäische Perspektive, ZUM 2002, 875; *Pooth,* Jugendschutz im Internet − staatliche Regulierung und private Selbstkontrolle, 2005; *Pröhl,* KJM zieht Zwischenbilanz, JMS-Report 2/2005, 3; *Retzke,* Präventiver Jugendmedienschutz, 2006; *Ring,* Jugendmedienschutz im dualen Rundfunksystem, in: KJM-Schriftenreihe Bd. 1, 2009, S. 13; *ders.*, Jugendschutz im Spannungsfeld zwischen Selbstregulierung der Medien und staatlicher Medienkontrolle, AfP 2004, 9; *ders.*, Jugendmedienschutz – Eine Bilanz der Kommission für Jugendmedienschutz (KJM), JMS-Report 6/2004, 2; *Rossen-Stadtfeld*, Beurteilungsspielräume der Medienaufsicht, in: KJM-Schriftenreihe Bd. 1, 2009, S. 179; *ders.*, Selbstkontrolle, Medienaufsicht und gerichtliche Überprüfung: Abgrenzungsfragen im Steuerungsverbund, ZUM 2008, 457; *ders.*, Die Konzeption Regulierter Selbstregulation und ihre Ausprägung im Jugendmedienschutz, AfP 2004, 1; *Schwendtner*, Die Zusammenarbeit mit Einrichtungen der Freiwilligen Selbstkontrolle, in: KJM-Schriftenreihe Bd. 1, 2009, S. 90; *Sellmann*, Co-Regulierung in concreto, K&R 2007, 196; *Stettner*, Der neue Jugendmedienschutz-Staatsvertrag – eine Problemsicht, ZUM 2003, 425; *Ullrich*, Defizite bei der Regulierung der Selbstregulierung, MMR 2005, 743; *Weigand*, Aufsicht, Anbieter oder Anwender – wer hat welche Verantwortung im Jugendmedienschutz, in: KJM-Schriftenreihe Bd. 1, 2009, S. 31.

I. Allgemeines

1 Die Vorschrift regelt die **Mitwirkung der Organe der Landesmedienanstalten**. Absatz 1 legt eine Unterrichtungs- und Einbeziehungspflicht der KJM gegenüber den Vorsitzenden der Gremien der Landesmedienanstalten fest. Abs. 2 S. 1 weist den Organen der Landesmedienanstalten eine umfassende Richtlinien- und Satzungskompetenz im Hinblick auf die Konkretisierung der JMStV-Bestimmungen zu. Die Landesmedienanstalten haben auf dieser Grundlage im März 2005 Gemeinsame Richtlinien zur Gewährleistung des Schutzes der Menschenwürde und des Jugendschutzes verabschiedet. Abs. 2 S. 2 dient der Konsolidierung mit den öffentlich-rechtlichen Rundfunkveranstaltern und der Sicherung des Erfahrungsaustauschs. § 15 Abs. 2 Satz 2 sollte durch 14. RfÄndStV mit Wirkung zum 1. 1. 2011 um die Benehmenssetzung mit anerkannten Einrichtungen der freiwilligen Selbstkontrolle (§ 19) ergänzt werden. Die JMStV-Novelle trat jedoch nach Ablehnung im Landtag NRW am 16. 12. 2010 nicht in Kraft (vgl. zur JMStV-Novelle ausführl. Altenhain, BPjM-aktuell, 4/2010, 5 ff.; Braml/Hopf, ZUM 2010, 645 ff.; Hopf, K&R 2011, 6 ff.; Weigand, JMS-Report 4/2010, 2 ff.).

II. Beteiligung der Landesmedienanstaltsgremien (Abs. 1)

1. Unterrichtungspflicht der KJM (Satz 1)

2 Die Norm verpflichtet die KJM, die Vorsitzenden der Gremien der Landesmedienanstalten fortlaufend über ihre Tätigkeit nach diesem Staatsvertrag zu unterrichten. Dabei handelt es sich um eine **einfache Informationspflicht**, hingegen nicht um einen Rechenschaftsbericht, der eine Entlastung der KJM durch die Anstaltsgremien erfordert (vgl. aber § 17 Abs. 3). Zu unterrichten sind die **Gremienvorsitzenden** aller Landesmedienanstalten (LMA), nicht lediglich diejenigen, deren Anstalt im Einzelfall zuständig i. S. d. § 14 Abs. 1 (Rn. 3 ff.) ist. Hingegen haben Direktoren und Geschäftsführer von Landesmedienanstalten, die nicht Mitglied der KJM sind, kein ausdrückliches Informationsrecht (vgl. zur Möglichkeit der Unterrichtung über die Direktoren-

Mitwirkung der Gremien der Landesmedienanstalten § 15 JMStV

konferenz der Landesmedienanstalten Kreile/Diebach, ZUM 2002, 849, 853; weitergehend: H/V/Held/Schulz, § 15 JMStV Rn. 12).

Die Unterrichtung erfordert indes nicht die unverzügliche Mitteilung jedes 3
einzelnen Vorgangs bei der KJM. Vielmehr ist dem Wortlaut („fortlaufend") auch dann Rechnung getragen, wenn die Kommission **in regelmäßigen Abständen** (z. B. monatlicher Turnus) über die Tätigkeiten im Berichtszeitraum in Kenntnis setzt. Dabei ist nicht erforderlich, dass alle bei der KJM anhängigen Verfahren in Einzelheiten dargelegt werden, sofern nur die Verfahrensbeteiligten, der Gegenstand des Verfahrens (z. B. Ausnahmeverfahren nach § 9, Stellungnahme zu Indizierungsanträgen, vgl. im Übrigen § 16 S. 2 Nrn. 1 bis 9) sowie ggf. das Ergebnis der Entscheidung der KJM ersichtlich sind.

2. Einbeziehung der LMA-Gremienvorsitzenden (Satz 2)

Bei grundsätzlichen Angelegenheiten besteht für die KJM die Pflicht zur 4
Einbeziehung der Gremienvorsitzenden. Dies betrifft insb. die Erstellung von Satzungsentwürfen auf der Grundlage von § 9 Abs. 2 Satz 1, § 14 Abs. 7 Satz 2 und Absatz 9 Satz 6, § 15 Abs. 2 und § 19 Abs. 2 sowie die Erstellung von Richtlinienentwürfen auf der Grundlage von § 15 Abs. 2 und § 19 Abs. 2. Die Gremienvorsitzenden müssen das Mandat der entsprechenden Gremien haben (H/V/Held/Schulz, Rn. 14 mwN.). Allerdings verbleibt in den genannten Fällen ohnehin die **Letztentscheidungskompetenz** im Falle abweichender Auffassungen der Kommission für Jugendmedienschutz bei den **Landesmedienanstalten**. Denn nur diese werden in den genannten Bestimmungen zu dem Erlass von Satzungen und Richtlinien ermächtigt (vgl. auch § 15 Abs. 2). Durch die Vorschrift soll den Gremien daher zwar frühzeitig die Gelegenheit gegeben werden, ihre Wertvorstellungen einzubringen (vgl. Bayer. LT-Drs. 14/10246, S. 22). Darüber hinaus haben die zuständigen Organe der Landesmedienanstalten indes auch die Kompetenz, sich im Konfliktfall gegen die Vorstellungen der KJM durchzusetzen. Dies gilt nur dann nicht, wenn das Gesetz die KJM selbst zum Erlass von Richtlinien ermächtigt (so in §§ 8 Abs. 1, 9 Abs. 1). Insoweit bewendet es bei der einfachen Konsultation der Gremienvorsitzenden.

III. Satzungen und Richtlinien (Abs. 2)

1. Satzungs- und Richtlinienermächtigung (Satz 1)

a) Jugendschutzrichtlinien. Im Rahmen der Ermächtigungsnorm rich- 5
tet sich die Organzuständigkeit nach den Rundfunk- und Mediengesetzen der Länder (vgl. etwa § 42 Abs. 2 Nr. 3 LMedienG Baden-Württ.). Auf der Grundlage des Abs. 2 Satz 1 sind „Gemeinsame Richtlinien der Landesmedienanstalten zur Gewährleistung des Schutzes der Menschenwürde und des Jugendschutzes" am 8./9. März 2005 ergangen (Jugendschutzrichtlinien, **JuSchRL**, siehe Anhang V.3.). Die Richtlinien konkretisieren einzelne Bestimmungen des Jugendmedienschutz-Staatsvertrages und legen Auslegungsgrundsätze fest. Insoweit handelt es sich um **normkonkretisierende**

Verwaltungsvorschriften (vgl. H/V/Held/Schulz, Rn. 20; Ladeur, ZUM 2002, 859, 867; s.a. Cole, ZUM 2005, 469; Oberländer, ZUM 2001, 492; Ullrich, ZUM 2005, 455; krit. Sellmann, MMR 2006, 723, 725). Sie beschränken die rechtlichen Grenzen des den anerkannten Selbstkontrolleinrichtungen nach § 20 Abs. 3 S. 1, Abs. 5 S. 2 gewährten Bewertungsspielraums (vgl. hierzu § 20 Rn. 13 ff.) und mithin die entsprechende Haftungsprivilegierung des Anbieters.

6   **b) Bedeutung der KJM.** Zwar handelt es sich bei den konkretisierenden Vorschriften formal um gemeinsame Richtlinien der nach § 15 Abs. 2 S. 2 JMStV zuständigen Landesmedienanstalten zur Gewährleistung des Schutzes der Menschenwürde und des Jugendschutzes im Rundfunk und in den Telemedien. Jedoch ist die Einhaltung der Bestimmungen des JMStV – in der konkreten Ausgestaltung durch die Jugendschutzrichtlinien – nach den §§ 14 Abs. 2, 16 JMStV durch die KJM als „ausführendes Organ" der Landesmedienanstalten zu überwachen. Die Jugendschutzrichtlinien können daher **der KJM zugerechnet** werden, zumal diese an der Erstellung der genannten Richtlinien hinsichtlich des Jugendschutzes maßgeblich beteiligt war. Soweit das Gesetz ausdrücklich die KJM und nicht die Landesmedienanstalten ermächtigt (vgl. §§ 8 Abs. 1, 9 Abs. 1 JMStV), gilt Abs. 2 nicht (anders: H/V/Held/Schulz, § 15 JMStV Rn. 25: per se Zustimmung der Organe der Landesmedienanstalten).

2. Benehmenserfordernis, Erfahrungsaustausch (Satz 2)

7   Um möglichst eine gleichmäßige Handhabung der für öffentlich-rechtlichen und privaten Rundfunk sowie Telemedien gleichermaßen geltenden JMStV-Normen herzustellen, sieht Satz 2 vor, dass die nach Landesrecht zuständigen Organe der Landesmedienanstalten bezüglich der Satzungen und Richtlinien – neben der ohnehin in der Praxis engen Abstimmung mit der KJM (s.o. Rn. 6) – das Benehmen mit den in der ARD zusammengeschlossenen Landesrundfunkanstalten und dem ZDF herbeiführen. Das **Benehmenserfordernis** setzt indes keine ausdrückliche Zustimmung oder ein Einvernehmen mit den Beteiligten voraus (Scholz/Liesching, § 15 Rn. 4).

8   Die Vorschrift sollte durch **14. RfÄndStV** mit Wirkung zum 1. 1. 2011 um die Benehmenssetzung mit anerkannten Einrichtungen der freiwilligen Selbstkontrolle (§ 19) ergänzt werden. Die JMStV-Novelle trat nicht in Kraft. Gleichwohl kann der in der Entwurfsbegründung zum Ausdruck kommenden rechtspolitischen Erwägung, dass das Verfahren der Benehmensherstellung im Bezug auf **anerkannte Selbstkontrolleinrichtungen** nach Ansicht der Landesgesetzgeber besser als eine bloße Anhörung geeignet sei, die Erfahrungen der Einrichtungen in Regelungsvorhaben einzubeziehen und den einheitlichen Vollzug der so getroffenen Regelungen sicher zu stellen (vgl. Bayer. LT-Drs. 16/5283, S. 13), auch de lege lata durch einen intensiven Austausch der KJM mit Selbstkontrolleinrichtungen Rechnung getragen werden.

9   Darüber hinaus ist ein **gemeinsamer Erfahrungsaustausch** in der Anwendung des Jugendmedienschutzes, d.h. insb. des JMStV und der zu seiner Durchführung erlassenen Satzungen und Richtlinien (Bayer. LT-Drs.

14/10246, S. 22), mit den in der ARD zusammengeschlossenen Landesrundfunkanstalten, dem ZDF und der KJM vorgesehen. Hierdurch wird im Weiteren dem praktischen Bedürfnis einer gewissen **Homogenität bei der Anwendung der Jugendschutzbestimmungen** Rechnung getragen (vgl. auch § 7 Rn. 33). In welcher Form und in welchen konkreten Zeitabständen ein Erfahrungsaustausch stattzufinden hat, unterliegt der freien Disposition der beteiligten Stellen (vgl. z. B. 3. KJM-Bericht, 2009, S. 15 ff.; Schwendtner, KJM-Schriftreihe, I, 2009, 90 ff.).

§ 16 Zuständigkeit der KJM

¹**Die KJM ist zuständig für die abschließende Beurteilung von Angeboten nach diesem Staatsvertrag.** ²**Sie ist unbeschadet der Befugnisse von anerkannten Einrichtungen der Freiwilligen Selbstkontrolle nach diesem Staatsvertrag im Rahmen des Satzes 1 insbesondere zuständig für**
1. **die Überwachung der Bestimmungen dieses Staatsvertrages,**
2. **die Anerkennung von Einrichtungen der Freiwilligen Selbstkontrolle und die Rücknahme oder den Widerruf der Anerkennung,**
3. **die Festlegung der Sendezeit nach § 8,**
4. **die Festlegung von Ausnahmen nach § 9,**
5. **die Prüfung und Genehmigung einer Verschlüsselungs- und Vorsperrungstechnik,**
6. **die Anerkennung von Jugendschutzprogrammen und für die Rücknahme oder den Widerruf der Anerkennung,**
7. **die Stellungnahme zu Indizierungsanträgen bei der Bundesprüfstelle für jugendgefährdende Medien und für Anträge bei der Bundesprüfstelle auf Indizierung und**
8. **die Entscheidung über Ordnungswidrigkeiten nach diesem Staatsvertrag.**

Schrifttum: *Bosch,* Die „Regulierte Selbstregulierung" im Jugendmedienschutz-Staatsvertrag, 2006; *Brandenburg/Lammeyer,* Steht der Kommission für Jugendmedienschutz ein Beurteilungsspielraum zu?, ZUM 2010, 655; *Brunner,* Beurteilungsspielräume im neuen Jugendmedienschutzrecht, 2005; *Cole,* Das Zusammenwirken von Selbstkontrolle und hoheitlicher Kontrolle im Jugendmedienschutz, RdJB 2006, 299; *ders.,* Der Dualismus von Selbstkontrolle und Aufsicht im Jugendmedienschutz, ZUM 2005, 462; *ders.,* Zum Beurteilungsspielraum der KJM, ZUM 2010, 929; *Erdemir,* Die Kommission für Jugendmedienschutz der Landesmedienanstalten – Ein zentrales Aufsichtsorgan für Rundfunk und Telemedien, RdJB 2006, 285 ff.; *Hopf/Braml,* Eingeschränkte gerichtliche Überprüfbarkeit des Beurteilungsspielraums der Kommission für Jugendmedienschutz (KJM), MMR 2009, 153; *dies.;* Das Verhältnis der KJM zur FSF anhand einer kritischen Würdigung der Entscheidung des VG Berlin vom 6. 7. 2006, ZUM 2007, 123; *Kreile/Diesbach,* Der neue Jugendmedienschutz-Staatsvertrag – Was ändert sich für den Rundfunk?, ZUM 2002, 849; *Langenfeld,* Die Neuordnung des Jugendschutzes im Internet, MMR 2003, 303; *Palzer,* Co-Regulierung als Steuerungsform für den Jugendschutz in den audiovisuellen Medien – eine europäische Perspektive, ZUM 2002, 875; *Pooth,* Jugendschutz im Internet – staatliche Regulierung und private Selbstkontrolle, 2005; *Pröhl,* KJM zieht Zwischenbilanz, JMS-Report 2/2005, 3; *Retzke,* Präventiver Jugendmedienschutz, 2006; *Ring,* Jugendmedienschutz im dualen Rundfunksystem, in: KJM-Schriftenreihe Bd. 1, 2009, S. 13; *ders.,* Jugendschutz im

JMStV § 16   IV. Abschnitt. Verfahren für Anbieter

Spannungsfeld zwischen Selbstregulierung der Medien und staatlicher Medienkontrolle, AfP 2004, 9; *ders.*, Jugendmedienschutz – Eine Bilanz der Kommission für Jugendmedienschutz (KJM), JMS-Report 6/2004, 2; *Rossen-Stadtfeld*, Beurteilungsspielräume der Medienaufsicht, in: KJM-Schriftenreihe Bd. 1, 2009, S. 179; *ders.*, Selbstkontrolle, Medienaufsicht und gerichtliche Überprüfung: Abgrenzungsfragen im Steuerungsverbund, ZUM 2008, 457; *ders.*, Die Konzeption Regulierter Selbstregulation und ihre Ausprägung im Jugendmedienschutz, AfP 2004, 1; *Schwendtner*, Die Zusammenarbeit mit Einrichtungen der Freiwilligen Selbstkontrolle, in: KJM-Schriftenreihe Bd. 1, 2009, S. 90; *Sellmann*, Co-Regulierung in concreto, K&R 2007, 196; *Stettner*, Der neue Jugendmedienschutz-Staatsvertrag – eine Problemsicht, ZUM 2003, 425; *Ullrich*, Defizite bei der Regulierung der Selbstregulierung, MMR 2005, 743; *Weigand*, Aufsicht, Anbieter oder Anwender – wer hat welche Verantwortung im Jugendmedienschutz, in: KJM-Schriftenreihe Bd. 1, 2009, S. 31; *Witt*, Regulierte Selbstregulierung am Beispiel des Jugendmedienschutzstaatsvertrages, 2007.

Übersicht

	Rn.
I. Allgemeines	1
II. Beurteilungszuständigkeit der KJM (S. 1)	2
1. Organfunktion und Beurteilungskompetenz	2
2. Abgrenzung zur Zuständigkeit der Landesmedienanstalten	3
3. Kein Beurteilungsspielraum der KJM	4
III. Aufgabenbereiche (S. 2)	5
1. Keine abschließende Aufzählung	5
2. Einschränkungen	6
3. Aufgabenfelder und Funktionen im Einzelnen	7
a) Überwachung der Bestimmungen des JMStV (Nr. 1)	7
b) Anerkennung von Einrichtungen der Freiwilligen Selbstkontrolle und Rücknahme oder Widerruf der Anerkennung (Nr. 2)	8
c) Festlegung der Sendezeit nach § 8 JMStV (Nr. 3)	9
d) Festlegung von Ausnahmen nach § 9 (Nr. 4)	10
e) Prüfung und Genehmigung einer Verschlüsselungs- und Vorsperrungstechnik (Nr. 5)	11
f) Anerkennung von Jugendschutzprogrammen und Rücknahme oder Widerruf der Anerkennung (Nr. 6)	12
g) Aufgaben im Zusammenhang mit Indizierungsanträgen (Nr. 7)	13
h) Entscheidung über Ordnungswidrigkeiten nach diesem Staatsvertrag (Nr. 8)	14
IV. Prozessuale Hinweise	15

I. Allgemeines

1 Die Vorschrift gewährt der Kommission für Jugendmedienschutz (KJM) eine umfassende **Beurteilungskompetenz** für Fragen des Jugendschutzes bei elektronischen Medien. Im Rahmen der gescheiterten JMStV-Novelle sollte in S. 2 Nr. 6 als weitere Aufgabe die Benehmensherstellung in bestimmten Fällen durch **14. RfÄndStV** mit Wirkung zum 1. 1. 2011 eingefügt werden. Die Novellierung scheiterte an der fehlenden Zustimmung des Landtags Nordrhein-Westfalen am 16. 12. 2010 und trat nicht in Kraft (vgl. zu

Zuständigkeit der KJM § 16 JMStV

den Bestimmungen des 14. RfÄndStV ausführl. Bayer. LT-Drs. 16/5283, S. 1 ff.; Altenhain, BPjM-aktuell, 4/2010, 5 ff.; Braml/Hopf, ZUM 2010, 645 ff.; Hopf, K&R 2011, 6 ff.; Weigand, JMS-Report 4/2010, 2 ff.).

II. Beurteilungszuständigkeit der KJM (S. 1)

1. Organfunktion und Beurteilungskompetenz

Die in Satz 1 normierte Allgemeinzuständigkeit der KJM für die Beurteilung von Jugendschutzfragen im Zusammenhang mit Angeboten nach § 3 Abs. 2 Nr. 2 wird überlagert von § 14 Abs. 1, welcher der zuständigen Landesmedienanstalt originär die Aufgabe der Überprüfung der Einhaltung der für die Anbieter geltenden Bestimmungen des JMStV zuweist (vgl. § 14 Rn. 3 ff.; krit. hierzu Kreile/Diesbach, ZUM 2002, 849, 953). Nach § 14 Abs. 2 S. 1 und 2 soll die Kommission für Jugendmedienschutz hierbei der jeweiligen Landesmedienanstalt als Organ bei der Aufgabenerfüllung dienen. Allerdings obliegen die **Beurteilungen der Jugendschutzfragen abschließend** der Kommission. Beschlüsse der KJM sind nach § 17 Abs. 1 S. 5 gegenüber den anderen Organen der zuständigen Landesmedienanstalt bindend.

2. Abgrenzung zur Zuständigkeit der Landesmedienanstalten

Demnach ist zwischen der Entscheidungskompetenz im Außenverhältnis und der Beurteilungskompetenz im Innenverhältnis im Bezug auf Jugendschutzfragen zu unterscheiden. Der zuständigen (vgl. § 14 Rn. 3 ff.) Landesmedienanstalt kommt die Kompetenz zu, **gegenüber dem Anbieter** die Entscheidungen nach den Bestimmungen des Staatsvertrages zu treffen (z. B. Ausnahmen für den Einzelfall nach § 9 Abs. 1, Anerkennung von Selbstkontrolleinrichtungen nach § 19 Abs. 4, Bußgeldverhängung nach § 24 Abs. 4). Der Kommission kommt als „Willensbildungsorgan" (Bornemann, NJW 2003, 787, 790) demgegenüber die Kompetenz zu, durch die abschließende Bewertung der mit den in Satz 2 Nrn. 1 bis 8 genannten Aufgabenbereichen verbundenen Fragestellungen eine verbindliche (§ 17 Abs. 1 S. 5) Grundlage für die Entscheidung der jeweils zuständigen Landesmedienanstalt zu schaffen. Dieser grds. geltenden (Ausnahmen: §§ 18 Abs. 6, 21 Abs. 6 JuSchG) Zuständigkeitsaufteilung verleiht der Gesetzgeber auch durch die zuweilen verwandte Formulierung Ausdruck, dass die zuständige Landesmedienanstalt „**durch die KJM**" entscheide (vgl. § 11 Abs. 2 S. 2, § 19 Abs. 4 S. 1, § 20 Abs. 2 und 4; insoweit unzutreffend: Kreile/Diesbach, ZUM 2002, 849, 853).

3. Kein Beurteilungsspielraum der KJM

Ein der verwaltungsgerichtlichen Kontrolle entzogener Beurteilungsspielraum bei der Bewertung von Jugendschutzfragen kommt der Kommission für Jugendmedienschutz nicht zu (h.M., vgl. BayVGH, Urt. v. 23. 3. 2011 – 7 BV 09.2512, MMR 6/2011; VG Münster JMS-Report 4/2010, 73, 76; VG Berlin, Urt. v. 28. 01. 2009 – VG 27 A 61.07 – „Sex and the City"; VG München JMS-Report 5/2009, 64 ff.– „I Want a famous face"; Bosch,

JMStV § 16 IV. Abschnitt. Verfahren für Anbieter

„Regulierte Selbstregulierung", 2007, S. 351 f.; Brandenburg/Lammeyer, ZUM 2010, 655 ff.; Brunner, Beurteilungsspielräume, 2005, 152 ff.; Witt, Regulierte Selbstregulierung, 2008, S. 238 ff.; ferner: VG Hannover AfP 1996, 205, 206; BayVGH JMS-Report 01/2009, S. 9, 11; a. A. VG Augsburg MMR 2008, 772 ff.; Cole, ZUM 2010, 929 ff.; Hepach, ZUM 2008, 351, 353; Rossen-Stadtfeld, ZUM 2008, 457 ff.; H/V/Held/Schulz, § 20 JMStV Rn. 63; Hopf/Braml, MMR 2008, 775 f.; dies., MMR 2009, 153 ff.; ferner: Ladeur, ZUM 2002, 859, 864). Insoweit fehlt es – im Gegensatz zu § 20 Abs. 3 und 5 JMStV für Selbstkontrolleinrichtungen – an einer gesetzlichen Grundlage. Zudem ist eine **pluralistische Zusammensetzung** der KJM-Gremien nicht hinreichend erkennbar (vgl. ausführl. Brunner, Beurteilungsspielräume, 2005, 154 ff.). Darüber hinaus werden Zweifel an der **Sachverständigeneigenschaft** (vgl. Bosch, „Regulierte Selbstregulierung", 2007, S. 305 f.) und an einer hinreichenden **Staatsferne** des KJM-Plenums (vgl. Brandenburg/Lammeyer, ZUM 2010, 655, 666) vorgebracht (s.a. ausführl. VG München JMS-Report 5/2009, 64 ff. – „I Want a famous face"). KJM-Bewertungen sind aber als sachverständige Aussagen zu qualifizieren (BayVGH, a.a.O.).

III. Aufgabenbereiche (S. 2)

1. Keine abschließende Aufzählung

5   Der Zuständigkeitskatalog des Satz 2 benennt in den Nrn. 1 bis 8 die Aufgabenbereiche, auf die sich die Beurteilungskompetenz der Kommission für Jugendmedienschutz erstreckt. Die Aufzählung ist nicht abschließend, wie sich aus dem Wortlaut („insbesondere") ergibt. Gleichwohl werden die **wesentlichen Aufgaben und Funktionen** der KJM genannt. Erfasst wird ohne ausdrückliche Nennung etwa auch der Informationsaustausch mit der Bundesprüfstelle für jugendgefährdende Medien nach § 17 Abs. 2 sowie die Evaluierung des Zweijahresberichts nach § 17 Abs. 3.

2. Einschränkungen

6   Die Vorschrift lässt die Befugnisse anerkannter Selbstkontrolleinrichtungen unbeschadet. Dies bedeutet zunächst, dass die KJM bei der Überwachung der Bestimmungen des JMStV sowie bei Beurteilungen über das Vorliegen einer Ordnungswidrigkeit nach § 24 keine Maßnahmen entgegen den **Haftungsprivilegierungen des § 20 Abs. 3 S. 1, Abs. 5 S. 2** durchführen darf. Darüber hinaus ist eine durch die KJM ergehende Sendezeitbeschränkung für den Einzelfall nach § 8 bzw. eine Ausnahmeentscheidung nach § 9 Abs. 1 ausgeschlossen, wenn diese von einer anerkannten Einrichtung der FSK vorgenommen werden. Letztere handelt insoweit als **Beliehene**, da sie als Delegatin hoheitliche Aufgaben wahrnimmt (vgl. § 8 Rn. 7).

3. Aufgabenfelder und Funktionen im Einzelnen

7   **a) Überwachung der Bestimmungen des JMStV (Nr. 1).** Die unmittelbare Überwachung wird zwar eher von der Kontrollstelle „jugend-

Zuständigkeit der KJM § 16 JMStV

schutz.net" (§ 18 JMStV) vorgenommen. Die Norm stellt aber sicher, dass die Entscheidung über das Vorliegen eines **Verstoßes gegen den JMStV** letztlich nur der Kommission obliegt; im Zeitraum von April 2003 bis Februar 2009 hat sich die KJM – teilweise aufgrund von Beschwerden – mit insgesamt ca. 3.000 Prüffällen beschäftigt (vgl. 3. KJM-Bericht, 2009, S. 33 f.);

b) Anerkennung von Einrichtungen der Freiwilligen Selbstkon- 8
trolle und Rücknahme oder Widerruf der Anerkennung (Nr. 2).
Auch insoweit gewährt die Norm lediglich eine Beurteilungskompetenz im **Innenverhältnis** hinsichtlich Entscheidungen nach § 19 JMStV. Im Außenverhältnis ist die jeweilige Landesmedienanstalt zuständig (vgl. § 19 Abs. 4 Satz 1 JMStV). Die Freiwillige Selbstkontrolle Fernsehen (FSF) wurde durch Bescheid vom 28. 8. 2003 anerkannt, die Freiwillige Selbstkontrolle Multimedia-Diensteanbieter (FSM) durch Bescheid vom 25. 10. 2005 (vgl. § 19 Rn. 4, 11 f.). Weitere Anerkennungen von Selbstkontrolleinrichtungen können künftig folgen.

c) Festlegung der Sendezeit nach § 8 JMStV (Nr. 3). Hier ergibt sich 9
die Richtlinien- und Einzelfallentscheidungskompetenz auch unmittelbar aus § 8 Abs. 1 und 2 JMStV selbst, so dass die Nennung in § 16 Nr. 3 lediglich deklaratorische Bedeutung hat.

d) Festlegung von Ausnahmen nach § 9 (Nr. 4). Der Vorschrift des 10
§ 9 JMStV kommt praktisch nahezu keine Bedeutung zu, da private Fernsehsender Ausnahmeanträge nur bei der anerkannten Freiwilligen Selbstkontrolle Fernsehen (FSF) stellen bzw. Filme bei der FSK zur Neubescheidung vorlegen. Auch insoweit steht der FSF ein Beurteilungsspielraum nach § 20 Abs. 3 S. 1 JMStV zu, der von der KJM nur eingeschränkt überprüft werden kann (s.o. Rn. 6).

e) Prüfung und Genehmigung einer Verschlüsselungs- und Vor- 11
sperrungstechnik (Nr. 5). Auch dieser Kompetenztitel läuft faktisch ins Leere, da Verschlüsselungs- und Vorsperrungstechniken beim digitalen Rundfunk gar keiner materiell-rechtlichen Vorlagepflicht unterliegen. Insoweit genügt die Beachtung der Vorgaben der Jugendschutzsatzung nach § 9 Abs. 2 JMStV. Gleichwohl wurden in der Vergangenheit vor allem **proprietäte Systeme**, welche sowohl digitale Rundfunkangebote als auch Telemedien (Video on Demand) anbieten, aus Rechtssicherheitsgründen der KJM zur Vorab-Beurteilung vorgelegt (vgl. 3. KJM-Bericht, 2009, S. 29).

f) Anerkennung von Jugendschutzprogrammen und Rücknahme 12
oder Widerruf der Anerkennung (Nr. 6). Bis Ende 2010 wurde kein Jugendschutzprogramm durch die Kommission anerkannt, insgesamt drei Modellversuche nach § 11 Abs. 6 scheiteren (vgl. § 11 Rn. 38 ff.; s.a. Braml/ Hopf, ZUM 2010, 645, 651; 3. KJM-Bericht, 2009, S. 26 f.). Ob nach Scheitern der JMStV-Novelle des 14. RfÄndStV ein neuer Anlauf zur Etablierung insb. nutzerseitiger Jugendschutzprogramme praktischen Erfolg haben wird, ist noch nicht absehbar.

g) Aufgaben im Zusammenhang mit Indizierungsanträgen 13
(Nr. 7). Die Vorschrift betrifft Stellungnahmen zu Indizierungsverfahren bei

der Bundesprüfstelle für jugendgefährdende Medien (BPjM, § 17 JuSchG Rn. 1 ff.) und für Anträge bei der Bundesprüfstelle auf Indizierung. Bis Februar 2009 wurden von Seiten der KJM bei der BPjM ca. **570 Indizierungsanträge** gestellt (vgl. hierzu und zur vorbereitenden Prüftätigkeit der KJM vor Antragstellung: 3. KJM-Bericht, 2009, S. 40; vgl. zur praktischen Durchführung einer Indizierung nach KJM-Antrag etwa VG Köln MMR 2008, 358, insb. 359). Im Bezug auf Indizierungsanträge und Stellungnahmen ist die KJM nicht lediglich für die abschließende Beurteilung der relevanten Fragen zuständig. Ihr kommt darüber hinaus eine **originäre Entscheidungskompetenz** zu, da die genannten Aufgabenbereiche außerhalb des Zuständigkeitsbereichs der Landesmedienanstalten liegen.

14 **h) Entscheidung über Ordnungswidrigkeiten nach diesem Staatsvertrag (Nr. 8).** Die KJM entscheidet sowohl über das Vorliegen eines Verstoßes gegen einen Ordnungswidrigkeitentatbestand nach § 24 JMStV als auch hinsichtlich der Sanktionshöhe; zuständig im Außenverhältnis ist nach § 24 Abs. 4 JMStV die jeweilige Landesmedienanstalt. Da die JMStV-Novelle des 14. RfÄndStV nicht zum 1. 1. 2011 in Kraft treten konnte, ergeben sich keine Einschränkungen im Falle der (korrekten) Nutzung von Selbstklassifizierungssystemen (vgl. Bayer. LT-Drs. 16/5283, S. 14 f.).

IV. Prozessuale Hinweise

15 Aus der bloßen Aufgabenzuweisung im Sinne einer Beurteilungskompetenz ergibt sich nichts im Hinblick auf die Passivlegitimation der KJM in verwaltungsgerichtlichen Streitigkeiten. Da in den meisten Aufgabenbereichen wie etwa die Bußgeldahndung nach § 24 JMStV bei Verstößen gegen § 4 JMStV im Außenverhältnis die jeweilige **Landesmedienanstalt zuständig** ist (vgl. etwa § 24 Abs. 4 JMStV), sind Klagen gegen diese bzw. das Bundesland (vgl. § 78 VwGO) zu richten. Die KJM kann aber Klagegegner sein z. B. bei rechtswidrig abgegebenen **Pressemitteilungen**, welche andere Einrichtungen wie z. B. die Selbstkontrolleinrichtungen in subjektiven Rechten verletzen (vgl. VG Berlin ZUM 2006, 779 ff. m. Anm. Liesching; krit. Hopf/Braml, ZUM 2007, 23 ff.).

§ 17 Verfahren der KJM

(1) ¹**Die KJM wird von Amts wegen tätig; auf Antrag einer Landesmedienanstalt oder einer obersten Landesjugendbehörde hat sie ein Prüfverfahren einzuleiten.** ²**Sie fasst ihre Beschlüsse mit der Mehrheit ihrer gesetzlichen Mitglieder, bei Stimmengleichheit entscheidet die Stimme des Vorsitzenden.** ³**Die Beschlüsse sind zu begründen.** ⁴**In der Begründung sind die wesentlichen tatsächlichen und rechtlichen Gründe mitzuteilen.** ⁵**Die Beschlüsse der KJM sind gegenüber den anderen Organen der zuständigen Landesmedienanstalt bindend.** ⁶**Sie sind deren Entscheidungen zugrunde zu legen.**

(2) **Die KJM soll mit der Bundesprüfstelle für jugendgefährdende Medien zusammenarbeiten und einen regelmäßigen Informationsaustausch pflegen.**

(3) **Die KJM erstattet den Gremien der Landesmedienanstalten, den für den Jugendschutz zuständigen obersten Landesjugendbehörden und der für den Jugendschutz zuständigen obersten Bundesbehörde erstmalig zwei Jahre nach ihrer Konstituierung und danach alle zwei Jahre einen Bericht über die Durchführung der Bestimmungen dieses Staatsvertrages.**

Schrifttum: *Bosch,* Die „Regulierte Selbstregulierung" im Jugendmedienschutz-Staatsvertrag, 2006; *Erdemir,* Die Kommission für Jugendmedienschutz der Landesmedienanstalten – Ein zentrales Aufsichtsorgan für Rundfunk und Telemedien, RdJB 2006, 285; *Kreile/Diesbach,* Der neue Jugendmedienschutz-Staatsvertrag – Was ändert sich für den Rundfunk?, ZUM 2002, 849; *Palzer,* Co-Regulierung als Steuerungsform für den Jugendschutz in den audiovisuellen Medien – eine europäische Perspektive, ZUM 2002, 875; *Pooth,* Jugendschutz im Internet – staatliche Regulierung und private Selbstkontrolle, 2005; *Pröhl,* KJM zieht Zwischenbilanz, JMS-Report 2/2005, 3; *Retzke,* Präventiver Jugendmedienschutz, 2006; *Ring,* Jugendmedienschutz im dualen Rundfunksystem, in: KJM-Schriftenreihe Bd. 1, 2009, S. 13; *ders.,* Jugendschutz im Spannungsfeld zwischen Selbstregulierung der Medien und staatlicher Medienkontrolle, AfP 2004, 9; *ders.,* Jugendmedienschutz – Eine Bilanz der Kommission für Jugendmedienschutz (KJM), JMS-Report 6/2004, 2; *Rossen-Stadtfeld,* Die Konzeption Regulierter Selbstregulation und ihre Ausprägung im Jugendmedienschutz, AfP 2004, 1; *Stettner,* Der neue Jugendmedienschutz-Staatsvertrag – eine Problemsicht, ZUM 2003, 425.

Übersicht

	Rn.
I. Allgemeines	1
II. Prüfungs- und Beschlussverfahren (Abs. 1 S. 1)	2
1. Tätigwerden der KJM (Satz 1)	2
a) von Amts wegen	2
b) auf Antrag der Landesmedienanstalten	3
2. Beschlüsse der KJM (Abs. 1 S. 2-4)	4
a) Beschlussfähigkeit	4
b) Umlaufverfahren, informelle Beschlüsse	6
c) Begründungspflicht (Sätze 3 u. 4)	7
d) Verbindlichkeit der KJM-Beschlüsse (Sätze 5 u. 6)	12
III. Zusammenarbeit und Erfahrungsaustausch mit BPjM (Abs. 2)	13
1. BPjM-Zusammenarbeit	13
2. OLjB-Zusammenarbeit	14
IV. Zweijahresbericht (Abs. 3)	15
1. Allg. Berichtspflicht (Satz 1)	15
2. Bericht über Dauer der Verfahren	16

I. Allgemeines

Die Vorschrift regelt das Verfahren im Zusammenhang mit der Tätigkeit der Kommission für Jugendmedienschutz (KJM). Neben **Austausch- und Zusammenarbeitspflichten** mit anderen Stellen werden insb. formale

Voraussetzungen von Beschlüssen wie etwa die **Begründungspflicht** normiert. Darüber hinaus ist die KJM nach Abs. 3 verpflichtet, im April 2005 einen ersten, danach alle 2 Jahre einen weiteren **Bericht** über die „Durchführung der JMStV-Bestimmungen" bei den genannten Stellen abzugeben, was auch einen Tätigkeitsbericht der KJM umfasst (vgl. zuletzt 3. KJM-Bericht, 2009). Abs. 2 sollte durch **14. RfÄndStV** mit Wirkung zum 1. 1. 2011 im Hinblick auf eine Zusammenarbeitspflicht mit den obersten Landesjugendbehörden geändert und mit Abs. 3 S. 2 eine Pflicht zur Darstellung von Verfahrensdauern im Rahmen des KJM-Berichts eingefügt werden. Die JMStV-Novelle trat jedoch nach Ablehnung im Landtag NRW am 16. 12. 2010 nicht in Kraft (vgl. zur JMStV-Novelle ausführl. Altenhain, BPjM-aktuell, 4/2010, 5 ff.; Braml/Hopf, ZUM 2010, 645 ff; Hopf, K&R 2011, 6 ff.; Weigand, JMS-Report 4/2010, 2 ff.).

II. Prüfungs- und Beschlussverfahren (Abs. 1 S. 1)

1. Tätigwerden der KJM (Satz 1)

2   **a) von Amts wegen.** Die Kommission für Jugendmedienschutz wird nach Abs. 1 Satz 1 1. Halbsatz von Amts wegen tätig. Dies gilt insb. für die Überwachung der Verbotsbestimmungen der §§ 4 bis 6 bzw. die Feststellung von Straftaten oder Ordnungswidrigkeiten nach §§ 23, 24. Ist auch für die Verfolgung und Ahndung gegenüber dem Anbieter nach § 24 Abs. 4 i. V. m. §§ 35, 36 Abs. 1 Nr. 1 OWiG die jeweilige Landesmedienanstalt zuständig, so handelt die KJM bei der Feststellung und Beurteilung von Normverstößen selbsttätig als **Organ** der zuständigen Landesmedienanstalt (vgl. § 14 Rn. 3 ff.; § 16 Rn. 3). Sie wird insoweit unterstützt durch die gemeinsame Stelle Jugendschutz aller Länder „**jugendschutz.net**" (vgl. § 18 Abs. 2 u. 3, dort Rn. 3, 5). In der Praxis erfolgt ein Tätigwerden häufig auch in der Folge von Zuschauer- bzw. Nutzerbeschwerden (s.a. H/V/Held, Rn. 6).

3   **b) auf Antrag der Landesmedienanstalten.** Darüber hinaus ist die KJM nach Satz 1 2. Halbsatz verpflichtet, ein Prüfverfahren auf Antrag einer Landesmedienanstalt oder einer obersten Landesjugendbehörde einzuleiten. Es handelt sich nicht um einen Antrag im Sinne des VwVfG, also nicht um eine Willenskundgabe von außen, die den Beginn eines Verwaltungsverfahrens auslöst (so zutr. H/V/Held, Rn. 5). Das Antragsrecht steht jeder der 14 Landesmedienanstalten zu, unabhängig davon, ob sie zuständige Behörde i. S. d. § 24 Abs. 4 ist. Freilich prüft die KJM auch insoweit **eigenständig**, ohne dass die Prüfanträge eine **Präjudizwirkung** entfalten. Ihre Entscheidung ist in jedem Falle bindend (vgl. Rn. 12). Mit dem Prüfverfahren können auch Ausschüsse i. S. d. § 14 Abs. 4 befasst werden. In allen Fällen des Satz 1 hat die Kommission die Einschränkungen der Überprüfung der Entscheidungen von Selbstkontrolleinrichtungen im Rahmen des § 20 Abs. 3 und 5 zu beachten (vgl. auch Bayer. LT-Drs. 14/10246, S. 23).

2. Beschlüsse der KJM (Abs. 1 S. 2-4)

a) Beschlussfähigkeit. Bei Beschlüssen der KJM ist nach Satz 2 die einfa- 4
che Mehrheit der Gesamtzahl der gesetzlichen Mitglieder erforderlich (vgl.
auch § 37 Abs. 1 S. 2 RStV). Nicht ausreichend ist hingegen die bloße Mehrheit der bei der Abstimmung anwesenden Kommissionsmitglieder (Bayer.
LT-Drs. 14/10246, S. 23). Daraus folgt, dass die Kommission nicht beschlussfähig ist, wenn lediglich sechs oder weniger Mitglieder bzw. deren Vertreter
nach § 14 Abs. 3 anwesend sind. Vielmehr müssen **mindestens sieben der
insgesamt zwölf Stimmen** für das Vorliegen eines Mehrheitsbeschlusses
einheitlich abgegeben werden (zustimmend H/V/Held, Rn. 9).

Bei Stimmengleichheit entscheidet die Stimme des Vorsitzenden, d.h. eines 5
Direktors einer Landesmedienanstalt (krit. zum – auch in der Entscheidungspraxis der KJM relevanten sog. **Dirimierungsrecht** bei Stimmengleichheit:
Schmidt, JZ 2003, 133, 136). Nach kritischen Stimmen in der Literatur
reicht dies als Korrektiv zur Sicherung der Staatsfreiheit nicht aus, da bei
Stimmengleichheit nicht notwendigerweise von einer Blockbildung der Vertreter der Landesmedienanstalten einerseits und der Vertreter staatlicher Stellen andererseits ausgegangen werden könne (vgl. Mynarik, 2006, S. 234 ff.).
Gemeint ist lediglich der Fall eines Stimmenverhältnisses von **sechs zu sechs**.
Sind lediglich zehn bzw. acht Mitglieder bei Beschlussfassung anwesend, ist
bei Stimmengleichheit (fünf zu fünf bzw. vier zu vier) ungeachtet der Entscheidung des Vorsitzenden kein wirksamer Beschluss zustande gekommen.
Dies ergibt sich aus dem grundsätzlich geltenden Erfordernis der Stimmenmehrheit der Gesamtzahl aller gesetzlichen Mitglieder.

b) Umlaufverfahren, informelle Beschlüsse. Auf die Rechtmäßigkeit 6
von Beschlussfassungen von Mitgliedern der KJM im so genannten „Umlaufverfahren" kommt es nicht an, wenn die jeweiligen Entscheidungen in einer
ordentlichen KJM-Sitzung bestätigt werden (VG München JMS-Report 5/
2009, 64, 65 – „I want a famous face"). Ein „**Grundsatzbeschluss**" der
KJM, der den Eindruck erweckt, eine verbindliche Regelung zu treffen, ist
rechtswidrig, wenn eine Rechtsgrundlage für eine solche Regelung fehlt
(VG Berlin ZUM 2006, 779 ff. m. Anm. Liesching; krit. Hopf/Braml, ZUM
2007, 23 ff.).

c) Begründungspflicht (Sätze 3 u. 4). aa) Allgemeines. Die 7
Beschlüsse unterliegen nach den Sätzen 3 und 4 der Pflicht zu einer Begründung durch die KJM, welche die wesentlichen „tatsächlichen und rechtlichen
Gründe" enthalten muss. Die Beschlüsse der KJM sind keine Verwaltungsakte
i. S. d. § 35 VwVfG (zust. H/V/Held, Rn. 10), da ihnen keine unmittelbare
rechtliche Außenwirkung zukommt, soweit sie lediglich die (freilich verbindliche) Grundlage der Entscheidung der zuständigen Landesmedienanstalt darstellen (vgl. § 14 Abs. 2 i. V. m. §§ 11 Abs. 2 S. 2, 19 Abs. 4, 20 Abs. 2 u.
4, 24 Abs. 4). Die ausdrückliche Begründungspflicht ist mithin wegen der
Unanwendbarkeit des § 39 VwVfG erforderlich. Soll die Beschlussbegründung nach dem Willen des Gesetzgebers indes der Wahrung der „Rechte
der Betroffenen" dienen (Bayer. LT-Drs. 14/10246, S. 23), spricht einiges
dafür, dass die zuständige Landesmedienanstalt auch diese zwingend ihrer

Entscheidung ohne wesentliche Abänderungen zugrunde zu legen hat (siehe auch Rn. 12).

8 **bb) Pflichtumfang.** Als „wesentliche" Gründe im Sinne der Vorschrift sind alle Gründe anzusehen, welche die KJM maßgeblich zu ihrer Entscheidung bewogen haben (vgl. Kopp/Ramsauer, VwVfG, 11. Aufl. 2010, § 39 Rn. 18). Die Pflicht zur Darlegung der wesentlichen **tatsächlichen Gründe** umfasst die Wiedergabe des der Entscheidung zugrundeliegenden Sachverhaltes aus der Sicht der KJM einschließlich der Einlassungen der Betroffenen im Rahmen von Anhörungen oder informellen Befragungen – etwa durch „jugendschutz.net" (vgl. § 18 Abs. 4;). Zu den **rechtlichen Gründen** gehört die Angabe der Rechtsgrundlage jedenfalls dann, wenn die Betroffenen und die Gerichte sonst darüber im Unklaren gelassen würden (vgl. Kopp/Ramsauer, aaO. Rn. 18). Darüber hinaus muss im Regelfall eine Subsumtion des Sachverhalts unter die Ermächtigungsnorm dargetan sein (S/B/S/Stelkens, 7. Aufl. 2008, § 39 Rn. 50). Dies gilt insb. dann, wenn die Entscheidung auf der Anwendung unbestimmter Rechtsbegriffe wie etwa bei Vorliegen eines entwicklungsbeeinträchtigenden (vgl. § 5 Rn. 3 ff.) oder pornographischen (vgl. § 4 Abs. 2 S. 1 Nr. 1, dort Rn. 49 sowie § 184 StGB Rn. 5 ff.) Angebotes beruht.

9 **cc) Bestimmtheitsgrundsatz.** Weiterhin ist – im Zusammenhang mit der Begründungspflicht – das Gebot der Bestimmtheit (vgl. § 37 VwVfG) zu beachten, insb. soweit die KJM bereits den Tenor eines Beanstandungs- oder Untersagungsbescheids fasst. Das Erfordernis hinreichender inhaltlicher Bestimmtheit eines Verwaltungsaktes bedeutet nach st. Rspr., dass aus der getroffenen Regelung, d.h. aus dem Entscheidungssatz im Zusammenhang mit den Gründen und sonstigen bekannten oder ohne weiteres erkennbaren Umständen für die Beteiligten, insb. für den Adressaten, die Regelung, die den Zweck, Sinn und Inhalt des Verwaltungsaktes ausmacht, so **vollständig, klar und unzweideutig erkennbar** sein muss, dass diese ihr Verhalten danach richten können (BVerwG NJW 1993, 1667, 1668; BGH NJW-RR 1999, 262; OVG Greifswald NVwZ-RR 2007, 21; OVG Münster NVwZ 1993, 1000). Welches Maß an Konkretisierung im Einzelfall notwendig ist, hängt von der Art des Verwaltungsaktes, den Umständen seines Erlasses und seinem Zweck ab, wobei sich die Maßstäbe aus dem jeweiligen Fachrecht ergeben können (BVerwG NJW 1993, 1667, 1668; S/B/S/, VwVfG, 7. Aufl. 2008, § 37 Rn. 6 f.). Mit den Bestimmtheitsanforderungen i. d. R. unvereinbar sind bloße **„circa"-Angaben** (vgl. BVerwG NJW 2008, 2867, 2870) etwa im Bezug auf jugendschutzrechtlich beanstandete Angebotsteile (z. B. „ca. 10 der insgesamt 30 angebotenen Webseiten").

10 Im Zusammenhang mit dem Bestimmtheitsgebot ist weiterhin fraglich, ob die **Benennung von Beispielsfällen** im Rahmen der verfügungsgegenständlichen Sachverhaltsschilderung derart konkretisieren kann, dass auf eine Beschreibung des umfassenderen Verfügungsgegenstandes verzichtet werden kann oder nur zum Teil weitere Spezifizierungen notwendig sind. Dies könnte etwa in der Form geschehen, dass die KJM zur Begründung eines Entwicklungsbeeinträchtigungsgrades pauschal von einer „ängstigenden" oder „sozialethisch-desorientierenden Wirkung" ausgeht, und dies im

Verfahren der KJM § 17 JMStV

Anschluss lediglich „beispielhaft" mit nur wenigen Szenen einer umfangreichen Rundfunksendung benennt.

Anerkannt ist insoweit, dass eine zusätzliche Benennung von Beispielen, welche additiv zu einer konkreten und unmissverständlichen Bezeichnung eines Gesamttatbestandes hinzutritt, dann den Bestimmtheitsanforderungen genügt, wenn es der Behörde nicht zuzumuten wäre, umfangreichere Sachverhaltsspezifika zu ermitteln und darzustellen (vgl. OVG Greifswald NVwZ-RR 2007, 21; S/B/S/Stelkens, VwVfG, 7. Aufl. 2008, § 37 Rn. 5). Die Verwendung generalisierender Begriffe ist danach möglich, wenn sie eine Bestimmbarkeit im konkreten Fall gestatten, z. B. durch die Beifügung von Beispielen in Fällen, in denen ein engerer Oberbegriff nicht mehr vorhanden ist (S/B/S/Stelkens, aaO.). Die Benennung von Einzelbeispielen wurde vor allem in Bereichen für hinreichend bestimmt angesehen, in denen es aus tatsächlichen Gründen **unmöglich** ist, alle auftauchenden Fragen bereits **abschließend in einem Bescheid** zu regeln (vgl. OVG Greifswald aaO.; VGH München, NVwZ 1989, 681, 682). Mit dem Bestimmtheitsgebot unvereinbar dürfte es indes ein, bei behaupteten Jugendschutzverstößen umfangreicher Angebote sich lediglich auf wenige und im Vergleich zum Gesamtangebot geringfügige Beispielsfälle zu beschränken, wenn die KJM darüber hianus weitere, namentlich nicht genannte Angebotsinhalte ebenfalls maßgeblich für ihre Bewertung gehalten hat. 11

d) Verbindlichkeit der KJM-Beschlüsse (Sätze 5 u. 6). Nach den Sätzen 5 und 6 haben die Beschlüsse der KJM insofern Bindungswirkung, als sie von den anderen Organen der zuständigen Landesmedienanstalt bei deren Entscheidungen zugrunde gelegt werden müssen. Diese Bindung im Innenverhältnis erstreckt sich auch auf die **Beschlussbegründung** der KJM nach S. 3 und 4, da nur so der vom Gesetzgeber mit der Errichtung der Kommission beabsichtigten verfahrensmäßigen Absicherung standortunabhängiger Entscheidungsfindung (Bayer. LT-Drs. 14/10246, S. 23) umfassend Rechnung getragen wird. Schreibfehler, Rechenfehler und ähnliche offenbare Unrichtigkeiten können **entsprechend § 319 ZPO** von der zuständigen Landesmedienanstalt ohne Weiteres berichtigt werden. Darüber hinausgehende Ergänzungen der Entscheidungsbegründung bedürfen indes der Zustimmung der KJM im Verfahren nach Abs. 1 S. 1 1. Halbsatz, S. 2. Die Beschlüsse der KJM sind im Übrigen auch und gerade im Falle von Meinungsverschiedenheiten mit der Landesmedienanstalt für diese bindend. Eine Anrufung der Rechtsaufsicht oder ein Organstreitverfahren kommt insoweit nicht in Betracht (ebenso H/V/Held, Rn. 13; ferner Kreile/Diesbach, ZUM 2002, 849, 854). Für die Überprüfung der Entscheidung ist ausschließlich den betroffenen Adressaten der **Verwaltungsrechtsweg** eröffnet. 12

III. Zusammenarbeit und Erfahrungsaustausch mit BPjM (Abs. 2)

1. BPjM-Zusammenarbeit

Die in Absatz 2 niedergelegte Verpflichtung der KJM zur Zusammenarbeit mit der Bundesprüfstelle für jugendgefährdende Medien (BPjM, § 17 JuSchG) 13 entspricht der Bestimmung des § 21 Abs. 9 JuSchG (vgl. dort Rn. 27). Sie soll der engen verfahrensrechtlichen (§§ 18 Abs. 6 u. 8, 21 Abs. 6 u. 8 Nr. 4 JuSchG, § 4 Abs. 3) und materiellrechtlichen (§ 4 Abs. 1 S. 1 Nr. 11, Abs. 2 S. 1 Nr. 2) Verzahnung beider Stellen Rechnung tragen und eine **einheitliche Spruchpraxis** gewährleisten (Nikles u.a., Rn. 3). Im Rahmen des regelmäßigen Informationsaustauschs können auch Auffassungen über die rechtliche Bewertung von Angeboten abgestimmt und ggf. angeglichen werden. Die Zusammenarbeit ist **keine Mischverwaltung** und als verfassungskonform anzusehen (ausführl. Witt, Regulierte Selbstregulierung, 2008, S. 231 ff.; krit. im Bezug auf § 18 Abs. 6 JuSchG: Mynarik, 2006, S. 198 f.). In der **Praxis** findet sowohl ein Austausch über Kriterien der Jugendgefährdung und der Jugendbeeinträchtigung (vgl. BPjM-aktuell 1/2010, 6, 8) als auch im Hinblick auf die weitere Annäherung der Spruchpraxis beider Institutionen (3. KJM-Bericht, 2009, S. 39) statt.

2. OLjB-Zusammenarbeit

14 Abs. 2 sollte in Bezug auf die obersten Landesjugendbehörden (OLjB) durch 14. RfÄndStV mit Wirkung zum 1. 1. 2011 mit dem Regelungsziel des Staatsvertrages ergänzt werden, der fortschreitenden **Medienkonvergenz** Rechnung zu tragen, auch im Hinblick auf das Verfahren der KJM. Dementsprechend sollte staatsvertraglich verankert werden, dass die KJM auch mit den obersten Landesjugendbehörden zusammenarbeiten und einen regelmäßigen **Informationsaustausch** pflegen sollte, und zwar unabhängig davon, dass die für den Jugendschutz zuständigen obersten Landesbehörden gemäß § 14 Abs. 3 Satz 2 Sachverständige in die KJM entsendet (vgl. Bayer. LT-Drs. 16/5283, S. 13). Die Regelung ist aufgrund der Ablehnung des 14. RfÄndStV durch den Landtag von Nordrhein-Westfalen am 16. 12. 2010 nicht in Kraft getreten (s.o. Rn. 1).

IV. Zweijahresbericht (Abs. 3)

1. Allg. Berichtspflicht (Satz 1)

15 Die Berichtspflicht des Abs. 3 greift die Regelung des vor Inkrafttreten des JMStV normierten § 3 Abs. 9 RStV auf. Der Bericht bildet die Grundlage für die in § 20 Abs. 7 JMStV vorgesehene Überprüfung der Anwendung der § 20 Abs. 3 und 5 JMStV (Bayer. LT-Drs. 14/10246, S. 23). **Berichtsadressaten** sind im Zweijahresturnus (erstmalig im April 2005) neben den Gremien der 14 Landesmedienanstalten auch die für den Jugendschutz zuständigen obersten Landesjugendbehörden sowie die für den Jugendschutz zuständige oberste Bundesbehörde, namentlich dem Bundesjugendministerium (vgl. zuletzt: Dritter KJM-Bericht über die Durchführung der JMStV-Bestimmungen, Berichtszeitraum April 2007 bis Februar 2009). Auch die Selbstkontrolleinrichtungen der FSF und der FSM erstellen Jahresberichte, um einen Überblick über ihre Tätigkeit zu gewähren (vgl. hierzu sowie zum Ganzen ausführl. H/V/Held, Rn. 19 ff.).

2. Bericht über Dauer der Verfahren

Durch den gescheiterten 14. RfÄndStV sollte mit Wirkung zum 1. 1. 2011 **16** auch eine Ergänzung der Berichtspflicht um eine Darstellung der Dauer der Verfahren der KJM erfolgen. Diese Dokumentationspflicht sollte ausweislich der Amtl. Begründung einen „Beitrag zur Beschleunigung der Verfahren leisten" (Bayer. LT-Drs. 16/5283, S. 13). In Wirklichkeit stellte die Regelung in erster Linie einen **Offenbarungseid** von Politik und Gesetzgebung dar, welche für die überlangen Verfahrenswege (s. ausführl. § 13 Rn. 2 ff.) selbst verantwortlich zeichnen, indes nicht willens oder imstande waren, diese im Rahmen der Novellierungen zu „beschleunigen". Ungeachtet des Scheiterns der JMStV-Novelle und ungeachtet dessen, ob die KJM künftig freiwillig in ihren Berichten die jeweiligen Verfahrensdauern benennt, ist nicht absehbar, ob und ggf. wann rechtspolitische Bestrebungen im Hinblick auf eine Entbürokratisierung und Verfahrensbeschleunigung in Gang kommen werden.

§ 18 „jugendschutz.net"

(1) ¹**Die durch die obersten Landesjugendbehörden eingerichtete gemeinsame Stelle Jugendschutz aller Länder („jugendschutz.net") ist organisatorisch an die KJM angebunden.** ²**Die Stelle „jugendschutz.net" wird von den Landesmedienanstalten und den Ländern bis zum 31. Dezember 2012 gemeinsam finanziert.** ³**Die näheren Einzelheiten der Finanzierung dieser Stelle durch die Länder legen die für den Jugendschutz zuständigen Minister der Länder in einem Statut durch Beschluss fest.** ⁴**Das Statut regelt auch die fachliche und haushaltsmäßige Unabhängigkeit der Stelle.**

(2) **„jugendschutz.net" unterstützt die KJM und die obersten Landesjugendbehörden bei deren Aufgaben.**

(3) ¹**„jugendschutz.net" überprüft die Angebote der Telemedien.** ²**Daneben nimmt „jugendschutz.net" auch Aufgaben der Beratung und Schulung bei Telemedien wahr.**

(4) **Bei Verstößen gegen Bestimmungen dieses Staatsvertrages weist „jugendschutz.net" den Anbieter hierauf hin und informiert die anerkannten Einrichtungen der Freiwilligen Selbstkontrolle und die KJM hierüber.**

Schrifttum: *Bosch*, Die „Regulierte Selbstregulierung" im Jugendmedienschutz-Staatsvertrag, 2006; *Faber*, Jugendschutz im Internet, 2005; jugendschutz.net (Hrsg.), Bericht 2009 – Ergebnisse der Recherchen und Kontrollen, 2010; *Pooth*, Jugendschutz im Internet – staatliche Regulierung und private Selbstkontrolle, 2005; *Retzke*, Präventiver Jugendmedienschutz, 2006; *Schindler*, jugendschutz.net – Zentralstelle der Länder für Jugendschutz im Internet, tv-diskurs 20/2002, S. 27.

Übersicht

	Rn.
I. Allgemeines	1
II. Organisation und Anbindung (Abs. 1)	2
1. Gemeinsame Stelle aller Länder	2

2. Organisatorische Anbindung an KJM (Satz 1) 3
  3. Finanzierung (Sätze 2 bis 4) 4
 III. Unterstützung der KJM und der OLjB (Abs. 2) 5
  1. Rechtsverhältnis 5
  2. Unterstützung von KJM-Aufgaben 6
  3. Unterstützung von OLjB-Aufgaben 7
 IV. Aufgaben von „jugendschutz.net" (Abs. 3) 8
  1. Überprüfung von Telemedien-Angeboten (Satz 1) 8
   a) Überprüfungsumfang 8
   b) Recherchemittel 9
   c) Statistik erfasster Prüffälle für 2009 10
  2. Beratung und Schulung (Abs. 3 S. 2) 12
 V. Informations- und Hinweispflichten (Abs. 4) 13
  1. Anbieterhinweis 13
  2. Information der KJM 15
  3. Ersthinweis an anerkannte Selbstkontrolleinrichtung 16
 VI. Prozessuale Hinweise 17

I. Allgemeines

1 Bereits im Oktober 1997 wurde „jugendschutz.net" (Internetauftritt abrufbar unter: http://www.jugendschutz.net) als zentrale Länderstelle eingerichtet. Die Kontrollstelle recherchiert z. B. nach illegalen bzw. nach § 4 JMStV untersagten Angeboten in Telemedien oder geht diesbezüglich eingehenden Hinweisen von Nutzern nach. Sie **unterstützt** die Arbeit der **KJM** und der Landesmedienanstalten (vgl. H/V/Schulz/Held, Rn. 1). Abs. 1 Satz 2 wurde eingefügt, Satz 3 wurde geändert durch **8. RfÄndStV** v. 8. 10. 2004 mit Wirkung vom 1. 4. 2005: Abs. 1 Satz 2 wurde weiterhin geändert durch **11. RfÄndStV** v. 12. 6. 2008 mit Wirkung vom 1. 1. 2009. Durch den gescheiterten **14. RfÄndStV** sollte Abs. 1 S. 2 geändert und Abs. 4 mit Wirkung zum 1. 1. 2011 neu gefasst werden (vgl. Bayer. LT-Drs. 16/5283, S. 4, 13). Die JMStV-Novelle wurde indes vom Landtag Nordrhein-Westfalen am 16. 12. 2010 abgelehnt und trat nicht in Kraft.

II. Organisation und Anbindung (Abs. 1)

1. Gemeinsame Stelle aller Länder

2 Bereits im Sommer 1997 haben sich die Jugendministerinnen und Jugendminister der Bundesländer darauf verständigt, eine gemeinsame Stelle für Jugendschutz in den Online-Medien einzurichten. Alle Länder einigten sich dabei auf Rahmenbedingungen und beschlossen eine vorläufige Ländervereinbarung. So wurde im Oktober 1997 „jugendschutz.net" als **zentrale Länderstelle** eingerichtet. In enger Kooperation mit den Bundesländern, insb. mit den Ständigen Vertretern der Obersten Landesjugendbehörden bei der FSK, wurden über diese Einrichtung bereits im Bereich der audiovisuellen Medien gewonnene Erfahrungen in den Bereich der Online-Medien umgesetzt. Aufgrund der vormals auch im Jugendschutz geltenden kompetenzrechtlichen Differenzierung nach den Bestimmungen des TDG sowie des

„jugendschutz.net" **§ 18 JMStV**

MDStV (vgl. nunmehr die Vereinheitlichung im Telemediengesetz – TMG) war „jugendschutz.net" als Institution der Bundesländer primär für sog. Mediendienste zuständig (vgl. Müller, JMS-Report 1998, S. 52 f.). Seit Inkrafttreten des JMStV erstreckt sich ihr Tätigkeitsfeld auf alle **Telemedien** (vgl. Abs. 3, hierzu Rn. 8 ff.).

2. Organisatorische Anbindung an KJM (Satz 1)

Die Vorschrift des Satz 1 legt die organisatorische Anbindung an die KJM 3
fest. Sie trägt der **Unterstützungsfunktion** der Kontrollstelle „jugendschutz.net" gegenüber der Kommission i. S. d. Abs. 2 (Rn. 5 f.) Rechnung. Zugleich macht die Vorschrift deutlich, dass die Länderstelle **keine hoheitlichen Aufgaben** wahrnimmt (vgl. auch Schindler, tv-diskurs 20/2002, S. 27;), sondern im Außenverhältnis allenfalls informell gegenüber dem Anbieter auftritt (vgl. auch Abs. 4, krit. im Hinblick auf Hinweisschreiben von jugendschutz.net, welche Termini wie „zu beanstanden" und „Sie sind verpflichtet" benutzen: HBI-Bericht, 2007, S. 176). Eine räumliche Anbindung an die KJM ist nicht erfolgt, da „jugendschutz.net" seinen **Sitz in Mainz** hat, die KJM-Stellen indes in Erfurt bzw. München ansässig sind. Hinreichend, indes auch notwendig ist vielmehr, dass durch einen festgelegten Verfahrensablauf eine effektive Unterstützung der KJM bei der Erfüllung der Aufgaben nach § 16 für den Bereich der Telemedien gewährleistet wird.

3. Finanzierung (Sätze 2 bis 4)

Die Finanzierung der Stelle sowie deren fachliche und haushaltsmäßige 4
Unabhängigkeit werden nach S. 2 und 3 durch **Beschlussstatut** der für den Jugendschutz zuständigen Länderminister festgelegt. Da die im Entwurf des 14. RfÄndStV in Satz 2 vorgesehene Streichung der Angabe „bis zum **31. Dezember 2012**" aufgrund der Ablehnung im Landtag NRW nicht in Kraft treten konnte, ist die rechtspolitisch intendierte „dauerhafte Finanzierungsgrundlage" (so Bayer. LT-Drs. 16/5283, S. 13) für die durch die obersten Landesjugendbehörden eingerichtete gemeinsame Stelle über diesen Zeitpunkt hinaus (noch) nicht sichergestellt.

III. Unterstützung der KJM und der OLjB (Abs. 2)

1. Rechtsverhältnis

In Abs. 2 wird die allgemeine Funktion der Länderkontrollstelle definiert, 5
namentlich die **Unterstützung** der KJM und der obersten Landesjugendbehörden bei deren Aufgabenerfüllung. Insoweit unterliegt „jugendschutz.net" lediglich einem **fachlichen Weisungsrecht** der obersten Landesbehörden; gegenüber der KJM ist die gemeinsame Länderstelle gemäß Beschlussstatut nach Abs. 1 S. 3 fachlich unabhängig. Die Unterstützung stellt keine Organleihe im verwaltungsrechtlichen Sinne, sondern eine Art dauerhafter „Beauftragung" dar (zutr. H/V/Schulz/Held, Rn. 14).

2. Unterstützung von KJM-Aufgaben

6 Aufgaben der Kommission für Jugendmedienschutz sind vor allem die in § 16 S. 2 Nrn. 1, 2, 6 bis 8 genannten, also insb. die Überwachung der JMStV-Bestimmungen einschließlich der Feststellung von Ordnungswidrigkeiten sowie ggf. die Prüfung der Anerkennungsvoraussetzungen bei Jugendschutzprogrammen und Einrichtungen der Freiwilligen Selbstkontrolle für Telemedien. Daneben unterstützt „jugendschutz.net" im Rahmen der personellen Möglichkeiten die KJM auch bei der Zusammenarbeit mit der BPjM nach § 17 Abs. 2 sowie bei der Evaluierung des Zweijahresberichts nach § 17 Abs. 3. Die Tätigkeit von „jugendschutz.net" erstreckt sich dabei **nur auf Telemedien**, nicht auf Rundfunkangebote (Nikles u.a., Rn. 2).

3. Unterstützung von OLjB-Aufgaben

7 Aufgaben der Obersten Landesjugendbehörden werden in den Bestimmungen des JMStV mit Ausnahme von Stellungnahmen über die Anwendung des § 20 Abs. 3 u. 5 gemäß § 20 Abs. 7 nicht ausdrücklich aufgeführt. Insoweit beschränkt sich die Unterstützung von Seiten der Länderstelle „jugendschutz.net" auf die Organisation, Durchführung oder Teilnahme an Informationsveranstaltungen, Tagungen oder Schulungen zum Jugendmedienschutz, welche von den obersten Landesjugendbehörden ausgerichtet werden (vgl. auch Abs. 3 S. 2 sowie §§ 11, 14 SGB VIII).

IV. Aufgaben von „jugendschutz.net" (Abs. 3)

1. Überprüfung von Telemedien-Angeboten (Satz 1)

8 **a) Überprüfungsumfang.** Zu den Aufgaben von „jugendschutz.net" gehört nach Satz 1 vor allem die Überprüfung von Telemedien-Angeboten. Die angebotsinhaltliche Prüfung erstreckt sich dabei ausschließlich auf die **Bestimmungen des JMStV**. Insoweit stehen die Verbotsvorschriften der §§ 4 bis 6 im Mittelpunkt, daneben ist indes auch die Einhaltung der Pflicht zur Bestellung eines Jugendschutzbeauftragten nach § 7 in den Blick zu nehmen. Die Feststellung von etwaigen Verstößen gegen allgemeine Informationspflichten nach § 55 RStV, strafrechtliche Verbote außer den in § 4 inkorporierten (z. B. Beleidigungsdelikte nach § 185 ff. StGB) sowie Verstöße gegen datenschutz-, urheberrechts- oder wettbewerbsrechtliche Vorschriften gehört hingegen nicht zu den Aufgaben der zentralen Länderstelle für Jugendschutz. Erlangt „jugendschutz.net" im Rahmen ihrer Recherchen indes von derartigen Rechtsverstößen Kenntnis, ist die Stelle ohne weiteres zur Weiterleitung der entsprechenden Informationen an die zuständigen Behörden befugt (vgl. zum Ganzen Zöller, GA 2000, 563 ff.). Dies gilt insb. auch bei Verstößen gegen die Hinweispflicht für Anbieter von Telemedien im Falle des Vertriebs gekennzeichneter Trägermedien nach § 12 Abs. 2 S. 4 JuSchG (vgl. dort Rn. 20 ff.).

9 **b) Recherchemittel.** Die gemeinsame Stelle Jugendschutz aller Länder führt die inhaltliche Überprüfung von Telemedien nach entsprechendem

Hinweis der KJM, aufgrund von eingegangenen **Beschwerden** oder **anlassunabhängig** auf der Grundlage eigener Recherchen (hierzu Zöller, GA 2000, 563 ff.) durch. Als Mittel der Überprüfung kommen sowohl technische Suchprogramme (sog. „crawler", vgl. hierzu bereits Müller, JMS-Report 1998, S. 52, 53; Zöller, GA 2000, 563, 567 f.) und allgemein zugängliche **Suchmaschinen** als auch das gezielte manuelle Abrufen von verdächtigen oder problematischen Angeboten von Telemedien („Surfen im Internet") in Betracht.

c) Statistik erfasster Prüffälle für 2009. In 2009 kontrollierte jugendschutz.net 6.304 Web-Angebote, wertete 6.500 Fundstellen in Suchmaschinen aus und prüfte mehr als 5.500 Videos und Profile auf Verstöße (vgl. **Jahresbericht 2009**, S. 26). Die Zahl unzulässiger Angebote, die 2009 neu dokumentiert wurden, ging gegenüber dem Vorjahr (2008: 3.054) erstmalig um 20 % zurück, was indes nach Angaben der Länderstelle keine Verbesserung des Jugendschutzes bedeute, sondern vielmehr auf Verstoßfälle in Web-2.0-Angeboten und auf Websites zurückzuführen sei, die statistisch bereits in früheren Jahren erfasst worden seien (vgl. Jahresbericht, aaO.). Die Zahl der Hinweise von Nutzerinnen und Nutzern erreichte mit 8.000 einen neuen Höchststand (2008: 7.800); auch die Zahl der Anfragen an jugendschutz.net stieg mit 3.250 im Jahr 2009 erneut an (2008: 3.000).

Ein Hauptbereich festgestellter Verstöße auf deutschen Websites stellt nach Angaben von jugendschutz.net mit 42 % weiterhin **Pornographie** dar (indes Rückgang um 20 % gegenüber 2008). Verdoppelt hat sich danach die Zahl der Angebote, die Magersucht verherrlichen (22 %). Der Anteil kinderpornographischer Fälle stieg von 3 auf 9 %. In der **Kommunikation mit Anbietern** konnte jugendschutz.net in drei von vier deutschen Fällen erreichen, dass unzulässige Angebote bereits vor Einleitung eines Verfahrens schnell geändert oder gelöscht wurden (krit. zu dieser für den Anbieter ohne Konsequenzen bleibenden Vorabinformation: HBI-Bericht, 2007, S. 176). Ausländische unzulässige Angebote kamen 2009 zu 52 % aus den USA, 42 % davon waren pornographisch, 24 % rechtsextrem. 17 % der Verstöße stammten aus den Niederlanden, dort enthielten 86 % der unzulässigen Angebote Pornographie oder Darstellungen von Kindern als Sexobjekte (Posenfotos) (s. ausführl. Jahresbericht 2009, insb. S. 26).

2. Beratung und Schulung (Abs. 3 S. 2)

Die Beratung i. S. d. Abs. 3 Satz 2 umfasst die Beantwortung allgemeiner Anfragen von Anbietern und Nutzern. Der Aufgabenbereich der Schulung erstreckt sich zunächst auf interne **Schulungsmaßnahmen** für Mitarbeiter der Jugendbehörden der Länder. Darüber hinaus kommen gelegentlich stattfindende zentrale Schulungsveranstaltungen zur **Fortbildung** der Jugendschutzbeauftragten der Anbieter in Betracht. Auch die Erstellung von Fachpublikationen ist von dem Aufgabenbereich umfasst. Die Länderstelle hat allein in 2009 zahlreiche Broschüren zu aktuellen Jugendschutzfragen wie z. B. zur Verherrlichung von Essstörungen im Internet herausgegeben (vgl. Jahresbericht 2009, S. 24). „jugendschutz.net" ist hingegen nicht zur Rechtsberatung verpflichtet und muss keine Vorabsichtsungen von Angeboten auf

Anfrage vornehmen (Scholz/Liesching, § 18 Rn. 8). Weitere, **nicht ausdrücklich geregelte Aufgabenfelder** sind die nationale und internationale Kooperation mit Jugendschutzstellen, der Erfahrungsaustausch mit solchen Stellen sowie die Fortentwicklung von Prüfkriterien und/oder die Prüfung der Effektivität von technischen Jugendschutzmaßnahmen (s. ausführl. Jahresbericht, 2009).

V. Informations- und Hinweispflichten (Abs. 4)

1. Anbieterhinweis

13   Nach Absatz 4 unterliegt „jugendschutz.net" einer umfassenden Informations- und Hinweispflicht gegenüber dem Anbieter im Falle der Feststellung von Verstößen gegen Bestimmungen des JMStV. Die Pflicht bezieht sich jeweils auf denjenigen Anbieter, dessen Inhalte gegen §§ 4 bis 6 verstoßen bzw. der den Pflichten aus § 7 nicht oder nicht hinreichend nachkommt. Nach Bearbeitung, Bewertung und Dokumentation der gefundenen Inhalte werden die jeweiligen Anbieter angeschrieben, auf die betreffenden Verstöße hingewiesen und zur Herausnahme oder Veränderung der Inhalte binnen einer bestimmten Frist aufgefordert (ausführl. bereits Müller, JMS-Report 2/1998, S. 52, 53). Im Rahmen der Hinweisschreiben von jugendschutz.net sind Formulierungen zu unterlassen, die den **Eindruck einer hoheitlichen Maßnahme** mit entsprechender Bindungswirkung suggerieren (z. B. „zu beanstanden"; „Sie sind verpflichtet", krit. auch HBI-Bericht, 2007, S. 176).

14   Durch die Hinweisschreiben erlangt der Anbieter ggf. auch von fremden Informationen Kenntnis, die er für einen Nutzer speichert, sodass bei betreffenden **Internetplattformbetreibern** die Haftungsprivilegierung des § 10 TMG insoweit nicht mehr einschlägig ist (vgl. hierzu ausführl. Scholz/Lisching, § 11 TDG Rn. 1 ff.). Bei **schweren, strafrechtlich relevanten Verstößen**, insb. bei kinderpornographischen Angeboten (vgl. § 4 Abs. 1 S. 1 Nr. 10), ist indes von einer Information des Anbieters abzusehen und stattdessen die zuständige Strafverfolgungsbehörde ggf. über die KJM umgehend in Kenntnis zu setzen (ebenso Nikles u.a., Rn. 5; s.a. Schindler, tv diskurs 20/2002, S. 27).

2. Information der KJM

15   Über Hinweise an Anbieter wegen Verstößen gegen JMStV-Bestimmungen ist die Kommission für Jugendmedienschutz (§ 14 Abs. 2) zu unterrichten. Hieraufhin wird in der Regel noch kein Aufsichtsverfahren initiiert, soweit der Anbieter in Folge des Hinweises reagiert und entsprechende eigene (oder nach Kenntniserlangung unverzüglich auch fremde, bereitgehaltene) Angebotsinhalte entfernt. In der Kommunikation mit Anbietern konnte jugendschutz.net in drei von vier deutschen Fällen erreichen, dass unzulässige Angebote bereits vor Einleitung eines Verfahrens **schnell geändert oder gelöscht** wurden (krit. zu dieser für den Anbieter ohne Konsequenzen bleibenden Vorabinformation: HBI-Bericht, 2007, S. 176).

3. Ersthinweis an anerkannte Selbstkontrolleinrichtung

Durch den letztlich gescheiterten 14. RfÄndStV sollte eine **Privilegierung** von Mitgliedern einer anerkannten Einrichtung der Freiwilligen Selbstkontrolle vorgesehen werden. Bei Verstößen von Mitgliedern einer anerkannten Einrichtung der Freiwilligen Selbstkontrolle hätte danach **zunächst** ausschließlich diese Einrichtung informiert werden müssen, die KJM hingegen ggf. erst dann, wenn die anerkannte Selbstkontrolleinrichtung der Freiwilligen Selbstkontrolle untätig geblieben ist oder „jugendschutz.net" die eingeleitete Maßnahme als nicht ausreichend erachtet (vgl. Bayer. LT-Drs. 16/5283, S. 13). Wegen des Nicht-Inkrafttretens des Regelung ergibt sich aus dem in § 20 Abs. 5 S. 1 normierten **Erstbefassung** der Selbstkontrolleinrichtungen bei „behaupteten Verstößen", dass diese ggf. nur „durch die KJM" veranlasst werden kann.

16

VI. Prozessuale Hinweise

„jugendschutz.net" nimmt keine hoheitlichen Aufgaben wahr und wird gegenüber Anbietern nur informell tätig (Schindler, tv diskurs 20/2002, S. 27). Ihr Handeln ist daher weder hoheitlich noch entfaltet es regelnde Außenwirkung. Rechtsschutz ist mithin nur im Rahmen von **Aufsichtsverfahren** möglich, welche von jugendschutz.net zwar initiiert wurden, jedoch dann durch die zuständige Landesmedienanstalt im Außenverhältnis durchgeführt werden. Gegen letztere ist als Aufsichts- bzw. Ordnungsbehörde nach §§ 20 Abs. 6, 24 Abs. 4 JMStV verwaltungsgerichtlich vorzugehen.

17

§ 19 Einrichtungen der Freiwilligen Selbstkontrolle

(1) **Einrichtungen Freiwilliger Selbstkontrolle können für Rundfunk und Telemedien gebildet werden.**

(2) **Anerkannte Einrichtungen der Freiwilligen Selbstkontrolle überprüfen im Rahmen ihres satzungsgemäßen Aufgabenbereichs die Einhaltung der Bestimmungen dieses Staatsvertrages sowie der hierzu erlassenen Satzungen und Richtlinien bei ihnen angeschlossenen Anbietern.**

(3) **Eine Einrichtung ist als Einrichtung der Freiwilligen Selbstkontrolle im Sinne dieses Staatsvertrages anzuerkennen, wenn**
1. **die Unabhängigkeit und Sachkunde ihrer benannten Prüfer gewährleistet ist und dabei auch Vertreter aus gesellschaftlichen Gruppen berücksichtigt sind, die sich in besonderer Weise mit Fragen des Jugendschutzes befassen,**
2. **eine sachgerechte Ausstattung durch eine Vielzahl von Anbietern sichergestellt ist,**
3. **Vorgaben für die Entscheidungen der Prüfer bestehen, die in der Spruchpraxis einen wirksamen Kinder- und Jugendschutz zu gewährleisten geeignet sind,**
4. **eine Verfahrensordnung besteht, die den Umfang der Überprüfung, bei Veranstaltern auch die Vorlagepflicht, sowie mögliche**

Sanktionen regelt und eine Möglichkeit der Überprüfung der Entscheidungen auch auf Antrag von landesrechtlich bestimmten Trägern der Jugendhilfe vorsieht,

5. gewährleistet ist, dass die betroffenen Anbieter vor einer Entscheidung gehört werden, die Entscheidung schriftlich begründet und den Beteiligten mitgeteilt wird und
6. eine Beschwerdestelle eingerichtet ist.

(4) [1] Die zuständige Landesmedienanstalt trifft die Entscheidung durch die KJM. [2] Zuständig ist die Landesmedienanstalt des Landes, in dem die Einrichtung der Freiwilligen Selbstkontrolle ihren Sitz hat. [3] Ergibt sich danach keine Zuständigkeit, so ist diejenige Landesmedienanstalt zuständig, bei der der Antrag auf Anerkennung gestellt wurde. [4] Die Einrichtung legt der KJM die für die Prüfung der Anerkennungsvoraussetzungen erforderlichen Unterlagen vor. [5] Die Anerkennung ist auf vier Jahre befristet. [6] Verlängerung ist möglich.

(5) [1] Die Anerkennung kann widerrufen werden, wenn Voraussetzungen für die Anerkennung nachträglich entfallen sind oder sich die Spruchpraxis der Einrichtung nicht im Einklang mit dem geltenden Jugendschutzrecht befindet. [2] Eine Entschädigung für Vermögensnachteile durch den Widerruf der Anerkennung wird nicht gewährt.

(6) Die anerkannten Einrichtungen der Freiwilligen Selbstkontrolle sollen sich über die Anwendung dieses Staatsvertrages abstimmen.

Schrifttum: *Bosch*, Die „Regulierte Selbstregulierung" im Jugendmedienschutz-Staatsvertrag, 2006; *Braml/Hopf*, Der neue Jugendmedienschutz-Staatsvertrag – Fort- oder Rückschritt für den Jugendmedienschutz?, ZUM 2010, 645; *Brunner*, Beurteilungsspielräume im neuen Jugendmedienschutzrecht – eine nicht mehr vorhandene Rechtsfigur?, 2005; *Cole*, Das Zusammenwirken von Selbstkontrolle und hoheitlicher Kontrolle im Jugendmedienschutz, RdJB 2006, 299; *ders.*, Der Dualismus von Selbstkontrolle und Aufsicht im Jugendmedienschutz, ZUM 2005, 462; *Frank*, Selbstkontrolle im Internet, in: KJM-Schriftenreihe Bd. 1, 2009, S. 71; *Groß*, Selbstregulierung im medienrechtlichen Jugendschutz, NVwZ 2004, 1393; *v. Gottberg*, Die Freiwillige Selbstkontrolle Fernsehen, in: KJM-Schriftenreihe Bd. 1, 2009, S. 51; *ders.*, Viel Skepsis – hohe Erwartungen – Neues Jugendschutzgesetz stärkt die Selbstkontrolle, tv-diskurs 25/2003, S. 36; *ders.*, Die regulierte Selbstregulierung als Experiment?, JMS-Report 5/2004, 2; *Groß*, Selbstregulierung im medienrechtlichen Jugendschutz am Beispiel der Freiwilligen Selbstkontrolle Fernsehen, NVwZ 2004, 1393; *Holznagel/Kussel*, Jugendmedienschutz und Selbstregulierung im Internet, RdJB 2004, 295; *Hopf/Braml*, Eingeschränkte gerichtliche Überprüfbarkeit des Beurteilungsspielraums der Kommission für Jugendmedienschutz (KJM), MMR 2009, 153; *dies.*; Das Verhältnis der KJM zur FSF anhand einer kritischen Würdigung der Entscheidung des VG Berlin vom 6. 7. 2006, ZUM 2007, 123; *dies.*, Bewertungsvorgänge im Jugendmedienschutz, ZUM 2010, 211; *Ladeur*, „Regulierte Selbstregulierung" im Jugendmedienschutz, ZUM 2002, 859; *Langenfeld*, Die Neuordnung des Jugendschutzes im Internet, MMR 2003, 303; *Liesching*, Was kann die Freiwillige Selbstkontrolle Multimedia (FSM)?, JMS-Report 6/2006, 2; *Palzer*, Co-Regulierung als Steuerungsform für den Jugendschutz in den audiovisuellen Medien – eine europäische Perspektive, ZUM 2002, 875; *Pathe*, Praktische Probleme des Jugendmedienschutzes im Internet, RdJB 2006, 319; *Pooth*, Jugendschutz im Internet – staatliche Regulierung und private Selbstkontrolle, 2005; *Retzke*, Präventiver Jugendmedienschutz, 2006; *Ring*, Jugendschutz im Spannungsfeld zwischen Selbstregulierung der Medien und staatlicher Medienkontrolle, AfP 2004, 9; *Rossen*-

Einrichtungen der Freiwilligen Selbstkontrolle **§ 19 JMStV**

Stadtfeld, Beurteilungsspielräume der Medienaufsicht, in: KJM-Schriftenreihe Bd. 1, 2009, S. 179; *ders.*, Selbstkontrolle, Medienaufsicht und gerichtliche Überprüfung: Abgrenzungsfragen im Steuerungsverbund, ZUM 2008, 457; *ders.*, Die Konzeption Regulierter Selbstregulation und ihre Ausprägung im Jugendmedienschutz, AfP 2004, 1; *Scheuer*, Das neue System des Jugendmedienschutzes aus der Sicht der Selbstkontrolleinrichtungen, RdJB 2006, 308; *Schwendtner*, Die Zusammenarbeit mit Einrichtungen der Freiwilligen Selbstkontrolle, in: KJM-Schriftenreihe Bd. 1, 2009, S. 90; *Sellmann*, Co-Regulierung in concreto, K&R 2007, 196; *ders.*, Die FSM zwischen staatlicher Lenkung und Selbstregulierung, MMR 2006, 723; *Stettner*, Der neue Jugendmedienschutz-Staatsvertrag – eine Problemsicht, ZUM 2003, 425; *Storr*, Regulierung von Beliehenen?, DÖV 2007, 133; *Ullrich*, Defizite bei der Regulierung der Selbstregulierung, MMR 2005, 743; *ders.*, Die Bewertung von Rundfunkprogrammen durch Einrichtungen der Freiwilligen Selbstkontrolle und ihre Folgen, ZUM 2005, 452; *Weigand*, Aufsicht, Anbieter oder Anwender – wer hat welche Verantwortung im Jugendmedienschutz, in: KJM-Schriftenreihe Bd. 1, 2009, S. 31; *dies.*, Der novellierte Jugendmedienschutz-Staatsvertrag. Konsequenzen für die Arbeit der KJM, JMS-Report 4/2010, 2.

Übersicht

	Rn.
I. Allgemeines	1
1. Regelungsinhalt und Bedeutung	1
2. Das Prinzip der „regulierten Selbstregulierung"	2
3. Anerkannte Selbstkontrolleinrichtungen	4
II. Stellung und Aufgaben von Selbstkontrolleinrichtungen (Abs. 1 u. 2)	5
1. Konstituierungsfreiheit	5
2. Ausübung hoheitlicher Entscheidungsgewalt	6
3. Aufgaben anerkannter Selbstkontrolleinrichtungen (Abs. 2)	7
a) Einhaltung der JMStV-Bestimmungen	7
b) Bewertung technisch-struktureller Jugendschutzfragen	8
c) Überblick über Aufgabenbereiche	9
III. Anerkennung von Selbstkontrolleinrichtungen (Abs. 3 bis 5)	10
1. Allgemeines	10
2. Bislang anerkannte Selbstkontrolleinrichtungen	11
a) Freiwillige Selbstkontrolle Fernsehen (FSF)	11
b) Freiwillige Selbstkontrolle Multimedia-Diensteanbieter (FSM)	12
3. Anerkennungsvoraussetzungen (Abs. 3)	13
a) Unabhängigkeit und Sachkunde (Nr. 1)	13
b) Beteiligung gesellschaftlicher Gruppen	15
c) Sachgerechte Ausstattung (Nr. 2)	16
d) Vorgaben für Prüfentscheidungen (Nr. 3)	17
e) Verfahrensordnung (Nr. 4)	18
f) Gewährleistung rechtsstaatlicher Verfahrensstandards (Nr. 5)	20
g) Einrichtung einer Beschwerdestelle (Nr. 6)	22
4. Keine Anerkennungsfiktion für FSK und USK	23
5. Zuständigkeit (Abs. 4 S. 1-4)	25
a) Entscheidungskompetenz der Landesmedienanstalten (Sätze 1-3)	25
b) Vorlage der Unterlagen bei der für die Beurteilung zuständigen KJM (Satz 4)	27

6. Befristung auf vier Jahre bei möglicher Verlängerung
   (Abs. 4 S. 5 u. 6) 28
7. Widerruf (Abs. 5) 29
   a) Allgemeines 29
   b) Widerrufsgründe (Satz 1) 30
   c) Sonstige Sanktionsmöglichkeiten 32
   d) Entschädigungsausschluss (Satz 2) 33
IV. Abstimmung über Anwendung des JMStV (Abs. 6) 35
V. Rechtsfolgen, Prozessuales 36
   1. Ordnungswidrigkeiten; Haftungsprivilegierung bei Selbst-
      kontrollentscheidungen mit Anerkennung 36
   2. Prozessuale Hinweise 37

I. Allgemeines

1. Regelungsinhalt und Bedeutung

1   Die Vorschrift regelt die verfahrensrechtlichen Voraussetzungen für eine effektive Selbstkontrolle in rechtsaufsichtlichen Prüfverfahren für Rundfunk und Telemedien. Während Absatz 1 eine allgemeine Konstituierungsfreiheit regelt, gibt Absatz 2 die Aufgaben anerkannter Selbstkontrolleinrichtungen vor. Absatz 3 regelt des Weiteren die Voraussetzungen einer **Anerkennung**, Absatz 4 die Zuständigkeit der Landesmedienanstalten für die Anerkennung. Absatz 5 regelt den Widerruf erteilter Anerkennungsbescheide und Absatz 6 normiert als „Soll"-Vorschrift die Abstimmung einzelner anerkannter Selbstkontrolleinrichtungen untereinander. Die im Rahmen des **14. RfÄndStV** vorgesehenen umfangreichen Änderungen im Sinne einer eingeschränkten fiktiven Anerkennung der „JuSchG"-Selbstkontrollen der FSK und der USK und erweiterten Sanktionsmöglichkeiten der KJM gegenüber anerkannten Selbstkontrolleinrichtungen (vgl. Bayer. LT-Drs. 16/ 5382, S. 4, 13 f.) sind aufgrund des Scheiterns der JMStV-Novelle im Landtag von Nordrhein-Westfalen am 16. 12. 2010 nicht in Kraft getreten (zu Bestimmungen der gescheiterten JMStV-Novelle ausführl. Altenhain, BPjM-aktuell, 4/2010, 5 ff.; Braml/Hopf, ZUM 2010, 645 ff.; Hopf, K&R 2011, 6 ff.; Weigand, JMS-Report 4/2010, 2 ff.).

2. Das Prinzip der „regulierten Selbstregulierung"

2   Die Vorschrift regelt die verfahrensrechtlichen Voraussetzungen für eine effektive Selbstkontrolle in rechtsaufsichtlichen Prüfverfahren für Rundfunk und Telemedien. Über das Prinzip der „regulierten Selbstregulierung" (vgl. hierzu z. B. Bosch, 2006; Cole, RdJB 2006, 299 ff.; ders., ZUM 2005, 462 ff.; Frank, KJM-Schriftenreihe I, 2009, 71 ff.; Groß, NVwZ 2004, 1393 ff.; Ring, AfP 2004, 9 ff.; zum europäischen Kontext vgl. Palzer, ZUM 2002, 875 ff.) erhalten **Selbstkontrolleinrichtungen** die Möglichkeit, bei Schaffung der Anerkennungsvoraussetzungen des Abs. 3 eine **eigene Entscheidungskompetenz** in bestimmten Jugendschutzfragen zu begründen. Nach der Idealvorstellung der Landesgesetzgeber sollen im Rahmen eines zweistufigen Verfahrens die Selbstkontrolleinrichtungen die Anbieter kontrollieren, wohingegen die KJM die Selbstkontrolleinrichtungen kontrollieren soll (in diesem Sinne H/V/Held, Rn. 1). Diese Zweiteilung greift in der Praxis freilich nur soweit, wie die Anbieter von den anerkannten Selbstkontrolleinrichtungen durch Vorlage ihrer Inhalte Gebrauch machen.

Vor Inkrafttreten des JMStV waren die Landesmedienanstalten allenfalls verpflichtet, Gutachten freiwilliger Selbstkontrollen gem. § 3 Abs. 8 RStV a. F. bei ihren Entscheidungen „einzubeziehen" (vgl. hierzu VG Berlin ZUM 2002, 758 ff.; ferner OVG Berlin NJW 2003, 840 f.). Mittels einer weit reichenden Selbstkontrolle wollte der Gesetzgeber erreichen, dass die KJM entlastet und auch zu einer umfassenden sachverständigen Beurteilung von Fragen des Jugendmedienschutzes und des Schutzes der Menschenwürde beigetragen wird (Bayer. LT-Drs. 14/10246, S. 23). Darüber hinaus wird der verfassungsrechtlich gebotenen **Staatsferne und Meinungspluralität** bei Entscheidungen im Bereich des Jugendschutzes Rechnung getragen (vgl. BVerfGE 83, 130, 150; Kreile/Diesbach, ZUM 2002, 849, 854; Fechner, JZ 2003, 224, 226 f.).

3. Anerkannte Selbstkontrolleinrichtungen

Für den Bereich des privaten Fernsehens ist die Freiwillige Selbstkontrolle Fernsehen e.V. (**FSF**) in Berlin von der Landesmedienanstalt MABB auf Grund der Bestimmung durch Beschlüsse vom 28. 7. 2003 und 26. 8. 2003 anerkannt worden. Für den Bereich Telemedien hat die Freiwillige Selbstkontrolle Multimedia (**FSM**) ebenfalls eine Anerkennung nach der Vorschrift erfahren. Auch andere Jugendschutzstellen wie insb. die JuSchG-Selbstkontrolleinrichtungen der Freiwilligen Selbstkontrolle der Filmwirtschaft (**FSK**) und der Unterhaltungssoftware-Selbstkontrolle (**USK**) sind grundsätzlich nicht gehindert, das Verfahren nach Abs. 3 und 4 S. 1 bis 4 im Hinblick auf eine Anerkennung durch die KJM zu durchlaufen.

II. Stellung und Aufgaben von Selbstkontrolleinrichtungen (Abs. 1 u. 2)

1. Konstituierungsfreiheit

Der Programmsatz des Abs. 1 stellt lediglich rein deklaratorisch (H/V/ Held, Rn. 12) fest, dass Einrichtungen freiwilliger Selbstkontrolle für Rundfunk und Telemedien gebildet werden können. Hierdurch sollte insb. klargestellt werden, dass die Aufgaben des Deutschen Werberates und des Deutschen Presserates durch diesen Staatsvertrag unberührt bleiben (Bayer. LT-Drs. 14/10246, S. 23). Daneben sind die Bewertungen der Freiwilligen Selbstkontrollen der FSK sowie der USK nach § 14 JuSchG von Rundfunk- und Telemedienanbietern aufgrund der gesetzlichen Vermutung nach § 5 Abs. 2 maßgeblich und bei Kennzeichen des JuSchG gilt die Hinweispflicht des § 12. Die Möglichkeit der Konstituierung einer Selbstkontrolleinrichtung ist **unabhängig von** ihrer **Anerkennung** nach Abs. 3. Dies zeigt schon die Delegationsmöglichkeit der Aufgaben des Jugendschutzbeauftragten auch im Bezug auf eine nicht anerkannte Freiwillige Selbstkontrolle (vgl. § 7

Rn. 14 f.). Freilich können nur anerkannte Einrichtungen angeschlossenen Anbietern die aufsichtsrechtlichen **Privilegierungen nach § 20 Abs. 3 und 5** verschaffen.

2. Ausübung hoheitlicher Entscheidungsgewalt

6   Soweit Einrichtungen der Freiwilligen Selbstkontrolle mit der Sendezeitregulierung (§§ 8, 9 JMStV) betraut sind, werden sie als **Beliehene** tätig, da sowohl die Verschärfung als auch die Lockerung von Sendezeitgrenzen als hoheitliche Maßnahmen einzustufen sind (vgl. Ullrich, MMR 2005, 743. 745 mwN.), deren Missachtung in den **Fällen der §§ 8 Abs. 2 und 9 Abs. 1** unmittelbar bußgeldbewehrt ist (vgl. § 24 Abs. 1 Nr. 12 u. 13). Der Staatsvertrag erklärt die Entscheidungen der anerkannten Selbstkontrolleinrichtungen insoweit für Anbieter als verbindlich (unzutr. H/V/Held, Rn. 14). Dass die Selbstkontrolleinrichtungen nicht auch für Aufsichtsmaßnahmen und die Verhängung von Bußgeldern zuständig ist, hindert nicht den hoheitlichen Charakter der Sendezeitfestlegung bzw. Ausnahmeentscheidung. In der Anerkennung der Einrichtung durch die KJM nach § 19 Abs. 4 Satz 1 ist der stets erforderliche förmliche Beleihungsakt zu sehen, der mithin auf hinreichender gesetzlicher Ermächtigung erfolgt (anders wohl H/V/Held, Rn. 13 f.). Soweit es sich indes um Entscheidungen der Selbstkontrolle außerhalb der §§ 8, 9 Abs. 1 handelt, sind diese nicht als hoheitlich anzusehen, da insoweit nur die **(privaten) Wertungen** der Einrichtungen unter bestimmten Umständen (bei Vorliegen einer Anerkennung und Einhaltung des Beurteilungsspielraums) mit besonderen privilegierenden Rechtsfolgen für die Anbieter (beschränkter Haftungsschutz nach § 20 Abs. 3 und 5) verknüpft sind (insoweit zutr. H/V/Held, Rn. 13 f.).

3. Aufgaben anerkannter Selbstkontrolleinrichtungen (Abs. 2)

7   a) **Einhaltung der JMStV-Bestimmungen.** Nach Absatz 2 ist die zentrale Aufgabe anerkannter Einrichtungen der Freiwilligen Selbstkontrolle die Überprüfung der Einhaltung der Bestimmungen des JMStV sowie der hierzu erlassenen Satzungen und Richtlinien bei ihnen angeschlossenen Anbietern. Der diesbezügliche Umfang des Aufgabenbereichs der Selbstkontrolleinrichtung richtet sich gemäß dem Wortlaut maßgeblich nach ihrer **Satzung** („im Rahmen ihres satzungsgemäßen Aufgabenbereichs"). Eine Anerkennung kann also entsprechend der Satzung der Einrichtung der Freiwilligen Selbstkontrolle auch nur für einzelne Aufgabenfelder oder einzelne Medien (nur Rundfunk bzw. nur Telemedien) beantragt werden (Bayer. LT-Drs. 14/10246, S. 23). Die Aufgabe der Überprüfung umfasst nicht nur die JMStV-Bestimmungen, sie erstreckt sich auch auf die jeweils im Zusammenhang mit dem einzelnen Aufgabenbereich erlassenen Richtlinien und Satzungen, insb. der **Jugendschutzrichtlinien** der Landesmedienanstalten nach § 15 Abs. 2 (s. dort Rn. 5 sowie Anhang V.3.).

8   b) **Bewertung technisch-struktureller Jugendschutzfragen.** Schließlich kommt den Selbstkontrolleinrichtungen vor allem für Telemedien nicht nur die Aufgabe angebotsinhaltlicher Bewertungen zu, sondern in der Regel

Einrichtungen der Freiwilligen Selbstkontrolle § 19 JMStV

darüber hinaus auch die **Beurteilung technisch-struktureller Fragen** wie z. B. die Zulänglichkeit eines Altersverifikationssystems nach §§ 4 Abs. 2 S. 2 oder eines „technischen Mittels" nach § 5 Abs. 3 Nr. 1 (Liesching, JMS-Report, 6/2006, 2 ff.; Sellmann, MMR 2006, 723 ff). Für **Jugendschutzprogramme** ist eine Beurteilungskompetenz wegen des Scheiterns des 14. RfÄndStV nicht gegeben (vgl. § 11 Rn. 32).

c) Überblick über Aufgabenbereiche. Als Aufgabenbereiche der 9 Selbstkontrollen kommen insb. in Betracht:
– Die Überprüfung der Einhaltung der **Verbotsbestimmungen** der §§ 4 bis 6, 10 sowie der in diesem Zusammenhang nach § 15 Abs. 2 erlassenen Satzungen und Richtlinien der Landesmedienanstalten;
– Die Bewertung von entwicklungsbeeinträchtigenden Angeboten im hinblick auf ausreichende „**Wahrnehmungserschwernis**" durch technische oder sonstige Mittel nach § 5 Abs. 3 unter Beachtung der ggf. in diesem Zusammenhang nach § 15 Abs. 2 erlassenen Satzungen und Richtlinien der Landesmedienanstalten;
– Die Überprüfung der Einhaltung der **Hinweispflichten** (insb. § 12) sowie der in ggf. diesem Zusammenhang nach § 15 Abs. 2 erlassenen Satzungen und Richtlinien der Landesmedienanstalten;
– Die Festlegung der **Sendezeit** in Richtlinien oder für den Einzelfall nach § 8 Abs. 1 unter Beachtung der ggf. in diesem Zusammenhang erlassenen Richtlinien der KJM;
– Die Festlegung der Sendezeit für den Einzelfall nach § 8 Abs. 2 unter Beachtung der ggf. in diesem Zusammenhang nach § 15 Abs. 2 erlassenen Satzungen und Richtlinien der Landesmedienanstalten;
– Die Gewährung von **Ausnahmen** in Richtlinien oder für den Einzelfall nach § 9 Abs. 1 unter Beachtung der ggf. in diesem Zusammenhang erlassenen Richtlinien der KJM;
– Die Wahrnehmung der **Aufgaben des Jugendschutzbeauftragten** in den Fällen des § 7 Abs. 2, wobei eine Anerkennung der Selbstkontrolleinrichtung nach § 19 Abs. 3 insoweit nicht erforderlich ist.

III. Anerkennung von Selbstkontrolleinrichtungen (Abs. 3 bis 5)

1. Allgemeines

Die Vorschrift des Abs. 3 regelt die Voraussetzungen der Anerkennung 10 einer Einrichtung der Freiwilligen Selbstkontrolle durch die zuständige Landesmedienanstalt (vgl. Abs. 4, hierzu Rn. 13 ff.; unklar ist insoweit die Amtl. Begründung, in der von einer Anerkennung durch das Organ der KJM die Rede ist, vgl. Bayer. LT-Drs. 14/10246, S. 24). Die enumerativ genannten **Anforderungen** sind kumulativ zu erfüllen. Im Falle der Erfüllung der Voraussetzungen besteht ein **Anspruch auf Anerkennung** durch die KJM. Nach der Gesetzesbegründung ergebe sich insoweit „eine hinreichende Vermutung für eine wirksame Wahrnehmung der Aufgaben nach diesem Staatsvertrag für angeschlossene Anbieter durch diese Einrichtung" (Bayer. LT-

Drs. 14/10246, S. 24). Die Anerkennung stellt einen **Verwaltungsakt** dar (Kreile/Diesbach, ZUM 2002, 849, 854), gegen dessen Verwehrung die Verpflichtungsklage nach § 42 Abs. 1 VwGO bei dem zuständigen Verwaltungsgericht statthaft ist. Sie kann im Einzelfall auch **Nebenbestimmungen i. S. d.** § **36 VwVfG**, insb. Bedingungen oder Auflagen enthalten, welche das Vorliegen der Voraussetzungen des Abs. 3 gewährleisten. Bei der Anerkennung sind die Besonderheiten der einzelnen Angebote maßgeblich zu berücksichtigen (Bayer. LT-Drs. 14/10246, S. 24).

2. Bislang anerkannte Selbstkontrolleinrichtungen

11 a) **Freiwillige Selbstkontrolle Fernsehen (FSF).** Die FSF wurde durch die zuständige Landesmedienanstalt auf Grundlage der Entscheidung der KJM für den Bereich des Privatfernsehens zum 1. August 2003 als Selbstkontrolleinrichtung nach § 19 JMStV anerkannt. Die KJM verlautbarte die Anerkennung am 18. 6. 2003 per Pressemitteilung. Der (endgültige) **Anerkennungsbescheid** lag der FSF am 28. 8. 2003 vor (vgl. zur Arbeit der FSF sowie zur Zusammenarbeit mit der KJM: 2. KJM-Bericht, 2007, S. 13; 3. KJM-Bericht 2009, S. 16; v.Gottberg, KJM-Schriftenreihe I, 2009, S. 51 ff.; Schwendtner, KJM-Schriftenreihe I, 2009, S. 90 ff.).

12 b) **Freiwillige Selbstkontrolle Multimedia-Diensteanbieter (FSM).** Die FSM wurde für den Bereich der Telemedien erst wesentlich später als Selbstkontrolleinrichtung nach 19 JMStV anerkannt. Obgleich der Anerkennungsantrag bereits im Januar 2005 gestellt worden war, verzögerte sich eine Anerkennungsentscheidung. Nachdem zunächst die zuständige Landesmedienanstalt Berlin-Brandenburgs (MABB) eine Anerkennung nur unter zahlreichen **Auflagen und Bedingungen** erteilen wollte, wurden letztere erst nach Einreichung einer verwaltungsgerichtlichen Klage seitens der FSM wieder weitgehend zurückgenommen. Die Anerkennung der FSM – überwiegend ohne die vorherigen Auflagen und Bedingungen – erfolgte durch Bescheid vom 25. 10. 2005 (vgl. zur Arbeit der FSM sowie zur Zusammenarbeit mit der KJM: 2. KJM-Bericht, 2007, S. 14; 3. KJM-Bericht 2009, S. 17; Frank, KJM-Schriftenreihe I, 2009, S. 71 ff.; Schwendtner, KJM-Schriftenreihe I, 2009, S. 90 ff.).

3. Anerkennungsvoraussetzungen (Abs. 3)

13 a) **Unabhängigkeit und Sachkunde (Nr. 1).** Erste Voraussetzung für die Anerkennung ist nach Nr. 1, dass die Unabhängigkeit und Sachkunde der von der Einrichtung gegenüber der KJM (Abs. 4 S. 3) benannten Prüfer gewährleistet ist. Die Unabhängigkeit der Prüfer bezieht sich auf den nach der Satzung der Selbstkontrolleinrichtung in Betracht kommenden **Kreis der Anbieter**, die sich ihr anschließen können. Die Freiwillige Selbstkontrolle für private Rundfunkanbieter muss mithin gewährleisten, dass die Prüfer keine Funktionsträger oder Angestellten der Fernsehveranstalter sind oder in sonstiger Weise mit diesen – z. B. als freie Mitarbeiter – in engem Kontakt stehen (vgl. für die FSF: v.Gottberg, KJM-Schriftenreihe I, 2009, S. 51, 58). Entsprechend können für den Bereich der Selbstkontrolle in Telemedien

Einrichtungen der Freiwilligen Selbstkontrolle § 19 JMStV

keine Personen als Prüfer tätig sein, die selbst Anbieter von Informations- und Kommunikationsdiensten sind, welche jugendschutzrelevant sind und eine Pflicht zur Bestellung eines Jugendschutzbeauftragten nach § 7 begründen.

Die **hinreichende Sachkunde** der Prüfer ist anzunehmen, wenn diese 14 aufgrund ihrer darzulegenden bisherigen beruflichen oder ehrenamtlichen Tätigkeiten **Erfahrungen und Kenntnisse im Bereich des Jugendschutzes** vermuten lassen. Dabei kann bereits ausreichend sein, das die benannten Personen bereits vor Inkrafttreten des JMStV über einen längeren Zeitraum hinweg als Prüfer einer Einrichtung der Freiwilligen Selbstkontrolle (z. B. FSK, FSF, USK) tätig waren. Besondere juristische oder pädagogische Ausbildungsmindestvoraussetzungen sind hingegen nicht erforderlich. Bei der FSF haben die meisten Prüfer ein Studium im Bereich Kommunikationswissenschaften, Pädagogik, Psychologie oder Rechtswissenschaften abgeschlossen und verfügen größtenteils über Erfahrungen in der Arbeit mit Kindern und Jugendlichen, vgl. v.Gottberg, KJM-Schriftenreihe I, 2009, S. 51, 58).

b) Beteiligung gesellschaftlicher Gruppen. Erforderlich ist weiterhin 15 die Berücksichtigung von Vertretern aus gesellschaftlichen Gruppen, die sich in besonderer Weise mit Fragen des Jugendschutzes befassen. Damit orientiert sich der Gesetzgeber hinsichtlich der pluralistischen Zusammensetzung der Prüfgremien an dem Leitbild der §§ 19, 20 JuSchG sowie der Konstituierung der Gremien der Landesmedienanstalten (vgl. insoweit auch Kreile/Diesbach, ZUM 849, 854). Die Amtl. Begründung nennt beispielhaft als Vertreter gesellschaftlicher Gruppen lediglich die Kirchen (Bayer. LT-Drs. 14/10246, S. 24). Ebenso sind freilich die jüdischen Kultusgemeinden sowie andere **Religionsgemeinschaften** zu berücksichtigen, welche Körperschaften des öffentlichen Rechts sind (vgl. § 19 Abs. 2 Nr. 8 JuSchG). Bei der FSF sind ca. 10 Prüferinnen und Prüfer solche der Kirchen (v.Gottberg, KJM-Schriftenreihe I, 2009, S. 51, 58 f.). Daneben kommen vor allem Angehörige der **Lehrerschaft** sowie der Träger der öffentlichen und der freien **Jugendhilfe** in Betracht. Nach dem Wortlaut der Vorschrift („auch") muss sich lediglich ein Teil des Prüferstabes aus für den Jugendschutz relevanten gesellschaftlichen Gruppen rekrutieren, soweit bei den übrigen Prüfern die Sachkunde gewährleistet ist (Rn. 14). Eine demgegenüber restriktive Zusammensetzung der Prüfgremien anhand festgefügter Beteiligungsverhältnisse im Sinne der §§ 19, 20 JuSchG ist gerade nicht erforderlich. Den Selbstkontrolleinrichtungen kommt bei der Beteiligung ein Spielraum zu (H/V/Held, Rn. 21).

c) Sachgerechte Ausstattung (Nr. 2). Nach Nr. 2 muss die Selbstkon- 16 trolleinrichtung eine sachgerechte Ausstattung namentlich in personeller und finanzieller Hinsicht (Bayer. LT-Drs. 14/10246, S. 24) durch eine Vielzahl von Anbietern sicherstellen (weitergehend H/V/Held, Rn. 22, der über den Gesetzeswortlaut hinaus ein Getragensein von „den relevanten Marktteilnehmern" fordert). Nicht ausreichend ist demnach, dass lediglich durch einen oder nur wenige (Groß-)Anbieter die **Mittel zur Ausstattung** der Selbstkontrolle gewährleistet wird. Insoweit würde aufgrund der materiellen Abhängigkeit der Selbstkontrolleinrichtung die Gefahr der Beeinflussung der Prüfentscheidungen durch den Anbieter bestehen. In personeller Hinsicht

JMStV § 19 IV. Abschnitt. Verfahren für Anbieter

ist die Einrichtung als sachgerecht ausgestattet anzusehen, wenn über den Prüferkreis hinaus **Personalstellen** in dem Maße dauerhaft eingerichtet werden können, dass der mit der satzungsgemäßen Aufgabenerfüllung verbundene verwaltungstechnische Aufwand einschließlich der Bearbeitung von Beschwerden (vgl. Abs. 3 Nr. 6) zeitnah bewältigt werden kann (vgl. zur Ausstattung der FSF: v.Gottberg, KJM-Schriftenreihe I, 2009, S. 51, 59).

17   d) **Vorgaben für Prüfentscheidungen (Nr. 3).** Gemäß Nr. 3 ist weitere Voraussetzung der Anerkennung, dass Vorgaben für die Entscheidungen der Prüfer der Einrichtung bestehen, die in der Spruchpraxis einen wirksamen Kinder- und Jugendschutz zu gewährleisten geeignet sind. Erforderlich sind normkonkretisierende Richtlinien bzw. Prüfgrundsätze, welche insb. die in hohem Maße unbestimmten Rechtsbegriffe (z. B. Eignung zur Entwicklungsbeeinträchtigung i. S. d. § 5 Abs. 1; Pornographie i. S. d. § 4 Abs. 2 S. 1 Nr. 1) ausfüllen und so den Prüfern einen **Leitfaden für Einzelfallentscheidungen** zur Gewährleistung einer **einheitlichen Spruchpraxis** an die Hand geben (vgl. für den Bereich des Rundfunks die Prüfordnung der Freiwilligen Selbstkontrolle Fernsehen e.V., **PrO-FSF**, sowie die hierzu erlassenen Richtlinien, für den Bereich der Telemedien insb. die Prüfgrundsätze der Freiwilligen Selbstkontrolle Multimedia Diensteanbieter, **FSM-Prüfgrundsätze**). Inhaltliche Voraussetzung für die Anerkennung ist darüber hinaus, dass die Prüfervorgaben der in Rspr. und Literatur anerkannten Auslegung von Jugendschutzbestimmungen weitgehend entsprechen. Erscheinen die konkretisierenden Entscheidungshilfen indes nach bisheriger Rechtsauslegung oder nach den Erkenntnissen der Medienwirkungsforschung unvertretbar, ist das Erfordernis der Nr. 3 als nicht erfüllt anzusehen. Dies ergibt sich aus dem in Abs. 5 ausdrücklich genannten Widerrufsfall der vom geltenden Jugendschutzrecht abweichenden Spruchpraxis der Einrichtung (hierzu Rn. 31).

18   e) **Verfahrensordnung (Nr. 4).** Die Anerkennung setzt nach Nr. 4 ferner eine Verfahrensordnung der Selbstkontrolleinrichtung voraus, welche bestimmte ausdrücklich genannte Regelungspunkte zum Gegenstand haben muss. Zunächst muss der **Umfang der Überprüfung** der Angebotsinhalte der Anbieter in der Verfahrensordnung festgelegt sein. Insoweit ist auch zu bestimmen, welche Angebote generell keiner Prüfung unterliegen (z. B. Live-Darbietungen, Nachrichtensendungen), oder nur eingeschränkt geprüft werden (z. B. Fernsehserien). Bei Rundfunkveranstaltern muss Regelungsgegenstand auch die Vorlagepflicht sein einschließlich der Folgen für den Anbieter bei Nichtvorlage (vgl. die Prüfordnung der FSF). Die FSF hat im Rahmen einer von der KJM gebilligten **FSF-Vorlagesatzung** die näheren Voraussetzungen der Prüfungsvorlage geregelt, wobei (praktisch freilich geringe) Differenzen zwischen der Selbstkontrolleinrichtung und der KJM hinsichtlich der Vorlageanforderungen und Rechtsfolgen bei **Serien** bestehen (vgl. ausführl. v.Gottberg, KJM-Schriftenreihe I, 2009, S. 51, 60 f.).

19   Als ebenfalls in die Verfahrensordnung aufzunehmende **mögliche Sanktionen** bei Verstößen der angeschlossenen Anbieter kommen etwa Rügemaßnahmen, die Zahlung von Konventionalstrafen oder auch der Ausschluss des Anbieters aus der Selbstkontrolleinrichtung in Betracht. Schließlich muss

in der Verfahrensordnung eine Möglichkeit der **Überprüfung der Entscheidungen** der Prüfer der Einrichtung auch auf Antrag von landesrechtlich bestimmten Trägern der Jugendhilfe vorgesehen sein. Die nähere Ausgestaltung der Überprüfungsinstanz (insb. Zusammensetzung und Entscheidungsverfahren) bleibt der Selbstkontrolleinrichtung anheim gestellt. Zur Gewährleistung des Antragsrechts der nach Landesrecht bestimmten Jugendhilfeträger wird im Regelfall die Selbstverpflichtung der Einrichtung zur Information der Träger über erstinstanzliche Entscheidungen der Prüfgremien im Rahmen der Verfahrensordnung geboten sein. Die **FSF** hat den Anforderungen in ihrer Satzung und ihrer Prüfordnung Rechnung getragen; Prüfanträge der Stellen hat es indes bislang nicht gegeben (vgl. v.Gottberg, KJM-Schriftenreihe I, 2009, S. 51, 61).

f) Gewährleistung rechtsstaatlicher Verfahrensstandards (Nr. 5). Im 20 Interesse eines rechtsstaatlichen Maßstäben genügenden Verfahrens der Einrichtung (vgl. Bayer. LT-Drs. 14/10246, S. 24) ist nach Nr. 5 zunächst weitere Voraussetzung der Anerkennung, dass die **Anhörung** der betroffenen Anbieter vor einer Entscheidung gewährleistet wird. Der betroffene Anbieter muss insb. so rechtzeitig die **Gelegenheit der Stellungnahme** erhalten, dass ihm die Möglichkeit einer umfassenden Prüfung der verfahrensgegenständlichen Angebotsinhalte verbleibt und die mit der konkreten Entscheidung befassten Prüfer die daraufhin getätigten Einlassungen des Anbieters bei ihrer Beurteilung vollumfänglich berücksichtigen können. Soweit der Anbieter selbst Angebotsinhalte zur Prüfung vorlegt oder die Festlegung der Sendezeit nach § 8 bzw. die Gewährung einer Ausnahme nach § 9 Abs. 1 beantragt, ist eine weitere Anhörung indes entbehrlich. Im Übrigen gilt § 28 Abs. 2, insb. Nr. 1 VwVfG entsprechend (ebenso H/V/Held, Rn. 30).

Die nach der Vorschrift ebenfalls erforderliche **schriftliche Begründung** 21 von Entscheidungen muss entsprechend § 17 Abs. 1 S. 4 die wesentlichen tatsächlichen und rechtlichen Gründe enthalten (vgl. dazu § 17 Rn. 7 f.). Insoweit gelten die Auslegungsgrundsätze zu § 39 VwVfG entsprechend (ebenso H/V/Held, Rn. 30). Schließlich muss als Voraussetzung der Anerkennung die entsprechende **Mitteilung an die Beteiligten** gewährleistet sein. Allerdings kann die Beratung und Bewertung in den Gremien der Selbstkontrollerinrichtung im Hinblick auf die Unabhängigkeit der Prüfer geheim sein (so für die FSF: v.Gottberg, KJM-Schriftenreihe I, 2009, S. 51, 61). Als Beteiligte sind den Anbietern insb. die Personen anzusehen, welche eine verfahrensgegenständliche Beschwerde bei der hierfür nach Abs. 3 Nr. 6 zuständige Stelle der Selbstkontrolleinrichtung eingereicht haben. Daneben sind aufgrund Abs. 3 Nr. 4 die landesrechtlich bestimmten Träger der Jugendhilfe über die Entscheidung in Kenntnis zu setzen (zust. H/V/Held, Rn. 33).

g) Einrichtung einer Beschwerdestelle (Nr. 6). Schließlich setzt die 22 Anerkennung nach Nr. 6 voraus, dass eine Beschwerdestelle eingerichtet ist. Die Stelle kann räumlich und organisatorisch eng mit den übrigen Einrichtungen der Selbstkontrolle verwoben sein. Entscheidend ist lediglich, dass die Organisation der Freiwilligen Selbstkontrolle für Fernsehzuschauer bzw. Nutzer von Telemedien – zumindest zu bestimmten, bekannt gemachten

JMStV § 19 IV. Abschnitt. Verfahren für Anbieter

Zeiten – **erreichbar** ist und deren **Beschwerden** zur weiteren Bearbeitung und Prüfung **entgegennimmt**. Das nähere Beschwerdeverfahren unterliegt der freien Ausgestaltung der Selbstkontrolleinrichtung im Rahmen der Verfahrensordnung. Insoweit kann im Hinblick auf die Anerkennung nicht gefordert werden, dass jede Beschwerde von den Prüfgremien bewertet wird. **Offensichtlich unbegründete Fälle** sowie solche Beschwerden, welche sich auf Medieninhalte von Anbietern beziehen, die sich der betreffenden Freiwilligen Selbstkontrolle nicht angeschlossen haben, bedürfen keiner näheren Befassung im Rahmen des satzungsmäßigen Prüfverfahrens (vgl. etwa die Beschwerdeordnung der Freiwilligen Selbstkontrolle Multimedia-Diensteanbieter, FSM).

4. Keine Anerkennungsfiktion für FSK und USK

23 Nach dem Scheitern der JMStV-Novelle aufgrund Ablehnung des 14. RfÄndStV im Landtag von Nordrhein-Westfalen trat auch die darin vorgesehene gesetzliche (eingeschränkte) Anerkennungsfiktion für FSK und USK nicht in Kraft (s.o. Rn. 1). Die Verfasser des **14. RfÄndStV** wollten den genannten Einrichtungen eine Alterskennzeichnung bei Rundfunk- und Telemedien vor allem bei Filmen und Spielprogrammen ermöglichen (vgl. Bayer. LT-Drs. 16/5283, S. 14; hierzu auch Altenhain, BPjM-aktuell, 4/2010, 5 ff.; Braml/Hopf, ZUM 2010, 645 ff; Hopf, K&R 2011, 6 ff.). De lege lata verbleibt es indes dabei, dass Bewertungen der FSK und der USK nur im Bezug auf Freigaben nach § 14 JuSchG mittelbar Rechtsfolgen nach dem JMStV im Fall der gesetzlichen Vermutung nach § 5 Abs. 2 JMStV bewirken können.

24 Hingegen haben Bewertungen oder Alterseinstufungen von Rundfunksendungen und Telemedien durch die FSK oder die USK keine besonderen **Wirkungen nach dem JMStV**, es sei denn, die Einrichtungen durchlaufen erfolgreich das Anerkennungsverfahren nach Abs. 3 und 4. Mit einer entsprechenden Anerkennung wären sowohl FSK als auch USK in gleichem Umfang wie die im Online-Bereich bereits etablierten FSF und FSM zur Prüfung der Einhaltung der Bestimmungen des JMStV (vgl. Abs. 2) für die ihnen angeschlossenen Mitglieder berechtigt. Auch die Haftungsprivilegierungen nach § 20 Abs. 3 S. 1 und Abs. 5 S. 1 gölten uneingeschränkt hinsichtlich der Überprüfbarkeit von Wertungsentscheidungen durch die Medienaufsicht (§ 20).

5. Zuständigkeit (Abs. 4 S. 1–4)

25 **a) Entscheidungskompetenz der Landesmedienanstalten (Sätze 1-3).** Die Vorschriften regeln insb. die Zuständigkeit für die Anerkennungsentscheidung. Nach Satz 1 entscheidet die zuständige Landesmedienanstalt „durch" die KJM. Das bedeutet, dass der Antrag auf Anerkennung bei der Landesmedienanstalt nach S. 2 und 3 zu stellen ist (Kreile/Diesbach, ZUM 2002, 849, 854). Die Prüfung und **abschließende Beurteilung**, ob die Voraussetzungen der Anerkennung vorliegen, obliegt sodann der KJM (§ 16 S. 2 Nr. 1), welcher nach Satz 4 von Seiten der Selbstkontrolleinrichtung die erforderlichen Unterlagen vorzulegen sind (Rn. 27). Auf der Grundlage der

insoweit verbindlichen (§ 17 Abs. 1 S. 5) Bewertung der Kommission trifft die zuständige Landesmedienanstalt die Entscheidung über die Anerkennung der Einrichtung der Freiwilligen Selbstkontrolle (a. A. Kreile/Diesbach, ZUM 2002, 849, 854).

Örtlich zuständig ist nach Satz 2 die Landesmedienanstalt des Landes, in 26 dem die Einrichtung der Freiwilligen Selbstkontrolle ihren Sitz hat. Für die Anerkennung der in Berlin ansässigen sog. FSF und FSM war mithin die Medienanstalt Berlin Brandenburg (mabb) zuständig. Ergibt sich nach S. 2 keine Zuständigkeit, etwa weil die Selbstkontrolleinrichtung ihren Sitz im Ausland nimmt, so ist gemäß Satz 3 diejenige Landesmedienanstalt zuständig, bei der der Antrag auf Anerkennung gestellt wurde.

b) Vorlage der Unterlagen bei der für die Beurteilung zuständigen 27 **KJM (Satz 4).** Die Selbstkontrolleinrichtung hat gemäß Satz 4 die Pflicht zur Vorlage der Unterlagen bei der KJM, soweit diese für die Prüfung der Anerkennungsvoraussetzungen erforderlich sind. Dies entspricht der Kompetenzaufteilung zwischen der entscheidungsbefugten zuständigen Landesmedienanstalt und der für die abschließende Beurteilung zuständigen Kommission (vgl. § 16 Rn. 3). Vorzulegen sind insb.
- eine Kopie des bei der zuständigen Landesmedienanstalt eingereichten Anerkennungsantrags;
- die konstituierende Satzung der Selbstkontrolleinrichtung;
- die erforderlichen biographischen **Daten der Prüfer** der Selbstkontrolleinrichtung (vgl. Abs. 3 Nr. 1) einschließlich der Zugehörigkeit zu einer relevanten gesellschaftlichen Gruppe;
- eine Auflistung der der Einrichtung angeschlossenen Anbieter sowie ein **Finanzierungs- und Personalplan**, soweit dieser nicht aus der Satzung der Selbstkontrolleinrichtung hervorgeht (vgl. Abs. 2 Nr. 2);
- **Prüfgrundsätze**, welche Vorgaben i. S. d. Abs. 3 Nr. 3 enthalten, soweit diese nicht schon Bestandteil der ohnehin einzureichenden **Satzung** sind;
- eine **Verfahrensordnung**, welche den Anforderungen des Abs. 3 Nrn. 4 und 5 Rechnung trägt;
- ein Nachweis über die Einrichtung einer **Beschwerdestelle** sowie eine entsprechende **Beschwerdeordnung**, soweit diese nicht bereits Bestandteil der Satzung oder Verfahrensordnung ist;
- ggf. erlassene **Richtlinien** nach § 8 Abs. 1 bzw. § 9 Abs. 1, soweit eine Anerkennung für die dort genannten Aufgaben begehrt wird.

6. Befristung auf vier Jahre bei möglicher Verlängerung (Abs. 4 S. 5 u. 6)

Im Interesse eines effektiven Jugendmedienschutzes und Schutzes der Men- 28 schenwürde (vgl. Bayer. LT-Drs. 14/10246, S. 24) ist die Anerkennung nach Satz 5 auf vier Jahre befristet. Wegen der ausdrücklichen Regelung ist eine **abweichende Nebenbestimmung** über die Frist im Rahmen der Anerkennung (§ 36 Abs. 2 Nr. 1 VwVfG) unwirksam. Freilich ist ein Widerruf der Anerkennung nach Abs. 5 ebenso denkbar wie eine Rücknahme nach § 49 VwVfG (hierzu sogleich Rn. 29). Eine oder mehrere **Verlängerungen** der Anerkennung sind nach Satz 6 möglich. Die Sätze 5 und 6 sollten durch

JMStV § 19   IV. Abschnitt. Verfahren für Anbieter

den gescheiterten 14. RfÄndStV gestrichen werden zugunsten differenzierter Sanktionsmöglichkeiten der KJM gegenüber Selbstkontrolleinrichtungen nach deren Anerkennung (vgl. Bayer. LT-Drs. 16/5283, S. 14; s.a. oben Rn. 1).

7. Widerruf (Abs. 5)

29   a) **Allgemeines.** Als „Instrument zur verfahrensrechtlichen Effektuierung des Jugendmedienschutzes und Schutzes der Menschenwürde" (Bayer. LT-Drs. 14/10246, S. 24) regelt Abs. 5 insb. in Satz 1 den Widerruf der Anerkennung. Nach der Gesetzesbegründung soll der Widerruf durch die KJM als Organ der nach Abs. 4 zuständigen Landesmedienanstalt erfolgen (Bayer. LT-Drs. aaO.). Allerdings ergibt sich aus der grundsätzlichen **Kompetenzaufteilung**, wonach die Landesmedienanstalt für die Entscheidung gegenüber dem Anbieter zuständig ist, die Kommission hingegen abschließende Beurteilungen der jeweils verfahrensgegenständlichen Fragen vornimmt, dass der von der KJM beschlossene Widerruf der Anerkennung von Seiten der zuständigen Landesmedienanstalt als deren Entscheidung gegenüber dem Anbieter erfolgt (vgl. § 16 Rn. 3 f.). Da die **zuständige Landesmedienanstalt** nach Abs. 4 S. 1 auch die Entscheidung über die Anerkennung trifft, ist sie auch zu der Entscheidung über ihren Widerruf bzw. ihre Rücknahme − freilich auf der Grundlage der KJM-Bewertung − berufen.

30   b) **Widerrufsgründe (Satz 1).** Ausdrücklich genannt ist zunächst der Widerrufsfall des nachträglichen **Entfallens der Anerkennungsvoraussetzungen**. Die Vorschrift trägt insoweit § 49 Abs. 2 Nr. 1 VwVfG Rechnung, wonach ein (ursprünglich) rechtmäßiger begünstigender Verwaltungsakt auch nach dessen Unanfechtbarkeit widerrufen werden kann, wenn dies durch Rechtsvorschrift zugelassen ist (vgl. auch die demgegenüber eingeschränkte Widerrufsmöglichkeit nach § 49 Abs. 2 Nr. 3 VwVfG; vgl. hierzu Kopp/Ramsauer, § 49 Rn. 32 ff. und 40 ff.). Lagen indes die Voraussetzungen der Anerkennung schon bei Positivbescheidung nicht vor, finden die Bestimmungen über die **Rücknahme** eines rechtswidrigen Verwaltungsaktes nach § 48 VwVfG Anwendung (vgl. auch § 16 S. 2 Nr. 6, welcher die Rücknahme der Anerkennung ausdrücklich vorsieht). Erhält die zuständige Landesmedienanstalt oder das Entscheidungsorgan (KJM) Kenntnis von Umständen, aufgrund derer die Anerkennungsvoraussetzungen von Anfang an nicht vorlagen, ist eine Rücknahme des Anerkennungsbescheides nur innerhalb eines Jahres seit dem Zeitpunkt der Kenntnisnahme möglich, vgl. **§ 48 Abs. 4 VwVfG** (vgl. hierzu auch § 11 Rn. 23).

31   Der zweite in Abs. 5 S. 1 ausdrücklich genannte Widerrufsfall ist die Divergenz der **Spruchpraxis der Selbstkontrolleinrichtung** gegenüber dem geltenden Jugendschutzrecht. Da der Widerruf der Anerkennung die für eine Einrichtung der Freiwilligen Selbstkontrolle am nachhaltigsten wirkende Maßnahme ist, hat die KJM im Rahmen der abschließenden Beurteilung jedes Einzelfalls den **Verhältnismäßigkeitsgrundsatz** zu beachten. Ein Widerruf der Anerkennung wird dementsprechend stets nur das letzte Mittel einer verfahrensrechtlichen Bewältigung der Missachtung geltenden Jugendschutzrechtes durch die Einrichtung der Freiwilligen Selbstkontrolle sein

Einrichtungen der Freiwilligen Selbstkontrolle § **19 JMStV**

können (Bayer. LT-Drs. 14/10246, S. 24). Zunächst sind von der zuständigen Landesmedienanstalt nach § 20 Abs. 1 mildere Aufsichtsmaßnahmen (z. B. Abmahnung; Aufforderung zur Konkretisierung der Prüfvorgaben i. S. d. Abs. 3 Nr. 3 entsprechend dem geltenden Jugendschutzrecht) zu treffen. Fraglich bleibt allerdings, in welchem Umfang sich die KJM umfassend Kenntnis von der Spruchpraxis der anerkannten Selbstkontrolleinrichtungen verschaffen kann (krit. bereits Bornemann, NJW 2003, 787, 791).

c) Sonstige Sanktionsmöglichkeiten. Durch den gescheiterten **14. RfÄndStV** sollte zum 1. 1. 2011 Abs. 5 neu gefasst und der KJM im Vergleich zur Regelung de lege lata erweiterte Handlungsmöglichkeiten gegenüber anerkannten Einrichtungen der Freiwilligen Selbstkontrolle eingeräumt werden (vgl. § 19 Abs. 5 JMStV-E; Bayer. LT-Drs. 16/5283, S. 4; s.a. oben Rn. 1). Namentlich sollte ein abgestuftes Sanktionsinstrumentarium im Rahmen der regulierten Selbstregulierung zur Verfügung gestellt werden, das Bedenken im Rahmen der wissenschaftlichen Evaluierung der JMStV-Vorschriften Rechnung tragen sollte (vgl. Bayer. LT-Drs. 16/5283, S. 14). Die Evaluierung der Vorschrift habe insoweit ergeben, dass die gesetzliche Beschränkung auf die Möglichkeit zum Widerruf einer **einzelfallgerechten und verhältnismäßigen Reaktion der KJM** entgegenstand. Nach Ablehnung der JMStV-Novelle durch den Landtag Nordrhein-Westfalen am 16. 12. 2010 bewendet es nunmehr bei dieser rechtlichen Situation. Eine entsprechende Heranziehung der nicht in Kraft getretenen Bestimmung zur Legitimierung von Sanktionen der KJM gegenüber anerkannten Selbstkontrolleinrichtungen (z. B. formelle Beanstandungen) kommt nicht in Betracht. Insoweit gilt der Grundsatz, dass hoheitliche repressive Maßnahmen gegen Private nur bei Vorliegen einer gesetzlichen Ermächtigungsgrundlage rechtskonform sind.

d) Entschädigungsausschluss (Satz 2). Die Vorschrift enthält nach der Amtlichen Begründung eine „lediglich deklaratorische Aussage", dass „keine Entschädigung für Vermögensnachteile, die durch den Widerruf der Anerkennung entstehen, gewährt wird" (Bayer. LT-Drs. 14/10246, S. 24). Insoweit liege keine Enteignung durch Auferlegung eines Sonderopfers vor. Vielmehr stellten die Regelungen zum Widerruf der Anerkennung notwendige und für alle betroffenen Kreise gleichmäßig geltende Regelungen zur **Ausgestaltung der positiven Medienordnung** dar, die dem Gesetzgeber von Verfassungs wegen zum effektiven Jugendmedienschutz und Schutz der Menschenwürde aufgegeben ist. Bei den entsprechenden Regelungen handele es sich um Schranken des Eigentums im Sinne des Art. 14 Abs. 1 S. 2 GG. Die von dem Staatsvertragsgeber im Rahmen seines Ermessens gesetzten Grenzen zur Sicherung des Jugendmedienschutzes und Schutzes der Menschenwürde griffen als Eigentumsschranken.

Handlungen eines Eigentümers und ihm zurechenbare tatsächliche Umstände, die außerhalb dieser Grenzen liegen, seien damit von vornherein nicht mehr von der grundrechtlich geschützten Eigentümerbefugnis gedeckt (Bayer. LT-Drs. 14/10246, S. 24). Dies ergibt sich freilich auch aus **§ 49 Abs. 2 S. 1 Nr. 3 i. V. m. Abs. 6 S. 1 VwVfG**, wonach im Falle des Widerrufs eines (vormals) rechtmäßigen begünstigenden Verwaltungsaktes eine Ent-

32

33

34

schädigung des Vermögensnachteils nur dann in Betracht kommt, wenn der Betroffene in schutzwürdiger Weise auf den Bestand des Verwaltungsaktes vertrauen durfte. Ein entsprechender **Vertrauensschutz** ist aber gerade nicht anzunehmen, wenn die Selbstkontrolleinrichtung durch eine vom geltenden Jugendschutz abweichende Spruchpraxis oder sonst zurechenbar die Anerkennungsvoraussetzungen nach Abs. 3 entfallen lässt. Für den Fall der Rücknahme einer Anerkennung wegen schon anfänglichen Fehlens der Voraussetzung des Abs. 3 findet § 48 Abs. 3 VwVfG Anwendung. Auch insoweit kommt eine Entschädigung zumindest dann nicht in Betracht, wenn die Selbstkontrolleinrichtung infolge **grober Fahrlässigkeit** das Fehlen der Anerkennungsvoraussetzungen nicht kannte (vgl. § 48 Abs. 2 S. 3 Nr. 3 VwVfG).

IV. Abstimmung über Anwendung des JMStV (Abs. 6)

35 Um möglichst eine gemeinsame Handhabung der für privaten Rundfunk und private Telemedien gleichermaßen geltenden Bestimmungen dieses Staatsvertrages herzustellen (vgl. Bayer. LT-Drs. 14/10246, S. 24), ist in Abs. 6 die gemeinsame Abstimmung der anerkannten Einrichtungen der Freiwilligen Selbstkontrolle über die Anwendung dieses Staatsvertrages vorgesehen. Die **FSF** und die **FSM** sind vor diesem Hintergrund seit Jahren in einem intensiven Austausch. In einem gemeinsamen **Arbeitskreis** erfolgt ein Erfahrungsaustausch; Mitarbeiter(innen) der FSM nehmen auch an Prüferfortbildungen und Veranstaltungen der FSF teil (vgl. HBI-Bericht, 2007, S. 181). Im Hinblick auf die fortschreitende Medienkonvergenz sind weitergehende Kooperationen insb. im Bereich der Prüfung von Filminhalten geplant.

V. Rechtsfolgen, Prozessuales

1. Ordnungswidrigkeiten; Haftungsprivilegierung bei Selbstkontrollentscheidungen mit Anerkennung

36 Vorsätzliche Falschangaben einer Selbstkontrolleinrichtung im Rahmen des Anerkennungsverfahrens können nach § 24 Abs. 2 Nr. 2 JMStV als Ordnungswidrigkeit mit **Bußgeld** geahndet werden. Nicht tatbestandsmäßig sind biographische Falschangaben von Prüferinnen oder Prüfern, von deren Korrektheit die Selbstkontrolleinrichtung zum Zeitpunkt der Antragstellung ausgehen durfte. Ist die Selbstkontrolleinrichtung anerkannt, gelten bei Entscheidungen zu Jugendschutzfragen für den jeweiligen Anbieter die **Haftungsprivilegierungen** nach §§ 20 Abs. 3 und 5 JMStV (siehe § 20 Rn. 14 ff. und 42 ff.).

2. Prozessuale Hinweise

37 Gegen die Bußgeldahndung bei vorsätzlichen Falschangaben, die Ablehnung eines Anerkennungsantrags, oder den Widerruf der Anerkennung durch die zuständige (§ 24 Abs. 4 JMStV) Landesmedienanstalt ist der **Verwal-**

Aufsicht § 20 JMStV

tungsrechtsweg eröffnet und mithin die Anfechtungsklage (§ 42 Abs. 1 1. Alt. VwGO) statthaft (vgl. auch § 22 JMStV). Bei Untätigkeit der zuständigen Landesmedienanstalt oder der KJM nach Stellung eines Anerkennungsantrags gilt § 75 VwGO.

V. Abschnitt. Vollzug für Anbieter mit Ausnahme des öffentlich-rechtlichen Rundfunks

§ 20 Aufsicht

(1) **Stellt die zuständige Landesmedienanstalt fest, dass ein Anbieter gegen die Bestimmungen dieses Staatsvertrages verstoßen hat, trifft sie die erforderlichen Maßnahmen gegenüber dem Anbieter.**

(2) **Für Veranstalter von Rundfunk trifft die zuständige Landesmedienanstalt durch die KJM entsprechend den landesrechtlichen Regelungen die jeweilige Entscheidung.**

(3) **[1] Tritt die KJM an einen Rundfunkveranstalter mit dem Vorwurf heran, er habe gegen Bestimmungen dieses Staatsvertrages verstoßen, und weist der Veranstalter nach, dass er die Sendung vor ihrer Ausstrahlung einer anerkannten Einrichtung der Freiwilligen Selbstkontrolle im Sinne dieses Staatsvertrages vorgelegt und deren Vorgaben beachtet hat, so sind Maßnahmen durch die KJM im Hinblick auf die Einhaltung der Bestimmungen zum Jugendschutz durch den Veranstalter nur dann zulässig, wenn die Entscheidung oder die Unterlassung einer Entscheidung der anerkannten Einrichtung der Freiwilligen Selbstkontrolle die rechtlichen Grenzen des Beurteilungsspielraums überschreitet. [2] Bei nichtvorlagefähigen Sendungen ist vor Maßnahmen bei behaupteten Verstößen gegen den Jugendschutz, mit Ausnahme von Verstößen gegen § 4 Abs. 1, durch die KJM die anerkannte Einrichtung der Freiwilligen Selbstkontrolle, der der Rundfunkveranstalter angeschlossen ist, zu befassen; Satz 1 gilt entsprechend. [3] Für Entscheidungen nach den §§ 8 und 9 gilt Satz 1 entsprechend.**

(4) **Für Anbieter von Telemedien trifft die zuständige Landesmedienanstalt durch die KJM entsprechend § 59 Abs. 2 bis 4 des Rundfunkstaatsvertrages unter Beachtung der Regelungen zur Verantwortlichkeit nach den §§ 7 bis 10 des Telemediengesetzes die jeweilige Entscheidung.**

(5) **[1] Gehört ein Anbieter von Telemedien einer anerkannten Einrichtung der Freiwilligen Selbstkontrolle im Sinne dieses Staatsvertrages an oder unterwirft er sich ihren Statuten, so ist bei behaupteten Verstößen gegen den Jugendschutz, mit Ausnahme von Verstößen gegen § 4 Abs. 1, durch die KJM zunächst diese Einrichtung mit den behaupteten Verstößen zu befassen. [2] Maßnahmen nach Absatz 1 gegen den Anbieter durch die KJM sind nur dann zulässig, wenn die Entscheidung oder die Unterlassung einer Entscheidung der aner-**

kannten Einrichtung der Freiwilligen Selbstkontrolle die rechtlichen Grenzen des Beurteilungsspielraums überschreitet.

(6) ¹ Zuständig ist die Landesmedienanstalt des Landes, in dem die Zulassung des Rundfunkveranstalters erteilt wurde oder der Anbieter von Telemedien seinen Sitz, Wohnsitz oder in Ermangelung dessen seinen ständigen Aufenthalt hat. ² Ergibt sich danach keine Zuständigkeit, so ist diejenige Landesmedienanstalt zuständig, in deren Bezirk der Anlass für die Amtshandlung hervortritt.

(7) Die Länder überprüfen drei Jahre nach In-Kraft-Treten dieses Staatsvertrages die Anwendung der Bestimmungen der Absätze 3 und 5 insbesondere auf der Grundlage des Berichts der KJM nach § 17 Abs. 3 und von Stellungnahmen anerkannter Einrichtungen Freiwilliger Selbstkontrolle und der obersten Landesjugendbehörden.

Schrifttum: *Altenhain/Faber/Knupfer/Liesching u.a.*, Defizitäre „Defizitanalyse"? – Zur Evaluation des Jugendschutzsystems, MMR 1/2008, S. V; *Bosch*, Die „Regulierte Selbstregulierung" im Jugendmedienschutz-Staatsvertrag, 2006; *Braml/Hopf*, Der neue Jugendmedienschutz-Staatsvertrag – Fort- oder Rückschritt für den Jugendmedienschutz?, ZUM 2010, 645; *Brunn/Dreyer/Hasebrink/Held u.a.*, Analyse des Jugendmedienschutzsystems, Endbericht, Okt. 2007; *Brunner*, Beurteilungsspielräume im neuen Jugendmedienschutzrecht – eine nicht mehr vorhandene Rechtsfigur?, 2005; *Cole*, Das Zusammenwirken von Selbstkontrolle und hoheitlicher Kontrolle im Jugendmedienschutz, RdJB 2006, 299; *ders.*, Der Dualismus von Selbstkontrolle und Aufsicht im Jugendmedienschutz, ZUM 2005, 462; *Frank*, Selbstkontrolle im Internet, in: KJM-Schriftenreihe Bd. 1, 2009, S. 71; *Groß*, Selbstregulierung im medienrechtlichen Jugendschutz, NVwZ 2004, 1393; *v. Gottberg*, Die Freiwillige Selbstkontrolle Fernsehen, in: KJM-Schriftenreihe Bd. 1, 2009, S. 51; *ders.*, Viel Skepsis – hohe Erwartungen – Neues Jugendschutzgesetz stärkt die Selbstkontrolle, tv-diskurs 25/2003, S. 36; *ders.*, Die regulierte Selbstregulierung als Experiment?, JMS-Report 5/2004, 2; *Groß*, Selbstregulierung im medienrechtlichen Jugendschutz am Beispiel der Freiwilligen Selbstkontrolle Fernsehen, NVwZ 2004, 1393; *Holznagel/Kussel*, Jugendmedienschutz und Selbstregulierung im Internet, RdJB 2002, 295; *Hopf/Braml*, Eingeschränkte gerichtliche Überprüfbarkeit des Beurteilungsspielraums der Kommission für Jugendmedienschutz (KJM), MMR 2009, 153; *dies.*; Das Verhältnis der KJM zur FSF anhand einer kritischen Würdigung der Entscheidung des VG Berlin vom 6. 7. 2006, ZUM 2007, 123; *dies.*, Bewertungsvorgänge im Jugendmedienschutz, ZUM 2010, 211; *Ladeur*, „Regulierte Selbstregulierung" im Jugendmedienschutz, ZUM 2002, 859; *Langenfeld*, Die Neuordnung des Jugendschutzes im Internet, MMR 2003, 303; *Liesching*, Was kann die Freiwillige Selbstkontrolle Multimedia (FSM)?, JMS-Report 6/2006, 2; *Marberth-Kubicki*, Der Beginn der Internet-Zensur – Zugangssperren durch Access-Provider, NJW 2009, 1792; *Ott*, Suchmaschinen und Jugendschutz, K&R 2008, 578; *Palzer*, Co-Regulierung als Steuerungsform für den Jugendschutz in den audiovisuellen Medien – eine europäische Perspektive, ZUM 2002, 875; *Pathe*, Praktische Probleme des Jugendmedienschutzes im Internet, RdJB 2002, 319; *Pooth*, Jugendschutz im Internet – staatliche Regulierung und private Selbstkontrolle, 2005; *Retzke*, Präventiver Jugendmedienschutz, 2006; *Ring*, Jugendschutz im Spannungsfeld zwischen Selbstregulierung der Medien und staatlicher Medienkontrolle, AfP 2004, 9; *Rossen-Stadtfeld*, Beurteilungsspielräume der Medienaufsicht, in: KJM-Schriftenreihe Bd. 1, 2009, S. 179; *ders.*, Selbstkontrolle, Medienaufsicht und gerichtliche Überprüfung: Abgrenzungsfragen im Steuerungsverbund, ZUM 2008, 457; *ders.*, Die Konzeption Regulierter Selbstregulation und ihre Ausprägung im Jugendmedienschutz, AfP 2004, 1; *Scheuer*, Das neue System des Jugendmedienschutzes aus der Sicht der Selbstkontrolleinrichtungen, RdJB

Aufsicht **§ 20 JMStV**

2006, 308; *Schnabel*, „Porn not found" – Die Arcor-Sperre, K&R 2008, 26; *Schwendtner*, Die Zusammenarbeit mit Einrichtungen der Freiwilligen Selbstkontrolle, in: KJM-Schriftenreihe Bd. 1, 2009, S. 90; *Sellmann*, Co-Regulierung in concreto, K&R 2007, 196; *ders.*, Die FSM zwischen staatlicher Lenkung und Selbstregulierung, MMR 2006, 723; *Sieber/Liesching*, Die Verantwortlichkeit der Suchmaschinenbetreiber, MMR-Beilage 8/2007, S. 1; *Sieber/Nolde*, Sperrverfügungen im Internet, 2009; *Sieber*, Sperrverpflichtungen gegen Kinderpornografie im Internet, JZ 2009, 653; *Stettner*, Der neue Jugendmedienschutz-Staatsvertrag – eine Problemsicht, ZUM 2003, 425; *Storr*, Regulierung von Beliehenen?, DÖV 2007, 133; *Ullrich*, Defizite bei der Regulierung der Selbstregulierung, MMR 2005, 743; *ders.*, Die Bewertung von Rundfunkprogrammen durch Einrichtungen der Freiwilligen Selbstkontrolle und ihre Folgen, ZUM 2005, 452; *Weigand*, Aufsicht, Anbieter oder Anwender – wer hat welche Verantwortung im Jugendmedienschutz, in: KJM-Schriftenreihe Bd. 1, 2009, S. 31; *dies.*, Der novellierte Jugendmedienschutz-Staatsvertrag. Konsequenzen für die Arbeit der KJM, JMS-Report 4/2010, 2.

Übersicht

Rn.

I. Allgemeines	1
1. Regelungsinhalt und Bedeutung	1
2. Normhistorie	2
II. Maßnahmen der zuständigen Landesmedienanstalten (Abs. 1)	3
1. Ermächtigungsgrundlage	3
2. Aufsichtsmaßnahmen	4
3. Erforderlichkeit	7
4. Zulässigkeit allgemeiner „Grundsatzbeschlüsse" der Medienaufsicht	8
III. Aufsicht gegenüber Rundfunkanbietern (Abs. 2 und 3)	9
1. Rundfunkveranstalter als Maßnahmeadressaten (Abs. 2)	9
2. Überprüfbarkeit von Selbstkontrollentscheidungen (Abs. 3)	10
a) Rechtliche Bindungswirkung	10
b) Vorlagefähige Rundfunkangebote (Satz 1)	12
c) Umfang des Beurteilungsspielraums	14
d) Nichtvorlagefähige Sendungen (Satz 2)	29
e) Entsprechende Anwendung bei §§ 8, 9 Abs. 1 (Satz 3)	31
III. Aufsicht gegenüber Telemedienanbietern (Abs. 4 und 5)	32
1. Allgemeines	32
2. Maßnahmen gegen Anbieter eigener Inhalte	33
a) In Betracht kommende Maßnahmen	33
b) Verhältnismäßigkeit der Maßnahmen	35
c) Beachtung der Verantwortlichkeitsregeln der 7 ff. TMG	37
3. Maßnahmen gegen Anbieter fremder Inhalte	38
a) Verhältnis von § 59 Abs. 3 und 4	38
b) Subsidiarität	40
c) Technische Möglichkeit, Zumutbarkeit	41
4. Überprüfbarkeit von Selbstkontrollentscheidungen (Abs. 5)	42
a) Allgemeines	42
b) Erstbefassungsrecht (Satz 1)	43

c) Privilegierung im Rahmen des anerkannten Beurteilungsspielraums (Satz 2) 44
d) Aufschiebende Wirkung von Rechtsbehelfen 46
IV. Zuständigkeit der Landesmedienanstalten (Abs. 6) 48
  1. Zuständigkeit nach Anbieterstandort (Satz 1) 48
  2. Zuständigkeit nach Amthandlungsanlass (Satz 2) 50
V. Annex: Zulässigkeit von Ermittlungsmaßnahmen 51
  1. Hintergrund 51
  2. Rechtskonformität 52
VI. Überprüfung der Abs. 3 und 5 durch die Länder (Abs. 7) ... 55
VII. Rechtsfolgen, Prozessuales 57
  1. Rechtsfolgen 57
  2. Prozessuale Hinweise 58
    a) Verwaltungsrechtsweg 58
    b) Beweisdarlegung der Medienaufsicht im Verwaltungsprozess 59

I. Allgemeines

1. Regelungsinhalt und Bedeutung

1 Die Vorschrift normiert die Aufsicht über den privaten Rundfunk und Telemedien, welche der zuständigen Landesmedienanstalt sowie der KJM als deren Organ obliegt. Die Norm regelt auch **Haftungsprivilegierungen** für Anbieter. Z.B. darf die KJM von der Beurteilung einer anerkannten Selbstkontrolleinrichtung im Bezug auf die Entwicklungsbeeinträchtigung des Angebotes eines angeschlossenen Mitglieds nicht abweichen, wenn sich die Beurteilung im Rahmen des anerkannten Beurteilungsspielraums etwa hinsichtlich des unbestimmten Rechtsbegriffs der Entwicklungsbeeinträchtigung nach § 5 Abs. 1 JMStV (s. dort Rn. 3 ff.) hält. Die Vorschrift stellt ein Kernstück (H/V/Schulz/Held, Rn. 1) des gesetzlichen Systems der **„regulierten Selbstregulierung"** (hierzu z. B. Bosch, 2006; Cole, RdJB 2006, 299 ff.; ders., ZUM 2005, 462 ff.; Frank, KJM-Schriftenreihe I, 2009, 71 ff.; Groß, NVwZ 2004, 1393 ff.; Ring, AfP 2004, 9 ff.) dar und spielt auch in der Praxis eine bedeutende Rolle, da insb. die Haftungsprivilegierungen nach Abs. 3 und 5 für Anbieter einen erheblichen Anreiz darstellen, sich anerkannten Selbstkontrolleinrichtungen anzuschließen und ihre Angebote bewerten zu lassen. Die Aufsicht über die Angebote der öffentlich-rechtlichen Rundfunkanstalten und die Einhaltung der Jugendschutzbestimmungen obliegt dort den zuständigen Gremien und der nach Landesrecht bestimmten Rechtsaufsicht (Bayer. LT-Drs. 14/10246, S. 24).

2. Normhistorie

2 Die in den Entwürfen mehrfach geänderte (vgl. ausführ. H/V/Schulz/Held, Rn. 2 ff.) Regelung ist am 1. 4. 2003 in Kraft getreten und war hinsichtlich der Verwirklichung der regulierten Selbstregulierung im Sinne der Überantwortung eines der Medienaufsicht entzogenen Teilbereichs der Prüfgewalt auf Selbstkontrolleinrichtungen ohne Vorbild. Die Aufsichtsregelungen sind jedoch teilweise den Bestimmungen des § 38 RStV sowie des § 22

Aufsicht **§ 20 JMStV**

MDStV a. F. entlehnt. § 20 Abs. 1 S. 1 sollte durch **14. RfÄndStV** geändert, Abs. 5 S. 3 eingefügt, Abs. 6 S. 2 neu gefasst und Abs. 7 gestrichen werden mit Wirkung zum 1. 1. 2011. Die geplanten Änderungen sind aufgrund des Scheiterns der JMStV-Novelle im Landtag von Nordrhein-Westfalen am 16. 12. 2010 nicht in Kraft getreten (zu den Bestimmungen der gescheiterten JMStV-Novelle ausführl. Altenhain, BPjM-aktuell, 4/2010, 5 ff.; Braml/Hopf, ZUM 2010, 645 ff.; Hopf, K&R 2011, 6 ff.; Weigand, JMS-Report 4/2010, 2 ff.).

II. Maßnahmen der zuständigen Landesmedienanstalten (Abs. 1)

1. Ermächtigungsgrundlage

Aus Abs. 1 ergibt sich die Zuständigkeit der Landesmedienanstalten für 3 Aufsichtsmaßnahmen im Falle von Verstößen der Anbieter gegen Bestimmungen des JMStV (vgl. auch Abs. 2 und 4 sowie § 14 Abs. 1, dort Rn. 3 ff.). Welche der 14 Landesmedienanstalten im Einzelfall zuständig ist, ergibt sich aus Abs. 6 (s.u. Rn. 48 ff.). Die Vorschrift ist zugleich **generelle Ermächtigungsnorm** für die Ergreifung geeigneter und erforderlicher Maßnahmen (vgl. demgegenüber die speziellen Ermächtigungsnormen für medienaufsichtliches Handeln nach §§ 8 Abs. 1 u. 2, 9 Abs. 1, 11 Abs. 2 S. 2 u. 3, 19 Abs. 5, 24 Abs. 6).

2. Aufsichtsmaßnahmen

Unter Maßnahmen sind nach der Amtl. Begründung nur solche Hand- 4 lungsmöglichkeiten zu verstehen, die einer gewissen Förmlichkeit bedürfen, hingegen nicht schlichtes Handeln wie Ermittlung und Information über den Sachverhalt (Bayer. LT-Drs. 14/10246, S. 24). Es kommen insb. in Betracht:
– Hinweise gegenüber Anbietern bei geringfügigen Verstößen;
– Abmahnungen und **Beanstandungen**;
– **Untersagung** der künftigen Ausstrahlung oder Verbreitung bestimmter, bereits zugänglich gemachter Angebote;
– Aufforderung zur Schaffung organisatorischer (Bestellung oder Schulung eines Jugendschutzbeauftragten) oder technischer **Vorkehrungen** (Implementierung hinreichender technischer Mittel nach § 5 Abs. 3 Nr. 1 beim Anbieter);
– Verpflichtung zur **Veröffentlichung** von Rügen oder Beanstandungen im Rahmen des eigenen Angebots (vgl. auch § 24 Abs. 6 JMStV);
– **Einziehung** von unzulässig oder aufgrund unzulässiger Angebote erlangten Werbeentgelten oder die Verhängung von **Bußgeldern** nach § 24 Abs. 4 JMStV.
– bei Rundfunkanbietern zusätzlich: das Ruhen der Sendeerlaubnis bzw. der vollständige Lizenzwiderruf (zu Maßnahmen gegenüber Telemedienanbietern vgl. auch Rn. 32 ff.).

Für die Ahndung von **Ordnungswidrigkeiten** gilt die Zuständigkeits- 5 norm des § 24 Abs. 4. Für Einzelfallentscheidungen im Zusammenhang mit

JMStV § 20 V. Abschnitt. Vollzug für Anbieter

Sendezeitbeschränkungen nach § 8 ist indes die KJM zuständig, soweit keine Einrichtung der Freiwilligen Selbstkontrolle für die Wahrnehmung der genannten Aufgaben (mehr) anerkannt ist (vgl. § 8 Rn. 6). Auch der **Vollzug** der Maßnahmen erfolgt durch Landesmedienanstalten (Nikles u.a., Rn. 4).

6 Maßnahmen sind nur **gegenüber dem Anbieter** zulässig, der gegen Bestimmungen des JMStV verstoßen hat. § 20 bildet hingegen keine ausreichende Ermächtigungsgrundlage für **Auskunftsansprüche gegen dritte Personen** etwa im Bezug auf die Identität des jugendschutzwidrig handelnden Anbieters und im sonstigen Zusammenhang mit Recherchen und Ermittlungen über Umfang und Tathergang von Jugendschutzverstößen. Dies zeigt sich auch daran, dass – im Gegensatz zu den unmittelbaren Aufsichtsmaßnahmen gegenüber dem Content Provider – bei Auskunftsverpflichtungen immer auch in die Rechte eines Dritten (nämlich der auskunftsgegenständlichen Person) eingegriffen wird. Unabhängig davon, dass sich hierdurch ggf. auch andere verwaltungsverfahrensrechtliche Konsequenzen z. B. im Bezug auf die Beteiligung des Dritten am Verfahren ergeben, handelt es sich bei Auskunftsverpflichtungen faktisch um Verwaltungsakte zu Lasten Dritter bzw. mit Drittwirkung (vgl. für Sperrverfügungen: Sieber/Nolde, 2007, S. 159), welche von Wortlaut und Intention des § 20 Abs. 1 kaum gedeckt erscheinen.

3. Erforderlichkeit

7 Als erforderlich können nur solche Maßnahmen angesehen werden, welche bei Berücksichtigung der Schwere und Nachhaltigkeit des Verstoßes gegen Bestimmungen des JMStV dem allgemein im Verwaltungsrecht geltenden **Grundsatz der Verhältnismäßigkeit** genügen (vgl. schon Beucher u.a., § 38 RStV Rn. 5; ferner § 8 JuSchG Rn. 3). Dabei hat die zuständige Landesmedienanstalt auch die voraussichtlichen wirtschaftlichen Folgen der jeweiligen Maßnahme für den Anbieter bei der Entscheidung in den Blick zu nehmen. Bei geringfügigen Verstößen (z. B. einmaliger Verstoß gegen das Werbetrennungsgebot des § 6 Abs. 4) sind im Regelfall bereits informelle Hinweise bzw. Ermahnungen ausreichend (vgl. insoweit auch die Aufgaben von „jugendschutz.net" nach § 18 Abs. 4, siehe dort Rn. 8 ff.).

4. Zulässigkeit allgemeiner „Grundsatzbeschlüsse" der Medienaufsicht

8 Ein nach außen hin kundgetaner „Grundsatzbeschluss" der Kommission für Jugendmedienschutz (KJM), der den Eindruck erweckt, eine verbindliche Regelung dahingehend zu treffen, dass alle Sendungen, die Schönheitsoperationen zu Unterhaltungszwecken präsentierten, grundsätzlich eine Beeinträchtigung der Entwicklung von Kindern und Jugendlichen bedeuteten und daher erst nach 23.00 Uhr ausgestrahlt werden dürften, ist nach der Rspr. mangels Rechtsgrundlage als **rechtswidrig** anzusehen (VG Berlin ZUM 2006, 779 ff. m. Anm. Liesching). Insb. ergibt sich insoweit aus § 8 Abs. 2 JMStV keine derartige Rechtsgrundlage, da hier der KJM keine Richtlinien-, sondern lediglich eine Einzelfallentscheidungskompetenz eingeräumt wird (krit. Hopf/Braml, ZUM 2007, 23 ff.). Informelles Handeln in Stellungnah-

men ist daher von Aufsichtsmaßnahmen strikt zu trennen (zutr. H/V/Schulz/ Held, Rn. 13).

III. Aufsicht gegenüber Rundfunkanbietern (Abs. 2 und 3)

1. Rundfunkveranstalter als Maßnahmeadressaten (Abs. 2)

Nach Absatz 2 trifft für Rundfunkveranstalter die zuständige (vgl. Abs. 6) **9** Landesmedienanstalt „durch die KJM" entsprechend den landesrechtlichen Regelungen [vgl. etwa Art. 16 Abs. 1 BayMG i. d. F. der Bek. v. 22. 10. 2003 (GVBl S. 799, BayRS 2251-4-S), zuletzt geändert durch Gesetz vom 8. 12. 2009 (GVBl S. 609)] die jeweilige Entscheidung. Der Begriff der **Rundfunkveranstalter** erfasst private Fernseh- und Hörfunkveranstalter. Soweit das Landesrecht lediglich generalklauselartig Maßnahmen bei Verstößen vorsieht, kommen die in Rn. 4 näher genannten in Betracht, wobei auch insoweit der Verhältnismäßigkeitsgrundsatz zu beachten ist. Da die KJM durch ihre abschließende Beurteilung die verbindliche (§ 17 Abs. 1 S. 5) Grundlage für die Entscheidung der zuständigen Landesmedienanstalten schafft (vgl. § 14 Rn. 3 ff., § 16 Rn. 3), hat auch die Kommission die nach Landesrecht besonders vorgesehenen Maßnahmen zu berücksichtigen. Zu den praktisch häufigsten Maßnahmen wegen Jugendschutzverstößen zählen die so genannten **Beanstandungen**. Die Zuständigkeit für die Verfolgung von Ordnungswidrigkeiten ergibt sich indes aus § 24 Abs. 4 Satz 1 JMStV. Die KJM handelt als funktionell zuständiges Organ der jeweils zuständigen Landesmedienanstalt (Nikles u.a., Rn. 5). Zudem kommt der KJM die Aufgabe der **Kommunikation** mit Anbietern im Vorfeld zur Vermeidung von Verstößen zu (H/V/Schulz/Held, Rn. 14).

2. Überprüfbarkeit von Selbstkontrollentscheidungen (Abs. 3)

a) Rechtliche Bindungswirkung. Eine gegenüber der vor Inkrafttreten **10** des JMStV geltenden Rechtslage erheblich gesteigerte Bedeutung kommt den Entscheidungen von anerkannten Einrichtungen der Freiwilligen Selbstkontrolle für Rundfunkangebote nach Abs. 3 zu. Während nach § 3 Abs. 8 RStV a. F. die Landesmedienanstalten die Gutachten der Freiwilligen Selbstkontrolle Fernsehen bei ihren Entscheidungen lediglich „einzubeziehen" hatten (vgl. hierzu VG Berlin ZUM 2002, 758 ff. sowie Ladeur, ZUM 2002, 859, 863 ff.; ferner OVG Berlin NJW 2003, 840 f.), räumt der Gesetzgeber den Voten einer anerkannten Selbstkontrolleinrichtung nunmehr rechtliche Bindungswirkung im Rahmen eines begrenzten Beurteilungsspielraums ein. Insoweit ist in Rspr. und Schrifttum anerkannt, dass sich aus Sicht der staatlichen Medienaufsicht ein **Verfahrenshindernis** ergibt, wenn die anerkannte Selbstkontrolleinrichtung im Rahmen der gesetzlichen Grenzen des Beurteilungsspielraums festgestellt hat, dass eine Entwicklungsbeeinträchtigung nicht vorliegt (VG München JMS-Report 5/2009, 64, 65 – „I want a famous face"; H/S/Altenhain, Rn. 189; Mynarik, Jugendschutz, 2006, S. 134; Witt, Regulierte Selbstregulierung, 2008, S. 267). Aufgrund des Verfahrenshindernisses sind für diesen Fall Aufsichtsmaßnahmen nach § 20 Abs. 4 JMStV grundsätzlich nicht zulässig (VG München, aaO.). Die Regelung ist **verfassungskonform**, da durch die Anerkennungsvoraussetzungen des § 19 Abs. 3 eine staatsferne Aufsicht gewährleistet wird, die rechtsstaatlichen Anforderungen (insb. § 19 Abs. 3 Nrn. 4 und 5) hinreichend Rechnung trägt (vgl. auch Ladeur, ZUM 2002, 859, 866).

11 Missverständlich ist der Wortlaut des Abs. 3 S. 1 in zweifacher Hinsicht. Zum einen stellt die Vorschrift ein Verfahrenshindernis (s. vorige Rn.) nicht bzw. nicht nur bei „**Maßnahmen durch die KJM**" dar, sondern vielmehr vorwiegend bei solchen der für die Entscheidung jeweils zuständigen Landesmedienanstalt (vgl. §§ 14 Abs. 1 S. 2, 20 Abs. 2 und 4, 24 Abs. 4). Gemeint ist freilich, dass die Kommission für Jugendmedienschutz bei der für die Entscheidungen maßgeblichen Beurteilung (§ 16 Abs. 1 S. 1) nur in den Grenzen des Abs. 3 (und Abs. 5) zu einer gegenüber der Entscheidung der anerkannten Selbstkontrolleinrichtung abweichenden Bewertung kommen darf. Zum zweiten benennt die Norm ausdrücklich den Fall der „**Unterlassung einer Entscheidung**", welche ebenfalls eine Bindung im Rahmen der rechtlichen Grenzen des Beurteilungsspielraums nach sich ziehen soll. Die Formulierung meint nicht etwa den Fall, dass sich die Selbstkontrolleinrichtung mit einem Angebot überhaupt nicht befasst und die Inhalte nicht geprüft hat. Denn insoweit stehen den zuständigen Landesmedienanstalten ganz uneingeschränkt die nach Landesrecht zulässigen Aufsichtsmaßnahmen zur Verfügung (Rn. 7). Erfasst sein soll vielmehr die Konstellation, dass die Selbstkontrolleinrichtung nach Sichtung und Bewertung eines vorgelegten Angebotes von beschränkenden Vorgaben (z. B. Sendezeitbeschränkungen) absieht, da sie die geprüften Angebotsinhalte unter Jugendschutzgesichtspunkten als unbedenklich erachtet. Es handelt sich also vielmehr um eine „Entscheidung zu einem Unterlassen" von Restriktionen. Dieser Fall wird schon von der 1. Alternative der Norm („Entscheidung") erfasst, so dass dem Terminus „Unterlassen einer Entscheidung" keine eigenständige Bedeutung zukommt.

12 **b) Vorlagefähige Rundfunkangebote (Satz 1).** Die Vorschrift des Satz 1 betrifft lediglich vorlagefähige Rundfunkangebote. Das sind nach der Gesetzesbegründung alle Angebote, die mit dem für eine Vorlage erforderlichen **zeitlichen Vorlauf** vor Ausstrahlung (oder Einstellung ins Internet) auf einem Trägermedium (z. B. Videokassette, DVD, BluRay-Disc) zur Verfügung stehen und insoweit vorlagefähig sind (vgl. Bayer. LT-Drs. 14/10246, S. 25). Dies kann auch bei **Show-Formaten** der Fall sein (vgl. zu der RTL-Sendung „Deutschland sucht den Superstar": 3. KJM-Bericht, 2009, S. 35). Eine Vorlage kann auch durch elektronische Übermittlung z. B. über ein internes, von Rundfunkanbieter und Selbstkontrolleinrichtung genutztes Netzwerk erfolgen.

13 Hat der Anbieter **nicht vorgelegt** oder beachtet der Anbieter Vorgaben der Selbstkontrolle nicht, so entscheidet die KJM nach eigener Beurteilung und Rechtsauslegung. Soweit indes eine Bewertung und Entscheidung der Selbstkontrolleinrichtung vorliegt, verbleibt der zuständigen Landesmedienanstalt eine lediglich eingeschränkte Prüfungskompetenz. Nach der Rspr. greifen die Haftungsprivilegierung des Abs. 3 S. 1 und die Einschränkung der aufsichtsrechtlichen Befugnisse der KJM nur, wenn die jeweilige Sendung

in ihrer **konkreten Ausgestaltung** der anerkannten Selbstkontrolleinrichtung (hier FSF) vorgelegen hat (BayVGH, Urt. v. 23. 3. 2011 – 7 BV 09.2512, MMR 6/2011 m. Anm. Liesching; VG München JMS-Report 5/2009, 64, 65 f. – „I want a famous face"). Wird ein z. B. aufgrund Synchronisierung oder deutscher Untertitel-Zusätze **nachträglich veränderter Sendeinhalt** ausgestrahlt, ist für Abs. 3 S. 1 kein Raum mehr. Dem kann freilich nur unter der Einschränkung zugestimmt werden, dass ganz geringfügige Änderungen der Ausstrahlungs- gegenüber der Vorlagefassung, welche erkennbar keine Auswirkung auf den Grad der Entwicklungsbeeinträchtigung haben können, als unerheblich anzusehen sind.

c) Umfang des Beurteilungsspielraums. aa) Allgemeines. Hat die 14
Selbstkontrolleinrichtung geprüft und der Anbieter eventuelle Vorgaben (z. B. Sendezeitbeschränkungen) beachtet, überprüft die Aufsicht nur, ob sich die Selbstkontrolle im Rahmen des Beurteilungsspielraumes gehalten hat, welchen die Bestimmungen des JMStV und die insoweit erlassenen Satzungen und Richtlinien belassen. Dies gilt auch für eine mögliche Ahndung als Ordnungswidrigkeit (Bayer. LT-Drs. 14/10246, S. 25). Gerade bei Verbotstatbeständen im Bereich des Jugendmedienschutzes ergeben sich wegen der Unbestimmtheit der verwandten Rechtsbegriffe teils erhebliche **Auslegungsspielräume** bei der Bewertung eines konkreten Angebotsinhaltes (vgl. etwa BVerwGE 23, 112; 39, 197, 198; 77, 75, 78; 91, 211, 215 f.; BVerfGE 83, 130, 147; 84, 34, 45 ff.; Geis, NVwZ 1992, 25 ff.).

bb) Angebotsinhaltliche Bewertungen. Beurteilungsspielräume bei der 15
Anwendung der JMStV-Bestimmungen kommen vor allem hinsichtlich des Vorliegens einer **Eignung zur Entwicklungsbeeinträchtigung** von Kindern und Jugendlichen nach §§ 5 Abs. 1, 6 Abs. 3 in Betracht (v.Hartlieb/Schwarz/Castendyk, Kap. 18 Rn. 26; Cole, ZUM 2005, 462, 467; Sp/Wiebe/Erdemir, Kap. 14 Rn. 104; Hopf, 2005, S. 69 f., 72 ff.; Liesching, tv-diskurs 25/2003, S. 48, 51; Ring, AfP 2004, 9, 13; Stettner, ZUM 2003, 425, 434; ferner Ullrich, MMR 2005, 743, 747 f.; ders., ZUM 2005, 452 ff.). Daneben eröffnen – wenngleich in geringerem Umfang – einzelne Verbotstatbestandsmerkmale (z. B. Werbeinhalte, die gem. § 6 Abs. 2 „seelischen Schaden zufügen" Spielräume bei der Beurteilung des jeweiligen Angebotsinhalts. Im Einzelfall eröffnen auch Verbotstatbestände einen Beurteilungsspielraum, welche bestimmten Normen des Strafgesetzbuchs entsprechen (§ 4 Abs. 2 S. 1 Nr. 1). Das gilt etwa hinsichtlich der unbestimmten Medieninhaltsattribute der **Pornographie** i. S. d. § 184 StGB (s. dort Rn. 5 ff.).

Problematisch ist die Bewertung des Vorliegens einer „offensichtlichen 16
Eignung zur schweren Jugendgefährdung" i. S. d. § 4 Abs. 2 S. 1 Nr. 3, da hierfür gerade eine **Evidenz der schweren Gefährdung** der Entwicklung Minderjähriger erforderlich ist. Muss der schwer gefährdende Inhalt gerade „offensichtlich" erkennbar sein, also dem unbefangenen Beobachter klar ins Auge springen (vgl. § 15 Rn. 37), erscheint die Annahme eines insoweit bestehenden Beurteilungsspielraums fernliegend (offengelassen von VGH München, Beschl. v. 24. 10. 2002 – 7 CS 02.2100). Bestehen Zweifel oder mehrere Interpretationsmöglichkeiten hinsichtlich des Schweregrades der Jugendgefährdung bei einem Angebot, fehlt es bereits an der Offensichtlich-

keit. Lehnt die Selbstkontrolleinrichtung bei ihrer Entscheidung das Vorliegen der Voraussetzungen des § 4 Abs. 2 S. 1 Nr. 3 ab, so wird schon deshalb die KJM nur in extremen Ausnahmefällen zu einer abweichenden Beurteilung kommen können.

17 Allerdings schützt die Privilegierung des Abs. 3 grundsätzlich nicht vor **Strafverfolgung** durch die zuständigen Staatsanwaltschaften (so auch Bornemann, NJW 2003, 787, 791). Im Regelfall wird aber ein unvermeidbarer **Verbotsirrtum** nach § 17 StGB anzunehmen sein, soweit der Anbieter auf die Bewertung der anerkannten Einrichtung der Freiwilligen Selbstkontrolle oder von diesem eingesetzen Juristischen Sachverständigen vertrauen durfte, dass der geprüfte Inhalt keine Straftatbestände verletze. Die Annahme eines entsprechenden (strafrechtlichen) Verbotsirrtums ist auch dann möglich, soweit Straftatbestände im Rahmen des absoluten Unzulässigkeitskatalogs inkorporiert sind (z. B. §§ 86, 86a, 130, 130a, 131 StGB).

18 cc) **Verstöße gegen § 4 Abs. 1.** Durch 14. RfÄndStV sollte mit Wirkung zum 1. 1. 2011 ausdrücklich normiert werden, dass die KJM bei Verstößen gegen das Verbot der Verbreitung und Zugänglichmachung von absolut unzulässigen Angeboten nach § 4 Abs. 1 auch dann Maßnahmen ergreifen kann, wenn die vorangegangene Entscheidung der Freiwilligen Selbstkontrolle im Rahmen ihres Beurteilungsspielraums gefallen ist (vgl. Bayer. LT-Drs. 16/5283, S. 14). Dies hätte alle Tatbestände des § 4 Abs. 1 S. 1 betroffen, auch wenn deren Merkmale zum Teil in erheblichem Maße unbestimmt sind, z. B. die „Menschenwürdeverletzung" die „Unnatürlichkeit" einer geschlechtsbetonten Darstellung oder auch die Kriegsverherrlichung im Rahmen v. § 4 Abs. 1 S. 1 Nrn. 7 bis 9. Da der 14. RfÄndStV indes **nicht in Kraft getreten** ist (s.o. Rn. 2), bewendet es de lege lata dabei, dass grundsätzlich auch bei Tatbeständen des § 4 Abs. 1 S. 1 JMStV eine Haftungsprivilegierung nach Abs. 3 gegeben sein kann. Dies gilt etwa auch für die Frage der „wesentlichen Inhaltsgleichheit" eines Angebotes mit einem indizierten Werk i. S. d. § 4 Abs. 1 S. 1 Nr. 11, Abs. 2 S. 1 Nr. 2; insoweit ist aber § 4 Abs. 3 zu beachten (vgl. dort Rn. 84 ff.).

19 dd) **Rechtlichen Grenzen des Beurteilungsspielraums.** Diese bestimmen sich im weiteren Sinne nach den Rechtsvorschriften zum Jugendschutz einschließlich der hierfür erlassenen Satzungen und Richtlinien. Zu beachten sind insb. **normkonkretisierende Satzungen und Richtlinien** der Landesmedienanstalten nach § 15 Abs. 2, also insb. den Jugendschutzrichtlinien der Landesmedienanstalten vom März 2005 (siehe Anhang V.3.). Wegen Abs. 3 S. 3 müssen die Selbstkontrolleinrichtungen im Rahmen der Entscheidungen zu Sendezeitbeschränkungen nach § 8 Abs. 1 sowie zu Ausnahmen nach § 9 Abs. 1 die von der KJM erlassenen Richtlinien berücksichtigen, soweit diese den durch §§ 8, 9 gewährten Beurteilungsspielraum eingrenzen (vgl. zum Vorrang der KJM-Richtlinien insb. § 9 Rn. 12).

20 Allerdings dürfen Satzungen und Richtlinien den Normgehalt des JMStV nicht verengen, sondern lediglich durch die Fassung von Auslegungskriterien konkretisieren. Insoweit ist auch eine **zu detaillierte Richtlinienvorgabe** unzulässig, wenn hierdurch den anerkannten Selbstkontrolleinrichtungen kein Spielraum bei der Beurteilung unbestimmter Rechtsbegriffe des JMStV

verbleibt (Kreile/Diesbach, ZUM 2002, 849, 855; ausführl. Ladeur, ZUM 2002, 859, 867 f.). Nach umstrittener Einzelmeinung soll es generell an einer Verbindlichkeit von Jugendschutzrichtlinien für Selbstkontrolleinrichtungen fehlen (Sellmann, MMR 2006, 723, 725; a. A. Witt, Regulierte Selbstregulierung, 2008, S. 269). Dies ist indes angesichts der gesetzlichen Aufgaben der Selbstkontrolleinrichtungen, welche nach § 19 Abs. 2 JMStV neben der Einhaltung der Bestimmungen des JMStV auch die „hierzu erlassenen Satzungen und Richtlinien" zu prüfen haben, abzulehnen.

Allgemeine Bewertungsgrundsätze bei der Sichtung und Prüfung von 21 Angeboten (z. B. besondere Berücksichtigung des sog. „Zapping"-Verhaltens von Zuschauern; Umfang der Stichprobensichtung bei Serien; Sichtung des Gesamtangebots unter Ausstrahlungsbedingungen, d.h. ohne Schnellvorlauf oder „Überspringen" vermeintlich unproblematischer Szenen) können ohne Weiteres **Gegenstand von Satzungen oder Richtlinien** sein. Die Nennung konkreter Einzelfälle zu Verbotsvorschriften einschließlich entsprechender Entscheidungsvorgaben dürfte demgegenüber im Regelfall wegen zu weitreichender Beschneidung des Beurteilungsspielraums unzulässig sein (s.a. Mynarik, Jugendschutz, 2006, S. 132).

Bezüglich der **Überprüfbarkeit von Entscheidungen** im Zusammen- 22 hang mit anerkannten Beurteilungsspielräumen hat die verwaltungsgerichtliche Rspr. Grundsätze entwickelt, die im Wesentlichen zur Bestimmung der Kontrolldichte im Rahmen des Abs. 3 S. 1 herangezogen werden können. Die rechtlichen Grenzen des Beurteilungsspielraums sind danach im engeren Sinne zunächst dann überschritten, wenn die anerkannte Selbstkontrolleinrichtung bei der jeweiligen Entscheidung einen **Verfahrensfehler** begeht (z. B. unvollständige oder sonst satzungswidrige Zusammensetzung des entscheidenden Selbstkontroll-Prüfgremiums). Insoweit wird aber im Schrifttum zutr. unter Verweis auf höchstrichterliche Rspr. davon ausgegangen, dass eine Kausalität des Verfahrensfehlers für den Inhalt bzw. den Ausgang der Selbstkontrollentscheidung erforderlich ist (Hartstein u.a., Rn. 15 unter Verweis auf BVerwGE 83, 90, 94; Mynarik, Jugendschutz, 2006, 135 f.; Witt, Regulierte Selbstregulierung, 2008, S. 269; ausführl. Bosch, 2007, S. 356 f.; ohne Einschränkung hingegen Brunner, Beurteilungsspielräume, 2005, S. 182).

Die rechtlichen Grenzen des Beurteilungsspielraums sind auch überschrit- 23 ten, wenn das Entscheidungsgremium der anerkannten Selbstkontrolleinrichtung von einem **unrichtigen Sachverhalt** ausgeht, z. B. durch unvollständige Sichtung des vorgelegten Angebotsinhalts (VG München JMS-Report 5/2009, 64, 65 f. – „I want a famous face"; H/S/Altenhain, Rn. 192; Bosch, 2007, S. 352 f.; Brunner, Beurteilungsspielräume, 2005, S. 182; Hartstein u.a., Rn. 15; Mynarik, Jugendschutz, 2006, 136; Witt, Regulierte Selbstregulierung, 2008, S. 269). Nach der Rspr. greifen die Haftungsprivilegierung des Abs. 3 S. 1 und die Einschränkung der aufsichtsrechtlichen Befugnisse der KJM nur, wenn die jeweilige Sendung in seiner **konkreten Ausgestaltung** der anerkannten Selbstkontrolleinrichtung (hier FSF) vorgelegen hat (BayVGH, Urt. v. 23. 3. 2011 – 7 BV 09.2512, MMR 6/2011 m. Anm. Liesching; VG München aaO.).

Weiterhin ist unter Rückgriff auf allgemeine verwaltungsrechtliche Grund- 24 sätze davon auszugehen, dass die Medienaufsicht überprüfen kann, ob die für die Beurteilung zuständige Stelle die **gesetzlichen Vorgaben** für die ihr vom Gesetz übertragene Beurteilungsentscheidung, insb. den insoweit maßgeblichen unbestimmten Rechtsbegriff und den Sinn und Zweck der Ermächtigung oder den gesetzlichen Rahmen, zutreffend gesehen und **nicht verkannt** hat (Hartstein u.a., Rn. 15; Kreile/Diesbach, ZUM 2002, 849, 855; Witt, Regulierte Selbstregulierung, 2008, S. 269; siehe hierzu ausführl. schon oben Rn. 15).

25   Überdies ist anerkannt, dass die rechtlichen Grenzen des Beurteilungsspielraums auch überschritten sein können, wenn die zur Beurteilung zuständige Stelle bei ihrer Entscheidung die dabei zu berücksichtigenden Gesichtspunkte **nicht angemessen und vertretbar gewichtet** oder mit einem Gewicht berücksichtigt hat, das ihnen bei objektiver, am Zweck des Gesetzes und sonstiger einschlägiger Rechtssätze sowie an **allgemeinen Wertungsgrundsätzen** orientierter Betrachtung zukäme bzw. nicht zukommt (Hartstein u.a., Rn. 15; Kreile/Diesbach, ZUM 2002, 849, 855; Witt, Regulierte Selbstregulierung, 2008, S. 269). Teilweise wird insoweit eine Begrenzung auf eine Evidenzkontrolle in dem Sinne vorgeschlagen, dass nur Fehleinschätzungen der Selbstkontrolleinrichtung durch die KJM revidierbar sein sollen, wenn diese aus Sicht des Anbieters offensichtlich seien (Schulz/Held, epd medien, 2002, Nr. 58, 27, 28). Diese extreme Eingrenzung des Überprüfungsrahmens der KJM wird von der h.M. allerdings zu Recht abgelehnt, da sie im Gesetz mangels Beschränkung auf Evidenzfälle keine Stütze findet. Überwiegend wird demgegenüber allgemein davon ausgegangen, dass sich die staatliche Aufsicht darauf beschränken muss, die jeweilige Entscheidung der Selbstkontrolleinrichtung ausschließlich auf ihre **Vertretbarkeit** zu überprüfen (H/S/Altenhain, Rn. 191; Ullrich, ZUM 2005, 452, 458).

26   Letztere Auffassung wird gestützt durch die Amtliche Begründung, soweit als Beispiele für die Überschreitung des Beurteilungsspielraumes die falsche Auslegung eines Rechtsbegriffes sowie die unzutreffende Tatsachenermittlung genannt werden. Von einer falschen Auslegung eines Rechtsbegriffes kann aber nur dann die Rede sein, wenn die betreffende Auslegungsmöglichkeit **methodisch unhaltbar** ist (Ullrich, ZUM 2005, 452, 458). Dies findet in der amtlichen Begründung zu § 20 JMStV des Weiteren auch dadurch eine Stütze, dass lediglich „grobe Fehleinschätzungen" der Selbstkontrolleinrichtungen „korrigiert werden" sollen (Bayer- LT-Drs. 14/10246, S. 25). Im Ergebnis ist daher mit der h.M. davon auszugehen, dass eine Überschreitung des Beurteilungsspielraums nicht schon deshalb gegeben ist, weil die anerkannte Einrichtung der Selbstkontrolle zu einem anderen Ergebnis gekommen ist als die KJM, sondern erst dann, wenn es nach Sach- und Rechtslage fachlich unvertretbar ist (H/S/Altenhain, Rn. 191).

27   Eine Überschreitung des Beurteilungsspielraums ist insoweit in der Regel nur bei **eklatanten Fehleinschätzungen** anzunehmen (vgl. auch H/V/Schulz/Held, § 20 Rn. 37). Stellt die KJM eine derartige Überschreitung der rechtlichen Grenzen des Beurteilungsspielraums fest, so stehen ihr, bzw. der für die Entscheidung gegenüber dem Anbieter zuständigen Landesmedienanstalt sämtliche Maßnahmen zur Verfügung, die das jeweils anzuwendende Landesrecht vorsieht (Bayer. LT-Drs. 14/10246, S. 25).

Aufsicht **§ 20 JMStV**

Die **Praxis** zeigt aber, dass sich Auseinandersetzungen zwischen der KJM 28
bzw. den Landesmedienanstalten einerseits und den Freiwilligen Selbstkontrollen andererseits ungeachtet der genannten verwaltungsrechtlichen Kategorien an angebotsinhaltlichen Fragen entzünden. Allerdings stimmten nach den Erfahrungsberichten der KJM in den meisten Fällen die inhaltlichen Bewertungen von KJM und FSF überein. Lediglich in wenigen Einzelfällen (insb. 3 Folgen der MTV-Serie „I want a famous face" sowie der SAT.1-TV-Movie „Ein einsames Haus am See", vgl. hierzu auch 2. KJM-Bericht 2007, S. 45) wurde bislang der Beurteilungsspielraum nach Auffassung der KJM durch die FSF als **überschritten** angesehen. Allerdings teilt die FSF diese Auffassung der Medienaufsicht hinsichtlich eines etwaigen Überschreitens des Beurteilungsspielraums nicht und im Übrigen wurde sie bislang auch nicht durch verwaltungsgerichtliche Entscheidungen bestätigt (vgl. aber VG München JMS-Report 05/2009, S. 64 ff. – „I want a famous face"). Angesichts der seit Inkrafttreten des JMStV insgesamt über **2400 unbeanstandet** durch die FSF **geprüften Fernsehsendungen** hat sich das Konzept der Selbstregulierung mit dem noralgischen Punkt des „Beurteilungsspielraums" insoweit bewährt. Zur Unzulässigkeit informeller „Grundsätzbeschlüsse" wie z. B. zur generellen jugendschutzrechtlichen Einordnung von Sendungen zu Schönheitsoperationen der KJM s.o. Rn. 8.

d) Nichtvorlagefähige Sendungen (Satz 2). aa) Anwendungsbe- 29
reich. Bei nichtvorlagefähigen Sendungen können gemäß Satz 2 Maßnahmen der zuständigen Landesmedienanstalt durch die KJM nur unter Beachtung der Entscheidungen der zunächst zu befassenden anerkannten Selbstkontrolleinrichtung in den Grenzen des entsprechend anwendbaren S. 1 ergehen. Als nicht vorlagefähig sind insb. **Live-Sendungen** oder **aktuelle Einspielungen** z. B. in Nachrichtensendungen anzusehen, die keiner Selbstkontrolleinrichtung vor Ausstrahlung hätten vorgelegt werden können, ohne die Ausstrahlung wegen Zeitablaufs überflüssig zu machen (Bayer LT-Drs. 14/10246, S. 25). Ausgenommen sind hier – und nur hier (s.o. Rn. 18) – solche Angebote, die wegen Verstoßes gegen § 4 Abs. 1 gänzlich unzulässig sind. In den Fällen des § 4 Abs. 2 bestehe hingegen nach der Amtl. Begründung ein Beurteilungsspielraum, um der Selbstkontrolleinrichtung die Möglichkeit zu eröffnen, für die angeschlossenen Anbieter Standards zu entwickeln und so zu einer angebotsübergreifenden Spruchpraxis zu kommen (Bayer LT-Drs. 14/10246, S. 25).

bb) „Behauptete Verstöße". Von besonderer praktischer Bedeutung für 30
das Funktionieren der regulierten Selbstregulierung sind die Anforderungen, nach denen die Medienaufsicht behauptete Verstöße gegenüber der Selbstkontrolle im Rahmen der **Erstbefassung konkretisieren** muss. Insoweit ist naheliegend, dass die rechtsstaatlichen Bestimmtheitsanforderungen auch hinsichtlich der Konkretisierung von durch die Medienaufsicht „behaupteten Verstößen" gegen den Jugendschutz gelten müssen (siehe hierzu ausführlich § 17 Rn. 7 f., 9 ff.). Dies ergibt sich daraus, dass die Selbstkontrollentscheidung mithin unmittelbar mit dem Ausschluss von Aufsichtsmaßnahmen nach Abs. 1 korreliert, welche indes im Regelfall Verwaltungsakte nach § 35 VwVfG darstellen. Insoweit müssen aber bereits die seitens der Medienauf-

JMStV § 20 V. Abschnitt. Vollzug für Anbieter

sicht behaupteten Verstoßfälle schon bei der Mitteilung gegenüber der zu befassenden Selbstkontrolleinrichtung hinreichend konkretisiert sein, um ein entsprechendes Verfahrenshindernis (s.o. Rn. 10) bzw. eine Sperrwirkung für verwaltungsaktliche Maßnahmen nach § 20 Abs. 1 JMStV überhaupt begründen zu können. Andernfalls könnte sich die Medienaufsicht darauf beschränken, lediglich allgemeine, vage Angaben zu vermeintlichen Jugendschutzverstößen einer umfangreichen Gesamtheit von Angebotsinhalten zu behaupten und die Selbstkontrolleinrichtungen mit allgemeinen Prüfaufträgen der Jugendschutzkonformität mit einer Vielzahl von Angeboten zu befassen.

31 **e) Entsprechende Anwendung bei §§ 8, 9 Abs. 1 (Satz 3).** Nach Satz 3 findet bei Entscheidungen einer anerkannten Selbstkontrolleinrichtung über Sendezeitbeschränkungen nach § 8 und Ausnahmen nach § 9 Abs. 1 die Haftungsprivilegierung des S. 1 entsprechend Anwendung. Die Anbieter werden auch hierdurch in ihrem Vertrauen in die Entscheidungen der Selbstkontrolle geschützt, soweit diese den **rechtlichen Beurteilungsspielraum** eingehalten hat (hierzu Rn. 14 ff.). Der Beurteilungsspielraum wird durch die von der Kommission für Jugendmedienschutz erlassenen Richtlinien beschränkt (vgl. § 9 Rn. 11 f.; Ladeur, ZUM 2002, 859, 867 f.). Hat z. B. die Selbstkontrolleinrichtung der FSF als geeigneten Sendetermin 20.00 Uhr (Hauptabendprogramm) für eine Fernsehserie oder einen Film mit einer FSK-16-Freigabe festgelegt und dabei den Beurteilungsspielraum nicht verletzt, scheiden Maßnahmen der Medienaufsicht in diesem Fall aus (Bayer LT-Drs. 14/10246, S. 25). Eine Überschreitung der rechtlichen Grenzen des Beurteilungsspielraums wird insoweit anzunehmen sein, wenn die der **FSK-Freigabe zugrunde liegenden Erwägungen** – soweit überhaupt verfügbar (vgl. § 9 Rn. 4) – bei der Ausnahmeentscheidung nicht hinreichend gewürdigt, sondern lediglich durch eine eigene Bewertung ersetzt wurden (vgl. oben § 9 Rn. 3 f.).

III. Aufsicht gegenüber Telemedienanbietern (Abs. 4 und 5)

1. Allgemeines

32 In Konkretisierung der allgemeinen Ermächtigungsgrundlage des § 20 Abs. 1 JMStV regelt § 20 Abs. 4 JMStV für Anbieter von Telemedien, dass insoweit die zuständige Landesmedienanstalt durch die KJM **entsprechend § 59 Abs. 2 bis 4 RStV** unter Beachtung der Regelungen zur Verantwortlichkeit nach §§ 7 bis 10 TMG die jeweilige Entscheidung trifft. Im Mittelpunkt steht in praktischer Hinsicht vor allem die Regelung des § 59 Abs. 3 Sätze 2 bis 5 RStV, wonach die Medienaufsicht insb. Angebote untersagen und deren Sperrung anordnen kann, die Untersagung jedoch nur erfolgen darf, wenn die Maßnahme nicht außer Verhältnis zur Bedeutung des Angebots für den Anbieter und die Allgemeinheit steht und wenn ihr Zweck nicht in anderer Weise erreicht werden kann. Die Untersagung ist, soweit ihr Zweck dadurch erreicht werden kann, auf bestimmte Arten und Teile von Angeboten oder zeitlich zu beschränken.

Aufsicht § 20 JMStV

2. Maßnahmen gegen Anbieter eigener Inhalte

a) In Betracht kommende Maßnahmen. Die ausdrücklich in § 59 Abs. 3 S. 2 RStV genannte Maßnahme der Untersagung und Sperrung stellt, abgesehen von der als ultima ratio lediglich gegen Anbieter nach §§ 7, 9, 10 TMG in Betracht kommenden **Löschungsanordnung** (vgl. Sieber, CR 1997, 653, 659) den schwersten Eingriff in die Rechte des Telemedien-Anbieters dar, da hiernach ein Zugriff Dritter auf die Telemedien nicht mehr möglich ist. Ein solches Vorgehen kommt vornehmlich bei unzulässigen Inhalten nach § 4 Abs. 1 JMStV in Betracht. Wie sich der Formulierung in § 59 Abs. 3 S. 2 RStV („insb.") entnehmen lässt, verbleiben den Behörden freilich weitere, weniger einschneidende Maßnahmen gegenüber Anbietern von Telemedien, was im Übrigen auch der **Verhältnismäßigkeitsgrundsatz** gebietet (z. B. formelle Beanstandung eines rechtswidrigen Angebotes, ggf. verbunden mit einer Androhung der Untersagung; Verpflichtung zur Programmierung des Inhaltes für ein geeignetes Jugendschutzprogramm mit einer bestimmten Altersstufe) (siehe zu Sperrverfügungen im Internet unten Rn. 38 ff. sowie ausführlich: Sieber/Nolde, Sperrverfügungen im Internet, 2008). 33

Schließlich kann die zuständige Behörde im Falle eines Unterlassens der Bestellung eines **Jugendschutzbeauftragten** bzw. der Delegierung an eine Einrichtung der Freiwilligen Selbstkontrolle nach § 7 eine entsprechende **Verpflichtungsanordnung** erlassen (vgl. zu den Maßnahmen im Übrigen auch Rn. 4). Für die Verhängung von Bußgeldern gemäß dem Ordnungswidrigkeitenkatalog des § 24 Abs. 1 u. 2 JMStV ist § 59 Abs. 3 RStV schon deshalb nicht anwendbar, da diese Maßnahme nicht unmittelbar auf die **Beseitigung des Verstoßes** (Satz 1) gerichtet ist. Insoweit gilt § 24 Abs. 4 JMStV i. V. m. §§ 35, 36 OWiG. 34

b) Verhältnismäßigkeit der Maßnahmen. Bei der Auswahl der Maßnahmen kommt der KJM im Rahmen ihrer abschließenden Beurteilung ein Ermessensspielraum zu, welcher durch den allgemeinen Verhältnismäßigkeitsgrundsatz beschränkt wird. In Konkretisierung desselben bestimmt § 59 Abs. 2 S. 3 RStV klarstellend, dass eine Untersagung nicht erfolgen darf, wenn die Maßnahme außer Verhältnis zur **Bedeutung des Angebotes** für den Anbieter und die Allgemeinheit steht. Hieraus kann das Gebot einer allgemein zurückhaltenden Vorgehensweise der Landesmedienanstalten bzw. der KJM abgeleitet werden, die sich auf die Verfolgung strategisch zentraler Verstöße beschränkt und eine eher auf Kooperation und gegenseitiges Lernen angelegte Interventionsstrategie verfolgt. So sollten unvorsätzlich bzw. nicht schuldhaft handelnde seriöse Anbieter bei Verstößen durch bloße Hinweise zu gesetzeskonformem Verhalten angehalten werden. Die gemeinsame Kontrollstelle der Bundesländer „**jugendschutz.net**" trägt dem durch ihre praktische Arbeit Rechnung (vgl. § 18 Rn. 1 ff.). 35

Nach § 59 Abs. 3 S. 4 RStV darf des Weiteren eine Untersagung eines rechtswidrigen Mediendienstes nur erfolgen, wenn ihr Zweck nicht in anderer Weise erreicht werden kann. Die KJM hat mithin zu prüfen, ob **weniger einschneidende Maßnahmen** nicht ebenfalls zum Erfolg, namentlich der Beseitigung des rechtswidrigen Angebotes führen (Bayer. LT-Drs. 13/7716, 36

JMStV § 20 V. Abschnitt. Vollzug für Anbieter

S. 17). Hier ist insb. an eine erstmalige formelle Beanstandung eines Angebotes durch die zuständige Landesmedienanstalt zu denken, welche lediglich bei schwerwiegenden Verstößen gegen Bestimmungen des JMStV oder auch dann entbehrlich sein kann, wenn bereits die gemeinsame Länderstelle „jugendschutz.net" den Anbieter auf die Unzulässigkeit seiner Inhalte gem. § 18 Abs. 4 aufmerksam gemacht und dieser gleichwohl eine inhaltliche Änderung seines Angebotes unterlassen hat bzw. eine Kooperation mit der länderübergreifenden Stelle verweigert.

37 **c) Beachtung der Verantwortlichkeitsregeln der 7 ff. TMG.** Nach Abs. 4 sind bei Aufsichtsmaßnahmen die Regelungen zur Verantwortlichkeit nach den §§ 7 bis 10 des Telemediengesetzes zu beachten, soweit ihre Voraussetzungen im Einzelfall vorliegen. Die Regelung ist deklaratorisch, da schon nach § 2 Abs. 2 (s. dort Rn. 13) das TMG im Rahmen des Geltungsbereichs des JMStV „unberührt" bleibt. Dies schließt selbstverständlich auch die Verantwortlichkeitsregelungen nach §§ 7 bis 10 TMG ein. Insb. sind nach § 7 Abs. 1 TMG Diensteanbieter für **eigene Informationen**, die sie zur Nutzung bereithalten, nach den allgemeinen Gesetzen verantwortlich; § 8 TMG enthält weitgehende Privilegierungen für sog. **Access-Provider**, welche sich auf die Durchleitung von Informationen beschränken; § 9 TMG regelt den in der Praxis im Zusammenhang mit Jugendschutzfragen weitgehend unbedeutenden Fall der Zwischenspeicherung zur beschleunigten Übermittlung (sog. Proxy-Cache-Privilegierung); § 10 regelt den praktisch relevanten Fall der Host Provider und der **Internetplattformbetreiber**, welche i. d. R. erst ab Kenntnis von jugendschutzwidrigen Inhalten haften, wenn sie die betreffenden Inhalte nicht unverzüglich entfernen (s. ausführl zu den Verantwortlichkeitsregeln des TMG: Scholz/Liesching, Anm. zu §§ 7 ff. TDG; MüKom-StGB/Altenhain, 2010, Erl. zu §§ 8 ff. TMG; zur Anwendbarkeit auf Suchmaschinen: Sieber/Liesching, MMR-Beilage 8/2007).

3. Maßnahmen gegen Anbieter fremder Inhalte

38 **a) Verhältnis von § 59 Abs. 3 und 4.** Hinsichtlich des ebenfalls entsprechend anwendbaren § 59 Abs. 4 RStV ist zunächst fraglich, in welchem Verhältnis die Norm zur Regelung des unstreitig für Content-Provider geltenden Abs. 3 steht. Insoweit legen der Wortlaut des § 59 Abs. 4 RStV sowie die Erwägungen der Landesgesetzgeber des JMStV nahe, dass die Spezialnorm für Access-, Proxy-Cache- und Host-Provider nicht generell, sondern vielmehr nur **im Falle ihrer Nichtverantwortlichkeit nach den §§ 8 bis 10 TMG** eine Beschränkung auf subsidiäre Sperrverfügungen vorsehen. Entfällt deren Verantwortlichkeitsfreistellung, bewendet es bei den allgemeinen nach § 59 Abs. 3 RStV unmittelbar möglichen Aufsichtsmaßnahmen.

39 Der Gesetzgeber bezieht nämlich in § 59 Abs. 4 RStV das vorrangige Vorgehen auf den „Verantwortlichen" nach § 7 TMG, was im Umkehrschluss die Intention des Gesetzgebers nahelegt, Anbieter fremder Inhalte nur soweit durch die **Subsidiaritätsregelung** des § 59 Abs. 4 RStV zu **privilegieren**, wie sie nicht selbst rechtlich verantwortlich sind und nicht – wie der Content-Provider – „nach den allgemeinen Gesetzen" im Sinne des § 7 Abs. 1 TMG haften. Auch die Gesetzesmaterialien zu § 20 Abs. 4 JMStV weisen auf ein

entsprechendes Auslegungsverständnis der Landesgesetzgeber hin. Denn insoweit wird im Bezug auf die Sperrungspflichten nach der Vorgängerregelung des § 22 Abs. 3 MDStV (nunmehr § 59 Abs. 4 RStV) davon ausgegangen, dass diese Pflichten für Diensteanbieter „bei Nichtverantwortlichkeit für die Inhalte" verbleiben (vgl. Bayer. LT-Drs. 14/10246, S. 25).

b) Subsidiarität. Erweisen sich Maßnahmen gegenüber dem verantwortlichen Content- oder Service-Provider nach § 7 TMG als nicht durchführbar oder nicht erfolgversprechend, so können im Rahmen des technisch Möglichen und Zumutbaren gemäß § 59 Abs. 4 RStV **Maßnahmen zur Sperrung** von Angeboten auch gegen den Anbieter von fremden Inhalten nach §§ 8 bis 10 TMG gerichtet werden (vgl. auch OVG Münster MMR 2003, 348). Damit wird zugleich klargestellt, dass vorrangiger Adressat etwaiger Aufsichtsmaßnahmen Anbieter sind, die eigene Inhalte zur Nutzung bereithalten (Germann, Gefahrenabwehr, 2000, S. 382; Bayer. LT-Drs. 13/7716, S. 17). Erst wenn Maßnahmen gegen diese nicht erfolgversprechend sind, etwa wegen Anonymität des Content-Providers, kann gegen den Service-Provider oder den bloßen Zugangsvermittler, vornehmlich sog. Access-Provider vorgegangen werden. 40

c) Technische Möglichkeit, Zumutbarkeit. Dem weiteren Erfordernis der technischen Möglichkeit der Sperrung kommt lediglich deklaratorische Bedeutung zu, da eine diesbezügliche Anordnung der zuständigen Behörde nach § 44 Abs. 2 Nr. 4 VwVfG nichtig wäre. Auch das normative Element der **Zumutbarkeit** der Sperrung geht in dem allgemeinen Verhältnismäßigkeitspostulat (s.o. Rn. 35 f.) auf. Voraussetzung ist stets die Wahrung des Fernmeldegeheimnisses sowie die Möglichkeit und Zumutbarkeit der Sperrung (vgl. VG Düsseldorf MMR 2003, 205 ff.; OVG Münster MMR 2003, 348; ausführl. Marberth-Kubicki, NJW 2009, 1792 ff.; Sieber/Nolde, Sperrverfügungen im Internet, 2008; Schnabel, K&R 2008, 26 ff.). 41

4. Überprüfbarkeit von Selbstkontrollentscheidungen (Abs. 5)

a) Allgemeines. Wegen der abweichenden Darbietungstechnik ist für Telemedien die Haftungsprivilegierung bei Entscheidungen anerkannter Selbstkontrolleinrichtungen in Absatz 5 eigenständig geregelt. Die Vorschrift entspricht aber hinsichtlich des inhaltlichen Anwendungsbereichs sowie ihrer Zielsetzung der Regelung des Abs. 3 für den Rundfunkbereich (vgl. oben Rn. 14 ff.). 42

b) Erstbefassungsrecht (Satz 1). Nach Satz 1 ist zunächst erforderlich, dass der Anbieter Mitglied einer Selbstkontrolleinrichtung ist oder er durch Anerkennung ihrer Statuten deren Entscheidungen, z. B. die Beurteilung bestimmter Seiten als jugendgefährdend, übernimmt. Das bloße Erfordernis der lediglich nach ihrer Verbreitung vorzunehmenden **Befassung** der Selbstkontrolleinrichtung mit Angeboten von Telemedien ergibt sich nach der Gesetzesbegründung daraus, dass die Angebote in der Regel **bereits im Netz** stehen, wenn sie wahrgenommen werden (Bayer. LT-Drs. 14/10246, S. 25). Freilich unterliegt der Anbieter darüber hinaus der präventiven Regulierung durch den nach § 7 zu bestellenden Jugendschutzbeauftragten bzw. 43

der mit entsprechenden Aufgaben betrauten Selbstkontrolleinrichtung. Sind die Angebote bereits auf Trägermedien vorhanden, kann sich eine Prüfung eventuell erübrigen, wenn die Angebote bereits in der Liste nach § 18 JuSchG aufgenommen sind oder eine Kennzeichnung nach § 14 JuSchG vorliegt (vgl. § 5 Abs. 4, ferner Bayer. LT-Drs. 14/10246, S. 25). Sofern Verstöße gegen die **Absolutverbote des § 4 Abs. 1** S. 1 in Rede stehen, bedarf es der vorherigen Befassung der Selbstkontrolleinrichtungen nicht. Gleichwohl bleibt es der KJM oder der Kontrollstelle „jugendschutz.net" unbenommen, auch insoweit auf informellem Wege eine unverbindliche Stellungnahme bei der Selbstkontrolle einzuholen, welcher sich der betroffene Anbieter angeschlossen hat. Hinsichtlich der Bestimmtheit der Behauptung von Verstößen siehe oben Rn. 30.

44 **c) Privilegierung im Rahmen des anerkannten Beurteilungsspielraums (Satz 2).** Die Vorschrift des Satz 2 bestimmt, dass Maßnahmen der Aufsicht dann ausscheiden, wenn die Entscheidung der anerkannten (§ 19 Abs. 2) Selbstkontrolleinrichtung im Rahmen des Beurteilungsspielraumes bleibt. Insoweit gelten dieselben **Grundsätze wie bei Abs. 3** (hierzu oben Rn. 14 ff.). Darüber hinaus kommt den Selbstkontrolleinrichtungen vor allem für Telemedien nicht nur die Aufgabe angebotsinhaltlicher Bewertungen zu, sondern in der Regel auch die **Beurteilung technisch-struktureller Fragen** wie z. B. die Zulänglichkeit eines Altersverifikationssystems nach §§ 4 Abs. 2 S. 2, oder eines „technischen Mittels" nach § 5 Abs. 3 Nr. 1 (Liesching, JMS-Report, 6/2006, 2 ff.; Sellmann, MMR 2006, 723 ff). Für **Jugendschutzprogramme** ist wegen Scheiterns des 14. RfÄndStV (s.o. Rn. 2) keine Prüfkompetenz anerkannter Selbstkontrolleinrichtungen gegeben.

45 Als der Haftungsprivilegierung unterliegende „Maßnahme nach Absatz 1" ist weder der **Antrag auf Indizierung** eines Telemediums nach § 18 Abs. 6 JuSchG noch die Stellungnahme der KJM nach § 21 Abs. 6 JuSchG anzusehen. Die Vorschrift des Abs. 1 erfasst nur Maßnahmen aufgrund von Verstößen gegen JMStV-Bestimmungen. Die Kommission für Jugendmedienschutz ist daher bei der Wahrnehmung ihrer **Aufgaben nach dem JuSchG** nicht an die Entscheidungen der Selbstkontrolleinrichtungen hinsichtlich des jugendgefährdenden (vgl. § 18 Abs. 1 JuSchG) Charakters eines Telemediums gebunden.

46 **d) Aufschiebende Wirkung von Rechtsbehelfen.** Durch den gescheiterten 14. RfÄndStV sollte mit Wirkung zum 1. 1. 2011 für Verstöße gegen § 4 das Regel-Ausnahmeverhältnis zwischen aufschiebender Wirkung und sofortiger Vollziehbarkeit „zugunsten einer effektiven Aufrechterhaltung des Jugendschutzes umgekehrt und einer potenziellen Gefährdung der Entwicklung von Kindern und Jugendlichen durch unzulässige Angebote in elektronischen Informations- und Kommunikationsmedien in diesen gravierenden Fällen entgegengetreten" werden (so Bayer. LT-Drs. 16/5283, S. 14). Dies hätte Maßnahmen im Bezug auf Angebote betroffen, die absolut unzulässig sind (§ 4 Abs. 1 S. 1) oder nur Erwachsenen zugänglich gemacht werden dürfen (§ 4 Abs. 2 S. 1). Da die JMStV-Novelle indes nicht in Kraft getreten ist (s.o. Rn. 2), bewendet es bei den allgemeinen Regeln nach § 80 VwGO.

Aufsicht § 20 JMStV

Insbesondere haben Widerspruch und Anfechtungsklage gegen Maßnahmen der Medienaufsicht – wie allgemein – **grundsätzlich aufschiebende Wirkung**, es sei denn, es wird im Einzelfall aufgrund eines über das allgemeine Jugendschutzinteresse hinausgehenden gesteigerten öffentlichen Interesses (vgl. BVerfG NVwZ 1996, 58, 59; BVerfGE35, 382, 402 = NJW 1974, 227; BVerfGE 38, 52, 58 = NJW 1974, 1809; BVerfGE 69, 220, 228 = NVwZ 1985, 409) die **sofortige Vollziehung** nach § 80 Abs. 2 S. 1 Nr. 4 VwGO angeordnet.

Anders als bei schwerwiegenden Jugendgefährdungen durch indizierte 47 Medieninhalte in § 20 Abs. 4 S. 1 JuSchG ordnet das Gesetz insbesondere bei vermeintlich im Raum stehenden weniger schwerwiegenden, **bloßen Entwicklungsbeeinträchtigungen** bestimmter Altersgruppen von Minderjährigen also gerade nicht an, dass eine aufschiebende Wirkung der Klage von Medienanbietern entfällt. Diese gesetzgeberische Entscheidung kann – gerade vor dem Hintergrund des Regel-Ausnahme-Prinzips des § 80 Abs. 2 S. 1 Nr. 4 VwGO – nicht durch lediglich allgemeine Jugendschutzerwägungen unterminiert werden. Insbesondere kann auch der „**allgemeine Verdacht einer Beeinträchtigung** erheblicher Belange" durch die Medienaufsicht alleine ein hinreichendes öffentliches Interesse für die Anordnung der sofortigen Vollziehung nicht legitimieren (vgl. BVerfG NVwZ 1996, 58, 59; BVerfGE35, 382, 404 = NJW 1974, 227; BVerfGE 38, 52, 58 = NJW 1974, 1809).

IV. Zuständigkeit der Landesmedienanstalten (Abs. 6)

1. Zuständigkeit nach Anbieterstandort (Satz 1)

Die Vorschrift des Absatz 6 regelt die Zuständigkeit der „nach außen als 48 Aufsicht in Erscheinung tretenden" (Bayer. LT-Drs. 14/10246, S. 26) Landesmedienanstalten. Örtlich zuständig für Aufsichtsmaßnahmen gegen Rundfunkveranstalter ist nach Satz 1 die Landesmedienanstalt des Landes, in dem die Zulassung i. S. d. § 20 f. RStV erteilt wurde. Welche Landesmedienanstalt bei Maßnahmen gegen Anbieter von Telemedien **örtlich zuständig** sein soll, bestimmt sich entsprechend § 3 Abs. 1 Nrn. 3 u. 4 VwVfG nach dem Sitz des Anbieters, seinem Wohnsitz und in Ermangelung dessen nach seinem ständigen Aufenthalt.

Ist der Anbieter i. S. d. § 3 Abs. 2 Nr. 2 eine juristische Person oder Vereini- 49 gung, so ist der jeweilige **Sitz des Anbieters** an dem Ort, der durch Gesetz, Gesellschaftsvertrag, Satzung, Stiftungsgeschäft oder dergleichen bestimmt ist. Fehlt es an einer derartigen Bestimmung, so ist auf § 17 Abs. 1 S. 2 ZPO zurückzugreifen und als Sitz der Ort anzunehmen, an dem die (Haupt)Verwaltung geführt wird (vgl. BVerwGE 69, 104; Stelkens/Bonk/Sachs, § 3 Rn. 24). Der **Wohnsitz** bestimmt sich nach §§ 7 bis 11 BGB und wird im Regelfall durch die einwohnermeldeamtlichen Daten des Anbieters indiziert. Der subsidiär eingreifende Anknüpfungspunkt des **ständigen Aufenthaltes** bezeichnet insb. bei im Übrigen im Ausland ansässigen Anbietern den Ort, an dem sie bei Inlandsbesuchen ganz überwiegend verweilen.

JMStV § 20 V. Abschnitt. Vollzug für Anbieter

2. Zuständigkeit nach Amthandlungsanlass (Satz 2)

50   Fehlt es an einem Anbieterstandort im Inland oder sind die Voraussetzungen nicht feststellbar, so ist schließlich nach Satz 2 der Ort entscheidend, an dem die Maßnahmen der Landesmedienanstalt wirksam werden sollen, also z. B. dort, wo eine Sperrungsverfügung auf einem Server umgesetzt werden kann (Bayer. LT-Drs. 14/10246, S. 26). Die Auffangnorm für die Zuständigkeit sollte durch **14. RfÄndStV** mit Wirkung zum 1. 1. 2011 um den Tatbestand der „Gefahr im Verzug" für unaufschiebbare Maßnahmen ergänzt werden; indes trat die Regelung nicht in Kraft (s.o. Rn. 2).

V. Annex: Zulässigkeit von Ermittlungsmaßnahmen

1. Hintergrund

51   Gerade im Zusammenhang mit der Ermittlung der Identität von Anbietern von Telemedien, welche gegen Bestimmungen des JMStV verstoßen, bedarf es von Seiten der Medienaufsicht häufig umfangreicher Recherchen. Die Vorgehensweisen zur **Ermittlung des tatsächlichen Content-Providers** können sich z. B. auf den Abruf verschiedener Internetauftritte, die Auswertung von frei zugänglichen Datenbanken (Whois, Reverse IP Domain Check, „Cache"-Datenbanken älterer Versionen des illegalen Angebots, Datenbanken zur Bestimmung eines Serverstandortes), den Einsatz frei nutzbarer Recherchetools (wie „nslookup" oder „Live HTTP Headers"), die Kommunikation über frei zugängliche Email-Adressen, die Analyse des frei zugänglichen Inhalts eines Internetauftritts (Header, Quelltext), Recherchen im Umfeld eines illegalen Angebots und auf Anfragen bei Register- und Meldebehörden erstrecken. Bis auf die Abfrage bei den Meldebehörden ist allen diesen Ermittlungsmaßnahmen gemein, dass nur auf Informationen zurückgegriffen wird, die vom Anbieter freiwillig und frei zugänglich zum Abruf bereitgestellt werden.

2. Rechtskonformität

52   Nach wohl h.M. stellen Ermittlungsmaßnahmen im Internet, die lediglich auf die Sichtung und Auswertung allgemein und frei zugänglicher Informationen gerichtet sind, mangels Zwangswirkung keinen Eingriff in „speziell ausgeformte grundrechtliche Schutzbereiche" dar und es genügt die gesetzliche **Eröffnung des behördlichen Aufgabenbereichs**, z. B. nach den Polizeiaufgabengesetzen oder nach § 163 StPO (Bär, CR 1995, 489, 499; ders., MMR 1998, 464; Germann, 2000, S. 511 ff.; Gercke, Rechtswidrige Inhalte im Internet, 2000, 182; Marberth-Kubicki, Rn. 274). Hiernach kann auch bei den vorliegend beschriebenen Maßnahmen nicht von einem **Eingriff in Grundrechte** der Betroffenen (etwa das informelle Selbstbestimmungsrecht) ausgegangen werden mit der Folge, dass diese Maßnahmen durch die Landesmedienanstalten rechtmäßig durchgeführt werden, wenn sie sich aus der Eröffnung ihres Aufgabenbereichs ergeben. Als „Aufgabeneröffnungsnorm" ist hierbei auf § 20 Abs. 1 i. V. m. §§ 20 Abs. 4 JMStV und 59 Abs. 2 RStV

Aufsicht **§ 20 JMStV**

abzustellen. Diese impliziert zwangsläufig, dass die zuständige Behörde auch Ermittlungen zur Feststellung eines möglichen Verstoßes gegen Bestimmungen z. B. des JMStV durchführen muss. An der Eröffnung des Aufgabenbereichs dürften daher keine Zweifel bestehen.

Selbst wenn man hinsichtlich der dargestellten Ermittlungsmaßnahmen 53 von einem grundrechtsrelevanten Eingriff ausgeht bzw. dies hinsichtlich der **Abfrage bei Meldebehörden** anzunehmen ist, handelt die jeweils zuständige Landesmedienanstalt gleichwohl rechtmäßig. Denn sie ist gemäß § 24 Abs. 4 JMStV i. V. m. §§ 35, 36 OWiG für die Verfolgung und Ahndung von Ordnungswidrigkeiten nach dem JMStV zuständig. Insoweit haben die zur Verfolgung der Ordnungsmaßnahmen berufenen Landesmedienanstalten im Rahmen ihres pflichtgemäßen Ermessens die **erforderlichen Verfolgungsmaßnahmen** zu treffen (§§ 46, 47 OWiG). In verfahrensrechtlicher Hinsicht findet dabei über § 46 Abs. 1 OWiG die strafprozessuale Vorschrift des § 161 StPO Anwendung. Demnach sind die Landesmedienanstalten für Zwecke der Erforschung von Ordnungswidrigkeiten nach dem JMStV u.a. befugt, „Ermittlungen jeder Art vorzunehmen, soweit nicht andere gesetzliche Vorschriften ihre Befugnisse besonders regeln". Insoweit reicht diese Generalermächtigungsnorm für die hier angewandten Ermittlungsmaßnahmen aus, da es sich nur um Grundrechtseingriffe geringer Intensität handelt.

Hinzu kommt, dass nach § 13 BDSG das Erheben personenbezogener 54 Daten (durch öffentliche Stellen) zulässig ist, „wenn ihre Kenntnis zur Erfüllung der Aufgaben der verantwortlichen Stelle erforderlich ist". An der notwendigen **Erforderlichkeit** wird nicht zu zweifeln sein, da die Landesmedienanstalten nur so ihrer Aufgabe, Verstöße gegen Bestimmungen insb. des JMStV zu verfolgen, nachkommen können. Damit kann zusammenfassend festgehalten werden, dass die oben Rn. 51 dargestellten Ermittlungsmaßnahmen sowohl im administrativen als auch im sozialen Umfeld als rechtlich zulässig anzusehen sind, sofern sie von der sachlich und örtlich zuständigen Landesmedienanstalt vorgenommen werden. Dies gilt im Übrigen nicht nur im Falle des Vorgehens gegen einen Content-Provider, sondern auch gegen **dritten Akteure**, wie z. B. Host-Provider, DNS-Server-Betreiber, Admin-c usw.

VI. Überprüfung der Abs. 3 und 5 durch die Länder (Abs. 7)

Die Vorschrift des Absatz 7 sieht eine eigenständige **Überprüfung der** 55 **Haftungsprivilegierungen der Abs. 3 und 5** vor, deren bis zum Inkrafttreten im April 2003 beispiellose Struktur ihre Tauglichkeit im Lichte des verfassungsrechtlichen Rangs, den der Jugendschutz in den Medien genießt, erst erweisen musste (Bayer. LT-Drs. 14/10246, S. 26). Im Abschlussbericht des mit der Evaluierung beauftragten **Hans-Bredow-Instituts** vom Oktober 2007 wird der Befund wiedergegeben, dass das System der regulierten Selbstregulierung in der Praxis angenommen worden ist (vgl. ausführl. HBI-Bericht 2007, S. 368 ff.). Ergänzt wird Abs. 7 durch das Sonderkündigungsrecht des § 26 Abs. 1 S. 4.

JMStV § 20 V. Abschnitt. Vollzug für Anbieter

56 In der **Amtl. Begründung** heißt es hierzu: „Diese Überprüfung ist unabhängig von der Gesamtevaluierung des reformierten Jugendschutzes, auf die sich Bund und Länder in den Eckpunkten zur Neuordnung des Jugendmedienschutzes am 8. März 2002 verständigt haben. Die dreijährige Überprüfung bezieht sich ausschließlich auf die Erfahrungen mit der Einhaltung des Beurteilungsspielraums durch die Einrichtungen der Freiwilligen Selbstkontrolle und die Auswirkungen der eingeschränkten Ahndung durch die Landesmedienanstalten. Die Länder wollen so vermeiden, dass Fehlentwicklungen erst nach fünf Jahren abgestellt werden könnten. Eine eintretende Gefährdung der Kinder und Jugendlichen rechtfertigt diese **Sonderkündigung**. Der übrige Staatsvertrag kann auch ohne diese Bestimmung fortgeführt werden, da die vereinheitlichte Aufsichtsstruktur unabhängig von der Privilegierung gewollt ist. Basis ist der Bericht, den die KJM ohnehin erstellen wird" (Bayer. LT-Drs. 14/10246, S. 26). Als Betroffene sind die anerkannten Einrichtungen der Freiwilligen Selbstkontrolle zu hören. Die obersten Landesjugendbehörden sind ebenfalls gutachtlich zu beteiligen. Insoweit werden sie unterstützt von der Gemeinsamen Länderstelle „jugendschutz.net" (vgl. § 18 Abs. 2; siehe ausführl. zur Evaluierung: HBI-Bericht 2007).

VII. Rechtsfolgen, Prozessuales

1. Rechtsfolgen

57 Die vorsätzliche oder fahrlässige Missachtung vollziehbarer Anordnungen der zuständigen Behörde kann nach § 24 Abs. 1 Nr. 14 JMStV als Ordnungswidrigkeit mit **Bußgeld** geahndet werden. Die Haftungsprivilegierungen aufgrund von Entscheidungen anerkannter Selbstkontrolleinrichtungen schränken die Möglichkeit aufsichtsbehördlicher **Maßnahmen der KJM** bzw. der Landesmedienanstalten nach § 20 Abs. 3 und 5 JMStV ein.

2. Prozessuale Hinweise

58 a) **Verwaltungsrechtsweg.** Gegen die Bußgeldahndung nach § 24 Abs. 1 Nr. 14 JMStV oder sonstige Maßnahmen (z. B. Beanstandung) durch die zuständige (§ 24 Abs. 4 JMStV) Landesmedienanstalt ist der Verwaltungsrechtsweg eröffnet und mithin die **Anfechtungsklage** (§ 42 Abs. 1 1. Alt. VwGO) statthaft (vgl. auch § 22 JMStV). In ihrem Rahmen können auch Einwendungen erhoben werden, die zuständige Landesmedienanstalt bzw. die KJM sei aufgrund § 20 Abs. 3 bzw. 5 JMStV an anderslautende Entscheidungen einer anerkannten Selbstkontrolleinrichtung im betreffenden Fall gebunden gewesen bzw. hätte nicht anders entscheiden dürfen. Eine **aufschiebende Wirkung** von Rechtsbehelfen des Telemedienanbieters bei Verstößen gegen §§ 4, 5 und 6 JMStV ist nur im Falle der ausnahmsweise angeordneten sofortigen Vollziehung (§ 80 Abs. 2 S. 1 Nr. 4 VwGO) nicht gegeben und kann nach § 80 Abs. 5 VwGO wiederhergestellt werden (s.o. Rn. 46 f.).

59 b) **Beweisdarlegung der Medienaufsicht im Verwaltungsprozess.** Im verwaltungsgerichtlichen Verfahren sind gemäß § 98 VwGO auf die

Beweisaufnahme die §§ 358 bis 444 und §§ 450 bis 494 ZPO entsprechend anzuwenden, soweit die VwGO selbst nicht abweichende Vorschriften enthält. Die **Beweismittel** sind mithin dieselben wie nach der ZPO. Die in § 96 Abs. 1 S. 2 VwGO geregelte Aufzählung, welche „insbesondere" die Augenscheinnahme, die Vernehmung von Zeugen, Sachverständigen und Beteiligten sowie die Heranziehung von Urkunden benennt, ist nicht abschließend (Kopp/Schenke, VwGO – Kommentar, 16. Aufl. 2009, § 98 Rn. 3). Als Beweismittel kommen mithin **alle Erkenntnismittel** in Betracht, die nach den Grundsätzen der Logik, nach allgemeiner Erfahrung oder wissenschaftlicher Erkenntnis geeignet sind oder geeignet sein können, die Überzeugung des Gerichts vom Vorhandensein entscheidungserheblicher Tatsachen und der Richtigkeit einer Beurteilung oder Wertung von Tatsachen zu begründen.

§ 21 Auskunftsansprüche

(1) **Ein Anbieter von Telemedien ist verpflichtet, der KJM Auskunft über die Angebote und über die zur Wahrung des Jugendschutzes getroffenen Maßnahmen zu geben und ihr auf Anforderung den unentgeltlichen Zugang zu den Angeboten zu Kontrollzwecken zu ermöglichen.**

(2) **[1] Der Abruf oder die Nutzung von Angeboten im Rahmen der Aufsicht, der Ahndung von Verstößen oder der Kontrolle ist unentgeltlich. [2] Anbieter haben dies sicherzustellen. [3] Der Anbieter darf seine Angebote nicht gegen den Abruf oder die Kenntnisnahme durch die zuständige Stelle sperren oder den Abruf oder die Kenntnisnahme erschweren.**

Schrifttum: *Altenhain,* Jugendschutz in: Hoeren/Sieber, Handbuch Multimedia Recht, Teil 20 (Stand Dez. 2006); *Erdemir,* JMStV, in: Spindler/Schuster, Recht der elektronischen Medien, 2008; *Hahn/Vesting,* Rundfunkrecht – Kommentar, 2. Aufl. 2008; *Hartstein/Ring/Kreile/Dörr/Stettner,* Jugendmedienschutz-Staatsvertrag – Kommentar (Losebl.); *Landmann,* Medienjugendschutzrecht in: Eberle/Rudolf/Wasserburg, Mainzer Rechtshandbuch der Neuen Medien, 2003; *Liesching,* Jugendmedienschutz, in: Paschke/Berlit/Meyer, Hamburger Kommentar Gesamtes Medienrecht, 2008; *Nikles/Roll/Spürck/Umbach,* Jugendschutzrecht – Kommentar, 2. Aufl. 2005; *Warg,* Auskunftsbefugnisse der Strafverfolgungsbehörden und Anonymität des E-Mail-Anzeigeerstatters, MMR 2006, 77.

I. Allgemeines

Die Vorschrift regelt die für die Medienaufsicht unerlässlichen Pflichten 1 von Anbietern zur Auskunftserteilung. Nach Abs. 1 besteht die Auskunftspflicht im Bezug auf die angebotenen Telemedienangebote und getroffene Jugendschutzmaßnahmen; zudem besteht die Pflicht unentgeltlicher **Zugangsgewährung zu Kontrollzwecken** (zu Auskunftsansprüchen gegenüber Rundfunkveranstaltern siehe H/V/Held, Rn. 4). Abs. 2 manifestiert die Unentgeltlichkeit der Aufsicht über Telemedien, wobei den Anbieter nach Satz 2 eine Sicherstellungspflicht trifft, die in Satz 3 durch ein Verbot von Zugangshindernissen konkretisiert wird.

II. Auskunftspflicht des Telemedien-Anbieters (Abs. 1)

1. Auskunftsempfänger

2   Die Auskunftspflicht des Anbieters von Telemedien nach Absatz 1 besteht nach dem Wortlaut der Vorschrift lediglich gegenüber der Kommission für Jugendmedienschutz, **KJM** (§ 14 Abs. 2 JMStV), hingegen nicht gegenüber der ihr angeschlossenen Kontrollstelle „jugendschutz.net" (§ 18 JMStV) oder der für die Entscheidung zuständigen Landesmedienanstalt (vgl. § 14 Abs. 1). Allerdings kann die KJM aufgrund der organisatorischen Verknüpfung auch die direkte Auskunft des Anbieters gegenüber der angeschlossenen zentralen Länderstelle „**jugendschutz.net**" fordern (ebenso Nikles u.a., Rn. 1). Umstritten, jedoch im Ergebnis abzulehnen, ist eine entsprechende Auskunftspflicht gegenüber den **Landesmedienanstalten**, da diese mit inhaltlichen Prüfungsfragen nach den Kompetenzzuordnungen des JMStV gerade nicht betraut sind (vgl. Ukrow, Rn. 650). Insoweit genügt auch die Unterrichtung durch die KJM im Rahmen des § 15 Abs. 1 bzw. die Übermittlung der Begründung der abschließenden Beurteilung der Kommission nach § 17 Abs. 1 S. 3 bis 5. Die Auskunftspflicht besteht nicht für Veranstalter von **Rundfunkangeboten**, da sich diese an die Allgemeinheit richten und mit allgemein zugänglicher Technik wahrnehmbar sind (s. ausführl. H/V/Held, Rn. 4).

2. Auskunftsgegenstand

3   Die „Auskunft über die Angebote" im Sinne der Vorschrift umfasst die Übermittlung von ausreichendem Daten- und Informationsmaterial nach konkreter Anforderung (Bayer. LT-Drs. 14/10246, S. 26). Dies bedeutet, dass zumindest die verlangten Angebotsinhalte an die Behörde via **E-Mail** oder durch Zusendung von **Datenträgern** übermittelt werden. In der Regel wird eine zusätzliche informatorische Stellungnahme des Anbieters zu den Inhalten sinnvoll sein. Nach der Amtlichen Begründung muss der Anbieter nur bei „konkreter Anforderung" der Kommission für Jugendmedienschutz Auskunft über die Angebote bzw. über getroffene Maßnahmen zur Wahrung des Jugendschutzes erteilen (Bayer. LT-Drs. 14/10246, S. 26). Das bedeutet, dass der Umfang der Auskunftspflicht durch die in der behördlichen Anforderung in Bezug genommenen Inhalte des Angebotes bestimmt wird. Nur diese sind an die Kommission bzw. die angeschlossene Länderstelle „jugendschutz.net" zu übermitteln.

4   Auskunftsgegenstand sind auch die zur Wahrung des Jugendschutzes **getroffenen Maßnahmen**. Bezieht sich die Anfrage der KJM etwa lediglich auf die Installation von Jugendschutzprogrammen (§ 11 JMStV), besteht auf Seiten des Anbieters keine Pflicht, über sämtliche technischen Schutzvorrichtungen zu informieren (z. B. Altersverifikationssysteme im Sinne des § 4 Abs. 2 S. 2 JMStV). Erfasst werden auch nachsorgende Maßnahmen, etwa

die Entfernung eines Angebots nach Hinweis durch „jugendschutz.net" (§ 18). Der Anbieter hat dazu auch Einblick in technische Vorgänge zu gewähren. Zugang meint hingegen nicht den Zutritt zu Räumen und Produktionsstätten der Anbieter.

3. Auskunftsbegehren

Das Auskunftsbegehren stellt **keine Anhörung** im verwaltungsrechtlichen 5 Sinne (§ 28 VwVfG) dar. Diese muss ggf. bei beabsichtigten Aufsichtsmaßnahmen noch gesondert erfolgen. Ein **Auskunfts- und Zeugnisverweigerungsrecht** (vgl. §§ 52, 55 StPO) steht dem verpflichteten Telemedien-Anbieter grds. nicht zu (für einen Schutz von Angehörigen nach § 383 Abs. 1 Nr. 2 und 3 ZPO bzw. § 52 Abs. 1 Nr. 2 und 3 StPO sowie einen Informantenschutz: H/V/Held, Rn. 21 f.).

4. Sonstige rechtliche Grundlagen für Auskunftsverfahren

a) Hintergrund. Im Zusammenhang mit der Ermittlung der Identität 6 von Telemedienanbietern, die gegen Bestimmungen des JMStV verstoßen, kann es erforderlich sein, auch dritte Akteure, die z. B. bei der Domainregistrierung beteiligt sind oder waren, um weitere Auskunft über die Person des Telemedienanbieters zu ersuchen. Fraglich kann in diesem Zusammenhang sein, auf welche rechtliche Grundlage entsprechende Auskunftsbegehren gestützt werden können.

b) Auskunft nach § 20 Abs. 1. Eine Inpflichtnahme eines gegen den 7 JMStV verstoßenden dritten Akteurs (z. B. admin c, Registrar etc.) – so er überhaupt Telemedienanbieter ist – für die Erteilung von Auskünften im Bezug auf Dritte kommt jedenfalls nicht auf der Grundlage der Aufsichtsnorm des § 20 Abs. 1 und 4 JMStV i. V. m. § 59 Abs. 3 und 4 RStV in Betracht (s.o. § 20 Rn. 32 ff.). Wäre dies vom Gesetzgeber vorgesehen gewesen, hätte er entsprechend den Regelungen in anderen Gesetzen (vgl. z. B. § 113 TKG, §§ 100g, 100h StPO) auch im Rahmen der Aufsichtsbestimmungen des § 20 JMStV bzw. der § 59 RStV entsprechende Vorschriften über die Auskunftserteilung explizit geregelt bzw. regeln müssen.

c) Auskunft nach § 113 TKG. Wer nach § 113 Abs. 1 TKG geschäfts- 8 mäßig Telekommunikationsdienste erbringt oder daran mitwirkt, hat „im Einzelfall den zuständigen Stellen auf deren Verlangen unverzüglich Auskünfte über die nach den §§ 95 und 111 [TKG] erhobenen Daten zu erteilen, soweit dies für die Verfolgung von Straftaten oder Ordnungswidrigkeiten, zur Abwehr von Gefahren für die öffentliche Sicherheit oder Ordnung oder für die Erfüllung der gesetzlichen Aufgaben der Verfassungsschutzbehörden des Bundes und der Länder, des Bundesnachrichtendienstes oder des Militärischen Abschirmdienstes erforderlich ist". Hieraus ergibt sich, dass eine Auskunftsverpflichtung in Betracht kommt, wenn es sich bei den dritten Akteuren um **Telekommunikationsdiensteanbieter** handelt. Der Einordnung als Telekommunikationsdiensteanbieter steht dabei die möglicherweise zudem bestehende Eigenschaft eines Telemedienanbieters nicht zwingend entgegen. Denn nur solche Telekommunikationsdienste sind keine Teleme-

JMStV § 21 V. Abschnitt. Vollzug für Anbieter

dien, die ganz in der Übertragung von Signalen über Telekommunikationsnetze bestehen.

9   **d) Auskunft in Bußgeldverfahren.** Im Falle von Bußgeldverfahren nach § 24 JMStV bei Verstößen gegen Bestimmungen des Jugendmedienschutz-Staatsvertrags finden die allgemeinen Vorschriften über Bußgeldverfahren im Zweiten Teil des Ordnungswidrigkeitengesetzes (OWiG) Anwendung. Nach § 46 Abs. 1 OWiG gelten für das Bußgeldverfahren, soweit das OWiG nichts anderes bestimmt, sinngemäß die Vorschriften der allgemeinen Gesetze über das Strafverfahren, insb. auch der StPO. Gemäß § 46 Abs. 2 OWiG hat die Verfolgungsbehörde (ebenfalls unter Vorbehalt abweichender OWiG-Bestimmungen), im Bußgeldverfahren „dieselben Rechte und Pflichten wie die Staatsanwaltschaft bei der Verfolgung von Straftaten". Mangels Sonderregelung findet damit grundsätzlich auch die **strafprozessuale Ermittlungsvorschrift des § 161 Abs. 1 StPO** Anwendung. Während die genannten Bestimmungen in ihrer ursprünglichen Fassung von der h.M. lediglich als Aufgabenbeschreibung, nicht aber als Befugnisnorm angesehen wurden, hat das Gesetz zur Änderung des Strafverfahrensrechts vom 2. 8. 2000 (BGBl. I, 2000, S. 1253) die §§ 161, 163 StPO zu echten Ermittlungsgeneralklauseln ausgestaltet, die den Behörden umfassende Befragungsrechte einräumen, „soweit nicht andere gesetzliche Vorschriften" die Befugnisse der Ermittlungsbehörden „besonders regeln" (so zutreffend Warg, MMR 2006, 77, 79).

III. Zugangsermöglichung (Abs. 2)

1. Unentgeltlichkeit (Sätze 1 u. 2)

10 Den Anbieter trifft über die konkreten Auskunftspflichten im Falle der Anforderung durch die KJM nach Abs. 1 hinaus eine generelle Pflicht, den Aufsichtsstellen nach dem JMStV (insb. KJM sowie „jugendschutz.net") den **unentgeltlichen Abruf** oder die Nutzung von Angeboten zu gewähren. Die Vorschrift verpflichtet sowohl private Rundfunkveranstalter als auch Anbieter von Telemedien. Zur **Erforderlichkeit** des Abs. 2 führt die Amtl. Begründung aus: „Nicht zuletzt zur Finanzierung und Abrechnung bestimmter Angebote wurden verschiedene Verschlüsselungssysteme entwickelt. Die Digitaltechnik macht die Verschlüsselung besonders einfach und effektiv. Ein beschränkter Nutzerkreis erhält dann erst mittels vergütungspflichtiger Software oder Codes Zugriff auf das Angebot. Aufsicht ist insoweit nur möglich, wenn die notwendigen Hilfsmittel oder sonstigen Voraussetzungen vorhanden sind, um das Angebot zur Gänze wahrzunehmen" (Bayer. LT-Drs. 14/10246, S. 26). Die unterschiedliche Behandlung gegenüber **Printmedien** erscheint gerechtfertigt (Nikles u.a., Rn. 2).

11 Die Unentgeltlichkeit bezieht sich lediglich auf die **Freischaltung** digital verschlüsselter bzw. gesperrter Angebote. Anschaffungs- und Betriebskosten (z. B. Anschlussgebühren) für Datenrechner werden hingegen nicht erfasst. Die Anbieter muss im Regelfall zum Zwecke des unentgeltlichen Zugangs der Aufsicht die „**notwendige Hard- oder Software**" zur Verfügung stellen und aktualisieren. Im Einzelfall kann der Anbieter seiner Pflicht zur entgeltlo-

sen Zugangsgewährung auch schon dadurch Rechnung tragen, dass er den Aufsichtsstellen **Benutzernamen und Passwort** zur Freischaltung verschlüsselter bzw. gesperrter Angebote im PIN-Code-Verfahren übermittelt und so den kostenlosen Zugang ermöglicht.

2. Verbot der Zugangserschwerung

Die Vorschrift des Satz 3 untersagt jedwede von Seiten des Anbieters zu vertretende Erschwerung der Abruf- oder Kenntnisnahme-Möglichkeit der Aufsichtsstellen. Unzulässig ist auch schon eine teilweise Erschwerung des Zugriffs, etwa durch nur teilweise oder temporäre Störung des Bild- oder Tonsignals. Hingegen sind technische Mittel erlaubt, die eine exklusive Wahrnehmung allein durch die KJM sowie der angeschlossenen Stelle „jugendschutz.net" zulassen. Freilich hat der Anbieter keinen Anspruch auf die übliche Vergütung für die Wahrnehmung des Angebots, soweit sie allein der Überprüfung auf jugendschutzrelevante Inhalte dient. Dies ergibt sich bereits aus dem Erfordernis der Unentgeltlichkeit nach Abs. 1.

12

IV. Rechtsfolgen, Prozessuales

Die Missachtung der Auskunftspflichten oder eine Abrufsperrung entgegen Abs. 2 Satz 3 kann nach § 24 Abs. 1 Nr. 15 und Nr. 16 JMStV als Ordnungswidrigkeit mit **Bußgeld** geahndet werden. Gegen die Bußgeldahndung oder sonstige Maßnahmen (z. B. Beanstandung) durch die zuständige (§ 24 Abs. 4 JMStV) Landesmedienanstalt ist der **Verwaltungsrechtsweg** eröffnet und mithin die Anfechtungsklage (§ 42 Abs. 1 1. Alt. VwGO) statthaft (vgl. auch § 22 JMStV).

13

§ 22 Revision zum Bundesverwaltungsgericht

In einem gerichtlichen Verfahren kann die Revision zum Bundesverwaltungsgericht auch darauf gestützt werden, dass das angefochtene Urteil auf der Verletzung der Bestimmungen dieses Staatsvertrages beruhe.

Schrifttum: *Altenhain*, Jugendschutz in: Hoeren/Sieber, Handbuch Multimedia Recht, Teil 20 (Stand Dez. 2006); *Erdemir*, JMStV, in: Spindler/Schuster, Recht der elektronischen Medien, 2008; *Hahn/Vesting*, Rundfunkrecht – Kommentar, 2. Aufl. 2008; *Hartstein/Ring/Kreile/Dörr/Stettner*, Jugendmedienschutz-Staatsvertrag – Kommentar (Losebl.); *Landmann*, Medienjugendschutzrecht in: Eberle/Rudolf/Wasserburg, Mainzer Rechtshandbuch der Neuen Medien, 2003; *Liesching*, Jugendmedienschutz, in: Paschke/Berlit/Meyer, Hamburger Kommentar Gesamtes Medienrecht, 2008; *Nikles/ Roll/Spürck/Umbach*, Jugendschutzrecht – Kommentar, 2. Aufl. 2005; *Scholz/Liesching*, Jugendschutz – Kommentar, 4. Aufl. 2004; *Ukrow*, Jugendschutzrecht, 2004.

I. Rechtsprechungshomogenität

Die Vorschrift trägt Art. 99 Var. 2 GG Rechnung. Sie macht von der dort gewährten Möglichkeit Gebrauch, die Revision zum BVerwG auch in den

1

Fällen zu eröffnen, in denen die Entscheidung allein auf landesrechtlichen Vorschriften beruht. Damit kann auch bei den landesrechtlichen Bestimmungen des JMStV eine **einheitliche Rspr.** durch die Gerichte sichergestellt werden. Ohne die Vorschrift wäre die Revision zum BVerwG hingegen nach § 137 Abs. 1 VwGO nicht eröffnet. Die grundsätzliche Berechtigung der Bundesgerichte, Landesrecht und deren Anwendung zu überprüfen, ergibt sich zudem auch aus Art. 20 Abs. 3, 92 GG (Hartstein u.a., § 48 RStV Rn. 2). Von Art. 99 GG bleibt die Gesetzgebungskompetenz des Bundes nach Art. 74 Nr. 1 und Art. 108 Abs. 6 GG unberührt (vgl. BVerfGE 10, 285, 292 ff.).

II. Prozessuale Konsequenzen

2   Die Eröffnung der Revision gilt für sämtliche Bestimmungen des Jugendmedienschutz-Staatsvertrages. Damit können insb. die Entscheidungen der jeweils zuständigen Landesmedienanstalt, z. B. die Ahndung von Ordnungswidrigkeiten nach § 24, die Verweigerung der Anerkennung nach § 11 Abs. 2 oder § 19 Abs. 3, sonstige Maßnahmen im Rahmen der Aufsicht nach § 20 Abs. 1, im Rechtsweg bis zum BVerwG angegriffen werden (vgl. zum Ganzen ausführl. Hartstein u.a., § 48 RStV Rn. 2 ff.). Beispielsweise kann ein Telemedienanbieter im Rahmen einer gegen eine Sperrverfügung der Landesmedienanstalt angestrengten **verwaltungsgerichtlichen Anfechtungsklage** in der Revision beim Bundesverwaltungsgericht geltend machen, dass die der Verfügung zu Grunde liegende Verbotsnorm des § 4 JMStV von der Vorinstanz (OVG) falsch ausgelegt wurde. Eine Überprüfung im Revisionsverfahren erfolgt freilich nur in rechtlicher Hinsicht (H/V/Held, Rn. 3).

VI. Abschnitt. Ahndung von Verstößen der Anbieter mit Ausnahme des öffentlich-rechtlichen Rundfunks

§ 23 Strafbestimmung

[1]Mit Freiheitsstrafe bis zu einem Jahr oder mit Geldstrafe wird bestraft, wer entgegen § 4 Abs. 2 Satz 1 Nr. 3 und Satz 2 Angebote verbreitet oder zugänglich macht, die offensichtlich geeignet sind, die Entwicklung von Kindern oder Jugendlichen oder ihre Erziehung zu einer eigenverantwortlichen und gemeinschaftsfähigen Persönlichkeit unter Berücksichtigung der besonderen Wirkungsform des Verbreitungsmediums schwer zu gefährden. [2]Handelt der Täter fahrlässig, so ist die Freiheitsstrafe bis zu 6 Monate oder die Geldstrafe bis zu 180 Tagessätze.

Schrifttum: *Gercke,* Rechtswidrige Inhalte im Internet, 2000; *Gercke/Brunst,* Praxishandbuch Internetstrafrecht, 2009; *Hopf,* Rechtliche Grundlagen des Jugendmedienschutz-Staatsvertrags und die Verantwortlichkeit von Chat-Betreibern, ZUM 2008, 207; *Liesching/Weiß,* Verletzteneigenschaft des Fernsehzuschauers i. S. d. § 172 StPO bei der Ausstrahlung von Gewaltdarstellungen nach § 131 StGB, JMS-Report 3/1998, 5; *Marberth-Kubicki,* Computer- und Internetstrafrecht, 2. Aufl. 2010; *Ott,* Suchmaschinen und Jugendschutz, K&R 2008, 578; *Schäfer*, Der kriminologische Hintergrund des (Jugend-)Medienschutzes im Hinblick auf mediale Gewaltdarstellungen, 2008; *Sieber/ Liesching*, Die Verantwortlichkeit der Suchmaschinenbetreiber, MMR-Beilage 8/2007, S. 1; *Weigand*, Aufsicht, Anbieter oder Anwender – wer hat welche Verantwortung im Jugendmedienschutz, in: KJM-Schriftenreihe Bd. 1, 2009, S. 31.

I. Allgemeines

Die Vorschrift bedroht die Verbreitung offensichtlich schwer jugendgefähr- 1
dender Inhalte in Rundfunk und Telemedien mit **Kriminalstrafe** (zur Gesetzgebungskompetenz vgl. H/V/Schulz/Held, §§ 23, 24 JMStV Rn. 3). Beispielsweise kann bestraft werden, wer auf einer Internetseite in schwer jugendgefährdender Weise den Konsum von harten Drogen propagiert und hierzu aufruft. Zu den **Tathandlungen** des Verbreitens und Zugänglichmachens s. ausführl. § 24 Rn. 8 ff.

II. Pönalisierung offensichtlich schwer jugendgefährdender Angebote

1. Heterogenität des Sanktionssystems

Im Gegensatz zu den anderen Unzulässigkeitstatbeständen des § 4 stellen 2
Verstöße gegen Abs. 2 S. 1 Nr. 3 und S. 2 nicht lediglich eine Ordnungswidrigkeit, sondern vielmehr eine Straftat dar (vgl. zum Begriff der offensichtlichen Eignung zur schweren Jugendgefährdung § 4 Rn. 33 sowie § 15 JuSchG Rn. 33 ff.). Insoweit wollte der Gesetzgeber „Strafbarkeitslücken" vermeiden, welche sich aus der auf Trägermedien beschränkten Anwendbarkeit des JuSchG ergeben (Bayer. LT-Drs. 14/10246, S. 17, 26). Dies ist aber **inkonsistent**, da demgegenüber die in § 4 Abs. 1 S. 1 Nrn. 7 bis 9 gar als Absolutverbot ausgestalteten Tatbestände (Kriegsverherrlichung, Menschenwürdeverletzung, unnatürlich geschlechtsbetonte Darstellung Minderjähriger) bei Zuwiderhandlungen lediglich als Ordnungswidrigkeit gem. § 24 Abs. 1 Nr. 1 f) bis h) geahndet werden können, die entsprechenden Verbote in § 15 Abs. 2 Nrn. 2 bis 4 JuSchG hingegen strafbedroht sind (vgl. zu den insgesamt uneinheitlichen und verfassungsrechtlich bedenklichen Sanktionsstufen § 4 Rn. 5 ff.).

2. Strafbarkeitslücken

In der **Amtlichen Begründung** wird zu § 23 ausgeführt: „Mit dem Vier- 3
ten Rundfunkänderungsstaatsvertrag war § 49a eingefügt worden, um mögliche Strafbarkeitslücken zu schließen. Diese ergaben sich als Folge der Änderung von Artikel 6 des Gesetzes zur Regelung der Rahmenbedingungen für Informations- und Kommunikationsdienste (IuKDG) vom 22. Juli 1997 (BGBl. I S. 1870). Verstöße mittels Verbreitung durch Rundfunk waren danach nicht mehr durch das Gesetz über die Verbreitung jugendgefährdender Schriften (GjS) erfasst. Da § 16 im neuen Jugendschutzgesetz des Bundes, das das GjS ablöst, nunmehr den gesamten Bereich der Telemedien dem

Landesrecht vorbehält, musste die Bestimmung entsprechend erweitert werden. Die Länder haben damit von der eingeräumten Annexkompetenz zur Regelung von Straftatbeständen Gebrauch gemacht. Eine Beschränkung auf den Absatz 2 Satz 1 Nr. 3 erfolgte, weil davon auszugehen ist, dass bei den in § 4 Abs. 1 und § 4 Abs. 2 Satz 1 Nr. 1 (einfache Pornographie) aufgeführten unzulässigen Angeboten die zum Teil ausdrücklich zitierten allgemeinen Straftatbestände des Strafgesetzbuches greifen; die in den Listen A bis D aufgenommenen Schriften erfüllen diese ebenso" (Bayer. LT-Drs. 14/10246, S. 26).

4 Gleichwohl bleiben über die Fälle des § 4 Abs. 1 S. 1 Nrn. 7 bis 9 (Rn. 2) hinaus weitere erhebliche **Strafbarkeitslücken**. Insb. ist seit Inkrafttreten des JMStV das Verbreiten von nach § 18 Abs. 1 JuSchG wegen Jugendgefährdung indizierten Telemedien straffrei, während zuvor zumindest bei sog. Telediensten (vgl. § 2 TDG a. F.), die in die Liste aufgenommen waren, die Strafvorschrift des vormals geltenden § 21 GjSM Anwendung fand.

3. Einfach jugendgefährdende Angebote

5 Bei jugendgefährdenden Angebotsinhalten, die nicht den notwendigen Grad offensichtlicher Schwere erreichen, wird der Straftatbestand nicht verwirklicht. Insoweit fehlt es im gesetzlichen Jugendmedienschutz im Falle fehlender Listenaufnahme durch die BPjM nach § 18 JuSchG an einer expliziten Regelung (vgl. VG München ZUM 2005, 252, 254 m. Anm. Liesching, ZUM 2005, 224 ff.; s.a. Bornemann, NJW 2003, 787, 789; ders., ZUM 2010, 407; Hopf, 2005, S. 138 ff.; Schumann, ZUM 2004, 697, 700 f.). Eine entsprechende Anwendung des Straftatbestands kommt schon wegen des **Analogieverbotes** nicht in Betracht (anders im Hinblick auf eine analoge Anwendung des § 4 Abs. 2 S. 1 Nr. 2: Bornemann, ZUM 2010, 407, 410). Entsprechende Inhalte sind – bei fehlender Indizierung durch die BPjM – wie enwicklungsbeeinträchtigende Angebote „ab 18" (§ 5 Abs. 1 S. 2 Nr. 4) zu behandeln und dürfen z. B. als Rundfunksendung im Nachtprogramm ausgestrahlt werden (vgl. § 5 Rn. 56; VGH München, Urt. v. 17. 3. 2003 – 7 CS 02.2829; VG München ZUM 2005, 252; Liesching, ZUM 2005, 224 ff.).

4. Tatbestandsverwirklichung bei Telemedien

6 Bei Telemedien ist nur die Verbreitung oder Zugänglichmachung strafbar, wenn der Anbieter nicht hinreichend den ausschließlichen Erwachsenenzugang nach § 4 Abs. 2 S. 2 sicherstellt (Nikles u.a., § 23 Rn. 1; siehe hierzu § 4 Rn. 63 ff.).

III. Strafdrohung

7 Im Vergleich zu der vor Inkrafttreten des JMStV geltenden Vorschrift des § 49a RStV a. F. unverändert geblieben ist die Strafandrohung mit einer **Freiheitsstrafe** bis zu einem Jahr oder **Geldstrafe**. Der Tatbestand kann vorsätzlich und fahrlässig erfüllt werden (vgl. zu Vorsatz und Fahrlässigkeit § 24 Rn. 13 sowie § 27 JuSchG Rn. 7 ff., 18 ff.). Bei fahrlässiger Begehung droht

Ordnungswidrigkeiten § 24 JMStV

Freiheitsstrafe bis zu sechs Monaten oder eine entsprechende Geldstrafe bis zu 180 Tagessätzen. Für die Strafzumessung gelten §§ 46 ff. StGB (hierzu ausführlich Streng, Sanktionenrecht 2002, S. 204 ff.).

IV. Prozessuale Hinweise

Für die Verfolgung von Verstößen sind nicht die Landesmedienanstalten oder die KJM, sondern vielmehr die Strafverfolgungsbehörden (Staatsanwaltschaften) berufen. Insoweit finden die Bestimmungen der **Strafprozessordnung** uneingeschränkt Anwendung, insb. zur Sicherstellung und Beschlagnahme (§§ 94 ff. StPO), z. B. von Servern. Von besonderer Bedeutung dürften insb. bei geringfügigen Vergehen auch die verschiedenen Möglichkeiten der **Verfahrenseinstellung** nach §§ 153 ff. StPO sein. Ein Klageerzwingungsverfahren nach § 172 Abs. 2 StPO auf Antrag minderjähriger Zuschauer oder Internetnutzer kommt wegen fehlender „Verletzteneigenschaft" i. S. d. genannten Strafprozessnorm nicht in Betracht (vgl. ausführl. Liesching/Weiß, JMS-Report 3/1998, 5 ff.).

8

§ 24 Ordnungswidrigkeiten

(1) **Ordnungswidrig handelt, wer als Anbieter vorsätzlich oder fahrlässig**
1. **Angebote verbreitet oder zugänglich macht, die**
    a) **entgegen § 4 Abs. 1 Satz 1 Nr. 1 Propagandamittel im Sinne des Strafgesetzbuches darstellen,**
    b) **entgegen § 4 Abs. 1 Satz 1 Nr. 2 Kennzeichen verfassungswidriger Organisationen verwenden,**
    c) **entgegen § 4 Abs. 1 Satz 1 Nr. 3 zum Hass gegen Teile der Bevölkerung oder gegen eine nationale, rassische, religiöse oder durch Volkstum bestimmte Gruppe aufstacheln, zu Gewalt- oder Willkürmaßnahmen gegen sie auffordern oder die Menschenwürde anderer dadurch angreifen, dass Teile der Bevölkerung oder eine vorbezeichnete Gruppe beschimpft, böswillig verächtlich gemacht oder verleumdet werden,**
    d) **entgegen § 4 Abs. 1 Satz 1 Nr. 4 eine unter der Herrschaft des Nationalsozialismus begangene Handlung der in § 6 Abs. 1 oder § 7 Abs. 1 des Völkerstrafgesetzbuches bezeichneten Art in einer Weise, die geeignet ist, den öffentlichen Frieden zu stören, leugnen oder verharmlosen,**
    e) **entgegen § 4 Abs. 1 Satz 1 Nr. 5 grausame oder sonst unmenschliche Gewalttätigkeiten gegen Menschen in einer Art schildern, die eine Verherrlichung oder Verharmlosung solcher Gewalttätigkeiten ausdrückt oder die das Grausame oder Unmenschliche des Vorgangs in einer die Menschenwürde verletzenden Weise darstellt; dies gilt auch bei virtuellen Darstellungen,**

f) entgegen § 4 Abs. 1 Satz 1 Nr. 6 als Anleitung zu einer in § 126 Abs. 1 des Strafgesetzbuches genannten rechtswidrigen Tat dienen,
g) entgegen § 4 Abs. 1 Satz 1 Nr. 7 den Krieg verherrlichen,
h) entgegen § 4 Abs. 1 Satz 1 Nr. 8 gegen die Menschenwürde verstoßen, insbesondere durch die Darstellung von Menschen, die sterben oder schweren körperlichen oder seelischen Leiden ausgesetzt sind oder waren, wobei ein tatsächliches Geschehen wiedergegeben wird, ohne dass ein berechtigtes Interesse gerade für diese Form der Darstellung oder Berichterstattung vorliegt,
i) entgegen § 4 Abs. 1 Satz 1 Nr. 9 Kinder oder Jugendliche in unnatürlich geschlechtsbetonter Körperhaltung darstellen; dies gilt auch bei virtuellen Darstellungen,
j) entgegen § 4 Abs. 1 Satz 1 Nr. 10 pornografisch sind und Gewalttätigkeiten, den sexuellen Missbrauch von Kindern oder Jugendlichen oder sexuelle Handlungen von Menschen mit Tieren zum Gegenstand haben; dies gilt auch bei virtuellen Darstellungen, oder
k) entgegen § 4 Abs. 1 Satz 1 Nr. 11 in den Teilen B und D der Liste nach § 18 des Jugendschutzgesetzes aufgenommen sind oder mit einem in dieser Liste aufgenommenen Werk ganz oder im Wesentlichen inhaltsgleich sind,
2. entgegen § 4 Abs. 2 Satz 1 Nr. 1 und Satz 2 Angebote verbreitet oder zugänglich macht, die in sonstiger Weise pornografisch sind,
3. entgegen § 4 Abs. 2 Satz 1 Nr. 2 und Satz 2 Angebote verbreitet oder zugänglich macht, die in den Teilen A und C der Liste nach § 18 des Jugendschutzgesetzes aufgenommen sind oder mit einem in dieser Liste aufgenommenen Werk ganz oder im Wesentlichen inhaltsgleich sind,
4. entgegen § 5 Abs. 1 Angebote verbreitet oder zugänglich macht, die geeignet sind, die Entwicklung von Kindern oder Jugendlichen zu einer eigenverantwortlichen und gemeinschaftsfähigen Persönlichkeit zu beeinträchtigen, ohne dafür Sorge zu tragen, dass Kinder oder Jugendliche der betroffenen Altersstufen sie üblicherweise nicht wahrnehmen,
5. entgegen § 6 Abs. 1 Satz 1 und Abs. 6 Werbung oder Teleshopping für indizierte Angebote verbreitet oder zugänglich macht,
6. entgegen § 6 Abs. 1 Satz 2 und Abs. 6 die Liste der jugendgefährdenden Medien verbreitet oder zugänglich macht,
7. entgegen § 6 Abs. 1 Satz 3 und Abs. 6 einen dort genannten Hinweis gibt,
8. entgegen § 7 keinen Jugendschutzbeauftragten bestellt,
9. Sendeformate entgegen Sendezeitbeschränkungen nach § 8 Abs. 2 verbreitet,
10. Sendungen, deren Eignung zur Beeinträchtigung der Entwicklung nach § 5 Abs. 2 vermutet wird, verbreitet, ohne dass die KJM oder eine von dieser hierfür anerkannte Einrichtung der Freiwilli-

Ordnungswidrigkeiten § 24 JMStV

gen Selbstkontrolle von der Vermutung gemäß § 9 Abs. 1 Satz 1 abgewichen ist,
11. entgegen § 10 Abs. 1 Programmankündigungen mit Bewegtbildern außerhalb der geeigneten Sendezeit und unverschlüsselt verbreitet,
12. entgegen § 10 Abs. 2 Sendungen verbreitet, ohne ihre Ausstrahlung durch akustische Zeichen anzukündigen oder durch optische Mittel während der gesamten Sendung kenntlich zu machen,
13. Angebote ohne den nach § 12 erforderlichen Hinweis verbreitet,
14. entgegen einer vollziehbaren Anordnung durch die zuständige Aufsichtsbehörde nach § 20 Abs. 1 nicht tätig wird,
15. entgegen § 21 Abs. 1 seiner Auskunftspflicht nicht nachkommt oder
16. entgegen § 21 Abs. 2 Satz 3 Angebote gegen den Abruf durch die zuständige Aufsichtsbehörde sperrt.

(2) Ordnungswidrig handelt ferner, wer vorsätzlich
1. entgegen § 11 Abs. 5 Telemedien als für Kinder oder Jugendliche der betreffenden Altersstufe geeignet falsch kennzeichnet oder
2. im Rahmen eines Verfahrens zur Anerkennung einer Einrichtung der Freiwilligen Selbstkontrolle nach § 19 Abs. 4 falsche Angaben macht.

(3) Die Ordnungswidrigkeit kann mit einer Geldbuße bis zu 500 000 Euro geahndet werden.

(4) [1]Zuständige Verwaltungsbehörde im Sinne des § 36 Abs. 1 Nr. 1 des Gesetzes über Ordnungswidrigkeiten ist die zuständige Landesmedienanstalt. [2]Zuständig ist in den Fällen des Absatzes 1 und des Absatzes 2 Nr. 1 die Landesmedienanstalt des Landes, in dem die Zulassung des Rundfunkveranstalters erteilt wurde oder der Anbieter von Telemedien seinen Sitz, Wohnsitz oder in Ermangelung dessen seinen ständigen Aufenthalt hat. [3]Ergibt sich danach keine Zuständigkeit, so ist diejenige Landesmedienanstalt zuständig, in deren Bezirk der Anlass für die Amtshandlung hervortritt. [4]Zuständig ist im Falle des Absatzes 2 Nr. 2 die Landesmedienanstalt des Landes, in dem die Einrichtung der Freiwilligen Selbstkontrolle ihren Sitz hat. [5]Ergibt sich danach keine Zuständigkeit, so ist diejenige Landesmedienanstalt zuständig, bei der der Antrag auf Anerkennung gestellt wurde. [6]Die zuständige Landesmedienanstalt trifft die Entscheidungen durch die KJM.

(5) [1]Über die Einleitung eines Verfahrens hat die zuständige Landesmedienanstalt die übrigen Landesmedienanstalten unverzüglich zu unterrichten. [2]Soweit ein Verfahren nach dieser Bestimmung in mehreren Ländern eingeleitet wurde, stimmen sich die beteiligten Behörden über die Frage ab, welche Behörde das Verfahren fortführt.

(6) [1]Die zuständige Landesmedienanstalt kann bestimmen, dass Beanstandungen nach einem Rechtsverstoß gegen Regelungen dieses Staatsvertrages sowie rechtskräftige Entscheidungen in einem Ordnungswidrigkeitsverfahren nach Absatz 1 oder 2 von dem betroffe-

nen Anbieter in seinem Angebot verbreitet oder in diesem zugänglich gemacht werden. ²Inhalt und Zeitpunkt der Bekanntgabe sind durch die zuständige Landesmedienanstalt nach pflichtgemäßem Ermessen festzulegen.

(7) **Die Verfolgung der in Absatz 1 und 2 genannten Ordnungswidrigkeiten verjährt in sechs Monaten.**

Schrifttum: *Braml/Hopf,* Der neue Jugendmedienschutz-Staatsvertrag – Fort- oder Rückschritt für den Jugendmedienschutz?, ZUM 2010, 645; *Gercke/Brunst,* Praxishandbuch Internetstrafrecht, 2009; *Göhler,* OWiG - Kommentar, 15. Aufl. 2009; *Hopf,* Rechtliche Grundlagen des Jugendmedienschutz-Staatsvertrags und die Verantwortlichkeit von Chat-Betreibern, ZUM 2008, 207; *Hopf/Braml,* Bewertungsvorgänge im Jugendmedienschutz, ZUM 2010, 211; *Holznagel/Kussel,* Jugendmedienschutz und Selbstregulierung im Internet, RdJB 2002, 295; *Hörnle,* Pornographische Schriften im Internet: Die Verbotsnormen im deutschen Strafrecht und ihre Reichweite, NJW 2002, 1008; *Marberth-Kubicki,* Computer- und Internetstrafrecht, 2. Aufl. 2010; *Ott,* Suchmaschinen und Jugendschutz, K&R 2008, 578 ff.; *Schäfer,* Der kriminologische Hintergrund des (Jugend-)Medienschutzes im Hinblick auf mediale Gewaltdarstellungen, 2008; *Sieber/Liesching,* Die Verantwortlichkeit der Suchmaschinenbetreiber, MMR-Beilage 8/2007, S. 1; *Weigand,* Aufsicht, Anbieter oder Anwender – wer hat welche Verantwortung im Jugendmedienschutz, in: KJM-Schriftenreihe Bd. 1, 2009, S. 31; *dies.,* Der novellierte Jugendmedienschutz-Staatsvertrag. Konsequenzen für die Arbeit der KJM, JMS-Report 4/2010, 2.

Übersicht

	Rn.
I. Allgemeines	1
II. Normadressaten	2
1. Anbieter	2
2. Zurechnung nach dem OWiG	3
3. Beteiligte ohne Anbietereigenschaft (§ 14 Abs. 1 S. 1 und 2 OWiG)	6
III. Tatbegehung	8
1. Tathandlungen des Zugänglichmachens und Verbreitens	8
a) Zugänglichmachen	8
b) Verbreiten	11
c) Beteiligung an Tathandlungen	12
2. Vorsätzliche und fahrlässige Begehungsweise	13
3. Beachtung der Verantwortlichkeitsregeln der 8 ff. TMG	14
4. Verhältnis zur Strafverfolgung	15
5. Taten mit Auslandsbezug	16
a) Hintergrund	16
b) Erfolgseintritt im Inland (§ 7 Abs. 1 OWiG)	17
c) Geltungsbereich für Beteiligtenhandlungen (§ 7 Abs. 1 und 2 OWiG)	21
IV. Die Tatbestände des Abs. 1 im Einzelnen	22
1. Absolut verbotene Angebote (Nr. 1)	22
2. Pornographische od. indizierte Angebote (Nrn. 2 u. 3)	23
3. Entwicklungsbeeinträchtigende Angebote (Nr. 4)	24
a) Voraussetzungen	24
b) Nutzung eines Selbstklassifizierungssystems	25
4. Werbetatbestände (Nrn. 5 bis 7)	26
5. Verstöße bzgl. Jugendschutzbeauftragte (Nr. 8)	27

Ordnungswidrigkeiten § 24 JMStV

      a) Nichtbestellung des Beauftragten 27
      b) Verstoß gegen Informationspflicht 28
   6. Verstöße gegen Sendezeitvorgaben (Nrn. 9 u. 10) 29
   7. Verstöße gegen Programmankündigungspflichten (Nrn. 11
     u. 12) 30
   8. Verletzung von Hinweispflichten (Nr. 13) 31
   9. Zuwiderhandlungen gegenüber Medienaufsicht (Nrn. 14
     bis 16) 32
 V. Täuschungstatbestände (Abs. 2) 33
   1. Allgemeines 33
   2. Falschkennzeichnung bei Positiv-Rating (Abs. 2 Nr. 1) ... 34
   3. Falschangaben der Selbstkontrolleinrichtungen (Abs. 2
     Nr. 2) 35
VI. Verfahrensregeln (Abs. 3 bis 7) 36
   1. Festsetzung des Bußgeldrahmens (Abs. 3) 36
   2. Zuständigkeit der Landesmedienanstalten (Abs. 4) 38
   3. Zusammenarbeit der Landesmedienanstalten (Abs. 5) 41
   4. Verpflichtung des Anbieters zur Veröffentlichung (Abs. 6) 42
   5. Verjährung (Abs. 7) 44

I. Allgemeines

Der **Ordnungswidrigkeitenkatalog** fasst im Wesentlichen die vor **1** Inkrafttreten des JMStV den Jugendschutz betreffenden Ordnungswidrigkeiten des Rundfunkstaatsvertrages und des Mediendienste-Staatsvertrages zusammen bzw. ergänzt diese um neu eingeführte Verbotsbestimmungen (zur Gesetzgebungskompetenz vgl. H/V/Schulz/Held §§ 23, 24 JMStV Rn. 3). Insoweit folgt der Aufbau der Abfolge der in Bezug genommenen Vorschriften des Hauptteils und gibt den Inhalt der Norm wörtlich wieder (Bayer. LT-Drs. 14/10246, S. 27). Abs. 1 sollte teilweise und Abs. 2 sollte gänzlich neu gefasst werden durch **14. RfÄndStV** mit Wirkung zum 1. 1. 2011; allerdings scheiterte die JMStV-Novelle an der fehlenden Zustimmung des Landtags Nordrhein-Westfalen am 16. 12. 2010 (vgl. zu den Bestimmungen des 14. RfÄndStV Bayer. LT-Drs. 16/ 5382, S. 1 ff.; Altenhain, BPjM-aktuell, 4/2010, 5 ff.; Braml/Hopf, ZUM 2010, 645 ff.; Hopf, K&R 2011, 6 ff.; Weigand, JMS-Report 4/2010, 2 ff.).

II. Normadressaten

1. Anbieter

Nach dem Wortlaut des § 24 Abs. 1 JMStV handelt zunächst nur ordnungs- **2** widrig, wer „als Anbieter" die näher in Bezug genommenen Inhalte verbreitet oder zugänglich macht. Anbieter sind solche im Sinne des **§ 3 Abs. 2 Nr. 2**, also Rundfunkveranstalter und Anbieter von Telemedien (vgl. § 3 Rn. 5 ff.). Dies bedeutet, dass bei alleiniger Betrachtung des § 24 OWiG eine Tatverwirklichung bei Personen, die nicht als „Anbieter" von Rundfunk oder Telemedien qualifiziert werden können, zunächst nicht in Betracht kommt (siehe aber sogleich unten Rn. 6).

2. Zurechnung nach dem OWiG

3 Handelt es sich bei dem (Rundfunk- oder Telemedien-)Anbieter um ein **Unternehmen**, kann zudem fraglich sein, welche dort tätigen Personen ordnungswidrig handeln bzw. ob bei OWi-Verstößen auch das Unternehmen selbst belangt werden kann. Insoweit sind im Rahmen des § 9 OWiG gesetzliche Vertreter des Anbieters und leitende Angestellte mit eigenem Verantwortungsbereich unmittelbar persönlich verantwortlich (Hartstein u.a., Rn. 9; Nikles u.a., Rn. 1). Handelt nach § 9 Abs. 1 OWiG jemand als **vertretungsberechtigtes Organ** einer als Anbieter tätigen juristischen Person oder als Mitglied eines solchen Organs, als vertretungsberechtigter Gesellschafter oder als gesetzlicher Vertreter eines Anbieters, so sind die Ordnungswidrigkeitstatbestände des Abs. 1 auch auf den Vertreter anzuwenden.

4 Ist gem. § 9 Abs. 2 OWiG jemand von dem Inhaber eines Rundfunk- oder Telemedien anbietenden Betriebes oder einem sonst dazu Befugten **beauftragt**, den Betrieb ganz oder z. T. zu leiten, oder ausdrücklich beauftragt, in eigener Verantwortung Aufgaben wahrzunehmen, die dem Anbieter obliegen, und handelt er aufgrund dieses Auftrages, so ist Abs. 1 insoweit nach h.M. auf den Beauftragten anzuwenden, wenn dieser auch nicht selbst Anbieter i. S. d. § 3 Abs. 2 Nr. 2 ist (Hartstein u.a., Rn. 9; Scholz/Liesching, Rn. 2). Dem Betrieb steht das Unternehmen gleich (§ 9 Abs. 2 S. 2 OWiG). Grundsätzlich haftbar ist danach auch der Jugendschutzbeauftragte i. S. d. § 7, wenn ihm eine leitende Position im Unternehmen zukommt.

5 Darüber hinaus besteht im Rahmen des § 30 OWiG auch die Möglichkeit, gegen **juristische Personen** und **Personenvereinigungen** bei Tathandlungen bestimmter verantwortlicher Mitarbeiter eine Geldbuße zu verhängen (Hartstein u.a., Rn. 10). Hat ein nachgeordneter Mitarbeiter des Anbieters den objektiven Tatbestand einer Ordnungswidrigkeit nach § 24 Abs. 1 JMStV erfüllt und wird dadurch eine Pflicht verletzt, die dem Veranstalter obliegt („betriebsbezogene Pflicht"), so kommt darüber hinaus die Durchführung eines Bußgeldverfahrens wegen **Organisationsverschuldens** gegen Rundfunk- oder Telemedien anbietende Inhaber des Betriebes oder Unternehmens nach § 130 OWiG in Betracht (zum Umfang der Aufsichtspflicht vgl. Göhler/ Gürtler, 15. Aufl. 2009, § 130 OWiG Rn. § 130, Rn. 10 ff.)

3. Beteiligte ohne Anbietereigenschaft (§ 14 Abs. 1 S. 1 und 2 OWiG)

6 Fraglich ist, ob dritte Akteure, die nicht Anbieter im Sinne des Abs. 1 sind, gleichwohl ordnungswidrig handeln können, wenn sie sich an der (Haupt-)Ordnungswidrigkeit eines Anbieters beteiligen. Hierfür spricht § 14 Abs. 1 S. 1 und 2 OWiG. Beteiligen sich danach mehrere an einer Ordnungswidrigkeit, so handelt „jeder von ihnen ordnungswidrig", und zwar auch dann, wenn „besondere persönliche Merkmale (§ 9 Abs. 1 [OWiG]), welche die Möglichkeit der Ahndung begründen, nur bei einem Beteiligten vorliegen". Die in Bezug genommene Vorschrift des § 9 Abs. 1 OWiG definiert den Begriff der **besonderen persönlichen Merkmale** als „besondere persönliche Eigenschaften, Verhältnisse oder Umstände", welche die Möglichkeit der Ahndung begründen. Damit stellt sich die Frage, ob auch die „Anbie-

Ordnungswidrigkeiten **§ 24 JMStV**

ter"-Eigenschaft als besonderes persönliches Merkmal i. S. d. § 14 Abs. 1 S. 2 OWiG zu qualifizieren ist mit der Folge, dass dann auch Beteiligte, die nicht selbst (Telemedien-)Anbieter sind, ordnungswidrig nach § 24 Abs. 1 JMStV handeln würden.

Zu den besonderen persönlichen Merkmalen i. S. d. § 14 Abs. 1 S. 2 7 OWiG werden vor allem die besonderen **persönlichen Verhältnisse** gezählt, die den Normadressatenkreis (auf den Unternehmer, Arbeitgeber, Halter usw.) begrenzen und deshalb Sonderdelikte schaffen (KaKO-OWiG/Rengier 3. Aufl. 2006, § 14 Rn. 39; Göhler/Gürtler, 15. Aufl. 2009, § 14 Rn. 12). Somit kann nicht zweifelhaft sein, dass auch die „Anbietereigenschaft" nach Abs. 1 entsprechend eingeordnet werden kann. Dies gilt umso mehr, als der Wortlaut der jugendschutzrechtlichen Ordnungswidrigkeitenvorschrift einen deutlichen personalen Bezug zum Merkmal „Anbieter" herstellt („wer als"; i.Erg. ebenso Hartstein u.a., Rn. 9; Nikles u.a., Rn. 1). Damit aber sind die Voraussetzungen für ein ordnungswidriges, ahndbares Handeln nach § 24 JMStV auch für **Beteiligte** (§ 14 Abs. 1 S. 1 OWiG) gegeben, die selbst nicht Anbieter sind, sondern einen solchen nur in relevanter Weise (z. B. als **Gehilfe**) unterstützen. Dies bedeutet, dass es bei dritten Akteuren auf die Zurechnungsnorm des § 9 OWiG nicht ankommt und etwa für den **Adminc** nicht geklärt werden muss, ob dieser als jemand anzusehen ist, der ausdrücklich vom Content-Provider bzw. Domaininhaber beauftragt wurde, in eigener Verantwortung Aufgaben wahrzunehmen, die diesem obliegen.

III. Tatbegehung

1. Tathandlungen des Zugänglichmachens und Verbreitens

a) Zugänglichmachen. aa) Allgemeine Anforderungen. Unter dem 8 weiten Begriff des „Zugänglichmachens" werden alle Tätigkeiten verstanden, durch die der Medieninhalt für eine andere Person durch Herbeiführung eines räumlichen Näheverhältnisses in der Weise verfügbar gemacht wird, dass dieser zumindest die **Möglichkeit** eröffnet wird, hiervon durch sinnliche Wahrnehmung **Kenntnis zu nehmen.** Hinreichend ist also, dass ein Betrachten oder Zuhören ermöglicht wird (vgl. BGH NJW 1976, 1984; BGH MDR 1976, 942; OLG Stuttgart NStZ 92, 38; OLG Karlsruhe NJW 1976, 1975, 1976; Hörnle, NJW 2002, 1008, 1009). Die Möglichkeit der Kenntnisnahme anderer Personen kann etwa durch Bereitstellen entsprechender Dateninhalte auf einem Server im Internet verschafft werden (so schon Derksen, NJW 1997, 1878, 1881 ff.; Sieber, JZ 1996, 429, 494, 495 f.; vgl. auch BGH NJW 1976, 1984; Walther, NStZ 1990, 523). Dabei ist es unerheblich, ob die minderjährige Person von dieser Möglichkeit Gebrauch macht, sofern sie zumindest konstitutionell fähig ist, den gefährdenden Inhalt der Darstellung zu erkennen (Schreibauer, 1999, S. 194 mwN.).

bb) Verlinkung inkriminierter Internetangebote. Nach einem Teil 9 der Rspr. stellt jedenfalls die direkte Verlinkung auf ein jugendschutzwidriges oder strafbares Internetangebot ebenfalls ein **täterschaftliches Zugänglichmachen** dar (so OLG Stuttgart MMR 2006, 387 ff. m. abl. Anm Liesching), "da mit einem Seitenaufruf verbundene Schwierigkeiten beseitigt und die Verbreitung strafbarer Inhalte wesentlich beeinflusst werden" könne. Ob dies allerdings zur Begründung eines täterschaftlichen Zugänglichmachens hinreicht, erscheint zweifelhaft, da die bloße Beseitigung etwaiger Schwierigkeiten eines Direktaufrufs (welche dies auch sein mögen) und die Beeinflussung der Verbreitung inkriminierter Inhalte auch eine **bloße Beihilfe- bzw. Unterstützungshandlung** charakterisieren können. Erheblich ist demgegenüber, dass die Tathandlung des Zugänglichmachens nach h.M. voraussetzt, dass der Täter einem anderen die konkrete Möglichkeit der Kenntnisnahme des inkriminierten Inhalts verschafft (BGH NJW 1976, 1984; vgl. auch BGH MMR 2000, 758, 759: bloße Zugriffsmöglichkeit; s. ausführl. oben Rn. 8).

10 Insoweit ist davon auszugehen, dass bereits **vor der Verlinkung** die „**Möglichkeit**" der Kenntnisnahme der inkriminierten Internetangebote vorhanden ist, da diese im Internet durch Eingabe der entsprechenden URL oder der Verfolgung ggf. existierender anderer Links abgerufen werden können (vgl. auch Kaufmann/Köcher, MMR 2005, 335; Dippelhofer, Haftung für Hyperlinks, 2004, S. 34). Auch der BGH weist in der **„Paperboy"-Entscheidung** zutreffend darauf hin, dass der Linksetzende das in Bezug genommene Internetangebot weder „selbst öffentlich zum Abruf bereit halte", noch „dieses selbst auf Abruf an Dritte" übermittle (BGH MMR 2003, 719, 723). Nicht er, sondern derjenige, der das Werk in das Internet gestellt hat, entscheide daher darüber, ob das Werk der Öffentlichkeit zugänglich bleibt. Wird die Webseite mit dem geschützten Werk nach dem Setzen des Hyperlinks gelöscht, gehe dieser ins Leere (BGH aaO.). Vor diesem Hintergrund ist zu hinterfragen, ob die bloße Verlinkung auf inkriminierte Drittangebote entsprechend der Ansicht des Senats „regelmäßig" ein täterschaftliches Zugänglichmachen begründet. Näherliegend ist eine bloße Beteiligung in Form der Beihilfe zum Zugänglichmachen (s. a. Rn. 12).

11 **b) Verbreiten.** Die in Nrn. 1 bis 6, 9 bis 11 und 13 genannte Tathandlung des „Verbreitens" erforderte nach vormals herrschender Meinung die Entäußerung eines Mediums seiner Substanz nach, also gleichsam die körperliche Übergabe (BGHSt 18, 63, 64 f.; OLG Frankfurt NJW 1984, 1128 u. StV 1990, 209; OLG Hamburg NStZ 1983, 127 mit zust. Anm. Franke, NStZ 1984, 126; OLG München MDR 1989, 180; weitergehend Walther, NStZ 1990, 523, 525.). Demgegenüber nimmt der BGH im Falle der **Datenübertragung im Internet** ein Verbreiten auch dann an, wenn die Datei auf dem Rechner des Nutzers angekommen ist (BGH NJW 2001, 3558 = JZ 2002, 309 f. mit krit. Anm. Kudlich; zust. Hörnle, NJW 2002, 1008, 1009 f.). Dabei sei es unerheblich, ob dieser die Möglichkeit des Zugriffs auf die Daten genutzt oder ob der Anbieter die **Daten übermittelt** hat (BGH aaO.). Der Gesetzgeber verwendet offenbar den Begriff des vom Körperlichkeitskriterium gelösten Verbreitens nunmehr auch für Rundfunksendungen (vgl. etwa Nrn. 9 und 11). Soweit bei den einzelnen Tatbeständen der Oberbegriff des Zugänglichmachens (Rn. 8) ausdrücklich genannt wird, ist hiervon ohnehin jedes Verbreiten ungeachtet der Auslegung im Einzelnen erfasst.

12 **c) Beteiligung an Tathandlungen.** Da es sich bei beiden gesetzlich genannten Handlungsmodalitäten des Verbreitens und des Zugänglichmachens nicht um so genannte „eigenhändige Delikte" handelt (vgl. zu Begriff und Bedeutung: BGH NJW 2002, 1437, 1439; BGH NJW 1997, 1083 f.; BGH NJW 1995, 3065 f.), können sich Dritte hieran grundsätzlich uneingeschränkt als **Mittäter, Anstifter oder Gehilfen** beteiligen. Der ordnungswidrigkeitenrechtliche Begriff der „Beteiligung" nach § 14 Abs. 1 OWiG umfasst als Einheitstäterbegriff die genannten Formen der (Mit-)Täterschaft und Teilnahme (siehe zu den Voraussetzungen der Beteiligung in Form der Mittäterschaft und der Beihilfe ausführl. §§ 13-19, §§ 25-27 StGB, Rn. 16 ff.).

2. Vorsätzliche und fahrlässige Begehungsweise

Die Tatbestände des Abs. 1 erfassen hinsichtlich der Begehungsweise sowohl vorsätzliches als auch fahrlässiges Handeln. In Ausnahmefällen kommt auch eine Begehung durch **Unterlassen** im Rahmen des § 8 OWiG in Betracht (vgl. etwa zur Verantwortlichkeit von Internetcafé-Betreibern Liesching/Günter, MMR 2000, 260 ff.). Mangels ausdrücklicher gesetzlicher Bestimmung kann der **bloße Versuch** der Verwirklichung eines Tatbestandes des § 24 nicht geahndet werden (vgl. § 13 Abs. 2 OWiG). Hinsichtlich der Anforderung an vorsätzliches bzw. fahrlässiges Handeln kann auf die Ausführungen zu § 27 JuSchG (dort Rn. 7 ff., 18 ff.) sowie zu §§ 13-19, §§ 25-27 StGB (dort Rn. 12 ff.) verwiesen werden.

13

3. Beachtung der Verantwortlichkeitsregeln der 8 ff. TMG

Auch ohne ausdrückliche Nennung im Rahmen des § 24 OWiG ist allgemein anerkannt, dass auch insoweit die allgemeinen Verantwortlichkeitsprivilegierungen für Telemedienanbieter nach §§ 8 bis 10 TMG gelten, soweit ihre Voraussetzungen im Einzelfall vorliegen. Etwas anderes ergibt sich weder aus den Bestimmungen des JMStV sowie den Gesetzesmaterialien hierzu (vgl. Bayer. LT-Drs. 14/10246, S. 27 f.), noch aus den Verantwortlichkeitsbestimmungen des TMG. Ganz im Gegenteil normiert § 2 Abs. 3 (s. dort Rn. 13), dass das TMG im Rahmen des Geltungsbereichs des JMStV „unberührt" bleibt. Dies schließt selbstverständlich auch die Verantwortlichkeitsregelungen nach §§ 8 bis 10 TMG ein (s. ausführl. zu den Verantwortlichkeitsregeln des TMG: Scholz/Liesching, Anm. zu §§ 7 ff. TDG; MüKom-StGB/Altenhain, 2010, Erl. zu §§ 8 ff. TMG).

14

4. Verhältnis zur Strafverfolgung

Soweit durch die Tathandlung zugleich ein Straftatbestand erfüllt wird, ist die Konkurrenz nach den allgemeinen Bestimmungen zu lösen (Bayer. LT-Drs. 14/10246, S. 27). Das bedeutet, dass insb. in den Fällen des Abs. 1 Nr. 1 a) bis g), k) und Nr. 2 die entsprechenden Bestimmungen des **StGB vorrangig** Anwendung finden, soweit sie erfüllt sind. Dies entspricht § 21 Abs. 1 OWiG, wonach lediglich das Strafgesetz Anwendung findet, wenn eine Handlung zugleich eine Straftat und eine Ordnungswidrigkeit darstellt. Die Regelung beruht auf der Erwägung, dass die Strafe stets eine stärkere Wirkung hat als die Geldbuße und dass der Unrechtsgehalt einer Straftat regelmäßig das Unrecht einer Ordnungswidrigkeit übertrifft (vgl. BVerfGE

15

22, 49; Göhler, § 21 Rn. 2). Da die Verbreitungsdelikte des Strafgesetzbuchs ganz überwiegend nur vorsätzliches Handeln pönalisieren, verbleibt den Tatbeständen des Abs. 1 Nr. 1 a) bis f), j) und Nr. 2 schon wegen der Erfassung fahrlässiger Verstöße ein erheblicher Anwendungsbereich.

5. Taten mit Auslandsbezug

16 **a) Hintergrund.** Insb. im Zusammenhang mit der Internetdelinquenz können sich zusätzliche Fragestellungen des Geltungsbereichs des Ordnungswidrigkeitenrechts ergeben, wenn der Anbieter, der jugendschutzwidrige Inhalte entgegen § 24 Abs. 1 JMStV im Internet verbreitet bzw. zugänglich macht, nach den Ermittlungsergebnissen der Medienaufsicht vermutlich im Ausland ansässig ist. In derartigen Fällen ist insb. zu prüfen, ob für dritte, in Deutschland ansässige Beteiligte (Linksetzer, Werbe- oder Kooperationspartner, Admin-c, Host Provider, DNS-Server-Betreiber, Zahlungsabwicklungsunternehmen etc.) überhaupt die Ordnungswidrigkeitenbestimmungen **Anwendung** finden und **Verstöße wegen Beteiligung** (§ 14 Abs. 1 S. 1 OWiG) von der jeweils zuständigen Landesmedienanstalt geahndet werden können.

17 **b) Erfolgseintritt im Inland (§ 7 Abs. 1 OWiG).** Hinsichtlich des räumlichen Geltungsbereichs des deutschen Ordnungswidrigkeitenrechts regelt zunächst § 5 OWiG, dass – sofern das Gesetz nichts anderes bestimmt – Ordnungswidrigkeiten nur geahndet werden können, „die im räumlichen Geltungsbereich dieses Gesetzes (...) begangen" werden. In diesem Zusammenhang bestimmt der den strafrechtlichen Regelungen (vgl. § 9 Abs. 1 StGB) nachgebildete § 7 Abs. 1 OWiG, dass eine Handlung an „jedem Ort begangen" ist, „an dem der Täter tätig geworden ist oder im Falle des Unterlassens hätte tätig werden müssen oder an dem der zum Tatbestand gehörende Erfolg eingetreten ist oder nach der Vorstellung des Täters eintreten sollte". Damit kommt eine Anwendung des § 24 Abs. 1 JMStV bei im Ausland ansässigen Anbietern vor allem dann in Betracht, wenn man die bei Internetangeboten regelmäßig gegebene **Abrufbarkeit** auch **in Deutschland** für die Annahme genügen lässt, dass der zum Tatbestand (des § 24 Abs. 1 JMStV) gehörende Erfolg im Sinne des § 7 Abs. 1 OWiG aufgrund der allgemeinen Zugänglichkeit des Angebotes (auch) im Inland eintritt.

18 Die entsprechende Fragestellung bei Verbreitungsdelikten des StGB im Hinblick auf § 9 StGB wurde bereits kontrovers in der Rechtsliteratur diskutiert (vgl. z. B. Lagodny, JZ 2001, 1198 f.; Lehle, Der Erfolgsbegriff und die deutsche Strafrechtszuständigkeit im Internet, 1999; Sieber, NJW 1999, 2065 ff.; ders., ZRP 2001, 97). Für das abstrakt-konkrete Gefährdungsdelikt der Volksverhetzung in der Modalität der Holocaustleugnung (vgl. § 130 Abs. 1 und 3 StGB a. F.) hat der **BGH** im so genannten **Toeben-Fall** bereits entschieden, dass wenn ein Ausländer von ihm verfasste Äußerungen, die den Tatbestand der Volksverhetzung i. S. d. § 130 StGB erfüllen, auf einem ausländischen Server zum Abruf in das Internet stellt, der zum Tatbestand gehörende Erfolg i. S. d. § 9 Abs. 1 Alt. 3 StGB im Inland eintritt; vorausgesetzt die betreffende Äußerung ist konkret zur **Friedensstörung** im Inland **geeignet** und **deutschen Internetnutzern zugänglich** (BGHSt. 46,

212 ff. = BGH NJW 2001, 624 ff. m. zust. Anm. Jeßberger, JR 2001, 432; Heinrich in: Weber-FS, 2004, S. 97 f., 108; a. A. Kudlich, StV 2001, 397, 398 f.; dem BGH folgend hingegen auch OLG Stuttgart NStZ 2004, 402, 403; differenzierend: Sieber, NJW 1999, 2065, 2071; ders., ZRP 2001, 97). Ob es tatsächlich zu einem Abruf durch deutsche Nutzer kommt, spielt keine Rolle.

Allerdings lässt der BGH die Übertragbarkeit der Auslegung für reine **abs- 19 trakte Gefährdungsdelikte**, wie sie bei den meisten jugendschutzrechtlichen Verboten des Verbreitens und Zugänglichmachens vorliegen, ausdrücklich offen. Jedoch stützt der BGH in der Toeben-Entscheidung seine Erwägungen darauf, dass die Auslegung des Merkmals „zum Tatbestand gehörender Erfolg" sich an der ratio legis des § 9 StGB ausrichten müsse. Nach dem Grundgedanken der Vorschrift solle deutsches Strafrecht – auch bei Vornahme der Tathandlung im Ausland – Anwendung finden, sofern es im Inland zu der Schädigung von Rechtsgütern oder zu Gefährdungen kommt, deren Vermeidung Zweck der jeweiligen Strafvorschrift ist (BGH NJW 2001, 624, 627 unter Verweis auf BGHSt 42, 235, 242 = NJW 1995, 342; ebenso OLG Stuttgart NStZ 2004, 402, 403).

Folgt man dieser Argumentation, ist naheliegend, dass auch rein abstrakte 20 Gefährdungsdelikte nach ihrer Ratio gerade Gefährdungen für Rechtsgüter im Inland schützen sollen. Überträgt man diese teleologische Auslegung auf den identisch ausgestalteten § 7 Abs. 1 OWiG, ist eher davon auszugehen, dass auch bei den Ordnungswidrigkeitentatbeständen des § 24 OWiG von einem Erfolgseintritt im Inland auszugehen ist, selbst wenn der Content-Provider im Ausland die Angebotsinhalte bereithält, sofern nur eine **Abrufbarkeit bzw. Zugänglichkeit** der betreffenden jugendschutzwidrigen Inhalte von Nutzern in Deutschland möglich ist (in diesem Sinne für abstrakte Gefährdungsdelikte im Ordnungswidrigkeitenrecht: Göhler/Gürtler, 15. Aufl. 2009, § 7 Rn. 6a f.; a. A. KaKo-OWiG/Rogall, 3. Aufl. 2006, § 7 Rn. 11). Allerdings kommt es auf das hier favorisierte Auslegungsergebnis dann nicht an, wenn für die vorliegend relevanten Beteiligten (§ 14 OWiG) sich der Geltungsbereich des deutschen Ordnungswidrigkeitenrechts schon aufgrund des Einheitstäterbegriffs bzw. der Regelung des § 7 Abs. 2 OWiG eröffnet.

c) Geltungsbereich für Beteiligtenhandlungen (§ 7 Abs. 1 und 2 21 **OWiG).** Für Beteiligte ergibt sich im Bereich des Ordnungswidrigkeitenrechts nach § 14 Abs. 1 OWiG ein einheitlicher Täterbegriff. Hieraus wird in der ordnungsrechtlichen Kommentarliteratur gefolgert, dass die Ordnungswidrigkeit im Sinne des § 7 Abs. 1 OWiG **an jedem Ort** begangen ist, an dem der **Beteiligte gehandelt** hat (Göhler/Gürtler, 15. Aufl. 2009, § 7 Rn. 7). Dies bedeutet, dass bei Beteiligungstaten in Deutschland (z. B. im Inland erbrachte Dienstleistungen des Host Providers, des DNS-Server-Betreibers, des Zahlungsabwicklungsunternehmens etc.) § 24 Abs. 1 JMStV i. V. m. § 14 OWiG Anwendung findet. Letztlich wird dieses Ergebnis auch durch die Regelung des **§ 7 Abs. 2 OWiG** bestätigt. Danach ist die Handlung eines Beteiligten „auch" an dem Ort begangen, an dem der Tatbestand des Gesetzes, das die Ahndung mit einer Geldbuße zulässt, verwirklicht worden ist (…)". Dieses zusätzlichen Verwirklichungsortes bedarf es indes dann nicht mehr, wenn wie in den vorliegend relevanten Fällen der Beteiligte jedenfalls selbst im Inland gehandelt hat.

IV. Die Tatbestände des Abs. 1 im Einzelnen

1. Absolut verbotene Angebote (Nr. 1)

22 Die Nrn. 1 a) bis k) nehmen auf Angebote Bezug, die nach § 4 Abs. 1 einem totalen Verbreitungsverbot unterliegen. Zwischen den Buchstaben a) bis j) auf der einen Seite und k) auf der anderen ist eine **Konkurrenz** möglich, da es sich bei Verstößen nach dem Katalog des § 4 Abs. 1 in der Regel um indizierte Angebote handelt. Allerdings erleichtert der Verweis auf die Liste den Nachweis (Bayer. LT-Drs. 14/10246, S. 27). Eigenständige Bedeutung hat Nr. 1 k) dann, wenn nach Ansicht der Aufsichtsbehörde – entgegen der BPjM-Entscheidung – kein strafbarer Inhalt vorliegt. Insoweit wird die zuständige Behörde nur aufgrund eines Verstoßes gegen § 4 Abs. 1 Nr. 11, also allein wegen der Indizierung durch die Bundesprüfstelle in die Listenteile B oder D gegen den Anbieter vorgehen können (vgl. § 4 Rn. 41 ff.).

2. Pornographische od. indizierte Angebote (Nrn. 2 u. 3)

23 Die Tatbestände der Nrn. 2 und 3 beziehen sich auf die Verbote des § 4 Abs. 2 S. 1 Nrn. 1 und 2, namentlich die Verbreitung pornographischer oder nach § 18 Abs. 1 JuSchG **wegen Jugendgefährdung** indizierter Angebote. Die Ausnahme von § 4 Abs. 2 Satz 2 für durch **Zugangssysteme** nach § 11 Abs. 4 S. 1 ausschließlich für Erwachsene zugängliche Telemedien ist ausdrücklich zum Zwecke der Klarstellung (Bayer. LT-Drs. 14/10246, S. 27) aufgenommen worden. Abs. 1 Nr. 3 erstreckt sich im Gegensatz zu § 27 Abs. 1 Nr. 1 JuSchG auch auf Inhalte, die gegenüber indizierten Werken als im Wesentlichen inhaltsgleich (vgl. § 14 JuSchG Rn. 34 und § 15 JuSchG Rn. 97 ff.) anzusehen sind.

3. Entwicklungsbeeinträchtigende Angebote (Nr. 4)

24 **a) Voraussetzungen.** Der Tatbestand der Nr. 4 bezieht sich auf die Verbreitung entwicklungsbeeinträchtigender Angebote i. S. d. § 5 Abs. 1. Er ist auch dann als verwirklicht anzusehen, wenn der Anbieter zwar Schutzvorkehrungen trifft, diese aber im Hinblick auf die Anforderungen des § 5 Abs. 3 unzureichend sind. So genügt etwa die Programmierung für ein Jugendschutzprogramm nicht, soweit dieses nicht i. S. d. § 11 Abs. 3 als „geeignet" im Sinne einer Wahrnehmungserschwernis „üblicherweise" (vgl. § 5 Abs. 1) angesehen werden kann oder von der zuständigen Landesmedienanstalt anerkannt worden ist (vgl. § 11 Rn. 4).

25 **b) Nutzung eines Selbstklassifizierungssystems.** Mit der gescheiterten JMStV-Novelle des 14. RfÄndStV sollte eine weitergehende Haftungsbegrenzung für den Fall implemetiert werden, dass ein Telemedienanbieter seine Angebotsinhalte durch ein von einer anerkannten Einrichtung der freiwilligen Selbstkontrolle zur Verfügung gestelltes Klassifizierungssystem gekennzeichnet, die Kennzeichnung dokumentiert und keine unzutreffenden Angaben gemacht hat. Sinn und Zweck dieser Regelung sollte es sein, einen Anreiz für Anbieter zu schaffen, ihre Angebote freiwillig zu kennzeichnen (Bayer. LT-Drs. 16/5283, S. 14; krit. zu Selbstklassifizierungssystemen im Hinblick auf Jugendschutzbewertungen: Hopf/Braml, ZUM 2010, 211, insb. 219 f.). Da die Regelung – wie die gesamte **JMStV-Novelle – nicht in Kraft getreten** ist (vgl. oben Rn. 1), kommt eine entsprechende Privilegierung des Anbieters bei Nutzung von Selbstklassifizierungssystemen de lege lata nicht in Betracht.

4. Werbetatbestände (Nrn. 5 bis 7)

Die Ordnungswidrigkeitentatbestände betreffen Verstöße im Bereich Werbung und Teleshopping. Mangels Aufnahme des **Sponsorings** – wie in die Verweisungsnorm des § 6 Abs. 6 nachträglich geschehen – kann insoweit der Ordnungswidrigkeitentatbestand aufgrund des Analogieverbots nicht erfüllt werden. Hinsichtlich der **Veröffentlichung der Liste** jugendgefährdender Medien und des Hinweises auf ein anhängiges oder anhängig gewesenes **Indizierungsverfahren** im Rahmen geschäftlicher Werbung sind die Strafnormen des § 27 Abs. 1 Nrn. 3 und 4 JuSchG zu beachten. Verstöße gegen die Werbegestaltungsge- und verbote des § 6 Abs. 2 bis 5 sind – nach Scheitern des **14. RfÄndStV** (s.o. Rn. 1 und Bayer. LT-Drs. 16/5283, S. 14) weiterhin nicht als Ordnungswidrigkeit ausgewiesen. Verstöße können insoweit nicht mit Bußgeld geahndet werden; Aufsichtsmaßnahmen nach § 20 wie insbesondere Beanstandungen sind ohne Weiteres möglich. 26

5. Verstöße bzgl. Jugendschutzbeauftragte (Nr. 8)

a) Nichtbestellung des Beauftragten. Wer keinen Jugendschutzbeauftragten bestellt, obwohl er dazu nach § 7 verpflichtet ist, wird gemäß Nr. 8 belangt. Dies gilt freilich dann nicht, wenn der (Klein-)Anbieter nach § 7 Abs. 2 von der Möglichkeit der Delegation auf eine Einrichtung der **Freiwilligen Selbstkontrolle** nach den Anforderungen der Ausnahmevorschrift Gebrauch gemacht hat. Bei der Übertragung der Aufgaben auf eine Selbstkontrolleinrichtung wird die Aufsicht dem Anbieter eine bestimmte Frist zugestehen müssen, insb. bei Angebotswechsel oder Neugründung (Bayer. LT-Drs. 14/10246, S. 27). Der Ordnungswidrigkeitentatbestand ist auch dann erfüllt, wenn der bestellte Jugendschutzbeauftragte nicht die **notwendige Fachkunde hat** oder mit den Bestellungsumständen erkennbar gegen die Intentionen von § 7 Abs. 4 verstoßen wird. Dies ist etwa dann anzunehmen, wenn der Anbieter sich selbst oder lediglich ein Vorstandsmitglied die Aufgaben des Jugendschutzbeauftragten wahrnehmen lässt (ausführl. Liesching, CR 2001, 845, 848 f.). 27

b) Verstoß gegen Informationspflicht. Der gescheiterte 14. RfÄndStV sah in § 7 Abs. 3 S. 4 und 5 JMStV-E eine Informationspflicht im Bezug auf die Person des Jugendschutzbeauftragten vor, die in einem eigenständigen Tatbestand des § 24 auch bußgeldbewehrt sein sollte. Da die **JMStV-Novelle** 28

nicht in Kraft getreten ist, kommt eine Bußgeldahndung nicht in Betracht. Verweigert indes der Anbieter dauerhaft die Angabe der Person des Jugendschutzbeauftragten gegenüber der Medienaufsicht, kann eine Ahndung nach Abs. 1 Nr. 8 in Betracht kommen.

6. Verstöße gegen Sendezeitvorgaben (Nrn. 9 u. 10)

29 Die Vorschriften betreffen Verstöße gegen Sendezeitvorgaben, die im Falle der Formate nach § 8 Abs. 2 von der KJM bzw. der anerkannten Einrichtung der Freiwilligen Selbstkontrolle auferlegt werden, im Falle des § 5 Abs. 2 sich aus den Altersfreigaben nach § 14 Abs. 2 JuSchG ergeben. Ein Verstoß i. S. d. Nr. 10 liegt etwa dann vor, wenn der Rundfunkveranstalter einen nicht für Minderjährige unter 16 Jahren freigegebenen Film (vgl. § 14 Abs. 2 Nr. 4 JuSchG) entgegen § 5 Abs. 4 S. 2 bereits vor 22.00 Uhr ausstrahlt, ohne zuvor eine **Ausnahme** gemäß § 9 Abs. 1 erwirkt zu haben. Dies gilt auch dann, wenn die JuSchG-Freigabe bereits erheblich lange (z. B. 25 Jahre) zurückliegt und evident die Ausnahme erteilt worden wäre. Eine Bußgeldahndung kommt nicht in Betracht, wenn aufgrund einer sehr umfangreichen Schnittbearbeitung schon keine wesentliche Inhaltsgleichheit i. S. d. § 5 Abs. 2 vorgelegen hat.

7. Verstöße gegen Programmankündigungspflichten (Nrn. 11 u. 12)

30 Die Tatbestände entsprechen den vor Inkrafttreten des JMStV geregelten Vorschriften des § 49 Abs. 1 Nr. 10 und 8 RStV. Sie betreffen Verstöße gegen die Programmankündigungspflichten des § 10 Abs. 1 und 2. Sowohl die Beschränkungen für Programmankündigungen mit Bewegtbildern als auch die Pflicht zur akustischen oder optischen Kennzeichnung nach § 10 Abs. 2 betreffen nur Rundfunkveranstalter (unzutreffend insoweit Bayer. LT-Drs. 14/10246, S. 27, wonach Nr. 11 auch für Telemedien gelten soll). Nr. 11 ist auch dann verwirklicht, wenn der Anbieter **irrtümlich** davon ausgegangen ist, es handele sich bei einem Trailer noch nicht um ein Bewegt-, sondern noch um ein **Standbild**; insoweit kann aber bei vorheriger anderweitig eingeholter juristischer Prüfung ein unvermeidbarer Verbotsirrtum vorliegen (vgl. § 11 Abs. 2 OWiG). Kein Verstoß gegen Nr. 12 stellt es dar, wenn ein Sender entgegen der Vereinbarung aller Programmveranstalter (vgl. § 10 Rn. 9 ff.) statt akustischer Vorankündigung eine optische Kenntlichmachung während der betreffenden Sendung vornimmt.

8. Verletzung von Hinweispflichten (Nr. 13)

31 Der Bußgeldtatbestand nimmt Bezug auf Verstöße gegen die Hinweispflicht des § 12. Danach müssen Kennzeichnungen aus dem Bereich der Trägermedien bei Weiterverbreitung in Telemedien zutreffend wieder- und weitergegeben werden. Entgegen der Amtl. Begründung (Bayer. LT-Drs. 14/10246, S. 27 f.) betrifft dies alle Freigabekennzeichen nach § 14 Abs. 2 JuSchG einschl. Nr. 5 („**Keine Jugendfreigabe**"). Im Übrigen ist § 28 Abs. 3 Nr. 1 JuSchG zu beachten, der Verstöße gegen die Hinweispflicht beim Online-

Vertrieb gekennzeichneter Bildträger nach § 12 Abs. 2 S. 3 JuSchG zum Gegenstand hat (vgl. dort Rn. 8).

9. Zuwiderhandlungen gegenüber Medienaufsicht (Nrn. 14 bis 16)

Die Tatbestände betreffen Zuwiderhandlungen gegenüber der Medienaufsicht. Nr. 14 trägt dem Umstand Rechnung, dass vor allem im Bereich der Telemedien Maßnahmen denkbar sind, die den Anbieter zum Handeln auffordern, etwa zur **Beseitigung** eines unrechtmäßigen Angebots oder zur Programmierung für ein geeignetes bzw. anerkanntes Jugendschutzprogramm (vgl. Bayer. LT-Drs. 14/10246, S. 27 f.). Hingegen ist der Verstoß im Bereich der Rundfunkübertragung meist mit der Ausstrahlung abgeschlossen. Voraussetzung ist, dass die **Anordnung vollziehbar** ist. Dies bemisst sich jeweils nach der ermächtigenden Norm, also entweder § 20 Abs. 1 i. V. m. Abs. 2 für Rundfunk oder Abs. 1 i. V. m. Abs. 4 für Telemedien. Die Frage der aufschiebenden Wirkung oder des Sofortvollzugs richtet sich nach Landesrecht, jeweils in Verbindung mit dem einschlägigen Verwaltungsverfahrensrecht (Bayer. LT-Drs. 14/10246, S. 28). § 20 Abs. 5 S. 3 ist zu beachten. Tathandlungen im Sinne der Nrn. 15 und 16 sind insb. die **Verweigerung** einer zur Durchführung der Aufsichtsaufgaben erforderlichen **Auskunft** innerhalb einer angemessenen Frist sowie die unzulässige Verschlüsselung eines Angebots, welche einen Zugang der Medienaufsicht (zeitweise) hindert oder erschwert. 32

V. Täuschungstatbestände (Abs. 2)

1. Allgemeines

Die beiden Ordnungswidrigkeitstatbestände des Absatzes 2 können nur **vorsätzlich** erfüllt werden. Sie betreffen die erstmals mit dem Staatsvertrag im April 2003 eingeführte Pflicht zur Positivkennzeichnung für Anbieter von Telemedien nach § 11 Abs. 5 sowie das Erfordernis der Tätigung von Angaben seitens der Einrichtungen Freiwilliger Selbstkontrolle im Rahmen des Anerkennungsverfahrens nach § 19 Abs. 4. Da die genannten Verstöße jeweils Falschangaben darstellen, können die Nrn. 1 und 2 des Abs. 2 allg. als **Täuschungstatbestände** bezeichnet werden. 33

2. Falschkennzeichnung bei Positiv-Rating (Abs. 2 Nr. 1)

Der Tatbestand der Nr. 1 sanktioniert die bewusste **Falschkennzeichnung von Telemedien** als geeignet für Kinder und Jugendliche (sog. Positiv-Rating, vgl. § 11 Rn. 35 ff.). Kommt der (Groß-)Anbieter der Pflicht des Positiv-Ratings nicht nach, droht indes keine direkte aufsichtsbehördliche Ahndung durch Bußgeld. Grund hierfür ist, dass eine Kennzeichnung aller Angebote einen gewissen zeitlichen Vorlauf braucht und auch andere Schutzeinrichtungen den Anforderungen des Jugendschutzes genügen können (Bayer. LT-Drs. 14/10246, S. 28). Kommt der Anbieter indes einer vollzieh- 34 baren Anordnung der zuständigen Landesmedienanstalt zur Durchführung eines Ratings nach § 11 Abs. 5 nicht nach, kommt allerdings der Bußgeldtatbestand des § 24 Abs. 1 Nr. 14 in Betracht.

3. Falschangaben der Selbstkontrolleinrichtungen (Abs. 2 Nr. 2)

35 Der Bußgeldtatbestand der Nr. 2 sanktioniert bewusste Falschangaben nach § 19 Abs. 4 Satz 3 in Verbindung mit § 19 Abs. 3 Nr. 1 bis 6 zur Erlangung der Anerkennung als Einrichtung der Freiwilligen Selbstkontrolle. Zu den weiteren Voraussetzungen führt die Amtl. Begründung aus: „Die Anerkennung muss nicht erfolgt sein. Die Angaben müssen sich aus den Unterlagen oder begleitenden Auskünften ergeben und **objektiv falsch** sein. Objektiv falsch sind auch unzutreffende Angaben zum Verfahrensstand, z. B. die Annahme von vereinsinternen Richtlinien. Täuschungsabsicht ist nicht erforderlich. Vorgelegt sind die Unterlagen frühestens mit der Antragstellung und der Einreichung bei einer Landesmedienanstalt. Angaben, die falsch, aber nicht für die Anerkennung erforderlich sind, können die Sanktion nicht auslösen. Ob die Angaben inhaltlich sachgerecht sind, ist insoweit ebenfalls ohne Bedeutung" (Bayer. LT-Drs. 14/10246, S. 28). Bloße fahrlässige Falschangaben, etwa aufgrund eines Versehens bei der Zusammenstellung der eingereichten Unterlagen, werden von dem Tatbestand nicht erfasst.

VI. Verfahrensregeln (Abs. 3 bis 7)

1. Festsetzung des Bußgeldrahmens (Abs. 3)

36 Mit der Festsetzung des Bußgeldrahmens auf 500.000 Euro gemäß Abs. 3 wird an den mit dem 4. RfÄndStV erhöhten Bußgeldrahmen von einer Million DM angeknüpft. Auf eine Staffelung nach Schwere der Ordnungswidrigkeiten wurde verzichtet (Bayer. LT-Drs. 14/10246, S. 28). Für die Ahndung mit Geldbuße gilt das sog. **Opportunitätsprinzip**, d. h. die Verfolgung einer Ordnungswidrigkeit steht im Ermessen der Verwaltungsbehörde. Geldbuße ist danach festzusetzen, wenn ein **öffentliches Interesse** an der Verfolgung besteht. Ist dagegen eine Ordnungswidrigkeit unter Berücksichtigung aller Umstände ohne Bedeutung, so ist von einer Geldbuße abzusehen. Die Höhe der Geldbuße soll nach § 17 Abs. 4 OWiG den Gewinn, den der Täter aus der Ordnungswidrigkeit gezogen hat, übersteigen. Hierzu kann nötigenfalls das Höchstmaß der Geldbuße überschritten werden.

37 Grundlage für die Zumessung der Geldbuße sind die **Bedeutung der Ordnungswidrigkeit** und der Vorwurf, der den Täter trifft. Auch die wirtschaftlichen Verhältnisse des Täters kommen in Betracht (§ 17 Abs. 3 OWiG). Bei **fahrlässigem Handeln** in den Fällen des Abs. 1 kann im Höchstmaß nur mit der Hälfte des angedrohten Höchstbetrages der Geldbuße, also 250.000 Euro geahndet werden (§ 17 Abs. 2 OWiG; vgl. auch Göhler/Gürtler, 15. Aufl. 2009, § 17 Rn. 12).

Ordnungswidrigkeiten § 24 JMStV

2. Zuständigkeit der Landesmedienanstalten (Abs. 4)

Die Vorschrift regelt die Zuständigkeit der Landesmedienanstalten als 38
jeweilige Verwaltungsbehörde i. S. d. § 36 Abs. 1 Nr. 1 OWiG. **Örtlich zuständig** für die Bußgeldahndung gegenüber Rundfunkveranstaltern ist nach Satz 2 die Landesmedienanstalt des Landes, in dem die Zulassung i. S. d. §§ 20 f. RStV erteilt wurde. Welche Landesmedienanstalt bei Ordnungswidrigkeiten von Telemedien-Anbietern örtlich zuständig ist, bestimmt sich entsprechend § 3 Abs. 1 Nrn. 3 u. 4 VwVfG nach dem **Sitz des Anbieters**, seinem Wohnsitz und in Ermangelung dessen nach seinem ständigen Aufenthalt. Ist der Anbieter i. S. d. § 3 Abs. 2 Nr. 3 eine juristische Person oder Vereinigung, so ist der jeweilige Sitz des Anbieters an dem Ort, der durch Gesetz, Gesellschaftsvertrag, Satzung, Stiftungsgeschäft oder dergleichen bestimmt ist. Fehlt es an einer derartigen Bestimmung, so ist auf § 17 Abs. 1 S. 2 ZPO zurückzugreifen und als Sitz der Ort anzunehmen, an dem die (Haupt)Verwaltung geführt wird (vgl. BVerwGE 69, 104; Stelkens/Bonk/ Sachs, § 3 Rn. 24).

Der **Wohnsitz** bestimmt sich nach §§ 7 bis 11 BGB und wird im Regelfall 39
durch die einwohnermeldeamtlichen Daten des Anbieters indiziert. Der subsidiär eingreifende Anknüpfungspunkt des ständigen Aufenthaltes bezeichnet insb. bei im Übrigen im **Ausland ansässigen Anbietern** den Ort, an dem sie bei Inlandsbesuchen ganz überwiegend verweilen (siehe zur Anwendbarkeit des JMStV bei Auslandsbezug oben Rn. 16 ff.). Fehlt es auch hieran oder sind die Voraussetzungen nicht feststellbar, so ist schließlich nach Satz 3 der Ort entscheidend, an dem der Anlass für die **Amtshandlung** hervortritt, also z. B. in dem Bundesland, in dem Angebotsinhalte von Telemedien konkret abgerufen wurden und den Behörden zur Kenntnis gebracht wurden.

Nach Satz 3 ist für die Zuständigkeit bei Bußgeldahndung gegenüber Ein- 40
richtungen der Freiwilligen Selbstkontrolle wegen des Tatbestands des Abs. 2 (die Beibehaltung „Nr. 2" im Normtext ist ein redaktionelles Versehen des Gesetzgebers bei der Anpassung durch 14. RfÄndStV) der **Sitz der Selbstkontrolleinrichtung** entscheidend. Subsidiär ist nach Satz 4 die durch Antragstellung bestimmte Landesmedienanstalt zuständig (vgl. hierzu § 19 Rn. 13). Nach Satz 5 kommt der KJM die umfassende Beurteilungskompetenz zu. Aufgrund der abschließenden und verbindlichen (§ 17 Abs. 1 S. 5) Bewertung der Kommission für Jugendmedienschutz über das Vorliegen eines Bußgeldtatbestandes sowie die Höhe des zu verhängenden Bußgeldes trifft die zuständige Landesmedienanstalt die Entscheidung (vgl. auch § 16 Rn. 3 f.).

3. Zusammenarbeit der Landesmedienanstalten (Abs. 5)

Durch gegenseitige Unterrichtung und Abstimmung der Landesmedienan- 41
stalten nach Abs. 5 sollen Doppelverfahren vermieden werden, welche aufgrund der **Konzentration der Aufsicht** einerseits und der verbleibenden Zuständigkeit der Landesmedienanstalten andererseits entstehen können. Die Unterrichtung muss nach Satz 1 **unverzüglich** erfolgen, also spätestens bei Einleitung eines förmlichen Verfahrens durch die Anhörung des Anbieters. Die Unterrichtung kann auch durch die KJM erfolgen. Stellt sich heraus, dass ein Verfahren von verschiedenen Landesmedienanstalten bereits eingelei-

tet ist, müssen sich die Beteiligten nach Satz 2 darüber verständigen, wer das Verfahren fortführt. Da es sich in erster Linie um eine formelle Frage handelt, weil die KJM in jedem Fall zuständiges Organ für die materielle Beurteilung ist, wurde auf die Regelung einer Rangfolge – etwa frühere vor späterer Befassung, unmittelbare örtliche vor hilfsweiser Zuständigkeit (vgl. § 39 OWiG) – verzichtet (vgl. Bayer. LT-Drs. 14/10246, S. 28).

4. Verpflichtung des Anbieters zur Veröffentlichung (Abs. 6)

42   Die in Abs. 6 geregelte, in der Praxis jedoch wenig bedeutsame Ermächtigung, einen Anbieter zur Veröffentlichung von Beanstandungen oder rechtskräftiger Entscheidungen in einem Verfahren nach Abs. 1 oder 2 zu verpflichten, stellt eine Spezialnorm gegenüber der für Aufsichtsmaßnahmen geltenden Generalklausel des § 20 Abs. 1 dar. Nicht erfasst wird die Veröffentlichungspflicht im Falle **strafgerichtlicher Verurteilungen** nach §§ 86, 86a, 130a, 130, 131, 184 ff. StGB. Darüber hinaus ist auch die Aufnahme in die Liste nach § 18 JuSchG kein Fall des Abs. 6, da dies im Widerspruch zum Normzweck des Verbots der Weiterverbreitung der Liste oder dem verbotenen Werben mit der Tatsache der Indizierung steht (vgl. Bayer. LT-Drs. 14/10246, S. 28).

43   Die Auswahl des **Inhalts**, des **Umfangs** und der **Zeitvorgabe** für die Veröffentlichung stehen nach Satz 2 im Ermessen der zuständigen Landesmedienanstalt. Die Veröffentlichung muss indes nur im Rahmen des eigenen Angebotes und nicht in anderen Medien erfolgen. Dies gilt auch dann, wenn der Anbieter Teil eines übergeordneten Medienunternehmens ist, welches weitere Angebote verbreitet. Im Übrigen müssen die Besonderheiten des Verbreitungsmediums berücksichtigt werden (Bayer. LT-Drs. 14/10246, S. 28). Dem Anbieter steht gegen Entscheidungen der zuständigen Landesmedienanstalt der **Verwaltungsrechtsweg** offen.

5. Verjährung (Abs. 7)

44   In Abweichung von § 31 Abs. 2 OWiG wird in Absatz 7 die kürzere Verjährungsfrist von sechs Monaten geregelt. Die Vorschrift übernimmt damit die auch vor Inkrafttreten des JMStV nach § 49 Abs. 5 S. 1 RStV geltende Verjährungsfrist. Auf den Hinweis, dass die Verjährung mit jeder Sendung erneut beginnt, wurde verzichtet, da sich dies aus den im Übrigen geltenden Bestimmungen des Ordnungswidrigkeitenrechts ergibt (vgl. Bayer. LT-Drs. 14/10246, S. 28). Insb. bestimmt § 31 Abs. 3 Satz 1 OWiG, dass die Verjährung **mit Beendung der Tathandlung** beginnt. Bei Telemedien, die etwa im Internet ständig abrufbar sind, beginnt die Verjährung erst in dem Zeitpunkt, in dem die Inhalte nicht mehr (ggf. für Minderjährige, vgl. §§ 4 Abs. 2 S. 2, 11 Abs. 4 S. 1) zugänglich sind. Zum Ruhen und zu der Unterbrechung der Verjährung sowie hinsichtlich der Vollstreckungsverjährung vgl. §§ 32 f. und § 34 OWiG (eingehend Göhler/Gürtler, 15. Aufl. 2009, Anm. zu §§ 31 ff.).

VII. Abschnitt. Schlussbestimmungen

§ 25 Änderung sonstiger Staatsverträge

(wird nicht wiedergegeben)

§ 26 Geltungsdauer, Kündigung

(1) ¹Dieser Staatsvertrag gilt für unbestimmte Zeit. ²Er kann von jedem der vertragschließenden Länder zum Schluss des Kalenderjahres mit einer Frist von einem Jahr gekündigt werden. ³Die Kündigung kann erstmals zum 31. Dezember 2008 erfolgen. ⁴Das Vertragsverhältnis kann hinsichtlich § 20 Abs. 3 und 5 erstmals zum 31. Dezember 2008 mit einer halbjährlichen Frist zum Jahresende gesondert gekündigt werden. ⁵Wird der Staatsvertrag zu diesem Zeitpunkt nicht gekündigt, kann die Kündigung mit gleicher Frist jeweils zu einem zwei Jahre späteren Zeitpunkt erfolgen. ⁶Die Kündigung ist gegenüber dem Vorsitzenden der Ministerpräsidentenkonferenz schriftlich zu erklären. ⁷Die Kündigung eines Landes lässt das Vertragsverhältnis unter den übrigen Ländern unberührt, jedoch kann jedes der übrigen Länder das Vertragsverhältnis binnen einer Frist von drei Monaten nach Eingang der Kündigungserklärung zum gleichen Zeitpunkt kündigen.

(2) Für die Kündigung der in § 25 geänderten Staatsverträge sind die dort vorgesehenen Kündigungsvorschriften maßgebend.

Schrifttum: *Altenhain,* Jugendschutz in: Hoeren/Sieber, Handbuch Multimedia Recht, Teil 20 (Stand Dez. 2006); *Hahn/Vesting,* Rundfunkrecht – Kommentar, 2. Aufl. 2008; *Hartstein/Ring/Kreile/Dörr/Stettner,* Jugendmedienschutz-Staatsvertrag – Kommentar (Losebl.); *Nikles/Roll/Spürck/Umbach,* Jugendschutzrecht – Kommentar, 2. Aufl. 2005; *Scholz/Liesching,* Jugendschutz – Kommentar, 4. Aufl. 2004.

I. Allgemeines

Die Vorschrift regelt die **Geltungsdauer** des Jugendmedienschutz-Staatsvertrages sowie die Modalitäten der **Kündigung** des Staatsvertrages durch eines oder mehrere Bundesländer. Abs. 1 Sätze 3 und 4 wurden geändert durch 8. RfÄndStV v. 8. 10. 2004 mit Wirkung vom 1. 4. 2005.

II. Geltung des Staatsvertrags und Kündigungsbestimmungen

1. Geltungsdauer

Die Geltungsdauer des JMStV ist nach Abs. 1 Satz 1 **grundsätzlich unbefristet.** Allerdings wird den Bundesländern ein umfassendes Kündigungsrecht eingeräumt, das indes erstmals zum 31. 12. 2006 ausgeübt werden konnte; die nächste Kündigungsmöglichkeit bestand zwei Jahre später, also zum 31. 12. 2008. Das erstmalige Kündigungsrecht zum 31. 12. 2006 ist darauf zurückzuführen, dass aus damaliger Sicht erst nach dem Zweijahresbericht der KJM nach § 17 Abs. 3 JMStV bzw. der Revision nach § 20 Abs. 7 JMStV Rückschlüsse auf die Effektivität und das „Funktionieren" der Bestimmungen des JMStV gezogen werden konnte. Geltungsdauer entspricht den bestehenden Regelungen in den Staatsverträgen im Rundfunk- und Medienrecht (Nikles u.a., Rn. 1). **Rechtsfolge** einer Kündigung durch ein Bundesland wäre, dass die Bestimmungen des JMStV für dieses Land nicht mehr gelten und vielmehr nur die Landesmedien- bzw. Landesrundfunkgesetze Anwendung finden, sofern diese Regelungen zum Jugendschutz enthalten.

2. Kündigung einer Partei

3   Die Kündigung einer Partei bewirkt nicht die Auflösung des Staatsvertrages, sie lässt das Vertragsverhältnis unter den übrigen Bundesländern unberührt (Hartstein u.a., Rn. 5; H/V/Schulz, Rn. 4). Die Kündigung muss dem Vorsitzenden der Ministerkonferenz fristgemäß und in Schriftform i. S. d. § 126 Abs. 1 BGB zugehen.

3. Teilkündigung

4   Unabhängig von der jeweiligen Gesamtkündigung sind auch Teilkündigungen im Bezug auf die mit dem JMStV in Kraft getretenen Regelungen der weitgehenden Überantwortung der Angebotskontrolle auf Selbstkontrolleinrichtungen nach § 20 Abs. 3 und 5 JMStV möglich. Sofern sich nach eingehender Prüfung der Abs. 3 und 5 des § 20 JMStV zeigen sollte, dass den Jugendschutzinteressen nicht genügend Rechnung getragen wird, können die Vertragspartner eine hierauf **beschränkte Kündigung** aussprechen. Hierdurch soll verhindert werden, dass es zur vorsorglichen Kündigung des gesamten Staatsvertrages durch einzelne Bundesländer kommt. Die Teilkündigungsregelung dient damit letztlich dem Bestandsschutz des JMStV.

§ 27 Notifizierung

Änderungen dieses Staatsvertrages unterliegen der Notifizierungspflicht gemäß der Richtlinie 98/48/EG des Europäischen Parlaments und des Rates vom 20. Juli 1998 zur Änderung der Richtlinie 98/34/EG über ein Informationsverfahren auf dem Gebiet der Normen und technischen Vorschriften.

1   Bei inhaltlichen Änderungen der Bestimmungen des JMStV ist die RL 98/48 vom 20. 7. 1998 zu beachten. Die Regelung hat lediglich **klarstellende Bedeutung** (zur Entstehungsgeschichte siehe Hartstein u.a., Rn. 1). Sie verweist im Hinblick auf die Vorgaben der Richtlinie in der Fassung der Änderungsrichtlinie darauf, dass Änderungen des Staatsvertrags wegen der Auswirkungen auf die Informationsdienste der Notifizierung nach Art. 8, 9 RL 98/48 unterliegen.

In-Kraft-Treten, Neubekanntmachung §28 JMStV

Dies hat zur Folge, dass die Bundesrepublik wegen der damaligen Änderung des MDStV und der Auswirkungen auf das Recht der Informationsdienste den Entwurf der Kommission übermitteln musste, damit diese prüfen konnte, ob er mit Europarecht vereinbar ist. Außerdem durften die entsprechenden Änderungsvorschriften nach Art. 9 Abs. 1 RL 98/48 nicht **vor Ablauf von drei Monaten** nach Eingang der Mitteilung bei der Kommission endgültig angenommen werden. Eine Notifizierung ist für die derzeit gültige Fassung erfolgt. 2

§28 In-Kraft-Treten, Neubekanntmachung

(1) ¹**Dieser Staatsvertrag tritt am 1. April 2003 in Kraft.** ²**Sind bis zum 31. März 2003 nicht alle Ratifikationsurkunden bei der Staats- oder Senatskanzlei des Vorsitzenden der Ministerpräsidentenkonferenz hinterlegt, wird der Staatsvertrag gegenstandslos.**

(2) **Die Staats- oder Senatskanzlei des Vorsitzenden der Ministerpräsidentenkonferenz teilt den Ländern die Hinterlegung der Ratifikationsurkunden mit.**

(3) **Die Staats- und Senatskanzleien der Länder werden ermächtigt, den Wortlaut des Rundfunkstaatsvertrages, des ZDF-Staatsvertrages, des Deutschlandradio-Staatsvertrages und des Mediendienste-Staatsvertrages in der Fassung, die sich aus § 25 ergibt, bekannt zu machen.**

Der JMStV ist am **01. 4. 2003** in Kraft getreten. Zeitgleich trat auch das Jugendschutzgesetz (vgl. § 30 JuSchG) in Kraft, mit dem der Staatsvertrag in zahlreichen Vorschriften korrespondiert. Abs. 3 ermächtigt Staats- und Senatskanzleien der Länder zur Bekanntmachung der gemäß § 25 JMStV geänderten Bestimmungen weiterer Staatsverträge (siehe hierzu auch Hartstein, § 28 JMStV Rn. 3). Die **Mitteilung** nach Abs. 2 erfolgte durch die Staatskanzlei des Landes Rheinland-Pfalz (Nikles u.a., § 28 Rn. 3). 1

Im Rahmen der Konferenz der Regierungschefs der Länder in Berlin am 10. Juni 2010 wurde der **14. Rundfunkänderungsstaatsvertrag** (RfÄndStV) durch alle anwesenden Ministerpräsidenten unterzeichnet. Gegenstand des Vertrages war die Novellierung des Jugendschutzes im Rundfunk und im Internet durch den Jugendmedienschutz-Staatsvertrag (JMStV), der nach der Ratifizierung durch die Landesparlamente am 1. Januar 2011 in Kraft treten sollte. Durch die Novellierung sollten indes Grundstruktur, Rechtssystematik und Ausrichtung des Jugendmedienschutz-Staatsvertrags unverändert bleiben. Allerdings hätte der 14. Rundfunkänderungsstaatsvertrag doch eine Reihe von Neuregelungen mit sich gebracht, insbesondere eine **fakultative Alterskennzeichnung** von Angeboten im Rundfunk und vor allem in Telemedien sowie eine Konkretisierung der Voraussetzungen anzuerkennender Jugendschutzprogramme nach § 11 JMStV (vgl. Bayer. LT-Drs. .16/5283, S. 1 ff.; ausführl. Altenhain, BPjM-aktuell, 4/2010, 5 ff.; Braml/Hopf, ZUM 2010, 645 ff; Hopf, K&R 2011, 6 ff.; Weigand, JMS-Report 4/2010, 2 ff.). Der 14. RfÄndStV wurde jedoch im Landtag von Nordrhein-Westfalen von allen Fraktionen am 16. 12. 2010 abgelehnt und trat nicht in Kraft. 2

III. Strafgesetzbuch (StGB)
– Auszug –

In der Fassung der Bekanntmachung vom 13. November 1998 (BGBl. I S. 3322), zuletzt geändert durch Art. 1 Gesetz vom 16. 3. 2011 (BGBl. I S. 418)

§ 11 Personen- und Sachbegriffe

(...)
(3) Den Schriften stehen Ton- und Bildträger, Datenspeicher, Abbildungen und andere Darstellungen in denjenigen Vorschriften gleich, die auf diesen Absatz verweisen.

Schrifttum: *Derksen,* Strafrechtliche Verantwortung für in internationalen Computernetzen verbreitete Daten mit strafbarem Inhalt, NJW 1997, 1878; *Franke,* Strukturmerkmale der Schriftverbreitungstatbestände des StGB, GA 84, 452; *Liesching,* Sind pornographische und gewaltverherrlichende „Live Shows" im Internet straffrei?, JMS-Report 1999, 1; *Löhnig,* „Verbotene Schriften" im Internet, JR 1997, 496; *Marberth-Kubicki,* Computer- und Internetstrafrecht, 2. Aufl. 2010; *Pelz,* Die Strafbarkeit von Online-Anbietern, wistra 1099, 53; *Sieber,* Strafrechtliche Verantwortlichkeit für den Datenverkehr in internationalen Computernetzen, JZ 1996, 494; *Walther,* Zur Anwendbarkeit der Vorschriften des strafrechtlichen Jugendmedienschutzes auf im Bildschirmtext verbreitete Mitteilungen, NStZ 1990, 523.

I. Allgemeines

Die Vorschrift dient ausschließlich dem gesetzestechnischen Zweck, den 1 Begriff der Schrift in bestimmten Fällen auf andere Darstellungen auszudehnen, welche wie die Schriften geeignet sind, die Vorstellung von Sinnzusammenhängen zu vermitteln (Lackner/Kühl, § 11 Rn. 26). Durch Art. 4 des Informations- und Kommunikationsdienstegesetzes (IuKDG) vom 13. Juni 1997 (BGBl. I 1870) wurde die Bestimmung durch die Hinzufügung der „Datenspeicher" den fortgeschrittenen technischen Entwicklungen angepasst. Die Norm gilt nur, soweit auf sie ausdrücklich in dem jeweiligen Straftatbestand (z. B. § 86 Abs. 2, § 111 Abs. 1, § 130 Abs. 2, 131 Abs. 1, § 184 Abs. 1) verwiesen wird.

II. Oberbegriff der Darstellungen

Der weite Oberbegriff der Darstellungen umfasst die übrigen genannten 2 Medienträger der Schriften, Ton- und Bildträger sowie Datenspeicher und Abbildungen. **Darstellungen** sind stoffliche oder sonst **fixierte Zeichen**, welche die Vorstellung eines wahrnehmbaren Vorgangs oder eines Gedankens vermitteln (vgl. RGSt 47, 223; RG GA Bd 57, 400; OLG Stuttgart NStZ 1992, 38; Walther, NStZ 1990, 523; ferner BVerwG NJW 1990, 3286). Auf die Art der Fixierung (z. B. auch elektromagnetisch oder elektronisch) kommt es nicht an (Lackner/Kühl § 11 Rn. 28). **Trägermedien** i. S. d. § 1 Abs. 2 JuSchG (vgl. dort Rn. 16 ff.) sind stets Schriften bzw. Darstellungen im Sinne des § 11 Abs. 3, also insb. „Textträger" wie Bücher, Zeitschriften, Plakate, Tonträger wie Schallplatten (OLG Düsseldorf NJW 1967, 1142), Musikkassetten oder CDs, Bildträger mit Einzelbildern, Film- oder Computerspielinhalten (VG Köln NJW 1989, 3171) wie Filmrollen, Videokassetten, Magnetaufzeichnungsbänder (OLG Koblenz NStZ 1991, 45), DVDs, Blu-rays, CD-ROM (vgl. zum Ganzen *Walther*, NStZ 1990, 523 ff.). Telemedien und Rundfunkangebote sind hingegen nur dann erfasst, wenn die verbreiteten Inhalte auf einem Medienträger (Datenspeicher, Magnetaufzeichnung) fixiert sind. Auch Geheim-, Kurz- oder Bilderschriften sind Darstellungen (Sch/Sch/Eser/Hecker, § 11 Rn. 67).

III. Datenspeicher

3   Dem Begriff der Datenspeicher kommt im Zeitalter der elektronischen Medien eine zentrale Bedeutung zu. Datenspeicher sind **permanente Speichermedien**, die der dauerhaften Aufzeichnung elektronischer, elektromagnetischer und anderer Daten dienen, wie z. B. Blu-ray Discs, DVDs, CD-ROMs, USB-Sticks, Festplatten und die internen Speicher einer EDV-Anlage einschließlich Arbeitsspeicher (vgl. OLG Hamburg ZUM 2010, 434, 436, mit Anm. Mintas, NJW 2010, 1893, 1897; LK-Hilgendorf 12. Aufl., § 11 Rn. 121; Fischer, § 11 Rn. 36). Nach der Rspr. sind Dateien, die auf Datenspeichern – wozu auch Arbeitsspeicher gehören (vgl. BGHSt 47, 55, 58; OLG Hamburg, aaO.; a. A. Harms, NStZ 2003, 646, 649) – festgehalten sind, selbst Datenspeicher und stehen somit Schriften gleich (vgl. schon OLG Hamburg NStZ-RR 1999, 329; siehe auch BT-Dr. 13/7385, S. 36; BGH NStZ 2005, 444; BGH NStZ 2007, 95; OLG Schleswig NStZ-RR 2007, 41). **Kurzfristige Zwischenspeicherungen** sind nicht mit umfasst (BGH 47, 58 ff. m. Anm. Kudlich, JZ 2002, 310 und Bespr. v. Eckstein, ZStW 117, 107).

IV. Live-Darbietungen

4   Live-Darbietungen im Internet oder im Rundfunk werden indes mangels dauerhafter „stofflicher Verkörperung" (Sch/Sch/Eser/Hecker, § 11 Rn. 67) der Medieninhalte nicht vom Schriftenbegriff erfasst (vgl. BT-Drs. 15/350, S. 52; Liesching, JMS-Report 5/1999, 1 ff.). Vgl. aber für den **Rundfunk** und für **Telemedien** (Medien- und Teledienste) § 131 Abs. 2 und § 184d. Auf Btx-Texte fand Abs. 3 keine Anwendung (vgl. OVG Münster NJW 1993, 1494; VG Köln NJW 1991, 1773).

§ 13 Begehung durch Unterlassen

(1) **Wer es unterläßt, einen Erfolg abzuwenden, der zum Tatbestand eines Strafgesetzes gehört, ist nach diesem Gesetz nur dann strafbar,**

Allgemeine Haftungsgrundsätze §§ 13–19, 25–27 StGB

wenn er rechtlich dafür einzustehen hat, daß der Erfolg nicht eintritt, und wenn das Unterlassen der Verwirklichung des gesetzlichen Tatbestandes durch ein Tun entspricht.

(2) Die Strafe kann nach § 49 Abs. 1 gemildert werden.

§ 14 Handeln für einen anderen

(1) Handelt jemand
1. als vertretungsberechtigtes Organ einer juristischen Person oder als Mitglied eines solchen Organs,
2. als vertretungsberechtigter Gesellschafter einer rechtsfähigen Personengesellschaft oder
3. als gesetzlicher Vertreter eines anderen,

so ist ein Gesetz, nach dem besondere persönliche Eigenschaften, Verhältnisse oder Umstände (besondere persönliche Merkmale) die Strafbarkeit begründen, auch auf den Vertreter anzuwenden, wenn diese Merkmale zwar nicht bei ihm, aber bei dem Vertretenen vorliegen.

(2) [1]Ist jemand von dem Inhaber eines Betriebs oder einem sonst dazu Befugten
1. beauftragt, den Betrieb ganz oder zum Teil zu leiten, oder
2. ausdrücklich beauftragt, in eigener Verantwortung Aufgaben wahrzunehmen, die dem Inhaber des Betriebs obliegen,

und handelt er auf Grund dieses Auftrags, so ist ein Gesetz, nach dem besondere persönliche Merkmale die Strafbarkeit begründen, auch auf den Beauftragten anzuwenden, wenn diese Merkmale zwar nicht bei ihm, aber bei dem Inhaber des Betriebs vorliegen. [2]Dem Betrieb im Sinne des Satzes 1 steht das Unternehmen gleich. [3]Handelt jemand auf Grund eines entsprechenden Auftrags für eine Stelle, die Aufgaben der öffentlichen Verwaltung wahrnimmt, so ist Satz 1 sinngemäß anzuwenden.

(3) Die Absätze 1 und 2 sind auch dann anzuwenden, wenn die Rechtshandlung, welche die Vertretungsbefugnis oder das Auftragsverhältnis begründen sollte, unwirksam ist.

§ 15 Vorsätzliches und fahrlässiges Handeln

Strafbar ist nur vorsätzliches Handeln, wenn nicht das Gesetz fahrlässiges Handeln ausdrücklich mit Strafe bedroht.

§ 16 Irrtum über Tatumstände

(1) [1]Wer bei Begehung der Tat einen Umstand nicht kennt, der zum gesetzlichen Tatbestand gehört, handelt nicht vorsätzlich. [2]Die Strafbarkeit wegen fahrlässiger Begehung bleibt unberührt.

(2) Wer bei Begehung der Tat irrig Umstände annimmt, welche den Tatbestand eines milderen Gesetzes verwirklichen würden, kann

wegen vorsätzlicher Begehung nur nach dem milderen Gesetz bestraft werden.

§ 17 Verbotsirrtum

¹Fehlt dem Täter bei Begehung der Tat die Einsicht, Unrecht zu tun, so handelt er ohne Schuld, wenn er diesen Irrtum nicht vermeiden konnte. ²Konnte der Täter den Irrtum vermeiden, so kann die Strafe nach § 49 Abs. 1 gemildert werden.

§ 19 Schuldunfähigkeit des Kindes

Schuldunfähig ist, wer bei Begehung der Tat noch nicht vierzehn Jahre alt ist.

§ 25 Täterschaft

(1) Als Täter wird bestraft, wer die Straftat selbst oder durch einen anderen begeht.

(2) Begehen mehrere die Straftat gemeinschaftlich, so wird jeder als Täter bestraft (Mittäter).

§ 26 Anstiftung

Als Anstifter wird gleich einem Täter bestraft, wer vorsätzlich einen anderen zu dessen vorsätzlich begangener rechtswidriger Tat bestimmt hat.

§ 27 Beihilfe

(1) Als Gehilfe wird bestraft, wer vorsätzlich einem anderen zu dessen vorsätzlich begangener rechtswidriger Tat Hilfe geleistet hat.

(2) ¹Die Strafe für den Gehilfen richtet sich nach der Strafdrohung für den Täter. ²Sie ist nach § 49 Abs. 1 zu mildern.

Kommentierung zu den allgemeinen strafrechtlichen Haftungsgrundsätzen nach §§ 13-19, 25-27 StGB

Schrifttum: *Bleisteiner*, Rechtliche Verantwortlichkeit im Internet, 1999; *Boese*, Strafrechtliche Verantwortlichkeit für Verweisung durch Links im Internet, 2000; *Gehrmann*, Gefahrenabwehr und Strafverfolgung im Internet, 2000; Gercke/Brunst, Praxishandbuch Internetstrafrecht, 2009; *Heghmanns*, Musiktauschbörsen im Internet aus strafrechtlicher Sicht, MMR 2004, 14; *Heinrich*, Neue Medien und klassisches Strafrecht, NStZ 2005, 361; *Heß*, Die Verantwortlichkeit von Diensteanbietern für Informationen im Internet, 2005; *Hilgendorf/Wolf*, Internetstrafrecht – Grundlagen und aktuelle Fragestellungen, K&R 2006, 541; *Gercke/Brunst*, Praxishandbuch Internetstrafrecht, 2009; *Kudlich*, Die Neuregelung der strafrechtlichen Verantwortung von Internetprovidern, JA 2002, 798; *Marberth-Kubicki*, Computer- und Internetstrafrecht, 2. Aufl. 2010;

Popp, Die strafrechtliche Verantwortlichkeit von Internet-Providern, 2002; *Roxin*, Täterschaft und Teilnahme, 8. Aufl. 2006; *ders.*; Strafrecht – Allgemeiner Teil II, 2003; *Sieber*, Die rechtliche Verantwortlichkeit im Internet, 1999; *Sieber/Liesching*, die Verantwortlichkeit von Suchmaschinenbetreibern nach dem Telemediengesetz, MMR-Beilage 2007, 1; *Vassilaki*, Strafrechtliche Haftung nach §§ 8 ff. TDG, MMR 2002, 659.

Übersicht

	Rn.
I. Anknüpfung an Handlungen natürlicher Personen	1
1. Handlungs- bzw. Tatvorwurf	1
a) Allgemeines	1
b) „Compuserve"-Fall	2
2. Strafrechtliche „Verantwortlichkeitszurechnung" in Medienunternehmen	3
a) Grundsätzlich keine Verbandshaftung	3
b) Haftung nach Pressestrafrecht	4
3. Vertreter- und Organhaftung	5
II. Tun und Unterlassen	6
1. Erforderlichkeit der Unterscheidung	6
2. Praktische Bedeutung im Medienstrafrecht	7
3. Abgrenzung zwischen aktivem Tun und Unterlassen	8
a) Allgemeine Grundsätze	8
b) Anwendung im Medienbereich	9
4. Garantenpflichten	10
a) Allgemeine Grundsätze	10
b) Schematisierung und Konkretisierung	11
III. Vorsatz und Fahrlässigkeit	12
1. Vorsatz	12
a) Formen des Vorsatzes	12
b) Vorsatzkonkretisierung insb. bei Medieninhaltsdelikten	13
2. Fahrlässigkeit	14
a) Allgemeine Grundsätze	14
b) Maßstab anzuwendender Sorgfalt	15
IV. Mittäterschaft und Beihilfe	16
1. Mittäterschaft	16
a) Allgemeine Grundsätze	16
b) Beispielsfälle	17
2. Beihilfe	18
a) Allgemeine Grundsätze	18
b) Beispielsfälle	19

I. Anknüpfung an Handlungen natürlicher Personen

1. Handlungs- bzw. Tatvorwurf

a) Allgemeines. Das Medienstrafrecht knüpft – wie das Strafrecht allgemein – hinsichtlich der Verantwortlichkeit einer (natürlichen) Person zunächst an ein „menschliches Handeln" an (vgl. zu dem im Einzelnen umstrittenen Handlungsbegriff Roxin, Strafrecht – AT, 3. Aufl. 1997 § 8 Rn. 1 ff.). Die einem Menschen vorgeworfene konkrete Handlung ist dabei nicht nur Anknüpfungspunkt für den Schuldvorwurf (sog. Tatschuld), son- 1 dern auch entscheidend für die „verhaltensmotivierende" Zielsetzung des Strafrechts: Im Falle einer Verurteilung muss dem Angeklagten deutlich gemacht werden, wegen welcher **konkreten (sozialschädlichen) Handlung** er verurteilt wird, damit diese in Zukunft vermieden werden kann (präventive Funktion des Strafrechts).

2   b) „Compuserve"-Fall. Diese grundlegende strafrechtliche Voraussetzung wurde z. B. im Bereich des Internetstrafrechts in der weithin bekannten „CompuServe"-Entscheidung des AG München übersehen (vgl. AG München, MMR 1998, 429). Dem angeklagten Geschäftsführer der deutschen CompuServe GmbH wurde hier in der Anklageschrift zunächst vorgeworfen, den Datenverkehr zwischen der CompuServe GmbH und der amerikanischen Muttergesellschaft CompuServe Inc. nicht im Hinblick auf pornographische Daten „gefiltert" zu haben. Nachdem der gerichtliche Sachverständige eine derartige **„Filterung" als unmöglich** bezeichnet hatte, beantragten Verteidigung und Staatsanwaltschaft Freispruch. Das Gericht verurteilte jedoch wegen einer nicht näher bezeichneten anderen Handlung, die es wohl im **„Aufrechterhalten" der Datenverbindung** im Zusammenhang mit Handlungen im Bereich der amerikanischen Muttergesellschaft CompuServe Inc sah (vgl. die Anm. von Sieber, MMR 1998, 438 (443 f.) und Liesching/Liesching, JMS-Report 4/1998, S. 60 ff).

2. Strafrechtliche „Verantwortlichkeitszurechnung" in Medienunternehmen

3   a) **Grundsätzlich keine Verbandshaftung.** Aus der im deutschen Strafrecht verankerten „Höchstpersönlichkeit" in dem Sinne, dass der individuelle Schuldvorwurf immer an eine Handlung einer natürlichen Person anknüpft, ergibt sich insb. für den Bereich der Medienstrafrechts, dass eine Generalhaftung eines Medienunternehmens im Sinne einer Einstandsverantwortlichkeit für Handlungen einzelner Mitarbeiter grundsätzlich nicht in Betracht kommt. Eine **Verbandsstrafe** für körperschaftlich strukturierte Wirtschafts- bzw. Medienunternehmen ist dem deutschen Strafrecht also grundsätzlich fremd (vgl. hierzu Dannecker, GA 2001, 101 ff.; Fischer, § 14 Rn. 1c).

4   b) **Haftung nach Pressestrafrecht.** Als Ausnahme könnte man auf den ersten Blick **pressestrafrechtliche Regelungen** ansehen, welche im Falle mittels eines Druckwerks begangener rechtswidriger Straftaten bei periodischen Druckwerken den verantwortlichen Redakteur und bei sonstigen Druckwerken den Verleger in eine Art Generalhaftung zu nehmen scheinen; allerdings ist hier stets Voraussetzung, dass dem Redakteur bzw. dem Verleger auch (vorsätzlich oder fahrlässig) der persönliche Vorwurf einer Verletzung von Freihaltungs- und Aufsichtspflichten gemacht werden kann (vgl. z. B. § 20 LPG Ba-Wü; § 19 LPG Berlin; anders die „Vermutungsregel" in Art. 11 Abs. 2 LPG Bayern).

3. Vertreter- und Organhaftung

5   Allerdings können sich „umgekehrt" Vertreter und Organe körperschaftlich strukturierter Medienunternehmen nicht der strafrechtlichen Verant-

Allgemeine Haftungsgrundsätze §§ 13–19, 25–27 StGB

wortlichkeit mit der Einlassung entziehen, etwaig erforderliche strafbarkeitsbegründende, persönliche Merkmale würden in ihrer Person gar nicht vorliegen, da sie selbst z. B. nur angestellte Geschäftsführer des betreffenden Unternehmens seien. Derartigen Einwendungen steht § 14 StGB entgegen, der für das Ordnungswidrigkeitenrecht in § 14 OWiG seine Entsprechung findet. Vor allem im Nebenstrafrecht kommt der Vorschrift Bedeutung zu, sofern Straftatbestände etwa die Tätereigenschaft als Verleger, Redakteur, Veranstalter, Gewerbetreibender oder Anbieter voraussetzen (vgl. hierzu Sch/Sch/Perron, § 14 Rn. 8 ff.).

II. Tun und Unterlassen

1. Erforderlichkeit der Unterscheidung

Als Anknüpfungspunkte eines strafrechtlichen Vorwurfs kommen entweder 6
positives Tun oder pflichtwidriges Unterlassen in Betracht (vgl. § 13 StGB). Die Unterscheidung dieser beiden Grundformen des strafrechtlich relevanten Handelns ist hinsichtlich der Verantwortlichkeit von Medienanbietern vor allem dann von zentraler Bedeutung, wenn Medieninhalte in größerem Umfang distribuiert werden und eine dezidierte Inhaltskontrolle vor der (Weiter-)Verbreitung nicht stattfindet. Hier kann der Tatvorwurf entweder am aktiven Tun der „Verbreitung" oder am Unterlassen der Inhaltskontrolle oder der **Schaffung entsprechender Compliance-Strukturen** anknüpfen. Die Unterscheidung ist für die strafrechtliche Verantwortlichkeit deshalb besonders relevant, weil ein wesentlicher Unterschied zwischen aktivem Tun und Unterlassen darin liegt, dass bei der Einordnung eines menschlichen Verhaltens als Tun grundsätzlich jeder zur Tatbestandserfüllung führende kausale Beitrag eines Menschen relevant ist. Im Falle eines Unterlassens liegt eine Strafbarkeit dagegen nur dann vor, wenn dem Unterlassenden eine sog. Garantenpflicht zur Vornahme der von ihm verlangten Handlung obliegt (hierzu auch unten Rn. 10 f.). Darüber hinaus ergeben sich – je nach Einordnung des Täterverhaltens als Handeln oder als Unterlassen – auch Unterschiede bei der Prüfung der Kausalität sowie bei der Frage, inwieweit die Zumutbarkeit eines alternativen Verhaltens für die Strafbarkeit Bedeutung hat.

2. Praktische Bedeutung im Medienstrafrecht

Unter dem Gesichtspunkt der Unterlassensstrafbarkeit sind insb. Konstella- 7
tionen im Bereich des **Internetstrafrechts** zu prüfen, etwa im Zusammenhang mit Internetforen, Blogs, Wikis und Gästebucheinträgen, dem Anbieten von Internetauktions-Plattformen, Tauschbörsen, Bild- und Videoplattformen, so genannten „social networks" oder für das Betreiben von Suchmaschinen bzw. das Setzen von Hyperlinks. Falls man eine Garantenpflicht etwa in der letztgenannten Konstellation zur Überwachung der verlinkten Angebote bejahen würde, so könnten diese unter dem Gesichtspunkt des Unterlassens gem. § 13 StGB für Verweise auf Seiten verantwortlich sein, die zum Zeitpunkt ihres aktiven Handelns noch rechtmäßig waren, jedoch später – z. B.

nach einer inhaltlichen Seitenänderung durch den Content-Anbieter – gegen Strafvorschriften verstoßen (vgl. Gercke, CR 2006, 844, 849 f.). Darüber hinaus kann in der **Bereitstellung eines Internetzugangs**, der von dritten (minderjährigen) Kunden rechtsmissbräuchlich genutzt wird, in der Nichtwahrnehmung von Aufsichtsmaßnahmen ein Unterlassen erblickt werden (Liesching/Knupfer, MMR 2003, 562, 564). Doch auch im Bereich der klassischen Medien kommt der Frage einer etwaigen Unterlassensstrafbarkeit praktische Bedeutung zu, wie allein die bereits oben (Rn. 4) erwähnten pressestrafrechtlichen Bestimmungen zu den Freihaltungs- und Aufsichtspflichten von Redakteuren bzw. Verlegern zeigen, welche im Falle ihrer vorsätzlichen oder fahrlässigen Unterlassung in der Regel eine Strafbarkeit begründen können.

3. Abgrenzung zwischen aktivem Tun und Unterlassen

8   a) **Allgemeine Grundsätze.** Problematisch ist die Unterscheidung zwischen aktiver Begehung und Unterlassung insb. in solchen Fallkonstellationen, in denen einerseits ein Tun vorliegt, hingegen andererseits auch gebotene Maßnahmen zur Verhinderung der Tatbestandsverwirklichung unterlassen worden sind. Die Rspr. hält bei der Abgrenzung zwischen positivem Tun und Unterlassen für entscheidend, worauf der „**Schwerpunkt der Vorwerfbarkeit**" zu legen ist (vgl. BGHSt 6, 59; BGH NStZ 1999, 607; OLG Karlsruhe NJW 1980, 1859). Darüber habe „in wertender Würdigung" der Tatrichter zu entscheiden (vgl. BGH NStZ 1999, 607). Eine verbreitete Literaturmeinung grenzt dagegen zwischen Tun und Unterlassen nicht normativ nach dem Schwerpunkt der Vorwerfbarkeit ab, sondern bewertet mit einer naturwissenschaftlichen Betrachtungsweise als positives Tun jeden Energieeinsatz, der einen Tatbestandserfolg kausal und zurechenbar verursacht (vgl. Brammsen, GA 2002, 193; Roxin, Strafrecht – AT II, § 31 Rn. 78 mwN.).

9   b) **Anwendung im Medienbereich.** Vor diesem Hintergrund ist im Bereich des Medienstrafrechts zumindest im Bezug auf angebotsinhaltliche Strafdelikte des Verbreitens und Zugänglichmachens davon auszugehen, dass die Handlungen der Anbieter, Provider, Redakteure, Verleger etc., die in **dezidierter Kenntnis** der betreffenden inkriminierten Inhalte und darauf **hierauf beruhenden Entscheidung** diese vertreiben oder sonst distribuieren, in der Regel als aktives Tun anzusehen sind. Sofern hingegen entscheidungsverantwortliche Personen, insb. in größeren, arbeitsteilig strukturierten Medienunternehmen, von inkriminierten Medieninhalten keine positive Kenntnis erlangen, da der Vertrieb und die Verbreitung entsprechender Inhalte unmittelbar an einen anderen Redakteur oder sonstigen Mitarbeiter delegiert ist oder es sich um fremde Angebotsinhalte Dritter handelt, kann ein Schwerpunkt der Vorwerfbarkeit regelmäßig nur daran anknüpfen, dass der Freihaltung des eigenen Medienangebotes von strafbaren Inhalten oder einer bestehenden Aufsichtspflicht nicht oder nicht hinreichend nachgegangen worden ist. Freilich verbietet sich schon aufgrund des normativen Charakters der Abgrenzungskriterien im Bezug auf Tun und Unterlassen eine pauschale Wertung, so dass stets auf die konkreten Umstände des Einzelfalls abzustellen ist.

Allgemeine Haftungsgrundsätze §§ 13–19, 25–27 StGB

4. Garantenpflichten

a) Allgemeine Grundsätze. Soweit bei einzelnen Tätigkeitsbereichen 10
und Funktionen der Medienanbieter davon auszugehen ist, dass sich diese
nicht als aktives Tun, sondern als Unterlassen im strafrechtsdogmatischen
Sinne darstellen, ist jeweils weiterhin zu untersuchen, inwieweit der unterlassende Anbieter „rechtlich dafür einzustehen" hatte, dass „der Erfolg nicht
eintritt" (§ 13 StGB). Der BGH formuliert die negativen Konsequenzen dieser Bestimmung präzise: „Die bloße tatsächliche Möglichkeit, den Erfolg zu
verhindern oder eine sittliche Verpflichtung, dies zu tun, sind niemals als
ausreichender Grund für die Annahme einer Garantenpflicht angesehen worden" (vgl. BGHSt 30, 391, 394). Die **positive Präzisierung** von § 13 StGB
gilt allerdings als eine der schwierigsten Aufgaben in der Dogmatik des Allgemeinen Teils, die im vorgegebenen Rahmen nur im Ansatz nachgezeichnet
werden kann.

b) Schematisierung und Konkretisierung. Ein einheitlicher dogmati- 11
scher Ansatzpunkt zur Begründung der Garantenpflichten ist in der Rspr.
bisher nicht ersichtlich (vgl. BGHSt 16, 155; 30, 391, 393 f.; 37, 106, 115)
und in der Literatur umstritten (vgl. z. B. Otto/Brammsen, Jura 1985, 530,
532 ff.). Allgemein anerkannt sind nur einige **formale Einteilungsgesichtspunkte**, die allerdings konkrete Rechtspflichten nicht begründen, sondern
nur systematisieren oder bezüglich ihres Inhalts präzisieren können. Im Hinblick auf den Entstehungsgrund von Garantenpflichten unterscheidet die
„formelle Rechtspflichtenlehre" zwischen Garantenpflichten aus Gesetz, Vertrag, vorangegangenem gefährlichem Tun und enger Lebensbeziehung (vgl.
nur BGHSt 30, 391, 394). Bezüglich des Inhalts der Garantenpflichten differenziert die „materielle Funktionslehre" zwischen Schutzpflichten für
bestimmte Rechtsgüter (den sog. Obhutspflichten oder Beschützer-Garantenpflichten) und Pflichten zur **Überwachung von Gefahrenquellen** (den
sog. Sicherungs-, Beherrschungs- oder Überwachungspflichten). Gerade
letztere kommen im Medienstrafrecht in Betracht, soweit vor allem durch die
Mediendistribution die Gefahr der jeweils pönalisierten Rechtsgutsverletzung
geschaffen oder erhöht wird (so z. B. für das Setzen von Hyperlinks: Boese,
Strafrechtliche Verantwortlichkeit, 2000, S. 156 ff.; a. A. Gercke, CR 2006,
844, 850).

III. Vorsatz und Fahrlässigkeit

1. Vorsatz

a) Formen des Vorsatzes. Nach § 15 StGB ist grundsätzlich nur „vor- 12
sätzliches Handeln" strafbar, sofern nicht das Gesetz fahrlässiges Handeln
ausdrücklich mit Strafe bedroht. Die im Medienstrafrecht überwiegenden
Besitz-, Verbreitungs- und Äußerungsdelikte sowie die Computer- und
Datendelikte können nahezu vollumfänglich nur vorsätzlich verwirklicht
werden (z. B. §§ 86, 86a, 111, 130, 130a, 131, 166, 185 ff., 184 ff.; 202a;
303a, 303b StGB). Auch die Zurechnungsformen der Mittäterschaft (§ 25
Abs. 2 StGB) und der Beihilfe (§ 27 StGB) erfordern ein vorsätzliches Han-

deln. Im Allgemeinen werden insb. **drei Vorsatzformen** unterschieden. Vorsätzlich handelt danach jeweils, wer die Tatbestandverwirklichung zielgerichtet will (sog. direkter Vorsatz 1. Grades), wer um die Umstände, die den betreffenden Straftatbestand verwirklichen, sicher weiß (sog. direkter Vorsatz 2. Grades) bzw. wer die Tatbestandverwirklichung lediglich für möglich hält und sie billigend in Kauf nimmt (sog. bedingter Vorsatz) (vgl. nur Sch/Sch/ Sternberg-Lieben, § 15 Rn. 64 ff.)

13 **b) Vorsatzkonkretisierung insb. bei Medieninhaltsdelikten.** Im Zusammenhang mit der Mediendelinquenz bzw. inkriminierten Angebotsinhalten stellt sich insoweit auch die Frage der Vorsatzkonkretisierung. Insb. ist fraglich, ob das regelmäßig gegebene allgemeine, nicht auf einen konkreten Inhalt **spezifizierte sichere Wissen** verantwortlicher Personen größerer Medienunternehmen, dass aufgrund der Vielzahl vertriebener Informationen und Inhalte auch immer ein bestimmter Bruchteil strafrechtlich relevanter Angebote enthalten sein kann, bereits einen zumindest „bedingten" Vorsatz bezüglich einer konkreten Straftat begründet. Dies gilt im besonderen Maße im Bereich des Internetstrafrechts für Access- oder Host-Provider, Betreiber von Internetforen oder Suchmaschinen. Ein derartiger „**Verdachtsvorsatz**" ist aber mit Blick auf § 16 StGB als **nicht hinreichend** zur Vorsatzbegründung anzusehen, da insoweit die tatsächlichen konkreten Umstände, welche einen bestimmten Straftatbestand verwirklichen, gleichwohl nicht bekannt sind (vgl. LG München MMR 2000, 171; Heghmanns, JA 2001, 71, 74; Marberth-Kubicki, 2010, Rn. 163).

2. Fahrlässigkeit

14 **a) Allgemeine Grundsätze.** Das Fehlen der Vorsatzanforderungen führt allerdings nicht per se zu einem vollumfänglichen strafrechtlichen Verantwortlichkeitsausschluss der Medienanbieter. Denn insb. im medienrelevanten Nebenstrafrecht sind zahlreiche Verstöße gegen Verbreitungsverbote bzw. Inhaltsdelikte auch dann mit Strafe bedroht, wenn der Täter bzw. der Anbieter zwar nicht vorsätzlich, aber (in vorwerfbarer Weise) fahrlässig handelt. Dies gilt etwa für das Jugendschutzstrafrecht (vgl. insb. §§ 23, 24 Abs. 1 JMStV, § 27 Abs. 1 und 3 JuSchG) oder die Presseinhaltsdelikte (vgl. z. B. § 20 Abs. 2 LPG Ba-Wü; Art. 11 Abs. 3 LPG Bayern). Bei Bestehen einer Fahrlässigkeitsstrafbarkeit kann Medienanbietern insb. im Zusammenhang mit angebotsinhaltlichen Delikten der Vorwurf gemacht werden, dass sie strafbare, z. B. jugendgefährdende Inhalte im Rahmen ihres Angebotes aufgrund einer unterlassenen **inhaltlichen Prüfung** sorgfaltswidrig weder erkannt noch entfernt haben.

15 **b) Maßstab anzuwendender Sorgfalt.** Hinsichtlich des Sorgfaltspflichtmaßstabes ist freilich allgemein anerkannt, dass gesetzliche Fahrlässigkeitsdelikte nicht jede Herbeiführung eines unerwünschten Zustandes schlechthin verbieten können, sondern nur solche Verhaltensweisen, die das Maß an Sorgfalt außer acht lassen, das im Zusammenleben innerhalb der Rechtsgemeinschaft billigerweise erwartet werden darf (vgl. Sternberg-Lieben in: Schönke/Schröder, 27. Aufl. § 15 Rn. 133 ff.; Tröndle/Fischer, 54. Aufl. § 15

Rn. 12 ff.). Ist insoweit zwar die Ermittlung des Sorgfaltsmaßstabs im jeweiligen Einzelfall maßgeblich, so geht die Rspr. im Bereich des Medienrechts in der Regel bei Inhaltsdelikten davon aus, dass an die Prüfungs- und Erkundigungspflichten der Medienanbieter **strenge Anforderungen** zu stellen sind (vgl. BGHSt 8, 80, 88 f.; 21, 18, 20 f.; 37, 55, 66; BayObLG NJW 1989, 1744 f.; E/K/Liesching, J 214 § 27 Rn. 12, zu Presseinhaltsdelikten Rn. 4).

IV. Mittäterschaft und Beihilfe

1. Mittäterschaft

a) **Allgemeine Grundsätze.** Im Zusammenhang mit dem Medienstraf- 16 recht sind nicht nur die zuvor dargestellten allgemeinen Haftungsgrundsätze relevant, sondern auch die Grundsätze der Zurechnung der Tathandlungen Dritter über das Institut der Täterschaft (§ 25 StGB) und der Teilnahme (§§ 26, 27 StGB). Dabei sind im Medienbereich vor allem Formen der Mittäterschaft und der Beihilfe denkbar. Im falle der Mittäterschaft wird nach § 25 Abs. 2 StGB derjenige „als Täter" bestraft, der eine Straftat „gemeinschaftlich" mit anderen begeht. Kennzeichen der Mittäterschaft ist, dass der einzelne Beteiligte nicht sämtliche Merkmale eines Straftatbestandes selbst verwirklichen muss. Es genügt, dass er **gemeinschaftlich** mit anderen auf der Grundlage eines gemeinsamen Tatentschlusses **arbeitsteilig zusammenwirkt.** Dies ist zunächst derart denkbar, dass jeder Mittäter nur einen bestimmten Teil der Tatbestandshandlung vornimmt. Allerdings sind im Bereich des Medienstrafrechts eher Konstellationen von praktischer Bedeutung, in denen ein Beteiligter (z. B. Verleger, Host-Provider) nur an Vorbereitungshandlungen mitwirkt oder sein Tatbeitrag in sonstiger Weise zwar nicht unmittelbar Teil der Tatbestandsverwirklichung, aber dennoch so wesentlich ist, dass ohne ihn die Tat zwar nicht unmöglich, aber doch erheblich erschwert worden wäre (vgl. BGH NStZ 1991, 91; BGH NJW 1985, 1035).

b) **Beispielsfälle.** Im Allgemeinen gilt zunächst, dass das Institut der mittä- 17 terschaftlichen Zurechnung von Tatbeiträgen nach § 25 Abs. 2 StGB im Bereich des Medienstrafrechts recht selten von der Rspr. bemüht wird. Beispielsweise wurde der **Betreiber eines unzulänglichen Altersverifikationssystems** zum Ausschluss minderjähriger Nutzer vom Zugang zu pornographischen Webseiten als Täter nach § 184 Abs. 1 StGB angesehen, da er „gemeinschaftlich" mit dem jeweiligen Content-Provider handelte (vgl. OLG Düsseldorf MMR 2005, 611 ff. m. Anm. Liesching). Neuerdings nimmt die unterinstanzliche Rspr. im Bezug auf den **Admin-c** einer deutschen pornographischen Webseite eine täterschaftliche Verwirklichung des § 184 StGB an (vgl. AG Waldshut-Tiengen, Urt. v. 14. 2. 2007 – 5 Cs 23 Js 2841/06). Keine Zurechnung nach § 25 Abs. 2 StGB ist möglich, wenn der Geschäftsführer einer Tochtergesellschaft keine Tatherrschaft hinsichtlich der Verbreitung von Inhalten hat, die auf dem Rechner der (ausländischen) Muttergesellschaft bereitgehalten werden (vgl. LG München MMR 2000, 171 f.). Bei Pressinhaltsdelikten geht der BGH davon aus, dass die formale Übernahme der Stellung als „**presserechtlich Verantwortlicher**" für die mittäterschaftliche Zurechnung noch nicht ausreicht (vgl. BGHSt 43, 41, 50; ausführl. Löffler/Kühl, Presserecht, § 20 LPG Rn. 81 ff.).

2. Beihilfe

18 **a) Allgemeine Grundsätze.** Nach § 27 Abs. 1 StGB wird „als Gehilfe bestraft, wer vorsätzlich einem anderen zu dessen vorsätzlich begangener rechtswidriger Tat Hilfe geleistet hat". Nach der Rspr. ist hierbei entscheidend, dass der Gehilfenbeitrag die Handlung des Haupttäters in irgendeiner Weise gefördert hat. Erforderlich ist also eine Gehilfenhandlung, welche die Rechtsgutsverletzung des Haupttäters ermöglicht oder verstärkt oder ihre Durchführung erleichtert (vgl. BGH NStZ 1985, 318; BGH NStZ 1995, 27, 28; OLG Karlsruhe NStZ 1985, 78). Allerdings wird überwiegend vertreten, dass nicht jede kausale Handlung, die sich objektiv als **Unterstützung bzw. Förderung einer Haupttat** darstellt, auch als Beihilfe strafbar ist. Auch und gerade für den Medienbereich bedeutende Beschränkungen werden insb. dann gemacht, wenn sich das tatfördernde Verhalten als „alltägliche", „neutrale" oder „berufstypische" Handlung darstellt (vgl. BGH NJW 2001, 2409 ff.; BGHSt 46, 107 ff.; BGH NStZ 2000, 34 ff.; Ambos, JA 2000, 721 ff; Otto, JZ 2001, 436 ff.).

19 **b) Beispielsfälle.** Im Bereich der **Presseinhaltsdelikte** hat der BGH bereits die allgemeinen strafrechtlichen Grundsätze der Gehilfenhaftung konkretisiert. Wer danach duldet, dass die Herstellungs- und Vertriebskosten einer periodischen Druckschrift über seine Konten abgewickelt werden und er im Impressum der Zeitschrift zum Schein als Herausgeber genannt wird, kann sich wegen Beihilfe zu den durch die Veröffentlichungen begangenen Äußerungsdelikten (im konkreten Fall: Aufforderung zu Straftaten, Billigung von Straftaten, Werbung für eine terroristische Vereinigung) strafbar machen (BGH NJW 1990, 2828 ff.; zur Verleger- und Redakteurshaftung ausführl. Kühl in: Löffler, Presserecht, 5. Aufl. § 20 LPG Rn. 89 f.). Auch die geschäftsmäßigen Verbreiter von Druckschriften (z. B. Kommissionsbuchhändler) sind i. d. R. allenfalls Gehilfen (vgl. OLG Köln AfP 1979, 359).

20 In der **Rspr. zum Internetstrafrecht** ist v.a. umstritten, ob das **Verlinken auf inkriminierte Drittangebote** eine Beihilfe zum Zugänglichmachen, Verbreiten etc. sein kann (ausdrücklich offen gelassen durch AG Berlin-Tiergarten CR 1998, 111 f.; vgl. auch AG Stuttgart MMR 2005, 334 f. m. abl. Anm. Kaufmann/Köcher, MMR 2005, 335 f.). Im Schrifttum wird dies hingegen überwiegend bejaht (vgl. z. B. Schwarzenegger in: FS für Rehbinder, 2002, 723, 733 f.; Vassilaki, CR 1999, 85, 88; a. A. Boese, 2000, S. 133, 141). Die Rspr. geht demgegenüber jüngst sogar von täterschaftlichem Zugänglichmachen aus (vgl. OLG Stuttgart MMR 2006, 387 ff. m. abl. Anm. Liesching). Im Zusammenhang mit dem so genannten **„Phishing"** wurden Finanzagenten, welche im Inland zur Verschleierung der Herkunft bei der betrügerischen Überweisung von Geldbeträgen ins Ausland zwischengeschaltet wurden, von der unterinstanzlichen Rspr. als Gehilfen zum Computerbetrug angesehen (vgl. AG Hamm CR 2006, 70 f. m. Anm. Werner; a. A. Gercke, ZUM 2006, 289 f.).

§ 86 Verbreiten von Propagandamitteln verfassungswidriger Organisationen

(1) Wer Propagandamittel
1. einer vom Bundesverfassungsgericht für verfassungswidrig erklärten Partei oder einer Partei oder Vereinigung, von der unanfechtbar festgestellt ist, daß sie Ersatzorganisation einer solchen Partei ist,
2. einer Vereinigung, die unanfechtbar verboten ist, weil sie sich gegen die verfassungsmäßige Ordnung oder gegen den Gedanken der Völkerverständigung richtet, oder von der unanfechtbar festgestellt ist, daß sie Ersatzorganisation einer solchen verbotenen Vereinigung ist,
3. einer Regierung, Vereinigung oder Einrichtung außerhalb des räumlichen Geltungsbereichs dieses Gesetzes, die für die Zwecke einer der in den Nummern 1 und 2 bezeichneten Parteien oder Vereinigungen tätig ist, oder
4. Propagandamittel, die nach ihrem Inhalt dazu bestimmt sind, Bestrebungen einer ehemaligen nationalsozialistischen Organisation fortzusetzen,

im Inland verbreitet oder zur Verbreitung im Inland oder Ausland herstellt, vorrätig hält, einführt oder ausführt oder in Datenspeichern öffentlich zugänglich macht, wird mit Freiheitsstrafe bis zu drei Jahren oder mit Geldstrafe bestraft.

(2) Propagandamittel im Sinne des Absatzes 1 sind nur solche Schriften (§ 11 Abs. 3), deren Inhalt gegen die freiheitliche demokratische Grundordnung oder den Gedanken der Völkerverständigung gerichtet ist.

(3) Absatz 1 gilt nicht, wenn das Propagandamittel oder die Handlung der staatsbürgerlichen Aufklärung, der Abwehr verfassungswidriger Bestrebungen, der Kunst oder der Wissenschaft, der Forschung oder der Lehre, der Berichterstattung über Vorgänge des Zeitgeschehens oder der Geschichte oder ähnlichen Zwecken dient.

(4) Ist die Schuld gering, so kann das Gericht von einer Bestrafung nach dieser Vorschrift absehen.

Schrifttum: *Hörnle,* Aktuelle Probleme aus dem materiellen Strafrecht bei rechtsextremistischen Delikten, NStZ 2003, 113; *Jahn,* Strafrechtliche Mittel gegen Rechtsextremismus, 1998; *Kubiciel,* Rechtsextremistische Musik von und mit V-Leuten, NStZ 2003, 57; *Rautenberg,* Zur „Abwehr verfassungswidriger Bestrebungen" in § 86 III StGB, GA 2003, 623; *Reuter,* Verbotene Symbole, 2005; *Stegbauer,* Rechtsextremistische Propaganda im Lichte des Strafrechts, 2000; *ders.,* Rechtsextremistische Propaganda und das Kennzeichenverbot des § 86 a StGB, JR 2002, 182.

Übersicht

	Rn.
I. Allgemeines	1
1. Wesentlicher Regelungsinhalt	1
2. Geschütze Rechtsgüter	2

II. Propagandamittel verbotener Parteien und Organisationen
(Abs. 1) 3
  1. Verbotene Parteien, Vereinigungen oder Einrichtungen
(Abs. 1 Nrn. 1-3) 3
  2. Nationalsozialistische Organisationen (Abs. 1 Nr. 4) 4
III. Begriff der Propagandamittel (Abs. 2) 5
  1. Legaldefinition 5
  2. Erfasste Tatobjekte 6
  3. Vorkonstitutionelle Schriften 7
    a) Problemstellung 7
    b) Herrschende Meinung 8
    c) Gegenansicht der Literatur 9
    d) Fehlende Fortsetzungsintention 10
IV. Erfordernis besonderer Tätereigenschaften 11
  1. Täterbeziehung zur Organisation 11
  2. Erfassung eigenständiger Nicht-Mitglieder 12
  3. Beachtung des Analogieverbots 13
V. Sozialadäquanzklausel (Abs. 3) 14
  1. Zweck, Bezugspunkt, praktische Bedeutung 14
  2. Staatsbürgerliche Aufklärung 15
  3. Ausdrücklich genannte Zwecke im Einzelnen 16
  4. Ähnliche Zwecke 17

I. Allgemeines

1. Wesentlicher Regelungsinhalt

1 Die Vorschrift pönalisiert als abstraktes Gefährdungsdelikt (Sch/Sch/Sternberg-Lieben, § 86 Rn. 1) das Verbreiten sowie das öffentliche Zugänglichmachen in Datenspeichern, aber auch Vorbereitungshandlungen, namentlich das Herstellen und Vorrätighalten sowie die Ein- oder Ausfuhr (vgl. zu den Tathandlungen § 86a Rn. 4 f.; § 184 Rn. 17 ff. und § 15 JuSchG Rn. 7 ff.) von **Propagandamitteln verfassungswidriger Organisationen**, welche in Abs. 1 Nrn. 1-4 spezifiziert sind. Der Archetypus des heutigen § 86 StGB entstammt dem 8. StRÄndG (v. 25. 6. 1968, BGBl. I 741) und hat seither mehrfach tatbestandsinhaltliche Änderungen erfahren (vgl. 14. StRÄndG v. 22. 4. 1976, BGBl. I 1056; VerbrBekG v. 28. 10. 1994, BGBl. I 3186); IuKDG v. 22. 7. 1997, BGBl. I 1870).

2. Geschütze Rechtsgüter

2 Normzweck ist der Schutz der freiheitlichen **demokratischen Grundordnung** (vgl. hierzu BVerfGE 2, 1, 12 f.; 5, 85, 140; BGHSt 7, 222, 227) und des Gedankens der **Völkerverständigung** (hierzu BGHSt 23, 65, 70; 29, 73, 75; OLG Celle NStZ 1997, 495 mit Anm. Popp, JR 1998, 80) und somit – zumindest mittelbar – auch der Schutz von Kindern und Jugendlichen vor Desorientierungen hinsichtlich der verfassungsmäßigen Wertordnung (vgl. zur sozialethischen Desorientierung § 18 JuSchG Rn. 4 ff. sowie § 15 Abs. 2 Nr. 1 JuSchG, § 4 Abs. 1 S. 1 Nr. 1 JMStV).

Verbreiten von Propagandamitteln § 86 StGB

II. Propagandamittel verbotener Parteien und Organisationen (Abs. 1)

1. Verbotene Parteien, Vereinigungen oder Einrichtungen (Abs. 1 Nrn. 1-3)

Absatz 1 wendet sich nur gegen Propagandamittel bestimmter Parteien und 3 Organisationen, namentlich verbotener inländischer Parteien, Vereinigungen (vgl. Art. 9 Abs. 2 GG sowie den Überblick bei Bonefeld, DRiZ 1993, 430 f.) und deren Ersatzorganisationen (Nrn. 1 und 2), oder ausländischer Regierungen, Vereinigungen und Einrichtungen, die für die Zwecke einer der vorstehenden Parteien oder Vereinigungen tätig sind (Nr. 3). Darüber hinaus erfasst die als abstraktes Gefährdungs- und mittelbares Organisationsdelikt (BGHSt 23, 64, 70; Sch/Sch/Sternberg-Lieben, § 86 Rn. 1) ausgestaltete Norm auch solche Propagandamittel, die ihrem Inhalt nach dazu bestimmt sind, Bestrebungen einer ehemaligen nationalsozialistischen Organisation fortzusetzen (Nr. 4).

2. Nationalsozialistische Organisationen (Abs. 1 Nr. 4)

In der Praxis von besonderer Bedeutung sind insb. Propagandamittel i. S. d. 4 Nummer 4, die also auf die Fortsetzung der Bestrebungen nationalsozialistischer Organisationen gerichtet sind. Hierbei muss es sich um eine bestimmte Organisation handeln. Nicht hinreichend ist daher z. B. die Glorifizierung des NS-Regimes als solches (vgl. BGHSt 23, 64, 76; Lackner/Kühl § 86 Rn. 5). Auch die ehemalige Wehrmacht ist nicht als nationalsozialistische Organisation im Sinne der Vorschrift anzusehen (BGHSt 23, 64, 65; LK-Laufhütte § 86 Rn. 21), hingegen ohne Weiteres die **NSDAP** (BGH bei Schmidt, MDR 1979, 705) sowie sämtliche **Unterorganisationen und Verbände** wie insb. die SA oder die SS. Ob einzelne NS-Organisationen, wie etwa der NS-Frauenbund, allenfalls mittelbar Ziele der nationalsozialistischen Ideologie verfolgten, ist unerheblich (zutreffend Stegbauer, 2000, S. 54). Unter der Prämisse des Organisationsbezugs kommen grundsätzlich in Betracht: militanter Antisemitismus, alle rassistischen Bestrebungen und ein übersteigerter, das Lebensrecht fremder Völker leugnender Nationalismus sowie die Forderung nach einem Führerstaat (Stegbauer, 2000, S. 55).

III. Begriff der Propagandamittel (Abs. 2)

1. Legaldefinition

Der Begriff der Propagandamittel ist in Absatz 2 legal definiert. Er kenn- 5 zeichnet die materielle Staatsfeindlichkeit des Inhalts der Propaganda. Angriffsbezugspunkt ist zum einen die freiheitliche demokratische Grundordnung, also die im Grundgesetz verankerten Grundwerte des freiheitlichen demokratischen Verfassungsstaates (vgl. hierzu BVerfGE 2, 1, 12; 5, 85, 140; BGHSt 7, 222, 227 zu § 90a StGB a. F.; Lackner/Kühl § 86, Rn. 2; LK-Laufhütte § 86, Rn. 3). Zum anderen ist Angriffsgegenstand der Gedanke der Völkerverständigung. Insoweit kommen insb. **völkerrechtswidrige oder den Krieg verherrlichende** (vgl. § 15 JuSchG Rn. 48 ff. f.) Inhalte in Betracht (vgl. zum Ganzen BGHSt 23, 65, 70; 29, 73, 75; OLG Celle NStZ 1997, 495 mit. Anm. Popp, JR 1998, 80; Krauth/Kurfess/Wulf, JZ 1968, 577, 581; LK-Laufhütte § 86, Rn. 4).

2. Erfasste Tatobjekte

6   Geeignete Tatmittel sind nach Abs. 2 alle **Schriften** nach § 11 Abs. 3, also auch alle Online-Angebote, deren Inhalt sich, wenn auch nur „zwischen den Zeilen", mit „aktiv kämpferischer, aggressiver Tendenz" (BGHSt 23, 64, 72 f.; einschr. BGH NStZ 1982, 25) gegen die freiheitlich demokratische Grundordnung und/oder den Gedanken der Völkerverständigung richtet (§ 86 Abs. 2 StGB).

3. Vorkonstitutionelle Schriften

7   **a) Problemstellung.** Umstritten ist weiterhin, ob auch vorkonstitutionelle Schriften als taugliche Tatmittel i. S. d. § 86 Abs. 2 StGB in Betracht kommen. Diskutiert wird diese Frage in Rspr. und Schrifttum vornehmlich i.R.d. Nr. 4 für nationalsozialistische Schriften, die vor dem 8. Mai 1945 entstanden sind (vgl. BGHSt 19, 63, 70; 29, 73, 82: „Mein Kampf").

8   **b) Herrschende Meinung.** Die h.M. lehnt die Tatbestandsmäßigkeit mit der Begründung ab, Schriften mit einem Erscheinungsdatum vor dem 8. Mai 1945 sowie deren unveränderte Nachdrucke könnten sich schon deshalb nicht gegen die Anerkennung der freiheitlich demokratischen Grundordnung und den Gedanken der Völkerverständigung in der Bundesrepublik richten, weil eben dieser Staat zum damaligen Zeitpunkt noch nicht existierte. Hierfür spreche insb. auch die **systematische Stellung** des § 86 StGB im 3. Titel des 1. Abschnitts [„Gefährdung des (bundesdeutschen) demokratischen Rechtsstaats"]. Anders liege die Sache nur dann, wenn eine vorkonstitutionelle Schrift durch Zusätze (Vor- bzw. Nachwort, Umschlaghülle), die geschickte Zusammenstellung mehrerer alter Texte oder die Einbeziehung in eine neue Schrift derart aktualisiert wird, dass sich diese nunmehr selbst direkt gegen die heutige deutsche Verfassung wendet (BGHSt 29, 73 ff.; OLG Celle NStZ 1997, 495, 496; Lackner/Kühl § 86 Rn. 4; LK-Laufhütte, § 86 Rn. 6; SK-Rudolphi § 86 Rn. 11 f.; Schönke/Schröder, Stree/Sternberg-Lieben § 86 Rn. 3).

9   **c) Gegenansicht der Literatur.** Demgegenüber beruft sich die vorzugswürdige Gegenansicht darauf, dass Schriften, die kategorisch jede nur denkbare Form einer freiheitlich demokratischen Grundordnung ablehnen, sich konsequenterweise auch gegen die **konkret in der BRD verwirklichte Fassung dieser Grundordnung** richten müssten (Bonefeld, DRiZ 1993, 430, 436; Bottke, JA 1980, 126; ders. in: BuB 1980, 254; Otto, Grundkurs Strafrecht, § 84, Rn. 19; Popp, JR 1998, 80, 81 sowie schon Dreher/Tröndle, StGB, 38. Aufl. 1978, § 86, Rn. 5). Dies trifft insb. auf Hitlers Buch „Mein Kampf" zu, welches nach zutreffender Ansicht des BGH als „Programmbuch

Verbreiten von Propagandamitteln § 86 StGB

der NSDAP den Konstitutionsprinzipien jeder freiheitlichen Demokratie [...] hohn spricht" (BGHSt 29, 73, 75).

d) Fehlende Fortsetzungsintention. Von einer Entscheidung dieser 10 umstrittenen Fragestellung kann bei rechtsextremistischen Angeboten im Regelfall jedoch abgesehen werden, da die Subsumtion einer in ihrem Urzustand belassenen vorkonstitutionellen Schrift unter Nr. 4 StGB regelmäßig daran scheitert, dass diese ihrem Inhalt nach gerade nicht dazu „**bestimmt**" ist, die Bestrebungen ehemaliger nationalsozialistischer Organisationen fortzusetzen, sondern diese Bestrebungen vielmehr erst auf den Weg zu bringen (Bottke, JA 1980, 125, 126; Stegbauer, 2000, S. 67; Liesching/Ebner, JMS-Report 5/2001, S. 1, 2 f.).

IV. Erfordernis besonderer Tätereigenschaften

1. Täterbeziehung zur Organisation

Ausschlaggebend für die Frage einer Täterschaft kann nach zutreffender 11 herrschender Auffassung nicht die Mitgliedschaft in der illegalen Organisation an sich sein (SK-Rudolphi § 86, Rn. 10; Stegbauer, 2000, S. 48 f. mwN.). Problematisch ist freilich, welche Beziehung zwischen einer vom Täter selbst verfassten Agitationsschrift (z. B. in Form einer über das Internet jederzeit abrufbaren Homepage) und dem eigentlichen Propagandaträger bestehen muss. Bei der Ausgestaltung des gesetzlichen Tatbestandes hat sich der Gesetzgeber insofern auf die bloße Verwendung des Genitivs beschränkt. Sprachlich deutet dies zunächst auf eine rein formelle Art der Beziehung zwischen Propagandamittel und illegaler Organisation (**offizielles Material**) hin. Auch geht aus den Gesetzesmaterialien hervor, dass ein Propagandamittel i. S. d. § 86 Abs. 2 StGB entweder direkt von einem Angehörigen der verbotenen Organisation oder aber von einem Außenstehenden (Nichtmitglied) in deren Auftrag zum Zwecke der Verbreitung hergestellt, bzw. eine bereits bestehende Schrift mit dieser Zielsetzung übernommen worden sein muss (Wulf, BT-Drs., 5. Wahlperiode, Stenographischer Dienst, 84. Sitzung des Sonderausschusses für die Strafrechtsreform, Bonn 12. 10. 1967, S. 1667 f.).

2. Erfassung eigenständiger Nicht-Mitglieder

Gleichwohl erscheint fraglich, ob sich nicht auch der politisch motivierte 12 Einzeltäter, der ohne (formellen) Bezug zu einer illegalen Organisation – sei es aus bloßer Sympathie oder aber um diese gezielt aus dem Hintergrund zu unterstützen – aus eigenem Antrieb deren Gedankengut propagiert, u.U. nach § 86 Abs. 1 StGB strafbar machen kann. Hierfür sprechen in erster Linie kriminalpolitische Erwägungen (so noch Sch/Sch/Stree, 25. Aufl. 1997, § 86 Rn. 12). So würde die unter dem Gesichtspunkt der **negativen Generalprävention** ohnehin schon geringe Strafandrohung von Freiheitsstrafe bis zu drei Jahren oder Geldstrafe vollends **wirkungslos**, wenn ein nach obigem Muster vorgehender Täter allein dadurch Straffreiheit erlangen könnte, dass er sich bewusst nach außen hin von einer ihm eigentlich ideologisch opportunen illegalen Organisation distanziert, um unter dem Deckmantel einer solchen

„Quasi-Legalität" in ansonsten strafbarer Weise unbehelligt für diese Werbung betreiben zu können. Weiterhin ist auch nicht einzusehen, warum Mitglieder bzw. eigens von der Organisation engagierte Nichtmitglieder strafrechtlich anders beurteilt werden sollten, als ein **selbständig handelnder Einzeltäter**, zumal beide Taten unabhängig voneinander eine an sich äquivalente Rechtsgutsverletzung herbeiführen, ohne sich in ihrem Unrechtsgehalt zu unterscheiden. Schließlich führt ein gegenteiliges Verständnis der Norm dazu, dass derjenige Täter, der auf die o.g. Weise versucht, etwaige Strafbarkeitslücken gezielt auszunutzen und daher ein weitaus höheres Potential an krimineller Energie aufweist als der „Durchschnitts-Staatsschutzstraftäter", in ungerechtfertigter Weise strafrechtlich privilegiert würde.

3. Beachtung des Analogieverbots

13 Gegen diese Auffassung wendet sich indes die h.M. mit dem Argument, eine derartige Auslegung sei vom Wortlaut der Vorschrift nicht mehr gedeckt, und laufe folglich auf einen Verstoß gegen das strafrechtliche Analogieverbot aus Art. 103 Abs. 2 GG und § 1 StGB hinaus (Stegbauer, 2000, S. 50). Dem ist jedoch nur bedingt zuzustimmen. So ist für die Frage nach dem Vorliegen eines strafbewährten Propagandamittels nach dem Wortlaut des § 86 Abs. 2 StGB doch gerade nicht auf die Urheberschaft als solche (formeller Bezug), sondern allein auf den **Inhalt der Schrift** abzustellen. Bedient sich der Täter daher bei der Erstellung einer selbst verfassten Agitationsschrift nachweislich bestimmter Schlagworte, Parolen oder sonstiger propagandistischer Textpassagen, die ihrem Inhalt nach ausschließlich einer bestimmten illegalen Organisation zuzuordnen sind (materieller Bezug), so besteht in rechtlicher Hinsicht kein Anlass, ein derartiges Erzeugnis nicht auch als Propagandamittel „einer" solchen Gruppierung zu werten. Hat der Täter das in seiner Werbeschrift propagierte (Fremd-)Gedankengut inhaltlich jedoch derart verändert, dass es keinen direkten Bezug mehr zu dem „Original" aufweist, so wird dies entsprechend der h.M. wohl nicht mehr vom Wortlaut des § 86 StGB erfasst (Liesching/Ebner, JMS-Report 5/2001, S. 1, 3).

V. Sozialadäquanzklausel (Abs. 3)

1. Zweck, Bezugspunkt, praktische Bedeutung

14 Von besonderer praktischer Bedeutung ist die Sozialadäquanzklausel des Absatz 3 im Kontext des Jugendschutzes auch deshalb, weil auf sie in § 4 Abs. 1 S. 2 JMStV ausdrücklich Bezug genommen wird. Liegt im Falle der Tathandlungen des Abs. 1 einer der genannten legitimierenden Zwecke vor, ist bereits der Tatbestand des § 86 nicht erfüllt. Die Klausel dient vor allem der Sicherung verfassungsrechtlich gewährleisteter **Grundrechte** – insb. des Art. 5 GG – vor Beeinträchtigungen, die zum Schutz der freiheitlichen demokratischen Grundordnung nicht erforderlich sind (LK-Laufhütte/Kuschel, § 86 Rn. 36 mwN.). Bezugspunkt der genannten finalen Merkmale kann sowohl das Propagandamittel (krit. Stegbauer, 2000, S. 74) als auch die Tathandlung des Abs. 1 sein (hierzu Fischer, § 86 Rn. 17 f). Eine erheblich

größere praktische Bedeutung kommt der Sozialadäquanzklausel im Zusammenhang mit verfassungsfeindlichen Kennzeichen nach § 86a zu (siehe dort Rn. 27 ff.).

2. Staatsbürgerliche Aufklärung

Einer solchen dient eine Handlung, die zur Anregung der politischen Willensbildung und Verantwortungsbereitschaft des Staatsbürgers und damit zur **Förderung seiner politischen Mündigkeit** Wissen vermittelt (BGHSt 23, 227; OLG Hamm NJW 1982, 1658: Darstellung von Agitationsmethoden der NS-Zeit aus didaktischen Gründen). Die Privilegierung greift indes nicht ein, wenn die Information der Öffentlichkeit nur einen Vorwand bildet, um in Wahrheit die mit dem Inhalt der Schrift angestrebte propagandistische Wirkung zu erzielen (Sch/Sch/Sternberg-Lieben, § 86 Rn. 17). Erfasst werden aber jedenfalls **kritische Berichterstattungen** (vgl. BGHSt 43, 44 f.; BGH NStZ-RR 1997, 282). Insoweit kann auch von einer Abwehr verfassungswidriger Bestrebungen ausgegangen werden, darüber hinaus auch dann, wenn Propagandamittel im Rahmen einer erkennbar gegen die betreffende verbotene Partei oder Vereinigung i. S. d. Abs. 1 Nrn. 1 bis 4 durchgeführten Veranstaltung (z. B. Gegendemonstrationen) als Mittel der „**Entlarvung der Propagandainhalte**" eingesetzt werden. 15

3. Ausdrücklich genannte Zwecke im Einzelnen

Zu den Zwecken der Kunst (siehe hierzu auch BVerfGE 82, 1 ff.), der Forschung, der Wissenschaft bzw. der Lehre vgl. die Anm. zu § 18 Abs. 3 Nr. 2 JuSchG (Rn. 36 ff.). Der **Berichterstattung** über Vorgänge des Zeitgeschehens oder der Geschichte dienen insb. Nachrichten in Rundfunksendungen sowie in Print- und Online-Medien. Erfasst werden auch historische Dokumentationen, wenn sie nicht erkennbar unter dem Deckmantel der geschichtlichen Darstellung darauf angelegt sind, die Propagandainhalte selbst dem Zuschauer oder Leser nahe zu bringen (vgl. auch BVerfGE NJW 1988, 325), auch nachgestellte Szenen im Rahmen einer Dokumentation schließen die Sozialadäquanz nicht von vornherein aus (vgl. zu § 5 Abs. 6 JMStV: Liesching, ZUM 2009, 367 ff.; a. A. Hopf, ZUM 2009, 191 ff.) . 16

4. Ähnliche Zwecke

Bei ähnlichen Zwecken im Sinne des Abs. 3 muss es sich um solche handeln, die in ihrem Gewicht den anderen in der Sozialadäquanzklausel ausdrücklich genannten gleichkommen (LK-Laufhütte § 86 Rn. 21). Dies kann etwa der Fall sein, wenn sich jemand eine **Bibliothek zur nur persönlichen Benutzung** zulegt und sich dabei auch Schriften verschafft, die unter Abs. 1 fallen (zur Tätigkeit von V-Leuten im Rahmen der Herstellung rechtsextremistischer Musik-Tonträger vgl. Kubiciel, NStZ 2003, 57 ff.). Nach der Rspr. ist Abs. 3 auch beim Setzen eines Links auf einschlägige Internetinhalte einschlägig, wenn es dem den Link Setzenden erkennbar gerade nicht darum gegangen ist, nationalsozialistisches Gedankengut zu verbreiten, sondern vielmehr eine **Plattform für die Debatte** über die Sperrverfügungen zu schaf- 17 fen (OLG Stuttgart, MM 2006, 287 ff. m. Anm. Liesching; hierzu auch Stegbauer, NStZ 2008, 73, 74). Im Übrigen finden sich hier – im Gegensatz zu den verfassungsfeindlichen Kennzeichen – kaum vernünftige praktische Beispiele (Fischer, § 86 Rn. 24).

§ 86a Verwenden von Kennzeichen verfassungswidriger Organisationen

(1) Mit Freiheitsstrafe bis zu drei Jahren oder mit Geldstrafe wird bestraft, wer
1. im Inland Kennzeichen einer der in § 86 Abs. 1 Nr. 1, 2 und 4 bezeichneten Parteien oder Vereinigungen verbreitet oder öffentlich, in einer Versammlung oder in von ihm verbreiteten Schriften (§ 11 Abs. 3) verwendet oder
2. Gegenstände, die derartige Kennzeichen darstellen oder enthalten, zur Verbreitung oder Verwendung im Inland oder Ausland in der in Nummer 1 bezeichneten Art und Weise herstellt, vorrätig hält, einführt oder ausführt.

(2) ¹Kennzeichen im Sinne des Absatzes 1 sind namentlich Fahnen, Abzeichen, Uniformstücke, Parolen und Grußformen. ²Den in Satz 1 genannten Kennzeichen stehen solche gleich, die ihnen zum verwechseln ähnlich sind.

(3) § 86 Abs. 3 und 4 gilt entsprechend.

Schrifttum: *Bartels/Kollorz,* Rudolf Heß – Kennzeichen einer verfassungswidrigen Organisation?, NStZ 2002, 297; *Bonefeld,* Hakenkreuz und Hiltergruß, DRiZ 1993, 430; *Dahm,* Freibrief für Rechtsextremisten?, DRiZ 2001, 404; *v.Dewitz,* NS-Gedankengut und Strafrecht, 2006; *Hörnle,* Aktuelle Probleme aus dem materiellen Strafrecht bei rechtsextremistischen Delikten, NStZ 2003, 113; *Jahn,* Strafrechtliche Mittel gegen Rechtsextremismus, 1998; *Köhne,* Kennzeichen verfassungswidriger Organisationen in Computerspielen, DRiZ 2003, 210; *Kubiciel,* Rechtsextremistische Musik von und mit V-Leuten, NStZ 2003, 57; *Liesching,* Hakenkreuze in Film, Fernsehen und Computerspielen – Verwendung verfassungsfeindlicher Kennzeichen in Unterhaltungsmedien, MMR 2010, 309; *Rahe,* Die Sozialadäquanzklausel des § 86 a Abs. 3 StGB und ihre Bedeutung für das politische Kommunikationsstrafrecht, 2002; *Rautenberg,* Zur „Abwehr verfassungswidriger Bestrebungen" in § 86 III StGB, GA 2003, 623; *Reuter,* Verbotene Symbole, 2005; *Stegbauer,* Rechtsextremistische Propaganda im Lichte des Strafrechts, 2000; *ders.,* Rechtsextremistische Propaganda und das Kennzeichenverbot des § 86 a StGB, JR 2002, 182; *ders.,* Rechtsprechungsübersicht zu den Propaganda und Äußerungsdelikten, NStZ 2010, 129; *ders.,* Rechtsprechungsübersicht zu den Propaganda und Äußerungsdelikten, NStZ 2008, 73; *Steinmetz,* „Ruhm und Ehre der Waffen-SS" – Verwechselbares Kennzeichen i. S. des § 86 a II 2 StGB, NStZ 2002, 118; *Weimann,* Das sog. Obergauarmdreieck, NJ 1998, 522.

Übersicht

	Rn.
I. Allgemeines	1
1. Normzweck und Rechtsnatur	1
2. Geschütze Rechtsgüter	2
3. Praktische Bedeutung im Medienbereich	3

II. Medienrelevante Tathandlungen (Abs. 1) 4
  1. Verbreiten 4
  2. Öffentliches Verwenden 5
III. Begriff des Kennzeichens (Abs. 2 S. 1) 6
  1. Weites Begriffsverständnis 6
  2. Einzelbeispiele erfasster Kennzeichen 7
  3. Nicht erfasste Zeichen 11
IV. Zum Verwechseln ähnliche Kennzeichen 14
  1. Allgemeine Grundsätze 14
  2. Einzelbeispiele 16
  3. Abkürzungen und Verschlüsselungen 17
V. Teleologische Tatbestandsreduktion 18
  1. Allgemeines 18
  2. Einzelfälle in der Rechtsprechung 19
    a) Kurze Verwendung 19
    b) Ausdruck der Gegnerschaft 20
    c) Hakenkreuze in Computerspielen 21
  3. Anwendung bei Unterhaltungsmedien 23
    a) Konsistente Auslegung bei Spielen und Filmen 23
    b) Anwendung der allg. Grundsätze 24
VI. Anwendung der Sozialadäquanzklausel (Abs. 3) 27
  1. Allgemeines 27
  2. Unterhaltungsmedien als „der Kunst dienend" 28
    a) Merkmal des „Dienens" 28
    b) Rechtsprechungskasuistik 29
    c) Anwendung bei Filmen und Spielen 30
  3. Ähnliche Zwecke 31
    a) Allgemeine Grundsätze 31
    b) Rechtsprechungskasuisitik 32
    c) Anwendung bei Unterhaltungsmedien 33

I. Allgemeines

1. Normzweck und Rechtsnatur

Die ebenfalls als Organisations- und **abstraktes (Staats-)Gefährdungs-** 1
delikt (BGHSt 23, 267, 268; 25, 30, 31 f.; OLG Bremen NJW 1987, 1427, 1428; Ringel, CR 1997, 302, 304; Wilhelm, DRiZ 1994, 339, 340) ausgestaltete Vorschrift stellt als Konsequenz zum Propagandaverbot des § 86 das inländische Verbreiten und öffentliche Verwenden von Kennzeichen einer der in § 86 Abs. 1 Nrn. 1, 2 und 4 StGB bezeichneten Gruppierungen (§ 86a Abs. 1 Nr. 1 StGB), einschließlich der hierzu notwendigen, in § 86a Abs. 1 Nr. 2 StGB näher spezifizierten Vorbereitungshandlungen unter Strafe. Daneben sind die Ordnungswidrigkeitstatbestände des § 15 OrdenG (ggf. i. V. m. §§ 14, 21 OWiG) sowie des § 20 Abs. 1 Nr. 5 i. V. m. § 9 VereinsG zu beachten.

2. Geschütze Rechtsgüter

Der Schutzzweck der Norm wird vom BGH zum einen in der „Abwehr 2
einer Wiederbelebung der verbotenen Organisation oder der von ihr verfolg-

ten verfassungsfeindlichen Bestrebungen, auf die das Kennzeichen symbolhaft hinweist", gesehen. Zum anderen diene die Vorschrift aber auch der Wahrung des politischen Friedens dadurch, dass jeglicher Anschein einer solchen **Wiederbelebung** sowie der Eindruck bei in- und ausländischen Beobachtern des politischen Geschehens in der Bundesrepublik Deutschland vermieden werden soll, in ihr gebe es eine rechtsstaatswidrige innenpolitische Entwicklung, die dadurch gekennzeichnet ist, dass verfassungsfeindliche Bestrebungen der durch das Kennzeichen angezeigten Richtung geduldet würden. Auch ein solcher Eindruck und die sich daran knüpfenden Reaktionen könnten nach Ansicht des BGH den **politischen Frieden** empfindlich stören. Der Tatbestand soll darüber hinaus „verhindern, dass die Verwendung von Kennzeichen verbotener verfassungsfeindlicher Organisationen – ungeachtet der damit verbundenen Absichten – sich wieder derart einbürgert, dass das Ziel, solche Kennzeichen aus dem Bild des politischen Lebens in der Bundesrepublik grundsätzlich zu verbannen, nicht erreicht wird, mit der Folge, dass sie schließlich auch wieder von den Verfechtern der politischen Ziele, für die das Kennzeichen steht, gefahrlos gebraucht werden können" (BGH NJW 2007, 1602; BGHSt 25, 30, 33 f.; BGHSt 25, 128,130 f.).

3. Praktische Bedeutung im Medienbereich

3   Verfassungsfeindliche Kennzeichen dürfen grundsätzlich auch in den Medien nicht verwendet werden. Freilich genießen auch insoweit vor allem zeitgeschichtliche **Dokumentationen und Informationssendungen** auf Grund der Sozialadäquanzklausel des § 86 Abs. 3 StGB weitgehenden Schutz vor Strafverfolgung und Aufsichtsmaßnahmen, da sie in aller Regel der Berichterstattung über Vorgänge des Zeitgeschehens oder der Geschichte dienen. Wesentlich problematischer und zudem in Rspr. und Schrifttum weitgehend unbehandelt sind entsprechende Kennzeichenverwendungen in **fiktionalen Unterhaltungsmedien** wie insb. Spielfilmen und Computerspielen. Die auch häufigere Veranschaulichung von Hakenkreuzen in bekannten und populären Action- und Abenteuerfilmen wie „Indiana Jones" oder „Inglourious Basterds" wird in der Regel allgemein geduldet (hierzu ausführl. Rn 23 ff.).

II. Medienrelevante Tathandlungen (Abs. 1)

1. Verbreiten

4   Die Tathandlung des „Verbreitens" bedeutet die mit einer körperlichen Weitergabe der Schrift verbundene Tätigkeit, die darauf gerichtet ist, die **Schrift ihrer Substanz** nach einem größeren Personenkreis zugänglich zu machen, wobei dieser nach Zahl und Individualität so groß sein muss, dass er für den Täter nicht mehr kontrollierbar ist. Dabei reicht schon die Weitergabe **eines Exemplars** der Schrift aus, wenn dies mit dem Willen geschieht, der Empfänger werde die Schrift durch körperliche Weitergabe einem größeren Personenkreis zugänglich machen oder wenn der Täter mit einer Weitergabe an eine größere, nicht mehr zu kontrollierende Zahl von Personen

Verwenden verfassungsfeindlicher Kennzeichen § 86a StGB

rechnet (st. Rspr. vgl. BGHSt 13, 257, 258; BGH NJW 2005, 689, 690). Für die **Datenübertragung im Internet** verwendet der BGH indes einen weiteren, von der körperlich-substanziellen Weitergabe gelösten Verbreitensbegriff. Ein Verbreiten im Internet liegt danach dann vor, wenn die Datei auf dem Rechner des Internetnutzers – sei es im (flüchtigen) Arbeitsspeicher oder auf einem (permanenten) Speichermedium – angekommen ist. Dabei ist es unerheblich, ob dieser die Möglichkeit des Zugriffs auf die Daten genutzt oder ob der Anbieter die Daten übermittelt hat (vgl. BGH NStZ 2001, 596, 597).

2. Öffentliches Verwenden

Unter „Verwenden" ist jeder Gebrauch zu verstehen, der das Kennzeichen 5 akustisch oder optisch **wahrnehmbar** macht, ohne dass es hierbei auf eine körperliche Überlassung ankommt (vgl. BGHSt 23, 267, 269; KG NJW 1999, 3500, 3502; Sieber, JZ 1996, 494, 495; Fischer, § 86a, Rn. 9; einschr. etwa Sch/Sch/Sternberg-Lieben, § 86a, Rn. 6; vgl. auch BGHSt 25, 30 ff.). Die vom BGH vorgenommene schutzzweckorientiert einschränkende Auslegung (hierzu unten Rn 18 ff.) hat keinen Einfluss auf die Tathandlung des Verwendens (a. A. LK-Laufhütte/Kuschel § 86a Rn. 14 f.).

III. Begriff des Kennzeichens (Abs. 2 S. 1)

1. Weites Begriffsverständnis

Der äußerst weit gehaltene Begriff des Kennzeichens umfasst gemäß der 6 beispielhaften Aufzählung in Absatz 2 Satz 1 StGB authentische Symbolträger, namentlich Fahnen, Abzeichen, Uniformstücke, Parolen und Grußformen. Auch propagandistische **Lieder** aus der Zeit des Nationalsozialismus können erfasst sein (BGH MDR 1965, 923; OLG Oldenburg NJW 1988, 351; BayObLG NJW 1990 2006, 2007; OLG Celle NJW 1991 1497). Auch die Rspr. geht mit Blick auf den Schutzzweck der Norm von einem weiten Kennzeichenbegriff im Allgemeinen aus (BGH NJW 2010, 163, 164 f.; BGH NJW 2009, 928 = NStZ 2009, 88).

2. Einzelbeispiele erfasster Kennzeichen

Bisher hat die Rspr. bzw. das Schrifttum den Kennzeichencharakter z. B. 7 bejaht für das Hakenkreuz (BGHSt 23, 267, 269; 25, 133, 135; 28, 394, 395 f.; 29, 73, 83; OLG Frankfurt NStZ 1999, 356 ff. m. Anm. Rückert; OLG Köln NStZ 1984, 508; AG Weinheim NJW 1994, 1543, 1545), die SS-Runen (OLG Frankfurt NStZ 1982, 333), die SA-Standarten (BGH bei Wagner GA 1967, 106), das Braunhemd (BayObLG NStZ 1983, 120), das „**Armdreieck**" der Hitler-Jugend (BGH JZ 2002, 1178 ff. m. Anm. Stegbauer), das „Obergau-Armdreieck" des Bundes Deutscher Mädel (vgl. OLG Dresden NStZ-RR 2001, 42; BayObLG NStZ 1999, 191; abl. Weimann, NJ 1998, 522); die Sigrune des „Deutschen Jungvolks" (BGH bei Schmidt, MDR 1986, 177), die „Odalrune" der verbotenen „Wiking-Jugend e.V."

(im Bezug auf § 20 Abs. 1 Nr. 5 VereinsG, BGH NJW 1999, 435 f.; vgl. im Übrigen Stegbauer, 2000, S. 97 f.), das Keltenkreuz in der Verwendungsform der verbotenen Volkssozialistischen Bewegung Deutschlands/Partei der Arbeit (VSBD/PdA) (BGH NStZ 1996, 81).

8 Als Kennzeichen werden auch der Ruf „Alles für Deutschland" (Losung der SA) im Rahmen einer Versammlung Rechtsradikaler angesehen (OLG Hamm NStZ 2007, 45); das Kopfbild Hitlers (BGHSt 28, 394, 396; OLG Schleswig MDR 1978, 333; LG Frankfurt NStZ 1986, 167; LG München CR 1997, 748 f.), neuerdings auch sonstige **Bilder Hitlers** auf Postkarten (OLG München NStZ 2007, 97 ff.); die Grußformen „**Heil Hitler**" (OLG Celle NJW 1970, 2257, 2258) und „Sieg Heil" bzw. „Sieg Heil für Deutschland" (OLG Düsseldorf MDR 1991, 174), „mit deutschem Gruße" (BGHSt 27, 1; AG Eggenfelden, Strafbefehl v. 25. 1. 2007 – 2 Cs 2 Js 32342/06, hierzu Stegbauer, NStZ 2008, 73, 74) sowie das Heben des ausgestreckten Armes und der Hand zum sog. „Hitlergruß" (BGHSt 25, 30, 34; hierzu Bonefeld, DRiZ 1993, 430, 431), den sog. „Kühnen-Gruß" der verbotenen „Aktionsfront Nationaler Sozialisten / Nationale Aktivisten" (Bonefeld, DRiZ 1993, 430, 433; a. A. Stegbauer, 2000, S. 99; insoweit liegt jedenfalls kein NS-Kennzeichen vor, vgl. BGH bei Schmidt, MDR 1981, 973), das **Horst-Wessel-Lied** (BGH MDR 1965, 923; OLG Oldenburg NJW 1988, 351), das Lied „Es zittern die morschen Knochen" (OLG Celle NJW 1991, 1497; BayObLG NJW 1990, 2006).

9 Auch von der verbotenen Volkssozialistischen Bewegung Deutschlands/Partei der Arbeit (VSBD/PdA) als Symbol benutzte **stilisierte Keltenkreuz** ist nach der Rspr. des BGH ein tatbestandsmäßiges Kennzeichen (vgl. BGH NStZ 2009, 88 ff.). Das öffentliche Verwenden des Kennzeichens erfüllt den Tatbestand auch dann, wenn ein darüber hinaus gehender konkreter Bezug zu der verbotenen Vereinigung VSBD/PdA nicht hergestellt wird. Die Kennzeicheneigenschaft wird dadurch begründet, dass sich die Vereinigung das Symbol zu eigen macht; dass das Symbol auch zu anderen, etwa künstlerischen oder religiösen Zwecken verwendet wird, steht dem nicht entgegen (BGH aaO.). Allerdings ist eine schutzzweckorientierte Beschränkung des Tatbestandes auf Verhaltensweisen vorzunehmen, die einen konkreten Bezug zu der verbotenen Vereinigung herstellen (vgl. zur teleologischen Reduktion des Tatbestandes unten Rn 18 ff.).

10 Grundsätzlich erfasst ist auch die **Verwendung des sog. FDJ-Hemdes** oder entsprechender Zeichen (BayObLG NJW 1987, 1178; OLG Hamm NJW 1985, 2146; zum Verbot der FDJ vgl. BVerwG NJW 1954, 1947). Allerdings dürfte das Tragen derartiger Zeichen im Rahmen von Faschingsumzügen oder sog. „Ostalgieparties" der Sozialadäquanzklausel des § 86 Abs. 3 unterfallen (strenger wohl Fischer, § 86a Rn. 7).

3. Nicht erfasste Zeichen

11 Hingegen sind grundsätzlich keine Kennzeichen i. S. d. des Abs. 2 S. 1 das Symbol der „Rael-Gemeinschaft", das Davidstern und Hakenkreuz miteinander verknüpft (BayObLG NJW 1988, 2901), das Keltenkreuz, sofern es ohne Hinweis auf eine verbotene Organisation verwendet wird (BGH NStZ

1996, 81; OLG Karlsruhe NStZ-RR 1998, 10), die Reichskriegsflagge (Stegbauer, S. 99 f.; vgl. aber hinsichtlich des § 130 OVG Münster NJW 1994, 2909 f.; OLG Hamm NStZ 1995, 136 f.), das Kopfbild von Rudolph Heß als Symbolfigur Rechtsradikaler erst nach 1945 (OLG Rostock NStZ 2002, 320 f.; hierzu auch Bartels/Kollorz, NStZ 2002, 298 ff. die rechtspolitisch Zeichen einbeziehen wollen, die zwar zur NS-Zeit keine Kennzeichen waren, heute jedoch als solche verwandt werden).

Nicht erfasst ist auch die **Lebensrune** ohne weiteren Bezug zur NS-Organisation des SA (BGH NStZ 1999, 191; OLG Bamberg NStZ 2008, 631), das „Thor-Steinar"-Logo (OLG Dresden NStZ 2008, 426); die Abbildung einer Hammer und Sichel durchschlagenden Faust, eingerahmt von den Worten „Rotfront verrecke" (BGH MDR bei Schmidt 1994, 238); das Lied vom Wildschützen Jennerwein trotz der Übereinstimmung in den ersten Takten mit dem „Horst-Wessel-Lied" (BayObLG NJW 1990, 2006 f.), rein staatliche Kennzeichen (Lackner/Kühl § 86a Rn. 2), T-Shirts mit dem Markennamen „**Lonsdale**", nur weil darin die Buchstaben „nsda" enthalten sind (Stegbauer, 2000, S. 102); das dunkelblaue Hemd der FDJ, wenn darauf das entsprechende Emblem fehlt (BayObLG NJW 1987, 1778); die Karikatur eines Menschen in Hakenkreuzform (BGHSt 25, 128); die Montage mit nur einer Gesichtshälfte Hitlers (BGHSt. 25, 133, 134 f.; ferner 136); die Grußformel „Heil Euch". **12**

Nicht erfasst ist auch der in eine andere Sprache übersetzte Leitspruch einer ehemaligen nationalsozialistischen Organisation, welcher der Originalparole nur zum Verwechseln ähnlich ist („**blood and honour**", BGH NJW 2010, 163 ff.) **13**

IV. Zum Verwechseln ähnliche Kennzeichen

1. Allgemeine Grundsätze

Erfasst werden nach Abs. 2 Satz 2 auch solche Kennzeichen, die den Originalvorlagen zum Verwechseln ähnlich sind. Entscheidend hierfür ist weniger die figürliche oder sprachliche Ähnlichkeit als vielmehr, ob der Anschein eines Kennzeichens der jeweiligen Organisation und dessen **Symbolgehalt** bei einem unbefangenen Betrachter erweckt wird (BGH NStZ 1996, 81; OLG Dresden NStZ-RR 2001, 42; Lackner/Kühl § 86a Rn. 2a; Bottke, JR 1982, 77, 78). Danach sind nur Kennzeichen „zum Verwechseln ähnlich", denen ein gesteigerter Grad sinnlich wahrnehmbarer Ähnlichkeit mit dem Original zukommt (BGH NJW 2010, 163, 164). Erforderlich ist hierfür eine objektiv vorhandene **Übereinstimmung in wesentlichen Vergleichspunkten**. Es muss nach dem Gesamteindruck eines durchschnittlichen Betrachters, Hörers oder Lesers eine Verwechslung mit dem Original möglich sein. **14**

Dafür genügt nicht, dass sich lediglich einzelne Merkmale des Vorbilds in der Abwandlung wiederfinden, ohne dass dadurch einem unbefangenen Betrachter, der das Original kennt, der Eindruck des Originalkennzeichens vermittelt wird (BGHSt NJW 2002, 3186; BGH, NJW 2005, 3223; BVerfG, NJW 2009, 2805; BGH NJW 2010, 163, 164). Erforderlich ist ferner, dass **15** das **Vorbild tatsächlich** als Kennzeichen einer verbotenen Organisation **existiert**. Reine Phantasiekennzeichen, die nur den Anschein der Zuordnung zu einer Organisation erwecken, werden von dem Tatbestand nicht erfasst (BGH, NJW 2005, 3223; BGH NJW 2010, 163, 164). Im Übrigen kommt es nicht darauf an, ob das Original einen gewissen Bekanntheitsgrad als Symbol einer verfassungswidrigen Organisation hat (BGH, Beschl. v. 31. 7. 2002 – 3 StR 495/01).

2. Einzelbeispiele

16 Erfasst wird etwa die Verkürzung der Querbalken des Hakenkreuzes (OLG Köln NStZ 1984, 508; vgl. zur Abänderung der Sigrune des „Deutschen Jungvolks" BGH MDR bei Schmidt 1986, 177; zur Lebensrune als SA-Kennzeichen BGH NStZ 1999, 191; zur Ähnlichkeit mit dem „Obergau-Armdreieck" des Bundes Deutscher Mädel: BayObLG NStZ 1999, 191). Die Parole **„Ruhm und Ehre der Waffen-SS"** ist weder der Originalparole der Hitlerjugend noch derjenigen der Waffen-SS zum Verwechseln ähnlich (BGH, NJW 2005, 3223 ff.; a. A. OLG Karlsruhe NJW 2003, 1200 ff.). Auch der in eine andere Sprache übersetzte Leitspruch einer ehemaligen nationalsozialistischen Organisation („blood and honour") ist kein Kennzeichen, das der Originalparole zum Verwechseln ähnlich ist (BGH NJW 2010, 163, 164).

3. Abkürzungen und Verschlüsselungen

17 Kaum überwindbare Subsumtionsschwierigkeiten ergeben sich bei Abs. 2 S. 2 immer dann, wenn Originalkennzeichen in verschlüsselter Form wiedergegeben werden. So fällt z. B. die **Ziffernfolge „88"**, die in rechtsextremen Kreisen häufig als Codierung für die verbotene Grußform „Heil Hitler" Verwendung findet, schon deshalb nicht unter den Tatbestand des § 86a Abs. 2 Satz 2 StGB, weil spätestens dann nicht mehr von der Verwechslungsfähigkeit einer Darstellung gesprochen werden kann, wenn diese nur noch mittels eines Codes oder einer anderen Entschlüsselungsformel in Übereinstimmung mit dem eigentlichen Kennzeichen zu bringen ist (Liesching, JMS 2002, S. 108; im Erg. ebenso Stegbauer, 2000, S. 107). Diese Auslegung wird auch durch die Rspr. des BGH zu in eine Fremdsprache übersetzten Parolen gestützt (vgl. BGH NJW 2010, 163 ff.).

V. Teleologische Tatbestandsreduktion

1. Allgemeines

18 Der BGH nimmt seit den 1970er Jahren eine teleologische Reduktion des § 86a StGB in bestimmten Konstellationen vor. Dies sei auf Grund der weiten Fassung des Tatbestands erforderlich, der nach seinem Wortlaut – von Fällen der Sozialadäquanzklausel abgesehen – auch Kennzeichenverwendungen erfassen würde, die dem tatbestandlichen Schutzzweck nicht zuwiderlaufen (BGH NJW 2007, 1602 ff. m. Anm. Hörnle, NStZ 2007, 698 f.; BGHSt 25,

30, 33 f.; BGHSt 25, 128, 130 f.; s. auch den Überblick zur von der übrigen Rspr. übernommenen Tatbestandsreduktion bei LK-Laufhütte/Kuschel, § 86a Rdnr. 16).

2. Einzelfälle in der Rechtsprechung

a) **Kurze Verwendung.** Der BGH und die Obergerichte haben sich 19 hinsichtlich einer angenommenen Tatbestandsreduktion bislang in erster Linie mit Konstellationen außerhalb des Medienbereichs befasst. Der BGH hat einen Tatbestandsausschluss nach den dargelegten Schutzzweckerwägungen bejaht für den Fall des einmaligen Verwendens des „Hitler-Grußes" verbunden mit dem Ruf „Sieg-Heil", soweit dies als Protest gegen überzogene polizeiliche Maßnahmen und deren Charakterisierung als nazistische Methoden aufzufassen und damit als Gegnerschaft zum Nationalsozialismus zu verstehen ist (BGHSt 25, 30, 33). Der BGH stellte zudem maßgeblich darauf ab, dass es sich lediglich um eine **„einmalige Verwendung"** derart handelte, dass die Kennzeichen **„nur kurz in das äußere Erscheinungsbild"** traten und dass damit „eine Nachwirkung auf Dritte in einer dem Symbolgehalt dieser Kennzeichen entsprechenden Richtung von vornherein ausgeschlossen war". Mit identischen Erwägungen hat das OLG Oldenburg den Schutzzweck nicht berührt gesehen, wenn ein Kraftfahrer aus Protest gegen das Verhalten von zwei Politessen diesen „Heil Hitler" zuruft (OLG Oldenburg NStZ 1986, 166 f.).

b) **Ausdruck der Gegnerschaft.** In späteren Urteilen hat der BGH seine 20 Rspr. in Konstellationen bestätigt, in denen in der konkreten Kennzeichenverwendung eine kritisch abwertende Tendenz oder die **Gegnerschaft** zu der entsprechenden – hinter dem Kennzeichen stehenden – Organisation zum Ausdruck kommt, namentlich bei Plastikschweinchen in den Farben der BRD und einem Hakenkreuz (BGH, U.v.10. 7. 1974 – 3 StR 6/71 I, zit. nach LK-Laufhütte/Kuschel, § 86a Rdnr. 16) sowie bei einem auf einem T-Shirt gedruckten **durchgestrichenen Hakenkreuz** (BGH NJW 2007, 1602 ff. m. Anm. Hörnle, NStZ 2007, 698 f.).

c) **Hakenkreuze in Computerspielen.** In Bezug auf das Computerspiel 21 „Wolfenstein 3D", in dem mehrere Hakenkreuze während des Spielverlaufs auf Fahnen etc. visualisiert wurden, hatte das OLG Frankfurt/M. eine Tatbestandsreduktion mit der Begründung verneint, dass ein strafbares Verwenden nicht den Nachweis voraussetze, dass der Täter sich zu den Zielen der verbotenen Organisation bekennt (OLG Frankfurt/M. NStZ 1999, 356 ff. m. Anm. Rückert). Eine schutzzweckorientierte Einschränkung des Tatbestands lehnte das Gericht ab, da es der Schutzzweck des Tatbestands gebiete, „dass in **Computerspielen keine Kennzeichen verfassungswidriger Organisationen gezeigt werden**". Insoweit komme es nicht darauf an, dass sich die verbotenen Kennzeichen und Symbole bei dem Spiel „Wolfenstein 3D" in den Spielräumen befanden, die dem Feind zuzuordnen sind. Wäre eine derartige Verwendung von verbotenen Kennzeichen in Computerspielen erlaubt, so „wäre es kaum noch möglich, einer Entwicklung zu ihrer zunehmenden Verwendung in der Öffentlichkeit entgegenzuwirken" (OLG Frankfurt/M. aaO.).

22 Vor allem für **Kinder und Jugendliche** stellten Computerspiele „attraktive und zunehmend genutzte Spielformen dar". Wären sie in solchen Computerspielen erlaubterweise mit Kennzeichen nationalsozialistischer Organisationen konfrontiert, könnte dies nach Ansicht des Gerichts dazu führen, „dass sie in nennenswerter Zahl **mit diesen Symbolen** und Kennzeichen gewissermaßen **aufwachsen** und sich an sie gewöhnen, was sie wiederum anfälliger für eine ideologische Beeinflussung im Sinne des Nationalsozialismus machen könnte". Insoweit sei darüber hinaus zu berücksichtigen, dass „bei Computerspielen wie bei anderen Spielformen auch bei einzelnen Nutzern mit Sympathie für oder Identifikation mit dem von der Spielkonzeption her an sich zu bekämpfenden Gegner bzw. Feind zu rechnen" sei (OLG Frankfurt/M. aaO.).

3. Anwendung bei Unterhaltungsmedien

23 a) **Konsistente Auslegung bei Spielen und Filmen.** Die restriktive Auslegung des OLG Frankfurt/M. mag bei Computerspielen auf dem Entwicklungsstand Anfang der 1990er Jahre nachvollziehbar erscheinen. Sie ist aber zumindest im Hinblick auf die heutigen, aufwendig produzierten Spiele in dieser Pauschalität abzulehnen. Denn die generelle Negierung der schutzzweckorientierten Tatbestandsreduktion bei Computergames erklärt die Diskrepanzen zu der weitgehenden Duldung von Kennzeichenverwendungen in Unterhaltungsspielfilmen nicht. Filme wie die „Indiana Jones"-Reihe oder „Inglourious Basterds" sind indes nach ihren FSK-Altersfreigabekennzeichnungen zumindest einem Teil von Kindern und Jugendlichen zugänglich und werfen gleichsam den Schatten der **Inkonsistenz** auf die Argumentation des OLG Frankfurt/M., soweit dort offenbar (nur) bei Computerspielen, hingegen nicht bei jugendaffinen Action- und Abenteuerfilmen ein „Gewöhnungseffekt" bei Minderjährigen besorgt wird (vgl. Liesching, MMR 2010, 309, 312). Will man mithin die teleologische Reduktion auch bei Unterhaltungsmedien fruchtbar machen, so muss dies vielmehr im Grundsatz für Film- und Spielprogramme gleichermaßen gelten, zumal die Grenzen beider Mediensparten angesichts der technischen Fortentwicklung ineinander übergehen und zu erwarten steht, dass sich diese Konvergenzentwicklung weiter fortsetzen wird.

24 b) **Anwendung der allg. Grundsätze.** Insoweit scheint eine konsistente Anwendung der teleologischen Tatbestandsreduktion des § 86a StGB nur dann möglich, wenn man die insb. vom BGH aufgestellten einschränkenden Schutzzweckerwägungen im Grundsatz auch für alle Unterhaltungsmedien einschließlich der Computerspiele gelten lässt. Überträgt man dabei die vom BGH genannten Kriterien einerseits der zum Ausdruck kommenden „Gegnerschaft" gegen eine kennzeichenbezogene Organisation und andererseits der „einmaligen, kurzen Verwendung", so dürfte ein Tatbestandsausschluss bei Kennzeichenverwendung in den Medieninhalten vor allem dann in Betracht kommen,

Verwenden verfassungsfeindlicher Kennzeichen § 86a StGB

- wenn der Filmprotagonist oder die Spielfigur gegen entsprechende Kennzeichenträger als Gegner „ankämpfen" muss oder Kennzeichenverwendungen kritisch hinterfragt und dadurch gleichsam eine negative Akzentuierung der kennzeichenbezogenen Organisationen und Verwender als „Bad Guys" des Film- bzw. Spielgeschehens erfolgt; diese Auslegung würde auch den in der Praxis geduldeten Kennzeichenverwendungen in Spielfilmen wie der „Indiana Jones"-Reihe oder jüngst „Inglourious Basterds" Rechnung tragen;
- wenn die Kennzeichen in den Unterhaltungsmedien nicht massenhaft, sondern lediglich vereinzelt, sporadisch und im Hintergrund verwendet werden, sodass sie lediglich als dramaturgisch-stilistisches Beiwerk zur authentischen Erläuterung der Film- oder Spielhandlung erscheinen.

Liegen die genannten Voraussetzungen kumulativ vor, so kann i.R.d. Einzelfallbewertung in der Regel wohl auch davon ausgegangen werden, dass die Schutzzwecke des Tatbestands nicht hinreichend berührt sind. Namentlich dürfte ein **Anschein einer „Wiederbelebung der verbotenen Organisation** oder der von ihr verfolgten verfassungsfeindlichen Bestrebungen, auf die das Kennzeichen symbolhaft hinweist" kaum zu sehen sein. Auch der Eindruck bei in- und ausländischen Beobachtern des politischen Geschehens in Deutschland, es gebe eine rechtsstaatswidrige innenpolitische Entwicklung im Sinne einer Duldung verfassungsfeindlicher Bestrebungen der durch das Kennzeichen angezeigten Richtung, können bei – zudem **häufig international vertriebenen** und genutzten – Unterhaltungsmedien eher nicht entstehen, wenn sie nach den genannten beiden Voraussetzungen die Kennzeichenverwendung in der Film- oder Spielhandlung negativ akzentuieren und nicht in den Vordergrund der Medieninhalte rücken. 25

Auch soweit § 86a StGB darüber hinaus verhindern soll, dass die Verwendung von Kennzeichen verbotener verfassungsfeindlicher Organisationen sich wieder derart **einbürgert**, dass das Ziel, solche Kennzeichen aus dem Bild des politischen Lebens in der Bundesrepublik grundsätzlich zu verbannen, nicht erreicht wird, mit der Folge, dass sie schließlich auch wieder von den Verfechtern der politischen Ziele, für die das Kennzeichen steht, gefahrlos gebraucht werden können, ist dies **bei fiktionalen Unterhaltungsmedien** unter den genannten Voraussetzungen **fernliegend**, solange die Kennzeichen gerade nicht im Vordergrund stehen, sondern lediglich als sporadisches dramaturgisch-legitimiertes Beiwerk der fiktiven Film- oder Spielhandlung wahrgenommen werden können. 26

VI. Anwendung der Sozialadäquanzklausel (Abs. 3)

1. Allgemeines

Hinsichtlich des in Absatz 3 enthaltenen Verweises auf die Sozialadäquanzklausel des § 86 Abs. 3 kann im Wesentlichen auf die dortigen Anmerkungen (§ 86 Rn. 14 ff.) verwiesen werden. Aufgrund der besonderen praktischen Relevanz v.a. der Verwendung von NS-Symbolen in Unterhaltungsmedien ist jedoch auf die Sozialadäquanzgesichtspunkte der Kunst und der ähnlichen Zwecke näher einzugehen. 27

2. Unterhaltungsmedien als „der Kunst dienend"

28 **a) Merkmal des „Dienens".** Gerade im Zusammenhang mit Medieninhalten wie Spielfilmen und Computerspielen ist mit Blick auf den Kunstvorbehalt die Frage von Belang, ob lediglich der Medieninhalt in seiner Gesamtheit „der Kunst dienen" muss oder ob dies gesondert auch für das konkret implementierte Kennzeichen gelten soll. Bislang hat sich die Judikatur – soweit ersichtlich – nicht ausführlich mit dieser Frage auseinandergesetzt. Lediglich vereinzelt wird hinsichtlich des Merkmals des „Dienens" weithin unkonkret eine „**zusammenfassende Wertung** von Sinn und Zweck der Abbildung im Zusammenhang der Gesamtdarstellung" gefordert (vgl. BVerfG, U.v.22. 6. 1983 – 3 StR 56/83; MüKom-StGB, Steinmetz § 86a Rn. 25; krit. Rahe, 2002, S. 145 ff., 327 ff.). Zudem ist in der Kommentarliteratur anerkannt, dass insoweit auch der „formale Kunstbegriff" im Hinblick auf Werkgattungen der Kunst heranzuziehen ist, wobei hierzu nach der Literatur ausdrücklich sowohl Spielfilme als auch Computerspiele zu zählen sind (siehe Liesching, MMR 2010, 309, 310 mwN).

29 **b) Rechtsprechungskasuistik.** In der Rspr. finden sich bislang kaum Beispiele einer Anwendung des Kunstvorbehalts bei Kennzeichenverwendung in Unterhaltungsmedien. Bejaht wurde die Sozialadäquanz in erster Linie bei erkennbar **satirischer Verwendung** eines Kennzeichens (BVerfGE 82, 1 ff.; s. jüngst auch LG Traunstein, Beschl.v.4.8.2006 – 2 Qs 103/06; vgl. auch v.Dewitz, 2006, S. 260). Dagegen wird im medialen Kontext die Verwendung von Hakenkreuzen zu Zwecken „reißerischer" Werbung auf **Plattenhüllen** oder **Buchumschlägen** von Trivialliteratur nicht als von der Sozialadäquanzklausel gedeckt angesehen (BGHSt 23, 64, 78; LG München NStZ 1985, 311 mit Anm. Keltsch). Für das Computerspiel „Wolfenstein 3D" hat das OLG Frankfurt/M. (aaO.) eine Prüfung der Sozialadäquanzklausel erst gar nicht in Betracht gezogen.

30 **c) Anwendung bei Filmen und Spielen.** Indes dürfte bei aufwendig produzierten Spielfilmen und Computerspielen eine Prüfung der Sozialadäquanzklausel auf Grund des Kunstvorbehalts in der Regel nicht allein wegen eines überwiegenden Unterhaltungszwecks ausgeschlossen sein. Das BVerfG hat im Zusammenhang mit der künstlerischen Verwendung von Kennzeichen bereits ausdrücklich festgestellt, dass zusätzliche, auch **triviale Zweckausrichtungen** wie etwa die Erregung von Aufmerksamkeit oder die Kennzeichenverwendung zur Absatzförderung die Kunsteigenschaft des betreffenden Werks nicht ausschließen (BVerfGE 82, 1, 6). Vor allem auf heutigem technischem Stand produzierte Spielfilme und Computerspiele stellen sich in der Regel als aufwendige Kompositionen zahlreicher unterschiedlicher künstlerischer Gestaltungsmittel [z. B. schauspielerische Ausdrucksformen der (auch virtuellen) Darsteller, computertechnisch-graphische Ausgestaltung fiktiver Film- und Spielwelten und musikalisch-orchestrale Begleitung] dar, an denen entsprechend Drehbuch- und Spielplot-Autoren, Regisseure, Schauspieler, Designer, Komponisten und Musiker mitwirken. Allerdings wird es insoweit stets auf die Beurteilung des Einzelfalls ankommen (s. ausführl. Liesching, MMR 2010, 309, 310).

3. Ähnliche Zwecke

a) Allgemeine Grundsätze. Bisherige Versuche, die Sozialadäquanz der 31 „ähnlichen Zwecke" nach allgemeinen Grundsätzen zu konkretisieren, erschöpfen sich in tautologischen, allgemeinen Definitionsansätzen der Rspr. und Kommentarliteratur (vgl. den Überblick und die Kritik von Fischer, § 86 Rn. 24, § 86a Rn. 22). Immerhin sollen aber nach der älteren Rspr. des BGH „ähnliche Zwecke" bei „üblichen, **von der Allgemeinheit gebilligten** und daher in strafrechtlicher Hinsicht im sozialen Leben **gänzlich unverdächtigen**, weil im Rahmen der sozialen Handlungsfreiheit liegenden Handlungen" zu bejahen sein (BGHSt 23,. 226, 228 unter Verweis auf BGHSt 19, 152, 154).

b) Rechtsprechungskasuisitik. Im Sinne der Tatbestandsausschluss- 32 Norm sind z. B. angesehen worden: das Briefmarkensammeln (Fischer § 86a Rn. 22), der antiquarische Handel mit Büchern aus der NS-Zeit (BGHSt 29, 73, 84), das Ausstellen von Uniformen mit NS-Emblemen im Rahmen einer Versteigerung von Militaria bei entsprechend seriöser Kundschaft (BGHSt 31, 384), hingegen grundsätzlich nicht der Handel mit entsprechenden Uniformen, Orden oder Abzeichen (vgl. BGHSt 29, 73, 82 ff.; anders OLG Celle NStZ 1981, 221 im Falle des Auslegens eines Schmuckstücks in Hakenkreuzform). Die Verwendung von Kennzeichen der Vorschrift im Rahmen von **Faschingsumzügen** ist nicht von vornherein als zwecklegitimiert anzusehen, sondern nur dann, wenn hiermit erkennbar parodistische oder satirische Intentionen im Zusammenhang stehen (vgl. hierzu AG Münsingen MDR 1978, 73). Grundsätzlich nicht privilegiert ist die Verwendung zu **anreißerischer Käuferwerbung** (vgl. BGHSt 23, 64, 78; ferner LG München NStZ 1985, 311 mit Anm. Kelsch; Lüttger, GA 1960, 129, 144); ebenso wenig die bloß scherzhafte Verwendung (BayObLG NJW 1962, 1878) oder im Interesse historisch originalgetreuer Nachbildung getätigte Verbreitung von **Kriegsspielzeug** (vgl. BGHSt 28, 394 ff). Insoweit ist aber ggf. das Grundrecht der Kunstfreiheit zu beachten (vgl. BVerfGE 77, 240; BVerfG NStZ 1990, 333).

c) Anwendung bei Unterhaltungsmedien. Gerade vor dem Hinter- 33 grund der Konkretisierung des Sozialadäquanzbegriffs hinsichtlich des Ausschlusses des „gänzlich Unverdächtigen" (oben Rn. 31) drängt sich freilich der Schluss auf, dass insb. auch bei **fiktiven Unterhaltungsspielfilmen** wie z. B. „Indiana Jones" von einer entsprechenden gesellschaftlichen Akzeptanz ausgegangen werden kann, zumindest soweit es sich um ausländische, zumeist US-amerikanische Produktionen handelt, da diese i.R.d. allgemeinen Medienkonsums in der Kino- und Bildträgerverbreitung in der Tat als unverdächtig i. S. d. Diktion des BGH apostrophiert werden könnten. Auch bei der zunehmenden Marktetablierung aufwändig gestalteter **Computerspiele** dürften die gleichen Maßstäbe anzulegen sein (vgl. auch Köhne, DRiZ 2003, 210, 211). Insoweit kommt es aber stets auf die Bewertung des Einzelfalls an (ausführl. Liesching, MMR 2010, 309, 311).

StGB § 111

§ 111 Öffentliche Aufforderung zu Straftaten

(1) Wer öffentlich, in einer Versammlung oder durch Verbreiten von Schriften (§ 11 Abs. 3) zu einer rechtswidrigen Tat auffordert, wird wie ein Anstifter (§ 26) bestraft.

(2) ¹Bleibt die Aufforderung ohne Erfolg, so ist die Strafe Freiheitsstrafe bis zu fünf Jahren oder Geldstrafe. ²Die Strafe darf nicht schwerer sein als die, die für den Fall angedroht ist, daß die Aufforderung Erfolg hat (Absatz 1); § 49 Abs. 1 Nr. 2 ist anzuwenden.

Schrifttum: *Dreher,* Der Paragraph mit dem Januskopf, Gallas-FS 307; *Jakobs,* Kriminalisierung im Vorfeld einer Rechtsgutsverletzung, ZStW 97 (1985) 751; *Kissel,* Aufrufe zum Ungehorsam u. § 111 StGB, 1996; *Paeffgen,* Überlegungen zu § 111 StGB, Hanack-FS 591; *Rogall,* Die verschiedenen Formen des Veranlassens fremder Straftaten, GA 79, 11; *Schroeder,* Die Straftaten gegen das Strafrecht, 1985.

I. Allgemeines

1   Die Vorschrift stellt einen ergänzenden **Auffangtatbestand** im Bezug auf die Anstiftung nach § 26 und die versuchte Anstiftung nach § 30 Abs. 1 dar. Im Unterschied zur Anstiftung wird keine individuelle Einwirkung auf eine einzelne Person vorausgesetzt. Daneben werden an die Konkretisierung der Haupttat geringere Anforderungen gestellt (Lackner/Kühl § 111 Rn. 1). Die Straftat ist ein abstraktes Gefährdungsdelikt (BayObLG NJW 1994, 396 ff.) und schützt den „inneren Gemeinschaftsfrieden" (vgl. BGHSt 29, 267; OLG Karlsruhe NStZ 1993, 389).

II. Aufforderung zu rechtswidriger Tat (Abs. 1)

1. Begriff des Aufforderns

2   Erforderlich ist ein Auffordern durch den Täter. Die bloße allgemeine Befürwortung bestimmter Taten im Sinne der reinen Meinungsäußerung reicht noch nicht aus (BGHSt 28, 314; 32, 310; BayObLG NJW 1994, 396, 297; OLG Köln MDR 1983, 338). Auch das öffentliche Gutheißen oder Billigen der Taten anderer ist nicht gleichbedeutend mit dem Auffordern (vgl. aber § 140 StGB). Erforderlich ist vielmehr das **erklärte Verlangen,** dass andere Personen eine oder mehrere strafbare Handlungen **begehen sollen** (OLG Köln NJW 1988, 1103; Fischer, Rn. 2a). Vorausgesetzt wird also eine – nicht notwendig ernst gemeinte – Erklärung an die Motivation anderer, die mindestens den Eindruck der Ernstlichkeit macht und auch machen soll (BGHSt 32, 310; OLG Celle NJW 1988, 1101; Lackner/Kühl § 111 Rn. 3).

3   Aus verbreiteten Schriften (§ 11 Rn. 1 f.) muss klar der Wille des Verfassers erkennbar sein, dass von den Adressaten seiner Äußerung strafbare Handlungen begangen werden. Werden **fremde Aufforderungen** lediglich mitgeteilt, ist der Mitteilende nur dann Täter i. S. d. Vorschrift, wenn er sie sich unmissverständlich zu eigen macht (BGHSt 36, 364, 368). Dass nicht aus-

Öffentliche Aufforderung zu Straftaten   § 111 StGB

drücklich zu einzelnen Straftatbeständen aufgerufen wird, sondern lediglich **Formulierungen** wie „Vermöbeln", „aufs Kreuz legen" oder auch „Punker klatschen" oder „Jemandem die Luft raus lassen" verwendet werden, ist grundsätzlich unerheblich (vgl. Fischer, Rn. 4b mwN.). Es muss nur erkennbar bleiben, welche rechtswidrige Tat (Rn. 4) von den Lesern oder sonstigen Adressaten der Aufrufe „erwartet" wird.

2. Rechtswidrige Tat als Bezugspunkt der Aufforderung

Erfüllt das Verhalten, zu dem aufgefordert wird, einen Straftatbestand (z. B.   4
Körperverletzung, Sachbeschädigung, Totschlag), ist auch ein Auffordern zu einer rechtswidrigen Tat **gegeben**. Auch der Aufruf zu **Teilnahmehandlungen** wie Beihilfe oder Anstiftung wird erfasst. Für Ordnungswidrigkeiten gilt § 116 OWiG. Nicht ausreichend ist das Auffordern zum Selbstmord, da der Suizid keine rechtswidrige, strafbare Handlung darstellt. Allerdings kommt insoweit im Falle des Verbreitens durch Medien eine (offensichtlich schwere) Jugendgefährdung i. S. d. § 15 Abs. 2 Nr. 5 JuSchG bzw. § 4 Abs. 2 S. 1 Nr. 3 JMStV (hierzu § 15 JuSchG Rn. 84 ff. sowie Bauer/Selg, JMS-Report 6/2000, S. 62 ff.) bzw. § 18 Abs. 1 JuSchG in Betracht. Die (bloße) **Anleitung** zu bestimmten schweren Straftaten ist in den Fällen des § 130a StGB (siehe dort Rn. 1 ff.) mit Strafe bedroht.

3. Adressaten der Aufforderung

Adressaten der Aufforderung müssen unbestimmt viele Menschen sein, da   5
nur dann gemäß dem Strafzweck die Gefahr der mangelnden Kontrollierbarkeit besteht (Sch/Sch/Eser, Rn. 4). Das ist bei der Mediendistribution, insb. über Zeitschriften, den Rundfunk oder das Internet, regelmäßig der Fall. Allerdings stellt die persönliche Email mit einem entsprechenden einschlägigen Inhalt an eine bestimmte andere Person kein öffentliches Auffordern, sondern eine (versuchte) Anstiftung (§§ 26, 30 Abs. 1) zu einer bestimmten Tat dar. Das gleiche gilt, wenn in einem **öffentlichen Internetforum** oder Chat eine individuell bezeichnete Person dazu bestimmt werden soll, eine Straftat zu begehen. Erforderlich ist, dass die Aufforderung einen Adressatenkreis überhaupt erreichen kann (Fischer, Rn. 3). Dagegen ist unerheblich, ob die Empfänger der auffordernden Schrift taugliche Täter der in Bezug genommenen rechtswidrigen Tat sein können (vgl. BayObLG NJW 1994, 397 ff.).

III. Ausbleiben des Erfolgs der Aufforderung (Abs. 2)

Für die Höhe des Strafmaßes ist gemäß Absatz 2 ganz erheblich von Bedeu-   6
tung, ob die öffentliche Aufforderung zu einer rechtswidrigen Tat erfolgreich war, dass heißt von einem Adressaten tatsächlich begangen wurde, oder nicht. Die Vorschrift soll **Unbilligkeiten** bei Äußerungen in erregten Gemütszuständen und mit Blick auf die erheblichen Strafandrohungen bei Mord i. S. d. § 211 StGB vermeiden. Die Norm wird gleichwohl in der Rechtsliteratur

StGB § 130 Strafgesetzbuch (StGB)

als unsystematisch und wegen der Ungleichbehandlung als nicht gerecht kritisiert (vgl. nur Lackner/Kühl, Rn. 8; Fischer, Rn. 8).

IV. Jugendgefährdung

7 Wird auf einer Homepage zu Straftaten öffentlich aufgefordert, kann dies zusätzlich einen Verstoß gegen Jugendschutzbestimmungen darstellen. Wird § 111 in §§ 18, 15 Abs. 2 Nr. 1 JuSchG bzw. § 4 Abs. 1 und 2 JMStV auch nicht ausdrücklich genannt, so ergibt sich eine offensichtliche Eignung zur (schweren) Jugendgefährdung dann, wenn Jugendliche für anreißerisch aufgemachte Werbungen und Motivationen im Hinblick auf „Verbotenes" in besonderem Maße empfänglich sind und die Gefahr der Umsetzung oder Nachahmung von Straftaten besonders hoch ist. Im Grundsatz gilt dasselbe für § 116 Abs. 1 OWiG, wonach die öffentliche Aufforderung zu einer mit Geldbuße bedrohten Handlung (Ordnungswidrigkeit) untersagt ist.

§ 130 Volksverhetzung

(1) **Wer in einer Weise, die geeignet ist, den öffentlichen Frieden zu stören,**
1. **gegen eine nationale, rassische, religiöse oder durch ihre ethnische Herkunft bestimmte Gruppe, gegen Teile der Bevölkerung oder gegen einen Einzelnen wegen seiner Zugehörigkeit zu einer vorbezeichneten Gruppe oder zu einem Teil der Bevölkerung zum Hass aufstachelt, zu Gewalt- oder Willkürmaßnahmen auffordert oder**
2. **die Menschenwürde anderer dadurch angreift, dass er eine vorbezeichnete Gruppe, Teile der Bevölkerung oder einen Einzelnen wegen seiner Zugehörigkeit zu einer vorbezeichneten Gruppe oder zu einem Teil der Bevölkerung beschimpft, böswillig verächtlich macht oder verleumdet,**

wird mit Freiheitsstrafe von drei Monaten bis zu fünf Jahren bestraft.

(2) **Mit Freiheitsstrafe bis zu drei Jahren oder mit Geldstrafe wird bestraft, wer**
1. **Schriften (§ 11 Absatz 3), die zum Hass gegen eine vorbezeichnete Gruppe, Teile der Bevölkerung oder gegen einen Einzelnen wegen seiner Zugehörigkeit zu einer vorbezeichneten Gruppe oder zu einem Teil der Bevölkerung aufstacheln, zu Gewalt- oder Willkürmaßnahmen gegen sie auffordern oder ihre Menschenwürde dadurch angreifen, dass sie beschimpft, böswillig verächtlich gemacht oder verleumdet werden,**
   a) **verbreitet,**
   b) **öffentlich ausstellt, anschlägt, vorführt oder sonst zugänglich macht,**
   c) **einer Person unter achtzehn Jahren anbietet, überlässt oder zugänglich macht oder**
   d) **herstellt, bezieht, liefert, vorrätig hält, anbietet, ankündigt, anpreist, einzuführen oder auszuführen unternimmt, um sie**

Volksverhetzung **§ 130 StGB**

oder aus ihnen gewonnene Stücke im Sinne der Buchstaben a bis c zu verwenden oder einem anderen eine solche Verwendung zu ermöglichen, oder

2. eine Darbietung des in Nummer 1 bezeichneten Inhalts durch Rundfunk, Medien- oder Teledienste verbreitet.

(3) Mit Freiheitsstrafe bis zu fünf Jahren oder mit Geldstrafe wird bestraft, wer eine unter der Herrschaft des Nationalsozialismus begangene Handlung der in § 6 Abs. 1 des Völkerstrafgesetzbuches bezeichneten Art in einer Weise, die geeignet ist, den öffentlichen Frieden zu stören, öffentlich oder in einer Versammlung billigt, leugnet oder verharmlost.

(4) Mit Freiheitsstrafe bis zu drei Jahren oder mit Geldstrafe wird bestraft, wer öffentlich oder in einer Versammlung den öffentlichen Frieden in einer die Würde der Opfer verletzenden Weise dadurch stört, dass er die nationalsozialistische Gewalt- und Willkürherrschaft billigt, verherrlicht oder rechtfertigt.

(5) Absatz 2 gilt auch für Schriften (§ 11 Abs. 3) des in den Absätzen 3 und 4 bezeichneten Inhalts.

(6) In den Fällen des Absatzes 2, auch in Verbindung mit Absatz 5, und in den Fällen der Absätze 3 und 4 gilt § 86 Abs. 3 entsprechend.

Schrifttum: *Beisel,* Die Strafbarkeit der Auschwitzlüge, NJW 1995, 997; *Bertram,* Der Rechtsstaat und seine Volksverhetzungs-Novelle, NJW 2005, 1476; *Fischer,* Verhältnis der Bekenntnisbeschimpfung (§ 166 StGB) zur Volksverhetzung (§ 130 StGB), GA 89, 445; *Hörnle,* Aktuelle Probleme aus dem materiellen Strafrecht bei rechtsextremistischen Delikten, NStZ 2002, 113; *Huster,* Das Verbot der „Auschwitzlüge", die Meinungsfreiheit u. das Bundesverfassungsgericht, NJW 1996, 487; *Junge,* Das Schutzgut des § 130 StGB, 2000; *Kargl,* Rechtsextremistische Parolen als Volksverhetzung, Jura 2001, 176; *Liesching,* Legitimierung der NS-Gewalt- und Willkürherrschaft. Zum neuen Straftatbestand des § 130 Abs. 4 StGB, JMS-Report 4/2005, 2; *Lohse,* „Türken ist der Zutritt verboten" – Volksverhetzung durch Zugangsverweigerung, NJW 85, 1677; *Reichard,* Die Behandlung fremdenfeindlicher Straftaten im deutschen Strafrecht, 2008; *Rohrßen,* Von der „Anreizung zum Klassenkampf" zur „Volksverhetzung" (§ 130 StGB), 2009; *Stegbauer,* Rechtsextremistische Propaganda im Lichte des Strafrechts, 2000; *ders.,* Der Straftatbestand gegen die Auschwitz-Leugnung (usw), NStZ 00, 281; *ders.,* Die Rspr. zu § 130 StGB nach der Neufassung, JR 04, 281; *Streng,* Das Unrecht der Volksverhetzung, Lackner-FS 501; *Wandres,* Die Strafbarkeit des Auschwitz-Leugnens, 2000.

Übersicht

	Rn.
I. Allgemeines	1
1. Regelungsinhalt, Jugendschutzbezug	1
2. Normhistorie	3
II. Verbreitung volksverhetzender Schriften (Abs. 2)	4
1. Allgemeines	4
2. Tatobjektsmerkmale	5
a) Teile der Bevölkerung	5
b) Schutz von Einzelpersonen	6
c) Ausrichtung und „Sinngebung" der Schriftinhalte	6
III. Holocaust-Leugnung (Abs. 3)	9

StGB § 130

1. Allgemeines	9
2. Tatobjektsmerkmale	10
a) Leugnen	10
b) Billigen, Verharmlosen	12
IV. Legitimierung der NS-Gewalt- und Willkürherrschaft (Abs. 4 StGB)	13
1. Allgemeines	13
2. Tatobjektsmerkmale	14
a) Nationalsozialistische Gewalt- und Willkürherrschaft	14
b) Billigen, Verherrlichen, Rechtfertigen	16
3. Störung des öffentlichen Friedens	23
a) Deliktscharakter und Auslegung des BVerfG	23
b) Kritik	24
4. Verletzung der Opferwürde	27
5. Vorsatzfragen	28
V. Internetinhalte auf ausländischen Servern	29

I. Allgemeines

1. Regelungsinhalt, Jugendschutzbezug

1 Auch wenn als Schutzgut des Tatbestandes der Volksverhetzung nach § 130 StGB nahezu einhellig der **öffentliche Friede** bzw. die Menschenwürde angesehen wird (vgl. BGHSt 34, 331; BGH NJW 1978, 59; BGH NStZ 1994, 140; OLG Frankfurt NStZ-RR 2000, 368; OLG Celle JR 1998, 79 f. m. Anm. Popp; Streng in: Lackner-FS, S. 508 f.; zu Abs. 3: Stegbauer, NStZ 2000, 281, 282 f. mwN.), ist die Relevanz der Norm für den **Jugendmedienschutz** unbestreitbar. Der ausdrücklichen Nennung in § 15 Abs. 2 Nr. 1 JuSchG und in § 4 Abs. 1 S. 1 Nrn. 3 und 4 JMStV lässt sich entnehmen, dass Schriften (§ 11 Rn. 1 f.), die den in § 130 Abs. 2 StGB bezeichneten Inhalt haben, offensichtlich geeignet sind, Kinder und Jugendliche schwer zu gefährden. Darüber hinaus nennt § 18 Abs. 1 S. 2 JuSchG in dem Beispielskatalog für jugendgefährdende Träger- und Telemedien solche, die zu **Rassenhass anreizen**.

2 Auch die **Bundesprüfstelle** für jugendgefährdende Medien weist in ihren Entscheidungen auf einen Zusammenhang zwischen den in § 130 StGB pönalisierten Inhalten und dem Jugendmedienschutz hin (vgl. nur BPjS-Entsch. Nr. 4868 „National Journal – Zeitgeschichte", JMS-Report 2/1999, S. 7). Früh hat zudem das BVerfG festgestellt, dass das verfassungsrechtlich bedeutsame Interesse an einer ungestörten Entwicklung der Jugend unter anderem darauf gerichtet ist, Rassenhass, Kriegslüsternheit und Demokratiefeindlichkeit nicht aufkommen zu lassen (BVerfGE 30, 336, 347, 350; ferner BVerfG NJW 1994, 1781 ff.). In der Tat wird man konstatieren dürfen, dass Minderjährige weniger in der Lage sind, die oftmals sublime, **schleichende Fremdenfeindlichkeit**, Rassenhetze, die Legitimation der NS-Gewalt- und Willkürherrschaft oder die Bagatellisierung des Holocausts in Schriften zu entlarven (ebenso wohl Brockhorst-Reetz, BPjS-Aktuell 4/98, S. 8). Dann aber spricht nichts dagegen, von einem zumindest mittelbaren Normzweck Jugendschutz in § 130 StGB auszugehen.

Volksverhetzung   § 130 StGB

2. Normhistorie

Der Tatbestand der Holocaustleugnung und Bagatellisierung (Abs. 3) **3**
wurde geändert durch G. v. 26. 6. 2002 (BGBl. I S. 2254) mit Wirkung v.
30. 6. 2002. Abs. 2 Nr. 2 wurde geändert durch G. v. 27. 12. 2003 (BGBl. I
S. 3007) mit Wirkung v. 1. 4. 2004. Der Tatbestand der **Legitimation der
NS-Gewalt- und Willkürherrschaft** nach Abs. 4 wurde eingefügt durch
G. v. 24. 3. 2005 (BGBl. I S. 969) mit Wirkung vom 1. 4. 2005. Abs. 1 S. 1
und Abs. 2 Nr. 1 wurden auf den Schutz von Einzelpersonen erweitert durch
G. zur Umsetzung des Rahmenbeschlusses 2008/913/JI des Rates vom
28. November 2008 v. 16. 3. 2011 (BGBl. I S. 418) mit Wirkung v.
22. 3. 2011.

II. Verbreitung volksverhetzender Schriften (Abs. 2)

1. Allgemeines

Der Tatbestand des Abs. 2 stellt in erster Linie die Verbreitung oder das **4**
sonstige Zugänglichmachen solcher Schriften unter Strafe, welche zum Hass
gegen Teile der Bevölkerung oder gegen eine nationale, rassische, religiöse,
oder durch ihre ethnische Herkunft bestimmte Gruppe aufstacheln, zu
Gewalt- oder Willkürmaßnahmen gegen sie auffordern oder die Menschenwürde anderer dadurch angreifen, dass Teile der (inländischen) Bevölkerung
oder einer vorbezeichneten Gruppe beschimpft, böswillig verächtlich
gemacht oder verleumdet werden. Daher wird das Schriftenverbreitungsverbot nach seiner Erweiterung durch das VerbrBekG vom 28. 10. 1994 (BGBl.
I 3186) als allgemeiner „**Anti-Diskriminierungstatbestand**" bezeichnet
(Sch/Sch, Lenckner/Sternberg-Lieben, Rn. 1, 12). Hinsichtlich der in
Nrn. 1 a) bis d) und 2 genannten Tathandlungen des Verbreitens, öffentlichen
Ausstellens, Anschlagens etc. wird auf die Ausführungen zu § 184 Rn. 17 ff.
und § 15 JuSchG Rn. 7 ff. verwiesen (vgl. auch BayObLG JZ 2002, 410 ff.
m. Anm. Schroeder = JR 2002, 347 ff. m. Anm. Beisel). Abs. 1 S. 1 und
Abs. 2 Nr. 1 wurden auf den Schutz von Einzelpersonen erweitert durch G
v. 16. 3. 2011 (BGBl. I S. 418), um dem entsprechenden EU-Ratsrahmenbeschluss Rechnung zu tragen (vgl. Rn. 5 a sowie BT-Drs. 17/3124, S. 6, 10).
Zur gem. Abs. 5 in Bezug genommenen **Sozialadäquanzklausel** des § 86
Abs. 3 vgl. dort Rn. 14 ff. sowie § 86a Rn. 27 ff. (vgl. zur Verharmlosung des
Holocaust im Rahmen des Verteidigerhandelns BGHSt 46, 36 ff. = JR 2001,
34 ff. m. Anm. Stegbauer = JZ 2001, 201 ff. m. Anm. Streng).

2. Tatobjektsmerkmale

a) Teile der Bevölkerung. Mit der Einbeziehung aller Teile der Bevölke- **5**
rung werden alle Personenmehrheiten zu Schutzobjekten der Vorschrift
erhoben, wenn sie nur aufgrund gemeinsamer innerer oder äußerer Merkmale als **unterscheidbarer Teil** von der Gesamtheit der Bevölkerung
abgrenzbar sind (OLG Celle JR 1998, 79 m. Anm. Popp; BayObLG NJW
1995, 145; OLG Frankfurt NJW 1989, 1369; Fischer, § 130 Rn. 4; LK-

StGB § 130

v.Bubnoff, § 130 Rn. 9. Durch G. v. 16. 3. 2011 (BGBl I S. 418) wurde die Vorschrift auch in Abs. 1 um nunmehr ausdrücklich genannte nationale, rassische, religiöse Gruppen und solche Gruppen, die durch ihre ethnische Herkunft bestimmt werden, „präzisiert" (BT-Drs. 17/3124, S. 6; vgl. weitere **Einzelfälle** insb.: „Juden" BGHSt 21, 371; 31, 226, 231 u. OLG Celle NStZ 1997, 495; „Zigeuner" OLG Karlsruhe NJW 1986, 1276; die „Ausländer" OLG Frankfurt NStZ-RR 2000, 368 u. OLG Hamm NStZ 1995, 136; Bezeichnung als „Neger" OLG Hamburg NJW 1975, 1088; „dunkelhäutige Menschen" OLG Zweibrücken NStZ 1994, 491; „Gastarbeiter" OLG Celle NJW 1970, 2257; „Asylbetrüger" BayObLG NJW 1994, 452 u. OLG Frankfurt NJW 1995, 143). Erfasst werden auch politische, wirtschaftliche, berufliche (vgl. OLG Düsseldorf NJW 1986, 2518) oder soziale Gruppierungen (Lackner/Kühl § 130 Rn. 2). Nicht erfasst sind nur vorübergehende Gruppierungen (z. B. Teilnehmer einer Demonstration) oder Institutionen wie z. B. die Kirchen, der Zentralrat der Juden in Deutschland, die Bundeswehr (auch die „GSG 9", OLG Hamm NJW 1981, 591) oder ein Parlament (vgl. BGHSt 36, 90 f.; Fischer, Rn. 4 f.).

5a b) **Schutz von Einzelpersonen.** Durch G zur Umsetzung des Rahmenbeschlusses 2008/913/JI des Rates vom 28. November 2008 v. 16. 3. 2011 (BGBl. I S. 418) wurden Abs. 1 S. 1 und Abs. 2 Nr. 1 auf den Schutz von Einzelpersonen erweitert. Dabei wird durch die Ergänzung „wegen seiner Zugehörigkeit zu" deutlich, dass das Erfordernis der Gruppenbezogenheit, das auch in der frühen Rechtsprechung des BGH (BGHSt 21, 371) zu finden ist, beibehalten wird. Es fällt daher nicht schon der Angriff auf eine Einzelperson als solche unter den Tatbestand, sondern nur das Aufstacheln zum Hass oder das Auffordern zu Gewalt- oder Willkürmaßnahmen gegen eine Einzelperson wegen ihrer Zugehörigkeit zu einer der genannten Gruppen oder eines bestimmten Bevölkerungsteils (BT-Drs. 17/3124, S. 10). Die Aufnahme von Einzelpersonen ist nicht auf die nunmehr ausdrücklich genannten Gruppen beschränkt, sondern erfasst alle Personenmehrheiten, die sich durch irgendein festes äußeres oder inneres Unterscheidungsmerkmal als erkennbare Einheit herausheben, und daher als Teile der Bevölkerung (Rn. 5) geschützt werden. Damit gilt für Angriffe auf Einzelne z. B. wegen ihrer Homosexualität oder wegen ihrer Behinderung die gleiche Rechtslage wie für Angriffe auf Einzelne wegen ihrer Religion oder wegen ihrer Nationalität (BT-Drs. 17/3124, S. 10).

6 c) **Ausrichtung und „Sinngebung" der Schriftinhalte. aa) Aufstacheln zum Hass.** Gegen derartige Bevölkerungsteile muss die Schrift nach der ersten Modalität „zum Hass aufstacheln". Entscheidend ist dabei, dass der Hass gegen den Angehörigen des Bevölkerungsteils oder die Gruppe allein wegen seiner/ihrer Zugehörigkeit intendiert ist (BayObLG NJW 1990, 2479, 2480 m. Anm. Horn JR 1991, 83; ferner BGH NStZ 1981, 258; BGH NStZ 1994, 140; Tröndle/Fischer, § 130 Rn. 8) und die Medieninhalte nachhaltig auf Sinne und Gefühle anderer mit dem Ziel einwirken, über die bloße Ablehnung und Verachtung hinaus eine **feindselige Haltung** zu erzeugen oder zu verstärken (BGHSt 40, 97, 102; BGH NStZ 1994, 140; BayObLG NJW 1990, 2479; KG JR 1998, 213; Lackner/Kühl, Rn. 4; Steg-

Volksverhetzung § 130 StGB

bauer, 2000, S. 203 f.). Dies kann bereits bei der Äußerung „Rassenmischung ist Völkermord" der Fall sein (OLG Zweibrücken NStZ 1994, 490 f.).

bb) Auffordern zu Gewalt- und Willkürmaßnahmen. Gegenüber 7 dem „Aufstacheln" ist die Variante des Aufforderns zu Gewalt oder Willkürmaßnahmen insofern direkter, als hierunter nur die ausdrückliche oder schlüssig erfolgende Willensäußerung zu verstehen ist, mit der von den Adressaten eine **Handlungsweise gegen** die Gebote der **Menschlichkeit** und Gerechtigkeit erhofft wird (vgl. BGHSt 1, 392; 32, 310, 313; Lackner/Kühl, Rn. 5, § 111, Rn. 3). Willkürmaßnahmen können alle schädigenden und diskriminierenden Maßnahmen gegen Bevölkerungsteile sein (Fischer, Rn. 10).

cc) Menschenwürdeangriff. Schließlich stellt Abs. 2 auch den Fall eines 8 Menschenwürdeangriffs (vgl. zum Begriff der Menschenwürde § 1 JMStV Rn. 18 ff. und § 4 JMStV Rn. 17 ff.) durch den Schrifteninhalt unter Strafe, sofern dieser in dem Beschimpfen, böswilligen Verächtlichmachen oder der Verleumdung der Bevölkerungsteile oder einzelner Angehöriger seinen Ausdruck findet (vgl. hierzu BGHSt 36, 83, insb. 91; OLG Köln, NJW 1982, 658; OLG Düsseldorf NJW 1986, 2518; OLG Frankfurt NJW 1985, 1720; OLG Hamm NStZ 1995, 137; BayObLG NJW 1994, 943; BayObLG NJW 1995, 145; OLG Karlsruhe MDR 1995, 736; Lackner/Kühl, § 130 Rn. 3, 6; Fischer, Rn. 11 ff.; Sch/Sch, Lenckner-Sternberg-Lieben, § 130 Rn. 5c; Streng, Lackner-FS, S. 522 ff.; Stegbauer, 2000, S. 205 f.; ferner BVerfGE 30, 2, 26; BGHSt 40, 97, 100).

III. Holocaust-Leugnung (Abs. 3)

1. Allgemeines

Nach dem durch das VerbrBekG v. 28. 10. 1994 (BGBl. I S. 3186) einge- 9 führten § 130 Abs. 3 StGB wird bestraft, wer eine unter der Herrschaft des Nationalsozialismus begangene Handlung der in § 6 Abs. 1 VStGB bezeichneten Art in einer Weise, die geeignet ist, den öffentlichen Frieden zu stören, öffentlich oder in einer Versammlung billigt, leugnet oder verharmlost. Abs. 4 der Norm erweitert das **Schriftenverbreitungsverbot** des Abs. 2 auf diesen Tatbestand, der gemeinhin sinnverkürzend als „Verbot der Auschwitzlüge" apostrophiert wird (vgl. etwa Huster, NJW 1996, 487 ff.; Stegbauer, NStZ 2000, 281). Gerade durch den Siegeszug des Internets, welcher auch zu einer Vernetzung und Bündelung rechtsextremer Bestrebungen geführt hat, gewinnt der Tatbestand erheblich an **praktischer Bedeutung**. Auf die umstrittene Frage des durch § 130 Abs. 3 StGB geschützten Rechtsgutes soll im Folgenden nicht weiter eingegangen werden (vgl. hierzu Stegbauer, 2000, S. 174 ff.; ders., NStZ 2000, 281, 282 f.; Streng, JZ 2001, 205 f.; Fischer, Rn. 24). Betreffend die Relevanz für den **Jugendschutz** sei auf die Ausführungen in Rn. 1 verwiesen (vgl. auch BPjS-Entsch. Nr. 4868 v. 07. 01. 1999, JMS-Report 2/99 S. 7).

2. Tatobjektsmerkmale

10 **a) Leugnen.** Unter dem Begriff des Leugnens einer NS-Völkermordshandlung wird das **Bestreiten** des als offenkundige geschichtliche Tatsache Anerkannten verstanden (vgl. BGHSt 40, 97, 99; Lackner/Kühl, Rn. 8; Fischer, Rn. 30; Sch/Sch/Lenckner/Sternberg-Lieben, § 130 Rn. 19). Problematisch ist der in zahlreichen Online-Angeboten mit der Intention der Tatbestandsumgehung auftauchende Fall des **bloßen In-Frage-Stellens** des Holocausts. Wollen manche hier die Wortlautgrenze des Tatbestandsmerkmals „Leugnen" überschritten sehen (Beisel, NJW 1995, 997, 1000; Lackner/Kühl, Rn. 8; Sch/Sch/Lenckner/Sternberg-Lieben, § 130 Rn. 19), wird dem berechtigt entgegengehalten, es könne letztlich nicht eine Frage der Formulierung sein, ob § 130 Abs. 3 StGB einschlägig ist (Stegbauer, 2000, S. 212; ders., NStZ 2000, 281, 284). Gleichwohl wird im konkreten Einzelfall zu beurteilen sein, ob aus dem **Gesamtkontext** der Schrift heraus das bloße Zweifeln oder Hinterfragen des Massenmordes an Juden einem In-Abredestellen gleichkommt und somit nur eine semantische Umgehung darstellt, oder ob vielmehr lediglich eine neutrale Frage intoniert wird, die sich einer Bewertung enthält.

11 Letzteres ist freilich nicht bei der Verwendung des Begriffs „**Auschwitz-Mythos**" der Fall (unzutreffend daher AG Hamburg NJW 1995, 1039; LG Hamburg NStZ-RR 1996, 262 ff., insb. S. 264: „Der Umstand, dass Rechtsradikale den Massenmord an Juden leugnen, bedeutet jedoch nicht, daß Rechtsradikale den Begriff Auschwitz-Mythos i. S. von Auschwitz-Lüge verstehen"; vgl. auch Bertram, NJW 1995, 1270 f.; ebenfalls krit. Fischer, § 130 Rn. 30a), ebenso ist die Äußerung eines Soldaten, „er würde sich nicht wundern, wenn überhaupt keine Juden vergast worden wären" tatbestandsmäßig (zutreffend BVerwG NJW 2000, 1433 f.). Kaum nachweisbar dürfte in solchen Fällen allerdings der erforderliche **Vorsatz** hinsichtlich eines Leugnens sein (vgl. hierzu Sch/Sch/Lenckner/Sternberg-Lieben, § 130 Rn. 20; Fischer, § 130 Rn. 30a, 35; siehe auch Streng, JZ 2001, 205, 207 f.).

12 **b) Billigen, Verharmlosen.** Ein Billigen i. S. d. Abs. 3 ist anzunehmen, wenn der Äußernde eine Tat nach § 6 Abs. 1 des Völkerstrafgesetzbuchs ausdrücklich oder konkludent, aus sich heraus verständlich **gutheißt**, als akzeptabel, notwendig oder **gerechtfertigt** hinstellt bzw. zustimmende Befriedigung zum Ausdruck bringt (vgl. BGHSt 22, 282; Lackner/Kühl, Rn. 8; Stegbauer, 2000, S. 213; ders., NStZ 2000, 281, 285). Demgegenüber ist die Tatmodalität des Verharmlosens sowohl in qualitativer als auch in quantitativer Hinsicht erfüllbar. Ersteres ist in dem **Herunterspielen** bzw. Bagatellisieren der erheblichen Bedeutung des Holocausts, seiner Wertewidrigkeit und Gefährlichkeit oder des Leids der Opfer zu erblicken (Stegbauer, 2000, S. 213; ders., NStZ 2000, 281, 285; die Grenzen hin zu dem Merkmal des Billigens sind **fließend**, vgl. Fischer, § 130 Rn. 31). In quantitativer Hinsicht kommt insb. die Nennung **falscher Größenordnungen von Opferzahlen** in Betracht, aber wohl auch die Behauptung, in Auschwitz hätten Vergasungen nie stattgefunden, sondern lediglich im vier Kilometer entfernten Birkenau (vgl. BPjS-Entsch. Nr. 4868 v. 07. 01. 1999, JMS-Report 2/99 S. 7).

IV. Legitimierung der NS-Gewalt- und Willkürherrschaft (Abs. 4 StGB)

1. Allgemeines

Durch das Gesetz zur Änderung des **Versammlungsgesetzes** und des Strafgesetzbuches vom 24. März 2005 (BGBl. I S. 969) wurde nach einem in der Rechtsliteratur bereits teilweise als Aktionismus kritisierten (Poscher, NJW 2005, 1316; krit. auch Bertram, NJW 2005, 1476, 1477 f.), nicht einmal einen Monat dauernden **Gesetzgebungsverfahren** der Straftatbestand der Volksverhetzung (§ 130 StGB) um einen neu eingefügten Abs. 4 erweitert. Hiernach wird bestraft, wer öffentlich oder in einer Versammlung den öffentlichen Frieden in einer die Würde der Opfer verletzenden Weise dadurch stört, dass er die nationalsozialistische Gewalt- und Willkürherrschaft billigt, verherrlicht oder rechtfertigt. Der Straftatbestand ist auch als nicht allgemeines Gesetz mit Art. 5 Abs. 2 GG **verfassungskonform** und verstößt auch nicht gegen das Bestimmtheitsgebot nach Art. 103 Abs. 2 GG (BVerfG MMR 2010, 199 ff. m. Anm. Liesching). Dem Tatbestand kommt im Bereich **Jugendschutz** eine praktische Bedeutung zu, auch wenn aufgrund des Scheiterns des 14. RfÄndStV (vgl. z. B. Hopf, K&R 2011, 6 ff.) nicht in § 4 Abs. 1 S. 1 Nr. 4 JMStV eingefügt worden ist. Denn immerhin das JuSchG nimmt bei seinem für Trägermedien geltenden Verbreitungs- und Werbeverbot nach **§ 15 Abs. 1, Abs. 2 Nr. 1 JuSchG** lediglich Bezug auf „einen der in (...) § 130 des Strafgesetzbuchs bezeichneten Inhalte". Insoweit ist davon auszugehen, dass die jugendschutzrechtliche Bestimmung nun auch den in 2005 eingefügten Straftatbestand des § 130 Abs. 4 StGB erfasst, da der Gesetzgeber bei § 15 Abs. 2 Nr. 1 JuSchG augenscheinlich darauf verzichtet hat, einzelne Tatbestände (z. B. Abs. 1 – Volksverhetzung, Abs. 3 – Holocaustleugnung) explizit zu benennen und somit bewusst Raum für nachträgliche inhaltliche Veränderungen, Neufassungen oder Einfügungen im Rahmen des Volksverhetzungsstraftatbestandes gelassen hat.

2. Tatobjektsmerkmale

a) Nationalsozialistische Gewalt- und Willkürherrschaft. Die Tathandlungen des Billigens, Verherrlichens und des Rechtfertigens müssen sich stets auf die NS-Gewalt- und Willkürherrschaft beziehen. Insoweit ergibt sich die Fragestellung, welche Dimensionen der nationalsozialistischen Herrschaft überhaupt Bezugspunkt bejahender, positiver Akzentuierungen oder gar Glorifizierungen sein können. Geben die genannten Attribute der „Gewalt" und der „Willkür" erste Anhaltspunkte dafür, dass der Erklärungsgehalt billigender, verherrlichender und/oder rechtfertigender Äußerungen gerade den **menschenrechtsverachtenden Unrechtscharakter des NS-Regimes** zum Ausdruck bringen soll, so ergeben sich im Einzelfall doch zahlreiche ungelöste Problemstellungen.

Würde etwa der Täter sich auf positive Aussagen über die NS-„Verkehrspolitik" des Autobahnbaus beschränken, kann per se der unmittelbare Bezug zur „Gewalt- und Willkürherrschaft" des NS-Regimes im eigentlichen Sinne

StGB § 130

kaum hergestellt werden. Etwas anderes würde allenfalls dann gelten, wenn man die historisch gesicherten Erkenntnisse des **Einsatzes von Zwangsarbeitern und KZ-Häftlingen** beim Straßenbau berücksichtigen will. Unklar ist weiterhin etwa ebenso, ob auch die völkerrechtswidrige Eroberungspolitik und Besatzungsherrschaft des Hitlerregimes im 2. Weltkrieg als NS-„Gewaltherrschaft" im Sinne des Straftatbestands anzusehen ist. Bejahendenfalls ergeben sich weitere schwierige Abgrenzungsfragen, z. B. im Hinblick darauf, inwieweit auch die **Wehrmacht**, welche unmittelbar der Befehlsgewalt des Hitler-Regimes unterstand, selbst Teil der NS-Herrschaft im tatbestandlichen Sinne und mithin Bezugspunkt der Tathandlungen des § 130 Abs. 4 StGB sein kann. Aus der Begründung des Regierungsentwurfs ergeben sich insoweit keine Hinweise, sodass die Klärung der hier angedeuteten Fragen der Rspr. und dem Schrifttum anheim gestellt ist.

16 **b) Billigen, Verherrlichen, Rechtfertigen.** In der Begründung des Regierungsentwurfs wird darauf hingewiesen, dass der Begriff des Billigens bereits in § 130 Abs. 3 StGB und in § 140 Nr. 2 StGB verwendet wird (vgl. BT-Drs. 15/5051, S. 5; siehe zu den allg. Auslegungsgrundsätzen oben Rn. 12). Die Billigung muss indes nach den Gesetzesmaterialien nicht in Form vorbehaltloser Zustimmung geäußert werden BT-Drs. aaO.). Es soll genügen, wenn etwa die schwerwiegenden Verbrechen, welche die NS-Gewalt- und Willkürherrschaft charakterisieren, als zwar bedauerlich, aber unvermeidbar hingestellt werden. In diesem Fall dürfte freilich auch ohne weiteres ein „Rechtfertigen" im Sinne des Tatbestands gegeben sein (siehe hierzu unten Rn 22).

17 Nicht erforderlich soll nach der Begründung des Regierungsentwurfs sein, dass sich der Täter auf eine konkrete Tat bezieht. Es reiche aus, „wenn er **konkludent** – etwa durch Werturteile über verantwortliche Personen – eine positive Einschätzung der unter der NS-Herrschaft begangenen Menschenrechtsverletzungen abgibt" (BT-Drs. 15/5051, S. 5; Ausreichen eines „schlüssigen Verhaltens" wird für § 140 Nr. 2 bestätigt durch OLG Braunschweig NJW 1978, 2045). Im Anschluss hieran geht das VG Bayreuth davon aus, dass mit einer Verherrlichung „einer der führenden Personen und Ideologen des Nationalsozialismus" – im entscheidungsgegenständlichen Fall **Rudolf Heß** – eine Billigung der nationalsozialistischen Gewalt- und Willkürherrschaft einhergehe (VG Bayreuth JMS-Report 4/2005, 58 f.; s.a. BVerfG MMR 2010, 199 ff.). Indes wird in der Lit. im Rahmen einer verfassungsrechtlichen einschränkenden Auslegung zutr. darauf hingewiesen, dass „je mittelbarer sich die Billigung auf die Würdeverletzung durch die nationalsozialistische Gewalt- und Willkürherrschaft bezieht, desto größer die Anforderungen an den **Kontext** zu Willkür- und Gewalthandlungen sind, damit tatsächlich von einer Würdeverletzung gesprochen werden kann (Poscher, NJW 2005, 1316, 1318).

18 Durch das Tatbestandsmerkmal der **Verherrlichung** wird jedes „Berühmen der NS-Gewalt- und Willkürherrschaft als etwas Großartiges, Imponierendes oder Heldenhaftes" erfasst. Darunter kann nicht nur die direkte Glorifizierung der Unrechtshandlungen der NS-Gewalt- und Willkürherrschaft verstanden werden, sondern es reicht aus, wenn das Dargestellte in einen

Volksverhetzung   § 130 StGB

positiven Bewertungszusammenhang gestellt wird oder in der Schilderung der Unrechtshandlungen und ihrer Verantwortungsträger entsprechende positive Wertakzente gesetzt würden (BT-Drs. 15/5051, S. 5). Als Beispiel hierfür wird ausdrücklich der Fall genannt, dass ein Verantwortungsträger oder eine **Symbolfigur des NS-Regimes angepriesen** oder in besonderer Weise hervorgehoben wird (BT-Drs. aaO.).

Freilich ist kritisch zu hinterfragen, ob letzterer Auslegungshinweis in der 19 Begründung des Regierungsentwurfs noch diesseits der Schwelle hin zur **unzulässigen Analogie** (Art. 103 Abs. 2 GG) verortet werden kann (vgl. Liesching, JMS-Report 4/2005, 2, 3; Bertram, NJW 2005, 1476, 1478). Denn Bezugspunkt des Verherrlichens muss nach dem Wortlaut des § 130 Abs. 4 StGB gerade die NS-Gewalt- und Willkürherrschaft als solche sein (hierzu Rn. 14). Ob der Glorifizierung einer Einzelperson des Regimes dieser Erklärungsgehalt beigemessen werden kann, ist fraglich. Mag dies in Ausnahmefällen vielleicht der Fall sein, so verbietet sich jeglicher **Gleichsetzungsautomatismus**. Überzeugend ist demgegenüber der vom VG Bayreuth angedeutete Weg, bei einer Verherrlichung einer der führenden Personen und Ideologen des Nationalsozialismus zumindest ein „**Billigen**" der nationalsozialistischen Gewalt- und Willkürherrschaft im Sinne des Straftatbestandes anzunehmen (VG Bayreuth JMS-Report 4/2005, 58 f.).

Denn nach allgemeinem Begriffsverständnis erscheint nahe liegend, dass 20 mit der Überhöhung und Glorifizierung einer unmittelbar im Zusammenhang mit dem NS-Regime stehenden Person auch dessen Wirken innerhalb des Machtapparates derart positiv akzentuiert wird, das darin (zumindest) auch ein „Billigen" der nationalsozialistischen Gewalt- und Willkürherrschaft im Sinne eines Gutheißens erblickt werden kann. Auch hier ist jedoch eine konkrete **Auslegung des Erklärungsgehaltes** der einzelnen Äußerungen erforderlich. In Fällen personifizierter Verherrlichung wird insoweit auch maßgeblich sein, welche Bedeutung der jeweiligen Person innerhalb der NS-Regimes zugeschrieben werden kann. Das VG Bayreuth stellt insoweit auf das Personenbild ab, das in der Bevölkerung (Öffentlichkeit) und in der Geschichtswissenschaft vorherrscht (VG Bayreuth JMS-Report 4/2005, 58 f.).

Ob schließlich auch das **Verharmlosen** der NS-Gewaltherrschaft etwa 21 im Sinne einer Bagatellisierung der im dritten Reich durch das Regime begangenen Menschenrechtsverletzungen tatbestandlich erfasst wird, ist zweifelhaft. Insoweit hat der Gesetzgeber, anders als etwa in § 131 StGB auf die alternative Nennung der Tathandlung des Verharmlosens neben der des Verherrlichens verzichtet. Allerdings dürften in vielen Fällen verharmlosende Äußerungen über die nationalsozialistische Gewalt- und Willkürherrschaft ein Billigen oder ein Rechtfertigen i. S. d. § 130 Abs. 4 StGB darstellen, so dass sich **Strafbarkeitslücken** insoweit allenfalls in Ausnahmefällen ergeben können.

Die Tathandlung des **Rechtfertigens** wird in der Begründung des Regie- 22 rungsentwurfs ausgelegt als das „Verteidigen der die NS-Gewalt- und Willkürherrschaft kennzeichnenden Menschenrechtsverletzungen als notwendige Maßnahmen" (BT-Drs. 15/5051, S. 5). Nach dem Wortlaut wird jedoch nicht nur die Legitimation konkreter Menschenrechtsverletzungen tatbestandsmäßig sein, sondern auch das Rechtfertigen der **Etablierung der NS-Herrschaft** als solcher, z. B. in der Form, dass das nationalsozialistische Regime als „genau die richtige **Staatsform** für die damals schwierige und von Werteverfall und Kulturvermischung geprägte Zeit" bezeichnet wird. Der weitere Auslegungshinweis in der Begründung des Regierungsentwurfs, wonach dem Tatbestand auch die Konstellation unterfallen soll, dass „die Handlungsweise eines für die Menschenrechtsverletzungen Verantwortlichen als richtig oder gerechtfertigt dargestellt wird", kann nur unter der Einschränkung gefolgt werden, dass die ggf. als legitim dargestellte Verhaltensweise Ausdruck und nachgerade prototypischer Bestandteil der nationalsozialistischen Gewalt- und Willkürherrschaft ist.

3. Störung des öffentlichen Friedens

23 a) **Deliktscharakter und Auslegung des BVerfG.** Da der Tatbestand als **Erfolgsdelikt** formuliert ist („wer ... den öffentlichen Frieden ... stört"), reicht eine abstrakte oder auch konkrete Gefährdung des öffentlichen Friedens nicht aus. Vielmehr muss eine tatsächliche Störung des öffentlichen Friedens vorliegen (BT-Drs. 15/5051, S. 5; VG Bayreuth JMS-Report 4/2005, 58 f.). Nach der **Rspr. des BVerfG** ist allerdings bei gutheißenden Äußerungen im Bezug auf die NS-Gewalt- und Willkürherrschaft das Vorliegen einer Störung des öffentlichen Friedens grundsätzlich **zu vermuten** (BVerfG MMR 2010, 199 ff. m. Anm. Liesching). Das Tatbestandsmerkmal diene als Korrektiv primär nur der Erfassung untypischer Situationen, in denen die Vermutung der Friedensstörung auf Grund besonderer Umstände nicht trägt. In Betracht zu ziehen sei dies, wenn im konkreten Fall gewaltanreizende und einschüchternde oder bedrohende Wirkungen ausgeschlossen werden können, etwa weil Äußerungen keine Tiefen- oder Breitenwirkung erreichen, sie beiläufig bleiben oder unter den konkreten Umständen nicht ernst genommen werden können (BVerfG aaO.).

24 b) **Kritik.** Dieser „Degradierung" des Tatbestandsmerkmals der „Störung des öffentlichen Friedens" zum bloßen Korrektiv und die Statuierung einer Vermutungsregel wird der Wortlaut im Lichte des Bestimmtheitsgrundsatzes kaum gerecht. Denn im Gegensatz zum allgemeinen Volksverhetzungstatbestand soll eine **bloße „Eignung" zur Friedensstörung** nicht ausreichen. Vielmehr sollte Abs. 4 auch nach dem Willen des Gesetzgebers – gerade als Erfolgsdelikt ausgestaltet werden, das den Nachweis einer tatsächlichen Störung des öffentlichen Friedens erfordert (vgl. BT-Drs. 15/5051, S. 5; ausf. Liesching, JMS-Report 4/2005, 2, 3 f.). Durch die vom BVerfG aufgestellte Vermutensregel wird diese Einschränkung freilich weitgehend desavouiert. Es ist sogar zu besorgen, dass in der Praxis hinsichtlich der **Beweisanforderungen** nunmehr geringere Anstrengungen der Strafgerichte bei der Prüfung des Tatbestandsmerkmals unternommen werden als bei der anderweitig etablierten bloßen „Eignungsklausel". Denn gerade im Bereich des Internet dürfte die vom BVerfG genannte Ausnahme des geringen Verbreitungsradius nicht einschlägig sein.

25 Die Rspr. des BVerfG könnte vor diesem Hintergrund als Steigbügel für automatisierte Verurteilungsbegründungen à la „Friedensstörung wird ver-

mutet, Ausnahmen schon wegen Internetverbreitung nicht ersichtlich" interpretiert werden, welche faktisch zu einer problematischen Umkehr des Zweifelsgrundsatzes zu Ungunsten der jeweils äußernden Person oder auch mittelbar der Internet-Plattformbetreiber führt. Solche Umkehrungen sind dem StGB zwar nicht fremd – wie etwa die objektive Strafbarkeitsbedingung der Erweislichkeit der Wahrheit einer behaupteten Tatsache i.R.d. „Üblen Nachrede" nach § 186 StGB zeigt (vgl. Sch/Sch/Lenckner/Eisele, § 186 Rn. 13 ff.). Anders als der Beleidigungstatbestand setzt Abs. 4 nach seinem Wortlaut aber das **positive Vorliegen einer Störung des öffentlichen Friedens** als Taterfolgsmerkmal voraus und ist gerade nicht als objektive Strafbarkeitsbedingung oder Strafausschließungsgrund in Anlehnung an § 186 StGB in dem Sinne formuliert, dass NS-legitimierende Äußerungen nur dann strafbar sein sollen, „wenn ausnahmsweise eine Störung des öffentlichen Friedens nicht vorliegt".

Das Strafverbot dürfte jedenfalls vor dem Hintergrund der weiten Auslegung des BVerfG im Bereich des Internet- und Medienstrafrechts an praktischer Bedeutung gewinnen. Dies gilt ungeachtet dessen, dass das Strafverbot nun nicht als Unzulässigkeitstatbestand in den für Rundfunk und Telemedien geltenden **§ 4 Abs. 1 S. 1 Nr. 4 JMStV** eingefügt worden ist, da der 14. RfÄndStV aufgrund der Ablehnung im Landtag von Nordrhein-Westfalen am 16. 12. 2010 scheiterte (vgl. z. B. Hopf, K&R 2011, 6 ff.). 26

4. Verletzung der Opferwürde

Weiterhin setzt der Tatbestand voraus, dass die Störung des öffentlichen Friedens in einer die Würde der Opfer des Nationalsozialismus verletzenden Weise geschieht. Diese Qualifizierung soll nach der Begründung des Regierungsentwurfs verdeutlichen, dass nur eine Handlung tatbestandsmäßig ist, „die den Achtungsanspruch der Opfer der NS-Gewalt- und Willkürherrschaft angreift" (BT-Drs. 15/5051, S. 5). Dabei sei in der Regel davon auszugehen, dass „das Billigen, Verherrlichen oder Rechtfertigen der die NS-Gewalt- und Willkürherrschaft kennzeichnenden Menschenrechtsverletzungen den Achtungsanspruch sowie die Menschenwürde der Opfer verletzt". Das VG Bayreuth schließt sich dieser Auslegung an, indem es ebenfalls „keine hohen Anforderungen an dieses Tatbestandsmerkmal" stellt (VG Bayreuth JMS-Report 4/2005, 58 f.). Im entscheidungsgegenständlichen Fall sah das Gericht die Voraussetzungen jedenfalls als erfüllt an, soweit durch die glorifizierende Darstellung eines prominenten Angehörigen des NS-Regimes (**Rudolf Heß**) als **Märtyrer** „unter Ignorierung objektiver historischer Erkenntnisse, das Täter-/Opferverhältnis geradezu auf den Kopf" gestellt werde. Diese „Umkehrung der Täter-/Opferbeziehung" verhöhne geradezu die wirklichen Opfer der nationalsozialistischen Gewaltherrschaft und „beeinträchtigt deren Würde in nicht hinnehmbarer Weise" (VG Bayreuth, aaO.). 27

5. Vorsatzfragen

Hinsichtlich des auf subjektiver Tatbestandsseite erforderlichen Vorsatzes ist zunächst hinreichend, dass der Täter sich des **Erklärungsinhalts** seiner 28 tatbestandlichen Äußerungen **bewusst** ist und die Aussagen gewollt getroffen hat (kein Versprechen oder Verschreiben). Hingegen sind Fehlbeurteilungen des Täters über den strafrechtlichen Bedeutungsgehalt (z. B. billigender oder verherrlichender Charakter der Äußerungen) grundsätzlich unerheblich. Subsumiert der Täter ein Strafverbot zu seinen Gunsten zu eng oder kennt er ein entsprechendes Verbot gar nicht, lässt dies namentlich den Vorsatz unberührt und kann allenfalls im Rahmen des § 17 StGB (**Verbotsirrtum**) von Bedeutung sein. Vorsatz ist weiterhin erforderlich im Bezug auf die Störung des öffentlichen Friedens in einer die Würde der NS-Opfer verletzenden Weise. Hier können sich in tatsächlicher Hinsicht Beweisschwierigkeiten im Rahmen der Strafverfolgung wohl nur dann ergeben, wenn man der bedenklich weiten Auslegung des BVerfG (s.o. Rn. 23 ff.) nicht folgen mag.

V. Internetinhalte auf ausländischen Servern

29 Bei volksverhetzenden Internetinhalten findet deutsches Strafrecht grundsätzlich Anwendung. Stellt ein Ausländer von ihm verfasste Äußerungen, die den Tatbestand des § 130 Abs. 1 oder des § 130 Abs. 3 erfüllen, auf einem ausländischen Server in das Internet, der Internetnutzern in Deutschland zugänglich ist, so tritt ein zum Tatbestand gehörender Erfolg (§ 9 Abs. 1 3. Alt.) im Inland ein, wenn diese Äußerungen konkret zur **Friedensstörung im Inland** geeignet sind (BGH NJW 2001, 624 ff. = StV 2001, 395 ff. m. Anm. Kudlich = JR 2001, 429 ff. m. Anm. Jeßberger; hierzu auch Heghmanns, JA 2001, 276 ff.). Zu den Möglichkeiten des Ordnungsrechts bei der Bekämpfung rechtsextremistischer Inhalte im Internet vgl. Hornig, ZUM 2001, 846 ff.; zu der Verfolgung bei abstrakten Gefährdungsdelikten und von **Jugendschutzverstößen** in Telemedien bei Auslandsbezug s. ausführl. § 24 JMStV Rn. 16 ff.).

§ 130a Anleitung zu Straftaten

(1) **Wer eine Schrift (§ 11 Abs. 3), die geeignet ist, als Anleitung zu einer in § 126 Abs. 1 genannten rechtswidrigen Tat zu dienen, und nach ihrem Inhalt bestimmt ist, die Bereitschaft anderer zu fördern oder zu wecken, eine solche Tat zu begehen, verbreitet, öffentlich ausstellt, anschlägt, vorführt oder sonst zugänglich macht, wird mit Freiheitsstrafe bis zu drei Jahren oder mit Geldstrafe bestraft.**

(2) **Ebenso wird bestraft, wer**
1. **eine Schrift (§ 11 Abs. 3), die geeignet ist, als Anleitung zu einer in § 126 Abs. 1 genannten rechtswidrigen Tat zu dienen, verbreitet, öffentlich ausstellt, anschlägt, vorführt oder sonst zugänglich macht oder**
2. **öffentlich oder in einer Versammlung zu einer in § 126 Abs. 1 genannten rechtswidrigen Tat eine Anleitung gibt,**
   um die Bereitschaft anderer zu fördern oder zu wecken, eine solche Tat zu begehen.

Anleitung zu Straftaten **§ 130a StGB**

(3) § 86 Abs. 3 gilt entsprechend.

Schrifttum: *Bader*, Das Gesetz zur Verfolgung der Vorbereitung von schweren staatsgefährdenden Gewalttaten, NJW 2009, 2853; *Kühl*, Neue Gesetze gegen terroristische Straftaten, NJW 1987, 737; *Sieber*, Legitimation und Grenzen von Gefährdungsdelikten im Vorfeld von terroristischer Gewalt, NStZ 2009, 353; *Trüg/Habetha*, Die „Liechtensteiner Steueraffäre" – Strafverfolgung durch Begehung von Straftaten?, NJW 2008, 887.

I. Allgemeines

Die Vorschrift schützt den **öffentlichen Frieden**. Sie soll insb. dem Entstehen eines „psychischen Klimas" entgegenwirken, in dem schwere, sozialschädliche Gewalttaten gedeihen können (BT-Drs. 10/6286, S. 8; Lackner/Kühl § 130a Rn. 1). Darüber hinaus fördert die Norm einen umfassenden Jugendmedienschutz (vgl. die ausdrückliche Nennung der Norm in § 15 Abs. 2 Nr. 1 JuSchG sowie in **§ 4 Abs. 1 S. 1 Nr. 6 JMStV**). 1

II. Zu rechtswidrigen Taten anleitende Schriften (Abs. 1)

1. Überblick

Voraussetzung für das Vorliegen eines verbotenen Anleitens zu Straftaten ist im Wesentlichen, dass eine Schrift (§ 11 Rn. 1 f.) öffentlich zugänglich gemacht wird (zu dieser und den übrigen Tathandlungen vgl. § 184 Rn. 17 ff.und § 15 JuSchG Rn. 7 ff.), die **zwei Eigenschaften** erfüllt: 1. Der Inhalt muss geeignet sein, als Anleitung zu einer in § 126 StGB (s.o.) genannten Straftat zu dienen (z. B. Mord, Totschlag, Völkermord, schwere Körperverletzung, Raub, Geiselnahme, Brandstiftung und andere gemeingefährliche Delikte). 2. Dem Inhalt muss die Zweckbestimmung zu entnehmen sein, die Bereitschaft anderer zur Begehung einer solchen Tat zu fördern oder zu wecken. 2

2. Begriff der Anleitung

Eine Anleitung zu einer Tat setzt voraus, dass über die Möglichkeiten der Tatausführung einschließlich ihrer Vorbereitung, insb. durch Hinweise technischer Art, Informationen mit der Tendenz zur Förderung der Tatbegehungen gegeben werden. **Zeichnungen** oder **Baupläne** zum Bombenbau (auch zum eigentlichen Zweck der Brückensprengung im Verteidigungsfall (vgl. BT-Drs. 10/6286, S. 8) dienen im Regelfall der Anleitung zur Herstellung von gemeingefährlichen Waffen, deren Einsatz zur Verwirklichung von Totschlagsdelikten oder zumindest schweren Körperverletzungen führt. Der Bezug zu solchen **Katalogtaten** des § 126 StGB muss freilich hinreichend klar erkennbar sein (Fischer, Rn. 8). Nicht unter das Strafverbot fallen daher solche Schriften, die nur ganz allgemein als Informationsquelle für die Planung oder Durchführung einer der schweren Katalogtaten benutzt werden können. Wissenschaftliche Abhandlungen aus dem Bereich der **Grundla-** 3

StGB § 131

genforschung, Patentschriften, Lehrbücher der Physik oder der Chemie scheiden mithin von vornherein aus dem Anwendungsbereich des Strafverbotes aus.

3. Förderung der Tatbereitschaft

4   Die veröffentlichte Schrift (vgl. § 11 Rn. 1 f.) muss nach ihrem Inhalt dazu bestimmt sein, die Bereitschaft anderer zur Tatbegehung zu fördern. Nicht erforderlich ist das Hervorrufen eines konkreten Tatentschlusses, für die „Bereitschaft" i. S. d. Norm ist vielmehr die **subjektive Geneigtheit** zur Ausführung einer Katalogtat ausreichend (Fischer, Rn. 13). Die Förderung braucht nicht der einzige oder der Hauptzweck der Schrift zu sein. Auch ein scheinbar neutraler Tatsachenbericht kann deshalb unter das Strafverbot fallen, wenn die Art der Darstellung erkennbar nur der Tarnung der eigentlich bezweckten Bereitschaft zur Nachahmung dient. Z.B. die Bezeichnung „Bombenbau für Heimwerker" sowie „praktische Tipps zum Anbringen der Bombe" lassen eine Tendenz zur Förderung der Bereitschaft zu einschlägigen schweren Taten ausreichend klar erkennbar werden.

III. Verbreiten neutraler Anleitungsschriften (Abs. 2)

5   Selbst wenn im Einzelfall eine solche Intention zur Bereitschaftsförderung den Medieninhalten nicht selbst zu entnehmen ist (sog. **„neutrale" Anleitungsschriften**, z. B. Heeresdienstvorschriften, vgl. BT-Drs. 10/6636, S. 13), wird nach Absatz 2 auch bestraft, wer lediglich (subjektiv) durch Verbreiten die Absicht hatte, eine entsprechende Begehungsbereitschaft der Leser, Zuschauer oder Internetnutzer zu fördern. Hierdurch soll „**Umgehungsverhalten**" der Täter entgegengewirkt werden (Kühl, NJW 1987, 737, 745). Die Bestimmung ist nach h.M. im Hinblick auf die erhebliche Beeinträchtigung der Meinungsäußerungsfreiheit nach Art 5 GG restriktiv auszulegen (hierzu Sch/Sch/Lenckner/Sternberg-Lieben, Rn. 7).

§ 131 Gewaltdarstellung

(1) **Wer Schriften (§ 11 Abs. 3), die grausame oder sonst unmenschliche Gewalttätigkeiten gegen Menschen oder menschenähnliche Wesen in einer Art schildern, die eine Verherrlichung oder Verharmlosung solcher Gewalttätigkeiten ausdrückt oder die das Grausame oder Unmenschliche des Vorgangs in einer die Menschenwürde verletzenden Weise darstellt,**
1. **verbreitet,**
2. **öffentlich ausstellt, anschlägt, vorführt oder sonst zugänglich macht,**
3. **einer Person unter achtzehn Jahren anbietet, überläßt oder zugänglich macht oder**
4. **herstellt, bezieht, liefert, vorrätig hält, anbietet, ankündigt, anpreist, einzuführen oder auszuführen unternimmt, um sie oder**

aus ihnen gewonnene Stücke im Sinne der Nummern 1 bis 3 zu verwenden oder einem anderen eine solche Verwendung zu ermöglichen,

wird mit Freiheitsstrafe bis zu einem Jahr oder mit Geldstrafe bestraft.

(2) Ebenso wird bestraft, wer eine Darbietung des in Absatz 1 bezeichneten Inhalts durch Rundfunk, Medien- oder Teledienste verbreitet.

(3) Die Absätze 1 und 2 gelten nicht, wenn die Handlung der Berichterstattung über Vorgänge des Zeitgeschehens oder der Geschichte dient.

(4) Absatz 1 Nr. 3 ist nicht anzuwenden, wenn der zur Sorge für die Person Berechtigte handelt; dies gilt nicht, wenn der Sorgeberechtigte durch das Anbieten, Überlassen oder Zugänglichmachen seine Erziehungspflicht gröblich verletzt.

Schrifttum: *Duttge/Hörnle/Renzikowski*, Das Gesetz zur Änderung der Vorschriften über die Straftaten gegen die sexuelle Selbstbestimmung, NJW 2004, 1065; *Erdemir,* Filmzensur und Filmverbot, 2000; *ders.,* Gewaltverherrlichung, Gewaltverharmlosung und Menschenwürde, ZUM 2000, 699; *ders.,* Vom Schutz der Menschenwürde vor Gewaltdarstellungen in Rundfunk und Telemedien (usw), Frotscher-FS (2007), 317; *ders.,* Killerspiele und gewaltbeherrschte Medien im Focus des Gesetzgebers, K&R 2008, 223; *Gehrhardt,* Gewaltdarstellungsverbot und Grundgesetz, 1974; *Greger,* Die Video-Novelle 1985 und ihre Auswirkungen auf StGB und GjS, NStZ 1986, 8; *Höynck,* Stumpfe Waffe? Möglichkeiten und Grenzen der Anwendung von § 131 StGB auf gewalthaltige Computerspiele, ZIS 2008, 206; *Köhne,* Zombies und Kannibalen (usw), GA 04, 180; *Meirowitz,* Gewaltdarstellungen auf Videokassetten, 1993; Pfeiffer, „Verbot von Killerspielen?", ZRP 2007, 91; *Rackow,* Das Gewaltdarstellungsverbot des § 131 StGB, Maiwald-FS 195; *Weigend,* Gewaltdarstellung in den Medien, Herrmann-FS (2002), 35.

Übersicht

	Rn.
I. Allgemeines	1
1. Regelungsinhalt und Schutzgut	1
2. Normhistorie	2
II. Voraussetzungen des Gewaltdarstellungsverbotes (Abs. 1)	3
1. Überblick	3
2. Tatobjektsmerkmale	4
a) Grausame oder sonst unmenschliche Gewalttätigkeiten	4
b) Gewaltausübung „gegen Menschen oder menschenähnliche Wesen"	11
c) „Schilderung" von Gewalttätigkeiten	13
d) Besondere Sinngebung durch Art und Weise der Gewaltschilderung	18
III. Live-Darbietungen im Rundfunk und in Telemedien (Abs. 2)	27
IV. Berichterstattungsprivileg (Abs. 3)	28
V. Erzieherprivileg (Abs. 4)	29

StGB § 131 Strafgesetzbuch (StGB)

I. Allgemeines

1. Regelungsinhalt und Schutzgut

1 Die Vorschrift soll nach dem Willen des Gesetzgebers den Einzelnen sowie die Allgemeinheit vor Gewalttätigkeiten und sozialschädlichen – auch gruppenbezogen feindseligen – aggressiven Ansätzen oder sonstigen Fehlentwicklungen schützen (BT-Drs. VI/3521, S. 6). Damit dient die Norm vornehmlich dem **öffentlichen Frieden**, daneben aber auch dem **Jugendschutz**. Letzteres wird insb. durch Abs. 1 Nr. 3 deutlich, welcher explizit das Zugänglichmachen der in Rede stehenden Schriften an eine Person unter 18 Jahren unter Strafe stellt. Eigentlich hätte es der ausdrücklichen Benennung der Tatmodalität der Nr. 3 gar nicht bedurft, da auch ohne besondere Aufführung Minderjährige als Teil der Allgemeinheit bereits von den vollumfänglichen Verboten der Nrn. 1 und 2 erfasst sind. Daher liegt nahe, dass gerade hierdurch von Seiten des Gesetzgebers klargestellt werden sollte, dass nicht lediglich der Belang des inneren Friedens, sondern auch der Jugendschutz bei der Manifestation des Gewaltdarstellungsverbotes Pate stand. Entsprechend heißt es in der Amtl. Gesetzesbegründung, dass die Norm „nicht nur" – also immerhin auch – „als **Jugendschutztatbestand**" ausgestaltet werden sollte (BT-Drs. VI/3521, S. 6; siehe auch BT-Drs. 10/2546, S. 16 f.; ausführl. zum Rechtsgut Jugendschutz bei § 131: Liesching, JMS 2002, S. 92 f.). Die Vorschrift wird im Jugenschutzrecht durch § 15 Abs. 2 Nr. 1 JuSchG und **§ 4 Abs. 1 S. 1 Nr. 5 JMStV** explizit inkorporiert.

2. Normhistorie

2 Die Vorschrift wurde eingeführt im Rahmen des **4. StrRG** v. 23. 11. 1973 (BGBl. I, S. 1725; BGBl. 1974 I, S. 469). Geändert wurde der Tatbestand durch Art. 3 des G. zur Neuregelung des Jugendschutzes in der Öffentlichkeit v. 25. 2. 1985 (BGBl. I, S. 425) durch Art. 1 VerbrBekG v. 28. 10. 1994 (BGBl. I, S. 3186). Abs. 1 wurde um das Tatbestandsmerkmal der „**menschenähnlichen Wesen**" erweitert, Abs. 2 (Medien- oder Teledienste) sowie Abs. 4 (2. Halbsatz) wurden ergänzt durch das G. zur Änderung der Vorschriften über die Straftaten gegen die sexuelle Selbstbestimmung und zur Änderung anderer Vorschriften v. 27. 12. 2003 (BGBl. I, S. 3007) mit Wirkung vom 1. 4. 2004.

II. Voraussetzungen des Gewaltdarstellungsverbotes (Abs. 1)

1. Überblick

3 Das enge Gewaltdarstellungsverbot stellt nicht jedes Verbreiten oder Zugänglichmachen (zu den **Tathandlungen** siehe die Ausführungen zu § 86a Rn. 4 sowie § 184 Rn. 17 ff. und § 15 JuSchG 7 ff.) von Darstellungen grausamer oder sonst unmenschlicher Gewalttätigkeiten unter Strafe, sondern beschränkt sich auf solche, denen aufgrund ihrer Art und Weise der Schilderung eine besondere Gefahr der **negativen Beeinflussung** der Rezipienten

Gewaltdarstellung § 131 StGB

innewohnt. Namentlich sind dies in der 1. Tatbestandsalternative die Verherrlichung oder Verharmlosung von Gewalttätigkeiten sowie in der 2. Modalität die Darstellung des Grausamen oder Unmenschlichen des Vorgangs der Gewalttätigkeiten in einer die Menschenwürde verletzenden Weise.

2. Tatobjektsmerkmale

a) Grausame oder sonst unmenschliche Gewalttätigkeiten. aa) 4
Begriff der Gewalttätigkeiten. Gegenstand der tatbestandlich erfassten Schriften müssen zunächst geschilderte „Gewalttätigkeiten" sein. Hierunter versteht die h.M. ein **aggressives, aktives Tun**, durch das unter Einsatz oder Ingangsetzen physischer Kraft unmittelbar oder mittelbar auf den Körper eines Menschen in einer dessen leibliche oder seelische Unversehrtheit beeinträchtigenden oder konkret gefährdenden Weise eingewirkt wird (BVerfGE 87, 209, 227 = NJW 1993, 1457, 1458, auf nur unmittelbare Körpereinwirkung eingrenzend: LG München BPS-Report 6a/85, S. 12, 14; Meirowitz, Gewaltdarstellungen, 1993, S. 325; MüKom-StGB/Miebach/Schäfer, Rn. 16; vgl. ferner BGHSt 23, 46, 51; BGH NJW 1980, 65, 66). Voraussetzung ist also eine signifikante Entfaltung von **Körperkraft**.

Passive Verhaltensweisen oder ein pflichtwidriges **Unterlassen** wie 5 Ertrinken-, Verbrennen- oder Erfrierenlassen reichen nicht aus (LK/Krauss, Rn. 15 mwN.). Mithin ist dem Begriff der Gewalttätigkeiten auch noch nicht hinreichend Rechnung getragen, wenn lediglich die Drohung mit einem – wenn auch besonders grausamen – Übel zur Beugung des Willens eines anderen geschildert wird, ohne dass eine tatsächliche Gewaltanwendung dargestellt wird (Scholz/Liesching, Rn. 4; den Begriff der Gewalttätigkeit in § 184 Abs. 3 StGB für den Fall des Zwingens mit vorgehaltener Pistole zur Ausübung des Mundverkehrs ablehnend: BGH NJW 1980, 65, 66; krit. Maurach/Schröder/Maiwald, Strafrecht BT 2, § 94 Rn. 6; Liesching/Günter, JMS-Report 5/1998, S. 7 f.; s.a. Meirowitz, S. 325; hingegen ungenau: OLG Köln NJW 1981, 1458, 1459, soweit Nötigungen zur Duldung sexueller Handlungen per se dem Begriff der Gewalttätigkeiten zugeordnet werden).

Rohheit und Brutalität sind begrifflich keine unabdingbaren Kennzei- 6 chen einer Gewalttätigkeit als solcher. Begrifflich erfasst werden daher nach einem Teil der strafrechtlichen Kommentarliteratur nicht nur Folterungen, Misshandlungen und gefährliche Körperverletzungen. In Betracht kommen danach insb. auch das Einsperren in überhitzten Räumen oder in einem dunklen Kellerloch, die gezielte Beschallung für eine erhebliche Dauer, das Gefangenhalten in einer Kiste oder das Anketten; die Einwirkung muss aber immer ein gewisses Gewicht haben (LK/Krauss, Rn. 16 mwN.). Nur belanglose leichte Beeinträchtigungen sind keine Gewalttätigkeiten i.S. der Vorschrift. Unerheblich ist, ob die Darstellung ein reales, realitätsnahes oder ein erkennbar **fiktives Geschehen** zum Gegenstand hat. Es kommt auch nicht darauf an, ob es sich um rechtmäßige oder rechtswidrige Gewalttätigkeiten handelt. Nach Gesetzeswortlaut und -zweck sind Grund und Zielsetzung der Gewaltanwendung unerheblich. Damit werden auch rechtmäßige oder als rechtmäßig dargestellte Gewalthandlungen, z. B. im Rahmen einer gerechtfertigten Verteidigung erfasst (LK/Krauss, Rn. 17 mwN.).

7 bb) Attribute „grausam" und „sonst unmenschlich". Der Tatbestand erfordert eine über die Schilderung von Gewalttätigkeiten hinausgehende besondere Tatobjektsqualität, die mit den Attributen „grausam" oder „sonst unmenschlich" beschrieben ist. Seit der Neufassung durch das JÖSchNG v. 25. 2. 1985 (BGBl. I 425) nehmen beide Merkmale Bezug auf die wiedergegebenen Gewalttätigkeiten selbst und nicht – wie zuvor – auf die Art und Weise der Darstellung (vgl. BT-Drs. 10/2546, S. 22); die Modifizierung dient indes lediglich der sprachlichen Klarstellung und sollte nicht zu einer Erweiterung des tatbestandlichen Anwendungsbereichs führen.

8   Der Begriff „grausam" ist dabei nach h.M. ebenso wie im Rahmen der Mordmerkmale des § 211 StGB auszulegen (BVerfGE 87, 209, 226 = NJW 1993, 1457, 1458; Laufhütte, JZ 1974, 46, 50). **Grausam** sind damit in der Schrift oder sonstigen Darstellung geschilderte Gewalttätigkeiten, wenn sie objektiv unter Zufügung besonderer **Schmerzen oder Qualen** körperlicher oder seelischer Art ausgeführt werden und außerdem subjektiv eine brutale, gefühllose und unbarmherzige Haltung desjenigen erkennen lassen, der sie begeht (BT-Drs. 10/2546, S. 22; BVerfGE 87, 209, 226 = NJW 1993, 1457, 1458; BGH bei Holtz MDR 1987, 623; OLG Koblenz NJW 1986, 1700; (Sch/Sch/Lenckner/Sternberg-Lieben, Rn. 7). Gewalthandlungen, die lediglich kurz dargestellt werden und aus Sicht des Rezipienten lediglich als Mittel zum Zweck erscheinen, andere Protagonisten oder Spielfiguren schnell und effektiv zu besiegen oder „auszuschalten", sind hingegen in der Regel nicht als „grausam" im tatbestandlichen Sinne einzustufen (Höynck, ZIS 2008, 206, 208).

9   „**Sonst unmenschlich**" sind geschilderte Gewalttätigkeiten nach h.M., wenn dem Opfer zwar nicht besondere Schmerzen oder Qualen zugefügt werden, die aggressive Gewalthandlungen aber ebenfalls Ausdruck einer **menschenverachtenden, rücksichtslosen Gesinnung** sind (BT-Drs. 10/2546, S. 22; BVerfGE 87, 209, 226; OLG Koblenz NStZ 1998, 40, 41; OLG Koblenz NJW 1986, 1700; Meirowitz, 1993, S. 326; Erdemir, 2000, S. 75). Dabei kann allerdings im Einzelfall fraglich sein, worin diese nahezu jeder Gewalttätigkeit immanente Inhumanität zum Ausdruck kommen muss. Unerheblich und zudem kaum praktikabel wäre jedenfalls die nur von einer Einzelmeinung in der Literatur vorgeschlagene Bewertung danach, ob eine Gewaltdarstellung über das für eine Film- oder „Spielgeschichte Notwendige deutlich hinausgeht" (so Höynck, ZIS 2008, 206, 208). Eine das stets subjektiv empfundene „**dramaturgisch sinnvolle Maß**" überschreitende dezidierte Darstellung von Gewalttätigkeiten macht diese allein nicht unmenschlich. Unkonkret ist auch das Abstellen auf „menschlich noch einigermaßen verständliche, wenn auch rechtswidrige Gewalttätigkeiten", welche nach einem Teil der Kommentarliteratur noch nicht erfasst sein sollen (Sch/Sch/Lenckner/Sternberg-Lieben, Rn. 7). Vielmehr kommt es darauf an, ob nach normativer Wertung in der Gewalttätigkeit eine rücksichtslose, menschenverachtende Gesinnung zum Ausdruck kommt.

10 Besondere Fragestellungen können sich dabei bei **Computerspielen** ergeben. Anders als bei linear ablaufenden Filmen stellen sich hier Probleme bei der Beurteilung darüber, ob eine Gewalttätigkeit durch den Protagonisten „in menschenverachtender, rücksichtsloser Gesinnung" ausgeübt wird, vor

allem wenn dem Computerspielnutzer die **Wahl über die konkrete Vorgehensweise** verbleibt. Hier wird jedoch genügen, wenn in dem Computerspiel aufgrund der Programmierung entsprechende Spielhandlungsweisen vorgesehen sind.

b) Gewaltausübung „gegen Menschen oder menschenähnliche 11
Wesen". Die dargestellte Gewalttätigkeit muss sich des Weiteren „gegen Menschen oder menschenähnliche Wesen" richten. Die Erweiterung um das Merkmal „menschenähnliche Wesen" ist durch das Gesetz zur Änderung der Vorschriften über die Straftaten gegen die sexuelle Selbstbestimmung und zur Änderung anderer Vorschriften v. 27. 12. 2003, BGBl. I 3007 eingefügt worden (in Kraft seit 1. 4. 2004; vgl. zur vormaligen unzulässigen Gesetzesanalogie: BVerfGE 87, 225 ff. = NJW 1993, 1457 ff.). Aufgrund der Tatbestandsfassung können zunächst geschilderte Gewalthandlungen **gegen Tiere oder Sachen** dem Tatbestandsmerkmal der „Gewalttätigkeiten gegen Menschen" von vorneherein nicht Rechnung tragen (BT-Drs. VI/3521, S. 7; Lackner/Kühl, Rn. 4; Scholz/Liesching, Rn. 5). Nicht ausreichend ist daher auch die Wiedergabe des Schießens auf Zielscheiben in Menschengestalt, (vgl. v.Hartlieb, UFITA 86 – 1980 – S. 101, 124).

Problematische Abgrenzungsfragen können sich im Hinblick auf die Beur- 12
teilung ergeben, ob eine bestimmte verfremdete Film- oder Spielfigur (noch) „**menschenähnlich**" ist oder nicht. Nach der Begründung des Gesetzesentwurfs sollen „Androide", „künstliche Menschen", „Außerirdische" und „Untote" erfasst sein (BT-Drs. 15/1311, S. 22), was freilich die Unwägbarkeiten im Einzelfall und die mit einiger Berechtigung vorgetragenen Bedenken gegen die **Bestimmtheit** des Tatbestandsmerkmals kaum beseitigen dürfte (BT-Drs. 15/1642, S. 1 sowie die Kritik bei Duttge/Hörnle/Renzikowski, NJW 2004, 1065, 1070; Köhne, GA 2004, 180, 183; s.a. bereits Schroeder, JZ 1990, 858). Zu Recht wird aber überwiegend von der Notwendigkeit einer **engen Auslegung** ausgegangen, welche nur Figuren erfasst, die nach ihrer physischen Erscheinung einem Menschen zum Verwechseln ähnlich sehen (Duttge/Hörnle/Renzikowski, NJW 2004, 1065, 1070).

c) „Schilderung" von Gewalttätigkeiten. Im Rahmen der Evaluierung 13
des gesetzlichen Jugendschutzsystems durch das Hans Bredow Institut wurde auf Probleme hingewiesen, die sich beim Merkmal des „Schilderns" im Bezug auf Computerspiele ergeben können (HBI-Bericht, 2007, S. 98 f.). Nach h.M. setzt ein Schildern namentlich jedenfalls eine **optische Veranschaulichung** bzw. ein „Zeigen" oder eine „**Wiedergabe**" der Gewaltdarstellungen voraus (OLG Koblenz NStZ 1998, 40, 41 f., wo ausdrücklich eine optische Veranschaulichung für maßgeblich gehalten und ein „Abwenden der Kamera" unter bloßer Wiedergabe einer suggestiven Geräuschkulisse als nicht hinreichend erachtet wird; Sch/Sch/Lenckner/Sternberg-Lieben Rn. 8; weiter Höynck, ZIS 2008, 206, 207: „unmittelbar optische oder akustische Wiedergabe" so wohl auch Fischer, Rn. 8; MüKom-StGB/Miebach/Schäfer Rn. 39 mwN.; ein „Schildern" bei Computerspielen grds. ablehnend: Erdemir, K&R 2008, 223, 225; s.a. HBI-Bericht, 2007, S. 98 f.).

Dies ist vor allem bei **Computerspielen** zumindest in den Fällen fraglich, 14
in denen der Spieler es durch gangbare individuelle – nicht oder weniger

StGB § 131

gewalthaltige – **Lösungswege** in der Hand hat, das auf dem Bildschirm dargestellte Geschehen zu steuern. Ist damit etwa das Töten unbeteiligter Zivilsten kein erklärtes Missionsziel eines Spiels, ist dem Spieler aber gleichwohl die Möglichkeit gegeben, entsprechende unbeteiligte Figuren anzugreifen, so stellt sich die Frage, ob allein schon die potentielle Möglichkeit einer Gewaltvisualisierung bei entsprechender individueller Steuerung des Spielers dem Tatbestand genügt. Aufgrund der Interaktivität und der dadurch begründeten Variabilität der konkret veranschaulichten Inhalte ergibt sich bei der Tatbestandsbewertung der geschilderten Schrift zudem allgemein die Problemstellung, ob die „unmenschlichste" (virtuelle) Vorgehensweise des Computerspielnutzers zugrunde zu legen oder vielmehr die **„humanste" Spielmöglichkeit**, die das Spiel theoretisch vorsieht.

15 Vereinzelt wird im Schrifttum wohl die **strengere Auslegungsvariante** mit dem Hinweis vertreten, dass es ausreiche, wenn in dem Spiel Gewalttätigkeiten auf vorprogrammierte Art gezeigt werden, sei es auch nur als Abfolge nach Tätigwerden des Spielers (so Höynck, ZIS 2008, 206, 208). Die **Gegenposition** in der Rechtsliteratur nimmt bei Computerspielen dagegen eine Regelungslücke an, wenn der Spieler aktiv in das dargestellte Geschehen eingreift und den gewalthaltigen Handlungsablauf maßgeblich beeinflusst; insoweit fehle es an der dem tatbestandlichen „Schildern" immanenten passiven Rezipientensituation (Erdemir, K&R 2008, 223, 225; s.a. HBI-Bericht, 2007, S. 98 f.). Für die letztgenannte Auffassung spricht vordergründig, dass der Straftatbestand des § 131 StGB im Kern (einschließlich der Formulierung des „Schilderns") aus dem Jahr 1973 und mithin aus einer Zeit stammt, in der Computerspiele oder sonstige interaktive Medien noch nicht marktfähig und somit auch nicht Regelungsintention des Gesetzgebers waren. Ist damit der Wortlaut des Straftatbestandes historisch bedingt aufgrund fehlender gesetzgeberischer Anpassung eher auf lediglich passiv rezipierbare Schilderungen klassischer Medien wie Filme und Druckschriften gerichtet, erscheinen **erweiternde Auslegungen**, die sich vom Wortsinn des „Schilderns" entfernen, auch im Lichte des **Analogiverbots** gem. Art. 103 Abs. 2 GG nicht unproblematisch.

16 Allerdings ist eine **differenziertere Betrachtung** erforderlich. Danach kann eine Schilderung zunächst dann angenommen werden, wenn Gewaltdarstellungen obligatorisch z. B. in vorgegebenen Videosequenzen eines Computerspiels wiedergegeben werden, die vom Spieler nicht beeinflusst werden können. Auch für den Fall, dass das Computerspiel nach seinem wesentlichen Inhalt auf die Vornahme brutaler Gewalthandlungen als Selbstzweck gerichtet ist (so z. B. in dem beschlagnahmten Computerspiel „Manhunt", vgl. AG München, Beschl. v. 19. 7. 2004 – Az.: 853 Gs 261/04) und ein **Fortkommen im Spielverlauf** ohne die Vornahme grausamer und unmenschlicher Gewalttätigkeiten nahezu ausgeschlossen ist, wird in der Regel ein „Schildern" anzunehmen sein, auch wenn aufgrund der Interaktivität die konkrete Ausgestaltung der Gewaltdarstellungen variiert. Denn ein Umgehen der Gewalttätigkeit ist in diesem Fall ausgeschlossen und somit deren Schilderung spielimmanent.

17 Hingegen kann die Annahme eines „Schilderns" dann problematisch sein, wenn in einem Computerspiel zwar die **theoretische Möglichkeit** der Vor-

Gewaltdarstellung **§ 131 StGB**

nahme bestimmter Gewalttätigkeiten durch den Spieler gegeben ist, diese Gewalttätigkeiten jedoch nach der Konzeption nicht zur vorgegebenen Spielaufgabe oder Mission gehören. Ist nach der Spielkonzeption die Gewaltausübung gegen unbeteiligte Zivilisten kein primäres Ziel, so kommt es zu einer Wiedergabe entsprechender Gewaltszenen nur dann, wenn der Spieler individuell vom **vorgegebenen Missionsziel abweicht** und aktiv den entsprechenden Handlungsverlauf bestimmt. Insoweit ist aber entgegen einer liberaleren Ansicht in der Literatur (Erdemir, K&R 2008, 223, 225) von einem „Schildern" durchaus bereits dann auszugehen, wenn die Gewalttätigkeiten gemäß der Spielprogrammierung vorgesehen sind. Dies allein dürfte auch der Ratio des § 131 StGB sowie der bisherigen Beschlagnahmepraxis der Strafgerichte bei Computerspielen entsprechen.

d) Besondere Sinngebung durch Art und Weise der Gewaltschilderung. aa) Bezugspunkt der Verherrlichung, Verharmlosung etc. Von 18 erheblicher praktischer Bedeutung ist, dass von § 131 StGB tatbestandlich nur solche Gewaltdarstellungen erfasst werden, in deren Art und Weise der Schilderung eine besondere „**Sinngebung**" der Verherrlichung, Verharmlosung oder Verletzung der Menschenwürde zum Ausdruck kommt. Dabei ist zunächst zu beachten, dass sich die jeweilige glorifizierende, bagatellisierende etc. Sinngebung gerade nur auf „grausame oder sonst unmenschliche Gewalttätigkeiten gegen Menschen oder menschenähnliche Wesen" richten muss (vgl. Wortlaut: „**solcher Gewalttätigkeiten**", vgl. Fischer, Rn. 9; MüKomStGB/Miebach/Schäfer, Rn. 26). Unzulässig ist es demnach, als Bezugspunkt z. B. einer Verherrlichung vornehmlich auch (Gewalt-)Szenen in den Blick zu nehmen, die gar keine „Gewalttätigkeit" darstellen und/oder nicht die erforderlichen Attribute „grausam" oder „sonst unmenschlich" erfüllen.

bb) Verherrlichung. Eine Verherrlichung kommt nach h.M. dann in der 19 Schilderung von grausamen oder sonst unmenschlichen Gewalttätigkeiten zum Ausdruck, wenn diese durch die Art und Weise der Darstellung eine in besonderem Maße **positiv übersteigerte Wertung** erfahren und mithin als etwas Großartiges, Heldenhaftes oder Verdienstvolles, als erstrebenswertes Abenteuer, als Bewährungsprobe für männliche Tugenden oder Fähigkeiten oder als billigens- bzw. sogar nachahmenswerte Möglichkeit zur Erlangung von Ruhm, Anerkennung bzw. Auszeichnungen erscheinen oder auch nur Gewalttätigkeiten als einzig wahres Mittel zur Lösung zwischenmenschlicher Konflikte gerühmt werden (BT-Drs. VI/3521, S. 7; Greger, NStZ 1986, 8, 10; v.Hartlieb, UFITA 86 -1980- 101, 127; Laufhütte, JZ 1974, 46, 50; Meirowitz, 1993, S. 328). Teilweise wird aber auch darauf abgestellt, dass die Gewalttätigkeiten „als **erstrebenswert**" oder „**nachahmenswert**" hingestellt werden müssen bzw. eine Werbung oder ein „gewisser werbender Charakter" für solche Gewalttätigkeiten vorliegen müsse, NK-StGB/Ostendorf, Rn. 10; Höynck, ZIS 2008, 206, 210, die indes andererseits „eine direkte unmittelbare Werbung" nicht für notwendig erachtet; s.a. Erdemir, ZUM 2000, 699, 702: „in besonderem Maße nachahmenswert".

Nimmt man den Wortlaut des „Verherrlichens" ernst, kann demgegenüber 20 eine irgendwie geartete **bloße positive Akzentuierung** bzw. eine bloße Befürwortung oder ein Gutheißen von Gewalttätigkeiten noch nicht per se mit einer „Glorifizierung" gleichgesetzt werden. Vielmehr bedarf es einer **Übersteigerung** der positiven Sinngebung von Gewalttätigkeiten dergestalt, dass diese als herausragend, heldenhaft und nachgerade „herrlich" interpretiert wird. Eine Ausweitung auf jede positive Bewertung von Gewalt würde demgegenüber den Wortsinn des „Verherrlichens" exzessiv überdehnen. Ob vor diesem Hintergrund z. B. in einem **Computerspiel** das „Belohnen" von gewalthaften Spielaktionen durch „Credits", Spielpunkte oder sonstigen Spielerfolg immer schon eine glorifizierende Überhöhung von Gewalthandlungen immanent ist, erscheint zumindest fraglich. Werden bestimmte, vom Spieler auszuübende Gewalthandlungen etwa dadurch legitimiert, dass sie für das **Fortkommen im Spielverlauf** notwendig sind, ist hierin zunächst allenfalls die Sinngebung einer Rechtfertigung von Gewalttätigkeiten zu erblicken. Dass der Gesetzgeber indes das Tatbestandsmerkmal des „Rechtfertigens" als Aliud gegenüber dem „Verherrlichen" ansieht, verdeutlicht der rechtssystematische Vergleich mit § 130 Abs. 4 StGB, nach dem ausdrücklich das Verherrlichen *oder* Rechtfertigen der NS-Gewalt- und Willkürherrschaft pönalisiert wird (s. § 130 Rn. 13 ff.). Indes ist in § 131 StGB schon die bloße Legitimation geschilderter brutaler Gewalttätigkeiten vor dem Hintergrund des engen „Utima Ratio"-Charakters des Kriminalstrafverbots gerade nicht normiert worden und daher für die Bejahung der Tatbestandsmäßigkeit nicht hinreichend.

21 **cc) Verharmlosung.** Der Begriff der „verharmlosenden" Schilderung von brutalen oder sonst unmenschlichen Gewalttätigkeiten wird vor allem im Hinblick auf seine **Uferlosigkeit** teilweise als (verfassungsrechtlich) problematisch erachtet (vgl. insb. Erdemir, 2000, S. 87 ff., 109 f.; ders., ZUM 2000, 699, 703; Gehrhardt, 1974, S. 52). Dem ist zuzugeben, dass die im Rahmen des JÖSchNG v. 25. 2. 1985 (BGBl. I, S. 425) vom Ausschuss für Jugend, Familie und Gesundheit sowie vom Rechtsausschuss geäußerte Auffassung sehr weit geht, wonach das Verharmlosen auch Fälle der „beiläufigen", „emotionsneutralen" und zugleich „selbstzweckhaften" Schilderung von grausamen oder sonst unmenschlichen Gewalttätigkeiten erfasse, ohne dass es eines „Herunterspielens" bedürfe (BT-Drs. 10/2546, S. 22; zust. Greger, NStZ 1986, 8, 10; sehr weit auch LG München BPS-Report 6a/1985, S. 12, 15 f.). Mit einiger Berechtigung werden gegen dieses weite Begriffsverständnis **verfassungsrechtliche Bedenken** im Hinblick auf das Analogieverbot gem. Art. 103 Abs. 2 GG geäußert (Schraut, Jugendschutz und Medien, 1993, S. 55; Erdemir, 2000, S. 109 f.).

22 Mit der h.M. ist daher davon auszugehen, dass einer Verharmlosung nach ihrem Wortsinn über das bloße Ausblenden von Gewaltfolgen hinaus auch eine **bagatellisierende, herunterspielende oder verniedlichende Sinngebung** eigen sein muss. Sie ist mithin erst dann anzunehmen, wenn die gezeigten Gewalttaten im gesamten Darstellungszusammenhang und aus der Sicht eines verständigen, unvoreingenommenen Betrachters als nicht verwerfliche Form menschlichen Verhaltens oder akzeptables Mittel zur Konfliktlösung dargestellt werden (BT-Drs. VI/3521, S. 7; BGH NJW 1986, 1700; OLG Koblenz NStZ 1998, 40, 41). Dies wird aber nicht schon bei gleichsam „neutralen" Darstellungen von Gewalttätigkeiten der Fall sein, denen ledig-

lich der missbilligende oder **mahnende Charakter fehlt** (so aber Erdemir, Filmzensur und Filmverbot, 2000, S. 88 f.; 109; ders., ZUM 2000, 699, 703, der sodann aufgrund seiner Ausdehnung des Anwendungsbereichs zu einem Verstoß der „Verharmlosens"-Alternative gegen Art 103 Abs. 2 GG gelangt).

Denn genauso wie dem Begriff des Verherrlichens ist dem Begriff der 23 Verharmlosung eine besondere wertende Aussage immanent, die über die bloße Wiedergabe ungeachtet ihrer Detailgenauigkeit hinausgeht. Zudem ist etwa das bloße „Ausblenden" von Gewalt bzw. ihrer Folgen oft schon deshalb nicht tatbestandsmäßig, weil hierdurch die Attribute „grausam" und „sonst unmenschlich" regelmäßig entfallen. Mithin ist über die bloße Nichtdarstellung negativer Gewaltfolgen hinaus eine erkennbare **Tendenz zu einem „Herunterspielen"** im Sinne einer bewusst vorgenommenen „Verneinung" oder „Verniedlichung" der unwerthaften und gefährlichen Eigenheit brutaler und unmenschlicher Gewalttätigkeiten und ihrer Auswirkungen zu fordern.

dd) Verletzung der Menschenwürde. Nach der 2. Alternative des § 131 24 Abs. 1 StGB ist Voraussetzung, dass die in Rede stehenden Gewalttätigkeiten in einer Art geschildert werden, die das Grausame oder Unmenschliche des Vorgangs in einer die Menschenwürde verletzenden Weise darstellt. Diese Verknüpfung der Schilderung der Gewalttätigkeiten mit dem Merkmal der Menschenwürdeverletzung wird im Hinblick auf seine **Unbestimmtheit** teilweise als problematisch erachtet (OLG Koblenz NStZ 1998, 40, 41; Lackner/Kühl, Rn. 7; Meirowitz, 1993, S. 329). Dies mag daran liegen, dass bereits per se jede „grausame oder sonst unmenschliche Gewalttätigkeit" in der Regel auch eine Verletzung der Würde der dargestellten Opfer bedeutet; insoweit könnte prima vista zweifelhaft erscheinen, welchen weiteren regulatorischen Sinn der Alternative der Menschenwürdeverletzung zukommt (OLG Koblenz NStZ 1998, 40, 41; Fischer, Rn. 12). Dies gilt umso mehr, als auch das **BVerfG** (obiter dictum) die Konstellation der Verletzung der Würde konkreter Personen durch filmische Darstellung als eigenständigen Fall des § 131 Abs. 1 2. Alt. StGB erachtet (BVerfGE 87, 209, 228). Dem kann allerdings bei Beachtung des Wortlauts der Norm nur schwerlich gefolgt werden; s. Fischer, Rn. 12).

Indes nimmt die **h.M.** einen abstrahierten, objektiven Begriff der Verlet- 25 zung der Menschenwürde als Prüfstein der 2. Tatbestandsalternative an (BT-Drs. 10/2546, S. 23; Lackner/Kühl, Rn. 7; Meirowitz, 1993, S. 332; Erdemir, 2000, S. 92). Vor diesem Hintergrund ist es zutreffend, wenn das BVerfG im Weiteren bezüglich eines Verstoßes gegen die Menschenwürde darauf abstellt, dass „die Schilderung des Grausamen und Unmenschlichen eines Vorgangs darauf angelegt ist, beim Betrachter eine **Einstellung** zu erzeugen oder zu verstärken, die den **fundamentalen Wert- und Achtungsanspruch leugnet**, der jedem Menschen zukommt" (BVerfGE 87, 209, 228). Das geschieht nach dem Gericht insb. dann, wenn grausame oder sonst unmenschliche Vorgänge gezeigt werden, um beim Betrachter ein sadistisches Vergnügen an dem Geschehen zu vermitteln, oder um Personen oder Gruppen als menschenunwert erscheinen zu lassen. Im Rahmen der Umsetzung des JÖSchG nennt der Ausschuss für Jugend, Familie und Gesundheit als Beispiel hierfür das „(nicht nur) genüssliche Verharren auf einem leidverzerr-

StGB § 131 Strafgesetzbuch (StGB)

ten Gesicht oder den aus einem aufgeschlitzten Bauch herausquellenden Gedärmen" BT-Drs. 10/2546, S. 23; auf ersteres Bsp. ausdrücklich hinweisend BVerfGE 87, 209, 229).

26 Fordert man mithin entsprechend der Rspr. des Bundesverfassungsgerichts, dass der dargestellten grausamen oder sonst unmenschlichen Gewalttätigkeit die **Sinngebung der Leugnung** des jedem Menschen zukommenden, fundamentalen **Wert- und Achtungsanspruchs** immanent sein muss, so reicht die bloße Visualisierung „unmenschlicher Gewalt" per se nicht aus.

III. Live-Darbietungen im Rundfunk und in Telemedien (Abs. 2)

27 In Abs. 2 wird das Verbreiten gewaltdarstellerischer Darbietungen durch Rundfunk sowie Medien- und Teledienste strafbar gestellt. Die Norm erfasst nur **Live-Darbietungen** in Fernsehen und Hörfunk sowie in Telemedien wie insb. Internet-Live-Streams, da Aufzeichnungen von Sendungen oder bereits gespeicherte Filme dem Schriftenbegriff des § 11 Abs. 3 (vgl. dort Rn. 1 f.) unterfallen und damit bereits § 131 Abs. 1 tatbestandsmäßig ist (vgl. BT-Drs. VI/3521, S. 8; BVerwG NJW 2002, 2966, 2967 f.; Lackner/Kühl, § 184 Rn. 7; a. A. VG Hamburg, JMS-Report 2/2001, S. 1 ff.). Die Ausstrahlung von Gewaltdarstellungen im Rundfunk sowie die Verbreitung entsprechender Telemedien stellen darüber hinaus nach den **Jugendschutztatbeständen** §§ 4 Abs. 1 Nr. 5, 24 Abs. 1 Nr. 1 f) JMStV (auch bei fahrlässigem Handeln) Ordnungswidrigkeiten dar, die mit einer Geldbuße von bis zu 500.000 € geahndet werden können.

IV. Berichterstattungsprivileg (Abs. 3)

28 Die Privilegierung der Berichterstattung nach Abs. 3 schließt den Tatbestand der Abs. 1 und 2 aus. Nicht erfasst werden Schilderungen, welche den **Zweck der Berichterstattung** nur als Vorwand oder Anlass für die Verbreitung von Gewaltdarstellungen nehmen (Fischer, Rn. 16). Daher sind Medieninhalte, die die Voraussetzungen des Abs. 1 erfüllen, nicht schon allein deshalb nach Abs. 3 vom Tatbestand ausgeschlossen, weil sie im Rahmen eines Nachrichtenprogramms verbreitet werden. Insoweit liegt allenfalls ein Indiz dafür vor, dass die Verbreitung auch der Berichterstattung „dient". Die Privilegierung hat schon deshalb keinen besonders großen **praktischen Anwendungsbereich**, da die meisten einschlägigen Darstellungen fiktional und daher im Regelfall nicht Gegenstand der Berichterstattung sind. Erfasst sein können allenfalls Konstellationen, in denen die Beschlagnahme eines bestimmten Films oder Computerspiels von einem gewissen öffentlichen Interesse sind und im Zuge der Berichterstattung auf Ausschnitte oder Screenshots des betreffenden Filmes oder Spielprogramms gezeigt werden (vgl. zur Auslegung des Berichterstattungsprivilegs auch die Vorschrift des § 5 Abs. 8 sowie dort Rn. 83 ff.).

Belohnung und Billigung von Straftaten § 140 StGB

V. Erzieherprivileg (Abs. 4)

Das Erzieherprivileg des Abs. 4 stellt einen weiteren **Tatbestandsaus-** 29
schlussgrund dar. Er gilt jedoch nur für Tathandlungen nach Abs. 1 Nr. 3.
Bei der Anwendung der weiten Freistellung personensorgeberechtigter Personen (vgl. hierzu § 1 JuSchG Rn. 5 f.) ist unerheblich, ob die Erziehungspflicht des Täters im Einzelfall als verletzt anzusehen ist oder nicht (Fischer, Rn. 17; krit. Hanack, NJW 1974 1, 8; vgl. demgegenüber § 27 Abs. 4 S. 2 JuSchG). Indes hat der Gesetzgeber auf ein **verlängertes Erzieherprivileg**, welches auch dritte, vom Sorgeberechtigten beauftragte Personen erfasst, bewusst verzichtet. Andere Personen sind also stets als Täter trotz Einwilligung oder Auftrag der Eltern oder sonst Personensorgeberechtigten strafbar (Schroeder in: Lange-FS, S. 391, insb. 394; Liesching/Günter, MMR 2000, 260, 265 f.). Sofern der Täter personensorgeberechtigt ist, ist eine strafbare **Teilnahme Dritter** (Anstiftung oder Beihilfe) mangels Haupttat nicht denkbar (Horstkotte, JZ 1974, 84, 87).

§ 140 Belohnung und Billigung von Straftaten

Wer eine der in § 138 Abs. 1 Nr. 1 bis 4 und in § 126 Abs. 1 genannten rechtswidrigen Taten oder eine rechtswidrige Tat nach § 176 Abs. 3, nach den §§ 176a und 176b, nach den §§ 177 und 178 oder nach § 179 Abs. 3, 5 und 6, nachdem sie begangen oder in strafbarer Weise versucht worden ist,
1. belohnt oder
2. in einer Weise, die geeignet ist, den öffentlichen Frieden zu stören, öffentlich, in einer Versammlung oder durch Verbreiten von Schriften (§ 11 Abs. 3) billigt,
wird mit Freiheitsstrafe bis zu drei Jahren oder mit Geldstrafe bestraft.

Schrifttum: *Hettinger,* Das Strafrecht als Büttel? – Fragmentarische Bemerkungen zum Entwurf eines Korruptionsbekämpfungsgesetzes des Bundesrats vom 3. 11. 1995, NJW 1996, 2263; *Kühl,* Neue Gesetze gegen terroristische Straftaten, NJW 1987, 737; *Rebmann,* Strafverfolgung im Bereich terroristischer Publikationen, NStZ 1989, 97; *Rieble,* Betriebsratsbegünstigung und Betriebsausgabenabzug, BB 2009, S. 1612.

I. Allgemeines

1. Regelungsinhalt

Nicht nur das öffentliche Anleiten zu den in § 126 StGB genannten schweren 1
Taten gemäß § 130a (dort Rn. 1 ff.) ist strafbar. Auch das öffentliche Billigen solcher Taten, nachdem diese begangen oder versucht wurden, kann nach § 140 StGB mit Strafe bedroht sein. Allerdings setzt die Strafvorschrift voraus, dass das öffentliche Billigen solcher schwerer Taten in einer Weise geschieht, die geeignet ist, den **öffentlichen Frieden** zu stören. Die Friedensstörung kann sowohl durch die Erschütterung des Vertrauens in die öffentliche Rechtssicherheit als

StGB § 140

auch durch Aufhetzung weiterer potentieller Täter geschehen, also durch die Schaffung eines „psychischen Klimas", in dem „gleichartige Untaten gedeihen" (vgl. BGH NJW 1978, 58, 59). Zur **Tathandlung des Verbreitens** von Schriften (§ 11 Rn. 1) siehe oben § 86a Rn. 4.

2. Anwendungsbereich und Bedeutung

2 Daran kann es zum Beispiel bei Taten fehlen, die nur noch historisch von Bedeutung sind (z. B. Ermordung des römischen Kaisers Cäsar). Bei der Billigung von erst in **jüngerer Geschichte** begangener Verbrechen, welche insb. in die Gegenwart eine politische Brisanz zeitigen (z. B. Attentate des 11. September, Massenmord im Kosovo), ist eine Eignung zur Störung des öffentlichen Friedens im Regelfall anzunehmen. Ob die Taten im **Ausland** begangen wurden, kann jedenfalls für eine Strafbarkeit des Billigens im Inland nicht von Bedeutung sein (Fischer, Rn. 5).

II. Billigen

3 Das Billigen einer rechtswidrigen Tat liegt vor, wenn der Täter seine **Zustimmung** dazu kundgibt und **gut heißt**, dass die Tat begangen worden ist und sich damit moralisch hinter den Täter stellt (BGHSt 22, 282, 286; Sch/Sch/Sternberg-Lieben, Rn. 5). Die bloße Erklärung, die Tat sei rechtmäßig oder die Veröffentlichung von billigenden Äußerungen Dritter ohne entsprechende Distanzierung erfüllen den Tatbestand im Regelfall nicht. Die Billigung muss sich stets auf eine **konkrete Katalogtat** der §§ 126, 138 beziehen (BGH NJW 1990, 2828, 2829), wobei eine dahingehende Erklärung nicht nur ausdrücklich sondern auch durch „schlüssiges Verhalten" erfolgen kann (OLG Braunschweig NJW 1978, 2045). Reflektierende Betrachtungen über eine begangene Tat, bei der sich Bekundungen der Sympathie oder des Verständnisses mit Kritik oder Ablehnung mischen, enthalten ein Billigen nur, wenn die **Zustimmung zur Tat** derart im Vordergrund steht bzw. überwiegt, dass die Betrachtung mit der erforderlichen Eindeutigkeit ein Gutheißen erkennen lässt.

III. Öffentliche Begehung

4 Die Billigung muss darüber hinaus öffentlich, in einer Versammlung oder durch Verbreiten von Schriften erfolgen. Öffentlich ist die Billigung, wenn eine **individuell nicht feststehende Anzahl** von Personen die Möglichkeit hat, davon Kenntnis zu nehmen (vgl. hierzu OLG Hamm MDR 1980, 159; Sch/Sch/Sternberg-Lieben, Rn. 6). Dies ist etwa beim Einstellen entsprechender Erklärungen in Internet-Foren oder in sog. öffentlichen „Chatrooms" der Fall.

§ 166 Beschimpfung von Bekenntnissen, Religionsgesellschaften und Weltanschauungsvereinigungen

(1) Wer öffentlich oder durch Verbreiten von Schriften (§ 11 Abs. 3) den Inhalt des religiösen oder weltanschaulichen Bekenntnisses anderer in einer Weise beschimpft, die geeignet ist, den öffentlichen Frieden zu stören, wird mit Freiheitsstrafe bis zu drei Jahren oder mit Geldstrafe bestraft.

(2) Ebenso wird bestraft, wer öffentlich oder durch Verbreiten von Schriften (§ 11 Abs. 3) eine im Inland bestehende Kirche oder andere Religionsgesellschaft oder Weltanschauungsvereinigung, ihre Einrichtungen oder Gebräuche in einer Weise beschimpft, die geeignet ist, den öffentlichen Frieden zu stören.

Schrifttum: *Fischer,* Die Eignung, den öffentlichen Frieden zu stören, NStZ 1988, 159; *ders.,* Das Verhältnis der Bekenntnisbeschimpfung (§ 166 StGB) zur Volksverhetzung (§ 130 StGB), GA 89, 445; *Heller/Goldbeck,* Mohammed zu Gast in Popetown, ZUM 2007, 628; *Kohlrausch,* Die Beschimpfung von Religionsgemeinschaften, 1908; *W. Schilling,* Gotteslästerung strafbar?, 1966; *Steinbach,* Die Beschimpfung von Religionsgesellschaften – eine Würdigung des Karikaturenstreits nach deutschem Strafrecht, JR 2006, 495; *Worms,* Die Bekenntnisbeschimpfung im Sinne des § 166 Abs. 1 StGB und die Lehre vom Rechtsgut, 1984; *Würtenberger,* Karikatur und Satire aus strafrechtlicher Sicht, NJW 1982, 610.

I. Allgemeines

1. Regelungsinhalt und Schutzgut

Die Vorschrift dient nach h.M. der Wahrung des **öffentlichen Friedens** 1 (zur Eignung der Störung siehe § 140 Rn. 1 f.). Hingegen ist nicht der Inhalt des jeweiligen Bekenntnisses als solcher und um seiner selbst willen geschützt (OLG Nürnberg NStZ-RR 1999, 238). Die Norm hat indes auch für den Jugendschutz insoweit Bedeutung, als mit den Tathandlungen regelmäßig eine Missachtung des Toleranzgebotes einhergeht, welche wiederum dann geeignet sein kann, Kinder und Jugendliche sozialethisch zu desorientieren, wenn hiermit auch eine negative Verschiebung des entsprechenden Wertebildes Minderjähriger einhergeht bzw. zu besorgen ist.

2. Bedeutung im Jugendschutz

Dass religions- und weltanschauungskritische Medien grundsätzlich auch 2 Fragen des Jugendschutzes aufwerfen können, zeigen (Nicht-)Indizierungs-Entscheidungen der Bundesprüfstelle und andere Konstellationen, die neben teils kontroversen gesellschaftlichen Diskussionen auch zu grundlegenden Entscheidungen der Jugendschutzinstanzen geführt hatten. Erinnert sei nur an die im Frühjahr 2006 entbrannte Diskussion um die im Privatsender MTV ausgestrahlte **Papstsatire „Popetown"** (vgl. hierzu LG München ZUM 2006, 578 m. Anm. Liesching; siehe auch Heller/Goldbeck, ZUM 2007, 628 ff.) sowie die bereits im Juni 1995 ergangene **Entscheidung des BPjM** zur (Nicht-)Indizierung des Satire-Comics „Es ist ein A..., Maria!" (vgl.

BPjS-Entsch. Nr. 4505 v. 01. 06. 1995) sowie die Entscheidung der Bundesprüfstelle zur (Nicht-)Indizierung des Buches „Wo bitte geht's zu Gott? fragte das kleine Ferkel" (BPjM-Entsch. Nr. 5552 v. 06. 03. 2008).

3 Kann damit zwar ein gewisser Zusammenhang zwischen religions- und glaubenskritischen Inhalten einerseits und Fragen des Jugendschutzes bestehen, so verbieten sich gleichwohl **schematische Wertungen** oder gar ein Automatismus im Sinne einer pauschalen Zuordnung derartiger Inhalte in bestimmte gesetzlich vorgegebene Jugendgefährdungskategorien. Der Gesetzgeber hat nämlich in allen Jugendschutzgesetzen gerade darauf verzichtet, die weitreichenden expliziten Unzulässigkeits- und Indizierungskataloge (vgl. § 15 Abs. 1 Nrn. 1 bis 5 JuSchG, § 18 Abs. 1 S. 2, § 4 Abs. 1 S. 1 und Abs. 2 S. 1 JMStV) auch auf entsprechende einschlägige Konstellationen zu beziehen, die über den Volksverhetzungstatbestand des § 130 StGB und den Indizierungstatbestand der „Anreizung zum Rassenhass" hinaus gehen. Dass die Bundesländer zudem die „Achtung der religiösen und weltanschaulichen Überzeugungen" (lediglich) als allgemeinen Programmgrundsatz im Rundfunkstaatsvertrag und gerade nicht im Jugendmedienschutz-Staatsvertrag verortet haben (vgl. §§ 3 S. 3, 41 Abs. 1 S. 2 RStV), ist eine deutliche rechtspolitische Positionierung, die auch im Rahmen der **rechtsmethodischen Auslegung der Jugendschutztatbestände** im Gesamten nicht unberücksichtigt bleiben darf.

II. Angriffsgegenstände

1. Religiöse und weltanschauliche Bekenntnisse (Abs. 1)

4 Angriffsgegenstand können nach Abs. 1 religiöse oder weltanschauliche (kollektive oder individuelle) Bekenntnisse sein. **Religiös** ist ein Bekenntnis, wenn sein Inhalt durch den Glauben an ein höheres göttliches Wesen geprägt ist; weltanschaulich, wenn es ohne Rückgriff auf ein göttliches Wesen die Welt im Ganzen zu begreifen und die Stellung des Menschen in der Welt zu bestimmen sucht (Lackner/Kühl, Rn. 2).

2. Religionsgesellschaften, Weltanschauungsvereinigungen (Abs. 2)

5 Der Tatbestand nimmt des Weiteren neben den Kirchen alle Religionsgesellschaften ungeachtet einer etwaigen Anerkennung als Körperschaft öffentlichen Rechts in Bezug. Die ebenfalls genannten Weltanschauungsvereinigungen sind nur solche Gemeinschaften, die um eine umfassende Verwirklichung der durch eine bestimmte **Gesamtschau der Welt** gestellten Lebensaufgaben bemüht sind (Sch/Sch/Lenckner/Bosch, Rn. 16). Erfasst werden nach dem Wortlaut auch Beschimpfungen der **Einrichtungen oder Gebräuche** der genannten Institutionen, z. B. die Christusverehrung (OLG Nürnberg NStZ-RR 1999, 238 f.), das „Sich bekreuzigen" (LG Frankfurt NJW 1982, 658), der Marienkult (LG Düsseldorf NStZ 1982, 290), Taufe und Abendmahl (OLG Karlsruhe NStZ 1986, 363) oder auch die kirchliche Begräbnisordnung (vgl. RGSt 31, 133). Der **Papst** bzw. das Papsttum selbst

Verbreitung pornographischer Schriften **§ 184 StGB**

ist nicht als geschützte „Einrichtung" im Sinne des Abs. 2 Angriffsobjekt des Strafverbotes (ebenso: MüKom-StGB/Hörnle, Rn. 7; Fischer, Rn. 4; ebenso wohl Ling, KuR 2004, 165, 174: „Die Lehre vom Primat des Papstes"; siehe im Zusammenhang mit der Fernsehserie „Popetown": LG München ZUM 2006, 578 m. Anm. Liesching).

III. Tathandlung des Beschimpfens

Ein Beschimpfen i. S. d. Vorschrift kann sowohl in der Behauptung einer 6 schimpflichen Tatsache wie in einem **abfälligen Werturteil** bestehen (vgl. OLG Köln NJW 1982, 658; OLG Nürnberg NStZ-RR 1999, 238 f.) und auch aus religiösen Motiven erfolgen (Sch/Sch/Lenckner/Bosch, Rn. 9). Erfasst wird insb. die bösartig verhöhnende Darstellung von Gebräuchen und Einrichtungen (Fischer, Rn. 12). Die Rspr. bejaht dies etwa bei der Verknüpfung von Abtreibung, Marienverehrung und Papstkritik (LG Düsseldorf NStZ 1982, 290; vgl. auch LG Göttingen NJW 1985, 1652), bei der Darstellung eines an ein Kreuz genagelten Schweins auf einer Homepage im Internet oder auf einem T-Shirt (OLG Nürnberg NStZ-RR 1999, 238 f.); oder bei der Darstellung des Kruzifixes als Mausefalle (LG Bochum NJW 1989, 728); zu dem Ausspruch „protestantische Scheiße" vgl. OLG Koblenz NJW 1993, 1808. Das Beschimpfen muss öffentlich oder durch Verbreiten von Schriften geschehen (hierzu § 140 Rn. 3).

IV. Eignung zur Friedensstörung

Weiterhin muss ein tatbestandliches Handeln geeignet zur Friedensstörung 7 sein. Dir Rspr. hat dies verneint bei der Ausstrahlung der Fernsehsendung und **Politsatire „Popetown"** durch den Musiksender MTV. Ein Verbot der Bewerbung und Ausstrahlung der Sendung »Popetown« sei danach nicht gerechtfertigt, weil nicht die Besorgnis begründet erscheint, durch diese Handlung werde der Friedenszustand oder das Vertrauen in seine Fortdauer mindestens in Teilen der Bevölkerung erschüttert oder deren Neigung zu Rechtsbrüchen angeheizt (LG München ZUM 2006, 578 m. Anm. Liesching).

§ 184 Verbreitung pornographischer Schriften

(1) **Wer pornographische Schriften (§ 11 Abs. 3)**
1. **einer Person unter achtzehn Jahren anbietet, überläßt oder zugänglich macht,**
2. **an einem Ort, der Personen unter achtzehn Jahren zugänglich ist oder von ihnen eingesehen werden kann, ausstellt, anschlägt, vorführt oder sonst zugänglich macht,**
3. **im Einzelhandel außerhalb von Geschäftsräumen, in Kiosken oder anderen Verkaufsstellen, die der Kunde nicht zu betreten pflegt, im Versandhandel oder in gewerblichen Leihbüchereien oder Lesezirkeln einem anderen anbietet oder überläßt,**

StGB § 184

3a. im Wege gewerblicher Vermietung oder vergleichbarer gewerblicher Gewährung des Gebrauchs, ausgenommen in Ladengeschäften, die Personen unter achtzehn Jahren nicht zugänglich sind und von ihnen nicht eingesehen werden können, einem anderen anbietet oder überläßt,
4. im Wege des Versandhandels einzuführen unternimmt,
5. öffentlich an einem Ort, der Personen unter achtzehn Jahren zugänglich ist oder von ihnen eingesehen werden kann, oder durch Verbreiten von Schriften außerhalb des Geschäftsverkehrs mit dem einschlägigen Handel anbietet, ankündigt oder anpreist,
6. an einen anderen gelangen läßt, ohne von diesem hierzu aufgefordert zu sein,
7. in einer öffentlichen Filmvorführung gegen ein Entgelt zeigt, das ganz oder überwiegend für diese Vorführung verlangt wird,
8. herstellt, bezieht, liefert, vorrätig hält oder einzuführen unternimmt, um sie oder aus ihnen gewonnene Stücke im Sinne der Nummern 1 bis 7 zu verwenden oder einem anderen eine solche Verwendung zu ermöglichen, oder
9. auszuführen unternimmt, um sie oder aus ihnen gewonnene Stücke im Ausland unter Verstoß gegen die dort geltenden Strafvorschriften zu verbreiten oder öffentlich zugänglich zu machen oder eine solche Verwendung zu ermöglichen,

wird mit Freiheitsstrafe bis zu einem Jahr oder mit Geldstrafe bestraft.

(2) ¹Absatz 1 Nr. 1 ist nicht anzuwenden, wenn der zur Sorge für die Person Berechtigte handelt; dies gilt nicht, wenn der Sorgeberechtigte durch das Anbieten, Überlassen oder Zugänglichmachen seine Erziehungspflicht gröblich verletzt. ²Absatz 1 Nr. 3a gilt nicht, wenn die Handlung im Geschäftsverkehr mit gewerblichen Entleihern erfolgt.

Schrifttum: *Behm,* Einfuhr pornografischer Schriften gemäß § 184 Abs. 1 Nr. 4 StGB – eine anachronistische Vorschrift, AfP 2002, 22; *Cramer,* Zur strafrechtlichen Beurteilung der Werbung für Pornofilme AfP 1989, 611; *Duttge/Hörnle/Renzikowski,* Das Gesetz zur Änderung der Vorschriften über die Straftaten gegen die sexuelle Selbstbestimmung, NJW 2004, 1065; *Eckstein,* Pornographie und Versandhandel, wistra 1997, 47; *Erdemir,* Neue Paradigmen der Pornografie?, MMR 2003, 628; *Hajok,* Pornographie im Internet, JMS-Report, 5/2009, 2; *Ladeur,* Zur Auseinandersetzung mit feministischen Argumenten für ein Pornographie-Verbot, ZUM 1989, 157; *Liesching,* Pornografieverbote in Staaten der Europäischen Union, MMR 2003, 156; *Liesching/v. Münch,* Die Kunstfreiheit als Rechtfertigung für die Vertreibung pornographischer Schriften, AfP 1999, 37; *Mahrenholz,* Brauchen wir einen neuen Pornographie-Begriff?, ZUM 98, 525; *Meier,* Zur Strafbarkeit der neutralen Werbung für pornographische Schriften, NStZ 1985, 341; *ders.,* Strafbarkeit des Anbietens pornographischer Schriften, NJW 1987, 1610; *Ostendorf,* Zur Forderung nach einem neuen Pornografiebegriff, MKrimSchr 2001, 372; *Schreibauer,* Das Pornographieverbot des § 184 StGB, 1999; *Schroeder,* Das „Erzieherprivileg" im Strafrecht, Lange-FS 391; *ders.,* Pornographieverbot als Darstellerschutz?, ZRP 90, 299; *ders.,* Pornographie, Jugendschutz und Kunstfreiheit, 1992; *Schumann,* Werbeverbote für jugendgefährdende Schriften, NJW 1978, 1134, 2495. – *ders.,* Zum strafrechtlichen und rundfunkrechtlichen Begriff der Porno-

Verbreitung pornographischer Schriften § 184 StGB

graphie, Lenckner-FS 565; *Sieber*, Mindeststandards für ein globales Pornografiestrafrecht, ZUM 2000, 89; *Ulich*, Der Pornographiebegriff und die EG-Fernsehrichtlinie, 2000.

Übersicht

Rn.

I. Allgemeines 1
  1. Regelungsinhalt und Schutzgut 1
  2. Verfassungskonformität 3
  3. Normhistorie 4
II. Begriff der Pornographie 5
  1. Überblick 5
  2. Pornographiemerkmale im Einzelnen 6
     a) Trieberregende Ausrichtung und die Grenze „sexuellen Anstands" 6
     b) Vergröbernde, anreißerische Darstellung des Sexuellen . 8
  3. Ergänzende teleologische Auslegung nach Jugendschutzgesichtspunkten 14
  4. Pornographie und Kunst 16
III. Die Tathandlungen des Abs. 1 17
  1. Zugänglichmachen (Nrn. 1 und 2) 17
     a) Allg. Auslegungsgrundsätze 17
     b) Verlinkung inkriminierter Internetangebote 18
  2. Gewerbsmäßige Vertriebsformen (Nrn. 3 und 3a) 19
  3. Einfuhr durch Versandhandel (Nr. 4) 20
  4. Verbot der Pornographiewerbung (Nr. 5) 21
     a) Konsolidierung der Tatmodalitäten unter dem Oberbegriff „Werbung" 21
     b) Tatbestandslosigkeit neutraler Pornographiewerbung ... 22
  5. Unverlangte Konfrontation mit Pornographie (Nr. 6) 28
  6. Entgeltliche öffentliche Filmvorführung (Nr. 7) 29
  7. Vorbereitungshandlungen (Nr. 8) 30
  8. Taten mit Auslandsbezug (Nr. 9) 32
IV. Tatbestandsausschlussgründe (Abs. 2) 33
  1. Erzieherprivileg (Satz 1) 33
  2. Geschäftsverkehr mit gewerblichen Entleihern (Satz 2) 34

I. Allgemeines

1. Regelungsinhalt und Schutzgut

Der Straftatbestand untersagt im Wesentlichen das Zugänglichmachen por- 1
nographischer Medien gegenüber Kindern und Jugendlichen sowie weitere Handlungen wie insb. die Werbung. Schutzgut der Strafnorm ist ganz überwiegend der **Jugendschutz**, daneben in einzelnen Tatmodalitäten wie insb. Abs. 1 Nr. 6 auch der Schutz Erwachsener vor unverlangter Konfrontation mit Pornographie (BT-Drs. VI/1552, S. 33 u. VI/3521, S. 58; Fischer, Rn. 2). Angesichts der in vielen Gesellschaftsbereichen seit Inkrafttreten des eingeschränkten Pornographieverbotes 1974 weithin eingetretenen Liberalisierung im Bezug auf sexuelle Inhalte, welche gerade auch durch die Entwicklung neuer Medien vorangetrieben wurde, ist die **geübte Kritik** an der

StGB § 184

strafrechtlichen Sanktionierung der Konfrontation Erwachsener mit pornographischen Schriften ernst zu nehmen (vgl. Schreibauer, 1999, S. 276).

2 Dies gilt um so mehr, als bereits die Aufhebung des umfassenden Verbreitungsverbotes „unzüchtiger" bzw. pornographischer Schriften durch das 4. Gesetz zur Reform des Strafrechts v. 23. 11. 1973 (BGBl I 1725) darauf beruhte, dass „die in der Vergangenheit vertretene Auffassung von der schlechthin gegebenen **Allgemeinschädlichkeit pornographischer Erzeugnisse**" aufgegeben wurde (BT-Drs. VI/1552, S. 33). Haben nunmehr nach nahezu drei Dekaden die gesellschaftlichen Wertvorstellungen durch weitreichende Enttabuisierung tiefgreifende Veränderungen erfahren, ist der Gesetzgeber zu entsprechenden Anpassungen auch im Hinblick auf die noch durch das eingeschränkte Verbreitungsverbot tangierten schützenswerten Belange berufen. Jedenfalls kann der **Erwachsenenschutz** de lege lata bei der Auslegung des einheitlichen (BT-Drs. VI/1552, S. 33; BT-Drs. VI/3521, S. 59 ff.; a. A. Schreibauer, 1999, S. 127) Pornographiebegriffs keine Rolle spielen (i.Erg. ebenso Schumann, Lenckner-FS, S. 565 ff., 576 f.; Ulich, S. 82; a. A. BVerwG NJW 2002, 2966; zu Recht krit. hierzu Hörnle, JZ 2002, 1062, 1063 mwN.).

2. Verfassungskonformität

3 Der Straftatbestand betreffend pornographische Schriften ist als verfassungsgemäß anzusehen (BVerfG MMR 2010, 48 f.). Dem Gesetzgeber steht hinsichtlich der Annahme einer jugendgefährdenden Wirkung eines Mediums bei einer wissenschaftlich ungeklärten Situation eine **Einschätzungsprärogative** zu (vgl. BVerfG, aaO.; BVerfGE 83, 130, 140 ff.). Die Voraussetzungen dieser Prärogative entfallen allenfalls dann, wenn die Forschungslage zu den Auswirkungen von Pornographie auf Minderjährige so weit geklärt ist, dass heute eine Gefährdung der Jugend durch pornographische Darstellungen ausgeschlossen werden kann. Der Begriff der Pornographie wird vom BVerfG auch als **hinreichend bestimmt** angesehen BVerfGE 47, 109, 120 ff.; 83, 130, 145; BVerfG NJW 1977, 48; BVerfG NJW 1982, 1512; BVerfG MMR 2010, 48 f.).

3. Normhistorie

4 Die Vorschrift wurde im Rahmen des **4. StrRG** v. 23. 11. 1973 (BGBl. I, S. 1725; BGBl. 1974 I, S. 469) grundlegend reformiert, unter Aufgabe des vormals maßgeblichen Begriffs der „unzüchtigen Schriften" (ausführl. zur Historie Liesching, JMS 2002, S. 7 ff) Abs. 2 wurde neu gefasst, **Abs. 3 bis 7** zugunsten der eigenständigen Tatbestände der §§ 184a bis 184d aufgehoben durch G. v. 27. 12. 2003 (BGBl. I S. 3007) mit Wirkung vom 1. 4. 2004.

II. Begriff der Pornographie

1. Überblick

5 Der Pornographiebegriff ist wegen seiner Unbestimmtheit verfassungsrechtlichen Bedenken ebenso ausgesetzt wie der vormals in § 184 a. F. ver-

wandte Terminus „unzüchtig" (AG Alsfeld NJW 1970, 776; Knies, NJW 1970, 15; Hanack, JZ 1970, 41 ff.; Liesching, JMS-Report 2/1998, S. 56 ff.); gleichwohl wurde die Verfassungskonformität durch das BVerfG mehrfach bestätigt (vgl. ausführl. Rn. 3). Die Auslegung ist in Rspr. und Schrifttum uneinheitlich. Die Gerichte nehmen eine Begriffsbestimmung im Wesentlichen anhand **dreier Kriterien** vor; danach ist eine Schrift pornographisch, wenn sie (1.) unter Ausklammerung sonstiger menschlicher Bezüge sexuelle Vorgänge in grob aufdringlicher, anreißerischer Weise in den Vordergrund rückt und (2.) ihre objektive Gesamttendenz ausschließlich oder überwiegend auf die Aufreizung des sexuellen Triebs beim Betrachter abzielt sowie (3.) dabei die im Einklang mit allgemeinen gesellschaftlichen Wertvorstellungen gezogenen Grenzen des sexuellen Anstands eindeutig überschreitet (vgl. BVerwG NJW 2002, 2966, 2968 f. = JZ 2002, 1057 mit Anm. Hörnle; BGHSt 37, 55 ff, 60 = JZ 1990, 1141 mit Anm. Maiwald; StV 81, 338; KG NStZ 2009, 446 ff.; OLG Hamm NJW 1973, 817; OLG Düsseldorf NJW 1974, 1474, 1475 mit Anm. Möhrenschlager; OLG Koblenz NJW 1979, 1467, 1468; umfassend hierzu: Ulich, S. 49 ff.).

2. Pornographiemerkmale im Einzelnen

a) Trieberregende Ausrichtung und die Grenze „sexuellen 6
Anstands". Sowohl die zumindest überwiegende Ausrichtung auf die Erregung eines sexuellen Reizes beim Betrachter (2.) als auch die Überschreitung der anhand gesellschaftlicher Wertvorstellungen zu ziehenden Grenzen des sexuellen Anstandes (3.) entsprechen der Definition des Sonderausschusses des Gesetzgebers (BT-Drs. VI/3521 S. 60 u. VI/1552 S. 33). Dass beide Kriterien jedoch im Hinblick auf eine konkretisierende Auslegung des Pornographiebegriffs die Gefahr erheblicher **Unsicherheiten und Unwägbarkeiten** bei der Beurteilung mit sich bringen, wurde zutreffend erkannt (OLG Karlsruhe NJW 1974, 2015, 2016; Dreher, JR 1974, 45, 56; Hanack, DJT-Gutachten 1968, Rn. 354; ders., NJW 1974 1, 7 f.; ders., JZ 1970, 41, 46; Ostendorf, MschrKrim 2001, 372, 377). Insb. sind auch bloße erotographische Darstellung unterhalb der Pornographieschwelle regelmäßig auf die Erregung des sexuellen Triebes beim Betrachter ausgerichtet.

Hinsichtlich des Abstellens auf die **wandelbaren gesellschaftlichen** 7
Wertvorstellungen über den sexuellen Anstand ist mehr als zweifelhaft, ob es überhaupt Aufgabe der Gerichte sein kann, ihre Rspr. in Ausübung staatlicher Gewalt den sich stetig verändernden Bedingungen in der Gesellschaft in diesem Maße anzupassen. Die „Reaktion" auf sich stetig verändernde Umstände, hinzutretende Erscheinungen oder gewandelte Anschauungen in der Bevölkerung obliegt primär dem Gesetzgeber (Hill, DÖV 1988, 666 ff.). Er hat unter Abwägung kriminalpolitischer Aspekte über die Strafwürdigkeit der Verbreitung pornographischer Schriften im Lichte einer sich seit Jahrzehnten verschiebenden **gesellschaftlichen Toleranzgrenze** zu entscheiden (mit ähnlicher Begründung: Hanack, JZ 1974, 45, 46; vgl. auch OLG Karlsruhe NJW 1974, 2015). Wenn jedoch der Gesetzgeber eine hinreichende Auslegung des § 184 StGB nur aufgrund der Berücksichtigung sich wandelnder gesellschaftlicher Wertvorstellungen und Anschauungen gewahrt

sieht, kommt dies einer Verlagerung legislativer Entscheidungen auf die Judikative gleich (ausführl. Liesching, JMS 2002, S. 78 ff.).

8 b) Vergröbernde, anreißerische Darstellung des Sexuellen. aa) Allg. Auslegungsgrundsätze. Entscheidendes Kriterium für die Einordnung einer sexuellen Darstellung als pornographische Schrift i. S. d. § 184 ist daher, dass sie in sexueller Hinsicht aufdringlich vergröbernde oder anreißerische Züge aufweist und dass sexuelle Vorgänge in **übersteigerter anreißerischer Weise** ohne Sinnzusammenhang mit anderen Lebensäußerungen geschildert oder gedankliche Inhalte zum bloßen Vorwand für provozierende Sexualität genommen werden, m.a.W. der Mensch auf ein physiologisches Reiz-Reaktions-Wesen reduziert wird (OLG Karlsruhe NJW 1974, 2015, 2016). Durch die **Vergröberung des Sexuellen** muss der dargestellte Mensch zum bloßen auswechselbaren Objekt degradiert werden (KG NStZ 2009, 446 ff.; OLG Düsseldorf NJW 1974, 1474, 1475; OLG Karlsruhe NJW 1987, 1957; OLG München OLGSt Nr. 1; Dem entspricht im Wesentlichen der in der Literatur im Vordringen befindliche Definitionsansatz einer „die Menschenwürde verletzenden Darstellung" (vgl. Schumann, Lenckner-FS, S. 565 ff., 579; Mahrenholz, ZUM 1998, 525, 527 f.; Ulich, S. 83 ff., 85 f.), der freilich kaum konkreter sein dürfte als die bisherigen Auslegungsversuche der Rechtsprechung.

9 bb) Vordergründige Visualisierung primärer Geschlechtsmerkmale. Maßgebliches Indiz für das Vorliegen von Pornographie ist zunächst die explizite, fokussierte, gleichsam „lupenhafte" (Ostendorf, MschrKrim 2001, 372, 376) Darstellung von Sexualorganen und Sexualverkehr (z. B. **Nahaufnahme** von männlichen Hoden im Rahmen des Analverkehrs; **Zoombild** einer durch Spreizen der Beine exponiert zur Anschauung gelangenden Vagina; Darstellung eines erigierten Penis unmittelbar vor bzw. während des Oral-, Anal- oder Sexualverkehrs). Die bloße textliche oder bildliche Schilderung von **Nacktheit** einschließlich der Genitalien erfüllt hingegen noch nicht den Pornographietatbestand (OLG Frankfurt NJW 1987, 454). Insb. begründen lediglich bildhafte Andeutungen oder flüchtig in Szene gesetzte Geschlechtsmerkmale (insb. bei Kameraperspektive in der Totalen) für sich regelmäßig noch nicht den Pornographiecharakter. **Aktaufnahmen**, bei denen die abgebildeten Männer zwar einen erigierten Penis aufweisen, dieser im Übrigen aber nicht hervorgehoben wird, sondern die Modelle vielmehr in ihrer körperlichen Individualität gezeigt werden, stellen keine Pornographie dar (KG NStZ 2009, 446 ff.).

10 cc) Objektsdegradierung nach Gesamtbewertung. Auch wenn in einer Schrift (§ 11 Rn. 1 f.) Geschlechtsteile der Akteure nicht zur unmittelbaren Anschauung gebracht werden, steht dies einer Bejahung des Pornographietatbestandes im Einzelfall nicht entgegen. Denn auch durch andere, subtilere Darstellungsformen kann die Degradierung des Geschlechtspartners zum bloßen Objekt, gleichsam zum **physischen Reiz-Reaktionswesen** derart zum Ausdruck kommen, dass von einer aufdringlich vergröbernden und sexuell anreißerischen Darstellung gesprochen werden kann. Bei dauerhaft in Szene gesetzten stoßartigen, heftigen, **mechanisch wirkenden** „Stakkato"-Bewegungen während der Ausübung des Geschlechtsverkehrs kann etwa der/die Sexualpartner(in) wegen der bloßen Veranschaulichung des sich durch die Stoßbewegungen „mitzuckenden" Korpus über die bloße Reduzierung zum Anschauungsobjekt hinaus als gegenständliches „Befriedigungsinstrument" erscheinen. Weitere Umstände wie z. B. das Packen der Sexualpartnerin an den Haaren oder am Kopf können den **instrumentalisierenden** und mithin „entpersönlichenden" **Charakter** der Darstellung derart verstärken, dass von einer Objektsdegradierung i. S. d. Pornographiebegriffs auszugehen ist.

dd) Rahmenhandlung, dramaturgische Einbettung. Darüber hinaus kann schon allein die übermäßige Anhäufung – wenn auch zurückhaltend – dargestellter Sexualhandlungen die Akteure als austauschbare Lustobjekte und bloße Triebwesen erscheinen lassen (Ostendorf, MschrKrim 2001, 372, 377), insb. dann, wenn die gezeigten sexuellen Interaktionen außerhalb eines dramaturgischen Handlungskontextes stehen. Verbietet sich insoweit grundsätzlich das alleinige Abstellen auf besonders drastische Darstellungen, ungeachtet einer etwaigen dramaturgischen Einbettung in einen umfassenderen **Handlungskontext** (vgl. LK-Laufhütte, § 184 Rn. 10: „Berücksichtigung des Gesamtinhalts der Schrift"; ebenso KG NStB 2009, 446 ff.), so vermag eine völlig in den Hintergrund tretende Rahmenhandlung, die lediglich als Vorwand für die Zurschaustellung anreißerischer sexueller Vorgänge dient, den pornographischen Gesamtcharakter nicht auszuschließen. 11

Auf die **Glaubwürdigkeit oder Plausibilität** des dargebotenen Handlungsrahmens kommt es jedoch grundsätzlich nicht an. Erschöpft sich aber der dramaturgische Kontext in der bloßen Darbietung einer besonderen „**Kulisse**", im Rahmen derer willkürlich zur Anschauung gebrachte sexuelle Interaktionen lediglich durch den Geschehensort lose miteinander verknüpft werden (z. B. Beobachtungen einer Touristin „am Strand von Malibu", Pseudo-Reportagen über einen „Swinger-Club"), wird das dem Pornographiebegriff immanente Element der apersonalen Objekthaftigkeit bei entsprechenden sexuellen Darstellungen regelmäßig zu bejahen sein. 12

ee) Dauer und Häufigkeit von Sexszenen. Als – wenngleich niemals allein ausschlaggebendes – Beurteilungskriterium für das Vorliegen von Pornographe bei Filmen kann das **zeitliche Verhältnis** der dem Handlungsrahmen gewidmeten nichtsexuellen Szenen gegenüber den lediglich auf die Wiedergabe sexueller Interaktionen beschränkten Szenen gelten. Überwiegen letztere in zeitlicher Hinsicht, kann von einem pornographischen Gesamtcharakter eher ausgegangen werden als im umgekehrten Fall einer andauernden und breiten Schilderung des Handlungsrahmens. Allerdings verbietet sich insoweit jede schematische Wertung. Insb. muss den **Einzelfallumständen** (z. B. dramaturgische Einbettung bzw. inhaltlicher Bezug der Sexszenen zu der Rahmenhandlung, Intensität der sexuellen Darstellungen i. S. d. Anm. Rn. 5 f., Darstellung persönlicher Bezüge der Sexualpartner durch verbale „**Off**"-**Erläuterungen** während des Sexszenen) bei der Beurteilung des Pornographiecharakters umfassend Rechnung getragen werden. 13

3. Ergänzende teleologische Auslegung nach Jugendschutzgesichtspunkten

14 Will man nicht mehrere, nach dem Schutzzweck der Tathandlungen differenzierende Pornographiebegriffe zur Anwendung gelangen lassen (so aber entgegen dem eindeutigen Gesetzgeberwillen Schreibauer, 1999, S. 127; vgl. demgegenüber BT-Drs. VI/1552, S. 33; BT-Drs. VI/3521, S. 59 ff.), kann eine ergänzende teleologische Auslegung nur anhand des **Rechtsguts Jugendschutz** erfolgen, da Belange Minderjähriger als einziges Schutzgut in allen Tatmodalitäten – auch in der des Abs. 1 Nr. 6 – von Bedeutung sind (a. A. BVerwG NJW 2002, 2966, 2969; VG Hamburg JMS-Report 2/2001, S. 1 ff.; wohl auch Ostendorf, MschrKrim 2001, 372, 379).

15 Legt indes auch die Wertung des § 15 Abs. 2 Nr. 1 und 5 JuSchG nahe, dass nur solche Schriften mit sexuellen Inhalten pornographisch sind, die zugleich offensichtlich geeignet sind, Kinder und Jugendliche schwer zu gefährden, darf eine Beurteilung des Vorliegens von Pornographie nicht allein mittels der Auslotung des Schweregrades der Jugendgefährdung erfolgen. Vielmehr sind **vorrangig** die von der Rspr. **anerkannten Kriterien** (Rn. 5), insb. die vergröbernde anreißerische Darstellung des Sexuellen (Rn. 7 ff.) heranzuziehen. Lediglich ergänzend bzw. gleichsam als **Korrektiv** kann der jugendgefährdende Charakter der Schrift bei der Bewertung des Pornographiecharakters Berücksichtigung finden. Dies gilt insb. dann, wenn sexuelle Medieninhalte zugleich dem Schutzbereich der verfassungsrechtlich garantierten Kunstfreiheit nach Art. 5 Abs. 3 GG unterfallen (vgl. sogleich Rn. 16).

4. Pornographie und Kunst

16 Pornographie und Kunst schließen sich nicht gegenseitig aus (BVerfG NJW 1991, 1471; BGHSt 37, 55 mit Anm. Maiwald, JZ 1990, 1141). Gleichwohl kann der Kunstcharakter einer Schrift bereits das **tatbestandliche Vorliegen von Pornographie** beeinflussen und tritt nicht erst im Rahmen einer Rechtfertigung in Erscheinung. Denn beide Attribute „pornographisch" und „Kunst" beziehen sich auf die Tatobjektsqualität. Legt man den vom BVerfG weit formulierten Kunstbegriff zugrunde, nach dem es wegen der Mannigfaltigkeit ihres Aussagegehalts möglich sein muss, „der Darstellung im Wege fortgesetzter Interpretation immer weiterreichende Bedeutungen zu entnehmen" (BVerfGE 67, 213, 265), kann dies dem „überwiegenden oder ausschließlichen Abzielen auf die Aufreizung des sexuellen Triebs beim Betrachter" im Sinne des Pornographiebegriffs der Rspr. entgegenstehen. Folglich kann in der Kunsteigenschaft einer Schrift gleichsam eine **„Ausschlussvermutung"** im Hinblick auf den Tatbestand des § 184 StGB erblickt werden, welche nur bei eindeutigem Vorliegen der Auslegungskriterien des Pornographiebegriffs widerlegt ist (ausf. Liesching/ v.Münch, AfP 1999, 37 ff.).

III. Die Tathandlungen des Abs. 1

1. Zugänglichmachen (Nrn. 1 und 2)

a) Allg. Auslegungsgrundsätze. In Nrn. 1, 2 umfasst der Oberbegriff 17 des Zugänglichmachens an Minderjährige die weiteren genannten Modalitäten des Anbietens, Überlassens, Ausstellens, Anschlagens und Vorführens. Pornographie wird dabei einer anderen Person zugänglich gemacht, wenn ihr unmittelbar oder mittelbar durch Dritte die konkrete **Möglichkeit der Kenntnisnahme** eröffnet wird (vgl. BVerwG NJW 2002, 2966, 2968; BGH NJW 1976, 1984; OLG Karlsruhe NJW 1984, 1975; Fischer, § 184 Rn. 11). Dies ist grundsätzlich bereits im Falle des Bereitstellens von Computerdateien auf einem **Server im Internet** oder auch bei der bloßen Zugangsvermittlung gegeben (vgl. Sieber, JZ 1996, 494; Derksen, NJW 1997, 1881 f.; für Betreiber von Internetcafés Liesching/Günter, MMR 2000, 260 ff.). Allerdings sind die verantwortlichkeitsbegrenzenden Bestimmungen des TMG zu beachten (s. ausführl zu den Verantwortlichkeitsregeln des TMG: Scholz/Liesching, Anm. zu §§ 7 ff. TDG; MöKom-StGB/Altenhain, 2010, Erl. Zu §§ 8 ff. TMG; vgl. auch LG München NJW 2000, 1051 f.; = NStZ 2000, 535 f. mit Anm. Vassilaki = JMS-Report 1/2000, S. 5 f. mit Anm. Liesching). Auch die Ausstrahlung von **Rundfunkprogrammen** stellt ein Zugänglichmachen dar (BVerwG NJW 2002, 2966, 2968). Zum Vermietverbot der Nr. 3a vgl. die inhaltsgleiche Bestimmung des § 15 Abs. 1 Nr. 4 JuSchG (dort Rn. 25 ff.).

b) Verlinkung inkriminierter Internetangebote. Nach einem Teil der 18 Rspr. stellt jedenfalls die direkte Verlinkung auf ein jugendschutzwidriges oder strafbares Internetangebot ebenfalls ein **täterschaftliches Zugänglichmachen** dar (so OLG Stuttgart MMR 2006, 387 ff. m. abl. Anm Liesching), „da mit einem Seitenaufruf verbundene Schwierigkeiten beseitigt und die Verbreitung strafbarer Inhalte wesentlich beeinflusst werden" könne. Ob dies allerdings zur Begründung eines täterschaftlichen Zugänglichmachens hinreicht, erscheint zweifelhaft, da die bloße Beseitigung etwaiger Schwierigkeiten eines Direktaufrufs (welche dies auch sein mögen) und die Beeinflussung der Verbreitung inkriminierter Inhalte auch eine **bloße Beihilfe- bzw. Unterstützungshandlung** charakterisieren können. Erheblich ist demgegenüber, dass die Tathandlung des Zugänglichmachens nach h.M. voraussetzt, dass der Täter einem anderen die konkrete Möglichkeit der Kenntnisnahme des inkriminierten Inhalts verschafft (BGH NJW 1976, 1984; vgl. auch BGH MMR 2000, 758, 759: bloße Zugriffsmöglichkeit; s. ausführl. oben § 24 JMStV, Rn. 8).

2. Gewerbsmäßige Vertriebsformen (Nrn. 3 und 3a)

Die Tatbestände erfassen bestimmte gewerbsmäßige Vertriebsformen in 19 den Modalitäten des Anbietens, also der einseitigen Erklärung der Bereitschaft des Überlassens (Lackner/Kühl, Rn. 5), und des Überlassens selbst, also der Verschaffung des Gewahrsams (einschränkend für Kioskhändler: Sch/Sch/Perron/Eisele, Rn. 21, dagegen OLG Stuttgart NJW 1976, 529). Der Tatbestand der Nr. 3 verbietet generell den Vertrieb via **Versandhandel**. Die

StGB § 184 Strafgesetzbuch (StGB)

nunmehr aus rechtssystematischen Gründen auch für § 184 StGB anwendbare (Scholz/Liesching, § 184 StGB Rn. 12) Legaldefinition des **§ 1 Abs. 4 JuSchG** nimmt insoweit den auf Erwachsene beschränkten Versand aus (siehe zu den Voraussetzungen § 1 JuSchG Rn. 38 ff.). „Gewerbliche Lesezirkel" sind Unternehmen, die gegen Entgelt (vornehmlich illustrierte) Schriften in der Weise vermieten, dass diese in Mappen bei einer Reihe von Kunden mit bestimmten Lesefristen umlaufen, wobei die Mehrzahl der Abonnenten private Haushalte sind. Für die gesetzliche Ausnahme von dem **Vermietverbot** der Nr. 3a kommt es darauf an, dass Minderjährigen bereits das Betreten durch die Außeneingänge des Ladengeschäfts verwehrt wird und diesen auch nicht von außen Einblick in das jugendgefährdende Angebot möglich ist (vgl. OLG Hamburg NJW 1992, 1184; OLG Stuttgart MDR 1987, 1047). Auch **Automatenvideotheken** können Ladengeschäfte im gesetzlichen Sinne sein, da nicht zwingend die Anwesenheit von Personal vorausgesetzt wird (vgl. BGH MMR 2003, 585 ff. m. Anm. Liesching). Siehe ausführl. zu den Tathandlungen auch § 15 JuSchG Rn. 7 ff.

3. Einfuhr durch Versandhandel (Nr. 4)

20   Auch der Versandhandel-Bezieher von pornographischen Schriften ist gemäß Nr. 4 durch das Unternehmen der Einfuhr im Wege des Versandhandels mit Strafe bedroht. Allerdings ist nach h.M. der private erwachsene Endverbraucher nicht „Einführer" im Sinne der Norm, da insoweit Jugendschutzbelange nicht betroffen sind (vgl. OLG Hamm, NJW 2000, 1965; LG Freiburg NStZ-RR 1998, 11). Siehe ausführl. zu der Tathandlung auch § 15 JuSchG Rn. 31.

4. Verbot der Pornographiewerbung (Nr. 5)

21   a) **Konsolidierung der Tatmodalitäten unter dem Oberbegriff „Werbung"**. Rspr. und Rechtsliteratur sind dazu übergegangen, die Tatmodalitäten des Anbietens, Ankündigens oder Anpreisens (vgl. im Einzelnen oben § 15 JuSchG Rn. 33 ff.) allgemein als „**Werbeverbote**" zu bezeichnen (so ausdrücklich BGH NJW 1987, 449, 450) bzw. von „Werbung für Pornographie" zu sprechen, ohne auf die genau bezeichneten Tatmodalitäten im Weiteren einzugehen (z. B. BGH NJW 1987, 449, 450; BGH NJW 1989, 409; OLG Frankfurt NJW 1987, 454; Meier, NStZ 1985, 341 ff.; Schumann, NJW 1978, 1134; für § 5 Abs. 2 GjSM: BVerfG NJW 1986, 1241; BGH NJW 1987, 451 und BVerwG NJW 1977, 1411).

22   b) **Tatbestandslosigkeit neutraler Pornographiewerbung. aa) Rspr. des BGH und der Obergerichte.** Der BGH hat mehrfach festgestellt, dass Werbung für pornographische Schriften nur dann strafbedroht ist, wenn sie nach ihrem Aussagegehalt **erkennbar** macht, dass sie sich auf **pornographisches Material bezieht**, und dadurch im Sinne der gesetzgeberischen Zielsetzung „gefährlich" ist (BGH NJW 1977, 1695, 1696; BGH NJW 1987, 449, 450; BGH NJW 1989, 409). Zur Begründung wird ausgeführt: „Werbung ist in § 184 Abs. 1 Nr. 5 StGB [...] nur beschränkt für zulässig erklärt worden; im Sinne der aufgezeigten gesetzgeberischen Vorgabe soll insb. ver-

Verbreitung pornographischer Schriften § 184 StGB

hindert werden, dass Personen unter 18 Jahren für pornographisches Material interessiert und auf mögliche Bezugsquellen aufmerksam gemacht werden [...]. Die – verbotene – Werbung muss aber die gesetzlich umschriebene **Zielrichtung** aufweisen. Werbung und ihr Objekt gehören untrennbar zusammen. Das Objekt, für das geworben wird, muss in Erscheinung treten" (BGH NJW 1987, 449, 450).

Die Bewerbung eines pornographischen Mediums sei danach nur dann 23 gemäß § 184 I Nr. 5 StGB strafbar, wenn die Werbung **nach ihrem Aussagegehalt erkennbar** macht, dass sie sich auf pornographisches Material bezieht (BGH NJW 1977, 1695, 1696; BGH NJW 1987, 449, 450; BGH NJW 1989, 409; ebenso OLG Düsseldorf, Urt. v. 17. 02. 2004 – III-5 Ss 143/03, insoweit nicht abgedruckt in MMR 2004, 409 f. m. Anm. Erdemir; ebenso schon OLG Frankfurt NJW 1987, 454, 455; OLG Celle MDR 1985, 693; OLG Karlsruhe NJW 1984, 1975, 1977; OLG Stuttgart MDR 1977, 246 und Justiz 1981, 213, 214; BayObLGSt 1979, 44, 46); a. A. nur OLG München NJW 1987, 453 f.; in der Lit.: Meier, NJW 1987, 1610; ders., NStZ 1985, 341 ff.; Schumann, NJW 1978, 1134, 1135).

bb) Bewertung aus objektivierter Betrachterperspektive. Nach dem 24 BGH ist entscheidend für die Frage, wie der Inhalt einer Werbemaßnahme zu verstehen ist, „wie der **durchschnittlich interessierte und informierte Betrachter** die Werbung versteht" (so ausdrücklich BGH NJW 1987, 449, 450; BGH NJW 1989, 409; ebenso OLG Düsseldorf, Urt. v. 17. 02. 2004 – III-5 Ss 143/03, insoweit nicht abgedruckt in MMR 2004, 409 f. m. Anm. Erdemir). Diese Beurteilung sei letztlich vom Tatrichter vorzunehmen (BGH aaO.). Teilweise synonym mit der Perspektive des durchschnittlichen Betrachters verwendet der BGH in früheren Entscheidungen auch die Formulierung, dass entscheidend sei, wie die Werbeaussage im konkreten Fall „in der Verkehrsanschauung" verstanden wird (BGH NJW 1987, 449, 450; BGH NJW 1977, 1695, 1696).

Demgegenüber rügte der BGH im einem später ergangenen Beschluss vom 25 6. 10. 1988 als unzureichend, dass die Vorinstanz lediglich allgemein darauf abgehoben habe, dass „nach der Verkehrsanschauung" Anzeigen als Werbung für pornographische Filme verstanden würden, weil der durchschnittlich interessierte und informierte **Leser** Anzeigen gleicher **Aufmachung und Gestaltung seit Jahren kenne** und wisse, was sie bedeuteten" (BGH NJW 1989, 409 f.). Hierdurch wollte der Bundesgerichtshof indes lediglich zum Ausdruck bringen, dass bei der Beurteilung allein der Werbeinhalt als solcher relevant ist. Namentlich müsse „an Hand von Text und Aufmachung der Anzeigen [...] dargelegt [...] werden, wie der durchschnittlich interessierte und informierte Leser sie versteht" (BGH aaO.). Damit wird jedenfalls klargestellt, dass die Beurteilung des Werbeinhaltes hinsichtlich der Erkennbarkeit der Pornographie des beworbenen Produktes nicht auf „szenetypisches" oder sonstiges Sonderwissen gestützt werden darf. Dem pflichtet Schumann (NJW 1978, 1134, 1136) im Ergebnis bei, soweit er auf die Bedeutung der Werbeerklärung nach dem „allgemeinen Sprachgebrauch" abstellt.

cc) Einzelfälle. Nach den bisher rechtskräftig ergangenen Entscheidungen 26 der Rspr. sind folgende Werbeaussagen und -abbildungen ersichtlich als straflose neutrale Pornographiewerbung eingestuft worden: „Non-Stop-Sex-Show" (BGH NJW 1977, 1695 f.), „Verdorben, verrucht, verlockend", „die heißesten Shows und die schärfsten Bilder" (OLG Düsseldorf, Urt. v. 17. 02. 2004 – III-5 Ss 143/03, insoweit nicht abgedruckt in MMR 2004, 409 f. m. Anm. Erdemir); „TAM TAM – Filme nur für Erwachsene", „Internationale Spitzenfilme in intimer Atmosphäre", „Do it All Movies with real things" (OLG Stuttgart MDR 1977, 246); „Unzüchtige Posen", „Geheime Lüste", „Sex Shop" (OLG Frankfurt NJW 1987, 454, 455); **Abbildungen nackter Personen** in Pornomagazinheften, wobei die Darstellungen auf den Titel- und Rückseiten undurchsichtig abgedeckt sind, so dass die Geschlechtsmerkmale bzw. der dargestellte Geschlechtsverkehr nur aufgrund der noch erkennbaren Körperteile der Modelle erahnt werden konnten (OLG Celle MDR 1985, 693); **Abbildungen von Frauen in Tageszeitungen** und in Geschäftsauslagen mit „kaum verhüllten sekundären und Ansätzen primärer Geschlechtsorgane" (OLG Frankfurt NJW 1987, 454, 455).

27 **dd) Abgrenzung.** Aus den genannten Auslegungsgrundsätzen sowie unter Berücksichtigung der bisher in der Rspr. entschiedenen Konstellationen lassen sich folgende Grundsätze für die Abgrenzung strafloser neutraler von strafbarer nicht neutraler Werbung für Pornographie ableiten:
- Werbeaussagen sind grundsätzlich unbedenklich, soweit sie sich **allgemein auf sexuelle Vorgänge** beziehen, welche nach ihrer Ausgestaltung sowohl pornographisch als auch nur erotographisch sein können (z. B. „Sex", „sinnlich", „erotisch", „verführerisch", „... verwöhnt Dich", „Lust", „bringt Dich auf Touren", „scharfe Bilder" etc.).
- Hingegen sind Werbeaussagen zu vermeiden, welche relativ eindeutig der **Pornographie zuzuordnende Terminologien** enthalten (z. B. „Hardcore", „Porno" „Deep-Fuck", „wilde Fickereien", wohl auch „Anal", „Oral", „Fisting", „....macht die extremsten Sachen", „Orgasmus" etc.).
- Bei bildlichen Darstellungen ist Nacktheit der Darsteller(innen) per se zulässig. Allerdings dürfen die Darstellungen zunächst evident nicht selbst pornographisch sein. Soweit **primäre Geschlechtsorgane** überhaupt nicht, auch nicht angedeutet und auch nicht „verpixelt", zur Anschauung gelangen, liegt hierin kein eindeutiger Erklärungswert in Bezug genommener Pornographie.
- Hingegen erscheint die Veranschaulichung von **ausschnitthaften sexuellen Interaktionen**, die zwar noch nicht selbst die Schwelle hin zur Pornographie überschreiten, jedoch insb. dann als Pornographie angesehen werden könnten, wenn sie in gleicher Weise und Intensität über einen längeren Zeitraum als den eines lediglich Sekunden währenden Filmausschnitts hinaus rezipiert werden, bedenklich.
- Die Darstellung von z. B. **nacktem Busen oder Po** bzw. Darstellungen sexueller Interaktionen, die eine aufdringliche Vergröberung sexueller Vorgänge eindeutig nicht enthalten, ist demgegenüber ohne weitere Umstände unbedenklich, da sie sich stets auch auf erotographische Darstellungen beziehen kann. Insoweit ist aber eine sorgfältige Einzelfallprüfung unerlässlich.

5. Unverlangte Konfrontation mit Pornographie (Nr. 6)

Nr. 6 erfasst vornehmlich das unverlangte Zusenden pornographischen 28 Werbematerials und dient mithin auch dem Erwachsenenschutz (vgl. zum Versand eines pornographischen Werbeprospektes in einem verschlossenen neutralen Briefumschlag OLG Karlsruhe JMS-Report 1/2003, S. 59 f.). Ein **Gelangen lassen** im Sinne der Norm bedeutet die Überführung der Schrift in den Machtbereich des im Zeitpunkt der Tathandlung noch nicht unbedingt konkretisierten Empfängers, so dass bereits bloßes Liegenlassen hinreichend ist (BT-Drs. VI/3521, S. 61).

6. Entgeltliche öffentliche Filmvorführung (Nr. 7)

Die Tatmodalität der Nr. 7 erfordert, dass der Täter einen pornographi- 29 schen Film in einer **öffentlichen**, also einem unbestimmten Personenkreis gleichzeitig zugänglichen, **Vorführung** gegen ein zumindest überwiegend (hierzu BVerfGE 47, 109, 122; BGHSt 29, 68, 71) hierfür zu entrichtendes Entgelt zeigt (BayObLG NJW 1976, 528; vgl. BT-Drs. VI/3521, S. 21, 61; BVerfGE 47, 109, 117). Dies ist auch bei der Verwendung von Videokabinen der Fall (KG NStZ 1985, 220). Hingegen verstieße die Einbeziehung der Vorführung von Dias, Standbildern oder Tonträgern in den Tatbestand gegen das Analogieverbot. Siehe ausführl. zu der Tathandlung auch § 15 JuSchG Rn. 44.

7. Vorbereitungshandlungen (Nr. 8)

Nr. 8 erfasst bestimmte Vorbereitungshandlungen zu den Nrn. 1–7, um 30 bereits frühzeitig eine Beschlagnahme pornographischer Medien zu ermöglichen (BT-Drs. VI/3521, S. 61). **Herstellen** bedeutet die Erschaffung einer Schrift pornographischen Inhalts, welche objektiv geeignet ist, i. S. d. Nrn. 1–7 verwendet zu werden. Neben der Erzeugung von Kopiervorlagen (sog. „Masterbänder") fällt auch das geschaffene „geistige" **Ausgangsmaterial** wie Manuskripte und Drehbücher unter den Begriff des Herstellens, wenn der Inhalt der Schrift weitgehend feststeht und die Gefahr jederzeit möglicher Verbreitung bereits ganz nahe gerückt ist (BGHSt 32, 1, 7 f.). **Beziehen** ist die entgeltliche oder unentgeltliche Erlangung eigener Verfügungsgewalt an der Schrift aufgrund eines mit dem vorherigen Gewahrsamsinhaber einverständlichen Gewahrsamswechsels (vgl. Sch/Sch/Perron/Eisele, Rn. 44). Das **Liefern** ist die entsprechende Gegenhandlung und bedeutet die einverständliche Gewahrsamsverschaffung.

Das Merkmal **Vorrätighalten** umfasst den zweckorientierten Besitz por- 31 nographischer Schriften, ein „Vorrat" im wörtlichen Sinne ist nicht erforderlich (vgl. OLG Karlsruhe NJW 1987, 1957, 1958; Schreibauer, 1999 S. 279 mwN.). Ein Vorrätighalten kann auch schon darin erblickt werden, dass eine entsprechende pornographische Filmdatei auf ein **Mobilfunkgerät** (Handy) gespeichert gehalten wird, um sie fortwährend Kindern und Jugendlichen (z. B. minderjährigen Mitschülern) zu zeigen.

8. Taten mit Auslandsbezug (Nr. 9)

32 Die Vorschrift wurde vom Gesetzgeber in Abs. 1 inkorporiert, um Konflikte mit dem Ausland zu verhindern. Entscheidend für ein Unternehmen der Ausfuhr ist daher allein, ob von der Bundesrepublik aus (auch bei bloßer **Durchschleusung** von einem Drittland aus) Pornographie ins Ausland gelangt (Schreibauer, 1999, S. 284). Der Täter muss gegen im Ausland mit Strafe bedrohte Vorschriften verstoßen (h.M., vgl. OLG Karlsruhe NJW 1987, 1957; Fischer, Rn. 22; anders nur Tröndle in: Tröndle/Fischer, 49. Aufl. § 184 Rn. 32).

IV. Tatbestandsausschlussgründe (Abs. 2)

1. Erzieherprivileg (Satz 1)

33 Das Erzieherprivileg stellt einen **Tatbestandsausschlussgrund** dar. Er gilt jedoch nur für Tathandlungen nach Abs. 1 Nr. 1. Bei der Anwendung der weiten Freistellung personensorgeberechtigter Personen (vgl. hierzu § 1 JuSchG Rn. 5 f.) ist unerheblich, ob die Erziehungspflicht des Täters im Einzelfall als verletzt anzusehen ist oder nicht (Fischer, § 131 Rn. 17; krit. Hanack, NJW 1974 1, 8; vgl. demgegenüber § 27 Abs. 4 S. 2 JuSchG). Indes hat der Gesetzgeber auf ein **verlängertes Erzieherprivileg**, welches auch dritte, vom Sorgeberechtigten beauftragte Personen erfasst, bewusst verzichtet. Andere Personen sind also stets als Täter trotz Einwilligung oder Auftrag der Eltern oder sonst Personensorgeberechtigten strafbar (Schroeder in: Lange-FS, S. 391, insb. 394; Liesching/Günter, MMR 2000, 260, 265 f.). Sofern der Täter personensorgeberechtigt ist, ist eine strafbare **Teilnahme Dritter** (Anstiftung oder Beihilfe) mangels Haupttat nicht denkbar (Horstkotte, JZ 1974, 84, 87).

2. Geschäftsverkehr mit gewerblichen Entleihern (Satz 2)

34 Im Bezug auf Tathandlungen nach Abs. 1 Nr. 3a wird der Geschäftsverkehr mit gewerblichen Entleihern vom Tatbestand ausgenommen. Erfasst ist insb. die **Anmietung von pornographischen Filmen** zum Zwecke der Vorführrung in „ab 18"-Etablissements (vgl. BT-Drs. 10/2546, 24; Fischer, Rn. 40).

§ 184a Verbreitung gewalt- oder tierpornographischer Schriften

Wer pornographische Schriften (§ 11 Abs. 3), die Gewalttätigkeiten oder sexuelle Handlungen von Menschen mit Tieren zum Gegenstand haben,
1. **verbreitet,**
2. **öffentlich ausstellt, anschlägt, vorführt oder sonst zugänglich macht oder**
3. **herstellt, bezieht, liefert, vorrätig hält, anbietet, ankündigt, anpreist, einzuführen oder auszuführen unternimmt, um sie oder aus ihnen gewonnene Stücke im Sinne der Nummer 1 oder Num-**

mer 2 zu verwenden oder einem anderen eine solche Verwendung zu ermöglichen,
wird mit Freiheitsstrafe bis zu drei Jahren oder mit Geldstrafe bestraft.

Schrifttum: *Beisel,* Die Verfassungsmäßigkeit des Verbots von Schriften sodomitischen Inhalts, ZUM 1996, 859; *Erdemir,* Filmzensur und Filmverbot, 2000; *Liesching/ Günter,* Anmerkungen zur „Gewaltpornographie", JMS-Report 5/1998, S. 7; *Schreibauer,* Das Pornographieverbot des § 184 StGB, 1999; *Ulich,* Der Pornographiebegriff und die EG-Fernsehrichtlinie, 2000.

I. Allgemeines

Der durch G v. 27. 12. 2003 (BGBl. I S. 3007) mit Wirkung vom 1. 4. 2004 vom damals einheitlichen § 184 (Abs. 3) separierte und nunmehr eigenständige Tatbestand so genannter „**harter Pornographie**" (teilweise auch „schwere Pornographie") im Bezug auf pornographische Darstellungen, die Gewalttätigkeiten oder sexuelle Handlungen von Menschen mit Tieren zum Gegenstand haben, stellt ein **Absolutverbot** des Verbreitens und Zugänglichmachens mit erhöhter Strafdrohung dar. Er ist als **jugendschutzrechtlicher Unzulässigkeitstatbestand** in § 4 Abs. 1 S. 1 Nr. 10 JMStV mit aufgenommen und als schwer jugendgefährdendes Trägermedium in § 15 Abs. 2 Nr. 1 JuSchG geregelt, so dass auch fahrlässige Verbreitungshandlungen sanktionierbar sind. Zu den **Tathandlungen** vgl. § 184 Rn. 17 ff. sowie § 15 JuSchG Rn. 7 ff. 1

II. Tatobjektsmerkmale harter Pornographie

1. Allgemeines

Das umfassende Verbreitungsverbot bei sog. harter bzw. schwerer Pornographie setzt tatbestandlich zunächst das Vorliegen einer (einfach) **pornographischen Schrift** voraus. Zusätzlich muss diese eines der beiden aufgeführten Attribute „Gewalttätigkeiten", oder „sexuelle Handlungen mit Tieren" aufweisen. Werden gewalt- oder tierpornographische Inhalte zugänglich gemacht oder eine der darauf bezogenen, genannten Vorbereitungshandlungen verwirklicht, so kann dies mit **Freiheitsstrafe bis zu drei Jahren** oder mit Geldstrafe geahndet werden. 2

2. Gewaltpornographie

Unter dem Begriff der **Gewalttätigkeiten** i. S. d. 1. Alternative ist die Entfaltung physischer Kraft unmittelbar gegen die Person in einem aggressiven Handeln zu verstehen (BGH NJW 1980, 65; BGH NStZ 2000, 307, 308 f.; siehe zum Begriff der Gewalttätigkeiten auch § 131 Rn. 4 ff.). **Hauptzweck** der Vorschrift ist der Schutz der sexuellen Entwicklung Jugendlicher und Heranwachsender sowie der Schutz potentieller Opfer vor sexuellen Gewalthandlungen. Dabei ist unerheblich, ob es sich um die Darstellung 3

StGB § 184a

eines tatsächlichen Geschehens oder um rein fiktive Medieninhalte handelt (BGH NStZ 2000, 307, 308; OLG Karlsruhe MDR 1977, 864; OLG Köln NJW 1981, 1457). Entscheidend ist der **Gesamteindruck**, den ein objektiver Beobachter gewinnen muss. Der bei Internetangeboten sehr häufige Fall der bloßen Schilderung oder Abbildung der Folgen angewandter Gewalt (z. B. Hieb- oder Stichwunden) ist zumeist nicht einschlägig. Unter Gewalttätigkeiten kann hingegen etwa die Darstellung von Sexualmorden, Notzucht, **Vergewaltigungen** sowie von sadistischen oder sadomasochistischen Akten fallen. Entscheidend ist aber, dass der szenarische Ablauf der „Tätigkeit" aus der Darstellung erkennbar wird, was bei der bloßen Wiedergabe einzelner **zusammenhangloser Bilddateien** nur selten der Fall ist. Im Bezug auf dargebotene sadomasochistische Handlungen ist nach der Rspr. für das Vorliegen von Gewalttätigkeiten ohne Belang, ob das Quälen, Foltern oder sonstige Malträtieren im Einverständnis des Opfers erfolgt oder nicht (BGH NStZ 2000, 307, 309; OLG Karlsruhe MDR 1977, 864; vgl. auch Hanack, NJW 1974, 1, 7; Broschat, JMS-Report 5/1999, S. 62, 63).

4   Aus dem Erfordernis der Gewalttätigkeiten im Sinne des der Darstellung zu entnehmenden aggressiven Handelns ergibt sich auch, dass **bloße Drohungen** zur Herbeiführung sexuellen Verkehrs nicht tatbestandlich sind. So hat der BGH im Falle der Bedrohung einer Frau mit vorgehaltener Pistole, um diese zum Oralverkehr zu zwingen, die Erfüllung des Straftatbestandsmerkmals der Gewalt„tätigkeiten" verneint, da es insoweit an körperlicher Kraftentfaltung gegenüber dem Opfer fehle (BGH NJW 1980, 65; krit. Liesching/Günter, JMS-Report 5/1998, S. 7 f.).

5   An einer einschlägigen Gewaltdarstellung nach § 184a kann es nach der Rspr. darüber hinaus fehlen, „wenn die an sich gezeigten Gewalttätigkeiten in der Form so **verfremdet und distanziert** sind, dass die Darstellung schon objektiv den Charakter einer Gewalttätigkeit nicht erreicht" (OLG Köln NJW 1981, 1458). Dies ist im Regelfall nicht schon bei fiktiven Darstellungen mit extrem mangelhafter und durchschaubarer Tricktechnik anzunehmen, jedoch bei hinzutretender Verfremdung durch stilistische Mittel der Übersteigerung oder der Situationskomik. Allerdings bleibt auch eine harmlose oder verharmlosende Darstellung einer Gewalttätigkeit grundsätzlich eine solche im Sinne der Strafnorm. Da § 184a als **abstraktes Gefährdungsdelikt** ausgestaltet ist, setzt eine Verwirklichung des Tatbestandes nicht voraus, dass die Darstellung konkret dazu geeignet ist, auf den Betrachter verrohend zu wirken.

3. Tierpornographie

6   Dem Totalverbot des § 184a unterliegen auch pornographische Darstellungen, die sexuelle Handlungen von Menschen mit (auch toten, vgl. Fischer, Rn. 8) Tieren zum Gegenstand haben. Wird auch die weitgehende strafrechtliche Gleichstellung sodomitischer Pornographie mit der Gewaltpornographie (und vormals auch mit der Kinderpornographie) **vielfach kritisiert** (vgl. Beisel, ZUM 1996, 859 ff.; Schreibauer, 1999, S. 151 f.), so ist sie gleichwohl Rechtswirklichkeit und muss beachtet werden (vgl. aber BT-Drs. 15/350, S. 50 ff.). Da der Wortlaut der Strafvorschrift nur „sexuelle Handlungen"

Kinderpornographische Schriften § 184b StGB

von Menschen mit Tieren erfordert, ist die schriftliche oder bildliche Schilderung eines **Geschlechtsverkehrs mit einem Tier** nicht erforderlich. Andererseits ist nicht schon jeder körperliche Kontakt einschlägig.

Entscheidend ist, ob der Medieninhalt nach seiner **Gesamttendenz** und 7 dem objektiven Erscheinungsbild einen **Sexualbezug** aufweist (vgl. Fischer § 184a Rn. 8; Schreibauer, 1999, S. 150). Dies kann etwa schon bei dem Streicheln oder mehr als flüchtigen Berühren des Genitalbereichs eines Tieres der Fall sein. Erforderlich ist aber stets, dass die Inhalte schon (einfach) **pornographisch** sind und die sodomitischen Handlungen als weiteres Attribut lediglich hinzutreten. Ob durch die Strafnorm auch Schriften und Abbildungen sexueller Handlungen mit toten Tieren erfasst werden, ist noch nicht von der Rspr. entschieden, wird aber von der überwiegenden Rechtslehre mit Blick auf den Normzweck des Jugendschutzes angenommen (vgl. Fischer, Rn. 8; Schreibauer, 1999, S. 150; a. A. ohne nähere Begründung LK-Laufhütte, § 184 Rn. 16). Fiktive sodomitische Schilderungen mit sog. „**Fabelwesen**" wie Einhörnern sollen dagegen nicht tatbestandsmäßig sein, da derartige sexuelle Verhaltensweisen nicht in die Realität übernommen werden können (so Schreibauer, 1999, S. 150).

§ 184b Verbreitung, Erwerb und Besitz kinderpornographischer Schriften

(1) **Wer pornographische Schriften (§ 11 Abs. 3), die sexuelle Handlungen von, an oder vor Kindern (§ 176 Abs. 1) zum Gegenstand haben (kinderpornographische Schriften),**
1. **verbreitet,**
2. **öffentlich ausstellt, anschlägt, vorführt oder sonst zugänglich macht oder**
3. **herstellt, bezieht, liefert, vorrätig hält, anbietet, ankündigt, anpreist, einzuführen oder auszuführen unternimmt, um sie oder aus ihnen gewonnene Stücke im Sinne der Nummer 1 oder Nummer 2 zu verwenden oder einem anderen eine solche Verwendung zu ermöglichen,**
wird mit Freiheitsstrafe von drei Monaten bis zu fünf Jahren bestraft.

(2) **Ebenso wird bestraft, wer es unternimmt, einem anderen den Besitz von kinderpornographischen Schriften zu verschaffen, die ein tatsächliches oder wirklichkeitsnahes Geschehen wiedergeben.**

(3) **In den Fällen des Absatzes 1 oder des Absatzes 2 ist auf Freiheitsstrafe von sechs Monaten bis zu zehn Jahren zu erkennen, wenn der Täter gewerbsmäßig oder als Mitglied einer Bande handelt, die sich zur fortgesetzten Begehung solcher Taten verbunden hat, und die kinderpornographischen Schriften ein tatsächliches oder wirklichkeitsnahes Geschehen wiedergeben.**

(4) [1]**Wer es unternimmt, sich den Besitz von kinderpornographischen Schriften zu verschaffen, die ein tatsächliches oder wirklichkeitsnahes Geschehen wiedergeben, wird mit Freiheitsstrafe bis zu**

zwei Jahren oder mit Geldstrafe bestraft. ²Ebenso wird bestraft, wer die in Satz 1 bezeichneten Schriften besitzt.

(5) **Die Absätze 2 und 4 gelten nicht für Handlungen, die ausschließlich der Erfüllung rechtmäßiger dienstlicher oder beruflicher Pflichten dienen.**

(6) ¹**In den Fällen des Absatzes 3 ist § 73d anzuwenden.** ²**Gegenstände, auf die sich eine Straftat nach Absatz 2 oder Absatz 4 bezieht, werden eingezogen.** ³**§ 74a ist anzuwenden.**

Schrifttum: *Baier,* Die Bekämpfung der Kinderpornografie auf der Ebene von Europäischer Union und Europarat, ZUM 2004, 39; *Eckstein,* Besitz als Straftat 2001; *ders.,* Grundlagen und aktuelle Probleme der Besitzdelikte, ZStW 117, 107; *Harms,* Ist das „bloße" Anschauen von kinderpornographischen Bildern im Internet nach geltendem Recht strafbar?, NStZ 2003, 646; *Heinrich,* Neue Medien und klassisches Strafrecht – § 184 b Abs. 4 StGB im Lichte der Internetdelinquenz, NStZ 2005, 361; *Hopf/ Braml,* Virtuelle Kinderpornographie vor dem Hintergrund des Online-Spiels Second Life, ZUM 2007, 354; *Hörnle,* Die Umsetzung des Rahmenbeschlusses zur Bekämpfung der sexuellen Ausbeutung von Kindern und der Kinderpornografie, NJW 2008, 3521; *König,* Kinderpornografie im Internet, 2004; *Matzky,* Kinderpornografie im Internet, ZRP 2003, 167; *Reinbacher/Wincierz,* Kritische Würdigung des Gesetzentwurfs zur Bekämpfung von Kinder- und Jugendpornografie, ZRP 2006, 195; *Ritlewski,* Virtuelle Kinderpornografie in Second Life, K&R 2008, 94; *Schroeder,* Besitz als Straftat, ZIS 2007, 444.; *ders.,* Gesetzestechnische Mängel im Gesetz zur Umsetzung des EU-Rahmenbeschlusses zur Bekämpfung der sexuellen Ausbeutung von Kindern und der Kinderpornografie, GA 2009, 213; *Soiné,* Verdeckte Ermittler als Instrument zur Bekämpfung von Kinderpornografie im Internet, NStZ 2003, 225; *Wüstenberg,* Strafrechtliche Änderungen betreffend pornografische Schriften mit Kindern und Jugendlichen in Deutschland, UFITA 2009, 497.

Übersicht

	Rn.
I. Allgemeines	1
II. „Pornographie"-Eigenschaft der Schrift	2
1. Allgemeine Anforderungen	2
2. Auslegung des Pornographiebegriffs	3
a) Problemstellung	3
b) Anwendung des Pornographiebegriffs nach § 184 Abs. 1	5
III. Sexuelle Handlungen im Zusammenhang mit Kindern	9
1. Hintergrund	9
2. Darstellung mit „Kindern"	11
3. Sexualbezug dargestellter Handlungen	13
4. „Einige Erheblichkeit" (§ 184f Nr. 1 StGB)	14
5. „von", „an" und „vor" Minderjährigen	15
IV. Tathandlungen des Abs. 1 Nrn. 1 bis 3	19
V. Strafschärfungen bei Real-Kinderpornographie (Abs. 3)	20
VI. Besitz oder Besitzverschaffung von Real-Kinderpornographie (Abs. 2 und 4)	21

I. Allgemeines

Die mit Blick auf die hohe Strafandrohung schwerste Form pornographischer Darstellungen liegt vor, wenn diese „sexuelle Handlungen von, an oder vor Kindern" zum Gegenstand haben. **Kinder** in diesem Sinne sind nach § 176 Abs. 1 StGB alle Personen **unter vierzehn Jahren** (vgl. auch § 1 Abs. 1 Nr. 1 JuSchG). § 184b wurde eingefügt durch SexualDelÄndG v. 27. 12. 2003 (BGBl. I S. 3007) mit Wirkung vom 1. 4. 2004. Der einleitende Satzteil des Abs. 1 wurde geändert durch G. zur Umsetzung des **Rahmenbeschl. des Rates der EU** zur Bekämpfung der sexuellen Ausbeutung von Kindern und der Kinderpornographie v. 31. 10. 2008 (BGBl. I S. 2149) mit Wirkung vom 5. 11. 2008 (ausführl. zu Normentstehung und -historie Fischer, Rn. 1). Aufgrund des Nicht-Inkrafttretens des 14. RfÄndStV (vgl. z. B. Hopf, K&R 2011, 6 ff.) bestehen erhebliche Diskrepanzen gegenüber dem Wortlaut des Unzulässigkeitstatbestands in § 4 Abs. 1 S. 1 Nr. 10 JMStV de lege lata. 1

II. „Pornographie"-Eigenschaft der Schrift

1. Allgemeine Anforderungen

Tatbestandliche Voraussetzung ist zunächst das Vorliegen einer „pornographischen" Schrift. Diesem Erfordernis kommt aufgrund der Ausweitung des Straftatbestandes im Übrigen (Rn. 1) eine größere **tatbestandsbegrenzende Bedeutung** zu. Namentlich unterfällt die Darstellung sexueller Handlungen von Kindern dann nicht dem Strafverbot des § 184b StGB, wenn sie nicht gleichzeitig auch als pornographisch qualifiziert werden kann (ebenso Fischer, Rn. 3). Mit anderen Worten ist die Verbreitung, das (öffentlich) Zugänglichmachen oder auch das Unternehmen des Besitzverschaffens sowie der Besitz bloßer so genannter Erotographie mit minderjährigen Darsteller(inne)n unterhalb der Pornographieschwelle nicht nach dem StGB strafbar (vgl. aber § 15 Abs. 2 Nr. 4 i. V. m. Abs. 1 JuSchG; § 4 Abs. 1 S. 1 Nr. 9 JMStV; ferner § 119 OWiG). 2

2. Auslegung des Pornographiebegriffs

a) Problemstellung. Von größerer Relevanz als bislang dürfte mithin auch die Fragestellung sein, ob die Vorschrift insoweit auf den Begriff der Pornographie rekurriert, wie er allgemein in § 184 Abs. 1 StGB geregelt ist oder ob – etwa aufgrund des abweichenden Schutzzwecks des § 184b StGB (s. hierzu etwa BGH NJW 2001, 3558, 3559 und 3560; MüKom-StGB/ Hörnle § 184b Rn. 1 ff.; Schroeder, NJW 1993, 2581 f.) – ein **eigenständiger, weiter verstandener Pornographiebegriff** zugrunde zu legen ist. Die Annahme eines identischen bzw. einheitlichen Pornographiebegriffs im ersteren Sinne hätte den erheblichen Vorteil, dass bei der Bestimmung des Begriffs der „pornographischen Schrift" bei der Kinder- und Jugendpornographie nach §§ 184b, 184c StGB auf die bereits von Rspr. und Schrifttum entwickelten Kriterien der (einfachen) Pornographie nach § 184 StGB (s. hierzu oben § 184 Rn. 5 ff.) zurückgegriffen werden könnte. 3

StGB § 184b

4 Ob dies möglich ist, wird indes in der Rspr. im Bezug auf das vormals geltende Kinderpornographieverbot **kaum explizit abgehandelt** (vgl. z. B. BGH NStZ 2003, 661 f.; BGH NJW 2001, 3558 ff.; BGH NStZ 2000, 307 ff.; BGH NJW 1999, 1979; BayObLG ZUM 2000, 1097; OLG Hamburg NStZ-RR 1999, 329 f.; KG NJW 1979, 1897). Zumeist wird bei einer Verurteilung wegen § 184b StGB (bzw. § 184 Abs. 3 StGB a. F.) das Vorliegen einer pornographischen Schrift angenommen, ohne dass eine **nähere Auseinandersetzung** mit den Voraussetzungen der Pornographie erfolgt (vgl. BGH NStZ 2003, 661 f.; BGH NJW 2001, 3558 ff.; BGH NStZ 2000, 307 ff.; BGH NJW 1999, 1979; BGH NStZ 1998, 351 ff.; BayObLG ZUM 2000, 1097; OLG Hamburg NStZ-RR 1999, 329 f.).

5 **b) Anwendung des Pornographiebegriffs nach § 184 Abs. 1.** Immerhin hat das OLG Koblenz in einem Urteil vom 01. 02. 1979 die Verurteilung wegen der Weitergabe kinderpornographischer Schriften ausdrücklich auch auf der Grundlage des Pornographiebegriffs des § 184 StGB bestätigt (OLG Koblenz NJW 1979, 1467, 1468); diese Auslegung wurde vom BGH, der auf die Entscheidung des OLG Koblenz in anderem Zusammenhang sogar explizit zustimmend verweist (BGH NJW 1999, 1979, 1980), bislang nicht beanstandet (vgl. in diesem Zusammenhang insbesondere auch BGH NStZ 2003, 661 f.). Im Gegenteil hat der **Bundesgerichtshof** selbst in einer frühen Entscheidung vom 21. 04. 1978 zur vormaligen Fassung des § 184 StGB vertreten, dass eine „Verselbständigung" des Begriffs des Pornographischen bei pädophilen oder sadistischen Darstellungen „nicht gerechtfertigt" sei (BGH Urt. v. 21. 04. 1978 – 2 StR 739/77, bei Holtz MDR 1978, 804).

6 Die extreme **Gegenansicht**, wonach der Pornographiecharakter bei Schriften, die den sexuellen Missbrauch von Kindern zum Gegenstand haben, überhaupt nicht gesondert festgestellt werden müsse (so noch Dreher/Tröndle, StGB - Kommentar, 41. Aufl. 1983, § 184 Rn. 34), wird heute – soweit ersichtlich – nicht mehr vertreten (König, Rn. 149; MüKom-StGB/Hörnle, Rn. 7; Fischer, Rn 3; Sch/Sch/Perron/Eisele, Rn. 3).

7 Vor diesem Hintergrund ist davon auszugehen, dass die von der Rspr. und der Rechtsliteratur zur (einfachen) Pornographie nach **§ 184 Abs. 1 StGB** entwickelten dezidierten **Auslegungsgrundsätze** (s.o. § 184 Rn. 5 ff.) vollumfänglich auch für den Begriff der „pornographischen Schrift" in § 184b StGB fruchtbar gemacht werden können. Hierfür sprechen zudem neben dem Wortlaut auch die Erwägungen des Gesetzgebers, der im Rahmen der Einführung des Pornographietatbestandes durch das 4. Strafrechtsreformgesetz v. 23. 11. 1973 (BGBl. I 1725, 1728) ausdrücklich darauf hingewiesen hat, dass das Merkmal „pornographisch" im Zusammenhang mit der Darstellung des sexuellen Missbrauchs von Kindern „ebenso auszulegen" sei „wie in § 184" (vgl. BT-Drs. VI/1552, S. 36).

8 Zwar weicht der aktuelle Gesetzgeber hiervon ausweislich der **Begründung des Rechtsausschusses des Bundestages** erstaunlicherweise ab und behauptet nun für Kinderpornographie nach § 184b StGB ohne nähere Begründung: „Für eine Strafbarkeit nach § 184b StGB genügt es nämlich, dass die Schrift den sexuellen Missbrauch zum Gegenstand hat, ohne dass es auf den pornographischen Charakter der Darstellung (vergröbernde Darstellung des Sexuellen unter Ausklammerung aller sonstigen menschlichen Bezüge) ankommt, da sexuelle Handlungen mit Kindern generell verboten sind" (vgl. BT-Drs. 16/9646, S. 38). Dies ist indes mit der dargestellten Rspr. des BGH und der h.M. nicht vereinbar und auf eine zuweilen festzustellende Sachverstandsferne der Politik zurückzuführen.

III. Sexuelle Handlungen im Zusammenhang mit Kindern

1. Hintergrund

Mit der Neufassung der §§ 184b, 184c StGB durch G. zur Umsetzung 9 des **Rahmenbeschl. des Rates der EU** zur Bekämpfung der sexuellen Ausbeutung von Kindern und der Kinderpornographie v. 31. 10. 2008 (BGBl. I S. 2149) werden nicht mehr (nur) solche pornographischen Schriften mit Kindern erfasst, die deren „sexuellen Missbrauch" (unter Bezugnahme auf §§ 176 bis 176b StGB) zum Gegenstand haben. Vielmehr unterfallen alle dargestellten bzw. geschilderten „sexuellen Handlungen von, an oder vor" Personen unter achtzehn Jahren dem Straftatbestand. Zur Begründung führt die Bundesregierung aus, dass durch die Anhebung des Alters auf alle Personen unter 18 Jahren gesetzestechnisch nunmehr auf einen **sexuellen Missbrauch** im Sinne des § 182 StGB hätte verwiesen werden können; dem stünde jedoch entgegen, dass „einer pornographischen Darstellung, insb. einem Film, in der Regel nicht entnommen werden" könne, „ob sie unter den dort genannten Umständen (Ausnutzung einer Zwangslage oder der sexuellen Unerfahrenheit, Zahlung eines Entgelts) zustande gekommen ist" (BT-Drs. 16/3439, S. 9).

Gegenüber einer weiterhin möglichen Verweisung auf die §§ 176, 176a, 10 176b gab die Bundesregierung der Neuformulierung von Abs. 1 zum einen zur „**sprachlichen Vereinfachung**" den Vorzug. Zum anderen sollen bei einem bloßen Verweis auf §§ 176 ff. StGB mögliche **Strafbarkeitslücken**, wie sie insb. der BGH durch Beschluss vom 20. 02. 2006 festgestellt hat (BGH NStZ 2006, 394 f. = JMS-Report 4/2006, S. 7 f. m. Anm. Sulzbacher), durch die Erfassung aller sexueller Handlungen „von, an und vor" Minderjährigen vermieden werden (BT-Drs. 16/3439, S. 9).

2. Darstellung mit „Kindern"

Kinder im tatbestandlichen Sinne sind nach § 176 Abs. 1 StGB alle Perso- 11 nen **unter vierzehn Jahren** (vgl. auch § 1 Abs. 1 Nr. 1 JuSchG). Bezüglich des Alters der dargestellten Personen lässt der BGH keine Manipulationen oder Schutzbehauptungen des Täters zu. Insbesondere kann die falsche Angabe des Alters einer im Internet abgebildeten Person unter 14 Jahren nicht zum Ausschluss des Straftatbestandes führen. Anderenfalls hätte es der Täter in der Hand, das dem umfassenden Schutz der Kinder dienende Strafverbot durch einfache **unwahre Behauptungen** zu umgehen. Darüber hinaus liegt Kinderpornographie selbst dann vor, wenn die dargestellte Person zwar älter als 14 Jahre ist, aber auf den **objektiven Betrachter wie ein**

StGB § 184b Strafgesetzbuch (StGB)

Kind wirkt (vgl. BGH NJW 2001, 3558, 3560; Schreibauer, 1999, S. 144; Laufhütte, JZ 1974, 46, 49; vgl. ausführl. zu „Scheinjugendlichen unten § 184c Rn. 11 ff.).

12 Ebenso ist völlig unerheblich, ob einschlägige kinderpornographische Darstellungen in einen **fiktiven Handlungsrahmen** gebettet sind. Dass sich somit etwa der Inhalt einer Erzählung in einem „fiktiven Land mit abweichenden Moralvorstellungen" abspielt, ist nach der Rspr. ohne Belang (vgl. BGH NStZ 2000, 307, 309; anders noch die Vorinstanz, LG Meiningen, Urt. v. 15. 2. 1999 – 8 Js 10547/95 – 1 KLs, abgedruckt in tv-diskurs 10/ 1999, S. 100 ff.).

3. Sexualbezug dargestellter Handlungen

13 Voraussetzung für das Attribut des „Sexuellen" ist nach Rspr. und Schrifttum zunächst, dass die dargestellte Handlung objektiv, d.h. nach ihrem äußeren Erscheinungsbild einen Sexualbezug aufweist (BGHSt 29, 336, 338; BGH NJW 1992, 325 f.; BGH NStZ 1983, 167; KG JR 1982, 507; OLG Zweibrücken NStZ 1998, 357 m. Anm. *Michel*; OLG Köln NJW 1974, 1830, 1831). Handlungen, die äußerlich völlig neutral sind und keinerlei **Hinweis auf das Geschlechtliche** enthalten, sind daher auch dann keine sexuelle Handlung, wenn sie einem sexuellen Motiv entspringen (MüKom-StGB/Hörnle, § 184f Rn. 3 f.). Im Zusammenhang mit der vorliegend relevanten Kinderpornographie (und Jugendpornographie nach § 184c) bedarf es vertiefter Erläuterungen zum Sexualbezug dargestellter Handlungen indes nicht. Da nämlich Schriften bzw. Medieninhalte nur dann tatbestandlich erfasst sind, wenn diese als **„pornographisch"** qualifiziert werden können (siehe hierzu oben Rn. 2 ff.), ist davon auszugehen, dass schon mit Bejahung dieses Attributes in der Regel auch ein hinreichend deutlich erkennbarer Sexualbezug bei in diesem Rahmen dargestellten oder geschilderten Handlungen von, an oder vor Minderjährigen bejaht werden kann.

4. „Einige Erheblichkeit" (§ 184f Nr. 1 StGB)

14 Nach der Legaldefinition des § 184f Nr. 1 StGB sind sexuelle Handlungen nur solche, „die im Hinblick auf das jeweils geschützte Rechtsgut von einiger Erheblichkeit sind". Dabei ist allgemein anerkannt, dass im Rahmen des sexuellen Kindesmissbrauchs, wie er nach bisheriger Fassung des § 184b StGB Gegenstand einer kinderpornographischen Schrift sein musste, keine hohen Anforderungen an die Erheblichkeit zu stellen waren (Laubenthal, Sexualstraftaten, 2000, Rn. 73; siehe auch BGH NStZ 83, 553; BGH NStZ 1992, 432 f.; BGH NJW 1992, 325). Zu einer wesentlich größeren praktischen Relevanz der „Erheblichkeitsklausel" wird demgegenüber die geplante Neufassung des § 184c StGB führen (s. dort Rn. 3 ff.).

5. „von", „an" und „vor" Minderjährigen

15 Nach §§ 184b Abs. 1, 184c Abs. 1 StGB werden zunächst sexuelle Handlungen **„von"** Kindern in Bezug genommen, also alle Handlungen, die das betroffene dargestellte Kind selbst vornimmt, wobei grundsätzlich unerheb-

lich ist, ob die sexuelle Handlung am Körper einer anderen Person, an sich selbst oder ohne körperlichen Kontakt – etwa durch die Einnahme sexuell aufreizender Posen oder durch das Spreizen der Beine – ausgeübt wird. Diese weite Auslegung ergibt sich nicht nur unmittelbar aus dem nicht weiter differenzierenden Wortlaut („von"), sondern auch aus der Intention der Bundesregierung, durch die Neufassung Strafbarkeitslücken des vormals geltenden § 184b StGB aufgrund der Bezugnahme auf §§ 176 bis 176b StGB künftig zu schließen und insbesondere auch das „aufreizende **Zur-Schau-Stellen** der Genitalien oder der Schamgegend von Kindern" ohne körperlichen Kontakt mit dem eigenen Körper oder dem eines anderen zu erfassen (vgl. hierzu BGH BGH NStZ 2006, 394 f. = JMS-Report 4/2006, S. 7 f. m. Anm. Sulzbacher; BT-Drs. 16/3439, S. 9).

„**An**" einer Person unter 14 Jahren (Kind) im Sinne der weiteren Tatmoda- 16 lität des geplanten § 184b StGB ist die sexuelle Handlung vorgenommen, wenn eine **körperliche Berührung** stattgefunden hat (BGH NStZ 2006, 394 f. = JMS-Report 4/2006, S. 7 f. m. Anm. Sulzbacher; BGH NStZ 1992, 433). Ob insoweit auch sexuelle Handlungen erfasst werden, die die betreffende dargestellte minderjährige Person „an sich" vornimmt (wofür der Wortlaut spricht), ist ohne praktische Bedeutung, da in diesem Fall jedenfalls eine sexuelle Handlung „von" einer Person unter 18 Jahren vorliegt.

Weiterhin erfasst der geplante § 184b StGB auch pornographische Schrif- 17 ten, die sexuelle Handlungen „**vor**" einem Kind zum Gegenstand haben. Nach der Legaldefinition des § 184f Nr. 2 StGB sind sexuelle Handlungen vor einem anderen nur solche, „die vor einem anderen vorgenommen werden, der den Vorgang wahrnimmt". Insoweit genügt nach v.g.M. die sinnliche **(optische oder akustische) Wahrnehmung** des äußeren Geschehensablaufs, ohne dass die andere (minderjährige) Person auch den sexuellen Charakter der Handlung erkannt zu haben braucht (vgl. BT-Drs. VI/3521, S. 24; Lackner/Kühl, § 184f Rn. 8; Laubenthal, Sexualstraftaten, 2000, Rn. 80 ff.; siehe auch BGHSt 29, 339).

Durch die weite tatbestandliche Erfassung aller sexueller Handlungen „von, 18 an und vor" Minderjährigen unterfallen im praktischen Ergebnis also **alle (pornographischen) Schriften** dem Strafverbot, welche sexuelle Handlungen im Zusammenhang mit Personen unter 14 Jahren (Kinder) zum Gegenstand haben.

IV. Tathandlungen des Abs. 1 Nrn. 1 bis 3

Die Tathandlungen des Abs. 1 entsprechen im Wesentlichen denen des 19 § 184 Abs. 1 (vgl. dort Rn. 17 ff. sowie § 15 JuSchG Rn. 7 ff.). Der in Nr. 1 genannte Begriff des **Verbreitens** setzt grundsätzlich voraus, dass die kinderpornographische Schrift in ihrer Substanz, also gegenständlich, an eine vom Täter nicht mehr individualisierbare Vielzahl anderer Personen weitergegeben wird, wobei es auf die tatsächliche Kenntnisnahme Dritter nicht ankommt (BGHSt 13, 257; 18, 63, 71; BGH NJW 1999, 1979 f.; BayObLG ZUM 2000, 1097 f.). Hingegen soll nach neuer Rspr. des BGH ein Verbreiten nach Abs. 3 Nr. 1 im Internet schon dann vorliegen, wenn die Datei **auf** dem Rechner des Internetnutzers **angekommen** ist (BGH NJW 2001, 3558 = JZ 2002, 309 f. mit krit. Anm. Kudlich; zust. Hörnle, NJW 2002, 1008, 1009 f.). Dabei sei es unerheblich, ob dieser die Möglichkeit des Zugriffs auf die Daten genutzt oder ob der Anbieter die Daten übermittelt hat (BGH aaO.).

V. Strafschärfungen bei Real-Kinderpornographie (Abs. 3)

20 Die strafschärfende Tatbegehung als Mitglied einer Bande oder in gewerbsmäßiger Weise nach Absatz 3 sowie der Besitz bzw. die Besitzverschaffung nach Abs. 2 und 4 beziehen sich nur auf solche kinderpornographischen Darstellungen, die ein **tatsächliches** oder wirklichkeitsnahes **Geschehen** wiedergeben. Damit wird die sog. „Fiktivpornographie" in Gestalt von Zeichentrickfilmen, Comics, Romanen oder Gedichten insoweit ausgeschlossen. Derartige Inhalte sind freilich nach § 184b Abs. 1 StGB strafbar. Ausreichend für die Strafschärfung ist indes bereits eine „**Wirklichkeitsnähe**" der kinderpornographischen Darstellung, welche schon dann anzunehmen ist, wenn ein durchschnittlicher Beobachter ohne besonderen Sachverstand nicht sicher ausschließen kann, dass es sich um tatsächliches Geschehen handelt (vgl. BT-Drs. 13/7934, S. 41; Fischer, Rn. 13 f.; Schreibauer, 1999, S. 140 ff.; vgl. auch BGHSt 43, 369 f.).

VI. Besitz oder Besitzverschaffung von Real-Kinderpornographie (Abs. 2 und 4)

21 Nach § 184b Abs. 2 und 4 StGB wird schon das Unternehmen der „Besitzverschaffung" sowie der Besitz als solcher pönalisiert, wofür ein **tatsächliches Herrschaftsverhältnis** des Täters über die Schrift erforderlich ist (in: MüKom-StGB/Hörnle, § 184b Rn. 21). Ob schon das bloße Aufrufen kinderpornographischer Seiten im Internet von dem Tatbestand erfasst wird, ist umstritten. Zum Teil wird dies verneint, da hierdurch allein noch nicht die erforderliche Sachherrschaft über die Bilddateien begründet sei (so LG Stuttgart NStZ 2003, 36 f.; Harms, NStZ 2003, 646, 648 f.). Dem wird jedoch zutreffend entgegengehalten, dass die entsprechenden Daten schon beim bloßen Aufrufen auf der Festplatte gespeichert oder anderen Speichermedien abgelegt werden (vgl. Sieber, in Hoeren/Sieber, Kap. 19 Rn. 627; Scholz/Liesching, 4. Aufl. § 184 StGB Rn. 25).

Umfassen Wissen und Wollen des Internetnutzers die mit dem Aufruf verbundene **automatische Abspeicherung im Internet-Cache**, wird daher von der inzwischen h.M. zutreffend ein Unternehmen der Besitzbeschaffung bejaht (vgl. BGH NStZ 2007, 95; OLG Hamburg StV 2009, 469). Demgegenüber hat sich für die Sachverhaltskonstellation des **bloßen Aufrufs zwecks Betrachtens** mit Herunterladung der Datei in den Arbeitsspeicher ohne weitergehenden Speicherungsvorsatz bisher keine überwiegende Ansicht herausgebildet (die Tatbestandserfüllung bejahend: OLG Schleswig NStZ-RR 2007, 41; LK/Laufhütte/Roggenbruck, § 184b Rn. 8; Heinrich,

NStZ 2005, 361, 364; Eckstein, ZStW 117, 107, 120; a. A. Fischer, Rn. 21b; MüKom-StGB/Hörnle, Rn. 27; Lackner/Kühl, Rn. 8; offen gelassen durch OLG Hamburg NStZ-RR 1999, 329).

Das **OLG Hamburg** ist jüngst der überwiegenden Rspr. beigetreten und 22 hat bestätigt, dass wer in der Absicht, sich Dateien mit kinderpornographischen Darstellungen am **Computerbildschirm zu betrachten**, gezielt solche Dateien im Internet aufruft, es i. S. d. § 184b Abs. 4 StGB unternimmt, sich Besitz an solchen Schriften zu verschaffen, auch wenn er nicht in dem Willen handelt, diese Dateien auf der Festplatte des Computers oder anderen dauerhaften Datenträgern zu speichern (OLG Hamburg MMR 2010, 342 ff. m. Anm. Müller). Eine Auslegung des Begriffs „Besitz", die bereits das gezielte Suchen und Herunterladen kinderpornografischer Dateien in den flüchtigen Arbeitsspeicher zum Zweck des bloßen Betrachtens erfasst, überschreitet nicht die Grenzen des Wortsinns und verstößt damit nicht gegen den im Strafrecht geltenden Bestimmtheitsgrundsatz und das daraus folgende Analogieverbot. Mit dem bewussten und gewollten Herunterladen der aufgerufenen Datei in den Arbeitsspeicher zwecks Betrachtens auf dem Bildschirm schafft der Computernutzer nach Ansicht des OLG Hamburg ein **hohes Maß an Datenherrschaft**, denn die Arbeitsspeicherung eröffnet als notwendiges Durchgangsstadium jeder Weiterverarbeitung der Daten grds. volle Verfügungsgewalt. Der Nutzer entscheide eigenverantwortlich, wie lange er eine Seite betrachtet, ob er einzelne Darstellungen vergrößert und vor allem, ob er die noch nicht perpetuierte Herrschaft über die aufgerufenen Informationen durch deren Speicherung oder Ausdrucken dauerhafter gestaltet und ob er die Information durch Versendung an Dritte weitergibt (OLG Hamburg MMR 2010, 342, 343).

Jedenfalls ist das Kopieren einschlägiger Inhalte auf einen Datenträger 23 (Besitzverschaffen) oder die dauerhafte **Speicherung** auf einem Datenträger (Besitz) ohne Weiteres (objektiv) tatbestandlich erfasst (vgl. BayObLG NJW 2000, 2911; OLG Hamburg NStZ-RR 1999, 329 mit Anm. Bertram, JR 2000, 126; AG Hamburg CR 1998, 33 mit Anm. Vassilaki). Sukzessive und jeweils aufgrund neuen Tatentschlusses erfolgte „Zugriffe" auf jeweils unterschiedliche kinderpornographische Daten im Internet mit anschließender Abspeicherung auf eigenen Datenträgern – mit welchem Datenumfang im Einzelfall auch immer – bilden jeweils zueinander in Tatmehrheit stehende Einzeldelikte (BayObLG NJW 2003, 839 f.).

§ 184c Verbreitung, Erwerb und Besitz jugendpornographischer Schriften

(1) **Wer pornographische Schriften (§ 11 Abs. 3), die sexuelle Handlungen von, an oder vor Personen von vierzehn bis achtzehn Jahren zum Gegenstand haben (jugendpornographische Schriften),**
1. **verbreitet,**
2. **öffentlich ausstellt, anschlägt, vorführt oder sonst zugänglich macht oder**
3. **herstellt, bezieht, liefert, vorrätig hält, anbietet, ankündigt, anpreist, einzuführen oder auszuführen unternimmt, um sie oder**

aus ihnen gewonnene Stücke im Sinne der Nummer 1 oder Nummer 2 zu verwenden oder einem anderen eine solche Verwendung zu ermöglichen,
wird mit Freiheitsstrafe bis zu drei Jahren oder mit Geldstrafe bestraft.

(2) Ebenso wird bestraft, wer es unternimmt, einem anderen den Besitz von jugendpornographischen Schriften zu verschaffen, die ein tatsächliches oder wirklichkeitsnahes Geschehen wiedergeben.

(3) In den Fällen des Absatzes 1 oder des Absatzes 2 ist auf Freiheitsstrafe von drei Monaten bis zu fünf Jahren zu erkennen, wenn der Täter gewerbsmäßig oder als Mitglied einer Bande handelt, die sich zur fortgesetzten Begehung solcher Taten verbunden hat, und die jugendpornographischen Schriften ein tatsächliches oder wirklichkeitsnahes Geschehen wiedergeben.

(4) ¹Wer es unternimmt, sich den Besitz von jugendpornographischen Schriften zu verschaffen, die ein tatsächliches Geschehen wiedergeben, oder wer solche Schriften besitzt, wird mit Freiheitsstrafe bis zu einem Jahr oder mit Geldstrafe bestraft. ²Satz 1 ist nicht anzuwenden auf Handlungen von Personen in Bezug auf solche jugendpornographischen Schriften, die sie im Alter von unter achtzehn Jahren mit Einwilligung der dargestellten Personen hergestellt haben.

(5) § 184b Abs. 5 und 6 gilt entsprechend.

Schrifttum: *Altenhain/Liesching* u.a., Kriterien der Scheinminderjährigkeit im Rahmen des Strafverbots der Jugendpornographie, BPjM-aktuell 02/2009, 3; *Hörnle,* Die Umsetzung des Rahmenbeschlusses zur Bekämpfung der sexuellen Ausbeutung von Kindern und der Kinderpornographie, NJW 2008, 3521; *Liesching,* Das neue Strafverbot jugendpornographischer Schriften nach § 184c StGB, JMS-Report 5/2008, 2; *Schroeder,* Gesetzestechnische Mängel im Gesetz zur Umsetzung des EU-Rahmenbeschlusses zur Bekämpfung der sexuellen Ausbeutung von Kindern und der Kinderpornographie, GA 2009, 213.

Übersicht

	Rn.
I. Allgemeines	1
II. Anforderungen an Tatobjektsmerkmale und Tathandlungen	2
1. Weitgehende Entsprechung zu § 184b	2
2. „Einige Erheblichkeit" (§ 184f Nr. 1 StGB)	3
3. Dargestellte „Personen unter 18 Jahren"	8
a) „Scheinvolljährige" Personen	8
b) „Scheinjugendliche" Personen	11

I. Allgemeines

1 Durch das G. zur **Umsetzung des Rahmenbeschlusses des Rates der Europäischen Union** zur Bekämpfung der sexuellen Ausbeutung von Kindern und der Kinderpornographie v. 31. 10. 2008 (BGBl. I S. 2149) ist die Vorschrift in der Fassung der Beschlussempfehlung des Bundesrates am

Jugendpornographische Schriften **§ 184c StGB**

31. 10. 2008 in Kraft getreten. Nach der Beschlussempfehlung des Rechtsausschusses sollen die bislang gemeinsam mit kinderpornographischen Schriften neu zu regelnden, so genannten jugendpornographischen Schriften nunmehr **eigenständig** im Rahmen eines neu zu fassenden § 184c StGB normiert werden. Hintergrund hierfür ist die Erwägung des Rechtsausschusses, dass die Verbreitung, der Erwerb und der Besitz kinderpornographischer Schriften einen **höheren Unrechtsgehalt** aufweisen als die Verbreitung, der Erwerb und der Besitz jugendpornographischer Schriften (vgl. BT-Drs. 16/9646, S. 34 f., 38 f.). Aufgrund des Nicht-Inkrafttretens des 14. RfÄndStV (vgl. z. B. Hopf, K&R 2011, 6 ff.) bestehen erhebliche Diskrepanzen gegenüber dem Wortlaut des Unzulässigkeitstatbestands in § 4 Abs. 1 S. 1 Nr. 10 JMStV de lege lata.

II. Anforderungen an Tatobjektsmerkmale und Tathandlungen

1. Weitgehende Entsprechung zu § 184b

Die in § 184c StGB ausgeführten Tatobjektsmerkmale und Tathandlungen 2 entsprechen im Wesentlichen denen des Tatbestands der Kinderpornographie nach § 184b, sodass insoweit auf die dort ausgeführten Erläuterungen verwiesen werden kann. Dies gilt insb. hinsichtlich der zunächst stets erforderlichen **Pornographie-Eigenschaft** der Schrift (vgl. § 184b Rn. 2 ff.) sowie der **Tathandlungen** einschließlich der Besitzdelikte (§ 184b Rn. 20 ff.) und der Voraussetzungen eines tatsächlichen oder **wirklichkeitsnahen Geschehens** (§ 184b Rn. 19). Ebenso gelten hinsichtlich der „sexuellen Handlungen von, an oder vor" Minderjährigen grds. dieselben Auslegungsgrundsätze wie bei § 184b (s. dort Rn. 9 ff.). Allerdings können sich bei Darstellungen mit Jugendlichen knapp an der Volljährigkeitsgrenze andere Auslegungen im Bezug auf das Vorliegen der erforderlichen „Erheblichkeit" sexueller Handlungen ergeben (hierzu nachfolgend Rn. 3 ff.).

2. „Einige Erheblichkeit" (§ 184f Nr. 1 StGB)

Nach der Legaldefinition des § 184f Nr. 1 StGB sind sexuelle Handlungen 3 nur solche, „die im Hinblick auf das jeweils geschützte Rechtsgut von einiger Erheblichkeit sind". Die „Erheblichkeitsklausel" kann bei § 184c StGB von **praktischer Bedeutung** sein. Dies ergibt sich zum einen daraus, dass die kinder- bzw. jugendpornographische Schrift nicht mehr einen „sexuellen Missbrauch" zum Gegenstand haben muss, sondern nunmehr alle – auch **einvernehmlich und von sexueller Selbstbestimmung getragenen** – dargestellten „sexuellen Handlungen" tatbestandlich erfasst werden. Zum anderen unterfallen dem Straftatbestand nunmehr alle Minderjährigen, insb. auch die Personengruppe der 14- bis 17jährigen.

Insoweit wird aber davon auszugehen sein, dass die Erheblichkeitsschwelle 4 bei der Personengruppe der Jugendlichen höher anzusetzen ist als bei Kindern (vgl. bereits BT-Drucks. V/3521, S. 30). Wird in der Rechtsliteratur zum Teil bereits explizit vertreten, dass im Hinblick auf die ungestörte Entwicklung des

StGB § 184c Strafgesetzbuch (StGB)

Sexuallebens Minderjähriger die **Schutzwürdigkeit mit fortschreitendem Alter** abnimmt (Laubenthal, Sexualstraftaten, 2000, Rn. 73; Lackner/Kühl, § 184f Rn. 6), so bestätigt auch die Bundesregierung diese Einschätzung mittelbar dadurch, dass sie ausweislich der Begründung des Gesetzesentwurfs bestimmte Konstellationen nicht für strafwürdig erachtet, in denen „Jugendliche innerhalb einer sexuellen Beziehung in gegenseitigem Einverständnis pornographische Schriften von sich herstellen und austauschen" (vgl. BT-Drs. 16/3439, S. 9).

5   Für die Frage, ob die Schwelle der Erheblichkeit überschritten ist, sind nach der Rspr. des BGH neben Art, Intensität und Dauer des sexualbezogenen Vorgehens zusätzlich auch „der **Handlungsrahmen**, in dem der unmittelbar sexualbezogene Akt begangen wird" sowie „die **Beziehung der Beteiligten** untereinander" von Bedeutung (BGH NStZ 1992, 432; BGH NStZ 1983, 553; BGH NStZ 1985, 24; BGHR StGB § 184c Nr. 1 Erheblichkeit 4 mwN.). In Zweifelsfällen kommt bei der Beurteilung der Erheblichkeit darüber hinaus der Höhe der Strafdrohung Bedeutung zu (BGH NJW 1962, 1628, 1630; MüKom-StGB/Hörnle, § 184f Rn. 26).

6   Vor dem Hintergrund der genannten Auslegungsgrundsätze kann bei der künftigen weiten Fassung des § 184c StGB mit guten Gründen in Zweifel gezogen werden, ob jede pornographische Schrift mit Darstellungen insb. von Jugendlichen bei **einvernehmlich im Rahmen des sexuellen Selbstbestimmungsrechts** vorgenommenen Interaktionen bereits tatbestandlich erfasst wird. Berücksichtigt man insoweit nämlich im Einklang mit der Rspr. und einem Teil des Schrifttums auch die Strafrahmenhöhe, so ergibt sich, dass bei der vergleichsweise enormen Strafdrohung von einer gesteigerten Erheblichkeitsschwelle auszugehen ist. Dies wird noch deutlicher, wenn man sich vergegenwärtigt, dass die tatsächliche Vornahme sexueller Handlungen unter Jugendlichen – mit Ausnahme der Missbrauchsfälle in Zwangslage bzw. bei Handlungen gegen Entgelt nach § 182 Abs. 1 StGB – überhaupt nicht strafbar sind und nicht einmal im Wege des Ordnungswidrigkeitenrechts geahndet werden können. Hingegen sollen nunmehr (pornographische) Aufnahmen derartiger Handlungen nach dem geplanten § 184c StGB generell dem hohen Strafrahmen im Falle der Verbreitung, der Weitergabe, aber auch im Falle des bloßen Besitzes ausgesetzt sein.

7   Nimmt man insoweit weiterhin in den Blick, dass nach der Rspr. des BGH hinsichtlich der Erheblichkeit auch die „**Beziehung der Beteiligten**" untereinander von Bedeutung ist, so erscheint zweifelhaft, ob insb. Darstellungen einvernehmlicher sexueller Handlungen unter Jugendlichen knapp **unterhalb der Volljährigkeitsgrenze** dem Straftatbestand unterfallen können. Dies muss grundsätzlich auch dann gelten, wenn einer oder mehrere der dargestellten **Sexualpartner bereits 18 Jahre oder älter** sind. Andererseits ist zu beachten, dass der Gesetzgeber sich ausdrücklich gegen eine Kopplung des Kinder- und Jugendpornographieverbotes an die Missbrauchstatbestände des § 182 StGB entschieden hat, sodass eine Tatbestandsmäßigkeit des geplanten § 184c StGB nicht immer erst dann angenommen werden kann, wenn ein sexueller Missbrauch Jugendlicher unter Ausnutzung einer Zwangslage oder sexuelle Handlungen gegen Entgelt (vgl. § 182 StGB) Gegenstand

Jugendpornographische Schriften § 184c StGB

der pornographischen Schrift ist. Insoweit wird es indes vornehmlich auf die Umstände des Einzelfalls ankommen.

3. Dargestellte „Personen unter 18 Jahren"

a) „Scheinvolljährige" Personen. In der Praxis problematisch können hinsichtlich der Bestimmung des Alters dargestellter oder geschilderter Personen zunächst Konstellationen sein, in denen der/die Darsteller/in zwar nach seinem äußeren Erscheinungsbild **volljährig „wirkt"** oder als „erwachsen" ausgegeben wird, tatsächlich aber noch nicht 18 Jahre alt ist (sog. „Scheinvolljährige"). Der BGH und die herrschende Rechtsliteratur gingen im Bezug auf das vormals nur im Bezug auf Kinder geltende Strafverbot davon aus, dass dargestellte Personen unter 14 Jahren auch dann stets tatbestandlich erfasst sind, wenn sie auf den objektiven Betrachter (oder auch den jeweiligen Täter) nach dem äußeren Erscheinungsbild älter wirken oder als älter ausgegeben werden (BGHSt 47, 55, 61 = NJW 2001, 3558, 3560 = NStZ 2001, 596, 598; MüKom-StGB/Hörnle Rn. 8. 8

Dies ergebe sich nicht nur aus dem Wortlaut der Verbotsvorschrift, sondern auch aus Sinn und Zweck der Strafnorm. Zwar diene das Verbot der Verbreitung pornographischer Schriften des § 184 StGB in erster Linie dem Jugendschutz. Bei der „harten" Pornographie, zu der insb. auch die Kinderpornographie zählt, habe der Gesetzgeber den Schutz indes verstärkt und den Schutzzweck erweitert. Bei der pädophilen Pornographie stehe namentlich der **Schutz der missbrauchten Kinder** im Vordergrund. Maßgeblich sei also auch der Individualrechtsgüterschutz, d.h. „der Schutz des Kindes davor, als Modell für die Herstellung derartiger Schriften missbraucht zu werden" (BGHSt 47, 55, 61 = NJW 2001, 3558, 3560 = NStZ 2001, 596, 598; siehe auch BGHSt 45, 41, 43; hiergegen König, Rn. 197 ff.). 9

Vor dem Hintergrund, dass ausweislich der Begründung des Gesetzentwurfs der Bundesregierung (BT-Drs. 16/3439, S. 7, 9) diese Schutzrichtung nicht geändert werden soll, ist davon auszugehen, dass auch nach der künftigen Erweiterung des Tatbestandes auf Personen unter 18 Jahren der **Grundsatz der objektiven Altersbestimmung** weiterhin Bestand haben wird. Dies bedeutet, dass im Falle tatsächlich minderjähriger Personen die Strafvorschrift des geplanten § 184b StGB auch dann Anwendung findet, wenn die Person gleichwohl nach dem äußeren Erscheinungsbild volljährig wirkt bzw. als erwachsene Person (durch den Medienanbieter) aufgrund falscher Altersangaben ausgegeben wird. 10

b) „Scheinjugendliche" Personen. aa) Tatbestandliche Erfassung. Für den umgekehrten Fall, dass eine volljährige dargestellte Person als minderjährig ausgegeben wird oder aufgrund ihres Äußeren oder anderer Umstände als Kind oder Jugendliche anmutet, ist **nicht auf das tatsächliche (objektiv gegebene) Alter** der dargestellten Person abzustellen. Denn für das vormals geltende Strafverbot der Kinderpornographie nach § 184b StGB nehmen der BGH und die Rechtsliteratur im Falle so genannter „Scheinkinder" (Schreibauer, 1999, S. 143 f.; König, Rn. 196) einhellig an, dass es „auf die Sicht eines objektiven Betrachters" in den Fällen ankommt, „wo die Person, die Gegenstand der Schrift ist, auf den Betrachter wie ein Kind wirkt, 11

StGB § 184c Strafgesetzbuch (StGB)

obwohl sie tatsächlich älter ist" (BGHSt 47, 55, 62 = NJW 2001, 3558, 3560 = NStZ 2001, 596, 598; BGH NStZ 2000, 305, 307). Das **BVerfG** hat zwischenzeitlich auch für den neugefassten Tatbetand der Jugendpornographie bestätigt, dass das Verbreiten pornographischer Filme, an denen „Scheinjugendliche" – also tatsächlich erwachsene Personen, die jedoch für einen **objektiven Betrachter minderjährig erscheinen** – mitwirken, unter den Straftatbestand nach § 184c StGB fällt (BVerfG MMR 2009, 178 f. m. Anm. Liesching).

12 Dass auch die Bundesregierung von dieser Auslegung im Rahmen der Neufassung des § 184b StGB für „Personen unter 18 Jahren" ausgegangen ist, liegt insb. deshalb nahe, weil die gesetzgeberische Erweiterung in Umsetzung des **Europarats-Rahmenbeschlusses** vom 22. 12. 2003 erfolgen sollte (vgl. Rn. 1). Nach Art. 1 b) ii) des Beschlusses werden aber ausdrücklich neben „Kindern" (im Sinne von Personen unter 18 Jahren) auch „echte Personen mit kindlichem Erscheinungsbild" erfasst. Daher ist auch bei der Fassung des § 184b StGB davon auszugehen, dass ggf. auch pornographische Darstellungen von einer volljährigen Person erfasst sein können, sofern diese nach ihrem **äußeren Erscheinungsbild** wie eine Person unter 18 Jahren wirkt.

13 **bb) Kriterien der Scheinjugendlichkeit.** Maßgeblich ist für die Praxis dabei im Weiteren allerdings, nach welchen Kriterien man die Bewertung einer solchen „Scheinminderjährigkeit" vornimmt. Hinsichtlich der Vorliegens tatbestandsmäßiger „scheinjugendlicher" Darsteller(innen) muss nach der Rspr. des BVerfG der **Beobachter eindeutig zu dem Schluss kommen**, dass jugendliche Darsteller beteiligt sind. Ein Strafbarkeitsrisiko sei damit nur dann gegeben, wenn und soweit in pornographischen Filmen auftretende Personen **ganz offensichtlich noch nicht volljährig** sind, etwa dann, wenn sie „(fast) noch kindlich wirken" und die Filme somit schon in die Nähe von Darstellungen geraten, die als (Schein-)Kinderpornographie unter den Straftatbestand des § 184b fallen (BVerfG MMR 2009, 178 f.). Die Beschränkung auf „eindeutige" oder „offensichtliche" Fälle beseitigt Ungewissheiten einer Strafverfolgung jedoch keinesfalls, solange völlig offen ist, was „eindeutig" ist. Die Forderung des BVerfG, dass „der Beobachter (...) eindeutig zu dem Schluss kommen" müsse, dass jugendliche Darsteller beteiligt sind, ist jedenfalls so lange eine **Fiktion**, bis dem „Beobachter" **rechtssichere Kriterien** an die Hand gegeben sind, mit denen er die Beurteilung der „Eindeutigkeit" einer jugendlichen Anmutung sicher vornehmen kann (vgl. Liesching, MMR 2009, 179 f.; s.a. ausführl. Liesching, JMS-Report 5/2008, 2 ff.).

14 Ein **objektivierter Maßstab** dessen, was das Gesamterscheinungsbild einer kindlichen oder jugendlichen Person begründet, lässt sich damit zum einen nur durch persönliche Merkmale und Attribute sowie sonstige gestalterische Mittel konkretisieren, die nach allgemeiner Lebenserfahrung Kindern und/oder Jugendlichen zuzuordnen sind. Zum anderen aber sind vor allem im Hinblick auf **körperliche Merkmale** auch bereits vorhandene medizinische Erkenntnisse über Entwicklungsstadien und Ausprägungen z. B. von Gesicht und/oder Geschlechtsmerkmalen zu berücksichtigen. Denn gerade hierdurch kann der Bewertungsmaßstab für die Scheinminderjährigkeit die

von der Rspr. und der Rechtsliteratur geforderte „Objektivierung" der Betrachterperspektive erfahren (vgl. ausführl. Altenhain/Liesching u.a., BPjM-aktuell 2/2009, 3, 9f.).

Bei der Bewertung ist des Weiteren davon auszugehen, dass Kriterien zur Bestimmung der Scheinminderjährigkeit auch eine **unterschiedliche Gewichtung** zufallen kann. Namentlich kommt zur Bestimmung des Erscheinungsbildes der dargestellten Person **körperlichen Merkmalen** wie Gesicht, Körperbau, Ausprägung der Geschlechtsmerkmale in der Regel eine größere Bedeutung zu als weiteren (Hilfs-)Kriterien wie jederzeit bei jeder Person **beliebig verwendbare Accessoires** (z. B. Zöpfe, Schuluniform etc.) oder gar die von der Person völlig gelöste Inszenierung oder Ausgestaltung (z. B. Kinderzimmer, Intonieren von Kinderliedern etc.). Insbesondere dann, wenn die körperlichen Kriterien deutlich für die Annahme einer erwachsenen Person sprechen, können außerhalb der Person liegende Umstände nicht zu Ungunsten des Täters rechtssicher zu einem gegenteiligen Votum der Scheinminderjährigkeit führen. Insoweit läge eine „Verdachtsstrafe" vor, die den allgemein im Strafrecht anerkannten Grundsatz „in dubio pro reo" missachten würde (vgl. Liesching, JMS-Report 5/2008, S. 2, 5). 15

Vielmehr ist davon auszugehen, dass nur für den Fall, wenn nach Bewertung der körperlichen Merkmale (insbesondere Gesicht, Körperbau) weiterhin begründete Zweifel über die Minderjährigkeit oder Volljährigkeit der dargestellten Person(en) bestehen, den weiteren gestalterischen Kriterien **maßgebliche Bedeutung** zukommt. Diese können dann den Gesamteindruck der Minderjährigkeit für den objektiven Betrachter bewirken. Auch insoweit werden aber diejenigen gestalterischen Mittel einen stärkeren Eindruck bei der Gesamtbewertung machen, welche der dargestellten Person gleichsam „unmittelbar anhaften" (z. B. Bezeichnung als „Kind", „Child", „jugendlich" etc., Zöpfe, Lutscher im Mund) als solche Ausgestaltungen, welche von der betreffenden dargestellten Person weiter losgelöst sind und sich etwa nur auf die Szenerie und das Umfeld beziehen (z. B. Kinderzimmer, Intonieren von Kinderliedern). 16

Insgesamt können daher die Kriterien für die Bestimmung von Scheinminderjährigkeit grundsätzlich nach ihrer **Bedeutung bzw. Gewichtung in drei Stufen** unterschieden werden: 17
(1) Vorrangig zu berücksichtigende **körperliche Merkmale** (z. B. Gesicht, Körperbau);
(2) **Gestalterische Merkmale mit Personenbezug** (z. B. Zöpfe, namentliche Bezeichnung als „Kind", „jugendlich", „Child" etc.), die insbesondere bei verbleibenden Zweifeln aufgrund körperlicher Merkmale (1.) zu prüfen sind;
(3) Gestalterische **Merkmale ohne unmittelbaren Personenbezug** (z. B. Inszenierung als Kinderzimmer, die insbesondere bei verbleibenden Zweifeln aufgrund körperlicher Merkmale (1.) und gestalterischer Merkmale mit Personenbezug (2.) zu prüfen sind (s. ausführlich zu den Kriterien des Scheinjugendlichkeit: Altenhain/Liesching u.a., BPjM-aktuell 2/2009, 3 ff.).

§ 184d Verbreitung pornographischer Darbietungen durch Rundfunk, Medien- oder Teledienste

¹Nach den §§ 184 bis 184c wird auch bestraft, wer eine pornographische Darbietung durch Rundfunk, Medien- oder Teledienste verbreitet. ²In den Fällen des § 184 Abs. 1 ist Satz 1 bei einer Verbreitung durch Medien- oder Teledienste nicht anzuwenden, wenn durch technische oder sonstige Vorkehrungen sichergestellt ist, dass die pornographische Darbietung Personen unter achtzehn Jahren nicht zugänglich ist.

Schrifttum: *Altenhain/Heitkamp,* Altersverifikation mittels des elektronischen Personalausweises, K&R 2009, 619; *Berger,* Jugendschutz im Internet: „Geschlossene Benutzergruppen" nach § 4 Abs. 2 Satz 2 JMStV, MMR 2003, 773; *Döring/Günter,* Jugendmedienschutz – Alterskontrollierte Geschlossene Benutzergruppen im Internet gemäß § 4 Abs. 2 S. 2 JMStV, MMR 2004, 231 ff.; *Erdemir,* Jugendschutzprogramme und geschlossene Benutzergruppen, CR 2005, 275; *Günter/Schindler,* Technische Möglichkeiten des Jugendschutzes im Internet, RdJB 2006, 341; *Liesching,* „Sicherstellung" des Erwachsenenzugangs bei pornographischen und sonst jugendgefährdenden Medien, MMR 2008, 802; *ders.*; Anforderungen an Altersverifikationssysteme, K&R 2006, 494; *Vassilaki,* Strafrechtliche Anforderungen an Altersverifikationssysteme, K&R 2006, 211.

I. Allgemeines

1 Die Vorschrift ist mit dem SexualdelÄndG v. 27. 12. 2003 (BGBl. I S. 3007) mit Wirkung vom 1. 4. 2004 an die Stelle des vormals nur für Rundfunkdarbietungen geregelten § 184 Abs. 2 a. F. getreten und stellt klar, dass eine Verbreitung durch Tele- und Mediendienste der Verbreitung durch Rundfunk gleichsteht (BT-Drs. 15/350 S. 21).

II. Live-Darbietungen im Rundfunk und in Telemedien (Satz 1)

2 In Abs. 2 wird das Verbreiten gewaltdarstellerischer Darbietungen durch Rundfunk sowie Medien- und Teledienste strafbar gestellt. Die Norm erfasst nur **Live-Darbietungen** in Fernsehen und Hörfunk sowie in Telemedien wie insb. Internet-Live-Streams, da Aufzeichnungen von Sendungen oder bereits gespeicherte Filme dem Schriftenbegriff des § 11 Abs. 3 (vgl. dort Rn. 1 f.) unterfallen und damit bereits § 131 Abs. 1 tatbestandsmäßig ist (vgl. BT-Drs. VI/3521, S. 8; BVerwG NJW 2002, 2966, 2967 f.; a. A. VG Hamburg, JMS-Report 2/2001, S. 1 ff.). Die Ausstrahlung von pornographischen Inhalten im Rundfunk sowie die Verbreitung entsprechender Telemedien stellen darüber hinaus nach den **Jugendschutztatbeständen** §§ 4 Abs. 2 Nr. 1, 24 Abs. 1 Nr. 2 JMStV bei nicht hinreichender Sicherstellung des ausschließlichen Erwachsenenzugangs (auch bei fahrlässigem Handeln) Ordnungswidrigkeiten dar, die mit einer Geldbuße von bis zu 500.000 € geahndet werden können.

Pornographischer Darbietungen § 184d StGB

III. Sicherstellung der Unzugänglichkeit für Minderjährige

Die Vorschrift regelt als Tatbestandsausschlussgrund die Sicherstellung des ausschließlichen Erwachsenenzugangs. Trotz der gegenüber § 4 Abs. 2 S. 2 JMStV abweichenden Formulierung sind die für geschlossene Benutzergruppen bzw. entsprechende Zugangssysteme nach dem JMStV entwickelten Anforderungen ebenso in § 184d S. 2 zugrunde zu legen (vgl. ausführl. § 4 JMStV Rn. 63 ff.). 3

Die Grundlagen hierzu hat namentlich der **Bundesgerichtshof** durch Urteil vom 18. 10. 2007 BGH NJW 2008, 1882 ff. m. Anm. Engels/Jürgens = MMR 2008, 400 ff. m. Anm. Liesching und Anm. Waldenberger) unter weitgehender Bestätigung der bereits zuvor ergangenen obergerichtlichen Rspr. (vgl. KG MMR 2004, 478 ff. m. Anm. Liesching; OLG Düsseldorf MMR 2005, 409 f. m. Anm. Erdemir; OLG Düsseldorf, MMR 2005, 611 ff. m. Anm. Liesching; OLG Nürnberg MMR 2005, 464 f. m. Anm. Liesching) gelegt. Danach genügt es den jugendschutzrechtlichen Anforderungen nicht, wenn pornographische Internet-Angebote den Nutzern nach der Eingabe einer **Personal- oder Reisepassnummer** zugänglich gemacht werden. Auch wenn zusätzlich eine **Kontobewegung** im Rahmen der Identifizierung erforderlich ist oder eine Postleitzahl abgefragt wird, genüge ein solches System den gesetzlichen Anforderungen nicht (s. ausführl. § 4 JMStV Rn. 63 ff.). 4

IV. Staatsvertrag für Rundfunk und Telemedien (Rundfunkstaatsvertrag – RStV –)

vom 31. August 1991
zuletzt geändert durch Art. 1 Dreizehnter RÄndStV, 30. 10. 2009 (Bayern: Bek. v. 15. 03. 2010, GVBl S. 145).

§ 1 Anwendungsbereich

(1) Dieser Staatsvertrag gilt für die Veranstaltung und Verbreitung von Rundfunk in Deutschland in einem dualen Rundfunksystem; für Telemedien gelten nur der IV. bis VI. Abschnitt sowie § 20 Abs. 2.

(2) Soweit dieser Staatsvertrag keine anderweitigen Regelungen für die Veranstaltung und Verbreitung von Rundfunk enthält oder solche Regelungen zuläßt, sind die für die jeweilige Rundfunkanstalt oder den jeweiligen privaten Veranstalter geltenden landesrechtlichen Vorschriften anzuwenden.

(3) [1] Für Fernsehveranstalter, sofern sie nicht bereits auf Grund der Niederlassung deutscher Rechtshoheit unterliegen, gelten dieser Staatsvertrag und die landesrechtlichen Vorschriften auch, wenn eine in Deutschland gelegene Satelliten-Bodenstation für die Aufwärtsstrecke genutzt wird. [2] Ohne eine Satelliten-Bodenstation für die Aufwärtsstrecke in einem Staat innerhalb des Geltungsbereichs der Richtlinie 89/552/EWG des Rates vom 3. Oktober 1989 zur Koordinierung bestimmter Rechts- und Verwaltungsvorschriften der Mitgliedstaaten über die Ausübung der Fernsehtätigkeit (ABl. L 298 vom 17. Oktober 1989, S. 23), zuletzt geändert durch Richtlinie 2007/65/EG des Europäischen Parlaments und des Rates vom 11. Dezember 2007 zur Änderung der Richtlinie 89/552/EWG des Rates zur Koordinierung bestimmter Rechts- und Verwaltungsvorschriften der Mitgliedstaaten über die Ausübung der Fernsehtätigkeit (ABl. L 332 vom 18. Dezember 2007, S. 27) – Richtlinie 89/552/EWG – ist deutsches Recht auch anwendbar bei der Nutzung einer Deutschland zugewiesenen Satelliten-Übertragungskapazität. [3] Dies gilt nicht für Angebote, die
1. ausschließlich zum Empfang in Drittländern bestimmt sind und
2. nicht unmittelbar oder mittelbar von der Allgemeinheit mit handelsüblichen Verbraucherendgeräten in einem Staat innerhalb des Geltungsbereichs der Richtlinie 89/552/EWG empfangen werden.

(4) Die Bestimmungen des I. und III. Abschnitts dieses Staatsvertrages gelten für Teleshoppingkanäle nur, sofern dies ausdrücklich bestimmt ist.

§ 2 Begriffsbestimmungen

(1) [1] Rundfunk ist ein linearer Informations- und Kommunikationsdienst; er ist die für die Allgemeinheit und zum zeitgleichen Empfang

bestimmte Veranstaltung und Verbreitung von Angeboten in Bewegtbild oder Ton entlang eines Sendeplans unter Benutzung elektromagnetischer Schwingungen. ²Der Begriff schließt Angebote ein, die verschlüsselt verbreitet werden oder gegen besonderes Entgelt empfangbar sind. ³Telemedien sind alle elektronischen Informations- und Kommunikationsdienste, soweit sie nicht Telekommunikationsdienste nach § 3 Nr. 24 des Telekommunikationsgesetzes sind, die ganz in der Übertragung von Signalen über Telekommunikationsnetze bestehen oder telekommunikationsgestützte Dienste nach § 3 Nr. 25 des Telekommunikationsgesetzes oder Rundfunk nach Satz 1 und 2 sind.

(2) Im Sinne dieses Staatsvertrages ist

1. Rundfunkprogramm eine nach einem Sendeplan zeitlich geordnete Folge von Inhalten,
2. Sendung ein inhaltlich zusammenhängender, geschlossener, zeitlich begrenzter Teil eines Rundfunkprogramms,
3. Vollprogramm ein Rundfunkprogramm mit vielfältigen Inhalten, in welchem Information, Bildung, Beratung und Unterhaltung einen wesentlichen Teil des Gesamtprogramms bilden,
4. Spartenprogramm ein Rundfunkprogramm mit im wesentlichen gleichartigen Inhalten,
5. Satellitenfensterprogramm ein zeitlich begrenztes Rundfunkprogramm mit bundesweiter Verbreitung im Rahmen eines weiterreichenden Programms (Hauptprogramm),
6. Regionalfensterprogramm ein zeitlich und räumlich begrenztes Rundfunkprogramm mit im wesentlichen regionalen Inhalten im Rahmen eines Hauptprogramms,
7. Werbung jede Äußerung bei der Ausübung eines Handels, Gewerbes, Handwerks oder freien Berufs, die im Rundfunk von einem öffentlich-rechtlichen oder einem privaten Veranstalter oder einer natürlichen Person entweder gegen Entgelt oder eine ähnliche Gegenleistung oder als Eigenwerbung gesendet wird, mit dem Ziel, den Absatz von Waren oder die Erbringung von Dienstleistungen, einschließlich unbeweglicher Sachen, Rechte und Verpflichtungen, gegen Entgelt zu fördern. § 7 Absatz 9 bleibt unberührt,
8. Schleichwerbung die Erwähnung oder Darstellung von Waren, Dienstleistungen, Namen, Marken oder Tätigkeiten eines Herstellers von Waren oder eines Erbringers von Dienstleistungen in Sendungen, wenn sie vom Veranstalter absichtlich zu Werbezwecken vorgesehen ist und mangels Kennzeichnung die Allgemeinheit hinsichtlich des eigentlichen Zweckes dieser Erwähnung oder Darstellung irreführen kann. Eine Erwähnung oder Darstellung gilt insbesondere dann als zu Werbezwecken beabsichtigt, wenn sie gegen Entgelt oder eine ähnliche Gegenleistung erfolgt,
9. Sponsoring jeder Beitrag einer natürlichen oder juristischen Person oder einer Personenvereinigung, die an Rundfunktätigkeiten

Begriffsbestimmungen § 2 RStV

oder an der Produktion audiovisueller Werke nicht beteiligt ist, zur direkten oder indirekten Finanzierung einer Sendung, um den Namen, die Marke, das Erscheinungsbild der Person oder Personenvereinigung, ihre Tätigkeit oder ihre Leistungen zu fördern,

10. Teleshopping die Sendung direkter Angebote an die Öffentlichkeit für den Absatz von Waren oder die Erbringung von Dienstleistungen, einschließlich unbeweglicher Sachen, Rechte und Verpflichtungen, gegen Entgelt in Form von Teleshoppingkanälen, -fenstern und -spots,

11. Produktplatzierung die gekennzeichnete Erwähnung oder Darstellung von Waren, Dienstleistungen, Namen, Marken, Tätigkeiten eines Herstellers von Waren oder eines Erbringers von Dienstleistungen in Sendungen gegen Entgelt oder eine ähnliche Gegenleistung mit dem Ziel der Absatzförderung. Die kostenlose Bereitstellung von Waren oder Dienstleistungen ist Produktplatzierung, sofern die betreffende Ware oder Dienstleistung von bedeutendem Wert ist,

12. Programmbouquet die Bündelung von Programmen und Diensten, die in digitaler Technik unter einem elektronischen Programmführer verbreitet werden,

13. Anbieter einer Plattform, wer auf digitalen Übertragungskapazitäten oder digitalen Datenströmen Rundfunk und vergleichbare Telemedien (Telemedien, die an die Allgemeinheit gerichtet sind) auch von Dritten mit dem Ziel zusammenfasst, diese Angebote als Gesamtangebot zugänglich zu machen oder wer über die Auswahl für die Zusammenfassung entscheidet; Plattformanbieter ist nicht, wer Rundfunk oder vergleichbare Telemedien ausschließlich vermarktet,

14. Rundfunkveranstalter, wer ein Rundfunkprogramm unter eigener inhaltlicher Verantwortung anbietet,

15. unter Information insbesondere Folgendes zu verstehen: Nachrichten und Zeitgeschehen, politische Information, Wirtschaft, Auslandsberichte, Religiöses, Sport, Regionales, Gesellschaftliches, Service und Zeitgeschichtliches,

16. unter Bildung insbesondere Folgendes zu verstehen: Wissenschaft und Technik, Alltag und Ratgeber, Theologie und Ethik, Tiere und Natur, Gesellschaft, Kinder und Jugend, Erziehung, Geschichte und andere Länder,

17. unter Kultur insbesondere Folgendes zu verstehen: Bühnenstücke, Musik, Fernsehspiele, Fernsehfilme und Hörspiele, bildende Kunst, Architektur, Philosophie und Religion, Literatur und Kino,

18. unter Unterhaltung insbesondere Folgendes zu verstehen: Kabarett und Comedy, Filme, Serien, Shows, Talk-Shows, Spiele, Musik,

19. unter sendungsbezogenen Telemedien zu verstehen: Angebote, die der Aufbereitung von Inhalten aus einer konkreten Sendung

einschließlich Hintergrundinformationen dienen soweit auf für die jeweilige Sendung genutzte Materialien und Quellen zurückgegriffen wird und diese Angebote thematisch und inhaltlich die Sendung unterstützend vertiefen und begleiten, ohne jedoch bereits ein eigenständiges neues oder verändertes Angebot nach § 11f Abs. 3 darzustellen,

20. ein presseähnliches Angebot nicht nur elektronische Ausgaben von Printmedien, sondern alle journalistisch-redaktionell gestalteten Angebote, die nach Gestaltung und Inhalt Zeitungen oder Zeitschriften entsprechen.

(3) **Kein Rundfunk sind Angebote, die**

1. jedenfalls weniger als 500 potenziellen Nutzern zum zeitgleichen Empfang angeboten werden,
2. zur unmittelbaren Wiedergabe aus Speichern von Empfangsgeräten bestimmt sind,
3. ausschließlich persönlichen oder familiären Zwecken dienen,
4. nicht journalistisch-redaktionell gestaltet sind oder
5. aus Sendungen bestehen, die jeweils gegen Einzelentgelt freigeschaltet werden.

§ 3 Allgemeine Grundsätze

(1) ¹Die in der Arbeitsgemeinschaft der öffentlichrechtlichen Rundfunkanstalten der Bundesrepublik Deutschland (ARD) zusammengeschlossenen Landesrundfunkanstalten, das Zweite Deutsche Fernsehen (ZDF), das Deutschlandradio und alle Veranstalter bundesweit verbreiteter Rundfunkprogramme haben in ihren Angeboten die Würde des Menschen zu achten und zu schützen; die sittlichen und religiösen Überzeugungen der Bevölkerung sind zu achten. ²Die Angebote sollen dazu beitragen, die Achtung vor Leben, Freiheit und körperlicher Unversehrtheit, vor Glauben und Meinungen anderer zu stärken. ³Weitergehende landesrechtliche Anforderungen an die Gestaltung der Angebote sowie § 41 dieses Staatsvertrages bleiben unberührt.

(2) **Die Veranstalter nach Absatz 1 Satz 1 sollen über ihr bereits bestehendes Engagement hinaus im Rahmen ihrer technischen und finanziellen Möglichkeiten barrierefreie Angebote vermehrt aufnehmen.**

Schrifttum: *Bosman*, Rundfunkfreiheit und Programmgrundsätze, 1985; *ders.*, Programmgrundsätze für den privaten Rundfunk, ZUM 1989, 6; Cromme, Die Programmüberwachung des Rundfunkrates, NJW 1985, 351; *Dörr*, Big Brother und die Menschenwürde, Studien zum deutschen und europäischen Medienrecht, Bd. 4, 2000; *ders./Cole*, „Big Brother" – oder: Menschenwürde als Grenze der Programmfreiheit, K&R 2000, 369; *Di Fabio*, Der Schutz der Menschenwürde durch Allgemeine Programmgrundsätze, in: BLM-Schriftenreihe, Band 60, 1999; *Heller/Goldbeck*, Mohammed zu Gast in Popetown, ZUM 2007, 628; *Laschet*, Programmgrundsätze für den kommerziellen Rundfunk: Untersuchung der Landesmediengesetze und Rundfunkstaatsverträge anhand von Art. 5 Abs. 1 Satz 2 GG und seiner Schranken, 1994; *Rode-*

Allgemeine Grundsätze **§ 3 RStV**

wald, Durchsetzung von Programmbindungen und Programmgrundsätzen gegenüber Privatrundfunkveranstaltern, 1996.

I. Allgemeines

1. Funktion der Programmgrundsätze

Den in durch 12. RfÄndStV v. 18. 12. 2008 mit Wirkung vom 1. 6. 2009 **1** neu gefassten § 3 formulierten Programmgrundsätzen kommt gleichsam eine positive und eine negative Funktion zu. Die positive Funktion der Programmgrundsätze liegt in der Festlegung und Konkretisierung der **idealtypischen Gestaltung** von Rundfunkinhalten im Rahmen der Berichterstattung im Sinne des Art. 5 Abs. 1 S. 2 GG. Negativ ergeben sich hieraus zugleich – wenn auch vage – Grenzen der **Programmgestaltungsbefugnis**, die von den Veranstaltern nicht überschritten werden dürfen (vgl. Bosman, Rundfunkfreiheit und Programmgrundsätze, Frankfurt a.M. 1985, S. 10 ff.; ders., ZUM 1989, 6, 7; Di Fabio in: Schriftenreihe des BLM Band 60, S. 67 ff.; ferner BVerfGE 12, 205, 263; 57, 295, 325; 73, 118, 153).

2. Sanktionen bei Missachtung der Programmgrundsätze

Dass die Programmgrundsätze lediglich allgemeine, unbestimmte Richt- **2** werte darstellen, die bei der Gestaltung des Programms zwar zu berücksichtigen, wegen ihrer Wandel- und Unwägbarkeit aber kaum praktikabel sind (a. A. wohl Ring, ZUM 2000, 177, 179, der in den Programmgrundsätzen ein „händelbares Instrumentarium" erblickt), wird zunächst daran deutlich, dass ein Verstoß gegen § 3 sowie im Übrigen auch gegen 41 RStV im **Ordnungswidrigkeitenkatalog** des § 49 RStV nicht aufgeführt wird. Darüber hinaus wird in der Amtlichen Begründung klargestellt, dass mit der Festlegung eines gemeinsamen Grundstandards durch die Programmgrundsätze keine materielle Änderung der bisherigen Bestimmungen verbunden ist (Bayer. LT-Drs. 14/1832, S. 20). Gleichwohl können die aufsichtführenden Landesmedienanstalten auch bei Nichtbeachtung der Programmgrundsätze Maßnahmen wie etwa in Form von **Beanstandungen** gegen den privaten Veranstalter ergreifen, § 38 RStV (vgl. zur Beanstandung wegen Programmgrundsätzen etwa VG Hannover AfP 1996, 205 f.).

II. Programmgrundsätze im Einzelnen

1. Achtung der Menschenwürde

Eine Sondersituation besteht freilich bei dem Gebot der Achtung der Men- **3** schenwürde nach Satz 1 1. Hs., das in dem Unzulässigkeitstatbestand des § 4 Abs. 1 Nr. 8 JMStV (dort Rn. 17 ff.), namentlich dem Verstoß der Menschenwürde, ein gemäß § 24 Abs. 1 Nr. 1 h) JMStV bußgeldbewehrtes Pendant findet (zu den inhaltlichen Anforderungen an das Vorliegen einer Verletzung der Menschenwürde vgl. § 4 JMStV Rn. 17 ff., ferner § 1 JMStV Rn. 17 ff.).

2. Achtung religiöser Überzeugungen

4 Das in Satz 1 2. Hs. statuierte Gebot, die religiösen Überzeugungen der Bevölkerung zu achten, ist über das Strafrecht sanktionierbar, wenn der **Tatbestand des § 166 StGB** (vgl. dort Rn. 1 ff.) erfüllt ist. Nach dessen Abs. 1 wird bestraft, wer öffentlich oder durch Verbreiten von Schriften den Inhalt des religiösen und weltanschaulichen Bekenntnisses anderer in einer Weise beschimpft, die geeignet ist, den öffentlichen Frieden zu stören. Abs. 2 erweitert den Tatbestand auf das Beschimpfen kirchlicher oder sonst. religiöser Vereinigungen sowie deren Einrichtungen und Gebräuche (vgl. § 166 StGB Rn. 4 f.). Hinreichend hierfür ist nicht schon das – auch satirische – Verspotten oder **Lächerlichmachen** ohne aggressiven Charakter, ebensowenig die Ablehnung, Negierung oder **scharfe Kritik** religiöser oder weltanschaulicher Inhalte (OLG Celle NJW 1986, 1272; vgl. zu der im Runfunk ausgestrahlten Papstsatire „Popetown": LG München ZUM 2006, 578 m. Anm. Liesching; siehe auch Heller/Goldbeck, ZUM 2007, 628 ff.). Gleichwohl kann gerade bei solchen Fällen ein Verstoß gegen den Programmgrundsatz der Achtung religiöser Überzeugungen nach § 3 S. 3 und § 41 Abs. 1 S. 2 RStV gegeben sein (ebenso wohl Hartstein u.a., § 41 Rn. 7, die einen Verstoß gegen das Achtungsgebot etwa in der **Verunglimpfung, Diffamierung** oder der unsachlichen Herabwürdigung der in Rede stehenden Überzeugungen erblicken).

3. Achtung sittlicher Überzeugungen

5 Kaum fassbar ist der Begriff der „sittlichen Überzeugungen der Bevölkerung". Soweit Bosman hierunter begriffsinhaltlich diejenigen Überzeugungen versteht, „die ein Verhalten fordern, das sich grundsätzlich an allgemein akzeptierten und auch tatsächlich befolgten **Normen sozialen Miteinanders** orientiert", kann der ebenfalls von Bosman geübten Kritik an dieser Definition nur gefolgt werden (vgl. Bosman, ZUM 1989, 6, 11). Schon die Einschränkung der Rundfunkfreiheit über einen allgemeinen, wandelbaren und von **grundgesetzlich verankerten Werten** gelösten Sittlichkeitsmaßstab der Gesellschaft muss verfassungsrechtliche Bedenken hervorrufen (vgl. Bosman, ZUM 1989, 6, 8; Frotscher, S. 32 f.; anders aber Di Fabio, S. 69 f.), und lässt die Programmgrundsätze zumindest insoweit als bloße allgemeine, wohl nicht in die Praxis der Medienaufsicht einzubindende Richtwerte erscheinen.

4. Stärkung der Achtung vor Leben, Freiheit u.a.

6 Nach Abs. 1 S. 2 sollen Angebote dazu beitragen, die Achtung vor Leben, Freiheit und körperlicher Unversehrtheit, vor Glauben und Meinungen anderer zu stärken. Insoweit bestehen weitgehende Überschneidungen mit dem Gebot der Achtung der Menschenwürde (s.o. Rn. 3; ebenso H/V/ Hahn/Witte, Rn. 24). Daneben findet in dem Programmgrundsatz indes auch das allgemeine und insb. über Art. 3 GG gewährleistete **Toleranzgebot** Ausdruck. Im Übrigen sind durch die Ausrichtung auf die Achtung des Lebens auch die Pflanzen- und Tierwelt mitumfasst.

§ 8 Sponsoring

(1) ¹Bei Sendungen, die ganz oder teilweise gesponsert werden, muss zu Beginn oder am Ende auf die Finanzierung durch den Sponsor in vertretbarer Kürze und in angemessener Weise deutlich hingewiesen werden; der Hinweis ist in diesem Rahmen auch durch Bewegtbild möglich. ²Neben oder anstelle des Namens des Sponsors kann auch dessen Firmenemblem oder eine Marke, ein anderes Symbol des Sponsors, ein Hinweis auf seine Produkte oder Dienstleistungen oder ein entsprechendes unterscheidungskräftiges Zeichen eingeblendet werden.

(2) Inhalt und Programmplatz einer gesponserten Sendung dürfen vom Sponsor nicht in der Weise beeinflusst werden, dass die redaktionelle Verantwortung und Unabhängigkeit des Rundfunkveranstalters beeinträchtigt werden.

(3) Gesponserte Sendungen dürfen nicht zum Verkauf, zum Kauf oder zur Miete oder Pacht von Erzeugnissen oder Dienstleistungen des Sponsors oder eines Dritten, vor allem durch entsprechende besondere Hinweise, anregen.

(4) Sendungen dürfen nicht von Unternehmen gesponsert werden, deren Haupttätigkeit die Herstellung oder der Verkauf von Zigaretten und anderen Tabakerzeugnissen ist.

(5) Beim Sponsoring von Sendungen durch Unternehmen, deren Tätigkeit die Herstellung oder den Verkauf von Arzneimitteln und medizinischen Behandlungen umfasst, darf für den Namen oder das Image des Unternehmens gesponsert werden, nicht jedoch für bestimmte Arzneimittel oder medizinische Behandlungen, die nur auf ärztliche Verordnung erhältlich sind.

(6) ¹Nachrichtensendungen und Sendungen zur politischen Information dürfen nicht gesponsert werden. ²In Kindersendungen und Sendungen religiösen Inhalts ist das Zeigen von Sponsorenlogos untersagt.

(7) Die Absätze 1 bis 6 gelten auch für Teleshoppingkanäle.

(8) § 7 Absatz 1, 3 und Absatz 8 bis 10 gelten entsprechend.

§ 8a Gewinnspiele

(1) ¹Gewinnspielsendungen und Gewinnspiele sind zulässig. ²Sie unterliegen dem Gebot der Transparenz und des Teilnehmerschutzes. ³Sie dürfen nicht irreführen und den Interessen der Teilnehmer nicht schaden. ⁴Insbesondere ist im Programm über die Kosten der Teilnahme, die Teilnahmeberechtigung, die Spielgestaltung sowie über die Auflösung der gestellten Aufgabe zu informieren. ⁵Die Belange des Jugendschutzes sind zu wahren. ⁶Für die Teilnahme darf nur ein Entgelt bis zu 0,50 Euro verlangt werden; § 13 Abs. 1 Satz 3 bleibt unberührt.

(2) **Der Veranstalter hat der für die Aufsicht zuständigen Stelle auf Verlangen alle Unterlagen vorzulegen und Auskünfte zu erteilen, die zur Überprüfung der ordnungsgemäßen Durchführung der Gewinnspielsendungen und Gewinnspiele erforderlich sind.**
(3) **Die Absätze 1 und 2 gelten auch für Teleshoppingkanäle.**

Schrifttum: *Bolay,* Mehrwertgebührenpflichtige Gewinnspiele, 2008, S. 17 ff.; *ders.,* Glücksspiel, Glücksspiel oder doch Gewinnspiel? - Einheitlichkeit zwischen straf- und glücksspielstaatsvertraglichem Gewinnspielbegriff; MMR 2009, 669, 670 ff.; *Goldhammer/Lessig,* Call Media – Mehrwertdienste in TV und Hörfunk (BLM-Schriftenreihe Band 79), 2005; *Hambach/Münstermann,* 50-Cent-Gewinnspiele: Im TV erlaubt, im Internet verboten?, K&R 2009, 457; *Huesken,* Das Verhältnis zwischen glücksspielstaatsvertraglichem Glücksspielbegriff gemäß § 3 Abs. 1 GlüStV und rundfunkstaatsvertraglichem Gewinnspielbegriff gemäß § 8a Abs. 1 RStV – Echte Konkurrenz oder kollisionsloser Gleichlauf?, ZfWG 2009, 153; *Liesching,* Gewinnspiele im Rundfunk und in Telemedien – Straf- und jugendschutzrechtliche Anforderungen, Gutachten im Auftrag der KJM, 2008; *ders.,* Jugendschutzrechtliche Anforderungen an Gewinnspiele im Rundfunk und in Telemedien, KJM-Schriftenreihe Band 1, 2009, 203; ders., 50 Cent-Games im Internet und im Rundfunk – Straf- und ordnungswidrige Glücksspiele oder zulässige Mediengewinnspiele?, ZfWG 2009, 320; Lober/Neumüller, Verkehrte Gewinnspielwelt? – Zulässigkeit von Geschicklichkeits- und Glücksspielen in Internet und Rundfunk, MMR 2010, 295.

Übersicht

Rn.

I. Allgemeines 1
   1. Bedeutung von Gewinnspielen in Medien 1
   2. Bedeutung für den Jugendschutz 2
   3. Normhistorie 3
II. Sachlicher Anwendungsbereich des § 8a RStV 4
   1. Rundfunk und vergleichbare Telemedien 4
   2. „Gewinnspielsendungen und Gewinnspiele" 6
   3. „Wahrung der Belange des Jugendschutzes" 8
   4. Gewinnspielsatzung der Landesmedienanstalten 14
     a) Anwendungsbereich der Gewinnspielsatzung 14
     b) Jugendschutzregelungen des § 3 GWS 15
     c) Sonstige GWS-Jugendschutzregelungen 23

I. Allgemeines

1. Bedeutung von Gewinnspielen in Medien

1   Gewinnspiele in den neuen Medien haben vor allem aufgrund der verbreiteten Nutzung von Mehrwertdiensten an erheblicher praktischer Bedeutung gewonnen. In zahllosen unterschiedlichen Varianten, Spielbedingungen und Teilnahmemodalitäten werden Spiele mit Gewinnmöglichkeit im Fernsehen und im Hörfunk sowie im Internet angeboten. Wegen der weitgehend anonymen Teilnahmemöglichkeiten über **Mehrwertdienste-Rufnummern**, „Premium"-SMS oder die Internet-Kommunikation ergeben sich dabei Problemstellungen im Hinblick auf die **Beachtung jugendschutzrechtlicher Vorgaben**. Insoweit erschwert eine insgesamt komplexe und unüber-

Gewinnspiele § 8a RStV

sichtliche Rechtslage im Bereich des Glücks- und Gewinnspielrechts – auch und gerade im Kontext des Jugendschutzes – einen rechtssicheren Umgang mit dem Phänomen der verbreiteten Gewinnspiele in Medien.

2. Bedeutung für den Jugendschutz

Im Hinblick auf den Jugendschutz zentral ist vor allem die materiell-rechtli- 2 che Vorschrift des § 8a RStV, nach dessen Abs. 1 S. 5 bei Gewinnspielsendungen und Gewinnspielen die „Belange des Jugendschutzes (...) zu wahren" sind. Von erheblicher Bedeutung ist darüber hinaus die rundfunkrechtliche Ermächtigung zum Erlass konkretisierender Satzungen nach § 46 RStV. Aus der „Satzung der Landesmedienanstalten über Gewinnspielsendungen und Gewinnspiele" (**Gewinnspielsatzung**), welche auf der Grundlage der Ermächtigungsnormen verabschiedet worden ist, ergeben sich weitere Konkretisierungen im Hinblick auf die Einhaltung des Jugendschutzes (vgl. aber zur eingeschränkten Rechtskonformität: VGH München ZUM-RD 2010, 102, insb. 112 ff.).

3. Normhistorie

Die Regierungen der Bundesländer haben sich im vergangenen Jahr auf 3 Novellierungen durch einen 10. RfÄndStV verständigt, in dem auch Neuregelungen zu Gewinnspielsendungen und Gewinnspielen im Rundfunk und in Telemedien enthalten waren. Nach Zustimmung aller Länderparlamente ist der 10. RfÄndStV am 1. 09. 2008 in Kraft getreten (10. RfÄndStV v. 19. 12. 2007; Abs. 3 angef. durch 12. RfÄndStV v. 18. 12. 2008 mit Wirkung vom 1. 6. 2009). Die Norm wird als hinreichend bestimmt und grds. verfassungskonform angesehen (VGH München ZUM-RD 2010, 102 ff.).

II. Sachlicher Anwendungsbereich des § 8a RStV

1. Rundfunk und vergleichbare Telemedien

Die Vorschrift des § 8a RStV ist im 1. Abschnitt des RStV über „Allge- 4 meine Vorschriften" geregelt. Aufgrund der Regelung des Anwendungsbereichs in § 1 Abs. 1 RStV gilt § 8a RStV mithin zunächst für die Veranstaltung und Verbreitung von Rundfunk in Deutschland in einem dualen Rundfunksystem. Für Telemedien gelten demgegenüber nur der 4. bis 6. Abschnitt sowie § 20 Abs. 2 RStV, vgl. § 1 Abs. 1 2. Hs. RStV. Erfasst werden also Angebote von Gewinnspielsendungen und Gewinnspielen im **öffentlich-rechtlichen sowie im privaten Rundfunk** (vgl. auch die diesbezüglichen Regelungen des § 16a S. 1 und 3 RStV für den öffentlich-rechtlichen Rundfunk sowie des § 46 Abs. 1 S. 1 RStV für den privaten Rundfunk).

Gemäß § 58 Abs. 4 RStV gilt § 8a RStV darüber hinaus auch „für Gewinn- 5 spiele in **vergleichbaren Telemedien**" entsprechend. Gemeint sind hiermit Telemedien, die an die Allgemeinheit gerichtet sind. Damit werden alle praktisch relevanten Fälle von Gewinnspielen in Telemedien erfasst (insb. **Internetangebote**). Sofern Gewinnspiele im Internet eine Teilnahmeentgeltgrenze bis **50 Cent** vorsehen, sind sie keine Glücksspiele i. S. d. § 3 Abs. 1 GlüSt, sondern grds. zulässig (ausführl. z. B. Bolay, MMR 2009, 669, 670 ff.; Hambach/Münstermann, K&R 2009, 457, 461; Liesching, ZfWG 2009, 319, 320 f.; Lober/Neumüller, MMR 2010, 295 ff.; Reeckmann, ZfWG 2008, 296, 297).

2. „Gewinnspielsendungen und Gewinnspiele"

6 § 8a RStV bezieht sich nach seinem Wortlaut auf „Gewinnspielsendungen und Gewinnspiele". Beide Begriffe werden von den Landesgesetzgebern indes nicht legal definiert. Auch in den Gesetzesmaterialien finden sich keine Konkretisierungen oder sonstigen Hinweise (vgl. insb. Bayer. LT-Drs. 15/ 9667, S. 15). Insoweit ist davon auszugehen, dass die terminologische Differenzierung lediglich klarstellen soll, dass sowohl Sendungen erfasst werden, welche thematisch überwiegend auf die **Veranstaltung von Gewinnspielen** gerichtet sind (z. B. Gewinnspiele des Privatsenders „9Live") als auch solche Angebote, die vorwiegend andere Inhalte zum Gegenstand haben (vgl. auch § 2 Nr. 2 GWS), im Rahmen derer aber **zusätzlich ein Gewinnspiel** veranstaltet wird (z. B. Zuschauerpreisfrage am Rande einer Sportübertragung, s.a. § 2 Nr. 1 GWS). Die Unterscheidung zwischen Gewinnspielsendung und Gewinnspiel wird freilich dann praktisch bedeutsam, wenn an sie – insb. durch die Gewinnspielsatzung der Landesmedienanstalten – unterschiedliche materielle Anforderungen gestellt werden (vgl. insb. § 3 Abs. 1 GWS).

7 Zusammenfassend kann indes als Gewinnspielsendung und/oder Gewinnspiel im Sinne des § 8a RStV jedes Angebot im Rundfunk verstanden werden, das den Zuschauern bzw. den Nutzern insgesamt oder einem durch definierte Merkmale begrenzten **Personenkreis offeriert**, im Falle der aktiven, entgeltlichen oder unentgeltlichen **Beteiligung** an dem Angebot (Teilnahme) die **Chance** auf den Erhalt eines Vermögenswertes, insb. in Form von **Geld, Waren oder Dienstleistungen** zu erlangen, wobei unerheblich ist, ob der in Aussicht gestellte Gewinneintritt vom Zufall oder vom Geschick, von Fähigkeiten oder Sonderwissen der Spielteilnehmer abhängt. Der Gewinnspielbegriff gilt entsprechend für vergleichbare Telemedien (vgl. § 58 Abs. 4 RStV).

3. „Wahrung der Belange des Jugendschutzes"

8 Unter Jugendschutzgesichtspunkten ist im Rahmen des § 8a Abs. 1 RStV vor allem die Bestimmung des Satz 5 von Bedeutung. Danach sind bei Gewinnspielsendungen und Gewinnspielen die „Belange des Jugendschutzes (…) zu wahren". Eine unmittelbare Konkretisierung dieser allgemein formulierten Anbieterpflicht findet sich im RStV nicht. Lediglich mittelbar lassen sich Rückschlüsse aus der Ermächtigung zur Regelung von Satzungen und Richtlinien durch die Landesmedienanstalten in § 46 Abs. 1 S. 1 2. Hs. ziehen, wonach zur Durchführung des § 8a RStV neben der Ahndung von Verstößen auch „die **Bedingungen zur Teilnahme Minderjähriger**" näher zu bestimmen sind.

9 Der Begründung der Bayerischen Staatsregierung zum Entwurf des 10. RfÄndStV lassen sich im Bezug auf § 8a Abs. 1 S. 5 RStV nur wenige konkre-

Gewinnspiele **§ 8a RStV**

tisierende Hinweise entnehmen. Insoweit wird allerdings allgemein für die Abs. 1 Sätze 3 bis 6 ausgeführt, dass sich diese Bestimmungen „auf die **Transparenz** und den **Teilnehmerschutz**, insb. des Jugendschutzes" bezögen (Bayer. LT-Drs. 15/9667, S. 15). Hiernach lässt sich vermuten, dass der Gesetzgeber im Hinblick auf die Wahrung der Belange des Jugendschutzes vor allem den Schutz vor Teilnahme von Kindern und Jugendlichen an Gewinnspielen im Blick hatte. Bestätigt wird dies auch dadurch, dass im Rahmen der Begründung zum RfÄndStV-Entwurf im Hinblick auf die Konkretisierung der Bestimmungen u.a. des § 8a Abs. 1 S. 5 JMStV auf die Ermächtigung des § 46 Abs. 1 S. 1 RStV zum Erlass von Satzungen und Richtlinien durch die Landesmedienanstalten verwiesen wird, wonach näher zu regeln sei, „wie die **entgeltliche Teilnahme Minderjähriger** bei bestimmten Gewinnspielen ausgeschlossen wird" (Bayer. LT-Drs. 15/9667, S. 15).

Insgesamt ist daher bei Betrachtung der Gesetzesmaterialien naheliegend, **10** dass die Landesgesetzgeber unter Jugendschutzgesichtspunkten insb. die Verhinderung bzw. Minimierung von Risiken im Zusammenhang mit einer möglichen Teilnahme von Kindern und Jugendlichen im Blick hatten, wobei der ausdrückliche beschränkende Bezug auf die „entgeltliche Teilnahme Minderjähriger" so verstanden werden kann, dass vornehmlich der **Schutzzweck der wirtschaftlichen Ausbeutung des Spieltriebs** von Personen unter 18 Jahren bei den gesetzgeberischen Erwägungen im Vordergrund stand.

Dass sich die „Belange des Jugendschutzes" in erster Linie auf den Schutz **11** vor Teilnahme minderjähriger Personen beziehen, liegt auch aus rechtssystematischen Erwägungen nicht fern. Denn zunächst ist zu konstatieren, dass hinsichtlich etwaiger darüber hinausgehender Gefährdungen aufgrund der **angebotsinhaltlichen Ausgestaltung von Gewinnspielen** im Rundfunk bereits zahlreiche dezidierte Jugendschutzregelungen im Jugendmedienschutz-Staatsvertrag existent sind. Vor allem die in **§ 4 bis 6 JMStV** geregelten Bestimmungen geben die Möglichkeit, abgestuft den Risiken bei jugendgefährdenden bzw. entwicklungsbeeinträchtigenden Inhalten Rechnung zu tragen und bei Verstößen aufsichtsrechtlich nach §§, 20, 24 JMStV einzugreifen. Auch der Umstand, dass die Regelung über Gewinnspiele gerade nicht im Rahmen des JMStV, sondern vielmehr im Rundfunkstaatsvertrag aufgenommen worden ist, deutet darauf hin, dass insoweit bei der Wahrung der Belange des Jugendschutzes nicht der Schutz vor „**Wahrnehmung**" entsprechender Angebote im Sinne des Jugendmedienschutzes, sondern vielmehr der Teilnahmeschutz im Vordergrund stand, der indes ein „Aliud" im Vergleich zu den im JMStV geregelten Bestimmungen zur Verhinderung der Angebotswahrnehmung durch Kinder und Jugendliche darstellt (vgl. auch VGH München ZUM-RD 2010, 102, 107).

Anders als etwa die Regelung für Glücksspiele in § 4 Abs. 3 S. 2 und 3 **12** GlüStV verzichtet der Gesetzgeber indes bei § 8a RStV auf die Regelung eines **expliziten Teilnahmeverbotes Minderjähriger** oder einer ausdrücklichen Verpflichtung von Rundfunkanbietern, den Ausschluss der Gewinnspielteilnahme Minderjähriger sicherzustellen. Hieraus könnte man ableiten, dass der Gesetzgeber davon ausging, dass eine materiell-rechtlich einschlägige Regelung für den Minderjährigen-Teilnahmeschutz bei Gewinnspielen bereits existent ist und insoweit im Rahmen des § 8a RStV lediglich der allgemeine Hinweis auf die Wahrung der Belange des Jugendschutzes genüge. Zwingend ist dies allerdings nicht. Insoweit wäre immerhin auch die Deutung möglich, dass die Landesgesetzgeber einen expliziten Ausschluss der Teilnahme Minderjähriger gar nicht intendierten, sondern durch § 46 Abs. 1 S. 1 RStV vielmehr den Landesmedienanstalten die materiell-rechtliche Ausgestaltung des Teilnahmeausschlusses Minderjähriger in Satzungen und Richtlinien überlassen wollte. Allerdings spricht hiergegen wiederum, dass nach der Begründung der Landesgesetzgeber Gegenstand der Satzung bzw. Richtlinie lediglich sein soll, **„wie"** die **Teilnahme Minderjähriger** bei bestimmten Gewinnspielen ausgeschlossen wird (Bayer. LT-Drs. 15/9667, S. 15 sowie S. 20), und nicht das materiell-rechtlich vorgelagerte „Ob" des Teilnahmeausschlusses.

13 Bei der Konkretisierung der „Wahrung der Belange des Jugendschutzes" ist zudem der **Verhältnismäßigkeitsgrundsatz** zu beachten. Dies bedeutet insb., dass Restriktionen unter dem Gesichtspunkt des Jugendschutzes Grundrechte der Anbieter vor allem aufgrund von verfassungsrechtlichen **Grundfreiheiten der Medienanbieter** nach Art. 5, 12, 14 GG sowie der Informationsfreiheit der Zuschauer / Nutzer nach Art. 5 Abs. 1 S. 1 2.Hs. GG nicht verletzen dürfen. Insoweit ist im Rahmen der **Abwägung** grundrechtlicher Belange das verfassungsrechtliche Interesse des Schutzes von Kindern und Jugendlichen einerseits den genannten Medienfreiheiten sowie der Berufsfreiheit und der Eigentumsgarantie andererseits gegenüber zu stellen. Vor diesem Hintergrund erscheint es möglich und auch sachgerecht, im Rahmen einer Satzung oder Richtlinie nach § 46 Abs. 1 S. 1 RStV auch Ausnahmen zu regeln, im Rahmen derer eine Teilnahme minderjähriger Zuschauer oder Nutzer zulässig sein kann. Dies trägt im Übrigen auch dem Wortlaut des § 46 Abs. 1 S. 1 2. Hs. RStV („Bedingungen zur Teilnahme Minderjähriger") Rechnung.

4. Gewinnspielsatzung der Landesmedienanstalten

14 a) **Anwendungsbereich der Gewinnspielsatzung.** Die von den Landesmedienanstalten erlassene Gewinnspielsatzung soll unter ausdrücklichem Verweis auf § 46 Abs. 1 S. 1 und § 58 Abs. 4 RStV sowohl für Rundfunk als auch für vergleichbare Telemedien gelten (vgl. § 1 Abs. 1 Gewinnspielsatzung). **Problematisch** hieran ist freilich, dass die Satzungs- und Richtlinienermächtigungsnorm nach § 46 Abs. 1 S. 1 RStV ausdrücklich (nur) auf die Durchführung des § 8a RStV verweist und damit lediglich Gewinnspielsendungen und Gewinnspiele im privaten Rundfunk betrifft. Dies ergibt sich auch aus der systematischen Stellung des § 46 RStV im III. Abschnitt (Vorschriften für den privaten Rundfunk). Gegenstand der Satzung können daher nach dem Wortlaut der Ermächtigungsnorm **nicht auch Gewinnspiele in Telemedien** sein. Eine entsprechende Regulierungsermächtigung ist für Telemedien gerade nicht ausdrücklich vorgesehen (s.a. VGH München ZUM-RD 2010, 102, insb. 112 ff.).

15 b) **Jugendschutzregelungen des § 3 GWS. aa) Beschränktes Teilnahmeverbot Minderjähriger (Abs. 1).** Zentrale Jugendschutznorm der

Gewinnspiele **§ 8a RStV**

Gewinnspielsatzung ist § 3 Abs. 1, welche bei der Reichweite von Teilnahmebeschränkungen zwischen „Gewinnspielsendungen" einerseits und „Gewinnspielen" andererseits differenziert (zur Rechtskonformität: VGH München ZUM-RD 2010, 102, insb. 113 f.). Bei **Gewinnspielsendungen** darf die Teilnahme allen Minderjährigen **unter 18 Jahren** nicht gestattet werden. Bei **Gewinnspielen** erstreckt sich das Gebot der Nichtgestattung der Teilnahme lediglich auf Kinder (**unter 14 Jahren**). Ergänzt wird die Regelung durch ein ausdrückliches Verbot der Gewinnausschüttung an die betroffenen Altersgruppen.

Was unter „**Teilnahme**" an Gewinnspielsendungen und Gewinnspielen 16 zu verstehen ist, wird in § 2 Nr. 3 der Gewinnspielsatzung definiert als „Versuch, (…) unter Nutzung eines dafür geeigneten Kommunikationsweges Kontakt zu dem Anbieter im Hinblick auf den Erhalt einer Gewinnmöglichkeit aufzunehmen". Dies erscheint auch sachgerecht, da sich der Zuschauer/Internetnutzer z. B. bei Call In Formaten bereits mit seinem kostenpflichtigen Anruf den vom Zufall abhängenden Gewinn- und Verlustaussichten unterwirft (s. ausführl. Liesching, KJM-Gutachten 2008, S. 89 f. Allein die **Rezeption des Zuschauers** bzw. des Nutzers am Bildschirm und auch das „Mitraten" als passiver Rezipient reichen hingegen noch nicht aus, um eine Teilnahme zu begründen.

Von zentraler Bedeutung für den Normbefehl der Teilnahmebeschränkun- 17 gen nach § 3 Abs. 1 Gewinnspielsatzung ist des Weiteren der dort verwandte Begriff des „**Gestattens**" der Teilnahme, der offenbar der anderweitigen Jugendschutzregelung des § 6 Abs. 2 JuSchG entlehnt ist. Eine Definition des Begriffs „Gestatten" findet sich indes weder in der Satzung noch im Rahmen des § 6 Abs. 2 JuSchG. Rückschlüsse lassen sich indes aus der Ordnungswidrigkeitennorm des § 13 Abs. 1 Nr. 1 der Gewinnspielsatzung ziehen, nach der ordnungswidrig handelt, wer „entgegen § 3 Abs. 1 bei konkreten Anhaltspunkten für die Minderjährigkeit einer Nutzerin oder eines Nutzers, bzw. die Minderjährigkeit unter 14 Jahren, das Alter der Nutzerin oder des Nutzers **nicht überprüft** oder bei erwiesener Minderjährigkeit einer Nutzerin oder eines Nutzers, bzw. einer Minderjährigkeit unter 14 Jahren, dessen weitere Teilnahme sowie die Gewinnauszahlung **nicht unterbindet**". Demnach wird offenbar vom Gewinnspielanbieter grundsätzlich keine proaktive Alterskontrollpflicht im Hinblick auf die Minderjährigkeit eines Teilnehmers verlangt. Dies geht auch mit dem Wortsinn der Gestattensbegriffs einher (s. auch § 4 JuSchG Rn. 13 ff.).

Allerdings ist insb. bei Gewinnspielen im Rundfunk und in Telemedien 18 zu berücksichtigen, dass diese als **frei empfangbare bzw. abrufbare Medien** auch von Kindern und Jugendlichen rezipiert und genutzt werden. Wendet sich vor diesem Hintergrund ein Gewinnspiel nach seinem Spielplan und seiner konkreten Ausgestaltung indes an die Mediennutzer insgesamt, so liegt nahe, dass gerade hierin zunächst eine **konkludente Erklärung der Duldung** auch von minderjährigen Spielteilnehmern durch den Gewinnspielveranstalter gesehen werden kann. Dies gilt umso mehr dann, wenn aufgrund der weitgehend **anonymen Teilnahmeformen** keine vollumfängliche Alterskontrolle der teilnehmenden Zuschauer bzw. Internetnutzer statt-

RStV § 8a Rundfunkstaatsvertrag (RStV)

findet und auch Gewinne aus kostenpflichtigen Mehrwertdienst-Anrufen (anonymer) Minderjähriger erzielt werden.

19 Von einem entsprechenden konkludenten Erklärungsgehalt einer „Duldung" der Teilnahme Minderjähriger kann indes wohl dann nicht mehr gesprochen werden, wenn der Gewinnspielanbieter **Maßnahmen** ergreift, die für die Zuschauer bzw. Internetnutzer deutlich werden lassen, dass die **Teilnahme** von Kindern und Jugendlichen **ausgeschlossen** und von Seiten des Veranstalters nicht erlaubt wird. Dies kann zum einen durch im Rahmen der Angebotes deutlich erkennbare Hinweise auf den Teilnahmeausschluss Minderjähriger erfolgen als auch zum anderen dadurch, dass kategorisch eine Gewinnausschüttung an Minderjährige ausgeschlossen wird, um keine Anreize für deren Teilnahme zu setzen. Beide Maßnahmen sind in der Gewinnspielsatzung bei den **Informationspflichten** nach §§ 11, 12 sowie durch das **Gewinnausschüttungsverbot** nach § 3 Abs. 1 S. 3 JuSchG verankert.

20 **bb) Verbot kinder- und jugendaffiner Gewinnspielsendungen (Abs. 2).** Besonders kinder- und jugendaffine Gewinnspielsendungen, insb. die Auslobung von Waren und Produkten als Gewinn, die vor allem auf Minderjährige einen großen **Anreiz zur Teilnahme** ausüben, sowie Gewinnfragen, die vor allem Kinder und Jugendliche ansprechen, sind nach § 3 Abs. 2 JuSchG unzulässig. Auch diese Regelung korrespondiert mit dem Verbot des Gestattens im Sinne des Abs. 1 der Norm. Denn gerade im Angebot jugendaffiner Produkte könnte eine konkludente Duldung der Teilnahme Minderjähriger durch den Anbieter erblickt werden. Die Vorschrift gilt indes nur für Gewinnspielsendungen. Bei Gewinnspielen findet das Verbot hingegen keine Anwendung.

21 **cc) Teilnahmeappelle an Minderjährige (Abs. 3).** Teilnahmeappelle, die ausschließlich oder ausdrücklich auch an Minderjährige gerichtet sind und deren **Unerfahrenheit und Leichtgläubigkeit** ausnutzen, sind nach § 3 Abs. 3 der Satzung bei Gewinnspielen und Gewinnspielsendungen unzulässig. Die Vorschrift korrespondiert weitgehend mit dem jugendschutzrechtlichen Verbot der Werbung mit direkten Kaufappellen im Sinne des § 6 Abs. 2 Nr. 1 JMStV (s. dort Rn. 14 f.). Bei entsprechender Heranziehung der Jugendschutzrichtlinien der Landesmedienanstalten ist mithin davon auszugehen, dass bei direkten Teilnahmeappellen an Kinder (unter 14 Jahren) die Unerfahrenheit bzw. deren Ausnutzung durch den Anbieter zu vermuten ist (Ziff. 7.1 der Gemeinsamen Richtlinien der Landesmedienanstalten zur Gewährleistung des Schutzes der Menschenwürde und des Jugendschutzes, Jugendschutzrichtlinien – JuSchRiL).

22 **dd) Ausnahmen für unentgeltliche Angebote (Abs. 4).** Die vorgenannten Jugendschutzregelungen insb. hinsichtlich der Gestattung der Teilnahme minderjähriger Nutzer gelten gemäß § 3 Abs. 4 der Satzung nicht für unentgeltliche Angebote. Als unentgeltlich gelten dabei auch Angebote, bei denen bei **telefonischem Kontakt maximal 0,14 Euro**, für eine SMS maximal 0,20 Euro, bei postalischem Kontakt die Kosten einer Postkarte pro Teilnahme anfallen (vgl. § 2 Nr. 4 GWS). Die Ausnahme steht damit insofern

weitgehend im Einklang mit den Gesetzesmaterialien zu § 8a RStV, als der dort ausdrücklich formulierte beschränkende Bezug auf die „entgeltliche Teilnahme Minderjähriger" (Bayer. LT-Drs. 15/9667, S. 15) so verstanden werden kann, dass vornehmlich der Schutzzweck der wirtschaftlichen Ausbeutung des Spieltriebs von Personen unter 18 Jahren bei den gesetzgeberischen Erwägungen im Vordergrund stand.

c) Sonstige GWS-Jugendschutzregelungen. Neben den Kernbestimmungen des § 3 finden sich in der Gewinnspielsatzung auch den Jugendschutz betreffende **Informationspflichten** wie insb. den Hinweis auf den Ausschluss Minderjähriger und die Tatsache, dass Gewinne nicht an Minderjährige (bei Gewinnspielsendungen) bzw. Kinder (bei Gewinnspielen) ausgezahlt werden (§ 10 Abs. 1 Nrn. 2 und 3). Die konkreten Anforderungen an die Erfüllung der Informationspflichten werden in § 11 GWS geregelt. 23

Allenfalls mittelbar dem Jugendschutz dienen die weiterhin in der Gewinnspielsatzung normierten Transparenzgebote, die **Irreführungs- und Manipulationsverbote** sowie die Regelungen zum Schutz der Nutzerinnen und Nutzer vor übermäßiger Teilnahme und schließlich die Bestimmungen zu Spielablauf, -gestaltung und -auflösung. Diese Satzungsnormen dienen indes in erster Linie dem (Verbraucher-)Schutz aller – auch erwachsenen – Nutzerinnen und Nutzern vor Übervorteilung bzw. Irreführung. 24

§ 41 Programmgrundsätze

(1) ¹**Für die Rundfunkprogramme gilt die verfassungsmäßige Ordnung.** ²**Die Rundfunkprogramme haben die Würde des Menschen sowie die sittlichen, religiösen und weltanschaulichen Überzeugungen anderer zu achten.** ³**Sie sollen die Zusammengehörigkeit im vereinten Deutschland sowie die internationale Verständigung fördern und auf ein diskriminierungsfreies Miteinander hinwirken.** ⁴**Die Vorschriften der allgemeinen Gesetze und die gesetzlichen Bestimmungen zum Schutz der persönlichen Ehre sind einzuhalten.**

(2) **Die Rundfunkvollprogramme sollen zur Darstellung der Vielfalt im deutschsprachigen und europäischen Raum mit einem angemessenen Anteil an Information, Kultur und Bildung beitragen; die Möglichkeit, Spartenprogramme anzubieten, bleibt hiervon unberührt.**

(3) **Die Absätze 1 bis 2 gelten nur für bundesweit verbreiteten Rundfunk.**

§ 58 Werbung, Sponsoring, fernsehähnliche Telemedien, Gewinnspiele

(1) ¹**Werbung muss als solche klar erkennbar und vom übrigen Inhalt der Angebote eindeutig getrennt sein.** ²**In der Werbung dürfen keine unterschwelligen Techniken eingesetzt werden.**

(2) **Für Sponsoring bei Fernsehtext gilt § 8 entsprechend.**

(3) ¹Für Telemedien mit Inhalten, die nach Form und Inhalt fernsehähnlich sind und die von einem Anbieter zum individuellen Abruf zu einem vom Nutzer gewählten Zeitpunkt und aus einem vom Anbieter festgelegten Inhaltekatalog bereitgestellt werden (audiovisuelle Mediendienste auf Abruf), gelten § 1 Absatz 3 sowie die §§ 7 und 8 entsprechend. ²Für Angebote nach § 2 Absatz 3 Nummer 5 gelten zusätzlich die §§ 4 bis 6, 7a und 45 entsprechend.

(4) Für Gewinnspiele in vergleichbaren Telemedien (Telemedien, die an die Allgemeinheit gerichtet sind) gilt § 8a entsprechend.

§ 59 Aufsicht

(1) ¹Die nach den allgemeinen Datenschutzgesetzen des Bundes und der Länder zuständigen Kontrollbehörden überwachen für ihren Bereich die Einhaltung der Datenschutzbestimmungen des Telemediengesetzes sowie des § 57. ²Die für den Datenschutz im journalistisch-redaktionellen Bereich beim öffentlich-rechtlichen Rundfunk zuständigen Stellen überwachen für ihren Bereich auch die Einhaltung der Datenschutzbestimmungen für journalistisch-redaktionelle Angebote bei Telemedien. ³Satz 1 gilt nicht, soweit Unternehmen und Hilfsunternehmen der Presse der Selbstregulierung durch den Pressekodex und der Beschwerdeordnung des Deutschen Presserates unterliegen.

(2) Die Einhaltung der Bestimmungen für Telemedien einschließlich der allgemeinen Gesetze und der gesetzlichen Bestimmungen zum Schutz der persönlichen Ehre mit Ausnahme des Datenschutzes wird durch nach Landesrecht bestimmte Aufsichtsbehörden überwacht.

(3) ¹Stellt die jeweils zuständige Aufsichtsbehörde einen Verstoß gegen die Bestimmungen mit Ausnahme der § 54, § 55 Abs. 2 und 3, § 56, § 57 Abs. 2 oder der Datenschutzbestimmungen des Telemediengesetzes fest, trifft sie die zur Beseitigung des Verstoßes erforderlichen Maßnahmen gegenüber dem Anbieter. ²Sie kann insbesondere Angebote untersagen und deren Sperrung anordnen. ³Die Untersagung darf nicht erfolgen, wenn die Maßnahme außer Verhältnis zur Bedeutung des Angebots für den Anbieter und die Allgemeinheit steht. ⁴Eine Untersagung darf nur erfolgen, wenn ihr Zweck nicht in anderer Weise erreicht werden kann. ⁵Die Untersagung ist, soweit ihr Zweck dadurch erreicht werden kann, auf bestimmte Arten und Teile von Angeboten oder zeitlich zu beschränken. ⁶Bei journalistisch-redaktionell gestalteten Angeboten, in denen ausschließlich vollständig oder teilweise Inhalte periodischer Druckerzeugnisse in Text oder Bild wiedergegeben werden, ist eine Sperrung nur unter den Voraussetzungen des § 97 Abs. 5 Satz 2 und des § 98 der Strafprozessordnung zulässig. ⁷Die Befugnisse der Aufsichtsbehörden zur Durchsetzung der Vorschriften der allgemeinen Gesetze und der gesetzlichen

Bestimmungen zum Schutz der persönlichen Ehre bleiben unberührt.

(4) ¹Erweisen sich Maßnahmen gegenüber dem Verantwortlichen nach § 7 des Telemediengesetzes als nicht durchführbar oder nicht Erfolg versprechend, können Maßnahmen zur Sperrung von Angeboten nach Absatz 3 auch gegen den Diensteanbieter von fremden Inhalten nach den §§ 8 bis 10 des Telemediengesetzes gerichtet werden, sofern eine Sperrung technisch möglich und zumutbar ist. ²§ 7 Abs. 2 des Telemediengesetzes bleibt unberührt.

(5) Wird durch ein Angebot in Rechte Dritter eingegriffen und ist für den Dritten hiergegen der Rechtsweg eröffnet, sollen Anordnungen der Aufsichtsbehörde im Sinne von Absatz 3 nur erfolgen, wenn dies aus Gründen des Gemeinwohls geboten ist.

(6) ¹Für den Vollzug dieses Abschnitts ist die Aufsichtsbehörde des Landes zuständig, in dem der betroffene Anbieter seinen Sitz, Wohnsitz oder in Ermangelung dessen seinen ständigen Aufenthalt hat. ²Ergibt sich danach keine Zuständigkeit, so ist diejenige Aufsichtsbehörde zuständig, in deren Bezirk der Anlass für die Amtshandlung hervortritt.

(7) ¹Der Abruf von Angeboten im Rahmen der Aufsicht ist unentgeltlich. ²Diensteanbieter haben dies sicherzustellen. ³Der Anbieter darf seine Angebote nicht gegen den Abruf durch die zuständige Aufsichtsbehörde sperren.

V. Anhang

1. Grundsätze der freiwilligen Selbstkontrolle der Filmwirtschaft GmbH (FSK-Grundsätze)

in der 20. Fassung vom 1. Dezember 2010

(auszugsweise wiedergegeben)

A. Allgemeine Bestimmungen

§ 1 Freiwillige Selbstkontrolle der Filmwirtschaft

(1) Die in der Spitzenorganisation der Filmwirtschaft e.V. (SPIO) zusammengefassten Verbände der Filmhersteller, Filmverleiher und Filmtheaterbesitzer und die Vereinigung der Videoprogrammanbieter Deutschlands (BVV Bundesverband audiovisuelle Medien e.V.) führen im Wege der Selbstverwaltung eine freiwillige Prüfung der in der Bundesrepublik Deutschland für die öffentliche Vorführung vorgesehenen Filme, der Programme der öffentlich zugänglichen zur Weitergabe geeigneten, für die Wiedergabe auf oder das Spiel an Bildschirmgeräten mit Filmen oder Spielen programmierten Datenträger (Bildträger) sowie der Programme für Bildschirmspielgeräte ohne Gewinnmöglichkeit durch (im Folgenden Filme und andere Trägermedien genannt). Die Prüfung erfolgt durch die FSK Freiwillige Selbstkontrolle der Filmwirtschaft GmbH, im folgenden FSK genannt, mit dem Sitz in Wiesbaden. Sie erstreckt sich auf die
1. Prüfung auf Einhaltung der in § 2 der Grundsätze gesetzten Grenzen
2. Prüfung auf Freigabe für Kinder und Jugendliche
3. Prüfung auf Freigabe für die stillen Feiertage

(2) Die Mitglieder der in der SPIO e. V. zusammengeschlossenen Verbände übernehmen folgende Verpflichtungen:
1. Die Filmhersteller und die Filmverleiher geben nur solche Filme zwecks öffentlicher Vorführung weiter, die nach der vorliegenden FSK-Entscheidung öffentlich vorgeführt werden können, und zwar in der Fassung, die der jeweiligen Entscheidung der FSK entspricht.
2. Die Filmtheaterbesitzer führen nur solche Filme öffentlich vor, die eine gültige FSK Freigabe haben.
3. Für die öffentliche Werbung werden nur Filmtitel verwendet, die von der FSK freigegeben und dementsprechend gekennzeichnet sind. Die Tatsache, dass ein Prüfgegenstand von einem Ausschuss der FSK nicht oder nur mit Einschränkungen freigegeben war oder ist, darf nicht zur Werbung benutzt werden; das gilt insbesondere für negative Jugendentscheidungen.
4. Die Regelungen des § 27 sind zu beachten.

(3) Bei einer Verletzung der gemäß Absatz 2 und im Prüfantrag übernommenen Verpflichtungen wird ein Überwachungsverfahren nach Maßgabe der „Grundsätze des Überwachungsverfahrens" der SPIO e. V. durchgeführt.

Anhang Grundsätze, Richtlinien, Satzung

§ 2 Richtlinien für die Prüfung der Filme und anderer Trägermedien

(1) Die FSK hat die im Grundgesetz geschützten Werte, im Besonderen die verfassungsmäßige Ordnung und das Sittengesetz (Art. 2, Abs. 1 GG) sowie die in Art. 5 GG eingeräumte Freiheit zu beachten. Gesetzliche Grundlage für die Arbeit der FSK ist das Jugendschutzgesetz in der jeweils geltenden Form.

(2) Durch die plurale Zusammensetzung der Ausschüsse mit Vertretern der Film- und Videowirtschaft, der öffentlichen Hand und der obersten Landesjugendbehörden soll ein möglichst breites Bewertungsspektrum für die zu treffenden Entscheidungen erreicht werden. Grundlage der Entscheidungen soll die auf Fachwissen und Urteilsvermögen, Erfahrungen im Umgang mit Kindern und Jugendlichen, Erkenntnissen der Entwicklungspsychologie und Medienwirkungsforschung beruhende Überzeugung der Ausschussmitglieder sein.

(3) Maßgeblich für die Beurteilung ist die Wirkung des gesamten Films oder Trägermediums oder deren einzelner Teile. Bei einzelnen Teilen ist auch die Gesamtwirkung zu berücksichtigen. Die Prüfung eines Films oder Trägermediums darf nicht unter Gesichtspunkten des Geschmacks oder der persönlichen Anschauung erfolgen.

(4) Die Prüfausschüsse sind in ihrer Prüftätigkeit im Rahmen der gesetzlichen Vorschriften und FSK-Grundsätze unabhängig und weisungsfrei. Die Mitglieder der Prüfausschüsse sowie die FSK und deren Geschäftsführer können für die Prüfentscheidungen und deren Auswirkungen - außer

bei Vorsatz - nicht haftbar gemacht werden.

§ 3 Zusammenwirken in der FSK, Ständiger Vertreter

(1) Im Rahmen der FSK-Grundsätze wirken im Hinblick auf die Prüfung der Filme und anderer Trägermedien für Kinder und Jugendliche und die stillen Feiertage mit der Filmwirtschaft und der Videowirtschaft zusammen:
1. das in der Bundesregierung zuständige Ressort für Kultur und Medien,
2. das Bundesministerium für Familie, Senioren, Frauen und Jugend,
3. die obersten Landesjugendbehörden,
4. die Kultusministerien der Länder,
5. die evangelische und die katholische Kirche und der Zentralrat der Juden,
6. der Bundesjugendring.

(2) Zur Mitwirkung in allen Fragen des Jugendschutzes bestellen die obersten Landesjugendbehörden im Benehmen mit der Film- und Videowirtschaft einen Ständigen Vertreter oder eine Ständige Vertreterin der obersten Landesjugendbehörden bei der FSK. Für den Fall der Verhinderung des Ständigen Vertreters regelt die für den Jugendschutz federführende oberste Landesjugendbehörde die Stellvertretung.

[...]

FSK-Grundsätze **Anhang**

B. Prüfausschüsse

§ 5 Einrichtung und Besetzung der Ausschüsse

(1) Für die Prüfung von Filmen und anderen Trägermedien bestehen bei der FSK der Arbeitsausschuss, der Hauptausschuss als Berufungsinstanz und der Appellationsausschuss.
[...]

C. Prüfverfahren und Rechtsmittel

§ 9 Allgemeine Verfahrensbestimmungen

(1) Die Prüfung eines Films oder anderen Trägermediums erfolgt auf Antrag. Der Prüfantrag ist an die FSK zu richten und vom Antragsteller (antragstellende Firma) zu unterzeichnen. Die schriftliche Form kann durch die elektronische Form ersetzt werden. Für den Antrag soll das von der FSK-Geschäftsführung im Einvernehmen mit dem Ständigen Vertreter vorgesehene Antragsformular verwendet werden. Der vorgesehene deutsche Titel soll im Prüfantrag genannt werden, bei ausländischen Filmen oder Trägermedien ist außerdem der Originaltitel zu nennen.

Ferner ist verbindlich anzugeben, in welchem Format und technischem Verfahren, in welcher Sprachfassung und Bildart (schwarzweiß, Farbe) der Film oder das andere Trägermedium im Sinne des Jugendschutzgesetzes öffentlich vorgeführt oder zugänglich gemacht werden soll. Die für die Prüfung erforderlichen, im Antragsformular aufgeführten Unterlagen sind beizufügen.

(2) Mit der Unterschrift unter den Prüfantrag erkennt der Antragsteller die im Antrag aufgeführten Prüfbedingungen und Verpflichtungen an. Er verpflichtet sich damit zugleich, die Prüfkosten nach Maßgabe der FSK-Prüfkostenordnung zu entrichten.

(3) Die Prüfung besteht aus Verhandlung, Beratung und Beschlussfassung. Sie ist nicht öffentlich. Bis zum Beginn der Beratung kann ein Prüfantrag zurückgenommen, beschränkt oder erweitert werden.

(4) Die Verhandlung umfasst die Bekanntgabe der technischen Daten, der gestellten Anträge und der sonstigen wesentlichen Umstände des Prüffalles einschließlich früherer Prüfvorgänge, sodann die Besichtigung des Films oder des Programms für ein anderes Trägermedium, die Ausführungen des Antragstellers oder seines Vertreters und anderer Verfahrensbeteiligter.

(5) Die Zuziehung von Sachverständigen kann der Vorsitzende vor der Prüfung anordnen oder der Ausschuss auf Antrag eines Mitglieds oder Verfahrensbeteiligten beschließen. Zu diesem Zweck kann die Sitzung vertagt werden. Der Ausschuss ist an Gutachten von Sachverständigen nicht gebunden. Auf Antrag eines Sachverständigen können die Anwesenden durch den Vorsitzenden verpflichtet werden, die Stellungnahme des Sachverständigen nicht an Außenstehende bekannt zu geben.

Anhang Grundsätze, Richtlinien, Satzung

(6) Bei der Beratung und Beschlussfassung dürfen nur die Mitglieder des Ausschusses, die Protokollführenden sowie nach besonderer Regelung der Ständige Vertreter anwesend sein. Die die Prüfung betreffenden Unterlagen können von den Ausschussmitgliedern eingesehen werden. Personen, die als künftige Prüfer vorgesehen sind, dürfen zwecks Einarbeitung an den Prüfsitzungen einschließlich der Beratung und Beschlussfassung als Gäste teilnehmen. Die Fragen, über die abzustimmen ist, formuliert der Vorsitzende, und bestimmt deren Reihenfolge. Bei Meinungsverschiedenheiten darüber und über das Verfahren entscheidet der Ausschuss. Er kann beschließen, erneut in die Verhandlung einzutreten. Der Vorsitzende stellt das Abstimmungsergebnis fest. Ist bei der Beratung ein Irrtum oder ein Versehen unterlaufen, kann der Ausschuss beschließen, dass erneut in die Beratung eingetreten und die Abstimmung wiederholt wird, solange die Entscheidung noch keinem Verfahrensbeteiligten bekannt gemacht ist.

(7) Der Antragsteller (antragstellende Firma) und sein Vertreter haben das Recht auf Anhörung in der mündlichen Verhandlung. Prüfer, die nicht dem beschließenden Ausschuss angehören, können bei der Prüfsitzung bis zum Beginn der Beratung anwesend sein. Der Vorsitzende kann auch anderen Personen bis zum Beginn der Beratung die Anwesenheit gestatten.

[...]

§ 12 Prüfentscheidungen

(1) Die Prüfentscheidungen ergehen dahin, dass den gestellten Anträgen uneingeschränkt oder mit Einschränkung (nicht für stille Feiertage, mit Auflagen) entsprochen wird oder die Anträge abgelehnt werden.

(2) Wird eine Prüfung beantragt, so sind alle in § 14 Abs. 2 JuSchG vorgegebenen Kennzeichnungen in die Prüfung einzubeziehen. Der Ausschuss ist durch die Beantragung einer bestimmten Kennzeichnung nicht gebunden.

(3) Bei Prüfentscheidungen unter Auflagen ist in der Entscheidung auch das Prüfergebnis festzustellen, das gelten soll, wenn der Antragsteller den Auflagen nicht entspricht.

(4) Werden Änderungsauflagen von dem Antragsteller akzeptiert, wird der Prüfbescheid erst wirksam, wenn der Antragsteller die Schnittteile oder geänderten Texte oder eine geänderte Fassung eingereicht, die neue Gesamtlänge angegeben und schriftlich versichert hat, dass die auferlegten Änderungen an allen öffentlich vorzuführenden Filmkopien bzw. öffentlich verbreiteten anderen Trägermedien vorgenommen sind, und der Vorsitzende die Übereinstimmung der durchgeführten Änderungen mit der Prüfentscheidung bestätigt hat. Ist der Vorsitzende verhindert, kann die Bestätigung ein anderes von der Geschäftsführung dazu aufgefordertes Mitglied des Ausschusses vornehmen. Mit der unwiderruflichen Erklärung des Antragstellers, dass er die Änderungsauflagen nicht akzeptiert, wird der Prüfentscheid mit dem für diesen Fall festgestellten Prüfergebnis wirksam. Der Videoantragsteller kann auf zwei Ergebnisse des Prüfverfahrens zurückgreifen, wenn er schriftlich erklärt, dass die beiden unterschiedlichen Fassungen in unterschiedlichen Bereichen (z. B. Originalfassung im Vermietgeschäft, geschnittene Fassung

FSK-Grundsätze **Anhang**

im Versandgeschäft) ausgewertet werden. § 16 Abs. 4 findet in diesem Fall entsprechende Anwendung. In allen anderen Fällen werden Prüfentscheidungen wirksam, wenn der Prüfbescheid dem Antragsteller mitgeteilt ist.

(5) Bei der Prüfung von Bildträgern prüft der Ständige Vertreter aufgrund des Ausschussergebnisses, ob ein Appellationsantrag durch eine oberste Landesjugendbehörde zu erwarten ist. Ist dies der Fall werden die Prüfentscheide nur wirksam, wenn keine oberste Landesjugendbehörde innerhalb von drei Wochen nach Mitteilung des Jugendentscheides erklärt hat, dass sie erwägt, gegen die Entscheidung Appellation einzulegen.

§ 13 Berufung

(1) Gegen eine Entscheidung des Arbeitsausschusses können der Antragsteller und die überstimmte Minderheit Berufung zum Hauptausschuss einlegen, sofern sie durch die in Frage kommende Entscheidung beschwert sind. Die Berufung und ihre Begründung bedürfen der Schriftform.

(2) Gegen eine Entscheidung des Arbeitsausschusses muss die Berufung der überstimmten Minderheit innerhalb von 24 Stunden eingelegt werden und von zwei Mitgliedern unterzeichnet sein. Die Begründung muss innerhalb von fünf Tagen nach der Prüfung des Films oder anderen Trägermediums bei der Geschäftsstelle der FSK eingehen und von einem Mitglied unterzeichnet sein. Die überstimmte Minderheit kann die Berufung vorsorglich einlegen für den Fall, dass der Antragsteller seinerseits Berufung einlegt; die vorsorgliche Berufung kann sich nur auf Schnittanträge beziehen.

(3) Im Hauptausschuss haben das Recht auf Anhörung:
1. die betroffene Firma und deren Vertreter,
2. der Ständige Vertreter,
3. der Jugendschutzsachverständige der Vorinstanz, der den Jugendentscheid verfasst hat,
4. der Vorsitzende der Vorinstanz,
5. im Falle des Abs. 2 der Sprecher der überstimmten Minderheit.

Die Beteiligten können auch andere als die in der Vorinstanz geäußerten Argumente vortragen.

(4) Die FSK teilt die Berufungsbegründung und gegebenenfalls den Jugendentscheid der Vorinstanz mindestens drei Tage vor der Sitzung des Hauptausschusses dem Vorsitzenden des angerufenen Ausschusses mit. Die gleiche Mitteilung ergeht unter Angabe des Sitzungstermins an alle nach Absatz 3 Beteiligten.

§ 14 Wirkungen der Berufung

(1) Wird gegen eine Prüfentscheidung über die Kennzeichnung eines Bildträgers nach § 12 JuSchG Berufung eingelegt, gilt die angefochtene Entscheidung bis zur Entscheidung über die Berufung als ausgesetzt. Das Recht des Antragstellers auf Einlegung des Rechtsmittels erlischt, wenn der Antragsteller begonnen hat, von der Kennzeichnung durch Anbringen des Zeichens nach § 12 Abs. 2 JuSchG Gebrauch zu machen.

Anhang

(2) In allen anderen Fällen gilt bis zur Entscheidung über die Berufung des Antragstellers die angefochtene Entscheidung; bis zur Entscheidung über die Berufung der überstimmten Minderheit gilt die angefochtene Entscheidung im Umfang der Anfechtung als ausgesetzt.

(3) Auf Berufung des Antragstellers darf die angefochtene Entscheidung nicht zu seinem Nachteil geändert werden.

§ 15 Appellation

(1) Jede oberste Landesjugendbehörde kann nach abgeschlossener Prüfung eines Films oder eines anderen Trägermediums die erneute Prüfung durch die FSK verlangen (Appellationsverfahren). Die Appellation ist schriftlich zu begründen unter genauer Angabe, welche Altersgrenze - höher oder niedriger - gefordert wird. Das gleiche Recht haben die Spitzenverbände der Film- und Videowirtschaft über ihre Geschäftsstellen im Einvernehmen mit dem Antragsteller. Das Recht zur Appellation ist nicht befristet. Nach Entscheidung ist eine weitere Appellation nicht mehr möglich.

(2) Gegen Prüfentscheidungen über Bildträger kann die Appellation nicht mehr eingelegt werden, wenn der Prüfbescheid wirksam geworden ist. Die Mitteilung einer obersten Landesjugendbehörde, dass sie erwägt, Appellation einzulegen, hat aufschiebende Wirkung. Die FSK sendet ihr unverzüglich ein Exemplar des Bildträgers zur Prüfung. Die Appellation kann nur innerhalb von drei Wochen nach Eingang des Bildträgers eingelegt werden und ist spätestens zwei Wochen nach Einlegung zu begründen. Nach fruchtlosem Ablauf dieser Fristen wird der Prüfbescheid wirksam.

(3) Über die Appellation entscheidet der Appellationsausschuss innerhalb eines Monats nach Eingang des Antrags bei der FSK. In Ausnahmefällen kann die federführende oberste Landesjugendbehörde Fristverlängerung gewähren. Solange das Appellationsverfahren schwebt, gilt eine bereits wirksam gewordene Prüfentscheidung für einen Monat weiter. Das Verfahren ist innerhalb der Monatsfrist durchzuführen. Die Beurteilungen der Vorinstanzen müssen zum Termin vorliegen.

(4) Im Appellationsverfahren haben das Recht auf Anhörung in der mündlichen Verhandlung:
1. die betroffene Firma und deren Vertreter,
2. der Ständige Vertreter,
3. der Sachverständige der Vorinstanz,
4. die Vorsitzenden der Vorinstanzen,
5. die appellierende oberste Landesjugendbehörde oder
6. der appellierende Spitzenverband.

Sie werden über die Appellation und den Termin der Verhandlung durch die FSK unterrichtet. Die Beteiligten können auch andere als die in der Vorinstanz geäußerten Argumente vortragen.

(5) Stellt der Appellationsausschuss fest, dass die angefochtene Entscheidung auf einem Verfahrens- oder Rechtsfehler beruht, kann er die Sache zur erneuten Entscheidung zurückverweisen.

FSK-Grundsätze **Anhang**

§ 16 Erneute Prüfung

(1) Nachdem eine Prüfentscheidung wirksam geworden ist, kann ein neues Prüfverfahren nur für eine wesentlich geänderte Fassung oder wegen wesentlich geänderter Umstände beantragt werden.

(2) Wird die Prüfung einer wesentlich geänderten Fassung beantragt, müssen die vorgenommenen Änderungen so genau bezeichnet werden, dass aufgrund der Angaben ihre Einhaltung überprüft werden kann. Der Antragsteller hat sich mit Zustimmung des Inhabers der Nutzungsrechte an der bisherigen Fassung darüber zu erklären, ob die alte Prüfentscheidung unwirksam werden soll oder ob sie für die bisherige Fassung weiterbestehen wird. Wenn daneben die alte Prüfentscheidung wirksam bleiben soll, ist ein begründetes Interesse darzulegen, dass der Film oder das Trägermedium in zwei verschiedenen Fassungen verbreitet werden soll. Bei Bildträgern bleibt die alte Prüfentscheidung in jedem Fall wirksam, wenn nicht ausgeschlossen werden kann, dass noch Bildträger mit einem auf diese Kennzeichnung hinweisenden Zeichen im Verkehr sind.

(3) Die Vorfrage, ob eine Änderung wesentlich ist, entscheidet der Vorsitzende des Arbeitsausschusses. Hat die frühere Prüfung mit einer Entscheidung des Haupt- oder Appellationsausschusses geendet, ist die Zustimmung des Vorsitzenden dieses Ausschusses erforderlich. Steht er innerhalb einer Woche nicht zur Verfügung, so tritt an seine Stelle ein anderes Mitglied dieses Ausschusses. Gegen die Ablehnung der Zulassung ist Berufung zulässig.

(4) Können aufgrund der erneuten Prüfung für eine geänderte Fassung des Films oder anderen Trägermediums verschiedene Kennzeichnungen gebraucht werden, so ist durch Zusätze zum Filmtitel (z. B. Videofassung, Jugendfassung, Fassung für das Fernsehen, Neuprüfung mit geänderter Jugendfreigabe) zu gewährleisten, dass die verschiedenen Kennzeichnungen und entsprechenden Fassungen des Films oder Trägermediums ohne Überprüfung des Inhalts aufgrund der Titelangaben unterscheidbar sind. Außerdem muss bei der Bekanntmachung der Alterseinstufung von Filmen nach § 3 Abs. 2 JuSchG und auf der Hülle und dem Bildträger von nach § 14 JuSchG gekennzeichneten Bildträgern auf die Bearbeitung und auf die Änderung der Freigabeentscheidung eindeutig hingewiesen werden. Zulässige Zusätze sind: ungeschnittene Fassung, geschnittene Fassung, geänderte Fassung und überarbeitete Fassung. Andere Titelzusätze können durch den Ständigen Vertreter in begründeten Fällen zugelassen werden.

(5) Führt eine erneute Prüfung wegen wesentlich geänderter Umstände zu einer anderen Prüfentscheidung, so verliert die bisherige Prüfentscheidung ihre Wirksamkeit. Bei Bildträgern ist die erneute Prüfung wegen wesentlich geänderter Umstände nur zulässig, wenn gewährleistet werden kann, dass nicht zwei im Wesentlichen übereinstimmende Fassungen mit unterschiedlicher Kennzeichnung nach § 12 JuSchG im Verkehr sein werden.

(6) Ist eine Prüfentscheidung des Arbeitsausschusses noch nicht wirksam geworden, kann der Vorsitzende im Rahmen des laufenden Prüfverfahrens auf Antrag zulassen, dass der Film oder das andere Trägermedium in wesentlich geänderter Fassung dem Ausschuss sofort zur erneuten Prüfung vorgelegt

Anhang Grundsätze, Richtlinien, Satzung

wird. Die erste Prüfentscheidung wird dann gegenstandslos. Absatz 2 Satz 1 findet entsprechende Anwendung.

(7) Änderungen eines freigegebenen Films oder anderen Trägermediums, die der Antragsteller oder ein anderer Verfügungsberechtigter – ohne Änderung der Prüfentscheidung – beabsichtigt, sind der FSK vor Durchführung unter genauer Angabe der Einzelheiten zur Genehmigung mitzuteilen. Über die Genehmigung entscheidet der Vorsitzende. Bei erfolgter Jugendfreigabe ist im Falle größerer Änderungen der Sachverständige für Jugendschutz, der bei der Prüfung mitgewirkt hat, hinzuzuziehen. Ergeben sich Meinungsverschiedenheiten, entscheidet der Ausschuss.

D. Prüfung der Filme und anderer Trägermedien

§ 17 Prüfung auf Einhaltung der in § 2 gesetzten Grenzen

(1) Die FSK prüft die Filme und andere Trägermedien auf Einhaltung der in § 2 Absatz 1 gesetzten Grenzen und ob die Voraussetzungen einer Kennzeichnung nach § 14 JuSchG gegeben sind und welcher Altersgruppe sie vorgeführt oder zugänglich gemacht werden dürfen.

§ 18 Prüfung auf Freigabe für Kinder und Jugendliche

(1) Filme und andere Trägermedien, die geeignet sind, die Entwicklung von Kindern und Jugendlichen oder ihre Erziehung zu einer eigenverantwortlichen und gemeinschaftsfähigen Persönlichkeit zu beeinträchtigen, dürfen nicht zur Vorführung vor oder zur Abgabe an ihre Altersstufe freigegeben werden (§ 14 Abs. 1 JuSchG). Jeder Prüfer hat sich bei seinen Entscheidungen bewusst zu sein, dass er die Verantwortung für den Schutz der Jugend trägt.

(2) In Auslegung dieser Gesetzesvorschriften wird Folgendes festgestellt:
1. Unter Beeinträchtigungen sind Hemmungen, Störungen oder Schädigungen zu verstehen.
2. Zu berücksichtigen sind alle Beeinträchtigungen, die vom Film oder Trägermedium im Ganzen oder ihren Einzelheiten ausgehen können, wobei die Gesamtwirkung nicht außer Acht zu lassen ist.
3. Die Entwicklung von Kindern und Jugendlichen oder ihre Erziehung zu einer eigenverantwortlichen und gemeinschaftsfähigen Persönlichkeit können insbesondere Filme oder Trägermedien beeinträchtigen, welche die Nerven überreizen, übermäßige Belastungen hervorrufen, die Phantasie über Gebühr erregen, die charakterliche, sittliche (einschl. religiöse) oder geistige Erziehung hemmen, stören oder schädigen oder zu falschen und abträglichen Lebenserwartungen verführen.
4. Ein Film oder Trägermedium darf für eine Altersgruppe nur freigegeben werden, wenn er die Entwicklung oder Erziehung keines Jahrganges dieser Altersgruppe beeinträchtigen kann. Dabei ist nicht nur auf den durchschnittlichen, sondern auch auf den gefährdungsgeneigten Minderjährigen abzustellen. Lediglich Extremfälle sind auszunehmen.

FSK-Grundsätze **Anhang**

(3) Schwer jugendgefährdende Filme und andere Trägermedien [...] werden nicht gekennzeichnet (§ 14 Abs. 3 JuSchG).

(4) Das gleiche gilt auch für Programme für Bildträger und Bildschirmspielgeräte, die mit in die Liste jugendgefährdender Medien aufgenommenen Filmen und anderen Trägermedien im Wesentlichen inhaltsgleich sind oder bei denen die Voraussetzungen für eine Aufnahme in diese Liste vorliegen, weil sie auf die Entwicklung von Kindern und Jugendlichen oder ihre Erziehung einen nicht nur beeinträchtigenden, sondern gefährdenden Einfluss haben können (§14 Abs. 4 JuSchG); dazu zählen nach § 18 Abs. 1 Satz 2 JuSchG vor allem unsittliche, verrohend wirkende, zu Gewalttätigkeiten, Verbrechen oder Rassenhass anreizende Medien. In Zweifelsfällen führt die FSK eine Entscheidung der Bundesprüfstelle für jugendgefährdende Medien herbei. Zuvor weist der Ständige Vertreter den Antragsteller und den BVV darauf hin, dass er den Vorgang der Bundesprüfstelle für jugendgefährdende Medien zur Prüfung vorlegen wird für den Fall, dass eine Veröffentlichung in dieser Fassung erfolgt. Ergibt die Prüfung der Bundesprüfstelle für jugendgefährdende Medien, dass die Voraussetzungen für eine Listenaufnahme nicht vorliegen, so wird das Kennzeichen „Keine Jugendfreigabe" erteilt. Jedoch können Filme, die mit der in der Liste aufgenommenen Bildträger inhaltsgleich sind, für öffentliche Filmveranstaltungen zur Kennzeichnung mit „Keine Jugendfreigabe" in entsprechender Anwendung von § 20 der Grundsätze vorgeschlagen werden.

(5) Das JuSchG sieht folgende Kennzeichnungen vor:

[...]

§ 19 Jugendentscheid

(1) Die Beurteilungen für die Freigabe oder Nichtfreigabe von Filmen und anderen Trägermedien für Kinder und Jugendliche (Jugendentscheide) sind von den im Arbeitsausschuss und Hauptausschuss mitwirkenden Sachverständigen für Jugendschutz schriftlich abzufassen und zu unterzeichnen sowie durch den jeweiligen Vorsitzenden gegenzuzeichnen. Im Verfahren vor dem Appellationsausschuss wird der Jugendentscheid durch den jeweiligen Vorsitzenden schriftlich abgefasst.

(2) Die Jugendentscheide müssen die geäußerten Meinungen über die Zulassung für die verschiedenen Altersgruppen – vor allem die Begründung für die Nichtfreigabe – möglichst vollständig enthalten. Gesichtspunkte, die in der Beratung nicht geäußert worden sind, dürfen in den Beurteilungen nicht verwendet werden.

(3) Auflagen sind so genau wiederzugeben, dass aufgrund der Angaben ihre Einhaltung überprüft werden kann.

(4) Der Sachverständige für Jugendschutz erhält Angaben über Prüfnummern, Titel, Antragsteller, Hersteller, Verleiher, Herstellungsjahr, Herstellungsland, Gesamtlänge, Sprache, Farbe, Regie, Buch, Hauptdarsteller und Inhalt sowie Angaben über Prüfung des Films oder anderen Trägermediums, Vorgeschichte der Prüfung (erste Prüfung, wesentliche Änderungen bei erneuter Prüfung u. a.) sowie die beantragte Altersgruppe.

Anhang Grundsätze, Richtlinien, Satzung

(5) Bei Kurzfilmen und Trailern wird ein Jugendentscheid nur angefertigt, wenn der Ausschuss es wegen der Bedeutung des Falles für erforderlich hält.

(6) Die Jugendentscheide werden nicht veröffentlicht. Sie werden den obersten Landesjugendbehörden, den Mitgliedern der Grundsatzkommission und dem Antragsteller übersandt. Sie dürfen nur für den internen Gebrauch verwendet werden. Eine Einsicht für wissenschaftliche Zwecke ist nach Einzelfallprüfung durch die FSK gestattet.

§ 20 Ablehnung einer Jugendfreigabe

(1) Wird eine Freigabe für Kinder und Jugendliche vom Ausschuss abgelehnt, liegen jedoch die in § 18 Abs. 3 und 4 der Grundsätze genannten Gründe für eine Verweigerung der Kennzeichnung nicht vor und sind die in § 2 Absatz 1 der Grundsätze gesetzten Grenzen eingehalten, wird der Film oder das andere Trägermedium zur Kennzeichnung mit "Keine Jugendfreigabe" vorgeschlagen. Das Prüfergebnis darf nicht mit Schnittauflagen verbunden werden. Der Antragsteller erhält eine entsprechende Mitteilung.

(2) Filme und andere Trägermedien, bei denen nach Auffassung des Ständigen Vertreters in Betracht kommt, dass sie den Tatbestand des § 18 Abs. 3 Nr. 1 der Grundsätze erfüllen, werden nicht zur Kennzeichnung vorgeschlagen. Der Ständige Vertreter weist den Antragsteller darauf hin, dass er den Vorgang der in FSK-Angelegenheiten zuständigen obersten Landesjugendbehörde zur Prüfung vorlegen wird, ob eine Mitteilung an die zuständige Strafverfolgungsbehörde für den Fall zu veranlassen ist, dass eine Veröffentlichung in dieser Fassung vorgesehen ist.

§ 21 Übernahme der Prüfungsvoten der FSK durch die Länder

(1) Die obersten Landesjugendbehörden sind nach § 14 JuSchG zuständig für die Entscheidung über die Freigabe und Kennzeichnung von Filmen zur öffentlichen Vorführung vor Kindern und Jugendlichen (§ 11 JuSchG) sowie der Programme für öffentlich zugängliche Videokassetten und anderer zur Weitergabe geeigneter, für die Wiedergabe auf oder das Spiel an Bildschirmgeräten mit Filmen oder Spielen programmierte Datenträger (Bildträger, § 12 JuSchG) sowie für die Programme für Bildschirmspielgeräte ohne Gewinnmöglichkeit (§ 13 JuSchG), die Kindern und Jugendlichen in der Öffentlichkeit zugänglich gemacht werden sollen.

(2) Die obersten Landesjugendbehörden bedienen sich gemäß Vereinbarung der Länder über die Freigabe und Kennzeichnung von Filmen, Videokassetten und vergleichbaren Bildträgern der Prüftätigkeit der Ausschüsse der Freiwilligen Selbstkontrolle der Filmwirtschaft als gutachterlicher Stelle.

(3) Die Prüfungsvoten der FSK sind von den obersten Landesjugendbehörden als eigene Entscheidung übernommen und die Filme und anderen Trägermedien sind gemäß § 14 Abs. 6 JuSchG von ihnen gekennzeichnet, soweit nicht oberste Landesjugendbehörden für ihren Bereich ausdrücklich eine abweichende Entscheidung treffen.

FSK-Grundsätze **Anhang**

§ 22 Übernahme von Prüfungsvoten

(1) Auf Antrag wird ein Prüfungsvotum zur Kennzeichnung eines Films für öffentliche Filmveranstaltungen mit einer Jugendfreigabe nach § 14 Abs. 2 Nr. 1 bis 4 JuSchG ohne erneute inhaltliche Prüfung auf ein anderes Trägermedium übernommen. An Stelle eines Antrags nach Satz 1 kann auch beantragt werden, dass der Kennzeichnung des Bildträgers ein Prüfungsvotum zugrunde gelegt wird, das der inhaltlichen Fassung des Bildträgers entspricht, aber für den Film nicht wirksam geworden war, weil dieser aufgrund der Erfüllung oder Nichterfüllung von Schnittauflagen oder aufgrund vom damaligen Antragsteller eingelegter Rechtsmittel in einer anderen Fassung eine andere Kennzeichnung erhalten hatte. Über den Antrag entscheidet der Vorsitzende des Ausschusses, dessen Prüfungsvotum der Kennzeichnung zugrunde gelegt werden soll.

(2) Absatz 1 gilt entsprechend für die Übernahme eines Prüfungsvotums zur Kennzeichnung eines Bildträgers mit einem Kennzeichen nach § 14 Abs. 2 Nr. 1 bis 5 JuSchG auf einen zur Vorführung in öffentlichen Filmveranstaltungen bestimmten Film.

(3) Können aufgrund einer Übernahme von Prüfungsvoten für einen Film oder ein anderes Trägermedium verschiedene Kennzeichnungen gebraucht werden, so findet § 16 Abs. 4 entsprechende Anwendung.

[...]

§ 24 3er – Arbeitsausschuss

(1) Folgende Filme und Trägermedien mit filmischen Inhalten werden im 3er-Arbeitsausschuss geprüft:
1. Filme oder Bildträger, die mit einer Fernsehsendung inhaltsgleich sind, die im öffentlichrechtlichen oder privaten Rundfunk verbreitet worden sind.
2. Noch nicht nach dem JuSchG gekennzeichnete Filme oder Bildträger, die vor dem 3. Oktober 1990 eine Kennzeichnung gemäß § 9 Abs. 2 der Verordnung des Ministerrats der DDR zum Schutze der Kinder und Jugendlichen vom 26. März 1969 erhalten haben (DDR-Filme).
3. Wird ein nach § 18 Abs. 1 JuSchG indizierter Bildträger für die Kinoauswertung vorgelegt, prüft die FSK, ob eine schwere Jugendgefährdung vorliegt und erteilt das Kennzeichen „keine Jugendfreigabe", wenn keine schwere Jugendgefährdung vorliegt.
4. Spielfilme unter 60 Minuten.
5. Werbefilme und Trailer.
6. Filme, die das Kennzeichen „Keine Jugendfreigabe" für die öffentliche Vorführung erhalten haben und auf Bildträgern ausgewertet werden sollen.
7. Filme und Bildträger, die gem. § 16 Grundsätze nach 10 Jahren erneut vorgelegt werden.

(2) Für die Entscheidung gilt § 7 Abs. 7. Die überstimmte Minderheit kann die Befassung des Arbeitsausschusses verlangen. Das Gleiche gilt auf Antrag

Anhang Grundsätze, Richtlinien, Satzung

des Antragstellers, wenn die Entscheidung nicht der beantragten Freigabe entspricht.

§ 25 Vereinfachtes Verfahren

(1) Das vereinfachte Verfahren wird von einem vom Ständigen Vertreter oder einer Ständigen Vertreterin der obersten Landesjugendbehörde in Abstimmung mit der Film- und Videowirtschaft benannten Prüfer durchgeführt. In diesem Verfahren werden geprüft:
a) Videoclips
b) Dokumentationen
c) Beiprogramme für Bildträger
d) Zeichentrick/Animation

Mit Ausnahme von Dokumentarfilmen gilt dies nicht für Filme oder Bildträger, die zur gewerblichen Vorführung in öffentlichen Filmveranstaltungen bestimmt sind. Diese Regelung erstreckt sich nicht auf Spielfilme und nicht auf die Erteilung des Kennzeichens "Keine Jugendfreigabe". § 22 Absätze 1 und 2 finden keine Anwendung. Ein Anspruch des Antragstellers auf Prüfung und Kennzeichnung im vereinfachten Verfahren besteht nicht. Der Antragsteller kann gegen die Entscheidung im vereinfachten Verfahren den Arbeitsausschuss anrufen.

(2) Serien, die in der Regel eine Laufzeit von bis zu 60 Minuten haben und die im öffentlichrechtlichen oder privaten Rundfunk im Sinne des Rundfunkstaatsvertrages ohne Beanstandung verbreitet wurden und deren Ausstrahlungsbeginn zwischen 6 und 22 Uhr lag, werden im vereinfachten Verfahren nach Absatz 1 Satz 1 geprüft, wenn sie keine beeinträchtigende Wirkung auf Kinder oder Jugendliche der entsprechenden Altersgruppe haben können. Dies gilt nicht für die Erteilung des Kennzeichens „Keine Jugendfreigabe". Absatz 1 Satz 4 und 5 sowie Absatz 3 Satz 2 gelten entsprechend.

(3) Ist für einen Film vor dem 1. April 1985 eine Jugendfreigabe erteilt, so kann der Vorsitzende des Arbeitsausschusses diese Freigabe auf eine Videokassette desselben Inhalts oder einen vergleichbaren Bildträger erstrecken und einer entsprechenden Kennzeichnung zustimmen, wenn der Antragsteller versichert, dass dasselbe Prüfobjekt lediglich in einer anderen technischen Form als die Filmfassung vorliegt, für die eine Freigabe erteilt wurde und auch der Längenvergleich auf Inhaltsgleichheit schließen lässt. In Zweifelsfällen legt er den Bildträger dem 3er-Arbeitsausschuss vor.

(4) Kinderfilme, die vor dem 1. April 1985 das Kennzeichen „freigegeben ab sechs Jahren" erhalten haben, können auf Antrag ohne erneute inhaltliche Prüfung wegen veränderter Zeitumstände das Kennzeichen „ohne Altersbeschränkung" erhalten. Dieses Verfahren gilt für die Kennzeichnung für die öffentliche Filmvorführung und für die Kennzeichnung von Bildträgern. Über die neue Kennzeichnung entscheidet der Ständige Vertreter. In Zweifelsfällen wird der Film im Vereinfachten Verfahren gemäß Absatz 1 geprüft.

(5) Ist ein Film vor dem 1. April 1985 mit "Freigegeben ab 18 Jahren" gekennzeichnet worden, so entscheidet der Ständige Vertreter über die Kenn-

FSK-Grundsätze **Anhang**

zeichnung mit "Keine Jugendfreigabe". § 16 Abs. 2 der Grundsätze bleibt unberührt. Kommt nach Auffassung des Ständigen Vertreters auch eine Jugendfreigabe in Betracht, legt er im Einvernehmen mit dem Antragsteller den Film dem Arbeitsausschuss vor.

(6) Für Filme und andere Trägermedien, die von
a) Arbeitskreis Filmbildung (AKF) der Länderkonferenz MedienBildung
b) der Bundes- oder einer Landeszentrale für politische Bildung,
c) einer Landesbildstelle oder einem gemeinnützigen Landesfilmdienst,
d) dem Institut für Film und Bild in Wissenschaft und Unterricht (FWU)
e) dem Kinder- und Jugendfilmzentrum (KJF)
f) der Medienzentrale einer Evangelischen Landeskirche,
g) der Medienzentrale einer Katholischen Diözese,
h) einer anderen vergleichbaren Medienzentrale, die von einer obersten Landesjugendbehörde der FSK bezeichnet worden ist, für die Verwendung in der schulischen oder außerschulischen Jugendbildung empfohlen sind,
findet Abs. 1 entsprechende Anwendung. Die Kennzeichnung gilt nur für nichtgewerbliche Auswertung und soll nur erteilt werden, wenn eine künftige gewerbliche Auswertung nicht zu erwarten ist. Das Gleiche gilt für Filme, die vor dem 1. Oktober 1957 als "jugendfördernd" anerkannt worden waren.

E. Wirkungen der Prüfentscheidungen

§ 26 Freigabebescheinigungen und Kennzeichnungen

(1) Der Antragsteller erhält eine Bescheinigung für die Freigabe.

(2) Die federführende oberste Landesjugendbehörde fügt einen Übernahmevermerk hinzu, aus dem hervorgeht, dass der Film oder das andere Trägermedium aufgrund des Prüfergebnisses der FSK entsprechend gekennzeichnet ist, soweit nicht oberste Landesjugendbehörden für ihren Bereich ausdrücklich eine abweichende Entscheidung treffen.

(3) Die Freigabebescheinigungen werden unter www.fsk.de als fälschungssichere, schreibgeschützte Datei mit digitaler Signatur ins Netz gestellt. Das Netzdokument ist der bisherigen gedruckten Freigabekarte gleichwertig.

(4) Die Freigabebescheinigungen sind
1. weiß für die Freigabe ohne Altersbeschränkung
2. gelb für die Freigabe ab 6 Jahren
3. grün für die Freigabe ab 12 Jahren
4. blau für die Freigabe ab 16 Jahren
5. rot für die Kennzeichnung mit „Keine Jugendfreigabe"

(5) Die Freigabe eines Films muss an der Kasse und am Einlass gemäß Absatz 1 bekannt gemacht werden (§ 3 Abs. 2 JuSchG). Das Gleiche soll auch an allen anderen Stellen geschehen, an denen auf den Film hingewiesen wird. (z. B. Schaukästen, Plakate, Inserate).

(6) Der Bildträger erhält ein fälschungssicheres deutlich sichtbares Zeichen (§ 12 Abs. 2 JuSchG), das auf dem Bildträger selbst und auf der Verpackung anzubringen ist und die Altersstufe deutlich erkennen lassen muss. Inhalt,

Anhang Grundsätze, Richtlinien, Satzung

Größe, Form, Farbe und Anbringung können durch Anordnung der obersten Landesbehörde besonders geregelt werden.

§ 27 Trailer bei Filmvorführungen und Beiprogramme auf anderen Trägermedien

(1) Haben Kinder und Jugendliche Zutritt zu einer Filmvorführung, dürfen nur Trailer gezeigt werden, die für die entsprechenden Altersgruppen freigegeben sind. Bei Bildträgern muss das gesamte Programm einschließlich eventueller Trailer für die entsprechende Altersstufe freigegeben sein. Werbefilme und Werbeprogramme, die für Tabakwaren oder alkoholische Getränke werben, dürfen in jedem Falle erst ab 18 Uhr vorgeführt werden (§ 11 Abs. 5 JuSchG).

(2) In Sondervorstellungen für Kinder und Jugendliche darf durch Trailer nur für Filme geworben werden, die für die entsprechenden Altersgruppen freigegeben sind. In Schulveranstaltungen zur Vorführung von Filmen oder Bildträgern soll nicht für ein normales Filmtheaterprogramm geworben werden.

(3) Für Filme und Bildträger, die von der obersten Landesjugendbehörde gekennzeichnet sind, darf bei der Ankündigung und bei der Werbung weder auf jugendgefährdende Inhalte hingewiesen werden, noch darf die Ankündigung oder Werbung in jugendgefährdender Weise erfolgen.

(4) In der Werbung für eine öffentliche Filmveranstaltung darf auf die Freigabe eines Films zur Vorführung vor Kindern und Jugendlichen nicht hingewiesen werden, wenn gleichzeitig Filme gezeigt werden sollen, die diese Voraussetzung nicht erfüllen.

[...]

USK-Grundsätze **Anhang**

2. Grundsätze der Unterhaltungssoftware Selbstkontrolle (USK-Grundsätze)

gültig ab 1. Februar 2011

(auszugsweise wiedergegeben)

A. Aufgaben, Gremien und Verfahrensbeteiligte

§ 1 Unterhaltungssoftware – Selbstkontrolle

(1) Die Verbände der Computerspielwirtschaft führen im Wege der Selbstverwaltung eine freiwillige Prüfung der in der Bundesrepublik Deutschland für die Veröffentlichung vorgesehenen Computer- und Videospiele durch. Die Organisation der Prüfung erfolgt durch die Unterhaltungssoftware – Selbstkontrolle, im Folgenden USK genannt. Die Obersten Landesjugendbehörden sind im Rahmen des § 14 Jugendschutzgesetz (JuSchG) für die Freigabe und Kennzeichnung zuständig. Durch die partnerschaftliche Organisation innerhalb der staatlich regulierten Selbstkontrolle findet das gesamtgesellschaftliche Interesse des Jugendmedienschutzes angemessene Berücksichtigung.

(2) Die USK nimmt insbesondere folgende Aufgaben wahr:
1. die Vorbereitung der Freigabe und Kennzeichnung von Bildträgern im Sinne der §§ 12 und 14 JuSchG durch die Obersten Landesjugendbehörden,
2. die Beratung von Anbietern in Bezug auf deren Möglichkeit, Informations-, Instruktions- und Lehrprogrammen als solche selbst zu kennzeichnen, wenn die betreffenden Inhalte die Entwicklung und Erziehung von Kindern und Jugendlichen offensichtlich nicht beeinträchtigen (§ 14 Abs. 7 JuSchG),
3. die Beratung der Anbieter in Bezug auf das Prüfverfahren,
4. die Mitwirkung an der Information und Meinungsbildung über Computerspiele und den deutschen Jugendmedienschutz.

(3) Die zur gesetzlichen Freigabe und Kennzeichnung erforderlichen Aktivitäten werden in einem gemeinsamen Verfahren gemäß § 14 Abs. 6 JuSchG durch die USK und die von den Ländern ernannten Ständigen Vertreter der Obersten Landesjugendbehörden durchgeführt. Die jeweiligen Aufgaben und Pflichten der Beteiligten ergeben sich, soweit sie nicht in diesen Grundsätzen festgeschriebensind, aus der Vereinbarung zwischen den Obersten Landesjugendbehörden und den in der USK beteiligten Wirtschaftsverbänden.

(4) Diese Grundsätze werden durch den Beirat erlassen. Sie bedürfen, um Geltung zu erlangen, der Bestätigung der Obersten Landesjugendbehörden und der in der USK beteiligten Wirtschaftsverbände.

Anhang Grundsätze, Richtlinien, Satzung

§ 2 Richtlinien für die Tätigkeit der USK

(1) Die USK erfüllt ihre Aufgaben innerhalb der bestehenden Rechtsordnung. Den Schwerpunkt der Arbeit bildet dabei die besondere Beachtung des gesetzlichen Jugendmedienschutzes.

(2) Durch die plurale Zusammensetzung der Prüfausschüsse soll ein möglichst breites Bewertungsspektrum für die zu treffenden Entscheidungen erreicht werden. Grundlage der Entscheidungen der USK soll die auf Fachwissen und Urteilsvermögen, Erfahrungen im Umgang mit Kindern und Jugendlichen, Erkenntnissen der Entwicklungspsychologie und der Medienwirkungsforschung beruhende Überzeugung der Ausschussmitglieder sein.

(3) Die Prüfentscheidungen sollen für den Antragsteller transparent und nachvollziehbar sein. Insbesondere sind die für die Prüfentscheidung relevanten Kriterien zu dokumentieren und dem Antragsteller zu übermitteln.

(4) Maßgeblich für die Beurteilung ist die Wirkung des gesamten Spieles. Die Prüfung eines Spieles darf nicht unter Gesichtspunkten des Geschmacks oder der persönlichen Anschauung erfolgen.

(5) Die Entwicklung und fortlaufende Anpassung der in der Prüfpraxis anzuwendenden Kriterien ist Aufgabe des Beirats. Er beschließt mindestens alle zwei Jahre über entsprechende Leitkriterien für die Altersbewertung.

(6) Die Mitglieder des Beirats (§ 3), die Sichter (§ 6), die Mitglieder der Prüfausschüsse (§ 7) sowie die USK und deren Geschäftsführung können für Handlungen in Ausübung der Aufgaben gemäß § 1 Abs. 2 Nr. 1 und 2 und deren Auswirkungen, ausgenommen bei Vorsatz, nicht haftbar gemacht werden.

[...]

§ 4 Ständige Vertreter

Zur Mitwirkung in allen Fragen des Jugendschutzes sowie zur Freigabe und Kennzeichnung von Bildträgern bestellen die Obersten Landesjugendbehörden im Benehmen mit den in der USK beteiligten Verbänden der Computerspielwirtschaft auf der Grundlage einer Vereinbarung der Obersten Landesjugendbehörden im Sinne des § 14 Abs. 6 JuSchG Ständige Vertreter der Obersten Landesjugendbehörden bei der USK, nachstehend „Ständiger Vertreter" genannt.

§ 5 Jugendschutzsachverständige

(1) Die Prüfung erfolgt durch unabhängige Jugendschutzsachverständige, soweit von diesen Grundsätzen vorgesehen.

(2) Der Beirat ernennt die Jugendschutzsachverständigen auf gemeinsamen Vorschlag der Obersten Landesjugendbehörden und der in der USK beteiligten Verbände. Die Ernennung erfolgt auf die Dauer von drei Jahren. Eine Wiederernennung ist zulässig. Für den Fall, dass Jugendschutzsachverständige gegen die Bestimmungen dieser Grundsätze verstoßen, kann ihre Ernennung durch den Beirat widerrufen werden.

USK-Grundsätze **Anhang**

(3) Die Jugendschutzsachverständigen sind so auszuwählen, dass durch ihre berufliche Erfahrung und durch ihre Ausbildung sichergestellt ist, dass ihre Altersempfehlungen auf Fachwissen und Urteilsvermögen beruhen. Sie sollen Erfahrungen im Umgang mit Kindern und Jugendlichen haben sowie über umfassende Medienkompetenz verfügen. Die Jugendschutzsachverständigen dürfen nicht bei einem Wirtschaftsunternehmen im Bereich der Computer- und Videospielindustrie beschäftigt sein.

(4) Die Tätigkeit der Jugendschutzsachverständigen ist ehrenamtlich, sie erhalten eine vom Rechtsträger der USK festzulegende Aufwandsentschädigung.

(5) Die Jugendschutzsachverständigen sind verpflichtet, sich aktiv an der Qualitätssicherung im Rahmen der USK zu beteiligen. Dem dienen in erster Linie die mündlichen Verhandlungen im Kreis der Jugendschutzsachverständigen, die eigenen schriftlichen Jugendentscheide und darüber hinaus die speziellen Weiterbildungsveranstaltungen der USK.

(6) Die Jugendschutzsachverständigen bestimmen durch Wahl eine Sprecherin oder einen Sprecher sowie dessen Stellvertreterin oder Stellvertreter.

§ 6 Sichter

(1) Die Mitarbeiterinnen und Mitarbeiter des Testbereichs der USK, nachfolgend „Sichter" genannt, erschließen das zu prüfende Spiel in technischer und inhaltlicher Hinsicht, präsentieren das zu prüfende Spiel vor dem Prüfgremium oder im Falle des § 16 dem Ständigen Vertreter, geben einen Gesamtüberblick über das Spiel und stellen alle jugendschutzrelevanten Inhalte ohne eigene Bewertung vor.

(2) Der Beirat ernennt die Sichter auf Vorschlag der Geschäftsführung der USK. Für den Fall, dass Sichter gegen die Bestimmungen dieser Grundsätze verstoßen, kann ihre Ernennung durch den Beirat widerrufen werden.

(3) Die Sichter sind so auszuwählen, dass ihre fachliche Kompetenz und persönliche Reife das erforderliche Maß an Zuverlässigkeit für die vorzubereitenden und durchzuführenden Präsentationen von Spielen garantieren. Sie dürfen nicht für Wirtschaftsunternehmen im Bereich der Computer- und Videospielindustrie tätig sein. Die Sichter sind im Rahmen ihrer Arbeit für die USK zur Verschwiegenheit gegenüber Dritten verpflichtet.

(4) Die Sichter erhalten ein umfassendes internes Regelwerk und eine spezielle Einweisung in alle sich aus den Grundsätzen ergebenden Prüfaspekte durch die USK. Darüber hinaus sind sie bezüglich der Vorbereitung und Ausgestaltung der Spielpräsentation nicht an Weisungen gebunden.

B. Prüfausschüsse

§ 7 Einrichtung und Besetzung der Ausschüsse

(1) Für die Prüfung im Hinblick auf die Vorbereitung der Freigabe und Kennzeichnung von Computer- und Videospielen im Sinne des § 1 Abs. 1

Anhang Grundsätze, Richtlinien, Satzung

durch die Obersten Landesjugendbehörden bestehen bei der USK Prüfausschüsse für das Regelverfahren gemäß § 13, für das Berufungsverfahren gemäß § 14, für das Appellationsverfahren gemäß § 15 sowie Festlegungen für besondere Verfahren gemäß § 16.

(2) Die Prüfung im Regelverfahren erfolgt durch vier Jugendschutzsachverständige und den Ständigen Vertreter, der den Vorsitz führt.

(3) Die Prüfung im Berufungsverfahren erfolgt durch vier Jugendschutzsachverständige, die nicht im Regelverfahren mit der Prüfung befasst waren, sowie einen vom Beirat auf Vorschlag der Obersten Landesjugendbehörden ernannten Vorsitzenden. Der Ständige Vertreter nimmt an der Prüfung ohne Stimmrecht teil.

(4) Die Prüfung im Appellationsverfahren erfolgt durch ein aus sieben Mitgliedern bestehendes Prüfgremium (Appellationsausschuss). Es besteht aus
1. dem oder der Vorsitzenden des Appellationsausschusses,
2. vier durch die Obersten Landesjugendbehörden benannten Mitgliedern sowie
3. zwei Jugendschutzsachverständigen, die bislang am Prüffall nicht beteiligt waren.

Der oder die Vorsitzende des Appellationsausschusses wird vom Beirat auf Vorschlag der in der USK beteiligten Verbände ernannt. Er soll die Befähigung zum Richteramt oder höheren Verwaltungsdienst haben. Er darf am Prüffall zuvor nicht beteiligt gewesen sein. Die Mitglieder dürfen nicht von der appellierenden Obersten Landesjugendbehörde benannt sein. Der Ständige Vertreter und ein von den in der USK beteiligten Verbänden benannter Vertreter nehmen an der Präsentation und der Beratung teil.

§ 8 Einberufung und Beschlussfassung

(1) Die Einberufung und Besetzung der Prüfausschüsse obliegt der USK. Im Hinblick auf die Jugendschutzsachverständigen soll die USK für einen Zeitraum von mindestens sechs Monaten im Voraus einen Einsatzplan erstellen.

(2) Die Mitglieder der Prüfausschüsse sind im Rahmen der gesetzlichen Vorschriften und dieser Grundsätze in ihrer Prüftätigkeit unabhängig und nicht an Weisungen gebunden. Die Beratung und Beschlussfassung in den Ausschüssen ist vertraulich.

(3) Die Prüfausschüsse sind nur in der in § 7 vorgeschriebenen Besetzung beschlussfähig. Ist eine Jugendschutzsachverständige oder ein Jugendschutzsachverständiger an der geplanten Teilnahme kurzfristig gehindert, so wird das Prüfgremium durch Hinzuziehung einer oder eines leicht erreichbaren Jugendschutzsachverständigen ergänzt.

(4) Der Vorsitzende leitet die Prüfung (§ 10 Abs. 3), formuliert die abzustimmenden Fragen und bestimmt deren Reihenfolge. Die Prüfausschüsse entscheiden mit Stimmenmehrheit. Stimmenthaltung ist nicht zulässig. Der Vorsitzende stellt das Abstimmungsergebnis fest.

[…]

USK-Grundsätze **Anhang**

C. Prüfverfahren und Rechtsmittel

§ 10 Allgemeine Verfahrensregeln

(1) Der Prüfvorgang beginnt mit der Einreichung eines entsprechenden Prüfantrags und aller für eine sachgemäße Prüfung erforderlichen Materialien durch den Antragsteller. Für den Prüfantrag ist das von der USK im Einvernehmen mit dem Ständigen Vertreter hierfür bestimmte Antragsformular zu verwenden. Mit der Unterschrift unter den Prüfantrag erkennt der Antragsteller die im Antrag aufgeführten Prüfbedingungen und Verpflichtungen sowie diese Grundsätze verbindlich an. Er verpflichtet sich damit zugleich, die Prüfkosten nach Maßgabe der Kostenordnung der USK zu entrichten.

(2) Im Falle der unvollständigen Einreichung der erforderlichen Materialien kann die USK oder das Prüfgremium den Prüfantrag zurückstellen, bis alle Unterlagen eingetroffen sind, oder den Prüfantrag ablehnen. Der Ständige Vertreter kann dem Antragsteller Auflagen zur Nachreichung erteilen. Die in Abs. 9 genannteFrist beginnt mit der Bestätigung der Vollständigkeit der Prüfunterlagen durch die USK.

(3) Die Prüfung besteht aus Präsentation, Beratung und Beschlussfassung. Sie ist nicht öffentlich. Bei Präsentation und Beratung können Personen, die als künftige Prüfer vorgesehen sind, Mitglieder des Beirates, zukünftige Sichter sowie Vertreter der Obersten Landesjugendbehörden im Einzelfall zwecks Einarbeitung an der Prüfung auf Entscheidung des Vorsitzenden als Gäste teilnehmen. Bei Präsentation und Beratung kann ein Vertreter der USK anwesend sein.

(4) Die Präsentation umfasst die Bekanntgabe der technischen Daten, der gestellten Anträge und der sonstigen wesentlichen Umstände des Prüfvorganges einschließlich früherer Prüfvorgänge durch einen Vertreter der USK, die Präsentation des Spiels durch den Sichter sowie die Ausführungen des Antragstellers oder anderer Anhörungsberechtigter nach Maßgabe dieser Grundsätze.

(5) Bei der Beratung sind die Mitglieder des Prüfgremiums, der Sichter und nach besonderer Regelung in § 7 Abs. 4 der Ständige Vertreter sowie ein Vertreter der die USK tragenden Verbände anwesend. Das Prüfgremium kann jederzeit entscheiden, eine Beratung unter Ausschluss von nicht stimmberechtigten Anwesenden durchzuführen.

(6) Bei der Beschlussfassung sind die Mitglieder des Prüfgremiums und nach besonderer Regelung in § 7 Abs. 3 Satz der ständige Vertreter anwesend. Das Prüfgremium ist durch die Beantragung einer bestimmten Freigabe nicht gebunden. Es können – soweit diese Grundsätze nichts anderes vorsehen – folgende Prüfentscheide getroffen werden:
1. Empfehlung auf „Freigegeben ohne Altersbeschränkung",
2. Empfehlung auf „Freigegeben ab sechs Jahren",
3. Empfehlung auf „Freigegeben ab zwölf Jahren",
4. Empfehlung auf „Freigabe ab sechzehn Jahren",
5. Empfehlung auf „Keine Jugendfreigabe",

Anhang Grundsätze, Richtlinien, Satzung

6. Empfehlung, kein Kennzeichen zu vergeben (Vermutung der Jugendgefährdung) oder
7. Empfehlung, eine gutachterliche Stellungnahme der Bundesprüfstelle für jugendgefährdende Medien einzuholen, um eine mögliche jugendgefährdende Wirkung auszuschließen (Zweifelsfall nach § 14 Abs. 4 Satz 3 JuSchG).

(7) In den Fällen des Abs. 6 Satz 3 Nr. 1 bis 5 kann das Prüfgremium auf Vorschlag des Ständigen Vertreters im Regelverfahren (§ 13) sowie in den Verfahren nach § 16 Abs. 1 Nr.3, Abs. 2 und Abs. 3 die Empfehlung an die Erfüllung von Auflagen knüpfen. Bei Prüfentscheiden unter Auflagen ist auch das Prüfergebnis festzustellen, das gelten soll, wenn der Antragsteller den Auflagen nicht entspricht. Werden Änderungsauflagen vom Antragsteller akzeptiert, wird der Prüfentscheid erst dann wirksam, wenn der Antragsteller die geänderte Fassung eingereicht und schriftlich versichert hat, dass die auferlegten Änderungen bei der in Deutschland zur Veröffentlichung vorgesehenen Version enthalten sind und der Ständige Vertreter die Übereinstimmung der durchgeführten Änderungen bestätigt hat. Mit der unwiderruflichen Erklärung des Antragstellers, dass er die Änderungsauflagen nicht akzeptiert, wird der Prüfentscheid mit dem für diesen Fall festgestellten Prüfergebnis wirksam.

(8) Der Antragsteller wird sofort nach Abschluss der Prüfung über das Ergebnis und damit die beabsichtigte Freigabeentscheidung des Ständigen Vertreters nach Wirksamkeit des Prüfentscheids (§ 21 Abs. 2) informiert.

(9) Die USK gewährleistet, dass eine Prüfung in einem Zeitraum von maximal fünfzehn Werktagen durchgeführt wird. Der Antragsteller kann ein Eilverfahren beantragen. In diesem Fall erfolgt eine Prüfung des Prüfgegenstandes innerhalb von sieben Werktagen.

(10) Sollte das Prüfgremium die Empfehlung aussprechen, eine gutachterliche Stellungnahme der Bundesprüfstelle für jugendgefährdende Medien einzuholen, um eine mögliche jugendgefährdende Wirkung auszuschließen (Zweifelsfall nach § 14 Abs. 4 Satz 3 JuSchG), wird der Ständige Vertreter mit dem Einverständnis des Antragstellers eine entsprechende Stellungnahme der Bundesprüfstelle für jugendgefährdende Medien einholen. Sollte der Antragsteller die Einwilligung verweigern, bricht er damit das Prüfverfahren ergebnislos ab.

§ 11 Prüfgegenstand

(1) Gegenstand der Prüfung sind die in § 10 Abs. 1 genannten Materialien, soweit sie für eine Veröffentlichung in der Bundesrepublik Deutschland vorgesehen sind. Der Inhalt eines Bildträgers kann aus mehreren einzelnen Titeln bestehen (Spielesammlung) oder neben dem Haupttitel zusätzliche Software enthalten. Sind mehrere insoweit prüffähige Versionen eines Spiels auf dem Bildträger vorhanden, muss der Antragsteller unzweifelhaft erklären, welche Version Gegenstand der Prüfung sein soll. Er muss zudem sicherstellen, dass die nicht zur Veröffentlichung vorgesehenen Versionen nicht zugänglich sind.

USK-Grundsätze **Anhang**

(2) Gegenstand der Prüfung müssen zur Veröffentlichung vorgesehene Versionen sein. Wenn sich aus dem Testverfahren Hinweise zur Unvollständigkeit der Version ergeben, gilt § 10 Abs. 2 Satz 2 entsprechend.

(3) Sämtliche Materialien, die Gegenstand der Prüfung waren, verbleiben zur Dokumentation der Prüfung bei der USK. Die Unterlagen oder Teile davon können fünf Jahre nach der Prüfung mit Zustimmung des Ständigen Vertreters vernichtet werden.

(4) Bei Veröffentlichung des Prüfgegenstandes in Deutschland ist der USK umgehend ein Exemplar der Verkaufsversion zuzusenden.

[...]

§ 13 Regelverfahren

(1) Ergibt sich aus dem Prüfantrag, dass der Antragsteller eine Freigabe und Kennzeichnung nach § 14 Abs. 2 JuSchG begehrt und sind die Voraussetzungen des § 16 nicht gegeben, so findet das Regelverfahren statt.

(2) Der Antragsteller hat das Recht auf Anhörung während der Präsentation (§ 10 Abs. 4).

(3) Soweit kein Berufungsverfahren (§ 14) eingeleitet wird, ist der Prüfentscheid mit Beendigung des Regelverfahrens wirksam.

(4) Sobald der Antragsteller schriftlich auf Rechtsmittel verzichtet, ist der Prüfentscheid wirksam.

§ 14 Berufungsverfahren

(1) Gegen eine Entscheidung im Regelverfahren können der Antragsteller und der Ständige Vertreter Berufung unter Bezugnahme auf die Prüfkriterien oder wegen der Verletzung der Bestimmungen der Grundsätze einlegen.

(2) Die Berufung durch den Ständigen Vertreter muss innerhalb von drei Werktagen ab Mitteilung des Prüfergebnisses an den Antragsteller schriftlich eingelegtwerden. Die schriftliche Begründung muss innerhalb von drei Werktagen nach Einlegung der Berufung bei der Geschäftsstelle der USK eingegangen sein. Die schriftliche Berufung durch den Antragssteller ist innerhalb einer Frist von zwei Wochen nach Mitteilung des Prüfergebnisses möglich und soll begründet werden. Die USK teilt die Berufungsbegründung und gegebenenfalls den Jugendentscheid des Regelverfahrens den Mitgliedern des Ausschusses mindestens drei Werktage vor Sitzung des Ausschusses mit. Die gleiche Mitteilung ergeht unter Angabe des Sitzungstermins an den Antragsteller und den Ständigen Vertreter.

(3) Der Antragsteller und der Ständige Vertreter haben das Recht auf Anhörung während der Präsentation (§ 10 Abs. 4).

(4) Die Beteiligten können auch andere als die in der Vorinstanz geäußerten Argumente vortragen.

(5) Auf Berufung des Antragstellers darf die angefochtene Entscheidung nicht zu seinem Nachteil geändert werden.

Anhang Grundsätze, Richtlinien, Satzung

(6) Bis zur Entscheidung über die Berufung gilt der angefochtene Prüfentscheid im Regelverfahren als ausgesetzt.

(7) Das Berufungsverfahren ist innerhalb von zwei Wochen nach Einlegung der Berufung abzuschließen. Über das Ergebnis des Berufungsverfahrens informiert der Ständige Vertreter die Obersten Landesjugendbehörden und die USK die in der USK beteiligten Verbände sowie den Antragsteller spätestens an dem auf den Prüftag folgenden Werktag.

§ 15 Appellationsverfahren

(1) Jede Oberste Landesjugendbehörde sowie die in der USK beteiligten Verbände im Einvernehmen mit dem Antragsteller können nach Abschluss des Berufungsverfahrens eine erneute Prüfung verlangen.

(2) Die zur Appellation Berechtigten müssen gegenüber der USK innerhalb von fünf Werktagen nach der Übermittlung des Ergebnisses des Berufungsverfahrens (§14 Abs. 6) schriftlich mitteilen, wenn sie erwägen, Appellation einzulegen (Appellationsbegehren).

(3) Die Mitteilung des Appellationsbegehrens durch einen zur Appellation Berechtigten gegenüber der USK hat im Hinblick auf die Wirksamkeit des Prüfentscheids aufschiebende Wirkung. Die USK übersendet diesem den Jugendentscheid des Regelausschusses und des Berufungsausschusses sowie den Bericht des Sichters und ermöglicht ihm die Einsichtnahme in alle Prüfunterlagen in den Räumen der USK innerhalb von maximal zehn Werktagen. Die Appellation kann nur innerhalb von fünf Werktagen nach der Einsichtnahme begründet eingelegt werden. Die Appellation ist schriftlich zu begründen unter genauer Angabe, welche Altersfreigabe gefordert wird. Nach einspruchslosem Ablauf der Fristen wird der Prüfentscheid wirksam.

(4) Der Antragsteller hat das Recht auf Stellungnahme und Anhörung während der Präsentation. Der Ständige Vertreter und ein Vertreter der in der USK beteiligten Verbände können auf Wunsch der Mitglieder des Appellationsausschusses während der Präsentation (§ 10 Abs. 4) angehört werden.

(5) Das Verfahren ist nach maximal zehn Werktagen ab dem Tag des Einlegens der Appellation abzuschließen.

(6) Nach der Entscheidung über die Appellation oder Ablauf der Fristen ist eine weitere Appellation nicht mehr möglich.

[...]

D. Prüfung der Spiele

§ 19 Prüfung auf Freigabe für Kinder und Jugendliche

(1) Die USK prüft mit Spielen programmierte Bildträger daraufhin, ob die Voraussetzung einer Freigabe und Kennzeichnung nach § 14 JuSchG gegeben sind und welcher Altersgruppe sie zugänglich gemacht werden dürfen.

(2) In Auslegung dieser Gesetzesvorschriften wird Folgendes festgestellt:

USK-Grundsätze **Anhang**

1. Unter Beeinträchtigungen sind Hemmungen, Störungen oder Schädigungen zu verstehen.
2. Zu berücksichtigen sind alle Beeinträchtigungen in Verbindung mit der Gesamtwirkung des Spiels. Beeinträchtigungen können sowohl vom Inhalt des Bildträgers im Ganzen als auch von seinen Einzelheiten ausgehen.
3. Insbesondere Inhalte von Spielen, welche die Nerven überreizen, übermäßige Belastungen hervorrufen, die Phantasie über Gebühr erregen, die charakterliche, sittliche (einschließlich religiöse) oder geistige Erziehung hemmen, stören oder schädigen oder sozialethisch desorientierend wirken, können die Entwicklung von Kindern und Jugendlichen oder ihre Erziehung zu einer eigenverantwortlichen und gemeinschaftsfähigen Persönlichkeit beeinträchtigen.
4. Ein Spiel darf für eine Altersgruppe nur dann freigegeben werden, wenn es die Entwicklung oder Erziehung keines Jahrganges dieser Altersgruppe beeinträchtigen kann. Dabei ist nicht nur auf den durchschnittlichen, sondern auch auf den gefährdungsgeneigten Minderjährigen abzustellen, Extremfälle sind auszunehmen.

(3) Schwer jugendgefährdende Spiele [...] sowie Bildträger mit Spielen oder Anteilen von Spielen, die in die Liste nach § 18 JuSchG aufgenommen sind, werden nicht gekennzeichnet (§ 14 Abs. 3 JuSchG).

(4) Das gleiche gilt auch für Spiele, die mit in die Liste jugendgefährdender Medien aufgenommenen Spielen im Wesentlichen inhaltsgleich sind oder bei denen die Voraussetzungen für eine Aufnahme in diese Liste vorliegen (§ 14 Abs. 4 JuSchG).

§ 20 Jugendentscheide

(1) Das Ergebnis der Prüfausschüsse wird in einem Jugendentscheid festgehalten. Der Jugendentscheid muss alle für den Entscheidungsprozess des jeweiligen Prüfverfahrens relevanten Daten und Informationen des Prüfobjektes enthalten, insbesondere eine Beschreibung der wesentlichen Inhalte sowie die relevanten Gründe für die empfohlene Alterskennzeichnung. Bei Auflagen sind diese so genau wiederzugeben, dass aufgrund der Angaben ihre Einhaltung überprüft werden kann.

(2) Die Jugendentscheide werden durch ein Mitglied des Prüfausschusses erstellt, durch den Vorsitzenden oder Vorsitzende autorisiert und durch den Ständigen Vertreter unterzeichnet. Nach Unterzeichnung werden sie dem Antragsteller übersandt. Zur Sicherung eines einheitlichen Qualitätsstandards des Jugendentscheids kann der Ständige Vertreter auf die Kompetenz der USK zurückgreifen.

(3) Dem Antragsteller und den Obersten Landesjugendbehörden ist binnen einer Frist von höchstens sechs Wochen nach der Prüfung ein Jugendentscheid zugänglich zu machen. Die Frist verkürzt sich auf fünf Werktage, sofern einer der Berechtigten gegen die Entscheidung des jeweiligen Prüfgremiums ein Rechtsmittel nach Maßgabe der Grundsätze einlegt oder der Fall eines Prüfentscheids unter Auflagen gemäß § 10 Abs. 7 eintritt.

Anhang Grundsätze, Richtlinien, Satzung

(4) Die Jugendentscheide werden nicht veröffentlicht. Sie werden den Obersten Landesjugendbehörden, den Jugendschutzsachverständigen sowie dem Beirat zugänglich gemacht. Sie dürfen nur zum internen Gebrauch verwendet werden. Eine Weitergabe an Dritte erfolgt durch die USK nur im Ausnahmefall, nach Veröffentlichung des Titels und im Einvernehmen mit dem Ständigen Vertreter nur zu wissenschaftlichen Zwecken.

§ 21 Übernahme der Prüfvoten durch die Länder

(1) Die Obersten Landesjugendbehörden sind gemäß § 14 JuSchG zuständig für die Entscheidung über die Freigabe und Kennzeichnung von mit Spielen programmierten Bildträgern, die Kindern und Jugendlichen in der Öffentlichkeit zugänglich gemacht werden sollen. Sie bedienen sich gemäß Vereinbarung der Länder über die Freigabe und Kennzeichnung von Spielen der Prüftätigkeit der Ausschüsse der USK als gutachterlicher Stelle.

(2) Die Prüfentscheide der Ausschüsse werden nach ihrer Wirksamkeit durch den Ständigen Vertreter als eigene Entscheidungen der Obersten Landesjugendbehörden übernommen.

[…]

3. Gemeinsame Richtlinien der Landesmedienanstalten zur Gewährleistung des Schutzes der Menschenwürde und des Jugendschutzes (Jugendschutzrichtlinien – JuSchRiL)

vom 8./9. März 2005

1. Präambel: Grundlagen und Organisation des Jugendschutzes

1.1 Die Rundfunkveranstalter und die Telemedienanbieter sind für die Gewährleistung des Schutzes der Kinder und Jugendlichen vor Angeboten in elektronischen Informations- und Kommunikationsmedien, die deren Entwicklung oder Erziehung beeinträchtigen oder gefährden, sowie des Schutzes vor solchen Angeboten in elektronischen Informations- und Kommunikationsmedien, die die Menschenwürde oder sonstige durch das Strafgesetzbuch geschützte Rechtsgüter verletzen, bei der Gestaltung ihres Angebots verantwortlich. Sie prüfen vor der Verbreitung bzw. dem Zugänglichmachen die mögliche entwicklungsbeeinträchtigende Wirkung ihres Angebots auf Kinder und Jugendliche in eigener Verantwortung, soweit sie nicht nach §§ 4, 5 Abs. 4, 8 und 10 Abs. 1 JMStV an die dort genannten Bewertungen gebunden sind oder soweit nicht Richtlinien bzw. Einzelentscheidungen der Landesmedienanstalten oder der KJM Bindungen begründen. Die Anbieter bestellen gemäß § 7 JMStV einen Jugendschutzbeauftragten, der die zur Erfüllung seiner Aufgaben erforderliche Fachkunde auf dem Gebiet des Jugendschutzes besitzt.

1.2 Die KJM entscheidet als Organ für die jeweils zuständige Landesmedienanstalt abschließend über Einzelfälle und überwacht die Einhaltung der Bestimmungen des Jugendmedienschutz- Staatsvertrages. Sie wird im Bereich der Telemedien von jugendschutz.net gemäß § 18 Abs. 2 JMStV unterstützt. Die KJM arbeitet mit der Bundesprüfstelle für jugendgefährdende Medien zusammen, insbesondere bei den Verfahren nach § 16 Satz 2 Nr. 7 JMStV i. V. m. § 21 JuSchG.

1.3 Die Anbieter können sich anerkannter Einrichtungen der Freiwilligen Selbstkontrolle bedienen, die die vorgelegten Angebote sowie die Einhaltung der Jugendschutzbestimmungen überprüfen.

1.4 Die nach Landesrecht zuständigen Gremien der Landesmedienanstalten stellen gemäß § 15 Abs. 2 JMStV mit den in der ARD zusammengeschlossenen Landesrundfunkanstalten und dem ZDF das Benehmen beim Erlass ihrer Richtlinien und Satzungen her, da die materiell-rechtlichen Bestimmungen des JMStV für den privaten wie für den öffentlich-rechtlichen Rundfunk gleichermaßen gelten. Die nach Landesrecht zuständigen Gremien der Landesmedienanstalten führen mit dem öffentlich-rechtlichen Rundfunk und der KJM einen gemeinsamen Erfahrungsaustausch in der Anwendung des Jugendmedienschutzes durch, um möglichst eine einheitliche Handhabung des Jugendschutzes im öffentlich-rechtlichen und im privaten Rundfunk zu erreichen.

Anhang Grundsätze, Richtlinien, Satzung

1.5 Der am 1. April 2003 in Kraft getretene Jugendmedienschutz-Staatsvertrag
- [ ] trägt der eingetretenen Konvergenz im Medienbereich durch Schaffung eines einheitlichen Rechtsrahmens in Rundfunk und Telemedien Rechnung und
- [ ] folgt dem Leitprinzip der Eigenverantwortung des Anbieters, der sich zu deren Erfüllung Einrichtungen Freiwilliger Selbstkontrolle unter Beibehaltung der hoheitlichen Regulierungskompetenz für einen effektiven Jugendschutz im Sinne einer „regulierten Selbstregulierung" bedienen kann.

Die Jugendschutzrichtlinien konkretisieren die gesetzlichen Anforderungen des JMStV und liefern entsprechende Vorgaben und Handlungsanweisungen, soweit Regelungsbedarf gesehen wird. Die Regelungen sind nicht abschließend.

2. Unzulässige Angebote (§ 4 JMStV)

Nachfolgend werden Begriffe im Zusammenhang mit unzulässigen Angeboten i. S. d. § 4 JMStV näher konkretisiert:

2.1 Virtuelle Darstellungen (§ 4 Abs. 1 Satz 1 Nrn. 5, 9 und 10 JMStV)
Die in § 4 Abs. 1 Satz 1 Nrn. 5, 9 und 10 JMStV verwendete Formulierung „virtuelle Darstellung" ist deklaratorisch. Virtuelle Darstellungen, in denen die dargestellten Wesen nach objektiven Maßstäben physisch als Menschen erscheinen, sind Darstellungen tatsächlichen Geschehens gleichgestellt.

2.2 Unnatürlich geschlechtsbetonte Körperhaltung (§ 4 Abs. 1 Satz 1 Nr. 9 JMStV)
2.2.1 Geschlechtsbetont ist eine Körperhaltung, wenn die sexuelle Anmutung des Menschen in den Vordergrund gerückt wird, wobei nicht erforderlich ist, dass die Darstellung pornographisch ist.
2.2.2 Unnatürlich ist eine geschlechtsbetonte Körperhaltung insbesondere wenn beim Betrachter der Eindruck eines sexuell anbietenden Verhaltens in einer Weise erweckt wird, die dem jeweiligen Alter der dargestellten Person nicht entspricht. Hierbei sind auch die dargestellte Situation und der konkrete Gesamteindruck der Darstellung im Einzelfall zu berücksichtigen. Dabei ist nicht maßgeblich, ob die gezeigte Person tatsächlich noch nicht 18 Jahre ist, sondern ausschlaggebend ist der Eindruck, der für den Betrachter entsteht.

2.3 Pornographie (§ 4 Abs. 1 Satz 1 Nr. 10 und Abs. 2 Satz 1 Nr. 1 JMStV)
2.3.1 Unter Pornographie ist eine Darstellung zu verstehen, die unter Ausklammerung sonstiger menschlicher Bezüge sexuelle Vorgänge in grob aufdringlicher Weise in den Vordergrund rückt und die in ihrer Gesamttendenz ausschließlich oder überwiegend auf sexuelle Stimulation angelegt ist, sowie dabei die im Einklang mit allgemeinen gesellschaftlichen Wertevorstellungen gezogenen Grenzen eindeutig überschreitet.
2.3.2 Werbung für pornographische Angebote ist nur unter den Bedingungen zulässig, die auch für die Verbreitung des Angebots selbst gelten.

2.4 Offensichtlich schwere Jugendgefährdung (§ 4 Abs. 2 Satz 1 Nr. 3 JMStV)

2.4.1 § 4 Abs. 2 Satz 1 Nr. 3 JMStV ist eine Generalklausel und erfasst diejenigen Angebote, die offensichtlich geeignet sind, Kinder oder Jugendliche in ihrer Erziehung zu einer eigenverantwortlichen und gemeinschaftsfähigen Persönlichkeit schwer zu gefährden.
2.4.2 Mit der Veränderung der Begrifflichkeiten durch die Neuregelung des § 4 Abs. 2 Satz 1 Nr. 3 JMStV ist im Übrigen keine inhaltliche Änderung der bestehenden Praxis eingetreten.
2.4.3 Offensichtlich ist die schwere Gefährdung, wenn sie für jeden unbefangenen Beobachter bei verständiger Würdigung erkennbar ist.

3. Entwicklungsbeeinträchtigende Angebote (§ 5 JMStV)

Nachfolgend werden Begriffe im Zusammenhang mit entwicklungsbeeinträchtigenden Angeboten des § 5 JMStV näher konkretisiert.
3.1 Entwicklungsbeeinträchtigung (§ 5 Abs. 1 JMStV)
3.1.1 Die Formulierungen im Jugendmedienschutz-Staatsvertrag stellen den Bezug zum Recht von Kindern und Jugendlichen auf Erziehung (§ 1 Abs. 1 des Achten Buches Sozialgesetzbuch) und den Kinderrechten insgesamt her. Dabei werden eine individuelle (Eigenverantwortlichkeit) und eine soziale (Gemeinschaftsfähigkeit) Komponente angesprochen. Dies präzisiert die bisherige Formulierung (Beeinträchtigung des körperlichen, geistigen oder seelischen Wohls von Kindern und Jugendlichen) dahingehend, dass – wie eigentlich bisher auch schon – nicht nur die Unversehrtheit des Individuums, sondern die Persönlichkeit mit ihrem Sozialbezug insgesamt zu beachten ist. Die Beeinträchtigung der Erziehung ist einzubeziehen.
3.1.2 Die Beurteilung der Beeinträchtigung hat an den schwächeren und noch nicht so entwickelten Mitgliedern der Altersgruppe zu erfolgen. Die mögliche Wirkung auf bereits gefährdungsgeneigte Kinder und Jugendliche ist angemessen zu berücksichtigen.
3.1.3 Es ist nicht erforderlich, die Beeinträchtigung im Einzelnen nachzuweisen; es reicht bereits die Eignung eines Angebots zur Entwicklungsbeeinträchtigung einer bestimmten Altersgruppe dafür aus, dass die entsprechenden Restriktionen zu beachten sind.
3.2 Zeitgrenzen für entwicklungsbeeinträchtigende Angebote (§ 5 Abs. 2, Abs. 3 Nr. 2 i. V. m. Abs. 4 JMStV)
3.2.1 Der Anbieter ist für die Wahl des Zeitpunkts, in der Angebote im Sinne von § 5 Abs. 1 i. V. m. Abs. 3 Nr. 2 JMStV verbreitet oder zugänglich gemacht werden, verantwortlich.
3.2.2 Filme im Sinne des § 5 Abs. 4 Satz 3 JMStV sind auch andere Datenträger, die aufgrund des § 14 des Jugendschutzgesetzes (JuSchG) freigegeben sind.
3.2.3 Die Zeitgrenzen sind für die gesamte Dauer des Angebots einzuhalten.
3.2.4 Ein Anbieter hat seiner Pflicht aus § 5 Abs. 1 JMStV i. V. m. § 5 Abs. 3 Nr. 2 JMStV bzw. § 5 Abs. 4 Satz 3 JMStV jedenfalls dann Rechnung getragen, wenn er Angebote, die geeignet sind, die Entwicklung von Kindern unter 12 Jahren zu einer eigenverantwortlichen und gemeinschaftsfähigen

Anhang Grundsätze, Richtlinien, Satzung

Persönlichkeit zu beeinträchtigen, nur zwischen 20 Uhr und 6 Uhr verbreitet oder zugänglich macht.

3.3 Berechtigtes Interesse (§ 5 Abs. 6 JMStV)

Ein berechtigtes Interesse gerade an dieser Form der Darstellung oder Berichterstattung liegt vor, wenn ein hohes Informationsbedürfnis der Öffentlichkeit wegen der Bedeutung der Nachricht besteht und dieses nicht von Bild- und Tonmaterial erfüllt werden kann, das jugendschutzrechtlich unbedenklich ist.

3.4 Technische Mittel (§ 5 Abs. 3 Nr. 1 JMStV)

3.4.1 Unter technischen Mitteln im Sinne des § 5 Abs. 3 Nr. 1 JMStV versteht man Mittel im Rundfunk und in Telemedien, die von ihrer Wirksamkeit den Zeitgrenzen des § 5 Abs. 3 Nr. 2 JMStV gleichzusetzen sind. Der Staatsvertrag sieht ausdrücklich zwei Beispiele für ein technisches Mittel vor: für den Bereich des Rundfunks die Vorsperre in § 9 Abs. 2 JMStV und für den Bereich der Telemedien das anerkannte Jugendschutzprogramm in § 11 JMStV.

3.4.2 Daneben sind auch weitere technische Mittel i. S. d. § 5 Abs. 3 Nr. 1 JMStV vorstellbar, die die Anforderungen des § 5 Abs. 3 Nr. 1 JMStV erfüllen. Jedenfalls stellt ein von der KJM positiv bewertetes System zur Umsetzung der geschlossenen Benutzergruppe i. S. d. § 4 Abs. 2 Satz 2 JMStV, das als Zugangsschutz bei entwicklungsbeeinträchtigenden Darstellungen vorgeschaltet wird, zugleich ein „technisches Mittel" i. S. d. § 5 Abs. 3 Nr. 1 JMStV dar.

3.4.3 Für das Vorliegen eines weiteren technischen oder sonstigen Mittels i. S. d. § 5 Abs. 3 Nr. 1 JMStV liegt die Verantwortung gemäß § 5 JMStV ausschließlich beim Anbieter.

3.4.4 Ein Anbieter kann von den Sendezeitbeschränkungen für Sendungen in § 5 Abs. 4 JMStV nach Maßgabe der nach § 9 Abs. 2 JMStV von den Landesmedienanstalten erlassenen übereinstimmenden Satzungen abweichen.

4. Vorschriften für Rundfunk

Die nachfolgenden Regelungen gelten sowohl für Fernsehen als auch für Hörfunk soweit nicht etwas anderes formuliert ist.

4.1 Festlegung der Sendezeit für Fernsehsendungen und -serien (§ 8 Abs. 1 JMStV)

4.1.1 Für Fernsehsendungen, die inhaltsgleich mit Trägermedien sind, für die bereits eine Alterskennzeichnung nach § 14 Abs. 2 JuSchG vorliegt, gilt die Vermutung des § 5 Abs. 2 JMStV in Verbindung mit Abs. 4 JMStV.

4.1.2 Die Verpflichtung des Anbieters nach § 5 Abs. 1 JMStV, dafür Sorge zu tragen, dass Kinder oder Jugendliche der betroffenen Altersstufen üblicherweise nicht wahrnehmen, die geeignet sind, die Entwicklung von Kindern oder Jugendlichen zu einer eigenverantwortlichen und gemeinschaftsfähigen Persönlichkeit zu beeinträchtigen, bleibt unberührt.

4.1.3 Für Sendungen, auf die das Jugendschutzgesetz keine Anwendung findet, sowie für Filme, die keine Kennzeichnung nach § 14 Abs. 2 JuSchG haben, ergeben sich weiter Sendezeitbeschränkungen im Einzelfall, wenn sie einer anerkannten Freiwilligen Selbstkontrolle – in der Regel im Rahmen von Vorlageselbstverpflichtungen – oder der KJM zur Altersprüfung vorab vorgelegt wurden.

4.1.4 Der Anbieter soll bei Sendungen, die aufgrund ihres fortlaufenden Geschehens oder der durchgängig auftretenden Charaktere (Serien) besondere Wirkungen haben, die Sendezeit für alle Einzelfolgen einer Serie so wählen, dass alle Einzelfolgen ohne Beanstandung zu dieser Zeit gesendet werden könnten.

4.1.5 Bei einer Folge einer Fernsehserie sind Maßnahmen der KJM bei einem von der KJM festgestellten Verstoß des Anbieters gegen die Bestimmungen des JMStV nach § 20 Abs. 3 JMStV nur dann unzulässig, wenn der Anbieter nachweist, dass er die konkrete Folge der Serie vor ihrer Ausstrahlung einer anerkannten Einrichtung der Freiwilligen Selbstkontrolle vorgelegt und deren Vorgaben beachtet hat sowie wenn die Entscheidung oder die Unterlassung der Entscheidung der anerkannten Einrichtung der Freiwilligen Selbstkontrolle nicht die rechtlichen Grenzen des Beurteilungsspielraums überschreitet. Bewertungen der anerkannten Einrichtung der Selbstkontrolle zu anderen Folgen dieser Fernsehserie werden – soweit geeignet – bei der Entscheidung der KJM einbezogen.

4.2 Festlegung der Sendezeit für sonstige Sendeformate (§ 8 Abs. 2 JMStV)

4.2.1 Maßstab ist die Beeinträchtigung der Entwicklung und Erziehung von
Kindern oder Jugendlichen zu einer eigenverantwortlichen und gemeinschaftsfähigen Persönlichkeit (§ 14 Abs. 1 JuSchG und § 5 Abs. 1 JMStV).

4.2.2 Die Regelung gilt für Rundfunkangebote und damit sowohl für Fernsehen als auch für Hörfunk. Betroffen sind sowohl aufgezeichnete als auch live ausgestrahlte Formate und Mischungen aus beiden Formen.

4.2.3 Zu erfolgen hat eine Gesamtbewertung des Sendeformats, wobei insbesondere die Ausgestaltung nach Thema, Themenbehandlung, Gestaltung und Präsentation in ihrer Wirkung auf Kinder und Jugendliche zu bedenken ist. Dabei soll eine möglichst konkrete Gefahrenprognose vorgenommen werden. Die hier aufgezählten Kriterien ermöglichen eine Beurteilung über die Wirkung von Einzelsequenzen hinaus. Auch die Rückwirkung der vom Veranstalter zu verantwortenden Aufbereitung in anderen Medienarten wie Printmedien oder Internet auf die Rezeption einer Sendung kann für eine derartige Gesamtbeurteilung Bedeutung gewinnen.

4.3 Ausnahmeregelungen (§ 9 Abs. 1 JMStV)

4.3.1 Ein Abweichen von der Vermutung des § 5 Abs. 2 JMStV ist nur zulässig, wenn vor der Ausstrahlung des Angebots eine Ausnahme gemäß § 9 Abs. 1 JMStV gestattet worden ist. Über die Ausnahme im Einzelfall wird auf den jeweiligen Antrag des Anbieters durch die zuständige Landesmedienanstalt auf der Grundlage der bindenden Entscheidung der KJM oder durch eine von dieser anerkannten Einrichtung der Freiwilligen Selbstkontrolle entschieden.

4.3.2 Die Erteilung einer Ausnahmegenehmigung ist auch erforderlich, wenn die Freigabeentscheidung der obersten Landesbehörde nach den §§ 14 ff. JuSchG mehr als 15 Jahre zurückliegt.

4.3.3 Die Erteilung einer Ausnahmegenehmigung ist auch erforderlich, wenn der zu sendende Film nicht identisch ist mit der von der obersten

Anhang Grundsätze, Richtlinien, Satzung

Landesbehörde freigegebenen Fassung, der Inhalt aber im Wesentlichen übereinstimmt.

4.3.4 Allgemein zugelassen werden folgende Ausnahmen
– Filme, die vor 1970 nach dem Gesetz zum Schutze der Jugend in der Öffentlichkeit (JÖSchG) von der obersten Landesbehörde mit „freigegeben ab 16 Jahren" gekennzeichnet worden sind und deren Bewertung auf der Darstellung des Verhältnisses der Geschlechter zueinander beruht, können bis zum Erlass einer anderweitigen Regelung ab 6.00 Uhr gesendet werden; dies gilt nicht, wenn der Film zugleich durch Sexdarstellungen oder Darstellungen von Gewalt geprägt ist.
– Filme, die nach dem Gesetz zum Schutze der Jugend in der Öffentlichkeit (JÖSchG) von der obersten Landesbehörde mit „freigegeben ab 16 Jahren" gekennzeichnet worden sind und deren Bewertung länger als 15 Jahre zurückliegt, können ab 20.00 Uhr gesendet werden, wenn deren Bewertung auf der Darstellung des Verhältnisses der Geschlechter zueinander beruht; dies gilt nicht, wenn der Film zugleich durch Sexdarstellungen oder Darstellungen von Gewalt geprägt ist.
– Macht der Rundfunkveranstalter hiervon Gebrauch, hat er durch organisatorische Vorkehrungen zu gewährleisten, dass die Bewertung sachkundig begründet und dokumentiert wird; auf Verlangen ist die Bewertung vorzulegen.

4.3.5 Im Übrigen sind Ausnahmegenehmigungen im Einzelfall zu beantragen. Der Rundfunkveranstalter hat im Antrag anzugeben, zu welcher Sendezeit der Film gesendet werden soll. Ausnahmen im Einzelfall werden in der Regel für die Sendezeiten ab 6.00 Uhr, ab 20.00 Uhr oder ab 22.00 Uhr gestattet.

4.3.6 Anträge auf Ausnahmegenehmigungen im Einzelfall, die bei der zuständigen Landesmedienanstalt gestellt werden, sind schriftlich zu stellen, mit einer eindeutigen Identifizierung des Films, der Angabe der Sendezeit und einer Begründung; beizufügen ist das Schnittprotokoll, falls der Film geschnitten wurde.

4.3.7 Die KJM bezieht in ihre Entscheidung ein:
– den Jugendentscheid der obersten Landesbehörde, von dem abgewichen werden soll, mit vollständiger Begründung,
– eine vom Veranstalter zu stellende Kopie des Filmes, wenn dies für die Entscheidung erforderlich ist.

4.3.8 Im Falle der Ablehnung einer Ausnahmegenehmigung kann der Veranstalter für einen Film in entscheidend geänderter Fassung oder bei entscheidend geänderten Umständen und Erkenntnissen erneut eine Ausnahmegenehmigung beantragen.

4.4 Programmankündigungen (§ 10 Abs. 1 JMStV)

4.4.1 Programmankündigungen gemäß § 10 Abs. 1 JMStV sind Ankündigungen von Sendungen, die auf Sendeplätze hinweisen. Entscheidend ist der Ankündigungscharakter.

4.4.2 Bewegtbilder gemäß § 10 Abs. 1 JMStV sind neben Filmszenen auch ursprünglich stehende Bilder, die durch Hintereinanderschaltung, Kamerabewegungen, Zooms, elektronische Effekte oder anderweitige Bearbeitung den Eindruck eines Bewegtbildes entstehen lassen.

4.4.3 Programmankündigungen mit Bewegtbildern folgen der entsprechenden Einstufung des Angebots selbst nach § 5 Abs. 4 JMStV. Sie unterliegen damit den gleichen Beschränkungen wie das Angebot selbst.

4.4.4 Programmankündigungen mit Bewegtbildern für vorgesperrte Sendungen gemäß § 5 Abs. 3 Nr. 1 JMStV i. V. m. § 5 Abs. 1 und 2 Jugendschutzsatzung dürfen außerhalb der Zeitgrenzen nach § 5 Abs. 4 JMStV nur vorgesperrt ausgestrahlt werden.

4.4.5 Programmankündigungen mit Bewegtbildern für entgeltpflichtige Sendungen im Einzelabruf dürfen außerhalb des entgeltpflichtigen Einzelabrufs und außerhalb der Zeitgrenzen nach § 5 Abs. 4 JMStV nur vorgesperrt ausgestrahlt werden.

4.5 Kenntlichmachung (§ 10 Abs. 2 JMStV)

4.5.1 Durch die Neuregelung des § 10 Abs. 2 JMStV ist keine inhaltliche Änderung der bestehenden Regelungen eingetreten.

4.5.2 Alle Sendungen, die gemäß § 5 Abs. 4 JMStV nur zwischen 22.00 Uhr und 06.00 Uhr verbreitet werden dürfen, sind kenntlich zu machen. Dies gilt auch für nicht vorgesperrte Sendungen im digitalen Fernsehen.

4.5.3 Der Verpflichtung aus § 10 Abs. 2 JMStV wird durch eine akustische Ankündigung zu Beginn der Sendung gemäß 4.5.4. bzw. 4.5.5 entsprochen. Dies gilt auch für nicht vorgesperrte Sendungen im digitalen Fernsehen.

4.5.4 Die akustische Ankündigung von Sendungen, die nur zwischen 22.00 Uhr und 6.00 Uhr verbreitet werden dürfen, lautet: „Die folgende Sendung ist für Zuschauer unter 16 Jahren nicht geeignet".

4.5.5 Die akustische Ankündigung von Sendungen, die nur zwischen 23.00 Uhr und 6.00 Uhr verbreitet werden dürfen, lautet: „Die folgende Sendung ist für Zuschauer unter 18 Jahren nicht geeignet".

4.6. Vorlagefähigkeit (§ 20 JMStV)

4.6.1 Bei der Beurteilung der Vorlagefähigkeit einer Sendung ist auf die Aktualität des jeweiligen Geschehens im Einzelfall abzustellen.

4.6.2 Die Vorlagefähigkeit kann sich auch nur auf einen Teil der Sendung beziehen.

4.6.3 Regelmäßig nicht vorlagefähig sind Live-Sendungen und Einspielungen aktueller Geschehnisse, beispielsweise in Nachrichtensendungen, die jeweils keiner anerkannten Selbstkontrolleinrichtung vor Ausstrahlung hätten vorgelegt werden können, ohne die Ausstrahlung wegen Zeitablaufs überflüssig zu machen.

5. Vorschriften für Telemedien

Die nachfolgenden Regelungen gelten für Angebote in Telemedien.

5.1 Geschlossene Benutzergruppe (§ 4 Abs. 2 Satz 2 JMStV)

5.1.1 Von Seiten des Anbieters ist sicherzustellen, dass Angebote im Sinne des § 4 Abs. 2 Satz 1 JMStV nur Erwachsenen zugänglich gemacht werden. Dies ist durch zwei Schritte sicherzustellen:
- durch eine Volljährigkeitsprüfung, die über persönlichen Kontakt erfolgen muss, und
- durch Authentifizierung beim einzelnen Nutzungsvorgang.

Anhang Grundsätze, Richtlinien, Satzung

5.1.2 Voraussetzung für eine verlässliche Volljährigkeitsprüfung ist die persönliche Identifizierung von natürlichen Personen inklusive der Überprüfung ihres Alters. Hierfür ist ein persönlicher Kontakt („face-to-face- Kontrolle") mit Vergleich von amtlichen Ausweisdaten (Personalausweis, Reisepass) erforderlich.

5.1.3 Die Authentifizierung hat sicherzustellen, dass nur identifizierte und altersgeprüfte Personen Zugang zu geschlossenen Benutzergruppen erhalten, und soll die Weitergabe von Zugangsdaten an unautorisierte Dritte erschweren.

5.1.4 Eine Anerkennung von Systemen zur Umsetzung der geschlossenen Benutzergruppe i. S. d. § 4 Abs. 2 Satz 2 JMStV durch die KJM ist im JMStV nicht vorgesehen. Die Verantwortung hierfür liegt gemäß § 4 Abs. 2 JMStV grundsätzlich beim Anbieter.

5.2 Jugendschutzprogramme (§ 11 JMStV)

5.2.1 Jugendschutzprogramme müssen einen nach Altersstufen differenzierten Zugang zu entwicklungsbeeinträchtigenden Inhalten bieten oder vergleichbar geeignet sein. Bei Jugendschutzprogrammen muss die Wahrnehmung von beeinträchtigenden Inhalten für Kinder und Jugendliche der entsprechenden Altersstufen unmöglich gemacht oder zumindest wesentlich erschwert werden. Die Programme können vom Anbieter entweder programmiert oder vorgeschaltet werden und müssen der KJM vorab zur Anerkennung vorgelegt werden.

5.2.2 Neben der technischen Wirksamkeit von Jugendschutzprogrammen ist eine Wirksamkeit von Jugendschutzprogrammen in Bezug auf die Nutzer und ihren sozialen Kontext erforderlich. Bei der Bewertung sind insbesondere die Akzeptanz der Eltern, die gesellschaftliche Akzeptanz, die Benutzerfreundlichkeit und Fördermaßnahmen zum sinnvollen Gebrauch zu berücksichtigen.

5.2.3 Modellversuche gemäß § 11 Abs. 6 JMStV sind grundsätzlich als ergebnisoffen zu verstehen und stellen keine Garantie für eine Anerkennung dar. Für die Durchführung von Modellversuchen muss als Voraussetzung gegeben sein, dass bei den dafür vorgesehenen Programmen ein Weiterentwicklungspotenzial gegeben ist.

5.3 Kennzeichnungspflicht (§ 12 JMStV)

Auf die Kennzeichnung für die jeweilige Altersstufe muss in Telemedien deutlich, d.h. ohne weitere Zugriffsschritte erkennbar, möglichst durch ein der Anordnung nach § 12 Abs. 2 Nr. 1 JuSchG entsprechendes Zeichen hingewiesen werden.

6. Jugendschutzbeauftragter (§ 7 JMStV)

6.1 Nimmt eine Einrichtung der Freiwilligen Selbstkontrolle die Funktion des Jugendschutzbeauftragten gemäß § 7 Abs. 2 JMStV wahr, hat sie sicherzustellen, dass sie die Anforderung des § 7 Abs. 3 bis 5 JMStV insoweit erfüllt.

6.2 Der Jugendschutzbeauftragte soll Ansprechpartner für den Nutzer sein. Es ist eine Kontaktmöglichkeit anzugeben.

7. Jugendschutz in Werbung und Teleshopping (§ 6 JMStV)

Für Werbung in Rundfunk und in Telemedien gelten die sonstigen Bestimmungen des Jugendmedienschutz-Staatsvertrages (insbesondere §§ 4 und 5 JMStV), die Bestimmungen des Rundfunkstaatsvertrages (insb. § 44 Abs. 1 RStV) und des Mediendienste-Staatsvertrages (§ 13 MDStV).

7.1 Werbung, die sich an Kinder richtet, ist insbesondere unzulässig, wenn sie direkte Kaufaufforderungen enthält. Ihnen sind solche Kaufaufforderungen gleichzustellen, die lediglich eine Umschreibung direkter Kaufaufforderungen enthalten. Unerfahrenheit und Leichtgläubigkeit werden bei Kindern vermutet. Werbung, die sich an Jugendliche richtet, ist insbesondere unzulässig, wenn sie direkte Kaufaufforderungen an Jugendliche richtet, die deren Unerfahrenheit und Leichtgläubigkeit ausnutzen.

7.2 Unter Inhalt im Sinne des § 6 Abs. 3 JMStV sind Produkte und Dienstleistungen zu verstehen.

7.3 Werbung, die sich auch an Kinder richtet, ist insbesondere unzulässig, wenn

1. sie einen Vortrag über besondere Vorteile oder Eigenarten des Produktes enthält, die nicht den natürlichen Lebensäußerungen der Kinder entsprechen;
2. sie für Produkte, die selbst Gegenstand von Kinderangeboten sind, vor oder nach einer Sendung in einem Werbeblock geschaltet wird;
3. sie im Rundfunk prägende Elemente enthält, die auch Bestandteil der Kindersendung vor oder nach dem Werbeblock sind.

7.4 Werbung, die sich auch an Kinder und Jugendliche richtet, ist insbesondere unzulässig, wenn

1. sie strafbare Handlungen oder sonstiges Fehlverhalten, durch das Personen gefährdet sind oder ihnen geschadet werden kann, als nachahmenswert oder billigenswert darstellt;
2. sie aleatorische Werbemittel (z. B. Gratisverlosungen, Preisausschreiben und -rätsel u. ä.) in einer Art und Weise einsetzt, die geeignet ist, die Umworbenen irrezuführen, durch übermäßige Vorteile anzulocken, deren Spielleidenschaft auszunutzen oder anreißerisch zu belästigen.

Anhang Grundsätze, Richtlinien, Satzung

4. Satzung zur Gewährleistung des Jugendschutzes in digital verbreiteten privaten Fernsehangeboten (Jugendschutzsatzung – JSS)

vom 18. Dezember 2003

Auf Grund § 9 Abs. 2 Satz 1 des Staatsvertrags über den Schutz der Menschenwürde und den Jugendschutz in Rundfunk und Telemedien (Jugendmedienschutz-Staatsvertrag – JMStV) vom 10./27. September 2002 (GVBl 2003, S. 147, BayRS 2251-16-S) erlässt die Bayerische Landeszentrale für neue Medien übereinstimmend mit den übrigen Landesmedienanstalten die folgende Satzung

§ 1 Anwendungsbereich

Diese Satzung gilt für in digitaler Technik verbreitete private Fernsehangebote. Sie gilt auch für den Einzelabruf von Sendungen gegen Entgelt, soweit es sich hierbei um Rundfunk handelt (§ 20 Abs. 2 Satz 2 RStV).

§ 2 Grundsatz

(1) Ein Anbieter kann von den Sendezeitbeschränkungen für Sendungen in § 5 Abs. 4 JMStV nach Maßgabe dieser Satzung abweichen, wenn er die einzelne Sendung
1. nur mit einer allein für diese verwandten Technik verschlüsselt und vorsperrt (Vorsperrung) und
2. sicherstellt, dass die Freischaltung nach Maßgabe dieser Satzung nur für die Dauer der Sendung möglich ist.

§ 3 Vorsperrung

(1) Eine Vorsperrung im Sinne dieser Satzung ist eine technische Vorkehrung, mittels derer der Anbieter eines Programms einzelne Sendungen nur mit einer allein für diese verwandten Technik dergestalt verschlüsselt, dass die gesperrte Sendung ohne individuelle Freischaltung durch den Nutzer weder für den direkten Fernsehempfang noch für die Aufzeichnung optisch oder akustisch wahrnehmbar ist.

(2) Eine Vorsperrung im Sinne dieser Satzung muss folgenden Anforderungen genügen:
1. Bei digital verbreiteten Programmen der privaten Anbieter muss die Vorsperrung zusätzlich zu einer etwaigen allgemeinen Verschlüsselung, mittels derer der generelle Zugang zu dem betreffenden Programmangebot beschränkt wird, erfolgen und sich in ihrer Ausgestaltung von dieser unterscheiden.
2. Die Freischaltung erfolgt nur hinsichtlich einer konkreten Sendung und nur für deren Dauer. Wird während der Sendung auf ein anderes Pro-

gramm umgeschaltet, so kann die Rückkehr zu der freigeschalteten Sendung ohne erneute Entsperrung erfolgen. Nachfolgende vorgesperrte Sendungen dürfen ohne erneute Freischaltung nicht zugänglich sein.

§ 4 Freischaltung

(1) Die Freischaltung einer vorgesperrten Sendung erfolgt durch Eingabe eines persönlichen Jugendschutz-Codes des Nutzers unmittelbar vor oder während der Sendung. Er besteht aus einer vierstelligen Ziffernfolge, die der Anbieter dem Nutzer in einer die Geheimhaltung sichernden Weise übermittelt. Die Ziffernfolge für den persönlichen Jugendschutz- Code muss sich von der Ziffernfolge, mit der der generelle Zugang zu den Programmangeboten ermöglicht wird, unterscheiden und darf nicht mehr als drei gleiche Ziffern enthalten.

(2) Der Einzelabruf von Sendungen gegen Entgelt erfolgt durch Eingabe eines Pin-Codes, der identisch mit dem persönlichen Jugendschutz-Code ist.

(3) Dem Nutzer kann die Möglichkeit eingeräumt werden, unter Eingabe des ihm erteilten persönlichen Jugendschutz-Codes die Ziffernfolge
zu ändern. Auch insoweit gilt Absatz 1 Satz 3.

(4) Bei dreimaliger Falscheingabe des persönlichen Jugendschutz-Codes ist eine Freischaltung für einen Zeitraum von 10 Minuten nicht
möglich.

(5) Bei der Programmierung eines Aufzeichnungsgerätes zur Aufzeichnung einer vorgesperrten Sendung ist ebenfalls eine Freischaltung gemäß Absatz 1 Satz 1 erforderlich.

§ 5 Sendezeitbeschränkung beeinträchtigender Sendungen

(1) Ein Anbieter erfüllt seine Verpflichtung nach § 5 Abs. 1 JMStV, wenn er abweichend von § 5 Abs. 4 Satz 2 JMStV Angebote, die nur zwischen 22:00 Uhr und 06:00 Uhr verbreitet oder zugänglich gemacht werden dürfen, unter den Voraussetzungen von §§ 3 und 4 dieser Satzung auch zwischen 06:00 Uhr und 22:00 Uhr ausstrahlt.

(2) Ein Anbieter erfüllt seine Verpflichtung nach § 5 Abs. 1 JMStV, wenn er abweichend von § 5 Abs. 4 Satz 1 JMStV Angebote, die nur zwischen 23:00 Uhr und 06:00 Uhr verbreitet oder zugänglich gemacht werden dürfen, unter den Voraussetzungen von §§ 3 und 4 dieser Satzung auch zwischen 20:00 Uhr und 23:00 Uhr ausstrahlt.

(3) Für den entgeltpflichtigen Einzelabruf beeinträchtigender Sendungen im Sinn der Absätze 1 und 2 gelten keine Sendezeitbeschränkungen.

§ 6 Pflichten des Anbieters

(1) Der Anbieter hat sicherzustellen, dass Vorsperrung und Freischaltung gemäß den Bestimmungen dieser Satzung erfolgen. Er hat dafür Sorge zu tragen, dass die zur Vorsperrung und Freischaltung verwandte Software

Anhang Grundsätze, Richtlinien, Satzung

regelmäßig aktualisiert wird und der Nutzer entsprechende Updates sowie begleitende Informationen zur Vorsperrung und ihrer Nutzung erhält.

(2) Der Anbieter teilt der zuständigen Landesmedienanstalt auf Anforderung vor Ausstrahlung mit, welche Sendungen der Vorsperrung unterliegen.

§ 7 In-Kraft-Treten

Diese Satzung tritt am 1. Januar 2004 in Kraft.

Sachverzeichnis

J = Jugendschutzgesetz, JMS = Jugendmedienschutz-Staatsvertrag,
StGB = Strafgesetzbuch, RStV = Rundfunkstaatsvertrag
[fette Zahlen = §§; magere Zahlen = Randnummer(n)]

Abbildungen StGB **11** 2
Abdruck der Liste J **15** 102
Abgabe
- von Alkohol J **9** 9,
- von Tabakwaren J **10** 5,

Abgrenzung
- Trägermedien und Telemedien J **1** 23 ff.,
- Altersfreigabe und Indizierung J **14** 35, **18** 119

Abruf
- unentgeltlicher JMS **21** 10
- Erschwerung des JMS **21** 12

Absolutverbote JMS **4** 4 ff.
Abspielgerät → siehe Vorführgerät
Abwehr verfassungswidriger Bestrebungen StGB **86** 13
Abzeichen StGB **86a** 6 ff.
Abwägung
- Jugendschutz und Kunstfreiheit J **17** 7, **18** 82 ff., StGB **184** 16

Access-Provider J **1** 25; JMS **2** 8, **3** 6, **5** 80, **11** 24, **20** 37

Action
- spiele → siehe Spielprogramme
- filme → siehe Filme

Ahndung → siehe Ordnungswidrigkeiten
Alkohol J **4** 6 ff., **9** 6 ff.,
- abgabe → siehe Abgabe
- konsum/-genuss J **7** 2, **9** 2; JMS **6** 24 f.
- testkauf → siehe Testkauf
- werbung J **11** 25 ff.; JMS **6** 24 f.

Alter
- überprüfung/-kontrolle J **2** 11, **11** 14, 16
- einstufung J **14** 25 ff.; JMS **5** 36 ff.
- grenzen J **1** 3, **7** 11, **11** 8, **14** 24
- nachweis J **2** 9 ff., **11** 14; JMS **5** 43
- freigabe J **11** 1 ff., **12** 1 ff., **13** 6; JMS **5** 60, **8** 2, **9** 1
- kennzeichnung J **3** 12, **12** 14 ff., JMS **5** 38, 60 ff., **12** 6 ff.
- verifikationssystem J **1** 38 ff, JMS **4** 63 ff.

Amtszeit J **19** 11; JMS **14** 11
Analogieverbot JMS **3** 4, **4** 53, **23** 5; StGB **86** 13, **130** 19
Anbieten
- von Bildträgern J **12** 25
- von Trägermedien J **15** 36
- von Schriften StGB **184** 21

Anbieter J **19** 9, 12, 14, **20** 2, **21** 16, **28** 1, 10 f.; JMS **5** 38, 60, **7** 4 f., **16** 6, **24** 2
- ausländische JMS **24** 16 ff.
- Begriff JMS **3** 6, **24** 2
- kennzeichnung → siehe Alterskennzeichen

Anbindung, organisatorische JMS **18** 3
Änderungen → siehe Inhaltsgleichheit → siehe Schnittfassung
Anerkennung
- von Trägern der Jugendhilfe J **4** 22, **5** 9
- von Jugendschutzprogrammen JMS **11** 16 ff.
- von Einrichtungen der Freiwilligen Selbstkontrolle JMS **19** 10 ff.

Angebot JMS **3** 3 ff.
- länderübergreifendes JMS **13** 1 ff.
Angebotsplanung → siehe Programmplanung
Angemessene Beteiligung JMS **7** 23
Anhörung
- Beteiligter J **21** 23, **23** 3; JMS **19** 20
- eines Sachverständigen J **19** 19
Ankündigung J **3** 12, **15** 37
- Programmankündigung JMS **10** 1 ff.
Anleitung zu Straftaten StGB **130a** 2,3
Anordnung
- vorläufige J **23** 8
- der Vorsitzenden der BPjM → siehe Beschluss
- der Jugendschutzbehörden J **7** 1 ff., **8** 1 ff.
Anpreisen J **15** 38
Anregung der Indizierung J **21** 11 f.
Anreizen
- zu Gewalttätigkeiten J **18** 37
- zu Rassenhass J **18** 40

693

Sachverzeichnis

– zu Verbrechen J **18** 39
Anschlagen J **15** 15; StGB **184** 17
Ansprechpartner, Jugendschutzbeauftragter JMS **7** 18
Anstand, Grenzen des sexuellen StGB **184** 6 f.
Anti-Diskriminierungstatbestand StGB **130** 2
Antisemitismus J **18** 40; StGB **86** 4, **130** 9 ff.
Antrag
– auf Indizierung J **21** 1 ff., JMS **14** 8, **16** 14
– auf Anerkennung → siehe Anerkennung
– auf KJM-Prüfung JMS **17** 3
Anwendungsbereich bei Auslandstaten JMS **24**, 16 ff., StGB **130** 29
Anwesenheit
– bei Filmveranstaltungen J **11** 1, 4, 14;
– bei öff. Tanzveranstaltungen J **5** 6
– in Gaststätten J **4** 15
– in Spielhallen J **6** 1 ff.
Arbeitsstättenverordnung J **15** 30
Armdreieck StGB **86a** 7, 16
ARTE JMS **14** 13
Attachement J **1** 25
Aufenthalt J **2** 12, **4** 11
Auffordern
– zu Straftaten StGB **111** 2
– zu Gewalt- od. Willkürmaßnahmen StGB **130** 7
Aufklärung, staatsbürgerliche StGB **86** 13
Auflagen J **4** 32, **7** 10 ff.
Aufnahme in die Liste → siehe Indizierung
Aufsicht JMS **20** 1 ff.
– person(al) J **9** 11
– pflicht J **6** 8
– über Telemedien MDStV **22** 1
– maßnahmen J **9** 11; JMS **20** 1 ff.
Aufstacheln zum Hass StGB **130** 6
Aufstellung
– von Unterhaltungsspielgeräten J **6** 5 ff.
– von Bildschirmspielgeräten J **13** 2 ff., 8
Aufwendungen → siehe Auslagen
Augenzeugen-Videos J **15** 59; JMS **4** 21
Ausbildung JMS **7** 29 f.
Auschwitzlüge → siehe Holocaust-Leugnung
Ausfuhr StGB **184** 31

Aushang J **3** 2 ff., **14** 24
Auskunftsansprüche JMS **21** 1 ff.
Auslagen JMS **14** 24
Ausländerfeindlichkeit J **18** 42, 58
Auslegen J **12** 25
Auslegung
– berichtigende J **1** 31
– teleologische JMS **11** 11, **24** 20, StGB **184** 14
Ausnahme
– behördlich genehmigte J **4** 19, **5** 9, **6** 12
– bei Alkoholkonsum J **9** 17
– bei Anbieterkennzeichnung J **11** 12, **13** 10
– bei geschl. Benutzergruppen JMS **4** 63 ff., **11** 33 ff.
– vom Antragserfordernis J **21** 11
– von Aufenthaltsverboten J **4** 19, **5** 9
– bei Digitalfernsehen JMS **9** 13 ff.
– bei Informations-, Instruktions- und Lehrfilme J **11** 12
– von Sendezeitbeschränkungen JMS **9** 1 ff.
– bei Spielhallenverbot J **6** 12
Ausschank → siehe Abgabe von Alkohol
Ausschankstelle J **4** 6
Außenautomaten → siehe Automaten
Ausstattung
– des Jugendschutzbeauftragten JMS **7** 32
– der KJM JMS **14** 25 f.
– der Selbstkontrolleinrichtungen JMS **19** 16
Ausstellen J **12** 4, **15** 5; StGB **184** 11
Ausweis
– kontrolle → siehe Alterskontrolle
– pflicht J **2** 9 f.
Autobahnraststätte J **7** 4
Autokino → siehe Kino
Automaten
– vertrieb von Bildträgern J **12** 31 ff.
– vertrieb von Alkohol J **9** 19 f.
– vertrieb von Tabakwaren J **10**, 19 f., 30
Autoritätsverhältnis J **1** 12
AVS → siehe Altersverifikationssystem

Babysitter J **1** 13
Beanstandung JMS **24** 4
– bei Verstoß gegen Programmgrundsätze RStV **3** 1 ff.
– Veröffentlichung der JMS **24** 42

Sachverzeichnis

Beauftragte
- für Jugendschutz → siehe Jugendschutzbeauftragte
- externe JMS **7** 10
- von Gewerbebetreibern od. Veranstaltern J **2** 3, **3** 2 ff., **28** 5

Beeinträchtigung → siehe Jugendbeeinträchtigung

Befähigung zum Richteramt JMS **14** 13

Befangenheit J **19** 6, 16; JMS **14** 28

Begleitung
- durch personensorgeberechtigte od. erziehungsbeauftragte Person J **4** 16, **5** 8
- Anforderungen J **4** 16, **5** 8

Begriffsverwirrung → siehe Desorientierung

Begründung, schriftliche J **21** 26; JMS **17** 1, 7, **19** 21

Behandlung im vereinf. Verfahren J **23** 1 ff.

Bescherrschung
- des Geschehens J **15** 74

Behörde, zuständige J **7** 14

Beiprogramme J **11** 13, 21

Beisitzer der BPjM J **19** 4, **20** 4

Bekanntmachung
- der Listenaufnahme J **15** 4, **24** 1, 6, 9
- der Alterskennzeichnung J **3** 7, 12 ff.
- Rechtsfolgen J **15** 1 ff.
- kennzeichnungskonforme J **3** 12

Bekenntnisse, religiöse od. weltanschauliche StGB **166** 2

Beleihung JMS **8** 7, 11 **9** 10

Beliehene JMS **8** 7, 11 **9** 10

Benachrichtigung
- der Beteiligten J **21** 19, **23** 5
- der Gremien der Landesmedienanstalten JMS **15** 2 ff.
- der Strafverfolgungsbehörden J **24** 19

Benachteiligungsverbot JMS **7** 31

Benehmen, Herbeiführung JMS **15** 7

Benutzergruppen, geschlossene JMS **4** 63 ff.

Beratung
- durch „jugendschutz.net" JMS **18** 12
- durch Jugendschutzbeauftragten JMS **7** 20 ff.
- durch Selbstkontrolleinrichtungen JMS **7** 16
- Rechtsberatung J **7** 18

Bereithalten
- von Dateninhalten J **1** 28; JMS **24** 33

Berichterstattung JMS **4** 29, **5** 84 ff.; StGB **86** 14, **131** 28

Berufsverbände J **20** 1 f.

Beschimpfung StGB **166** 3

Beschluss
- der Vorsitzenden (und) der BPjM J **18** 46 f., **21** 11 ff., **23** 12
- der KJM JMS **17** 4 ff.
- fähigkeit J **19** 16; JMS **17** 4

Beschränkung
- der Sendezeit → siehe Zeitbegrenzung
- der Werbung → siehe Werbung

Beschwerdestelle JMS **19** 22

Besitz StGB **184b** 20
- verschaffung StGB **184** 20
- kinderpornographischer Schriften StGB **184b** 20

Bestellung des Jugendschutzbeauftragten JMS **7** 3 ff.

Bestimmtheitsgrundsatz J **18** 5; StGB **184** 3

Betätigung, künstlerische J **5** 11

Beteiligte J **19** 9

Beteiligung des Jugendschutzbeauftragten JMS **7** 20 ff.
- angemessene JMS **7** 23
- rechtzeitige JMS **7** 24

Betrieb J **3** 4

Betreiber
- Internetcafé J **1** 13, **6** 7 ff.
- Spielhalle J **6** 3 ff.

Beurteilungskompetenz JMS **16** 2 ff.

Beurteilungsmaßstab → siehe Wertmaßstäbe

Beurteilungsspielraum J **17** 4 f.
- der anerkannten Selbstkontrolleinrichtung JMS **20** 14 ff., 44 f.
- der BPjM J **17** 3 f.

Bevölkerungsteile StGB **130** 5

Bewegen d. Eltern zum Kauf JMS **6** 16

Bewegtbilder JMS **10** 2

Bewertende Stelle JMS **5** 62

Bier → siehe Alkohol
- stube → siehe Gaststätte
- zelt → siehe Gaststätte

Bildschirm
- gerät J **12** 6
- spielgeräte J **13** 3 f.

Bildträger J **12** 5 f., **14** 2; StGB **11** 3

Billigen StGB **130** 12, **140** 3

Billard-Salon J **7** 5, **8** 4

Bindungswirkung der KJM-Beschl. JMS **17** 12

Sachverzeichnis

BPjM J **17** 1 ff., **18** 1,20,32,46, **19** 8, **21** 5 ff.; JMS **4** 41, 50, 68 ff., **16** 14
– Einschätzung der J **18** 75
BPS-Report → siehe JMS-Report
Branntwein J **9** 6
– haltige Getränke J **9** 7
Brauchtumspflege J **5** 12
Buchhandel J **19** 9
Bundesanzeiger J **20** 3, **24** 6
Bundesprüfstelle → siehe BPjM
Bußgeld
– bewehrung J **28** 4 f.; JMS **24** 3 ff.
– ahndung JMS **24** 23 f.

Café → siehe Gaststätte, → siehe Internetcafé
CD-ROM J **12** 5 f.
Cinebanken J **12** 33, 38 ff.
Chiffrierung → siehe Verschlüsselung
Code-Karten → siehe PIN-Code
Comic-Strips StGB **131** 12
Computerspiele → siehe Spielprogramme
Content-Provider J **1** 29, **21** 24; JMS **2** 8, **7** 7, **20** 38;
Crawler-Programme JMS **18** 9
Cross-Promotion JMS **6** 4

Darbietung
– von Tänzen J **5** 2 ff.
– von Rundfunk → siehe Live-Darbietung
Darlegung
– Pflicht J **2** 2
– Anforderungen J **2** 6 ff.
– Verlangen J **2** 3
Darstellung
– kriegsbezogene → siehe Kriegsverherrlichung
– unnatürlich geschlechtsbetonte J **15** 77 ff.; JMS **4** 31 ff.
– jugendgefährdende → siehe Jugendgefährdung
– – als Oberbegriff d. Schriften StGB **11** 2 f.
– virtuelle JMS **4** 12
Daten
– abruf → siehe Abruf
– inhalte J **1** 16
– speicher → siehe Schriften
– träger J **12** 5 f.
Dauerindizierung J **22** 2, 4
Delegation auf Selbstkontrolleinrichtung JMS **7** 4 ff.

Desorientierung, sozialethische J **15** 84 ff. **18** 5 ff.; JMS **4** 61, **5** 26
Dienstaufsichtsbeschwerde J **19** 14
Digitalfernsehen JMS **9** 13 ff.
Direktoren der Landesmedienanstalten JMS **14** 9, **15** 2, **17** 4
Dirimierungsrecht JMS **17** 5
Disketten J **12** 5 f.
Diskothek J **5** 2 ff.
Diskriminierung J **18** 42, 58
Dreiergremium J **19** 5, **23** 2 ff.
Drogen
– handel J **7** 1 f.
– konsum J **7** 1 f., **15** 95, **18** 64 ff.
– Verharmlosung, Verherrlichung J **15** 95, **18** 64 ff.
Drohungen StGB **184a** 4
Druckschriften StGB **11** 2 f.
Durchleiten von Informationen JMS **5** 80, **11** 24
DVD J **1** 16 ff., **12** 5 f.
DVO JuSchG J **26**

Echtzeit → siehe Livedarbietung
Eheschließung J **1** 46
Eigentumsdelikte J **7** 2
Eignung
– zur Jugendbeeinträchtigung J **14** 11 ff.; JMS **5** 3 ff.
– zur Jugendgefährdung J **18** 5 ff.
Einbeziehung der Gremienvorsitzenden JMS **15** 3
Einfuhr J **15** 31
eingebaut J **1** 22
Einlasskontrolle J **11** 14
Einnahme eines Getränks J **4** 19
Einschätzungsprärogative J **17** 4 ff. ; StGB **184** 3
Einsichtnahme J **15** 11, 18
Einstellung des Verfahrens J **21** 8 ff.
Einstimmigkeit J **19** 18; JMS **14** 19
Eintragung in Liste → siehe Indizierung
Einwilligung
– der Eltern J **1** 7 f. → siehe i.Ü. Erzieherprivileg
– in Menschenwürdeverletzung JMS **4** 30
Einzelhandel J **12** 17, **15** 20
Eltern → siehe Personensorgeberechtigte
Endverbraucher J **15** 32
Entschädigung für Vermögensnachteile JMS **19** 37

Sachverzeichnis

Entscheidung,
- behördliche → siehe Beschluss
- der BPjM → siehe Indizierung
- der Altersfreigabe → siehe Altersfreigabe
- durch die KJM JMS **16** 3, **20** 9
- vollziehbare J **27** 6

Entscheidungsgremien
- der BPjM J **19** 4
- der KJM JMS **14** 7, 14

Entsprechungsklausel J **14** 51 ff.
Entwicklung J **14** 11 ff., **18** 5 ff.; JMS **5** 3 ff.
Entwicklungsbeeinträchtigung → siehe Jugendbeeinträchtigung
Erbringen von Telekommunikationsdienstleistungen JMS **2** 7
Erfahrungsaustausch → siehe Informationsaustausch
Erforderlichkeit v. Maßnahmen JMS **20** 7
Erkenntnisse
- der Wirkungsforschung → siehe Wirkungsforschung

Erlaubnisvorbehalt J **11** 1, **12** 1 f.; JMS **4** 75
Ermessen J **17** 5, **22** 5
Ernennung
- der Vorsitzenden der BPjM J **19** 2 f.
- der Beisitzer J **20** 4

Erotikmessen J **12** 29, 34 **15** 20
Erotikshops J **9** 20
Erotographie StGB **184** 5
Erschwerung des Zugangs → siehe Zugangsbeschränkung
Erwachsenenprüfung J **11** 11
Erwachsenenschutz JMS **1** 16; StGB **184** 2
Erzieherprivileg J **27** 30; StGB **131** 29
Erziehungsbeauftragte J **1** 25 f.
Erziehungsberechtigte
- Begriff J **8** 9
- Zuführung J **8** 9

Erziehungspflicht, gröbliche Verletzung J **27** 31
Europäische Union
- Mitglieder u. Bedienstete JMS **14** 15
- Richtlinien → siehe Fernsehrichtlinie

Evidenz → siehe Offensichtlichkeit

Face-to-Face-Kontrolle JMS **4** 63 ff., **11** 33 ff.

Fachkunde → siehe Qualifikation
Fahnen StGB **86a** 4
Fahrlässigkeit J **27** 18 ff.; JMS **24** 13; StGB **13-19,25-27** 14 f.
Fälle geringer Bedeutung J **18** 94 ff.
Falschangaben JMS **24** 35
Falschkennzeichnung JMS **24** 28
Fasching J **5** 9
Feilbieten → siehe Anbieten
Fernmeldegeheimnis JMS **20** 41
Fernsehen JMS **3** 3, **8** 3 ff.
- länderübergreifendes JMS **7** 3
- non fiktionales JMS **5** 88

Festhalten eines Minderjährigen J **8** ff.
Festplatten J **1** 16 ff.; StGB **184b** 20 ff.
Feststellung der Jugendgefährdung → siehe Jugendgefährdung
Film J **12** 5, **14** 3; JMS **8** 3
- ausstrahlung im Fernsehen JMS **8** 3, **9** 3
- kontrolle J **11** 1, **14** 2 ff.
- prüfung J **11** 1, **14** 2 ff.
- programme J **3** 9, **12** 5 ff., **14** 2 ff.
- theaterbesitzer J **11** 7
- veranstaltung, öffentliche J **3** 7, **11** 20
- werbung J **11** 21 ff.

Filmwirtschaft, freiw. Selbstkontrolle → siehe FSK
Filterprogramm(e) JMS **11** 1 ff.
Flüssigkeiten, alkoholhaltige → siehe Alkohol
Fördern J **28** 14
Forschung J **18**, 81; JMS **4** 45; StGB **86** 14
Freigabe → siehe Altersfreigabe
Freiheitsstrafe J **27** 3 f.; JMS **23** 4
Freistellung des Jugendschutzbeauftragten JMS **7** 32
Freiw. Selbstkontrolle der Filmwirtschaft → siehe FSK
Fremde Informationen J **1** 31; JMS **5** 80
FSF JMS **8** 1, 7, **9** 4, 10, **19** 4, 11
FSK J **11** 7 ff., **14** 15
FSM J **19** 4, 12
Führerstaat, nationalsozialist. → siehe NS-Ideologie
Führung der Liste J **24** 1 ff.

Gaststätte J **4** 3 ff.
Gaststättengesetz J **4** 3
Gastwirt → siehe Gewerbetreibende

Sachverzeichnis

Gebrauchsgewährung, gewerbliche J 15 23 ff.
Gefahr J 7 7 ff., 8 2 f.
- Abwendungsmaßnahmen J 7 3 ff.
- unmittelbare J 8 2
Gefährdung → siehe Jugendgefärdung
Gefährdungsgeneigte Minderjährige J 18 16 ff.
Gefährdungsprognose JMS 8 13
Geldbuße J 28 18; JMS 24 36
Geltungsbereich J 1 1 ff.
Generalklausel J 18 2; JMS 20 2
Genussmittel, alkoholische J 9 6 ff.
Gesamteindruck JMS 5 13
geschäftsmäßig JMS 7 5
Geschäftsordnung des KJM JMS 14 18
Geschäftsräume J 12 27, 15 19 f.
Geschehen, tatsächliches J 15 59
Geschlechtsmerkmale, Hervorhebung
Geschlechtsbetont J 15 77; JMS 4 31 ff.
Geschlossene Benutzergruppen → siehe Benutzergruppen
Gesellschaft
- geschlossene J 4 5
- pluralistische J 17 3 ff.
Gesetzgebungskompetenz J 16 2 ff.; JMS 13 1 ff.
Gestattung J 4 13
Getränke
- - Einnahme J 4 19
- alkoholische → siehe Alkohol
- automaten J 9 19 ff.
Gewalt J 15 64, 18 44
- darstellungen J 15 64, 18 44; StGB 131 1 ff.
- tätigkeiten StGB 131 4
- Verharmlosung StGB 131 21 f.
- Verherrlichung StGB 131 19 f.
Gewerbetreibende J 3 2 ff., 28 5
Gewinn
- möglichkeit J 13 3 → i.Ü. siehe Gewinnspiele
- spiele J 6 15 ff., RStV 8a 1 ff.
- sucht J 27 17
Glorifizierung
- Adolf Hitlers J 18 60
- des NS-Regimes StGB 130 13 ff.
grausam J 15 67; StGB 131 7
Grundordnung, freiheitl. demokr. StGB 86 2 ff.
Grundwerte der Verfassung J 14 14, 18 6 f.

Gruppenbeisitzer → siehe Beisitzer
Grußformen StGB 86a 4

Haftungsprivilegierung des TMG JMS 20 32 ff, 37
Hakenkreuz StGB 86a 4
Herabwürdigungsabsicht JMS 1 20, 4 24
Herbeiführen
- e. erneuten Entscheidung J 24 23
- e. schweren Gefährdung J 27 16
- e. Verhaltens Minderjähriger J 28 14
Herstellen J 15 45; StGB 184 29
Hilfspersonen → siehe Beauftragte
Hinweis
- auf Alterseinstufung J 3 11, 12 16 ff.
- pflicht für Gewerbetreibende J 15 108, 28 10
- verbot bei Indizierung J 15 106 f.; JMS 6 8
Hitlergruß StGB 86a 4
Holocaust-Leugnung StGB 130 9 ff.
Hörfunk JMS 3 4
Horst-Wessel-Lied StGB 86a 4
Host-Service-Provider → fremde Informationen
Hyperlinks JMS 24 9

Index J 18 1 ff.
- Veröffentlichung J 15 101 f.
- Aufteilung J 18 72 ff.
Indizierung J 18 1 ff.; JMS 4 41, 50, 68 ff.
- Antrag → siehe Antrag
- durch die BPjM J 17 3, 18 1 ff., 23 3
- neuerliche J 21 14
- Nichtkenntnis der J 27 20
- Verfahren J 18 1, 19 1 ff., 21 1 ff.
- gerichtliche Überprüfung J 17 3 ff.
- Verhältnis zur Altersfreigabe J 14 35, 18 119
- von Amts wegen J 21 11 ff.
- Rechtsfolgen J 15 1 ff., 16 2; JMS 4 41, 50, 68 ff.
Informationsaustausch
- zw. BPjM u. KJM J 21 27; JMS 17 13
- zw. Jugendschutzbeauftragten JMS 7 33 f.
- zw. KJM und öff.rechtl. Rundfunk JMS 15 8
- zw. Selbstkontrolleinrichtungen JMS 19 39 f.
Informationsfilme J 11 12, 14 51 ff.

Sachverzeichnis

Informationsschild J 3 6 ff.
Infoprogramm J 11 12, 14 51 ff.
Inhaber der Nutzungsrechte J 21 7, 16, 24
Inhaltsänderung, wesentliche JMS 4 68 ff.
Inhaltsgleichheit
– wesentliche J 14 43, 15 97 ff.; JMS 4 42, 52
Inobhutnahme J 8 10
Instruktionsfilme J 11 12, 14 51 ff.
Interesse
– an Berichterstattung J 15 62; JMS 4 16, 29 5 84 ff.; StGB 131 28
– öffentliches J 18 92 f.
Internetauktion J 12 9, 20
Internetcafé J 1 13, 6 7 ff.

JMS-Report J 24 7
Jugendamt J 5 10, 13, 8 10, 10 14
Jugendarbeitsschutzgesetz J 5 11
Jugendbeeinträchtigung J 14 12 ff.; JMS 5 3 ff.
Jugendfreigabe J 3 12, 12 11 ff., 14 24; JMS 5 38 f., 79
Jugendgefährdung J 15 85 ff., 18 5 ff.; JMS 4 50, 54
– Orte J 8 2 ff.
– Veranstaltungen und Gewerbebetriebe J 7 1 f., 4 ff.
– Träger- und Telemedien J 1 16 ff., 27; JMS 3 2 ff., 6
– Rundfunk JMS 2 5
– offensichtlich schwere J 15 85 ff.; JMS 4 50 ff.
Jugendherberge J 4 10
Jugendhilfe J 4 21 f., 5 9
Jugendleiter
– ausweis J 2 7
Jugendlicher J 1 3
Jugendmedienschutz JMS 1 3 ff.; StGB 130 2
Jugendprüfung → siehe Jugendfreigabe
Jugendpornographie StGB 184c 1 ff.
Jugendschutz
– in Medien → siehe Jugendmedienschutz
– und Kunstfreiheit → siehe Abwägung
Jugendschutzbeauftragte JMS 5 97, 7 1 ff., 24 30 f.
jugendschutz.net J 21 12; JMS 13 1 ff., 18 1 ff.

Jugendschutzprogramm(e) JMS 5 1, 44, 46, 48, 11 1 ff., 20 33, 44
Jugendverbot → siehe Jugendfreigabe
Juristische Personen JMS 7 11, 24 5

Kantinen J 9 5, 19, 10 8
Karneval J 5 9
Katharsistheorie → siehe Wirkungsforschung
Kauffappelle, direkte JMS 6 14
Kaufhäuser J 3 8, 4 10, 13, 1, 5
Keltenkreuz StGB 86a 7, 9, 11
Kenntlichmachen
– akustisches JMS 5 78, 10 1, 9 ff.
– optisches JMS 10 9 ff.
Kennzeichen, verfassungswidr. Organisationen JMS 4 10; StGB 86a 3 ff.
Kennzeichnung → siehe Alterskennzeichnung
keyword-blocking → siehe Filterprogramm
Kinder J 1 3; StGB 184b 11
– programm JMS 5 52, 6 21
– pornographie StGB 184b 1 ff.
Kino J 11 1 ff.
Kinospielfilm → siehe Film
Kiosk J 12 28, 15 21
Kirchen J 4 22; JMS 19 15
KJM J 18 41, 100 ff., 21 6, 12; JMS 5 34 ff., 46, 8 6 f., 9 9 f., 11, 11 16 ff.; 12 2 ff., 14 1 ff., 15 1 ff., 16 1 ff.
Kneipen → siehe Gaststätte
Kommerzialisierung des Menschen JMS 4 25
Kommission für Jugendmedienschutz → siehe KJM
Konventionalstrafe JMS 19 19
Konvergenz JMS 1 8, 2 3, 4 5, 19 24
Körperhaltung, geschlechtsbetonte J 15 77 f., JMS 4 31 ff.
Kostenerstattung → siehe Erstattung
Kreditkartenkontrolle JMS 4 63 ff., 5 49 f., 11 28
Krieg J 15 48 f.; JMS 4 15 ff.
– Verherrlichung J 15 48 ff.; JMS 4 15 ff.
Kunst J 17 4, 18 82 ff.; StGB 184 16
Kunstfreiheit J 17 4, 18 82 ff.; StGB 184 16

Ladengeschäft J 12 27 f., 15 17, 26 ff.
Landesjugendbehörde, oberste J 12 17, 14 33, 46

699

Sachverzeichnis

Landesmedienanstalt(en) JMS **14** 1 ff., **15** 1 ff., **17** 1 ff.
Landesrundfunkveranstalter, öff.rechtl. JMS **15** 1 ff.
LAN-Party J **6** 7, **7** 4
Laserdrome J **6** 4
Lebensalter J **1** 3
Lebensjahr, Vollendung J **1** 3
Lebensmittel, branntweinhaltige J **9** 7
Lebensmittel- und Bedarfsgegenständegesetz J **10** 10; JMS **6** 27
Lehre J **18** 81; StGB **86** 16
Lehrfilme J **11** 12, **14** 51 ff.
Lehrprogramm J **11** 12, **14** 51 ff.
Leichen, Darstellung von JMS **4** 24
Leichtgläubigkeit JMS **6** 14 f., 21
Leihbüchereien J **15** 23
Lerntheorie → siehe Wirkungsforschung
Lesezirkel J **15** 24
Letztverbraucher → siehe Endverbraucher
Leugnen StGB **130** 10
Liberalisierung JMS **1** 23
Lichtspieltheater → siehe Kino
Liefern J **15** 45; StGB **184** 30
Linkproblematik → siehe Hyperlink
Liste → siehe Index
Listenaufnahme → siehe Indizierung
Listenteile J **18** 72 ff.
– B und D JMS **4** 41
– A und C JMS **4** 50 f.
Live-Darbietung StGB **184d** 1 ff.
Löschungsanordnung JMS **20** 33
Löschverpflichtungen JMS **20** 33
Losentscheid J **20** 6
Lotteriespiel J **6** 2, 15

Magenbitter → siehe Branntwein
Mahlzeit, Einnahme J **4** 19 ff.
Maßnahmen J **8** 3; JMS **1** 7, **20** 3 ff., 32 ff.
Maßstab JMS **14** 4
– für Freigabeentscheidung J **14** 5 ff.
– für Indizierungsentscheidung J **18** 5 ff.
Medien,
– gewaltbeherrschte J **18** 74
– extremistische J **18** 40
– freiheit nach Art. 5 GG J **12** 16, **18** 92; JMS **5** 84 ff.; StGB **86** 14, **131** 28
– indizierte → siehe Trägermedien, indizierte
– inhaltsgleiche → siehe Inhaltsgleichheit
– menschenwürdeverletzende → siehe Menschenwürdeverletzung
– offensichtlich schwer jugendgefährdende → siehe Jugendgefährdung
– pornographische → siehe Pornographie
– rassenhetzerische J **18** 40
Medieninhalte → siehe Medien
Mehrheit
– einfache JMS **14** 20, **17** 4
– qualifizierte J **19** 17
Menschen, sterbende oder leidende J **15** 58; JMS **4** 20
Menschenähnliche Wesen JMS **4** 23; StGB **131** 2, 11 f.
Menschenwürde
– Achtung der RStV **3** 2
– Begriff JMS **1** 17 ff.; **4** 18 ff. StGB **130** 8
– Verstoß/Verletzung J **15** 60, **18** 56; JMS **1** 17 ff., **4** 8 ff.; StGB **130** 8
Mitglied
– der KJM JMS **14** 10 ff.
Mitteilungspflicht
– der BPjM J **24** 19
– der FSK J **14** 31
– gegenüber Strafverfolgungsbehörden J **14** 31, **24** 19
Mittel
– techn. od. sonstige → siehe Vorkehrungen
– personelle u. sachliche JMS **14** 26 f.
Mixgetränke → siehe Branntwein
Mutzenbacher J **17** 5

Nachrichtensendungen JMS **5** 85 ff.; StGB **131** 28
Nacht
– bar J **4** 28
– betrieb J **4** 28
– club J **4** 28
Nachweispflicht J **2** 9 f., **4** 18, **11** 16, **13** 9
Nacktaufnahmen → siehe Unnatürliche
Nationalsozialismus
– Glorifizierung J **18** 60
– Propaganda → siehe Propagandamittel
– Legitimation StGB **130** 13 ff.
Nebenräume J **12** 26, **13** 12, **15** 26

Sachverzeichnis

Nichtkenntnis einer Indizierung → siehe Indizierung
NS-Ideologie J **18** 60; StGB **86** 3, **130** 13 ff.
Nutzer JMS **1** 16, **7** 16, **11** 2 f., 13
Nutzergruppen, geschlossene → siehe Benutzergruppen
Nutzungsrechte, Inhaber J **21** 7, 16, 24

Oberste Landesjugendbehörde J **12** 9, **14** 33, 37 f.; JMS **5** 74, **12** 6, **17** 14
Obhut des Jugendamtes J **8** 10
Objektsdegradierung J **18**, 56; JMS **1** 20; StGB **184** 10
Offensichtlich
– Fehlen der Indizierungsvoraussetzungen J **21** 9
– fehlende Jugendbeeinträchtigung J **14** 52
– schwere Jugendgefährdung J **15** 90 f., **23** 4; JMS **4** 56, 62
Öffentlicher Friede JMS **1** 22; StGB **130** 1, **130a** 1, **131** 1, **140** 1
Öffentlichkeit J **9** 5, 13, **12** 10
On-Demand-Dienste J **1** 28, 34, **12** 5, JMS **2** 9
Online
– Angebote J **1** 28, **7** 6; JMS **3** 3 ff.
– Auktionen J **1** 33, **12** 9
Opportunitätsprinzip J **5** 9, **6** 12, **7** 3, 8, 10, **8** 2, 7, **16** 8, **18** 96, **22** 7; JMS **1** 13, **5** 59, **7** 14, **19** 32, **20** 7 f., 33 ff., **24** 21, RStV **8a** 13
Ordnungswidrigkeit J **28** 1 ff.; JMS **24** 1 ff.
– Zuständigkeit JMS **24** 31 ff.
Organ
– bei der Aufgabenerfüllung JMS **14** 6
– leihe JMS **14** 6
Organisationen
– der Freiwilligen Selbstkontrolle → siehe Selbstkontrolleinrichtungen
– namentlich bestimmte, nicht bestimmte J **20** 2 ff.
– nationalsozialistische StGB **86** 4
– verfassungswidrige StGB **86** 1 ff.
Ort
– jugendgefährdender J **8** 5 f.
– für Kinder und Jugendliche unzugänglicher J **9** 20, **10** 9
– für Kinder und Jugendliche zugänglicher J **15** 17

Page-Labeling → siehe Rating
Parolen StGB **86a** 8
Parteien
– politische J **4** 24
– verbotene StGB **86** 3
Periodika J **22** 1 ff., **23** 10
Personalausweis
– kontrolle J **2** 9 ff., **11** 14; JMS **4** 63 ff., **5** 43, **11** 33 f.
– nummerkontrolle J **2** 16; JMS **4** 63 ff., **5** 46, **11** 29
Personensorgeberechtigte J **1** 5, **8** 8; StGB **131** 29
PIN-Code J **12** 37, **13** 7, **15** 4 ; JMS **21** 11
Plakat J **1** 19, **3** 7
Platzverweis J **8** 7 f.
Pluralität → siehe Gesellschaft, pluralistische
Politische Medien J **18** 79 f., **22** 8; JMS **5** 84 ff., **8** 13
Polizei J **7** 8, **11** 14
Polizeigesetze der Länder J **8** 8
Pornographie J **15** 39 ff.; JMS **1** 23, **4** 10, 37, 49; StGB **184** 5 ff.
– Begriff JMS **4** 49; StGB **184** 5 ff.
– harte bzw. schwere StGB **184a** 1 ff., **184b** 1 ff., **184c** 1 ff.
– Konfrontation mit JMS **1** 23 f.; StGB **184** 1
– mit Gewalt StGB **184a** 1 ff.
– pädophile JMS **4** 10, 37; StGB **184b** 1 ff.
– sodomitische StGB **184a** 1 ff.
Post-Ident-Verfahren J **1** 44 f.; JMS **4** 63 ff., **11** 33 ff.
Postsendungen J **1** 38
Presserat, deutscher JMS **19** 5
Printmedien → siehe Druckschriften
Programm
– anbieter → siehe Anbieter
– ankündigung → siehe Ankündigung
– grundsätze RStV **3** 1 ff.
– planung JMS **8** 11
Promiskuität J **18** 32
Propagandamittel StGB **86** 1, 4
Prostitution J **4** 28, **8** 6, J **18** 32
Prüfausschüsse JMS **5** 33, **13** 3, **14** 18 ff.
Prüfverfahren
– Verteilung JMS **14** 22
– der KJM JMS **17** 3 ff.

Qualen, körperliche od. seelische StGB **131** 8

701

Sachverzeichnis

Qualifikation
- der BPjM-Mitglieder J **19** 3
- der KJM-Mitglieder JMS **14** 12 ff.
- des Jugendschutzbeauftragten J **7** 29 ff.
- der Prüfer anerkannter Selbstkontrolleinrichtungen JMS **19** 14

Rassenhass
- Anreizen zum J **18** 40

Rating JMS **11** 8 ff., **12** 5

Räume
- beruflich od. geschäflich genutzte J **12** 27, **13** 11
- dem Spielbetrieb dienende J **6** 6

Raststätte → siehe Gaststätte
Rauchen von Tabakwaren J **10** 2
- Gestattung J **10** 6

Raucherecken J **10** 7
Realschilderungen J **15** 59, 65, 89; JMS **4** 21
Rechtsaufsicht JMS **14** 23, **17** 12, **19** 1
Rechtsrahmen, einheitlicher JMS **1** 10
Reisen J **4** 26
Relativverbote JMS **4** 48 ff.
Religionsgemeinschaften J **4** 22; JMS **19** 15, StGB **166** 5
Religiöse Medien J **18** 41, 79
Repräsentanz, gesellschaftliche
- bei der BPjM J **17** 4, **20** 1 ff.
- bei anerkannten Selbstkontrolleinrichtungen JMS **19** 15

Revisionsgericht JMS **22** 1 f.
Richtlinien JMS **8** 6, **9** 5, **15** 4
Rotlichtviertel J **8** 6
Rückführung e. Minderjährigen J **8** 10
Rücknahme JMS **11** 13, **16** 8, **19** 33 f.
Rügemaßnahmen JMS **19** 19
Rum → siehe Branntwein
Rundfunk
- angebote, vorlagefähige JMS **20** 12, 29
- Begriff JMS **2** 5
- darbietungen → siehe Live-Darbietungen
- staatsvertrag JMS **20** 1; RStV **3** 1 ff.
- veranstalter JMS **20** 5

Sachmittel, notwendige JMS **7** 32
Sachverständige J **19** 14
Sanktionen J **27** 1 ff., **28** 1 ff.; JMS **20** 1 ff., **24** 1 ff.

Satzungen JMS **15** 4, **19** 4
Schädigung
- körperliche JMS **6** 13
- seelische JMS **6** 13

Schankwirtschaft → siehe Ausschankstelle
Schaufensterreklame J **15** 17 f., 36
Scheidung → siehe Eheschließung
Schleichwerbung JMS **6** 4
Schnittfassung JMS **4** 68 ff., **9** 7 ff.
Schriften J **1** 16 f.; StGB **11** 1 f.
- vorkonstitutionelle StGB **86** 7 ff.

Schriftenbegriff J **1** 16; StGB **11** 1 f.
Schülerausweis → siehe Ausweis
Schulamt J **7** 14
Schulung JMS **18** 7,12
Schwere Jugendgefährdung J **15** 85 ff.; JMS **4** 56 ff.
Sehgewohnheiten JMS **5** 59
Selbstbedienungsgaststätte → siehe Gaststätte
Selbstbestimmungsrecht J **15** 77
Selbstklassifizierungssystem JMS **24** 25 f.
Selbstkontrolle freiw. J **11** 2; JMS **19** 1 ff.
Selbstkontrolleinrichtungen JMS **8** 1, 6, **9** 10 f., **16** 8, **19** 1 ff., **20** 14 ff., 42 ff., **24** 35
- des Fernsehens (FSF) JMS **8** 1, 6, 9, **9** 10 f., **19** 4, 11, **20** 14 ff.
- der Filmwirtschaft (FSK) J **11** 5 ff.
- im Multimedia-Bereich (FSM) JMS **19** 4, 12, **20** 42 ff.
- der Unterhaltungssoftware-Industrie (USK) J **12** 11 ff., 17

Selbstmord → siehe Suizid
Selbstregulierung, regulierte JMS **19** 2
Selbstzeckhaft J **15** 21 ff., **18** 55
Sendezeitbeschränkung → siehe Zeitbegrenzung
Sendeformat, zeitliche Verlegung JMS **8** 7 ff.
Serien im Fernsehen JMS **8** 3, 10
Shop in the shop J **15** 28
Sicherungsmöglichkeiten, technische → siehe Vorkehrungen
Sigrune StGB **86a** 7
Simulation, elektronische JMS **4** 12
site-blocking → siehe Filterprogramm
Sitz der KJM-Geschäftsstelle JMS **14** 28
Sodomie StGB **184a** 6 f.
Sorgeberechtigte → siehe Personensorgeberechtigte

Sachverzeichnis

Sozialadäquanzklausel JMS 4 45; StGB **86** 14 ff., **86a** 27 ff.
Soziale Medien J **18** 79 f.
Spartenprogramm JMS **7** 3
Speicherung fremder Informationen → siehe fremde Informationen
Speisewirtschaft → siehe Gaststätte
Sperrprogramm, nutzerseitiges → siehe Jugendschutzprogramm.
Sperrungsanordnung JMS **20** 38 ff.
Spielbetrieb J **6** 6
Spiele mit Gewinnmöglichkeit J **6** 15 ff.; RStV **8a** 1 ff.
Spielgerät
– Begriff J **1** 20 f.
– eingebaut in ein J **1** 22
– mit Gewinnmöglichkeit J **6** 15
Spielhalle J **6** 3 ff.
– Begriff J **6** 3 ff.
– ähnliche Unternehmen J **6** 3, 6
– dem Spielhallenbetrieb dienende Räume J **6** 6
– Internetcafés J **6** 7 ff.
– Verbot J **6** 1 ff.
Spielleidenschaft J **6** 1, **13** 1; JMS **6** 23
Spielprogramme J **12** 1,3, **13** 6
Spirituosen J **9** 7
Sport J **6** 4
Spruchpraxis
– der BPjM J **18** 10, 34, 49, **21** 19, **23** 9
– der Selbstkontrolleinrichtungen JMS **5** 33, **19** 17 f.
Staatsangehörigkeit J **1** 4
Staatsanwaltschaften J **14** 31 f., **24** 4, 15, **27** 2
Staatsferne JMS **14** 3, 11, 19, **16** 4, **19** 3, **20** 10
Staatsverträge
– über Rundfunk → siehe Rundfunkstaatsvertrag
– über Mediendienste → siehe Mediendienste-Staatsvertrag
Stehausschank → siehe Ausschankstelle
Stellungnahme
– der KJM J **21** 19 ff.
– Gelegenheit zur JMS **19** 20
Stellvertreter
– der Gruppenbeisitzer J **19** 4
– der KJM-Mitglieder JMS **14** 10
– der Länderbeisitzer J **19** 4
– des Vors. der BPjM J **19** 3

Stimmengleichheit JMS **17** 5
Strafbarkeitslücken J **27** 3, JMS **4** 54, **23** 2 ff.
Strafdrohung JMS **23** 1 ff.
Straftat J **27** 1 ff.; JMS **23** 1 ff.
Strafverfolgungsbehörde → siehe Staatsanwaltschaften
Straßenautomat J **8** 4 → siehe i.Ü. Automat
Streetworker J **7** 8
Streichung aus d. Liste J **17** 3, **18** 104 ff., **23** 7
Striptease-Bar → siehe Nachtbar
Suchmaschinen JMS **7** 8, **20** 37
Suizid, Anleitung und Propagierung J **18** 68

Tabakwaren
– Begriff J **10** 4
– - Abgabeverbot J **10** 5
– Werbung J **10** 10 f., **11** 25 ff.; JMS **6** 24
– konsum J **10** 2, 10
Tageszeitungen J **22** 6
Tagging JMS **12** 5
Talkshow JMS **1** 10 f., **4** 30, **5** 60, **8** 6,8
Tanzveranstaltungen
– öffentliche J **5** 2, 4 ff.
– nicht öffentliche J **5** 3
Taschengeldparagraph JMS **6** 23
Täter JMS **24** 9, 12; StGB **13–19,25–27** 1 ff.
Täuschungstatbestände JMS **24** 35
Teile der Bevölkerung StGB **130** 5
Teilindizierung J **18** 1
Telebanking J **1** 28
Teledienstegesetz → siehe Telemediengesetz
Telekommunikation JMS **2** 7
Telemedien J **1** 27 f., **12** 20 f.; JMS **2** 6
Telemediengesetz → siehe TMG
Teleshopping J **1** 28; JMS **2** 9, **6** 1, 24, 28
Tendenzschutzklausel J **18** 78 ff.
Testkauf J **9** 11 f., **28** 15 f.
Tiere StGB **184a** 6 f.
Tierpornographie StGB **184a** 6 f.
TMG J **1** 27, 31, **12** 21, **21** 24, **27** 5; JMS **1** 1, **2** 8, 13, **3** 5, 11, **4** 14, **5** 81, 93, **7** 17, **20** 32 ff.
Toleranzgebot J **14** 14, **18** 6
Tonträger J **1** 7; StGB **11** 2, **86** 17

Sachverzeichnis

Träger der Jugendhilfe J 4 21, 5 9; JMS 19 15,19
Trägermedien J 1 16 ff., **15** 1 ff.
Trailer JMS **10** 1 ff.
Transparenzgebot J 3 1, **12** 14 ff.
Trennungsgebot
– bei Kinderprogrammen JMS **5** 51 ff., **6** 20
TV-Movies JMS **8** 4

Überlassen J **12** 26, **15** 9; StGB **184** 19
Überzeugungen
– religiöse RStV 3 4
– sittliche RStV 3 5
Umhüllung J **15** 18
Umstände, erschwerende J **27** 13
Unabhängigkeit
– der Selbstkontrolle JMS **19** 5
– – quasi-richterliche J **19** 13
– von Weisungen → siehe Weisungsfreiheit
Unantastbarkeit d. Menschenwürde JMS **4** 18
Unbedenklichkeit, nachhaltige JMS **7** 7
Unerfahrenheit JMS **6** 14 f., 23
Uniformstücke StGB **86a** 7 f.
UN-Kinderrechtskonvention J **18** 8
Unmenschlich StGB **131** 9 f.
Unnatürlich(e) geschlechtsbetonte Körperhaltung J **15** 81 ff.; JMS **4** 31 ff.
Unsittliche Medien J **18** 28 ff.
Unterhaltungsspielgeräte J **6** 1 ff.
– herkömmliche J **6** 1 ff.
– mit Bildschirm → siehe Bildschirmspielgeräte
Unterrichtung → siehe Benachrichtigung
Untersagung JMS **20** 17
unzüchtig J **18** 29; JMS **1** 23
Urheber J **21** 16 f., 24 f.
USK J **12** 11 f. 17; JMS **19** 23 ff.

Verabreichung → siehe Abgabe
Veränderungen
– wesentliche → siehe Inhaltsänderung
Veranstalter J 3 2 ff., **28** 5
Veranstaltung J **7** 3
– Tanzveranstaltung J **5** 1 ff.
– e. Trägers der Jugendhilfe J **4** 21, **5** 9
Verantwortlichkeit JMS **4** 12
Verbände J **20** 1 ff.
Verbot mit Erlaubnisvorbehalt → siehe Erlaubnisvorbehalt

Verbotserweiterung
– bei wesentlicher Inhaltsänderung JMS **4** 68 ff.
Verbotsirrtum J **12** 47; **14** 29, **15** 28, **24** 16, **27** 24; JMS **20** 17, **24** 33, StGB **130** 28
Verbotskatalog JMS **4** 1 ff.
Verbreiten
– Begriff JMS **24** 11; StGB **86a** 4, **184b** 19
– im Internet JMS **24** 11
– elektronisches J **1** 25; JMS **24** 11
Verfahren
– fehler J **25** 4, JMS **20** 22
– bei Indizierung J **18** 1 ff., **19** 1 ff., **26** 1 ff.
– bei den Landesmedienanstalten und KJM JMS **17** 1 ff.
– bei Selbstkontrolleinrichtungen JMS **19** 18 ff.
– vereinfachtes J **23** 1 ff.
– vorläufiges J **23** 8 ff.
Verfassungsorgane
– des Bundes JMS **14** 17
– der Länder JMS **14** 17
Verfügungen des Vorsitzenden der BPjM → siehe Beschluss
Verhältnismäßigkeitsgrundsatz → siehe Opportunitätsprinzip
Verharmlosung
– des Drogenkonsums → siehe Drogenkonsum
– des Holocaust StGB **130** 12
– des Krieges → siehe Krieg
– des Nationalsozialismus → siehe NS-Ideologie
– von dargestellten Gewalttätigkeiten StGB **131** 21 ff.
Verherrlichung
– des Drogenkonsums → siehe Drogenkonsum
– des Krieges → siehe Krieg
– des Nationalsozialismus → siehe NS-Ideologie
– von dargestellten Gewalttätigkeiten StGB **131** 19 ff.
Verhinderung JMS **14** 12
Verjährung JMS **24** 44
Verkaufsstelle J **9** 4, **12** 27, **15** 21
Verkehrsflächen, öffentliche J **12** 34, **13** 12
Verlangen
– der Darlegung J **2** 3
– Ausweis J **2** 9

Sachverzeichnis

Verlassen des Ortes
- Anhalten zum J **8** 8

Verleger J **15** 44

Verleih → siehe Vermietung

Verletzung d. Menschenwürde → siehe Menschenwürde

Vermietung J **15** 25 f.
- gewerbliche J **15** 25

Veröffentlichung
- der Liste J **15** 101 ff.; JMS **6** 6 f.
- von Beanstandungen JMS **24** 42 f.

Verrohung J **18** 33 f.

Versammlungsrecht J **7** 14

Versandhandel
- Begriff J **1** 32 ff.
- elektronischer J **1** 34
- mit Bildträgern J **12** 9, 30
- mit Schriften StGB **184** 19, 20
- mit Trägermedien J **15**, 22, 31

Verschlüsselung JMS **5** 44, **9** 13 ff.; StGB **86a** 17

Verschwiegenheitsgebot JMS **14** 24

Vertreter
- der KJM-Mitglieder → siehe Vertreter
- gesetzliche JMS **24** 3

Vertrieb
- durch Automaten → siehe Automaten
- kurzfristiger J **23** 10

Verwaltungsakt JMS **17** 7

Verwaltungsbehörde → siehe Behörde

Verwaltungsgericht J **25** 1; JMS **19** 6

Verwaltungsrechtsweg J **25** 1; JMS **17** 7

Verwaltungsvereinbarung der Länder J **14** 46 ff.

Verwaltungszustellungsgesetz J **21** 26

Verwenden, öffentliches StGB **86a** 5

Verzehr alkohol. Getränke → siehe Alkoholkonsum

Vetorecht JMS **7** 23

Video
- on demand J **1** 21, **12** 5; JMS **2** 9, **7** 7, **16** 11
- kassette J **1** 16, **12** 5, 8
- Streaming J **1** 20; JMS **2** 9, **19** 26
- text J **1** 28

Videothek J **12** 14, 25, **15** 11, 17, 23, 26

Visits JMS **7** 14

Völkerverständigung JMS **1** 22; StGB **86** 1

Volksfest J **6** 18, **7** 5

Volkstanz J **5** 12

Volksverhetzung J **18** 58; JMS **4** 10; StGB **130** 1 ff.

Vollprogramm JMS **7** 3

Vorausindizierung J **22** 1 ff.

Vorbereitungshandlungen J **15** 45

Vorführgerät J **1** 20
- eingebaut in ein J **1** 22

Vorführung J **15** 25; StGB **184** 29
- vor Jugendlichen J **11**, 1 ff.

Vorkehrungen
- – technische J **1** 38 ff., **9** 20, **12** 37; JMS **4** 63 ff., **5** 44, **11** 1 ff.
- sonstige JMS **5** 49 f.

Vorkontrolle → siehe Präventivkontrolle

Vorlage der Unterlagen JMS **19** 29

Vormundschaftsgericht J **8** 10

Vorrätighalten J **15** 45; StGB **184** 31

Vorrichtung → siehe Vorkehrungen

Vorräume und Flure J **12** 36

Vorsatz J **15** 17, **18** 1, **27** 7 ff.; JMS **24** 7, StGB **13–19,25–27** 12 ff.

Vorsitzende
- der BPjM J **18** 74, **19** 1 f., **23** 3
- der KJM JMS **14** 12, **17** 5

Vorsorgemaßnahmen → siehe Vorkehrungen

Vorsperrung JMS **5** 44, **9** 13 ff., **11** 1 ff.

Waffen-SS StGB **86a** 16

Wahrnehmung
- durch Minderjährige JMS **4** 63 ff., **5** 41 ff., **11** 1 ff.
- unmittelbare J **1** 19

Wahrung des Jugendschutzes J **24** 13; JMS **21** 3 f.; RStV **8a** 1 ff.

Wandel, gesellschaftlicher J **18** 5; JMS **9** 5

Warenspielgeräte J **6** 15

Weinstube → siehe Gaststätte

Weisungsfreiheit
- der Mitglieder der BPjM J **19** 12 f.
- der Mitglieder der KJM JMS **14** 23
- des Jugendschutzbeauftragten JMS **7** 31

Weitergabe J **1** 18

Weltanschauungsvereinigungen StGB **166** 5

Werberat, deutscher JMS **6** 14 ff., **19** 5

Werbevorspann J **3** 13, 21, **11** 13, 21 ff.

705

Sachverzeichnis

Werbung J 3 13, 21, **15** 39 ff.; JMS **6** 1 ff., StGB **184** 22 ff.
- Begriff JMS **6** 3 f.
- gegenstandsneutrale J **15** 40, StGB **184** 21 ff.
- für indizierte Inhalte J **15** 40 ff.; JMS **6** 5
- für Filme, Film- und Spielprogramme J **3** 13, 21, **11** 13, 21

Werk JMS **4** 41 ff.
- - inhaltsgleiches → siehe Inhaltsgleichheit
- - wissenschaftliches → siehe Wissenschaft

Wertmaßstäbe 14 5 ff., **18** 5 ff.
Wertordnung der Verfassung J **14** 14, **15** 86 f., **18** 6 f.
Whisky → siehe Branntwein
Widerruf JMS **11** 22 f., **19**, 30, 33 f.
Wiederholung
- beharrliche J **27** 17
- erstmalige J **27** 17

Willensbildungsorgan JMS **16** 2 f.
Wirklichkeitsnahes Geschehen StGB **184b** 20
Wirkung
- aufschiebende J **24** 4, 6, **25** 6 ff.; JMS **20** 46

Wirkungsform, besondere JMS **4** 61
Wirkungsforschung J **11** 3, **12** 3, **18** 105, 114; JMS **4** 51, **7** 29, **19** 17
Wissenschaft J **18** 60, 81, 91; JMS **4** 45
Wohl, körperliches, geistiges u. seelisches → siehe Jugendbeeinträchtigung
Wohlfahrtsorganisationen J **4** 24

Zapping JMS **5** 13, **20** 21
ZDF JMS **8** 6, **15** 7
Zeichen, fälschungssicheres J **12** 16 ff.
Zeitbegrenzung JMS **5** 43, 53 ff., **8** 5, **16** 9
Zeitschriften
- periodische → siehe Periodika
- politische → siehe politische Medien

Zeitungen → siehe Tageszeitungen
Zeitzonen JMS **5** 53

Zelluloid-Filme → siehe Filme
Zensurverbot J **11** 12, **18** 78; JMS **8** 11
Zentralstellen, staatsanwaltschaftliche J **27** 2
Zigaretten → siehe Tabakwaren
Zollbehörden J **15** 31
Zu-Eigen-Machen J **21**, 24; StGB **86a** 9
Zuführung zum Erziehungsberechtigten J 8 9
Zugang
- Vermittler JMS **5** 81, **11** 24, **20**, 40
- für Aufsichtsbehörden JMS **21** 10

Zugangsbeschränkung JMS **11** 1 ff.
→ siehe i.ü. technische Mittel
Zugangssysteme JMS **11** 28 ff.
Zugangsvermittler JMS **5** 81, **11** 24, **20**, 40
Zugangsvermittlung → siehe Zugangsvermittler
Zugänglichmachen J **12** 8, **15** 10; JMS **24** 8; StGB **184** 1, 7 ff.
Zum Verwechseln ähnlich StGB **86a** 14 ff.
Zusammenarbeit
- zw. KJM u. BPjM J **21** 27; JMS **17** 13
- der Landesmedienanstalten JMS **24** 41

Zusammensetzung
- der BPjM J **19** 1 ff., **20** 1 ff.
- der KjM JMS **14** 10 ff.

Zusätze J **14** 56
Zuständigkeit J **17** 1 ff.; JMS **14** 4 ff., **16** 1 ff., **20** 48 ff., **24** 38 ff.
Zustellung
- einer Entscheidung J **21** 26
- an Beteiligte J **21** 26

Zuwiderhandlung JMS **24** 34
Zwecke, nichtgewerbliche J **11** 24
Zweifelsfall J **2** 4 f., 11, **21** 15
Zweifelsfälle J **2** 4 f., 11, **21** 15
- Trägermedien – Telemedien J **1** 24

Zwischenhändler J **15** 109 ff., **27** 20
Zwölfergremium J **19** 9, 13 f., **21** 17, **23** 1, 3 f.